Abbreviations

Note: CTCSS frequencies, if ap[...]
Example: 88.5s indicates a repe[... CTCSS] that is also ARES
affiliated ("s").

#	-	Uncoordinated System
o	-	Open system (if status is known)
Bi	-	Bi-lingual system
●	-	Closed, limited access system (if status is known)
LiTZ	-	(Ltz) Long-Tone Zero. Used to alert users to an emergency in some areas of the country.
t	-	Tone-Access (CTCSS tone) required to access the system.
TT	-	Touch-Tone® access to specialized features
RB	-	Remote Base (Auxiliary)
SNP	-	Shared Non-Protected pair.
a	-	autopatch
(CA)	-	closed autopatch
e	-	emergency power
E-SUN	-	solar power
E-WIND	-	wind power
l	-	linked or crossband system
p	-	portable system
PKT	-	digital/packet capability
r	-	RACES affiliated
s	-	ARES® affiliated
x	-	wide area coverage system
y	-	RTTY/ASCII system
z	-	direct access to law enforcement
WX	-	weather net/weather usage
EXP	-	experimental system

handwritten notes:
p. 299 - 2m
p. 548 440
p. 61 - 29
p. 69 - 50
p. 559 - 900

ISBN-13: 978-0-87259-129-5
ISBN-10: 0-87259-129-8
51595 >
9 780872 591295

USA $15.95   ARRL Order No. 1298

The ARRL Repeater Directory® 2008-2009
Desktop Edition

Edited by Steve Ford, WB8IMY

"The Authoritative Source of VHF/UHF Repeater Listings"

Published by:

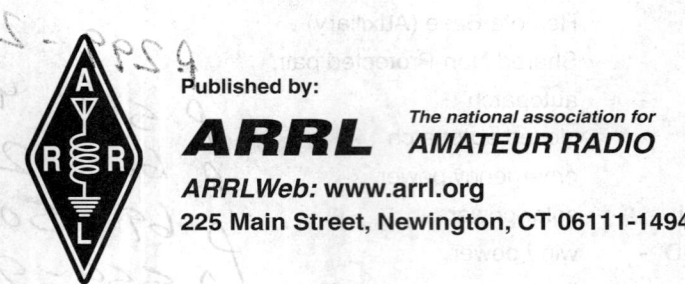

ARRL — *The national association for* **AMATEUR RADIO**

ARRLWeb: www.arrl.org
225 Main Street, Newington, CT 06111-1494

Repeater Directory® is a registered trademark of the American Radio Relay League, Inc.

Copyright © 2008 by
The American Radio Relay League, Inc.

Copyright secured under the Pan-American Convention

International Copyright secured

This work is Publication no. 314 of the Radio Amateur's Library, published by the League.
All rights reserved. No part of this work may be reproduced in any form except by written permission of the publisher. All rights of translation are reserved.

Printed in USA

Quedan reservados todos los derechos

ISBN: 0-87259-129-8
$15.95

12 STORE BUYING POWER

HAM RADIO OUTLET — WORLDWIDE DISTRIBUTION

KENWOOD

TH-D7A(G) 2M/440
- 2M/440 Dual Band
- Built-in 1200/9600 Baud TNC
- APRS Compatible
- DX Packet Cluster Monitor
- 200 Mems., CTCSS
- VC-H1 Messaging Control

Call Now For Low Pricing!

YAESU

VX-6R
2M/220/440HT
- wideband RX – 900 memories
- 5W 2/440, 1.5W 220 MHz TX
- Li-ION Battery - EAI system
- Fully submersible to 3 ft.
- CW trainer built-in

NEW Low Price!

ALINCO

DJ-V17T
- 2M/ 5 WATT
- Waterproof design IPX7
- 200 Memories
- Encode/Decode built-in
- Ni-MH battery and charger

Call Now For Low Pricing!

ICOM

IC-91AD
Digital 2M/440
- 2M/440 5W output
- 1304 memory channels
- Li-Ion battery
- D-Star Voice
- Full DOT Matrix LCD
- Wide Band RX

Low Price!

ANAHEIM, CA
(714) 533-7373
(800) 854-6046

SAN DIEGO, CA
(858) 560-4900
(800) 854-6046

PORTLAND, OR
(503) 598-0555
(800) 854-6046

ATLANTA, GA
(770) 263-0700
(800) 444-7927

BURBANK, CA
(818) 842-1786
(800) 854-6046

SUNNYVALE, CA
(408) 736-9496
(800) 854-6046

DENVER, CO
(303) 745-7373
(800) 444-9476

WOODBRIDGE, VA
(703) 643-1063
(800) 444-4799

OAKLAND, CA
(510) 534-5757
(800) 854-6046

NEW CASTLE, DE
(302) 322-7092
(800) 644-4476

PHOENIX, AZ
(602) 242-3515
(800) 444-9476

SALEM, NH
(603) 898-3750
(800) 444-0047

AZ, CA, CO, GA, VA residents add sales tax. **Phone Hours: 9:30 am – 5:30 pm**
Prices, specifications, descriptions, subject to change without notice.

TABLE OF CONTENTS

16	Chapter 1—General Information
26	Chapter 2—Band Plans
44	Chapter 3—Coordinators
53	Chapter 4—Repeater Lingo/Hints
55	Repeater and Emergency Message Handling

Repeater Listings

61	29.5-29.7 MHz
69	51-54 MHz
97	144-148 MHz
315	222-225 MHz
359	420-450 MHz
559	902-928 MHz
571	1240 MHz and Above
585	Amateur Television (ATV)
593	APCO 25 Repeaters
595	D-Star Repeaters
601	IRLP Repeaters
611	Echolink Repeaters
617	Wires Repeaters
618	Transceiver Memory Log
623	Index of Advertisers

FOREWORD

This new 37th edition of the *ARRL Repeater Directory* contains information provided by frequency coordinators through early February 2008. These dedicated amateurs volunteer their services and strive to provide interference-free operation and we all appreciate their contributions. Without these coordinators, the *Repeater Directory* could not exist.

You'll note a number of new features in this edition. The changes are the result of reader surveys we conducted in 2007. Most of you told us that you wanted us to make the *Directory* easier to use. That's why we have added the handy indexing tabs. We have also revised how individual repeaters are listed, giving you the most important information more quickly. Some of you also asked that we place the repeater "Notes and Special Features" definitions in an easy-to-find location. You'll now find it right up front!

We depend on reader suggestions to improve each edition. It was reader feedback that brought the separate D-STAR and APCO 25 sections. Reader feedback also resulted in the EchoLink, IRLP and WIRES-II listings. If you have more suggestions for future *Directories*, please let us know. You can simply drop an e-mail message to **pubsfdbk@arrl.org**.

                      David Sumner, K1ZZ
                      Chief Executive Officer, ARRL

                      Newington, CT
                      February 2008

(almost) Everything But the Rig

Your Powerpole Headquarters

PowerPals™
DC Power Cables

☞ With Genuine Anderson Powerpoles
☞ Connect Almost Anything to Anything
☞ Cables to fit most Rigs & Accessories
☞ Perfect for all Powerpole distribution panels

☞ Quality—Service—Price
☞ HF—VHF—UHF Antennas
☞ Connectors & Adapters
☞ Coax—Rope—Antenna Wire
☞ DC Power Accessories
☞ Emergency Power

See us at Hamfests from Maine to Maryland or Shop on Our Web Site

Quicksilver Radio
www.qsradio.com

ANNUAL UPDATE INFORMATION

This edition of the *Repeater Directory* has been completely revised. Updates were received from all coordinators recognized by the National Frequency Coordinators' Council (NFCC) throughout the United States and Canada. In the few areas, noted throughout the book, served by a coordinator not recognized by the NFCC, information was provided by coordinating bodies seeking NFCC recognition.

FOREIGN LISTINGS

Listings outside the United States and Canada have been moved to ARRL's comprehensive reciprocal licensing Web site. ARRL welcomes the submission of additional foreign listings. Overseas travelers should refer to **www.arrl.org/FandES/field/regulations/io/recip-country.html**.

MFJ *VHF/UHF* Headquarters
...the world's largest assortment of ham accessories!

  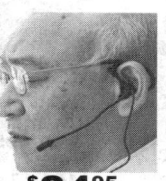 

$12⁹⁵
MFJ-281
MFJ speaker turns your HT into a *super loud* base station!

$24⁹⁵
MFJ-288K,I,Y,R
headset with PTT boom mic for HT radios

$24⁹⁵
MFJ-293K,I,Y,R
earbud & 5-inch boom mic for HT radios

$16⁹⁵
MFJ-295K,I,Y,R
mini speaker/mic for tiny new HT radios

$29⁹⁵
MFJ-186RC
24/12 Hour format, running seconds, alarm function, backlight, year, month date displays.

$79⁹⁵
MFJ-844
Tiny 144/440 MHz SWR/Wattmeter, 15, 60, 200W ranges.

$39⁹⁵
MFJ-812B
14-220 MHz SWR/Wattmeter 30/300W F/R ranges. Relative field strength meter 1-220MHz.

$34⁹⁵
MFJ-916B/N
144/440 MHz Duplexer 200W. Low loss SO-239s

$21⁹⁵
MFJ-1717
15" very high gain 144/440 MHz rubber duck antenna. Flexible and tough. Full half-Wave on 440 MHz. BNC or SMA.

$24⁹⁵
MFJ-1724B
World's best selling 144/440 MHz mag mount antenna. Only 19". 300W, 15 ft. coax, *free* BNC HT adapter

$34⁹⁵
MFJ-1728B
Long range 5/8-wave on 2M, 1/4-wave on 6-M. Mag mount, 12' coax, stainless radiator.

$39⁹⁵
MFJ-1729
MFJ's *highest gain* 144/440 MHz magnet mount antenna. Long 27.5" radiator, 300 W, 15 ft. coax, PL-259/BNC.

Free MFJ CATALOG!
Nearest Dealer or to Order . . . 800-647-1800
MFJ ENTERPRISES, INC.
300 Industrial Pk. Rd., Starkville, MS 39759
Ph: (662) 323-5869 Fax: (662) 323-6551
E-Mail: mfjcustserv@mfjenterprises.com
MFJ... the world leader in ham radio accessories!
www.mfjenterprises.com
(C) 2008 MFJ Enterprises, Inc.

MFJ *VHF/UHF* Headquarters
...the world's largest assortment of ham accessories!

 $39⁹⁵
MFJ-1702C
2-Position coaxial switch, lightning surge protection, center ground. SWR below 1.2:1, SO-239.

 **$29⁹⁵**
MFJ-1730
Pocket Roll-up 1/2 Wave 2-Meter antenna easily fits in pocket.

 **$34⁹⁵**
MFJ-1750
2-Meter, *high-gain* 5/8 Wave ground plane *base* antenna. Single U-bolt mount.

 **$19⁹⁵**
MFJ-310/S
Extend your range! Put HT antenna outside car with MFJ *mobile window mount.* 10' coax, BNC *or* SMA.

 **$19⁹⁵**
MFJ-332B/S
Talk further with outside HT ant. mag mount, 2³⁄₄"dia, 12' coax, BNC *or* SMA.

 **$21⁹⁵**
MFJ-335BS
Super-strong 5-inch Magnet mount. 17' coax. For antennas with PL-259.

 **$39⁹⁵**
MFJ-336S/M/T
Ultra-strong 5" *tri*-mag mount. Select SO-239, NMO, 3/8x24 ant. 17' coax.

 **$34⁹⁵**
MFJ-345S
Trunk lip SO-239 Mount with 14 ft. coax, rubber guard.

$19⁹⁵
MFJ-1722
UltraLite™ 144/440 MHz mag mount mobile antenna, strong 1¹⁄₈"dia. 2 oz. magnet, thin 20" whip, 12 ft. coax.

$44⁹⁵
MFJ-1734
Glass mount 144/440 MHz. *High gain 26"* stainless radiator, low SWR, 50 Watts. 12 ft. coax.

$16⁹⁵
MFJ-1714
Long Ranger™ 1/2-wave 2-Meter HT Ant. 40" extended! 10¹⁄₂" collapsed. Ultra long range -- *outperforms a 5/8 Wave!*

$49⁹⁵
MFJ-1422
RuffRider™ *Hi-gain*™ 41¹⁄₂" deluxe mobile antenna has super gain on 2-Meters and ultra-high gain on 440 MHz. 150W, pl-259.

Free MFJ CATALOG!
Nearest Dealer or to Order... 800-647-1800
MFJ ENTERPRISES, INC.
300 Industrial Pk. Rd., Starkville, MS 39759
Ph: (662) 323-5869 Fax: (662) 323-6851
E-Mail: mfjcustserv@mfjenterprises.com

MFJ... the world leader in ham radio accessories!
www.mfjenterprises.com

(C) 2008 MFJ Enterprises, Inc.

MIRAGE POWER!
DUAL BAND 144/440 MHz
45 watts on 2 meters or 35 watts on 440 MHz

FREE Catalog! BD-35 **$179.95**
Suggested Retail

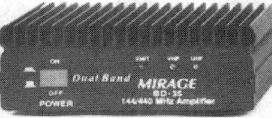

Call your dealer for your best price!

- 45 Watts on 2 Meters or 35 Watts on 440 MHz
- Single connectors for dual band radios and antennas
- Automatic band selection
- Reverse polarity protection
- Full Duplex Operation
- Auto RF sense T/R switch
- Superb RF performance
- Works with all FM HTs
- Compact size: 5x1³/₄x5 inches
- One year MIRAGE warranty

35 Watts Out For 2M Handheld!

MIRAGE Rugged! B-34-G **$119.95**
Suggested Retail

- 35 Watts Output
- All Modes: FM, SSB, CW
- 18 dB GaAsFET preamp
- Reverse polarity protection
- Includes mobile bracket
- Auto RF sense T/R switch
- Custom heatsink, runs cool
- Works with all HTs to 8W
- Superb RF performance
- Low input SWR
- Compact size: 5¹/₄x1³/₄x4³/₄"
- One year MIRAGE warranty

Power Curve -- *typical B-34-G output power for your HT*

Watts Out	8	12	18	30	33	35	35+	35+	35+
Watts In	.25	0.5	1	2	3	4	5	6	8

B-34, $99.95. 35W out. For FM 2-Meter HTS, 3x1³/₄x4¹/₄ in.
B-310-G, $229.95 100W out. For 2M fm/ssb/cw HTs, preamp.
B-320-G, $499.95. 200W out. 2M all mode for HTs/mobiles.

MIRAGE 300 Industrial Park Road
Starkville, MS 39759 USA
Call Toll-Free: 800-647-1800

MIRAGE . . . *the world's most rugged VHF/UHF Amplifiers*
mfjcustserv@mirageamp.com © 2008 Mirage Communications.

www.mirageamp.com

REAL PERFORMANCE, REALLY PORTABLE
FT-817ND *60 m Band*
HF/50/144/430 MHz
5 W All Mode Transceiver (AM 1.5 W)

ATAS-25 Manually-Tuned Portable Antenna

HF/VHF/UHF Multimode Mobile Transceiver, now Including Built-in DSP
FT-857D *DSP*
HF/50/144/430 MHz *60 m Band*
100 W All Mode Transceiver
(144 MHz 50 W/430 MHz 20 W)

HF/VHF/UHF Portable Operation Just Got a Lot More Powerful!
FT-897D *TCXO* *DSP*
HF/50/144/430 MHz *60 m Band*
100 W All Mode Transceiver
(144 MHz 50 W/430 MHz 20 W)

Automatic Matching for FT-897/857 Series Transceivers
FC-40
Automatic-Matching
200-Memory
Antenna Tuner
(160 m ~ 6 m Band)
WATERPROOF

Mobile Auto-Resonating 7~430 MHz for FT-897/857 Series Transceivers
ATAS-120A
Active Tuning Antenna System
(no separate tuner required)
VHF/UHF Base RadialKit ATBK-100 for ATAS-120A.
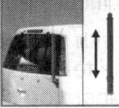

For the latest Yaesu news, visit us on the Internet:
http://www.vxstdusa.com

Specifications subject to change without notice. Some accessories and/or options may be standard in certain areas. Frequency coverage may differ in some countries. Check with your local Yaesu Dealer for specific details.

CHAPTER ONE
GENERAL INFORMATION

This chapter will address repeater operating practices, give you a few user notes, and discuss what to do if your repeater experiences jamming. A section listing CTCSS tone frequencies is also included for your information.

Repeater Operating Practices

The following suggestions will assist you in operating a repeater "like you've been doing it for years."

1) Monitor the repeater to become familiar with any peculiarities in its operation.

2) To initiate a contact simply indicate that you are on frequency. Various geographical areas have different practices on making yourself known, but, generally, "This is NU0X monitoring" will suffice. Please don't "ker-chunk" (key up without identifying yourself) the repeater "just to see if it's working."

3) Identify legally; you must identify at the end of a transmission or series of transmissions and at least once each 10 minutes during the communication.

4) Pause between transmissions. This allows other hams to use the repeater (someone may have an emergency). On most repeaters a pause is necessary to reset the timer.

5) Keep transmissions short and thoughtful. Your "monologue" may prevent someone with an emergency from using the repeater. If you talk long enough, you may actually time out the repeater. Your transmissions are being heard by many listeners, including non-hams with "public service band" monitors and scanners. Don't give a bad impression of our service.

6) Use simplex whenever possible. If you can complete your QSO on a direct frequency, there is no need to tie up the repeater and prevent others from using it.

7) Use the minimum amount of power necessary to maintain communications. This FCC regulation [97.313(a)] minimizes the possibility of accessing distant repeaters on the same frequency.

8) Don't break into a contact unless you have something to add. Interrupting is no more polite on the air than it is in person.

9) Repeaters are intended primarily to facilitate mobile operation. During the commuter rush hours, base stations should relinquish the repeater to mobile stations; some repeater groups have rules that specifically address this practice.

10) Many repeaters are equipped with autopatch facilities which, when properly accessed, connect the repeater to the telephone system to provide a public service. The FCC has liberalized Part 97.113 regarding business communications by amateurs. Amateur operators may not accept compensation for the use of their radios. Under certain conditions, however, the radio/autopatch can be utilized to make appointments and order items. This, though, is a decision that is made by the local repeater owner, so check with yours before making such calls. Autopatch facilities should never be used to avoid a toll call or where regular telephone service is available. Remember, autopatch privileges that are abused may be rescinded.

11) All repeaters are assembled and maintained at considerable expense and inconvenience. Usually an individual or group is responsible, and those who are regular users

of a repeater should support the efforts of keeping the repeater on the air. Repeater owners may restrict individuals from using their machines, and the FCC expects users to comply with these restrictions. See Section 97.205(e) of the FCC's rules.

USER INFORMATION

Except where noted, repeaters are listed according to their Geographic Area (metropolitan area or county). There are, however, some state Frequency Coordinators who prefer to list their systems alphabetically by location.

This directory lists private (closed) repeater systems as well as open systems. Many private systems, including repeaters, remote bases, control and link channels are in properly coordinated operation on authorized frequencies but are not included in this directory. This is especially common on the 220 and MHz bands, commonly utilized for linking and/or remote con-trol systems. Please consult your Frequency Coordinator for their recommendations for operating frequencies on new repeaters, remote bases or control links.

With an increase in the number of reports of repeater-to-repeater interference, the FCC is placing more emphasis on repeaters being coordinated. Repeater coordination is an example of voluntary self-regulation within the Amateur Service. Non-coordinated repeater operation may imply non-conformance with locally recognized band plans (eg. an unusual frequency split) or simply that the repeater trustee has not yet applied for, or received "official" recognition from the Frequency Coordinator. Known non-coordinated repeaters are indicated in this directory with a pound sign (#) in the Notes field. This symbol does not indicate anything about the relative merit of any particular repeater.

PLEASE NOTE: It is the responsibility of the TRUSTEE to provide the Frequency Coordinator with annual updates for inclusion in the *ARRL Repeater Directory*. Most coordination organizations have their own criteria for annual updates.

REPEATER-TO-REPEATER INTERFERENCE

In an effort to resolve repeater-to-repeater interference complaints, FCC has adopted the following rules. Where an amateur radio station in repeater or auxiliary operation causes harmful interference to the repeater or auxiliary operation of another amateur radio station, the two are equally and fully responsible for resolving the interference unless one station's operation is coordinated and the other's is not. In that case, the station engaged in the non-coordinated operation has primary responsibility to resolve the interference. See Sections 97.201 (c) and 97.205 (c) of the Commission's Rules.

REPEATER JAMMERS AND THE LOCAL INTERFERENCE COMMITTEE

Interference on VHF or UHF repeaters is primarily a local problem requiring local resolution. This kind of problem varies from non-existent in some parts of the country to extremely serious in others. The Amateur Auxiliary mechanism for dealing with any local amateur-to-amateur interference (primarily on VHF) is the local interference committee. The philosophy of the committee approach to solving this type of problem was provided in 1980 by the ARRL Interference Task Force. Many repeater groups have already successfully established local interference committees, some employing very sophisticated methods. The committee approach to solving this type of problem and Public Law 97-259 have proven most effective.

The Amateur Auxiliary incorporates this program of local interference committees into its comprehensive program of dealing with all types of amateur variations with the regulations. Since the ARRL Field Organization is the focus of Amateur Auxiliary involvement as recognized by agreement with FCC, the local interference committee now comes within the purview of the Section Manager's overall Amateur Auxiliary program. The local interference committee gains official standing through the Section Manager. It is, in effect, a "group appointment" of the Section Manager, for specific authorization to deal with local problems of amateur-to-amateur interference. Thus the local interference committee plays a crucially important role in the make-up of the Amateur Auxiliary.

For more information on local interference committees, Amateur Auxiliary and the ARRL Field Organization, contact your ARRL Section Manager, or the *Field and Educational Services Department* at ARRL HQ.

What follows is a discussion of some of the specialized features used in repeater listings in the Directory.

LOCATION	—	The city, town, or site at which a repeater is located.
OUTPUT	—	The output frequency in megahertz.
INPUT	—	The frequency offset (difference between input and output frequencies). Either a (+) or (–). A frequency printed in the input field indicates a "non-standard" offset.

Standard offsets by band:

29 MHz	- 100 kHz
52 MHz	- VARIOUS
144 MHz	- 600 kHz
222 MHz	- 1.6 MHz
440 MHz	- 5 MHz
902 MHz	- 12 MHz
1240 MHz	- 12 MHz

CALL —		The call sign of the repeater.
NOTES	—	How the repeater may be accessed and other specialized features are indicated by the following abbreviations:
#	-	Uncoordinated System
o	-	Open system
Bi	-	Bi-lingual system
c	-	Closed, limited access system
LiTZ	-	(Ltz) Long-Tone Zero. Used to alert users to an emergency in some areas of the country. A more in-depth discussion of LiTZ systems and their usage follows later in this chapter.
t	-	Tone-Access (CTCSS tone) required to access the system.
TT	-	Touch-Tone® access to specialized features
RB	-	Remote Base (Auxiliary)

SITTING ON A TAX WRITE-OFF?

DONATE YOUR RADIO

Turn your excess Ham Radios and related items into a tax break for you and learning tool for kids.

Donate your radio or related gear to an IRS approved 501 (c)(3) charity.
Get the tax credit and help a worthy cause.

Call 24 Hours a Day

Equipment picked up <u>anywhere</u> or shipping arranged.
Radios you can write off - kids you can't.

Call (516) 674-4072
FAX (516) 674-9600
crew@wb2jkj.org

**THE RADIO CLUB OF JUNIOR HIGH SCHOOL 22
P.O. Box 1052
New York, NY
10002**

Bringing Communication to Education Since 1980

SNP - Shared Non-Protected pair. In some areas there are repeater frequencies listed as SNP. These frequencies are intended to provide spectrum for experimental repeaters, search and rescue operations, portable public service systems and to act as a holding place for repeaters awaiting coordination. Users of SNP frequencies do so under the following guidelines:

1) The frequencies are shared by all users.
2) Operators receive no protection from other co-channel users.
3) All systems use CTCSS or other approved method of limited access.
4) The frequency coordinator shall coordinate the CTCSS tones.

SPECIALIZED FEATURES:

a	- autopatch
(CA)	- closed autopatch
e	- emergency power
E-SUN	- solar power
E-WIND	- wind power
l-	linked or crossband system
p	- portable system
PKT	- digital/packet capability
r	- RACES affiliated
s	- ARES affiliated
x	- wide area coverage system
y	- RTTY/ASCII system
z	- direct access to law enforcement
WX	- weather net/weather usage
EXP	- experimental system

SPONSOR — The sponsor of the repeater. Plus (+) sign indicates the listed call plus additional calls sponsor the repeater.

NOTE: Listings of two CTCSS tones in the notes field indicates both the input and output are tone encoded.

LiTZ OVERVIEW

Mutual Assistance Procedures for VHF/UHF FM
Brief Overview for ARRL Repeater Directory
By: Paul Newland, AD7I
35 Barrister Lane
Middletown, NJ 07748
ad7i@arrl.net

HI PRO REPEATERS

Hi Pro "R1" Repeater
144 MHz, 222 MHz or 440 MHz
Here is a compact **LOW COST**
repeater (less controller) priced
at just $899. A 35 watt VHF
(2-meter) repeater with a computer controller, voice
synthesizer, auto patch, auto dialers, user functions, etc is
priced at $1,379. This is not a kit, but a complete repeater
with a two-year warranty. 222 and 440 MHz versions are
also available!

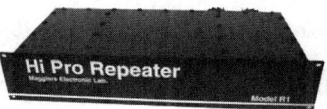

Hi Pro "E" Repeater
144 MHz, 222 MHz or 440 MHz
The Hi Pro "E" is the choice if you
need a repeater with a built-in
power supply, plus room for an
extra receiver, transmitter, small duplexer and controller.
The front panel provides status indicator lights, a speaker, a
microphone connection, control switches, etc. Prices start at
just $1,450!

If you need a receiver or transmitter as a board or in an
enclosure, we can provide them. These are the same high-
performance units that are used in all of our repeaters. All
have our new QUALITY AUDIO AND STABLE
OSCILLATORS.

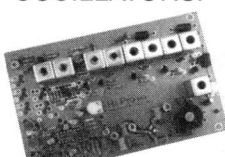

**EV1 VHF
Transmitter**

**RV4 VHF
Receiver**

OUR PRODUCTS CARRY A TWO-YEAR WARRANTY.
WRITE OR PHONE FOR A FREE CATALOG
Proudly Made in the USA

MAGGIORE ELECTRONIC LAB
645 Doe Run Road
Coatesville, PA 19320
Phone: 610-384-7555 • Fax: 610-384-7446
www.hiprorepeaters.com

Introduction

One of the great features of Amateur Radio is it gives hams the ability to provide mutual assistance to one another. There are two common procedures currently in place for mutual assistance on VHF/UHF FM frequencies. The first is "LiTZ," a DTMF (Touch-Tone) based all-call priority alerting system. The second is the "Wilderness Protocol".

LiTZ (i - added to make it easier to pronounce)

LiTZ is a simple method to indicate to others on an amateur VHF/UHF FM radio channel that you have an immediate need to communicate with someone, anyone, regarding a priority situation or condition.

LiTZ stands for LONG TONE ZERO. The LiTZ signal consists of transmitting DTMF (Touch-Tone) Zero for at least 3 seconds. After sending the LiTZ signal the operator announces by voice the kind of assistance that is needed. For example: (5-seconds-DTMF-zero) "This is KA7BCD. I'm on Interstate 5 between mile posts 154 and 155. There's a 3 car auto accident in the southbound lane. Traffic has been completely blocked. It looks like paramedics will be needed for victims. Please respond if you can contact authorities for help. This is KA7BCD."

If your situation does not involve safety of life or property, try giving a general voice call before using LiTZ. Use LiTZ only when your voice calls go unanswered or the people who respond can't help you.

When you see the notation "LiTZ" for a repeater in this directory that means that it's highly likely that someone will receive and respond to LiTZ signals transmitted on the input frequency of the repeater. Please note, however, that if a CTCSS tone is needed to access that repeater you should transmit that CTCSS tone along with your LiTZ signal.

The type and nature of calls that justify the use of LiTZ may vary from repeater to repeater, just as other uses vary. Here are some general guidelines that may be suitable for most repeaters and simplex calling channels. Items with a star (*) should be acceptable on any frequency at any time.

LiTZ Use Guidelines

Event/Situation	Waking Hours (0700-2200 LT)	Sleeping Hours (2200-0700 LT)
Calling CQ	no	no
Calling a buddy	no	no
Weekly Test of LiTZ	yes	no
Club Message	yes	no
Need Driving Directions	yes	no
Report Drunk Driver	yes	yes
Car Break Down	yes	yes
Safety of Life or Property	yes	yes

For more information on LiTZ and LiTZ decoders refer to *QST* (Oct 92, page 82; Nov 92, pages 108-110; Dec 95, pages 25-31).

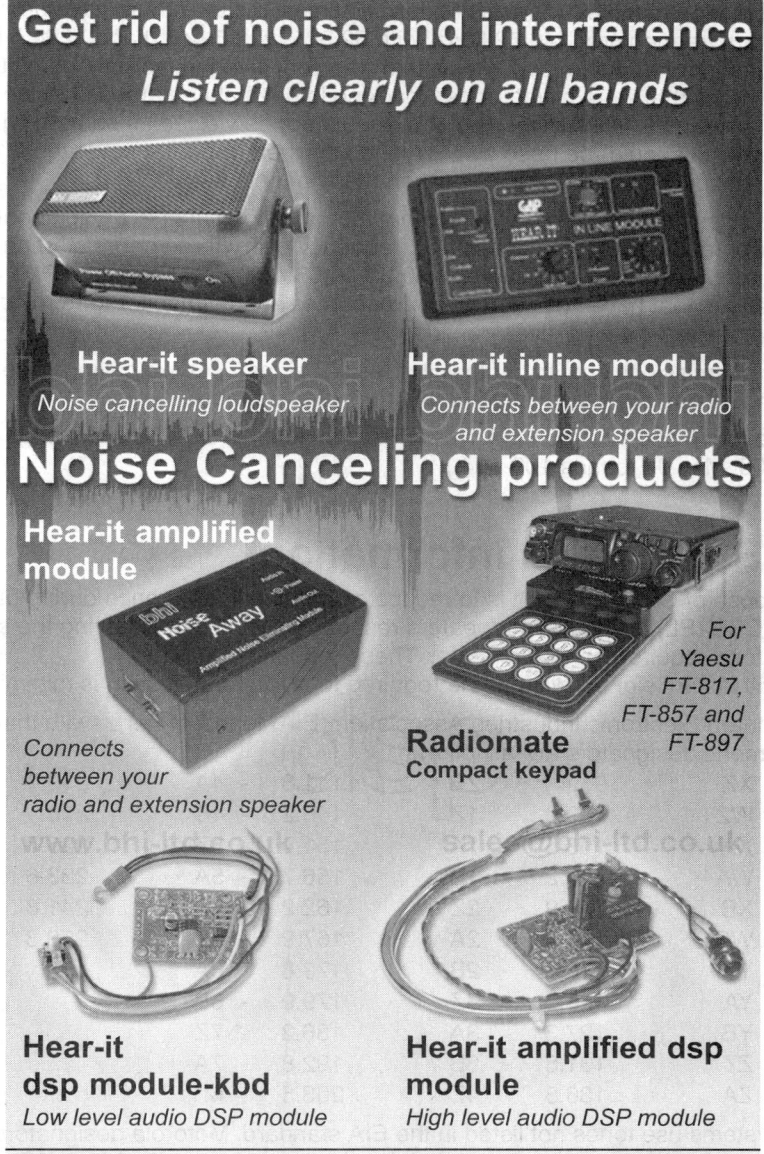

Wilderness Protocol

The Wilderness Protocol is a suggestion that those outside of repeater range should monitor standard simplex channels at specific times in case others have priority calls. The primary frequency is 146.52 MHz, with 52.525, 223.5 446.0 and 1294.5 MHz serving as secondary frequencies. This system was conceived to facilitate communications between hams that were hiking or backpacking in uninhabited areas, outside repeater range. However, the Wilderness Protocol should not be viewed as something just for hikers. It can (and should) be used by everyone anywhere repeater coverage is unavailable. The protocol only becomes effective when many people use it.

The Wilderness Protocol recommends that those stations able to do so should monitor the primary (and secondary, if possible) frequency every three hours starting at 7 AM, local time, for 5 minutes (7:00-7:05 AM, 10:00-10:05 AM, ..., 10:00-10:05 PM). Additionally, those stations that have sufficient power resources should monitor for 5 minutes starting at the top of every hour, or even continuously.

Priority transmissions should begin with the LiTZ signal. CQ-like calls (to see who is out there) should not take place until four minutes after the hour.

For more information on the Wilderness Protocol refer to *QST* (Feb 94, page 100; Apr 94, pages 109; May 94, pages 103-104.).

CTCSS and dcs information

The purpose of CTCSS (PL)™ is to reduce co-channel interference during band openings. CTCSS (PL)™ equipped repeaters respond only to signals having the sub-audible CTCSS tone required for that repeater. These repeaters do not retransmit distant signals without the required tone, and congestion is minimized.

The standard Electronic Industries Association (EIA) tones, in hertz, with their Motorola alphanumeric designators are as follows:

67.0 - XZ	97.4 - ZB	141.3 - 4A	210.7 - M2
69.3 - WZ	100.0 - 1Z	146.2 - 4B	218.1 - M3
71.9 - XA	103.5 - 1A	151.4 - 5Z	225.7 - M4
74.4 - WA	107.2 - 1B	156.7 - 5A	233.6 - M5
77.0 - XB	110.9 - 2Z	162.2 - 5B	241.8 - M6
79.7 - WB	114.8 - 2A	167.9 - 6Z	250.3 - M7
82.5 - YZ	118.8 - 2B	173.8 - 6A	
85.4 - YA	123.0 - 3Z	179.9 - 6B	
88.5 - YB	127.3 - 3A	186.2 - 7Z	
91.5 - ZZ	131.8 - 3B	192.8 - 7A	
94.8 - ZA	136.5 - 4Z	203.5 - M1	

Some systems use tones not listed in the EIA standard. Motorola designators have been assigned to the most commonly used of these tones: 206.5 (8Z), 229.1 (9Z), and 254.1 (0Z). Some newer amateur transceivers support additional tones of 159.8, 165.5, 171.3, 177.3, 183.5, 189.9, 196.6 and 199.5 hertz.

Some newer amateur gear supports Digital Code Squelch (DCS), a similar form of access control less susceptible to false triggering than CTCSS. DCS codes are designated by three digit numbers and are enabled in a manner similar to CTCSS tones.

Those wishing to use a CTCSS or DCS equipped system should check equipment specifications prior to purchase to ensure capability for the specified tone(s) or code(s).

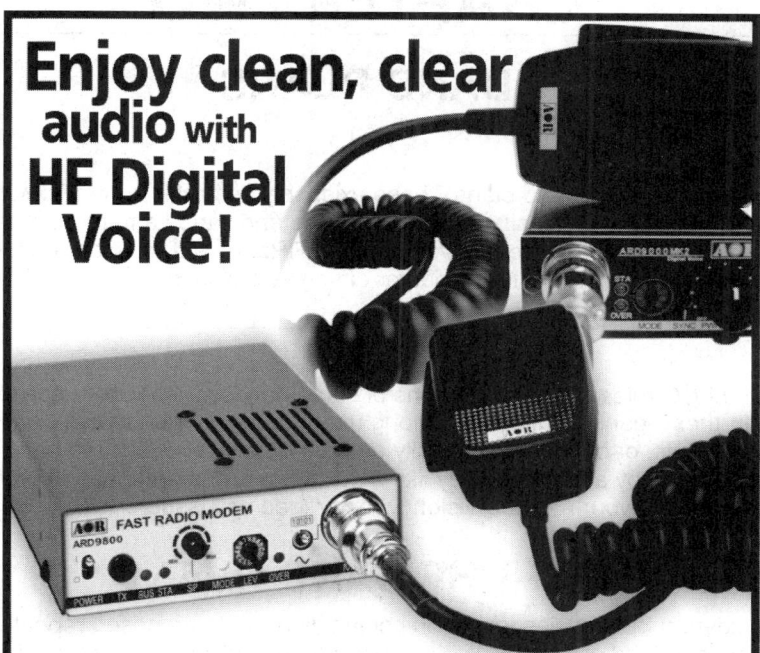

Enjoy clean, clear audio with HF Digital Voice!

The ARD9000 Mk2 and ARD9800 are both great ways to enjoy operating HF because there's "no assembly required" to start having fun. No radio modifications are necessary and both work with any brand of transceiver. It's like adding a whole new mode to your HF operation without needing a new radio! With a couple of quick connections, you can be part of the digital voice excitement that's sweeping the SSB bands. Once you hear the audio quality, you'll be a believer!

Be sure to check the website at www.aorusa.com for FAQs, links to user groups and more!

Authority on Radio Communications

® **AOR U.S.A., Inc.**
20655 S. Western Ave., Suite 112, Torrance, CA 90501, USA
Tel: 310-787-8615   Fax: 310-787-8619
info@aorusa.com   http://www.aorusa.com

Specifications are subject to change without notice or obligation.

CHAPTER TWO

BAND PLANS

This chapter will address band plans. These exist only as "traffic control" devices, allowing the most efficient use of limited spectrum space and varied amateur interests. The band plans published herein were developed by ARRL. Also discussed are the Line "A" restrictions, and a map delineating repeater offsets is provided.

Although the FCC rules set aside portions of some bands for specific modes, there's still a need to further organize our space among user groups by "gentlemen's agreements." These agreements, or band plans, usually emerge by consensus of the band occupants, and are sanctioned by a national body like ARRL. For further information on band planning, please contact your ARRL Division Director (see any issue of *QST*).

VHF-UHF BAND PLANS

When considering frequencies for use in conjunction with a proposed repeater, be certain that both the input and output fall within subbands authorized for repeater use, and do not extend past the subband edges. FCC regulation 97.205(b) defines frequencies which are currently available for repeater use.

For example, a 2-meter repeater on exactly 145.50 MHz would be "out-of-band," as the deviation will put the signal outside of the authorized band segment.

Packet-radio operations under automatic control should be guided by Section 97.109(d) of the FCC Rules.

REGIONAL FREQUENCY COORDINATION

The ARRL supports regional frequency coordination efforts by amateur groups. Band plans published in the ARRL Repeater Directory are recommendations based on a consensus as to good amateur operating practice on a nationwide basis. In some cases, however, local conditions may dictate a variation from the national band plan. In these cases, the written determination of the regional frequency coordinating body shall prevail and be considered good amateur operating practice in that region.

It's a New Frontier!
Explore HF, VHF & UHF with The Frontier Antenna

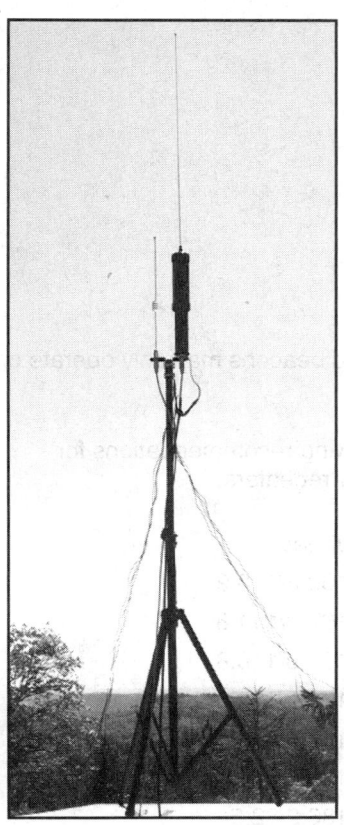

Covers HF, VHF & UHF!
Great for CC&R Neighborhoods
Use it Camping and in Emergencies
Separate Motorized HF Sidekick
Tunes All HF Frequencies
Separate VHF/UHF Antenna
The Frontier Tripod is 6 Feet Tall
Works with *Any Transceiver*
Two 50 Foot Lengths of Coax
Connectors Installed for Easy Setup
8 Wire HF Radials 10 Feet Long
Installation Completed in Seconds
EZ-Tune Controllers Available

Work the World
And Work Repeaters
The Frontier Antenna

High Sierra AntennAs
530-273-3415 www.cq73.com
HF, VHF & UHF Antennas Since 1993

28.000-29.700 MHZ

Please note that this bandplan is a general recommendation. Spectrum usage can be different depending upon local and regional coordination differences. Please check with your Frequency Coordinator for information.

28.000 – 28.070	CW
28.070 – 28.150	Data/CW
28.120 – 28.189	Packet/Data/CW
28.190 – 28.225	Foreign CW Beacons
28.200 – 28.300	Domestic CW Beacons (*)
28.300 – 29.300	Phone
28.680	SSTV
29.300 – 29.510	Satellites
29.510 – 29.590	Repeater Inputs
29.600	National FM Simplex Frequency
29.610 – 29.690	Repeater Outputs

*User note: In the United States, automatically controlled beacons may only operate on 28.2-28.3 MHz [97.203(d)].

In 1980, the ARRL Board of Directors adopted the following recommendations for CTCSS tones to be voluntarily incorporated by 10 meter repeaters:

Call Area	Tones	Call Area	Tones
W1	131.8/91.5	W7	162.2/110.9
W2	136.5/94.8	W8	167.9/114.8
W3	141.3/97.4	W9	173.8/118.8
W4	146.2/100.0	W0	179.9/123.0
W5	151.4/103.5	VE	127.3/88.5
W6	156.7/107.2	KP4	183.5/85.4
		KV4	186.2/82.5

HamTestOnline™
Web-based training for the ham radio written exams

- ▶ Quick, easy way to learn.
- ▶ 100% guaranteed — you pass the exam or get your money back.
- ▶ Better than random practice tests.
- ▶ Provides additional information.
- ▶ Presents concepts in logical order.
- ▶ Tracks progress on each question.
- ▶ Focuses on your weak areas with "intelligent repetition".
- ▶ Better than books — question drill keeps you engaged.
- ▶ Try our free trial.

www.hamtestonline.com

WWW.KU4AB.COM

Weak Signal VHF & UHF Antennas

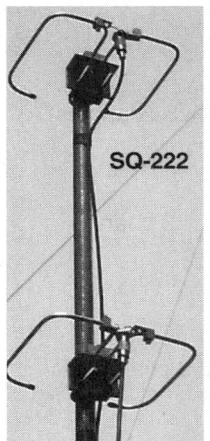

SQ-222

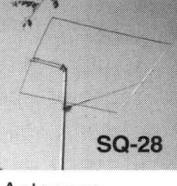

SQ-28

Ratings:
 50 OHM
 1000 WATT
 100 MPH

- Horizontal Omni Antennas
- Diversity Polarization Antennas
- Dual Band Horizontal Omnis
- Solid Rod Construction
- Stacked Horizontal Omni Sets
- Found in all 50 States and Canada

SQ-50

Phil Brazzell KU4AB
339 Venice Cove, Collierville, TN 38017
Phone 901-270-8049   SEE US AT DAYTON!

The following band plan for 6 meters was adopted by the ARRL Board of Directors at its July, 1991 meeting.

50-54 MHZ

Please note that this bandplan is a general recommendation. Spectrum usage can be different depending on location and regional coordination differences. Please check with your Frequency Coordinator for information.

50.0-50.1	CW, beacons
50.060-50.080	beacon subband
50.1-50.3	SSB,CW
50.10-50.125	DX window
50.125	SSB calling
50.3-50.6	all modes
50.4	AM calling frequency
50.6-50.8	nonvoice communications
50.62	digital (packet) calling
50.8-51.0	radio remote control (20-kHz channels)

NOTE: Activities above 51.10 MHz are set on 20-kHz-spaced "even channels"

51.0-51.1	Pacific DX window
51.5-51.6	simplex (6 channels)
51.12-51.48	repeater inputs (19 channels)
51.12-51.18	digital repeater inputs
51.62-51.98	repeater outputs (19 channels)
51.62-51.68	digital repeater outputs
52.0-52.48	repeater inputs (except as noted; 23 channels)
52.02, 52.04	FM simplex
52.2	TEST PAIR (input)
52.5-52.98	repeater output (except as noted; 23 channels)
52.525	primary FM simplex
52.54	secondary FM simplex
52.7	TEST PAIR (output)
53.0-53.48	repeater inputs (except as noted; 9 channels)
53.0	base FM simplex
53.02	simplex
53.1, 53.2	radio remote control
53.3, 53.4	
53.5-53.98	repeater outputs (except as noted; 19 channels)
53.5, 53.6	radio remote control
53.7, 53.8	
53.52-53.9	simplex

Notes: The following packet radio frequency recommendations were adopted by the ARRL Board of Directors in July, 1987.

Duplex pairs to consider for local coordination for uses such as repeaters and meteor scatter:

50.62-51.62	50.68-51.68	50.76-51.76
50.64-51.64	50.72-51.72	50.78-51.78
50.66-51.66	50.74-51.74	

Where duplex packet radio stations are to be co-existed with voice repeaters, use high-in, low-out to provide maximum frequency separation from low-in, high-out voice repeaters.

144-148 MHZ

Please note that this bandplan is a general recommendation. Spectrum usage can be different depending on location and regional coordination differences. Please check with your Frequency Coordinator for information.

144.00-144.05	EME (CW)
144.05-144.10	General CW and weak signals
144.10-144.20	EME and weak-signal SSB
144.200	SSB calling frequency
144.20-144.275	General SSB operation
144.275-144.300	Propagation beacons
144.30-144.50	OSCAR subband
144.50-144.60	Linear translator inputs
144.60-144.90	FM repeater inputs
144.90-145.10	Weak signal and FM simplex (145.01,03,05,07,09 are widely used for packet radio)
145.10-145.20	Linear translator outputs
145.20-145.50	FM repeater outputs
145.50-145.80	Miscellaneous and experimental modes
145.80-146.00	OSCAR subband
146.01-146.37	Repeater inputs
146.40-146.58	Simplex (*)
146.52	National Simplex Calling Frequency
146.61-147.39	Repeater outputs
147.42-147.57	Simplex (*)
147.60-147.99	Repeater inputs

NOTES: (*) Due to differences in regional coordination plans the simplex frequencies listed may be repeater inputs/outputs as well. Please check with local coordinators for further information.

1) Automatic/unattended operations should be conducted on 145.01, 145.03, 145.05, 145.07 and 145.09 MHz.

    a) 145.01 should be reserved for inter-LAN use.

    b) Use of the remaining frequencies should be determined by local user groups.

2) Additional frequencies within the 2-meter band may be designated for packet radio use by local coordinators.

Footnotes

Specific VHF/UHF channels recommended above may not be available in all areas of the US.

Prior to regular packet radio use of any VHF/UHF channel, it is advisable to check with the local frequency coordinator. The decision as to how the available channels are to be used should be based on coordination between local packet radio users.

Some areas use 146.40-146.60 and 147.40-147.60 MHz for either simplex or repeater inputs and outputs.

States use differing channel spacings on the 146-148 MHz band. For further information on which states are currently utilizing which spacing structure see the Offset Map immediately following.

The following band plan for 222-225 MHz was adopted by the ARRL Board of Directors in July, 1991.

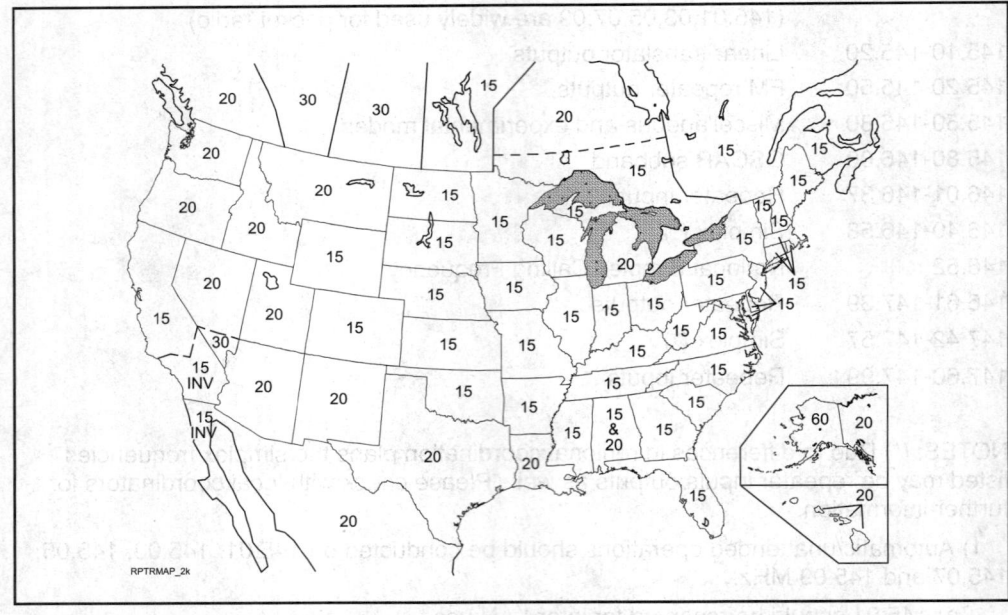

Note: This map shows channel spacing in the US and southern Canada. Spacing is in kHz unless otherwise specified. Please check with your Regional Frequency Coordinator for further information.

222-225 MHZ

Frequency	Use
222.00-222.15	Weak signal modes (No repeater operating)
222.00-222.025	EME
222.05-222.060	Propagation beacons
222.1	SSB & CW Calling
222.10-222.150	Weak signal CW & SSB
222.15-222.25	Local coordinator's option: weak signal, ACSB, repeater inputs and control
222.25-223.38	FM repeater inputs only
223.40-223.52	FM simplex
223.50	Simplex calling
223.52-223.64	Digital, packet
223.64-223.70	Links, control
223.71-223.85	Local coordinator's option; FM simplex, packet, repeater outputs
223.85-224.98	Repeater outputs only

Notes: Candidate packet simplex channels shared with FM voice simplex. Check with your local fre-quency coordinator prior to use. Those channels are:

   223.42   223.46
   223.44   223.48

Footnotes

Specific VHF/UHF channels recommended above may not be available in all areas of the US.

Prior to regular packet radio use of any VHF/UHF channel, it is advisable to check with the local frequency coordinator. The decision as to how the available channels are to be used should be based on coordination between local packet radio users.

420-450 MHZ

Please note that this bandplan is a general recommendation. Spectrum usage can be different depending on location and regional coordination differences. Please check with your Frequency Coordinator for information.

420.00-426.00	ATV repeater or simplex with 421.25 MHz video carrier, control links and experimental
426.00-432.00	ATV simplex with 427.25 MHz video carrier frequency
432.00-432.07	EME (Earth-Moon-Earth)
432.07-432.10	Weak signal CW
432.10	Calling frequency
432.10-432.30	Mixed-mode and weak-signal work
432.30-432.40	Propagation beacons
432.40-433.00	Mixed-mode and weak signal work
433.00-435.00	Auxiliary/repeater links
435.00-438.00	Satellite only (internationally)
438.00-444.00	ATV repeater input with 439.250-MHz video carrier frequency and repeater links
442.00-445.00	Repeater inputs and outputs (local option)
445.00-447.00	Shared by auxiliary and control links, repeaters and simplex (local option)
446.00	National simplex frequency
447.00-450.00	Repeater inputs and outputs (local option)

The following packet radio frequency recommendations were adopted by the ARRL Board of Directors in January, 1988.

1) 100-kHz bandwidth channels

430.05	430.35	430.65
430.15	430.45	430.85
430.25	430.55	430.95

2)   25-kHz bandwidth channels

              431.025   441.000   441.050

              440.975   441.025   441.075

Footnotes

Specific VHF/UHF channels recommended above may not be available in all areas of the US.

Prior to regular packet radio use of any VHF/UHF channel, it is advisable to check with the local frequency coordinator. The decision as to how the available channels are to be used should be based on coordination between local packet radio users.

The band is shared by amateurs with government Radio Location Services (RADAR); amateurs must not interfere with these priority government stations. As part of WARC-79 proceedings, the 420-430 MHz portion of the band was removed from the Amateur Radio Service north of Line "A" (see figure).

In a later action, FCC allocated portions of the band 421-430 MHz to the Land Mobile Service within 50-mile radii centered on Buffalo, Detroit and Cleveland. Amateur stations south of Line "A" in the vicinities of these cities may continue to operate in the 421-430 MHz spectrum as long as they do not cause interference to land mobile or government radio-location users. Additionally, 50-watt PEP output power limitations apply to certain amateurs operating within circles of designated military installations in the US. See 97.313(f).

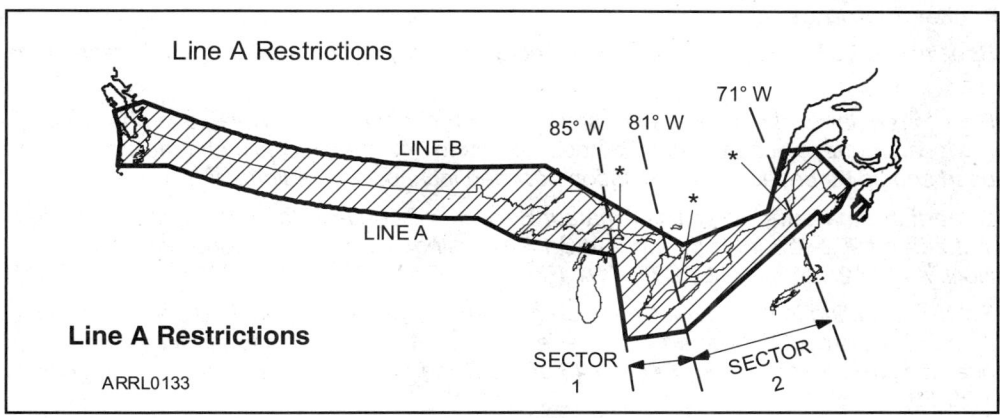

902-928 MHZ

Please note that this bandplan is a general recommendation. Spectrum usage can be different depending on location and regional coordination differences. Please check with your Frequency Coordinator for information.

902.0-903.0	Weak signal
902.1	Calling frequency
903.0-906.0	Digital
903.1	Alternate calling frequency
906.0-909.0	FM repeater inputs
909.0-915.0	Amateur TV
915.0-918.0	Digital
918.0-921.0	FM repeater outputs
921.0-927.0	Amateur TV
927.0-928.0	FM simplex and links

NOTE: A new bandplan is under development that reflects our need to avoid causing interference to AVM systems at 904-912 MHz and 918-926 MHz.

Notes: Adopted by the ARRL Board of Directors in July, 1989. The following packet radio frequency recommendations were adopted by the ARRL Board of Directors in January, 1988 as interim guidance. Two 3-MHz-bandwidth channels are recommended for 1.5 Mbit/s links. They are 903-906 MHz and 914-917 MHz with 10.7 MHz spacing.

Packet Footnotes

Specific VHF/UHF channels recommended above may not be available in all areas of the US.

Prior to regular packet radio use of any VHF/UHF channel, it is advisable to check with the local frequency coordinator. The decision as to how the available channels are to be used should be based on coordination between local packet radio users.

Canadian amateurs note: *The Amateur Service will continue to have secondary status in the band 902-928 MHz throughout Canada, using any of the following emissions: N0N, A1A, A2A, A3A, A3E, C3F, F1A, F2A, F2B, F1C, F3E.*

Before operating in this band, Canadian amateur licensees are required to consult with their DOC District Office to ensure interference will not be caused to other services operating in the area as per Section 45 of the General Radio Regulations Part II, given in TRC 25.

Government of Canada shipborne radiolocation service is permitted within 150 km of the east and west coasts, Arctic Ocean, Hudson Bay, James Bay and up the St Lawrence River as far as Rimouski on precoordinated channels in the 902-928 MHz band.

Footnotes:

1) Extracts of FCC Rules & Regulations, 97.303(g)(1): No amateur station shall transmit from within the states of Colorado and Wyoming, bounded on the south by latitude 39 degrees North, on the north by latitude 42 degrees North, on the east by longitude 105 degrees West, and on the west by longitude 108 degrees West.(*)

(*) Waived July 2, 1990 to permit amateurs in the restricted areas to transmit in the following segments: 902.0-902.4, 902.6-904.4, 904.7-925.3, 925.7-927.3 and 927.7-928-MHz.

This band is allocated on a secondary basis to the Amateur Service subject to not causing harmful interference to, and not receiving protection from any interference due to the operation of, industrial, scientific and medical devices, automatic vehicle monitoring systems or government stations authorized in this band.

2) Coordinated frequency assignments are required.

3) ATV assignments should be made according to modulation type, e.g. VSB-ATV, SSB-ATV or combinations. Coordination of multiple users of a single channel in a local area can be achieved through isolation by means of cross-polarization and directional antennas.

4) Coordinated assignments at 100 kHz until allocations are filled, then assign 50 kHz until allocations are filled, before assigning 25 kHz channels.

5) Simplex services only; permanent users shall not be coordinated in this segment. High altitude repeaters or other unattended fixed operations are not permitted.

6) Voice and nonvoice operation.

7) Spread-spectrum requires FCC authorization.

8) Consult FCC (97.307) for allowable data rates and bandwidths.

The following band plan was adopted by the ARRL Board of Directors meeting in January, 1985.

1240-1300 MHZ

Please note that this bandplan is a general recommendation. Spectrum usage can be different depending on location and regional coordination differences. Please check with your Frequency Coordinator for information.

1240-1246	ATV #1
1246-1248	Narrow-bandwidth FM point-to-point links and digital, duplex with 1258-1260.
1248-1252	Digital Communications
1252-1258	ATV #2
1258-1260	Narrow-bandwidth FM point-to-point links and digital, duplexed with 1246-1252
1260-1270	Satellite uplinks, experimental simplex ATV
1270-1276	Repeater inputs, FM and linear, paired with 1282-1288. (239 pairs, every 25 kHz, e.g. 1270.025, 050, etc.)
1271/1283	Non-coordinated test pair
1276-1282	ATV #3
1282-1288	Repeater outputs paired with 1270-1276
1288-1294	Wide band experimental, simplex ATV
1294-1295	Narrow band FM simplex, 25-kHz channels
1294.50	National FM Simplex calling
1295-1297	Narrow band weak signal (no FM)
1295-1295.80	STV, FAX, ACSSB experimental
1295.8-1296	Reserved for EME, CW expansion
1296-1296.05	EME exclusive
1296.07-1296.08	CW beacons
1296.1	CW/SSB calling frequency
1296.40-1296.60	Crossband linear translator input
1296.60-1296.80	Crossband linear translator output
1296.80-1297.00	Experimental beacons (exclusive)
1297-1300	Digital communication

Notes: The following packet radio frequency recommendations were adopted by the ARRL Board of Directors in January, 1988.

1) 2-MHz-bandwidth channels at:

    1249.00   1251.00   1298.00

2) 100-kHz-bandwidth channels

    1299.05   1299.45   1299.75

    1299.15   1299.55   1299.85

    1299.25   1299.65   1299.95

    1299.35

3) 25-kHz-bandwidth channels

    1294.025   1294.125

    1294.050   1294.150

    1294.075   1294.175

    1294.100 National packet simplex calling

Footnotes

1) Deleted

2) Coordinated assignments required

3) ATV assignments should be made according to modulation type (for example, VSB-ATV, SSB-ATV or combinations). Coordination of multiple users of a single channel in a local area can be achieved through isolation by means of cross polarization and directional antennas. DSB ATV may be used, but only when local and regional activity levels permit. The excess bandwidths from such users are secondary to the assigned services.

4) Coordinate assignments with 100-kHz channels, beginning at the lower end of the segment until allocations are filled, then assign 50-kHz channels until allocations are filled before assigning 25-kHz channels.

5) Wide bandwidth experimental users are secondary to the satellite service and may be displaced upon the installation of any new satellites. Users are EIRP-limited to the noise floor of the satellites in service and may suffer interference from satellite uplinks.

6) Simplex services only: permanent users shall not be coordinated in this segment. High altitude repeaters or other unattended fixed operations are not permitted.

7) Voice and nonvoice operations.

8) Consult 47 CFR 97.307 for allowable data rates and bandwidths.

9) Provide guard bands at the higher frequency end of segments, as required, to avoid interference to ATV.

10) 1274.0-1274.2 and 1286.0-1286.2 MHz are optionally reserved for contiguous Linear Translators supporting multiple narrow bandwidth users. These may also be duplexed with other noncoordinated band segments.

The following band plan was adopted by the ARRL Board of Directors in January, 1991.

2300-2310 AND 2390-2450 MHZ

Please note that this bandplan is a general recommendation. Spectrum usage can be different depending on location and regional coordination differences. Please check with your Frequency Coordinator for information.

2300-2303	High-rate data
2303-2303.5	Packet radio
2303.5-2303.8	TTY, packet
2303.8-2303.9	Packet, TTY, CW, EME
2303.9-2304.1	CW, EME
2304.1-2304.2	CW, EME, SSB
2304.2-2304.3	SSB, SSTV, FAX, Packet, AM, AMTOR
2304.3-2304.32	Propagation beacon network
2304.32-2304.4	General propagation beacons
2304.4-2304.5	SSB, SSTV, ACSSB, FAX, Packet, AM, AMTOR experimental
2304.4	Calling frequency
2304.5-2304.7	Crossband linear translator input
2304.7-2304.9	Crossband linear translator output
2304.9-2305	Experimental beacons
2305-2305.2	FM simplex (25-kHz spacing)
2305.2	FM simplex calling frequency
2305.2-2306	FM simplex (25-kHz spacing)
2306-2309	FM repeaters (25-kHz) input
2309-2310	Control and auxiliary links
2390-2396	Fast-scan TV
2396-2399	High-rate data
2399-2399.5	Packet
2399.5-2400	Control and auxiliary links
2400-2403	Satellite
2403-2408	Satellite high-rate data
2408-2410	Satellite
2410-2413	FM repeaters (25-kHz spacing) output
2413-2418	High-rate data
2418-2430	Fast-scan TV
2430-2433	Satellite

2433-2438   Satellite high-rate data
2438-2450   Wideband FM, FSTV, FMTV, SS experimental

3300-3500 MHZ

The following beacon subband was adopted by the ARRL Board of Directors in July, 1988.

3456.3-3456.4   Propagation beacons

5650-5925 MHZ

The following beacon subband was adopted by the ARRL Board of Directors in July, 1988.

5760.3-5760.4   Propagation beacons

10.000-10.500 GHZ

The following subband recommendation was adopted by the ARRL Board of Directors in

CHAPTER THREE

REPEATER LISTINGS-COMMITTEES & COORDINATORS

Within the confines of this chapter you will find a description of repeater listing procedures, how and why repeaters are registered, and listings of Regional Frequency Coordinators. Also included for your information is a list of the ARRL Officers.

As you can imagine, many changes occur to the Frequency Coordinator's list during the course of the year. For the most current contact information of the Frequency Coordinator in your area, visit the ARRL Web site at: **www.arrl.org/nfcc**.

REPEATER LISTINGS

All repeater listings in the *Repeater Directory* are provided by regional frequency coordinators. Except for minor editorial changes and shuffling of field locations, all data appears exactly as it was submitted by the coordinator. If you notice any errors or omissions, please notify your frequency coordinator.

Repeater listings are accurate to the best of our ability; however, no guarantee of accuracy is made or implied. The listing of a repeater in the Repeater Directory does not imply that the listed repeater has any greater legal status than any other amateur station.

REPEATER REGISTRATION

Repeater registration and updates are necessary in order to compile a current and accurate *Repeater Directory*. In some cases the changes only involve the addition or deletion of a specialized feature—in other cases it may involve a frequency or location change. Your Frequency Coordinator is in charge of seeing to it that this updated information is provided to the *Repeater Directory* in a timely manner for publication.

Please note that all repeater registration is carried out through Frequency Coordinators.

ARRL Officers 2008

President
Joel M Harrison, W5ZN
528 Miller Rd
Judsonia, AR 72081-9208
w5zn@arrl.org

First Vice President
Kay C Craigie, N3KN
570 Brush Mountain Rd
Blacksburg, VA 24060
n3kn@arrl.org

Vice President
Rick Roderick, K5UR
PO Box 1463
Little Rock, AR 72203
k5ur@arrl.org

International Affairs Vice President
Rodney J Stafford, W6ROD
5155 Shadow Estates
San Jose, CA 95135-1230
w6rod@arrl.org

ARRL Headquarters
225 Main Street
Newington, CT 06111-1494
Phone: 860-594-0200
Fax: 860-594-0259
info@arrl.org

FREQUENCY COORDINATORS

The ARRL is not a Frequency Coordinator, nor does the ARRL "certify" coordinators. Frequency Coordinators are volunteers normally appointed by a coordinating body. The ARRL *Repeater Directory* reports only the fact of coordination or non-coordination as instructed by the coordinating body. Publication in the Repeater Directory does not constitute nor imply endorsement or recognition of the authority of such coordinators, as coordinators derive their authority from the voluntary participation of the entire amateur community in the areas they serve.

In some cases the person or group listed only compiles the information for listings in the Repeater Directory. In other cases the listed individual or group offers guidance but not coordination.

Frequency Coordinators keep extensive records of repeater input, output and control frequencies, including those not published in directories (at the owner's request). The coordinator will recommend frequencies for a proposed repeater in order to minimize interference with other repeaters and simplex operations. Therefore, anyone considering the installation of a repeater should check with the local frequency coordinator prior to such installation.

The following is a listing of groups or individuals for the United States and Canada who are active in Frequency Coordination and are acknowledged, by virtue of the recognition accorded them by the entire amateur community they serve, as the sole Frequency Coordinators in their respective jurisdictions.

ALABAMA
Alabama Repeater Council (ARC)
www.alabamarepeater council.org

Coordinator
Howard Grant, K4WWN
280 Martin Lane
Guntersville, AL 35976
coordinators@alabama repeatercouncil.org

President
Dave Drummond, W4MD
5001 Lakehurst Dr
Northport, AL 35473
coordinators@alabama repeatercouncil.org

ALASKA
www.alaskarepeaters.k17.net
Coordinator—South Central
Mel Bowns, KL7GG
23708 The Clearing
Eagle River, AK 99577
kl7gg@arrl.net

Coordinator—North, West, and Interior
Jerry Curry, KL7EDK
940 Vide Way
Fairbanks, AK 99712
jercurry@att.net

Coordinator—Panhandle
Jerry Prindle, KL7HFI
PO Box 210123
Auke Bay, AK 99821
kl7hfi@att.net

ARIZONA
Amateur Radio Council of Arizona (ARCA)
www.azfreqcoord.org

Chairman
Lance Halle, KW7LH
419 W. Cape Royal Ln
Phoenix, AZ 85029
602-902-6669
8AM-5PM MST M-F

6 meters (50 MHz)
Joe Oliver, N1KQ
PO Box 80524
Phoenix, AZ 85060
602-468-9849

2 meters (144 MHz)
Rick Tannehill, W7RT
5410 W Diana Ave
Glendale, AZ 85302-4870
623-930-7507

222 MHz
Bill Jorden, K7KI
6861 Kenanna Pl
Tucson, AZ 85704
520-297-1666 (H)

420-440 MHz
Doug Pelley, WB7TUJ
PO Box 4355
Mesa, AZ 85211-4355
480-892-2929

440-450 MHz
Dennis Mills, WA7ZZT
Po Box 10416
Glendale, AZ 85318
623-934-4480

902 MHz
Walter Carter, WB4LDS
1715 W. Greenleaf Dr
Tucson, AZ 85746
520-741-0942 (H)

1200 MHz
Tom Sharp, WA9OXY
20619 N 21st St
Phoenix, AZ 85024-4411
602-569-6512 (H)
FAX 602-569-6599

2GHz and Up
Troy Hall, WA7ELN
PO Box 899
Oracle, AZ 85623
520-896-2813 (H) evenings

Packet
George Strickroth, WA3PNT
13523 S. Hilltop Rd
Yuma, AZ 85365
928-341-0191

Database Coordinator
Hal Hostetler, WA7BGX
1934 S. Lillian Circle
Tucson, AZ 85713-2601
520-792-2270 (W)

ARKANSAS
Arkansas Repeater Council (ARC)
www.arkansasrepeatercouncil.crg

President
Mark Mullins, NN5NN
1 Foxboro Cir
Little Rock, AR 72209
nn5nn@ranch.cx

Coordinator
Bob King, W5LVB
217 Oak St
Hot Springs, AR 71901
w5lvb@arrl.net

CALIFORNIA—NORTHERN
Northern Amateur Relay Council of California (NARCC)
8868 Lakewood Dr #107
Windsor, CA 95492
www.narcc.org

CALIFORNIA—SOUTHERN
10 meters, 6 meters, 70 centimeters and above:
Southern California Repeater and Remote Base Association (SCRRBA)
PO Box 5967
Pasadena, CA 91117-5967
www.scrrba.org

2 meters
Two-Meter Area Spectrum Management Association
Attn: Technical Committee
358 S Main St #90
Orange, CA 92868-3834
www.tasma.org

Chairman
Bob Dingler, NO6B
PO Box 412
Walnut, CA 91788-0412
info@tasma.org

222 MHz
220 MHz Spectrum Management Association
Attn: 222 MHz Coordination Committee
21704 Devonshire St #220
Chatsworth, CA 91311-2949
www.220sma.org

Contact
Jim Fortney, K6IYK
PO Box 3419
Camarillo, CA 93011-3419
k6iyk@arrl.net

COLORADO
Colorado Council of Amateur Radio Clubs (CCARC)
www.ccarc.net

Coordinator
Doug Sharp, K2AD
6760 Owl Lake Dr
Longmont, CO 80504
k2ad@ccarc.net

CONNECTICUT
Connecticut Spectrum Management Association (CSMA)
www.ctspectrum.com

Coordinator
Dana Underhill, KB1AEV
42 Douglas Dr
Enfield, CT 06082-2544
kb1aev@cox.net

DELAWARE
T-MARC—See Maryland

DISTRICT OF COLUMBIA
T-MARC—See Maryland

FLORIDA
Florida Repeater Council (FRC)
www.florida-repeaters.org

Database Manager
Dana Rodakis, K4LK
6280 Fairfield Ave South
St Petersburg, FL 33707-2323
coordinator@florida-repeaters.org

GEORGIA
Southeastern Repeater Association (SERA)
www.sera.org/ga.html

Director
Pete Seabolt, N4KHQ
465 Esborn Rd
Dahlonega, GA 30533-3323
706-864-6613
n4khq@sera.org

Vice Director
Phil Heaton, N4BBQ
37 Jones
Dahlonega, GA 30533
n4bbq@sera.org

HAWAII
Hawaii State Repeater Advisory Council (HSRAC)
www.pdarrl.org/pacsec/HSRAC/index.html

Coordinator
Rick Ching, KH7O
PO Box 10868
Honolulu, HI 96816-2536
kh7o@arrl.net

IDAHO—SOUTHEAST
Southeast Idaho Coordination Committee (SEICC)

Coordinator
Rod Wilde, AB7OS
1061E 1100N
Shelley, ID 83274
ab7os@direcway.com

IDAHO—SOUTHWEST
Coordinator
Larry E. Smith, W7ZRQ
8106 Bobran St
Boise, ID 83709
larry.smith@idahoptv.org

IDAHO—PANHANDLE
IACC—See Eastern Washington

ILLINOIS
Illinois Repeater Association (IRA)
www.ilra.net

Coordinator
Aaron Collins, N9OZB
1338 S Arlington Hts Rd
Arlington Heights, IL 60085
collins@knowideas.com

INDIANA
Indiana Repeater Council
www.ircinc.org

Chairman-Database Manager-Asst Coordinator
Walt Breining, N9WB
PO Box 10
Spiceland, IN 47385-0010
n9wb@arrl.net
tel 765-987-7201

Vice Chairman-Coordinator
Charles Sears, N9MEW
551 Mooreland Dr
New Whiteland, IN 46184
tel 317-535-4829
n9mew@arrl.net

Secretary-Treasurer
Mike Brandt, KA9CXY
1459 W County Rd 50 N
New Castle, IN 47362
ka9cxy@arrl.net

Webmaster
James Smith, K9APR
k9apr@arrl.net

Send Membership Applications, Renewals and Other Correspondence To:
Indiana Repeater Council Inc
PO Box 6041
New Castle, IN 47362

IOWA
Iowa Repeater Council (IRC)
www.iowarepeater.org

President
Dennis W. Crabb, WBØGGI
1306 4th Ave North
Denison, IA 51442-1413
dwcrabb@pionet.net

Coordinator
Thomas G. Crabb, NØJLU
813 South 26th St
West Des Moines, IA 50265
tgcrabb.rphjd@juno.com

Coordinator
Jay Mabey, NUØX
PO Box 19022
Cedar Rapids, IA 52409
nu0x@arrl.net

KANSAS
Kansas Amateur Repeater Council (KARC)
www.qsl.net/karc

Coordinator
Brian Short, KCØBS
12170 S Prairie Creek Pkwy
Olathe, KS 66061
shortbri@yahoo.com

KENTUCKY
Southeastern Repeater Association (SERA)
www.sera.org/ky.html

Director
Michael McCown, K4ITF
238 Hollybush Rd
David, KY 41616
k4itf@sera.org

LOUISIANA
Louisiana Council of Amateur Radio Clubs (LCARC)

Chair
Roger Farbe, N5NXL
12665 Roundsaville
Baton Rouge, LA 70818
n5nxl@bellsouth.net

Coordinator
Kevin Thomas, W5KGT
1573 Brownless Dr
Calhoun, LA 71225
lacoord@lacouncil.net

MAINE
(NESMC)
Apply for coordination online at www.nesmc.org, or you may apply by
US mail:
New England Spectrum Management Council
PO Box 185
Berlin, MA 01503

10 Meter Coordinator
Roger Perkins, W1OJ
10m@nesmc.org

6 Meter Coordinator
George Cleveland, WA1QGU
6m@nesmc.org

2 Meter Coordinator
Bob DeMattia, K1IW
2m@nesmc.org

222 Coordinator
Bob Nelson, N1EUN
222@nesmc.org

440 Coordinator
Lou Harris, N1UEC
440@nesmc.org

902 and above Coordinator
Lew Collins, W1GXT
ghz@nesmc.org

MARYLAND
The Middle Atlantic FM and Repeater Council (TMARC)
PO Box 1022
Savage, MD 20763-1022
www.t-marc.org

President
Bob Brandel, WN2G
13003 Mill Rd
Fredericksburg, VA 22407-2225
wn2g@arrl.net

VP/Ops
Bill Conaway W8HNT
6074 Clerkenwell Court
Burke, VA 22015-3225
conaways@erols.com

MASSACHUSETTS
NESMC — See Maine

MICHIGAN—LOWER PENINSULA
Michigan Area Repeater Council (MARC)
PO Box 463148
Mt Clemens, MI 48046
www.qsl.net/miarc/index.html

Coordinator
R. Bruce Winchell N8UT
5354 Baker Rd
Bridgeport, MI 48722
Rbwinchell@chartermi.net

Database Manager
Dave Johnson, WD8DJB
2266 East Vermontville Highway
Charlotte, MI 48813

MICHIGAN—UPPER PENINSULA
Upper Peninsula Amateur Radio Repeater Association (UPARRA)
Coordinator
Noel Beardsley, K8NB
W7021 CR 356
Stephenson, MI 49887
k8nb@hotmail.com

MINNESOTA
Minnesota Repeater Council (MRC)
www.mrc.gen.mn.us

Coordinator
Jerry Dorf, N0FWG
1402 Pulaski Rd
Buffalo, MN 55313
jerryd@jerryd.net

MISSISSIPPI
Southeastern Repeater Association (SERA)
www.sera.org/ms.html

Coordinator
Steve Grantham, N5DWU
PO Box 127
Ellisville, MS 39437-0127
n5dwu@sera.org

MISSOURI
Missouri Repeater Council (MRC)
www.missourirepeater.org

Coordinator
Wayland "Mac" McKenzie, K4CHS
8000 S Barry Rd
Columbia, MO 65201
k4chs@missourirepeater.org

Assistant Coordinator—
St. Louis Area
Jeff Young, KB3HF
6 Long Branch Court
St. Peters, MO 63376
kb3hf@arrl.net

MONTANA
Coordinator
Kenneth Kopp, K0PP
PO Box 848
Anaconda, MT 59711-0848
k0pp@arrl.net

NEBRASKA
Coordinator
John Gebuhr, WB0CMC
2349 North 64th St
Omaha, NE 68104
wb0cmc@radiks.net

NEVADA—SOUTHERN
Southern Nevada Repeater Council (SNRC)

Chairman
Nat Talpis, W7OQF
w7oqf@snrc.us

DatabaseCoordinator
Noel Lozada, N6JFO
n6jfo@snrc.us

Coordinator
Frank Kostelac, N7ZEV
n7zev@snrc.us

Coordinator
John Fay, K7FAY
k7fay@snrc.us

Coordination requests to:
www.snrc.us
email: info@snrc.us

NEVADA—NORTHERN
Combined Amateur Relay
Council of Nevada (CARCON)
PO Box 71
Reno, NV 89504-0071
rnagel@juno.com

NEW HAMPSHIRE
NESMC—SEE MAINE

NEW JERSEY—Atlantic, Burlington, Camden, Cape May, Cumberland, Gloucester, Hunterdon, Mercer, Ocean, Salem, Sussex and Warren counties
Area Repeater Coordination
Council (ARCC)
PO Box 232
Bedminster, PA 18910
www.arcc-inc.org
info@arcc-inc.org

NEW JERSEY—Bergen, Essex, Hudson, Middlesex, Monmouth, Morris, Passaic, Somerset and Union counties
Metropolitan Coordination Association (MetroCor)
PO Box 107
New York, NY 10008-0107
www.qsl.net/metrocor
metrocor@qsl.net

NEW MEXICO
New Mexico Frequency
Coordination Committee
(NMFCC)
www.qsl.net/nmfcc

Chairman
Bill Kauffman, W5YEJ
1625 36th St SE
Rio Rancho, NM 87124
W5yej@arrl.net

NEW YORK—FAR NORTHERN
Saint Lawrence Valley Repeater
Council (SLVRC)
www.igs.net/slvrc/

Coordinator
Benoit Lavigne, VA2NNC
17 Grand Pre
Cantley, QC J8V 3B3
freqcoord@slvrc.org

NEW YORK—EASTERN AND CENTRAL UPSTATE
Upper New York Repeater
Council (UNYREPCO)
www.unyrepco.org

All correspondence to:
Upper New York Repeater
Council
PO Box 2421
Binghamton, NY 13902

NEW YORK—WESTERN
Western New York and
Southern Ontario Repeater
Council (WNYSORC)
PO Box 123
Athol Springs, NY 14010
http://home.cogeco.ca/~wnysorc/

NEW YORK—NYC AND LONG ISLAND
Metropolitan Coordination
Association (MetroCor)
PO Box 107
New York, NY 10008-0107
www.metrocor.net

President
Mario Sellitti, N2PVP
n2pvp@n2pvp.com

NORTH CAROLINA
Southeastern Repeater
Association (SERA)
www.sera.org/nc.html

Director
Danny Hampton, K4ITL
5453 Rock Service Station Rd
Raleigh, NC 27603-9513
k4itl@sera.org

Coordinator
Frank A. Lynch, W4FAL
2528 Oakes Plantation Dr
Raleigh, NC 27610-9328
w4fal@sera.org

NORTH DAKOTA
Coordinator
Al Bennefeld, KØCGY
801 19th St South
Fargo, ND 58103
k0cgy@arrl.net

OHIO
Ohio Area Repeater Council
(OARC)
www.oarc.com

Coordinator
Ken Bird, W8SMK
244 North Parkway Dr
Delaware, OH 43015-8788
ken@midohio.net

OKLAHOMA
Oklahoma Repeater Society,
Inc. (ORSI)
PO Box 512
Owasso, OK 74055
www.qsl.net/orsi

Coordinator
Merlin Griffin, WB5SOM
wb5osm@hotmail.com

OREGON
Oregon Region Relay Council
(ORRC)
PO Box 4402
Portland, OR 97208-4402
www.orrc.org

Chair
Marshall Johnson Sr, KK7CW
1645 9th Ave SE #171
Albany, OR 97322
kk7cw@arrl.net

PENNSYLVANIA—EASTERN
Area Repeater Coordination
Council (ARCC)
PO Box 232
Bedminster, PA 18910
www.arcc-inc.org
info@arcc-inc.org

PENNSYLVANIA—WESTERN
Western Pennsylvania
Repeater Council (WPRC)
10592 Perry Highway
PMB 173
Wexford, PA 15090
wprc@qsl.net
www.qsl.net/wprc

PUERTO RICO
Puerto Rico/Virgin Islands
Volunteer Frequency
Coordinators (PR/VI VFC)

Coordinator
Victor M. Madera, KP4PQ
PO Box 191917
San Juan, PR 00919
vmmadera@prtc.net

RHODE ISLAND
NESMC—See Maine

SOUTH CAROLINA
Southeastern Repeater Association (SERA)
www.sera.org/sc.html

Director and Coordinator
Jim Cantrell, WJ4C
33 Ben Black Rd
Union, SC 29379
wj4c@sera.org

SOUTH DAKOTA
Coordinator
Richard L. Neish, WØSIR
Box 100
Chester, SD 57016-0100
neish@itctel.com

TENNESSEE
Southeastern Repeater Association (SERA)
www.sera.org/tn.html

Director and Coordinator
Alan McClain, KA4BNI
PO Box 672
Dresden, TN 38255
ka4bni@sera.org

TEXAS
Texas VHF/FM Society (TVFS)
www.txvhffm.org

President
Rusty Herman, KB5R
116 S. Ave C
Humble, TX 77336
281-548-1500

State Frequency Coordination
Paul Baumgardner, W5PSB
12936 Honey Locust Cir
Euless, TX 76040
817-868-7663
coord@txvhffm.org

UTAH
Utah VHF Society (UVHFS)
www.ussc.com/~uvhfs

Coordinator
John Lloyd K7JL
2078 Kramer Dr
Sandy, UT 84092
lloyd@ussc.com

VERMONT
Vermont Independent Repeater Coordination Committee (VIRCC)
www.ranv.org/rptr.html

Mitchell Stern, W1SJ
PO Box 99
Essex, VT 05451
w1sj@arrl.net

VIRGINIA—SOUTH OF 38TH PARALLEL AND US 33
Southeastern Repeater Association (SERA)
www.sera.org/va.html

Coordinator—West
Mike Knight, K4IJ
4267 Prices Fork Rd
Blacksburg, VA 24060
k4ije@sera.org

Coordinator—East
Jim Campbell, K4YM
520 Meadow Dr
Tappahannock, VA 22530
k4ym@sera.org

Coordinator—Central
Jay Campbell, N4YMY
12085 Cheroy Woods Ct
Ashland, VA 23005
n4ymy@sera.org

VIRGINIA—NORTH OF 38TH PARALLEL AND US 33
T-MARC—See Maryland

WASHINGTON—EASTERN
Inland Amateur Coordination Council (IACC)
Coordinator
Doug Rider, KC7JC
19410 E. Buckeye Ave
Spokane Valley, WA 99027-9584
djr876@comcast.net

WASHINGTON—WESTERN
Western Washington Amateur Relay Association (WWARA)
PMB 243
16541 Redmond Way
Redmond WA 98052-4482
www.wwara.org
secretary@wwara.org

Chair
John Schurman, AA7UJ
12057 NE 97th St
Kirkland, WA 98033
aa7uj@aol.com

Vice Chair
Bob Lewis, W7AN
PO Box 10215
Bainbridge Island, WA 98110
w7an@arrl.net

Secretary
Mark McClain, N6OBY
10803 164th Place NE
Redmond, WA 98052
n6oby@prodigy.net

WEST VIRGINIA—EASTERN PANHANDLE
T-MARC—See Maryland

WEST VIRGINIA—ALL OTHER AREAS
Southeastern Repeater Association (SERA)
www.sera.org/wv.html

Director
H. Alex Hedrick, N8FWL
1021 Woodlawn Ave
Beckley, WV 25801-6431
n8fwl@sera.org

Vice Director
Richard Dillon, K8VE
PO Box 1177
Buckhannon, WV 26201-1777
k8ve@sera.org

Coordinator
Chris Hatcher, KC8AFH
PO Box 992
Beaver, WV 25813
kc8afh@sera.org

WISCONSIN
Wisconsin Association of Repeaters (WAR)
www.wi-repeaters.org
Chair
Gary Bargholz, N9UUR
8273 North 53rd St
Brown Deer, WI 53223
n9uur@wi-repeaters.org
Coordinator
Dave Karr, KA9FUR
S64 W24740 Susan St
Waukesha, WI 53189
ka9fur@wi-repeaters.org

WYOMING
Wyoming Council of Amateur Radio Clubs (WCARC)
www.breazile.com/ham
Chair
Greg Galka, N7GT
310 East Iowa
Cheyenne, WY 82009
galka6@bresnan.net

ALBERTA
Don Moman, VE6JY
PO Box 127
Lamont, AB T0B 2R0
ve6jy@3web.net

BRITISH COLUMBIA
British Columbia Amateur Radio Coordination Council (BCARCC)
www.bcarcc.org
Coordinator
George Merchant, VE7CHU
680 Alpine Court
North Vancouver, BC
Canada V7R 2L8
coordinator@bcarcc.org

MANITOBA
Coordinator
Tom Blair, VE4TOM
121 Miramar Rd
Winnipeg, MB R3R 1E4
tom1@mts.net

MARITIME PROVINCES
MARCAN Frequency Coordinator
Ron MacKay, VE1AIC
Box 188
Cornwall, PEI C0A 1H0
ve1aic@rac.ca
ve1cra.no-ip.com

NEWFOUNDLAND AND LABRADOR
VOARA
Ken Whalen, VO1ST
24 Wadland Crescent
St. John's, NF A1A 2J6
vo1st@rac.ca
www.avalon.nf.ca/~techline

ONTARIO—EAST AND NORTH
SLVRC—See Far Northern New York

ONTARIO—SOUTHWEST
Western New York and Southern Ontario Repeater Council
PO Box 244
Niagara Falls, ON L2E 6T3
home.cogeco.ca/~wnysorc/

QUEBEC—WITHIN 50 km OF THE OTTAWA RIVER
SLVRC—See Far Northern New York

QUEBEC—ALL OTHER AREAS
Radio Amateur du Quebec, Inc (RAQI)
4545 ave Pierre du Coubertin, CP1000
Montreal, QC H1V 3R2
www.raqi.ca
raqi@sympatico.ca

SASKATCHEWAN
Saskatchewan Amateur Radio League (SARL)
Stan Ewert, VE5SC
7 Federal Dr
White City, SK S0G 5B0
sewert@sk.sympatico.ca

OTHER CANADIAN AREAS
Ken Oelke, VE6AFO
729 Harvest Hills Dr NE
Calgary, AB T3K 4R3
ve6afo@rac.ca

CHAPTER FOUR

REPEATER LINGO / HINTS

This chapter covers a basic course in "repeater-speak" and explains many of the terms heard on your local repeater.

REPEATER LINGO:

Definitions of the words and phrases commonly used on repeaters:

Autopatch - A device that interfaces the repeater system with the telephone system to extend ham communications over the telephone communications network.

Breaker - A ham who interjects his call sign during a QSO in an attempt to get a chance to communicate over a repeater.

Channel - The pair of frequencies (input and output) a repeater operates on.

Closed Repeater - A repeater whose use is limited to certain individuals. These are completely legal under FCC rules.

Control Operator - An individual ham designated to "control" the repeater, as required by FCC regulations.

COR - Carrier-Operated-Relay, a device that, upon sensing a received signal, turns on the repeater's transmitter to repeat the received signal.

Courtesy Tone - A short tone sounded after each repeater transmission to permit other stations to gain access to the repeater before the tone sounds.

Coverage - The geographical area in which the repeater may be used for communications.

CTCSS - Continuous Tone Coded Squelch System, a sub-audible tone system which operates the squelch (COR) of a repeater when the corresponding sub-audible tone is present on a transmitted signal. The squelch on a repeater which uses CTCSS will not activate if the improper CTCSS tone, or if no tone, is transmitted.

Crossband - Communications to another frequency band by means of a link interfaced with the repeater.

Desense - Degradation of receiver sensitivity caused by strong unwanted signals reaching the receiver front end.

Duplexer - A device that permits the use of one antenna for both transmitting and receiving with minimal degradation to either the incoming or outgoing signals.

Frequency Synthesis - A scheme of frequency generation in modern transceivers using digital techniques.

Full Quieting - Signal strength in excess of amount required to mask ambient noise.

Hand-Held - A portable FM transceiver that is small enough to use and carry in one hand.

Input - The frequency the repeater receiver is tuned to: The frequency that a repeater user transmits on.

Intermod - Interference caused by spurious signals generated by intermodulation distortion in a receiver front end or transmitter power amplifier stage.

Key-Up - Turning on a repeater by transmitting on its input frequency.

LiTZ - Long Tone Zero (LiTZ) Alerting system. Send DTMF zero (0) for at least three seconds to request emergency/urgent assistance.

Machine - The complete repeater system.

Mag-Mount - A mobile antenna with a magnetic base that permits quick installation and removal from the motor vehicle.

Offset - The spacing between a repeater's input and output.

Omnidirectional - An antenna system that radiates equally in all directions.

Output - The frequency the repeater transmits on; the frequency that a repeater user receives on.

Picket-Fencing - Rapid flutter on a mobile signal as it travels past an obstruction.

Polarization - The plane an antenna system operates in; most repeaters are vertically polarized.

Reverse Autopatch - A device that interfaces the repeater with the telephone system and permits users of the phone system to call the repeater and converse with on-the-air repeater users.

Reverse Split - A split-channel repeater operating in the opposite direction of the standard.

RPT/R - Abbreviation used after repeater call signs to indicate that the call sign is being used for repeater operation.

Simplex - Communication on one frequency, not via a repeater

Splinter Frequency - 2-meter repeater channel 15 kHz above or below the formerly standard 30 kHz-spaced channel.

Split Sites - The use of two locations for repeater operation (the receiver is at one site and the transmitter at another), and the two are linked by telephone or radio.

Squelch Tail - The noise burst that follows the short, unmodulated carrier following each repeater transmission.

Time-Out-Timer - A device that limits the length of a single repeater transmission (usually 3 minutes).

Tone Pad - A device that generates the standard telephone system tones used for controlling various repeater functions.

ARRL MESSAGE FORM INSTRUCTIONS

Every formal radiogram message originated and handled should contain the following four main components in the order given.

1. Preamble

The Preamble includes information used to prioritize and track the message and ensure its accuracy.

    (A) Number. Assigned by the Station of Origin and never changed. Begin with 1 each month or year.

    (B) Precedence. Determines the order in which traffic is passed. Assign each message a Precedence of R (Routine), W (Welfare), P (Priority) or EMERGENCY.

    (C) Handling Instructions (HX). Optional, used only if a specific need is present.

    (D) Station of Origin. The call sign of the station originating (creating) the message.

    (E) Check. The number of words or word groups in the text of the message. A word group is any group of one or more consecutive characters with no interrupting spaces.

    (F) Place of Origin. The location (city and state) of the party for whom the message was created, and not necessarily the location of the Station of Origin.

    (G) Time Filed. Optional, used only when the filing time has some importance relative to the Precedence, Handling Instructions or Text.

    (H) Date. The date the message was filed. (If Time Filed is used, date and time must agree.)

2. Address

Name, address, city, state, ZIP and telephone number of the intended recipient, as complete as possible. Note that punctuation is not used in the Address section.

3. Text

The message information, limited to 25 words or less if possible. Normal punctuation characters are not used in the text. A question mark is sent as QUERY, while DASH is sent for a hyphen. The letter X is used as a period (but never after the last group of the text) and counts as a word when figuring the Check. The letter R is used in place of a decimal in mixed figure groups (example: 146R52 for 146.52).

4. Signature

The name of the party for whom the message was originated. May include additional information such as Amateur Radio call sign, title, address, phone number and so on.

Message Example

1. Preamble	1	R	HXG	W1AW	8	NEWINGTON CT		1830Z JULY 1
	(A)	(B)	(C)	(D)	(E)	(F)		(G) (H)

2. Address   DONALD SMITH
                  164 EAST SIXTH AVE
                  NORTH RIVER CITY MO 00789
                  555 1234

3. Text   HAPPY BIRTHDAY X SEE YOU SOON X LOVE

4. Signature   DIANA

ARRL MESSAGE PRECEDENCES

EMERGENCY—Any message having life and death urgency to any person or group of persons, that is transmitted by Amateur Radio in the absence of regular commercial facilities. This includes official messages of welfare agencies during emergencies requesting supplies, materials or instructions vital to relief efforts for the stricken populace in emergency areas. On CW and digital modes, this designation will always be spelled out. *When in doubt, do not use this designation.*

PRIORITY—Abbreviated as P on CW and digital modes. This classification is for important messages having a specific time limit, official messages not covered in the emergency category, press dispatches and emergency-related traffic not of the utmost urgency.

WELFARE—Abbreviated as W on CW and digital modes. This classification refers to an inquiry about the health and welfare of an individual in the disaster area, or to an advisory from the disaster area that indicates all is well. Welfare traffic is handled only after all Emergency and Priority traffic is cleared. The Red Cross equivalent to an incoming Welfare message is DWI (Disaster Welfare Inquiry).

ROUTINE— Abbreviated as R on CW and digital modes. Most traffic in normal times will bear this designation. In disaster situations, traffic labeled Routine should be handled last, or not at all when circuits are busy with higher-precedence traffic.

THE AMERICAN RADIO RELAY LEAGUE
RADIOGRAM
VIA AMATEUR RADIO

NUMBER	PRECEDENCE	HX	STATION OF ORIGIN	CHECK	PLACE OF ORIGIN	TIME FILED	DATE

TO

THIS RADIO MESSAGE WAS RECEIVED AT
AMATEUR STATION _____ PHONE _____
NAME _____
STREET ADDRESS _____
CITY, STATE, ZIP _____

TELEPHONE NUMBER

REC'D FROM	DATE	TIME	SENT TO	DATE	TIME

THIS MESSAGE WAS HANDLED FREE OF CHARGE BY A LICENSED AMATEUR RADIO OPERATOR, WHOSE ADDRESS IS SHOWN IN THE BOX AT RIGHT ABOVE. AS SUCH MESSAGES ARE HANDLED SOLELY FOR THE PLEASURE OF OPERATING, NO COMPENSATION CAN BE ACCEPTED BY A "HAM" OPERATOR. A RETURN MESSAGE MAY BE FILED WITH THE "HAM" DELIVERING THIS MESSAGE TO YOU. FURTHER INFORMATION ON AMATEUR RADIO MAY BE OBTAINED FROM ARRL HEADQUARTERS, 225 MAIN STREET, NEWINGTON, CT 06111

THE AMERICAN RADIO RELAY LEAGUE, INC, IS THE NATIONAL MEMBERSHIP SOCIETY OF LICENSED RADIO AMATEURS AND THE PUBLISHER OF *QST* MAGAZINE. ONE OF ITS FUNCTIONS IS PROMOTION OF PUBLIC SERVICE COMMUNICATION AMONG AMATEUR OPERATORS. TO THAT END, THE LEAGUE HAS ORGANIZED THE NATIONAL TRAFFIC SYSTEM FOR DAILY NATIONWIDE MESSAGE HANDLING.

PRINTED IN USA

ARRL MESSAGE HANDLING INSTRUCTIONS

Handling instructions (HX) convey special instructions to operators handling and delivering the message. The instruction is inserted in the message Preamble between the Precedence and the Station of Origin. Its use is optional with the originating stations, but once inserted it is mandatory with all relaying stations.

PROSIGN INSTRUCTION

HXA   (Followed by number.) Collect landline delivery authorized by addressee within _____ miles. (If no number, authorization is unlimited.)

HXB   (Followed by number.) Cancel message if not delivered within _____ hours of filing time; service originating station.

HXC   Report date and time of delivery (TOD) to originating station.

HXD   Report to originating station the identity of station from which received, plus date and time. Report identity of station to which relayed, plus date and time, or if delivered report date, time and method of delivery.

HXE   Delivering station get reply from addressee, originate message back.

HXF   (Followed by number.) Hold delivery until _____ (date).

HXG   Delivery by mail or landline toll call not required. If toll or other expense involved, cancel message and service originating station.

Disaster Welfare Message Form

Number	Precedence	HX	Station of Origin	Check	Place of Origin	Time Filed	Date

TO:

Telephone number:

Message Receipt or Delivery Information
Operator and station: _____
Sent to: _____
Delivered to: _____
Date: _____ Time: _____

(Circle not more than two standard texts from list below)

ARL ONE   Everyone safe here. Please don't worry.
ARL TWO   Coming home as soon as possible.
ARL THREE   Am in _____ hospital. Receiving excellent care and recovering fine.
ARL FOUR   Only slight property damage here. Do not be concerned about disaster reports.
ARL FIVE   Am moving to new location. Send no further mail or communications. Will inform you of new address when relocated.
ARL SIX   Will contact you as soon as possible.
ARL SIXTY FOUR   Arrived safely at _____

Time	Date	Telephone	Signature	Name

ARRL NUMBERED RADIOGRAMS FOR POSSIBLE "RELIEF EMERGENCY USE"

Numbered radiograms are an efficient way to convey common messages. The letters ARL are inserted in the Preamble in the Check and in the text before spelled out numbers, which represent texts from this list. Note that some ARL texts include insertion of information.

Example: NR 1 W W1AW ARL 4 NEWINGTON CT DEC 25 DONALD R SMITH 164 EAST SIXTH AVE NORTH RIVER CITY MO PHONE 733 3968 BT ARL ONE ARL TWO BT DIANA AR.

ONE	Everyone safe here. Please don't worry.
TWO	Coming home as soon as possible.
THREE	Am in _____ hospital. Receiving excellen care and recovering fine.
FOUR	Only slight property damage here. Do not be concerned about disaster reports.
FIVE	Am moving to new location. Send no further mail or communication. Will inform you of new address when relocated.
SIX	Will contact you as soon as possible.
SEVEN	Please reply by Amateur Radio through the amateur delivering this message. This is a free public service.
EIGHT	Need additional _____ mobile or portable equipment for immediate emergency use.
NINE	Additional _____ radio operators needed to assist with emergency at this location.
TEN	Please contact _____. Advise to standby and provide further emergency information, instructions or assistance.
ELEVEN	Establish Amateur Radio emergency communications with _____ on _____ MHz.
TWELVE	Anxious to hear from you. No word in some time. Please contact me as soon as possible.
THIRTEEN	Medical emergency situation exists here.
FOURTEEN	Situation here becoming critical. Losses and damage from _____ increasing.
FIFTEEN	Please advise your condition and what help is needed.
SIXTEEN	Property damage very severe In this area.
SEVENTEEN	REACT communications services also available. Establish REACT communication with _____ on channel _____.
EIGHTEEN	Please contact me as soon as possible at _____.

NINETEEN	Request health and welfare report on _____ (name, address, phone).
TWENTY	Temporarily stranded. Will need some assistance. Please contact me at _____.
TWENTY ONE	Search and Rescue assistance is needed by local authorities here. Advise availability.
TWENTY TWO	Need accurate information on the extent and type of conditions now existing at your location. Please furnish this information and reply without delay.
TWENTY THREE	Report at once the accessibility and best way to reach your location.
TWENTY FOUR	Evacuation of residents from this area urgently needed. Advise plans for help.
TWENTY FIVE	Furnish as soon as possible the weather conditions at your location.
TWENTY SIX	Help and care for evacuation of sick and injured from this location needed at once.

YOUR CHOICE OF MASTERPIECE

IC-7800

Both have...
- 200 Watt, Full Duty Cycle
- At least two 32 Bit IF-DSPs + 24 Bit AD/DA Converters
- +40dBm 3rd Order Intercept Point
- Selectable, "Build Your Own" IF Filters Shapes

So what's the difference?
The 7800 has 2 built-in independent receivers. The 7700 has one, and makes a great run rig to add to your station.

NEW IC-7700

www.icomamerica.com

©2008 Icom America Inc. The Icom logo is a registered trademark of Icom Inc. All specifications are subject to change without notice or obligation. 10011

29.5-29.7 MHz

Location	Output	Input	Notes	Call	Sponsor
ALABAMA					
Foley	29.6600	–	O 118.8 TT(RACES)r	WB4GMQ	WB4GMQ
Gadsden/Southside	29.6200	–	O 100.0	WD4JB	WD4JB
Pelham	29.6600	–	O 100.0l	KR4UD	KR4UD
Tuscaloosa	29.6400	–	●x	KX4I	KX4I
ALASKA					
SOUTH CENTRAL					
Anchorage	29.6600	–	ta	WL7CWE	CARA
CALIFORNIA					
FREQUENCY USAGE - SOUTHERN CALIFORNIA					
So Cal	29.5000			SIMPLEX	
So Cal	29.6000			SIMPLEX	
NORCAL-CENTRAL COAST					
Santa Cruz	29.6600	–	O 156.7esx	K6HJU	IRCSLV
NORCAL-NORTH BAY					
Clear Lake	29.6800	–	O 156.7#elx	NØEDS	NØEDS
Middeletown	29.6400	–	O 156.7lx	AC6VJ	AC6VJ
NORCAL-SACRAMENTO VALLEY					
Auburn	29.6200	–	O 156.7x	N6JSL	PARK
NORCAL-SAN JOAQUIN VALLEY					
Ahwahnee	29.6800	–	O 82.5ex	WB6NIL	WB6NIL
Copperopolis	29.6600	–	O 141.3elx	KG6TXA	SALAC
NORCAL-SOUTH BAY					
Los Altos	29.6400	–	O 156.7elx	KB6LED	KB6LED
San Jose	29.6200	–	O 127.3#l	KD6AOG	KD6AOG
NORCAL-TAHOE					
So Lake Tahoe	29.6800	–	O 156.7elx	W6SUV	W6SUV
SOCAL-#LA CENTRAL					
Arcadia	29.6600	–	107.2	K6TY	------------
Los Angeles	29.6200	–	107.2	NI8H	BHARC
SOCAL-#LA EAST					
Johnstone Peak	29.6800	–	107.2	K6BFS	WEEVIL
SOCAL-#ORANGE					
Santiago Peak	29.6400	–	107.2	W6KRW	OC RACES
COLORADO					
DENVER METRO					
Denver	29.6200	–	O	WØTX	DRC
CONNECTICUT					
FREQUENCY USAGE					
Snp	29.6800	–	O		
FLORIDA					
EAST CENTRAL					
Cocoa	29.6400	–	O 103.5/103.5	N4LEM	N4LEM

29.5-29.7 MHz
FLORIDA-INDIANA

Location	Output	Input	Notes	Call	Sponsor
NORTH CENTRAL					
Ocala	29.6800	–	OL(145.43)	KA2MBE	KA2MBE
NORTH EAST					
Tavares	29.6800	–	O 103.5/103.5 L(147)	WN4AMO	WN4AMO
NORTH EAST - JACKSONVILLE					
Hilliard	29.6200	–	O	W4COJ	W4COJ
Jacksonville	29.6400	–	O 103.5/103.5a(CA)el	NS4R	NS4R
NORTH WEST - TALLAHASSEE					
Tallahassee	29.6600	–	O 94.8/94.8e L(444.8)sx	K4TLH	TARS
SOUTH EAST - MIAMI/FT LAUD					
Miami	29.6400	–	● 110.9/110.9rsBlx	W4HN	W4HN
WEST CENTRAL - TAMPA/ST PETE					
Brandon	29.6800	–	Oe L(145.390)rs	WB4AKA	WB4AKA

GEORGIA

Location	Output	Input	Notes	Call	Sponsor
Dalton	29.6800	–	Oal	N4BZJ	------------
Macon	29.6200	–	O#	KF4XH	------------
Monroe	29.6200	–	O	KQ4XL	KQ4XL
Sharpsburg	29.6400	–	146.2	AG4ZR	AG4ZR
Valdosta	29.6800	–	141.3el	WR4SG	KB0Y
Warner Robins	29.6600	–	O	WR4MG	WR4MG

ILLINOIS
NORTHEAST

Location	Output	Input	Notes	Call	Sponsor
Woodstock	29.6800	–	114.8	WB9YWX	WB9YWX
ROCKFORD					
Rockford	29.6200	–	118.8el	K9AMJ	K9AMJ
ST LOUIS					
Godfrey	29.6200	–	O 88.5	K9KE	K9KE
Godfrey	29.6600	–	O 88.5	K9KE	K9KE
Mascoutah	29.6800	–	I	AA9ME	AA9ME
Troy	29.6400	–	I	AA9MZ	AA9MZ
WEST CENTRAL					
Versailles	29.6800	–	103.5	KB9JVU	KB9JVU

INDIANA
EAST CENTRAL

Location	Output	Input	Notes	Call	Sponsor
New Castle	29.6600	–	O 110.9rs WX	K9APR	K9APR
NORTH CENTRAL					
Elkhart	29.6200	–	O 131.8	N9JHQ	N9JHQ
South Bend	29.6800	–	O 131.8e	W9AMR	W9AMR
NORTHWEST					
Valparaiso	29.6400	–	O 131.8e	KB9KRI	Duneland
SOUTH CENTRAL					
Bedford	29.6800	–	O 136.5elwx x	N9UMJ	N9UMJ

29.5-29.7 MHz — IOWA-MONTANA

Location	Output	Input	Notes	Call	Sponsor
IOWA					
SIOUX CITY					
Sioux City	29.6200	–	179.9	KØTFT	SARA
KENTUCKY					
Ingle	29.6800	–	O 146.2e	AC4DM	AC4DM
Louisville	29.6400	–	O	KK4CZ	KK4CZ
LOUISIANA					
NEW ORLEANS					
New Orleans	29.6800	–	Oelrxz	N5OMG	N5OMG
MAINE					
PORTLAND/SOUTH COAST					
Sanford	29.6400	–	O 156.7ae L(CCS NET)	N1KMA EXPx	CLEOSYS
West Newfield	29.6400	–	O 156.7ae L(CCS NET)	N1KMA EXPx	CLEOSYS
Windham	29.6800	–	O 173.8e L(444.950 COLOCATED)	N1FCU	N1FCU
MARYLAND					
SOUTH					
Mechanicsville	29.6200	–	141.3elr	N3PX	SPARC
Mechanicsville	29.6200	448.3000	O 141.3elr	N3PX	SPARC
WASHINGTON AREA					
Silver Spring	29.6600	–	141.3el	N3AUY	+KD3R
Silver Spring	29.6600	444.0250	156.7el	N3AUY	+KD3R
MASSACHUSETTS					
BOSTON METRO					
Boston	29.6800	–	O 131.8	WA1NVC	WA1NVC
METROWEST					
Maynard	29.6200	–	O 100.0e L(MMRA)rx	W1OJ	W1OJ
MICHIGAN					
LOWER PEN SOUTHEAST					
Ann Arbor	29.6400	–	O 114.8 (CA) lx	WD8DPA	WD8DPA
MINNESOTA					
METRO					
Credit River	29.6200	–	O	NØKP	SCAN
MISSISSIPPI					
Bay Saint Loui	29.6400	–	O 136.5el	KB5MPW	WQRZ
MONTANA					
SOUTH CENTRAL					
Bozeman	29.6200	–	Ol	KB7KB	BARBS

64 29.5-29.7 MHz
NEBRASKA-OHIO

Location	Output	Input	Notes	Call	Sponsor
NEBRASKA					
OMAHA					
Bellevue	29.6400	–	Oe L(444.875)r	WBØQQK	WB0QQK
NEVADA					
SIERRA/TAHOE					
SLake Tahoe	29.6800	–	O	WA6SUV	WA6SUV
NEW HAMPSHIRE					
LAKES REGION					
Rochester	29.6600	–	O 131.8 L(224.78)	WB1GGI	M L P
NEW YORK					
CATSKILLS NORTH					
Walton	29.6600	–	O 107.2	K2NK	------------
MID HUDSON					
Cragsmoor	29.6900	–	O 100.0lx	WB2BQW	NE Connect
Mahopac	29.6600	–	O 94.8l	K2HR	AliveNtARC
Nyack	29.6400	–	O 114.8l	N2ACF	------------
Wurtsburo	29.6200	–	O 146.2l	KQ2H	------------
NEW YORK CITY - MANHATTAN					
Manhattan	29.6200	–	146.2	KQ2H	------------
Manhattan	29.6600	–	O 88.5 TTelr sRBxz	KC2ENI	------------
Manhattan	29.6800	–	O 136.5 TTe L(441.100)rsBl WX	N2HBA	FDNY ARG
NIAGARA					
Boston	29.6800	–	O 107.2 L(BARRA)	K2GTM	BARRA
ROCHESTER					
Avon	29.6200	–	O	WR2AHL	GRIDD
Rochester	29.6800	–	O 123.0l	N2HJD	RRRA
NORTH CAROLINA					
High Point	29.6400	–	103.5lp	KE4QOX	KE4QOX
Newport	29.6600	–	O	K4GRW	K4GRW
Rocky Mount	29.6600	–	Oe	N4JEH	N4JEH
Thomasville	29.6800	–	O 88.5l	WW4DC	WW4FL
Wilkesboro	29.6200	–	Ol	KC4XE	BLUE RIDGE
Youngsville	29.6200	–	100.0el	WB4IUY	WB4IUY
OHIO					
CARROLL					
Malvern	29.6600	–	aelrz	K8NNC	CC ARES
LORAIN					
N Ridgeville	29.6200	–		W8HF	W8HF
LUCAS					
Toledo	29.6800	–	O	W8HHF	TMRA
MONTGOMERY					
Dayton	29.6400	–	O	WF8M	MVRFG
STARK					
Massillon	29.6400	–	O 103.5	W8NP	K8LK

29.5-29.7 MHz   OHIO-WASHINGTON

Location	Output	Input	Notes	Call	Sponsor
WARREN					
Mason	29.6200	–	Ot	KD8C	FARA
PENNSYLVANIA					
DELAWARE					
Chester	29.6200	–	O 162.2elr RB WX	W3PS	METRO-COMM
NORTHWEST					
Meadeville	29.6400	–	O	W3MIE	CrwfrdARS
PITTSBURGH					
Apollo	29.6800	447.8000	O 131.8aelr xz	N1RS	SARA
Apollo	29.6800	–	O 141.3aelr xz	N1RS	SARA
Irwin	29.6200	–	Oe	WA3PBD	------------
SOUTHWEST					
Indiana	29.6600	–	O	W3BMD	ICARC
PUERTO RICO					
E					
Aguas Buenas	29.6200	–	OE-SUN	KP4IA	------------
N					
Corozal	29.6600	–	O	KP3AV	------------
San Sebastian	29.6400	–	85.4	KP4IP	------------
SOUTH CAROLINA					
Sumter	29.6600	–	O	W4GL	SARA, INC.
TENNESSEE					
Gallatin/Bna	29.6400	–	O 107.2el	W4CAT	CATS
Memphis	29.6200	–	Ot#el	W4ZJM	W4ZJM
Springfield	29.6800	–	●	N8ITF	N8ITF
Tellico Plains	29.6800	–	O 146.2el	AJ4D	AJ4D
TEXAS					
Dallas	29.6200	–		KI0K	------------
Fort Worth	29.6600	–	O 192.8	W5DFW	FW 29
Rosehill	29.6800	–	O 123.0	K5SOH	------------
Wichita Falls	29.6200	–	Olwx	WB2NQV	------------
VIRGINIA					
Fancy Gap	29.6600	–	123.0l	KE4QOX	KE4QOX
NW					
Middleburg	29.6800	–	O 146.2e	KA4DCS	KA4DCS
WASHINGTON					
W WA - FREQUENCY USAGE					
	29.6000			CROSS-BAND USE	
	29.6000			SIMPLEX- VOICE	
29.5200 to	29.5800			RPTR INPUTS (20KHZ SPA	
29.6200 to	29.6800			RPTR OUTPUTS (20KHZ S	
W WA - WASHINGTON-NW					
Mt Constitution	29.6800	–	O 110.9el	W7UMH	10/6/440 RG
W WA - WASHINGTON-WEST					
Redmond	29.6200	–	O 100l	AA7UJ	------------

29.5-29.7 MHz
WEST VIRGINIA-QUEBEC

Location	Output	Input	Notes	Call	Sponsor
WEST VIRGINIA					
Beckley	29.6200	–	O	KA8OTX	KA4OTX
Beckley	29.6800	–	O 88.5lr	KE4QOX	KE4QOX
Charleston	29.6400	–	O 203.5l	WB8CQV	WB8CQV
Summersville	29.6600	–	88.5l	KE4QOX	KE4QOX
WYOMING					
NORTH WEST					
Cody	29.6800	–	O(CA)	KC7NP	KC7NP
SOUTH CENTRAL					
Rawlins	29.6400	–	Ol	KJ7AZ	KJ7AZ
ALBERTA					
HIGH RIVER					
Black Diamond	29.6900	29.5700	Ol	VE6ERW	VE6ERW
NEWFOUNDLAND AND LABRADOR					
AVALON EAST					
St Johns	29.6200	–	TTlRB	VO1KEN	VO1ST
ONTARIO					
METRO TORONTO					
Agincourt	29.6400	–	O	VE3WOO	------------
Uxbridge	29.6200	–	O 103.5 (CA) eL(TFM IRLP)	VE3TFM	TFMCS
NATIONAL CAPITAL REGION					
Ottawa	29.6200	–	136.5/136.5 L(I 2210)x	VE3TST	VE3HXP
QUEBEC					
Blainville Nord	29.5000	29.5000	O	VE2RNO	VE2THE
Gatineau	29.6800	–	O 173.8e	VE2REH	VE2ZVL
St-Calixte	28.1900	28.1900	O	VE2RVK	VE2VK
St-Calixte	29.6000	29.6000	141.3ex	VE2RVK	VE2VK
St-Calixte	29.6400	–	O 141.3	VE2RVK	VE2VK
St-Joseph du lac	29.6800	–	O	VE2RST	VE2GSB
OUTAOUAIS					
Gatineau	29.6800	–	173.8/173.8 (CA) L(I 2018)	VE2REH	ARAI

REV UP THE REPEATERS FROM HOME OR ON THE GO!

IC-7000
With two DSP processors, a two point manual notch filter, and a 2.5" color TFT display, this is one rig that can do it all - whether you're at home or on the road! Visit your authorized Icom dealer to find out more.

HF TO 70CM MULTIBANDER!
100 Watt HF+6M, 50 Watt 2M, 35 Watt 70CM | DSP^2 - Dual DSP Processors | Digital IF Filters | Twin Pass Band Tuning | MNF^2 - Dual Manual Notch Filters

www.icomamerica.com

©2008 Icom America Inc. The Icom logo is a registered trademark of Icom Inc. All specifications are subject to change without notice or obligation. 10010

51-54 MHz

Location	Output	Input	Notes	Call	Sponsor
ALABAMA					
Bessemer	53.1500	52.1500	○ael	N4AHN	KB4CII
Birmingham	53.2500	52.2500	○	W4CUE	BARC
Corner	53.1100	52.1100	○	N4UKE	N4UKE
Decatur	53.3700	52.3700	○ 100.0	W9KOP	W9KOP
Demopolis	53.2900	52.2900	○aelWX	N4QII	N4QII
Gadsden/Southside	53.0500	52.0500	○ 100.0	WD4JB	WD4JB
Guntersville	53.6300	52.6300	○ 100.0/100.0e	KC0ONR	KC0ONR
Huntsville	53.2100	52.2100	○ 100.0	W4XE	NARA
Mentone	53.1900	52.1900	○ 114.8ex	W4OZK	W4OZK
Mobile	53.0300	52.0300	○ 118.8	W4IAX	WB4GMQ
Montgomery	53.3500	52.3500	○ 100.0	W4AP	MARC
Moulton	53.1700	52.1700	○elWX	N4IDX	Bankhead A
Mulga	53.0900	52.0900	○el	KF4GPD	T.H.E.ARC
Pelham	53.7500	52.7500	100.0eWX	N4PHP	N4PHP
Vinemont	53.3300	52.3300	○	W4CFI	W4CFI
Warrior	53.0100	52.0100	○	N4CCQ	N4CCQ
ALASKA					
SOUTH CENTRAL					
Anchorage	51.6500	51.1500	103.5al	WL7CWE	CARA
ARIZONA					
NORTH CENTRAL					
Mt Union	52.5600	52.0600	○ 100	N7NGM	N7NGM
Prescott	53.0400	52.0400	○ 100al	WB7BYV	WB7BYV
PHOENIX METRO					
Skyharbor	53.0100	52.0100	○ 136.5	WB7QGJ	WB7QGJ
Tempe	53.2100	52.2100	○l	W7MOT	W7MOT
SOUTHEAST					
Vail	53.0800	52.0800	○ 136.5r	K7LHR	K7LHR
TUCSON METRO					
Tucson	53.2400	52.2400	○ 162.2	KG7KV	KG7KV
ARKANSAS					
CENTRAL					
Conway	53.2100	51.5100	○ 114.8	W5AUU	W5AUU
Little Rock	52.8100	51.1100	○el	K5POG	CAUHF
Searcy/ C Hill	52.8300	51.1300	○ 85.4ae	N5ZA	N5ZA
EAST CENTRAL					
Wynne	52.9500	51.9500	○ 107.2ers WX	N0HNQ	N0HNQ
NORTH					
Harrison	53.0300	51.3300	○l	WA9SSO	GathMtARC
Harrison	53.1500	52.1500	○sx	K5DRC	NAARS
NORTHWEST					
Decatur	51.9250	52.9250	○ 114.8el	N5UXE	N5UXE
Mountainburg	52.8700	52.1700	○WX	KC5MRE	KC5MRE
WEST					
Mena	52.9700	51.2700	○	N5AD	Oua. ARA

70   51-54 MHz
ARKANSAS-CALIFORNIA

Location	Output	Input	Notes	Call	Sponsor
WEST CENTRAL					
Mt Ida	52.9100	51.2100	O 100.0/100.0e	WX5HOT	WX5HOT
Mt Magazine	53.1100	51.4100	O 131.8 WX	N5XMZ	N5XMZ

CALIFORNIA
FREQUENCY USAGE - SOUTHERN CALIFORNIA

Location	Output	Input	Notes	Call	Sponsor
So Cal	51.0200			DX	
So Cal	51.0400			DX	
So Cal	51.0600			DX	
So Cal	51.0800			DX	
So Cal	51.1000			DX	
So Cal	51.5000			SIMPLEX	
So Cal	51.5200			SIMPLEX	
So Cal	51.5400			SIMPLEX	
So Cal	51.5600			SIMPLEX	
So Cal	51.5800			SIMPLEX	
So Cal	51.6000			SIMPLEX	
So Cal	51.6200	51.1200		DIGITAL	
So Cal	51.6400	51.1400		DIGITAL	
So Cal	51.6600	51.1600		DIGITAL	
So Cal	51.6800	51.1800		DIGITAL	
So Cal	52.0200			SIMPLEX	
So Cal	52.0400			SIMPLEX	
So Cal	52.5250			SIMPLEX	
So Cal	52.5400			SIMPLEX	
So Cal	52.7000	52.2000		TESTPAIR	
So Cal	53.0000			SIMPLEX	
So Cal	53.0200			SIMPLEX	
So Cal	53.1000			RC	
So Cal	53.2000			RC	
So Cal	53.3000			RC	
So Cal	53.4000			RC	
So Cal	53.5000			RC	
So Cal	53.5200			SIMPLEX	
So Cal	53.6000			RC	
So Cal	53.7000			RC	
So Cal	53.8000			RC	
So Cal	53.9000			SIMPLEX	
NORCAL-CENTRAL COAST					
Ben Lomond	52.8000	52.3000	O 114.8#ae sx	WR6AOK	SLVARC
Monterey	51.7600	51.2600	●lrs	WE6R	WE6R
San Ardo	51.8200	51.3200	O 136.5e	WR6VHF	CERT
SanLuisObispo	51.8200	51.3200	O 118.8el	WR6VHF	CERT
Santa Cruz	51.7200	51.2200	O 114.8#el	W6REB	W6REB
NORCAL-EAST BAY					
Berkeley	51.8200	51.3200	O 107.2el	WR6VHF	CERT
Concord	51.8200	51.3200	O 127.3el	WR6VHF	CERT
Hayward	52.7600	52.2600	O 114.8#ers	K6EAG	Hayward RC
Livermore	52.9000	52.4000	O 114.8elx	K6LRG	L.A.R.G.E.
Orinda	52.6800	52.1800	O 162.2ex	K6CHA	K6CHA
NORCAL-NORTH BAY					
Calistoga	52.6200	52.1200	O 114.8erx	K6ZRX	HAMSEXY
Clear Lake	51.9600	51.4600	O 114.8#elx	N0EDS	CDF/VIP
Guerneville	51.8000	51.3000	O 114.8#e	KM6XU	ChickenNet

51-54 MHz CALIFORNIA

Location	Output	Input	Notes	Call	Sponsor
Middletown	51.8400	51.3400	○ 88.5elx	AC6VJ	AC6VJ
Nacasio	52.8800	52.3800	○ 114.8e	KE6ORI	KE6ORI
Napa	51.8200	51.3200	○ 151.4e	WR6VHF	CERT
Napa	52.7200	52.2200	○ 114.8elx	N6TKW	HAMSEXY
NORCAL-NORTH COAST					
Scotia	51.8400	51.3400	○ 114.8aelx	N7HQZ	M.O.F.R.C.
Willits	51.7400	51.2400	○ 114.8elrsx	K7WWA	K7WWA
NORCAL-NORTH EAST					
Chester	52.7800	52.2800	○ 123elrsx	KF6CCP	N6TZG
Mt Shasta City	52.7200	52.2200	○ 110.9lx	K6PRN	Patio RS
Redding	51.7600	51.2600	○ 179.9#e	KD6NOL	KD6NOL
Redding	52.6600	52.1600	○ 107.2ex	WR6TV	W6QWN
NORCAL-SACRAMENTO VALLEY					
El Dorado	52.5600	52.0600	○ 107.2rsx	W6OIU	HAWK
ElDoradoHills	52.8200	52.3200	○ 110.9aex	WT6G	MEARA
Foresthill	52.9800	52.4800	○ 131.8#	N6ZQK	N6ZQK
Grass Valley	52.7200	52.2200	○ 100aelrs	WA6WER	CPRA
Grass Valley	52.7600	52.2600	○ 131.8ex	KF6GLZ	N6ZN
Grassvalley	52.6000	52.1000	○ 151.4rs	WD6AXM	WD6AXM
Magalia	51.9400	51.4400	○ 114.8#e	KC6USM	KC6USM
Pollock Pines	52.9800	52.4800	○ 141.3#	WB6DAX	WB6DAX
Sacramento	51.9800	51.4800	● ex	WU7Q	WU7Q
ShingleSprings	52.9000	52.4000	○ 100#	KG6HAT	KG6HAT
Vacaville	51.8200	51.3200	○ 141.3el	WR6VHF	CERT
Vacaville	52.7400	52.2400	○ 127.3aelrsx	WV6F	WVA
Vacaville	52.8600	52.3600	○ 136.5	N6NMZ	N6NMZ
NORCAL-SAN JOAQUIN VALLEY					
Bakersfield	51.8200	51.3200	○ 173.8el	WR6VHF	CERT
Bakersfield	51.8800	51.3800	○ 114.8el	KG6KKV	KG6KKV
Bakersfield	52.6000	52.1000	○ 82.5elx	KC6OVD	KC6OVD
Bakersfield	52.7800	52.2800	○ 82.5#	W6LIE	KCCVARA
Coarsegold	52.7000	52.2000	○ 127.3e	W6HMH	W6HMH
Fresno	51.8200	51.3200	○ 162.2	WR6VHF	CERT
Los Banos	51.8200	51.3200	○ 156.7el	WR6VHF	CERT
Modesto	51.8000	51.3000	○ 136.5esx	WD6EJF	SARA
New Idria	52.5800	52.0800	○ 82.5#lx	KC6OVD	KC6OVD
Porterville	51.8200	51.3200	○ 167.9el	WR6VHF	CERT
NORCAL-SOUTH BAY					
Los Gatos	51.8800	51.3800	○ 114.8#e	AB6VU	AB6VU
Los Gatos	51.9200	51.4200	○ 173.8elx	KU6V	KU6V
Palo Alto	52.6400	52.1400	○ 114.8elrsx	WA6FUL	WA6FUL
San Jose	51.8200	51.3200	○ 100lx	WR6VHF	CERT
San Jose	51.8200	51.3200	○ 131.8el	WR6VHF	CERT
San Jose	52.5800	52.0800	○ 151.4aels	W6PIY	WVARA
San Jose	52.6600	52.1600	○ 127.3#	KD6AOG	KD6AOG
San Jose	52.9400	52.4400	○ 100#	KG6HAT	KG6HAT
NORCAL-TAHOE					
InclineVillage	51.8600	51.3600	○ 94.8#x	N7VXB	PCSAR
So Lake Tahoe	52.8400	52.3400	○ 123#	K7UI	K7UI
NORCAL-WEST BAY					
Menlo Park	51.7800	51.2800	○ 114.8#lrx	KB7IP	NC6MLA
San Mateo	51.8200	51.3200	○ 123el	WR6VHF	CERT
Woodside	53.6400	53.1400	● esx	N6ZX	KMARC
SOCAL-#KE,LA,OR,RIV,SBAR,SBER,VE					
Frazier Mtn	52.5600	52.1600	○	N6BKL	------------

51-54 MHz
CALIFORNIA

Location	Output	Input	Notes	Call	Sponsor
SOCAL-#KERN					
El Paso Pk	52.7200	52.2200	82.5	W6NVY	------------
Shirley Peak	51.9800	51.4800	82.5	W6NVY	------------
SOCAL-#LA CENTRAL					
Arcadia	51.8600	51.3600	103.5	W6VIO	------------
Flint Peak	53.6800	53.1800	114.8	WA6MDJ	BHARC
Los Angeles	51.9000	51.4000	O	KC6MQL	------------
Los Angeles	53.6400	53.1400	100.0	WA6TFD	BHARC
Lukens	52.7400	52.2400	127.3	N6ENL	SCRN
Pico Rivera	52.6600	52.1600	O	WD6EZQ	------------
Wilson	52.5000	52.0000	O	W6ZOI	LARA
Wilson	52.8400	52.3400	94.8	WA6DVG	------------
SOCAL-#LA EAST					
Sunset	52.9000	52.4000	82.5	KB6MIP	------------
SOCAL-#LA NORTH					
Contractors PT	52.8600	52.3600	82.5	W6JW	------------
Oat Mtn	51.8000	51.3000	82.5	N6TCO	------------
Oat Mtn	51.8200	51.3200	82.5	W6NVY	------------
Santa Clarita	51.8600	51.3600	82.5	N6KNW	SCARC
SOCAL-#LA WEST					
Baldwin Hills	51.9200	51.4200	O	WA6MDJ	BHARC
Topanga Peak	52.5800	52.0800	O	KØJPK	------------
W Los Angeles	51.7800	51.2800	O	K6PYP	------------
Westchester	51.8800	51.3800	O	K6LH	------------
SOCAL-#LOMPOC					
Lompoc	51.8600	51.3600	O	WB6BGK	------------
Lompoc	52.8800	52.3800	82.5	WA6VPL	------------
SOCAL-#ONTARIO					
Chino Hills	51.7800	51.2800	O	WA6AJP	------------
SOCAL-#ORANGE					
Fullerton	51.7400	51.2400	Oel	N6ME	WARN
Orange	52.6400	52.1400	103.5	KB6CJZ	------------
Santiago Peak	52.6200	52.1200	103.5	W6KRW	OC RACES
SOCAL-#PALM SPRINGS					
Indio Hills	51.8400	51.3400	107.2	KA6GBJ	------------
SOCAL-#PALMDALE					
Hauser	51.9600	51.4600	82.5	W6NVY	------------
Lancaster	52.6800	52.1800	82.5	N6BCE	------------
Palmdale	52.6600	52.1600	O	WB6TTS	------------
SOCAL-#SAN BERNARDINO					
Green Vally LK	52.8800	52.3800	O	AA6PX	------------
Rimforest	52.9800	52.4800	103.5	KF6MZS	------------
Sky Forest	51.7600	51.2600	O	WA6BFH	------------
SOCAL-#SAN DIEGO					
Cuyamaca Peak	52.6000	52.1000	107.2	WA6ZZL	SD RACES
Palomar Mtn	52.6800	52.1800	107.2	W6NWG	PARC
Potrero	52.6600	52.1600	O	N6SXH	------------
San Diego	52.7800	52.2800	107.2	W6HDC	------------
SOCAL-#SANTA BARBARA					
Santa Barbara	52.9200	52.4200	88.5	K6BVA	SMUG
SOCAL-#THOUSAND OAKS					
Rasnow Pk	51.9400	51.4400	82.5	WB6RHQ	------------
SOCAL-#VENTURA					
Camarillo	51.8400	51.3400	82.5	WB6ZCO	------------
South Mtn	52.9800	52.4800	O	K6SMR	SMRA

51-54 MHz
CALIFORNIA-FLORIDA

Location	Output	Input	Notes	Call	Sponsor
SOCAL-KE,LA,OR,RIV,SBAR,SBER,VE					
Covers Area	52.9400	52.4400	●	W6+	------------
SOCAL-LA,OR,RIV,SBAR,SBER,SD,VE					
Covers Area	52.7200	52.2200	●	W6+	------------
Covers Area	52.7600	52.2600	●	W6+	------------
Covers Area	52.8000	52.3000	●	W6+	------------
SOCAL-LA,OR,RIV,SBER					
Covers Area	51.7200	51.2200	●	W6+	------------
SOCAL-LA,OR,RIV,SBER,SD					
Covers Area	52.8200	52.3200	●	W6+	------------

COLORADO
DENVER METRO

Location	Output	Input	Notes	Call	Sponsor
Denver	53.0500	52.0500	○ 107.2/107.2ex	W0CRA	CRA
Denver	53.0900	52.0900	○ 107.2/107.2e	W0TX	DRC
Denver	53.1100	51.4100	○t	N0PYY	DenPDEEB
Idaho Springs	53.1500	51.4500	○ 107.2x	N0PYY	DenPDEEB

SOUTH CENTRAL

| Canon City | 53.0300 | 52.0300 | ○e | WB0WDF | WB0WDF |

STATEWIDE

| Statewide | 53.0700 | 52.0700 | | | CntrlAccess |

CONNECTICUT
FREQUENCY USAGE

| Snp | 53.5700 | 52.5700 | | | |

FAIRFIELD & SOUTHWEST

| Bridgeport | 53.5900 | 52.5900 | ○ 77.0/77.0l | KD1RJ | FCSP |

HARTFORD & N CENTRAL

Bolton	53.4500	52.4500	○ 82.5/82.5el	W1HDN	PVRA
Bristol	53.0500	52.0500	○ 162.2/162.2	WA1IXU	------------
Hartland	53.1900	52.1900	162.2	W1XOJ	NYNES
Tolland	53.1500	52.1500	○ 162.2/100.0e	W1GPO	------------

NEW LONDON & SOUTHEAST

| Montville | 53.4100 | 52.4100 | ○ 156.7/156.7 | K1IKE | K1IKE |
| New London | 53.8500 | 52.8500 | ○ 156.7/156.7 | W1NLC | SCRAMS |

DISTRICT OF COLUMBIA
WASHINGTON AREA

| Washington | 53.3100 | 52.3100 | ●tae | N4QFW | N4QFW |

FLORIDA
CENTRAL - ORLANDO

| Eustis | 53.2300 | 52.2300 | ○ 103.5/103.5 (CA)e | KD4MBN | KD4MBN |
| Orlando | 53.0500 | 52.0500 | ○ 103.5/103.5 | KS4SX | KS4SX |

EAST CENTRAL

| Cocoa | 53.0700 | 52.0700 | ○ 103.5/103.5 | WB4OEZ | WB4OEZ |

51-54 MHz
FLORIDA-GEORGIA

Location	Output	Input	Notes	Call	Sponsor
NORTH EAST					
Palatka	53.0100	52.0100	O 123/123 L(145.370 146.700)sWX	AI4UI	AI4UI
NORTH EAST - JACKSONVILLE					
Jacksonville	53.0300	52.0300	O 103.5/103.5a(CA)el	NS4R	NS4R
Jacksonville	53.3300	52.3300	Oa(CA)er	W4RNG	Jax Range
Middleburg	53.2100	52.2100	O 141.3/141.3es	WD4NYT	WD4NYT
Orange Park	53.1900	52.1900	O 100/100e	K4SIX	CC Sixers
St Augustine	53.2500	52.2500	Oe	KF4MX	KF4MX
NORTH WEST					
Marianna	53.0100	52.0100	Oe	W4BKD	Chipola AR
Panama City	53.0500	52.0500	Oex	AC4QB	AC4QB
NORTH WEST - PENSACOLA					
Ft Walton Beach	53.1500	52.1500	O 100/100e	KC4YBE	BARC
NORTH WEST - TALLAHASSEE					
Tallahassee	53.0300	52.0300	O 94.8/94.8e sx	K4TLH	TARS
SOUTH CENTRAL					
Okeechobee	53.3100	52.3100	O	K4OKE	OARC
SOUTH EAST - MIAMI/FT LAUD					
Hialeah	53.2100	52.2100	O 110.9/110.9a(CA)ersBlx	WB4IVM	WB4IVM
Miami	53.0300	52.0300	Oel	AC4XQ	AC4XQ
Miami	53.0500	52.0500	Oe	WB4TWQ	WB4TWQ
Miami	53.2500	52.2500	● 110.9/110.9rsBlx	W4HN	W4HN
WEST CENTRAL					
Weeki Wachee	53.1300	52.1300	O 100/100a (CA)	KF4CIK	KF4CIK
WEST CENTRAL - TAMPA/ST PETE					
St Petersburg	53.1500	52.1500	O 146.2/146.2	KI4SIX	SIXERS
Tampa	51.6400	51.1400	O 192.8/192.8	KB4ABE	KB4ABE

GEORGIA

Location	Output	Input	Notes	Call	Sponsor
Atl/Marietta	53.0900	52.0900	O 151.4l	KD4DKW	BSRG
Atlanta	53.1500	52.1500	OaRB	KA5WZY	GPEARS/KA5
Augusta	53.0300	52.0300	Oel	W4WTA	COLUMBIA C
Biskey Mt	53.0500	52.0500	O 100.0ael RB	KC4JNN	NGAA
Cartersville	53.0700	52.0700	O 123.0e	WB4AEG	WB4AEG
Clyattville	53.3900	52.3900	141	WR4SG	SOUTH GA R
Cochran	53.0100	52.0100	O 77.0aelr WX	W4MAZ	W3LAP
Conley	53.6500	52.6500	100	N4MNA	N4MNA
Conyers	51.5500	52.5500	O 151.4#el	WB4JEH	------------
Conyers	53.5500	52.5500	O 151.4l	WB4JEH	------------
Crawford	53.3300	52.3300	O 88.5z	KD4FVI	QRV ELECTR
Cumming	51.7000	51.2000	O#	WA4YNZ	WA4YNZ
Dalton	53.1300	52.1300	O 141.3	N4BZJ	------------
Kingsland	51.9400	51.4400	O 82.5l	KC5BMJ	KC5BMJ
Lake Park	53.8900	52.8900	O 141.3	WR4SG	KB0Y

GEORGIA-ILLINOIS

Location	Output	Input	Notes	Call	Sponsor
Lawrenceville	53.1100	52.1100	O 82.5	W4GR	W4GR
Lula	53.8900	52.8900	O 82.5	WB4HJG	WB4HJG
Macon	53.3900	52.3900	O#	KF4XH	------------
Macon	53.4300	52.4300	O#e	KR4OL	------------
Marietta	53.2100	52.2100	O 79.7	N1KDO	N1KDO
Marietta	53.2500	52.2500	O 79.7z	KD4RBG	SOUTHERN P
McIntyre	53.7300	52.7300	O 77.0	KC4TVY	KF4CXL
Pine Log Mt	53.2900	52.2900	O 198.2#l	K4PLM	PINE LOG M
Pine Log Mt	53.4500	52.4500	O#	WD4OVN	KA4NNT
Roswell	53.0100	52.0100	Ot#	WA4YNZ	WA4YNZ
Summerville	53.7500	52.7500	O 127.3e	KK4MC	KK4MC
Warm Springs	53.2300	52.2300	O 97.4	KD4BDB	N4UER
Warner Robins	53.7900	52.7900	O	WR4MG	MID GA RAD
Watkinsville	53.5700	52.5700	O 123.0	KD4AOZ	KD4AOZ
Watkinsville	53.7100	52.7100		KD4AOZ	KD4AOZ
Waycross	53.4100	52.4100	141.3	AE4PO	KB4J

HAWAII
HAWAII

Location	Output	Input	Notes	Call	Sponsor
Glenwood	52.2000	51.2000	O 141.3al EXP	AH6GG	AH6GG
Hilo	51.8000	51.3000	O	WH6XM	WH6XM

OAHU

Location	Output	Input	Notes	Call	Sponsor
Honolulu	53.0300	52.0300	O	WH6F	WH6F

IDAHO
N ID - LEWISTON

Location	Output	Input	Notes	Call	Sponsor
Craig Mtn	53.3500	51.6500	O 100.0l	K7EI	K7EI

SOUTHEAST IDAHO

Location	Output	Input	Notes	Call	Sponsor
Idaho Falls	52.2500	51.2500	O	AB7OS	------------
Idaho Falls	52.5500	51.5500	O	AB7OS	------------

SW-ID

Location	Output	Input	Notes	Call	Sponsor
Boise	52.6200	52.1200	Ox	WA9WSJ	WA9WSJ

ILLINOIS
CHICAGO

Location	Output	Input	Notes	Call	Sponsor
Chicago	52.8900	51.1900	131.8a	K9SAD	SADFAR
Chicago	53.3300	51.6300	100	W9GG	R-FAR

DECATUR

Location	Output	Input	Notes	Call	Sponsor
Decatur	53.2300	51.5300	103.5e	WA9RTI	MACONCOAR

NORTH CENTRAL

Location	Output	Input	Notes	Call	Sponsor
Marseilles	52.8300	51.1300	114.8el	KA9FER	KA9FER
Seneca	53.5400	53.0400	100	KF9NZ	KF9NZ

NORTHEAST

Location	Output	Input	Notes	Call	Sponsor
Batavia	53.9100	52.2100	114.8el	W9XA	W9XA
Crystal Lake	52.9100	51.9100	114.8e	K9VI	BUCKFAR M1
Dekalb	52.8500	51.1500	O 100.0	W9GG	R-FAR
Elk Grove Vill	52.8300	51.1300	123.0l	WA9ZZU	WA9ZZU
Schaumburg	52.9500	51.9500	114.8e	N9KNS	MOTO ARC

ROCKFORD

Location	Output	Input	Notes	Call	Sponsor
Rockford	53.0100	52.0100	118.8el	K9AMJ	K9AMJ

SOUTHEAST

Location	Output	Input	Notes	Call	Sponsor
Mt Carmel	52.8100	51.1100	94.8	WB9UDJ	WB9UDJ

ST LOUIS

Location	Output	Input	Notes	Call	Sponsor
Godfrey	53.3500	51.6500	118.8	K9KE	K9KE

51-54 MHz
INDIANA-IOWA

Location	Output	Input	Notes	Call	Sponsor
INDIANA					
EAST CENTRAL					
Brookville	53.3700	52.3700	○e	N9HHM	N9HHM
Glenwood	53.4300	52.4300	○ 131.8/131.8e	WB9SBI	WB9SBI
Morristown	53.4700	52.4700	○	N9PDB	N9PDB
New Castle	53.0700	52.0700	○ 103.5	W9CSI	W9CSI
INDIANAPOLIS					
Indianapolis	52.5600	53.1600	○	WB9IHS	WB9IHS
Indianapolis	52.6000	52.8400	○ 100.el	WB9QLJ	IPL ARC
Indianapolis	53.0100	52.0100	○r	K9TNW	HQ RC
Noblesville	53.1100	52.1100	○ 77.0 (CA)el	W9ICE	ICE
NORTH CENTRAL					
Elkhart	53.7100	52.7100	○ 131.8ersWX	KA9DVL	KA9DVL
Goshen	53.0300	52.0300	○ 131.8z	KB9BIF	MCARS
Kokomo	53.3900	52.3900	○ 131.8	N9LLO	N9LLO
South Bend	52.6200	52.1200	○ 146.2e	N9OCB	N9OCB
South Bend	53.8500	52.8500	○ 131.8e E-SUN	N9JHQ	N9JHQ
NORTHEAST					
Angola	52.6800	52.9200	○	WB9FHD	WB9FHD
Auburn	52.6000	52.8400	○	WB9VDK	WB9VDK
Fort Wayne	53.2700	52.2700	○ 141.3l	N9VZJ	N9VZJ
Fort Wayne	53.3300	52.3300	○	W9FEZ	Mizpah Shr
North Webster	53.8900	52.8900	○ 131.8e	KF9MP	IRCS
Roanoke	53.1500	52.1500	○ 131.8	WB9VLE	WB9VLE
Urbana	53.2300	52.2300	○	N7ZOQ	N7ZOQ
NORTHWEST					
RollingPrairie	53.3500	52.3500	○ 131.8	N9LWD	N9LWD
Valparaiso	53.5700	52.5700	○ 131.8e	KB9KRI	Duneland
Valparaiso	53.8100	52.8100	○ersWX	AE9P	AE9P
SOUTH CENTRAL					
Jasonville	53.3100	52.3100	○ 88.5	KC9AK	DARC
Nashville	53.0900	52.0900	○lrsWX	KA9SWI	KA9SWI
Newburgh	53.1500	52.1500	○ 107.2elrs	KC9HJZ	KC9HJZ
Paoli	53.6300	53.6300	○rs	WB9FHP	WB9FHP
SOUTHWEST					
Jasper	53.2100	52.2100	○	N9NAU	N9NAU
WEST CENTRAL					
Cloverdale	53.7100	52.7100	○ 88.5	N9XYY	N9XYY
Danville	53.4500	52.4500	○ 88.5elz	WX9HC	HendricksC
Darlington	53.2500	52.2500	○lr	KB9HRS	Mont RACES
Graham	53.3100	52.3100	○wx	KC9FOW	KC9FOW
Terre Haute	52.5250	52.9200	○e	W9EQD	TerreHaute
West Lafayette	53.1900	52.1900	○e	W9YB	Purdue ARC
IOWA					
CENTRAL					
Sheldahl	53.0900	51.3900	○el	N0QFK	N0QFK
DES MOINES					
Gilman	53.0300	51.3300	151.4	KB0JQO	KB0JQO
Grimes	53.2500	51.5500	110.9e	N0INX	WestComm
WEST CENTRAL					
Mondamin	53.3900	51.6900	136.5aers	K0BVC	BVARC

51-54 MHz
KANSAS-LOUISIANA

Location	Output	Input	Notes	Call	Sponsor
KANSAS					
CENTRAL					
Russell	52.8500	51.1500	O 131.8/131.8 E-SUN L(IRLP 3917)	N7JYS	N7JYS
KANSAS CITY METRO					
Kansas City	53.3300	52.3300	O	WV0T	SEIDKR
Kansas City	53.8500	52.1500	O	WB0NSQ	WB0NSQ
Louisburg	53.1300	52.1300	O 88.5/88.5e E-SUNsx	K0HAM	NEKSUN
Missouri City	53.2900	51.5900	Oz	N0FUN	KC6METER
Shawnee Msn	53.1900	52.1900	OE-SUN	K0GXL	SMMC
SOUTH CENTRAL					
Kechi	52.8300	51.1300	O 156.7/156.7	WB0NRV	------------
SOUTHEAST					
Pittsburg	53.7900	52.0900	O 91.5/91.5	K0PKT	SLDDG
TOPEKA					
Topeka	52.9100	51.2100	O 88.5/88.5 E-SUNsx	K0HAM	NEKSUN
WICHITA					
Wichita	53.8900	52.8900	Oe	KC0AHN	BEARS
KENTUCKY					
Ashland	53.0100	52.0100	O 107.2 (CA) e	KC4QK	ASHLAND 24
Buffalo	53.2100	52.2100	77.0lRB WX	W4LJM	------------
Dorton	53.3500	52.3500	O	WR4AMS	WR4AMS
Hazard	53.8500	52.8500	O	K4TDO	K4TDO
Highland Heigh	53.3300	52.3300	O 123.0ae RB	AD4CC	NKU & AD4C
Highland Heigh	53.7500	52.7500	O 123.0	W4YWH	W4YWH
LaGrange	53.9500	52.9500	O	WB4WSB	WB4WSB
Lawrenceburg	53.1300	52.1300	O 107.2	K4TG	K4TG
Lexington	53.5700	52.5700	O(CA)	KE4LGL	KE4LGL
London	53.9100	52.9100	O 100.0elx	KE4ZJT	KE4ZJT
Louisville	52.0250	53.0250	Oe	WB4LBR	------------
Louisville	53.4300	52.4300	O 151.4	N7BBW	FLOYD CO R
Nancy	53.2700	52.2700	O 100.0aez	AC4DM	AC4DM
Nicholasville	53.0900	52.0900	103.5e	N4ALG	------------
Stanton	53.8100	52.8100	O#(CA)	WD4KNE	WD4KNE
Walton	53.8500	52.8500	O 118.8	KE4SHA	KE4SHA
Waynesburg	53.3900	52.3900	O 100.0e	AC4DM	AC4DM
Williamsburg	53.0700	52.0700	O 100.0	KB4PTJ	KB4PTJ
LOUISIANA					
CENTRAL					
Otis	53.2300	52.2300	173.8/173.8	KE5ZCD	KK5LE
NORTHEAST					
Ruston	53.2500	52.2500	O 127.3s	N5WLG	N5WLG
West Monroe	53.6100	52.6100	O 94.8/94.8a sWX	KB5TLB	KB5TLB
SOUTHCENTRAL					
Morgan City	52.4500	51.4500	O 103.5/103.5	N5DVI	AADXA

51-54 MHz
LOUISIANA-MARYLAND

Location	Output	Input	Notes	Call	Sponsor
SOUTHEAST					
Denham Springs	53.1700	52.1700	o 100.0/100.0l	W5TFW	WTFW
Hammond	53.0900	52.0900	o 114.8/114.8	W5NJJ	NLAKE ARC+
Lacombe	53.1300	52.1300	o 114.8/114.8e	K5OZ	K5OZ
New Orleans	53.2100	52.2100	o 114.8/114.8 (CA)elrxz	N5OMG	N5OMG
New Orleans	53.3000	52.3000	o 114..8ers	N5OMG	NOEOC
MAINE					
AUGUSTA					
Litchfield	53.0500	52.0500	o 136.5l	K1AAM	K1AAM
Winthrop	53.1500	52.1500	o	KA1SHU	KA1SHU
MID COAST					
Washington	53.5500	52.5500	o 91.5e	KC1CG	LMRG
NORTHWEST					
Hiram	53.3700	52.3700	o 136.5/136.5l	K1AAM	K1AAM
Woodstock	53.0900	52.0900	o 136.5/100.0l	W1IMD	W1IMD
PORTLAND/YORK					
Portland	53.5700	52.5700	o 103.5	K1AAM	K1AAM
So Berwick	53.0300	52.0300	131.8	WB1GGI	MLP
MARYLAND					
BALTIMORE					
Catonsville	53.4700	52.4700	107.2	N3KTX	N3KTX
Randallstown	53.1500	52.1500	l	N3GXH	N3GXH
W Baltimore	53.3900	52.3900	a	K3GOD	CARC
CENTRAL					
Catonsville	51.8200	51.3200	107.2	N3KTX	N3KTX
CUMBERLAND					
Dans Mountain	53.4100	52.4100	127.3l	N8YIB	N8YIB
FORK MOUNTAIN					
Madison County	53.2300	52.2300	o	N3UR	N3UR
GAITHERSBURG					
Gaithersburg	53.2700	52.2700		KV3B	MARC
NORTH					
Cascade	51.9600	51.4600	oa	N3NRI	N3NRI
Thurmont	51.9000	51.4000	o	KB3CGS	KB3CGS
NORTH CENTRAL					
Westminster	53.0900	52.0900		K3PZN	CCARC
NORTHEAST					
Colora	53.0500	52.0500	107.2r	K3UAV	FORCE
Jarrettsville	53.9300	52.9300		N3UR	N3UR
Port Deposit	53.8300	52.8300	94.8 (CA)	WA3SFJ	CBRA
Rising Sun	53.9500	52.9500		K3DWB	N3ONK
ROCKVILLE					
Potomac	53.8700	52.8700	o	W3AY	N3BBF
SOUTH					
Lexington Park	53.0300	52.0300	o	WA3UMY	WA3UMY
SOUTHEAST					
Parsonsburg	51.8400	51.3400	o	N3NNA	N3NNA

51-54 MHz — MARYLAND-MICHIGAN

Location	Output	Input	Notes	Call	Sponsor
SOUTHWEST					
Waldorf	53.3300	52.3300	●tae	N4QFW	N4QFW
WASHINGTON AREA					
Ashton	53.2500	52.2500	l	N3AGB	ARCS
Rockville	53.8700	52.8700	○	W3AY	N3BBF
WEST CENTRAL					
Frederick	53.7500	52.7500		N3IGM	N3IGM
Frederick	53.9900	52.9900	○	K3MAD	MADXRA
MASSACHUSETTS					
BERKSHIRES					
North Adams	53.2300	52.2300	○ 162.2/162.2x	K1FFK	NOBARC
BOSTON METRO					
Waltham	53.2500	52.2500	○ 71.9/100.0	WA1HUD	WA1HUD
CENTRAL					
Fitchburg	53.8300	52.8300	○ 71.9/71.9 L(PT)	WB1EWS	WB1EWS
Oakham	53.6700	52.6700	○ 123.0/100.0 E-SUN	KA1OXQ	KA1OXQ
Princeton	53.3100	52.3100	○ 162.2+71.9/100.0ersWXx	WC1MA	MEMA
MERRIMACK VALLEY					
Pepperell	53.8900	52.8900	○ 100.0/100.0l	N1MNX	N1MNX
METROWEST					
Framingham	53.2700	52.2700	○ 71.9/100.0 x	WA1NVC	WA1NVC
Hopkinton	51.7400	52.0700	○ 71.9/100.0 elx	W1DC	GEMOTO.com
Marlborough	53.8100	52.8100	○ 71.9/71.9 L(PT)	W1BRI	MMRA
NORTH SHORE					
Danvers	53.8500	52.8500	○ 71.9/71.9e x	NS1RA	NSRA
PIONEER VALLEY					
Amherst	53.3500	52.3500	○ 71.9/71.9e	KD1XP	KD1XP
Pelham	53.0900	52.0900	○ 162.2/100.0	N1PAH	N1PAH
SOUTH SHORE					
Braintree	53.0300	52.0300	○CSQ/100.0	K1GUG	K1GUG
Braintree	53.3900	52.3900	○ 71.9/71.9	AE1TH	AE1TH
Norwell	53.3300	52.3300	○ 71.9/71.9 L(ECHOLINK)	KC1HO	W1QWT
MICHIGAN					
LOWER PEN NORTHEAST					
Mayville	51.8200	51.3200	○ 100lrsWX xz	KB8ZUZ	KB8ZUZ
Roscommon	52.6400	52.1400	○l	WF8R	WF8R
Saginaw	51.8600	51.3600	○arsWX	K8DAC	SVARA
LOWER PEN NORTHWEST					
Big Rapids	52.8600	52.3600	○ 94.8	KB8QOI	BRAARC
Glen Arbor	52.9200	52.4200	○ 146.2l	WI0OK	IOOK
Mancelona	51.9800	51.4800	○e	K8WQK	Cherryland AR
South Boardman	52.8200	52.3200	○e	W8KAL	W8KAL

MICHIGAN-MISSOURI

51-54 MHz

Location	Output	Input	Notes	Call	Sponsor
Traverse City	53.9200	53.5200	O 146.2l	N7LMJ	N7LMJ
LOWER PEN SOUTHEAST					
Burton	51.7600	51.2600	●t(CA)el	N8DI	N8DI
Detroit	52.8200	52.3200	●te	W8DTR	CATVS
Jackson	51.6200	51.1200	O 103.5ers WX	WD8PMD	WD8PMD
Lake Angelus	53.9400	53.4400	O 131.8e	NE9Y	NE9Y
Novi	52.6400	52.1400	O 107.2l	K8RUR	I 94 ARC
Southfield	52.6800	52.9200	Oaelxz	W8HD	W8HD
St Clare Shores	51.7400	51.2400	O	W8GTX	W8GTX
LOWER PEN SOUTHWEST					
Cedar Springs	52.7200	52.2200	O 136.5e	NW8J	NW8J
Decatur	52.9400	52.4400	●t	KF8ZF	BASR
Eaton Rapids	52.9000	52.4000	Oe	WZ8DRU	WZ8DRU
Grand Rapids	52.7600	52.2600	O 94.8ael	W8DC	GRARA
Hanover	52.6200	52.1200	O 123e	K8WBG	N8RLA
Kalamazoo	51.7200	51.2200	O	K8KZO	SWMART
Lansing	52.9600	52.4600	OeWX	KD8PA	KD8PA
Mason	51.7000	51.2000	●t	WB8RJY	WB8RJY
St Johns	51.9200	51.4200	O 141.3lrs WX	WC8CLI	CCARA
UPPER PEN CENT					
Menominee	53.1100	52.1100	O 114.8eWX	AB9PJ	AB9PJ

MINNESOTA

DULUTH

Location	Output	Input	Notes	Call	Sponsor
Duluth	53.1300	52.1300	O 103.5	KBØQYC	KBØQYC
Proctor	53.0500	52.0500	O	NØBZZ	NØBZZ
Two Harbors	53.0200	52.0200	O 103.5	KBØTNB	LSAC
METRO					
Burnsville	53.3700	52.3700	O 100.0	WØBU	TCRC
Chaska	53.0300	52.0300	O	NØQNY	SMARTS
Chaska	53.4500	52.4500	Oel	NØBVE	MTKARC
Credit River	53.3300	52.3300	O	NØKP	SCAN
Falcon Heights	53.1500	52.1500	Oe	WØYC	UOFM RC
Hastings	53.0700	52.0700	O	WBØOND	SARCASM
Ramsey	53.5500	52.5500	O 114.8e	KØMSP	MIDWESTRA
NORTH CENTRAL					
Brainerd	53.1100	52.1100	O 123.0	WØUJ	BAARC
NORTH EAST					
Mahtowa	53.1700	52.1700	O 103.5	KBØTNB	------------
Virginia	53.1500	52.1500	O 103.5	KGØQR	KGØQR

MISSISSIPPI

Location	Output	Input	Notes	Call	Sponsor
Bay Saint Loui	53.6500	51.1400	O 136.5el	KB5MPW	WQRZ
Ellisville	53.0100	52.0100	●t	N5EKR	N5EKR
Jackson	53.4700	52.4700	O 77.0e	W5PFC	W5PFC
Laurel	53.4500	52.4500	O 136.5	KC5PIA	KB5ZCR
Nettleton	53.0500	52.0500	O 192.8al	AB5MU	AB5MU

MISSOURI

COLUMBIA/JEFF CITY

Location	Output	Input	Notes	Call	Sponsor
Ashland	52.8900	51.1900	O 127.3/127.3eE-SUN	KBØIRV	KBØIRV

51-54 MHz
MISSOURI-NEVADA

Location	Output	Input	Notes	Call	Sponsor
EAST CENTRAL					
Marthasville	52.9100	51.2100	O 203.5/203.5	KA2AYR	------------
KANSAS CITY METRO					
Kansas City	53.3300	52.3300	O	WVØT	SEIDKR
Kansas City	53.8500	52.1500	O	WBØNSQ	WBØNSQ
Louisburg	53.1300	52.1300	O 88.5/88.5e E-SUNs	KØHAM	NEKSUN
Missouri City	53.2900	51.5900	Oz	NØFUN	KC6METER
Shawnee Msn	53.1900	52.1900	O E-SUN	KØGXL	SMMC
NORTHWEST					
Amity	51.1300	52.8300	O	KBØALL	KBØALL
SOUTHWEST					
Joplin	53.2500	51.5500	O E-SUN	KBØSTN	------------
ST LOUIS METRO					
St Louis	52.8500	51.1500	O 141.3/141.3 E-SUN	WØSRC	SLSRC
MONTANA					
NORTHWEST					
Missoula	52.8500	51.1500	O	K7UXO	K7UXO
SOUTH CENTRAL					
Bozeman	53.2900	51.5900	Ol	KB7KB	KB7KB
SOUTHEAST					
Pompeys Pillar	53.2900	51.5900	Ol	KF7FW	KF7FW
SOUTHWEST					
Anaconda	53.0300	52.0300	O 131.8	W7VNE	KB7IQO
Helena	53.1100	51.4100	O	WR7HLN	WR7AGT
NEBRASKA					
GRAND ISLAND					
Grand Island	53.3500	51.6500	Oes	WØCUO	GIARS
LINCOLN					
Lincoln	53.9500	52.2500	Oe L(444.675)	KAØWUX	KAØWUX
NEVADA					
Angel Peak	53.1900	52.1900	O 110.9	N9CZV	------------
Henderson	53.6250	52.6250	O	K7KRN	HDRA
Lo Potosi Mtn	53.0100	52.0100	O	WB6TNP	TRISTATE
NORTH CENTRAL					
Battle Mt	52.5250	52.7600	O	WA6TLW	WA6TLW
NORTH EAST					
Elko	53.2500	52.2500	O	W7LKO	N7EV
SIERRA/TAHOE					
Incline Vlg	51.8600	51.3600	●	N7VXB	N7VXB
WEST CENTRAL					
New Washoe City	53.0000	53.0000	Op	NH7M	NH7M
Reno	51.1600	51.1600	Op	KI3V	N7TR
Reno	52.6100	52.6100	Ol	WA6TLW	WA6TLW
Reno	52.8400	52.3400	O	WA6MNM	WA6MNM
Reno	52.9000	52.4000	O	KB6TDJ	KB6TDJ
Sparks	52.8000	52.3000	O 114.8elx	N7KP	N7KP
Wadsworth	52.5800	52.0800	O	WA7DG	N7LPT

51-54 MHz
NEW HAMPSHIRE-NEW JERSEY

Location	Output	Input	Notes	Call	Sponsor
NEW HAMPSHIRE					
LAKES REGION					
Gilford	53.7700	52.7700	o 71.9/100.0 L(53.0700)rsx	K1RJZ	CNHARC
New Durham	53.2100	52.2100	o 88.5e L(PT-442.0500)	N1EUN	N1EUN
MERRIMACK VALLEY					
Brookline	53.9300	52.9300	o 88.5/88.5 L(N1IMO/N1IMN)s	N1IMO	N1IMO
Derry	53.9700	52.9700	o 71.9+100.0/71.9aeL(FT 449.8750)sx	N1VQQ	N1VQQ
Goffstown	53.0700	52.0700	o 71.9+151.4+192.8/100.0elx	W1DC	GEMOTO.com
Hudson	53.1300	52.1300	o 100.0/88.5	NE1B	RRA
Pelham	53.4100	52.4100	o 127.3/127.3l	K1SI	NHRC
Salem	53.4700	52.4700	o 114.8/114.8	N1EXT	N1EXT
Windham	53.6500	52.6500	o 71.9/100.0 L(442.6000)x	N1WPN	N1WPN
MONADNOCK REGION					
Keene	53.7300	52.7300	o 141.3/141.3	WA1ZYX	KA1QFA
NEW JERSEY					
ATLANTIC					
Egg Harbor	53.9100	52.9100	o 131.8lrs WX	W3BXW	BEARS
BERGEN					
Hackensack	53.3500	52.3500	o	W2MR	------------
CAMDEN					
Waterford Wks	52.6000	52.8400	o 131.8els RB WX	KA2PFL	------------
CUMBERLAND					
Centerton	53.9500	52.9500	o 94.8	KE2CK	------------
HUNTERDON					
Cherryville	53.2500	52.2500	o 146.2l	N3MSK	N3ODB
MIDDLESEX CO					
Monroe Twp	53.6700	52.6700	o 151.4lrs	W2CJA	CJRA
Monroe Twp	53.7100	52.7100	o 151.4/151.4 (CA)ersz	KA2CAF	CJRA
MONMOUTH CO					
Creamridge	53.4500	52.4500	o	N3IBX	CR-MRG
MORRIS CO					
Budd Lake	53.6700	52.6700	o 151.4lr	WS2V	------------
Lake Hopatcong	53.3900	52.3900	o 146.2aTTez	WR2M	WR2M-RC
Rockaway Twnshp	53.0100	52.0100	136.5	WA2SLR	------------
OCEAN					
Lakewood	53.4300	52.4300	o 131.8ae	N2CKH	------------
PASSAIC CO					
Little Falls	51.7200	51.2200	o 141.3/141.3eL(927.8000)r	W2VER	VRACES
SALEM					
Quinton	53.7100	52.7100	o 74.4e	N2KEJ	------------

NEW JERSEY-NEW YORK

Location	Output	Input	Notes	Call	Sponsor
SUSSEX					
Hopatcong Boro	53.3900	52.3900	ⓞt(CA)lRB	WR2M	WR2M RC
Vernon	51.7200	51.2200	ⓞ 136.5r	W2VER	Vern RACES
WARREN					
Washington	53.1900	52.1900	ⓞ 110.9e	W2MB	------------
NEW MEXICO					
ALBUQUERQUE					
Albuquerque	51.7000	51.2000	ⓞ 156.7lx	WB5IUZ	WB5IUZ
NORTH CENTRAL					
La Cueva	53.2000	52.2000	ⓞ 107.2e	N9PGQ	N9PGQ
NORTHWEST					
Farmington	53.0100	52.0100	ⓞ 131.8	KB5ITS	KB5ITS
Farmington	53.8500	52.8500	ⓞ	NO3Y	NO3Y
SOUTH CENTRAL					
Alamogordo	53.4100	52.4100	ⓞ 100a	KA5BYL	KA5BYL
NEW YORK					
ADIRONDACKS / EAST					
Mineville	53.3500	52.3500	ⓞ 123.0elWX	WA2LRE	EssexRACES
ADIRONDACKS/EAST					
Plattsburgh	53.5900	52.5900	ⓞ 123.0elr	WA2LRE	Clin RACES
ALBANY /CAPITAL REGION					
Chatham	53.4900	52.4900	ⓞ 100.0	WA2PVV	------------
ALBANY/CAPITAL REGION					
Albany	53.4100	52.4100	ⓞ 100.0ex	W2GBO	------------
Grafton	53.6300	52.6300	ⓞ	K2CBA	------------
Grafton	53.8100	52.8100	ⓞe	K2RBR	------------
AUBURN					
Auburn	53.0500	52.0500	ⓞ 71.9	K2INH	------------
CATSKILLS/EAST					
Ashokan Rsvoir	51.7600	51.2600	ⓞ 103.5	N2NCP	------------
Woodstock	53.1100	52.1100	ⓞ 77.0	N2WCY	------------
CATSKILLS/NORTH					
Fleischmanns	53.4700	52.4700	ⓞ 107.2	WA2SEI	KnightRdrs
Schenevus	53.0300	52.0300	ⓞ 100.0e	KC2AWM	CTRC
Stamford	53.2700	52.2700	ⓞ 107.2e	K2NK	------------
ELMIRA/CORNING					
Elmira Heights	53.6900	52.6900	ⓞ	W2AC	W2AC
FRANKLIN					
Malone	53.1500	52.1500	/123.0l	WB2RYB	WB2RYB
LONG ISLAND - SUFFOLK CO					
Dix Hills	53.8500	52.8500	ⓞ 114.8e	W2RGM	------------
Mellville	53.1100	52.1100	ⓞ 107.2e L(447.950)	WB2CIK	Hilltop Gang
Yaphank	53.7900	52.7900	ⓞ 156.7sWXz	KA2RGI	------------
MID HUDSON					
Cragsmoor	53.3300	52.3300	ⓞ 100.0l	WB2BQW	NE Connect
Forestburgh	53.0500	52.0500	ⓞ	N2NHT	------------
Harriman	53.1700	52.1700	ⓞ 136.5elx	W2AEE	Columbia U
Mount Beacon	53.3100	52.3100	ⓞ 114.8e	K2ROB	MBARC
Nyack	53.3700	52.3700	ⓞ 114.8l	N2ACF	------------
Patterson	53.7700	52.7700	ⓞ	WW2DX	------------
NEW YORK CITY - KINGS					
Brooklyn	53.4100	52.4100	ⓞ 136.5e L(441.100)rsBl	N2ROW	FDNYARG

51-54 MHz
NEW YORK-NORTH CAROLINA

Location	Output	Input	Notes	Call	Sponsor
NIAGARA					
Colden	53.5700	52.5700	O 88.5 (CA)e L(145.310)	W2IVB	BARC
Lancaster	53.1700	52.1700	107.2e L(LARC)	W2SO	LARC
Royalton	51.6400	51.1400	107.2 (CA)e L(1282.2750)	KD2WA	------------
ROCHESTER					
Rochester	53.3300	52.3300	O 123.0aelrz	N2HJD	RRRA
Rochester	53.4300	52.4300	O	WR2AHL	------------
Rochester	53.6300	52.6300	Olx	WR2AHL	GRIDD
SOUTHERN TIER					
Delevan	51.6200	51.1200	O 88.5e L(ILS)	WB2JPQ	ILS
Limestone	53.3100	52.3100	O 127.3 L(442.750)	W3VG	------------
Sherman	53.6100	52.6100	O 127.3 L(442.75)	WB2EDV	------------
Wellsville	53.0900	52.0900	O 88.5	N2MDV	------------
ST LAWRENCE					
Potsdam	53.1900	52.1900		KC2BEZ	NCARC
SYRACUSE					
Syracuse	53.0100	52.0100	Oe	N2TUF	------------
Syracuse	53.1100	52.1100	O 103.5	KC2BXY	------------

NORTH CAROLINA

Location	Output	Input	Notes	Call	Sponsor
Air Bellows Ga	53.7500	52.7500	151.4rBl	WA4PXV	WA4PXV
Alexander	53.1900	52.1900	100.0	KG4LGY	KG4LGY
Asheville	53.2700	52.2700	O 100.0	WD4BQW	WD4BQW
Chapel Hill	53.4500	52.4500	O 107.2e	W4UNC	OCRA
Efland	53.4100	52.4100	O 107.2e	WA1YYN	WA1YYN
Fayetteville	53.8100	52.8100	Oe	W4EBM	CAPE FEAR
Gastonia	53.1100	52.1100	O 100.0	K4GNC	KC4YOT
Hatteras Islan	53.0100	52.0100	131.8ae	K4OBX	W4HAT
Hendersonville	53.1300	52.1300	100.0el	W4FOT	W4FOT
Kville/Hipoint	53.5900	52.5900	103.5lr	KF4QDS	KE4QOX
Lexington	53.7300	52.7300	107.2e	W4PAR	HSMVHF SOC
Lumberton	53.1100	52.1100	O	KD4BGD	KD4BGD
Marshall	53.4500	52.4500	100.0	K4MFD	K4MFD
Monroe	53.3700	52.3700	O 100.0ls	W4ZO	W4ZO
Mount Airy	53.3900	52.3900	100.0e	W4DCA	W4DCA
Mount Airy	53.9700	52.9700	O 100.0ep	W4DCA	W4DCA
Mt airy/Fancy	53.0700	52.0700	O 100.0e	KD4FWS	KD4FWS
Mt Mitchell	53.6300	52.6300	O 100.0e	N4YR	N4YR
Raleigh	53.0300	52.0300	O	K4ITL	K4ITL
Reelsboro	53.0900	52.0900	O 162.2eRB	KF4IXW	------------
Robbinsville	53.7100	52.7100	O 167.9e	NC4MO	NC4MO
Rocky Mount	53.0500	52.0500	OeRB	N4JEH	N4JEH
Sauratown Mt	53.2100	52.2100	O	N4QLX	------------
Sauratown Mtn	53.3100	52.3100	100.0	N4YR	N4YR
Sophia/Randlem	53.3500	52.3500	Ol	WR4BEG	BROADCAST
Spruce Pine	53.0500	52.0500	O 151.4ael RB	WA4PXV	WA4PXV
Tarboro	53.1100	52.1100	O	K4SER	K4SER

Location	Output	Input	Notes	Call	Sponsor
Thomasville	53.0100	52.0100	O 88.5eRB	KE4QOX	WW4FL
Thomasville	53.1700	52.1700	O 88.5l	WW4DC	WW4FL
Williamston	53.3100	52.3100	O	K4SER	K4SER
Wilmington	53.3300	52.3300	88.5el	N4JDW	N4JDW
Wilmington	53.4300	52.4300	O 88.5aeWX	AD4DN	AD4DN
Youngsville	53.0700	52.0700	100.0el	WB4IUY	5CRG
Youngsville	53.3700	52.3700	O 88.5az	KD4MYE	KD4MYE

NORTH DAKOTA
N W CENTRAL
Minot	53.4100	52.4100	O	K0AJW	SVARC

SE CENTRAL
Cleveland	53.0100	52.0100	O	W0FX	N0HNM

SOUTHEAST
Horace	52.9600	52.0600	O	W0ZOK	W0ZOK

SW-CENTRAL
Bismarck	52.5250	52.5250	eL(444.220)	N0FAZ	N0FAZ

OHIO
ALLEN
Lima	53.6300	52.6300	O 107.2 (CA) e	W8HDU	W8HDU

AUGLAIZE
St Marys	53.5500	52.5500	O 107.2	WB8FNB	WB8FNB

BUTLER
Middletown	51.6200	51.1200	●l	N8COZ	N8COZ
Middletown	53.2100	52.2100	O 77.0 TTel	W8JEU	Dial ARC
Middletown	53.3500	52.3500	O(CA)l	N8COZ	N8COZ

CLARK
S Charleston	53.3900	52.3900	O	KB8GJG	KB8GJG

COLUMBIANA
N Waterford	53.6300	52.6300	OeRB	KB8SHE	KB8SHE
New Franklin	51.6400	51.1400	O 107.2e	NC8W	NC8W
Salem	53.0300	52.0300	OaelRB WXz	KB8MFV	KB8MFV

CUYAHOGA
Brecksville	53.3100	52.3100		N8BHU	TCG
Cleveland	53.1100	52.1100	t	WA8WSO	WRRA
HighlandHills	53.2300	52.2300	136.5	WR8ABC	LEARA
Mayfield Hts	51.6200	51.1200	O	N8QBB	N8QBB
Shaker Hts	53.8300	52.8300	O	K8ZFR	CARS

ERIE
Sandusky	53.3500	52.3500	O 107.2a (CA)elrWXx	W8LBZ	SREL
Vermillion	53.2900	52.2900	O 107.2a (CA)elrWXxz	KA8VDW	SREL

FRANKLIN
Columbus	52.7000	52.9400	O 123.0al	W8RRJ	CORC

FULTON
Wauseon	53.4100	52.4100	ae	KB8MDF	KB8MDF

GEAUGA
Newbury	52.6800	52.9200	●x	WB8APD	SMART

GREENE
Beavercreek	53.7300	52.7300	Ot	N8NPT	N8NPT
Fairborn	51.6600	51.1600	(CA)l	KI6SZ	KI6SZ
Xenia	51.8000	51.3000	taz	KB8GRJ	KB8III

51-54 MHz
OHIO-OREGON

Location	Output	Input	Notes	Call	Sponsor
HAMILTON					
Cincinnati	53.1900	52.1900	114.8el	KD8TE	KD8TE
JACKSON					
Ray	53.8100	52.8100	Ol	WO8Z	WO8Z
LORAIN					
Elyria	53.7700	52.7700	136.5e	WD8OCS	WD8OCS
MAHONING					
Canfield	53.2100	52.2100	O 131.8aelz	WA8ILI	KC8WY
MEDINA					
Brunswick	53.1900	52.1900		N8OVW	N8OVW
Leitchfield	51.6600	51.1600	e	W8EOC	M2M
MONTGOMERY					
Dayton	53.0300	52.0300	O	WF8M	MVRFG
ROSS					
Chillicothe	53.2300	52.2300	O	KA8WWI	------------
STARK					
Canton	53.1300	52.1300	Ox	W0OZZ	W0OZZ
Massillon	53.0500	52.0500	O 136.5ae RBz	WA8GXM	WA8GXM
Uniontown	53.2500	52.2500	O	WD8BIW	WD8BIW
Waynesburg	53.5700	52.5700	●	W8ATF	W8ATF
SUMMIT					
Akron	53.1700	52.1700	OewXx	N8XPK	N8XPK
Norton	53.1500	52.1500		WB8UTW	WB8UTW
VAN WERT					
Van Wert	51.6800	51.1800	O 156.7	N8IHP	N8IHP
VINTON					
Zaleski	53.2700	52.2700	O	KB8UIR	KB8UIR
WASHINGTON					
Marietta	53.1700	52.1700	O 141.3	N8OJ	W8JL
WAYNE					
Mt Eaton	53.3300	52.3300	100	KB8PXM	KB8PXM
West Salem	53.2700	52.2700	107.2	KE8X	KE8X
WOOD					
Perrysburg	53.6500	52.6500	Oa	KB8YVY	KA8WPC
OKLAHOMA					
OKLAHOMA CITY					
Bethany	53.0100	52.0100	O	KD5AHH	Bojive Rad
Oklahoma City	53.0500	52.0500	O 141.3/141.3	KB5XM	WA7WNM
Oklahoma City	53.0900	53.1900	Ot	KC5XLT	KC5XLT
SOUTHEAST					
Broken Bow	53.0300	51.3300	O 94.8/94.8 E-SUNsx	KD5YQ/	McCurtain
OREGON					
CENTRAL WILLAMETTE VALLEY					
Eugene/Monroe	53.0300	51.3300	O 100.0	W7ARD	W7ARD
Oakridge	53.0700	51.3700	O 100.0e	W7ARD	W7ARD
Salem	52.9900	51.2900	O 100.0	WA7ABU	WA7ABU
COAST - NORTH					
Hebo	53.1100	51.4100	O 100.0e	KD7BCH	KD7BCH
West Port	52.8100	51.1100	O 100.0	K7CH	K7CH
NORTH CENTRAL					
The Dalles	52.9700	51.2700	O 82.5e	KF7LN	KF7LN

51-54 MHz   OREGON-PENNSYLVANIA

Location	Output	Input	Notes	Call	Sponsor
NORTH WILLAMETTE VALLEY					
Estacada	51.7000	51.7000		N7VYN	N7VYN
NW OREGON & SW WASHINGTON					
Forrest Grove	53.3500	51.6500	O 107.2elWX	KJ7IY	WORC
PORTLAND METRO					
Newberg	52.8300	51.1300	O 107.2el	KR7IS	WORC
Scappoose	52.9100	51.2100	O 100.0	KD7FCA	KD7FCA
PENNSYLVANIA					
BEAVER					
Beaver	53.8500	52.8500		KC3TN	TAARA
New Galilee	51.7200	51.2200		KE3ED	KE3ED
BERKS					
Earlville	53.8700	52.8700	O 131.8	N3KZ	UPenn ARC
BRADFORD					
Towanda	53.4500	52.4500	O 82.5elrs RB WX	K3BM	Magic 45
BUCKS					
Almont	53.2300	52.2300	O 146.2rs	K3MFI	W Rockhill 6
Fairless Hills	53.0300	52.0300	O 131.8 (CA) rsRB WX	W3BXW	BEARS
Warminster	53.3700	52.3700	O 131.8 (CA)	K3MFI	WarmSix
CHESTER					
Valley Forge	53.4100	52.4100	O 131.8lRB	W3PHL	PARA Group
COLUMBIA					
Berwick	53.5900	52.5900	O 77.0 WX	N3JPV	B.A.R.S.
Bloomsburg	53.1300	52.1300	O 131.8eRB	WB3DUC	------------
DAUPHIN					
Harrisburg	53.0100	52.0100	O 123.0l	W3ND	CPRA Inc
ERIE					
Albion	53.5500	52.5500	O 186.2l	WA3WYZ	WA3WYZ
JOHNSTOWN					
Barnesboro	52.9000	52.4000	O 141.3	KE3DR	KB3ANT
Johnstown	51.8000	51.3000	O	N3FQQ	CCDES
LACKAWANNA					
Ransom	53.4300	52.4300	Otes	N3EVW	------------
LANCASTER					
Cornwall	53.8500	52.8500	O 114.8e	N3TJJ	L.R.T.S.
Holtwood	53.6300	52.6300	O 131.8l	WA3WPA	------------
LUZERNE					
Wilkes-Barre	53.8100	52.8100	O 82.5elrs WX	WB3FKQ	------------
LYCOMING					
Williamsport	53.7300	52.7300	● 167.9	N3JIX	------------
MONROE					
Camelback Mtn	53.7900	52.7900	O 131.8	N3KZ	UPenn ARC
MONTGOMERY					
Eagleville	53.1100	52.1100	Ot(CA)ers	N3ACL	Montco OEP
Schwenksville	51.9400	51.4400	O 88.5e	AA3RE	------------
NORTH CENTRAL					
Rockton	53.0700	52.0700	Or	N3HAO	N3HAO
NORTHAMPTON					
Easton	51.8200	51.3200	O 88.5 WX	N3LWY	------------
Nazareth	51.7600	51.2600	O 151.4 (CA) elrsRB WX	W3OK	DLARC
North Bangor	53.8300	52.8300	O 131.8	KA2QEP	------------

51-54 MHz
PENNSYLVANIA-SOUTH CAROLINA

Location	Output	Input	Notes	Call	Sponsor
Wind Gap	53.2900	52.2900	●t	N3MSK	----------
NORTHWEST					
Titusville	51.8200	51.3200	O	WB3KFO	WB3KFO
Vowinkel	51.7000	51.2000	O	N3GPM	N3GPM
PHILADELPHIA					
Philadelphia	53.8900	52.8900	O 131.8	N3KZ	UPenn ARC
PITTSBURGH					
Apollo	51.9000	51.4000	O 141.3aelr xz	N1RS	SARA
Bridgeville	51.9400	51.4400	O	N3WX	SHARC
Kilbuck Twp	53.2900	52.2900		WA3RSP	----------
SOUTHWEST					
Acme	51.7800	51.2800	O	N3QZU	LHVHFS
Finleyville	51.9800	51.4800	Oe	N3OVP	N3OVP
Mt Pleasant	51.9600	51.4600	O 141.3 (CA) elx	KA3JSD	KA3JSD
New Stanton	51.8400	51.3400	O 141.3	N3HOM	N3HOM
TIOGA					
Jackson Summit	53.7500	52.7500	O 167.9 LITZ	N3NXC	----------
WAYNE					
Pleasant Mount	53.0700	52.0700	O 136.5	K2KQZ	----------
WYOMING					
Mehoopany	53.3500	52.3500	O 131.8e	WA3PYI	----------

PUERTO RICO

Location	Output	Input	Notes	Call	Sponsor
E					
Aguas Buenas	51.9800	51.4800	Oe	KP4IA	----------
N					
Bayamón	51.6200	51.1200	● 136.5	WP3BM	----------
Luquillo	51.7200	51.2200	Oe	NP4ZB	----------

RHODE ISLAND

Location	Output	Input	Notes	Call	Sponsor
EAST BAY					
Portsmouth	53.1700	52.1700	O 67.0e L(FT 441.350)r	KA1RCI	KA1RCI
NORTHERN					
East Providence	53.9100	52.9100	O 71.9/71.9	K2BUI	K2BUI
Scituate	53.2900	52.2900	O 82.5/82.5 L(ECHOLINK)x	K1ZXX	W.C.L.B.G.
SOUTH COUNTY					
West Greenwich	53.9900	52.9900	O 107.2/107.2	W1VHF	ITRS

SOUTH CAROLINA

Location	Output	Input	Notes	Call	Sponsor
Bishopville	53.0900	52.0900	Oe	K4NOC	K4NOC
Blacksburg	53.0300	52.0300	O 123.0	AB4OE	AB4OE
Chester	53.2900	52.2900	O	KF4SXO	CHESTER CT
Gaffney	53.4700	52.4700	O	KF4BJO	KF4BJO
Gvl/Csr's Head	53.4100	52.4100	O 131.8e	KO4MZ	KO4MZ
Leesville	53.2700	52.2700	O 162.2el	N5CWH	NARC
Little Mountai	53.1900	52.1900	156.7l	N7GZT	N7GZT
Mountain Rest	53.5900	52.5900	Oez	KF4IWA	KF4IWA
Myr Bch/Aynor	53.0500	52.0500	O 123.0el	NE4SC	K4SHP
Orangeburg	53.2100	52.2100	O	AD4U	AD4U
Sumter	53.7700	52.7700	Ol	W4GL	SARA, INC.

51-54 MHz
SOUTH CAROLINA-TEXAS

Location	Output	Input	Notes	Call	Sponsor
Union	53.1500	52.1500		K4USC	K4USC
Walterboro	53.3100	52.3100	123.0l	KG4BZN	KG4BZN

SOUTH DAKOTA
WEST CENTRAL

Location	Output	Input	Notes	Call	Sponsor
Lead	52.9600	52.0600	O 146.2e	WB6GHA	WB6GHA

TENNESSEE

Location	Output	Input	Notes	Call	Sponsor
Castalian Spri	53.9300	52.9300	O 123	KE4SWV	KE4SWV
Chattanooga	53.3500	52.3500	O	K4VCM	K4VCM
Clarksville	53.4100	52.4100	O 110.9	K4ORE	N3ORX
Cookeville	53.1900	52.1900	O	WA4UCE	ARS OF TTU
Dresden	53.1300	52.1300	O 107.2eWX	KB4IBW	KB4IBW
Elizabethton	53.8900	52.8900	O 88.5e	KN4E	KN4E
Gallatin	53.0500	52.0500	O 114.8lRB	WA4BGK	WA4BGK
Georgetown	53.7300	52.7300	O 192.8	WD4OAR	WD4OAR
Greeneville	53.0100	52.0100	O 100.0e	N4FV	N4FV
Guthrie (tn/Ky	53.2300	52.2300	O	KA4ZKL	------------
Kingsport	53.4300	52.4300		K4GX	K4GX
Knoxville	53.2500	52.2500	O#	WA4YON	WB4HAP/WA4
Knoxville	53.4700	52.4700	O	KB4REC	KB4REC
Knoxville	53.5500	52.5500	O 100.0	N4OQJ	KB4FZK
Knoxville/Rack	53.7700	52.7700	O 100.0l	W4BBB	W4BBB
Lafollette	53.1700	52.1700	O	K4BGW	RAY BURNS
Laneview	53.7100	51.2000	107.2alpLITZ	KE4OVN	KE4OVN
Lexington	53.1500	52.1500	O 100.0eWX	N5YKR	N5YKR
Maryville	53.3700	52.3700	O	KC4PDQ	------------
Memphis	53.0100	52.0100	O	WB4KOG	LIONEL LEJ
Memphis	53.5500	52.5500	O	K4RDK	K4RDK
Memphis	53.9300	52.9300	O 107.2	W4GMM	W4GMM
Monteagle Mtn	53.4500	52.4500	O 114.8rBl	NQ4Y	NQ4Y
Morristown	53.0300	52.0300	e	KF4FTD	KF4JOZ
Morristown	53.2300	52.2300	O	KQ4E	KQ4E
Mountain City	53.3300	52.3300	O 103.5e	K4DHT	K4DHT
Nashville	53.0100	52.0100	O 114.8	WA4BGK	------------
Newport	53.1500	52.1500	O	WB4GBI	WB4GBI
Oak Ridge	53.1100	52.1100	O	WD4GYN	WD4GYN
Rogersville	53.7500	52.7500	O 114.8#	K4GX	K4GX
Sevierville	53.0900	52.0900	Ol	KD4PBC	KD4PBC
Smithville	53.3300	52.3300	O 100.0#	K4IDC	K4IDC
Waverly	53.0900	52.0900		NO4Q	NO4Q

TEXAS

Location	Output	Input	Notes	Call	Sponsor
Abilene	52.6500	51.6500	O 88.5	N5TEQ	CPARC
Abilene	53.0300	52.0300	O 167.9	NZ5V	------------
Adkins	53.2500	52.2500	O 123.0	KK5LA	------------
Amarillo	52.6500	51.6500	O 127.3	N5LUL	------------
Austin	53.6700	52.6700	O 103.5l	WB5PCV	------------
Beaumont	53.0500	52.0500	O 141.3	NC5V	------------
Beeville	53.6500	52.6500	O 107.2	KD5PXB	------------
Cedar Hill	53.1100	52.1100		W5AHN	------------
Cedar Park	53.1900	52.1900	O 103.5	KC5WLF	------------
Channelview	53.1100	52.1100	O 141.3	WA5SIX	------------
Cut'n Shoot	52.3900	51.3900	O 103.5e	W5WP	------------
Dallas	53.3500	52.3500	O	WA5YST	------------

90   51-54 MHz
TEXAS-VIRGINIA

Location	Output	Input	Notes	Call	Sponsor
Dallas	53.6300	52.6300		WA5EHA	------------
Edge	52.5500	51.5500	O 127.3	K5ENL	------------
El Paso	53.4500	52.4500	●	AA5AP	EPACS
El Paso	53.5500	52.5500	Ol	K5WPH	SCARC
Elmendorf	53.0900	52.0900	●	W5ROS	ROOST
Farmersville	53.0500	52.0500		KD5TEX	------------
Fort Worth	52.6500	51.6500		N5HKA	------------
Fort Worth	53.1500	52.1500	O 110.9	K5SXK	------------
Georgetown	53.0500	52.0500	88.5	K5AB	------------
Houston	52.2500	51.2500	O 1035	K5WH	COMPAQ ARC
Houston	52.6500	51.6500	O 156.7	N5TZ	------------
Houston	53.0500	52.0500	O	WB5UGT	SALT GRASS
Longview	53.4100	52.4100		N5REO	------------
Lufkin	53.7100	52.7100	O 100.0	KD5TD	------------
Midland	53.1100	52.1100	O(CA)lEXPx	WB5RCD	WTX220ASN
Murphy	53.0300	52.0300	O	N5ROY	------------
Overton	53.1500	52.1500	Owx	N5VGQ	------------
Plano	53.6100	52.6100		N5TVN	------------
Rosehill	53.2700	52.2700	O 123.0a	K5SOH	ALERT-HOU
Saltillo	53.0100	52.0100		N5TAG	------------
San Angelo	53.6300	52.6300	O 88.5l	N5SVK	------------
San Antonio	53.1300	52.1300	e	K5SUZ	SARO
San Antonio	53.1700	52.1700	88.5	WA5KBQ	------------
San Antonio	53.2100	52.2100	O 103.5	KB5BSU	------------
Tarzan	52.6500	51.6500	O 123.0	K5MSO	MIDLAND SO
Victoria	53.3700	52.3700	O 103.5	KC5WUA	------------
Wichita Falls	53.2900	52.2900	OlWX	WB2NQV	------------
Wimberley	52.6500	51.6500		W5FUA	------------

UTAH
FREQUENCY USAGE

Location	Output	Input	Notes	Call	Sponsor
Snp	53.2100	52.2100	Ot		

WASATCH FRONT

Location	Output	Input	Notes	Call	Sponsor
Murray	53.1100	52.1100	Oa(CA) L(448.125)	N7HIW	------------
Salt Lake	53.1500	52.1500	O 146.2e L(448.150)x	KI7DX	------------

VIRGINIA

Location	Output	Input	Notes	Call	Sponsor
Amelia Courths	53.1100	52.1100	O(CA)	KB4YKV	KB4YKV
Bedford/Thndr	53.7700	52.7700	O 103.5	N4TZE	N4TZE
Bedfrd/Thax Mt	53.1500	52.1500	O	N4CH	N4CH
Bluefield	53.3700	52.3700	ae	N8RIG	N8RIG
Buckingham	53.2300	52.2300	110.9 E-SUNs	WW4GW	WW4GW
Chesterfield	53.4300	52.4300	Oe	KD4SUU	KD4SUU
Danville	53.1300	52.1300	Ot	WD4DCC	DCCARC
Fancy Gap	53.1900	52.1900	O#e	W4BAD	KG4GAI
Fancy Gap	53.2900	52.2900	O 100.0	WA4CQK	WA4CQK
Gate City	53.2100	52.2100	Oael	N4WWB	SCOTT CO A
Gum Spring	53.0700	52.0700	O 203.5	KB4MIC	KB4MIC
Lexngtn/Rock M	53.0100	52.0100	Ol	KI4ZR	ROCKBRIDGE
Lynchburg	53.5700	52.5700	O 103.5	KE4KEH	KE4KEH
Newport News	53.2500	52.2500	O 100 (CA)e	KT4QW	KT4QW
Pearisburg	53.4700	52.4700	O 107.2	KE4JYN	DISMAL PEA

51-54 MHz — VIRGINIA-WASHINGTON

Location	Output	Input	Notes	Call	Sponsor
Portsmouth	53.8900	52.8900	sRB	W4CAC	W4POX
Rice	53.1700	52.1700	Oe	KE4SFU	KE4SFU
Roanoke	53.2500	52.2500	Ol	N4CH	N4CH
Roanoke/Poor M	53.0900	52.0900	Ol	WB8BON	WB8BON
Rocky Mt/Ferru	53.2700	52.2700	107.2l	WD4KZK	W4TLM
Spotsylvania	51.8600	51.3600	127.3	W1ZFB	SPOTSYLVAN
Vesta	53.4300	52.4300	107.2	KG4KUA	KE4JFV & K
White Top Mtn	53.6500	52.6500	Oe	KB4YFV	KB4YFV

MADISON COUNTY

Location	Output	Input	Notes	Call	Sponsor
Fork Mountain	53.2300	52.2300	O	N3UR	N3UR

NORTH CENTRAL

Location	Output	Input	Notes	Call	Sponsor
Bull Run Mtn	53.4500	52.4500	Oa	K8GP	DVMS
Madison	53.9100	52.9100	O 100.0el	AD4CG	AD4CG

NORTH EAST

Location	Output	Input	Notes	Call	Sponsor
Fredericksburg	51.8600	51.3600	O 127.3 (CA) eL(WB4MIC)	K4SPT WX	W1ZFB

NORTH WEST

Location	Output	Input	Notes	Call	Sponsor
Front Royal	51.9400	51.4400	O 141.3lrsx	N4MDK	K4QJZ

NORTHEAST

Location	Output	Input	Notes	Call	Sponsor
Stafford	51.9000	51.4000	O 107.2 (CA)	K5JMP	K5JMP

NORTHERN VA

Location	Output	Input	Notes	Call	Sponsor
Middleburg	53.7900	52.7900	O 146.2 L(29.68)	KA4DCS	KA4DCS

ROCKVILLE

Location	Output	Input	Notes	Call	Sponsor
Rockville	53.8700	52.8700	O	W3AY	N3BBF

WASHINGTON AREA

Location	Output	Input	Notes	Call	Sponsor
Alexandria	53.1300	52.1300	O 107.2l	WA4CCF	Alex RC
Alexandria	53.1300	223.2200	O 107.2l	WA4CCF	Alex RC
Tysons Corner	53.6100	52.6100	Oers	NV4FM	NVFMA

WASHINGTON

W WA - FREQUENCY USAGE

	Output	Input	Usage
	52.5250		SIMPLEX CALLING- VOICE
	52.5700		CROSS-BAND USE
	52.9900	51.2900	SHARED (SNP)
50.0000 to	50.1000		CW ONLY
50.1000 to	50.3000		SSB, CW
50.3000 to	50.6000		ALL MODES
50.6000 to	50.8000		PACKET
50.8000 to	51.8000		RADIO CONTROL
51.0000 to	51.1000		SSB
51.1000 to	52.2900		RPTR INPUTS (20KHZ SPA
52.3100 to	52.5500		SIMPLEX-VOICE (20 KHZ S
52.5900 to	52.7900		SIMPLEX-DATA
52.8100 to	53.9900		RPTR OUTPUTS (20KHZ S

E WA - CENTRAL

Location	Output	Input	Notes	Call	Sponsor
Saddle Mtn	52.9500	51.2500		KB6KJX	KB6KJX

E WA - SPOKANE

Location	Output	Input	Notes	Call	Sponsor
Mica Peak	53.2900	51.5900	Oax	K7LVB	K7LVB
Scoop Mtn	53.0900	51.3900	l	K7LVB	K7LVB

E WA-YAKIMA

Location	Output	Input	Notes	Call	Sponsor
Cowiche	53.9300	52.2300	O	KB7RGT	KB7RGT

E-WA-RIVERSIDE

Location	Output	Input	Notes	Call	Sponsor
Tunk Mtn	53.1100	51.4100	100.0	KK7EC	OCEMgt.

SOUTHWEST WASHINGTON

Location	Output	Input	Notes	Call	Sponsor
Yacolt	52.9500	51.2500	O 94.8	W7AIA	CCARC

51-54 MHz
WASHINGTON-WEST VIRGINIA

Location	Output	Input	Notes	Call	Sponsor
W WA - BAINBRIDGE ISLAND					
Bainbridge Island	53.4300	51.7300	O 100e	W7NPC	Bob Lewis
W WA - KING COUNTY					
Kirkland	53.1700	51.4700	O 100el	AA7UJ	J Schurman
W WA - KING COUNTY-NORTH					
Bothell	53.5500	51.8500	O 100elz	WW7MST	Medical Svcs
W WA - PIERCE COUNTY					
Tacoma	53.1900	51.4900	O 100e	K7HW	------------
W WA - PUGET SOUND					
Baldi Mtn	53.3300	51.6300	O 100e	N7OEP	N7OEP
Buck Mtn	53.2900	51.5900	O 100el	WR7JM	J-Mar Comm
Tiger Mtn West	53.1500	51.4500	O 100e	K7CR	Ch 1 Rptr Gp
W WA - PUGET SOUND-NORTH					
Shoreline	53.2100	51.5100	O 100	NU7Z	------------
W WA - PUGET SOUND-SOUTH					
Capitol Peak	53.4700	51.7700	O 100el	WR7JM	J Marcinko
North Mtn	53.0300	51.3300	O 100ael	K7CH	Carl Holman
Olalla	53.2300	51.5300	O 103.5e	WR7HE	------------
University Place	53.0100	51.3100	● 100	K7NP	Univ Pl RG
W WA - REDMOND					
Redmond	53.0700	51.3700	O 100e	KC7IYE	------------
W WA - SEATTLE					
Seattle	53.2500	51.5500	O 100e	W7ACS	------------
W WA - SNOHOMISH					
Snohomish	53.6500	51.9500	O 100e	W7QA	W7QA
W WA - SNOHOMISH COUNTY					
Everett	53.1300	51.4300	O 100e	K5IN	KF7T/W2ZT
Lynnwood	53.2700	51.5700	O 100e	KG7PD	KG7PD
Sultan	53.3500	51.6500	O 100e	W7SKY	Sky Vlalley
W WA - VASHON ISLAND					
Vashon Island	53.7900	52.0900	O 123e	WB6RRU	------------
W WA - WASHINGTON-NW					
Blyn Mtn	53.3700	51.6700	O 100e	WR7V	------------
Lyman Hill	53.0900	51.3900	O 100el	W7UMH	10/6/440 RG
W WA - WASHINGTON-WEST					
Cougar Mtn	53.3100	51.6100	O 100al	K7MMI	CMARG
Grass Mtn	53.8700	52.1700	O 100e	W7SIX	Fred Baker
Tiger Mtn West	53.3900	51.6900	O 100l	WR7JM	J-Mar Comm

WEST VIRGINIA

Location	Output	Input	Notes	Call	Sponsor
Alderson	53.2300	52.2300	123.0el	KC8AFH	N8FWL
Beckley	53.1700	52.1700	O 123.0	N8FWL	N8FWL 222
Beckley	53.5900	52.5900	O 107.2l	WB8YST	WB8YST
Belington	53.6500	52.6500	141.3ers	N8SCS	N8SCS
Charleston	53.6300	52.6300	O 107.2ez	WB8YST	WB8YST
Elkins	53.0300	52.0300	162.2e	WV8ZH	WV8ZH
Flatwoods	53.1100	52.1100	O	N8CQQ	N8ZVK
Gassaway	53.2100	52.2100	O 123.0e	AB8WB	AB8WB
Grafton	53.4300	52.4300	146.2	WD8LNB	WD8LNB
Kenova	53.8700	52.8700	O 91.5l	KC8PFI	KC8PFI
Lewisburg	53.9300	52.9300	O 131.8e	KC8LRN	KC8LRN
Marmt/Charlstn	53.7500	52.7500	O 141.3e	N8PEI	------------
Morgantown	53.4700	52.4700	103.5 WX	W8CUL	WVU ARC -
Richwood	53.7100	52.7100	O 107.2	WB8YST	WB8YST
Shirley	53.3100	52.3100	O	KB8TJH	KB8TJH

Location	Output	Input	Notes	Call	Sponsor
Snowshoe	53.3300	52.3300	O 156.7	KC8CSE	KC8CSE

WISCONSIN
NORTH CENTRAL 114.8
Tomahawk	52.8300	51.1300	O 114.8elx	N9MEA	N9MEA
Wausau	52.8900	51.1900	O 114.8e	W9SM	W.V.R.A.
Wausau	53.4500	51.7500	O 103.5x	W9BCC	R.M.R.A.

NORTH EAST 100.0
Hilbert	53.1700	51.4700	O	KN9P	C.A.R.E.S.

NORTH WEST 110.9
Bayfield	53.0900	52.0900	O 103.5elz	KBØTNB	LSAC
Holcombe	52.8100	51.1100	O 110.9lx	N9LIE	N9LIE

SOUTH CENTRAL 123.0
Clinton	53.1900	51.4900	O 123.0e	WB9BJU	C.A.T.S.
Madison	53.0700	52.0700	O 103.5 WX	N9KAN	SWRG
Madison	53.1500	52.1500	O 123.0	WD8DAS	NERT

SOUTH EAST 127.3
Milwaukee	53.0300	52.0300	O 103.5el	W9DHI	WERA

WYOMING
CENTRAL
Lander	53.0300	52.0300	Ol	N7HYF	WYAME
Riverton	53.3500	51.6500	Ol	KB7PLA	KB7PLA

SOUTH CENTRAL
Rawlins	53.9300	51.6900	Ol	KJ7AZ	KJ7AZ

SOUTH EAST
Rock River	53.0300	52.0300	Ol	K7UWR	K7UWR

ALBERTA
CALGARY
Calgary	53.0300	52.0300	Oe	VE6RYC	CARA
Calgary	53.4100	52.4100	O 103.5	VE6ZV	VE6AKQ

CENTRAL WEST
Limestone Mtn	52.6100	51.6100	Ol	VE6MTR	VE6CMM

EDMONTON
Edmonton	53.0700	52.0700		VE6UFO	VE6UFO
Edmonton	53.4300	52.4300	Ol	VE6SSM	SARA

HIGH RIVER
Black Diamond	53.5700	52.5700	Ol	VE6RPX	VE6ERW

KANANASKIS
Fortress Mountain	53.5100	52.5100	O	VE6SHB	VE6SHB

LETHBRIDGE
Lethbridge	53.4500	52.4500	O	VE6ZIX	VE6HDO
Red Cliff	53.0100	52.0100	O	VE6TEQ	VE6TEQ

MEDICINE HAT
Medicine Hat	53.4700	52.4700	O	VE6MLD	VE6MLD
Red Cliff	53.0100	52.0100	O	VE6TEQ	VE6TEQ

BRITISH COLUMBIA
FRASER VALLEY
Abbotsford	52.8500	51.1500	110.9e	VE7RVA	FVARESS

GREATER VANCOUVER
Anvil Island	52.9100	51.2100		VE7QRO	VE7LWB
Surrey	53.5300	51.8300		VE7DQ	Tom Glover
Vancouver	52.8900	51.1900		VE7HCP	VE7HCP

51-54 MHz
BRITISH COLUMBIA-ONTARIO

Location	Output	Input	Notes	Call	Sponsor
SOUTH CENTRAL					
Vernon	52.0100	51.4100	110.9	VA7VMR	VE7OHM
VANCOUVER					
Victoria	52.8300	51.1300	100	VE7RSX	WARA
Victoria	52.8700	51.1700	100	VE7VIC	WARA
Victoria	52.9700	51.2700		VE7RFR	VE7DAT
MANITOBA					
WINNIPEG					
Winnipeg	53.4000	52.4000	O	VE4KOG	PMCStaff
NEWFOUNDLAND AND LABRADOR					
AVALON EAST					
St Johns	53.0900	52.0900	TT	VO1KEN	VO1ST
NOVA SCOTIA					
GORE					
Gore	52.6200	51.6200	O	VE1OM	TPARC
HALIFAX					
Halifax	53.5500	52.5500	O 151.4el	VE1PSR	HARC
ONTARIO					
CENTRAL					
Collingwood	53.1500	52.1500	156.7e L(IRLP)	VE3RMT	CARC
Edgar	53.0700	52.0700	O	VE3LSR	------------
Pefferlaw	53.0900	52.0900	O(CA)e	VA3PTX	------------
CENTRAL EAST					
Haliburton	53.0500	52.0500	Oael	VE3SRU	------------
FRONTENAC/LENNOX-ADDINGTON					
Kingston	53.1300	52.1300		VE3KER	KARC
METRO TORONTO					
Brampton	53.1900	52.1900	OeWX	VE3PRC	PARC
Toronto	53.3500	52.3500	O 103.5e	VA3GTU	------------
Uxbridge	53.0300	52.0300	O 103.5 (CA) eL(TFM IRLP)	VE3SIX	TFMCS
NATIONAL CAPITAL REGION					
Ottawa	53.0300	52.0300	L(147.300/444.200)	VE3RVI	O6MIG
Ottawa	53.0900	52.0900	136.5/136.5 L(I 2210)x	VE3TST	VE3HXP
NIAGARA					
Fonthill	53.2900	52.2900	O 107.2	VE3PLF	COBRA
Lowbanks	53.0100	52.0100	131.8	VE3ZEC	------------
NORTHEASTERN ONTARIO					
Sudbury	51.2000	52.2000		VE3KMW	------------
NORTHWESTERN ONTARIO					
Thunder bay	53.0300	52.0300		VA3OLA	------------
PRESCOTT-RUSSELL					
Russell	53.2300	52.2300	141.3/110.9	VA3LGP	VE3JGL
SOUTH					
Burlington	53.5900	52.5900	O 131.8 (CA)	VE3DUO	------------
Carlisle	53.1100	52.1100	O 131.8 L(ERA)	VE3WIK	------------
Kitchener	53.3700	52.3700	O 131.8e L(ECHOLINK)	VE3SED	------------

Location	Output	Input	Notes	Call	Sponsor
Scotland	53.2300	52.2300	O	VE3PPO	------------
SOUTHWEST					
Essex	53.0300	52.0300	O	VE3SMR	------------
Windsor	53.0500	52.0500	O 118.8	VE3RRR	WART

PRINCE EDWARD ISLAND
CENTRAL

Location	Output	Input	Notes	Call	Sponsor
Glen Valley	53.5900	52.5900	O	VY2SIX	VY2RU

QUEBEC

Location	Output	Input	Notes	Call	Sponsor
Alma	53.2500	52.2500	O	VE2RYK	VE2AYK
Ange-Gardien	53.3100	52.3100	O 110.9ex	VE2REH	VE2ZVL
Blainville Nord	53.3100	52.3100	O	VE2RNO	VE2THE
Boucherville	53.1300	52.1300	O 103.5	VE2MRQ	VE2MRI
Gatineau	53.1100	52.1100	O 110.9e	VE2REH	VE2ZVL
Grand-Mere	53.1100	52.1100	O 141.3	VA2RTI	VE2JTR
Grenville	53.0100	52.0100	O 123e	VE2RCS	VE2HMA
St-Calixte	53.0700	52.0700	O 141.3X	VE2LED	VE2VK
St-Calixte	53.0700	52.0700	O 141.3	VE2RVK	VE2VK
St-Joseph du lac	53.0500	52.0500	O	VE2RST	VE2GDR
Ste-Marguerite	53.0900	52.0900	O	VE2RIX	VE2BPU
LAURENTIDES					
Lachute	53.0100	52.0100	I	VE2RCS	BARC
OUTAOUAIS					
Gatineau	53.1100	52.1100	100.0/110.9 (CA) L(I 2018)	VE2REH	ARAI
PAPINEAU					
Ripon	53.3100	52.3100	123.0/110.9 (CA) L(I 2018)x	VE2REH	ARAI

SASKATCHEWAN
SASKATOON

Location	Output	Input	Notes	Call	Sponsor
Saskatoon	50.2100	51.5100	#	VE5FUN	MARS
SOUTHEAST					
Estevan	53.7300	52.7300	#	VA5EST	VE5AJ

YUKON TERRITORY
YUKON

Location	Output	Input	Notes	Call	Sponsor
Carcross	52.2000	52.7000	OI	VY1RMM	YARA

FITS THE BILL.
ICOM 2M RIGS

IC-2200H *D-STAR Optional*
DIGITAL UPGRADEABLE FOR 2M

65 Watt | 207 Alphanumeric Memories | Digital Voice & Data w/Optional UT-118 Optional Callsign Squelch | CTCSS & DTCS Encode/Decode w/Tone Scan

D-STAR Optional
IC-2820H
TRUE DUAL BAND FUN!

50 Watt VHF/UHF Bands | Wide RX: 118-549.995, 810-999 MHz* 522 Memory Channels | VV/UU/VU Operation | Removeable Control Head Optional D-STAR/GPS Unit (UT-123)

IC-V85
CLASSIC 2M

7 Watt | CTCSS & DTCS Encode/Decode | Optional UT-108 DTMF Decoder for ANI operation | Optional Voice Scrambler | IPX4 Splash Proof

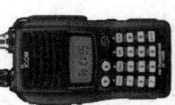

IC-P7A
DUAL BAND POCKET ROCKET

2M, 1.5 Watt; 70CM, 1 Watt | Wide Band RX: 0.495-999.99MHz* | 1000 Alphanumeric Memory Channels | Up to 20 Hours Operating Time | Rapid Charger & More!

www.icomamerica.com

*Frequency coverage may vary. Refer to owner's manual for exact frequency specs.
©2008 Icom America Inc. The Icom logo is a registered trademark of Icom Inc. All specifications are subject to change without notice or obligation. 10007

144-148 MHz

Location	Output	Input	Notes	Call	Sponsor
ALABAMA					
Alabaster	146.7300	–	O/D-STAR	N4RON	AARC
Albertville	145.1100	–	O 107.2 (CA) eWXx	KF4EYT	KF4EYT
Alexander City	146.9600	–	O 88.5ael	WA4KIK	WA4KIK
Allsboro	147.0600	+	O	KB4FKU	KB4FKU
Andalusia	146.9400	–	O 100.0	WC4M	SARC
Andalusia	147.2600	+	O 100.0eWX	WC4M	South AL R
Anniston / Oak Mtn	145.2000	–	O/D-STARe EXP	KI4SUF	EMA/DHS
Anniston/Cheaha Mt	145.3000	–	O/D-STAR	WB4GNA	Mentone Ed.
Anniston/Cheaha Mt	147.0900	+	O 131.800ae WXz	WB4GNA	CCARA
Anniston/Coldwater	146.7800	–	OaelRB WXz	KG4YRU	Calhoun EMA
Arab	146.9200	–	O 77.0/77.0a eRB WXz	KE4Y	BMARA
Argo/Trussville	145.2600	–	O/D-STAR 131.8aeWXz	K4YNZ	K4YNZ
Ashland	147.2550	+		KF4UOU	KF4UOU
Athens	145.1500	–	O 100.0/OR OFF/ARES (CA)eWXz	N4SEV	Limestone
Auburn	147.0600	–	O	KA4Y	KA4Y
Auburn	147.2400	+	O 156.7ae	K4RY	Auburn Uni
Auburn	147.3000	+	O 123.0/123.0elRB	W4HOD	HODARS
Bald Rock	145.1300	–	O 103.5/RACESerRB WX	N4MLP	St Clair C
Barton	146.7600	–	O/ARES	WX4CC	CCARC
Bay Minette	145.4300	–	O 123.0el	KD4HYG	KD4HYG
Bessemer	145.1500	–	Oaelz	N4AHN	K4GTQ
Birmingham	145.1900	–	O 138.8l	N4IQT	N4IQT
Birmingham	145.2300	–	O 203.5/203.5e	WB4TJX	UAB ARC
Birmingham	145.4100	–	O/D-STAR	K4DSO	BARC
Birmingham	147.2800	+	Oa	W4TPA	TPARCA
Birmingham	147.3400	+	O	W4RUM	W4RUM
Birmingham- East: Bald Rock	146.7600	–	O 114.8ae	K4HAL	H&H RA
Birmingham- North: Springville	146.7600	–	O 103.5ae	K4HAL	H&H RA
Birmingham- South: Pelham	146.7600	–	O 94.8ae	K4HAL	H&H RA
Birmingham/ East Lake	146.7600	–	O 88.5ae	K4HAL	H&H RA
Birmingham/ Shades Mtn	146.8800	–	OaeRB WX	W4CUE	BARC
Birmingham/Ruffner	146.7600	–	O 88.5e	K4HAL	H&H Rep
Birmingham Tuscaloosa	145.3500	–	●/D-STARx	W4TTR	KX4I
Boaz	147.2000	+	O 210.7/RACESaelrWX	NA4SM	MCARC

144-148 MHz
ALABAMA

Location	Output	Input	Notes	Call	Sponsor
Brent	145.3900	–	⭘e	NU4A	Bibb Co
Butler	146.8500	–	⭘ 210.7	KE4ROA	KE4WYK
Carrollton	145.3300	–	⭘ 77.0/77.0 TT(ARES)e	KC4ZMP	Pickens Co. EM
Carrollton	146.6850	–	⭘ 77.0/77.0 TT(ARES)e	K4HDC	PICKENS CO E
Citronelle	147.2250	+	⭘ 203.5/203.5	W4IAX	Mobile ARC
Clanton	147.1050	+	⭘ 100.0 WX	WB4UQT	Clanton Am
Cordova	147.3900	+	⭘	N5IV	N5IV
Corner	147.1200	+	⭘e	KD4CIF	KD4CIF
Cullman	145.3100	–	⭘ 100.0/ARES-LITZaer	N4TUN	CARC
Cullman	147.4150	146.4160	⭘ 123.0 /ARESeIRB	W4CFI	W4CFI
Decatur	145.2100	–		N4VCN	N4VCN
Decatur	145.2500	–	⭘	KA4DIO	KA4DIO
Decatur	146.7200	–	⭘e	KA4DIO	KA4DIO
Decatur	146.9800	–	⭘/RACESer WX	W4ATD	DARC
Decatur/Brindlee Mt	147.0000	+	⭘e	W4ATD	DARC
Demopolis	146.7900	–	⭘aelWX	N4QII	N4QII
Dixons Mills	147.0800	+	⭘	W4WTG	------------
Dothan	145.4300	–	⭘ 186.2	WB4ZPI	WARC
Dothan	146.8500	–	⭘	KD4GZM	KD4GZM
Dothan	147.1400	+	⭘ 186.2	KC4JBF	KC4JBF
Dothan	147.3400	+	⭘ ARES/RACESaerWXz	N4RNU	Houston Co
East Brewton	146.9700	–	⭘#	WA4TYH	WA4TYH
Elba / Victoria	146.7800	–	⭘e	W4NQ	Troy Radio Clu
Elkmont	146.8600	–	⭘ 100.0l	W4TCL	W4TCL
Enterprise	145.3900	–	⭘aez	KD4BWM	EEARA
Enterprise	147.2400	+	⭘aelz	WD4ROJ	EARS
Eufaula	147.2800	+	⭘ 123.0	W4EUF	Eufaula ARC
Eutaw	145.3700	–	⭘ 131.8e	WS4I	Druid City
Fayette	147.2000	+	⭘ 110.9	N4DSS	N4DSS
Flagg Mountain	145.2700	–	⭘ 88.5	KC4CM	KC4CM
Flint Ridge	146.8600	–	(CA)elz	N4YI	N4YI
Florence	145.3700	–	⭘/RACES	KC4FLN	KC4FLN
Florence	147.3200	+	⭘	K4NDL	------------
Foley	146.6850	–	⭘	KI4ELU	KI4ELU
Foley	146.8950	–	⭘ 110.9/110.9	KG4LWP	KG4LWP
Fort Deposit	146.6700	–	⭘ 100/203.5/RACESeIWX	K4TNS	Butler Co. EMA
Friendship	147.2000	+	107.2e	KE4LTT	KE4LTT
Ft Payne	147.2700	+	⭘ 100.0/ARESaelWXx	W4GBR	DeKalb ARC
Gadsden	145.4900	–	⭘	KB4AEA	KB4AEA
Gadsden	146.6700	–	⭘ 100.0 (CA) e	K4BWR	K4BWR
Gadsden	146.8200	–	⭘ 192.8/RACESaerRB WXz	K4VMV	Etowah EMA
Gadsden	147.1600	+	⭘ 100.00/100.00aelWXz	K4JMC	Gadsden AR
Gaylesville	145.2500	–	110.9	K4JS	K4JS
Gaylesville	147.3200	+	⭘ 100.0/100.0e	W4CCA	CCARC

ALABAMA

Location	Output	Input	Notes	Call	Sponsor
Geneva County	145.2700	–	O 103.5eWX	W4GEN	GARS
Goodwater	145.3300	–	O 179.9eWX	K4YWE	Lake Marti
Greenville	145.1900	–	O 203.5/AICNelWX	W4MPQ	Butler Co
Greenville	146.8800	–	O 100.0/203.5	K4TNS	Butler Co. EMA
Guntersville	145.1400	–	O/D-STAR	KI4RYX	KF4EYT
Guntersville	145.1700	–	Oaex	K4WWN	K4WWN
Guntersville/ Wyeth Mtn	147.3800	+	O 100.0/ARESaz	KC0ONR	GARC
Haleyville	147.3600	+	O 71.9ael WXz	KF4YXS	HARC
Hamilton	147.0200	+	O 118.8/118.8elRBz	K4EKG	Marion Co.
Hoover	147.1400	+	●	WA4CYA	Hueytown R
Huntsville	145.2900	–	O 100.0ae	KK4AI	MARA
Huntsville	145.3300	–	O	W4ATW	NARA
Huntsville	145.3900	–	OTTe	WA4NPL	WA4NPL
Huntsville	145.4300	–	O/D-STAR	KI4PPF	HIT
Huntsville	145.4700	–	●	W9KOP	W9KOP
Huntsville	147.1000	+	O 103.5ae	W4VM	W4VM
Huntsville	147.2400	+	O 82.5aelRB	KB4CRG	KB4CRG
Huntsville	147.3000	+	O 103.5	W4QB	NADXC
Huntsville (Exp)	145.3600	–	O/D-STAR	KI4QMQ	Mentone Ed.
Huntsville/ BrindleyMtn	147.1800	+	O 100.0 L(IRLP 4950)	WD4CPF	NARA
Huntsville MonteSano	145.2300	–	O 186.2/AICNl	W4XE	W4XE
Huntsville MonteSano	146.9400	–	O 100.0/ARESaesWX	N4HSV	NARA
Huntsville MonteSano	147.2200	+	O 136.5/RACESlr	K4RSB	Huntsville
Huntsville MonteSano	147.5050	146.5050	O 123.0 (CA)	KC4HRX	KD4TFN
Irvington	145.1300	–	O 203.5/203.5	KD4NGA	ARMY COE
Jacksonville/Chimne	147.0400	+	O 131.0 (CA)	WD4LDU	Anniston A
Jasper	146.6400	–	OeWX	WR4Y	Walker Co
Jasper	146.9000	–	O	WB4ACN	WB4ACN
Jasper	147.2600	+	O	KI4GEA	KI4GEA
Killen	146.6800	–	O 100.0aelz	WB4NQH	WB4NQH
Lanett	147.0000	+	Oe	K4DXZ	Valley ARC
Leesburg	147.0750	+	O 100.0ae WXz	KE4SWI	Cheroke Co
Leighton	147.3400	+	O(CA)	AC4EG	NAARC
Littleville	145.1300	–	Oae	WB4KKV	WB4BPS
Loxley	147.3900	+	118.8ae	WB4GMQ	WB4GMQ
Magnolia Springs	145.3100	–	O/D-STAR	KI4SAZ	Mentone Ed.
Mentone	145.4400	–	O/D-STAR	KI4SAY	Mentone Ed.
Millry	147.1800	+	O 114.8el	KF4ZLK	KF4ZLK
Mobile	145.3900	–	O/D-STAR	W4IAX	MARC
Mobile	146.8200	–	O 203.5l	W4IAX	Mobile ARC
Mobile	146.9400	–	O RACES/ARES (CA)eL(ECHOLINK) WX	WB4QEV	Mob Co EMA
Mobile	147.1500	+	Oe	WB4BXM	WB4BXM

100   144-148 MHz
ALABAMA

Location	Output	Input	Notes	Call	Sponsor
Mobile	147.3450	+	o(CA)	W4IAX	MOBILE AMA
Monroeville	147.1600	+	o 167.9 (CA)e	WB4UFT	MARC
Montevallo	145.2900	–	oeRB	N4GEG	N4GEG
Montevallo/ Pea Ridge	147.3200	+	o	N4GEG	N4GEG
Montgomery	146.8400	–	oeWX	W4AP	MARC
Montgomery	146.9200	–	o/D-STARaz	W4AP	MARC
Montgomery	147.1800	+	o/RACESerWXx	W4AP	MARC
Moody	146.6200	–	o	KF4FVH	KF4FVH
Moulton	145.2700	–	o 107.2/ARES (CA)elsWX	N4IDX	Bankhead A
Moulton	146.9600	–	o(CA)elWX	N4IDX	Bankhead A
Moundville	147.1600	+	o 118.8ep	N4CLS	T.A.S.K.
Muscle Shoals	145.4100	–	203.5/AICNIWX	KF4MH	WB4NQ
Muscle Shoals	146.6100	–	oae	W4JNB	MSARC
Nectar/ SkyballMtn	146.7000	–	o 203.5	W4BLT	Blount ARC
New Brockton	145.1300	–	o	WA4WQW	WA4WQW
Ohatchee	147.0200	+	o 250.3e	WB4LYR	WB4LYR
Old Texas	145.1700	–	o 127.3/127.3eL(VOIP)	W5IFR	W5IFR
Opelika	147.1200	+	o ARES/RACESaeWXz	W4LEE	EAARC
Opelika	147.1500	+	o 123.0/123.0	KI4DCY	Lee Co. EMA
Opp	146.6400	–	o 100.0/100.0	KI4RNQ	Opp ARC
Ozark	146.9800	–	o/ARESe	KA4AFI	Dale ARES
Ozark	147.2100	+	o#	WA4GIU	------------
Palmerdale	145.4500	–	oIRB	W4GQF	W4GQF
Pelham	146.9800	–	oe	W4SHL	Shelby Co.
Pell City	147.0200	+	o 131.8/131.8e	K4CVH	Coosa Valley H
Phenix City	146.6100	–	oeWXz	W4CVY	Columbus ARC
Phenix City	146.7200	–	o 123.0e	WA4QHN	WA4QHN
Phenix City	146.8800	–	o	W4CVY	Columbus ARC
Phenix City	147.3200	+	123.0/ARESe lrsWX	WX4RUS	Russell EMA
Prattville	145.3100	–	oRB WX	KF4PDY	Tri Area ARC
Ranburne/ Turkey Heaven Mtn	146.8650	–	o 131.8	N4THM	Turkey Hea
Red Bay / Vina	146.7900	–	o 100.0e L(I-LINK) WXx	NV4B	FCEMA
Roanoke	147.2200	+	ol	WD4KTY	WD4KTY
Robertsdale	147.0900	+	oe	WB4EMA	Baldwin EM
Rogersville	146.7400	–	o 100.0e	KI4QFI	KI4QFI
Roxana/Lee County	145.2300	–	o 123.0	KE4COL	KE4COL
Russellville	147.1600	+	oeWX	KE4ZIM	Franklin C
Salem	146.9400	–	o 123.0eWX	WA4QHN	WA4QHN
Santuck	147.3800	+	oaeRB WX	W4KEN	W4KEN
Scottsboro	146.9000	–	o 123.0e	N4SCO	JCAR
Section	147.3600	+	o 123.0elWX	W4SBO	JCAR
Selma	146.7200	–	oe	N4KTX	N4KTX
Sheffield	146.8800	–	103.5e	WB4LQX	WB4LQX

144-148 MHz — ALABAMA-ALASKA

Location	Output	Input	Notes	Call	Sponsor
Skipperville	147.0300	+	O 71.9 (CA)e l	KD4KRP	KD4KRP
Smiths Station	145.3500	–	O 123.0e L(ECHOLINK)	KF4AEJ	KE4AEJ
Spruce Pine	147.2100	+	O	K4NXB	K4NXB
Sylacauga	146.6550	–	O 123.0/123.0eWX	AF4FN	S.T.A.R.S.
Talladega	145.1600	–	O/D-STARe EXP	N4WNL	EMA/TRAC
Talladega	145.3700	–	Oe	N4ZDY	Sleeping G
Talladega	146.7400	–	O 131.8/131.8elWXz	N4WNL	EMA/TRAC
Talladega	146.8050	–	O 131.8/131.8eL(144/220/440) WXx	K4BQP	TRAC
Tecumseh Station	146.8500	–	O	W4RPO	W4RPO
Theodore	145.1900	–	O	N4LMZ	N4LMZ
Theodore	147.2000	+	O	N4LMZ	N4LMZ
Troy	146.8200	–	O 100.0 (CA) ez	W4NQ	Pike Count
Tuscaloosa	145.1100	–	O 131.8el	WS4I	Druid City
Tuscaloosa	145.2100	–	O 103.5	W4UAL	Univ. of Alabam
Tuscaloosa	145.3500	–	●/D-STARx	W4TTR	Tall Twr RC
Tuscaloosa	145.4700	–	● 203.5	KX4I	KX4I
Tuscaloosa	146.6050	–	O/D-STAR	W4KCQ	TARC
Tuscaloosa	146.8200	–	O 118.8ae WXz	W4XI	Tuscal ARC
Tuscaloosa	146.9250	–	O 131.8e	WS4I	Druid City
Tuscaloosa	147.0600	–	● 179.9x	KX4I	KX4I
Tuscaloosa	147.2400	+	● 186.2a	KR4ET	md/i/tw
Tuscaloosa	147.3000	+	131.8/RACES a(CA)erWX	W4WYN	West AL ARS
Union Hill/Brindlee Mtn	147.0000	+	O/RACESae rWX	W4ATD	Decatur ARC
Vernon	145.4300	–	O 123.00	KI4QAH	KI4QAH
Vernon	146.6600	–	O	N5IV	N5IV
Warrior	146.8400	–	O	WB4YOX	WB4YOX
Winfield	147.0400	+	O 192.8e	KT4JW	KC4RNF
York	147.0000	+	Oe	K4QXT	Sumter Co.

ALASKA
INTERIOR

Location	Output	Input	Notes	Call	Sponsor
Cantwell	146.8200	–	O 103.5 L(FAIRBANKS)	KL7KC	ARCTIC ARC
Central/Circle	146.8200	–	103.5 L(FAIRBANKS)x	AL7FQ	AL7FQ
Chena Dome	146.7900	–	O 103.5e E-SUN E-WINDlsx	KL7XO	AARC
Chicken	147.0900	+	O 103.5 E-SUNlx	KL7B	KL7B / NL7E
Cleary Summit	146.6700	–	O	KL7GNG	KL7GNG
Delta Junction	146.8200	–	O 103.5 L(FAIRBANKS)x	KL7KC	ARCTIC ARC
Denali Park	146.7600	–	Ol	KL7KC	ARCTIC ARC
Dot Lake	146.8800	–	O 103.5lx	KL7KC	ARCTIC ARC
Eielson AFB	147.1200	+	O 103.5 TTel x	KL7KC	AARC

144-148 MHz
ALASKA

Location	Output	Input	Notes	Call	Sponsor
Fairbanks	146.8800	–	O 103.5aelx	KL7KC	ARCTIC ARC
Fairbanks	146.9400	–	Oa	KL7KC	ARCTIC ARC
Fairbanks	147.0900	+	O 103.5ae	KL7KC	AARC
Fairbanks	147.3000	+	Oe	KL7EDK	KL7EDK
Galena	146.7900	–	O 103.5	AL2J	Al2J
Healy	144.8800	144.8800	O 103.5 L(FAIRBANKS VIA 220)x	KL7KC	Arctic ARC
Healy	147.2400	147.0000	O	KL1SF	KL1SF
Manley	147.0300	+	O 103.5el	KL7KC	+KL7XO
Nenana	147.0600	+	O L(FAIRBANKS)	WL7TY	NARC
North Pole	146.7000	–	O L(NENANA)	WL7TY	WL7TK
Northway	146.8200	–	103.5 L(FAIRBANKS)	KL7KC	ARCTIC ARC
SOUTH CENTRAL					
Anchorage	146.7900	–	O 100 (CA) TTl	KL7AX	KL7AX
Anchorage	146.8200	–	O 103.5l	WL7CWE	KB8JXX
Anchorage	146.9400	–	O 100.0aTTe xz	KL7AA	AARC
Anchorage	146.9700	–	O 103.5x	KL7CC	SCRC
Anchorage	147.2400	+	O 100 (CA) TTel	WL7CWE	CARA
Anchorage	147.3000	+	O 141.3ersx	KL7ION	PARKA
Bethel	146.1000	+	O 114.8aTTe s	AL1F	AL1F
Chugiak	147.1500	+	O 107.2aTTe E-SUN	KL5E	KL5E
Eagle River	145.4500	–	O 100.0 (CA) TTe	KL7GG	KL7GG
Elmendorf AFB	146.6700	–	O 107.2e	KL7AIR	EARS
Ft Richardson	147.1800	+	O 88.5ep	KL1BR/R	DHS&EM
Ft Richardson	147.3900	+	O 100.0 (CA) TTeRB	KL7GG	GG/ADES
Kodiak	146.8800	–	O 141.3es	AL7LQ	KARES
Kodiak	146.9400	–	O 103.5s	KL7JBV	ARES
Mt Susitna	147.2700	+	O 103.5esx	WL7CVG/R1	AARC/ARES
Palmer	147.3300	+	O 103.5elsx	WL7CVF/R1	AARC/ARES
Palmer	147.5700	447.5700	O 103.5lx	KL7CC/R2	AKDXC
Soldotna	146.8800	–	Oae	AL7LE	MARC
Talkeetna	147.1200	+	OeE-SUN	NL7E/R	NL7E
Valdez	147.3000	+	Oaes	WL7CVV	ValdezARES
Wasilla	146.8500	–	Oae	KL7JFU	MARC
Wasilla	147.0000	+	O 103.5e	KL7BK	KL7BK
SOUTHEAST					
Crystal Mt	147.3600	+	Oelx	W6SJJ	SARA
Haines-Mt Ripinski	147.0600	+	el	KL7GPG	JARC
Juneau-H Ridge	146.6400	–	Oael	KL7HFI	JARC
Juneau-Lena Point	147.0000	–	Oael	KL7PF	JARC
Juneau-Tramsite	146.8200	–	Oael	KL7PF	JARC
Ketchikan	146.7900	–	Oae	KL7ST	KARC
Mendenhall	147.3000	+	Oe	KL7IWC	ARES
Petersburg	146.9600	–	O(CA)	KL7FFP	PARC
Sitka	146.8200	–	O(CA)	KL7FFR	SITKA ARC

144-148 MHz
ARIZONA

Location	Output	Input	Notes	Call	Sponsor
ARIZONA					
CENTRAL					
Black Canyon C	146.9000	–	○ 118.8	KB7OCY	KB7OCY
Cave Creek	147.3200	+	○	K5VT	K5VT
Maricopa	145.2500	–	○ 162.2ae	KD7DWZ	KD7DWZ
Mesa	145.1300	–	○l	KE7JFH	N7MK
Mt Ord	145.4900	–	●	WB7UAN	RPRG
Mt Ord	146.9200	–	○ 162.2ael	W7MDY	ARA
Mt Ord	147.3600	+	○ 162.2el	W7MDY	ARA
Mt Union	147.2600	+	○ 103.5e	K7YCA	ARES/RACES
Payson	145.1700	–	○ 103.5er	KD7BWG	GCFMARC
Payson	146.9000	–	● 123.0e	KJ7K	KJ7K
Payson	147.3900	+	○ 100ae	N7TAR	TARA
Pinal Peak	145.4100	–	○ 141.3l	K7EAR	EAARS
Pinal Peak	147.2000	+	○ 162.2	W7ARA	ARA
Queen Creek	146.6200	–	○	K7UGA	CADXA
Signal Peak/Pina	146.7400	–	○ 162.2r	WA7HUH	GCR
Towers Mt	145.3700	–	○ 162.2e	W1OQ	MMRG
Towers Mt	147.0400	+	○ 107.2e	KA7ATV	AATV
Usery Pass	146.6600	–	○ 162.2e	WB7TUJ	N7ULY
Wildflower Mt	145.3500	–	○ 162.2e	KD7CCV	DAWN
EAST CENTRAL					
Eden	146.9400	–	○l	K7EAR	EAARS
Guthrie Peak	145.3500	–	○	N5IA	EAARS
Guthrie Peak	145.3900	–	○ 141.3l	K7EAR	EAARS
Heber	146.8000	–	○ 162.2e	W7RIM	RCARC
S Mt Alpine	145.2700	–	○ 141.3	K7EAR	EAARS
St Johns	147.3000	+	○ 136.5e	NR7G	NR7G
FLAGSTAFF METRO					
Flagstaff	145.2700	–	○	KD7IC	KD7IC
KAYENTA					
Kayenta	145.2100	–	○ 162.2a	N7NRE	David Arnt
KINGMAN METRO					
Kingman	146.6200	–	● 88.5el	K7RLW	MCRA
Kingman	146.9400	–	○elr	K7RLW	MCRA
NORTH CENTRAL					
Bill Williams	146.7800	–	○ 91.5 (CA)e	K7NAZ	BWMRC
Flagstaff	145.4100	–	○ 151.4	K7NAU	NAUARC
Lake Havasu City	146.9600	–	○ 162.2 (CA)	W7DXJ	W7MCF
Mingus Mt	145.2900	–	○ 127.3e	WA6ZZJ	YAV RACES
Mingus Mt	147.0000	+	○ 100eLITZ	KB7CN	MMRG
Mingus Mt	147.2200	+	○ 162.2e LITZ	W7EI	VVARA
Mt Elden	146.9800	–	○ 162.2ae	W7ARA	ARA
Mt Elden	147.1400	+	○ 162.2el	W7ARA	ARA
Mt Ord	146.9600	–	○ 141.3e	WR7GC	GILA CO RA
Navajo Mt	146.9600	–	○l	W7DRR	GCWA
Prescott	145.3900	–	○	KC7TIL	KC7TIL
Prescott	145.4300	–	○ 107.2 (CA)e	N7NBK	N7NBK
Squaw Peak	147.1000	+	○ 131.8	KF6FM	Tim Wilcox
Squaw Peak Verde	145.3300	–	○ 156.7 (CA)e	KA7IOG	KA7IOF
Winslow	146.8400	–	○	KK7TF	N7RDZ
Winslow	147.3800	+	○ 162.2	N7RDZ	N7RDZ

144-148 MHz
ARIZONA

Location	Output	Input	Notes	Call	Sponsor
NORTHEAST					
Greens Peak	145.3100	–	O 110.9	N9CZV	N9CZV
Greens Peak	146.6100	–	O 162.2el	W7OTA	W7OTA
Greens Peak	146.7000	–	O 141.3l	K7EAR	EAARS
Holbrook	146.6800	–	O	KA7ARZ	NCARC
Nah-Ah-Tee Mes	146.8600	–	O 162.2l	W7OTA	W7OTA
Porter Mt	146.7600	–	O 162.2el	W7OTA	W7OTA
Roof Butte	145.2500	–	O 100el	KB5ITS	KB5ITS
Roof Butte	146.8200	–	O 100	K5WXI	TOTAH ARC
Window Rock	145.2900	–	O 123.0e	KD7LEN	NARC
NORTHWEST					
Bullhead City	145.1700	–	O 131.8a	W7GAA	WARC
Bullhead City	146.6400	–	O 123.0 (CA)e	KC7GSA	FREEDOM NT
Chloride	146.7000	–	O 173.8e	N7NVR	Gene Staff
Dolan Springs	147.1000	+	O	W6ROA	W6ROA
Dolan Springs	147.3200	+	Oe	K6SHH	K6SHH
Hayden Peak	146.7600	–	O 131.8e	N7SKO	WECOM INC
Hopi Pt Grand	147.3200	+	Oel	WB6JAA	NORTHLINK
Hualapai Mt	147.1600	+	O 131.8	WB6RER	HUALAPI AR
Peach Springs	147.3400	+	O 91.5es	WB7POD	WB7POD
Potato Patch I	146.8000	–	● 100.0	N7DPS	------------
Willow Beach	147.1200	+	O 131.8l	W6PNM	VINE COMM
PHOENIX METRO					
Bank One	146.8200	–	O 162.2e	N1KQ	MCRG
Bell Butte	146.9800	–	O 100ae	AI7R	TEMPE
Central Phoenix	146.6400	–	O 162.2ae	W7ARA	ARA
Chandler	145.4500	–	O 162.2ae	WW7CPU	IARS
Coolidge	145.2100	–	O 162.2a	K7HYW	K7HYW
Mesa	145.3300	–	O 114.8e	WB7TUJ	WB7QDR
Mesa	146.7200	–	Oae	WA7ZFZ	MARA
Mesa	146.8600	–	O 162.2e	K4CSD	MESA COMM
Mesa	147.1200	+	O 162.2e	WB7TJD	SPRSTN ARC
Phoenix	145.1700	–	O 162.2el	W1OQ	ARA
Phoenix	145.1900	–	O 162.2	W7ATV	AATV
Phoenix	145.2300	–	O 173.8	N7LMR	N7LMR
Phoenix	145.2300	–	94.8	KA7IOG	KA7IOF
Phoenix	147.0200	+	O 162.2	W7BSA	BSA EP 599
Phoenix	147.0600	+	O 162.2e	W7UXZ	W7UXZ
Phoenix	147.2800	+	O 162.2	WA7UID	MMRG
Phoenix Metro	146.7000	–	O 162.2	W7TBC	TARC
Scottsdale	147.1800	+	O 162.2	WA7APE	SCTSDL ARC
Scottsdale	147.3400	+	O 162.2ael	W7MOT	MARCA
Scottsdale Air	146.7600	–	O 162.2	WA7ZZT	ARA
Shaw Butte	146.8400	–	O 162.2e	W7ATV	AATV
Shaw Butte	147.2400	+	O 162.2ael	W7ARA	ARA
Sun City West	147.3000	+	O 162.2ae	KC7KLC	WVARC
Tempe	145.2700	–	O	N7ADA	KB7KY
Thompson Peak	147.0800	+	O 162.2e	KG7UN	MARICOPA C
Usery Peak	145.4700	–	O 79.7e	K7ER	KR7RC RG
White Tanks Mt	145.4300	–	O 100e	N7SKT	HAROLD PIE
White Tanks Mt	146.9400	–	O 162.2el	W7EX	ARA
White Tanks Mt	147.3800	+	● 79.7e	N7ULY	WB7TUJ
SIERRA VISTA					
Sierra Vista	147.3600	+	O 100el	N0NBH	N0NBH

144-148 MHz ARIZONA

Location	Output	Input	Notes	Call	Sponsor
SOUTH CENTRAL					
Ajo Childs Mt	145.3100	–	O 100	KF7LA	AJO ARC
Casa Grande	146.7800	–	O 100.0	N8UVV	N8UVU
Cunningham Peak	147.0600	+	O 203.5	KR7AZ	KR7AZ
Gila Bend	145.2900	–	O 103.5	WB7VVD	WB7VVD
Green Valley	145.2900	–	Oae	W8SXX	GVARC/SAV
Green Valley	145.4300	–	O	WB6TYP	WB6TYP
Green Valley	146.6200	–	O	KC7DVJ	WB6TYP
Red Mt/Patago	146.6400	–	Oeprs	W7JPI	W7JPI
SOUTHEAST					
Duncan	146.9600	–	O	N5IA	DRG
Green Valley	145.2700	–	O	N7GV	GVARC
Haystack Mt	145.3700	–	O 131.8	K7SPV	SPVARC
Heliograph Peak	146.8600	–	O 141.3l	K7EAR	EAARS
Heliograph Peak	146.9000	–	O 141.3e	K7EAR	EAARS
Mt Benedict	147.3800	+	O	KA7UPR	KA7UPR
Mt Bernadino	147.3400	+	O 162.2l	KA7TXS	SEARS
Mule Mt	146.7600	–	O 162.2	K7RDG	CARA
Mule Mt Bisbe	147.0200	+	O 162.2 (CA)er	N7DQS	SEARS
Safford	146.7800	–	O 162.2	W7DYL	W7DYL
SOUTHERN					
Mt Lemmon	146.8800	–	O 110.9e	N7OEM	N7OEM
SOUTHWEST					
Guadalupe Peak	147.3600	+	O 107.2e	K6TQM	Chla Vly R
Signal Peak	146.6200	–	O 103.5er	N7ACS	N7ACS
Telegraph Pass	146.7800	–	O 103.5elr	N7ACS	N7ACS
TUCSON METRO					
East Tucson	146.6600	–	O 110.9	K7TRA	TRA
Mt Lemmon	145.3900	–	O 156.7 (CA)	N7QVK	N7QVK
Mt Lemmon	147.1000	+	O 100e	KC0LL	KC0LL
Mt Lemmon	147.1400	+	O 127.3	WB0LWH	KA7SLW
Mt Lemmon	147.1600	+	O 141.3l	K7EAR	EAARS
S Tucson	147.3900	+	O 100elr	W7SA	CRC
Tucson	145.1700	–	O	K0DVH	K0DVH
Tucson	145.2300	–	● 77.0 (CA)e	NR7J	STAPLETON
Tucson	145.3100	–	O	K7MUF	NFB/T
Tucson	145.3300	–	O 127.3 (CA)	KA7LVX	KA7LVX
Tucson	145.4500	–	O(CA)e	W7IBM	IBMARC
Tucson	145.4900	–	O	K7OPX	RADOPS
Tucson	146.6800	–	O 173.8e	N7IQV	COTE-RAC
Tucson	146.7000	–	O 127.3	K7INO	KINO LC AR
Tucson	146.7200	–	O 110.9ae	KB7PUM	W7AI
Tucson	146.8200	–	O 110.9a	K7TRA	TRA
Tucson	146.8500	–	Oes	AG7H	AG7H
Tucson	146.9400	–	O	K7CC	BART
Tucson	146.9600	–	O 127.3	N7UKI	U OF A ARC
Tucson	147.0600	+	O 100	W7GZ	W7GZ
Tucson	147.2200	+	O 110.9	K7TRA	TRA
Tucson	147.2600	+	● 156.7	N6DGT	N6DGT
Tucson	147.3000	+	O 110.9e	N7OEM	N7OEM
WEST CENTRAL					
Black Peak	146.8500	–	O 162.2ae	WA7RAT	CARRA
Bouse	147.3000	+	O 100.0e	N7DRH	N7DRH
Lake Havasu	146.9000	–	O(CA)	WX0R	WX0R
Lake Havasu Cty	146.6400	–	O 156.7er	K7LHC	LBARA

106   144-148 MHz
ARIZONA-ARKANSAS

Location	Output	Input	Notes	Call	Sponsor
Prescott	146.8800	–	O 100e	W7YRC	YAV ARC
Quartzsite	145.3100	–	O 162.2	WB7FIK	CRC
Smith Peak	146.6800	–	O 162.2e	K7LKL	ARA
YUMA METRO					
Potholes Hill	146.8400	–	O 88.5elr	W7DIN	DIN
Yuma	146.7400	–	O 162.2	KA7UOU	K7LQ
Yuma	146.8000	–	O 162.2elr	N7ACS	N7ACS
Yuma	146.9200	–	O 88.5 (CA)e lr	W7DIN	DIN

ARKANSAS
CENTRAL

Location	Output	Input	Notes	Call	Sponsor
Alexander	145.2900	–	O 131.8/131.8e	N5YLE	N5YLE
Benton	146.6400	–	O	N5CG	CAUHF
Benton	146.8050	–	O 114.8er	N5SWI	SalinCoOEM
Benton	147.1200	+	OeWX	W5RHS	W5RHS
Cabot	147.1500	+	O	W5STR	STARS
Conway	145.2100	–	O 114.8l	W5AUU	FalkCoARC
Conway	146.6250	–	O 114.8	AE5GH	AE5GH
Conway	146.9700	–	O 114.8rsx	WB5NXJ	FalkCoARC
Conway	147.0300	+	O 114.8/114.8e	W5AUU	W5AUU
Hollis	146.7450	–	O	K5KM	------------
Hot Springs	146.7600	–	O 114.8/114.8ersWXx	W5LVB	W5LVB
Hot Springs	146.8800	–	O 114.8es WX	WB5SPA	SPA ARA
Hot Springs	147.1800	+	O 114.8	WB5PIB	WB5PIB
Hot Springs Village	147.0150	+	Oae	W5HSV	HSV ARC
Little Rock	145.1300	–	O 114.8ers	N5AT	ARES
Little Rock	145.1700	–	O 162.2 LITZ	N5KWL	N5KWL
Little Rock	145.4900	–	O	AD5XA	CARDXClub
Little Rock	146.6700	–	O 114.8lx	WB5GFA	WB5GFA
Little Rock	146.7300	–	O 141.3	WA5PGB	WA5OOY
Little Rock	146.7750	–	● 162.2	N5CG	CAUHF
Little Rock	146.8500	–	Or	WA5LRU	UALR ARC
Little Rock	146.9400	–	O(CA)elrs WXx	W5DI	CAREN
Little Rock	147.0600	+	Oaelz	W5FD	CAREN
Little Rock	147.1350	+	O	N5NQW	CAREN
Little Rock	147.3000	+	O 114.8l	W5DI	CAREN
Malvern	145.1500	–	O 114.8 WX	W5RHS	W5RHS
Malvern	145.3100	–	88.5	KJ5YJ	MalvernARC
Malvern	147.3600	+	O 136.5 (CA) lz	W5BXJ	HSCAREN
Malvern	147.3900	+	O 136.5ae	W5BXJ	HSCAREN
Morrilton	145.3300	–	O 114.8 (CA) eWX	N5AHP	N5AHP
North Little Rock	145.4100	–	O 85.4	N5ZA	N5ZA
Pine Bluff	146.7000	–	OarsWX	K5DAK	PinBlufARC
Pine Bluff	147.1650	+	OarsWX	N5RN	N5RN
Pine Bluff	147.1950	+	OarsWX	N5KWH	PinBlufARC
Pine Bluff	147.2400	+	Oaersz	K5ECJ	PinBlufARC
Prattsville	145.1900	–	O 114.8e	KD5RTO	KD5RTO
Searcy	146.6550	–	Oe	AB5ER	NCAARC

144-148 MHz   ARKANSAS

Location	Output	Input	Notes	Call	Sponsor
Searcy	146.8950	–	O 85.4 (CA)l	N5ZA	N5ZA
Searcy	146.9250	–	O 94.8 (CA)e	KG5S	NCAARS
Searcy	147.3900	+	O 94.8e	AC5AV	WhiteCoARC
Sheridan	146.9850	–	O(CA)er	KB5ZES	GrantCoARC
Sherwood	147.2550	+	O 162.2ael	N1RQ	N1RQ
EAST					
Forrest City	146.7600	–	O 100.0/100.0	KD5DF	KD5DF
Forrest City	147.3750	+	O 107.2ers WX	WA5CC	CrossCoARC
Helena	145.3900	–	O	WX5J	WX5J
Helena	146.6850	–	Oe	N5JLJ	N5JLJ
Marion	147.1500	+	O 103.5e	KI5XV	KI5XV
Wynne	145.3100	–	O 107.2	WB5LNG	WB5LNG
Wynne	146.8650	–	O 107.2ers WX	KD5NUB	KD5NUB
EAST CENTRAL					
Bald Knob	147.3150	–	O 114.8elx	WA5OOY	CAREN
Bradford	146.7450	–	O 107.2elRB WXx	W5BTM	W5BTM
Stuttgart	147.0000	–	O	KB5LN	KB5LN
NORTH					
Harrison	145.1500	–	O	K0JXI	K0JXI
Harrison	147.0000	–	O 103.5 (CA) sLITZ WXxz	K5DRC	NAARS
Harrison	147.3150	+	O 103.5l	WA9SSO	GathMtARC
Mountain Home	146.8800	–	O 103.5 (CA) eL(442.300+)rsWX	K5OZK	OZARC
Mountain Home	147.0750	+	Oe	KC5RBO	TwinLksARC
Mountain View	147.1800	+	Os	AD5TQ	AD5TQ
Yellville	147.2400	+	O 107.2e	W5YS	MarionCARC
NORTH CENTRAL					
Batesville	147.2250	+	O 107.2rs	KD5HPK	KD5HPK
Batesville	147.2700	+	Oae	W5VAE	BatsevilARC
Clinton	145.3700	–	O 114.8aels xz	N5YU	N5YU
Clinton	146.9100	–	O 100.0 (CA) e	KD5GC	KD5GC
Fox	145.1100	–	O L(114.8HZ TO HOLLEY SYS.)	NN5NN	NN5NN
Greers Ferry	147.3300	+	Ox	W5GFC	GFARC
Heber Springs	145.2300	145.2300	O	N5XUN	N5XUN
Heber Springs	145.4300	–	Oaez	KD5GFT	N5XUN
Jasper	146.6100	–	O 103.5 (CA) sxz	WB5CYX	NAARS
Jerusalem	145.4500	–	OeWXx	AC5RU	ADARC
Mountain View	147.1200	+	O 100.0 (CA) elsWX	AA5EM	StonCoARC
NORTHEAST					
Blytheville	146.6700	–	OersWX	W5ENL	MissCoARA
Hardy	145.1900	–	Oe	W5SCR	SharpCoARC
Harrisburg	146.8350	–	O	N5OHO	PARC
Jonesboro	146.6100	–	OaeWX	W5JBR	JARC
Jonesboro	147.1650	+	O(CA)ersWX	N5MOT	N5MOT
Jonesboro	147.2100	+	Oe	K5CRS	K5CRS
Jonesboro	147.2400	+	O 107.2l	K0JXI	AISTC

144-148 MHz
ARKANSAS

Location	Output	Input	Notes	Call	Sponsor
Jonesboro	147.2850	+	O	KA5DRT	AISTC
Paragould	145.4700	–	O	W5BJR	GreenCoARS
Trumann	146.9550	–	O 107.2 (CA) el	NI5A	AISTC
Walnut Ridge	147.0450	+	OewX	W5WRA	LawrCoARC

NORTHWEST

Location	Output	Input	Notes	Call	Sponsor
Bella Vista	147.2550	+	Oe	KD5UFY	BVRG
Centerton	145.2900	–	O 110.9e	KD5DMT	BCRO
Clarksville	147.2850	+	O 114.8elx	W5OI	CAREN
Decatur	146.9250	–	110.9	N5UXE	N5UXE
Elkins	146.7000	–	O 110.9elrsWX	WC5AR/E	WashCoEOC
Fayetteville	147.0300	+	O 110.9ersWX	WC5AR/C	WashCoEOC
Fayetteville	147.1350	+	OesWX	W5YM	ARCUA
Holiday Island	146.8350	–	Oe	K5AA	LitSwitzARC
Lowell	147.2250	+	O 103.5/103.5ersWX	K5SRS	K5SRS
Mountainburg	145.4900	–	Oe	KC5GMG	KC5GMG
Ozone	147.0450	+	OE-SUNrsWX	K5OO	K5OO
Prairie Grove	146.7600	–	O 110.9elrsWX	WC5AR/W	WashCoEOC
Rogers	147.3750	+	OsWX	KE5LXK	NWAUHF
Rudy	147.1650	+	O 123.0ersWX	KD5ZMO	CCARC
Siloam Springs	146.6700	–	O 110.9aelWX	KC5YZI	SSARC
Springdale	146.8650	–	O	KE5LXK	NWAUHF
Springdale	146.9550	–	O 110.9ersWX	WC5AR/N	WashCoEOC

SOUTH

Location	Output	Input	Notes	Call	Sponsor
El Dorado	146.7450	–	OlwX	KC5AUP	ARKLA
Magnolia	147.1050	+	Oarsz	KC5OAS	ClmbaCoARC

SOUTH CENTRAL

Location	Output	Input	Notes	Call	Sponsor
Bearden	147.3300	+	O 100.0/100.0ersWX	N5IOZ	N5IOZ
Camden	146.9100	–	O 167.9e	WA5OWG	WA5OWG
Emerson	146.9550	–	O	N5PNB	N5PNB

SOUTHEAST

Location	Output	Input	Notes	Call	Sponsor
Huttig	146.6400	–	O 127.3	KC5UQU	S.E.ArkARC
Monticello	146.6100	–	O 110.9eWX	WA5VSE	SARC
Star City	147.2100	+	OersWX	KB5OVP	KB5OVP

SOUTHWEST

Location	Output	Input	Notes	Call	Sponsor
Ashdown	147.3800	+	O 100.0 (CA) ersWX	KB5SSW	KB5SSW
Dequeen	147.0750	+	O 100.0lrsWXx	WA5LTA	SWARC
Dequeen	147.3150	–	O 100.0/100.0ersWX	N5THR	N5THR
Hope	146.6850	–	O 114.8sx	KC5FFN	H-N ARC
Nashville	147.0450	+	O 100.0lsWX	N5THS	HEARClub
Willisville	146.6550	–	OsWXx	N5ZAY	ARKLA

WEST

Location	Output	Input	Notes	Call	Sponsor
Athens	146.9250	–	O 100.0sx	KD5NUP	HowCoSAR
Fort Smith	145.2300	–	Oep	N5TZA	SATERN

ARKANSAS-CALIFORNIA

Location	Output	Input	Notes	Call	Sponsor
Fort Smith	145.4700	–	O 141.3e	KD5CCG	KD5CCG
Fort Smith	146.9400	–	OrsWX	W5ANR	W5ANR
Fort Smith	146.9700	–	O 123.0ae LITZ	K3UNX	SPARKS
Hartford	146.8950	–	Oe	KC5JBX	KC5JBX
Mena	146.7900	–	O 100.0ers WXx	W5HUM	Oua. ARA
Parks	145.2500	–	● 110.9 (CA) WX	KK5KA	KK5KA
Van Buren	145.1900	–	O	KC5YQB	KC5YQB
Waldron	146.8800	–	O	KB5SQA	KB5SQA
WEST CENTRAL					
Arkadelphia	147.2250	+	O 114.8ers WX	KD5ZFL	DARC
Bismarck	147.2700	+	Ol	W5DI	WA5OOY
Danville	147.0000	+	Oe	WB5UKW	WB5UKW
DeGray Lake	145.1100	–	O 88.5esWX	KC5IWC	DARC
Glenwood	146.8350	–	O 114.8	KC5EYQ	CaddoARC
Mount Ida	146.7150	–	O 127.3/127.3esWXx	WX5HOT	WX5HOT
Mt Magazine	145.3500	–	O 151.4	N5XMZ	N5XMZ
Mt Magazine	147.0900	+	OWXx	W5MAG	MtMagARC
Okolona	145.3700	–	O 88.5ers WX	KD5AIT	DARC
Ola	147.2100	+	Oae	WA5YHN	WA5YHN
Russellville	145.3900	–	Oe	W5VUB	W5VUB
Russellville	146.8200	–	OersWX	K5PXP	ARVARF

CALIFORNIA
SOCAL-FREQUENCY USAGE - SOUTHERN CALIFORNIA

Frequency	Usage
144.3450	ATV
144.3900	APRS
144.5050	RPTR_OUT
144.8950	RPTR_OUT
144.9100	XBND_RPT
144.9300	PORT_OUT
144.9500	RPTR_OUT
144.9700	PACKET
144.9900	PACKET
145.0100	PACKET
145.0300	PACKET
145.0500	PACKET
145.0700	PACKET
145.0900	PACKET
145.1050	RPTR_IN
145.4950	RPTR_IN
145.6100	PACKET
145.6300	PACKET
145.6500	PACKET
145.6700	PACKET
145.6900	PACKET
146.4000	RPTR_IN
146.4150	RPTR_IN
146.4300	ATV
146.4600	RMT BASE
146.4750	RPTR_IN

110   144-148 MHz
CALIFORNIA

Location	Output	Input	Notes	Call	Sponsor
	146.4900			RPTR_IN	
	146.5050			RPTR_IN	
	146.5650			T_HUNTS	
	147.4200			RPTR_OUT	
	147.4350			RPTR_OUT	
	147.4500			RPTR_OUT	
	147.4950			RPTR_OUT	
	147.5850			PORT_IN	
NORCAL-CENTRAL COAST					
Arroyo Grande	147.0300	+	O 127.3e	AE6HC	HVRA
Ben Lomond	147.1200	+	O 94.8aes	WR6AOK	SLVARC
Cambria	147.2700	+	O 127.3#	KC6TOX	SLOECC
Felton	147.1800	+	O 94.8elsx	W6WLS	W6WLS
King City	145.3700	–	O 100elx	N6SPD	WALA
Lompoc	147.1200	+	O 131.8#es	WA6VPL	WA6VPL
Los Osos	146.8600	–	O 127.3ers	WB6MIA	SLOECC
Marina	146.8200	–	O 146.2l	W6DPH	PBI/CCARN/
Monterey	146.0850	+	●ers	WE6R	WE6R
Monterey	146.9700	–	O 94.8ers	K6LY	NPSARC
Nipomo	146.9400	–	O 127.3#	N6RAN	SLOECC
Nipomo	147.9900	–	O 127.3e	WB6MIA	WB6MIA
Paso Robles	146.9800	–	O 88.5els	W6YDZ	W6YDZ
Paso Robles	147.0600	+	O 127.3ers	W6PRB	PRHS-ARC
Prunedale	146.9100	–	O 94.8#ers	W6OPI	W6OPI
Salinas	145.4100	–	O 146.2el	W6CER	CCARN
Salinas	145.4300	–	O 94.8esx	W6TAR	ECTAR
Salinas	145.4700	–	O 94.8ersx	K6JE	FPRA
Salinas	146.0850	+	O 100#	KC6UDC	KC6UDC
Salinas	147.8550	–	O 123#	W6RTF	CCARN
San Ardo	146.7300	–	O 127.3elsx	W6FM	W6FM
SanLuisObispo	145.2900		●e	KC6WRD	FCC
SanLuisObispo	146.6200	–	O 127.3#	KD6EKH	SLOECC
SanLuisObispo	146.6700	–	O 127.3#ers x	KG6AKQ	SLOECC
SanLuisObispo	146.7600	–	O 127.3aels	W6BHZ	CPARC
SanLuisObispo	146.8000	–	O 127.3#ers x	WB6FMC	WB6FMC
SanLuisObispo	147.3600	+	O 127.3ers	W6FM	W6FM
Santa Cruz	145.2500	–	O 100#s	W6PEK	W6PAD
Santa Cruz	146.7450	–	O 94.8rs	W6JWS	SLVARES
Santa Cruz	146.7900	–	O 94.8aelrs	K6BJ	SCCARC
Santa Cruz	146.8350	–	O 94.8ers	AE6KE	SC ARES
Templeton	146.8800	–	O 131.8els	W6YDZ	W6YDZ
Watsonville	145.1700	–	O 151.4	W6UNI	W6UNI
Watsonville	145.2900	–	O 94.8ers	K6RMW	SCCARES
Watsonville	145.3300	–	O 123#esx	W6DNC	W6DNC
Watsonville	146.7000	–	O 94.8e	NS6G	GOB/R
Watsonville	146.7750	–	O 123a	KB6MET	KB6MET
Watsonville	147.0000	+	O 94.8elrs	K6RMW	K6RMW
Watsonville	147.9450	–	O 94.8elrs	KI6EH	SCCARC
NORCAL-EAST BAY					
Berkeley	145.2900	–	O 131.8x	K7IJ	K7IJ
Concord	145.3300	–	O 100ex	K6POU	MDRA
Concord	147.0600	+	O 100aersx	W6CX	MDARC
Concord	147.7350	–	O 107.2aelr sx	WA6HAM	CCRA

144-148 MHz   CALIFORNIA

Location	Output	Input	Notes	Call	Sponsor
Danville	146.3550	+	O 100aers	K6SRM	SCCC RACES
Fremont	146.9400	–	O 123lsx	K6AIR	K6AIR
Fremont	147.0150	+	O	WA6PWW	TRICO ARC
Hayward	145.1300	–	O 127.3#ers	K6EAG	Hayward RC
Hayward	146.9100	–	O 156.7#	KQ6YG	KQ6YG
Hayward	147.9750	–	O 162.2aelsx	KB6LED	KB6LED
Livermore	145.3500	–	O 100erx	AB6CR	LARK
Livermore	145.4300	–	O 100elrs	KO6PW	KO6PW
Livermore	146.7750	–	O 100ers	WA6YHJ	LLNLRC
Livermore	147.1200	+	O 100aer	AD6KV	LARK
Newark	146.0850	+	O 114.8#	KI6AOZ	P.A.R.E
Oakland	146.6700	–	O 85.4erx	W6BUR	W6BUR
Oakland	146.8800	–	O 77aersx	WB6NDJ	ORCA
Oakland	147.2100	+	O 100ex	WB6TCS	WB6TCS
Orinda	145.4900	–	O 107.2aelrsx	WA6HAM	CCRA
Orinda	146.8500	–	O 114.8ex	WA6AFT	WA6AFT
Pleasanton	147.0450	+	O 94.8ersx	AD6KV	LARK
San Leandro	147.0300	+	O 156.7	WB6BDD	ACRC
San Leandro	147.2400	+	O 107.2er	W6RGG	NCCC
San Pablo	145.1100	–	O 82.5ers	WD6EZC	CCCC
San Ramon	145.4100	–	O 107.2aelrsx	WA6HAM	CCRA
Union City	146.6100	–	O 123elrs	KM6EF	GSARC

NORCAL-NORTH BAY

Location	Output	Input	Notes	Call	Sponsor
Bodega Bay	146.6700	–	O 88.5lr	WA6M	WA6YGD
Clear Lake	146.7750	–	O 88.5#	KA6JJW	KA6JJW
Clear Lake	146.8950	–	O 88.5#ael	WD6EOP	CARC
Clear Lake	147.3300	+	O 100#	WD6EOP	CARC
Clear Lake	147.6750	–	O 88.5ex	WN6LOO	WN6LOO
Cloverdale	146.9700	–	O 103.5ls	KI6B	SMRS
Guerneville	146.9400	–	O 88.5els	KI6B	SMRS
Inverness	145.1700	–	O 88.5elrs	KF6CLH	SMRS
Middletown	145.3900	–	O 88.5el	AC6VJ	AC6VJ
Mill Valley	146.7000	–	O 179.9#erx	K6GWE	ACS
Napa	146.6550	–	O 88.5#e	N6TKW	NARC
Napa	146.7150	–	O 127.3#elrx	N6TKW	NARC
Napa	146.8200	–	O 151.4elrx	W6BYS	NARC
Napa	147.1800	+	O 151.4ersx	W6CO	SARS
Novato	146.7750	–	O 110.9es	K6BW	HWA
Novato	147.3300	+	O 203.5#rx	K6GWE	ACS
Petaluma	146.9100	–	O 88.5ersx	WB6TMS	SMRS
Santa Rosa	145.1900	–	O 88.5aers	KD6LC	CDF VIP
Santa Rosa	145.3500	–	O 88.5lrsx	WA6YGD	WA6YGD
Santa Rosa	146.7300	–	O 88.5erx	KD6LSO	Sonoma ACS
Santa Rosa	146.7900	–	O 88.5ers	KD6RC	KD6RC
Santa Rosa	146.8350	–	O 88.5es	KE6EAQ	SR ARES
Sebastopol	147.3150	+	O 88.5es	W6SON	SCRA
Sonoma	146.2050	+	O 88.5ers	AA6GV	AA6GV
Vallejo	145.3100	–	O 88.5ers	K6LI	NBARA

NORCAL-NORTH COAST

Location	Output	Input	Notes	Call	Sponsor
Anchor Bay	147.8250	–	O 103.5ae	W6ABR	ABARC
Cazadero	147.9750	–	O 88.5el	K6ACS	ACS
Covelo	147.2100	+	O 103.5elx	WB6TCS	WB6TCS

144-148 MHz
CALIFORNIA

Location	Output	Input	Notes	Call	Sponsor
Crescent City	146.8800	−	O 136.5aes	W6HY	DNARC
Crescent City	147.1800	+	O 136.5elsx	WA6ZDO	DNARC
Dinsmore	146.9800	−	O 103.5#l	K6FWR	FWRA
Eureka	145.4700	−	O 103.5#	W6ZZK	HARA
Eureka	146.7000	−	O 103.5#l	K6FWR	FWRA
Fort Bragg	147.0300	+	O 103.5	K6MHE	MCARA
Fortuna	147.0900	+	O 103.5ax	KF6SYK	CDF/KA6ROM
Garberville	146.6100	−	O 103.5#lx	K6FWR	FWRA
Garberville	146.7900	−	O 103.5#	W6CLG	KE6WC
Garberville	147.1500	+	O 103.5lrx	KA6ROM	SMRS
Hopland	145.4700	−	O 103.5#elr	WA6RQX	WA6RQX
Klamath	147.3900	+	O 103.5ex	KE6HEC	CDF/KA6ROM
Laytonville	145.4300	−	O 103.5#elr	WA6RQX	WA6RQX
Laytonville	146.6550	−	O 103.5elrx	K7BUG	SMRS
Mendocino	146.8200	−	O 103.5e	WD6HDY	MCARC
Point Arena	146.6100	−	O 88.5e	W6ABR	ABARC
Scotia	145.1700	−	O 103.5elrsx	WB6TMS	SMRS
Scotia	146.7600	−	O 103.5#lx	K6FWR	FWRA
Sea Ranch	147.9450	−	O 88.5ael	N6OFR	TSRARA
Ukiah	146.9550	−	O 88.5elsx	AC6ET	SMRS
Ukiah	147.3900	+	O 103.5#elr	WA6RQX	WA6RQX
Weott	147.3300	+	O 103.5ex	KM6TE	CDF/KA6ROM
Willits	145.1300	−	O 103.5aersx	K7WWA	MCAP
Willits	147.1200	+	O 103.5aelrsx	K7WWA	K7WWA
Willow Creek	147.0000	+	O 103.5#lx	K6FWR	FWRA

NORCAL-NORTH EAST

Location	Output	Input	Notes	Call	Sponsor
Burney	145.3500	−	O 107.2#erx	W6QWN	CARC
Burney	147.0300	+	O 103.5#	KI6WG	KI6WG
Chester	145.3700	−	O 123elx	KF6CCP	KR6G
Dunsmuir	146.8200	−	O 100aelrx	K6SIS	SCARA
FallRiverMills	147.1200	+	O 103.5#	KI6WG	KI6WG
Happy Camp	146.9100	−	O 100aelrx	K6SIS	SCARA
Mt Shasta City	145.1100	−	O 123#elrx	KE6OUD	NCARRA
Mt Shasta City	146.6700	−	O 100	KJ6RA	KJ6RA
Mt Shasta City	146.8800	−	O#	W6BML	MSARC
Quincy	145.4700	−	O 123ers	KR6G	Plumas OES
Redding	145.1500	−	O 107.2s	W6STA	KJ6C
Redding	146.6400	−	O 88.5#elrsx	NC6SV	SCARS
Redding	146.7600	−	O 107.2elx	WB6CAN	WB6CAN
Redding	147.0900	+	O 88.5es	NC6I	ARCA
Redding	147.2700	+	O 131.8el	KD6LOM	KD6LOM
Redding	147.3000	+	O 146.2#	K6NP	GBTPRC
Sierra City	145.1700	−	O 114.8	W7FEH	W7FEH
Weaverville	146.7300	−	O 85.4es	N6TKY	TCARC
Weaverville	146.9250	−	O 85.4esx	KF6OAH	TCARC
Yreka	146.7900	−	O 100aelrx	K6SIS	SCARA
Yreka	147.1200	+	O 136.5aelsx	K7TVL	R.V.L.A.

NORCAL-SACRAMENTO VALLEY

Location	Output	Input	Notes	Call	Sponsor
Antelope	145.3100	−	O 136.5#ael	KB6WAS	KB6WAS
Auburn	145.2700	−	O 156.7	W6SAR	PCSAR
Auburn	145.4300	−	O 162.2aes	K6ARR	SFARC
Auburn	146.3550	+	O 94.8#e	KI6TE	GSARG

144-148 MHz   CALIFORNIA

Location	Output	Input	Notes	Call	Sponsor
Auburn	146.7600	–	O 136.5	N6JSL	N6NMZ
Cameron Park	147.0300	+	O 77#aelrsx	N6RDE	N6RDE
Camino	147.8250	–	O 82.5aesx	AG6AU	EDCARC
Chico	145.2900	–	O 110.9er	W6SCR	Butte SCR
Chico	145.3100	–	O 110.9#	KI6ND	KI6ND
Chico	146.8500	–	O 110.9aesx	W6RHC	GEARS
Chico	146.9400	–	O 100ex	W6ECE	W6ECE
Chico	147.3000	+	O 141.3e	K6NP	GBTPRC
Chico	147.9750	–	O 110.9elrsx	N6TZG	N6TZG
El DoradoHills	147.2550	+	●e	N6QDY	C.A.R.U.N.
ElDoradoHills	145.3700	–	O 100aelx	WT6G	WT6G
ElDoradoHills	147.1500	+	O 85.4aelx	WT6G	MEARA
Elk Creek	147.1050	+	O 100ersx	K6BIQ	K6BIQ
Fair Oaks	145.1300	–	O 162.2ex	WB6HEV	PARE
Fair Oaks	146.7900	–	O 100a	W6HIR	RAMS
Folsom	146.6100	–	O 136.5aelx	KS6HRP	SHARP
Foresthill	146.7450	–	O 156.7	W6SAR	PCSAR
Grass Valley	146.1150	+	O 151.4l	N6KOD	WMARG
Grass Valley	146.6250	–	O 151.4ex	WB4YJT	NCAA
Grass Valley	147.0150	+	O 151.4esx	W6DD	NCARC
Grass Valley	147.2850	+	O 151.4ersx	W6DD	NCARC
Maxwell	147.0450	+	O 156.7ex	N6NMZ	N6NMZ
Mt Aukum	146.6700	–	O 94.8lrx	K6SCA	RMRG
Nevada City	145.3100	–	O 151.4e	KG6TZT	N6KOD
Oroville	146.6550	–	O 136.5elx	K6RCO	HAMSEXY
Placerville	146.8050	–	O 123aelrsx	KA6GWY	KA6GWY
Placerville	147.2550	+	O 136.5aes	N6QDY	C.A.R.U.N.
Pollock Pines	146.8650	–	O 146.2aex	WA6BTH	P&F
Red Bluff	145.4500	–	O 88.5ersx	KF6KDD	CDF VIP
Redding Ca	145.2900	–	O 88.5es	W6MAC	McCulley
Roseville	146.6400	–	O 156.7er	W6SAR	PCSAR
Roseville	147.3150	+	●ael	KD6PDD	HPRARC
Sacramento	145.1900	–	O 162.2ae	K6IS	NHRC
Sacramento	145.2300	–	O 162.2#ae	KC6MHT	KC6MHT
Sacramento	145.2500	–	O 162.2#x	N6NA	RCARCS
Sacramento	146.8200	–	O 127.3#elx	KG6TXA	SALAC
Sacramento	146.9100	–	O 100aelr	W6AK	SARC
Sacramento	146.9850	–	O 94.8erx	AB6OP	AB6OP
Sacramento	147.3000	+	O 136.5ex	K6NP	GBTPRC
Sacramento	147.3900	+	●	N6FR	WB6RVR
ShingleSprings	146.9400	–	O 136.5aelrx	WO3B	N6RDE
Sutter	146.0850	+	O 127.3ersx	WD6AXM	YSARC
Vacaville	145.4700	–	O 127.3aelrsx	W6VVR	W.V.A., A.
Vacaville	146.6250	–	O 123x	WB4YJT	NCAA
Vacaville	146.7450	–	●x	W6SAR	PCSAR
Vacaville	147.0000	–	O 136.5ex	K6MVR	MVRC
Vacaville	147.1950	+	O 123aelrsx	N6ICW	N6ICW
Vacaville	147.2700	+	O 77ex	W6AEX	SARO
Woodland	146.9700	–	O 123aelx	KE6YUV	BARK
Zamora	147.1950	+	O 123aelrsx	N6ICW	N6ICW

NORCAL-SAN JOAQUIN VALLEY

Location	Output	Input	Notes	Call	Sponsor
Angels Camp	145.1700	–	O 100aersx	N6FRG	FPRG
Bakersfield	145.1500	–	O 100#	W6LIE	KCCVARA
Bakersfield	145.2100	–	O 100aelrs	KF6JOQ	KF6JOQ

114   144-148 MHz
CALIFORNIA

Location	Output	Input	Notes	Call	Sponsor
Bakersfield	145.3500	–	O 67elrsx	KR6DK	KR6DK
Bakersfield	145.4100	–	O 103.5#ae x	W6LI	KRVARC
Bakersfield	145.4900	–	O 186.2elrsx	KR6DK	KR6DK
Bakersfield	146.6700	–	O 100#	WA6CLS	BRS
Bakersfield	146.9100	–	O 100#lx	W6LIE	KCCVARA
Bakersfield	147.0900	+	O 100x	W6MEL	CCDXC
Bakersfield	147.1500	+	O 100el	KG6KKV	KG6KKV
Bakersfield	147.2100	+	O 100#rs	K6RRS	Kern Count
Clovis	147.2550	+	O 100l	K6KDK	K6KDK
Clovis	147.6750	–	O 141.3aelx	K6ARP	CARP
Coalinga	147.3300	+	O 100elrsx	N6DL	Kings ARC
Coarsegold	146.6400	–	O 127.3e	W6HMH	W6HMH
Columbia	147.9450	–	O 100aersx	W6FEJ	TCARES
Copperopolis	145.1500	–	O 141.3lx	KG6TXA	SALAC
Dinuba	147.3000	+	O 77#	N6SGW	N6SGW
Fiddletown	147.1650	+	O 107.2lrx	W6SF	SDARC
Fresno	145.1300	–	O#lx	WB6TIA	ACES
Fresno	145.2300	–	O 141.3e	W6FSC	N6MTS
Fresno	145.4700	–	O 141.3ex	W7POR	FARA
Fresno	146.6100	–	O#ex	WB6QDN	AARC
Fresno	146.7750	–	O 141.3ax	N6BYH	N6BYH
Fresno	146.7900	–	O 141.3elx	K6JSI	CCAC
Fresno	146.8200	–	O 141.3rx	KE6JZ	SJVARS
Fresno	146.8500	–	O 141.3sx	WQ6CWA	QCWA
Fresno	146.9400	–	O 141.3elx	W6TO	Fresno ARC
Fresno	147.1050	+	O 141.3ex	W7POR	W7POR
Fresno	147.1500	+	O 141.3#arx	N6HEW	N6HEW
Groveland	145.3100	–	O 114.8	KF6OTM	WB6PHE
Hanford	145.1100	–	O 100aelrs	KA6Q	Kings ARC
Lake Isabella	145.4500	–	O 156.7e	KC6OCA	KC6OCA
Lemoore	145.3300	–	O 146.2l	KM6OU	KM6OU
Lodi	147.0900	+	O 114.8elrx	WB6ASU	WB6ASU
Los Banos	146.9250	–	O 123e	K6TJS	AA6LB
Los Banos	147.2100	+	O 123el	K6TJS	K6TJS
Madera	146.7000	–	O 141.3erx	KD6FW	KD6FW
Mammoth	146.7300	–	O 100#er	NW6C	BARC/CARS9
Manteca	145.3100	–	O 118.8	KF6NQR	KF6NQR
Manteca	146.9850	–	O 100#	KF6GDM	MARC
Mariposa	146.7450	–	O 146.2#ael x	W6PPM	MMU-VIP
Mariposa	146.7600	–	O 141.3lx	N6BYH	N6BYH
Mariposa	147.0300	+	O 100aelsx	W6BXN	TurlockARC
Merced	146.7450	–	O 123#aex	W6PPM	MMU-VIP
Moccasin	145.2900	–	O 100ers	K6DPB	TCARES
Modesto	145.1100	–	O 136.5es	WD6EJF	SARA
Modesto	145.3900	–	O 136.5elsx	WD6EJF	SARA
Modesto	146.3550	+	O 156.7#erx	WA6OYF	WA6OYF
Murphys	146.8950	–	O 100elx	N6LZR	SARC
Oakhurst	147.1800	+	O 146.2ersx	W6WGZ	MCARC
Oakhurst	147.8250	–	O 123ae	WB6NIL	WB6NIL
Orange Cove	146.8950	–	O 107.2e	KC6QIT	KC6QIU
Parkfield	147.2400	+	O 100elx	W6DCP	W6DCP
Pine Grove	146.8350	–	O 100aex	K6ARC	ACARC
Porterville	146.6550	–	O#aelx	K6LSB	PARA
Selma	145.4300	–	O 100e	K6KDK	K6KDK

144-148 MHz   CALIFORNIA

Location	Output	Input	Notes	Call	Sponsor
Sonora	147.9750	–	O 100ersx	K6TUO	TCARES
Soulsbyville	146.1150	+	O 100ersx	N6HUH	TCARES
Stockton	145.2100	–	O 100ex	WA6SEK	WA6SEK
Stockton	146.8800	–	O 94.8ex	WA6TCG	VHF-FM
Stockton	147.1050	+	O 67r	KN6KO	KN6KO
Tehachapi	146.7000	–	O 88.5e	W6SLZ	BVSET
Tracy	146.6550	–	O 100aersx	W6OA	LLNL
Visalia	146.7300	–	O 141.3elx	KM6OR	TuleRptrGp
Visalia	146.7600	–	O 141.3e	N6BYH	N6BYH
Westley	146.8950	–	O 103.5#elx	K6RDJ	WB6PBN
Yosemite	147.0000	+	O 100aelsx	W6BXN	TurlockARC

NORCAL-SOUTH BAY

Location	Output	Input	Notes	Call	Sponsor
Cupertino	145.3100	–	O 127.3el	K6GRC	GARC
Cupertino	147.1050	+	O 77#aes	K6FUZ	K6FUZ
Hollister	147.3150	+	O 94.8es	KA6BPT	SBCARDS
Los Altos Hills	147.3150	+	O 131.8#e	KE6JTK	KE6JTK
Los Gatos	145.4500	–	O 100elrsx	K6FB	LCARC
LosAltosHills	146.7450	–	O 110.9ers	W6LAH	LAHECC
Milpitas	145.4300	–	O 85.4elrs	W6MLP	MARES
Milpitas	147.9450	–	O 77	N6QDY	C.A.R.U.N.
Moffett Field	145.2500	–	O 123rs	NA6MF	Ames ARC
Morgan Hill	147.8250	–	O 100aers	W6GGF	GVARC
Mountain View	145.2700	–	O 100aelrs	W6ASH	SPECS
Palo Alto	145.2300	–	O 100aersx	N6NFI	SPARK/SARS
Palo Alto	147.3600	+	O 110.9ex	W6TI	NCDXC
San Jose	145.1900	–	O 151.4ae	WA2IBM	IBM ARC
San Jose	145.2100	–	O 123#x	KD6YYJ	SCAN INT'L
San Jose	145.3900	–	O 94.8#x	W6DYL	SBRG
San Jose	146.1150	+	O 100aersx	AA6BT	SVECS
San Jose	146.2050	+	O 103.5#	KC6LLI	KC6LLI
San Jose	146.3550	+	O 127.3#	KD6AOG	KD6AOG
San Jose	146.6400	–	O 162.2aelx	WR6ABD	LPRC
San Jose	146.7600	–	O 151.4aelx	WB6OQS	SCVRS
San Jose	146.8200	–	O 123#	KD6YYJ	SCAN INT'L
San Jose	146.8950	–	O 110.9rs	KB6FEC	KB6FEC
San Jose	146.9850	–	O 114.8aer	W6UU	SCCARA
San Jose	147.1500	+	●#elx	WA6YCZ	BAYCOM
San Jose	147.1650	+	O 162.2#ers	KB6FEC	KB6FEC
San Jose	147.1650	+	O 100rs	KB6FEC	KB6FEC
San Jose	147.2850	+	O 103.5aer	KF6FWO	MARA
San Jose	147.3900	+	O 151.4aels	W6PIY	WVARA
San Jose	147.8550	–	O 100ae	WA6TEM	WA6HNE
Saratoga	146.6550	–	O 114.8rs	K6SA	SARA
Sunnyvale	145.1700	–	O 94.8ers	K6GL	SNNYVLARES

NORCAL-TAHOE

Location	Output	Input	Notes	Call	Sponsor
So Lake Tahoe	145.1500	–	O 123elrx	N6ICW	N6ICW
So Lake Tahoe	146.1150	+	O 146.2ael	W6SUV	W6SUV
So Lake Tahoe	146.8500	–	O 123ex	WA6EWV	TARA
So Lake Tahoe	147.2400	+	O 123ex	NR7A	TARA
Tahoe City	146.9400	–	O 100#	WA6FJS	Tahoe ARC
Truckee	145.1100	–	O 123elrx	K1BMW	WA6YOP
Truckee	145.3100	–	O 123#es	WA6FWU	WA6FWU
Truckee	146.6400	–	O 131.8elx	W6SAR	PCSAR

NORCAL-WEST BAY

Location	Output	Input	Notes	Call	Sponsor
Belmont	147.0900	+	O 100es	WB6CKT	WB6CKT
Burlingame	146.6250	–	O 77#e	N2RAG	N2RAG

144-148 MHz
CALIFORNIA

Location	Output	Input	Notes	Call	Sponsor
Half Moon Bay	147.2850	+	O 114.8ers	WB6ASD	WB6ASD
La Honda	146.7300	–	O 114.8#es	KI6FAO	KI6FAO
Pacifica	146.9250	–	O 114.8aelrsx	WA6TOW	CARC
Pescadero	146.6250	–	O 114.8es	KE6MNJ	PMAC/South
Redwood City	146.8650	–	O 114.8#erx	KC6ULT	SM OES
San Francisco	145.1500	–	O 114.8ersx	W6PW	SFARC
San Francisco	146.7900	–	O 114.8elx	W6TP	GSPLRC
San Francisco	147.1050	+	O 103.5el	WA6OXR	WA6OXR
San Mateo	147.3000	+	O 100el	N6MPX	MSARC
Woodside	145.3700	–	O 107.2esx	N6ZX	KMARC
SOCAL-IMPERIAL COUNTY					
Brawley	146.6700	–	O 103.5a (CA)	N6LVR	ECRA
Brawley	147.1200	+	●t	WM6Z	ECRA
Glamis	146.8800	–	O 162.2	WA6LAW	------------
Glamis	147.9900	–	●t	N6JAM	DR0NK
Yuma	146.7400	–	Oe	WE7G	------------
SOCAL-INYO COUNTY					
Bishop	146.8200	–	O	K6PXF	------------
Bishop	146.9100	–	Oel	W6IY	------------
Mazourka Peak	146.7600	–	O 0.0ae E-SUN	K6RFO	LIARS/GRONK
Ridgecrest	147.2100	+	OeE-SUN	K6RFO	LIARS/GRONK
Silver Peak	146.9400	–	O 103.5e	W6IY	------------
Silver Peak	147.0600	+	O 103.5e	W6IY	------------
SOCAL-KERN COUNTY					
Bird Spgs Pass	146.0850	+	O 141.3el	KF6FM	SWRRC
El Paso Pk	147.0000	+	O 107.2ae	WA6YBN	------------
El Paso Pk	147.0600	+	O 107.2	W6IY	------------
Randsburg	145.3400	–	O 100.0	WA6YBN	------------
Ridgecrest	146.6400	–	Oer	WA6YBN	SARC
Tehachapi	147.0600	+	Oae	W6PVG	SSARS
SOCAL-LOS ANGELES COUNTY					
Arcadia	145.2000	–	O 103.5a (CA)	N6AH	Arcadia PD
Baldwin Hills	146.9250	–	O 114.8a (CA)	WA6TFD	BARC
Bel Air	147.0300	+	●ta(CA)e	K6LDO	BelAir RC
Blueridge	145.5850	–	OD/C	W6CPA	IRC
Castro Peak	147.2250	+	O 94.8a(CA)er	K6DCS	DCS TEN
Catalina	147.0900	+	Oel	AA6DP	CARA
Contractor's Point	145.1200	–	●t	KC6PXL	LARMC
Contractor's Point	145.6050	–	OD/C	WA6IRC	IRC
Covina	145.2800	–	O 141.3	KC6KUI	CARES
Diamond Bar	146.6400	–	O 167.9a (CA)	W7BF	DBARS
Disappointment	145.3000	–	O 100.0er	K6CPT	LACoDCS
Disappointment	147.2700	+	O 100.0e	WA6ZTR	LACoDCS
Disappointment	147.3600	+	●tl	K6VGP	DARN
Duarte	146.0850	+	O 110.9a (CA)eE-SUN	KA6AMR	SGVRCRA
Duck Mtn	147.2400	+	O 67.0	W6MEP	N6NMC
Flint Peak	147.7050	–	O 131.8el	N7RDA	E-QUAKE NE
Frazier Park	147.7650	–	Oe	K6VGA	------------

144-148 MHz   CALIFORNIA

Location	Output	Input	Notes	Call	Sponsor
Glendale	146.0250	+	O 136.5a (CA)e	WB6ZTY	CVARC
Glendale	147.1200	+	O 136.5a (CA)	WA6NRB	SWAPS
Hauser Peak	146.7300	–	O 100.0er	KE6KIS	------------
Hollywood Hls	144.5050	+	●tel	W3TGG	------------
Hollywood Hls	147.0000	+	●ta(CA)e	WB6BJM	------------
HRO Burbank	145.6150	–	OD/Cl	KB6HRO	------------
Johnstone Peak	144.9500	147.4050	●ta(CA)er	W6GLN	GlendoraPd
Johnstone Peak	146.8200	–	Oel	W6FNO	Edgwd ARS
La Mirada	146.6550	–	O 114.8a (CA)	KE6UPA	------------
Lancaster	146.6700	–	Oae	WB6RSM	------------
Littlerock	145.2000	–	O 114.8a (CA)el	KD6KTQ	------------
Littlerock	145.3800	–	O 151.4el	K6SRT	------------
Littlerock	147.0750	+	●t	KN6RW	------------
Littlerock	147.9150	–	Ot	KE6GUC	------------
Long Beach	146.7450	–	O 156.7	K6CHE	LB RA
Long Beach	146.7900	–	O 103.5	K6SYU	Anaheim AR
Long Beach	146.8050	–	●te	KE6HE	LBYachtCl
Los Angeles	147.1950	+	O 131.8	W6NVY	LAUSD ARA
Malibu	145.2600	–	O 100.0	N6FDR	------------
Monrovia	147.7650	–	O 131.8e	W6QFK	SGV ARC
Monterey Park	146.3550	+	O 71.9a(CA)e	W6OKY	JAARS
Mt Lukens	145.4800	–	●t	W6AM	SCA DXClb
Mt Lukens	146.6700	–	O 192.8a (CA)	KD6AFA	SSARO
Mt Lukens	147.1950	+	●t	W6NVY	LAUSD ARA
Mt Lukens	147.3000	+	●te	WA6PPS	RAAVN
Mt Lukens	147.4950	146.4900	●t	NH2R	------------
Mt Wilson	147.3600	+	●tl	K6VGP	DARN
Oat Mtn	147.4500	146.4150	O 162.2a (CA)e	W6FP	W6FP Group
Oat Mtn	147.7050	–	O 141.3el	N7RDA	------------
Oat Mtn	147.7350	–	O 100.0	KB6C	MMRA
Oat Mtn	147.9450	–	O 136.5a (CA)	KF6JWT	HA ARC
Palmdale	146.7600	–	O 186.2	KC6ZQR	------------
Palmdale	146.7900	–	O 103.5	WA6YVL	------------
Palos Verdes	144.8950	+	O 186.2	KF6ZTY	MCRC
Palos Verdes	145.3800	–	O 100.0e	N6RBR	PVARC
Palos Verdes	146.2350	+	●ta(CA)e	KA6TSA	SCRAN
Palos Verdes	147.0600	+	●tl	W6RBW	------------
Palos Verdes	147.1950	+	O 100.0e	W6NVY	LAUSD ARA
Palos Verdes	147.3600	+	●tl	K6VGP	DARN
Palos Verdes	147.4200	146.4750	●t	AA6RJ	PARA-USA
Pasadena	145.1800	–	O 156.7	W6MPH	Telph ARC
Pasadena	147.1500	+	O 131.8	WR6JPL	JPL ARC
Pomona	146.0250	+	O 103.5a (CA)e	WB6RSK	------------
Redondo Beach	145.3200	–	O 114.8a (CA)e	W6TRW	SEA ARC
Rio Hondo Peak	146.7300	–	O 103.5	K0JPK	COLA
Saddle Peak	147.0000	+	●t	WB6BJM	HH RPT

144-148 MHz
CALIFORNIA

Location	Output	Input	Notes	Call	Sponsor
San Clem Isl	147.1950	+	●teE-SUNr	K6JCC	SD RACES
Santa Clarita	146.7900	−	O 123.0	W6JW	SCARC
Santa Clarita	146.9700	−	O 123.0	W6JW	SCARC
Santa Monica	145.2800	−	O 127.3	K6QN	------------
Sherman Oaks	145.2400	−	●ta(CA)	NK6S	Ham Watch
Sunset Ridge	145.4400	−	O 136.5	N6USO	------------
Sunset Ridge	145.4600	−	O 77.0a(CA)	W6IER	IEARC
Sunset Ridge	146.7000	−	O 146.2	KB5TJJ	------------
Sunset Ridge	147.0750	+	●ta(CA)e	N6JOQ	FVARC
Sylmar	147.4350	146.4000	O 103.5e	KG6DVO	------------
Table Mtn	145.2800	−	O 131.8el	WR6AZN	GldstnARC
Tujunga	146.1600	+	O 146.2	W6JAM	SSSS
Verdugo Peak	147.3600	+	●tl	K6VGP	DARN
Whittier	146.1750	+	●el	W6GNS	RHARC
Woodland Hills	146.2650	+	O 103.5	WA6AQQ	LittonARC
SOCAL-MONO COUNTY					
Mammoth Mountain	146.7300	−	O 100.0r	NW6C	BARC
SOCAL-ORANGE COUNTY					
Anaheim	147.9150	−	O 136.5a (CA)e	K6NX	BoeingARC
Brea	147.8850	−	O 103.5	W6BII	BeckmanARC
Costa Mesa	147.0600	+	●ta(CA)er	N6TVZ	MESAC
Disneyland	146.9400	−	O 131.8a (CA)	KE6FUZ	DsnylndRC
Easter Hill	145.1600	−	●ta(CA)e	KA6EEK	ALERT
Fountain Valley	145.2600	−	O 136.5er	N6ISY	FV RACES
Fullerton	145.4000	−	O 103.5el	N6ME	Wstrn ARA
Fullerton	146.7900	−	O 114.8	K6SYU	AARC
Fullerton	146.9700	−	O 136.5a (CA)e	K6QEH	RaytheonSy
Fullerton	147.9750	−	O 114.8a (CA)l	WD6DPY	------------
HRO Anaheim	145.6150	−	OD/Cl	W6HRO	------------
Huntington Bch	145.1400	−	●telr	KH6FL	HB RACES
Huntington Beach	147.4650	146.5050	O 103.5e	W6VLD	BEARS-HB
Laguna Beach	147.6450	−	O 110.9a (CA)er	K6SOA	SOARA
Laguna Niguel	146.1600	+	O 110.9	N6WIK	LNACS
Lomas Peak	146.8950	−	O 136.5er	W6KRW	OC Races
Newport Beach	145.4200	−	O 136.5a (CA)er	WB6NLU	SOCAL
Orange	145.2800	−	●t	WA6LDS	------------
Orange	145.3400	−	●ta(CA)	WA6LUR	------------
Orange	147.9750	−	O 114.8a (CA)l	WD6DPY	------------
Placentia	147.8550	−	O 100.0a (CA)e	WA6YNT	NrthropRC
San Clemente	146.0250	+	O 110.9a (CA)er	K6SOA	SOARA
Santiago Peak	145.1400	−	●ta(CA)elr	WD6AWP	HB RACES
Santiago Peak	145.1600	−	●ta(CA)e	KA6EEK	ALERT
Santiago Peak	145.2200	−	●ta(CA)	N6SLD	CLARA
Santiago Peak	146.9250	−	O 114.8	WA6TFD	BARC
Sierra Peak	146.6100	−	O 103.5	K6FAM	------------
Signal Peak	145.1600	−	●ter	KA6EEK	ALERT
Trabuco Canyon	145.2400	−	O 110.9a (CA)er	K6SOA	SOARA

144-148 MHz   119
CALIFORNIA

Location	Output	Input	Notes	Call	Sponsor
SOCAL-RIVERSIDE COUNTY					
Anza	145.3400	–	O 107.2r	K6JM	ANZA RC
Anza	146.0850	+	O 107.2	WB6UBG	AVRC
Beaumont	147.9150	–	O 123.0r	W6CDF	------------
Blythe	147.0000	+	O 203.5el	KB6LJO	PARC
Cactus City	146.0250	+	O 107.2er	NR6P	CVARC
Chuckwalla Mtn	145.3800	–	O 162.2l	W6DRA	ZIA
Chuckwalla Mtn	146.3550	+	O 203.5l	KB6LJQ	PARC
Corona	147.2250	+	●t	W6CPD	CoronaPD
Corona	147.8850	–	●t	W6CPD	------------
Desert Center	147.0300	+	O 107.2	KA6GBJ	------------
Hemet	145.4200	–	O 88.5er	N7OD	LeeDeFores
Idyllwild	146.8950	–	O 118.8e	WA6SSS	------------
Lake Elsinore	146.7600	–	O 136.5	WB6NLU	------------
Moreno Valley	146.6550	–	O 103.5er	AB6MV	MVARA
Norco Hills	147.0600	+	O 162.2	W6PWT	------------
Palm Springs	145.2000	–	O 162.2	K6JM	ANZA RP GP
Palm Springs	145.4800	–	O 107.2ae	W6DRA	DesertRA
Palm Springs	146.1600	+	●tr	KD6QLT	------------
Perris	146.6700	–	O 123.0a (CA)	WA6HYQ	------------
Rancho Mirage	146.9400	–	O 107.2e	WD6RAT	Dsrt RATS
Redlands	147.1800	+	O 88.5	W6LAR	RedlandsFD
Riverside	145.3600	–	O 91.5	KQ6ZZ	------------
Riverside	146.8800	–	O 146.2a (CA)er	W6TJ	RCARA
Sun City	146.7000	–	O 103.5	KB6SSB	------------
Wildomar	146.8050	–	O 100.0	W6GTR	GldTrngARC
SOCAL-SAN BERNARDINO COUNTY					
Barstow	146.7600	–	O 123.0	KK6FL	------------
Barstow	146.9700	–	Oa	WA6TST	Brstw ARC
Barstow	147.0300	+	Oa(CA)elr	WD6BNG	------------
Barstow	147.1800	+	Oa(CA)er	WA6TST	------------
Big Bear	145.2600	–	O 103.5a (CA)e	AB6OQ	------------
Big Bear City	145.1800	–	O 100.0a (CA)	W6MPH	W6MPH
Big Bear Lake	147.3300	+	O 131.8ael	K6BB	BB ARC
Big Bear Lake	147.6450	–	O 103.5	KC6OKB	------------
Crestline	146.8500	–	O 146.2e	W6JBT	CBARC
Crestline	147.9450	–	O 123.0	K6JTH	K6SBC
Cucamonga	145.3200	–	O 110.9	KB6MQQ	------------
Heaps Pk	145.2400	–	O 118.8e	K6LLU	Arwhd RG
Hesperia	145.4400	–	O 103.5	AB6FC	------------
Hesperia	147.3000	+	O 91.5e	KG6PD	HARS
Hesperia	147.8550	–	O 186.2	WW6Y	------------
Keller Peak	144.8950	+	O 151.4e	N6WZK	------------
Keller Peak	145.5950	–	OD/Ce	KE6RYZ	------------
Keller Peak	146.3850	+	O 146.2e	KE6TZG	KPRA
Loma Linda	147.7350	–	O 118.8a (CA)e	K6LLU	LLU ARC
Ludlow	147.8850	–	●el	WA6TST	------------
Newberry Spgs	146.7000	–	●el	WA6MTZ	------------
Onyx Peak	145.1200	–	●t	K6SBC	------------
Onyx Peak	146.8200	–	●el	W6FNO	Edgwd ARS
Phelan	147.1500	+	●ta(CA)	N6LXX	------------

144-148 MHz
CALIFORNIA

Location	Output	Input	Notes	Call	Sponsor
Running Sprgs	145.1200	–	○ 131.8	WA6ISG	------------
Running Sprgs	146.9100	–	○ 91.5e	KC6WGF	RSRG
Running Sprgs	147.6150	–	●t	N6NIK	HRAN
Trona	146.9700	–	○ 123.0	K6YYJ	------------
Twntynine Plms	147.0600	+	○ 136.5e	W6IF	MBRG
Upland	147.3000	+	○ 123.0a (CA)e	WB6QHB	------------
Victorville	145.2200	–	○ 114.8	N6SLD	N6SLD
Victorville	145.4200	–	●t	WW6Y	------------
Victorville	146.1150	+	○ 91.5	K7GIL	------------
Victorville	146.9400	–	○ 91.5a(CA)e	WA6EFW	------------
Victorville	147.1200	+	○ 91.5a	WA6EFW	------------
Victorville	147.7050	–	○ 136.5	WA6WWB	------------
Yucca Valley	146.1150	+	○ 136.5	K6JB	------------
Yucca Valley	146.7900	–	○ 136.5a (CA)e	W6BA	MARC
Yucca Valley	147.7050	–	○ 123.0	K6JB	------------

SOCAL-SAN DIEGO COUNTY

Location	Output	Input	Notes	Call	Sponsor
Carmel Mountain Ranch	146.7900	–	○ 107.2e	NG6ST	NorthGrum
Chula Vista	145.2600	–	○ 107.2	KK6KD	------------
Chula Vista	147.0600	+	○ 127.3a (CA)	KF6QNJ	Hltop ARC
Coronado	147.1800	+	○ 110.9a (CA)e	W6GMQ	CP ARES
Cuyamaca Pk	147.1950	+	●tr	K6JCC	SD RACES
El Cajon	146.3550	+	○ 123.0	KN6NA	------------
Escondido	146.8800	–	○ 107.2a (CA)el	N6WB	EARS
Fallbrook	146.1750	+	○ 107.2ae	N6FQ	FallbrookARC
High Pass	145.2800	–	○ 107.2	K6GAO	SANDRA
High Pass	147.9900	–	●tl	W6JAM	DRØNK
La Jolla	146.0850	+	●t	K6OPY	LJ DX Asn
La Mesa	145.2400	–	○ 131.8	WA6HYQ	------------
La Mesa	146.6700	–	●ta(CA)l	N6QWD	------------
La Mesa	147.4200	146.4750	○ 107.2	WA6BGS	ECARC
La Mesa	147.7050	–	●ter	WD6APP	------------
Lyons Peak	146.2650	+	○ 107.2e	W6SS	SANDRA
Lyons Peak	147.1950	+	●t	K6JCC	SD RACES
Mission Hills	145.3200	–	○ 107.2	WD6APP	------------
Monument Peak	147.2400	+	○ 103.5a (CA)el	KA6DAC	ECRA
Mt Helix	147.9150	–	○ 107.2a (CA)e	K6GHM	------------
Mt Laguna	147.1500	+	○ 107.2	WB6WLV	SANDRA
Mt Otay	145.3600	–	●t	WB6WLV	SANDRA
Mt Otay	146.6400	–	○ 107.2e	WB6WLV	SANDRA
Mt Otay	146.9100	–	○ 107.2a (CA)el	KN6KM	SoBayRG
Mt Otay	146.9250	–	○ 107.2	N6RSH	KN6KM
Mt Otay	147.2100	+	●t	N6VVY	FILAMARS
Mt Otay	147.9900	–	●tl	W6JAM	DRØNK
Mt San Miguel	145.1200	–	○ 107.2	W6HDC	------------
Mt Woodson	145.1800	–	●t	W6HDC	------------
Palomar Mtn	145.4400	–	●ta(CA)l	N6NIK	HRAN

144-148 MHz   CALIFORNIA

Location	Output	Input	Notes	Call	Sponsor
Palomar Mtn	146.7000	–	●t	W6NWG	Palomar AR
Palomar Mtn	146.7300	–	● 107.2a (CA)e	W6NWG	Palomar AR
Palomar Mtn	147.0300	+	● 103.5e	K6RIF	ECRA
Palomar Mtn	147.0750	+	● 107.2a (CA)e	W6NWG	Palomar AR
Palomar Mtn	147.1300	+	● 107.2a (CA)el	W6NWG	Palomar AR
Palomar Mtn	147.1950	+	●t	K6JCC	SD RACES
Palomar Mtn	147.9900	–	●tl	W6JAM	DR0NK
Paradise Hills	145.4800	–	● 127.3a (CA)	W6JVA	------------
Paradise Hills	146.6100	–	● 167.9el	N6ZHN	Crest RC
Point Loma	145.3800	–	● 107.2a (CA)e	KA4JSR	PLARC
Poway	147.3000	+	● 103.5a (CA)er	N6PWY	Poway ARS
Poway/Rosemont	147.1950	+	●t	K6JCC	SD RACES
Ramona	145.3000	–	● 88.5	KD6RSQ	------------
San Diego	145.2000	–	●t	KE6ERW	------------
San Diego	146.1600	+	● 107.2	W6SS	------------
San Diego	147.7650	–	●t	AA6WS	------------
San Diego	147.8550	–	● 107.2a (CA)l	WA6ZMZ	SANDRA
San Diego	147.8850	–	● 107.2a (CA)	WA6AIL	SANDRA
San Diego	147.9450	–	● 107.2a (CA)	N6WYF	------------
San Marcos	145.2800	–	● 114.8a (CA)	WD6FCG	55 ARG
Stephenson Peak	147.9900	–	●t	N6JAM	DR0NK
Vista	146.9700	–	●a(CA)	K6YUH	97 RG

SOCAL-SAN LUIS OBISPO COUNTY

Location	Output	Input	Notes	Call	Sponsor
Paso Robles	146.8800	–	●	W6YDZ	------------

SOCAL-SANTA BARBARA COUNTY

Location	Output	Input	Notes	Call	Sponsor
Broadcast Pk	147.0000	+	● 131.8	WB6OBB	------------
Figueroa Mtn	147.2100	+	● 131.8a (CA)	K6SYV	SYVARRG
Gibralter Peak	146.7000	–	● 131.8	N6HYM	------------
Goleta	145.2400	–	● 131.8	K6TZ	SBARC
Guadalupe	146.1750	+	● 100.0	KA6BFB	------------
La Vigia Hill	146.7900	–	● 131.8aer	K6TZ	SBARC
Lompoc	145.3600	–	● 131.8r	WB6FLY	WSB_ARES
Lompoc	145.4200	–	●a(CA)e	WA6YZV	Missn ARC
Lompoc	147.1200	+	● 131.8a (CA)	WA6VPL	LOMPOC AFC
Nipomo	146.9400	–	●e	N6RAN	------------
Santa Barbara	145.4800	–	● 136.5	W6RFU	UCSB
Santa Barbara	147.0750	+	● 131.8	KG6TAT	------------
Santa Barbara	147.9450	–	● 131.8ae	WA6JFM	Gbrltr RA
Santa Maria	145.1400	–	● 131.8e E-SUN	KM6DF	Satellite ARC
Santa Maria	146.6400	–	●	N6UE	------------
Santa Maria	147.3000	+	● 131.8r	WB6FLY	NorSBCARES
Santa Maria	147.9150	–	● 103.5	W6NO	------------
Santa Ynez Pk	145.1800	–	● 131.8e	WA6COT	------------

144-148 MHz
CALIFORNIA-COLORADO

Location	Output	Input	Notes	Call	Sponsor
Solvang	146.8950	–	Oe	N6JNS	------------
Sudden Peak	145.1200	–	O 100.0el	WA6VPL	WALA
SOCAL-VENTURA COUNTY					
Camarillo	145.2800	–	O 100.0e	KN6OK	------------
Camarillo H'ght	147.9150	–	O 127.3r	WB6ZTQ	------------
Chatsworth Peak	147.1800	+	O 186.2el	KK6NJ	------------
Grant Park	147.7650	–	O 103.5er	WB6ZTW	SMRA
Grissom Pt	146.8500	–	O 94.8a(CA)er	K6AER	------------
Newbury Park	146.6700	–	O 127.3e	N6JMI	Bozo ARN
Newbury Park	146.9400	–	●t	KE6TOI	------------
Newbury Park	147.8850	–	O 127.3a (CA)e	N6JMI	Bozo ARN
Ojai Valley	145.4000	–	OeE-SUNr	N6FL	OJAI Vly ARC
Oxnard	146.7300	–	●t	W6KGB	WOLF RN
Oxnard	146.9700	–	O 127.3a (CA)er	WB6YQN	LPMG
San Fernando	146.9100	–	O 103.5er	W6IN	------------
SanBuenaventur	146.6100	–	O 127.3a (CA)	N3MBN	------------
Simi Valley	146.6400	–	O 127.3	WA6FGK	------------
Simi Valley	147.9300	–	O 127.3a (CA)e	AD6SV	SVRA
South Mtn	146.9850	–	O 127.3er	WB6ZTX	SMRA
Sulphur Mtn	146.8800	–	O 127.3a (CA)el	WA6ZTT	SMRA
Thousand Oaks	145.3200	–	Oa(CA)e	WD8RCL	------------
Thousand Oaks	146.8050	–	O 127.3	KN6OK	------------
Thousand Oaks	147.1500	+	O 127.3	K0AKS	CHRS&VARS
Ventura	147.9750	–	O 127.3a (CA)e	N6AHI	ChnlIsIRG
Ventura Harbor	146.6550	–	O 131.8e	W6JTB	------------

COLORADO
BOULDER COUNTY

Location	Output	Input	Notes	Call	Sponsor
Boulder	145.4600	–	O 107.2/107.2 (CA)e	W0CRA	CRA
Boulder	146.6100	–	O	N0PM	N0PM
Boulder	146.7000	–	O 100 (CA)s	W0DK	BARC
Boulder	146.7300	–	O 91.5/91.5	K0DK	BARC
Boulder	146.7600	–	O 100esx	W0IA	RMVHFS
Boulder	147.0300	+	100 (CA)x	WB2CBU	BUG
Longmont	147.2700	+	O 100 (CA)els	W0ENO	LARC

CENTRAL

Location	Output	Input	Notes	Call	Sponsor
Bailey	146.8950	–	O 100es	AB0PC	ParkCntyRC
Hartsel	147.0900	+	O 100es	AB0PC	ParkCntyRC
Lake George	146.6850	–	O 107.2el	NX0G	MARC
Lake George	147.3600	+	O 107.2ex	KC0CVU	CMRG

COLORADO SPRINGS

Location	Output	Input	Notes	Call	Sponsor
Colorado Springs	145.1300	–	O 123/123elx	KB0VJJ	Colo Conn
Colorado Springs	145.1600	–	O 107.2/107.2 (CA)ex	W0CRA	CRA
Colorado Springs	145.2650	–	O 100/100 (CA)elrswx	KB0SRJ	PPFMA

Frequencies	
147.225	
145.145	
145.160	**COLORADO**
145.460	
224.980	
447.150	**REPEATER**
447.975	
53.050	
1287.900	**ASSOCIATION**
447.575	

SUPPORT AMATEUR RADIO

COLORADO REPEATER ASSOCIATION, Inc.
POST OFFICE BOX 1013
PARKER, COLORADO 80134

http://www.w0cra.org
e-mail: cra@w0cra.org
303-840-4CRA

The Colorado Repeater Association's (CRA) membership welcomes all amateurs to the state of Colorado. The CRA's ragchew repeaters are open to all hams. Please feel free to access and use the CRA frequencies listed above. Our repeaters require a 107.2 CTCSS tone for access.

Join our information Net every Sunday at 9 a.m. for license exam info, the NewsLine Report, the Swap Net, a swapfest schedule and much more. CRA repeaters host various special interest nets covering AMSAT, ARES, EOSS, QRP, scanning and other topics. There is also IRLP access for members.

Five of the CRA's repeaters have Colorado Statewide autopatch capabilities. Ask any CRA member to dial a local or emergency number for you.

The CRA repeaters cover 275 miles along Interstate 25 and 100 miles along Interstate 70 providing coverage in Denver, Colorado Springs, Pueblo, Boulder, Longmont, Greeley, Fort Collins and Cheyenne.

Many of the CRA systems are linked for additional coverage. Ask on-air for details.

73 – THE CRA HOPES YOU SAFELY ENJOY COLORADO

144-148 MHz
COLORADO

Location	Output	Input	Notes	Call	Sponsor
Colorado Springs	146.6250	–	O 123 (CA)elRB	KFØWF	ColoSprARA
Colorado Springs	146.7600	–	O 123 (CA)es	KCØCVU	CMRG
Colorado Springs	146.8500	–	O 103.5eE-SUN	WØRSH	RMHARC
Colorado Springs	146.9100	–	O 151.4/151.4e	KØIRP	GGARC
Colorado Springs	146.9700	–	O 100/100 (CA)elrsWXx	KBØSRJ	PPFMA
Colorado Springs	147.0300	+	●	WRØAEN	CARN
Colorado Springs	147.1350	+	O 100e	KBØNN	KBØNN
Colorado Springs	147.1800	+	● 100 (CA)eE-SUNx	AAØSP	AAØSP
Colorado Springs	147.2700	+	Oe	WAØRGA	TRA
Colorado Springs	147.3450	+	O 107.2 (CA)elx	KCØCVU	CMRG
Cripple Creek	147.0150	+	O 107.2el	NXØG	MARC
Woodland Park	145.4150	–	O 179.9 (CA)e	KAØWUC	MARC
Woodland Park	146.8200	–	O 107.2el	NXØG	MARC

DENVER METRO

Location	Output	Input	Notes	Call	Sponsor
Aurora	145.4000	–	O 100aels	KBØUDD	CRRG
Aurora	147.3750	+	O 100/100	WØIKN	CCRC
Conifer	147.1200	+	O 88.5ex	KCØIAD	ARA
Denver	145.1450	–	O 107.2/107.2esx	WØCRA	CRA
Denver	145.2200	–	O 103.5 (CA) ex	WNØEHE	RMRL
Denver	145.3100	–	O 123/123elx	KBØVJJ	Colo Conn
Denver	145.3400	–	O 103.5exz	NØPQV	RMRL
Denver	145.4300	–	O 103.5esx	NØMQJ	RMRL
Denver	145.4750	–	O 100e	NØJOQ	IRG
Denver	145.4900	–	O 100/100e	WØTX	DRC
Denver	146.6400	–	O 100ex	WAØKBT	DRL
Denver	146.6700	–	O 100es	KBØUDD	CRRG
Denver	146.7150	–	OeE-SUN	NØJXN	EARS
Denver	146.8800	–	O 100ex	WAØKBT	DRL
Denver	146.9400	–	O 103.5ex	WØWYX	RMRL
Denver	146.9850	–	O 100e	KØFEZ	RADOPS EJ
Denver	147.2250	+	O 107.2/107.2 (CA)esx	WØCRA	CRA
Denver	147.3000	+	O 103.5x	NØPYY	DenPDEEB
Denver	147.3300	+	O 100/100e	WØTX	DRC
Elizabeth	147.2100	+	O 100ael	K6AER	CRRG
Golden	145.2800	–	O 100 (CA)elrx	KEØSJ	IRG
Golden	146.8050	–	O 186.2esWX	WA2YZT	WA2YZT
Golden	147.1500	+	O 88.5a	NØPOH	ARA
Northglenn	147.0450	+	O 123e	KØML	NglennRA
Park County	146.9100	–	100els	ABØPC	ParkCntyRC

EAST CENTRAL

Location	Output	Input	Notes	Call	Sponsor
Flagler	146.8950	–	O 103.5z	KAØEFF	BigSndyARC
Genoa	147.0600	+	O 103.5	KØGS	BSARC

COLORADO CONNECTION

Connecting Colorado's Amateur Community

1	10,600'	145.310–	Denver/Boulder (Hub)*
2	13,600'	145.445–	Leadville*
3	12,600'	146.790–	Breckenridge*
4	11,700'	147.285+	Salida
5	10,600'	146.850–	Glenwood Springs
6	10,300'	449.625–	Steamboat Springs
7	10,000'	145.355–	Grand Junction
8	9,800'	147.345+	Vail
9	9,500'	147.345+	Durango
10	9,300'	145.130–	Colorado Springs*
11	9,200'	147.075+	Kremmling
12	9,000'	145.160–	Walden
13	8,500'	147.270+	Meeker*
14	7,500'	146.970+	Craig*
15	4,700'	145.400–	Akron*

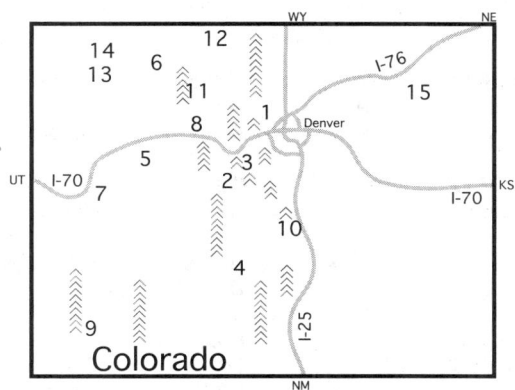

Colorado Connection Repeaters, Inc.
P.O. Box 22134, Denver, CO 80222

The KB0VJJ Repeaters   Send SASE for info
http://www.colcon.org/   kb0vjj@colcon.org

The Colorado Connection is a 501c3 non-profit corporation supported solely by donations. The system is open and fully linked. It requires a 123.0Hz tone on the input (* = tone available on output). National Traffic System net each evening 7:30pm. Before keying up, please allow the system to drop a few seconds after each proceed "k" signal.

144-148 MHz
COLORADO

Location	Output	Input	Notes	Call	Sponsor
Kirk	145.3550	–	O	KØDGI	NØRUR
GRAND JUNCTION					
Grand Junction	145.1750	–	O 107.2ersWX	WØRRZ	WCARC
Grand Junction	145.2200	–	O 107.2	KEØTY	KEØTY
Grand Junction	145.3550	–	O 123elx	KBØVJJ	Colo Conn
Grand Junction	146.7900	–	O	NØMBJ	NØMBJ
Grand Junction	146.8200	–	107.2lx	KEØTY	KEØTY
Grand Junction	147.3900	+	O 107.2l	KEØTY	KEØTY
NORTH CENTRAL					
Kremmling	147.0750	+	O 123l	KBØVJJ	Colo Conn
Walden	145.1600	–	O 123l	KBØVJJ	Colo Conn
Wellington	146.6250	–	O 100e E-SUNrs	WØUPS	NCARC
NORTH FRONT RANGE					
Estes Park	146.6850	–	O 123l	KCØKXH	EVARC
Fort Collins	145.1150	–	O 100erswWX x	WØUPS	NCARC
Fort Collins	147.3600	+	O 100 (CA)	WØQEY	CSUARC
Greeley	146.8500	–	O 100 (CA)e rsWX	WØUPS	NCARC
Greeley	147.0000	+	O 100/100 (CA) Z(911)	KCØKWD	WARS
Loveland	145.1750	–	O 100/100 (CA)e	KN6VV	KN6VV
Loveland	147.1950	+	O 100 (CA)es	WØXYZ	LRA
NORTHEAST					
Akron	145.4000	–	O 123l	KBØVJJ	Colo Conn
Brush	147.2400	+	O(CA)lsWX	KBØVGB	PVARC
Fort Morgan	147.3450	+	O 141.3/141.3	KCØOSG	------------
Holyoke	146.9550	–	Oe	NØJUN	PCARC
Ovid	146.6550	–	O	NØNCD	TriCntyRA
NORTHWEST					
Craig	145.2650	–	107.2e	WDØHAM	NW Colo ARC
Steamboat Springs	147.2100	+	O 107.2lsWX	KDØH	SSARC
PUEBLO					
Pueblo	145.1150	–	O 88.5 DCSe	NDØQ	PuebloHC
Pueblo	146.6550	–	O	KØST	KØST
Pueblo	146.7900	–	O 88.5ex	NDØQ	PuebloHC
Pueblo	146.8800	–	O 88.5ex	NDØQ	PuebloHC
Pueblo	147.0000	+	●	NEØZ	STARS
Rye	146.9550	–	e	K9ROD	K9ROD
Westcliffe	147.0600	+	103.5	KBØTUC	RGARC
SOUTH CENTRAL					
Canon City	145.4900	–	O 103.5aes	WDØEKR	RGARC
Cripple Creek	145.4600	–	O 67 E-SUN	WBØWDF	WBØWDF
Salida	145.2950	–	O 107.2lx	KCØCVU	CMRG
Salida	147.2850	+	Otelx	KBØVJJ	Colo Conn
Walsenburg	146.7300	–	O 88.5 E-SUN	NDØQ	PuebloHC
SOUTHEAST					
La Junta	146.7000	–	OesWX	WØKEV	WØKEV
Springfield	146.6400	–	O	NØPAZ	NØPAZ
Trinidad	145.4300	–	O 107.2elx	KCØCVU	CMRG

PIKES PEAK FM ASSOCIATION

The PPFMA welcomes you to the Pikes Peak and Colorado Springs area. Our goal is to provide superior communications infrastructure for the amateur community. Our repeaters are open and are supported solely by donations and membership dues. The 146.97 and 448.450 can be used for over 100 miles in many directions. Links to the 448.450 serve much of south central and southeast CO and northern NM. Visit our web site or email for info.

"ABOVE THEM ALL!!!"

Frequency/Offset	Tone		Coverage
146.970 −	100.0	In-Out	COS Wide area pp
145.265 −	100.0	In-Out	COS local pp
448.800 −	100.0	In-Out	COS local pp
1,287.975 −	100.0	In-Out	COS local
448.450 −	100.0	In-Out	COS Wide area
146.610 −	*123.0*	In-Out	Lamar area
449.500 −	*123.0*	In-Out	Lamar city

(L-I-N-K-E-D bracket on last three rows)

100.0Hz CTCSS tone (Lamar 123.0) required to access repeaters, tone available on all outputs. Links to Lamar by agreement with other other amateurs. Member's phone patch.

ppfma@ppfma.org   www.ppfma.org

Cheyenne Mountain Repeater Group, Inc
Colorado Springs, CO

Providing Quality Communications for Southern Colorado and Northern New Mexico

VHF System (Linked)
IRLP Node 3036
Colorado Springs   147.345 +
Lake George   147.360 +
Trinidad/Raton   145.430 −
Salida   145.295 −
All repeaters use 107.2 Hz

UHF System (Linked)
Colorado Springs   448.000 −
Trinidad/Raton   449.600 −
Pueblo   449.625 −
Salida   449.650 −

Next time you visit Colorado, visit us.
www.qsl.net/cmrg

CMRG * PO Box 50331 * Colorado Springs, CO 80949
A 501(c)(3) corporation. Donations always welcomed

144-148 MHz
COLORADO-CONNECTICUT

Location	Output	Input	Notes	Call	Sponsor
SOUTHWEST					
Cortez	146.7900	–	O 127.3	KD5LWU	KD5LWU
Creede	146.9250	–	O	WA0JS	CREEDE ARC
Durango	146.6700	–	O 100x	K0EP	DARC
Durango	146.7000	–	O 100ae E-SUNx	K0EP	DARC
Durango	147.3450	+	O 123/123l	KB0VJJ	Colo Conn
Pagosa Springs	145.4750	–	O 100	WA5PBR	PagosaSp
Silverton	147.2700	+	O 127.3e E-SUNx	KB5ITT	KB5ITS
Silverton	147.3750	+	O 156.7 E-SUNx	KC5CHM	SilvConn
STATEWIDE					
Statewide	145.1900	–			CntrlAccess
Statewide	145.2050	–			CntrlAccess
Statewide	146.7750	–			CntrlAccess
Statewide	146.8350	–			CntrlAccess
Statewide	146.8650	–			CntrlAccess
Statewide	147.1650	+			CntrlAccess
Statewide	147.3150	+			CntrlAccess
WEST CENTRAL					
Aspen	145.1300	–	O 192.8/192.8 E-SUNlRBx	K0SNO	RFARC
Breckenridge	146.7000	–	O 107.2e L(IRLP3972)	WB0QMR	GRARC
Breckenridge	146.7900	–	O 123elx	KB0VJJ	Colo Conn
Glenwood Springs	146.8500	–	O 123elx	KB0VJJ	Colo Conn
Glenwood Springs	146.8800	–	O 107.2	KI0G	SCARC
Glenwood Springs	147.3000	+	O 107.2 E-SUNx	K0VQ	RFARC
Granby	146.8200	–	O 123e E-SUN	KA0YDW	GCARA
Grand Junction	145.1450	–	O 107.2	N0MBJ	KE0TY
Gunnison	147.1200	+	OeE-SUN	W0VTL	W0VTL
Leadville	145.4450	–	O 123 E-SUNlx	KB0VJJ	Colo Conn
Nathrop	146.7450	–	O 100e E-SUNs	W0LSD	CLARA
Rifle	146.7600	–	O 107.2e E-SUN E-WIND	N0SWE	N0SWE
Snowmass	146.6700	–	O 107.2lx	K0CL	SCARC
Vail	147.3450	+	O 123elx	KB0VJJ	Colo Conn

CONNECTICUT
FREQUENCY USAGE

Location	Output	Input	Notes	Call	Sponsor
Snp	145.4300	–			
FAIRFIELD & SOUTHWEST					
Bethel	147.0300	+	O	KA1KD	BEARS
Bridgeport	146.4450	147.4450	O 77.0e	WK1M	------------
Danbury	147.1200	+	O 141.3/141.3el	W1HDN	PVRA
Danbury	147.3000	–	O 100.0/100.0	W1QI	CARA
Fairfield	146.6250	–	O 100.0elrz	WB1CQO	FrfldARA
Fairfield	146.8950	–	O 77.0/77.0e	M1MUC	N1LXV
New Canaan	146.4750	147.4750	O 100.0/100.0	W1FSM	W1FSM

CONNECTICUT

Location	Output	Input	Notes	Call	Sponsor
Newtown	145.2300	–	O	WA1SOV	PEARS
Norwalk	146.7750	–	O 100.0/100.0e	W1NLK	GNARC
Ridgefield	145.4700	–	O 100.0a	KR1COM	RCOM
Stamford	146.6550	–	O 100.0/100.0e	W1EE	SARA

HARTFORD & N CENTRAL

Location	Output	Input	Notes	Call	Sponsor
Bloomfield	146.8200	–	Oe	W1CWA	BlmfldARC
Bristol	145.3100	–	O 110.9/110.9	AA1WU	N1GLA
Bristol	146.6850	–	O 141.3er	W1DHT	CRBRC
Bristol	146.8800	–	Oel	K1DFS	ICRC
Burlington	147.1500	+	Oe	N1JGR	ICRC
Coventry	145.2500	–	O 141.3/141.3	W1HDN	PVRA
E Hartland	145.2300	–	O	K1YON	HartlandCD
Glastonbury	147.0900	+	O 110.9el	W1EDH	CT ARES
Glastonbury	147.2850	+	O#er	KB1BUA	Glstnby CP
Hartford	146.6400	–	O 141.3 (CA)elz	W1HDN	PVRA
Hebron	145.4700	–	O	K1PTI	------------
Manchester	145.3300	–	O 88.5/88.5e	WA1VOA	------------
Newington	145.4500	–	O 127.3/127.3 (CA)e	W1AW	NARL
Rocky Hill	145.2700	–	Oaelz	WB1EXV	------------
Somers	147.0000	+	O 127.3/127.3e	W1TOM	MTARA
Southington	145.1700	–	O 77.0	W1ECV	SARA
Vernon	145.1100	–	O 77.0/77.0e	W1BRS	BearsMAN
Vernon	145.4100	–	O 141.3/141.3el	W1HDN	PVRA
Vernon	146.7900	–	O 82.5/82.5 (CA)eWX	W1HDN	PVRA
Vernon	147.3450	+	O 77.0/77.0e l	KB1AEV	KB1AEV
W Hartford	146.7450	–	O 141.3/141.3	W1HDN	PVRA
Wethersfield	145.3500	–	Otae	KA1BQO	------------
Windsor	147.0450	+	O 88.5/88.5	N1SPI	N1TUP

LITCHFIELD & NORTHWEST

Location	Output	Input	Notes	Call	Sponsor
Barkhamsted	147.2700	+	O 77.0/77.0e l	W1RWC	KB1AEV
New Milford	146.7300	–	O 77.0/77.0 (CA)el	NA1RA	NARA
Sharon	147.2850	+	O 77.0/77.0e l	WB1CEI	SBARC
Torrington	145.3700	–	O 77.0/77.0e l	KB1AEV	KB1AEV
Torrington	146.8500	–	O 141.3/141.3 (CA)el	W1HDN	PVRA
Torrington	147.2400	+	O 141.3e	W1RWC	TorngtnCD
Winsted	147.3300	+	O 141.3ae	W1EOO	CD

NEW HAVEN & S CENTRAL

Location	Output	Input	Notes	Call	Sponsor
Ansonia	145.1900	–	O 77.0e	WK1M	------------
Ansonia	146.9850	–	O 141.3/141.3a	KD1BD	VLY ARA

144-148 MHz
CONNECTICUT-DELAWARE

Location	Output	Input	Notes	Call	Sponsor
East Haddam	147.0150	+	O 110.9	K1IKE	------------
Killingworth	145.2900	−	O 110.9aelr	W1BCG	ShrlnARC
Meriden	145.4900	−	O 77.0el	N1FNE	SARA
Milford	146.9250	−	Oaer	KB1CBD	MilfordARC
Milford	147.2250	+	O 77.0ae	WA1YQE	------------
Old Saybrook	146.7750	−	O 110.9l	W1BCG	ShrlnARC
Portland	147.0300	+	O 110.9e	W1EDH	CT ARES
Prospect	147.1800	+	O 141.3/141.3el	W1HDN	PVRA
Wallingford	147.3600	+	O 162.2aer LITZ	W1KKF	WRA
West Haven	146.6100	−	O 110.9/110.9ae	W1GB	SCARA
West Haven	147.2550	+	O 110.9/110.9a	AA1VE	SCARA
West Haven	147.5050	146.5050	O 77.0 (CA)e	K1SOX	SPARC

NEW LONDON & SOUTHEAST

Location	Output	Input	Notes	Call	Sponsor
Groton	146.6700	−	O 156.7a (CA)l	W1NLC	SCRAMS
Groton	146.8650	−	O 156.7	K1SSN	USN-SRC
Lebanon	147.3000	+	O 77.0ae	NA1RC	NatchARA
Ledyard	145.3900	−	O 156.7/156.7l	W1DX	AWASEC
New London	146.9700	−	O 156.7a (CA)	W1NLC	SCRAMS
Norwich	146.7300	−	O 156.7/156.7ae	N1NW	Rason
Salem	147.0600	+	O 156.7l	W1DX	AWASEC

WINDHAM & NORTHEAST

Location	Output	Input	Notes	Call	Sponsor
Killingly	147.2250	+	O 156.7e	K1MUJ	ECARA

DELAWARE
FREQUENCY USAGE

Location	Output	Input	Notes	Call	Sponsor
Snp	145.1700	−			

DE

Location	Output	Input	Notes	Call	Sponsor
Seaford	146.7150	−	t	N3YMS	N3YMS

DELAWARE

Location	Output	Input	Notes	Call	Sponsor
Sussex Tech High Sch	145.3100	−	O 100	W3DR	STHS

DOVER

Location	Output	Input	Notes	Call	Sponsor
Dover	146.7900	−	A(*89)p	N3YMS	N3YMS
Dover	147.1950	+	77a	W3HZW	KentCoAR
Hazlettville	147.3000	+		K4CHE	K4CHE
Woodside	146.9700	−	77a	W3HZW	KentCoAR

LEWES

Location	Output	Input	Notes	Call	Sponsor
Lewes	147.3300	+	O	W3LRS	W3RMM

SOUTH

Location	Output	Input	Notes	Call	Sponsor
Dewey Beach	147.3300	+		N3OLY	N3OLY
Millsboro	147.0750	+	aeZ(911)	KB3BHL	SussexAR
Seaford	145.2100	−	a	W3TBG	NARC

WILMINGTON

Location	Output	Input	Notes	Call	Sponsor
Newark	146.7000	−	131.8e	W3DRA	DRA
Wilmington	146.7300	−	131.8e	W3DRA	DRA
Wilmington	146.9550	−	ae	WA3UYJ	DVARS
Wilmington	147.2250	+	al	K3WAJ	K3WAJ

144-148 MHz
DISTRICT OF COLUMBIA-FLORIDA

Location	Output	Input	Notes	Call	Sponsor
DISTRICT OF COLUMBIA					
FREQUENCY USAGE					
Snp	145.1700	–			
Washington	145.4300	–		WA3DVO	DCMARC
METRO DC					
Washington	145.1900	–	151.4	W3DOS	DOS ARC
Washington	147.0450	+	er	K3VOA	VOA ARC
WASHINGTON AREA					
Washington	145.1100	–	Oaz	W3ETX	CCARS
Washington	146.7600	–	l	WA3DZD	MFMA
Washington	147.3600	+	l	N3AGB	AlxBellR
FLORIDA					
CENTRAL					
Bartow	146.9850	–	O 127.3/127.3ersWXx	WC4PEM	PCEM
Lake Wales	147.3300	+	O 127.3/127.3	KF4YEA	LWRA
Lakeland	145.2700	–	O 127.3/127.3eL(444.300 145.130 443.350) Bl	WP3BC	WP3BC
Lakeland	146.6550	–	O 127.3/127.3	WB4EIF	Polk EG
Lakeland	146.6850	–	O 127.3/127.3a(CA)ers	K4LKL	LARC
Sumterville	145.4900	–	O 123/123ers	KJ4AN	Sumter EOC
Winter Haven	146.8650	–	O 127.3/127.3	KE4WDP	KE4WDP
CENTRAL - ORLANDO					
Altamonte Springs	147.0900	+	O 103.5/103.5rs	N1FL	SARG
Altamonte Springs	147.2850	+	O 103.5/103.5eL(442.975)	N4EH	LMARS
Chuluota	147.1650	+	O 103.5/103.5eL(147.090 442.750)rs	N1FL	SCARES
Clermont	147.1800	+	O 127.3/127.3eE-SUN	K4VJ	K4VJ
Eustis	146.8950	–	O 103.5/103.5 (CA)e	KD4MBN	KD4MBN
Kissimmee	147.2100	+	O 103.5/103.5a(CA)eL(444.4500. 927.7000) WX(	N4ARG	MFARRA
Lake Buena Vista	145.1100	–	O 103.5/103.5eL(442 575 442.500 444.000 146.	AC0Y	AC0Y
Leesburg	147.0000	–	O 103.5/103.5rs	N4FLA	LC ARES
Ocoee	147.3450	+	O 103.5/103.5e	W8EHH	W8EHH
Orlando	145.1300	–	Oa(CA)ez	KS4SX	FECA
Orlando	145.2100	–	O 103.5/103.5a(CA)eL(443.650 442.100) RB WX	KW4GT	KW4GT
Orlando	145.4500	–	O 103.5/103.5	N4LRX	PARC
Orlando	146.7000	–	O 103.5/103.5eL(145.110 444.000 442.500 442.	AC0Y	AC0Y
Orlando	146.7300	–	O 103.5/103.5rsx	AA4BC	OC ARES

144-148 MHz
FLORIDA

Location	Output	Input	Notes	Call	Sponsor
Orlando	147.0600	+	O 103.5/103.5	WD4MRR	CFRA
Orlando	147.1200	+	O 103.5/103.5el	KT4AZ	KT4AZ
Orlando	147.3000	+	O 103.5/103.5	WD4WDW	DEARS
Sanford	145.1500	–	O 103.5/103.5elrsRB WX	KC4SGG	SUNLINK
Sanford	146.8050	–	O 103.5/103.5e	N4EH	LMARS
St Cloud	145.3500	–	O 103.5/103.5a(CA)eL(444.1)rs	KG4EOC	N4ZIQ
St Cloud	145.4300	–	O 100/100	NI4CE	WCFG
St Cloud	146.7900	–	O 107.2/107.2e	W4SIE	OCRA
St Cloud	146.9550	–	O 79.7/79.7e	K4OSC	OARS
Sumterville	146.9250	–	O 123/123ers	W4OE	SCEM
Tavares	147.2550	+	O 103.5/103.5a(CA)e	K4FC	LARA
Winter Park	147.1950	+	Oe	W4PLA	QCWA 45

DEEP SOUTH

Location	Output	Input	Notes	Call	Sponsor
Big Pine Key	146.6700	–	O 110.9/110.9a(CA)eL(147.255)rs	KQ4AZ	MCCD
Cudjoe Key	147.0600	+	O	K3ML	K3ML
Key West	145.3100	–	● 110.9/110.9rsBlx	W4HN	W4HN
Key West	146.9400	–	O 110.9/110.9e	W4LLO	KWARC
Key West	147.3450	+	O 110.9/110.9eL(146.67)rs	KQ4AZ	MCED
Marathon	147.1050	+	Oe	ND7K	ND7K
Marathon	147.2550	+	O 110.9/110.9a(CA)eL(146.67)rs	KQ4AZ	MCCD
Plantation Key	146.7150	–	O 110.9/110.9a(CA)elrs	KQ4AZ	MCCD

EAST CENTRAL

Location	Output	Input	Notes	Call	Sponsor
Cocoa	145.1900	–	O 103.5/103.5	N4LEM	N4LEM
Cocoa	145.3700	–	O 156.7/156.7es	W4NLX	IRARC
Cocoa	147.0300	+	Ors	W4REN	W4REN
Cocoa	147.3600	+	O	N4LEM	N4LEM
Ft Pierce	145.3700	145.7700	O 107.2/107.2a(CA)z	WA4EVJ	WA4EVJ
Ft Pierce	146.7750	–	OWXx	AF4CN	SLRA
Ft Pierce	147.0150	+	O 107.2/107.2 A(* UP # DOWN)ersz	W4SLC	SLC EAR
Ft Pierce	147.2400	+	O 107.2/107.2aeWXxz	W4SLC	SLC EAR
Ft Pierce	147.3450	+	O 107.2/107.2 A(325) (CA)eL(444.8)rsxZ(911)	W4AKH	FPARC
Melbourne	146.7150	–	O 107.2/107.2	KI4ONW	SC REACT
Mims	146.6250	–	O 100/100e	KE4NUZ	KE4NUZ
Mims	146.7750	–	O	KD4HNW	TARC

144-148 MHz
FLORIDA

Location	Output	Input	Notes	Call	Sponsor
Palm Bay	146.7450	–	O 107.2/107.2a	KI4HZP	KI4HZP
Port St Lucie	146.8050	–	O 107.2/107.2	KT4PA	KT4PA
Port St Lucie	146.9250	–	O 107.2/107.2a(CA)ersWXz	AD3N	AD3N
Port St Lucie	146.9550	–	O 107.2/107.2ersx	K4PSL	PSLARA
Rockledge	146.8800	–	O 107.2/107.2es	W4NLX	IRARC
Stuart	145.1500	–	O 107.2/107.2aersz	WX4MC	MCARES
Titusville	145.2500	–	OersWX	K4KSC	TARC
Titusville	145.4900	–	O 100/100ers	WN3DHI	WN3DHI
Titusville	146.9100	–	O 103.5/103.5ae	K4KSC	TARC
Titusville	146.9700	–	Oae	W4CEL	TARC

NORTH CENTRAL

Location	Output	Input	Notes	Call	Sponsor
Bell	147.2850	+	O 123/123	KE4HDG	KE4HDG
Chiefland	147.3900	+	O 123/123as	KB4MS	KB4MS
Dunnellon	146.6550	–	O	W4UEA	W4UEA
Ft McCoy	147.3600	+	O 123/123a(CA)ers	W4FRC	FMARC
Gainesville	146.7900	–	O	K4EAC	SFCC
Gainesville	146.8200	–	O 123/123ae rz	K4GNV	GARS
Gainesville	146.8500	–	O 103.5/103.5a(CA)z	KD4MGR	KD4MGR
Gainesville	146.9100	–	O 123/123ar z	W4DFU	GARC
Hawthorne	147.1050	+	●a(CA)	K3YAN	K3YAN
High Springs	145.4700	–	Oe	WB4JEM	WB4JEM
Hines	146.7450	–	Ot	KJ4ZI	TCARC
Lake City	145.4900	–	Oersx	WB4VFT	CARS
Lake City	146.9400	–	O 123/123e	WA4ZFQ	WA4ZFQ
Lake City	147.1500	+	Oersx	WB4VFT	CARS
Live Oak	145.4100	–	O 123/123er	W2DWR	W2DWR
Macclenny	147.0900	+	O 127.3/127.3elr	W4YIL	BCARC
McIntosh	147.1650	+	Ota(CA)e	KM4AX	KM4AX
Morriston	147.0900	+	O 123/123	NY4PD	NY4PD
Ocala	145.2700	–	O 123/123a(CA)ers	KQ4PP	KQ4PP
Ocala	146.6100	–	O 123/123ae rxz	K4GSO	SSARC
Old Town	146.7000	–	Ot	WB4VBY	DARK
Starke	146.7300	–	O 127.3/127.3ex	K4EL	K4EL
Summerfield	147.0300	+	O 123/123er	KC4VFI	147.030RG

NORTH EAST

Location	Output	Input	Notes	Call	Sponsor
Bunnell	147.3000	+	O 123/123ers	KB4RSY	FCES
Daytona Beach	146.9850	–	O 107.2/107.2a(CA)ez	W9TT	W9TT
Daytona Beach	147.1500	+	O 103.5/103.5	K4BV	DBARA

136 144-148 MHz
FLORIDA

Location	Output	Input	Notes	Call	Sponsor
Daytona Beach	147.3750	+	O 103.5/103.5e	N4ZKF	N4ZKF
DeBary	146.8350	–	O 103.5/103.5	WD8JTJ	WD8JTJ
DeLand	145.2300	–	O 123/123er sz	KE8MR	KE8MR
DeLand	147.0450	+	O 103.5/103.5a(CA)e	KD4UTV	KD4UTV
DeLand	147.2400	+	O 123/123er	W2DU	VEOC
DeLand	147.3150	+	O 103.5/103.5a(CA)e	N4GMU	WESTVARS
Edgewater	145.3300	–	Oa(CA)er	K4BO	CWA
Espanola	146.7450	–	O 123/123er sx	KG4IDD	FECA
Flagler Beach	145.4100	–	O 123/123rs	KG4TCC	FECA
Flagler Beach	147.0750	+	OL(146.715 442.200)	W4FPC	WA3QCV
Hollister	147.0600	+	O 123/123e L(442.275)s	KF4CWI	PARC
Keystone Heights	145.1300	–	OeE-SUN	KF4EHP	KF4EHP
Palatka	145.3700	–	O 123/123e L(442.275)sWX(162425)z	W4SA	PCARC
Palatka	147.3450	+	O 94.8/94.8e	W4OBB	W4OBB
Palm Coast	145.4700	–	O 123/123er sx	KG4IDD	KG4IDD
Palm Coast	146.7150	–	O 127.3/127.3a(CA)e	W4FKD	W4FKD
San Mateo	146.7750	–	O 156.7/156.7e	W4OBB	W4OBB
Umatilla	146.8500	–	O 103.5/103.5 L(147)s	WN4AMO	WN4AMO

NORTH EAST - JACKSONVILLE

Location	Output	Input	Notes	Call	Sponsor
Callahan	147.0000	–	O 107.2/107.2a(CA)elrx	N4PAO	N4PAO
Hilliard	146.8350	–	O 103.5/103.5e	W4NAS	NCARS
Hilliard	146.8950	–	O 127.3/127.3e	W4COJ	W4COJ
Jacksonville	145.2900	–	O 127.3/127.3er	N4GIH	N4GIH
Jacksonville	145.4500	–	O 103.5/103.5a(CA)el	NS4R	NS4R
Jacksonville	146.6400	–	O 156.7/156.7a(CA)elrz	W4IJJ	W4IJJ
Jacksonville	146.7000	–	O 127.3/127.3aeL(444.400 145.370)sxz	W4IZ	NOFARS
Jacksonville	146.7600	–	Oa(CA)	W4RNG	Jax Range
Jacksonville	146.8050	–	O 103.5/103.5	KK4BD	KK4BD
Jacksonville	146.8800	–	Oa(CA)e	W4RNG	Jax Range
Jacksonville	147.1350	+	O 127.3/127.3s	W4EMN	W4EMN
Jacksonville	147.1800	+	Oa(CA)	KB4CKC	KB4CKC
Jacksonville	147.3150	+	O 127.3/127.3	W4RNG	Jax Range
Jacksonville Beach	145.3500	–	O	KB4ARS	BARS

144-148 MHz — FLORIDA

Location	Output	Input	Notes	Call	Sponsor
Keystone Heights	147.2250	+	o 156.7/156.7es	KI4UWC	CC ARES
Middleburg	145.1100	–	o 127.3/127.3es	WD4NYT	WD4NYT
Orange Park	145.3900	–	o 127.3/127.3e	W4OTH	OTH Gang
Orange Park	146.6700	–	oaer	WB4CGD	OPARC
Orange Park	146.9250	–	o 156.7/156.7es	KI4UWC	CC ARES
Orange Park	147.2550	+	o 103.5/103.5es	W4NEK	W4NEK
Ponte Vedre	147.0150	+	o 127.3/127.3es	KX4EOC	SJCARES
St Augustine	145.1700	–	o 107.2/107.2aer	AB4EY	AB4EY
St Augustine	145.2100	–	oers	KX4EOC	SJCARES
St Augustine	146.6350	–	oe	KF4MX	KF4MX

NORTH WEST

Location	Output	Input	Notes	Call	Sponsor
Chipley	146.7450	–	or	KF4JMM	WCARA
DeFuniak Springs	147.2850	+	o 100/100ers	WF4X	WCARC
DeFuniak Springs	147.3750	+	o 100/100 A(*55) (CA)ersRBx	KG4IDW	KG4IDW
Marianna	146.6700	–	oae	W4BKD	Chipola AR
Marianna	147.0450	+	o 123/123s	WX4EC	JCARES
Marianna	147.2700	+	●ta(CA)	WO4J	WO4J
Panama City	145.2100	–	oe	W4RYZ	PCARC
Panama City	145.3300	–	o 100/100ae L(53.050 444.500)sWX	AC4QB	AC4QB
Panama City	146.9400	–	o 103.5/103.5a(CA) TT(*89)eWX(*93) Z(*911)	KD4EKC	KD4EKC
Panama City	147.0750	+	o 100/100ex	KF4JMM	KF4JMM
Perry	146.9700	–	o 103.5/103.5	K4PRY	TCARC
Perry	147.3750	+	o 100/100e L(443)	K4III	K4III
Port St Joe	147.3000	+	o 103.5/103.5ers	W4WEB	GARS
Wacissa	147.0000	+	o 123/123e L(147.375)x	K4III	K4III

NORTH WEST - PENSACOLA

Location	Output	Input	Notes	Call	Sponsor
Baker	145.2900	–	o 100/100e	K4PQW	K4PQW
Barrineau Park	145.2100	–	o 100/100	WA4SRW	WA4SRW
Chipley	146.6250	–	o 103.5/103.5	N4PTW	N4PTW
Crestview	147.3600	+	o 100/100ae sx	W4AAZ	NOARC
Eglin AFB	147.1200	+	o 100/100a	W4NN	EARS
Ft Walton Beach	146.6550	–	oa(CA)	WD4CKU	WD4CKU
Ft Walton Beach	146.7900	–	oa	W4ZBB	PARC
Ft Walton Beach	146.8800	–	o	W4MTD	W4MTD
Ft Walton Beach	147.0000	+	oa	W4RH	PARC
Ft Walton Beach	147.3150	+	o 100/100e BI	KC4YBE	BARC
Milton	145.4900	–	oex	W4VIY	Milton ARC
Milton	146.7000	–	o 100/100ers	K4BRT	SREOC

144-148 MHz
FLORIDA

Location	Output	Input	Notes	Call	Sponsor
Milton	146.8500	–	O 100/100 (CA)	WR4USA	WB4BFO
Niceville	147.2250	+	Oae	W4ZBB	PARC
Pensacola	145.3500	–	O 100/100a (CA)s	KO4TT	KO4TT
Pensacola	146.7600	–	O 100/100ae L(222.2)sz	K4PRA	PFMRA
Valparaiso	146.7300	–	Oae	K4DTV	TCARC

NORTH WEST - TALLAHASSEE

Location	Output	Input	Notes	Call	Sponsor
Shell Point	145.4500	–	O 94.8/94.8r	KJ4G	SPARC
Tallahassee	146.6100	–	O	N4PG	N4PG
Tallahassee	146.8650	–	O 94.8/94.8a (CA)eL(442)	KS4JW	KS4JW
Tallahassee	146.9100	–	O 94.8/94.8a er	K4TLH	TARS
Tallahassee	147.0300	+	O 94.8/94.8 (CA)esx	K4TLH	TARS
Tallahassee	147.2850	+	O 94.8/94.8a (CA)ersWXxz	KA4EOC	FEM

SOUTH CENTRAL

Location	Output	Input	Notes	Call	Sponsor
Arcadia	147.1800	+	Oers	W4MIN	DARC
Clewiston	146.7600	–	O 97.4/97.4e r	KD4BS	HCEM
Labelle	145.4700	–	O	W9VDS	LARA
Lake Placid	145.2100	–	Oaerz	KE4WU	HCEOC
Lake Placid	146.6700	–	O 127.3/127.3eE-SUN L(145.33)	K2HP	K2HP
Lake Placid	147.1500	+	O 100/100e	KE4GZV	KE4GZV
Lakeport	147.3000	+	O 100/100e	W4TEJ	W4TEJ
Okeechobee	147.0900	+	O 100/100er	K4OKE	OARC
Okeechobee	147.1950	+	O 100/100	K4OKE	OARC
Sebring	147.2700	+	Oaerz	KE4WU	HCEOC

SOUTH EAST

Location	Output	Input	Notes	Call	Sponsor
Belle Glade	147.1200	+	Oex	AB4BE	BLRA
Boca Raton	145.2700	–	O 103.5/103.5 L(145.110 443.850)	WR4AYC	WR4AYC RG
Boca Raton	145.2900	–	O	WB4QNX	BRARA
Boca Raton	146.8200	–	O 110.9/110.9a(CA)eWX	W4BUG	GCARA
Boca Raton	147.2550	+	O 123.0/123.0a(CA)ers	KC4GH	BRFD
Boca Raton	147.3900	+	O 110.9/110.9ersx	KS4VT	KS4VT
Boynton Beach	147.2550	+	O 107.2/107.2a(CA)elz	NR4P	NR4P
Delray Beach	145.3700	–	O 103.5/103.5e	W2GGI	W2GGI
Hobe Sound	146.6250	–	O 114.8/114.8e	W4JUP	JTRG
Jupiter	147.1350	+	O 110.9/110.9ex	WA4FAP	WA4FAP
Mangonia Park	146.9400	–	O 88.5/88.5 (CA)eL(145.490 442.450)x	WB4AKH	WB4AKH
Palm Beach Gardens	146.7150	–	O 114.8/114.8	KA4JTN	CPFMA
Riviera Beach	146.8800	–	O 110.9/110.9ers	W4PBC	PBCRACES

FLORIDA

Location	Output	Input	Notes	Call	Sponsor
Riviera Beach	147.0750	+	o	W4UZJ	W4UZJ
Royal Palm Beach	147.0450	+	o 110.9/110.9es	WA4FM	MA FMA
Wellington	147.2850	+	o 103.5/103.5erx	K4WRC	WRC
West Palm Beach	145.2300	–	o 110.9/110.9ersx	N4QPM	N4QPM
West Palm Beach	145.3900	–	o 110.9/110.9ers	W4PBC	PBCRACES
West Palm Beach	145.4900	–	o 131.8/131.8 (CA)eL(146.940 442.450) RBx	KE4NMH	KE4NMH
West Palm Beach	146.6700	–	o 110.9/110.9a(CA)ersx	WR4AKX	AREC RG
West Palm Beach	146.9700	–	o 77/77e WX(*2)	K4LJP	K4LJP
West Palm Beach	147.1650	+	o 110.9/110.9ex	WA4FAP	WA4FAP
West Palm Beach	147.3150	+	o 110.9/110.9ersx	N4KMM	N4KMM
West Palm Beach	147.3600	+	o 110.9/110.9ers	W4PBC	PBCRACES

SOUTH EAST - MIAMI/FT LAUD

Location	Output	Input	Notes	Call	Sponsor
Aventura	147.2100	+	ot	K4PAL	PARC
Cooper City	146.6850	–	o	WA4STJ	WA4STJ
Coral Gables	146.7600	–	o 94.8/94.8ers	KD4BBM	S Fla FMA
Coral Gables	146.8650	–	o 103.5/103.5	KD4WET	KD4WET
Coral Springs	145.1100	–	o 110.9/110.9eL(443.85)	WR4AYC	WR4AYC RG
Coral Springs	146.6550	–	o 131.8/131.8rsRB	N4RQY	WA4EMJ
Deerfield Beach	147.1050	+	o 110.9/110.9a(CA)e	N4KS	NBARA
Ft Lauderdale	146.9100	–	o 110.9/110.9	W4AB	BARC
Ft Lauderdale	147.0300	+	o 103.5/103.5a(CA) TT(456) DCSeL(444.1) BIx	W4RCC	N2YAG
Ft Lauderdale	147.3300	+	o 103.5/103.5	K4FK	SFDXA
Hialeah	145.2300	–	o 110.9/110.9	KC2CWC	KC2CWC
Hialeah	145.2500	–	o 110.9/110.9	AE4EQ	AE4EQ
Hialeah	145.3700	–	oe L(442.375) BI	N2GKG	N2GKG
Hialeah	145.4900	–	o 110.9/110.9a(CA)ersBIx	WB4IVM	WB4IVM
Hialeah	146.6250	–	o 118.8/118.8	KI4MKF	KI4MKF
Hialeah	147.1200	+	o 110.9/110.9ersBIx	WB4IVM	WB4IVM
Hollywood	145.2100	–	o 103.5/103.5a(CA)el	AC4XQ	AC4XQ
Hollywood	145.4500	–	o 103.5/103.5	KF4RQA	KF4RQA

144-148 MHz
FLORIDA

Location	Output	Input	Notes	Call	Sponsor
Hollywood	146.9850	–	O 88.5/88.5e rx	WB4TON	HARC
Hollywood	147.1800	+	O 91.5/91.5a (CA)e	WF2C	HMRH
Miami	145.1300	–	OaBl	WD4RXD	RC de Cuba
Miami	145.1500	–	Oe	WB4TWQ	WB4TWQ
Miami	145.1700	–	O 94.8/94.8	KC4MNE	KC4MNE
Miami	145.3100	–	● 110.9/110.9rsBlx	W4HN	W4HN
Miami	145.3300	–	OeBl	KB4AIL	KB4AIL
Miami	145.3500	–	Ol	KE4RPC	KE4RPC
Miami	145.3900	–	O	AE4WE	AE4WE
Miami	145.4100	–	O 103.5/103.5	N4RQQ	N4RQQ
Miami	145.4300	–	O 103.5/103.5 Blx	KF4ZCL	KF4ZCL
Miami	146.6400	–	O	W6BXQ	TCARS
Miami	146.7300	–	Oa(CA) Bl	WD4ARC	W4HN
Miami	146.8050	–	O 110.9/110.9a(CA)ex	AE4EQ	AE4EQ
Miami	146.8950	–	O 100/100l	AE4WE	AE4WE
Miami	146.9250	–	O 94.8/94.8e L(443 925 927.525 444.275)rsx	KF4ACN	KF4ACN
Miami	146.9550	–	O 110.9/110.9	W4NR	W4NR
Miami	146.9700	–	Oa(CA)ex	WD4FMQ	WD4FMQ
Miami	147.0900	+	Oex	W4ILQ	W4ILQ
Miami	147.1500	+	O 94.8/94.8	K4AG	K4AG
Miami	147.2700	+	O	WD4ARC	ARC
Miami	147.3000	+	Oa(CA)e	WB4ESB	SIRA, Inc.
Miami	147.3600	+	O 131.8/131.8a(CA)l	K4AG	K4AG
Miramar	145.4700	–	OL(223.000 224.600 444.375 147.045)	KC4MNE	KC4MNE
North Miami Beach	146.8500	–	O	WE4B	PARC
North Miami Beach	147.1350	+	O 127.3/127.3a(CA)	KC4MND	KC4MND
North Miami Beach	147.3750	+	OL(147.210 146.850)	K4PAL	PARC
Plantation	145.1900	–	O 131.8/131.8rsLITZ	N4RQY	WA4EMJ
Plantation	146.7900	–	O 110.9/110.9esx	W4MOT	MARC
Plantation	147.2100	+	O 131.8/131.8ersLITZ	N4RQY	WA4EMJ
Pompano Beach	146.6100	–	O 110.9/110.9a(CA)lWX	W4BUG	GCARA
Princeton	147.0000	–	Oa(CA)elr	KI4GQO	S Fla FMA

SOUTH WEST

Location	Output	Input	Notes	Call	Sponsor
Marco Island	146.8500	–	O 141.3/141.3	K5MI	MIRC
Marco Island	146.9850	–	O 141.3/141.3	K5MI	MIRC
Naples	146.6400	–	O	WA3JGC	WA3JGC
Naples	146.6700	–	O 136.5/136.5e	K4YHB	ARA of SWF

144-148 MHz FLORIDA

Location	Output	Input	Notes	Call	Sponsor
Naples	147.0300	+	O	WB2WPA	CERA
North Port	147.1200	+	O 136.5/136.5es	K4NPT	NPARC
Ochopee	146.6550	–	O 136.5/136.5a(CA) TT(*UP	W4CTE	W4CTE #DN)eL(146.73)

SOUTH WEST - FT MYERS

Location	Output	Input	Notes	Call	Sponsor
Cape Coral	147.2250	+	O 67/67e	W4LWZ	GCARC
Ft Myers	145.1700	–	O 136.5/136.5a(CA)	KG4VDS	GCARC
Ft Myers	147.3450	+	Oa(CA)e L(147.345)	WA4GUK	GCARC
Grove City	146.8650	–	O 136.5/136.5a(CA)el	K8ONV	EARS
Lehigh Acres	145.3500	–	O 136.5/136.5aersBl WXxz	KG6CXP	KG6CXP
Port Charlotte	147.0150	+	O 136.5/136.5e	KS4ST	GRA
Port Charlotte	147.2550	+	Oa(CA)e	W4DUX	PRRA
Sanibel	146.7900	–	O 136.5/136.5ersx	W4SBL	SARVT

WEST CENTRAL

Location	Output	Input	Notes	Call	Sponsor
Brooksville	146.7150	–	O 136.5/136.5	K4BKV	HCARA
Dade City	146.8800	–	Oaersxz	K4EX	EPARS
Homosassa Springs	146.7750	–	Or	N4EK	N4EK
Inverness	146.6250	–	O 146.2/146.2ers	K4CLH	K4CLH
Lecanto	146.9550	–	O 146.2/146.2a(CA)e	W4IIR	SHARC
New Port Richey	146.6700	–	O 103.5/103.5ers	WA4GDN	GCARC
New Port Richey	147.1500	+	O 103.5/103.5a(CA)erz	N9EE	ARPC
Port Richey	146.7600	–	O 146.2/146.2ers	KG4YZY	KG4YZY
Spring Hill	146.8050	–	O 100/100e L(224.280 442.650) WX(*)	KF4IXU	SHARC
Spring Hill	147.0750	+	O 123/123ae sz	KG4VJS	SHSRC
Wesley Chapel	145.2500	–	O 103.5/103.5r	WD4LWG	WD4LWG
Zephyrhills	145.1900	–	O 88.5/88.5	NI4M	NI4M

WEST CENTRAL - SARASOTA

Location	Output	Input	Notes	Call	Sponsor
Bradenton	146.8200	–	O 146.2/146.2		
Bradenton	146.9550	–	O 100/100a (CA)erz	K4GG	MARC
Cortez	147.3000	+	O 100/100e	K4BRC	BARC
Englewood	146.7000	–	O 100/100	WX4TRA	ECARC
Englewood	146.7750	–	O 77/77ers	N4EAR	EARS
Laurel	145.1300	–	O 77/77	K0DGF	K0DGF
Sarasota	145.3700	–	OerswX	N4SER	SERC
Sarasota	146.7300	–	O 103.5/103.5	WA2HCV	WA2HCV
Sarasota	147.3900	+	O 100/100ae L(147.12)rsx	N4SER	SERC
			O 100/100er sx	N4SER	SERC

142 144-148 MHz
FLORIDA

Location	Output	Input	Notes	Call	Sponsor
Verna	145.4300	–	O 100/100elr WX	NI4CE	WCFG
WEST CENTRAL - TAMPA/ST PETE					
Brandon	145.3900	–	O 77/77e L(29.68)rs	WB4AKA	WB4AKA
Brandon	146.6100	–	O 141.3/141.3a(CA)erz	W4HSO	STARC
Brandon	147.1650	+	O 136.5/136.5e	K4TN	BARS
Clearwater	145.2900	–	O 100/100e L(442.825 145.430 442.950 443.450 442.650	NI4CE	WCFG
Dunedin	145.2300	–	O 146.2/146.2a(CA)elRB WXz	K4LK	K4LK
Dunedin	146.7000	–	O 146.2/146.2	KE4EMC	KE4EMC
Gibsonton	146.8950	–	O 146.2/146.2	AC4RX	AC4RX
Holiday	146.6400	–	O 146.2/146.2eWXx	N9EE	N9EE
Land O' Lakes	145.3300	–	O 103.5/103.5	WA4GDN	GCARC
Largo	145.1700	–	O 156.7/156.7eL(443.400 442.800 442.400)rsW	W4ACS	PCACS
Largo	146.9700	–	O 103.5/103.5aelr	WB4BZF	CARS
Largo	147.0300	+	O 156.7/156.7lrsWX(70012)x	WD4SCD	WD4SCD
Redington Shores	147.2100	+	O 156.7/156.7eL(443.8)rsWXx	W4NHL	W4NHL
Ruskin	147.2250	+	O 146.2/146.2a(CA)e	KE4ZIP	SCCARC
Safety Harbor	147.0000	+	O 107.2/107.2eL(444.000 444.675 443.425 129	W4AQR	W4AQR
Seminole	146.8500	–	O 146.2/146.2l	W4ORM	GSOTW
St Petersburg	145.3100	–	O 103.5/103.5a(CA)e	N4AAC	N4AAC
St Petersburg	145.4700	–	O 127.3/127.3eL(224.94)	WA4BSA	WCFSRN
St Petersburg	146.7900	–	● 136.5/136.5	W4BNC	W4BNC
St Petersburg	147.0600	+	Oa(CA)	WA4AKH	SPARC
St Petersburg	147.1200	+	O 146.2/146.2e	KR4U	KR4U
St Petersburg	147.2850	+	● 146.2/146.2a(CA)lRB WXz	K4LK	K4LK
St Petersburg	147.3150	+	Oa(CA)	N4BSA	PCRA
St Petersburg	147.3600	+	O 127.3/127.3	W4MRA	MRA
Tampa	145.1500	–	O 146.2/146.2e	KP4PC	KP4PC
Tampa	145.4100	–	O 131.8/131.8x	WA4SWC	WA4SWC
Tampa	145.4900	–	O 88.5/88.5	W4EFK	W4EFK
Tampa	146.8350	–	Oa(CA)elBl	K4FTU	TLRC
Tampa	146.9400	–	O 146.2/146.2rsx	NI4M	NI4M

FLORIDA-GEORGIA

Location	Output	Input	Notes	Call	Sponsor
Tampa	147.1050	+	O 146.2/146.2a(CA)er	N4TP	TBARS
Tampa	147.2400	+	O 88.5/88.5	KD4HVC	USF REC
Tampa	147.3450	+	O 146.2/146.2	K4FEZ	Shriners
Valrico	146.7450	–	Oe	W7RRS	W7RRS

GEORGIA

Location	Output	Input	Notes	Call	Sponsor
Adairsville	146.6850	–	O 167.9e	K4NGA	N. GA. VHF
Albany	146.7000	–	O(CA)sWX	W4MM	W4MM
Albany	146.7300	–	O	W4MM	W4MM
Albany	146.8200	–	O 110.9es WX	W4MM	W4MM
Allenhurst	147.2700	+	O 162.2eWX	KF4ZUR	KF4ZUR
Alpharetta	145.1900	–	e	NA4MB	NA4MB
Americus	147.2700	+	O 131.8	W4VIR	AMERICUS A
Ashburn/Tifton	147.2850	+	O 141.3e	W4PVW	COASTAL PL
Athens	146.7450	–	O(CA)	KD4QHB	ATHENS RAD
Athens	146.9550	–	O 123.0ae	KD4AOZ	KD4AOZ
Athens/Crawfrd	147.3750	+	O 127.3 (CA)	K4TQU	K4TQU
Atl/Union City	146.6250	–	O 100.0e	W4ZT	WA4UPE
Atlanta	145.2900	–	88.5 (CA)	W4IBM	IBM RADIO
Atlanta	145.3500	–	O 146.2e	W4DOC	ATL RC, IN
Atlanta	145.4100	–	O 100.0e	W4PME	MATPARC
Atlanta	146.6400	–	Ot#	WB4QGR	GALVIN RAD
Atlanta	146.8200	–	O 146.2 (CA) e	W4DOC	ATL RC,INC
Atlanta	146.9700	–	Ot	K4CLJ	K4CLJ
Atlanta	147.0000	–	O(CA)	WA4NNO	WA4NNO
Atlanta	147.2850	+	OaRB	KC4ZIZ	KA5WZY/GPE
Atlanta CARES	147.1050	+	O 107.2	WB4RTH	ATLANTA C.
Atlanta/Airpor	147.0300	+	O	W4NJQ	ATLANTA AI
Atlanta/Mariet	146.6550	–	O 151.4ael RB	N4NFP	BSRG
Atlanta/Mariet	147.3450	+	O 151.4 (CA) lRBz	N4NEQ	AMATEUR TV
Atlanta/Sweat	146.7300	–	Ol	KD4NC	GRAPES, IN
Augusta	145.1100	–	Oae	KK4HL	RICH CTY E
Augusta	145.2900	–	O 100.0ez	W4DV	W4DV
Augusta	145.3700	–	Oae	AA4UA	AA4UA
Augusta	145.4100	–	Oae	W4QK	COLUMBIA C
Augusta	145.4900	–	OeWXx	W4DV	ARC OF AUG
Augusta	146.9400	–	O	KT4N	RICHMOND C
Augusta	146.9850	–	O 100.0ez	W4WTA	COLUMBIA C
Augusta	147.1800	+	O	N4BMA	------------
Austell	147.1950	+	O 85.4#	K4JPD	PAULDING C
Baldwin	147.1800	+	O	WD4NHW	SPARC
Ball Ground	145.4300	–	e	KE4AJ	KE4AJ
Barnesville	147.2250	+	OaeSWX	W8JI	W8JI
Black Rock Mt	147.3900	+	O 88.5#	KE4SNT	KE4SNT
Blackshear	145.3700	–	141.3	KI4LDE	PIERCE CO
Blairsville	146.9550	–	O 100.0	W9QXW	------------
Blairsville	147.2100	+	O 100.0e	KI4DZY	KI4DZY
Bogart	147.0000	+	O 85.4e	W4EEE	OCONEE CTY
Bonaire	145.4700	–	Ot(CA)e	KD4HMH	KD4HMH

144 144-148 MHz
GEORGIA

Location	Output	Input	Notes	Call	Sponsor
Bonaire	146.6700	–	O 123.0ers	WR4LT	WR4LT
Bonaire	147.0150	+	O 82.5	K4EDN	WB4UHL
Boston	147.1950	+	Oaez	W4UCJ	THOMASVILL
Box Springs	146.7450	–	O 123.0	W4FIZ	COLUMBIA A
Brunswick	146.7300	–	Oa	K4TVE	GWYNN CO C
Calhoun	146.7450	–	O 100.0ae	K4WOC	K4WOC
Carrollton	146.6400	–	O 131.8ez	W4FWD	WEST GEORG
Cedar Grove	147.1500	+	Os	WA4EHO	KG4WQZ
Cedartown	147.1200	+	O(CA)	W4CMA	CEDAR VALL
Chatsworth	145.2500	–	O 71.9 (CA)e RBz	N4YYD	N4YYD
Clarkesville	147.1200	+	Oae	K4HCA	K4HCA
Claxton	147.0750	+	Oa	W4CLA	W4CLA
Cleveland	146.9100	–	Oae	NG4AR	GATEWAY AR
Cochran	145.1100	–	O 107.2aez	N4MXC	MID GA RAD
Cochran	147.3300	+	O 77.0aelRB	W4MAZ	W3LAP
Colbert	147.3000	+	O 123.0	N4ALE	BUBBA RPT
Columbus	146.6100	–	O 123.0a	W4CVY	COLUMBUS A
Columbus	146.8800	–	O 123.0	W4CVY	COL ARC
Commerce	147.2250	+	O 123.0es	NE4GA	NORTHEAST
Concord	145.2500	–	110.9	WB4GWA	CONCORD AM
Conyers	145.2300	–	O 151.4l	WB4JEH	------------
Conyers	146.6100	–	O 151.4ael	WB4JEH	------------
Conyers	147.2100	+	O 162.2e	KF4GHF	CONYERS AR
Cordele	145.4900	–	O 103.5e	KA4WUJ	FLINT ARC
Covington	146.9250	–	Oal	WA4ASI	------------
Cumming	147.1500	+	O(CA)elWX	WB4GQX	WB4GQX
Dahlonega	146.8350	+	O 100.0 (CA) eRB	N4KHQ	N4KHQ
Dallas	146.8950	+	O 77.0eRB	WD4LUQ	WD4LUQ
Dallas	146.9550	–	77.0	WB4QOJ	WB4QOJ
Dalton	145.2300	–	O 141.3a	W4DRC	DALTON ARC
Dalton	147.1350	+	O 141.3ael RBz	N4BZJ	7.135 RPTR
Darien	146.6850	–	O	WA4EPK	WA4EPK
Decatur	145.4500	–	O	W4BOC	ALFORD MEM
Doerun	147.2250	+	O	KG4ABK	KG4ABK
Douglas	147.0450	+	O 141.3	KE4ZRT	DOUGLAS AR
Douglas	147.1650	+	O 141.3e	KE4ZRT	KK4ED
Douglas	147.3150	+	O 141.3	AD4EQ	AD4EQ
Douglasville	145.1100	–	O 88.5 (CA)e	W4SCR	SCARS
Douglasville	147.3600	+	O 88.5	W4SCR	SCARS
Dublin	147.3600	+	Oe	WA4HZX	DUBLIN ARC
Eastman	145.2100	–	103.5es	KC4YNB	KC4YNB
Eastman	145.3300	–	O 77.0a	KF4ODQ	KF4ODQ
Eatonton	147.0900	+	O 179.9ae RBz	KC4YHM	KC4YHM
Elberton	146.6250	–	O	NG4Q	------------
Ellijay	145.1700	–	100.0es	W4HHH	N4VYU
Ellijay/Tower	146.9850	–	77	KC4ZGN	KC4ZGN
Emerson	147.2400	+	O 103.5ez	AE4JO	ETOWAH VAL
Fayetteville	145.2100	–	O 131.8 (CA)z	KK4GQ	FAYETTE CO
Fayetteville	146.6850	–	O(CA)e	KK4GQ	FAYETTE CO
Flowery Branch	145.3100	–	123	W4TL	W4TL
Folkston	146.7900	–	O 141.3az	KD4GEY	KD4GEY

144-148 MHz 145
GEORGIA

Location	Output	Input	Notes	Call	Sponsor
Forsyth	147.3150	+	O 88.5e	W4STJ	W4STJ
Ga Tech	145.1500	–	O 167.9 (CA) ez	W4AQL	GA TECH
Gainesville	146.6700	–	O 131.8e	W4ABP	LANIERLAND
Griffin/Cenar	145.3900	–	O 88.5 (CA)e rsWX	K4HYB	K4HYB
Griffin/Cenar	146.9100	–	O 88.5rsWX	K4HYB	K4HYB
Guyton	146.7450	–	97.4es	AF4VH	EFFINGHAM
Hahira	145.2300	–	O 100.0	KO4QJ	KO4QJ
Hartwell	146.8950	–	O 100.0e	N4VNI	HARTWELL A
Hawkinsville	146.8950	–	O 107.2 RB	WR4MG	WR4MG
Hinesville	147.0150	+	Oaez	KG4OGC	KF4UM
Irwinton	147.2400	+	O 77.0#ae	WB4NFG	------------
Jasper	145.3700	–	O 100.0 (CA) e	KB4IZF	KB4IZF
Jasper	146.7000	–	O 123.0e	K4UFO	N3DAB
Jasper	146.8050	+	O 100.0lRB	KC4AQS	KC4AQS
Jesup	145.1900	–	Oe	WA4EQL	------------
Jesup	145.4300	–	O 118.8a	2008	KA4PCZ
Jesup	146.8650	–	O 141.3e	N4ZON	WAYNE CO.
Jesup	146.9250	–	O 141.3 (CA) el	N4PJR	N4PJR & N4
Jesup/Screven	147.3450	+	O 141.3el	N4PJR	N4PJR & N4
Jonesboro	145.1700	–	Oez	WA4DIW	CLAYTON CT
Jonesboro	145.3300	–	Oz	WA4OGE	WA4OGE
Kibbee	146.8200	–	Ot	K4HVK	K4HVK
Kingsland	147.1950	+	118.8	N6EMA	CAMDEN CO
Kingsland	147.2850	+	O 118.8eWX	KC4WWU	KC4WWU
Lagrange	146.7000	–	141.3s	KD4BWK	KD4BWK
Lagrange	147.3300	+	Oe	WB4BXO	WB4BXO
Lake Park	147.1350	+	O 141.3el	WR4SG	KBØY
Lavonia	146.7150	–	O 100.0e	K4NVG	LAVONIA AR
Lawrenceville	147.0750	+	O 82.5	W4GR	GWINNETT A
Lookout Mt	145.3500	–	O 100.0e	W4GTA	W4GTA
Lookout Mt	146.7600	–	O 100.0e	W4LAW	W4LAW
Lookout Mtn	147.3750	+	O 77.0aer	W4LAW	W4LAW
Macon	145.3700	–	O 88.5 (CA)	W4BKM	W4BKM
Macon	145.4300	–	O(CA)lRB	AA4RI	AA4RI
Macon	146.7300	–	100.0lRB	WM4F	WM4F
Macon	146.8050	–	O 77.0aeRB z	K4PDQ	K4PDQ
Macon	147.0600	+	O 141.3	WA4DDI	WA4DDI
Macon	147.1650	+	O#	KF4XH	------------
Madison	146.8650	–	O 179.9a	WB4DKY	WB4DKY
Madras	147.1650	+	O 131.8eWX	N4OME	N4OME
Marietta	145.4900	–	O 88.5 (CA)z	W4LMA	LOCKHEED M
Marietta	146.7750	–	O 151.4 (CA) elRB	N4NEQ	BIG SHANTY
Marietta/Atlan	146.8800	–	O 100.0e	W4BTI	KENNEHOOCH
McDonough	146.7150	–	146.2	KI4FVI	KI4FVI
McIntyre	145.1500	–	O 77.0	KC4TVY	KF4CXL
Milledgeville	146.7000	–	O 67.0a	WB4DOJ	WB4DOJ
Milledgeville	147.1350	+	O 123.0el	KE4UWJ	KE4UWJ
Monroe	147.2700	+	O 162.2s	KF4GHF	KF4GHF
Montezuma	146.6400	–	O 97.4	K4FAR	AMERICUS A
Morganton	147.1650	+	O 151.4l	N4NEQ	N4NEQ

146   144-148 MHz
GEORGIA

Location	Output	Input	Notes	Call	Sponsor
Moultrie	146.7900	−	O	WD4KOW	COLQUITT C
Nashville	145.3100	−	O 141.3l	KB4JF	KB4JF
Newnan	145.1300	−	O 156.7ae WX	K4SEX	B.GREMILLI
Newnan	146.7900	−	Oe	K4SEX	BGMRC
Nickleville	145.1700	−	141.3els	WR4SG	SGRA
Ocilla	145.3500	−	O	N4OME	N4OME
Parrott	147.3600	+	173.8	WG4JOE	AMERICUS A
Pelham	145.1500	−	131.8esWX	W4MM	W4MM
Pembroke	147.1050	+	as	KF4DG	KF4DG
Perry	145.2900	−	O 107.2e	WR4MG	MIDDLE GA
Perry	146.9550	−	O 107.2ae	WR4MG	MGRA
Pine Mt/Hamilt	145.1900	−	Oe	WB4ULJ	WA4ULK
Quitman	146.8800	−	Oe	WA4NKL	WA4NKL
Riceboro	145.4700	−	Oaez	KG4OGC	LCECARC
Ringgold	146.7150	−	O 67.0e	W4ABZ	W4BAB
Rome	145.3300	−	100	KI4KQH	FLOYD CO A
Rome	147.3000	+	O	WB4YSV	WB4YSV
Rome/Mt Alto	146.9400	−	88.5 (CA)e	W4VO	NW GEORGIA
Roswell	147.0600	+	O(CA)z	N4CLA	N. FULTON
Sandersville	145.2700	−	O 77.0a	KT4X	KT4X
Savannah	146.7000	−	100esWX	K4NLX	CARS
Savannah	146.8500	−	Oez	K4SDJ	AMERICAN R
Savannah	146.8800	−	Oae	W4HBB	ARC OF SAV
Savannah	146.9700	−	Oe	W4HBB	ARC OF SAV
Savannah	147.1500	+	O	WA4IDS	WA4IDS
Savannah	147.2100	+		K4NLX	CARS
Savannah	147.3300	+	O 100.0	K4NLX	CARS
Snellville	147.2550	+	O 107.2 (CA) e	KR4NQ	KR4NQ
St Simons Isla	145.3300	−	O 131.8e	N4XGI	N4XGI
Statesboro	147.3900	+	O	KF4DG	STATESBORO
Stone Mt	146.7600	−	O 107.2	W4BOC	ALFORD MEM
Summerville	147.2250	+	O 100.0ae	W4RLP	W4RLP
Swainsboro	146.7900	−	O	K4VYX	------------
Sweat Mt/Marie	145.4700	−	O(CA)z	N4CLA	N.FULTON A
Thomaston	147.3900	+	O 131.8 (CA) eWX	W4OHH	WEST CENT
Thomasville	147.0600	+	O	W4UCJ	THOMASVILL
Thomson	146.8350	−	O(CA)e	KG4PXG	KG4PXG
Toccoa	145.2500	−	71.9	K4TRS	TOCCOA A.R
Toccoa	147.3300	+	O	N4MTN	WD4CUK
Unadilla	146.7600	−	O 107.2e	WR4MG	WR4MG
Valdosta	145.1300	−	O 141.3el	WR4SG	WR4SG
Valdosta	146.7600	−	O 141.3e LITZ	W4VLD	VARC
Valdosta	147.0750	+	O 223.0e	KC4VLJ	KC4VLJ
Vidalia	146.6250	−	O 88.5a	K4HAO	FOUR RIVER
Vienna	147.3750	+	131.8s	K4WDN	K4WDN
Villa Rica/San	147.1800	+	127.3	KB4TIW	VILLA RICA
Waleska/Pnlg M	145.2700	−	O 100.0e	N4GIS	N4GIS
Waleska/Pnlg M	147.0150	−	O 100.0 (CA) WX	N4GIS	N4GIS
Warm Springs	146.9850	−	Oez	KN4FE	N4UER
Warner Robins	146.8500	−	O(CA)e	WA4ORT	CEN.GA. AR
Warner Robins	147.1800	+	O 107.2ae	WB4BDP	WB4BDP

144-148 MHz
GEORGIA-HAWAII

Location	Output	Input	Notes	Call	Sponsor
Warner Robins	147.3000	+	O 107.2ae RBz	WR4MG	MID GA RAD
Watkinsville	147.0450	+	O 123.0	KD4AOZ	KD4AOZ
Waverly	146.9850	−	E-SUNl	KG4PXG	KG4PXG
Waycross	145.2700	−	141.3	AE4PO	KB4J
Waycross	146.6400	−	O 141.3a	AE4PO	OKEFENOKEE
Waycross	147.2550	+	O 141.3	AE4PO	AE4PO
Waynesboro	145.2300	−	●	K4BR	K4BR
Wrens	146.7750	−	O	KB4NA	THOMSON-WR
Wrens	147.1200	+	O	KT4N	AMERICUS A
Wrightsville	146.9400	−	OaeRB	WA4RVB	WA4RVB
Young Harris	147.0900	+	O 100.0	K2YRW	K2YRW
Young Harris	147.2100	+	100	KI4DZY	W6IZT

GUAM

Location	Output	Input	Notes	Call	Sponsor
Upper Tumon	146.9100	−	Oe	AH2G	MARC

HAWAII
HAWAII

Location	Output	Input	Notes	Call	Sponsor
Glenwood	145.3500	−	OelEXP	KD6QAI	KD6QAI
Glenwood	147.0000	+	O 141.3ael	AH6GG	AH6GG
Hilo	146.6600	−	O 141.3ael	AH6GG	AH6GG
Hilo	146.6800	−	Oaelp	KH6EJ	BIARC
Hilo	147.1000	+	O(CA)	AH6GO	AH6GO
Hualalai	147.1600	+	Oael	WH6DEW	HWARS
Kalaoa	145.4100	−	Oe	KH6ANA	KH7MS
Kau	145.2900	−	O 100ael	WH6FC	WH6FC
Kau	146.9200	−	Oal	KH6EJ	BIARC
Keaau	147.2800	+	O	NH6HT	BIARC
Kulani Cone	146.7600	−	Oael	KH6EJ	BIARC
Mauna Kea	146.7200	−	Oaex	AH6J	HWARS
Mauna loa	147.0400	+	Oelrx	AH6JA	RACES
Maunaloa	146.8200	−	Oelx	KH6EJ	BIARC
Pahoa	147.1400	+	Oelx	NH6P	W6YM
Pepeekeo	146.8800	−	Oael	KH6EJ	BIARC
Waimea	147.3200	+	O 1000ael	NH7HI	KARS
Waimea	147.3800	+	OaelEXP	KH7T	KH7T

KAUAI

Location	Output	Input	Notes	Call	Sponsor
Hanalei	147.1000	+	O	NH6HF	RACES
Kapaa	147.3400	+	O 100e	KH6KWS	KH6KWS
Kapaia	147.0800	+	O	NH6JC	RACES
Lihue	147.0400	+	Oelrx	NH6HF	RACES
Lihue	147.1600	+	Oael	KH6E	KARC

MAUI

Location	Output	Input	Notes	Call	Sponsor
Haleakala	146.9400	−	O 100.0	AH6GR	AH6GR
Haleakala	147.0200	+	Oelrx	KH6H	RACES
Haleakala	147.0800	+	O 123.0	NH6XO	STATE
Kahalui	147.1800	+	OaeRBz	AH6GR	AH6GR
Lahaina	146.6400	−	O	NH6VR	NH6VR
Wailuku	146.7600	−	Oaerz	KH6DT	MCDA

MOLOKAI

Location	Output	Input	Notes	Call	Sponsor
Kualapuu	145.3700	−	Oe	W6KAG	W6KAG

OAHU

Location	Output	Input	Notes	Call	Sponsor
Diamond head	146.8800	−	OelWX	WH6CZB	EARC
Diamond head	147.0600	+	Oelrx	AH6RH	RACES
Diamond head	147.2600	+	●l	WR6AVM	UFN

148 144-148 MHz
HAWAII-IDAHO

Location	Output	Input	Notes	Call	Sponsor
Diamond head	147.3600	+	O	KH7O	Red Cross
Ewa	146.6000	–	O 103.5e	KH6CY	Ohana ARC
Ewa	147.3800	+	Ol	WH6MK	Ohana ARC
Honolulu	145.1900	–	●	KH7EC	CERT
Honolulu	145.2100	–	O	AH7HI	AH7HI
Honolulu	145.3900	–	●el	WH6CZP	HEART
Honolulu	145.4700	–	ORB	WH6F	WH6F
Honolulu	146.7800	–	O	KH6WO	HARC
Honolulu	146.9800	–	Oel	WH6CZB	OCDA
Honolulu	147.2200	+	O	KH6ICX	SFHARC
Honolulu	147.2800	+	O	KH6ICX	SFHARC
Honolulu	147.3000	+	●t	AH6CP	KARA
Honolulu	147.3400	+	Oe	AH6BW	Ohana ARC
Kaala	147.3600	+	O	NH6XO	STATE
Kailua	146.6600	–	Ol	WH6CZB	EARC
Kailua	147.0000	+	●l	WR6AVM	KH7U
Kaneohe	147.2000	+	Oelz	KH6BFZ	KH6BFZ
Leeward	145.1300	–	Oa	KH6OJ	Ohana ARC
Leeward	145.4300	–	O 77.0	KH7TK	AH7GK
Leeward	145.4500	–	O	NH7QH	NH7QH
Leeward	145.4900	–	O	KH7INC	KH6AZ
Maunakapu	146.6200	–	O 103.5el	WR6AVM	UFN
Maunakapu	146.8000	–	Ol	WH6CZB	EARC
Maunakapu	147.1200	+	O(CA)eWX	KH6JPL	GTE ARC
North Shore	145.2900	–	Oae	KH6BYU	BYUH
North Shore	146.6400	–	Oel	WH6CZB	EARC
North Shore	146.7600	–	Oel	KH6FV	OCDA
North Shore	146.9000	–	O	KH6LJ	Ohana ARC
Waimanalo	145.2300	–	O(CA)e	WH6CXI	Ohana ARC
Windward	147.1400	+	O	KH6BS	Ohana ARC
STATE					
Snp	145.2500	–		SNP	SNP

IDAHO
FREQUENCY USAGE--IACC AREAS

Location	Output	Input	Notes	Call	Sponsor
# Snp	145.1300	–	t		
# Snp	145.2900	–	t		
E IDAHO					
Salmon	146.9800	–	O	KE7NYR	Lemhi ARC
N ID - BONNERS FERRY					
Black Mtn	146.9600	–	O	KE7ADU	KE7ADU
Moyie Springs	145.4500	–	Oer	WX7H	WX7H
N ID - COEUR D ALENE					
Mica Peak	147.0800	+	O 100.0er	KC7ODP	KCOEM
Mica Pk Idaho	146.9800	–	O	K7ID	KARS
N ID - COTTONWOOD					
Cottonwood Butte	146.8400	–	100.0	KB7VOL	CPARC
N ID - DEARY					
Deary	145.3500	–	114.8	N7SAU	N7SAU
N ID - GRANGEVILLE					
Idaho Mtn	146.6800	–	100.0ae	KC7MGR	CPARC
N ID - KELLOGG					
Wardner Peak	146.9400	–	O 127.3	N7SZY	N7SZY
N ID - LEWISTON					
Craig Mtn	146.9200	–	O 110.9l	K7EI	K7EI
Lewiston Hill	145.2100	–	● 192.8	W7WWS	NPCEM

IDAHO

Location	Output	Input	Notes	Call	Sponsor
Lewiston Hill	146.8600	–	o	W7VJD	LCARC
N ID - MOSCOW					
Moscow Mtn	146.8200	–	olx	W7HCJ	NWTriSt
Paradise Rdg	146.7000	–	e	WB7TBM	TARC
N ID - MULLAN					
Lookout Pass	147.0200	+	ol	N7LVO	W7OE
N ID - OLD TOWN					
Old Town, Id	146.7200	–	o	K7RHL	K7RHL
N ID - OROFINO					
Orofino	145.4900	–	oa	KC7VBT	CVARC
Peck	145.2100	–	206.5	W7WWS	NPCEM
Wells Bench	146.7600	–	oe	K7NDX	CVARC
N ID - PRIEST RIVER					
Hoodo Mtn	147.1200	+	o	WB7TBN	Pend ARC
N ID - RATHDRUM					
Rathdrum	147.2200	+	o	N7ESU	N7ESU
N ID - SANDPOINT					
Sagle	145.2700	–	127.3r	AA7XM	AA7XM
Sandpoint Baldy	145.4900	–	107.2	KC7JLU	KC7JLU
Sandpoint Baldy	146.7800	–	100.0	K7JEP	BCARC
Schweitzer Ski Hill	145.2300	–	oe	N7JCT	BCEM
N ID - ST MARIES					
Hells Gulch	147.1000	+	oer	W7KCP	BCARES
NORTHWEST					
Noxon	145.3300	–	o	KD7OCP	KD7OCP
S CENT					
Burley	145.2700	–	o 100.0e L(440)x	WA7FDR	WA7FDR
Burley	147.0000	–	o 100ex	KC7SNN	ISRA MHCH
Jerome	146.6600	–	os	KA7ENV	TF ARES
Ketchum	147.1800	+	oe	AF7AE	WRARC
Twin Falls	146.7600	–	o(CA)e	KC7SNX	ISRA MVCh
S WEST ID, S EAST OR					
Jorden Valley, OR	146.7800	–	oE-SUN	K7IDA	KB7LVC+
SOUTH CENTRAL					
West Yellowstone	145.2300	–	o 100l	WA7FDR	WA7FDR
SOUTHEAST IDAHO					
Driggs	146.9400	–	o	K7ENE	MCCD
Grace	146.8000	–	o 88.5e	AE7TA	FCES
Howe	146.8500	–	o 100.0l	WA7FDR	ERARRA
Idaho Falls	146.6400	–	oae	K7EFZ	ERARC
Idaho Falls	146.7400	–	o	K7EFZ	ERARC
Idaho Falls	147.1500	+	o	N7JHS	WB7CCS
Pocatello	146.8200	–	o 100.0	N7LB	------------
Pocatello	147.0600	+	o	N7DN	PARC
Pocatello	147.3000	+	o	KA7MLM	------------
Rigby	146.7000	–	o	K7ENE	ERRS
Rigby	146.8800	–	o	K7ENE	ERRS
Roberts	147.0300	+	o	AB7OS	------------
Sawtell	145.2300	–	o 100.0 L(W/PL 123.0)	WA7FDR	------------
Twin Falls	146.7600	–	o	KC7SNX	------------
SOUTHWEST					
Salmon	146.9800	–	o	KE7NYR	LARC
SW IDAHO					
Boise	147.3800	+	o	KX7ID	ARES + KX7ID

144-148 MHz
IDAHO-ILLINOIS

Location	Output	Input	Notes	Call	Sponsor
Silver City	145.2300	–	O 100 DCS(174)l	WA7FDR	WA7FDR
SW- ID					
Ontario, OR	147.1000	+	O 100	K7OJI	TVRA
SW-ID					
Boise	145.2500	–	O 100.0/100.0	K3ZFF	BCARC
Boise	145.2900	–	O	W7VOI	VOI ARC
Boise	146.6800	–	O 100.0e L(440)x	KB7LVC	KB7LVC+
Boise	146.8400	–	O 100.0 (CA) elxz	W7VOI	VOI ARC
Boise	146.8800	–	O/100.0 A(* UP # OFF)el	W7ID	W7ZRQ+
Boise	146.9400	–	O 100.0ex	K7BSE	ISRA BOICH
Boise	147.2400	+	OE-SUNlrs WXx	W7VOI	VOI ARC
Boise	147.2600	+	O	AB7HP	HP ARC
Boise	147.3200	+	Oex	N7FYZ	N7FYZ
Caldwell	147.3600	+	O 100elx	K7TRH	CCEM
Emmett	147.2000	+	O(CA)x	N7NCC	N7NCC
Homedale	146.9200	–	O	KB7AOF	KB7AOF
Mt Home	147.3400	+	O	N7OKG	ECRA
Weiser	145.3900	–	O 100.0aelx	K7OJI	TVARC
SW-ID, S EAST OR					
Huntington, OR	147.1200	+	O 100	K7OJI	TVRA
Nyssa, OR	147.2200	+	O	W7PAG	W7PAG
Vale, OR	146.7200	–	OE-SUN	W7PAG	W7PAG
W CENT ID					
Cascade	146.6200	–	Oelx	W7VOI	VOIARC
Cascade	146.9000	–	O 100.0elx	KB7LVC	KB7LVC
McCall	147.0200	+	Oex	KC7MCC	CIARC
ILLINOIS					
BLOOMINGTON					
Bloomington	145.3100	–	210.7elsWX	N9YAY	N9YAY-SJMC
Bloomington	146.7900	–	103.5sWX	WD9HRU	McLNCOARES
Bloomington	146.9400	–	103.5	W9AML	CIRC
Bloomington	147.1500	+	103.5	WD9FTV	GENTEL ARC
Normal	147.0150	+	88.5e	NX9M	McLEANCOAR
CENTRAL					
Clinton	146.9850	–		KA9YPK	KA9YPK
Lincoln	145.3900	–	103.5rWX	N9EZJ	N9EJZ
Lincoln	147.3450	+	103.5	K9ZM	LOGAN ESDA
Nokomis	145.1500	–	88.5	N9TZ	W9COS
Pontiac	147.3900	+	127.3	WB9DUC	FARA
Sparland	147.1800	+	103.5	WB9NNS	WB9NNS
CHAMPAIGN					
Allerton	147.2850	+	146.2	K9LOF	K9LOF
Champaign	146.7600	–	162.2e	W9SEH	TCARC
Urbana	147.0600	+	131.8e	K9CW	CCEMA
CHICAGO					
Chicago	145.1100	–	107.2	W9GN	UFDA
Chicago	146.6700	–	107.2 (CA)lz	WB9AET	WAFAR
Chicago	146.7300	–	107.2 (CA)e	K9QKW	K9QKW
Chicago	146.7600	–	107.2 (CA)	WA9ORC	CFMC

144-148 MHz 151
ILLINOIS

Location	Output	Input	Notes	Call	Sponsor
Chicago	146.8500	–	100.0el	WA9DZO	M.A.P.S.
Chicago	146.8800	–	107.2 (CA)z	K9GFY	SARA
Chicago	147.1500	+	107.2sx	W9SRO	SRO/CFAR
DECATUR					
Cadwell	146.6550	–	162.2e	W9BIL	MARK
Decatur	146.7300	–	123.0z	K9HGX	CENOIS ARC
Decatur	147.1050	+	103.5	WA9RTI	MACONCOAR
EAST CENTRAL					
Bement	145.4100	–	103.5eWX	K9IYP	PICO RAMS
Charleston	145.3700	–	186.2e	KF9NB	KF9NB
Crescent City	147.0300	+	O 103.5e	W9RWX	IROQUOISAR
Danville	146.8200	–	88.5s	W9MJL	VCARA
Loda	146.8500	–	179.9	W9NKX	IFARS
Martinsville	147.0300	+	Oe	W9GWF	EIHC-W9GWF
Mattoon	145.3300	–	186.2	KF9NB	KF9NB
Mattoon	146.6250	–	107.2	KA9LRZ	UMRA
NORTH CENTRAL					
Dixon	146.9700	–	82.5e	N9JWI	LEE CO. ES
Freeport	147.3000	+	88.5	KB9QDA	------------
Freeport	147.3900	+	114.8 (CA)e	KB9RNT	SCRA
Joliet	145.2500	–	156.7 (CA)	KB9LWY	KB9LWY
Joliet	146.8200	–	107.2e	W9OFR	WCARL
Joliet	147.3000	+	94.8 (CA)z	WD9AZK	MAVERICK A
Lasalle	146.8650	–	103.5ex	KB9LNK	CECIL JR.
Lasalle	146.8950	–	103.5x	KB9LNK	CECIL JR.
Leonore	147.1200	+	103.5 (CA)ex	W9MKS	SRRC
Malta	146.7300	–	100.0e	WA9CJN	KARC
Marseilles	146.7450	–	114.8el	KA9FER	KA9FER
Oregon	147.0450	+	67.0 (CA)e	KB9DBG	KB9DBG
Oregon	147.1650	+	146.2 (CA)elr sWXz	N9ECQ	OGLE C OEM
Princeton	146.9550	–	103.5	WB9NTG	RCBARC
Sterling	146.8500	–	114.8 (CA)	W9MEP	S/RF ARS
Utica	145.2900	–	103.5eWX	KC9CFU	TCARS
NORTHEAST					
Antioch	145.2900	–	107.2aelz	KA9VZD	STLIN ARC
Argonne	145.1900	–		W9ANL	ARGONNARC
Arlington Heig	146.9850	–	107.2a	WB9TAL	ARCOMLEAGU
Aurora	147.2100	+	103.5e	W9CEQ	FRRL, INC.
Batavia	147.0600	+	103.5e	W9ZGP	NIARC INC
Blue Island	146.6400	–	107.2eWX	W9SRC	STARS
Bolingbrook	147.3300	+	107.2 (CA)el WX	W9BBK	V BOLNGBRK
Chicago	145.3500	–	114.8	WA9TQS	WA9TQS
Crystal Lake	145.2700	–	107.2	W9DWP	W9DWP/KAPS
Crystal Lake	145.3300	–	107.2 (CA)e	N9HEP	N9HEP
Crystal Lake	146.6550	–	107.2	KB9WGV	KB9WGV
Downers Grove	145.4300	–	107.2 (CA)el	W9DUP	DARC
Elgin	146.7900	–	107.2 (CA)e	WR9ABQ	VARA
Elk Grove Vill	147.0150	+	107.2e	KB9L	EGDXA
Geneva	145.4700	–	103.5e	KC9OEM	KCOEM
Gilberts	146.9250	–	100.0 (CA)l WXx	WA9VGI	RATFAR
Glen Ellyn	145.3900	–	107.2 (CA)ez	W9CCU	WCRA
Glendale Heigh	145.1500	–	107.2aez	N9IRG	N9IRG
Glenview	147.0900	+	107.2 (CA)ez	W9AP	NORA

152   144-148 MHz
ILLINOIS

Location	Output	Input	Notes	Call	Sponsor
Gurnee	147.2400	+	127.3 (CA)e	W9MAB	GURNEE RG
Hazelcrest	146.8050	–	107.2e	WD9HSY	TRITOWN AR
Hinsdale	146.9700	–	107.2	K9ONA	SMCC
Hoffman Estate	145.3100	–		W9CCU	WCRA
Kankakee	145.1300	–	107.2 (CA)	KB9LXA	FARG
Kankakee	146.9400	–	107.2a	W9AZ	KARS
Kankakee	147.1650	+	107.2a	KB9JZJ	KB9JZJ
Kingston	147.2250	+	107.2lr	WB9EPO	KORNFAR
Lake Villa	147.0300	+	107.2aelz	WB9RKD	WB9RKD
Libertyville	147.1800	+	127.3er	W9FUL	LAKE CO RA
Markham	147.1350	+	107.2	W9NXP	AREA
Mchenry	145.4100	–	107.2	KB9I	ARROW
Morris	147.2700	+	107.2eWX	KB9SZK	GCARC
Naperville	145.1700	–	103.5	WA9WSL	IHARC
Niles	147.3150	+	107.2	W9FO	METRO ARC
Schaumburg	145.2300	–	107.2 (CA)	K9IIK	SARC
Schaumburg	145.3700	–		K9SO	AMA
Schaumburg	146.7000	–	100.0 (CA)l	WB9PHK	STROKE
Schaumburg	147.2850	+	107.2 (CA)elz	N9CXQ	NAPS
Union	146.6850	–	107.2	N9KHI	N9KHI
Westmont	145.4900	–	107.2aelr	WB9UGX	WSTMTESDA
Wheaton	147.3600	+	136.5	W9BZW	NIDXA
Winnetka	147.3450	+	107.2 (CA)e	NS9RC	NSRC
Woodstock	146.8350	–	91.5erWX	K9ESV	MCESDA
Yorkville	147.3750	+	103.5s	N9FNS	N9FNS
NORTHWEST					
Moline	146.6400	–		W0BXR	DAVRC
Moline	146.9400	–		W0BXR	DAVRC
Morrison	145.2100	–	114.8 (CA)e	KA9QYS	S/RF ARS
Savanna	147.1350	+	e	N9FID	P.A.R.C.
Tampico	146.6250	–	114.8ae	N9ORQ	------------
PEORIA					
Canton	147.2850	+	103.5 (CA)ez	K9ILS	FCARC
Dunlap	145.3700	–	156.7 (CA)el	N9BBO	N9BBO
East Peoria	145.2700	–	103.5aez	KA9GCI	PEKIN RPTG
Kickapoo	146.9700	–	103.5ae	W9BFD	BFD RC
Metamora	147.2550	+	103.5aerswxz	K9UQF	WCRA
Pekin	145.4500	–	103.5az	KA9GCI	PEKIN RPTG
Pekin	146.6700	–	103.5	W9TAZ	TCARS
Peoria	145.1500	–		WA9HBX	Rchwds AR
Peoria	146.7600	–	103.5e	W9UFF	HIFC
Peoria	146.8500	–	103.5aez	W9UVI	PAARC
Topeka	146.6100	–	103.5ae	N9OSR	N9OSR
Tremont	146.9100	–	e	WA9DKO	TCESDA
Washington	147.0750	+	103.5 (CA)z	W9UVI	PAARC
ROCKFORD					
Belvidere	147.3750	+	100.0e	K9ORU	BRC
Byron	147.2700	+	114.8e	KE9ZK	BARC
Mt Morris	145.1300	–	114.8erswx	K9AMJ	K9AMJ
Mt Morris	147.1050	+	114.8l	K9AMJ	K9AMJ
Rockford	146.6100	–	114.8ae	W9AXD	RARA
Rockford	146.8050	–	114.8 (CA)el	K9AMJ	K9AMJ
Rockford	147.0000	+	114.8	W9AXD	RARA
Rockford	147.1950	+	114.8e	K9RFD	RTG

ILLINOIS

Location	Output	Input	Notes	Call	Sponsor
Rockford	147.2550	+	114.8	WX9MCS	N9MCS R.G.
SOUTH					
Alto Pass	146.8500	–	O 88.5e	K9GOX	MTAVARG
Ava	147.0900	+	88.5	W9RNM	SARA
Benton	146.8050	–	88.5eWX	KB9ADK	LEARS
Carbondale	146.7300	–	88.5 (CA)	W9UIH	SIU ARC
Carbondale	147.1950	+	e	KA9YGR	KA9YGR
Herald	147.3000	+	88.5e	K9RZP	INRAC
Herod	146.8800	–	88.5el	K9TSI	SCAN
Marion	146.6400	–	88.5 (CA)e	W9RNM	SARA
Metropolis	145.4500	–	103.5	N9XWP	N9XWP
Metropolis	147.2250	+	123.0aez	N9IBS	MAMA ARC
Olive Branch	147.2550	+	118.8e	K9IM	904 ARC
Tunnel Hill	147.3450	+	88.5e	W9WG	TRGHILARA
SOUTH CENTRAL					
Effingham	146.8950	–	110.9e	K9UXZ	NTARC
Greenville	147.1650	+	103.5e	W9KXQ	OVARC
Mt Vernon	147.1350	+	e	KB9KDE	ARCOM
Salem	147.2700	+	103.5 (CA)ez	W9CWA	CWA
Tamaroa	146.9850	–	107.2	N9LUD	T.A.R.A.
SOUTHEAST					
Flora	146.7000	–	(CA)	KC9AGC	CCARC
Marion	145.1900	–	88.5	AA9ET	SCAN CLUB
Mt Carmel	146.9400	–	94.8aersWXz	AI9H	AI9H
Newton	145.4900	–	O 79.7e	K9ZN	JARS
Noble	146.7600	–	O 94.8e	K9QAT	OLNEY ARC
Robinson	147.3600	+	107.2esWX	WA9ISV	CCARC/IEMA
SPRINGFIELD					
Athens	147.0450	+	210.7elWX	N9YAY	N9YAY
Jacksonville	146.7750	–	103.5aez	K9JX	JARS
Pawnee	146.8050	–	94.8l	N9MAF	N9MAF
Springfield	146.6850	–	94.8	WA9KRL	WA9KRL
Springfield	147.3150	+	O 94.8	W9HJA	W9HJA
Springfield	147.3750	+	94.8	WA9KRL	WA9KRL
Taylorville	145.4300	–	79.7	N9FU	N9FU
Taylorville	146.8350	–	79.7	N9OGL	N9OGL
Taylorville	146.9550	–	79.7e	N9FU	CCARC
ST LOUIS					
Belleville	147.1200	+	127.3 (CA)z	K9GXU	ST CLAIR
Collinsville	146.7900	–	127.3ersWX	W9AIU	EGYPTN RC
Elsah	145.3100	–	79.7 (CA)e	N9YN	PRINCIPIA
Gillespie	145.2900	–	123	K9KE	K9KE
Gillespie	146.6400	–	103.5	WA9FDP	MONTEMAC A
Gillespie	146.8200	–	103.5aez	WA9FDP	MONTEMAC A
Godfrey	145.1300	–	123.0aelz	K9KE	K9KE
Godfrey	145.2300	–	79.7aelz	K9HAM	LCRC
Godfrey	145.4700	–	123	N9GGF	N9OWS+
Godfrey	147.2100	+	123.0ael	K9KE	K9KE
Granite City	145.4500	–	127.3e	KZ9G	KZ9G
Mascoutah	145.3900	–	l	AA9ME	AA9ME
New Douglas	145.2500	–	131.8e	KC9CIM	KC9CIM
Shiloh	145.1100	–	127.3eWXz	AA9RT	AA9RT
Valmeyer	145.4300	–	127.3aeWXz	N9OMD	N9OMD
WEST CENTRAL					
Beardstown	146.7150	–	103.5	KB9KCQ	IVARC

154 144-148 MHz
ILLINOIS-INDIANA

Location	Output	Input	Notes	Call	Sponsor
Carthage	147.1050	+	103.5e	N9MTI	HCESDA
Dallas City	145.2500	–	151.4 (CA)e	KC9JIC	KC9JIC
Dallas City	145.3300	–	203.5 (CA)e	KC9JIC	KC9JIC
Galesburg	147.0000	–	103.5aelz	W9GFD	KNOXCARC
Galesburg	147.2100	+	107.2	W9SLO	KNOX CO CD
Galva	145.4900	–	225.7eWX	AA9RO	AARO
Macomb	147.0600	+	103.5aez	W9SSP	LEARC
Monmouth	146.6550	–	173.8	W9XYZ	W9XYZ
Pittsfield	146.6550	–	123.0s	K9DUF	K9DUF
Pittsfield	147.2700	+	103.5	N9DO	N9DO
Quincy	146.9400	–	103.5e	W9AWE	WIARC
Quincy	147.0300	+	103.5 (CA)ez	W9AWE	WIARC
Quincy	147.1350	+	103.5	WB9OTW	WB9OTW
Quincy	147.1950	+	103.5e	W9AWE	WIARC
Versailles	145.4300	–	103.5	KB9JVU	KB9JVU

INDIANA
EAST CENTRAL

Location	Output	Input	Notes	Call	Sponsor
Alexandria	145.4300	–	O	WB9UOF	WB9UOF
Anderson	145.3900	–	O 151.4e	W9VCF	MCARC
Anderson	146.8200	–	OerWX	KA9SYP	AndersonRC
Anderson	147.0900	+	O 110.9e	KB9VE	AndersonRC
Centerville	147.1800	+	OerWX	KB9SJZ	KB9SJZ
Chassis Ridge	145.1300	144.0700	Ol	KB9BBA	TCRA
Connersville	146.7450	–	Oe	KB9RVR	FayCoRG
Glenwood	146.6850	–	O 131.8es	WB9SBI	WB9SBI
Greensburg	146.9550	146.3350	O	KB9KNG	DCARC
Hartford City	146.6550	–	O	AA9Z	BARS
Middletown	145.2700	145.6700	Ors	KA9CXY	Henry EMA
Muncie	145.4900	–	Oe	WD9HQH	Evans Rust
Muncie	146.7300	–	OerWX	WB9HXG	MuncieARC
Muncie	146.8500	–	O	-------	-------
New Castle	145.4500	–	OE-SUNrs	W9ML	W9ML
New Castle	147.3600	+	O 82.5ersWX	N9WB	KB9BG/N9WB
Portland	146.9250	–	Or	N9EDJ	JC-ARTS
Richmond	147.2700	+	Osz	W1IDX	W1IDX
Rushville	147.0000	+	OersWX	K9PQP	ECRA
Winchester	147.3000	+	OerWX	WD9EXZ	Randolph A

INDIANAPOLIS

Location	Output	Input	Notes	Call	Sponsor
Avon	147.0150	+	OerWX	WD9CXU	HCARS
Danville	147.1650	+	OerWX	K9LMK	K9LMK
Greenfield	145.3300	–	OersWX	W9ATG	Hancock AR
Greenfield	147.1500	+	O	N9PDB	N9PDB
Greenwood	146.8350	–	O 151.4/151.4ersWX	WA9RDF	MidStARC
Indianapolis	145.1900	–	O	W8PRH	FARA
Indianapolis	145.2500	–	Ol	KA9PCT	EARS
Indianapolis	145.2900	–	O 88.5	AB9D	IAFS ARC
Indianapolis	145.3700	–	O	W9GTA	W9GTA
Indianapolis	145.4100	–	O 88.5	KA9PCT	KA9PCT
Indianapolis	146.6250	–	OesWXx	W9IRA	Indy RA
Indianapolis	146.6700	–	Oe	WB9QLJ	IPL ARC
Indianapolis	146.7000	–	O 82.5ersWX	WA9RIA	IndyRpt
Indianapolis	146.7600	–	OerWX	K9LPW	CentIN RA

FT-2800M

2-Meter FM
Mobile Transceiver

Store Hours (cst)
Mon-Fri: 8AM - 4PM
Sat: 9AM - 2PM
ORDERS & PRICE CHECKS
800-729-4373
LOCAL INFORMATION
812-422-0231
FAX 812-422-4253
e-mail: sales@hamstation.com
http://www.hamstation.com

New and Used Equipment

TERMS:
Prices Do Not
Include Shipping.
Price and Availability
Subject to
Change Without
Notice
Most Orders Shipped
The Same Day

220 N. Fulton Avenue
Evansville, IN 47710

144-148 MHz
INDIANA

Location	Output	Input	Notes	Call	Sponsor
Indianapolis	146.8800	–	O	W9RCA	ThomsnARC
Indianapolis	146.9700	–	O 77.0elWX	W9ICE	ICE
Indianapolis	147.0750	–	O	KA9GIX	KA9GIX
Indianapolis	147.1200	+	OerWX	W9IRA	IndyRpt
Indianapolis	147.2100	+	O	W9FBZ	NAC ARC
Indianapolis	147.3900	+	OD*ers	W9ICE	ICE
Lebanon	147.1050	+	O 77.0e	N9HLL	N9HLL
New Whiteland	145.1100	–	O 107.2	W9HY	KN9E
Noblesville	145.1700	144.7700	O 77.0ersWX	N9EOC	HC ARES

NORTH CENTRAL

Location	Output	Input	Notes	Call	Sponsor
Bremen	145.1900	–	O 131.8	N9FX	N9FX
Bristol	146.8950	–	O 131.8ersWX	K9TSM	GARC
Elkhart	145.2500	–	O 131.8lWX	KC9GMH	KC9GMH
Elkhart	145.4300	–	O 131.8rsz	AA9DG	ElkhrtCoRA
Elkhart	146.6400	–	O	K9CMJ	CTS Rptr
Frankfort	146.6100	–	O 77.0rsWX	K9JRC	ClintonARC
Frankfort	147.0450	+	O	W9FAM	W9FAM
Goshen	146.7300	–	Oe	W9BFF	Maple City
Kokomo	146.9100	–	Oerz	W9KRC	KRC
Kokomo	147.2400	+	O 88.5erWXz	W9KRC	KRC
Kokomo	147.3750	+	Oerz	W9KRC	KRC
Logansport	145.2300	–	O 77.0	W9VMW	CassCoARC
Logansport	145.3500	–	O	W9VMW	CassCoARC
Logansport	147.1800	+	O 77.0	W9VMW	CassCoARC
Marion	145.3100	–	Oe	WB9UCF	FisherBody
Marion	146.7900	–	OerWXz	W9EBN	GrantARC
Marion	147.1950	+	O 131.8erx	W9EBN	GARC
Mishawaka	146.7450	–	Oe	N9TZN	N9TZN
Mishawaka	147.0900	+	O 131.8	N9GVU	N9GVU
Mishawaka	147.3300	+	O 131.8e	W9AMR	Michiana A
North Judson	145.4100	–	OesWX	N9LV	N9LV
Peru	147.3450	+	Oe	K9ZEV	Miami ARC
Plymouth	146.6700	–	O	K9ZLQ	K9ZLQ
Plymouth	147.2850	+	O	K9WZ	K9WZ
Rochester	146.8050	–	Os	W9KLC	FultonRAC
South Bend	145.2900	–	O 131.8	WA9GOP	WA9GOP
South Bend	146.9400	–	Oe	N9MML	N9MML
South Bend	147.2250	+	O	W9AB	MARC
South Bend	147.3900	+	O 131.8r	WB9AGX	StJoseph E
Syracuse	146.9850	–	O 131.8elrsz	KB9AVO	KB9AVO
Wabash	147.0300	+	O 131.8eWXz	KB9LDZ	WabashRC

NORTHEAST

Location	Output	Input	Notes	Call	Sponsor
Angola	147.1800	+	O	W9LKI	W9LKI
Angola	147.2100	+	O	AA9MU	AA9MU
Auburn	147.0150	+	OersWX	W9OU	NE IN ARC
Berne	146.9700	–	Or	W9FRU	AdamsARC
Bluffton	147.0600	+	Oe	W9SR	Wells Co.
Columbia City	145.2700	–	O 131.8elrsWX	WC9AR	WhitCoARC
Decatur	145.4700	–	Oer	KB9KYM	AdamsARC
Ft Wayne	145.3300	–	O	W9FEZ	Mizpah ARC
Ft Wayne	146.6250	–	●elz	K9LSB	HAMS

144-148 MHz   157
INDIANA

Location	Output	Input	Notes	Call	Sponsor
Ft Wayne	146.7600	–	Oe	W9TE	FWRC
Ft Wayne	146.8800	–	Oe	W9INX	AC-ARTS
Ft Wayne	146.9100	–	O	W9TE	FWRC
Ft Wayne	146.9400	–	O	W9TE	FWRC
Ft Wayne	147.1350	+	O 141.3e	N9VZJ	N9VZJ
Ft Wayne	147.1650	+	Ol	N9VZJ	N9VZJ
Ft Wayne	147.2550	+	Oe	W9INX	AC-ARTS
Huntington	145.1500	–	O 131.8e	KC9GIS	KC9GIS
Huntington	146.6850	–	Oes	N9BHA	HCARS
Ligonier	147.1500	+	OrWX	N9BCP	21RptrGrp
Pennville	145.2100	–	O 100.0es	WA9BFF	JayCoARC
Rich Valley	146.9550	–	O 141.3e	WA9RRL	WA9RRL
Spencerville	147.3600	+	O 97.4e	W9QR	W9QR
Warsaw	145.1300	–	Osxz	KA9OHV	NoINRptGr
Wolf Lake	147.2700	+	O 131.8	N9MTF	N9MTF

NORTHWEST

Location	Output	Input	Notes	Call	Sponsor
Brook	145.2100	–	O	KC9COR	KC9COR
Cedar Lake	146.8350	–	O 131.8e	WB9VRG	WB9VRG
Crown Point	145.4500	–	Oe	KE9I	AREA
Crown Point	146.7000	–	O 82.2ersWX	W9EMA	LakeCoEMA
Gary	146.6250	–	O 131.8	W9SAL	W9SAL
Gary	146.9100	–	O 131.8 (CA) el	WA9JLN	WA9JLN
Hammond	147.1950	+	O 131.8	W9FXT	IARA/W9FXT
La Porte	146.6100	–	O 131.8esWX	K9JSI	LaPorARC
Merrillville	147.0000	+	O 131.8 (CA) elrsz	W9LJ	LakeCoARC
Michigan City	146.9700	–	O 131.8	W9LY	MCARC
New Carlisle	146.8650	–	O 131.8e	KB9OVB	KB9OVB
Rensselaer	145.3300	–	O 131.8eWX	KC9HUS	Jasper Sky
RollingPrairie	147.1200	+	O 131.8ez	KF9XS	KF9XS
St John	147.2400	+	O 131.8ersz	W9LJ	LakeCoARC
Valparaiso	146.6850	–	O 131.8e	N9IAA	N9IAA
Valparaiso	146.7750	–	O 131.8ez	K9PC	PorterARC
Valparaiso	147.0750	+	O 131.80es WX	K9NWI	K9NWI
Valparaiso	147.1050	+	O 131.8e	KB9KRI	Duneland
W Lafayette	146.7600	–	O 88.5e	W9YB	PurdueARC
W Lafayette	147.1350	+	O 88.5eWX	WB9RVN	WB9RVN

SOUTH CENTRAL

Location	Output	Input	Notes	Call	Sponsor
Birdseye	147.2850	+	Oe	K9PSI	K9PSI
Cannelton	146.7600	–	O 107.2	K4DJF	K4DJF
Chrisney	146.9100	–	Or	KC9FTG	SpenCoARC
Columbus	146.7900	–	O 100.0ers WX	WB9AEP	ColumbARC
Corydon	145.1900	–	O 151.4ers	WD9HMH	HarCoRACES
Corydon	146.7750	–	O 103.5ers WX	WD9HMH	WD9HMH
Floyds Knobs	146.7450	–	Or	WD9HMH	FloydRACES
Freetown	145.4300	–	O 103.5elrs WX	N9KPA	SeymourRC
Frenchtown	146.8200	–	O 103.5sWX	W9BGW	W9BGW
Jeffersonville	146.8500	–	O 151.4es	N9RM	ClarkCoARC
Jeffersonville	147.0900	+	O 151.4	N9RM	ClarkARC

158 144-148 MHz
INDIANA

Location	Output	Input	Notes	Call	Sponsor
Nashville	147.3000	+	O 136.5elr WXx	KA9SWI	KA9SWI
Paoli	147.0450	+	Oe	WB9OHY	Orange Co
Ramsey	145.3700	–	O	KB9UKA	KB9UKA
Ridgeport	145.4700	–	O 136.5els WXx	KB9SIP	WB9TUN
Salem	146.6550	–	OersWX	KB9KPG	WashCoAR
Scottsburg	146.6100	–	O	KB9ADA	KB9ADA
Seymour	147.1350	+	O 103.5e	K9IG	K9IG
SOUTHEAST					
Lawrenceburg	147.2850	+	OersWX	WA9BLA	LV ARC
Madison	145.1700	–	O 77.0erWX	W9EFU	Clifty ARS
Napoleon	146.8050	–	OerWxz	N9SFW	RipCoARC
Shelbyville	145.4800	–	OesWX	W9JUQ	BRV RC
SOUTHWEST					
Bedford	145.3100	–	O 102.7er WX	W9QYQ	Hoosier Hi
Bedford	145.4900	–	O 136.5	AA9WR	AA9WR
Bedford	146.7300	–	O 107.2rWX	W9QYQ	Hoosier Hills
Bedford	147.3450	+	O 107.2ers WX	WD9DKO	WD9DKO
Bloomfield	147.2400	+	O 103.5elrs WXz	W9HD	ShawneeRpt
Bloomington	146.6400	–	O 136.5 (CA) ersWXxz	WB9TLH	MonreCoRA
Bloomington	146.9400	–	O 136.5e	K9IU	IU ARC
Bloomington	147.1800	+	O	WB9HZX	BBS
Boonville	147.0750	+	Oe	WA9BAD	WarrickCD
Evansville	145.1100	–	O 107.2	W9EAR	EARS
Evansville	145.1500	–	O 102.7el	W9EAR	EARS
Evansville	145.2500	–	O 146.2elrs WX	W9KXP	W9KXP
Evansville	146.7900	–	Ors	W9OG	TARS
Evansville	146.8350	–	O 136.5elrs WXx	W9KXP	W9KXP
Evansville	146.8950	–	Osz	KE4OXZ	EARS
Evansville	147.1050	+	Ol	WB9PZB	WB9PZB/KA9
Evansville	147.1500	+	Oer	W9OG	TARS
Jasper	147.1950	+	OerWX	KB9LHX	DuboisCD
Newburgh	145.4300	–	O	KA9VKO	KA9VKO
Petersburg	145.4500	–	Ols	WA9FGT	PtrsbgRA
Poseyville	145.2900	–	O	KC9CKB	KC9CKB
Princeton	145.4100	–	O 136.5ers WX	KB9ENJ	Gibson ARC
Shoals	145.2100	–	Oez	KA9PSX	KA9PSX
Vincennes	146.6700	–	OesWX	W9EOC	OPARS
Vincennes	146.8800	–	O	K9LMJ	K9LMJ
Vincennes	146.9250	–	O 107.2lWXx	W9EAR	EARS
Washington	147.3150	+	OrWX	WA9IN	Daviess DH
Winslow	147.0000	+	O 107.2esz	W9UL	PikeCoARC
WEST CENTRAL					
Clinton	146.7150	–	O 151.4ers	K9KSA	VermillionEMA
Covington	145.4900	–	O 156.7elr WX	W9AHB	W9AHB
Crawfordsville	146.8650	–	O	KB9GPB	SCRA
Crawfordsville	147.2250	+	OerWX	WC9AAH	MontRACES

INDIANA-IOWA

Location	Output	Input	Notes	Call	Sponsor
Danville	145.1300	–	O 88.5elz	WX9HC	HendricksC
Dugger	146.7750	–	Oex	W9JCV	W9JCV
Foster	145.2700	145.6700	O 88.5	N9UWE	N9UWE
Gosport	146.8950	–	O 136.5lsWXx	KB9SGN	K9TC/KB9SG
Greencastle	147.3300	+	O	W9BJJ	Putnam AR
Lafayette	146.7300	–	O 88.5e	N9DKI	LafARC
Linton	145.3900	–	O 118.8elrsx	KB9HIK	GreeneCo
Martinsville	147.0600	+	O 88.5 DCSe lsWXxz	K9PYI	MorganRA
Martinsville	147.2550	+	O	KA9NPY	SGRL
Rockville	146.7450	–	O 98.4e	NS9M	NS9M
Spencer	146.9850	–	O 136.5es WX	KB9MZZ	OwenCoRA
Terre Haute	145.2300	–	Os	K9HX	K9HX
Terre Haute	145.3500	–	Oe	NC9U	OtrCrkRC
Terre Haute	146.6850	–	Oe	K9IQ	WVARA
Terre Haute	146.8050	–	O 151.4eWX	W9SKI	Illiana Skywn
Terre Haute	146.9550	–	Oe	W9TLT	W9TLT
Terre Haute	147.0900	+	Oez	W0DQJ	W0DQJ
Terre Haute	147.1500	+	O	W9EQD	THRC
Williamsport	145.1500	–	O 88.5e	WE9C	WE9C

IOWA
BURLINGTON

Location	Output	Input	Notes	Call	Sponsor
Burlington	146.7900	–	100.0aersz	W0LAC	IA-IL ARC
Burlington	147.3600	+	100.0e	WA6GUF	WA6GUF
Mt Pleasant	147.1650	+	339174e	W0MME	MPARC
Mt Pleasant	147.3900	+	OeWX	W0MME	MPARC

CEDAR RAPIDS

Location	Output	Input	Notes	Call	Sponsor
Cedar Rapids	145.1500	–	192.8 (CA)xz	W0HUP	CRRA
Cedar Rapids	145.1900	–	192.8x	N0DX	EIDXA
Cedar Rapids	146.7450	–	192.8aersWX	W0GQ	CVARC
Cedar Rapids	147.0900	+	192.8 (CA)lxz	W0HUP	CRRA+SEITS
Coralville	147.1500	+	192.8ex	W0FDA	Coralville
Garrison	145.2300	–	● 141.3aersWX	K0KBX	BCEM
Iowa City	146.8500	–	OaeWXxz	W0JV	ICARC
Marion	147.2100	+	192.8e	KC0OX	KC0OX

CENTRAL

Location	Output	Input	Notes	Call	Sponsor
Ames	147.2400	+	OaersWX	W0YL	SCARC
Ames	147.3750	+	114.8aelz	W0ISU	CARC
Boone	146.8500	–	OaersWX	KB0TLM	BARK
Des Moines	145.3500	–	114.8x	KC0AHQ	ARTS
Marshalltown	146.8800	–	141.3	K0MIW	CIRAS
Marshalltown	147.1350	+	141.3e	KB0JQO	CIRAS
Mingo	146.6700	–	OaeWXx	W0AIX	WA0IHZ
Newton	147.0300	+	O 99519aersWX	W0WML	NARA
Sheldahl	147.0750	+	114.8aelrsWXx	N0QFK	N0QFK
Stratford	146.6250	–	Oe	K0KQT	K0KQT
Webster City	146.9100	–	OelWXx	N0PSF	N0PSF
Webster City	147.0150	+	OaersWX	K0KWO	Hamilton C

144-148 MHz
IOWA

Location	Output	Input	Notes	Call	Sponsor
COUNCIL BLUFFS					
Council Bluffs	146.8200	–	Oaersz	K0SWI	SWIARC, In
DAVENPORT					
Davenport	146.7000	–	Oaers	W0BXR	DRAC
Davenport	146.8200	–	100.0e	WB0BBM	WB0BBM
Davenport	146.8800	–	192.8aersWX	W0BXR	DRAC
Muscatine	145.3700	–	100.0eWX	WA0AUQ	WA0AUQ
Muscatine	146.9100	–	O(CA)e	KC0AQS	MARC
Muscatine	147.2250	+	192.8elx	WA0VUS	WA0VUS
DES MOINES					
Des Moines	145.2500	–	127.3	K0CSS	K0CSS
Des Moines	146.8200	–	114.8 (CA)elWX	W0KWM	CITS
Des Moines	147.3000	+	114.8	WA0QBP	WA0QBP
Grimes	146.6100	–	114.8eWXx	W0DAY	W0DAY
Johnston/Camp Dodge	146.7000	–	114.8elWXx	KC0MTI	KC0MTI
Johnston/Camp Dodge	147.1650	+	114.8el	KC0MTI	KC0MTI
DUBUQUE					
Dubuque	147.0300	+	Oe	W0YLQ	W0YLQ
Rickardsville	146.8950	–	114.8	N0WLU	N0WLU
EAST CENTRAL					
Anamosa	145.3900	–	OaelrsWX	W0CWP	JCARC
Clinton	145.4300	–	● 100.0e	W0CS	CARC
Clinton	146.7300	–	94.8	K0EII	K0EII
Clinton	147.3150	–	114.8	KD0WY	KD0WY
Maquoketa	147.0600	+	Ox	K0GXG	MARG
Monticello	147.1800	+	192.8e	N0XUS	N0XUS
Preston	146.9850	–	OWX	KC0EII	KC0EII
MASON CITY					
Mason City	146.7600	–	103.5elWXx	KB0JBF	NIARC
Mason City	147.3150	+	● 103.5/203.5elWXx	KB0JBF	NIARC
NORTH CENTRAL					
Ackley	145.1100	–	elx	WB0EMJ	WB0EMJ
Ackley	147.2550	+	136.5x	WB0EMJ	WB0EMJ
Algona	147.2100	+	O 51020aez	KC0MWG	KARO
Dumont	145.4300	–	136.5	N0RJJ	N0RJJ
Forest City	147.2700	+	Oe	WB0URC	WHRS
Humboldt	147.1800	+	Oaers	NI0A	HARK
Humboldt	147.3900	+	O	NI0A	HARK
West Bend	145.1700	–	110.9e	N0DOB	N0DOB
NORTHEAST					
Cresco	146.9250	–	103.5 (CA)eWX	W0CYY	Cresco ARC
Cresco	147.0750	+	103.5eWX	W0CVJ	TriStARC
Decorah	146.7750	–	Oe	N0OZG	N0OZG
Decorah	147.1650	+	167.9	K0NRA	NordicRA
Frankville	146.6700	–	103.5 (CA)eWX	K0RTF	K0RTF
Manchester	147.3000	+	Oex	W0II	DelCoARC
Monona	147.1200	+	103.5	W0SFK	W0SFK
NORTHWEST					
Estherville	146.7000	–	Oaers	W0MDM	W0MDM

IOWA

Location	Output	Input	Notes	Call	Sponsor
Rockwell City	145.4900	–	Oaelxz	KA0LZT	CCEM
Sheldon	145.3100	–	102345e	W0VHQ	NIARC
Sibley	147.3000	+	110.9aersWXx	W0VHQ	NIARC
Spencer	146.8200	–	110.9eWX	KG0CK	KG0CK
Spirit Lake	146.6100	–	OaersWXx	WB0WOE	IGLARC
Storm Lake	146.7750	–	110.9el	WA0UZI	WA0UZI
Webb	147.3600	+	110.9e	KG0CK	KG0CK

SIOUX CITY

Location	Output	Input	Notes	Call	Sponsor
LeMars	147.0150	+	110.9	KI0EO	KI0EO
Sioux City	146.9100	–	110.9aersWXx	K0AAR	91FunGp
Sioux City	146.9700	–	110.9ex	K0TFT	SARA
Sioux City	147.0600	+	110.9ex	K0TFT	SARA
Sioux City	147.2700	+	110.9	KC0DXD	KC0DXD

SOUTH CENTRAL

Location	Output	Input	Notes	Call	Sponsor
Chariton	146.8350	–	123.0aelrsWXx	KB0AJ	S IA RA
Knoxville	147.1950	+	●aers	W0LWG	W0LWG
Pella	145.1700	–	OelWXxz	WB0URW	PellaARC
Winterset	147.2700	+	114.8e	WA0O	WA0O

SOUTHEAST

Location	Output	Input	Notes	Call	Sponsor
Fairfield	147.3300	+	OeWXx	K0BPR	FHS ARC
Keokuk	147.3000	+	146.2	WB0SBU	WB0SBU
Moravia	146.9250	–	146.2x	W0ALO	W0ALO
Oskaloosa	145.4900	–	146.2 (CA)exz	KB0VXL	Mahaska AR
Washington	147.0450	+	O 343657eWX	KC0SBF	WAARC

SOUTHWEST

Location	Output	Input	Notes	Call	Sponsor
Anita	147.3450	+	Oe	N0ORU	N0ORU
Atlantic	147.1500	+	● 151.4aelrsx	N0DYB	CCRA
Avoca	147.2550	+	151.4lx	N0DYB	#NAME?
Blockton	146.8800	–	Oa(CA)ers	KA0ZAD	KA0ZAD
Bridgewater	147.1050	+	● 136.5a(CA)elrsz	WD0FIA	#NAME?
Clearfield	147.2100	+	● 136.5aelrsWX	KC0IEA	KC0IEA
Glenwood	145.2900	–	OaelrsWXxz	N0WKF	N0WKF
Greenfield	146.8650	–	● 146.2aelrsWXx	N0QFK	N0QFK
Menlo	147.0450	+	114.8aelrs	N0BKB	N0BKB
Prescott	145.1500	–	127.3eWX	N0DTS	N0DTS
Red Oak	146.6550	–	146.2ael	N0NHB	N0NHB
Thurman/Tabor	145.3900	–	232803aersWX	WB0YLA	WB0YLA

WATERLOO

Location	Output	Input	Notes	Call	Sponsor
Cedar Falls	146.6550	–	136.5	KM0K	CFARA
Independence	145.3300	–	103.5e	KC0RMS	BCARC
Oelwein	147.3450	+	O	KF0HA	KF0HA
Waterloo	146.8200	–	136.5aersWXxz	W0ALO	W0ALO
Waterloo	146.9400	–	● 136.5aelWXxz	W0MG	NE IA RAA

144-148 MHz
IOWA-KANSAS

Location	Output	Input	Notes	Call	Sponsor
WEST CENTRAL					
Audubon	147.1200	+	OelWX	WA0GUD	CVARC
Breda	147.2850	+	110.9elWX	N0NAF	N0NAF
Castana	145.4100	–	136.5aers	K0BVC	BVARC
Denison	147.0900	+	Oaers	K0CNM	DRA
Denison	147.3300	+	O(CA)z	KC0LGI	#NAME?
Logan	145.4700	–	97.4/123 TTe	AB0VX	AB0VX
Manilla	147.2250	+	151.4elWXx	N0JRX	#NAME?
Mondamin	145.1300	–	136.5/123a TTersWX	K0BVC	BVARC
Portsmouth	146.7450	–	136.5aers	K0BVC	BVARC
Sac City	146.9250	–	Oaersz	WD0CLO	WD0CLO
KANSAS					
CENTRAL					
Abilene	145.3300	–	OeE-SUNs	NU0S	NU0S
Canton	145.2900	–	O 186.2/186.2 E-SUN	KC0IFO	------------
Chapman	145.1700	–	Os	W0TVJ	W0TVJ
Chapman	145.2500	–	●es	WA0LXV	NU0S
Clay Center	146.6850	–	O	N0XRM	N0XRM
Great Bend	146.7600	–	OE-SUNs	N0OM	GRTBNDARC
Hays	146.7900	–	O	KC0IVE	FHSUARC
Hays	147.1800	+	O 100.0/100.0 E-SUNs	KC0PID	ELLISCO
Hesston	145.2100	–	Oe	N0LRA	HSTN COLG
Hoisington	147.1350	+	O 88.5/88.5e E-SUNsx	K0HAM	NEKSUN
Junction City	146.8800	–	OE-SUNs	N0UZT	GC ARS
Lincoln	147.1950	+	O	K0MXJ	POST ROCK
Lyons	147.3600	+	O	WA0LBB	RICECOARC
Marion	147.0900	+	OE-SUN L(ECHO 241012)	KC0RVV	MCARC
McPherson	147.3300	+	OE-SUN	W0TWU	MCPHRSNRC
Russell	147.0450	+	O 131.8/131.8 E-SUN L(ECHO 3917)	N7JYS	N7JYS
Russell	147.2850	+	OE-SUNs	AB0UO	RUSSELL CO
Salina	145.4300	–	OE-SUNs	N0KSC	N0KSC
Salina	146.7300	–	OeE-SUNs	N0KSC	N0KSC
Salina	147.0300	+	OeE-SUNs	W0CY	CKARC
Smolan	146.6250	–	O	WD0GAH	WB0OPI
Wilson	146.9700	–	O	K0BHN	K0BHN
EAST CENTRAL					
Carbondale	147.3000	+	O 88.5/88.5 E-SUN	KB0WTH	------------
Osage City	146.9250	–	O 203.5/203.5	N0OFG	N0OFG
EASTCENTRAL					
Cadmus	146.8950	–	O	WA0SMG	WA0SMG
Emporia	146.9850	–	O 88.5/88.5e E-SUNs	K0HAM	EARS
Garnett	146.8650	–	O	K0VEV	CHPPWARC
Miller	147.3450	+	●e	KA0WOK	KA0WOK
Mound City	147.2850	+	OE-SUNs	WA0PPN	MNCRKARA
New Strawn	147.0750	+	O/91.5	KB0ITP	KB0ITP
Ottawa	147.3900	+	OE-SUN	W0QW	OTTAWAARA

144-148 MHz
KANSAS

Location	Output	Input	Notes	Call	Sponsor
Paola	147.3600	+	OeE-SUNs	WS0WA	WHTSTWRLS
KANSAS CITY METRO					
Basehor	145.3900	–	O 88.5/88.5e E-SUNsx	K0HAM	NEKSUN
Excelsior Spgs	145.1900	–	O 107.2z	K0BSJ	K0BSJ
Excelsior Spgs	147.3750	+	O 156.7/156.7 E-SUNz	K0ESM	RAYCLAY
Gladstone	145.4300	–	O	KD0FW	KCATVG
Independence	145.2500	–	OE-SUNs	KB0GR	EARS, IN
Independence	145.3100	–	OE-SUNs	KB0GR	EARS, IN
Independence	146.7300	–	OE-SUNs	W0SHQ	ASCRA, I
Independence	147.0900	+	OeE-SUN L(ECHOLINK)s	W0TOJ	INDFMARC
Kansas City	145.1300	–	OeE-SUN	WA0NQA	ARTSHRNRC
Kansas City	146.7900	–	O 107.2e E-SUNx	WA0KHP	CLAYCOAR
Kansas City	146.8200	–	Os	KC0ARC	KCARC
Kansas City	146.9400	–	O 88.5/88.5e E-SUNsxZ(911)	K0HAM	NEKSUN
Kansas City	146.9700	–	Os	WA0SMG	97USERSG
Kansas City	147.0150	+	O 151.4/151.4 E-SUN	KB0VBN	BLUSPRRP
Kansas City	147.0450	+	O	W0AV	147.045R
Kansas City	147.1500	+	O 123.0/123.0 E-SUNs	W0LB	JYHWKARC
Kansas City	147.2100	+	●E-SUNs	WB0NSQ	KCKWYNDCD
Kansas City	147.2700	+	OeE-SUNz	WA0SMG	WA0SMG
Kansas City	147.3300	+	OeE-SUNs	WA0QFJ	TWA ARC
Kearney	147.3000	+	O 107.2	K0BSJ	K0BSJ
Lee's Summit	145.4100	–	Oe	WA0TEG	KCARC
Lee's Summit	146.7000	–	O 107.2/107.2 E-SUN	KC0SKY	KS SKY W
Lenexa	145.4900	–	O	KA0VVX	KISS ARC
Liberty	145.1100	–	O	N0ELK	N0ELK
Louisburg	147.3150	+	O 88.5/88.5e E-SUN L(ECHO 147315)sx	K0HAM	NEKSUN
Olathe	145.4700	–	O 151.4/151.4eE-SUNs	K0ECS	JOCOECS
Olathe	147.2400	+	O 151.4/151.4eE-SUNs	KA0FMZ	SFTARC
Overland Park	145.2900	–	OeE-SUNs	W0ERH	JCRAC
Overland Park	146.9100	–	O 151.4/151.4eE-SUN	WB0KKA	KCARC
Raymore	146.6250	–	O 123.0	N0RH	N0RH
Raymore	147.1200	+	OE-SUNx	KC0JGA	SSARC
Raytown	145.1700	–	O 151.4/151.4 E-SUNs	K0GQ	RAYTOWNA
Shawnee	145.2100	–	OeE-SUNs	WB0HAC	SRACT
Shawnee Msn	145.2300	–	OeE-SUN	WB0RJQ	WB0RJQ
Smithville	146.6400	–	Osz	KC0IMO	N0VER
NORTHCENTRAL					
Beloit	145.3100	–	OE-SUN	WA0CCW	SVRC
Concordia	146.8650	–	OE-SUNs	W0TQ	CLOUDCOCD
Concordia	146.9250	–	OE-SUNs	WB0SVM	NCK RC
Greenleaf	147.0600	+	Os	AC0I	BLUEVLYRA
Lenora	146.8800	–	O	N0KOM	NTNCTYRUG

144-148 MHz
KANSAS

Location	Output	Input	Notes	Call	Sponsor
Minneapolis	147.2250	+	o 118.8/118.8 E-SUN	N0UJQ	KB0MQY
Norton	147.0000	+	OE-SUN	WD0BRZ	WD0BRZ
Norton	147.3000	+	OE-SUN	K0ENU	NRTNSGCRP
Osborne	147.3750	+	OE-SUNs	NZ0M	ORUG
Phillipsburg	147.1200	+	OE-SUN	AA0HJ	AA0HJ
Smith Center	146.6100	–	o	N0LL	USCARC
NORTHEAST					
Effingham	146.6100	–	o	K0DXY	ACARS
Hiawatha	147.1800	+	OeE-SUN	WA0SRR	HARC
Holton	146.7750	–	OeE-SUN	AA0MM	JACKSONARC
Lawrence	146.7600	–	o	W0UK	DCARC
Lawrence	147.0300	+	o 88.5/88.5 E-SUNs	N0APJ	DG CO EP
Leavenworth	145.3300	–	OE-SUN	N0KOA	WB0YNE
Leavenworth	147.0000	+	o 151.4/151.4eE-SUNs	KS0LV	PKARC
Manhattan	145.4100	–	o	W0QQQ	KSU ARC
Manhattan	147.2550	+	OE-SUN	KS0MAN	MAARS
Marysville	147.2850	+	o	K0KSI	MCARC
Ozawkie	147.0600	+	o 100.0/100.0eE-SUN	KC0OXR	BARCBAD
Seneca	146.7150	–	OE-SUNs	KB0DEU	NMCOCD
NORTHWEST					
Colby	146.8200	–	o 156.7/156.7eE-SUNs	W0WOB	TARC
Goodland	147.0300	+	o 88.5/88.5e L(ECHO 243285)	WA0GBN	SFCARC
Norton	145.3500	–	Os	WD0AVA	WD0AVA
Oberlin	145.1900	–	o	KB0DZB	TRI-STATE
SOUTH CENTRAL					
Anthony	146.6850	–	OE-SUN	K0WJH	------------
SOUTHCENTRAL					
Anthony	147.3000	+	o	KB0HH	SLTPLNARC
Arkansas City	147.0000	+	o 97.4/97.4s	WA0JBW	CWLYCOARC
Beaumont	145.1300	–	o 156.7/156.7 E-SUNsLITZ	KS0KE	KARS
Hutchinson	146.6700	–	OE-SUN L(ECHO 105011)	W0WR	RCKARA
Hutchinson	147.1200	+	OeE-SUN L(ECHO 105011)	W0WR	RCKARA
Kiowa	147.0150	+	OE-SUNs	KB5MDH	KDE-TV36
Moundridge	147.3150	+	o	KA0MR	KA0MR
Newton	145.1100	–	OE-SUNs	N0EVF	SKYWARN
Newton	146.6100	–	OeE-SUNs	W0BZN	NEWTON ARC
Pratt	146.7000	–	o	WB0OAO	WB0OAO
Wellington	146.6400	–	o 103.5/103.5	WA0QPY	WLNGTNARC
Wellington	147.2400	+	o	WA0ZFE	WA0ZFE
Winfield	145.1900	–	Osz	WA0JBW	CWLYCOARC
Winfield	146.7600	–	Oes	WA0JBW	CWLYCOARC
SOUTHEAST					
Chanute	145.3500	–	●t	N0WXG	N0WXG
Chanute	146.7450	–	o 100.0/100.0s	AI0E	CAARC
Chanute	147.1050	+	o 91.5/91.5	KZ0V	------------

KANSAS 144-148 MHz

Location	Output	Input	Notes	Call	Sponsor
Coffeyville	146.6100	–	O 91.5/91.5 E-SUN	WR0CV	COFYVLARC
Coffeyville	147.3000	+	O 91.5/91.5	NU0B	C A R C
Fort Scott	147.1050	+	O	KB0SWH	------------
Humboldt	147.1800	+	O	WB0SHN	WB0SHN
Independence	145.4900	–	O 91.5/91.5	N0ID	IARC
Independence	147.0150	+	O 100.0/100.0	N0ID	IARC
Parsons	145.2500	–	O 91.5/91.5e L(ECHO 305758)	W0PIE	------------
Parsons	146.6850	–	OE-SUN	N0RRY	PAARC
Pittsburg	146.9400	–	O 91.5/91.5e E-SUN	K0PRO	PRO
Pittsburg	147.2400	+	O 91.5/91.5e	K0PRO	PRO
Sedan	146.9550	–	Os	N7CZR	CQ EM

SOUTHWEST

Location	Output	Input	Notes	Call	Sponsor
Dodge City	146.6100	–	O 67.0/67.0 E-SUNs	K0BAI	K0BAI
Dodge City	147.0300	+	O 123.0/123.0 E-SUN L(ECHOLINK)s	KU0L	KU0L
Dodge City	147.1650	+	O 88.5/88.5e E-SUNsx	K0HAM	KS0ECC
Garden City	146.9100	–	O 141.3/141.3 E-SUN	W0GCK	SNDHILSARC
Hugoton	147.2400	+	OE-SUN	KB0KQQ	SPARK
Lakin	146.9850	–	O 156.7/156.7 E-SUN	N0OMC	N0OMC
Liberal	145.1500	–	O 88.5/88.5	W0KKS	SPARK
Liberal	146.8050	–	O 103.5/103.5 E-SUN	W0KKS	SPARK
Plains	147.1800	+	O	WK0DX	WK0DX
Sublette	147.3000	+	Oe	KC5CMC	KC5CMC/CRO
Ulysses	147.0600	+	OE-SUN	KA0ASH	SKECT

TOPEKA

Location	Output	Input	Notes	Call	Sponsor
Meriden	146.8350	–	OE-SUNs	N0LFN	BARCBADS
Overbrook	146.8050	–	OE-SUN	WD0DDG	WD0DDG
St Marys	146.9550	–	O 88.5/88.5e E-SUNsx	K0HAM	NEKSUN
Topeka	145.2700	–	O 88.5/88.5 E-SUNs	W0CET	KVARC
Topeka	145.4500	–	O 88.5/88.5 E-SUNs	W0CET	KVARC
Topeka	146.6700	–	O 88.5/88.5 E-SUN L(ECHO 157350)s	WA0VRS	911 TOP

WESTCENTRAL

Location	Output	Input	Notes	Call	Sponsor
Scott City	146.7000	–	OE-SUN	K0EQH	SNDHILSARC
Syracuse	146.7750	–	OE-SUN	KA0TAO	KA0TAO
Tribune	147.3600	+	O	KB0MH	KB0MH

WICHITA

Location	Output	Input	Notes	Call	Sponsor
Derby	145.4700	–	O 156.7/156.7 L(IRLP 190764)	KC0SOK	ALRERC
Derby	146.6400	–	OE-SUN LITZ	KC0NJG	------------
Derby	146.7900	–	O/103.5e E-SUN	W0SOE	WARC
El Dorado	147.1500	+	O	W0RGB	FLNTHLSRC

166 144-148 MHz
KANSAS-KENTUCKY

Location	Output	Input	Notes	Call	Sponsor
El Dorado	147.2100	+	O	KØFAO	KARS
			100.0/100.0 E-SUN		
Haysville	145.4100	–	OeE-SUNs	KAØRT	KAØRT
Haysville	147.1050	+	OeE-SUNs	KAØRT	KAØRT
Hutchinson	146.8200	+	OE-SUNs	WØKA	WARC
Hutchinson	146.8200	–	O	WØKA	WARC
			103.5/103.5 E-SUNs		
Mulvane	146.7150	–	O	NØKTA	MLVANEARC
			100.0/100.0 E-SUN		
Valley Center	147.3900	+	Os	KØFFR	KØFFR
Wichita	145.2700	–	O	WØVFW	VFW3115
			L(ECHOLINK)		
Wichita	145.3700	–	O	WØWKS	WØWKS
			L(ECHO 273244)		
Wichita	145.4500	–	O	NØJWY	NØJWY
			110.9/110.9 E-SUNs		
Wichita	146.8500	–	O	WØUUS	WARC
			103.5/103.5eE-SUNs		
Wichita	146.8950	–	Oe	KCØAHN	BEARS
Wichita	146.9400	–	OeE-SUNs	WAØRJE	TECNICHAT
Wichita	147.0600	+	O	KØFCQ	------------
			100.0/100.0 L(IRLP)		
Wichita	147.2850	+	OE-SUN	NØOUN	NØOUN

KENTUCKY

Location	Output	Input	Notes	Call	Sponsor
Allen	147.3000	+	O 123.0aIRB	K4ICN	K4ICN
Artemus	147.3900	+	107.2#pr	N4INT	N4INT
Ashland	146.9400	–	O 107.2 (CA)	KG4DVE	RIVER CITI
Ashland	147.2400	+	O 107.2 (CA)	KC4QK	ASHLAND 24 e
Ashland	147.3300	+	Oa	WA8KWH	RON CURRY
Auburn	145.4500	–	O 103.5e	W6ZP	W6ZP
Barbourville	147.1350	+	O 100.0	KF4CME	KF4CME
Bardstown	145.4700	–	151.4	KB4KY	KY4Z
Beaver Dam	145.1700	–	136.5#	KI4HEC	OHIO CO AR
Benton	145.3900	–	O 118.8e	KI4HUS	N4STW
Berea	146.7150	–	O 100.0e	KF4OFT	WILDERNESS
Black Mtn	147.2100	+	103.5eWX	KE4BHZ	------------
Bowling Green	147.0600	+	156.7	KY4BG	KY COLONEL
Bowling Green	147.1650	+	Oe	W4WSM	------------
Bowling Green	147.3300	+	Oe	KA4CFW	KCARC
Brooks	146.7000	–	O 79.a(CA)e rRB WX	KY4KY	BULLITT AR
Buckhorn Lake	147.3750	+	O 103.5	K4XYZ	K4XYZ
Buffalo	147.2550	+	79.9 RB WX	W4LJM	W4LJM
Cadiz	147.1950	+	103.5a	KT4SH	KT4SH
Cane Valley	146.6400	–	O	WA4UXJ	CENTRAL KY
Corbin	146.6100	–	O(CA)	WD4KWV	WD4KWV
Covington	147.3900	+	O 123.0	WR8CRA	CINCINNATI
Crestwood	147.3900	+	O 151.4 (CA)	KY4OC	OCARC
Danville	145.3100	–	100.0 (CA)es	WD4DZC	WRARC
David	145.3100	–	Otl	KC4KZT	KC4KZT
Daviess	146.8650	–	O 82.5ae	KY4K	------------
Dewdrop	147.0300	+	107.2esRB	KD4DZE	KD4DZE
Dorton	146.8950	+	O 141.3aRB	KC4KZT	KC4KZT

144-148 MHz   KENTUCKY

Location	Output	Input	Notes	Call	Sponsor
Drakesboro	146.8200	–	Ot(CA)e	KF4DKJ	MARS (MUHL
Edgewood	147.2550	+	O 123.0 (CA) rs	K4CO	K4CO
Elizabethtown	146.9800	–	Oael	W4BEJ	LINCOLN TR
Elkton	145.4300	–	O 77.0e	AC4RS	AC4RS
Flemingsburg	146.9550	–	O 107.2	KF4BRO	GREATER MA
Frankfort	147.1050	+	O 107.2e	K4TG	K4TG
Frankfort	147.2400	+	O 100.0	KC4AI	K4NGQ
Franklin	147.1350	+	136.5	KE4SZK	KE4SZK
Georgetown	146.6850	–	O 107.2ae	KF4NTQ	GEO-SCOTT
Glasgow	146.9400	–	ae	KY4X	MCARC, INC
Grayson/Foxfir	146.7000	–	O 107.2	KD4DZE	KD4DZE
Greenville	146.7450	–	O(CA)	WA4TTC	MARS (MUHL
Grethel	147.0450	+	O 100.0 (CA) lRB	KJ4VF	KJ4VF
Guthrie	146.8050	–	O 100.0l	KA4NNE	KA4NNE
Halls Gap	145.1700	–	Oal	W8PRH	FAIRFIELD
Halls Gap	146.7900	–	O 79.9aes WX	AG4TY	------------
Hamlin	147.2400	+	O 91.5	W4GZ	MSUARC
Harlan	147.1050	+	103.5 WX	K4TDO	WA4GNP
Hawesville	146.7150	–	O 136.5 (CA) esWX	KY4HC	KY4HC
Hazard	146.6700	–	O 103.5e	KY4MT	KY MOUNTAI
Henderson	145.4900	–	O	W4KVK	HARC
Henderson	146.9700	–	O#e	K4DPP	WEHT-TV
Highland Heigh	146.7900	–	O 123.0	W4YWH	W4YWH
Highland Heigh	146.8950	–	O 123.0rs	K4CO	K4CO
Hopkinsville	147.0300	+	O 103.5	KD4ULE	KD4ULE
Hueysville	145.4700	–	O 79.7	K4NLT	KF4ZTB
Irvine	146.8200	–	O 192.8 (CA) elRBz	W4CMR	CHESTNUT M
Irvine	147.0150	+	Oe	AD4RT	ECHO CLUB
Jackson	145.4100	–	Oa	WA4MXO	JACKSON AR
Jonathan Creek	146.9850	–	O#	N4SEI	JOHNATHAN
Lawrenceburg	145.3900	–	107.2e	KY4LAW	K4TG
Lawrenceburg	146.9100	–	107.2es	KY4LAW	ANDERSON C
Lebanon Jct	147.1500	+	79.7el	KD4YGK	N4FND
Leesburg	145.1100	–	O 192.8 (CA) e	KC4UPE	KC4UPE
Lexingtn/Grgtw	145.2100	–	Oal	W8PRH	FAIRFIELD
Lexington	145.2500	–	O 110.9 (CA)	AD4YJ	AD4YJ
Lexington	146.7300	–	O	AC4AO	AC4AO
Lexington	146.7600	–	O(CA)z	K4KJQ	BLUEGRASS
Lexington	146.9400	–	#	KA4MKG	KA4MKG
Lexington	147.1200	+	141.3 (CA)e	K4UKH	------------
Lexington	147.1650	+	O	WA4HBM	BLUEGRASS
Litchfield	147.2250	+	O 179.9	KY4SP	KG4JTV
London	147.1800	+	O 151.4ael RB WXx	KE4ZJT	KE4ZJT
London	147.2850	+	Ote	KC4ZFH	KC4ZFH
Louisa	147.3900	+	O 127.3eRB	N8QCW	WA4SWF
Louisville	145.1500	–	141.3l	KG4CCW	KG4CCW
Louisville	145.2300	–	Oal	W8PRH	FARA
Louisville	145.2900	–	O 151.4 RB	AC2DC	AC2DC
Louisville	145.4100	–	O 151.4	KK4CZ	KK4CZ

168   144-148 MHz
KENTUCKY

Location	Output	Input	Notes	Call	Sponsor
Louisville	146.8800	–	O(CA)	W4PF	W4PF
Louisville	147.0300	+	O 151.4 (CA) erRBz	W4PJZ	LVL & JEF
Louisville	147.0700	+	O 151.4#e	N4MRM	N4MRM
Louisville	147.1200	+	O#e	KA4KMT	KA4MKT
Louisville	147.1800	+	79.9	W4CN	W4CN
Louisville	147.2700	+	O 151.4	WB4EJK	WB4EJK
Louisville	147.3600	+	Oa	KQ9Z	KQ9Z&K9BAW
Louisville Are	145.1300	–	O 151.4e	N4UL	N4UL
Lynn Grove	146.8950	–	O 210.7 (CA)	KA4BLZ	KA4BLZ
Madisonville	146.6100	–	O 100.0ae	KC4FRA	HOPKINS CO
Magnolia	146.6700	–	O 77.0aes WX	WA4FOB	------------
Manchester	146.9250	–	79.7	KG4LKY	KG4LKY
Marion	147.2850	+	Oa	KA4FGA	------------
Maysville	145.4700	–	O 107.2e	KF4BRO	GMCARA
McKee	147.0600	+	192.8	W4CPT	W4CPT
Middlesboro	146.7750	–	107.2ae	KT4OT	KT4OT
Millard	146.7450	–	O 141.3	KD4RTR	------------
Monticello	145.1500	–	O 100.0 (CA) e	KY4JW	WARS
Monticello	146.9950	–	O 88.5	WB9SHH	WB9SHH
Morehead	145.1300	–	O 100.0 (CA) lRB	KJ4VF	KJ4VF
Morehead	146.9100	–	O 123.0	K4GFY	K4GFY
Mt Sterling	147.3300	+	103.5sWX	KI4CAZ	GATEWAY AR
Murray	146.9400	–	O 91.5 (CA)e	K4MSU	MSUARC
Nebo	146.7300	–	O#	AA4NI	------------
Nicholasville	145.4900	–	Oaez	WB4CWF	WB4RZD
Oldham	147.2100	+	ae	WB4WSB	------------
Owensboro	146.6850	–	O 110.9	N4WJS	N4WJS
Owensboro	147.2100	+	O 110.9al	K4HY	OARC
Owingsville	147.0750	+	Oaez	N4TLP	CAVE RUN A
Paducah	146.6550	–	Ote	K4CUW	K4CUW
Paducah	146.7600	–	O(CA)e	K4CUW	K4CUW
Paducah	147.0600	+	O 103.5aez	W4NJA	PARA
Paducah	147.1200	+	O 179.9 (CA) e	KD4DVI	------------
Paintsville	145.2700	–	O 127.3ae	N4KJU	JOHNSON CO
Paintsville	147.2250	+	127.3lsRB WX	KI4OIP	KF4LNB
Paris	147.0450	+	O 141.3	KE4OOS	WD4GPO
Payneville	146.6250	–	O 151.4es WX	K4ULW	KA4MAP
Phelps	147.0900	+	O 100.0e	N4MWA	N4MVY
Pikeville	145.1500	–	O 107.2eRB	AD4BI	AD4BI
Pikeville	146.8500	–	O 100.0lRBz	KM4IV	MARK L SMI
Pleasent Ridge	145.2700	–	77.0elRB WX	KD4BOH	------------
Prestonsburg	147.1650	+	O	WB4UBY	N4MWA
Princeton	145.2300	–	O 103.5e	W4KBL	W4KBL
Radcliff	145.3500	–	O 173.8ae LITZ WX	AI4HB	AI4HB
Radcliff	146.9250	–	Oael	W4BEJ	LTARC
Richmond	145.3700	–	O 192.8 (CA) e	KE4YVD	EARS
Richmond	146.8650	–	O 192.8a	KG4AEU	MCEMA

144-148 MHz
KENTUCKY-LOUISIANA

Location	Output	Input	Notes	Call	Sponsor
Russellville	146.6550	–	O#l	W4WSM	WD4MNI
Salem	147.3150	+	Oe	KC4VXR	SALEM ARA
Salvisa	146.8350	–	O 192.8el	KF4AWA	SALVISA AR
Salyersville	145.1900	–	O 127.3 (CA) eRB	KB4SQI	KB4SQI
Sandy Hook	147.1350	+	107.2es	KD4DZE	KD4DZE
Shelbyville	147.0000	+	Oe	KE4LR	STUBBLEFIE
So Portsmouth	145.3900	–	136.5 (CA)l RB	KC8FKP	KC8FKP
Somerset	146.8800	–	O 77.0e	AC4DM	AC4DM
Springfield	147.3000	+	Oael	WA4SJH	J. MURRAY
St Charles	147.2700	+	O	KE4AIE	KE4AIE
Stanton	145.2900	–	O	N4VOS	------------
Tompkinsville	146.7750	–	O 151.4e	KJ4OG	------------
Vanceburg	146.7750	–	O 100.0eRB	AE4SK	AE4SK
Versailles	145.3300	–	e	KY4WC	KY4WC
Walton	147.3750	+	123	K4CO	------------
West Liberty	145.2300	–	O 107.2	KG4GQC	N4EZR
Whitesburg	145.3500	–	186.2e	KY4JLB	------------
Williamsburg	147.0000	+	O	KG4M	STUBBLEFIE
Winchester	145.4300	–	O 203.5 (CA) e	KF4CBT	KF4CBT
Winchester	147.1200	+	O(CA)e	WB4ASZ	WB4ASZ
Winchester	147.1950	+	O 100.0l	KJ4VF	------------

LOUISIANA
FREQUENCY USAGE

Location	Output	Input	Notes	Call	Sponsor
Shared	145.1700	–		SNP	
CENTRAL					
Alexandria	145.1500	–	Oe	KC5ZJY	CLARC
Alexandria	147.3300	–	OaelrZ(911)	KC5ZJY	CLARC
Cheneyville	147.3750	+	O 110.9els	KD5DFL	RARC
Jena	147.1050	+	O 103.5	KE5KT	KE5KT
Leesville	145.3100	–	O 203.5 (CA) elz	W5LSV	WCLARC
Many	147.2800	–	Oaels	N5VTL	SPARC
Moreauville	145.1300	–	Oe	KA5KON	AVOY OEP
Natchitoches	146.8800	–	Oaer	WA5BWX	WA5BWX-CD
Otis	146.6250	–	Or	KK5LE	KK5LE
Pineville	146.6400	–	O 173.8/173.8e	AB5IS	AB5IS
NORTHEAST					
Bastrop	146.9250	–	O 127.3	K5SAR	K5SAR
Bernice	145.3300	–	O 127.3/127.3	W5JC	W5JC
Bernice	147.0750	+	O 127.3	W5JC	W5JC
Columbia	147.0150	+	Otex	K5NOE	K5NOE
Farmerville	145.2300	–	Oers	KA5JNL	KA5JNL
Holly Ridge	145.3500	–	O 127.3elrs WXx	W5KGT	W5KGT
Kilbourne	146.7750	–	O	KJ5NQ	KJ5NQ
Monroe	146.8500	–	Oersx	N5DMX	N5DMX
Ouachita Parish	145.1700	–	O 127.3e E-SUN L(444.100)prsRB EXP	W5KGT	NELA-ARES
Rayville	145.4900	–	O	WA5KNV	Beouf R RA
Ruston	145.1900	–	O 94.8ael LITZ WXx	N5WLG	N5WLG

170 144-148 MHz
LOUISIANA

Location	Output	Input	Notes	Call	Sponsor
Ruston	147.1200	+	O 94.8es	WC5K	PHARA
West Monroe	145.4500	–	O 127.3e	KD5DCW	KD5DCW
West Monroe	146.9700	–	O	KB5TLB	KB5TLB
West Monroe	147.1350	+	O	W5KGT	W5KGT
			127.3/127.3aelrsLITZ WXxZ(911)		
West Monroe	147.3750	+	O 127.3	KB5TLB	KB5TLB
Winnsboro	146.7000	–	O	KA5BNV	ED MSN RC
NORTHWEST					
Ashland	147.2100	+	●ex	KC5UCV	KC5UCV
Bossier	147.1500	+	O 186.2elrs WXz	K5BMO	B.M.O.
Coushatta	145.2700	–	O 186.2 (CA) er	K5EYG	RRARA
Haughton	147.2400	+	O 123.0e	KC5UCV	KC5UCV
Jonesboro	146.7900	–	Os	WB5NIN	JAARO
Mansfield	146.9400	–	Oaer	KC5XR	UNTD R AC
Minden	147.3000	+	O 186.2a	N5RD	MARA
Shreveport	145.1100	–	O 186.2 (CA) eWX	N5FJ	S.A.R.A.
Shreveport	145.4100	–	O 186.2e	KC5OKA	ARK LA TX
Shreveport	145.4300	–	Oal	KB5PKW	MARA
Shreveport	146.6700	–	OeWXx	N5JH	ARCOS
Shreveport	146.7000	–	O 186.2er	K5KDQ	SARA
Shreveport	146.7600	–	O 186.2ae	N5HNB	ARCOS
Shreveport	146.7900	–	O 110.9/110.9e	K5JRV	K5JRV
Shreveport	146.8200	–	O 186.2 (CA) e	K5SL	S.A.R.A
Shreveport	147.3600	+	OL(D-STAR) WX	W5SHV	SDT
Springhill	146.7300	–	Oa	N5II	SPHL ARC
Springhill	147.1650	+	OWX	AF5P	ARKLA ARA
Winnfield	147.0600	+	OesWXx	KE5IXL	WPARES
SOUTHCENTRAL					
Berwick	146.7400	–	O 103.5/103.5a	N5BOD	N5BOD
Crowley	147.2400	–	O 127.3 (CA) e	K5ET	TV 10 RG
Franklin	147.1200	+	Oaer	N5BOD	ST MRY CD
Lafayette	145.3700	–	O 103.5/103.5e	KF5VH	LRA
Lafayette	146.8200	–	Oe	K5ARH	ACDN ARA
Lafayette	147.0400	+	O 103.5/103.5e	W5DDL	ACDN ARA
Morgan City	146.8350	–	O 203.5e	N5DVI	KB5GON
Morgan City	146.9100	–	Oaer	N5BOD	ST MRY CD
New Iberia	146.6800	–	O 103.5/103.5aer	K5ARA	IBR PR OEP
Opelousas	147.1500	+	O 103.5/103.5 Bl	W5OPL	OPLS AARC
SOUTHEAST					
Addis	147.2850	+	O 107.2e	W5KRO	CCAC
Baton Rouge	145.2300	–	O 107.2/107.2 (CA)elx	W5GQ	WAFB-TV-E
Baton Rouge	145.4500	–	Oaez	WA5TQA	OMIK-BR
Baton Rouge	145.4900	–	Oaelx	KD5SL	RASC

144-148 MHz   171
LOUISIANA

Location	Output	Input	Notes	Call	Sponsor
Baton Rouge	146.7000	−	O	WB5TPK	EXXON ARC
Baton Rouge	146.7900	−	Oae	W5GIX	BR ARC
Baton Rouge	146.8800	−	Oe L(D-STAR)	KD5CQB	EBRP COM
Baton Rouge	146.9400	−	Oer	KD5CQB	EBRP OEP
Baton Rouge	147.1350	+	●	NV5A	135 RA
Baton Rouge	147.2550	+	O	N5NXL	BRRG
Baton Rouge	147.3450	+	O 100.0ael	W5DOW	Dow ARC
Belle Chasse	146.8950	−	O 114.8elrs	KE5LNP	PPOEP
Destrehan	146.8050	−	Oe	WB5MUI	Plantation
Franklinton	146.6400	−	Ors	KE5HXF	KE5HXF
Geismar	145.2500	−	O 118.8/118.8 (CA)e	W5JMT	OMIK-BR
Gonzales	145.3100	−	OL(444.025)	K5ARC	ASCN ARC
Gonzales	146.9850	−	Oe	K5ARC	ASCN ARC
Gonzales	147.2250	+	OA(*911)el	K5ARC	ASCN ARC
Hammond	145.1300	−	Oe	WB5NET	SELARC
Hammond	147.0000	−	O(CA)ez	WB5NET	SELARC
Houma	147.3000	+	Oe	W5YL	THBDX ARC
Houma	147.3300	+	Oe	W5YL	THBDX ARC
Livingston	147.1650	+	O	N5XQS	KC5BMA
Madisonville	147.3750	+	Oe	W5NJJ	NLAKE ARC+
Mandeville	146.7150	−	O(CA)e	W5NJJ	NLAKE ARC+
Metairie	145.3700	−	O 114.8/114.8 L(29.62)	W5GAD	JFRSN ARC
Metairie	145.3900	−	O 114.8es	W5GAD	JFRSN ARC
Metairie	146.8200	−	O 114.8	N5OZG	N5OZG
Metairie	146.9250	−	Oe L(D-STAR)rs	W5GAD	JARC
Metairie	147.3600	+	●	W5RU	DDXA
New Orleans	145.4700	−	O 114.8/114.8ael	NN5F	LVW RC
New Orleans	146.6200	−	Oe L(444.800)r	W5MCC	NO VHF
New Orleans	146.7600	−	O 114.8/114.8 (CA)e	W5MCC	NO VHF
New Orleans	146.8600	−	O 114.8/114.8 (CA)er	W5MCC	NO VHF
New Orleans	147.2400	+	Oael	W5GAD	JFRSN ARC
New Roads	146.6550	−	O 107.2 (CA) el	N5DHM	FRRA
Pine	145.4300	−	Oel	KF5JC	KF5JC
Port Shulphur	146.6550	−	O 114.8elrs	KE5LNP	PPOEP
Rosedale	147.1800	+	Oael	W5OVV	W5OVV
Satsuma	146.7300	−	OtesWX	W5TFW	LIVNGSTN
Slidell	145.2900	−	●	K5OZ	Ozone ARC
Slidell	147.2700	−	O 114.8/114.8e	W5SLA	Ozone ARC
Thibodaux	145.2100	−	Oae	WD5IWT	WD5CFM+
Thibodaux	147.3900	+	Oael	W5YL	THBDX ARC
Wilmer	147.0450	+	O 100.0 (CA) ers	N5MWY	CARS

SOUTHWEST

Location	Output	Input	Notes	Call	Sponsor
DeRidder	146.8500	−	O	N5BDD	W LA ARS
Lake Charles	145.2100	−	O	W5BII	SWLARC
Lake Charles	146.7300	−	O 173.8/173.8ae	W5BII	SWLARC

144-148 MHz
LOUISIANA-MAINE

Location	Output	Input	Notes	Call	Sponsor
Oberlin	146.9250	–	O 131.8es	W5ELM	W5ELM
Sulphur	145.3500	–	O 103.5/103.5 (CA)e	KC5PNH	SAC

MAINE
AROOSTOOK COUNTY

Location	Output	Input	Notes	Call	Sponsor
Allagash-T18-R12	146.7150	–	O E-SUN	N1FG	SJVARA
Fort Kent	146.6400	–	O 100.0ex	N1FG	SJVARA
Frenchville	147.3300	+	O 103.5	N1FCV	N1FCV
Houlton	146.7900	–	O eWX	W1NSN	GHCA-ARC
Merrill	145.1700	–	O 123.0e L(146.850 OR 147.000)x	KB1JVQ	JGB
New Sweden	146.6700	–	● 100.0	K1SUT	ABC
North Wade	146.7300	–	O e	K1FS	AARA

AUGUSTA

Location	Output	Input	Notes	Call	Sponsor
Augusta	146.6700	–	O 100.0ae L(KQ1L NET)rWX	KQ1L	KQ1L
Augusta	146.7900	–	O 100.0s	W1TLC	AARA/KQ1L
Belgrade Lakes	145.3900	–	O 100.0e L(W1PIG/E15061)sWXx	W1PIG	KenebecARS
Kents Hill	147.0000	+	O 100.0e L(W1PIG NET)rsWX	W1PIG	KARS
Litchfield	146.7000	–	O 100.0e L(KQ1L NET)rWX	N1ITR	N1ITR/KQ1L
North Vassalboro	146.7600	–	O e	K1DAP	McCOLLOR
Winslow	147.2850	+	O 100.0	W1SSF	Ron Manson

CENTRAL/BANGOR

Location	Output	Input	Notes	Call	Sponsor
Brownville	147.1050	+	O 103.5e L(444.950 WNDHM HL)x	N1BUG	N1BUG
Dixmont	146.8500	–	O 100.0e L(KQ1L NET)rWX	KQ1L	KQ1L
East Holden	146.9400	–	O 100.0e	N1ME	PSARC
East Millinocket	146.7450	–	O 100.0 L(KA1EKS NET)	KA1EKS	KA1EKS
Hampden	147.3000	+	O 100.0 (CA) e	W1GEE	W1GEE
Hermon	145.4500	–	O 67.0es	WA1RES	PnbCtyARES
Lincoln	147.0000	+	O 100.0 L(KQ1L NET)	N1GOI	BARC
Millinocket	145.2500	–	O 100.0 L(KA1EKS NET)	KA1EKS	KA1EKS
Orono	145.4700	–	O	W1YA	U ME ARC
Springfield	147.3750	+	O 100.0ex	WA1ZJL	WA1ZJL

MID-COAST

Location	Output	Input	Notes	Call	Sponsor
Belfast	147.1650	+	O 136.5eprs	W1EMA	WCARA
Ellsworth	146.9100	–	O 151.4ersx	KB1NEB	HC EMCOMM
Hope	147.2400	+	O	WA1ZDA	WA1ZDA
Hulls Cove	147.0300	+	O 100.0e	W1TU	EAWA
Knox	147.2700	+	O 136.5ers	W1EMA	WCARA
Palermo	145.2700	–	O 100.0e L(W1PIG NET)rsWXx	W1PIG	KARS
Rockport-Ragged Mtn	146.8200	–	O 100.0e L(KQ1L NET)rWX	KQ1L	KQ1L
Washington	145.4900	–	O 91.5 (CA)e L(147.135 B'WICK)x	KC1CG	KC1CG
Washington	147.0600	+	O 91.5 (CA)e x	W1PBR	PenBay ARC

144-148 MHz — MAINE-MARYLAND

Location	Output	Input	Notes	Call	Sponsor
NORTHWEST					
Buckfield-Strkd Mtn	146.8800	–	O 100.0e L(KQ1L NET)rWX	KQ1L	KQ1L
Farmington	147.1800	+	O	KY1C	KY1C
Hiram	147.0150	+	O 103.5e	K1AAM	K1AAM
Madison	146.7300	–	O 91.5	KA1C	KA1C
Mexico	146.9100	–	Oex	N1BBK	N1BBK
New Sharon	145.3500	–	O 100.0e L(KQ1L NET)x	N1UGR	KQ1L
Skowhegan	147.3450	+	O	KA1ZGC	KA1ZGC
Sugarloaf Mtn	146.9700	–	O 100.0e L(KQ1L NET)rWX	W1HTG	W1HTG/KQ1L
PORTLAND/SOUTH COAST					
Alfred	145.4100	–	O 103.5aer	WJ1L	RACES
Arundel	146.9250	–	O 103.5 (CA) eL(444.600 W'BORO)	W6BZ	N East ARC
Auburn	146.6100	–	Oe	W1NPP	AARC
Brunswick	147.1350	+	O(CA)e L(145.490 WSH'TN)x	WZ1J	G.R.U.
Brunswick	147.2100	+	O 100.0aepr sx	KS1R	MARA
Cornish	145.2100	–	O 156.7ae L(CCS SYSTEM) EXPx	N1KMA	CLEOSYS
Falmouth	147.0900	+	O 100.0es WXx	W1QUI	George
Gray	147.0450	+	O 100.0e	K1MV	RRRA
Hollis Center	146.6400	–	O 100.0e L(KQ1L NET)	N1ROA	N1ROA
Naples	146.8350	–	O 103.5e	K1AAM	K1AAM
Portland	146.7300	–	O 100.0er	K1EU	PAWA
Portland	146.7300	–	O 100.0e	W1KVI	P.A.W.A.
Portland	147.3600	+	O	K1SA	K1SA
Saco	146.7750	–	O	WA1GTT	WA1GTT
Sanford	145.2100	–	O 156.7ae L(CCS SYSTEM)x	N1KMA	CLEOSYS
Sanford	147.1800	+	O 100.0e L(KQ1L NET)x	KQ1L	KQ1L
Sebago Lake	147.3150	+	O 103.5e	K1AAM	K1AAM
Waldoboro	147.3900	+	O(CA)	K1NYY	K1NYY
Wales	145.2900	–	O 100.0e L(W1PIG NET)sWXx	W1PIG	KARS
Wiscasset	146.9850	–	O 100.0er	K1LX	K1NI
WASHINGTON COUNTY					
Cooper	146.6100	–	O 114.8	WB5NKJ	D Baldwin
Cooper	147.3300	+	O 118.8	W1LH	W1LH
Jonesboro	145.4300	–	O	N1MLF	N1MLF
Topsfield	146.6700	–	O 100.0 L(KQ1L NET)	K1HHC	IRG
MARYLAND					
FREQUENCY USAGE					
Snp	145.1700	–			
Eldersburg	147.5550	147.5550		KA3LAO	TCARC
ANNAPOLIS					
Davidsonville	147.1050	+	aez	W3VPR	AARC

174 144-148 MHz
MARYLAND

Location	Output	Input	Notes	Call	Sponsor
Millersville	146.8050	–	107.2aer Z(911)	W3CU	MMARC
BALTIMORE					
Baltimore	147.0300	+	O(CA)elWX	W3DID	BRATS
Cockeysville	145.1900	–	110.9	K3NXU	Boumi AR
Columbia	147.1350	+	156.7	K3CUJ	Col. ARA
Columbia	147.3900	+	156.7	K3CUJ	Col. ARA
E Baltimore	147.2400	+	l	W3PGA	Aero ARC
Jessup	146.7600	–	107.2l	WA3DZD	MFMA
Jessup	146.7600	223.1600	107.2l	WA3DZD	MFMA
Jessup	146.7600	449.0000	107.2l	WA3DZD	MFMA
Millersville	147.0750	+		W3VPR	AARC
NW Baltimore	145.1300	–	O(CA) RB	WA3DZZ	BRATS
Towson	146.6700	–	107.2aelr	W3FT	Balto AR
BY THE BAY					
Charlestown	145.4700	–	O 107.2 (CA) rz	N3RCN	N3RCN
CAROL COUNTY					
Sykesville	147.2850	+		K3PZN	CCARC
CENTRAL DELMARVA					
Centerville	146.9400	–	l	K3ORC	K.I. ARC
Easton	147.0450	+	156.7er Z(911)	K3EMD	EARS
Ocean City	147.0150	+	156.7a	KA3T	Tri-Co A
Princess Anne	146.6250	–	156.7ar	W3MRX	SCARES
Salisbury	146.8200	–	156.7ae	WA3ROW	DARC
Tyaskin	146.8650	–	156.7a	N3HQJ	Muddy Ho
EAST					
Salisbury	146.9250	–	O 156.7er	W3PRO	PROS
NE					
Colora	146.7450	–		N3NAB	N3NAB
NORTH					
Damascus	145.2500	–	O 146.2lx	N3VLG	KK3L
Harford County	145.1100	–	O	KE3BSA	KA3UPR
NORTH CENTRAL					
Manchester	146.8950	–	l	N3KZS	N3KZS
Westminster	145.4100	–	aelrz	K3PZN	CCARC
NORTH DELMARVA					
Chesapeake City	145.1900	–	162.2aez	K3NCL	CCARA
Chestertown	147.3750	+	O(CA)erswx	K3ARS	KARS
NORTH WEST					
Sharpsburg	146.9850	–	O	K8TMJ	K8DSJ
NORTHEAST					
Bel-Air	146.7750	–	O 146.2aer	WB0EGR	HarfdCoRaces
Belair	147.1200	+		N3EKQ	N3EKQ
Colora	147.1650	+	107.2aer	K3UAV	FORCE
Port Deposit	146.8500	–	107.2a L(53.83)z	WA3SFJ	CBRA
Shawsville	145.3300	–		K3HT	W3EHT
NW BALTIMORE					
Towson	147.5550	147.5550		KA3LAO	KA3LAO
SOUTH					
Blossom Point	146.8500	–		W3BPT	BPARC
California	147.3900	+	156.2aerz	N3NO	SPARC
Hollywood	147.1950	+	156.7elr	N3PX	SPARC
Lexington Park	146.6400	–	aez	K3HKI	StMrysAR

144-148 MHz   175
MARYLAND-MASSACHUSETTS

Location	Output	Input	Notes	Call	Sponsor
Lexington Park	146.7750	–	156.7 A(*911)	N3HRT	N3HRT
Prince Frederick	147.2550	+	O 156.7	N3PX	SPARC
Sunderland	146.9850	–	156.7aerz	K3CAL	CalvertA
SOUTH BAY					
Crisfield	145.1100	–	O	N3RKT	N3RKT
SOUTH MD					
Hughesville	145.3900	–	O 186.2e	W6QMN	W7UH
Lusby	145.1300	–	156.7a	N6QAB	N6QAB
WASHINGTON AREA					
Adelphi	145.3700	–	A(*537)e	WB3FRW	HDL ARC
Ashton	147.0000	–	156.7a	K3WX	ARCS
Bethesda	145.2900	–	el	K3YGG	NIHRAC
Brandywine	147.1500	+	114.8 (CA)e	W3SMR	SMARC
Cheverly	146.6100	–	O(CA)er	K3GMR	GMRA
College Park	145.4900	–	A(*911)z	W3EAX	UofMd AR
Germantown	147.2700	+	O	WA3KOK	NERA
Greenbelt	146.8350	–	e	WA3NAN	GoddardA
Greenbelt	146.8800	–	O(CA)er	W3GMR	GMRA
Jessup	146.7600	–	107.2l	WA3DZD	MFMA
Jessup	146.7600	223.1600	107.2l	WA3DZD	MFMA
Jessup	146.7600	449.0000	107.2l	WA3DZD	MFMA
New Carrollton	145.2300	–	110.9	N3EZD	CMARC
Rockville	145.2500	–	e	W3RCN	PARCARA
Rockville	145.4500	–	O 156.7ar	N3GKZ	MADRAS
Rockville	146.9550	–	O(CA)er	KV3B	MARC
Silver Spring	147.1800	+	156.7ar	KA3LAO	Tri-Co A
Silver Spring	147.2250	+	156.7al	WB3GXW	+KA3HGB
Waldorf	145.3500	–	156.7ael	KA3TQD	WRSG
WEST CENTRAL					
Frederick	146.6400	–		K3ERM	FARC
Frederick	146.7300	–	141.3aer	W3ICF	FARG
Frederick	147.0600	+	O 123.0a (CA)erxz	K3MAD	MADXRA
Hagerstown	146.9400	–	Oar	W3CWC	AnttmRA
Hagerstown	147.0900	+	Oaer	W3CWC	AnttmRA
Hagerstown	147.3750	+	r	K3UMV	K3UMV
Thurmont	147.1950	+	179.9	N3EJT	N3EJT
WESTERN					
Cumberland	145.4500	–	al	W3YMW	MountnAR
Frostburg	147.2400	+	O 123elx	KK3L	KK3L
Lonaconing	147.3150	+	O 118.8e	N3JJK	N3JJK
Midland	146.8800	–	123aelr	W3YMW	Mountn A
Oakland	146.8050	–	123.0arz	KB8NUF	GCARES
Oakland	147.1050	+	Oer	WJ3V	WJ3V
MASSACHUSETTS					
BERKSHIRES					
Adams	145.2100	–	O 77.0erx	WA1WMG	PIVCOM
Egremont	145.2500	–	O 114.8x	WB2BQW	NE. Conn.
Great Barrington	145.2700	–	O 136.5ae WXz	KA1OA	KA1OA
Lenox	145.2900	–	Oe L(E264386)	WA1WMG	PiveroComm
Mt Greylock	146.9100	–	O 162.2 TT(10*=PL OFF)eWXx	K1FFK	NoBARC
North Adams	145.4900	–	O 100.0	KC1EB	KC1EB

144-148 MHz
MASSACHUSETTS

Location	Output	Input	Notes	Call	Sponsor
BLACKSTONE VALLEY					
Medway	147.0600	+	OL(224.660)	W1KG	W1KG
Mendon	146.6100	–	O 146.2 (CA) L(MMRA)	N1BHI	MMRA
BOSTON METRO					
Belmont	145.4300	–	O 67.0	WA1RTT	MMRA
Boston	145.2100	–	Oe	WA1GHL	WA1GHL
Boston	145.2300	–	O 88.5esx	W1BOS	BARC
Boston	145.3100	–	O 123.0ae	W1KBN	NUWireless
Brookline	146.8200	–	O 146.2e E-SUN E-WIND L(MMRA)	K5TEC	MMRA
Brookline	146.9850	–	O 88.5 L(MMRA)x	W1FCC	BrklineARC
Newton	147.3600	+	O 67.0 L(E117424)	W1HEB	MDLSX ARC
Quincy	146.6700	–	O 146.2 (CA) L(MMRA)	W1BRI	MMRA
Stoneham	146.7150	–	O 146.2 (CA) eL(MMRA)r	N1NVL	MMRA
Wakefield	147.0750	+	O 151.4e L(E115244)	WA1RHN	WA1RHN
Waltham	146.6400	–	OeWXxz	W1MHL	WARA
BOSTON SOUTH					
Attleboro	147.1950	+	O 127.3e	K1SMH	SMHARC
Canton	146.7450	–	O 146.2e	K1BFD	NARC
Norwood	147.2100	+	O 100.0	W1JLI	NARC/NEMA
Sharon	146.8650	–	O 103.5rsx	K1CNX	S EMA
Stoughton	146.7750	–	O 156.7	K1VNU	Stghtn CD
Taunton	147.1350	+	O 67.0rsx	KA1GG	PAWA
Walpole	146.8950	–	O 123.0eWX	K1HRV	EMA
Wrentham	147.0900	+	O 203.5	K1UHU	K1UHU
CAPE AND ISLANDS					
Dennis	146.9550	–	O 88.5ers WX	K1PBO	BARC
East Sandwich	146.7300	–	O 67.0	W1SGL	CC & IARA
Falmouth	146.6550	–	O 88.5 (CA)e L(442.750 NEWTON)pr	WA1GPO	FARA
Nantucket	145.3100	–	Oe	W1UF	W1UF
North Eastham	145.2700	–	O 88.5	N1BX	PM
Provincetown	147.2550	+	Oe	WA1YFV	PilgrimARC
West Tisbury	147.3450	+	O 88.5ers	KB1QL	MVRC
CENTRAL					
Athol	147.3900	+	O 100.0	N1WW	M.A.R.S.
Clinton	146.6550	–	O 74.4 (CA)e r	N1PHE	CEMA
Fitchburg	145.4500	–	O 74.4 (CA)e r	W1GZ	MARA
Fitchburg	147.3150	+	O 100.0 (CA) eL(224.34/442.95/53.83)x	WB1EWS	WB1EWS
Gardner	145.3700	–	O 136.5ers WX	N1EZD	MRA
Oxford	147.2550	+	O 88.5	K1AOI	K1AOI
Paxton	146.9700	–	O 114.8ex	W1BIM	CMARA
Warren	147.2100	+	O 88.5rs	K1QVR	.Qvarc
Worcester	145.3100	–	O 100.0a L(449.025)z	W1WPI	WPIWA

144-148 MHz   MASSACHUSETTS

Location	Output	Input	Notes	Call	Sponsor
Worcester	146.9250	–	O 100.0sWX	W1YK	WPIWA
MERRIMACK VALLEY					
Andover	146.8350	–	Oers	W1CUO	Tn Andover
Billerica	147.1200	+	O 103.5	W1DC	1200 ARC
Haverhill	145.3500	–	O 136.5 (CA) ez	KT1S	M.L
Haverhill	146.6250	–	O 156.7 (CA) ersx	K1KKM	PRA
North Andover	145.2900	–	O 167.9 (CA) e	KA1LFD	ECAT
Pepperell	147.3450	+	O 100.0rs	N1MNX	N1MNX
Westford	146.9550	–	O 74.4 (CA)e rsWXxz	WB1GOF	PART
METROWEST					
Concord	145.1100	–	O 110.9e	N1CON	CWA
Framingham	147.1500	+	Ors	W1FY	FARA
Harvard	145.4100	–	O 74.4arsx	W1DVC	Harvard RA
Marlborough	147.2400	+	O 71.9/100a eL(REMOTE RX)rs	WA1NPN	TH Group
Marlborough	147.2700	+	O 146.2 (CA) eL(MMRA)	W1MRA	MMRA
Southborough	145.2700	–	Oex	W1EMC	EMC ARC
Wellesley	147.0300	+	Oe L(444.600 WELLSY)	W1TKZ	WellslyARS
Weston	146.7900	–	O 146.2 (CA) L(MMRA)r	N1BE	MMRA
NORTH SHORE					
Beverly	147.3900	+	OeE-SUNr	WA1PNW	Beverly CD
Danvers	145.4700	–	O 136.5 (CA)	NS1RA	NSRA
Gloucester	145.1300	–	Oaex	W1GLO	CAARA
Ipswich	145.4900	–	O 131.8e L(E178106)rsWX	KB1KHO	Ipswich EM
Lynn	145.3300	–	O 88.5	W1LRX	W1DVG
Lynn	147.0150	+	● 88.5	W1DVG	W1DVG
Salem	146.8800	–	O 118.8e	NS1RA	NSRA
Saugus	146.9100	–	O 123.0 (CA) er	K1SVP	E.M.F.R.A.
Topsfield	147.2850	+	O 100.0e	W1VYI	ECRA
PIONEER VALLEY					
Amherst	145.1300	–	O 173.8rs	KD1XP	KD1XP
Leyden	146.9850	–	O 136.5ers WXx	KB1BSS	FCARC
SOUTH COAST					
Dartmouth	147.0000	+	O 67.0ae L(E44347/I4347)s	W1AEC	SEMARA
Fairhaven	145.4900	–	O 67.0e L(E4611/I4617)rsWXx	W1SMA	SCMARG
Fall River	145.1500	–	O 123.0aers	WA1DGW	BCRA
Fall River	146.8050	–	O 67.0 (CA)e	NN1D	SEMARG
SOUTH SHORE					
Bridgewater	147.1800	+	O 67.0x	W1MV	MARA
Norwell	145.2500	–	O 77.0/67.0 RBeL(443.600)r	AC1M	NS1N
Plymouth	146.6850	–	O 82.5e	N1ZIZ	G.A.R.S.
Plymouth	147.3150	+	O 67.0ex	WG1U	WG1U
Scituate	145.3900	–	O 88.5e L(I4320)sWX	W1QWT	W1QWT

144-148 MHz
MASSACHUSETTS-MICHIGAN

Location	Output	Input	Notes	Call	Sponsor
Weymouth	147.3000	+	O 67.0er	AC1N	SSRA
Whitman	147.2250	+	O 67.0 (CA)er	WA1NPO	WhitmanARC
SPRINGFIELD					
Agawam	146.6700	–	O 127.3 L(I4322)s	W1TOM	MTARA
Feeding Hills	145.1500	–	DSTAR	W1KK	W1KK
Holyoke	146.7150	–	O 100.0	K1ZJH	K1ZJH
Holyoke	146.9400	–	O 127.3aesx	W1TOM	MTARA
Monson	147.1050	+	O 162.2	W1OBQ	NYNES

MICHIGAN
LOWER PEN NORTHEAST

Location	Output	Input	Notes	Call	Sponsor
Alpena	145.4300	–	O 82.5aelrsWXxz	N8JWH	N8JWH
Alpena	145.4900	–	O 100 (CA)elrs	N8BIT	8BITRG
Alpena	146.7600	–	O 88.5aes	K8PA	TBARC
Bad Axe	145.4700	–	O	N8LFR	LHARC
Bad Axe	146.8800	–	Oe	KA8PZP	Thumb ARC
Bay City	145.3100	–	O 131.8aelrsWX	N8BBR	BARC
Bay City	147.3600	+	OaelrsWX	N8BBR	BARC
Caro	146.6600	–	O 141.3ersWX	KC8CNN	TCARA
Caro	146.8200	–	OaesWXz	WA8CKT	WA8CKT
Cheboygan	146.7400	–	O 103.5el	W8IPQ	CCARA
Gaylord	147.1200	+	O 151.4elrsWXxz	N8JCN	N8JCN
Glennie	145.1700	–	O 141.3 (CA) ersWX	K5EKP	K5EKP RS
Hale	147.2200	+	O 141.3 (CA) elrsWX	K5YHA	K5EKP RS
Hemlock	145.3300	–	O 88.5e	K8DO	K8DO
Lewiston	145.1900	–	●tel	N8SCY	RARG
Luzerne	145.2500	–	OaeWXz	K8GER	K8GER
Midland	147.0000	+	O 103.5a DCSersWXz	W8KEA	MARC
Mio	145.3500	–	Oe	WT8G	AVARC
Mio	146.7000	–	O 156.7 (CA) ersWX	K5YHA	K5EKP RS
Mio	147.1400	+	O 141.3 (CA) ersWX	K5EKP	K5EKP RS
Oscoda	146.9000	–	O 156.7aelrsWXxz	KB8RWG	Alcona ARA
Pleasant Valley	146.7200	–	O	KB8ZGU	CMARA
Rogers City	147.0200	+	Oae	WB8TQZ	PICARC
Roscommon	145.4500	–	Oe	WF8R	CRARA
Saginaw	147.2400	+	O 103.5alrsWX	K8DAC	SVARA
Sandusky	146.8600	–	OesWX	W8AX	Thumb ARC
Tawas City	146.6400	–	O 103.5aersWXz	W8ICC	ICARE
Watrousville	147.3200	+	O 110.9 DCS ersWX	N8UT	AREA
West Branch	145.4100	–	O 91.5el	W8YUC	RARG

144-148 MHz   MICHIGAN

Location	Output	Input	Notes	Call	Sponsor
West Branch	146.9400	–	O 103.5ers WX	WB8UJB	OARS
West Branch	147.0600	+	O 103.5e	K8WBR	N8CJM
LOWER PEN NORTHWEST					
Benzonia	147.0400	+	O(CA)ersWX	W8BNZ	Benzie ARC
Big Rapids	145.2900	–	O 94.8ael WXxz	W8HVG	IRA
Big Rapids	146.7400	–	OaersWX	KB8QOI	BRAARC
Cadillac	146.9800	–	O(CA)eWXxz	K8CAD	WEXARC
Cadillac	147.1600	+	O 103.5ael WXxz	W8HVG	IRA
East Jordan	147.2800	+	O 103.5ers WXz	W8COL	COLARC
Edmore	146.8000	–	O 103.5 (CA) eWXx	WB8VWK	CMARA
Farwell	147.2000	+	●teWX	WD8MQR	WD8MQR
Fremont	146.9200	–	O 94.8ae	N8ACL	NCRG
Gaylord	146.8200	–	O 118.8aers WXxz	NM8RC	TOMARC
Gladwin	147.1800	+	O 173.8e	WT8J	GAARC
Grayling	145.1300	–	Oe	WD8LUM	ARAHH
Hart	146.6400	–	O 94.8ers WX	N8UKH	OCARES
Holton	147.3200	+	O 94.8 (CA)e IrsWXxz	WD8MKG	WD8MKG
Kalkaska	147.3000	+	O 123	AA8ZV	AA8ZV
Lake City	145.2100	–	O(CA)ez	KG8QY	Rat Pack
Lake Leelanau	146.9200	–	O 114.8	N8JKV	N8JKV
Leland	145.3900	–	O 103.5 (CA) erz	W8TCM	LRA&CARC
Ludington	145.3100	–	O 94.8ael WXxz	W8HVG	IRA
Ludington	145.4700	–	O 103.5ae WXz	K8DXF	K8DXF
Ludington	146.6200	–	O 103.5ae	WB8ERN	WB8ERN
Mackinaw City	146.8400	–	O 100	WB8DEL	WB8DEL
Mancelona	147.3800	+	O 107.2e	K8WQK	CARC
Manistee	146.7800	–	O 94.8ers	AB8CY	WMRA
Moorestown	146.9600	–	O 103.5 (CA)e	KA8ABM	KA8ABM
Mt Pleasant	145.1500	–	O 103.5ael WXxz	W8HVG	IRA
New Era	147.2200	+	●tDCSeprs WX	AB8AZ	AB8AZ
Peshawbestown	146.6600	–	O 103.5e	W8TVT	LRA
Stutsmanville	146.6800	–	O 110.9aelr sWXx	W8GQN	SAARC
Traverse City	145.1500	–	O 114.8ael WXxz	W8HVG	IRA
Traverse City	145.2700	–	O 114.8els	W8TVC	W8TVC
Traverse City	146.8600	–	O(CA)erxz	W8SGR	CARC
Traverse City	147.1000	+	O 114.8ers WXxz	K8HIB	Cherryland AR
Vanderbilt	145.2900	–	O 103.5ael WXxz	W8HVG	IRA

144-148 MHz
MICHIGAN

Location	Output	Input	Notes	Call	Sponsor
Walkerville	145.4300	–	O 94.8	NW8J	NW8J
White Cloud	145.4500	–	O 94.8eWX	KB8IFE	KB8IFE
LOWER PEN SOUTHEAST					
Adrian	145.3700	–	O 85.4 (CA)esWX	W8TQE	Adrian ARC
Ann Arbor	145.2300	–	O 100e	W8UM	U of M ARC
Ann Arbor	146.9600	–	O 100 (CA)	W8PGW	Arrow ARC
Burton	147.3800	+	O 88.5el	N8NE	FAIR
Chelsea	145.4500	–	O 100e	WD8IEL	CARC
Clarkston	146.8400	–	O 100 (CA)ersWX	K8NWD	CRA
Dearborn	145.2700	–	O 100	K8UTT	Ford ARL
Dearborn	147.1600	+	O 100 (CA)ersWX	WR8DAR	N8DJP
Detroit	145.1100	–	O 100e	W8DET	DM&KC
Detroit	145.2100	–	O 123 (CA) DCSelrsWXx	WW8GM	GMARC
Detroit	145.3300	–	O 100erswX	WR8DAR	RADAR
Detroit	146.7600	–	O 103.5a DCSeWXx	KE8HR	SpiritARC
Durand	145.2900	–	O 100elrsWX	N8IES	N8IES
Fenton	146.7800	–	O 67 (CA) DCSelWX	W8VHB	FAARA
Flint	147.1000	+	O 100 (CA) DCSelrsWXz	KC8KGZ	GCARES
Flint	147.2600	+	O 100 (CA)elrsWXz	KC8KGZ	GCARES
Flint	147.3400	+	O 100	W8ACW	GCRC
Garden City	146.8600	–	O 100 (CA)el	KK8GC	GCRA
Grosse Point Park	146.7400	–	O 100 (CA)epWX	K8BYI	SEMARA
Howell	146.6800	–	O 162.2a DCSelrsWXxz	W8LRK	LARK
Lapeer	146.6200	–	O 100 (CA)ersWXxz	W8LAP	LCARA
Livonia	145.3500	–	O 100 (CA)WX	K8UNS	LARC
Manchester	146.9800	–	Oe	WD8IEL	CARC
Milford	146.9000	–	O 100elrsWX	W8OAK	Oakland Co Em
Monroe	145.3100	–	OerswX	W8YZ	MEMRA
Monroe	146.7200	–	O(CA)erswXz	K8RPT	RRRA
Mt Clemens	147.2000	+	O 100erswX	WA8MAC	MCEM
Northville	145.1700	–	O 100alrsWXz	K8RUR	I 94 ARC
Oak Park	146.6400	–	O 100aersWXz	W8HP	DART
Owosso	147.0200	+	O 100 (CA)ersWX	N8DVH	N8DVH
Pontiac	145.2500	–	O 100erswX	W8OAK	Oakland Co Em
Port Huron	146.7200	–	O 118.8ersWX	WD8DUV	PHART
Port Huron	146.8000	–	O 100	NA8I	NA8I / WD8DW
Port Huron	147.3000	+	OerswXx	K8DD	PHART

MICHIGAN

Location	Output	Input	Notes	Call	Sponsor
Rankin	145.1900	–	O 100elWX	W8YUC	RARG
Roseville	147.2200	+	Ol	N8EDV	N8EDV
Royal Oak	146.4000	147.4000	O 100 (CA)e	KA8ZRR	KA8ZRR
Royal Oak Twp	147.1400	+	O 100aWXx	N8KD	SMART
South Lyon	147.0400	+	O 110.9e	K8VJ	SLARA
Southfield	146.8200	–	●t	W5TH	W5TH
Sterling Heights	147.0800	+	O 100e	N8LC	LCARC
Utica	147.1800	+	O 100 (CA) DCS	K8UO	USECA
Waterford	145.4300	–	●t(CA)elWXz	W8JIM	W8JIM
White Lake Twp	145.4900	–	O 67 (CA)elr sWXx	N8BIT	8BITRG
Wyandotte	147.2400	+	Oe	K8SB	DARES
Ypsilanti	146.9200	–	O 100alrs WXz	K8RUR	I 94 ARC

LOWER PEN SOUTHWEST

Location	Output	Input	Notes	Call	Sponsor
Allegan	147.2400	+	O 94.8ers WX	KC8ITU	ACARC
Alma	145.3700	–	O 100aersz	KC8MUV	Alma RC
Bangor	147.3600	+	O 94.8aers WX	K8BRC	BRARC
Battle Creek	145.1500	–	O 94.8ael WXxz	W8HVG	IRA
Battle Creek	146.6600	–	O 94.8aer WX	W8DF	SMARS
Berrien Springs	145.3700	–	O(CA)	W8YKS	DOCRG
Cedar Springs	146.8800	–	O 141.3e	NW8J	NW8J
Centreville	145.3100	–	●teWX	KC8BRO	ARPSA
Charlotte	147.0800	+	O 103.5ers WX	K8CHR	ECARC
Coldwater	147.3000	+	O 100ersWX	WD8KAF	BCARC
Dowagiac	145.2100	–	O 131.8es WX	KU8Y	KU8Y
Fruitport	147.3800	+	O 94.8az	KE8LZ	N8UKF
Grand Haven	145.4900	–	O 94.8aels WX	W8CSO	NOARC
Grand Rapids	145.1100	–	O 94.8ers	NW8J	Kent Co Emerg
Grand Rapids	145.2300	–	O 94.8e	W8USA	MARA
Grand Rapids	145.4100	–	O 94.8 (CA)e rsWXz	WD8EMD	541 Inc
Grand Rapids	146.7600	–	O 94.8	W8DC	GRARA
Grand Rapids	147.1600	+	O 94.8ael WXxz	W8HVG	IRA
Grand Rapids	147.2600	+	O 94.8ael	W8DC	GRARA
Holland	146.5000	147.5000	O 94.8	K8DAA	HARC
Holland	147.0600	+	O 94.8aelrs WXz	K8DAA	HARC
Jackson	145.4700	–	●t(CA)elrsz	KA8HDY	KA8HDY
Jackson	146.8800	–	O 100aers WXz	W8JXN	CARS
Jackson	147.3600	+	O 100aersz	KA8HDY	CARS
Kalamazoo	145.1700	–	O 94.8ae	N8DXB	N8DXB
Kalamazoo	147.0000	+	O 94.8 (CA)e lr	W8VY	KARC
Kalamazoo	147.0400	+	●t(CA)ers WXz	K8KZO	SWMART

144-148 MHz
MICHIGAN

Location	Output	Input	Notes	Call	Sponsor
Lansing	146.7000	–	O 100aers	WB8CQM	LCDRA
Lansing	146.9400	–	O 100ers	WB8CQM	LCDRA
Lansing	147.2800	+	O 107.2lx	KB8LCY	KB8LCY
Lowell	145.2700	–	O 94.8aes WXxz	W8LRC	LARC
Marshall	145.3500	–	O	K8UCQ	ECCRA
Marshall	147.1200	+	O 186.2ers WXx	K8ZRL	BCES
Mattawan	146.5000	147.5000	O 94.8ers WX	W8GDS	W8GDS
Muskegon	145.3300	–	O 94.8ael WXxz	W8HVG	IRA
Muskegon	146.8200	–	O 94.8ers WX	K8WNJ	MCES
Muskegon	146.9400	–	O 94.8a	W8ZHO	MAARC
Nashville	146.5000	147.5000	O 110.9aelr sWXz	W8BMZ	W8BMZ
Niles	147.1800	+	●tesWX	KC8BRS	Four Flags ARC
Okemos	145.3900	–	O 100ersWX x	WB8CQM	LCDRA
Portland	145.1300	–	O 94.8ers WX	N8ZMT	Ionia ARES
Sister Lakes	146.8200	–	●tersWXx	W8MAI	BARA
St Joseph	145.4700	–	O 94.8ael WXxz	W8HVG	IRA
St Joseph	146.7200	–	O 131.8 (CA) ersWXz	KB8VIM	SCRA/BARA
UPPER PEN CENT					
Escanaba	145.1300	–	O	KB9BQX	KB9BQX
Escanaba	147.1500	+	O 107.2	K8ZAS	DCARS
Gladstone	147.2400	+	O 107.2	N8DP	N8DP
Gwinn	146.6400	–	O	N8RRZ	HARA
Iron Mountain	146.8500	–	OaeWX	WA8FXQ	MichACon
Ishpeming	146.9100	–	Oe	K8LOD	HARA
Marquette	146.9700	–	Oe	KE8IL	MrquttRA
Marquette	147.2700	+	O 100.0eWX	KG8YT	HARA
Menominee	147.0000	+	O 107.2eWX	W8PIF	M&MARC
Munising	145.4100	–	Ol	KC8BAN	AlgerARC
Republic	147.0900	+	OE-SUN E-WIND	KG8ZL	CUPRA
Trenary	147.0300	+	Oe	W8FYZ	TRA
UPPER PEN EAST					
Cooks	146.7000	–	OWX	WA8WG	WA8WG
Deer Park	147.0900	+	O 114.8e	KC8GKK	KC8GKK
Grand Marais	147.1950	+	Ol	K8KIT	AlgerARC
Newberry	146.6100	–	O 127.3e	KC8GKK	SPARK
Newberry	147.0900	+	O 114.8e	KC8GKK	KC8GKK
Pickford	146.6400	–	Oe	W8EUP	EUPAR
SaultSte Marie	147.1050	+	O(CA)eWXz	KB8SKC	KB8SKC
SaultSte Marie	147.2100	+	Oa	W8EUP	EUPAR
Strongs	147.3300	+	Oe	W8ARS	EUPAR
Wetmore	146.7900	–	O	W8NI	MARA
UPPER PEN WEST					
Bessemer	146.7600	–	Oe	K8ATX	BlkJckRA
Calumet	147.3150	+	O 100.0aes WXz	K8MDH	KewCoRA

Location	Output	Input	Notes	Call	Sponsor
Hancock	146.8800	–	O 100.0aes WXz	W8CDZ	CCRAA
Iron River	145.1700	–	O 107.2e	N8LVQ	IRARC
Ironwood	146.8050	–	O 110.9e	K9MLD	K9MLD
Lanse	146.6700	–	Oex	W8CDZ	CCRAA
White Pine	147.3000	+	O	N8GZQ	TrappHills
Winona	146.7300	–	Oaez	W8UXG	SARA

MINNESOTA
CENTRAL

Location	Output	Input	Notes	Call	Sponsor
Avon	147.1050	+	O 85.4aeWX	K0STC	STEARNSES
Becker	147.3450	+	O 85.4	K0OS	------------
Big Lake	146.7750	–	Oe	N0RPP	SCRG INC
Cambridge	146.6400	–	O 146.2e	WR0P	ICSES
Collegeville	147.0150	+	Ox	W0SV	STCLOUDRC
Crown	145.2300	–	O 127.3	N0GEF	NOGEF
Darwin	146.6850	–	O 146.2	W0CRC	CRARC
Elk River	146.9700	–	O	K0CJD	ELKRVRRA
Erhard	146.8200	–	O	KC0AIW	DLARC
Foreston	146.7450	–	O 107.2	N0GOI	K0GOI
Hutchinson	147.3750	+	O 146.2 WX	KB0WJP	CITYOFHUT
Little Falls	147.1350	+	O 123.0e	W0REA	LARA
Long Prairie	146.6550	–	Oe	KC0TAF	TODDCTYES
Milaca	145.3500	–	O 141.3	WB0MPE	WB0MPE
Paynesville	145.2700	–	O	WD0DEH	PAYNSRA
Princeton	146.8950	–	O 203.5e	N0RPP	SCRG INC
Sauk Centre	147.2550	+	O	W0ALX	RUNEARC
Sebeka	147.3300	+	O	W0WN	WADENARC
St Cloud	146.8350	–	O 85.4eWX	N0OYQ	N0OYQ
St Cloud	146.9400	–	Oa	W0SV	STCLDARC
Wyoming Townsh	145.2300	–	O 82.5	N0VOW	N0VOW

DULUTH

Location	Output	Input	Notes	Call	Sponsor
Duluth	145.3100	–	O 110.9	N0EO	SVAMATRS
Duluth	145.4100	–	Oe	KC0HXC	N0BZZ
Duluth	145.4500	–	O 103.5a	KC0RTX	KC0RTX
Duluth	146.9700	–	O 114.8e	W0TVD	NMNDXASSN
Duluth	147.0600	+	O 110.9a	KC0IPA	LSAC
Duluth	147.1800	+	O 103.5ae	KA0TMW	KA0TMW
Proctor	147.3300	+	O 151.4	N0BZZ	LSAC

EAST CENTRAL

Location	Output	Input	Notes	Call	Sponsor
Forest Lake	146.7300	–	O	K0HPY	K0HPY
Isle	146.6100	–	O	WB0SYO	WB0SYO
North Branch	147.3150	+	O 91.5	KC0ASX	CCARES
Rush City	145.3300	–	Oa	N0ABR	N0ABR

MET

Location	Output	Input	Notes	Call	Sponsor
Minnetonka	145.4500	–	Oel	N0BVE	MHRA
Richfield	145.3900	–	O 103.5e	WB0PWQ	RICHPSAF

METRO

Location	Output	Input	Notes	Call	Sponsor
Apple Valley	145.4100	–	O 77.0	W0LYM	APPLEVYRA
Blaine	146.6700	–	Oae	W0YFZ	ANOKACRC
Bloomington	147.0900	+	O(CA)e	KD0CL	ARAB
Burnsville	147.2100	+	OaeWXx	W0BU	TCRC
Carver	147.1650	+	O 107.2ae	WB0RMK	SMARTS
Columbia Hts	145.2100	–	O	WB0BWL	MNLINK
Eden Prairie	146.8800	–	O	WA0VLL	SWRPTRASN
Edina	145.4300	–	O 127.3e	WC0HC	HC RACES

144-148 MHz
MINNESOTA

Location	Output	Input	Notes	Call	Sponsor
Golden Valley	146.8200	–	O 127.3 (CA) e	WØPZT	HC SHERIFF
Hampton	147.3600	+	O 136.5e	KØJTA	KØJTA
Inver Grove	146.9850	–	O	WØCGM	SARCASM
Little Canada	146.9250	–	O 107.2a	KBØUPW	RAMCOES
Maple Plain	147.0000	+	O 114.8 (CA) WX	KØLTC	RARC
Maplewood	146.9250	–	O 100.0	KBØUPW	RAMCOES
Maplewood	147.1200	+	Oe	WØMR	MINING ARC
Minneapolis	145.1100	–	O	NØTL	TWINSLAN
Minneapolis	145.1500	–	O	KØTI	WRØDK
Minneapolis	146.7000	–	O 127.3e	WCØHC	HC RACES
Minneapolis	147.0300	+	O	WBØMPE	WBØMPE
Minneapolis	147.1500	+	O	WØYC	UOFM RC
Minneapolis	147.2700	+	O	WBØZKB	WBØZKB
New Brighton	145.2900	–	O 114.8	NØFKM	NØFKM
Oakdale	146.8500	–	O(CA) WXx	WDØHWT	MARA
Plymouth	146.7000	–	O 127.3e	WCØHC	HENNRACES
Ramsey	145.3700	–	O 118.8	KØMSP	MIDWESTRA
St Louis Park	146.7600	–	Oe	WØEF	TCFMCLUB
St Paul	145.1700	–	O	NØGOI	KØGOI
St Paul	145.3100	–	Oa	KØAGF	STPAULRC
St Paul	147.1800	+	O 114.8	KSØJ	KSØJ
Stillwater	147.0600	+	O 114.8	WØJH	SARA

NORTH CENTRAL

Location	Output	Input	Notes	Call	Sponsor
Aitkin	146.8050	–	O 156.7	KCØQXC	ACRC
Bemidji	145.4500	–	Oe	KBØMM	TURTLRVRH
Bemidji	146.7300	–	Oa	WØBJI	PAULBARC
Big Falls	146.9100	–	O	WVØO	KCARS
Brainerd	145.1300	–	O	WØUJ	BAARC
Brainerd	147.2250	+	OaeWX	WØUJ	BAARC
Crosslake	147.0300	+	O	WØUJ	BAARC
Gheen Hill	147.2100	+	O	WVØO	KCARS
Grand Rapids	146.8800	–	O 123.0ae	KØGPZ	NLARC
Grand Rapids	147.0750	+	O 123.0el	KØGPZ	NLARC
International	146.6100	–	Oa	WVØO	KCARS
International	146.9700	–	Oe	KØHKZ	KØHKZ
Lengby	147.2700	+	Oel	WØBJI	PAULBARC
Longville	146.9550	–	O(CA)z	WØETY	WØECJ
Outing	145.4300	–	O 127.3ex	WRØG	WRØG
Pequot Lakes	147.0900	+	O 123.0	WØREA	BRNLKARA
Roosevelt	147.0000	–	Oae	WØWKM	LKWOODSRA
Walker	147.3900	+	O	KCØCBM	CASHUBARC

NORTH EAST

Location	Output	Input	Notes	Call	Sponsor
Aurora	147.2400	+	Oe	WD8RFS	WD8RFS
Cloquet	146.6700	–	Oa	WAØGWI	WAØGWI
Cook	147.3600	+	O 162.2l	NØBZZ	L.S.A.C.
Duluth	147.2850	+	O	KRØB	KRØB
Ely	147.3900	+	Oae	WD8RFS	VERMILLON
Gilbert	147.1500	+	O 151.4	NTØB	MESBIWIRA
Grand Marais	146.7300	–	O 100.0 (CA) e	WØBBN	BWARC
Grand Marais	146.8950	–	O 100.0 (CA) e	WØBBN	BWARC
Grand Marias	147.3600	+	O 114.8l	NØBZZ	LSAC
Hibbing	146.7900	–	Oae	KBØHYB	MIDRGARC

MINNESOTA

Location	Output	Input	Notes	Call	Sponsor
Hibbing	147.1200	+	O 151.4ae	WD8RFS	WD8RFS
Isabella	147.3000	+	O 114.8e	KB0QYC	KG0QR
Orr	145.2900	–	Oe	WD8RFS	WD8RFS
Silver Bay	145.2300	–	O 123.0	WD8RFS	WD8RFS
Silver Bay	147.0900	+	O 114.8	N0BZZ	LSAC
Virginia	145.3700	–	Oe	WD8RFS	------------
Wales	147.2700	+	O 103.5e	WB0DGK	LSAC

NORTH WEST

Location	Output	Input	Notes	Call	Sponsor
Barnsville	147.0600	+	Olx	KC0SD	KC0SD
Detroit Lakes	146.7750	–	O	N0IZZ	N0IZZ
Detroit Lakes	147.1950	+	Oe	W0EMZ	DETLKSARC
Fergus Falls	147.2850	+	O 88.5ae	K0QIK	LKREGARC
Karlstad	145.4700	–	O	KA0NWV	KA0NMV
Karlstad	146.6550	–	O 127.3	KA0NWV	KA0NWV
Park Rapids	147.3000	+	O	K0GUV	K0GUV
Thief River Fa	146.8500	–	OeWX	WB0WTI	WB0WTI
Wannaska	147.0900	+	Oae	W0WKM	LKOFWDRA

NORTHEAST

Location	Output	Input	Notes	Call	Sponsor
Virginia	147.0600	+	O 103.5e	KB0QYC	LSAC

SOUTH CENTRAL

Location	Output	Input	Notes	Call	Sponsor
Blue Earth	147.0000	+	Ol	K0USR	BLUERTHCD
Fairmont	146.6400	–	O	K0SXR	FAIRMTRC
Faribault	145.1900	–	O 100.0	N0ZR	N0ZR
Le Sueur	146.6100	–	O 136.5a	WB0ERN	LESUERRG
Mankato	147.0450	+	Oae	K0FTB	MVRA
Mankato	147.2400	+	O 136.5 WX	N0KTR	MVRA
New Ulm	146.8050	–	O 151.4	N0VQA	N0VQA
St Peter	147.1350	+	O 100.0	WQ0A	SCAN
Waseca	146.7150	–	OeWX	KB0UJL	WCEM
Waseca	146.9400	–	OeWX	WA0CJU	VARS

SOUTH EAST

Location	Output	Input	Notes	Call	Sponsor
Austin	145.4700	–	O 100.0	W0AZR	AUSTINRC
Austin	146.7300	–	O 100.0aez	W0AZR	AARC
Faribault	146.7900	–	O 100.0ae	WB0NKX	WB0NKX
La Crescent	146.9700	–	OaeWX	WR9ARC	RVRLNDARC
Northfield	146.6550	–	O 136.5e	N0OTL	CCRC
Owatonna	145.4900	–	Oe	KA0KEL	OWASTELAC
Owatonna	147.1050	+	O 100.0ael	WB0VAJ	WB0VAK
Red Wing	147.3000	+	O	KC0LXM	HIWATVATC
Rochester	146.6250	–	O 100.0	W0MXW	ROCHARC
Rochester	146.8200	–	O 100.0ae	W0MXW	ROCHARC
Rochester	147.2550	+	O 100.0es WX	W0EAS	OEOC
Spring Valley	147.0150	+	O 110.9e	N0ZOD	SPGVLYEMS
Wabasha	146.7450	–	O 136.5e	WA0UNB	WA0UNB
Winona	146.6400	–	Oae	W0NE	WINONARC
Winona	147.1500	+	Oe	WD0HAD	------------
Winona	147.2850	+	O 100.0e	N0PDD	N0QZU

SOUTH WEST

Location	Output	Input	Notes	Call	Sponsor
Marshall	147.1950	+	O	W0BMJ	MARSHALRC
Redwood Falls	146.8650	–	O 141.3aez	KB0CGJ	REDWARA
Slayton	146.7900	–	O 141.3eWX	WB0ZSO	MC SHERIFF
Verdi	145.1100	–	O	KA0BWS	KA0BWS
Worthington	146.6700	–	O	K0QBI	WORTHTARC

WEST CENTRAL

Location	Output	Input	Notes	Call	Sponsor
Alexandria	146.7900	–	Oe	W0ALX	RUNESTNRC

MINNESOTA-MISSISSIPPI

Location	Output	Input	Notes	Call	Sponsor
Fergus Falls	146.6400	–	O ae	K0QIK	LKREGARC
Madison	146.7300	–	O sWX	K0LQP	WC MN ARC
Ulen	146.6850	–	O a	W0QQK	W0QQK
Willmar	145.2300	–	O 91.5	KC0UEA	RIDGEWATER
Willmar	146.9100	–	O eWXx	W0SW	WILLEAR
Willmar	147.0300	–	O e	W0SW	WILLEAR

MISSISSIPPI

Location	Output	Input	Notes	Call	Sponsor
Abbeville	145.4700	–	O 107.2el	WB5VYH	WB5VYH
Aberdeen	147.2700	+	O 210.7ae	WB5USN	MONROE CO
Ackerman	147.1200	+	O	NO5N	------------
Amory	146.9400	–	O 192.8l	KB5DWX	N MONROE C
Amory	147.0900	+	O	KB5DSN	------------
Batesville	146.6100	–	107.2erswX	KM5WX	KM5WX
Bay St Louis	146.7000	–	O 136.5 (CA) lWX	KB5MPW	WQRZ
Biloxi	146.7300	–	O 136.5a	W5SGL	MISS. COAS
Biloxi	146.7900	–	O ae	K5TYP	KEESLER AR
Booneville	145.1900	–	O 110.9ae	K5YD	BOONEVILLE
Booneville	147.1500	+	O az	KI5WI	------------
Brandon	145.1700	–	tars	K5RKN	KD5RWF
Brandon	147.3450	+	100.0rs	K5RKN	KD5RWF
Bude	146.8500	–	O 103.5e	W5WQ	SW MS ARC
Byhalia	145.3500	–	110.9ers	W5GWD	W5GWD
Chatawa	145.3100	–	O(CA) RB	WB5GOJ	WB5GOJ
Chunky	147.3900	+	O 77.0el	W5PPB	W5PPB
Cleveland	147.2850	+	O 107.2el	N5LRL	------------
Collins	146.9850	–	O 136.5eRB	N5LRQ	------------
Columbia	147.2850	+	O e	N5LJC	N5LJC
Columbus	146.6250	–	O ae	KC5ULN	KC5ULN
Columbus	147.0000	+	O a	KC5ULN	KC5ULN
Corinth	146.9250	–	O 107.2	WB5CON	ACARES
Corinth	147.0000	–	O	K5UFH	K5UFH
Corinth	147.2850	+	O aelRB	K5WHB	CRA
Corinth	147.3450	+	123.0aelRB WX	KJ5CO	KJ5CO
Ellisville	144.5500	+	179.9el	W5NRU	AA5SG
Ellisville	145.2300	–	O 136.5elWX	W5NRU	AA5SG
Ellisville	146.8650	+	O 136.5el	W5NRU	AA5SG/N5HO
Ellisville	146.9550	–	O t	N5EKR	N5EKR
Fulton	145.4500	–	O 192.8ae	WX5P	WX5P
Gautier	146.9700	–	O 123.0ers RB WX	N5OS	WA5KNR
Gloster	145.4300	–	O 136.5	KX5E	ONARC
Greenville	147.3450	+	O 107.2e	N5PS	N5PS
Grenada	146.7000	–	O e	W5LV	W5LV
Gulfport	147.3750	+	O 136.5	KA5VFU	------------
Hattiesburg	145.1900	–	O 136.5	W5CJR	HATTIESBUR
Hattiesburg	145.3700	–	O 136.5	K5IJX	K5IJX
Hattiesburg	146.7750	–	O 136.5e	K5PN	HATTIESBUR
Hattiesburg	147.3150	+	O 136.5elRB	KD5MIS	KD5MIS
Hattiesburg	147.3600	+	O	W5CJR	HATTIESBUR
Hernando	145.3700	–	O 107.2ez	N5PYQ	SRA
Hernando	146.9100	–	ers	W5GWD	W5GWD
Hernando	147.2250	+	O 107.2ers WX	KD5VMV	KD5VMV

144-148 MHz
MISSISSIPPI

Location	Output	Input	Notes	Call	Sponsor
Horn Lake	145.2700	–	O 107.2 (CA)	N5NBG	REDNECKS
Houston	146.8950	–	141.3esWX	KD5YBU	KD5YBU
Isola	146.9550	–	O	KC5OB	KC5OB
Iuka	146.8500	–	141.3es	W5TCR	W5TCR
Jackson	145.3900	–	O	KB5KGE	------------
Jackson	146.7600	–	O	W5AXQ	JARC, INC
Jackson	146.8800	–	O 100.0az	K5QNE	JARC, INC.
Jackson	146.9400	–	O 100.0eRB WXz	KA5SBK	KA5SBK
Jackson	147.0000	+	Ot	W5IQ	ST ANDREWS
Jackson	147.0750	+	Ota	NC5Y	NC5Y
Kiln	145.3300	–	Oe	K5DMC	WEST COAST
Kosciusko	146.8500	–	O	W5LWC	MID-MS ARC
Laurel	146.6100	–	O 136.5e	W5LAR	LAUREL ARC
Laurel	147.0300	–	Ot	WV5D	WV5D
Laurel	147.2550	+	Oe	KC5RC	JONES CO A
Louisville	147.3600	+	Oae	KC5QGC	WINSTON CO
Lucedale	146.9100	–	O	WA5JZL	WA5JZL
Lucedale	147.1200	+	136.5el	N5LRQ	N5LRQ
Madison	146.6400	–	O	K5XU	JARC, INC
Magee	145.1100	–	100.0sWX	W5PES	W5PES
Magee	146.8200	–	O 100.0e	KA5LNY	SIMPSON CO
Magee	147.3000	+	O 100.0e	KA5LNY	KA5LNY
Mccomb	146.9400	–	O 103.5e	W5WQ	SW MS ARC
Meridian	146.6550	–	●	KC5ZZH	KC5ZZH
Meridian	146.7000	–	Oez	W5FQ	MERIDIAN A
Meridian	146.9700	–	O 100.0e	NO5C	LAUDERDALE
Monticello	147.0150	+	Oae	N5JHK	N5JHK
Mooreville	146.6400	–	Oa	WB5NAY	------------
Morton	147.0450	+	O 141.3el	KB5LCL	------------
Natchez	146.6850	–	O 100.0	W5KHB	W5KHB
Natchez	146.7450	–	O 100.0e	K5SVC	K5SVC
Natchez	146.9100	–	O 91.5	K5OCM	OLD NATCH
Natchez	147.3600	+	O 100.0e	K5SVC	K5SVC
New Albany	145.2300	–	O#	KC5VZI	KC5VZI
New Albany	146.6700	–	Oae	W5UBG	BP HOSP RC
New Albany	146.7450	–	Ot#	KC5VZI	------------
New Hebron	147.0900	+	OtaelRBz	N5MRS	N5MRS
Olive Brach	147.2550	+	tersWX	KD5CKP	KD5CKP
Oxford	147.3300	+	O 107.2es WX	W5LAF	W5LAF
Pearl/Rankin C	147.1500	+	O 88.5aez	KF5IZ	------------
Pelahatchie	145.3900	–	77.0elRB WX	W5PPB	W5PPB
Perkinston	145.1700	–	tars	K5GVR	K5GVR
Perkinston	147.1650	+	136.5elRB WX	K5GVR	K5GVR
Philadelphia	147.3300	+	O	N5EPP	NESHOBA AR
Pontotoc	147.3800	+	Oe	WB5NAY	------------
Poplarville	145.1500	–	136.5eWX	K5PRC	K5PRC
Poplarville	145.2100	–	136.5e	WA5WRE	------------
Poplarville	145.4100	–	136.5el	N5LRQ	N5LRQ
Port Gibson	146.6250	–	O 136.5#	KE5WO	KE5WO
Purvis	146.6700	–	O	KB5ZCX	------------
Richton	147.0600	+	Ot	N5OCF	N5OCF
Saltillo	146.8350	–	123.0elWX	KD5YBE	KD5YBE
Senatobia	146.9850	–	O 107.2	KB5DMT	------------

144-148 MHz
MISSISSIPPI-MISSOURI

Location	Output	Input	Notes	Call	Sponsor
Sharon	145.4500	–	O 77.0eRB WX	W5PPB	W5PPB
Silver Creek	147.1950	+	O 136.5 RB WX	W5JVK	------------
Southaven	145.4500	–	79.9	WB4KOG	WA4KOG
Starkville	146.7300	–	O 210.7alz	KD5GVU	MAGNOLIA A
Starkville	146.8050	–		KF5C	------------
Stennis Space	147.1800	+	103.5e	N5GJB	N5GJB
Sumner	147.0900	+	#	WB5FXH	WB4FXH
Taylorsville	146.8950	+	O 136.5lRB	W5NRU	AA5SG/N5HO
Tupelo	145.4900	–	Oe	N5VGK	------------
Tupelo	147.2400	+	Oa	N5ELS	TUPELO ARA
Union	147.2100	+	O 100.0elz	N5SPJ	ECMARC
Union	147.2400	+	103.5es	K5SZN	K5SZN
Utica	145.3500	–	O	N5ZMZ	N5ZMZ
Utica	146.7300	–	O 77.0e	KC5TGT	KC5TGT
Utica	147.3450	+	O	N5ZMZ	N5ZMZ
Vancleave	145.1100	–	O 123.0aers	W5WA	W5WA
Vicksburg	145.2900	–	Oae	KD5CQX	LESTER GRA
Vicksburg	145.4100	–	100.0aeWX	W5WAF	W5WAF
Vicksburg	147.2700	+	O 100.0e	K5ZRO	VICKSBURG
Vossburg	147.1350	+	O 136.5	KB5UIX	KB5UIX
Water Valley	147.0000	–	O	N5DXM	TRI-LAKE H
Waynesboro	145.2100	–	O#	W5SAR	W5SAR
Waynesboro	147.1050	+	O	W5SAR	W5SAR
West Point	147.1800	+	Oae	KC5LIO	CLAY CO AR
Wiggins	145.2700	–	136.5esWX	N5UDK	N5UDK
Winona	146.9700	–	O 110.9a	N5EYM	N5EYM

MISSOURI
BRANSON

Location	Output	Input	Notes	Call	Sponsor
Branson	147.1500	+	Ox	NA9X	TriLksArc
Branson	147.1950	+	OE-SUNx	NA9X	TriLks ARC

CAPE GIRARDEAU

Location	Output	Input	Notes	Call	Sponsor
Cape Girardeau	146.6100	–	O	W0QMF	WB0TYV
Cape Girardeau	146.6850	–	O	W0QMF	SEARC
Cape Girardeau	146.9400	–	O	WB0TYV	WB0TYV

CENTRAL

Location	Output	Input	Notes	Call	Sponsor
Boonville	147.3600	+	O	W0BRC	BnvilleRC
Fulton	147.3150	+	OE-SUN E-WINDls	KC0MV	C.A.R.L.
Laurie	146.7300	–	OE-SUN	N0ZS	LkOzksARC
Laurie	146.9550	–	O 192.8e E-SUN	KA0RFO	krms
Marshall	147.1650	+	O 127.3	WB0WMM	IndFtHARC
Mexico	147.2550	+	Ox	AA0RC	audrainarc
Moberly	147.0900	+	O	K0MOB	TriCtARC
stover	147.3900	+	O	N0AYI	------------

COLUMBIA/JEFF CITY

Location	Output	Input	Notes	Call	Sponsor
Ashland	146.6850	–	O 77eE-SUN sxz	W0DQJ	W0DQJ
Columbia	146.6100	–	O 127.3e	K4CHS	------------
Columbia	146.7600	–	O 127.3sx	K0SI	CMRAssn
Jefferson City	146.8650	–	O 127.3 E-SUNsxz	KC0CZI	KC0CZI
Jefferson City	147.0000	–	O 127.3 E-SUN	K0ETY	MidMO ARC

MISSOURI

Location	Output	Input	Notes	Call	Sponsor
EAST CENTRAL					
De Soto	146.7000	–	O	K0MGU	SHO-ME
De Soto	146.8800	–	O	K0MGU	K0MGU
Farmington	147.0300	+	O 100 E-SUN	AF0J	EtnOzkARC
Hermann	146.7450	–	OE-SUN	KB0TZG	------------
Hermann	147.1350	+	OE-SUNs	KC0JYV	------------
Hillsboro	147.0750	+	O 141.3e	KB0TLL	JeffCoARC
House Springs	147.2550	+	O	KC0TPS	cars
Imperial	147.1050	+	O 100	KB0TLL	JeffCoARC
Ironton	146.8350	–	O 100/100	KC0EUB	ShoMeIARC
Potosi	146.7150	–	O 100/100	AB0TL	ab0tl
Potosi	147.1950	+	O	KC0EUB	ShoMeIARC
Ste Genevieve	146.6250	–	Osx	K0QOD	doers arc
Sullivan	145.1500	–	O	K0CSM	SARC
Sullivan	146.8050	–	OE-SUN	KC0DBS	Sullvn ARC
Warrenton	147.0450	+	O 141.3	KA0CWU	------------
Warrenton	147.3300	+	Ot	WA0EMA	WCEMA
Washington	147.2400	+	O 141.3e E-SUNs	WA0FYA	ZBARC
JOPLIN					
Joplin	145.3500	–	O 103.5	NI0W	FSARC
Joplin	145.3900	–	OtE-SUN	W0IN	JOPLIN ARC
Joplin	147.0000	+	Ot	WB0IYC	wb0iyc
Joplin	147.1050	+	O	KI0L	4StARCP
Joplin	147.2100	+	O 91.5/91.5 E-SUNsxz	W0IN	JoplinARC
KANSAS CITY METRO					
Basehor	145.3900	–	O 88.5/88.5e E-SUNsx	K0HAM	NEKSUN
Excelsior Spgs	145.1900	–	O 107.2z	K0BSJ	K0BSJ
Excelsior Spgs	147.3750	+	O 156.7/156.7 E-SUNz	K0ESM	RayClay RC
Gladstone	145.4300	–	O	KD0FW	KCATVG
Independence	145.2500	–	OE-SUNs	KB0GR	EARS, Inc
Independence	145.3100	–	OE-SUNs	KB0GR	EARS, Inc
Independence	146.7300	–	OE-SUNs	W0SHQ	ASCRA, Inc
Independence	147.0900	+	OeE-SUNs	W0TOJ	IndFMARC
Kansas City	145.1300	–	OeE-SUN	WA0NQA	ArtShrnRC
Kansas City	146.7900	–	O 107.2e E-SUNx	WA0KHP	ClayCoARC
Kansas City	146.8200	–	Os	KC0ARC	KCARC
Kansas City	146.9400	–	O 88.5/88.5e E-SUNx	K0HAM	NEKSUN
Kansas City	146.9700	–	Os	WA0SMG	97USERSGF
Kansas City	147.0150	+	O 151.4/151.4 E-SUN	KB0VBN	blusprrpt
Kansas City	147.0450	+	O	W0AV	147.045RG
Kansas City	147.1500	+	O 123/123 E-SUNs	W0LB	JyhwkARC
Kansas City	147.2100	+	●E-SUNs	WB0NSQ	KCKWyndCD
Kansas City	147.2700	+	OeE-SUNz	WA0SMG	WA0SMG
Kansas City	147.3300	+	OeE-SUNs	WA0QFJ	TWA ARC
Kearney	147.3000	+	O 107.2	K0BSJ	K0BSJ
Lee's Summit	145.4100	–	Oe	WA0TEG	KCARC
Lee's Summit	146.7000	–	O 107.2/107.2 E-SUN	KC0SKY	KS SKY WRN

190   144-148 MHz
MISSOURI

Location	Output	Input	Notes	Call	Sponsor
Lenexa	145.4900	–	O	KA0VVX	KISS ARC
Liberty	145.1100	–	O	N0ELK	N0ELK
Louisburg	147.3150	+	O 88.5/88.5e E-SUNsx	K0HAM	NEKSUN
Olathe	145.4700	–	O 151.4/151.4eE-SUNs	K0ECS	JoCoECS
Olathe	147.2400	+	OeE-SUNs	KA0FMZ	SFTARC
Overland Park	145.2900	–	OeE-SUNs	W0ERH	JCRAC
Overland Park	146.9100	–	O 151.4/151.4eE-SUN	WB0KKA	KCARC
Raymore	146.6250	–	O 123	N0RH	N0RH
Raymore	147.1200	+	OE-SUNx	KC0JGA	SSARC
Raytown	145.1700	–	O 151.4/151.4 E-SUNs	K0GQ	RaytownARC
Shawnee	145.2100	–	OeE-SUNs	WB0HAC	SRACT
Shawnee Msn	145.2300	–	OeE-SUN	WB0RJQ	WB0RJQ
Smithville	146.6400	–	Osz	KC0IMO	N0VER
NORTH CENTRAL					
Brookfield	147.3450	+	Oe	W0CIT	W0TH
Chillicothe	147.2250	+	Oz	K0MPT	GHARC
Macon	146.8050	–	OE-SUNs	N0PR	MARC
Trenton	146.9550	–	O/88.5 E-SUN	KB0RPJ	gcares
NORTHEAST					
Eolia	145.1900	–	OE-SUNsz	KA0EJQ	KA0EJQ
Glenwood	145.1100	–	OE-SUN	KB0VLK	Sch-Co-RA
Hannibal	146.6250	–	OE-SUNs	W0KEM	HannibARC
Hannibal	146.8800	–	O 103.5/103.5 E-SUNs	W0KEM	HannibARC
Kirksville	145.1300	–	OE-SUN	W0CBL	NEMOARC
Lancaster	145.3300	–	O 100 E-SUN	KE0BX	OLRG
Madison	146.9850	–	O 110.9 E-SUN	N0SYL	N0SYL
Monroe City	146.7000	–	OE-SUN	KA0EJQ	KA0EJQ
Paris	146.8350	–	OE-SUN	N0SYL	N0SYL
NORTHWEST					
Grant City	147.0600	+	O	WB0UJF	RWElliott
Guilford	146.6850	–	O	N0OEV	N0OEV
Hatfield	145.2700	–	O 94.8	KC0DIQ	-------------
Plattsburg, MO	146.8950	–	O 114.8/114.8	KC0QLU	kc0qul
Tarkio, MO	145.3500	–	O 146.2/146.2	N0NHB	N0NHB
ROLLA					
Rolla	145.4500	–	O 110.9/110.9e	W0EEE	UMR ARC
Rolla	146.7900	–	O 88.5 E-SUNx	W0GS	RollaRARS
Rolla	147.2100	+	O 88.5/88.5	WB9KHR	WB9KHR
SOUTH CENTRAL					
Brinktown	146.8950	–	Oz	N0GYE	-------------
Bunker	147.2700	+	O 156.7e	KD0IM	-------------
cherryville	147.3450	+	O	KC0ABX	kc0abx
Eldon	146.6250	–	O 131.8x	AA0NC	NSARC
Gainesville	145.2900	–	OE-SUN	KF0BA	-------------

MISSOURI

Location	Output	Input	Notes	Call	Sponsor
Gainesville	147.3900	+	○ 110.9/110.9 E-SUNs	WBØJJJ	ARCO
Houston	147.1350	+	○ 100e E-SUN	KBØMPO	------------
Mansfield	147.0900	+	○ 162.2/162.2 DCS E-SUN	K5HEZ	K5HEZ
Mountain Grove	146.7450	–	○ 123 E-SUN	KØKNC	SCHC
Mountain Grove	147.2850	+	⊙E-SUN	KGØLF	KGØLF
Salem	146.6550	–	⊙E-SUNs	WBØNRP	WBØNRP
Sullivan	146.8050	–	⊙E-SUN	KCØDBS	SARC
Thayer	146.8050	–	○	WBØLLS	OrgnCoARC
Tyrone	146.8500	–	⊙E-SUN	NØKBC	OMRG
West Plains	147.3600	+	○ 85.4 E-SUN	WØYX	HoCoRACES

SOUTHEAST

Location	Output	Input	Notes	Call	Sponsor
Benton	146.7900	–	○	NØGK	CrlRDgARC
Dexter	146.8200	–	○	WBØTYV	WBØTYV
Dexter	147.0000	–	○ 100	NØGK	CR ARC
Kennett	147.1950	+	○	KCØLAT	BARC
Kennett/Hayti	146.9850	–	○ 100/100 E-SUN	KBØUFL	BARC
New Madrid	146.9250	–	○	KBØUFL	barc
Piedmont	147.3750	+	○ 100/100 E-SUNs	NØQAQ	W.C. ARC
Poplar Bluff	145.3500	–	○ 100e	ABØJW	SEMOARA
Poplar Bluff	146.9100	–	○ 100 E-SUNs	WØHMA	BluffARC
Van Buren	146.8650	–	○ 100/100e	NØIBV	NØIBV

SOUTHWEST

Location	Output	Input	Notes	Call	Sponsor
Aurora	146.9700	–	⊙E-SUNs	WØOAR	OzarkARS
Ava	146.6250	–	○ 110.9 E-SUN	KØRGT	------------
Bolivar	147.0600	+	○ 107.2s	KØBFM	LksAraARA
Buffalo	147.1800	+	⊙eE-SUN	K9HOI	BARK
Cape Fair	145.4100	–	○	KØJPK	------------
Caulfield	145.1700	–	⊙E-SUN	KBØRPA	Cld9RptC
El Dorado Sprg	146.6700	–	⊙E-SUN	KØKRB	WCFMAssn
Grove Springs	147.3750	+	○ 162.2/162.2 E-SUN	K5HEZ	K5HEZ
Hermitage	147.2550	+	⊙E-SUNs	KBØAL	OlHickARC
Highlandville	145.2300	–	○ 162.2 E-SUNsx	WA6JGM	CC ARS
Kimberling Cty	147.3450	+	○ 162.2 E-SUNxz	KØEI	KmbrlnARC
Lamar	147.2400	+	○ 91.5/91.5	KØPRO	pr
Marshfield	146.8650	–	○ 156.7	KØNI	------------
Neosho	146.8050	–	○ 127.3	KCØFDO	Neosho RA
Nevada	147.1350	+	⊙E-SUNx	WBØNYD	N.A.R.C.
Nixa	145.2700	–	○ 162.2 E-SUN	KCØLUN	Nixa ARC,
Shell Knob	145.2100	–	○ 162.2s	NAØX	TableRock
Walnut Grove	147.3300	+	○ 162.2	AKØC	------------

SPRINGFIELD

Location	Output	Input	Notes	Call	Sponsor
Republic	146.8200	–	○ 162.2 E-SUN	KØEAR	EARS

144-148 MHz
MISSOURI

Location	Output	Input	Notes	Call	Sponsor
Springfield	145.3300	–	O 156.7	KC0DBU	BSAPost30
Springfield	145.4300	–	O 136.5/136.5 E-SUN	KA0FKF	SMSU ARC
Springfield	145.4900	–	O 136.5 E-SUNsz	N0NQW	------------
Springfield	146.6400	–	O 162.2 E-SUNsz	W0EBE	SW MO ARC
Springfield	146.9100	–	O 162.2 E-SUNsz	W0EBE	SW MO ARC
Springfield	147.0150	+	O 162.2/162.2 E-SUN	W8KIR	SMART
Stafford	147.1200	+	●	KB0E	SARA

ST JOSEPH

Location	Output	Input	Notes	Call	Sponsor
St Joseph	146.7450	–	O	WB0HNO	------------
St Joseph	146.8500	–	O 100/100 E-SUNs	W0NH	MOValARC

ST LOUIS METRO

Location	Output	Input	Notes	Call	Sponsor
Bridgeton	146.7300	–	O 141.3e E-SUN	KB0TUD	NWAR/EAsn
Clayton	146.9400	–	O E-SUN	K0STL	slsrc
Crystal City	146.7750	–	O 100	K0TPX	TwnCtyARC
Des Peres	146.9100	–	O 141.3/141.3e	N0TYZ	slsrc
Ferguson	145.3500	–	O 141.3	WA0WKI	FVCC ARC
Harvester	145.4900	–	O 141.3e E-SUNs	W0ECA	ARESRACES
Kirkwood	147.1500	+	●eE-SUN	KB0ZRI	TelemRC
Maryland Hghts	145.3700	–	O 88.5e E-SUN	KJ0A	KJ0A
O'Fallon	145.3300	–	OeE-SUN	WB0HSI	StChasARC
o'fallon	145.4100	–	OE-SUN	K0RBR	RBARC
O'Fallon	146.6700	–	OeE-SUN	WB0HSI	StChasARC
Olivette	146.8500	–	O 141.3e E-SUNs	W0SRC	STLSRC
St Louis	145.1700	–	●eE-SUN	K0KYZ	K0KYZ
St Louis	145.2100	–	OeE-SUN	WB0QXW	#NAME?
St Louis	145.2700	–	O 123/123e	KA9HNT	XEEARC
St Louis	146.6100	–	OeE-SUNs	KC0TPS	CARS
St Louis	146.7600	–	O 141.3/141.3eE-SUNx	W9AIU	EgyptnRC
St Louis	146.9250	–	O 192.8/192.8e	K0AMC	AMARC
St Louis	146.9700	–	O 141.3/141.3eE-SUN	W0FF	slsrc
St Louis	147.0000	–	O 141.3/141.3a	K0DO	MonsantARA
St Louis	147.0150	+	O 100 E-SUNsz	KA0YXU	------------
St Louis	147.0600	+	O 141.3e E-SUN	W0MA	BEARS-STL
St Louis	147.2250	+	OE-SUN	N0FLC	N0FLC
St Louis	147.2850	+	OeE-SUN	W0QEV	WashUARC
St Louis	147.3600	+	OeE-SUN	K0DO	MonsantARA
St Louis	147.3900	+	O 100/100 E-SUN	W0SLW	44405RPTR

144-148 MHz — MISSOURI-MONTANA

Location	Output	Input	Notes	Call	Sponsor
WEST CENTRAL					
Appleton City	146.8500	–	o 107.2/107.2	WA9QME	WA9QME
Butler	147.2250	+	o	KB0PSG	KB0PSG
Carrollton	146.6550	–	o 94.8 E-SUN	N0SAX	N0SAX
centerview	147.3150	+	o	WA0PXP	wa0pxp
Clinton	146.9250	–	o 107.2/107.2 E-SUNz	N0ATH	RATS
Concordia	146.7750	–	o 156.7 E-SUN	AA0IY	AA0IH
Nevada	145.4500	–	o	W0HL	W0HL
Sedalia	147.0300	–	otE-SUNsx	WA0SDO	SPARK
Warrensburg	146.8800	–	o 107.2 E-SUNz	W0AU	WAARCI
Warsaw	147.0750	+	o 146.2	KI0IP	ki0ip
Warsaw	147.3000	+	oe	KC0RDO	TwnLkesARC
MONTANA					
CENTRAL					
Lewistown	147.1500	+	o	W7YM	W7YM
EAST CENTRAL					
Glendive	146.7600	–	oelx	W7DXQ	LYARC
Miles City	146.9200	–	o	W7YUP	SEMARC
Sidney	147.3800	+	ol	W7DXQ	LYARC
NORTH CENTRAL					
Chester	146.6400	–	o	KD7JZ	Mt. Royal
Cut Bank	146.7000	–	o 103.5el	K7HR	K7HR
Cut Bank	146.8200	–	o	K7JAQ	HARK
Great Falls	146.6800	–	o 100l	AA7GS	MRLA
Great Falls	146.7300	–	o 100ex	W7ECA	GFAARC
Great Falls	147.1200	+	ox	W7ECA	GFAARC
Great Falls	147.3000	+	oaez	W7ECA	GFAARC
Great Falls	147.3600	+	o	W7GMC	W7GMC
Havre	146.9100	–	o 100	KD7JZ	HI-LINE AR
Vaughn	147.1400	+	o	KD7IWZ	KD7WIZ
Zortman	147.2600	+	o	W7ECA	GFAARC
NORTHEAST					
Fort Peck	146.8400	–	o 100	WX7GGW	Valley RC
Plentywood	146.6600	–	ol	KB7QWG	KB7QWG
Plentywood	147.3000	+	ol	KB7QWG	KB7QWG
Plentywood	147.3400	+	o 100l	KC7MNI	County Gvt
Whitetail	147.1000	+	o	W7WZW	NLARG
Wolf Point	146.8600	–	oe	N7WF	PRC
NORTHWEST					
Bigfork	146.6200	–	o 100aelRB xz	KA5LXG	FVRG
Eureka	145.3900	–	o 100aelRB xz	WR7DW	FVRG
Eureka	147.2600	+	o 100	WR7DW	WR7DW
Happy's Inn	145.3100	–	o 100aelRB xz	KB7TPD	FVRG
Lakeside	146.7600	–	o 100l	K7LYY	FVARC
Lakeside	147.1800	+	o 100	K7LYY	FVARC
Lewistown	147.3200	+	o 103.5	KE7KAT	KE7KAT
Libby	146.8400	–	o	NQ7D	LCARC

144-148 MHz
MONTANA

Location	Output	Input	Notes	Call	Sponsor
Missoula	146.7400	–	O 203.5	K7UXO	K7UXO
Plains	147.1400	+	O 103.5l	K7KTR	K7KTR
Polson	145.3500	–	O 100aelRBxz	W7CMA	FVRG
St Ignatius	145.4300	–	O	KD7YAC	KD7YAC
Thompson Falls	146.6800	–	O	KC7BEP	KC7BEP
Thompson Falls	147.1600	+	O	W7TQN	W7TQN
Whitefish	145.2700	–	O 100aelRBxz	KO8N	FVRG
Whitefish	147.3800	+	Ol	K7LYY	FVARC

SOUTH CENTRAL

Location	Output	Input	Notes	Call	Sponsor
Big Sky	146.8200	–	O 82.5el	W7LR	ERA
Bozeman	145.2500	–	O 100l	KB7KB	BARBS
Bozeman	146.8800	–	O 100aelx	W7YB	ERA
Bozeman	147.1800	+	O 100elx	WR7MT	MRLA
West Yellowstone	146.7200	–	O 100	KL7JGS	KL7JGS

SOUTHEAST

Location	Output	Input	Notes	Call	Sponsor
Big Timber	146.6400	–	O 100	NU7Q	BTAR
Billings	146.8000	–	O	W7ECO	W7ECO
Billings	147.0400	+	O 100	KA7MHP	KA7MHP
Billings	147.0800	+	O 100elx	WR7MT	MRLA
Billings	147.2000	+	Oel	N7LEQ	YRC
Billings	147.3000	+	O 100l	K7EFA	YRC
Billings	147.3600	+	O 100e	K7EFA	YRC
Forsyth	147.2000	+	O 100	KC7BOB	------------
Greycliff	147.2800	+	O 100elx	WR7MT	MRLA
Pompeys Pillar	147.1800	+	Ol	WR7MT	MRLA
Red Lodge	147.0000	+	Oe	WB7RIS	BARC
Roundup	145.4100	–	O 100	K7EFA	YRC

SOUTHWEST

Location	Output	Input	Notes	Call	Sponsor
Anaconda	147.0200	+	O	KB7IQO	KB7IQO
Anaconda	147.0800	+	O 107.2l	K0PP	AARC
Butte	146.6800	–	O	N7SKI	------------
Butte	146.9400	–	O 114.8aer	WA7KZF	BARC
Dillon	146.7600	–	O	K7IMM	DARC
Helena	145.4500	–	O 100elWxx	WR7MT	MRLA
Helena	146.8500	–	O 146.2r	W7CK	W7CK
Helena	146.9200	–	O	K7WES	K7WES
Helena	147.1000	+	O 100	WR7HLN	WR7AGT
Helena	147.3200	+	O	W7MRI	W7MRI
Helena	147.8200	–	O 156.7	W7MRI	CCARC
Philipsburg	147.1600	+	O 107.2l	KA7NBR	AARC
Three Forks	147.3800	+	O 100elx	WR7MT	MRLA
Wisdom	147.0600	+	O 107.2l	K7IMM	DARC

STATEWIDE

Location	Output	Input	Notes	Call	Sponsor
Statewide	145.4700	–			------------

WEST CENTRAL

Location	Output	Input	Notes	Call	Sponsor
Hamilton	146.7200	–	O	W7FTX	BARC
Lolo	146.9600	–	O 88.5l	W7PX	HARC
Missoula	145.2100	–	O 103.5 (CA) elRB EXP	WA7OPE	MVRG
Missoula	146.8000	–	O 88.5	W7PX	HARC
Missoula	146.9000	–	O 88.5al	W7PX	HARC
Missoula	147.0000	+	O(CA)	NZ7S	NZ7S
Missoula	147.0400	+	Oe	W7PX	HARC
Ronan	146.7000	–	Oap	KC7MRQ	KC7MRQ

144-148 MHz 195
MONTANA-NEBRASKA

Location	Output	Input	Notes	Call	Sponsor
Stevensville	145.2300	–	O 203.5	W7FTX	BARC
Stevensville	146.6600	–	O 88.5	KE7WR	KE7WR

NEBRASKA
CENTRAL
Arapahoe	146.7450	–	Oaesz	W0JJO	W0JJO
Broken Bow	146.8650	–	Oe	KR0A	KR0A
Broken Bow	147.0600	+	Oe	KR0A	KR0A
Burwell	147.0900	+	Oe	W0EJL	N LOUP VA.

COLUMBUS
Columbus	146.6400	–	Oaesz	KA0S	PAWNEE ARC
Columbus	146.7750	–	O(CA)es	N0RHM	PLATTE CO.

FREMONT
Colon	145.2650	–	O	WN0L	WN0L
Colon	146.6700	–	Oes	WN0L	WN0L
Fremont	147.1050	+	Oes	KF0MS	KF0MS

GRAND ISLAND
Aurora	147.1800	+	Ols	W0CUO	GIARS
Doniphan	145.2050	–	Ol	KA0RCZ	KA0RCZ
Elba	147.2400	+	Oels	W0CUO	GIARS
Grand Island	146.9400	–	Oels	W0CUO	GIARS

HASTINGS
Hastings	145.1300	–	O 123.0lsx	W0WWV	H.A.R.C.

KEARNEY
Kearney	145.2350	–	Oes	KC0WZL	BUFFALO CO.
Kearney	145.2950	–	Os	WB0YIG	M.A.R.C.
Kearney	146.6250	–	Oes	W0KY	M.A.R.C.
Kearney	147.3150	+	Ol	KA0RCZ	KA0RCZ
Kearney	147.3900	+	OesWX	KA0DBK	KA0DBK

LEXINGTON
Overton	147.1350	+	Oe	W0SOK	HARA

LINCOLN
Lincoln	145.1450	–	Oaez	K0RPT	K0RPT
Lincoln	145.2500	–	O DCS(D-STAR)es	W0MAO	NEMA
Lincoln	145.4900	–	Oae	KA0WUX	KA0WUX
Lincoln	146.7600	–	Oe	K0KKV	Linc ARC
Lincoln	147.0450	–	Oaesz	K0RPT	K0RPT
Lincoln	147.1950	+	O(CA)ez	K0SIL	K0SIL
Lincoln	147.3300	+	Oes	W0MAO	NE. EMA
Osceola	147.0150	+	Oae	KG0ED	KG0ED

NORFOLK
Norfolk	146.7300	–	O 131.8 (CA) ez	W0OFK	EVARC
Wayne	147.0300	+	Oe	N0ZQR	WAYNE ARA

NORTH CENT
Ainsworth	147.3600	+	O	WM0L	WM0L
O'Neill	146.6100	–	O	KB0GRP	------------

NORTH EAST
Albion	147.3750	+	O	KB0TLX	ALBION ARC
Sioux City (IA)	146.9700	–	O 110.9	K0TFT	SARA

NORTH WEST
Cody	146.7450	–	Oe	WB0VIV	WB0VIV
Gordon	146.6700	–	Oes	N0UVP	SHARC

OMAHA
Bellevue	145.1150	–	Oes	WB0QQK	WB0QQK

144-148 MHz
NEBRASKA-NEVADA

Location	Output	Input	Notes	Call	Sponsor
Bellevue	147.0600	+	Oer	WBØEMU	SARPY EMA
Bellevue	147.3900	+	O 131.8s	WØWYV	BELLEVUE A
Omaha	145.1750	–	O DCS(D-STAR)e	KDØCGR	ODGr
Omaha	145.3700	–	Oel	NØOFQ	EWETAN ARC
Omaha	145.4500	–	Oel	KØBOY	KØBOY
Omaha	146.9400	–	O/131.8es	KØUSA	AKSARBEN A
Omaha	147.0000	–	O/131.8ael	WBØCMC	WBØCMC
Omaha	147.0000	+	O/131.8aels	WBØCMC	WBØCMC
Omaha	147.3000	+	●e	WAØWTL	WAØWTL
Omaha	147.3600	+	Oe	KØBOY	KØBOY
Omaha (E)	147.0000	+	O/131.8ael	WBØCMC	WBØCMC
Papillion	145.2350	–	Oer	WBØEMU	SARPY EMA
Papillion	146.7150	–	OP 25er	WBØEMU	SARPY EMA

PANHANDLE
Location	Output	Input	Notes	Call	Sponsor
Angora	147.2850	+	Oel	AGØN	AGØN
Sidney	146.9700	–	Os	WØAFG	W NE ARC

SCOTTSBLUFF
Location	Output	Input	Notes	Call	Sponsor
Scottsbluff	147.0000	–	O/103.5	KCØBTJ	TRI CITY

SOUTH CENT
Location	Output	Input	Notes	Call	Sponsor
Heartwell	146.8200	–	O 123.0elsx	WØWWV	H.A.R.C.
Holdrege	146.8950	–	Oes	KØPCA	PCEMA
Oxford	146.7150	–	O(CA)l	KXØM	KXØM
Superior	147.2100	+	Oes	WØWWV	------------

SOUTH EAST
Location	Output	Input	Notes	Call	Sponsor
Beatrice	145.3400	–	Oas	KCØMLT	GCEMA
Bennet	146.6250	–	Oal	NØGVK	NØGVK
Fairbury	147.1200	+	Oaels	WBØRMO	JCARS
Falls City	147.3150	+	O 100 (CA)es	KØJKS	FALLS C. A
NE City	146.7000	–	Oaelz	KØTIK	KØTIK
NE City	146.7300	–	O 103.5	KJØZ	------------
Shubert	147.3150	+	Ols	KBØFVP	KBØFVP
Wilber	146.9850	–	Oaesz	NØYNC	SALINE EMA

SOUTH WEST
Location	Output	Input	Notes	Call	Sponsor
Cambridge	146.9700	–	Oe	KAØTDT	CAMB.2M CL
Ogallala	146.7600	–	Oe	KBØSOL	TRAILS END

WEST
Location	Output	Input	Notes	Call	Sponsor
North Platte	146.7000	–	Oes	KBØYSG	KØKDC
North Platte	146.9400	–	Oe	WØBJ	WØBJ

NEVADA

Location	Output	Input	Notes	Call	Sponsor
Angel Peak	147.1800	+	O 100	N7SGV	------------
Angel Peak	147.3000	+	O	N7SGV	SMRC
Angel Peak	147.3600	+	●	WB6TNP	------------
Apex Mtn	147.0600	+	O 100	KC7TMC	Nellis
Black Mtn	145.3900	–	O 100	W7IZU	FARS
Black Mtn	146.7300	–	O	KD8S	------------
Boulder City	146.8500	–	O 131.8/131.8 (CA)e	WA7RAT	CARRA.ORG
Christmas Tree	145.2700	–	O 131.8	N7SKO	------------
Glendale	147.3900	+	O	W7MZV	------------
Henderson	145.4200	–	O 100/100e L(447.675)x	K7FED	------------
Henderson	146.6400	–	O	W6JCY	------------

Visit AES Las Vegas

For the best brands at great prices all under one roof!

4640 South Polaris Ave.
Las Vegas, NV 89103
702-647-3114
800-634-6227
lasvegas@aesham.com
Mon - Fri: 9:00am - 5:30pm
Saturday: 9:00am - 3:00pm

Over 51 years serving the Ham Community!

1-800-634-6227
www.aesham.com

144-148 MHz
NEVADA

Location	Output	Input	Notes	Call	Sponsor
Henderson	147.2100	+	O 100	WB7DRJ	------------
Henderson	147.2400	+	O 146.2	W7IVK	------------
Hi Potosi Mtn	146.7900	–	O	KB6XN	------------
Hi Potosi Mtn	146.8800	–	O 100	WA7HXO	LVRA
Highland Peak	145.2200	–	O 100	WA7HXO	LVRA
Las Vegas	145.1600	–	●	KE6DV	------------
Las Vegas	145.1900	–	O	KA7BCP	------------
Las Vegas	145.3000	–	●	N7RMB	------------
Las Vegas	146.6700	–	O 136.5	WA7CYC	------------
Las Vegas	146.7000	–	O	W7IVK	------------
Las Vegas	146.9400	–	O 100	K7UGE	LVRAC
Las Vegas	147.0000	+	O	N7ARR	NARRI
Las Vegas	147.0900	+	O 100	N7OK	SDARC
Las Vegas	147.1050	+	●	W0JAY	------------
Las Vegas	147.1500	+	O	KB7RSI	------------
Las Vegas	147.2700	+	O	KC7DB	MARA
North Las Vegas	145.4600	–	O 100/100ers	N7RNR	------------
Pahrump local	145.1300	–	O	W7NYE	------------
Pahrump local	146.8500	–	O 173.8/173.8	AD7DP	------------
Pahrump local	146.9100	–	O	N7ARR	NARRI
Pahrump Valley	147.0300	+	O	W6NYK	------------
Red Mtn	145.1100	–	O	WA7HXO	LVRA
CENTRAL					
Goldfield	146.6400	–	Olx	WB7WTS	WB7WTS
Tonopah	147.1200	+	O	KB7PPG	KB7PPG
Warm Springs	146.8500	–	Ol	WB7WTS	WB7WTS
EAST CENTRAL					
Battle Mtn	145.0100	145.0100	Op	WB7WTS	WB7WTS
Ely	144.3900	144.3900	Op	WB7WTS	WB7WTS
Ely	146.6100	–	Ol	WB7WTS	WB7WTS
Ely	146.8800	–	O	WB7WTS	WB7WTS
Eureka	147.0600	+	O	WB7WTS	WB7WTS
Fallon	145.3500	–	O	WB7WTS	WB7WTS
Lage	144.3900	144.3900	Op	WB7WTS	WB7WTS
Lun	147.1800	+	O	WB7WTS	WB7WTS
Pioche	147.2400	+	O 100lx	K7NKH	K7NKH
Wells / Wendover	146.7900	–	Ol	WA7MOC	WA7MOC
EASTERN SIERRA					
Bishop Ca	146.9400	–	O	N6OV	W6HDV
NORTH CENTRAL					
Battle Mtn	145.0100	145.0100	Op	WA6TLW	WA6TLW
Battle Mtn	146.7900	–	O	WA6TLW	WA6TLW
Battle Mtn	146.9100	–	O	W7LKO	N7EV
Tuscarora	145.0100	145.0100	Op	WA6TLW	WA6TLW
Winnemucca	146.7000	–	Oelx	W7TA	NN7B
Winnemucca	146.7000	–	Ol	W7TA	N7TR
Winnemucca	146.7300	–	O	WO7I	WO7I
NORTH EAST					
Carlin	146.8500	–	O	W7LKO	N7EV
Carlin	146.9400	–	Olx	WB7BTS	WB7BTS
Carlin	147.2100	+	O	W7LKO	N7EV
Carlin	147.3300	+	O	W7YDX	W7YDX
Elko	144.9500	144.9500	Op	NF7K	N7EV
Elko	147.2100	+	O	KC7LCY	N7EV

144-148 MHz   NEVADA

Location	Output	Input	Notes	Call	Sponsor
Elko	147.3900	+	o	K9VX	K9VX
Jackpot	147.2700	+	o	W7GK	W7GK
Tuscarora	147.3000	+	o	KD7CWA	KD7CWA
Wells	146.9600	−	o	W7LKO	N7EV
NORTH WEST					
Likely	145.0500	145.0500	op	K6JKC	KJ6MD
Susanville	145.0500	145.0500	op	KB6EVD	K6JKC
Susanville	146.8350	−	o	K6JKC	K6JKC
Susanville	146.8800	−	o	W6EXP	K6JKC
Susanville	146.9100	−	oe	K6JKC	K6JKC
SIERRA/TAHOE					
Battle Mt	145.0100	145.0100	op	WA6TLW	WA6TLW
Kings Beach	146.9400	−	ol	WA6FJS	WA6FJS
Lake Tahoe	144.9700	144.9700	op	WA6EWV	WA6EWV
Lake Tahoe	146.8500	−	oel	WA6EWV	WA6EWV
Lake Tahoe	147.2400	+	oe	NR7A	WA6EWV
Reno	147.1500	+	oelx	WA7DG	N7LPT
SLake Tahoe	146.9100	−	o	WA6SUV	WA6SUV
Sparks	147.0900	+	●	WA6FJS	WA6FJS
Truckee	145.0500	145.0500	op	W7TA	N7TR
Truckee	145.3100	−	o	WA6FWU	WA6FWU
Truckee	146.6400	−	oel	WB6ALS	WB6ALS
Tuscarora	145.0300	145.0300	op	WA6FJS	WA6FJS
SOUTHERN NEVADA					
Las Vegas	147.1050	+	o	W0JAY	W0JAY
WEST CENTRAL					
Wells / Wendover	146.8200	−	o	WA7DG	N7LPT
WEST CENTRAL					
Bridgeport	146.9700	−	o	K6PXF	W6TD
Coleville	146.8800	−	o	WA8SME	wa8sme
Empire	146.6550	−	op	KS2R	KS2R
Fallon	145.3100	−	o	NK7W	NK7W
Fallon	145.3500	−	o	W6POC	W6POC
Fallon	147.3600	+	o	N7PLQ	N7PLQ
Gerlach	147.0000	+	o	KD6THY	KD6THY
Gerlach Nv	147.0300	+	oe	K1C	KJ6PN
Glenbrook	146.7000	−	o	N3KD	N3KD
Hawthorne	145.0100	145.0100	op	WA6TLW	WA6TLW
Hawthorne	146.7900	−	olx	WA6TLW	WA6TLW
Jackpot	147.2700	+	oelx	W7DI	K7VC
Loveloc	147.3900	+	olx	W7TA	N7UVL
Lovelock	145.4700	−	ol	K6ALT	W7AB
Minden	145.2700	−	o	KC7STW	KC7STW
Minden	145.2900	−	o	W7UNR	K7VY
Minden	145.4300	−	o	KB7PDF	KB7PDF
Minden	147.2700	+	o	W7DI	W6OLD
New Washoe City	145.4100	−	op	NH7M	NH7M
Reno	144.9500	144.9500	op	KI3V	N7TR
Reno	145.0100	145.0100	op	WA6TLW	WA6TLW
Reno	145.0500	145.0500	o	W7TA	NN7B
Reno	145.1500	−	o	KD7DTN	KD7DTN
Reno	145.3100	−	o	NK7W	NK7W
Reno	145.3300	−	o	WA6MNM	WA6MNM
Reno	145.3700	−	o	W7UIZ	W7UIZ
Reno	145.3900	−	o	W7UIZ	W7UIZ
Reno	145.4500	−	oel	K7AN	W7AB

144-148 MHz
NEVADA-NEW HAMPSHIRE

Location	Output	Input	Notes	Call	Sponsor
Reno	145.4700	–	o	WA7UEK	w7ab
Reno	145.4900	–	oe	W7JA	W7AB
Reno	146.5500	146.5500	o	N7PLQ	N7PLQ
Reno	146.6100	–	oelx	W7TA	N7TR
Reno	146.6700	–	op	W7TA	N7TR
Reno	146.7300	–	●	W7OFT	W7FD
Reno	146.7600	–	o	WA6SIX	W7FD
Reno	147.0000	–	oe	W7TA	NN7B
Reno	147.0300	+	oe	WA7DG	N7LPT
Reno	147.0900	+	o	N7VN	N7VN
Reno	147.1200	+	oe	KE7R	NN7B
Reno	147.1800	+	oe	WA7WOP	WA7NHJ
Reno	147.2100	+	ol	WA7DG	N7LPT
Reno	147.3000	+	oel	WA7DG	N7LPT
Sparks	145.0500	145.0500	o	N7PLQ	N7PLQ
Sparks	146.8650	–	o	KK7RON	KK7RON
Sparks	147.0300	+	oe	KQ6FM	KQ6FM
Sparks	147.0600	+	o	N7PLQ	N7PLQ
Sparks	147.3600	+	●	KJ7YT	KJ7YT
Tuscarora	147.3300	+	o	WW7E	WW7E
Yerington	145.0500	145.0500	o	N7LPT	N7LPT

NEW HAMPSHIRE
DARTMOUTH/LAKE SUNAPEE

Location	Output	Input	Notes	Call	Sponsor
Claremont	147.2850	+	o 103.5es	KU1R	SCARG
Hanover	145.3300	–	o 100.0esxz	W1FN	TSRC
Sunapee	145.2500	–	o 88.5 L(K1JY)	K1JY	K1JY

GREAT NORTH WOODS

Location	Output	Input	Notes	Call	Sponsor
Berlin	145.1100	–	o 100.0	N1ZGK	SCI
Clarksville	146.7150	–	o 100.0ers	KB1IZU	MartinRR
Colebrook	147.3000	+	o 110.9 (CA) e	W1HJF	LMRAPP
Groveton	147.3150	+	o 100.0 L(NNH NET)s	N1PCE	N1PCE

LAKES REGION

Location	Output	Input	Notes	Call	Sponsor
Alton	146.8650	–	o 88.5	K1JEK	K1JEK
Franklin	147.3000	+	o 88.5e	W1VMW	VMWA
Gilford	147.3900	+	o(CA) L(146.985 MOULB)sWX	W1JY	CNHARC
Moultonborough	145.3100	–	o 88.5# L(N1IMO-N1IMN)	N1TZE	UNCOORD
Moultonborough	146.9850	–	o 123.0e L(147.390 GILFORD)rsWX	W1JY	CNHARC
Moultonborough	147.2550	+	o 156.7 (CA) eE-SUN L(E147255)px	W1RLM	LksRgn ARC
Ossipee	147.0300	+	o 88.5e	W1BST	LRRA

MERRIMACK VALLEY

Location	Output	Input	Notes	Call	Sponsor
Bow	146.7900	–	o 88.5e L(N1IMO-N1IMN)s	N1IMO	N1IMO
Bow Center	145.1700	–	o 131.8x	K1OX	Ted
Chester	145.1900	–	o 100.0x	K1OX	Ted
Chester	145.2100	–	o 156.7ae L(CCS NET) EXPx	N1KMA	CLEOSYS
Concord	146.9400	–	o 114.8	W1ALE	W1ALE
Concord	147.2250	+	o 100.0	KA1OKQ	KA1OKQ

NEW HAMPSHIRE-NEW JERSEY

Location	Output	Input	Notes	Call	Sponsor
Deerfield	147.0000	+	O 100.0	W1SRA	Saddlbk RA
Derry	146.7450	–	O 114.8	NM1D	NM1D
Derry	146.8500	–	O 85.4 (CA)ex	K1CA	IntrStRS
Goffstown	147.3300	+	O 141.3	N1SM	N1SM
Henniker	146.8950	–	O 100.0ers	K1BKE	CVRC
Hollis	146.7300	–	O 88.5e L(N1IMO-N1IMN)s	N1IMO	N1IMO
Hudson	147.1050	+	O 88.5 L(E15837)	NE1B	RRA
Manchester	146.6850	–	O 141.3s	N1QC	GSARA
Nashua	147.0450	+	O 100.0e	WW1Y	WW1Y
New Boston	147.3750	+	O 88.5	W1VTP	GSARA
Northwood	146.7000	–	O 88.5e L(E232623)x	K1JEK	K1JEK
Salem	145.3300	–	ODSTAR	K1HRO	K1HRO ARC
Salem	147.1650	+	O 136.5	NY1Z	MtMRH RS

MONADNOCK REGION

Location	Output	Input	Notes	Call	Sponsor
Greenfield	147.1350	+	O 123.0 L(448.525)	WA1UNN	WA1UNN
Keene	146.8050	–	O 100.0 (CA) eL(440 MHZ LINKING)s	K1TQY	ChsCntyDXA
Rindge	147.1950	+	O 88.5e L(N1IMO-N1IMN)s	N1IMO	N1IMO
Walpole	147.0300	+	O 100.0e L(WA1UNN NET)	WK1P	MARKEM
Winchester	146.8650	–	O 100.0e L(K1TQY)	N1NCI	CCDX ARC

SEACOAST

Location	Output	Input	Notes	Call	Sponsor
Kensington	145.1500	–	O 127.3 E-SUN E-WINDs	W1WQM	PCARC

STATEWIDE

Location	Output	Input	Notes	Call	Sponsor
Portable	147.0600	+	O 103.5eps	K1AKS	NHRADIO
Portable	147.1200	+	O 136.5eps	WA1ZCN	NHARES

WHITE MOUNTAINS

Location	Output	Input	Notes	Call	Sponsor
Cannon Mountain	145.4300	–	O 114.8	K1HR	K1HR
Littleton	147.3450	+	O 114.8	K1HR	K1HR
Mt Washington	146.6550	–	O 100.0ers	W1NH	NHOEM
North Conway	145.4500	–	O 100.0s	W1MWV	WhtMtnARC
Whitefield	145.3700	–	O 114.8 L(NNH NET)s	N1PCE	N1PCE

NEW JERSEY
ATLANTIC

Location	Output	Input	Notes	Call	Sponsor
Absecon	145.4900	–	●t(CA)	N2LXK	------------
Absecon	147.2100	+	O 123.0 (CA) eRB	W2CAM	DVRC
Brigantine	146.7150	–	O 91.5eWX	KA2OOR	------------
East Vineland	146.8050	–	O 110.9lWX	NW2Y	SCARS
Egg Harbor	146.6400	–	O 131.8elrs RB WX	W3BXW	BEARS
Pinehurst	146.8800	–	O 91.5 (CA)	KA2HQP	------------
Pomona	146.7450	–	●t(CA)r	K2BR	SCARA
W Atlantic City	146.9850	–	O 146.2 (CA) e	W2HRW	SPARC

144-148 MHz
NEW JERSEY

Location	Output	Input	Notes	Call	Sponsor
BERGEN CO					
Alpine	146.9550	–	O 141.3aTT	K2ETN	CRRC
Fort Lee	145.4500	–	O 100.0r	W2MPX	METROPLX
Paramus	146.7900	–	O 141.3	W2AKR	BCFMA
BURLINGTON					
Chatsworth	145.4700	–	O 127.3elrs	KC2QVT	BURLCO OEM
Medford Twp	145.2900	–	O 91.5 (CA)e	K2AA	SJRA
Robbinsville	147.0750	+	O 71.9 (CA)e lr	KX2D	Robbinsvil
Westampton	147.1500	+	O 127.3 (CA) elrswx	KC2QVT	BURLCO OEM
Willingboro	146.9250	–	O 131.8 (CA) e	WB2YGO	WARG Inc.
CAMDEN					
Camden	146.8200	–	O 131.8es	W2CAM	PARA Group
Cherry Hill	145.3700	–	O 91.5 (CA)e	NJ2CH	CH OEM
Pine Hill	146.8650	–	O 131.8 (CA) el	K2UK	CCAPRA
Pine Hill	146.8950	–	O 192.8ers WX	N2TXV	CamCoRACES
Waterford Wks	145.2100	–	O 71.9el	W2FLY	------------
Waterford Wks	147.3450	+	O 127.3er WX	WA3BXW	SNJ-ARES
Winslow	145.1500	–	O 91.5e	K2AX	JTRA
CAPE MAY					
Avalon	147.1200	+	O 203.5eWX	KC2KAX	ECLWA
Cape May Ct Hse	147.2400	+	O 146.2ers	N2EWT	------------
Ocean City	147.2850	+	O 156.7 (CA) elrRB LITZ WX	W3PS	METRO-COMM
CUMBERLAND					
Vineland	146.6550	–	O 179.9 (CA) ers	WB2RUH	VinelandRG
ESSEX CO					
Livingston	146.5950	147.5950	O 100.0ez	NE2S	SBARC
Newark	145.2500	–	OD123/D123 BI	W2JDS	------------
Newark	147.2250	+	O 141.3 L(440.500)	K2MFF	NJIT
North Caldwell	147.1800	+	O 151.4	W2JT	NJDXA
West Orange	146.4150	147.4150	O 85.4 (CA)e L(224.480)rsLITZz	WA2JSB	WORA
West Orange	147.2850	+	O 141.3/141.3 (CA)elrsLITZ WXz	WA2HYO	NJRA
GLOUCESTER					
Franklinville	146.4750	147.4750	O 162.2e	W2RM	------------
Monroe Twp	145.3900	–	O 91.5rs	K2DX	+WC2K
Pitman	147.1800	+	O 131.8 (CA) rs	W2MMD	GCARC
HUNTERDON					
Cherryville	147.3750	+	O 151.4ae	WB2NQV	W2CRA
Holland Twp	146.8500	–	O 151.4ae LITZ	WA2GWA	K2PM
Mt Kipp	147.0150	+	O 151.4 (CA) elrwx	WB2NQV	W2CRA
MERCER					
Allentown	147.1050	+	● 123.0 (CA)	K2UQ	Allentown

KJI Electronics
SERVING AMATEUR RADIO SINCE 1978

Please visit our new store location at
**394 Bloomfield Ave, Caldwell, NJ 07006;
973-364-1930; fax 973-239-4389**

| KJI – YOUR NEW JERSEY KENWOOD HQ! |

TM-V708A
2M/440MHz FM Mobile
- Dual, Wideband Receive
- Separate Control Head
- Visual Band Scope

Also available:
TM-D700A
TM-G707A
TM-271A

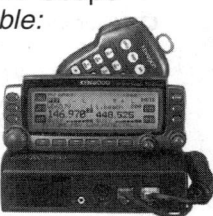

TS-2000/2000X/B2000
HF/6M/2M/440MHz
Optional 1.2GHz Module
(Included in "X" version)
- Built-In Tuner (HF & 6M)
- Built-In TNC & CW Keyer
- Satellite Operating Features

Also available:
TS-570DG/SG

TH-F6A
Tri-Band FM Handheld
- 2M/222MHz/440MHz
- Dual, Wideband Receive
- CW, SSB, AM, FM Receive Modes
- Built-In VOX

Also available:
TH-D7A
TH-K2AT
TH-G71A

TS-480HX/SAT
HX: 200W HF & 100W on 6M
SAT: 100W HF & 6M, w/Tuner
- Separate Control Head
- CW Keyer w/Memories

See your favorite Kenwood radio on display connected to a working antenna system!

– Bring your QSL for a FREE Gift! –
73 from Gene, K2KJI, and 88 from Mary Ann, K2RVH
Visit KJI Electronics, Inc. on the web at
www.kjielectronics.com

NEW JERSEY 144-148 MHz

Location	Output	Input	Notes	Call	Sponsor
Lawrenceville	146.4600	147.4600	O 131.8	N2RE	SarnoffRC
West Trenton	146.6700	–	O 131.8 (CA) ersWX	W2ZQ	DVRA

MIDDLESEX CO

Location	Output	Input	Notes	Call	Sponsor
Old Bridge	147.1200	+	O 162.2/162.2 (CA)elrsz	W2CJA	CJRA
Sayreville	146.7600	–	O 156.7/156.7 (CA)eL(443.200)rsLITZ	K2GE	RBRA

MONMOUTH CO

Location	Output	Input	Notes	Call	Sponsor
Creamridge	147.2400	+	O 131.8 (CA) er	N2DRM	CR-MRG
Ellisdale	145.4500	–	O 131.8e	K2NI	HRG
Middletown	145.4850	–	O 151.4 (CA) er	N2DR	MT RACES OE
Ocean Twp	147.0450	+	O 67.0 (CA)e rsLITZ WX	WB2ABT	MCRA
Wall Twp	145.1100	–	O 127.3es	N2MO	OMARC
Wall Twp	146.7750	–	Oe	N2CTD	WALL OEM

MORRIS CO

Location	Output	Input	Notes	Call	Sponsor
Butler	147.1350	+	O 141.3elrs RB WX	WB2FTX	ButlrRACES
Morris Twp	146.8950	–	O 151.4/151.4 (CA)erWX	WS2Q	MORISOEM
Roxbury	146.9850	–	O 131.8 (CA) e	K2RF	SARA
Whippany	147.0300	+	Ors	W2TW	WhipnyARC

OCEAN

Location	Output	Input	Notes	Call	Sponsor
Brick Town	146.4900	147.4900	O 127.3el	K2RFI	------------
Lakehurst	145.1700	–	O 131.8ers	N2IFP	CrmRdgRG
Lakewood	146.7300	–	O 127.3ael WX	N2CKH	------------
Lakewood	146.9550	–	O 103.5e	W2RAP	EARS
Manahawkin	146.8350	–	O 127.3 (CA) ers	N2OO	835UserGrp
Toms River	146.4450	147.4450	O 131.8aes WX	KC2GUM	O.C.R.G.
Toms River	146.9100	–	O 127.3 (CA) e	W2DOR	JSARS
Tuckerton	146.7000	–	O 192.8ers	N2NF	------------

PASSAIC CO

Location	Output	Input	Notes	Call	Sponsor
Little Falls	146.9250	–	O 151.4/151.4er	W2VER	VRACES
Passaic	147.3450	+	O 067.0/067.0 (CA) TTersRB	KC2MDA	TECNJ WX(845)
Wanaque	146.4900	147.4900	a	WA2SNA	RAMPOARC
Wanaque	146.7000	–	O 141.3 (CA) TT(1070)ersLITZ WXz	W2PQG	10-70 RA
Wayne	145.2100	–	O 141.3e	W2GT	Partyline Net
West Patterson	146.6100	–	151.4	W2FCL	LND ROVERS

SALEM

Location	Output	Input	Notes	Call	Sponsor
Pennsville	146.6250	–	O 131.8 (CA) er	N2KEJ	S.C.R.A.

SOMERSET CO

Location	Output	Input	Notes	Call	Sponsor
Green Brook	146.6250	–	O 141.3	W2QW	RARTN VLY
Green Brook	146.9400	–	O 141.3 (CA) e	K2ETS	ETS OF NJ

ADVANCED SPECIALTIES INC.

New Jersey's Communications Store

Authorized Dealer

ALINCO • LARSEN • COMET • MALDOL • MFJ
UNIDEN • ANLI • GRE • YAESU

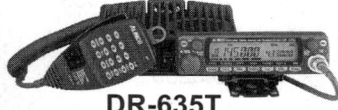

FT-8900R
10M, 6M, 2M,
70 CM FM Mobile

DR-635T
Hi Tech FM Mobile
Dual Band

FT-857D
HF, 6M, 2M, 70 CM

VX-7R
Quadband
Submersible HT

Uniden BCD-396T
Digital
Trunktracker
25-1300MHz

FT-2800M
65W 2M Mobile

Closed Sunday & Monday
Orders/Quotes
1-800-926-9HAM ■ **(201)-VHF-2067**
114 Essex Street ■ Lodi, NJ 07644

Big **Online Catalog** at:
www.advancedspecialties.net

AMATEUR RADIO – SCANNERS – BOOKS – ANTENNAS
MOUNTS – FILTERS
ACCESSORIES AND MORE!

144-148 MHz
NEW JERSEY-NEW MEXICO

Location	Output	Input	Notes	Call	Sponsor
Hillsboro	147.1350	+	O 151.4/151.4ersz	WJ2DX	WJDXG
SUSSEX					
Newton	147.2100	+	O 151.4rs	W2LV	SCARC
Newton	147.3000	+	O 151.4 (CA) elrs	W2LV	SCARC
Newton	147.3300	+	O 151.4rs	W2LV	SCARC
Vernon	146.9250	–	O 151.4er WX	W2VER	Vern RACES
UNION CO					
Elizabeth	145.4100	–	OD123/D123 BI	W2JDS	------------
Murray Hill	147.2550	+	O 141.3 (CA) rsWX	W2LI	TRI-CNTYARA
Roselle Park	146.6850	–	Orz	K2LOD	------------
Springfield	147.5050	146.5050	O 123.0 (CA) TTerz	WA2BAT	SPFD EMRC
WARREN					
Washington	146.8200	–	O 110.9r	W2SJT	PJARC
NEW MEXICO					
ALBUQUERQUE					
Albuquerque	145.1300	–	O 162.2/162.2eL(145.160)rs	K5BIQ	BC-OEM
Albuquerque	145.3300	–	O 100.0e L(444.0000)x	W5CSY	AACC
Albuquerque	146.7200	–	O 100.0/127.3ex	K5CQH	K5CQH
Albuquerque	146.7400	–	O 146.2e	N5CUL	Albuq ex.
Albuquerque	146.7600	–	O 100	KD5VLJ	KD5VLJ
Albuquerque	146.9000	–	O 67.0e L(147.0600)x	K5FIQ	URFMSI
Albuquerque	147.3200	+	O 100.0 (CA)	K5LXP	K5LXP
Albuquerque	147.3600	+	Oe	KB5XE	KB5XE
Rio Rancho	147.1000	+	O 67.0e L(443.000)rRB	W5SCA	SCARES
Sandia Crest	147.3800	+	O 162.2e L(442.1000)x	KB5GAS	ABQ Gas Ballo
Tijeras	145.1600	–	O 162.2/162.2eL(145.130)rs	K5BIQ	BC-OEM
ARES/RACES NET					
Cerro Pelon	147.0400	+	O 141.3/141.3rs	KE5MNW	NMEMA ARC
Cuba	145.5750	–	O 141.3/141.3rs	KE5MNW	NMEMA ARC
Davenport	147.3200	+	O 141.3/141.3rs	KE5MNW	NMEMA ARC
Frisco Divide	147.3400	+	O 141.3/141.3rs	KE5MNW	NMEMA ARC
Gibson Peak	147.0600	+	O 141.3/141.3rs	KE5MNW	NMEMA ARC
Grants	146.9800	–	O 141.3/141.3rs	KE5MNW	NMEMA ARC
Jacks Peak	145.1450	–	O 141.3/141.3rs	KE5MNW	NMEMA ARC
Santa Fe	147.0200	+	O 141.3/141.3rs	KE5MNW	NMEMA ARC

NEW MEXICO

Location	Output	Input	Notes	Call	Sponsor
CENTRAL					
Belen	146.7000	–	O 100.0ers	KC5OUR	Val.CoARA
Belen	146.9600	–	O 100.0 (CA) elxZ(123)	K5URR	URFMSI
Clines Corners	147.0600	–	O 67.0 (CA)e L(146.9000)	K5FIQ Z(123)	URFMSI
Los Lunas	145.3900	–	O 85.4ers	NM5LL	LLARA
Los Lunas	145.4900	–	O 85.4 (CA)e lrsx	NM5LL	LLARA
Socorro	146.6800	–	O 100.0/123.0aeL(444.750)xz	W5AQA	Soc. ARA
Socorro	147.1600	+	O 100.0aeprs	W5AQA	SocorroARA
EAST CENTRAL					
Clovis	147.2400	+	O 67.0ers	KA5B	ENM ARC
Portales	146.8200	–	Oe	KA5B	ENM ARC
Tucumcari	146.8800	–	O	WA5EMA	WA5EMA
MEGA-LINK					
Alamogordo	145.3500	–	O 67.0 (CA)e lxZ(123)	NM5ML	Mega-Link
Albuquerque	145.2900	–	O 100.0 (CA) elxZ(123)	NM5ML	Mega-Link
Bloomfield	147.2800	+	O 67.0 (CA)e lxZ(123)	NM5ML	Mega-Link
Clovis	147.2800	+	O 67.0 (CA)e lxZ(123)	NM5ML	Mega-Link
Conchas Dam	147.3600	+	O 100.0 (CA) elxZ(123)	NM5ML	Mega-Link
Corona	147.2800	+	O 100.0 (CA) elxZ(123)	NM5ML	Mega-Link
Cuba	147.2400	+	O 67.0 (CA)e lxZ(123)	NM5ML	Mega-Link
Datil-Davenport	147.0400	+	O 100.0 (CA) elrsZ(123)	NM5ML	WA5IHL
Datil-Luera Peak	147.1400	+	O 100.0 (CA) elxZ(123)	NM5ML	Mega-Link
Ft Sumner	147.1400	+	O 100.0 (CA) elxZ(123)	KB5ZFA	Mega-Link
Gallup	147.2200	+	O 67.0 (CA)e lxZ(123)	NM5ML	Mega-Link
Grants	146.6600	–	O 100.0 (CA) elxZ(123)	NM5ML	Mega-Link
Las Cruces	147.1800	+	O 100.0 (CA) elZ(123)	NM5ML	Mega-Link
Las Vegas	146.2600	+	O 67.0 (CA) E-SUNlxZ(123)	NM5ML	Mega-Link
Maljamar	147.1400	+	O 67.0 (CA)e lxZ(123)	NM5ML	Mega-Link
Raton	147.2800	+	O 100.0 (CA) elxZ(123)	NM5ML	Mega-Link
Roswell	146.6600	–	O 67.0 (CA)l sx	NM5ML	Mega- Link
Roswell	147.2600	+	O 100.0 (CA) lxZ(123)	NM5ML	Mega-Link
Socorro	147.2400	+	O 100.0 (CA) elxZ(123)	NM5ML	Mega-Link

144-148 MHz
NEW MEXICO

Location	Output	Input	Notes	Call	Sponsor
T or C	147.2600	+	O 100.0 (CA) elxZ(123)	NM5ML	Mega-Link
Tijeras	147.4400	147.4400	O 100.0 (CA) lZ(123)	NM5ML	Mega-Link
Tres Piedras	147.2200	+	O 100.0 (CA) elxZ(123)	NM5ML	Mega-Link
Tucumcari	147.2200	+	O 100.0 (CA) elxZ(123)	NM5ML	Mega-Link
NORTH CENTRAL					
Angel Fire	147.3400	+	Oex	N5LEM	N5LEM
Chama	147.0800	+	O 67.0 (CA)e E-SUNlsxZ(123)	K5HSO	URFMSI
Dixon	147.1800	+	O	KD5PEX	KD5PEX
La Cueva	146.8400	−	O 107.2elx	N9PGQ	N9PGQ
Las Vegas	145.4500	−	Oe	KB5WEZ	KB5WEZ
Las Vegas	147.3000	+	O 162.2elx	W5SF/ELK	SFARC
Las Vegas	147.3800	+	Oe	KB5ENM	ALOST RS
Los Alamos	145.1900	−	O 100.0 (CA) es	KD5CUC	JMRA
Los Alamos	146.8800	−	O	W5PDO	LAARC
Red River	145.3900	−	O 100.0elx	N5LEM	RRARC
Taos	147.1200	+	Oelx	WU5B	WU5B
Tres Piedras	146.7600	−	Oex	KD5CHU	HiVly ARC
NORTHEAST					
Des Moines	146.8500	−	O 100.0ex	N5BOP	SGRC
NORTHWEST					
Aztec	146.7400	−	O 100.0 (CA) eL(146.85)r	K5WXI	Totah ARC
Blanco	147.1000	+	O 100.0	KB5ITS	KB5ITS
Bloomfield	146.9200	−	O 100.0 (CA) L(146.85)r	K5WXI	SJC OEM
Farmington	146.7600	−	O 100.0 (CA) e	KB5ITS	KB5ITS
Farmington	146.8500	−	O 100.0 (CA) L(TOTAH ARC)r	K5WXI	Totah ARC
Farmington	147.0000	+	O 100.0ae	KB5ITS	KB5ITS
Lybrook	145.4900	−	O 100.0 (CA) L(146.85)r	K5WXI	Totah ARC
Tank Mountain	146.8800	−	O 100.0e	KB5ITS	KB5ITS
SANTA FE					
Santa Fe	146.8200	−	O 162.2aex	W5SF/TES	SFARC
Santa Fe	147.2000	+	O 162.2e	W5SF/SVH	SFARC
SOUTH CENTRAL					
Alamogordo	146.8000	−	O 100.0e	K5LRW	Alamo ARC
Alamogordo	146.9000	−	O 77.0a	KC5OWL	KC5OWL
Alamogordo	147.2200	+	O 162.2x	WB5CBD	FMA
Benson Ridge	145.2300	−	O 123.0lx	K5BEN	JPARA
Benson Ridge	145.2700	−	O 162.2	K5KKO	ELP Dig Int Gp
Capitan	146.6100	−	Oex	W5YFN	W5YFN
Cloudcroft	147.3400	+	O 100.0ers	W5UWY	SMARC
Elephant Butte	147.0600	+	Oe	K5IE	K5IE
Las Cruces	146.6400	−	O 100.0 (CA) e	N5BL	MVRC
Las Cruces	146.7800	−	Oe	N5IAC	N5IAC
Las Cruces	146.8400	−	O(CA)	KC5IEC	NMSU ARC
Ruidoso	145.4500	−	O 100.0e L(146.92)	KR5NM	SBARC

144-148 MHz
NEW MEXICO-NEW YORK

Location	Output	Input	Notes	Call	Sponsor
Ruidoso	146.7400	–	O L(146.6400)x	W7OTA	W7OTA
Ruidoso	146.9200	–	O 151.4e L(145.45)	KR5NM	SBARC
Ruidoso	146.9800	–	O 100.0 (CA) eE-SUNrsx	K5RIC	K5RIC
T or C	146.7600	–	O 100.0 (CA) ex	N5BL	MVRC
SOUTHEAST					
Caprock	147.1800	+	Oex	KB5ZFA	KB5ZFA
Carlsbad	146.8800	–	Oe	KB7URX	CARC
Eunice	147.2200	+	O	N5NBR	N5NBR
Jal	147.1000	+	O	N5SVI	N5SVI
Roswell	146.9400	–	O(CA)	W5ZU	PVARC
Roswell	147.3200	+	O 162.2/162.2e	W5GNB/R	W5GNB
SOUTHWEST					
Columbus	145.4300	–	O 88.5rs	W5DAR	DARC
Deming	146.8200	–	Oex	W5DAR	DARC
Glenwood/Brushy	145.4500	–	O 103.5e	WY5G	WY5G
Jacks Peak	145.1700	–	O 100.0e L(MEGALINK)	N5IA	N5IA
Jacks Peak	145.2100	–	O 141.3 L(EAARS)	N5IA	JPARA
Jacks Peak	145.2500	–	O 88.5x	WB5QHS	JPARA
Little Florida Mtns	147.0400	+	O 127.3 L(147.06)	N5IA	N5IA
Murray Tank	147.0600	+	O 127.3 L(147.04)	N5IA	N5IA
Reserve	147.3800	+	O 103.5lx	K5GAR	Gila ARS
Silver City	146.9800	–	O 103.5 (CA) elsx	K5GAR	Gila ARS
STATEWIDE					
Statewide	147.1600	+	Otprs		ARES/RACES/
WEST CENTRAL					
Gallup	147.2600	+	O 100.0rs	KC5WDV	KC5WDV
Grants	146.6400	–	O(CA)e L(146.7400)xZ(123)	K5URR	URFMSI
Grants	146.9400	–	O 100.0 (CA) elxZ(123)	WB5EKP	URFMSI
Grants	147.1800	+	O(CA)	WB5EKP	CARCUS
Zuni	145.4300	–	O 162.2 (CA) x	K5EN	ZARCOM

NEW YORK
ADIRONDACKS EAST

Location	Output	Input	Notes	Call	Sponsor
Blue Mtn	145.4900	–	O 123.0lx	N2JKG	RACES
Lake Placid	147.3000	+	O 100.0l	N2NGK	N2NGK
Lyon Mtn	147.2850	+	O 123.0ex	W2UXC	ChmpVlyRC
Mineville	147.2550	+	O 123.0er WX	WA2LRE	EssexRACES
Plattsburgh	147.1500	+	O 123.0 (CA) ez	W2UXC	ChmpVlyRC
Saranac Lake	147.0300	+	O 100.0	KC2KEQ	Red Cross
Speculator	147.1650	+	Oer	KA2VHF	Hmltn ARC
Whiteface Mtn	145.1100	–	O 123.0elr WXx	N2JKG	Clin RACES

144-148 MHz
NEW YORK

Location	Output	Input	Notes	Call	Sponsor
ALBANY/CAPITAL REGION					
Albany	145.1900	–	O 103.5e	K2CT	Albany ARA
Albany	147.1200	+	Oer	K2ALB	Alb RACES
Albany	147.3750	+	O 100.0	KA2QYE	------------
Austerlitz	146.8050	–	Otel	K2HVC	HudVlyCont
Columbia	146.6700	–	O 100.0	N2JVE	------------
Delmar	146.6400	–	Or	W2VJB	BethRACES
East Galway	147.3600	+	O	N2FEP	------------
Fonda	147.1950	+	O 156.7erz	KC2AUO	MONT CT RC
Galway	147.2400	+	O 100.0 (CA) elrz	WA2UMX	Sara RACES
Glenville	146.7900	–	O 100.0	W2IR	SMARA
Gloversville	146.7000	–	Oar	K2JJI	Tryon ARC
Grafton	145.2500	–	O 100.0 (CA) e	WB2BQW	NE Connect
Grafton	145.3100	–	O	K2CBA	------------
Grafton	147.1800	+	O(CA)elrsz	N2LOD	Rens RACES
Grafton	147.3300	+	O 146.2e	WB2HZT	------------
Hoosick Falls	147.3450	+	Oer	K2RBR	------------
Knox	145.3700	–	O 127.3l	KB2IXT	HMARC
Middle Grove	145.4300	–	O 156.7	WB2BGI	------------
New Scotland	145.3300	–	Oelx	K2CWW	RARRA
Schenectady	147.0600	+	Oaer	K2AE	SARA
Schenectady	147.3000	+	Oa	WA2AFD	------------
Troy	145.1700	–	OersWX	N2TY	Troy ARA
Troy	146.7600	–	O 100.0elrs	KB2HPX	Rens RACES
Troy	146.8200	–	O(CA)l	W2SZ	RPI ARC
Troy	146.9400	–	Oael	W2GBO	Tel Pionrs
Troy	147.2700	+	O 100.0elrs	KG2BH	CohEddy Ct
AUBURN					
Auburn	145.2300	–	O 71.9aeps xz	W2QYT	------------
Auburn	147.0000	–	O 71.9aepx z	W2QYT	------------
Auburn	147.2700	+	O 71.9aer	K2RSY	CayugaEMO
Moravia	146.6700	–	O 151.4ers WXx	AK2K	------------
Seneca Falls	145.1300	–	Ol	N2POH	Sen ARES
Skaneateles	147.1950	+	O 82.5e	WB2FOF	------------
BATH/HORNELL					
Alfred	146.9550	–	Oe	K2BVD	AlfrdUARC
Arkport	147.0450	+	O 110.9elr	KC2FSW	Keuka LARA
Bath	145.1900	–	Oael	KB2WXV	Keuka LARA
Bath	146.8050	–	O 100.0e L(442.25)x	N2HLT	------------
Groveland	147.0300	+	O	W2COP	------------
Jasper	147.3300	+	Ol	KC2JLQ	Keuka LARA
Naples	146.9250	–	Ol	NO2W	Telcourier
Prattsburg	147.2400	+	O 110.9l	K1NXG	N2PA MtnGp
Springwater	146.7600	–	O(CA)elz	WA2DHB	Lvgstn ARS
BINGHAMTON					
Bing Airport	146.8650	–	O 146.2rWX	WA2QEL	SVARA
Binghamton	145.4700	–	O	W2EWM	------------
Binghamton	146.7300	–	O 100.0ex	K2TDV	------------
Binghamton	146.8200	–	O 146.2 WXx	WA2QEL	SVARA
Binghamton	147.0750	+	OeWXx	K2VQ	------------

144-148 MHz 211
NEW YORK

Location	Output	Input	Notes	Call	Sponsor
Endicott	145.3900	–	O 123.0 EXP	N2YR	W.A.G.
Endicott	147.2550	+	O 100.0 (CA)e	WA2VCS	N2ZOJ
Owego	146.7600	–	Owx	W2VDX	TIGARS
Vestal	147.1200	+	O 100.0l	K2ZG	------------
Vestal	147.3450	+	O 146.2	WA2QEL	------------
CANANDAIGUA					
Bristol	145.1100	–	O 110.9l	WR2AHL	GRIDD
Canandaigua	146.8200	–	O 110.9ersWXx	K2BWK	Sq IS ARC
Farmington	145.4100	–	O 110.9	N2HJD	N2HJD
CATSKILLS EAST					
Cairo	146.7450	–	O 210.7e	KB2DYB	------------
Cairo	147.0900	+	O(CA)ersz	N2SQW	GRN CTY RC
Hunter	145.1500	–	O	WB2UYR	Mtntop ARA
Jewett	145.4500	–	O	W1EQX	------------
Krumville	146.7450	–	O 123.0es	KC2BYY	RidgeTpARC
Liberty	147.1350	+	O 94.8	KC2AXO	SCARS
Roxbury	146.9850	–	O 77.0e	NS2V	Mrgrtvl RC
CATSKILLS NORTH					
Cherry Valley	145.3500	–	O 167.9e	NC2C	OCARA
Cobleskill	146.6100	–	O 123.0ar	WA2ZWM	SCARA
Cooperstown	146.6400	–	Oer	NC2C	OCARA
Delhi	146.7450	–	Oersz	K2NK	Del Cty ES
Oneonta	146.8500	–	O 167.9 (CA) ersWXxz	W2SEU	OARC
Stamford	145.2300	–	Orsx	W2SEU	------------
Walton	145.2500	–	O 100.0rLITZ WXz	WB2BQW	NE Connect
Walton	146.9550	–	O 127.3ersz	K2NK	Walton RA
Walton	147.3150	+	Oer	W2LZ	Walton RA
CORTLAND/ITHACA					
Burlington	146.7150	–	O 167.9r	NC2C	------------
Cortland	145.4900	–	O 151.4aez	KB2LUV	SkylineARC
Cortland	147.0300	+	O	WA2VAM	FngrLksRA
Cortland	147.1800	+	O 71.9e	K2IWR	SkylineARC
Cortland	147.2250	+	O 71.9	WA2VAM	------------
Ithaca	146.6100	–	Oaez	W2CXM	CornellURC
Ithaca	146.8950	–	O 107.2ex	K2ZG	------------
Ithaca	146.9400	–	O 103.5	WA1KID	------------
Ithaca	146.9700	–	O 103.5aes WXxz	AF2A	Tompk ARA
Norwich	146.6850	–	O	W2RME	Chngo ARA
ELMIRA/CORNING					
Corning	147.0150	+	O(CA)elz	N2IED	CARA
Elmira	146.7000	–	Ol	W2ZJ	STARRS
Elmira	147.3600	+	OaersWXxz	N3AQ	ROOKIES
FRANKLIN					
Malone	147.0900	+	a(CA)	NG2C	------------
Malone	147.2250	+	151.4/151.4l	WB2RYB	------------
Saranac lake	145.3100	–	127.3	W2TLR	TLARC
Tupper lake	147.3300	+	100.0 L(449.700)x	KA2DRE	Greater Adirond
LONG ISLAND - NASSAU CO					
Mineola	146.6400	–	●telr	W2EJ	PLAZA RPTR
Plainview	146.8050	–	O 136.5 (CA) lsRB WX	WB2WAK	NC ARES

212   144-148 MHz
NEW YORK

Location	Output	Input	Notes	Call	Sponsor
Plainview	147.1350	+	O 136.5 (CA) rsRB	WB2CYN	PHNX ARTS
Plainview	147.3300	+	O 136.5/136.5eL(448.225)	WA2UZE	HVHFFMA

LONG ISLAND - SUFFOLK CO

Location	Output	Input	Notes	Call	Sponsor
Babylon	146.6850	–	O 110.9 (CA) elrsWXx	W2GSB	GTSBYARC
Dix Hills	147.0750	+	O 136.5elBl	W2RGM	------------
Hauppauge	145.3300	–	O 136.5ers	WA2LQO	GrummanRC
Hauppauge	145.4300	–	● 136.5 L(443.425)	W2LRC	LARKFIELD AR
Huntington	147.2100	+	● 136.5 (CA) eL(443.675)rs	WR2ABA	LARKFIELD AR
Islip	147.3450	+	O 100.0 (CA) rs	K2IRG	ISLIP RG
Manorville	145.3700	–	O 136.5 (CA) eL(442.3)rs	N2NFI	PARC
Middle Island	146.8200	–	O 151.4/151.4eL(449.7353)r	W2OQI	------------
N Babylon	147.2550	+	O 136.5 (CA) elrsZ(911)	KB2UR	SSARC
Port Jefferson	145.1500	–	O 136.5 (CA) el	W2RC	RCARC
Rocky Point	146.5950	147.5950	O 136.5 RB WX	N2FXE	------------
Selden	146.7150	–	● 136.5a (CA)el	WA2UMD	------------
Selden	146.7600	–	O 136.5e L(52.8&448.825)	WA2VNV	SBRA
Selden	147.3750	+	136.5 (CA)e	WB2NHO	LIMARC
Setauket	146.9400	–	O 136.5elr	K2TKE	Symbol Tech. A
Southhampton	147.1950	+	O 136.5 (CA) esWX	WA2UEG	EARS
Yaphank	145.2100	–	O 136.5 (CA) ers	W2DQ	SCRC

LOWER HUDSON - WESTCHESTER

Location	Output	Input	Notes	Call	Sponsor
Chappaqua	145.1100	–	O 114.8	AC2R	NWARptA
Vallhalla	147.0600	+	O 114.8 (CA) ersx	WB2ZII	WECA
Yonkers	146.8650	–	O 110.9 (CA) er	W2YRC	YNKRS ARC
Yorktown Hts	146.9400	–	O 123.0aer	WA2TOW	YCDARC/MSA
Yorktown Hts	147.0150	+	O 114.8 (CA) er	WB2IXR	NWARA

MID HUDSON

Location	Output	Input	Notes	Call	Sponsor
Brewster	147.3900	+	O 151.4el	WA2ZPX	------------
Carmel	145.1300	–	O 136.5r	K2PUT	PEARL
Cragsmoor	147.0750	+	O 114.8aelz	N2ETY	------------
Cragsmoor	147.3900	+	O 156.7el	WA2ZPX	------------
Harriman	147.1050	+	O 114.8l	N2JTI	RocklandRA
Highland	147.0450	+	O 100.0es	N2OXV	MBARC
Hudson	147.2100	+	Oes	K2RVW	Rip VW ARS
Kingston	147.2550	+	O 77.0er Z(WX)	WA2MJM	OvlkMt ARC
Lake Peekskill	146.6700	–	O 156.7 (CA) es	W2NYW	PCARA

Celebrating Our 44th Year Serving The Amateur Radio Community

LIMARC
Long Island Mobile Amateur Radio Club

The **Long Island Mobile Amateur Radio Club** is an ARRL Affiliated Special Service Club, serving the Amateur Radio community for 44 years and is one of the largest Amateur Radio clubs in the USA. We are a non-profit organization, dedicated to the advancement of Amateur Radio, public service and assistance to fellow amateurs.

LIMARC operates five repeaters, all using a 136.5 PL.

Repeater Frequencies
W2VL 146.850- IRLP Node 4438
W2VL 1288.00-
W2KPQ 449.125-
W2KPQ 147.375+ IRLP Node 4478
W2KPQ 224.820-

> **Weekly Nets**
> Sunday 8:00 PM **Technical Net**
> Monday 8:30 PM **Club Info Net**
> Monday nights following the info net
> **Swap & Shop Net**
> Wednesday nights 8:30 - 10 PM
> **Computer Net**
> Note: All Nets are linked between the 146.850 and 147.375 Repeaters

Repeater Trustees
W2VL: W2QZ, **W2KPQ:** WB2WAK, **WV2LI:** N2GA

Some of LIMARC's regular activities are
 General Meetings: 2nd Wednesday (except July and August) at Levittown Hall in Hicksville starting at 8:00 PM
 License Classes: Several times a year
 VE Tests: 2nd Saturday in odd numbered months at Levittown Hall
 Hamfests: Winter, Spring & Fall
 Field Day: 4th weekend in June

LIMARC Officers
President: Richie Cetron K2KNB **Vice President:** Harry Gross KC2FYJ
Secretary: Bob Batchelor W2OSR **Treasurer:** Jerry Abrams WB2ZEX
Past President: Rick Bressler K2RB
Directors: Lew Reinberg W2BIE, Harry Schrader WB2H,
Ken Gunther WB2KWC, Ray Taruskin W2RFR
   Lew Malchick N2RQ, Les Ostrick K2TGW

For more information on current LIMARC events:
Access LIMARC on the world wide web:
http://www.limarc.org or e-mail us at: **limarc@limarc.org**
Write: **LIMARC, P.O. Box 392, Levittown, NY 11756**

144-148 MHz
NEW YORK

Location	Output	Input	Notes	Call	Sponsor
Liberty	147.1350	+	O 94.8l	KC2AXO	SCARS
Mahopac	145.3900	–	O 74.4	NY4Z	AliveNtARC
Middletown	146.7600	–	O 100.0ers WXx	WA2VDX	------------
Middletown	146.9400	–	O 156.7lsx	WR2MSN	Metro 70
Middletown	147.3900	+	O 123.0lx	WA2ZPX	------------
Millbrook	146.8950	–	O 100.0el	N2EYH	MBARC
Mount Beacon	146.9700	–	O 100.0 (CA) esWXx	KC2DAA	MBARC
Nyack	145.1700	–	O 114.8l	N2JTI	RocklandRA
Nyack	147.1650	+	O 114.8	WB2RRA	Rockland RRA
Pearl River	146.8350	–	O 141.3	W2UHF	StatelineRA
Pomona	146.4600	147.4600	O 114.8l	N2ACF	Rockland RRA
Washingtonville	145.2500	–	O 100.0el	WB2BQW	NE Connect
Woodborne	146.6250	–	O 94.8el	W2FLA	Sull. Co ARA

MONROE COUNTY
Location	Output	Input	Notes	Call	Sponsor
Churchville	145.2100	–	O 110.9	N2EPO	------------

NEW YORK CITY - KINGS
Location	Output	Input	Notes	Call	Sponsor
Brooklyn	145.2300	–	O 114.8/114.8es	W2CMA	WA2JNF
Brooklyn	146.7300	–	O 88.5es	KB2NQT	KCRC

NEW YORK CITY - MANHATTAN
Location	Output	Input	Notes	Call	Sponsor
Manhattan	145.2900	–	O 094.8 TTl	K2HR	Alive Net
Manhattan	147.1500	+	O 123.0/123.0z	N2JDW	Manh RS
Manhattan	147.1950	+	O 136.5	W2ML	------------
Manhattan	147.2700	+	O 141.3 (CA) elRB WX	W2ABC	BEARS
New York	147.3600	+	O 107.2er	WA2ZLB	MAARC

NEW YORK CITY - QUEENS
Location	Output	Input	Notes	Call	Sponsor
Flushing	145.2700	–	O 136.5/136.5	KC2PXT	HOSARC
Flushing	147.0900	+	● 114.8/82.5 (CA) DCSeZ(911)	K2HAM	ELECHSTR VH
Glen Oaks	146.8500	–	O 136.5 (CA) e	W2VL	LIMARC

NEW YORK CITY - STATEN ISLAND
Location	Output	Input	Notes	Call	Sponsor
Staten Island	146.4300	147.4300	O 136.5 RB	KC2RA	KCRA
Staten Island	147.3150	+	Ot(CA)ez	WA2RXQ	------------

NIAGARA
Location	Output	Input	Notes	Call	Sponsor
Boston	146.9100	–	O(CA)e L(BARRA)rsWXxz	W2EUP	BARRA
Buffalo	146.8650	–	O 151.4 (CA) eL(443.525)z	WB2DSS	------------
Buffalo	147.3900	+	O 88.5	W2DXA	WNYDXA
Colden	145.3100	–	O 88.5 (CA)e L(53.570)	W2IVB	BARC
Colden	147.0900	+	O 107.2e	WB2ELW	STARS
Kenmore	147.0000	+	O 107.2	N2YDM	BARRA
Lancaster	147.2550	+	O 107.2ae L(LARC) WX	W2SO	LARC
Lancaster	147.3600	+	O 107.2 (CA) e	W2GUT	LARES
Lewiston	146.7750	–	O 107.2e	WC2AFM	RACES
Lockport	146.8200	–	O 107.2 (CA) e	W2RUI	LARA

Location	Output	Input	Notes	Call	Sponsor
Niagara Falls	146.7300	–	O 107.2 L(ECHOLINK)	K2ILH	BARRA
North Tonawanda	146.9550	–	O 151.4 (CA) e	W2SEX	ARATS
OSWEGO/FULTON					
Fulton	145.3300	–	Oalr	KW2M	NiMo ARC
Fulton	147.1500	+	O 103.5r	N2GIV	NiMo ARC
Oswego	146.8500	–	O 123.0er	K2QQY	OswegoCEMO
ROCHESTER					
Avon	146.9400	–	O 110.9el	WR2AHL	------------
Fairport	147.1350	+	O(CA)ep	WB2SSJ	------------
Rochester	145.2900	–	Oaelxz	KE2MK	Xerox ARC
Rochester	146.6100	–	O 110.9el	N2MPE	------------
Rochester	146.6550	–	O 110.9l	WR2ROC	URMC
Rochester	146.7150	–	O	W2KZD	------------
Rochester	146.7900	–	O 110.9a	WR2ROC	URMC
Rochester	146.8800	–	O 110.9 (CA) elrsz	K2RRA	RRRA
Rochester	147.0750	+	O 110.9el	K2GXT	------------
Rochester	147.3000	+	O	WB2TRC	------------
Rochester	147.3450	+	O 110.9el	WR2ROC	UoRMC
SOUTHERN TIER					
Alma	147.2100	+	O 123.0elWx	KA2AJH	------------
Arkwright	146.6700	–	O 107.2e L(WR2AHL) WXx	KE2VW	------------
Delevan	145.3900	–	O	K2XZ	------------
Frewsburg	146.7900	–	O	W2DRZ	------------
Jamestown	146.9400	–	127.3ae L(445.225)	K2HE	CCAFMA
Knapp Creek	146.8500	–	O	W3VV	MCARC
Napoli	147.1950	+	Oe	N2KZB	CC RACES
Pomfret	146.6250	–	O 127.3 (CA) ex	W2SB	NCARC
Ripley	145.4700	–	O 127.3e	K2OAD	------------
ST LAWRENCE					
Canton	146.7900	–	/123.0	W2CCT	------------
Fine	147.1350	+		WA2NAN	Oswegatchie V
Ogdensburg	147.1650	+		N2MX	N2MX
Parishville	147.3900	+	151.4	W2LCA	NCARC
Potsdam	145.2100	–	●a(CA)	N5IFH	------------
Potsdam	146.8950	–	151.4 L(443.350) Z(*911)	K2CC	CUARC
Russell	146.9250	–	A(*+9/#)r	KA2JXI	SLVRA
SYRACUSE					
Cazenovia	147.0750	+	O 97.4e	N2LZI	------------
Jamesville	145.1500	–	O 123.0eRB	KB2SWA	------------
Lafayette	145.3500	–	O	WW2N	------------
Lafayette	146.7750	–	O	W2CNY	CNYARF
Liverpool	145.2100	–	O 103.5e	W2ISB	------------
Phoenix	147.3450	+	O	W2ZC	SCDX Assoc
Sentinel Hgts	145.3100	–	O 151.4ex	WE2D	------------
Syracuse	145.2700	–	Oe	W1MVV	------------
Syracuse	145.4300	–	O 141.3l	K2SDD	------------
Syracuse	146.6250	–	O 103.5 (CA)	N2PYK	------------
Syracuse	146.6400	–	O 103.5epz	W2JST	------------
Syracuse	146.9100	–	O 103.5z	KC2AWD	LARC

144-148 MHz
NEW YORK

Location	Output	Input	Notes	Call	Sponsor
Syracuse	147.1050	+	O arz	K2JVL	------------
Syracuse	147.2100	+	O 103.5 (CA)	WA2U	LARC
Syracuse	147.3000	+	O erz	N2ACO	OndgaRACES
Syracuse	147.3900	+	O 151.4lr	K2BFH	NiMo ARC
UPPER HUDSON					
Glens Falls	146.7750	–	O eWX	KA5VVI	SoAdronkRG
Lake George	146.7300	–	O 100.0r	KT2M	Warr RACES
North Creek	147.1350	+	O 123.0r	KT2M	Warr RACES
Saratoga Spr	147.0000	–	O 100.0elrz	WA2UMX	Sara RACES
UTICA/ROME					
Boonville	146.6550	–	O e	WD2ADX	BRVRA
Ilion	145.1100	–	O 167.9 (CA) ersWX	N2ZWO	Herk ARES
Mohawk	147.0900	+	O	W2JIT	Deerfld RA
Norway	147.0450	+	O 167.9ers WX	N2ZWO	Herk ARES
Rome	146.8800	–	O el	W2OFQ	Rome ARC
Rome	147.1200	+	O r	K2GVI	Rome ARC
Rome	147.2400	+	O (CA)ers	K2BRH	RomeRadioC
Rome	147.2850	+	O (CA)	WA2ZXS	GrfAFB RC
Utica	145.4500	–	O	WS2W	Deerfld RA
Utica	146.7600	–	O	W2JIT	Deerfld RA
Utica	146.9700	–	O	WB2FAW	RACOM
Utica	147.3750	+	O e	K2GVI	Rome ARC
Verona	145.1700	–	O ae	KA2NIL	------------
Verona	147.3150	+	O 110.9el	K1DCC	------------
Westmoreland	146.9400	–	O	K2GVI	Rome ARC
WATERTOWN					
Lowville	146.9550	–	O 156.7aer	W2RHM	BRV ARC
Watertown	146.7000	–	O 151.4ez	WB2OOY	------------
Watertown	147.2550	+	O 151.4ars WXxz	N2KFJ	CANAMARA
Watertown	147.3750	+	O l	K2BFH	NiMo ARC
WATKINS GLEN					
Penn Yan	145.2500	–	O 100.0 L(442.25)	N2HLT	------------
Penn Yan	145.3700	–	O 110.9ersx	WA2UKX	------------
Penn Yan	146.8350	–	O .	KE2BV	------------
Watkins Glen	147.1650	+	O lr	KA2IFE	------------
WAYNE/NEWARK					
Clyde	145.4700	–	O	KA2NDW	------------
Newark	146.7450	–	O	WA2AAZ	DrmInsARC
Sodus	146.6850	–	O aer	WB2QKO	Wyn RACES
WEST					
Albion	145.2700	–	O 141.3	WA2DQL	OCARC
Batavia	147.2850	+	O 141.3	W2RCX	GRAM
Wethersfield	145.1700	–	O 110.9e L(BARRA) RBx	K2ISO	BARRA
Wethersfield	145.4500	–	O 141.3eWX	N2FQN	------------
Wethersfield	146.6400	–	O 141.3	WA2CAM	------------
Wethersfield	147.1050	+	O 88.5e L(WB2JPQ)	N2FQN	------------
Wethersfield	147.3150	+	O 141.3e L(443.625)	WA2CAM	------------

144-148 MHz 217
NORTH CAROLINA

Location	Output	Input	Notes	Call	Sponsor
NORTH CAROLINA					
Ahoskie	145.1300	–	O 131.8a	WB4YNF	WB4YNF
Ahoskie	146.9100	–	O 131.8e	WA4ZGQ	TRI-COUNTY
Albemarle	146.9850	–	O 100.0	K4OGB	STANLY COU
Andrws/Robnsvl	147.0450	–	151.4el	K4AIH	WD4JEM
Andsn Mt/Denve	145.1700	–	O 88.5er	K4CCR	CATAWBA CO
Asheboro	145.2700	–	O 82.5l	K4ITL	PCRN
Asheville	146.8350	–	O(CA)e	WB4PLA	WB4PLA
Asheville	147.1800	+	136.5#e	KF4TLA	KF4TLA
Ashvl/Mt Pisga	146.7600	–	Oe	WA4BVW	WA4BVW
Ashvl/Spivey M	146.9100	–	O 91.5ae	W4MOE	W.CAROLINA
Bakersville	145.3100	–	OeRBz	K4CF	------------
Benson	146.9700	–	O	KD4BJD	JARS
Bethel	147.3750	+	O 151.4ae	KD4EAD	KD4EAD
Beulaville	145.2300	–	O(CA)e	N4VBH	N4VBH
Biscoe	147.0900	+	O 100.0e	KI4DH	KI4DH
Boone/Rich Mtn	147.3600	+	103.5aelz	WA4J	WATAUGA AR
Brevard	147.1350	+	O(CA)e	K4HXZ	TRANSYLVAN
Broadway	147.1050	+	82.5el	K4ITL	PCRN
Burgaw	146.9400	–	O	K4CTY	4-CTY ARC
Burlington	146.6700	–	ae	K4EG	K4EG
Burnsville	146.9550	–	Oaez	KD4WAR	KD4WAR
Burnsville	147.3750	+	Oaez	KD4WAR	KD4WAR
Butner	146.9400	–	te	WA4IZG	FALLS LAKE
Buxton	146.6250	–	O 131.8e	K4USB	FESSENDEN
Canton	146.8050	+	82.5ae	KI4GMA	W4DJB
Carthage	147.2400	+	91.5e	NC4ML	MOORE COUN
Chapel Hill	145.2300	–	O 107.2el	W4UNC	OCRA
Chapel Hill	147.1350	+	82.5l	K4ITL	PCRN
Charlotte	145.2300	–	O	W4BFB	MECKLENBUR
Charlotte	145.2900	–	O	W4BFB	MECKLENBUR
Charlotte	145.3500	–	Ol	WA4AOS	------------
Charlotte	146.9400	–	Oae	W4BFB	MECKLENBUR
Charlotte	147.0600	–	Oaez	W4CQ	CHARLOTTE
Charlotte	147.2700	+	O	W4CQ	CHARLOTTE
Cherry Mtn	147.2400	+	O 94.8aeWX	KG4JIA	KG4JIA
China Grove	145.4100	–	O 136.5a	KQ1E	KQ1E
Clayton	147.3900	+	O 88.5aelz	WB4IUY	TEARA
Clinton	146.7900	–	Oe	W4TLP	SAMPSON CO
Coinjock	145.2900	–	O 131.8ez	WN3X	CARES
Columbia	145.2100	–	O 82.5l	K4ITL	PCRN
Columbia	146.8350	–	O 131.8aelz	KB4TOH	COLUMBIA E
Concord/Kannap	146.6550	–	O(CA)es	K4CEB	CABARRUS A
Delco	147.3450	+	82.5el	K4ITL	PCRN
Dobson	146.9250	–	100.0	W4DCA	W4DCA
Dunn	146.7000	–	O(CA)	W4PEQ	CHICORA AM
Durham	145.3700	–	100.0	W4BAD	W4BAD
Durham	145.4500	–	Oal	WR4AGC	DURHAM FM
Durham	146.9850	–	O 156.7ael RB	K4JPE	K4JPE
Durham	147.3600	+	136.5ae	W4REG	MID-STATE
Efland	147.1800	+	O 156.7e	WA1YYN	WA1YYN
Elizabeth City	146.6550	–	O 131.8ae	WA4VTX	TAARS
Elizabethtown	145.2500	–	118.8e	W4MKD	W4MKD
Elizabethtown	146.9850	–	162.2el	N4DBM	N4DBM

144-148 MHz
NORTH CAROLINA

Location	Output	Input	Notes	Call	Sponsor
Elm City	145.1500	–	88.5a	K2IMO	K2IMO
Englehard	146.7150	–	131.8e	K4OBX	W4HAT
Farmville	145.2700	–	O 131.8ae	K4ROK	PITT CO AR
Fayetteville	147.3300	+	O 100.0e	WA4FLR	CAPE FEAR
Fayvlle/Cfars	146.9100	–	O 100 (CA)	K4MN	CAPE FEAR
Forest City	146.6700	–	O 114.8	K4OI	K4OI
Franklin	145.4900	–	151.4e	NT4K	FRANKLIN A
Franklin	147.2400	+	O 151.4	W4GHZ	84/24 REP
Gastonia	145.4500	–	Ot(CA)e	WD4LCF	SOUTH SALE
Gastonia/Crwdr	146.8050	–	O 100.0ael RBZ	K4GNC	GAARC
Gastonia/Spcr	147.1200	+	O(CA)	N4GAS	GCARS
Gibsonville	145.4900	–	O 107.2aRB	WB4IKY	WB4IKY
Goldsboro	145.3300	–	O	KI4RK	KI4RK
Goldsboro	146.8500	–	O 88.5 (CA)	K4CYP	WAYNE CO A
Graham	147.3750	+	O 114.8e	K4GWH	K4GWH
Greensboro	145.1500	–	O 100.0ae	W4GSO	GREENSBORO
Greensboro	145.2500	–	O 88.5eWX	W4GG	GUILFORD A
Greensboro	146.7600	–	O 156.7	K4GWH	K4GWH
Greensboro	147.2100	+	O	W4BUZ	W4BUZ
Greenville	145.3500	–	O 131.8aelz	WD4JPQ	PITT CTY R
Greenvl/Estn N	147.0900	+	O	W4GDF	GREENVILLE
Grifton	146.6850	–	O 88.5l	W4NBR	ENC REPEAT
Hatteras Islan	145.1500	–	O 131.8aelz	K4OBX	W4HAT
Hayesville	146.8650	+	151.4ers	KI4ENN	TOWNSCO DA
Hendersonville	146.6400	–	91.5elp	WB4YAO	W4FOT
Hendersonville	147.1050	+	Oa	WA4KNI	PRI JOHNSO
Hendsvl/Berwlw	145.2700	–	Oa	WA4KNI	PRI JOHNSO
Hendsvl/Penic	147.2550	+	Oa	WA4KNI	PRI JOHNSO
Hertford	147.3300	+	O 131.8ae	WA4VTX	TAARS
Hickory	145.4900	–	O 146.2	KF4LUC	KF4LUC
Hickory/Brt M	146.8500	–	O	WA4DSZ	UNIFOUR AR
High Peak Mtn	145.2100	–	O 94.8el	K4OLC	K4OLC/KD4O
High Point	145.2900	–	O 88.5a	NC4AR	NC4AR
High Point	147.1650	+	O(CA)e	W4UA	HPARC
Hillsborough	147.2250	+	Oal	WR4AGC	DURHAM FM
Holden Beach	146.7750	–	O 100.0 (CA) eWX	W4ZU	W4ZU
Hope Mills	146.8350	+	#	W4KMU	W4IDR
Jacksonville	145.1900	–	88.5es	WD4FVO	ONSLOW ARC
Jacksonville	147.0000	–	88.5es	NC4OC	ONSLOW ARC
Jefferson	147.3000	+	O 103.5a	W4YSB	ASHE CO AR
Kannapolis	147.3000	+	O 136.5a	N4JEX	W1WBT
Kill Devil Hil	145.1100	–	O 131.8aez	W4PCN	OUTERBANKS
Kinston	145.4700	–	88.5ae	W4OIX	KINSTON AR
Laurinburg	146.6250	–	Oe	KI4RR	SCOTLAND C
Lenoir/Hibritn	147.3300	+	O 141.3	KN4K	HIBRITEN R
Level Cross	147.2550	+	O 82.5el	K4ITL	PCRN
Lexington	146.9100	–	O 107.2 (CA) ez	W4PAR	HSMVHF SOC
Lincolnton	147.0150	+	O 141.3	NC4LC	LINCOLN CO
Locust	147.3900	+	O 100.0l	WA4CHZ	BENTON BLA
Louisburg	146.8050	–	118.8eRB	KD4MYE	KD4MYE
Lumberton	147.0450	+	Olz	W4LBT	ROBESON CO
Lumberton	147.1650	+	O 88.5 (CA)	KD4PBK	------------
Lumberton	147.3600	+	O(CA)e	W4LBT	ROBESON CO

NORTH CAROLINA

Location	Output	Input	Notes	Call	Sponsor
Madison	147.3450	+	◯ 103.5el	N4IV	RC ARC
Malmo	147.0600	+	● 88.5#ez	KB4BR	TELEPATCH
Marion	146.9850	–	◯	WD4PVE	WD4PVE
Millers Creek	146.7150	–	◯ 94.8a	N4GGN	N4GGN
Monroe/Ucars	145.3900	–	◯ 94.8e	NC4UC	UNION CTY
Moravian Falls	147.2250	+	162.2e	N1KKD	N1KKD
Morehead City	146.8050	–	88.5elsRB	KD4RAA	KD4RAA RPT
Morg/Walker To	146.7450	–	94.8alWX	KC4QPR	KC4QPR
Morganton	147.1500	+	◯	K4VLY	W.PIEDMONT
Mount Airy	145.3300	–	◯ 100.0	N4VRD	N4VRD
Mt Airy	145.1300	–	◯ 103.5 RB	N4VL	BRIARPATCH
Mt Mitchell	145.1900	–	◯e	WA4BVW	WA4BVW
N Wilkesboro	145.3700	–	◯ 94.8 (CA)	W4FAR	FOOTHILLS
Nashville	145.2900	–	◯ 107.2l	WA4WPD	WA4WPD
Nashville	145.4300	–	107.2	KB4CTS	N6DRA
New Bern	146.6100	–	◯ 100.0al	W4EWN	NEW BERN A
Newport	145.4500	–	100.0aesWX	K4GRW	KD4KTO
Newton	147.0750	+	◯ 88.5aerz	K4CCR	CATAWBA CT
Oriental	147.2100	+	◯ 151.4	W4SLH	W4SLH
Oxford	145.1700	–	100.0	W4BAD	W4BAD
Powells Point	146.9400	–	131.8e	W4PCN	OUTER BANK
Raeford	145.4300	–	100.0	KU4W	HOKE ARES
Raleigh	145.1300	–	◯ 82.5	W4RNC	RALEIGH AR
Raleigh	145.1900	–	◯ 156.7ez	K4GWH	K4GWH
Raleigh	145.4900	–	◯ 82.5ez	W4BWC	CAPITAL AR
Raleigh	146.6100	–	◯ 131.8	WB4TOP	W4FMN
Raleigh	146.6400	–	◯aez	W4DW	RALEIGH AR
Raleigh	146.7300	–	◯ 107.2 (CA) e	W4BWC	CAPITAL AR
Raleigh	146.7750	–	◯ 88.5eRB	KD4RAA	KD4RAA REP
Raleigh	146.8800	–	◯l	WB4TQD	PCRN
Raleigh	147.0150	+	110.9	KA0GMY	KA0GMY
Raleigh	147.1950	+	82.5el	K4ITL	PCRN
Raleigh/Benson	147.2700	+	◯e	AK4H	JARS (JOHN
Red Springs	147.3000	+	◯(CA)e	W4MZP	W4MZP
Reidsville	146.8500	–	◯ 103.5ez	N4IV	RC ARC
Reidsville	147.0300	+	118.8esWX	W4BJF	ROCKINGHAM
Roanoke Rapids	146.7450	–	◯ 131.8aers RB	N4WFU	N4WFU
Roanoke Rapids	147.0300	+	◯eRB	KB4DJT	ROANOKE VA
Roanoke Rapids	147.1500	+	◯ 82.5l	K4ITL	PCRN
Robbinsville	145.1100	–	151.4ae	N4GSM	SMOKY MTNS
Rockingham	146.9550	–	◯aez	K4RNC	RCARC
Rocky Mount	147.1200	+	◯ 131.8ez	WR4RM	ROCKY MOUN
Rolesville	147.3150	+	88.5	KF4HFQ	FCARC
Salisbury	146.7300	–	◯ 94.8az	W4EXU	BARBER JCT
Salisbury	146.7750	–	◯ 94.8e	KG4WAD	KG4WAD
Sanford	147.5050	146.5050	131.8#	KE4DSU	------------
Sauratown Mt	145.4700	–	◯ 100.0e	W4NC	FORSYTH AR
Sauratown Mt	146.7900	–	◯ 107.2 RB	KG4ASL	TRIAD ARA
Sauratown Mt	147.3150	+	◯ 100.0 (CA) eRB	K4MPJ	K4MPJ
Shallotte	145.3700	–	◯ 118.8	K4PPD	BRUNSWICH
Shallotte	147.3150	+	◯ 118.8e	K4PPD	BRUNSWICK
Shelby	146.8800	–	◯(CA)es	W4NYR	SHELBY ARC
Shelby	147.3450	+	(CA)	W4NYR	SHELBY ARC

144-148 MHz
NORTH CAROLINA-NORTH DAKOTA

Location	Output	Input	Notes	Call	Sponsor
Southern Pines	145.3700	–	O 179.9l	N1RIK	N1RIK
Sparta/Green M	145.4300	–	Ol	K4QFQ	PIED COAST
Statesville	146.6850	–	Oe	W4SNC	IREDELL CT
Stoneville	147.3900	+	O	WA4QBG	WA4QBG,N4R
Swansboro	146.7600	–	O	KB2XI	KB2XI
Sylva	147.3450	+	151.4e	KF4DTL	KF4DTL
Taylorsville	147.1950	+	94.8 (CA)ers WX	W4ERT	W4ERT ALEX
Thomasville	145.3100	–	O 107.2	N4LEX	HSMVHF SOC
Thomasville	146.6100	–	123.0	KF4QDS	KF4QDS
Thomasville	146.8350	+	88.5 (CA) RB	KB4BPV	KC4KUL
Thomasville	147.0000	+	O 88.5	WW4DC	WW4FL
Trenton	145.3100	–	O 82.5l	WB4TQD	PCRN
Tryon	145.3300	–	OE-SUNsWX	KF4JVI	TBARC
Tryon	147.2850	+	Oe	W4RCW	W4RCW
Waxhaw	146.8650	+	94.8e	K4WBT	WBT ARC
Waynesville	147.2700	+	O	N4SM	HAYWOOD CT
Waynesville	147.3900	+	94.8 WX	N4DTR	N4DTR
Whiteville	147.2100	+	Oaz	K4MSD	COLUMBUS C
Wilkesboro	146.8200	–	O 94.8	WB4PZA	WB4PZA
Williamston	145.4100	–	O 131.8ael	K4SER	ROANOKE AR
Wilmington	145.1700	–	O 88.5e	N4JDW	N4JDW
Wilmington	146.6700	–	O 88.5aeWXz	AD4DN	AD4DN
Wilmington	146.7300	–	88.5e	N4ILM	WILMINGTON
Wilmington	146.8200	–	O 88.5el	N4ILM	WILMINGTON
Wilmington	146.8950	–	O 88.5elWX	N2QEW	N2QEW
Wilmington	147.1350	+	O 88.5	WA4US	WA4US
Wilmington	147.1800	+	O 88.5aeWXz	AC4RC	AC4RC
Wilson	146.7600	–	O 131.8ae	WA4WAR	WILSON ARC
Winston-salem	146.6400	–	O 100.0ael	W4NC	FORSYTH AR
Yadkinville	147.0150	–	O 100.0 (CA)e	N4YSB	------------
Youngsville	145.1100	–	O 88.5aez	KD4MYE	KD4MYE
Youngsville	145.3900	–	82.5el	WB4TQD	K4ITL

NORTH DAKOTA
FREQUENCY USAGE

Location	Output	Input	Notes	Call	Sponsor
Eastern ND	145.2300	–		SNP	
Western ND	145.4700	–		SNP	
N E CENTRAL					
Devils Lake	146.8800	–	Oae L(SUPLK 338)	WD0FFQ	RCARC
Harlow	147.0150	+	123.0	KF0HR	KF0HR
Lakota	146.8200	–	Oe	KA0FIN	K0PVG
Maddock	147.2400	+	O 141.3e L(SUPLK 623)	KF0HR	BCARC
Rocklake	147.3000	+	O	WC0M	WC0M
Rugby	147.0600	–	Oe	N0GUY	------------
St John	146.8500	–	O	VE4IHF	TMARC
N W CENTRAL					
Kenmare	147.3600	+	O 100.0e	K0AJW	SVARC
Minot	146.9700	–	O	K0AJW	SVARC
Minot	147.2700	+	Oa L(SUPLK 646)	K0AJW	SVARC

144-148 MHz
NORTH DAKOTA-OHIO

Location	Output	Input	Notes	Call	Sponsor
NORHTWEST					
Williston	147.2100	+	O	KØWSN	WBARC
NORTHEAST					
Cavalier	147.1500	+	Oal	NØCAV	PCARC
Grand Forks	146.9400	−	Oe	WAØJXT	FORXARC
Grand Forks	147.0300	−	O(CA)	WAØLPV	Forx UG
Langdon	146.7900	−	O	KAØBKO	KAØBKO
Mayville	146.9100	−	O	WØKZU	GRARC
NORTHWEST					
Stanley	146.6100	−	O	KØWSN	WBARC
S E CENTRAL					
Carrington	146.6700	−	Oe L(SUPLK 227)	KRØW	HN ARC
Cleveland Jamestown	147.1800	+	Oae L(SUPLK 526)	WØFX	JARC
S W CENTRAL					
Bismarck	146.8500	−	O 107.2e	WØZRT	CDARC
Bismarck	147.3900	+	Oel	WØZRT	CDARC
Glen Ullin	147.3000	+	O 162.2/162.2	KD7RDD	KD7RDD
Hannover	145.4300	−	O L(SUPLK 426)	WØZRT	CDARC
Mandan	146.9400	−	Oae L(SUPLK 247)	WØZRT	CDARC
SOUTHEAST					
Fargo	145.4900	−	O 82.5el	KBØIXM	KBØIXM
Fargo	146.9700	−	OTT	WØRRW	Ernie Ande
Fargo	147.0900	+	O	WØHSC	NDSU ARS
Grandin	146.7600	−	Ox	KCØKAE	Red River
Horace	146.7150	−	O	WØZOK	WØZOK
Lisbon	147.0000	−	Oel	NØBQY	NØBQY
Wahpeton	147.3750	+	Oae	WØEND	TRARC
SOUTHWEST					
Bowman	145.3100	−	Oe L(SUPLK 269)	KBØDYA	SLARC
Dickinson	146.8200	−	Oae L(SUPLK 342)	KØND	TRARC
Killdeer	146.6400	−	Oe L(SUPLK 545)	KØND	TRARC
Sentinel Butte	146.7300	−	Oe L(SUPLK 736)	KØND	TRARC

OHIO
ADAMS

Location	Output	Input	Notes	Call	Sponsor
Cherry Fork	147.0000	+	O 94.8 (CA)e	K8GE	DforestRC
Peebles	145.1700	−	O(CA)e	KJ8I	KJ8I
Wrightsville	147.1800	+	O 118.8	KF8RC	N8XGP
ALLEN					
Lima	145.1700	−	Oae	N8GCH	ShawneeRA
Lima	145.3700	−	O 107.2 (CA) e	W8HDU	W8HDU
Lima	146.6700	−	Oaez	WB8ULC	NWOhioARC
Lima	146.9400	−	Ot	W8EQ	LAARC
Lima	147.0300	+	Ote	K8TCF	OttawaVRA
ASHLAND					
Ashland	146.7450	−	Ot(CA)	W3YXS	AshlndARC

144-148 MHz
OHIO

Location	Output	Input	Notes	Call	Sponsor
Ashland	147.1050	+	O 71.9ae	N8IHI	AAARC
Polk	145.1300	–	O 110.9	N8SIW	N8SIW
ASHTABULA					
Conneaut	147.3900	+	O 131.8ae	W8BHZ	ConntARC
Jefferson	146.7150	–	O 141.3ae	K8CY	Ash.CoARC
Orwell	146.6550	–		KF8YF	KF8YF
ATHENS					
Athens	145.1500	–	O(CA)e	W8UKE	AthensARA
Athens	146.6250	–	Oae	K8TUT	K8TUT
Athens	146.7300	–	O	K8TUT	K8TUT
Athens	147.1500	+	O	WD8LWC	WD8LWC
Glouster	147.2250	+		WD8LWC	WD8LWC
Shade	146.7750	–	Oa	NJ8V	NJ8V
AUGLAIZE					
St Marys	147.3300	+	O 107.2el	K8QYL	Rsvr ARA
Uniopolis	145.3900	–	O 107.2a	KC8KVO	ACARES
BELMONT					
Barnesville	146.6400	–	Ot	WB8WJT	WB8WJT
St Clarsville	145.2100	–	Oe	W8TPY	EOAWA
BROWN					
Georgetown	146.7300	–	O 162.2a	N1DJS	K8YGV
BUTLER					
Fairfield	145.2300	–	O	W8PRH	FARA
Fairfield	145.3900	–	Oa	W8PRH	FARA
Fairfield	147.0300	+	Oer	WB8CRS	Cinci FMC
Hamilton	145.1500	–	O(CA)e	N8EKG	N8CHL
Hamilton	146.9700	–	O 118.8	W8CCI	BVHFAssoc
Hamilton	147.3300	+	O 118.8	W8CCI	BVHFAssoc
Middletown	146.6100	–	O 77.0 (CA) TTel	W8BLV	Dial ARC
Middletown	146.7150	–	●t	N8COZ	N8COZ
Middletown	147.3150	+	O 77.0 TTel	W8JEU	Dial ARC
Oxford	145.2100	–	O 118.8	W8CCI	BVHFAssoc
CARROLL					
Carrollton	145.4300	–	O 192.8e	NC8W	NC8W
Carrollton	145.4700	–	O 79.7esWXxz	KD8AMX	CCARC
Malvern	147.0750	+	OaelLITZ	K8VPJ	K8VPJ
CHAMPAIGN					
Urbana	146.9550	–	Oex	WD8XX	WD8XX
Urbana	147.3750	+	OtaesWX	WB8UCD	WB8UCD
CLARK					
Springfield	145.3100	–	Oe	W8OG	CLARA
Springfield	145.4500	–	(CA)	K8IRA	IndepndRA
Springfield	146.7300	–	O 77.0 (CA)e	W8OG	CLARA
Springfield	147.2250	+	●t(CA)elx	KA8HMJ	KA8HMJ
CLERMONT					
Batavia	146.6550	–	OaelrWXx	N8NKS	N8NKS
Bethel	147.2250	+	O 118.8aTTe	WB8NJS	BARA
Owensville	147.3450	+	O 123.0	W8MRC	MilfordRC
CLINTON					
Blanchester	145.2500	–	O 162.2a	KB8CWC	KB8CWC
Wilmington	147.1200	+	O 123.0elWXz	WB8ZZR	ClintonRA
COLUMBIANA					
E Liverpool	146.7000	–	O 162.2 (CA) eWX	K8BLP	TrianglRC

Quality Radio Equipment Since 1942

■ NEW & USED EQUIPMENT

Universal Radio carries an extensive selection of new *and* used amateur and shortwave equipment. All major lines are featured including: Alinco, Icom, Kenwood, Yaesu, Japan Radio Co., MFJ, Sony, Eton, Grundig, Comet, Diamond, Sangean, Elad, RFspace, AOR, West Mountain, Par, Cushcraft, Hustler, Miracle, Larsen, Maha and Timewave.

◆ VISIT OUR WEBSITE

Guaranteed lowest prices on the web? Often, but not always. But we *do* guarantee that you will find the Universal website to be the *most* informative.

www.universal-radio.com

◆ VISIT OUR SHOWROOM

Showroom Hours
Mon.-Fri. 10:00 - 5:30
Thursday 10:00 - 7:00
Saturday 10:00 - 3:00

Universal Radio, Inc.
6830 Americana Pkwy.
Reynoldsburg, OH 43068
➤ 800 431-3939 Orders
➤ 614 866-4267 Info.
➤ 614 866-2339 Fax

144-148 MHz
OHIO

Location	Output	Input	Notes	Call	Sponsor
Lisbon	146.8050	–	O aeLITZ WX	KC8ITV	CCARC
Salem	147.2550	+	O 911 (CA)e WX	KA8OEB	KA8OEB
Salem	147.2850	+	O 88.5aelRB WXz	KB8MFV	KB8MFV
COSHOCTON					
Coshocton	145.2300	–	O aez	KE8XM	#NAME?
Keene	147.0450	+	O	W8CCA	CCARA
CRAWFORD					
Bucyrus	147.1650	+	O	W8DZN	W8DZN
Galion	146.8500	–	71.9	W8BAE	NCORA
CUYAHOGA					
Brecksville	146.8200	–	O aelz	K8ZFR	C.A.R.S.
Cleveland	146.7300	–	t	W8CZW	WR RA
Cleveland	146.7600	–	O talz	WR8ABC	LEARA
Cleveland	146.8800	–	O taez	WR8ABC	LEARA
Cleveland	147.1950	+	O (CA)el	NA8SA	NGARC
Euclid	145.2100	–	O 110.9	N8CHM	N8CHM
N Royalton	145.1500	–	O e	K8KRG	NOARS
NorthRoyalton	147.3600	+	O t	W8DXA	NOH DXAsn
Parma	145.3100	–	O 110.9elz	WD8CHK	WoodchkRC
Parma	145.4100	–	O 110.9 (CA) lRB	KB8WLW	KB8RST
Parma	145.4300	–	O 110.9el	WB8QKX	AB8Z
South Euclid	146.7900	–	O t(CA)elz	N8APU	HERO
DARKE					
Arcanum	147.1800	+	O 162.2ae	WA8RUO	MVARG
Greenville	146.7900	–	O aelrz	N8OBE	TreatyCty
DEFIANCE					
Defiance	147.0900	+	O (CA)e	K8VON	DCARC
DELAWARE					
Delaware	145.1700	–	O e	W8SMK	W8SMK
Delaware	145.2900	–	O 123.0e	KA8IWB	KA8IWB
ERIE					
Berlin Height	146.8050	–	O 110.9e	WB8LLY	Firelands
Sandusky	146.6550	–	O 110.9 (CA) el	W8LBZ	SREL
FAIRFIELD					
Lancaster	146.7000	–	O e	K8QIK	LanFarARC
Lancaster	147.0300	+	O 71.9ael	K8QIK	LanFarARC
FAYETTE					
Greenfield	146.6850	–	O (CA)e	N8OOB	N8OOB
Washington CH	147.2700	+	O (CA)e	N8EMZ	FayetteRA
FRANKLIN					
Columbus	145.1100	–	O (CA)elx	WC8OH	WCOARA
Columbus	145.2300	–	O el	WB8MMR	WB8MMR
Columbus	145.4300	–	O 123.0aelz	N8PVC	CCRA
Columbus	145.4900	–	O 179.9aWXz	K8NIO	K8NIO
Columbus	146.6700	–	O 131.8 (CA) e	W8ZPF	LUCENT TC
Columbus	146.7600	–	O 123.0aWX	W8RXX	CORC
Columbus	146.8050	–	O t	WB8LAP	MARK
Columbus	146.9700	–	O 123.0al	W8RRJ	CORC
Columbus	147.0600	+	O 94.8	K8DDG	C OH ARES
Columbus	147.0900	+	O 94.8l	AA8EY	C OH ARES

Visit AES Cleveland

For the best brands at great prices all under one roof!

28940 Euclid Ave.
Cleveland, OH 44092
440-585-7388
800-321-3594
cleveland@aesham.com
Mon - Fri: 9:00am - 5:30pm
Saturday: 9:00am - 3:00pm

Over 51 years serving the
Ham Community!

1-800-321-3594
www.aesham.com

144-148 MHz
OHIO

Location	Output	Input	Notes	Call	Sponsor
Columbus	147.1500	+	O	W8CQK	Battel RC
Columbus	147.2100	+	O	N8OIF	CCRA
Columbus	147.2400	+	O 179.9aelz	K8DRE	CCRA
Columbus	147.3300	+	Oar	W8NBA	CORC
Dublin	145.2700	–	O 82.5e	WA8PYR	CCRA
Gahanna	146.6550	–	el	KB8SXJ	CCRA
Reynoldsburg	146.9100	–	71.9	W8FEH	W8FEH
Worthington	145.1900	–	Oaelrx	W8PRH	OtbnColRC
FULTON					
Delta	147.2850	+	O 103.5	K8LI	K8LI
Wauseon	147.1950	+	O	K8BXQ	FultonARC
GALLIA					
Gallipolis	147.0600	+	O 74.4 (CA)	KC8ZAB	MOVARC
GEAUGA					
Bainbridge	146.8500	–	O 110.9	W8LYD	ClevQCWA
BainbridgeTwp	147.0600	+	O 110.9	WR8ANN	CVRA
Chardon	146.9400	–	Ote	KA8YNO	NORMA
Newbury	147.0150	+	Oer	W8OKE	NORMA
GREENE					
Bellbrook	147.0450	+	O(CA)e	W8DGN	BARC
Fairborn	145.4100	–	O 118.8e	K8FBN	UpVlyARC
Xenia	147.1050	+	O(CA)	KB8III	KB8III
Xenia	147.1650	+	O(CA)e	N8JFA	XeniaARN
GUERNSEY					
Cambridge	146.8500	–	O 91.5ael	W8VP	CARA
Cambridge	147.0000	+	O 91.5e	KB8ZMI	KB8ZMI
HAMILTON					
Cincinnati	145.1900	–	Oaelrxz	W8PRH	FARA
Cincinnati	145.2700	–	O(CA)er	W8DZ	GCARA
Cincinnati	145.3100	–	O	N8SIM	CinMilARC
Cincinnati	145.3500	–	O	K8CLA	K8CLA
Cincinnati	145.3700	–	Oer	K8YOJ	HCARPSC
Cincinnati	145.4500	–	Oae	K8ORW	OcasaraUC
Cincinnati	146.6250	–	O 123.0er	K8SCH	OhKyInARS
Cincinnati	146.6700	–	O 123.0 (CA) elprz	K8SCH	OhKyInARS
Cincinnati	146.7000	–	O 123.0	WR8CRA	CRA
Cincinnati	146.7600	–	O	WR8CRA	CRA
Cincinnati	146.8500	–	O 123.0	K8YOJ	HCARPSC
Cincinnati	146.8800	–	O(CA)er	WB8CRS	Cinci FMC
Cincinnati	146.9250	–	O 123.0 (CA) er	K8SCH	OhKyInARS
Cincinnati	147.0000	+	O	WD8NVI	OMIKEA
Cincinnati	147.0600	+	(CA)	W8YX	Unv-Cinci
Cincinnati	147.0900	+	O 123.0ae	WR8CRA	CRA
Cincinnati	147.1500	+	O	K8CLA	K8CLA
Cincinnati	147.2400	+	Ot	W8VND	QueenCyEN
Cincinnati	147.3000	+	O	WD8NVI	OMIKEA
HANCOCK					
Findlay	147.0450	+	O 100.0	KA8HHW	FndlyARTS
Findlay	147.1500	+	O 71ae	W8FT	FRC
HARDIN					
Kenton	146.6250	–	O	W8VMV	KentonARC
HARRISON					
Cadiz	146.6550	–	Oa	WB8FPN	HARC

144-148 MHz   227
OHIO

Location	Output	Input	Notes	Call	Sponsor
HENRY					
Napoleon	145.4100	–	O	W8UPL	W8UPL
Napoleon	147.2250	+	Oe	K8TII	HCARC
Napoleon	147.3150	+	Oe	K8TII	HenryCoRC
HIGHLAND					
Hillsboro	146.7450	–	O(CA)e	WA8KFB	HlsboroRC
Hillsboro	147.2100	+	100.0 (CA)e WX	K8HO	HilandARA
HOCKING					
Logan	147.3450	+	Oe	K8LGN	H.V.A.R.C
HOLMES					
Millersburg	146.6700	–	71.9	WA8WQT	Holmes RA
HURON					
Clarksfield	147.3150	+	O 71.9	AL7OP	AL7OP
Willard	146.8650	–	110.9aer	KG8BT	HuronEMA
JACKSON					
Jackson	146.7900	–	O 167.9	WA8YUL	JacksonRC
Oak Hill	146.8950	–	167.9aez	W8ZUA	KB8EGI
Ray	147.0150	+	O	WO8Z	WO8Z
JEFFERSON					
Toronto	147.0600	+	OaTT WXz	WD8IIJ	TSARA
KNOX					
Mount Vernon	146.7900	–	O 71.9 (CA)	K8EEN	MtVernRC
LAKE					
Mentor	147.1650	+	Oez	WA8TWM	LCAREOC
Mentor	147.2550	+	O	WB8PHI	WB8PHI
Mentor-O-T-Lk	145.1100	–	O 110.9 (CA) lWX	N8WHG	N8WHG
Painesville	147.2100	+	O 110.9aelz	N8BC	LCARA
Painesville	147.3450	+	Oael	N8GAK	N8GAK
LAWRENCE					
Chesapeake	146.7150	–	O 103.5e	W8SOE	SoOHARA
Ironton	146.6100	–	e	W8SOE	SOARA
LICKING					
Alexandria	145.4700	–	Oaez	KC8EVM	KC8EVM
Amsterdam	146.8350	–	O 91.5e	KB8ZMI	KB8ZMI
Newark	145.3700	–	O(CA)	WD8RVK	WD8RVK
Newark	146.8800	–	O(CA)e	W8WRP	NARA
LOGAN					
Bellefontaine	147.0000	+	O 100.0871a TTel	W8EBG	CLARC
Lakeview	145.1300	–	O	KA8CHH	KA8QIX
LORAIN					
Amherst	146.6250	–	WX	WD8OCS	WA8WUU
Amherst	147.2250	+	Ot(CA)	WA8VOE	WARS
Elyria	145.2300	–	O 110.9e	W8HF	NRRA
Elyria	146.7000	–	O	K8KRG	NOARS
Elyria	147.1500	+	O 110.9ael RB WXz	KC8BED	LCARA
Lorain	147.0000	+	O 91.5aeWX	N8VUB	N8RBI
S Amherst	145.4700	–	O 110.9 (CA) eRB	WD8CXB	SARA
LUCAS					
Oregon	147.3750	+	OaeWX	W8RZM	ToledoRAC
Toledo	146.6100	–	O 103.5e	K8ALB	GTARA
Toledo	146.9400	–	O 103.5	W8RZM	ToledoRAC

OHIO 144-148 MHz

Location	Output	Input	Notes	Call	Sponsor
Toledo	147.1200	+	O 103.5e	K8ALB	GTARA
Toledo	147.2700	+	O 103.5123a TTez	W8HHF	TMRA
Toledo	147.3450	+	O 103.5e	WJ8E	WJ8E
MADISON					
London	147.2850	+	O(CA)l	KE8RV	MARC
MAHONING					
Austintown	146.8350	−	O 110.9	KC8HSD	KC8HSD
Beloit	146.8650	−	Oae	KB8WMY	N8EWV
Canfield	145.2700	−	O 110.9aelz	KD8DWV	KD8ED
New Springfld	146.7750	−	Oe	W8GMM	EPARC
Youngstown	146.7450	−	O 110.9 (CA) WX	W8QLY	MVARA
Youngstown	146.9100	−	O	N8GO	LibertyRA
Youngstown	147.0000	+	Oael	N8GO	LibertyRA
Youngstown	147.3150	+	156.7a	N8FAL	#NAME?
Youngstown	147.3750	+	Oaez	W8RAJ	W8RAJ
MARION					
Marion	146.8950	−	O 71.9aTTe	WW8MRN	N.R.A.P.
Marion	147.3000	+	O 71.9aTTe	WW8MRN	N.R.A.P.
MEDINA					
Brunswick	145.2900	−	110.9 (CA)	K8SCI	N.C.A.R.C
Brunswick	147.0300	+	110.9	W8EOC	M2M
Medina	145.1900	−	110.9el	W8PRH	FARA
Medina	147.0300	+	O 141.3 (CA) ez	W8EOC	M2M
MEIGS					
Pomeroy	146.8650	−	88.5er	KC8LOE	MeigsCoAR
Pomeroy	147.0450	+	O 67.0r	KC8KPD	BBARC
MERCER					
Celina	146.6100	−	O 107.2l	K8QYL	Rsvr ARA
Coldwater	145.2500	−	O 107.2 WX	W8MCA	MCARES
MIAMI					
Piqua	147.2100	+	Oaer	W8SWS	Piqua ARC
Troy	145.2300	−	O 100.0 (CA) e	W8FW	MiamiCoRC
Troy	147.2400	+	O(CA)el	WB8ASZ	84/24FMA
MONROE					
Hannibal	147.2400	+	Oe	WB8CSW	MDARC
Woodsfield	147.2700	+	O	K8VG	K8VG
MONTGOMERY					
Centerville	145.4300	−	Oez	WB8ART	CtrvlARS
Dayton	145.1100	−	O 67.0 (CA)e lx	WC8OH	WCOARA
Dayton	146.6400	−	O(CA)eWX	WB8CQK	MVFMA
Dayton	146.8200	−	O 77.0e	WA8PLZ	MWA
Dayton	146.9100	−	O(CA)e	WB8CQK	MVFMA
Dayton	146.9400	−	O 123.0a	W8BI	DARA
Dayton	146.9850	−	O 123.0l	WF8M	MVRFG
Dayton	147.1350	+	O(CA)z	WB8SMC	FaroutARC
Dayton	147.3600	+	O 77.0e	WA8PLZ	MWA
Kettering	147.0750	+	Oe	W8KMC	KMCN
Miamisburg	145.3300	−	O(CA)e	W8DYY	MoundARA
Miamisburg	147.0150	+	O 77.0	W8NCI	W8NCI
Miamisburg	147.1950	+	O(CA)eWX	W8DYY	MoundARA
Vandalia	146.7750	−	●t	W6CDR	W6CDR

144-148 MHz
OHIO

Location	Output	Input	Notes	Call	Sponsor
MORGAN					
McConnelsvill	147.1950	+	○	WB8VQV	WB8VQV
MORROW					
Mt Gilead	146.7750	–	○ 71.9a	WN7C	WN7C
MUSKINGUM					
Philo	146.6100	–	○ 74.4	K8CYN	Znsvl ARC
Zanesville	147.0750	+	○ 91.5e	KB8ZMI	KB8ZMI
NOBLE					
Caldwell	147.2850	+	○	NC8OH	NOBLECoAR
OTTAWA					
Oak Harbor	147.0750	+	○e	K8VXH	OttawaARC
PAULDING					
Paulding	146.8650	–	○	WB8EHJ	WB8EHJ
PERRY					
New Lexington	146.8200	–	○ 100.0e	KB8ZMI	KB8ZMI
PICKAWAY					
Circleville	147.1800	+	a	KD8HIJ	PICWYARES
PORTAGE					
Kent	146.8950	–	○ 110.9e	N8EQJ	N8KW
Ravenna	145.3900	–	○ae	N8QXG	PortageRC
PREBLE					
Eaton	145.4700	–	○(CA)e	K8YR	PrebleARA
PUTNAM					
Deshler	145.1900	–	○aelx	W8PRH	FARA
Ottawa	146.7150	–	○aez	W8MCB	Ottawa RC
Ottoville	146.8050	–	○ 156.7	W8WDM	KB8SDZ
RICHLAND					
Mansfield	145.3300	–	○te	W8NDB	RC-Mnsfld
Mansfield	146.9400	–	○ 71.9aez	K8RT	IARC, INC
Mansfield	147.3600	+	○ 71.9ae	K8HF	INTERCITY
ROSS					
Bourneville	146.9250	–	○(CA)e	W8BAP	SciotoARC
Bournville	145.1900	–	l	W8PRH	FARA
Chillicothe	146.8500	–	○ 74.4e	W8BAP	SciotoARC
SANDUSKY					
Clyde	145.3500	–	○ 110.9a (CA)elrwXz	NF8E	ClydeARS
Fremont	145.2500	–	○ 186.2	W8NCK	SVARC
Fremont	146.9100	–	●	KC8EPF	KC8EPF
SCIOTO					
Portsmouth	147.3600	+	○ 136.5	KC8BBU	KC8BBU
Protsmouth	145.3900	–	○ 136.5	N8QA	Portsm RC
SENECA					
Bascom	145.4500	–	○ 107.2aelrWX	W8ID	W8ID
Bascom	146.6850	–	WXx	N8VWZ	N8VWZ
Tiffin	147.2550	+	107.2ez	KC8RCI	OARN
SHELBY					
Maplewood	146.8350	–	67.0aeWX	K8ZUK	SCARES
Sidney	147.3450	+	○ 107.2el	W8AK	W8AK
STARK					
Alliance	145.3700	–	○aez	K8LTG	AARC
Canton	145.1100	–	○ 110.9x	W0OZZ	W0OZZ
Canton	145.4900	–	○	W8TUY	W8TUY
Canton	146.7900	–	○ae	W8AL	CantonARC
Canton	147.1200	+	○aelrsWxz	WD8AYE	#NAME?

230 144-148 MHz
OHIO

Location	Output	Input	Notes	Call	Sponsor
Massillon	146.9550	–	O 110.9epz	WB8HHP	WB8HHP
Massillon	147.1800	+	O 110.9aTTex	W8NP	MARC
Uniontown	145.4500	–	O	WD8BIW	WD8BIW
SUMMIT					
Akron	145.1700	–	O	W8UPD	UofAKRON
Akron	146.6100	–	O 110.9	W8CTT	P.A.R.F.
Akron	146.6400	–	Oae	WB8DJP	Cmnty ARS
Akron	146.9850	–	O	WA8UXP	GoodYrARC
Akron	147.1350	+	alz	W8CTT	P.A.R.F.
Akron	147.3000	+	O	WB8HFZ	Cmnty ARS
Akron	147.3300	+	Ot	WB8CXO	AKCOM
Barberton	147.0900	+	O	WB8OVQ	WB8OVQ
Cuyahoga Fall	147.2400	+	Ot	WD8MJS	IndepndRA
Cuyahoga Fall	147.2700	+	O 110.9e	W8VPV	CFRC
Hudson	145.2500	–	Otae	KD8DFL	K8KSW
Norton	146.6850	–	O 110.9aTTelRBxz	WA8DBW	WA8DBW
TRUMBULL					
Cortland	147.1050	+	O 114.8aerz	N8GZE	N8GZE
Hubbard	146.6850	–	Ot	WA8PHN	WA8PHN
Newton Falls	147.2250	+	OeWX	N8VPR	N8VPR
Vienna	147.0450	+	O 110.9	W8FBE	W8FBE
Warren	146.9700	–	O 100.0aeWX	W8VTD	WarrenARA
TUSCARAWAS					
Stone Creek	146.7300	–	O 71.9er	W8ZX	TUSCO ARC
Sugarcreek	146.9250	–	O 71.9er	W8ZX	TUSCO ARC
UNION					
Marysville	145.3500	–	O 127.3aelrz	KE8DQ	Honda-Ame
Marysville	147.3900	+	O	N8YRF	N8YRF
VAN WERT					
Delphos	147.1200	+	Oa	W8YEK	TRI-CoARC
Van Wert	146.7000	–	●(CA)	W8FY	VWARC
Van Wert	146.8500	–	O	W8FY	VWARC
VINTON					
McArthur	147.1050	+	O 88.5aer	KC8YUO	VCARC
Wellston	147.3750	+	91.5l	N8OJ	W8JL
WARREN					
Franklin	145.2900	–	O 118.8 (CA)r	WB8ZVL	WB8ZVL
Lebanon	146.8650	–	O 118.8a (CA)elr	WC8EMA	WarrenEMA
Mason	145.1300	–	Oe	W8BRQ	MasonRC
Springboro	145.4900	–	O 77.0e	W8CYE	DrakeARC
WASHINGTON					
Belpre	147.3150	+	aRB	W8JL	KC8GF
Constitution	146.7450	–	114.8aeWX	W8TAP	WTAP
Constitution	146.9700	–	O(CA)	N8NBL	PARK
Marietta	145.2500	–	O 123.0	KI8JK	KI8JK
Marietta	145.3300	–	141.3aRB	W8JL	KC8GF
Marietta	146.8800	–	O 91.5aez	W8HH	MARC
WAYNE					
Doylestown	147.3900	+	O 114.8elWX	W8WKY	SlvrckARA
Orrville	146.7150	–	OTT	KD8EU	OARS

Location	Output	Input	Notes	Call	Sponsor
Wooster	147.2100	+	O 88.54781 (CA) TTe	W8WOO	WARC
Wooster	147.3450	+	110.9	WB8VPG	WB8VPG
WILLIAMS					
Bryan	146.8200	−	Oaelpz	KA8OFE	Wms ARC
WOOD					
Bowling Green	145.1500	−	●	KD8BTI	K5EYP
Bowling Green	146.7900	−	O 67.0	KD8BTI	WCARES
Bowling Green	147.1800	+	O 67.0e	K8TIH	WoodCoARC
Perrysburg	146.8350	−	Oa	KB8YVY	KA8WPC
WYANDOT					
Upper Sandsky	147.2100	+	107.2e	KE8PX	KE8PX

OKLAHOMA
LAWTON

Location	Output	Input	Notes	Call	Sponsor
Lawton	145.1700	−	OtBl	KC5AVY	KC5AVY
Lawton	145.3100	−	OtE-SUN	N5VBP	N5VBP
Lawton	145.4300	−	OtLITZ	K5VHF	K5VHF
Lawton	146.8000	−	OtE-SUN	N5PYD	N5PYD
Lawton	146.9100	−	OtE-SUN	W5KS	LFSARC
Lawton	147.1800	+	O 123/123	WX5LAW	LIRA
Lawton	147.3600	+	OtE-SUNx	W5KS	LFSARC
NORTHEAST					
Bartlesville	146.6500	−	OtE-SUN	W5NS	BARC
Bartlesville	146.7600	−	OtE-SUNsx	W5NS	BARC
Blackwell	145.3100	−	Ot	KD5MTT	OIDAR
Chouteau	145.1300	−	OE-SUN	K5LEE	------------
Leonard	145.4500	−	Ot	W5BBS	BAARC
Miami	145.3300	−	O 91.5/91.5 E-SUN	AD5IK	AD5IK
Mounds	147.1200	+	O 88.5/88.5	KD5DRW	KD5DRW
Muskogee	146.7400	−	Ot	KK5I	Muskoge RC
Muskogee	146.8500	−	Ot	KK5I	Muskoge RC
Muskogee	147.3300	+	O 88.5/88.5	WA5VMS	WA5VMS
Nowata	145.3700	−	OtE-SUN	N5ZZX	Nowata H.C
Pawhuska	147.2700	+	O 88.5/88.5 E-SUN	N5ZQW	270 Group
Ponca City	145.2300	−	O 123/123	N5ANV	N5ANV
Ponca City	146.7300	−	Ot	W5HZZ	KAY CTY AF
Ponca City	146.9700	−	OtLITZ	W5HZZ	KAY CTY AF
Preston	147.2200	+	O 88.5/88.5x	WX5OKM	OCSA
Pryor	147.0600	+	O 88.5/88.5 E-SUNx	KB5ZB	MCARC
Rose	146.9800	−	O 110.9/110.9	KC5DBH	KC5DBH
Stillwater	145.3500	−	OteE-SUNx	K5SRC	SWO ARC
Stillwater	146.7100	−	Ot	W5YJ	OSU ARC
Stillwater	147.2500	+	O 107.2/107.2 E-SUN	K5FVL	K5FVL
Tahlequah	147.2400	+	OtE-SUN	N5NRL	EMERG. NET
Vinita	146.7300	−	O 88.5/88.5	KC5VVT	NORA
Vinita	147.3600	+	O 88.5/88.5 E-SUN	KC5VVT	NORA
NORTHWEST					
Buffalo	147.1200	+	O 203.5/203.5	W5GPR	GPARC

144-148 MHz
OKLAHOMA

Location	Output	Input	Notes	Call	Sponsor
Calumet	146.6100	–	○t	K5GDE	WhStrawARC
Cheyenne	147.2200	+	○ 114.8/114.8	N0GB	N0GB
Enid	145.2900	–	○ 141.3/141.3	W5HTK	Enid ARC
Enid	146.9400	–	○t	WA5NYX	------------
Enid	147.3700	+	○tDCS	N5LWT	NW
Fairview	145.4500	–	○tE-SUN	WK5V	MCARA
Fairview	147.0700	+	○tE-SUN	WK5V	WK5V
Forgan	147.3900	+	○t	N5AKN	N5AKN
Guymon	147.1500	+	○ 88.5/88.5 E-SUN	N5DFQ	DBARC
Kingfisher	146.6400	–	○tE-SUN	WD5GLD	WD5GLD
Mooreland	145.3900	–	○ 88.5/88.5	K5GUD	K5GUD
Sharon	146.6200	–	○ 88.5/88.5	K5GUD	K5GUD
Sharon	147.0000	+	○ 100/100	N5WO	WX Watch
Sharon	147.3100	+	○ 88.5/88.5	K5GUD	K5GUD
Texhoma	147.3700	+	○tE-SUN	K5TSI	Okie ARC
Watonga	146.7400	–	○ 88.5/88.5	N5WO	WX Watch
Woodward	146.7300	–	○ 203.5/203.5 E-SUN	W5GPR	GPARC

OKLAHOMA CITY

Location	Output	Input	Notes	Call	Sponsor
Bridge Creek	146.8500	–	○ 141.3/141.3 E-SUN LITZ	W5PAA	MMACARC
Choctaw	147.0900	+	○ 141.3/141.3	W5RGT	Choctaw AR
Del City	145.2500	–	○ 103.5/103.5 LITZ	W5DEL	W5QO
Edmond	147.1300	+	○ 79.7/79.7 E-SUN	K5EOK	EARS
Edmond	147.1800	+	● 203.5/203.5 E-SUN	WA5A	WA5A
Elreno	147.2400	+	○ 141.3/141.3	W5ELR	ERARC
Guthrie	147.1000	+	○tE-SUN	KA5EOS	KA5EOS
Harrah	145.2500	–	○ 114.8/114.8	K5UV	K5UV
Norman	146.8800	–	○teE-SUN	N5MS	OUARC
Norman	147.0600	+	○ 141.3/141.3e	W5NOR	SCARS
Oklahoma City	145.3300	–	○/100	WN5J	WN5J
Oklahoma City	145.3700	–	○ 141.3/141.3	KK5FM	KK5FM
Oklahoma City	145.4100	–	○ 141.3/141.3sBlx	WX5OKC	ODCEM
Oklahoma City	145.4900	–	○ 131.8/131.8	KD5AHH	Bojive RN
Oklahoma City	146.6700	–	○ 192.8/192.8 E-SUN	WA5YTI	MORI
Oklahoma City	146.7600	–	○tE-SUN	KB5XM	WA7WNM
Oklahoma City	146.8200	–	○	W5MEL	OCAPA
Oklahoma City	146.9200	–	○tE-SUN	WA5YTI	MORI
Oklahoma City	146.9800	–	○ 141.3/141.3 LITZ	W5PAA	AC ACC
Oklahoma City	147.2100	+	○E-SUN	W5MEL	OCAPA
Oklahoma City	147.3400	+	○t	WD5AII	WD5AII

144-148 MHz
OKLAHOMA

Location	Output	Input	Notes	Call	Sponsor
SOUTHEAST					
Ada	145.2700	–	o 114.8/114.8 E-SUN	KE5ARY	Ada Red Cr
Ada	147.2800	+	o 114.8/114.8 E-SUN	WB5NBA	Ada Arc
Antlers	145.4900	–	ot	KI5KC	TAAG
Antlers	147.2400	+	o	KD5DAR	KD5DAR
Atoka	145.4300	–	o 114.8/114.8 E-SUNsx	WB5VUE	Atoka E M
Broken Bow	147.1300	+	o 67/67 E-SUNsx	KD5ABR	McCurtain
Cavanal Mtn	146.6400	–	o 88.5/88.5 E-SUN	W5ANR	FSAARC
Clayton	146.7300	–	o 114.8/114.8	KM5VK	KM5VK
Coleman	147.1600	+	o 131.8/131.8	WG5B	SOARES
Cyril	147.0400	+	o 123/123	KB5LLI	SWIRA
Daisy	145.2100	–	o 100/100	KD5OMB	KD5OMB
Davis	147.1500	+	o 131.8/131.8	WG5B	SOARES
Durant	147.2500	+	o 114.8/114.8	K5CGE	K5CGE
Durant	147.3900	+	o 118.8/118.8e	KC5NWV	KC5NWV
Enterprise	146.6800	–	o	KB1HSZ	LEARC
Enterprise	147.2700	+	otx	N5JMG	N5JMG
Eufala	145.3100	–	o 127.3/127.3	N5PNE	ROMAC
Honobia	145.1500	+	o 114.8/114.8 E-SUN E-WIND	KM5SB	KM5SB
Hugo	146.6100	–	o 114.8/114.8eE-SUN	KB5JTR	KARC
Liberty	145.1100	–	o 114.8/114.8eE-SUN	W5JWT	W5JWT et a
McAlester	145.3700	–	otE-SUN	W5CUQ	PCARC
Nashoba	145.2900	–	o 162.2/162.2 E-SUN E-WIND	KM5VK	KM5VK
Nashoba	145.3300	–	o 162.2/162.2 E-SUN E-WIND EXP	KM5VK	KM5VK
Near Davis	146.8600	–	o 192.8/192.8	KD5FIR	KN6UG
Poteau	145.4100	–	ot	N5NHU	N5NHU
Purcell	145.1900	–	ot	WB5RAP	CAVARC
Seminole	147.0100	147.6000	o	WJ5F	WJ5F
Seminole	147.1900	+	o	WJ5F	WJ5F
Shawnee	145.3900	–	oteE-SUN LITZ	W5SXA	PCARC
Stratford	146.8300	–	o 114.8/114.8	WB5NBA	ADA ARC
Tecumseh	146.6200	–	o	KD5WAV	K5LUO
Wilburton	146.6200	–	o 88.5/88.5	W5WJL	W5WJL
SOUTHWEST					
Altus	145.3900	–	o 141.3/141.3 E-SUNx	W5KS	LFSARC
Altus	146.7900	–	o 100/100 E-SUN	WB5KRH	SORA

144-148 MHz
OKLAHOMA-OREGON

Location	Output	Input	Notes	Call	Sponsor
Altus	147.2800	+	Ot	WB5KRH	AAARA
Alva	147.1800	+	Otx	KBØHH	KBØHH
Anadarko	147.2700	+	OtE-SUNx	WX5LAW	SPARS/LIRA
Arbuckle Mtns	145.2300	–	● 179.9/179.9 E-SUNsx	WG5B	WG5B
Ardmore	146.7400	–	O 141.3/141.3sx	KJ5FD	Ardmore EO
Ardmore	146.9700	–	OtLITZ	N5AO	Ardmore AR
Blanchard	145.4700	–	O 141.3/141.3	WA7WNM	WA7WNM
Bridge Creek	145.2500	–	O 141.3/141.3r	W5PAA	ACARC
Chichasha	145.1300	–	Ot	WAØAQO	CARS
Chickasha	145.2300	–	O 141.3/141.3 LITZ	WK5S	LFSARC
Cyrill	147.0000	+	Oe	KB5LLI	SWIRA
Duncan	146.7300	–	OtE-SUN	WD5IYF	CTARC
Duncan	147.3000	+	O 141.3/141.3	KD5RHC	CTARC
Elk City	146.7600	–	Ot	WB5FBU	WCenOK ARC
Grandfield	147.2500	+	O 192.8/192.8	KB5LLI	SWIRA
Granite	146.7100	–	O	KB5LLI	S.W.I.R.A
Hobart	146.8900	146.3900	O 100/100 E-SUN	KD5WVL	HOBART ARE
Lawton	147.3300	+	O 123/123 E-SUN	WX5LAW	LIRA
Lawton	147.3900	+	OE-SUN	AB5J	AB5J
Lone Grove	146.7900	–	Ot	W5JP	Ardmore AR
Mangum	147.3400	+	Ot	W5KRG	Altus Skyw
Marlow	146.9500	–	Ote	K5UM	Marlow ARC
Weatherford	146.8600	–	Ot	KB5TOO	KB5TOO
TULSA					
Broken Arrow	146.9100	–	Ot	W5BBS	BAARC
Claremore	147.0900	+	OtLITZ	N5FEE	RCWA
Liberty Mounds	145.2300	–	O 88.5/88.5e E-SUN	N5XBE	N5XBE
Mounds	146.7700	–	OtE-SUN	WB5NJU	775 Group
Owasso	146.7000	–	Ot	K5LAD	K5LAD
Sand Springs	146.9400	–	OE-SUNsxz	WA5LVT	TRO inc
Sapulpa	145.4300	–	OtE-SUN	KF5YP	KF5YP
Tulsa	145.1100	–	O 88.5/88.5e	W5IAS	Tulsa ARC
Tulsa	145.1700	–	Ot	N5NNF	AAARC
Tulsa	146.8000	–	O 88.5/88.5e	WA5LVT	TRO inc
Tulsa	146.8800	–	O 88.5/88.5e sx	WA5LVT	TRO inc
Tulsa	147.0000	+	Ot	K5JME	Am Air ARC
Tulsa	147.0400	+	O 88.5/88.5	W5IAS	Tulsa ARC
Tulsa	147.3400	+	Ot	K5JME	Am Air ARC
Tulsa	147.3900	+	OteE-SUN	WB5NJU	39 Group
West Tulsa	145.2700	–	OtE-SUN	N5FWX	N5FWX

OREGON
CENTRAL WILLAMETTE VALLEY

Location	Output	Input	Notes	Call	Sponsor
Albany	145.1700	–	Oe	W7EXH	W7EXH
Corvallis	146.7800	–	Oe	W7QH	LBLERA

OREGON

Location	Output	Input	Notes	Call	Sponsor
Corvallis	146.8200	–	O	WA7TUV	MPRA
Corvallis	147.1600	+	O 100.0 (CA) z	W7OSU	W7OSU
Falls City	147.0200	+	Oe	W7SRA	SRA
Lyons	145.1300	–	O(CA)e	KM7P	KM7P
Salem	145.2900	–	O(CA)	WA7ABU	WA7ABU
Salem	145.3300	–	O(CA)ez	W7SRA	SRA
Salem	145.3500	–	O(CA)e	W7HQ	W7HQ
Salem	146.6250	–	O 179.9 (CA)	W7SAA	W7SAA
Salem	146.8600	–	O(CA)ez	W7SRA	SRA

CENTRAL-EAST

Location	Output	Input	Notes	Call	Sponsor
Bend	146.7000	–	O	K7YRU	HiDARG
Bend	146.9400	–	O	WA7TPD	CORA
Bend	147.0400	+	Oelz	K7RPT	ARRG
Mitchell	147.1800	+	O	K7YRU	HiDARG
Sisters	146.9000	–	O 123.0az	W7DUX	W7DUX
Terrebonne	147.0600	+	O 162.2	WA7TPD	CORA

COAST - CENTRAL

Location	Output	Input	Notes	Call	Sponsor
Florence	146.8000	–	O 100.0el	W7FLO	OCERI
Lincoln City	147.0400	+	Oaez	W7VTW	LCES
Lincoln City	147.0600	+	O 118.8elz	N7HQR	OCRG
Newport	147.3000	+	O 127.3aez	W7VTW	LCES

COAST - NORTH

Location	Output	Input	Notes	Call	Sponsor
Astoria	146.6600	–	O 118.8aez	W7FBM	W7FBM

COAST - SOUTH

Location	Output	Input	Notes	Call	Sponsor
Coquille	146.6100	–	O	K7CCH	CCRC
Gold Beach	146.7400	–	O 88.5e	K7SEG	K7SEG
Myrtle Point	146.9200	–	O 123.0e	W7EXH	W7EXH
North Bend	145.4100	–	O 103.5	K6TC	K6TC

COLUMBIA RIVER GORGE

Location	Output	Input	Notes	Call	Sponsor
Hood River	147.1000	+	Oaez	N7ELU	N7ELU

LOWER COLUMBIA

Location	Output	Input	Notes	Call	Sponsor
Rainier	147.2000	+	Ot	K7PP	K7PP

NORTH CENTRAL

Location	Output	Input	Notes	Call	Sponsor
The Dalles	146.7400	–	O 100	KC7LDD	KC7LLD

NORTH WILLAMETTE VALLEY

Location	Output	Input	Notes	Call	Sponsor
Beaverton	145.4300	–	O 107.2aels WX	KJ7IY	WORC
Damascus	147.1800	+	Oe	W7LT	PARC
Forest Grove	147.3200	+	O(CA)ez	K7RPT	ARRG
McMinnville	146.6400	–	O 100.0 (CA) ez	W7RXJ	MARC
Newberg	145.4900		Oe	K7FM	K7FM
Newberg	147.3400	+	O 77.0	W7EJ	W7EJ
North Plains	145.4500	–	Oe	KE7DC	WA7ZNZ
Oregon City	145.2100	–	O 110.9e	WB7QFD	WB7QFD
Timberline	147.1200	+	Oez	K7RPT	ARRG

NORTHEAST

Location	Output	Input	Notes	Call	Sponsor
Baker City	145.2700	–	O 110.9aez	W7NYW	EOARS
Baker City	147.0600	+	O 110.9aez	W7NYW	EOARS
La Grande	145.1500	–	O 110.9 (CA)	W7NYW	EOARS
La Grange	147.2600	+	O	K7RPT	ARRG
Pendelton	145.3300	–	O 103.5e	K7RPT	ARRG
Tollgate	146.8000	–	Oe	WA7SDV	SSRA
Ukiah	147.1600	+	Ol	KC7KUG	HARC

144-148 MHz
OREGON

Location	Output	Input	Notes	Call	Sponsor
NW OREGON & SW WASHINGTON					
Newberg	145.4700	–	O 107.2el	KR7IS	WORC
Portland	145.3100	–	O 123.0e	W7EXH	W7EXH
Timber	145.2700	–	O 107.2aels WX	KJ7IY	WORC
PORTLAND METRO					
Beaverton	146.6200	–	O 107.2aels WX	KJ7IY	WORC
Cedar Mill	147.3800	+	Oe	K7RPT	ARRG
Portland	145.2300	–	O(CA)e	K7LJ	K7LJ
Portland	145.3900	–	O 100.0 (CA) elz	K7LJ	K7LJ
Portland	146.8000	–	O 107.2aels WX	KJ7IY	WORC
Portland	146.8400	–	Oe	W7LT	PARC
Portland	146.9200	–	O 107.2e	W7EXH	W7EXH
Portland	146.9400	–	Oe	W7LT	PARC
Portland	146.9800	–	Oe	W7EXH	W7EXH
Portland	147.0400	+	O(CA)ez	K7RPT	ARRG
Portland	147.2800	+	O 167.9e	WB7QIW	HARC
SOUTH CENTRAL					
Chemult	147.1400	+	Oe	W7EXH	W7EXH
Klamath Falls	146.6100	–	O(CA)ez	KE7CSD	KBRA
Klamath Falls	146.8500	–	Oe	KE7CSD	KBRA
Lakeview	147.0000	+	O 100.0	KE7QP	KE7QP
Wolf Creek	145.2900	–	O 123.0e	K7TVL	RVLA
SOUTH WILLAMETTE VALLEY					
Blue River	145.1100	–	O 100.0e	W7EXH	W7EXH
Blue River	145.3700	–	O 100.0 (CA) elz	N7IXA	LCSARO
Dorena	145.2300	–	Oe	W7EXH	W7EXH
Eugene	145.3100	–	O	W7EXH	W7EXH
Eugene	145.3900	–	O(CA)e	K7LJ	K7LJ
Eugene	146.8800	–	Oe	WJ7S	BHRA
Eugene	147.0800	+	O 100.0 (CA) e	W7CQZ	W7CQZ
Eugene	147.2600	+	O 100.0el	W7EXH	W7EXH
Eugene	147.3600	+	O	W7EXH	W7EXH
Oakridge	146.9800	–	Oe	W7EXH	W7EXH
Saginaw	146.7600	–	Oe	W7EXH	W7EXH
SOUTHEAST					
Burns	147.3000	+	O	K7YRU	HiDARG
Hampton	147.2000	+	O	K7YRU	HiDARG
Juntura	147.2800	+	Oe	K7YRU	HiDARG
Klamath Falls	147.2000	+	O 136.5	WA6RHK	RED CROSS
Lakeview	147.0800	+	O 136.5e	WA6RHK	REDCROSS
Vale	146.7200	–	O	W7PAG	W7PAG
SOUTHWEST					
Ashland	147.1600	+	O 136.5e	WA6RHK	WA6RHK
Bonanza	145.4900	–	O 131.8e	W7OXS	K7DXV
Central Point	145.4100	–	Oaez	KB7QMV	KB7QMV
Central Point	146.7000	–	O	WA6RHK	SOAR
Glide	145.4300	–	Oe	WA7BWT	WA7BWT
Glide	147.2400	+	Oe	WA7BWT	WA7BWT
Grants Pass	145.1500	–	●e	KA7YZI	KA7YZI
Grants Pass	146.6400	–	Oaez	K7LIX	SOARC

144-148 MHz   **237**
OREGON-PENNSYLVANIA

Location	Output	Input	Notes	Call	Sponsor
Grants Pass	147.2200	+	O e	WA6OTP	WA6OTP
Grants Pass	147.3000	+	O	K7LXI	SOARC
Jacksonville	145.3300	–	O e	W9PCI	W9PCI
Jacksonville	146.6250	–	O e	W9PCI	W9PCI
Lakeview	145.3100	–	O 100.0	KE7QP	KE7QP
Medford	147.0200	+	O elz	K7RPT	ARRG
Port Orford	146.8600	–	O 100.0el	K7TVL	K7TVL
Roseburg	145.2100	–	O 136.5e	WA6RHK	Red Cross
Wolf Creek	146.9400	–	O	K7FH	SOAR

PENNSYLVANIA
FREQUENCY USAGE - WPA SECTION

Aprs	144.3900			
Aprs	145.7900		EXP	EXP
D-Star Voice Sx	145.6700		EXP	EXP
Fm Voice Sx	145.5100		EXP	EXP
Fm Voice Sx	145.5300		EXP	EXP
Fm Voice Sx	145.5500		EXP	EXP
Fm Voice Sx	145.5700		EXP	EXP
Fm Voice Sx	145.5900		EXP	EXP
Fm Voice Sx	145.6100		EXP	EXP
Fm Voice Sx	145.6300		EXP	EXP
Fm Voice Sx	145.6500		EXP	EXP
Fm Voice Sx	146.5200			NATIONAL SX FREQ
Fm Voice Sx	146.5350			
Fm Voice Sx	146.5500			
Fm Voice Sx	146.5650			
Fm Voice Sx	146.5800			
Fm Voice Sx	146.5950			
Fm Voice Sx	147.5250			
Fm Voice Sx	147.5400			
Fm Voice Sx	147.5550			
Fm Voice Sx	147.5700			
Fm Voice Sx	147.5850			
Packet	144.9100			
Packet	144.9300			
Packet	144.9500			
Packet	144.9700			
Packet	144.9900			
Packet	145.0100			
Packet	145.0300			
Packet	145.0500			
Packet	145.0700			
Packet	145.0900			
Packet	145.6900		EXP	EXP
Packet	145.7100		EXP	EXP
Packet	145.7300		EXP	EXP
Packet	145.7500		EXP	EXP
Packet	145.7700		EXP	EXP
Repeater Input	147.4150			
Repeater Input	147.4300			
Repeater Input	147.4450			
Repeater Input	147.4600			
Repeater Input	147.4750			
Repeater Input	147.4900			
Repeater Input	147.5050			

144-148 MHz
PENNSYLVANIA

Location	Output	Input	Notes	Call	Sponsor
Repeater Output	146.4150				
Repeater Output	146.4300				
Repeater Output	146.4450				
Repeater Output	146.4600				
Repeater Output	146.4750				
Repeater Output	146.4900				
Repeater Output	146.5050				
ADAMS					
Gettysburg	145.3500	–	O 103.5 (CA) er	W3KGN	ACARS
ALTOONA 123.0					
Altoona	146.6100	–	O 1231aez	W3QZF	HARC
Altoona	146.8200	–	O 123.0aez	W3QW	HARC
New Germany	145.2100	–	O(CA)elrz	KB3BLF	CCDES
BEAVER 131.8					
Beaver	146.8500	–	Oer	N3TN	TAARA
Beaver	147.1350	+	Oer	N3TN	TAARA
Beaver	147.1650	+	O 100.0r	N3CYR	N3CYR
Beaver Falls	145.3100	–	O 100.0aelrz	W3SGJ	B.V.A.R.A.
Industry	146.4150	147.4150	O(CA)e	N3CYR	RESCUE40
New Brighton	146.4750	147.4750	e	KA3RFA	KA3RFA
BERKS					
Pine Grove	145.1700	–	O 110.9el	AA3RG	A.A.R.G.
Pine Grove	146.6400	–	O 82.5 (CA)e rsWX	AA3RG	A.A.R.G.
Pottstown	147.2100	+	O 131.8 (CA) er	K3ZMC	P.A.R.T.
Reading	145.1500	–	O 114.8	K3TI	DDXA
Reading	145.4900	–	O 114.8ae	K3TI	DDXA
Reading	146.9100	–	O 131.8e	W3BN	RDGRADIOCL
Reading	147.1800	+	O 110.9 (CA) ersWX	WB3FPL	BerksCoEMA
BRADFORD					
Gillett	146.8800	–	O(CA)	N3GOT	The Outfit
Sayre	145.1300	–	O 100.0ae WX	KA3UFM	------------
Seeley	146.7900	–	O 179.9eWX	N3YCT	------------
Towanda	147.2850	+	O 82.5ersRB LITZ WX	K3ABC	NTRG
BUCKS					
Doylestown	145.3500	–	O 131.8 (CA) erWX	WA3EPA	RACES/WRC
Fairless Hills	147.3000	+	O 131.8elrs RB WX	W3BXW	BEARS
Feasterville	146.9700	–	Ol	K3ZFD	PARA Group
Hilltown	145.3300	–	O 131.8 (CA) e	K3ESJ	HiPointRA
Hilltown	147.3900	+	O 100.0 (CA) e	K3ESJ	CBRA
Perkasie	145.3100	–	O 131.8 (CA) e	W3AI	RF HILL
Quakertown	146.8800	–	O 131.8	WA3IPP	PARA/LVARK
Richboro	146.7900	–	O 131.8e	N3TS	LBRA
Southampton	145.2500	–	O 131.8 (CA) rs	W3SK	PWA

PENNSYLVANIA

Location	Output	Input	Notes	Call	Sponsor
Warminster	147.0900	+	O 131.8 (CA) elrs	K3DN	WARC
Warrington	147.0000	+	Oe	WA3ZID	------------
CARBON					
Jim Thorpe	147.2550	+	O(CA)ers	W3HA	CARC
CENTRAL 173.8/123.0					
Huntingdon	145.3100	–	Oel	W3WIV	LTRA
Huntingdon	146.7000	–	O	WB3CJB	------------
Kylertown	147.3150	+	173.8	KB3CLZ	PARA
Lewistown	145.1900	–		W3MCC	W3MCC
Lewistown	146.9100	–	O	K3DNA	JVARC
Philipsburg	146.6400	–		K3EDD	K3EDD
Rockton	146.8650	–	O 100.0ae	N3QC	N3QC
State College	145.4500	–	Oael	K3CR	PSARC
State College	146.7600	–	Oael	K3HKK	NtnyRC
State College	146.8500	–	Ol	W3YA	NtnyRC
CHESTER					
Paoli	145.1300	–	O 131.8 (CA) ers	WB3JOE	MidAtlARC
Parkesburg	146.9850	+	O 94.8aers RB	WA3GMS	------------
Valley Forge	146.7600	–	O 131.8 (CA) l	W3PHL	PARA Group
West Chester	146.9400	–	O 131.8aels WX	W3EOC	PARA Group
COLUMBIA					
Berwick	147.2250	+	O 203.5 (CA) erswX	KB3BJO	CMARC
Bloomsburg	147.1200	+	O 131.8 (CA) elWX	WB3DUC	WB3DUC
CUMBERLAND					
Mechanicsburg	145.2700	–	O 67.0ers WX	N3TWT	SMRA
Mechanicsburg	146.4600	147.4600	O 156.7l	N3KZS	------------
Mt Holly	145.4300	–	O 67.0ers WX	N3TWT	SMRA
Waggoners Gap	147.0000	+	O 118.8 (CA) eRB	N3NBA	------------
DAUPHIN					
Harrisburg	145.1100	–	O 131.8er	W3ND	CPRA Inc.
Harrisburg	145.2100	–	O 123.0ers	WB3EYB	------------
Harrisburg	145.2900	–	O 123.0r	W3ND	CPRA Inc.
Harrisburg	145.4700	–	O 123.0 (CA) erWX	W3ND	CPRA Inc.
Harrisburg	146.7600	–	O 100.0 (CA) es	W3UU	HRAC
Harrisburg	146.9400	–	O 123.0r	W3ND	CPRA Inc
Harrisburg	147.3750	+	O 123.0	W3ND	CPRA Inc.
Steelton	147.3000	+	O 100.0e	N3NJB	HBG REACT
DELAWARE					
Chester	147.3150	+	O 156.7 (CA) elrRB LITZ WX	W3PS	METROCOM
Darby	147.3600	+	O 131.8 (CA) esRB	W3UER	DCARA
Media	145.2300	–	O 131.8a	W3AWA	Mobl 6ers
Newtown Square	147.0600	+	O 131.8 (CA) esWX	WB3JOE	MidAtlARC

240 144-148 MHz
PENNSYLVANIA

Location	Output	Input	Notes	Call	Sponsor
Newtown Square	147.1950	+	Ot(CA)elWX	K3MN	MNARC
ERIE 186.2					
Cherry Hill	146.7600	–	Oaelx	WA3USH	+WYZ
Corry	147.0900	+	O	W3YXE	RAC
Erie	146.6100	–	127.3aelrz	W3GV	RAErie
Erie	146.6400	–	O(CA)elz	KA3MJN	KA3MJN
Erie	147.2700	+	O(CA)e	N3APP	N3APP
Union City	146.7300	–	●a	WA3PGL	WA3PGL
Waterford	146.8200	–	127.3er	W3GV	RAErie
JOHNSTOWN 123.0					
Hastings	146.7750	–	O	KA3ZYC	AMARC
Johnstown	145.3900	–	Oer	WA3WGN	+CVARC
Johnstown	146.9400	–	O(CA)erz	WA3WGN	+CVARC
Johnstown	147.3750	+	O(CA)lRBz	NJ3T	NJ3T
N Cambria	146.6550	–	O	KE3DR	KE3DR
JUNIATA					
Tuscarora Mtn	147.0450	+	O 146.2ae WX	KI3D	T.A.R.A.
LACKAWANNA					
Roaring Brook	145.2700	–	O 88.5	K3FE	------------
Scranton	146.8350	–	O 127.3el LITZ	KB3BIU	BgmU RS
Scranton	146.9400	–	O(CA)erswx	K3CSG	SPARK
Scranton	147.0000	+	O 141.3	K3KAW	------------
LANCASTER					
Cornwall	145.3900	–	O 118.8e	W3AD	L.R.T.S.
Ephrata	145.4500	–	O 100.0 (CA) eRB BI LITZ WX	K3RZF	EphrataARS
Lancaster	145.3100	–	O 118.8elrs WX	K1CWB	RVARG
Lancaster	147.0150	+	O 118.8ae WX	KB3BVL	R.R.R.A.
Manheim	145.2300	–	O 118.8aers WX	K3IR	SPARC Inc.
LEBANON					
Lebanon	147.2400	+	O 82.5esWX	K3BFD	LVSRA
Lebanon	147.3150	+	O 82.5 (CA)e rs	K3LV	LVSRA
Newmanstown	147.2850	+	O 131.8 (CA) e	N3NWA	SPARK
Palmyra	147.1500	+	O 162.2e	KN3C	------------
LEHIGH					
Allentown	146.6550	–	O 136.5a	N3LWY	------------
Allentown	146.7450	–	O 146.2 (CA) elr	N3HES	------------
Allentown	146.9400	–	O 71.9ers LITZ WX	W3OI	LVARC
Allentown	147.1350	+	O 71.9 (CA)e rsBl WX	W3OI	LVARC
Allentown	147.2250	+	O 151.4 (CA)	WA3VHL	------------
LUZERNE					
Berwick	145.1300	–	O 77.0 (CA)r s	NQ3G	B.A.R.S.
Bunker Hill	145.4500	–	Oe	K3YTL	Murgas ARC
Hanover Twp	147.3300	+	O 88.5 (CA)e	WA3CPW	------------
Hazleton	146.6700	–	O 103.5 (CA)	W3OHX	A.R.A.

144-148 MHz PENNSYLVANIA

Location	Output	Input	Notes	Call	Sponsor
Hazleton	147.0300	+	O 103.5e	K3BS	A.R.A.
Hunlock Creek	146.8050	−	O 94.8 (CA)e	AD3L	JMRA
Wilkes-Barre	145.4100	−	O 100.0 (CA) sWX	N3DAX	------------
Wilkes-Barre	146.4600	147.4600	O 100.0ae WX	N3FCK	------------
Wilkes-Barre	146.6100	−	O 82.5elrs WX	WB3FKQ	------------
Wilkes-Barre	147.1650	+	O 127.3el LITZ	KB3BIU	BgmU RS

LYCOMING
Location	Output	Input	Notes	Call	Sponsor
Huntersville	145.4500	−	O 167.9ers LITZ WX	KB3DXU	LycCoEMA
Montoursville	145.4900	−	O 167.9	KB3HLL	B.E.R.A.
Trout Run	145.1500	−	O 167.9ers LITZ WX	KB3DXU	LycCoEMA
Waterville	145.3500	−	O 167.9ers LITZ WX	KB3DXU	LycCoEMA
Williamsport	145.3300	−	O 167.9ers LITZ WX	KB3DXU	LycCoEMA
Williamsport	146.7300	−	Oael	W3AVK	WestBranch
Williamsport	147.0900	+	O 167.9 (CA) el	KB3HLL	B.E.R.A.
Williamsport	147.3000	+	O 151.4 (CA) elrsRB WX	W3AHS	MARC

MONROE
Location	Output	Input	Notes	Call	Sponsor
Jackson Twp	145.2300	−	O 77.0elWX	N3VAE	CRLG
Long Pond	146.4450	147.4450	O 131.8 (CA) es	KB3WW	------------
Tannersville	146.8650	−	OersRB	N3EFW	MCOES

MONTGOMERY
Location	Output	Input	Notes	Call	Sponsor
Abington	147.2700	+	Ol	W3FRC	FrankfordRC
Eagleville	146.8350	−	O 88.5 (CA)e rs	N3ACL	Montco OEP
Hatfield	147.3300	+	O(CA)el	WA3RYQ	H.A.R.A.
Horsham	147.1650	+	O 162.2	K3JJO	DELMONT R C.
Meadowbrook	146.7150	−	O 131.8 (CA) eWX	WA3UTI	HRH-ARC
Souderton	145.1900	−	O 131.8 (CA) ers	N3ZA	TARA

MONTOUR
Location	Output	Input	Notes	Call	Sponsor
Danville	145.1900	−	O 114.8 (CA) eRB	N3NSO	------------
Liberty Twp	145.2900	−	Oe	WA2JOC	MCEMA

NORTH CENTRAL 173.8
Location	Output	Input	Notes	Call	Sponsor
Bradford	147.2400	+	O	KD3OH	KD3OH
Coudersport	146.6850	−		N3PC	HARC
Emporium	146.8050	−	O(CA)	N3FYD	CCARC
Emporium	147.1800	+	O(CA)e	WA3WPS	CCARC
Galeton	147.3450	+	O(CA)	KB3EAR	NTRS
James City	146.7300	−		WB3IGM	WB3IGM
Lock Haven	147.3600	+	Oelr	K3KR	K3KR
Ridgway	147.0000	+	O	N3NIA	WA8RZR
Ridgway	147.2850	+		N3NWL	N3NWL
Rockton	147.3900	+	Or	N3HAO	KB3ANT
Sigel	147.1050	+		N3JGT	JCEMA

144-148 MHz
PENNSYLVANIA

Location	Output	Input	Notes	Call	Sponsor
Smethport	147.3000	+	Oer	N3LLR	N3LLR
Ulysses	145.4300	–	Or	K3QBU	PCEMA
NORTHAMPTON					
Bethlehem	146.7750	–	O 136.5 (CA)	K3LPR	------------
Nazareth	145.1100	–	O 151.4ers WX	W3OK	DLARCNCEMA
Nazareth	146.7000	–	O 151.4 (CA) elrsRB LITZ WX	W3OK	DLARC
NORTHUMBERLAND					
Milton	146.9850	–	O(CA)eWX	WA3AMI	Milton ARC
Sunbury	147.2700	+	O 100.0 (CA) ersWX	K3ARR	SVARC
NORTHWEST 186.2					
Erie	146.4300	147.4300	Ol	N3OCL	KE3JP
Franklin	145.2300	–	Oaelz	W3ZIC	FVM&KC
Greenville	146.4450	147.4450	O	KE3JP	KE3JP
Guys Mills	147.0300	+	O	W3MIE	CARS
Marienville	146.8950	–		N2EVA	N2EVA
Meadville	145.1300	–	Oelr	W3MIE	CfdARS
Meadville	147.2100	+	Oaerz	N3PYJ	N3PYJ
Pleasantville	147.1200	+	Oalrz	W3ZIC	FVM&KC
Springboro	146.4600	147.4600	100.0el	KF8YF	KF8YF
Union City	146.7000	–	Oe	WA3UC	WA3UC
Vowinkel	147.0750	+	110.9	N3UOH	N3UOH
Warren	146.7600	–	O 88.5e	N3DZO	CCAFMA
Waterford	145.4300	–		KE3JP	KE3JP
Youngsville	146.9700	–	Oe	W3YZR	CCAFMA
PERRY					
Millerstown	146.6850	–	O 156.7aes	N3SDZ	------------
PHILADELPHIA					
Center City	145.4300	–	O 167.9	K3NL	LBARA
Center City	146.6850	–	O 146.2 (CA) ls	WM3PEN	HARC
Philadelphia	145.2700	–	O 131.8 (CA) e	W3PVI	ChSixARC
Philadelphia	145.4100	–	O 127.3 (CA) e	KD3WT	Schuylkill
Roxborough	147.0300	+	O 91.5 (CA)e l	W3QV	Phil-Mont
PIKE					
Milford	147.0900	+	O 100.0	K2KQZ	------------
Schahola	145.3500	–	● 100.0elrs WX	K3TSA	TSARA
Shohola Falls	146.7150	–	O 82.5	K2KQZ	------------
PITTSBURGH 131.8					
Apollo	146.9700	–	O 131.8aerxz	N1RS	SARA
Bridgeville	145.1300	–	O(CA)	KS3R	SHARC
Carnegie	147.0300	+	Oe	W3KWH	SCARC
Churchill	146.8200	–	O	W3GKE	------------
Clinton	147.2100	+	O 100.0a E-SUNlz	K3KEM	K3KEM
Derry	146.4900	147.4900	O 131.8aelx	N1RS	SARA
Gibsonia	145.2900	–	(CA)el	WA3UQD	WA3UQD
Jeanette	146.9250	–	Oe	WB3JSI	IwnARA
Monroeville	145.2500	–	O(CA)el	K3FZF	K3CFY

PENNSYLVANIA

Location	Output	Input	Notes	Call	Sponsor
Mt Lebanon	146.9550	–	O	N3RNX	N3RNX
N Huntingdon	147.1200	+	Ot(CA)	W3OC	TRARC
New Kensington	145.3700	–	Ot(CA)e	WA3WOM	WA3WOM
New Kensington	146.4900	147.4900	O 131.8aelx	N1RS	SARA
New Kensington	146.6400	–	O 131.8ae	K3MJW	Skyview
Pgh/Baldwin	145.3300	–	O	K3EOC	ACES
Pgh/Carrick	146.6100	–	Oaelz	W3PGH	GPVHFS
Pgh/Hazelwood	145.4700	–	Oaex	WA3PBD	GtwyFM
Pgh/Homestead	146.7300	–	Oaex	WA3PBD	GtwyFM
Pgh/N Hills	147.0900	+	O 88.5 (CA)r	W3EXW	NHARC
Pgh/Oakland	146.8800	–	O 88.5 (CA)r	W3EXW	NHARC
Washington	147.3450	+		N3WMV	N3WMV
SCHUYLKILL					
Delano	145.3700	–	Ot(CA)eWX	W3EEK	SARA
SNYDER					
Middleburg	146.8200	–	O 100.0rWX	WA3DTV	SnyderCoEM
Selinsgrove	147.1800	+	O 100.0 (CA) rsWX	NR3U	SVARC
SOMERSET 123.0					
Central City	146.6250	–	O 123.0 (CA) lz	WR3AJL	W3KKC
Meyersdale	145.2700	–	O(CA)lz	KQ3M	AHRA
Seven Springs	146.8350	–	O 123.0lrxz	W3WGX	AHRA
Somerset	147.1950	+	Oaerz	K3SMT	SARC
SOUTH CENTRAL 123.0					
Bedford	145.4900	–	O	K3NQT	BCARS
Blue Knob	147.1500	+	Oaelrxz	K3OIH	BKRA
Fort Loudon	147.2250	+	O	N3NRI	N3NRI
Upper Strasburg	147.1200	+	O	W3ACH	CVARC
SOUTHWEST 131.8					
Acme	146.6700	–	Oaerz	WA3TVG	LHVHFS
Bentleyville	147.2700	+	O	WA3DIQ	WA3DIQ
California	145.1100	–	Oae	KA3FLU	------------
Connellsville	145.1700	–		WB3JNP	WB3JNP
Connellsville	146.8950	–	Oer	W3NAV	CCRC
Derry	145.1500	–	O 131.8aer	W3CRC	CRARC
Greensburg	147.1800	+	O(CA)e	W3LWW	FARC
Indiana	146.9100	–	O	W3BMD	ICARC
Monongahela	147.2250	+	O(CA)	KA3BFI	MARC, Inc
Mt Pleasant	147.0150	+	O(CA)elx	KA3JSD	KA3JSD
Uniontown	147.0450	+	Oax	W3PIE	UARC
Uniontown	147.2550	+	O	W3PIE	UARC
Washington	145.4900	–	Oa	W3CYO	W3CYO
Washington	146.7900	–	Oa	K3PSP	K3PSP
Waynesburg	146.4300	147.4300	O 131.8e	N3LIF	GCARA
SULLIVAN					
Laporte	145.3100	–	O 167.9el	N3XXH	EndlessMtn
Laporte	146.9250	–	O 82.5 (CA)e rsRB LITZ WX	W3NOD	SCESARA
SUSQUEHANNA					
Elk Mountain	147.2400	+	O 131.8 (CA) esRB LITZ WX	N3HPY	B&B
Montrose	147.3750	+	O 131.8 (CA) elsRB LITZ WX	N3HPY	B&B
Silver Lake	145.2900	–	O 131.8 (CA) els	N3HPY	B&B

144-148 MHz
PENNSYLVANIA-PUERTO RICO

Location	Output	Input	Notes	Call	Sponsor
Susquehanna	145.2500	–	O 100.0aels	WB2BQW	------------
TIOGA					
Bloss Mt	145.2700	–	O 127.3erRB WX	NR3K	PAGCRG
Dutch Hill	147.0600	+	O 127.3aer WX	NR3K	PAGCRG
Tioga	146.6250	–	O 131.8 (CA) l	KB3EAR	N.T.R.S
WAYNE					
Honesdale	145.2100	–	OeWX	K3MMC	W.A.R.S.
Newfoundland	147.1950	+	O 131.8 (CA) e	KB3WW	------------
Waymart	146.6550	–	O 146.2aeBl WX	WB3KGD	------------
WEST CENTRAL 131.8/186.2					
Butler	147.3000	+	Or	N3LEZ	------------
Butler	147.3600	+	O(CA)e	W3UDX	BCARA
Cowansville	146.5050	147.5050	O 131.8elrx	N1RS	SARA
Independance	145.4500	–	O	KA3IRT	KA3IRT
Kittanning	145.4100	–	O	K3TTK	FAWA
Leechburg	147.3300	+	Oer	WA3JVG	WA3JVG
New Castle	146.6250	–	O	WA3VRD	B.DeSANZO
New Castle	147.1950	+	Oaelz	N3ETV	N3ETV
Parker	145.1900	–	Oalr	W3ZIC	FVM&KC
Punxsutawney	146.7150	–	O(CA)el	N5NWC	PAARC
Sharon	145.3500	–	Oaelrxz	W3LIF	MercerCARC
Sharon	147.1500	+	Oaerz	KB3GRF	------------
Warrendale	147.2400	+	Oe	K3SAL	BCFMA
WYOMING					
Mehoopany	147.2100	+	O 141.3e	WA3PYI	------------
YORK					
Hanover	147.3300	+	O 146.2ers WX	W3MUM	PMRC Inc
Red Lion	146.8650	–	O 123.0eWX	W3ZGD	Hilltopers
Shrewsbury	146.7000	–	O 110.9lrs WX	K3AE	SoPaCommGp
PUERTO RICO					
CN					
Aguas Buenas	145.3700	–	O	KP4IA	------------
Aguas Buenas	146.7300	–	O 118.8	KP3AB	------------
Aguas Buenas	146.8500	–	O 127.3a (CA)eBlxz	KP4CK	[PRARL]
Barranquitas	145.4100	–	OBlx	KP4RF	------------
Cayey	145.1100	–	O	KP4CR	------------
Cayey	145.1300	–	O	WP4MXB	------------
Cayey	145.4100	–	●	KP4GN	------------
Cayey	146.7700	–	O 100.0	KP3AB	------------
Cayey	147.0900	+	Ox	KP4ID	[PRARC]
Ciales	145.3500	–	O	KP3AB	------------
Comerio	147.1700	+	O	KP4FCC	------------
Corozal	146.6100	–	O#	WP4ENA	------------
Corozal	146.6700	–	●a(CA)e	KP4DH	------------
Corozal	146.7100	–	O	KP4DEU	------------
Corozal	147.3300	+	Oe	KP3AJ	------------
Naranjito	147.0100	+	O	WP4FHR	ARG

144-148 MHz PUERTO RICO

Location	Output	Input	Notes	Call	Sponsor
Naranjito	147.2300	+	●	WP4NPC	POL
Orocovis	145.3900	–	O	KP4OG	------------
CS					
Adjuntas	145.4500	–	O	KP4ST	------------
Barranquitas	145.4900	–	O	KP4LP	MOLINO
Jayuya	145.1700	–	O	KP4RZ	CARG
Jayuya	146.7500	–	O	WP4NPG	LTRGp.
Jayuya	146.9900	–	O	NP3H	CEC.
Jayuya	147.1500	+	O	WP4IFU	ARG
Jayuya	147.2100	+	O	WP4GRC	------------
Utuado	145.4300	–	O	KP4BOL	------------
Villalba	145.1900	–	O	KP3AB	------------
Villalba	145.2900	–	O	NP4A	------------
Villalba	147.0500	+	Oex	WP4AZT	------------
E					
Ceiba	147.2700	–	O 88.5	KP4FGL	------------
Fajardo	145.1900	–	O	KP3AB	------------
Fajardo	145.3500	–	O	KP3AB	------------
Fajardo	145.3500	+		KP3AB	CRAN
Fajardo	145.4700	–	O	NP3CB	------------
Fajardo	146.6900	–	Oae	NP3H	CEC
Gurabo	145.2100	–	O	WP3Z	------------
Gurabo	146.7900	–	O	WP4WC	------------
Gurabo	146.8700	–	O	WP4SE	------------
Gurabo	147.3700	+	O	KP4QW	------------
Las Piedras	146.6500	–	Oe	KP4PF	EARCLUB
Las Piedras	146.8900	–	O	KP4JF	PREAHR
Luquillo	147.3100	+	O	WP4K	------------
Rio Grande	146.9300	–	O	KP4FRA/2	[FRA]
Rio Grande	146.9900	–	O	NP3H	
Rio Grande	147.3500	+	O	NP3EF	ERGRP.
San Lorenzo	147.0300	+	O	WP4LTR	SAMGRP
Vieques	147.0700	+	O	KP4FGL	------------
Yabucoa	145.3300	–	O	WP4BV	------------
Yabucoa	147.1900	+	O	KP4MCR	------------
N					
Bayamon	145.1500	–	O	KP4ILG	------------
Bayamon	145.2300	–	O	WP4MXY	------------
Bayamon	145.3100	–	●	WP4F	------------
Bayamon	146.7300	–	O	KP3AB	------------
Carolina	145.2700	–	O	KP4FX	------------
Quebradillas	146.8700	–	●	WP3OF	------------
San Juan	147.3900	+		KP4FAK	------------
S					
Ponce	147.3900	+		WP4JLQ	------------
Yauco	145.3500	–	O	KP3AB	------------
Yauco	145.4700	–	O	WP4MJP	------------
Yauco	147.3500	+	O	NP4FL	------------
W					
Aguada	145.3300	–	O	NP4WX	------------
Aguada	146.7700	–	O	KP3AB	------------
Aguada	147.0300	+	l	WP4S	RAA
Lares	146.7900	–	●	KP4ARN	------------
Maricao	146.8300	–	O	KP4FRA/1	[FRA]
Maricao	147.2300	+	● 146.2	WP4CPV	CRG
San Sebastian	147.1300	+	● 100.0e	KP4IP	------------

144-148 MHz
RHODE ISLAND-SOUTH CAROLINA

Location	Output	Input	Notes	Call	Sponsor
RHODE ISLAND					
EAST BAY					
Bristol	145.3300	–	O 94.8e	K1CW	K1CW
Newport	146.8800	–	O 100.0 (CA)e	WC1R	WC1R
Portsmouth	145.4500	–	O 100.0es	W1SYE	NwptCntyRC
Portsmouth	147.0750	+	O 67.0 (CA)e L(KA1RCI NET)sx	KA1RCI	KA1RCI
Portsmouth	147.1200	+	O 173.8e	K1WEW	SubSig ARC
NORTHERN					
Coventry	145.2100	–	O 192.8e	N1JL	N1JL
Coventry	145.3700	–	O 88.5e	N1JBC	N1JBC
Cranston	146.7000	–	Oe	K1CR	K1CR
Cranston	147.1050	+	O 103.5s	W1PHR	PHARRG
Cumberland	146.9400	–	OesWXx	K1KYI	RIAFMRS
East Providence	146.6250	–	O 141.3e L(KA1RCI NET)rs	K1RSR	K1RSR
East Providence	147.3300	+	O 173.8e L(I4907)s	W1AQ	W1AQ
Johnston	145.1900	–	O 67.0 (CA)e L(KA1RCI NET)rsx	KA1RCI	KA1RCI
Johnston	146.8350	–	O 192.8e	WA1QCA	WA1QCA
Lincoln	145.1700	–	Oe L(KA1RCI NET)x	KA1RCI	KA1JNP
No Scituate	146.7600	–	OesWXx	W1HQV	RIAFMRS
North Providence	147.0150	+	O#eEXP	N1MIX	UNCOORD
West Warwick	145.3500	–	O 100.0	N1BS	N1BS
West Warwick	147.0450	+	O 141.3#	W1HDN	COORDEXP
SOUTH COUNTY					
Exeter	146.9850	–	O 67.0 L(KA1RCI NET)	KA1RCI	K1DA
Exeter	147.1650	+	O 67.0e	N1VDJ	N1VDJ
West Greenwich	145.1300	–	151.4	WF1A	-------------
Westerly	147.2400	+	O 100.0e	N1LMA	N1LMA
Westerly	147.3900	+	O 67.0 L(KA1RCI NET)	KA1RCI	KA1RCI
SOUTH CAROLINA					
Aiken	145.1700	–	O	KY4S	N4ADM
Aiken	145.3500	–	100.0es	N2ZZ	N2ZZ
Aiken	147.2850	+	O(CA)	N4ADM	N4ADM
Anderson	146.9700	–	O(CA)e	N4AW	ANDERSON A
Anderson/Sas M	146.7900	–	Oe	N4AW	ANDERSON R
Antreville	145.2100	–	151.4	KI4CCZ	KI4BST
Awendaw	147.3000	+	131.8l	N7GZT	N7GZT
Bamberg	145.3300	–	O 156.7	WA4DFP	WA4DFP
Barnwell	147.0300	+	O 156.7e	KK4BQ	SARS
Beaufort	145.3100	–	O	W4IAR	ISLANDER A
Beaufort	146.6550	–	Oe	W4BFT	BEAUFORT R
Bishopville	145.1700	–	123.0e	K4NOC	K4NOC
Brooksville	147.3900	+	118.8	W4INJ	W4INJ
Camden	146.8200	–	O 131.8	KT4NZ	KT4NZ
Cassatt	147.1050	+	O 192.8	KG4FAN	KG4FAN
Cayce Pineridg	145.2700	–	103.5	KE4IFI	NARC
Charleston	145.2500	–	Oal	WA4USN	CHARLESTON

144-148 MHz SOUTH CAROLINA

Location	Output	Input	Notes	Call	Sponsor
Charleston	145.4100	–	Oels	WA4USN	CHARLESTON
Charleston	145.4500	–	127.3lrsWX	W4HRS	WA4HVP
Charleston	145.4700	–	91.5lrsRB WX	W4HRS	WA4HVP
Charleston	146.7150	–	123.0lrsWX	W4HRS	WA4HVP
Charleston	146.7300	–	103.5lrsRB WX	W4HRS	WA4HVP
Charleston	146.7300	–	91.5lrsRB WX	W4HRS	WA4HVP
Charleston	146.7600	–	123.0lrsWX	W4HRS	WA4HVP
Charleston	146.7900	–	Oal	WA4USN	CHARLESTON
Charleston	146.9400	–	123.0lrsWX	W4HRS	WA4HVP
Charleston	147.3450	+	OtlRB	W4ANK	N7GZT
Charleston	147.3900	+	123.0lrsWX	W4HRS	WA4HVP
Cheraw	145.4900	–	123.0elWX	W4APE	W4EOZ
Cheraw	147.1350	+	O#	K4CCC	CCARS
Chester	145.3100	–	Oae	W4CHR	CHESTER AF
Chester	146.6250	–	O(CA) RB	KF4SXO	CHESTER CT
Clemson Univ	145.4500	–	Ote	WD4EOG	KD4KAO
Columbia	146.7150	–	91.5lrsRB WX	W4HRS	WA4HVP
Columbia	146.7150	–	O(CA)	WB4NEP	------------
Columbia	147.3300	+	156.6aelWX	N7GZT	K7GZT
Columbia	147.3600	+	Ol	N4EOY	AL HARNEY
Conway	147.3300	+	85.4e	W4GS	N4MXL
Dillon/Pee Dee	146.7450	–	O	W4PDE	GREATER PE
Dorchester	147.1800	+	123.0lrsWX	W4HNK	W4HNK
Eastover	147.0750	+	O 156.7 (CA)	20041002	------------
Elloree	146.6100	–	O 118.8ae	KC4WIF	KC4WIF
Florence	146.6850	–	91.5lrsWX	W4HRS	WA4HVP
Florence	146.8500	–	Oa	W4ULH	FLORENCE A
Florence	146.9700	–	O 167.9a	W4GEY	FLORENCE A
Florence	147.1950	+	123.0elWX	W4APE	W4EOZ
Fort Jackson	146.7750	–	156.9	N7GZT	N7GZT
Fort Mill	145.1100	–	O(CA)	WZ4SC	SUGAR CREE
Fort Mill	147.1800	+	O	W4DXA	CAROLINA D
Gaffney	145.2500	–	123.0esWX	KG4JIA	KG4JIA
Gaffney	145.4700	–	O 123.0elrs WX	WB4BLI	W8CGQ
Georgetown	146.7000	–	91.5lrsWX	W4HRS	WA4HVP
Georgetown	147.3750	+	123.0eWX	NE4SC	K4SHP
Greeleyville	145.2300	–	O 123.0l	KG4AQH	KG4AQH
Greenville	146.9400	–	O 107.2	W4IQQ	GREER ARC
Greenwood	145.1300	–	O	W4JAK	W4JAK
Greenwood	147.1650	+	O 107.2 (CA) e	W4GWD	GREENWOOD
Greenwood	147.3750	+	O#	K4LEO	K4LEO
Grnvle/Csrs Hd	146.6100	–	O	W4NYK	BLUE RIDGE
Grnvle/Paris M	146.8200	–	O(CA)	W4NYK	BLUE RIDGE
Hilton Head	147.2400	+	Ote	W4IAR	ISLANDER A
Kingstree	145.3100	–	123.0elWX	NE4SC	K4SHP
Lancaster	146.7000	–	123.0	W4PAX	LANCASTER
Laurens	146.8650	–	O 107.2	KD4HLH	KD4HLH
Leesville	146.6550	–	162.2 (CA)l	N5CWH	NARC
Leesville	147.2550	+	O 123.0e	W4RRC	RIDGE ARC
Lexington	147.3900	+	Oe	KA4FEC	KA4FEC

144-148 MHz
SOUTH CAROLINA

Location	Output	Input	Notes	Call	Sponsor
Little Mt	147.2100	+	O	K4AVU	MID-CAROLI
Little River	146.8650	–		KF4VGX	KF4VGX
Lucknow	146.9250	–	123.0elWX	W4APE	W4EOZ
Marion	147.0000	–	O 192.8	KO4L	KO4L
Moncks Corner	145.1900	144.8900	210.7	KB4VFD	N4CNN
Moncks Corner	145.4900	–	123.0lrRBWX	W4HRS	WA4HVP
Moncks Corner	147.1500	+	Otez	WD4NUN	BC DISASTE
Mountain Rest	147.0300	–	O	KU4OL	KU4OL
Mullins	145.4700	–	123.0eWX	W4APE	W4EOZ
Myb Bch/Brksvi	147.2850	+	O	N4JTH	N4JTH
Myr Bch/Aynor	147.0900	+	O 123.0el	NE4SC	K4SHP
Myr Bch/Conway	145.1100	–	Oae	W4GS	GRAND STRA
Myrtle Beach	145.2900	–	O 85.4	W4GS	W4GS
Myrtle Beach	146.6550	–	O 123.0el	NE4SC	K4SHP
Myrtle Beach	147.1200	+	Oa	W4GS	GRAND STRA
N Augusta	146.7300	–	OtE-SUN	K4NAB	N.AUG/BELV
N Myrtle Beac	147.0300	+	O#	N4JTH	N4JTH
Orangeburg	145.4700	–	103.5lrsRBWX	W4HRS	WA4HVP
Orangeburg	146.8050	–	O 156.7ael	KF4ATU	EDISTO ARS
Orangeburg	146.8800	–	123.0lrsWX	W4HRS	WA4HVP
Orangeburg	147.0900	+	O 156.7	KF4ATU	EDISTO ARS
Pageland	146.8950	–	123.0elWX	W4APE	W4EOZ
Pauline	147.0900	+	Oe	K4JLA	SPARTANBUR
Pickens	146.7000	–	O 107.2	WT4F	FOOTHILLS
Pickens	147.0000	–	O 151.4l	WB4YXZ	PICKENS RA
Pine Ridge	146.9550	–	O 162.2	KD4BMX	KD4BMX
Pumpkintown	145.2900	–	O 123.0	KU4ZS	KU4ZS
Rock Hill	147.0300	–	Oe	K4YTZ	YORK CTY A
Saluda	146.9100	–	123.0rs	W4DEW	W4DEW
Santee	147.2250	+	Oe	W4DTW	W4DTW
Savannah River	145.4500	–	123.0e	W4ZKM	US DEPT OF
Seneca/Long Mt	147.2700	+	Oez	WA4JRJ	KEOWEE TOX
Simpsonville	146.7300	–	O 100.0	WA4UKX	WA4UKX
Smoaks	145.2100	–		KG4LAP	KG4LAP
Spartanburg	147.3150	+	Oe	K4JLA	SPARTANBUR
St George	146.8350	–	103.5rsWX	K4ILT	K4ILT
St George	147.0450	+	103.5elsWX	K4ILT	K4ILT
St George	147.0450	+	103.5e	K4ILT	K4ILT
St Matthews	146.6700	–	O 156.7ae	AD4U	AD4U
Summerton	145.1500	–	O(CA)	N4LWY	LAKE MARIO
Summerville	146.8650	146.6250	123.0	N2OBS	N2OBS
Summerville	146.9850	–	O 123.0	W1GRE	W1GRE
Summerville	147.2700	+	123.0	W4ANK	W4ANK
Sumter	145.1300	–	O	K4JR	------------
Sumter	145.4300	–	156.7r	K4JR	K4JR
Sumter	146.6400	–	O	W4GL	SUMTER ARA
Sumter	147.0150	+	O 156.7	W4GL	SUMTER ARA
Sumter/Shaw	147.0600	+	Oa	W4VFR	HILLCREST
Union	145.1500	–	Oe	K4USC	K4USC
Union	146.6850	–	O	K4USC	K4USC
Walterboro	145.3900	–	Ol	KG4BZN	KG4BZN
Walterboro	147.1350	+	Oae	KG4BZN	LOW CTY. R
White Hall	146.9100	–	O 156.7e	WA4SJS	COASTAL AR

144-148 MHz — SOUTH DAKOTA

Location	Output	Input	Notes	Call	Sponsor
SOUTH DAKOTA					
FREQUENCY USAGE					
Statewide	145.2300	–		SNP (PRI)	
Statewide	145.4700	–		SNP (SEC)	
CENTRAL					
Huron	147.0900	+	O	K0OH	K0OH
Mitchell	146.6400	–	O 146.2ae	W0ZSJ	MARC
Murdo	147.3000	+	O 146.2 L(SDLINK)x	AA0CT	SDARC
Phillip	147.3750	+	O 146.2e L(SDLINK)	N0OMP	SDARC
Pierre	145.3500	–	O 146.2a	KD0S	PARC
Pierre	146.7300	–	O 146.2 L(SDLINK)	W0CQN	SDARC
Reliance	146.9400	–	O 146.2e L(SDLINK)x	N0NPO	MB ARC
Wessington Spr	147.3450	+	O 146.2 L(SDLINK)x	AA0F	SDARC
EAST					
Clear Lake	147.3150	+	136.5#	W0GC	Duel Co.ARC
EAST CENTRAL					
Brookings	146.9400	–	O 146.2a	W0BXO	BR ARC
NORTH CENTRAL					
Aberdeen	146.9100	–	Oel	WB0JZZ	HubCtyARC
Aberdeen	147.0300	+	O 146.2 L(GL LINK)	WB0TPF	WB0TPF
Bowdle	147.1200	+	O 146.2 L(GL LINK)	N0AHL	GLARA
Mobridge	147.2100	+	Oe L(GL LINK)	W0YMB	MARC
Redfield	147.1500	+	O	WD0BIA	S ARC
NORTHEAST					
Britton	146.6100	–	Ol	N0SHL	TRAC
Clear Lake	147.1800	+	O 146.2a	WA0YIN	WA0YIN
Garden City	146.6700	–	O 146.2 L(SDLINK)	WD0FKC	GCRA
Gary	145.3900	–	Ol	K0TY	K0TY
Pierpont	147.3300	+	O 146.2 L(GL LINK)	W0JOZ	GLARA
Sisseton	146.8800	–	Oe	WA0BZD	WA0BZD
Watertown	146.8500	–	O(CA)e	W0WTN	LARC
Watertown	147.3900	+	Ol	K0TY	K0TY
SOUTHEAST					
Beresford	147.2400	+	O 141.3	KA0VHV	PD ARC
Humboldt	147.2850	+	O 146.2 L(SDLINK)x	N0LCL	SDARC
Sioux Falls	146.8050	+		K9VKG	K9VKG
Sioux Falls	146.8950	–	Oe	W0ZWY	SEARC
Turkey Ridge	147.0000	+	O 146.2 L(SDLINK)	W0OJY	PD ARC
Vermillion	147.3750	+	O 146.2l	W0MMQ	PD ARC
Yankton	146.8500	–	O 146.2l	W0OJY	PD ARC
SOUTHWEST					
Custer	146.8500	–	Olx	KC0BXH	Northern Hills-A
Custer	147.0900	+	O	K0DPD	CH ARC
Hot Springs	146.7000	–	Oe	K0HS	HS ARC

144-148 MHz
SOUTH DAKOTA-TENNESSEE

Location	Output	Input	Notes	Call	Sponsor
WEST					
New Underwood	146.9700	–	114.8#	KA1OTT	KA1OTT
WEST CENTRAL					
Lead	146.9700	–	146.2/146.2 L(449.200)	KC0BXH	Northern Hills A
Lead/Terry Peak	146.7600	–	O 146.2x	KB0BXH	Northern Hills-A
Rapid City	146.9400	–	O	W0BLK	BlkHlsARC
Rapid City	147.2400	+	Oe	KB0BUT	KB0BUT
Terry Peak	147.0300	+	O 146.2 L(SDLINK)	WB0JEK	SDARC
TENNESSEE					
Alamo	147.1350	+	Oelsx	K4WWV	STARNET
Anderson Cty	146.7000	–	O 100.0	KF4BVQ	KF4BVQ
Arnold A f b	147.1950	+	O 114.8es	N4HAP	WARC
Athens	145.1500	–	O 141.3e	KG4FZR	KF4CFO
Athens	145.3100	–	O 141.3e	WA4PNI	KG4FZR
Athens	147.0600	–	O 141.3e	KG4FZR	KG4FZR
Benton	145.4500	–	Ot	K4SIR	JAMES PRES
Blountville	147.0000	+	Oe	W4CBX	W4FXO
Bluff City	146.7000	–	O 103.5	KE4CCB	KE4CCB
Bolivar	147.0450	+	O 156.7es WX	KI4LFV	KI4LFV
Bristol	146.6700	–	O(CA)e	W4UD	BRIS ARS/S
Bristol	146.8800	–	O	WD4CYZ	WD4CYZ
Brownsville	145.4300	–	O 107.2el	WF4Q	WF4Q
Brownsville	146.6550	–	O 156.7ae	KI4BXI	KI4BXI
Brstl/Holstn M	146.7600	–	O	K4JP	K4JP
Camden	145.4900	–	O 131.8e	KD5EZM	BENTON CO
Carthage	145.1900	–	O	N4OTT	CORDELL HU
Centerville	147.0900	+	O 123.0rs WX	N4XW	N4XW
Centerville	147.2550	+	O 123.0rs WX	N4XW	N4XW
Chattanooga	145.1300	–	O	K4CMY	K4CMY&KA4W
Chattanooga	145.2900	–	O 118.8	W4AM	CHATTANOOG
Chattanooga	145.3900	–	Oa	W4AM	CHATTANOOG
Chattanooga	146.6100	–	O 107.2	W4AM	CHATTANOOG
Chattanooga	146.7900	–	O	K4VCM	K4VCM
Clarksville	146.9250	–	O 110.9e	K4ORE	AA4TA
Clarksville	147.0000	+	O 167.9el	AC4RS	AC4RS
Clarksville	147.3900	+	O 123.0ae	KF4L	CLRKSVL AM
Cleveland	146.9250	–	Oae	W4GZX	CLEVELAND
Cleveland	147.1050	+	Oae	KD4NEC	------------
Cleveland	147.1800	+	O 118.8	WD4DES	WD4DES
Coalmont	146.6550	–	O 141.3el	KF4PVQ	KF4PVQ
Coker Creek	146.7750	–	O 94.8	K4AJM	K4AJM
Collegedale	147.0000	+	O 131.8e	KA6UHV	KA6UHV
Collierville	145.3300	–	107.2	WT4E	WT4E
Columbia	147.1200	+	O 127.3ae	W4GGM	MAURY ARC
Cookeville	145.1100	–	Oael	KK4TD	UCARS/KK4T
Cookeville	145.2700	–	O 123.0e	N4ECW	N4ECW
Cookeville	145.4300	–	Oae	WA4UCE	ARS OF TTU
Cookeville	147.2100	+	OaRBz	W4HPL	COOKEVILLE
Cornersville	146.8050	–	O 114.8	KF4TNP	KF4TNP

144-148 MHz TENNESSEE

Location	Output	Input	Notes	Call	Sponsor
Covington	145.4900	–	o	KE4ZBI	KE4ZBI
Cross Plains	147.3450	+	o 114.8	W4KW	W4KW
Crossville	146.8050	–	131.8lRB	W4EYJ	CUMBERLAND
Crossville	146.8650	–	o 118.8ae	W8EYU	W8EYU
Crossville	146.8950	–	o 118.8aes WX	W4NSA	W4NSA
Cumberland Cit	145.3300	–	o	WD4DBJ	WD4DBJ
Dandridge	146.8950	–	o(CA)eRBz	WD4EGD	WD4EGD
Dayton	147.3450	+	oe	K4PHT	K4PHT
Dayton/Rhea Ct	147.3900	+	oe	K4DPD	RHEA CO AR
Dellrose	147.1350	+	o 82.5	N4AZY	W4VM
Dickson	147.3750	+	o(CA)erswX	KF4CAU	KF4CAU
Dover	145.2500	–	o 100.0ae WXz	KR4WG	KR4WG
Dover	145.4100	–	o 123.0aer	N4VIH	WD4DBJ
Dresden	145.1500	–	o 107.2es RB WX	KB4IBW	KB4IBW
Dresden	145.4700	–	o 131.8e	KA4BNI	KA4BNI
Dyersburg	146.7450	–	o	W4MV	W4MV
Elizton/Hlston	145.2900	–	o 103.5e	KF4ZQA	CARTER COU
Erwin/Pinnacle	145.2500	–	otaeRBz	WM4T	WM4T
Erwin/Unicoi	147.1650	+	oaez	KC4DSY	KC4DSY
Fayetteville	147.0300	+	o(CA)e	W4BV	KA4WOG
Franklin	145.1500	–	o	W4XS	FOW
Gallatin	147.2400	+	o 114.8el	W4LKZ	SUMNER CO
Gallatin	147.2700	+	o 114.8e	WD4BKY	WD4BKY
Gallatin	147.3000	+	o 114.8ae	W4CAT	CATS
Gray	145.1100	–	o	WM4T	WM4T
Greenbrier	147.0750	+	o 114.8ae	WQ4E	WQ4E
Greeneville	145.3900	–	o 186.2e	W4WC	ANDREW JOH
Greeneville	145.4100	–	127.3elWxx	KI4OTQ	KI4OTQ
Greeneville	147.0600	+	o 123.0 RB	N4FV	N4FV
Greenfield	145.3500	–	107 WX	KE4OVN	KE4OVN
Gtlbg/Cove Mtn	146.8500	–	o 127.3l	WA4KJH	------------
Harriman	146.6400	–	o 100.0	KA4QYI	RCARC
Henderson	147.1050	+	o 156.7ez	K4TC	MIKE BURKH
Henry	145.2700	–	o 103.5eWX	KI4GYW	HENRY CO E
Hohenwald	146.8950	–	o 100.0eRB	K4TTC	TTC-ARCH
Huntingdon	146.8350	–	oaez	KB4YTM	CARROLL CO
Jackson	145.1700	–	o 107.2el	WF4Q	WF4Q
Jackson	145.3100	–	o 107.2e	KF4SC	WF4Q
Jackson	146.7750	–	o 107.2el	WF4Q	WF4Q
Jackson	147.2100	+	o 107.2	WF4Q	WF4Q
Jackson	147.2700	+	o	WB0TMC	WB0TMC
Jamestown	147.0900	+	o 100.0e	KI4KIL	FENTRESS C
Jasper	145.1900	–	o 127.3e	KD4XV	SEQUACHEE
Johnson City	146.7900	–	o(CA)e	W4ABR	JCARA (JOH
Johnson City	147.2700	+	o 103.5	KE4FH	KE4FH
Joyner	147.1500	+	o 82.5l	K4EAJ	K4EAJ
Kngspt/Bays Mt	146.9700	–	oe	W4TRC	KINGSPORT
Knox/Maynardsv	145.6300	144.6300	#	KB5HFM	KB5HFM
Knoxville	145.1700	–	o	WB4GBI	WB4GBI
Knoxville	145.3300	–	oaeRBz	AC4JF	AC4JF
Knoxville	145.3700	–	oe	KB4KIE	KB4KIE
Knoxville	145.4300	–	o	WB4YLC	KERBELA AR
Knoxville	145.4700	–	o	WB4GBI	WB4GBI

144-148 MHz
TENNESSEE

Location	Output	Input	Notes	Call	Sponsor
Knoxville	146.6250	–	O 100.0e	WB4GBI	WB4GBI
Knoxville	146.9100	–	Otae	KC4ROG	------------
Knoxville	146.9400	–	Oe	WB4GBI	WB4GBI
Knoxville	147.0000	–	O 100.0#e	KD4CWB	KD4CWB
Knoxville	147.0750	+	Oae	WB4GBI	WB4GBI
Knoxville	147.1950	+	O 100.0elz	KD4CWB	KD4CWB
Knoxville/Rack	145.2100	–	O 100.0aez	W4BBB	RACK
Knoxville/Rack	147.3000	+	O 100.0elRB	W4BBB	RACK
Lafayette	145.3100	–	O 151.4z	KC4ECD	KC4ECD
Lafollette	145.1300	–	Oa	KA4OAK	KA4OAK
Lafollette	146.6700	–	O	K4BGW	W4TZG
Lafollette	147.3600	+	Oe	KA4OAK	KA4OAK
Laverne	145.2300	–	Oa	W4CAT	CATS
Lawrenceburg	146.6550	–	O 100.0	KG4LUY	W4RDM
Lebanon	147.1050	+	O 100.0z	W4LYR	WILSON AMA
Leipers Frk	145.1300	–	156.7#	WC4EOC	WC4EOC
Lewisburg	146.6250	–	O 107.2	WB4VXU	MARSHALL C
Lexington	147.0750	+	O 107.2el	WF4Q	WF4Q
Livingston	146.7150	–	O 131.8es	KG4NPF	KG4NPF
Livingston	147.0450	+	Oaez	N2UP	N2UP
Lynchburg	145.4500	–	O 127.3e	KF4TNP	KF4TNP
Madisonville	146.8200	–	O 141.3e	KG4FZR	KG4FZR
Manchester	146.7000	–	O 114.8ae WX	W4UOT	MID TN ARS
Martin	146.6250	–	O 107.2a	W4UTM	RARC
Maryville/Alco	146.6550	–	Oez	W4OLB	SMOKY MTN
Maynardville	145.2300	–	Oe	KB4KIE	KB4KIE
Mcewen	147.2250	+	114.8aelRB	NO4Q	NO4Q
Mcminnville	146.9700	–	O 151.4 (CA)	WD4MWQ	WD4MWQ
Mcminvl/Sht Mt	145.4900	–	O	WB4LHO	I.D. BYARS
Medina	146.9700	–	O 107.2e	WT4WA	KI4PCW
Memphis	145.1300	–	O 107.2el	KF4ATY	LEARC
Memphis	145.2100	–	O 107.2eWX	W4EM	W4EM
Memphis	145.2500	–	O 146.2	N4ER	N4ER
Memphis	145.4100	–	O 107.2 (CA)	K5FE	K5FE
Memphis	146.6400	–	Oe	AI4SU	AI4SU
Memphis	146.7300	–	O 107.2	N4GMT	N4GMT
Memphis	146.8200	–	O 107.2 (CA)	W4BS	DELTA ARC
Memphis	146.8500	–		WB4KOG	WA4KOG
Memphis	146.8800	–	Oap	WB4KOG	WA4KOG
Memphis	147.0000	–	Ot#el	W4ZJM	W4ZJM
Memphis	147.0300	+	Os	W4EM	W4EM
Memphis	147.0600	+	O	WA4MQQ	------------
Memphis	147.0900	+	O 107.2aer	W4GMM	W4GMM
Memphis	147.1200	+	O 107.2 (CA) e	N4WAH	N4WAH
Memphis	147.1800	+	O	WB4KOG	LIONEL LEJ
Memphis	147.3000	+	O 107.2e	N4GMT	N4GMT
Memphis	147.3600	+	O 107.2	W4BS	DELTA ARC
Monteagle Mtn	145.4100	–	O 114.8l	NQ4Y	NQ4Y
Morgan County	147.3300	+	O 82.5	WD4ORB	MCARC
Morristown	145.4500	–	Oe	KQ4E	KQ4E
Morristown	147.0300	+	Oz	W2IQ	LAKEWAY AR
Morristown	147.2250	+	Oa	WB4OAH	WB4OAH
Morristown	147.3900	+	O#	KQ4E	K4QE
Moscow	145.1100	–	O 107.2al	WA4MJM	KF4OID

144-148 MHz   253
TENNESSEE

Location	Output	Input	Notes	Call	Sponsor
Mountain City	145.4700	–	O 103.5ae	W4MCT	JOHNSON CT
Murfreesboro	145.1700	–	O	WB4LHO	WB4LHO
Nashville	145.1100	–	O 151.4	W4RFR	KF4ZIS
Nashville	145.2100	–	O 173.8eRB	WC4EOC	WC4EOC
Nashville	145.3700	–	Oa	KB4ZOE	FELTS RPTR
Nashville	145.4700	–	O(CA)e	N4ARK	N4ARK
Nashville	146.6100	–	Ote	WA4PCD	WA4PCD
Nashville	146.6400	–	O 114.8ael	AF4TZ	RPT SOC OF
Nashville	146.6700	–	O 114.8ael RB	AF4TZ	RPT SOC OF
Nashville	146.7600	–	O 114.8el	WA4PCD	N.R.A.
Nashville	146.7900	–	O 114.8	W4SQE	MUSIC CITY
Nashville	146.8500	–	O 114.8 (CA) e	W4AY	SOTS
Nashville	146.8800	–	OteRB	WA4PCD	N.R.A.
Nashville	146.9550	–	O 114.8#	NT4L	FUN!
Nashville	146.9850	–	Oa	KC4PRD	KC4PRD
Nashville	147.0150	+	Ot	AF4TZ	CRAN
Nashville	147.1800	+	O	K4ZGA	------------
Nashville	147.3600	+	Otal	AF4TZ	RPT SOC OF
Nashville West	147.1500	+	O 114.8l	WA4PCD	N.R.A.
Newbern	145.1900	–	O 100.0	WT8R	WT8R
Newport	146.7300	–	O	WB4GBI	WB4GBI
Nolensville	145.3500	–	O 114.8e	WD4JYD	------------
Oak Ridge	146.8800	–	Oe	W4SKH	OAK RIDGE
Oak Ridge	146.9700	–	Oa	W4SKH	OAK RIDGE
Oakfield	147.3900	+	Ot(CA) RB	WA4BJY	WA4BJY
Oakland	146.9400	–	O	WB4KOG	WA4KOG
Oneida	145.3500	–	O 77.0eRB	KB4PNG	KB4PNG
Oneida	146.8200	–	#	KB4PNG	------------
Paris	147.1650	+	O 114.8	KC4YLL	N4TZV
Paris	147.3600	+	Oa	K4KLX	HCRA
Petros/Frz Hd	147.2550	+	O(CA)eRBz	KJ4SI	KJ4SI/KB4S
Pigeon Forge	145.2700	–	O 114.8rs WX	KF4VDX	KF4VDX
Pikeville	147.2850	+	O	KF4JPT	KF4JPT
Pulaski	147.3300	+	100.0el	WD4RBJ	WD4RBJ
Pulaski/Music	146.7750	–	O	W4JVO	STARS-SOU.
Puryear	147.1650	+	O	WA4CEX	RIDGE REP
Ramer	146.7000	–	O 162.2ae	WB4MMI	WB4MMI
Rckwd/Mt Rosvl	147.0150	+	OaeRBz	KE4RX	RCARC
Ridgetop	145.2900	–	O 114.8	K4DXC	MTDARC, IN
Ripley	145.2300	–	O 100.0	KE4NTL	------------
Rogersville	147.3150	+	O 114.8z	KD4HZN	KD4HZN
Saltillo	146.7150	–	O	KB4JUB	SALTILLO A
Sardis	147.1950	+	O 94.8	AF4OQ	AF4OQ
Selmer	146.8050	–	O 107.2e	WB4MMI	MCNAIRY CO
Sevierville	147.3750	+	67.0#	K4PCK	K4PCK
Shelbyville	147.0600	+	Oa	N4VFB	ARC OF SHE
Shiloh	145.2900	–	O 107.2el	WF4Q	WF4Q
Short Mtn	146.9100	–	O	W4YXA	SHORT MTN.
Sparta	147.3150	+	O 123.0	N4ARK	K4TAX
Sparta/White	147.1650	+	O 123.0ae RB WXz	KR4BT	K44BT & TR
Tellico Plains	147.3150	+	O 141.3ae	KE4VQM	KE4VQM
Trenton	146.8650	–	Oaz	KN4KP	GIBSON CTY

254 144-148 MHz
TENNESSEE-TEXAS

Location	Output	Input	Notes	Call	Sponsor
Union City	146.7000	–	O 100.0eWX	WA4YGM	WA4YGM
Union City	147.0150	+	O 107.2el	WF4Q	WF4Q
Walland	146.6850	–	O 88.5aelx	KF4ARH	-------------
Wartburg	146.7450	–	O 100.0elrsWX	AA4YQ	AA4YQ
Watertown	146.7300	–	100.0	K4EHL	K4EHL
Watertown	146.8350	–	O 100.0	W4LYR	W4LYR
West Knox Coun	147.1200	+	O 82.5es	K4EAJ	WD4ORB
Winchester	146.8200	–	OaeWX	W4UOT	MTARS MID

TEXAS

Location	Output	Input	Notes	Call	Sponsor
Abernathy	146.7600	–	O 179.9l	WB5BRY	CRRC
Abilene	145.3500	–	O 110.9aez	KC5PPI	AAHTC
Abilene	145.4900	–	O 88.5	KI5ZS	-------------
Abilene	146.7600	–	O 146.2 (CA)	KC5OLO	KCARC
Abilene	146.8000	–	O 88.5 (CA)e	W5TNJ	AARC
Abilene	146.9600	–	O 146.2e	KC5OLO	KCARC
Albany	147.2200	+	O	KG5BU	-------------
Allen	147.1800	+	O(CA) WXz	WD5ERD	PARK
Alpine	145.1100	–	O 127.3	WT5O	-------------
Alpine	145.2300	–	Otpr	N5HYD	BBARC
Alpine	145.3300	+	Otpr	N5HYD	BBARC
Alpine	145.5800	145.5800	O 88.5l	WB5RXA	SWLS
Alpine	146.7200	–	Oelrz	N5DO	BBARC
Alto	145.3300	–	O	KD5TD	-------------
Alvarado	147.2200	+	O 110.9e	K5AEC	TX ADVENT
Alvin	145.1100	–	O 123.0 (CA)	KA5QDG	-------------
Alvin	145.2100	–	O 167.9	K5PLD	PEARLAND A
Alvin	145.2500	–	O 141.3	KA9JLM	AARC
Alvin	146.7400	–	O 123.0	KA5QDG	HAMS
Amarillo	146.6600	–	O 88.5	W5WX	PARC
Amarillo	146.7400	–	O 88.5	N5ZLU	SWL SYSTEM
Amarillo	146.9200	–	Oel	N5LTZ	CRI
Amarillo	146.9400	–	O 88.5	W5WX	PARC
Anahuac	145.2500	–	O 192.8e	KK5XQ	CCOEM
Angleton	147.1800	+	O 141.3e	N9QXT	BCARES
Angleton	147.3400	+	O 103.5lWX	WB5UGT	SALTGRASS
Anhalt	145.1300	–	O 131.8l	W5DK	-------------
Archer City	146.8400	–	192.8ar	W5GPO	WF VHF ARC
Arlington	146.8600	–	O 110.9 (CA)	WD5DBB	MCR GROUP
Arlington	147.1400	+	O(CA)	K5SLD	AARC
Aspermont	146.6200	–	O	W5CD	-------------
Athens	147.2200	+	O 100.0eWX	K5EPH	AARC
Atlanta	145.2500	–	O 123.0	K5HCM	-------------
Atlanta	146.9800	–	Oa	K5HCM	RACC
Aubrey	145.2700	–	100	K5RNB	-------------
Austin	145.1700	–	88.5 (CA)	KB5HTB	-------------
Austin	145.2100	–	O 97.4e	KA9LAY	-------------
Austin	146.4800	147.4800	DSTARars	W5KA	AARC
Austin	146.6100	–	O 103.5e	WB5PCV	-------------
Austin	146.6800	–	O 123.0/123.0	KE5ZW	
Austin	146.7800	–	Oaez	W5KA	AARC
Austin	146.8400	–	O 103.5	W5WXW	-------------
Austin	146.8800	–	O 100.0a	W5FQR	AARC
Austin	146.9000	–	Oael	W3MRC	3M ARC

144-148 MHz   255
TEXAS

Location	Output	Input	Notes	Call	Sponsor
Austin	146.9400	–	O	W5FQR	AARC
Austin	147.1800	+	O(CA)	W5HS	------------
Austin	147.3600	+	O 131.8e	WA5VTV	------------
Azle	147.1600	+	O 110.9	WB5IDM	------------
Baird	147.3000	+	Oa	KF5YZ	------------
Ballinger	147.3200	+	O	W5YP	RCARC
Balmorhea	145.4300	–	O 88.5l	N5SOR	WTC
Balmorhea	146.9600	–	O 91.5	KD5CCY	WTNMRC
Bangs	147.0000	+	O 94.8e	KB5ZVV	------------
Bastrop	147.3400	+	100	NA6M	------------
Bay City	146.7200	–	O 146.2e	W5WTM	MCARC
Bayside	147.2000	+	O 107.2	AD5TD	------------
Baytown	145.3100	–	O 167.9el	N5JNN	------------
Baytown	146.7800	–	O 103.5ez	WA5JDI	BCD
Beaumont	146.7000	–	O 107.2e	W5RIN	BEARC
Beaumont	146.7600	–	O 107.2l	W5GNX	BEARC
Beaumont	147.3000	+	103.5	WB5HRF	MERC
Beaumont	147.3400	+	O 107.2	W5RIN	BEARC
Bedias	147.1200	+	O 123.0	NQ5D	------------
Beeville	147.3000	+	O 103.5	KC5DYC	------------
Bellville	146.8800	–	O 203.5x	WR5AAA	HRRC
Belton	146.7200	–	O 88.5l	NU5D	------------
Belton	147.3000	+	O	N5DJJ	FISH
Big Bend	146.8200	–	Oelrz	N5HYD	BBARC
Big Spring	146.8200	–	O(CA)	W5AW	BSARC
Big Spring	147.0400	+	O 88.5el	KE5PL	------------
Boerne	146.6400	–	O 88.5	KB5TX	KARS
Bonham	145.4700	–	Oa	K5FRC	FCRC
Borger	147.0600	+	O	WA5CSF	NWTARC
Bowie	145.3900	–	O 192.8 (CA)	W5QT	MONTAGE AR
Boyd	146.9800	–	Oa	K5JEJ	------------
Brackettville	146.8800	–	O 127.3	KD5HAM	BARS
Brady	146.9000	–	O 162.2ae	KC5EZZ	------------
Brenham	145.3900	–	O 103.5	W5AUM	BRENHAM AR
Brenham	147.2600	+	O 103.5	W5AUM	BRARC
Bridge City	145.4700	–	O 103.5a	W5SSV	JCARC
Brookston	146.7000	–	O 114.8	KD5HIS	------------
Brownfield	145.1700	–	O	W5HFT	------------
Brownfield	146.8000	–	O 162.2a	KA5BQG	TCARC
Brownfield	147.3400	+	O 162.2l	WA5OEO	------------
Brownsville	147.0400	+	O 114.8lWX	W5RGV	STARS
Brownwood	146.8200	–	●	WB5FXD	------------
Brownwood	146.9400	–	94.8ae	K5BWD	BWDARC
Bruceville	147.2400	+	O 97.4	W5NCD	------------
Burkburnett	146.2800	+	OaeWX	W5XBK	------------
Burkburnett	146.7000	–	O 192.8e	W5DAD	------------
Burkburnett	146.8800	–	OaeWX	W5XBK	------------
Burnet	145.2900	–	114.8	KB5YKJ	------------
Burnet	146.6600	–	O 88.5a	K5HLA	HGLD LKE
Byers	146.8200	–	O 192.8	KD5GZW	CCARC
Canton	146.6200	–	O 123.0	K5PD	------------
Canyon	145.3500	–	O 88.5 WX	N5LRH	RANDALL AR
Carrollton	145.2100	–	Oaerz	N5MJQ	METROARC
Carrollton	146.6100	–	O 110.9	K5ZYZ	N DALLAS R
Carrollton	147.3200	+	●	K5MOT	MOTOROLA A
Carthage	146.7200	–	O	KA5HSA	------------

TEXAS 144-148 MHz

Location	Output	Input	Notes	Call	Sponsor
Carthage	147.1800	+	O aers	WA5PC	PANOLA ARC
Castroville	145.2900	–	162.2	KD5DX	MCARC
Castroville	146.8000	–	O 162.2	K5YDE	------------
Castroville	147.2000	+	O 162.2	KK5LO	MCARC
Cat Spring	145.4100	–	O 100.0e	W5SFA	SFARC
Cedar Hill	147.0600	+	O(CA)e	W5AUY	SWDCARC
Cedar Hill	147.2600	+	O(CA)	W5AHN	------------
Cedar Hill	147.3200	+	●	K5MOT	MOTOROLA A
Cedar Park	145.3700	–	O 103.5	KC5WLF	------------
Cedar Park	146.9800	–	O 103.5	W2MN	------------
Cedar Park	147.1200	+	O 103.5	W2MN	------------
Centerville	147.3000	+	O 100.0 E-SUN	AA5WM	------------
Channelview	145.2700	–	O 123.0	WA5SIX	------------
Childress	146.9600	–	O	N5OX	------------
Chocolate Bayou	145.3900	–	O 103.5	KA5QDG	HAMS
Clarksville	147.2000	+	O 186.2	KA5BCR	RRCA
Clear Lake	146.8600	–	O 100.0ae	K5HOU	CLARC
Cleburne	145.4900	–	O 88.5aer	KC5PGV	JCARC
Cleveland	146.9000	–	O ae	N5AK	SHARK
Clifton	147.1800	+	O 123.0ex	W5BCR	BCRA
Clute	145.3500	–	O 103.5lRB	WB5UGT	------------
Coleman	146.9800	–	O 94.8ae	N5RMO	CARC
College Station	146.6800	–	O 88.5 (CA)e	W5DZ	08/68ROG
College Station	146.8200	–	O 88.5z	W5AC	TAMU ARC
Collinsville	147.2200	+	O	N5IUF	------------
Columbus	147.1400	+	O 103.5	W5SFA	SFARC
Comanche	146.6800	–	110.9	KC5QHO	CARC
Comfort	145.4900	–	●	WB5Q	------------
Conroe	147.0200	+	O	N5PJY	CARE
Conroe	147.1400	+	O 136.5e	N5KWN	------------
Coppell	145.2500	–	O 107.2er	KA1CWM	------------
Copperas Cove	147.2600	+	88.5ex	WR5CRA	CREPA
Corinth	145.1700	–	O 110.9 WX	W5FKN	LTARC
Corpus Christi	145.4900	–	O 88.5	KG5BE	------------
Corpus Christi	146.7800	–	O 107.2ae	N5ADL	------------
Corpus Christi	146.8200	–	O 107.2	N5CRP	STARC
Corpus Christi	146.8400	–	O 88.5	N5IUT	------------
Corpus Christi	146.8800	–	O 107.2ae	N5CRP	STARC
Corpus Christi	147.0600	+	O 107.2es	WA5MPA	------------
Corpus Christi	147.1000	+	O 107.2ae WX	W5DCH	DCHARC
Corsicana	145.2900	–	O ewX	N5DDC	NARC
Crane	146.8000	–	O 88.5l	WB5WYI	WTXC
Crockett	145.3100	–	O 103.5	W5DLC	HCARC
Crockett	146.7000	–	O 123.0ae	WA5EC	HCARC
Crossbyton	147.1600	+	O 179.9l	WB5BRY	CRC
Cumby	147.3000	+	O 118.8	W5NL	------------
Daingerfield	145.2300	–	O 151.4 (CA)	W5DJC	ETARC
Dallas	145.1300	–	●	W5JBP	SWR SOCIET
Dallas	145.1900	–	O 110.9 (CA)	KA5CTN	------------
Dallas	145.2300	–	O	N5IUF	METROARC
Dallas	145.4300	–	O e	K5DM	TEXINSARC
Dallas	146.6400	–	O	K5AHT	RECA
Dallas	146.7000	–	O	W5BOH	DALAMTPA
Dallas	146.7000	–	O 110.9e	W5EBQ	------------

144-148 MHz 257
TEXAS

Location	Output	Input	Notes	Call	Sponsor
Dallas	146.8200	–		N5IUF	TRS
Dallas	146.8800	–	O(CA)rz	W5FC	DARC
Dallas	146.9600	–	110.9 (CA)r	K5JD	------------
Dallas	147.3000	+		N5GAR	------------
Dallas	147.3600	+	●tars	K5TIT	K5TIT
Davy	145.2700	–		WD5IEH	------------
Decatur	146.7800	–	O 131.8	W5FB	------------
Del Rio	146.8200	–	O 127.3a	KD5HAM	BARS
Del Rio	147.3000	+	●	K5CXR	------------
Denton	146.9200	–	O 110.9 (CA)	W5NGU	DCARC
Devers	146.9800	–	O 103.5	N5FJX	HAMS
Devine	146.6100	–		WB5LJZ	------------
Devine	146.8800	–	O	WB5LJZ	------------
Donna	146.7400	–	O 114.8a	KC5YFP	------------
Doss	147.1600	+	O 162.2ael	W5RP	HOTROCS
Dripping Spring	146.7400	–	O 162.2	KA5AMP	------------
Dumas	147.1400	+	O 88.5 WX	KC5PIM	------------
Eastland	145.3500	–	Oa	KA5BNO	------------
Eddy	147.1400	+	O 123.0eWX	W5BEC	BELL COUNT
Eden	147.3900	+	O 88.5	KD5FUN	------------
Edinburg	146.7600	–	O 114.8lWX	W5RGV	STARS
Edna	147.2800	+	O 167.9	AI5E	------------
El Paso	145.1100	–	●aers	KB5HPT	EPARES
El Paso	145.3300	–	O 67.0l	KC5EJ	NM MEGALIN
El Paso	145.4100	–	O 88.5	WX5ELP	EP SKYWARN
El Paso	146.6200	–	O 100.0l	N5HVX	BARA
El Paso	146.7000	–	O 162.2al	K5ELP	WTRA
El Paso	146.8800	–	Ops	K5ELP	WTRA
El Paso	147.0600	+	●	KJ5EO	EPRACES
El Paso	147.1000	+		AA5AP	CRRE
El Paso	147.1400	+	O	NM5ML	MEGA LINK
El Paso	147.2000	+	O 67.0a	K5ELP	WTRA
El Paso	147.2400	+	O 162.2	K5WPH	SCARC
El Paso	147.2800	+	O	K5ELP	WTRA
El Paso	147.3200	+	O 162.2	K5KKO	------------
El Paso	147.3600	+	O 71.9	N5WPV	------------
Eldorado	146.7200	–	O 100.elWX ,x	KC5EZZ	------------
Elgin	145.2700	–	●	N5MZQ	------------
Elmendorf	145.2100	–	Oe	W5CRS	------------
Elmendorf	146.8600	–	O 123 (CA)	W5ROS	ROOST
Elmo	145.2700	–	O 136.5	N5VBU	TVARC
Emory	146.9200	–	O 88.5es	W5ENT	RAINS ARA
Euless	147.0100	+	O 110.9	KD5QQQ	------------
Eustace	146.8400	–	Oaers	W5IB	------------
Everman	145.2500	–		AB5XD	------------
Fabens	147.9800	–	O 162.2	W5DBC	------------
Fairfield	145.1100	–	O 103.5	WB5YJL	NAVARRO AR
Fort Worth	145.1100	–	O 110.9	K5FTW	FWTXVHFFM
Fort Worth	145.2500	–		KD5HOG	------------
Fort Worth	145.3300	–	O 110.9	W5FA	------------
Fort Worth	146.6800	–	O 110.9	W5URH	------------
Fort Worth	146.7600	–	O 110.9	K5FTW	FWTX VHFFM
Fort Worth	146.8000	–	O 110.9	W5URH	------------
Fort Worth	146.8400	–	O 110.9	W5SH	FWKCCL
Fort Worth	146.9400	–	O 110.9r	K5FTW	FWTX VHFFM

144-148 MHz
TEXAS

Location	Output	Input	Notes	Call	Sponsor
Fort Worth	147.2800	+	O(CA)	W5SJZ	LMRARC
Fredericksburg	146.7600	–	O 162.2	W5FJD	------------
Fredericksburg	147.0400	+	O 162.2	N5PIA	SWLINKS
Freeport	147.3800	+	O 110.9	WB8PHO	BARC
Freer	146.7200	–	O 77.0	KB5ZXD	CACTUS PAT
Fritch	147.3000	+	Ol	WA5CSF	NWTXRC
Ft Davis	146.6200	–	Oelrz	N5HYD	BBARC
Ft Davis	147.3600	+	O	W5CDM	------------
Ft Stockton	145.3700	–	O 88.5	KB5GLA	------------
Ft Stockton	146.6800	–	Ol	N5SOR	WTC
Ft Stockton	146.9200	–	OE-SUNl	N5HYD	BBARC
Ft Stockton	147.2400	+	Oaers	N5DLX	------------
Gainesville	145.2900	–	O 100.0a	K5AGG	------------
Gainesville	147.3400	+	O 100.0ae	WB5FHI	CCARRA
Galveston	146.6800	–	O 103.5e	WB5BMB	UTMB/ECG
Galveston Co	147.0400	+	●	WB5BMB	------------
Gardendale	146.9400	–	O	N5FRN	
Garland	146.6600	–	O	K5QHD	GARC
Garland	147.2400	+	O(CA)e	K5QBM	RSARC
Gatesville	146.9600	–	O(CA)e	N5DDR	------------
Geneva	146.7400	–	O 118.8eWX	K5TBR	TBARC
George West	146.9800	–	O 107.2	K5YFL	------------
Georgetown	146.6400	–	O 162.2e	N5TT	WCARC
Georgetown	147.0800	+	O 100.0el	NA6M	------------
Georgetown	147.1600	+	O 88.5e	K5AB	------------
Giddings	147.2200	+		N5MZQ	------------
Glen Rose	145.2700	–	O 110.9	WD5GND	------------
Glen Rose	147.0200	+	O 110.9 (CA)	WD5GIC	NTARA
Goldthwaite	147.1000	+	O 100.0	K5AB	------------
Goliad	146.7400	–	O 103.5	WB5MCT	VICTORIA A
Gonzales	147.2600	+	Oa	KB5RSV	GARC
Graham	147.0000	+		K5TEK	MCCRAKEN
Graham	147.3400	+	Ol	WB5BJW	LCARC
Granbury	147.0800	+	O 110.9 (CA)	WD5GIC	NTARA
Grapevine	145.4000	–		K5EOC	NE TARRANT
Greenville	146.7800	–	O 114.8e	K5GVL	SVARA
Greenville	147.1600	+	Oa	WD5GSL	ESRC
Gunbarrell City	146.9000	–	O(CA)	WA5LOP	------------
Hallettsville	147.0800	+	O 173.8	KD5RCH	------------
Hamilton	147.2000	+	O 88.5	AB5BX	HARC
Harker Heights	146.7600	–	O 94.8	WA5RZQ	------------
Harlingen	145.3900	–	O 114.8elr	K5VCG	------------
Harlingen	146.7000	–	O 114.8elWX	W5RGV	STARS
Harlingen	146.8000	–	O 114.8l	W5RGV	STARS
Harlingen	146.9600	–	O	K5DG	EARTH ARC
Harlingen	147.2000	+	O 114.8aelr	AG5B	------------
Harlingen	147.3900	+	O 114.8l	W5RGV	STARS
Haskell	146.7400	–	O	WA5YSZ	------------
Hawkins	147.1000	+	O	W5CKO	ETARS
Henderson	146.7800	–	O 131.8	KB5NXW	------------
Henly	146.9200	–	O	W5IZN	------------
Henrietta	146.6800	–	O 192.8 (CA)	K5REL	------------
Henrietta	146.8000	–	O 192.8	KA5WLR	------------
Henrietta	146.8600	–	O 192.8er	KB5ATE	CCARC
Henrietta	147.3200	+	O 192.8	K5REJ	CCOARC
Hewitt	146.9800	–	O	W5ZDN	HOTARC

TEXAS

Location	Output	Input	Notes	Call	Sponsor
Hillsboro	146.7800	–	OaeWX	WM5L	------------
Hondo	145.2700	–	O(CA)e	WA5PPI	------------
Houston	145.1300	–	O 123.0	W5VIN	------------
Houston	145.1700	–	O 103.5	KA5QDG	------------
Houston	145.1700	–	O 123.0	KA5QDG	------------
Houston	145.1900	–	O 123.0	W5BSA	------------
Houston	145.2500	–	O 103.5	WA5YBC	------------
Houston	145.3300	–	O 103.5 (CA)	WA5DOS	HTPARC
Houston	145.3700	–	O 123.0	W5VIN	------------
Houston	145.3900	–	O 123.0	KA5QDG	------------
Houston	145.4500	–	O(CA)e	WB5RDK	S TEXAS EC
Houston	145.4700	–	O 123.0	W5RPT	MERA
Houston	146.4700	147.4700	ODSTARl	W5HDR	HDEARC
Houston	146.6200	–	O 123 (CA)	KB5NNP	LHOURA
Houston	146.6400	–	O	W5RRR	JSCARC
Houston	146.6600	–	O 141.3	KA5AKG	NARS
Houston	146.7000	–	O 103.5	WA5TWT	HTTY
Houston	146.7400	–	O 103.5	KA5QDG	HAMS
Houston	146.7600	–	O 103.5ael	K5WH	COMPAQ ARC
Houston	146.8200	–	O 103.5	K5GZR	GCRC
Houston	146.8400	–	O 103.5	KF5ZL	CHEM
Houston	146.8800	–	O 103.5x	WR5AAA	HRRC
Houston	146.9200	–	O 103.5lWX	WB5UGT	SALTGRASS
Houston	146.9400	–	O 167.9e	WA5CYI	PRRL
Houston	146.9600	–	O 103.5	W5JUC	SFA
Houston	147.0000	+	O 103.5	KR5K	CYPRESS RC
Houston	147.0800	+	O 103.5ae	W5ATP	ECHO
Houston	147.1000	+	O 114.8	WD5BDX	------------
Houston	147.2400	+	O 167.9ae	KD5HKQ	TARMA
Houston	147.3000	+	O 151.4	KDØRW	------------
Houston	147.3200	+	O 100.0ae	WA5QXE	ECHO
Houston	147.3600	+	O 100.0	K5DX	TDXS
Humble	146.8000	–	O 103.5	KD5KHV	------------
Humble	147.2800	+	O 100.0el	W5SI	TEAC
Huntsville	145.2700	–	O 103.5	W5RJV	------------
Huntsville	146.8600	–	O 131.8	W5HVL	WCARG
Hurst	147.1000	+	●	W5HRC	HURST ARC
Iowa Park	145.4900	–	O 192.8 (CA)	N5JRF	------------
Irving	145.4500	–	●	N2DFW	DFW REPEAT
Irving	146.7200	–	O 110.9 (CA)	WA5CKF	IRVARC
Jacksonville	145.4300	–	O 136.5	KI5P	------------
Jacksonville	146.8000	–	O	KJ5HH	CCARC
Jacksonville	147.3800	+	O(CA)	KI5P	------------
Jasper	147.0000	–	O 118.8l	W5JAS	LAREAARC
Jewett	145.2300	–	O 146.2	KC5SWI	JEWETT PWR
Katy	147.2000	+	O 141.3e	KT5TX	KARS
Kaufman	146.8400	–		KE5IGO	KAUFMAN AR
Kaufman	146.9800	–	O 136.5er	N5RSE	------------
Keller	147.2000	+	●	KA5HND	ERG
Kermit	147.2600	+	O 88.5	WB5ZAN	WCARC
Kerrville	145.1500	–	O 162.2ael	W5RP	HOTROCS
Kerrville	146.9800	–	O 162.2a	N5HR	HCARC
Kilgore	145.4500	–	O 136.5a	W5CKO	EAST TX AR
Killeen	145.1100	–	O	KO6KW	------------
Killeen	145.1900	–	Oa	KB5UMG	------------
Killeen	145.4300	–		NB5U	------------

144-148 MHz
TEXAS

Location	Output	Input	Notes	Call	Sponsor
Killeen	147.0200	+	O 88.5 (CA)	N5TLS	------------
Kingsville	146.6200	–	O 107.2	KD5QWJ	WILD HORSE
Kingsville	146.6800	–	O 107.2	KB5YAI	------------
Kingwood	145.4300	–	Oe	W5SI	TEAC
Kountze	145.2300	–	O 103.5e	N5BTC	BTARC
La Grange	146.8000	–	O 100.0	KG5YH	FCRC
Lakeway	145.4100	–	O 103.5l	WB5PCV	------------
Lakeway	147.3000	+	O 131.8	WDØACD	BSA T 441
Lamarque	146.9000	–	O 103.5	KE5AIL	GCARC
Lamesa	145.1500	–	O 100.0	N5BNX	------------
Lamesa	146.8600	–	O 100.0	N5BNX	------------
Lampasas	147.2200	+	O 88.5eWX	KB5SXV	------------
Laredo	145.1700	–	O 88.5	K5QI	------------
Laredo	146.9000	–	O 88.5	K5QI	------------
Laredo	146.9400	–	O 100elrwX	W5EVH	------------
Laredo	147.1200	+	O 100elrwX	W5EVH	------------
Laredo	147.3600	+	OD-STARl	KE5KAF	Laredo Hams
Lasara	147.1400	+	O 114.8elwX	W5RGV	STARS
League City	145.4100	+	O 131.8ex	WR5GC	GCECG
Leonard	145.4100	–		KW5DX	DX CONTEST
Levelland	146.7800	–	O 179.9l	WB5BRY	CRRC
Levelland	146.8800	–	O 103.5	WB5EMR	HCARC
Levelland	147.1200	+	Oal	N5SOU	------------
Littlefield	146.6400	–	O 179.9l	WB5BRY	CRRC
Livingston	147.0400	+	O 136.5	K5EWU	ULLWA
Livingston	147.1600	+	O 103.5e	W5BBN	LLRR
Longfellow	147.3400	+	Oe	N5BPJ	------------
Longview	145.1700	–		N5REO	GREG COUNT
Longview	145.3500	–	O 136.5e	N5REO	------------
Longview	146.6400	–	Oa	W5CKO	EAST TEXAS
Longview	147.3400	+	Oa	KI5UA	LETARC
Los Fresnos	145.2900	–	●	K5RGV	K5RGV
Lubbock	145.2700	–		KD5JLC	------------
Lubbock	146.8400	–	O 88.5	W5LCC	CONTESTERS
Lubbock	146.9000	–	O 162.2	KM5WB	------------
Lubbock	146.9400	–	O 179.9	WB5BRY	CRRC
Lubbock	147.0000	–	O 179.9l	WB5BRY	CRRC
Lubbock	147.2000	+	O 162.2	WA5OEO	------------
Lubbock	147.3000	+	O 88.5e	N5ZTL	------------
Lufkin	145.3700	–	100	KD5TD	------------
Lufkin	146.9400	–	O 141.3e	W5IRP	DETARC
Lufkin	147.2600	+	O 141.3	KA5NAA	------------
Lufkin	147.3600	+	O 107.2el	KB5LS	LSARC
Luling	145.2300	–	O 123.0l	W5CTX	------------
Madisonville	146.7800	–	O 103.5	K5PNV	MCARC
Madisonville	146.9600	–	O 85.4as	KE5NAA	------------
Magnolia	146.4500	147.4500	ODSTARl	N5MDS	MDSTAR.ORG
Magnolia	146.9800	–	O 123.0	W5JSC	------------
Marathon	147.0200	+	Oelrz	N5HYD	BBARC
Marathon	147.3200	+	O 88.5l	N5SOR	WTXC
Marble Falls	145.3900	–	103.5	K5WGR	------------
Maydelle	147.0200	+	O	KB5VQG	------------
Mayflower	147.1200	+	O 203.5l	W5JAS	LAARC
Mckinney	145.3500	–	O 100.0x	N5GI	------------
Mckinney	146.7400	–	O 110.9e	W5MRC	MARC
Mesquite	145.1500	–	●tars	N5DA	------------

144-148 MHz 261
TEXAS

Location	Output	Input	Notes	Call	Sponsor
Mesquite	145.2500	–	O 110.9 EXP	AK5DX	------------
Mesquite	145.3100	–	O 162.2er WX	WJ5J	HAM
Mesquite	147.0400	+	●	KD6FWD	------------
Mexia	145.3900	–	O	W5ZMI	NARC
Miami	145.1100	–	O 88.5lWX	KA5KQH	CRII
Midland	145.1300	–	O 88.5l	W5LNX	SWLS
Midland	146.7600	–	O	W5QGG	MARC
Midland	146.9000	–	O 88.5l	N5XXO	WTC
Midland	147.2200	+	293	K5MSO	MSO
Midland	147.2800	+	O 88.5l	KB5MBK	------------
Midland	147.3000	+	O	W5QGG	MARC
Midland	147.3800	+	O	W5CAF	MARC
Millsap	145.4700	–	O	WA5TZB	------------
Minden	145.2500	–	O 123.0	WB5WIA	------------
Mineral Wells	146.6400	–	O	W5ABF	MWARC
Mission	146.6600	–	O 114.8	KC5ZVC	------------
Moody	145.1500	–	OWX	W5ZDN	HOTARC
Moody	145.3100	–	OeWXx	N5ZXJ	------------
Mountain Home	145.1100	–	O 162.2	K5AWK	HOTROCS
Mt Enterprise	146.9200	–	O	W5CKO	------------
Mt Pleasant	146.9400	–	O 151.4	WA5YVL	MT PLEASAN
Mt Vernon	147.3200	+	O 151.4	W5XK	------------
Nacogdoches	146.6600	–	O 103.5ae	KB5UGA	------------
Nacogdoches	146.7600	–	O 306elp	W5TXR	------------
Nacogdoches	146.8400	–	O 141.3e	W5NAC	NARC
Nacogdoches	147.3200	+	O 141.3e	W5NAC	NARC
Naples	145.4100	–	Oa	N5GVE	------------
Nassau Bay	145.1500	–	Oae	NB5F	BAARC
New Braunfels	147.0000	–	O 103.5 (CA)	WB5LVI	GVARC
New Waverly	147.1800	+	O 136.5 WX	N5KWN	CARES
New Waverly	147.3400	+	●	NA5SA	------------
Nocona	147.3600	+	O 110.9eWX	N5VAV	------------
Noonday	147.2000	+	O 136.5	KC5MSO	------------
North Richland	145.3700	–	O 110.9	W5FA	BSAARC
Notrees	147.0200	+	O 88.5l	N5XXO	SWLS
O	146.8600	–		WB5BRY	CRC
Oak Hill	147.3200	+	O 114.8 (CA)	W5MOT	CMARC
Odessa	145.3900	–	O 88.5	WT5ARC	WTXARC
Odessa	145.4100	–	O 88.5	W5CDM	------------
Odessa	146.7400	–	O 91.5l	KD5CCY	WTNMRG
Orange	147.0600	+	O 103.5e	AA5P	DUPONTARC
Orange	147.1800	+	O 103.5eWX	W5ND	OARC
Ozona	147.1200	+	O	W5STP	------------
Palestine	145.4900	–	O	KJ5DS	------------
Palestine	146.7400	–	O	KJ5DS	------------
Palestine	147.0800	+	OeWX	W5DLC	------------
Palestine	147.1400	+	Oe	W5DLC	------------
Pampa	146.9000	–	Ox	W5TSV	------------
Paradise	146.6200	–	O 131.8	KJ5HO	------------
Paris	146.7600	–	O 114.8er WX	WB5RDD	RRVARC
Paris	147.0400	+	O	KC5OOS	------------
Paris	147.3400	+	O 110.9	KA5RLK	------------
Pasadena	145.2500	–	110	KD5HKQ	TARMA
Pasadena	145.2900	–	O 103.5er WX	W5PAS	PECG

262   144-148 MHz
TEXAS

Location	Output	Input	Notes	Call	Sponsor
Pasadena	147.0600	+	O 123.0	KA5QDG	------------
Pasadena	147.1200	+	O 167.9 (CA)	WB5WOV	ARMS
Pearland	147.2200	+	O 167.9e	K5PLD	PARC
Perryton	146.6400	−	O	K5IS	------------
Perryton	146.8200	−	O 88.5	K5IS	CAPROCK
Pipe Creek	147.2800	+	O 156.7 (CA)	WD5FWP	BARK
Pittsburg	147.2600	+	O 151.4	KN5ABZ	------------
Plainview	146.7200	−	O 88.5 (CA)z	N5RNY	PARC
Plainview	147.1000	+	O 88.5e	N5RNY	------------
Plano	145.2500	−	123.0 EXP	WD5ERD	------------
Plantersville	145.1500	−	O 203.5	N5RXL	------------
Pleasanton	145.4300	−	100. (CA)er	KD5ZR	ACARC
Pleasanton	147.3400	+	O 123.0	W5ROS	ROOST
Point	146.8000	−	O 141.3	WR5L	------------
Port Aransas	147.0400	+	O 107.2alx	KG5BZ	------------
Port Arthur	146.8600	−	O 103.5	WD5GJP	PARG
Port Lavaca	147.0200	+	O 103.5a	W5KTC	PLARC
Post	147.0600	+	O 179.9l	WB5BRY	CRC
Quitman	147.3600	+	O 136.5	W5CKO	ETARS
Ranger	147.0600	+	O 131.8	N5RMA	------------
Refugio	147.1800	+	O 136.5e	AD5TD	------------
Rice	145.4700	−	O 110.9	W5TSM	------------
Richardson	147.1200	+	O(CA)r	K5RWK	RWC
Richmond	145.4900	−	O 123.0er WX	KD5HAL	EMROG
Robert Lee	147.3400	+	O 88.5eWXx	KC5EZZ	------------
Rockdale	147.2800	+	O 162.2	AF5C	TEMPLE ARC
Rockport	147.2600	+	O 103.5	KM5WW	ROCARC
Rosehill	146.7200	−	O 123.0	K5IHK	TMBLRPTCRP
Rosharon	147.1600	+	O 167.9eWX	N5QJE	------------
Round Rock	145.3300	−	O 162.2e	KC5UJH	------------
Round Rock	146.7000	−	O 110.9e	N5MNW	------------
Rusk	147.0400	+	O 110.9 (CA)	KA5AEP	------------
San Angelo	145.2700	−	O 88.5x	W5QX	SAARC
San Angelo	146.8800	−	O 88.5	K5CMW	------------
San Angelo	146.9400	−	O 103.5 WX	KC5EZZ	SAARC
San Angelo	147.0600	+	O	N5DE	------------
San Angelo	147.3000	+	O 88.5l	N5SVK	------------
San Antonio	145.1100	−	123	KB5ZPZ	------------
San Antonio	145.2500	−	O 141.3	AB5QW	------------
San Antonio	145.3100	−	O 103.5	WD5JFF	------------
San Antonio	145.3300	−	146.2l	KC5RXY	------------
San Antonio	145.3900	−	O	W5SC	SARC
San Antonio	145.4500	−	O 141.3	N5UAP	------------
San Antonio	145.4700	−	110.9 (CA)	KD5GSS	------------
San Antonio	146.4900	147.4900	DSTARars	WB5DTW	------------
San Antonio	146.6200	−	O 162.2	K5AWK	------------
San Antonio	146.6600	−	O 110.9e	AF5D	STARS
San Antonio	146.6800	−	O 162.2	K5YDE	------------
San Antonio	146.7000	−	O 173.8	KA5IID	------------
San Antonio	146.7200	−	162.2 (CA)e	KB5TSO	BARS
San Antonio	146.7800	−		KG5QW	SARO
San Antonio	146.8200	−	(CA)	WA5FSR	SARO
San Antonio	146.8800	−	O	WB5LJZ	------------
San Antonio	146.9000	−	O(CA)lBl	KD5GAT	SAHARA
San Antonio	146.9400	−	eWX	WB5FWI	SARO

TEXAS 144-148 MHz

Location	Output	Input	Notes	Call	Sponsor
San Antonio	146.9600	–	O 88.5	K5AWK	SWLS
San Antonio	147.0200	+	O	W5RRA	SWRCARC
San Antonio	147.0400	+	O 123.0	KK5LA	------------
San Antonio	147.0600	+	O	K5DSF	------------
San Antonio	147.2400	+	●	K5GE	------------
San Antonio	147.2600	+	O 103.5	K5SOJ	------------
San Antonio	147.2800	+	O 162.2 (CA)	WD5FWP	------------
San Antonio	147.3000	+	O 107.2e	W5XW	BEARS
San Antonio	147.3200	+	O 179.9e	KC5AON	------------
San Antonio	147.3600	+	(CA)	K5SUZ	SARO
San Antonio	147.3800	+	O 162.2 (CA)	AA5RO	AARO
Santa Anna	147.1400	+	O 94.8	N5RMO	COLEMAN AR
Sattler	147.1400	+	O	K5PWX	SARO
Schertz	147.1600	+	O 100.0 (CA)	N5YEO	SCTA
Scurry	147.3400	+	O	KC5DX	------------
Seabrook	147.2600	+	O 162.2	WX5ET	LYCRC
Seguin	145.4900	–	O 123.0al	W5CTX	------------
Seguin	146.7600	–		WA5DGK	C.A.R.C.
Seminole	145.4500	–	O 88.5	N5SOR	------------
Seminole	146.7800	–	O 88.5l	N5SOR	WTC
Seymour	147.1000	+	O 192.8	N5ENS	------------
Seymour	147.2000	+	O 192.8lx	N5LEZ	------------
Shepp	145.2300	–	O 88.5	NZ5V	BCARN
Sherman	147.0000	+	O 100.0	W5RVT	GCVHFSOC
Sherman	147.0800	+	O 100.0	WB5DCU	GCVS
Shiner	146.6800	–	O 100.0	KC5QLT	------------
Sinton	147.0800	+	O 107.2	W5CRP	W5CRP
Smithville	145.3500	–	O 114l	KE5FKS	BCARC
Smithville	147.2000	+		N5ZUA	------------
Snyder	146.9200	–	O 67.0aeRBz	K5SNY	SARA
South Padre Isl	147.1200	+	O 114.8lWX	W5RGV	STARS
Spearman	147.0000	+	O 88.5e	KC5WBK	------------
Spearman	147.0400	+	O 88.5elWX	KC5WBK	------------
Stafford	145.2300	–	O 88.5	W5TI	HTEXIARC
Stephenville	146.8000	–	O 107.2e	KD5HNM	------------
Stephenville	147.3600	+	O 110.9eWX	K5IIY	CTARC
Sterling City	146.6400	–	O 88.5l	N5FTL	WTXC
Stinnett	147.3800	+	O 88.5elWX	N5DFQ	DUST BOWL
Streetman	146.7600	–		W5YX	------------
Sulphur Springs	146.6800	–	Oer	K5SST	HCARC
Sweetwater	145.2500	–	O 162.2l	KC5NOX	NCARA
Sweetwater	146.6800	–	O 186.2	KJ5CQ	------------
Sweetwater	147.0800	+	162.2	KE4QFH	------------
Taft	147.0000	–	O 107.2x	W5CRP	W5CRP
Temple	145.4900	–	O 123.0	WB5TTY	------------
Temple	146.8200	–	O 123.0	W5LM	TARC
Temple	147.3400	+	O 162.2 (CA)	W5ARO	------------
Texarkana	145.4500	–	O 100.0e	KD5RCA	FOUR STATE
Texarkana	146.6200	–	O 100.0eWX	KD5RCA	FOUR STATE
Texarkana	147.1200	+	O 100.0e	KG5RX	FOUR STATE
Texas City	147.1400	+	Oae	WR5TC	GCRA
The Colony	147.3800	+	O 110.9	K5LRK	LAARK
Timpson	145.1500	–	O 107.2e	KK5XM	------------
Tomball	147.3800	+	●	WB5ZMV	------------
Trinity	145.3500	–	O 131.8	W5IOU	ULLWA

264   144-148 MHz
TEXAS

Location	Output	Input	Notes	Call	Sponsor
Tulia	147.3600	+	O 88.5	WU5Y	------------
Tyler	145.2100	−	Oe	WB5PIW	EAST TX ME
Tyler	145.3700	−	O 88.5elWX	N1EW	------------
Tyler	146.9600	−	Oa	W5CKO	ETARS
Tyler	147.0000	−	O 88.5erWX	K5TYR	TYARC
Tyler	147.0600	+	O 151.4	K5TWR	------------
Tyler	147.1200	+	●	K5PDQ	------------
Tyler	147.2400	+	103.5	KC5JDR	------------
Universal City	146.8400	−	O(CA)	WA5VAF	CREST
Uvalde	146.7600	−	O 162.2	K5AWK	------------
Uvalde	146.9000	−	Oa	N5RUI	------------
Uvalde	147.2000	+	●	AA5DB	------------
Uvalde	147.2600	+	O 100.0	W5LBD	------------
Van	146.6200	−	aesWXz	WD5JLE	------------
Venus	145.3900	−	OerWX	WA5FWC	------------
Vernon	147.0200	+	O	NC5Z	------------
Vernon	147.1600	+	O 192.8lx	N5LEZ	------------
Victoria	145.1300	−	O 103.5ep	W5DSC	VARC
Victoria	145.1900	−	O 103.5ex	W5DSC	VCARC
Victoria	147.1600	+	O 103.5el	WD5IEH	------------
W Tawakoni	145.3900	−	O 110.9 (CA)	N5DA	NTRN
Waco	146.6600	−	O 123.0a	AA5RT	------------
Waco	146.8800	−	aez	W5ZDN	HOTARC
Waco	147.1600	+	O	WA5BU	BAYLOR ARC
Waco	147.3200	+	O 123.3e	W5TSG	Texas Stat
Waco	147.3600	+	O 123.0	AA5RT	------------
Walburg	145.1300	−	Oe	KE5RCS	HOTERA
Waxahachie	145.4100	−	O(CA)er	WD5DDH	ECOARC
Weatherford	145.2500	−	103.5 EXP	WØBOD	------------
Weatherford	146.9000	−	O 110.9	KG5CW	------------
Weatherford	147.0400	+	O 110.9	W5URH	------------
Weesatche	147.3200	+	O 162.2el	WD5IEH	------------
Wheelock	147.1000	+	O 88.5	W5HBH	ORA
Whitehouse	147.3000	+	O 136.5	*W5CKO	------------
Whitney	146.6200	−	O 123.0eWX	NZ5T	LWARS
Whitney	147.0000	−	O 103.5	KC5PGV	------------
Wichita Falls	145.1500	−	OWXz	WX5TWS	TEXWXSPTRS
Wichita Falls	145.2700	−	O 192.8 WXz	WB2NQV	------------
Wichita Falls	146.6200	−	O 156.7	KD5INN	------------
Wichita Falls	146.6600	−	O 192.8 (CA)	K5WFT	------------
Wichita Falls	146.9400	−	156.7ar	W5US	WF VHF CLU
Wichita Falls	147.0600	+	156.7ar	W5GPO	WFARC
Wichita Falls	147.1200	+	O 192.8lx	N5LEZ	------------
Wichita Falls	147.1400	+	O 192.8 (CA)	N5WF	WICHARS
Wichita Falls	147.3000	+		WG5K	------------
Wills Point	146.9800	−	O	W5PWD	------------
Wills Point	147.2800	+	O 136.5er WX	KK5AU	ESARA
Wimberley	147.0600	+	O	W5FUA	------------
Wimberley	147.1000	+	O	W5CTX	WARS
Yoakum	147.0400	+		WA5VIO	LCRC
Yorktown	146.6400	−	O 103.5	KD5BXV	CCARC
Zapata	147.0200	+	O 114.8	KJ5HW	------------

144-148 MHz 265
UTAH

Location	Output	Input	Notes	Call	Sponsor
UTAH					
FREQUENCY USAGE					
Statewide	145.4100	–	○t	SNP	
CENTRAL					
Ephriam	146.6600	–	○ 100a	W7DHH	------------
			L(146.86 IRLP 3576)xZ(911)		
Manti	145.2900	–	○ 131.8a	WB7REL	WB7REL
			L(146.66) Z(911)		
Manti	146.7200	–	○ 131.8a	WB7REL	------------
			L(146.66) Z(911)		
Marysvale	147.2000	+	○x	K1ENT	------------
Monroe	146.6400	–	○ 100a	WA7HSW	WA7HSW
			L(146.72) Z(911)		
Monroe	146.8600	–	○ 100.0a	KD7YE	------------
			L(146.66)xZ(911)		
Monroe	147.3000	+	○a	WA7HSW	------------
Salina	146.8600	–	○ 100.0a	KD7YE	WB7REL
			L(146.66) Z(911)		
Salina	147.1000	+	○ 100.0a	N7GGN	N7GGN
			(CA)x		
NORTH					
Bear Lake	147.0200	+	○ 100.0	K7OGM	K7JL
			L(147.18)x		
Bear Lake	147.1200	+	○ 100.0	AG7BL	K7OGM
Evanston, Wy	146.8600	–	○ 100.0	K7JL	UVHFS
			L(147.180)x		
Logan	146.6400	–	○A(*/#)	N7PEG	BARC
Logan	146.7200	–	○ 103.5a	AC7O	BARC/VHFS
			(CA) L(147.26/145.310/449.625)xz		
Logan	147.2000	+	○ 100.0e	AB7ZK	BARC
			L(147.18)		
Logan	147.2400	+	○ 79.7	N7RRZ	------------
			L(449.325)		
Logan	147.3200	+	○ 88.5	KA7FAP	------------
Malad, ID	146.4300	146.4300	L(146.85)	WA7FDR	WA7FDR
Mantua	147.2200	+	○	KJ7VO	------------
			L(448.300/145.43)		
Red Spur	145.3100	–	○ 103.5a	WA7KMF	------------
			(CA) L(BARC)x		
Thiokol	145.4300	–	○ae	K7UB	W7TEU
			L(145.29/147.22)z		
NORTHEAST					
Altamont	146.7000	–	○a	WB7CBS	------------
Altamont	146.7400	–	○a	WB7CBS	------------
Duchesne	147.2600	+	○	N7PQD	BARC
Roosevelt	145.4900	–	○ 136.5a	K7HEN	W7BYU
			L(147.32)		
Roosevelt	146.9200	–	○ 136.5	KA7BPB	------------
			L(IRLP 3577)		
Vernal	147.0400	+	○ 136.5e	KF7AG	BARC
			L(147.32)		
Vernal	147.1000	+	○ 136.5aex	N7VJO	BARC
Vernal	147.3400	+	○ 136.5x	KK7EX	------------
PRICE					
Carbon County	145.4100	–	○e	KA7LEG	------------
Castledale	147.0600	+	○ 88.5a(CA)	K7SDC	SDARC
			L(147.32) RBx		

144-148 MHz
UTAH

Location	Output	Input	Notes	Call	Sponsor
Castledale	147.1400	+	O 88.5a(CA) L(147.32) RBx	K7SDC	SDARC
Price	145.4300	−	O 88.5a	KA7LEG	KA7LEG
Scofield	145.3100	−	O 88.5a(CA) L(147.32) RBx	K7SDC	SDARC
Scofield	147.0800	+	O 88.5a(CA) L(147.32) RBx	K7SDC	SDARC
Sunnyside	147.3200	+	O 88.5a(CA) L(SDARC) RBx	K7SDC	SDARC

SOUTH

Location	Output	Input	Notes	Call	Sponsor
Kanab	146.8800	−	O	W7NRC	------------
Kanab	147.3600	+	O	WI7M	------------
Navajo Mtn	146.9600	−	Olx	W7DRR	GCWA

SOUTHEAST

Location	Output	Input	Notes	Call	Sponsor
Hanksville	147.0800	+	O 136.5a (CA) L(147.32) RBx	K7SDC	SDARC
Moab	146.7600	−	O 88.5a(CA) L(147.32) RBx	K7QEQ	K7QEQ
Moab	146.9000	−	O 88.5a(CA) L(146.76) RB	K7QEQ	K7QEQ
Monticello	146.6100	−	O 88.5a(CA) L(147.32) RBx	K7SDC	SDARC

SOUTHWEST

Location	Output	Input	Notes	Call	Sponsor
Cedar City	145.4700	−	O	WV7H	------------
Cedar City	146.7600	−	O 123.0a (CA)x	K7JH	K7JH
Cedar City	146.8000	−	O 100.0 L(146.94)x	WV7H	------------
Cedar City	146.9800	−	O	N7KM	N7KM
Cedar City	147.0600	+	Oa(CA)	N7AKK	------------
Cedar City	147.3600	+	O	W7KBM	------------
Delta	147.3800	+	O	KB7WQD	------------
Hinckley	147.2600	+	O	N7WPF	------------
Hurricane	145.4500	−	O	KD7HUS	DARC
Jacob Lake	147.3000	+	O 100.0	W7NRC	------------
Kanab	146.7200	−	O 100.0a L(146.94)	W7NRC	------------
Kannaraville	146.6800	−	O	K7ZAR	------------
Milford	146.9400	−	O 100.0 L(147.18)x	WR7AAA	WA7GTU
Panguitch	147.1600	+	O 100.0x	N7NKK	ERRS
St George	145.3700	−	O 100.0 L(IRLP)	N7ARR	------------
St George	145.4900	−	O 100.0 WX(*127 *128)x	W7DRC	------------
St George	146.6400	−	Oa	W7DRC	------------
St George	146.7000	−	Oa(CA)	KA7STK	------------
St George	146.7400	−	O 100.0	NR7K	------------
St George	146.8200	−	O 100.0 L(146.94)x	NR7K	DARC
St George	146.9100	−	O 100.0e L(IRLP 3575)x	NR7K	NR7K
St George	147.2600	+	OE-SUNx	K7SG	------------

STATEWIDE

Location	Output	Input	Notes	Call	Sponsor
Statewide	145.4100	−	O 100.0	W7DES	W7DES

144-148 MHz   267
UTAH

Location	Output	Input	Notes	Call	Sponsor
WASATCH FRONT					
Antelope Island	147.0400	+	O 123.0a (CA)exz	K7DAV	DCARC/VHFS
Bountiful	147.3000	+	O 123.0	W7CWK	------------
Brigham City	145.2900	–	Oae L(145.43)z	N7WFM	------------
Brighton	145.1700	–	O L(146.62(FARNSWORTH))x	W7SP	UARC
Brighton	145.2700	–	O 100.0e L(147.180)x	K7JL	------------
Brighton	146.6200	–	O L(146.62(FARNSWORTH))x	W7SP	UARC
BYU Campus	145.3300	–	Oa(CA)	N7BYU	KI7TD
Coalville	147.2400	+	O 136.5 L(147.140/147.160)x	K7HEN	------------
Coalville	147.3600	+	O 100.0ex	WA7GIE	WA7GIE
Coalville	147.3800	+	Ox	WB7TSQ	------------
Huntsville	145.2100	–	O	W7DBA	------------
Huntsville	145.4700	–	O 123.0	KC7SUM	------------
Huntsville	146.6800	–	O 123.0a L(145.49)x	N7JSQ	ARI
Layton	146.9600	–	O	K7MLA	ERC
Lehi	147.2200	+	Oa	KR7D	------------
Levan	145.2700	–	O 100.0e L(147.120)x	K7JL	------------
Midway	147.2000	+	O 88.5	N7ZOI	------------
Mirror Lake	147.3800	+	Ox	WA7GIE	------------
Morgan	147.0600	+	O	KB7ZCL	------------
Ogden	145.2500	–	Oa	KE7FO	KE7FO
Ogden	145.4100	–	O 123.0	WB7TSQ	------------
Ogden	145.4900	–	O 123.0a L(146.68)	K7HEN	ARI
Ogden	146.8200	–	O 123.0	W7SU	OARC/VHFS
Ogden	146.9000	–	O 123.0as	W7SU	OARC/VHFS
Ogden	147.1000	+	O	KC7SUM	------------
Ogden	147.3800	+	Ox	WB7TSQ	------------
Orem	145.4700	–	O 100.0a	N7BSA	ExPst1973
Orem	146.7800	–	Oa	N7PKI	------------
Park City	145.2300	–	O 100.0 L(447.500)	NZ6Z	------------
Payson	147.0200	+	O 100.0a	WA7UAH	ERC
Promentory	145.4100	–	O 123.0 E-SUN L(146.92)z	N7TOP	------------
Promentory	146.9200	–	O 123.0 L(449.775)	N7TOP	------------
Promentory	147.2600	+	O 103.5a (CA) L(146.72)x	AC7O	BARC
Provo	145.1700	–	Oa(CA)ex	W7SP	UARC
Provo	145.2300	–	O 131.8s	K7UCS	UTCOARES
Provo	145.3700	–	Ox	N7CGH	N7CGH
Provo	145.6300	145.6300	O L(SHUTTLE)	NV7V	NV7V
Provo	146.7600	–	Oa(CA)ex	W7SP	UARC
Provo	147.2800	+	O 141.3x	K7UCS	UTCOARES
Provo	147.3400	+	O 100.0x	K7UCS	UTCOARES
Salt Lake	145.1900	–	O 100.0	W7IHC	IHC Hospital

144-148 MHz
UTAH-VERMONT

Location	Output	Input	Notes	Call	Sponsor
Salt Lake	145.2100	–	O 100.0a	AA7JR	UVHFS
Salt Lake	145.4500	–	O 100.0ex	WA7UAH	ERC
Salt Lake	146.6200	–	Oe L(146.62(SCOTTS))x	W7SP	UARC
Salt Lake	146.7000	–	O 100.0e	KDØJ	SLCOARES
Salt Lake	146.7400	–	O	N7JID	MARA
Salt Lake	146.8400	–	Os	N7PCE	SLCOARES
Salt Lake	146.8800	–	O 88.5s	KDØJ	UVHFS
Salt Lake	146.9400	–	O 88.5ex	K7JL	UVHFS
Salt Lake	147.0600	+	O	W7DES	UVHFS
Salt Lake	147.0800	+	O 77.0 L(147.32)	WX7Y	------------
Salt Lake	147.1200	+	O 100.0e L(147.18)x	K7JL	K7OGM
Salt Lake	147.1400	+	O 127.3e L(147.24)x	K7MLA	------------
Salt Lake	147.1600	+	O 127.3a	WA7SNS	------------
Salt Lake	147.6000	147.6000	#	SIMPLEX	UDXA
Sandy	145.4100	–	O 162.2	KE7GHK	------------
Snowbird	147.1800	+	O 100.0e L(147.12 IRLP 3660)x	K7JL	------------
Statewide	145.4100	–	O 100.0	W7DES	SNP
Summit Park	145.3500	–	Ol	AC7H	UVHFS
Sundance	145.2500	–	O	KR7D	------------
Tooele	147.3000	+	O 100.0	W7EO	------------
WEST					
Delle	145.3500	–	O	K7HK	------------
Tooele	146.9800	–	OaL(145.39)	W7EO	TCARES
Vernon	145.3900	–	OaL(146.98)	W7EO	TCARES
Wendover	147.2000	+	O 100.0 L(146.98)	W7EO	TCARES

VERMONT
BURLINGTON

Location	Output	Input	Notes	Call	Sponsor
Bolton	145.1500	–	O 100.0elx	WB1GQR	RANV
Burlington	146.6100	–	O 100.0aez	W1KOO	BrlngtnARC
Essex Jct	146.7900	–	O	KB1KJS	KB1KJS
Mt Mansfield	145.4700	–	O 100.0x	N1ELL	N1ELL
Mt Mansfield	146.9400	–	O 100.0x	W1KOO	BrlngtnARC
CENTRAL					
Killington	146.8800	–	O 110.9ex	W1ABI	NFMRA
EAST CENTRAL					
Barre	147.3900	+	O 100.0	N1IOE	N1IOE
Cabot	146.8200	–	O 100.0	W1BD	CentVtARC
Corinth	147.2100	+	O 100.0	KB1FDA	KB1FDA
Fayston	145.4100	–	O 100.0lx	K1VIT	VT Intercnt
Norwich	145.1300	–	O 100.0e	N1CIV	N1CIV
Tunbridge	146.9700	–	O	K1MOQ	K1MOQ
Williamstown	146.6250	–	O 100.0e	W1BD	CentVtARC
NORTHEAST					
Danville	147.2700	+	O	W1SJA	St J Acady
Glover	147.3750	+	Oaz	KB1BRN	BARF
Jay Peak	146.7450	–	O 100.0	K1JAY	StAlbansRC
NORTHWEST					
St Albans	145.2300	–	O 100.0	N1STA	StAlbansRC

144-148 MHz
VERMONT-VIRGINIA

Location	Output	Input	Notes	Call	Sponsor
SOUTHEAST					
Marlboro	147.0150	+	O 100.0e	N1HWI	N1HWI
Mt Ascutney	146.7600	–	O 110.9eWX	W1UWS	CtVlyFMA
Newfane	147.0900	+	O 100.0	WA1KFX	NFMRA
SOUTHWEST					
Mt Equinox	145.3900	–	O 100.0ex	WA1ZMS	WA1ZMS
Shaftsbury	146.8350	–	O	K1SV	SOVARC
WEST CENTRAL					
Middlebury	147.3600	+	O 100.0e	WA1NRA	WA1NRA
Rutland	147.0450	–	O 100.0e	W1GMW	GreenMtWS

VIRGIN ISLANDS
USVI

Location	Output	Input	Notes	Call	Sponsor
St Croix	146.9100	–	Oe	KV4FZ	------------
St Croix	147.2500	+	Oa(CA)e	NP2B	------------
St John	146.6300	–	O	KP2G	St. John ARC
St Thomas	146.8100	–	Oa(CA)el	KP2O	------------
St Thomas	146.9700	–	O	NP2IA	------------

VIRGINIA
FREQUENCY USAGE - TMARC AREA

Location	Output	Input	Notes	Call	Sponsor
Snp	145.1700	–			
Abingdon	147.3450	+	O 103.5ael	NM4L	MEARS (MOU
Accomac	147.2550	+	O 156.7ez	K4BW	ESHARC
Altavista	146.6550	–	O 100.0e	WA4ISI	WA4ISI
Amelia	145.1900	–	O	WB3R	------------
Amelia Courtho	145.2500	–	O(CA)	KB4YKV	KB4YKV
Amherst	145.4900	–	136.5 (CA)l	K4CQ	LYNCHBURG
Axton	146.6250	–	O 107.2e	K4TFC	K4TFC
Bassett	145.1700	–	77.0	KF4RMT	KF4RMT
Bedford	145.2300	–	O	N4CH	N4CH
Bedford	147.1050	+	Oe	WB4JBJ	WB4JBJ
Bedfrd/Apl Orc	146.6850	–	O 100.0e	WA1ZMS	MTN TOP AS
Big a Mtn	146.8050	+	O 103.5	KD4TC	TCARC
Blacksburg	146.7150	–	O	W9KIC	BRUSH MTN
Bland	145.3500	–	O 103.5 (CA) RB	N4AZJ	T.E. MALLO
Bluefield	145.2500	–	O 100.0	KD8XK	ARA-SOUTH
Bluefield	145.4900	–	(CA)	W8MOP	W8MOP
Bluefield/Onei	146.9550	–	O 100.0 (CA) l	WZ8E	ARA-SOUTH
Boydton	147.2400	+	O	KD4ZTK	KD4JMH
Bristol	147.0750	–	77.0e	KK4MW	KK4MW
Charlottesvill	145.4500	–	O 151.4ers	K4DND	K4DND
Charlottesvill	146.7600	–	O 151.4	WA4TFZ	AARC
Charlottesvill	146.8950	–	O 131.8e	N4RAG	N4RAG RPTR
Charlottesvill	146.9250	–	O 151.4e	WA4TFZ	ALBEMARLE
Chesapeake	146.6100	–	O 162.2aez	W4CAR	WA4YSE/CAR
Chesapeake	146.7900	–	Oe	N4SD	HAMPTON RD
Chesapeake	146.8200	–	162.2	W4CAR	W4CAR
Chesterfield	145.3100	–	O 127.3el	KD4KWP	KD4KWP
Chesterfield	147.3600	+	O(CA)erWX	KA4CBB	KA4CBB
Clinchco	147.1500	+	O 88.5e	KB4RFN	KB4AKS
Clinchco	147.2550	+	O#	WD4CYZ	WD4CYZ
Coeburn	145.4300	–	O 103.5ae RBZ	AD4OV	AD4OV

270 144-148 MHz
VIRGINIA

Location	Output	Input	Notes	Call	Sponsor
Colonial Heigh	145.3900	–	Otae	KE4EUE	------------
Covington	146.8050	–	O	WA4HTI	VHF COMM A
Danvile/Wht Oa	146.7000	–	O 107.2 (CA) eRBz	K4AU	K4AU
Danville(dcc)	146.9250	–	O 88.5 (CA)e RB	WD4DCC	DCCARC
Dublin	146.6700	–	O(CA)e	W4CBM	W4CBM
Dublin	147.1800	+	103.5ers	N4NRV	NEW RIVER
Eastville	147.3450	+	O 156.7	KN4GE	ESHARC
Elk Crk/Iron M	147.2400	+	O 107.2el	N4MGQ	N4MGQ
Enon	147.0600	+	O 107.2 (CA) e	WB4VWR	WA4ECM & W
Fancy Gap	146.9700	–	O 100.0	NC4BL	N4JNE
Farmville	145.3300	–	Oe	KE4ZBH	SARA
Farmville	146.9100	–	O	KE4ZBH	SARA
Farmville	146.9550	–	136.5	N4CFA	N4CFA
Fincastle	146.6400	–	O	W4WIC	T.E. CHAMB
Forest	146.7750	–	O 131.8p	AG4AN	AG4AN
Franklin	147.3000	+	O 131.8ez	W4LG	FRANKLIN R
Galax/Brirp Mt	147.0900	+	Oae	W4BRC	BRIARPATCH
Gate City	146.8200	–	Otael	N4WWB	SCOTT CO A
Gloucester	145.3700	–	Ote	W4HZL	W4HZL
Goochland	147.0900	+	Oael	N4TZE	------------
Greenbay	145.1500	–	O	K4ARO	K4ARO
Grundy	147.3150	+	O	K4NRR	K4NRR
Grundy/Big A M	146.8350	–	O	KK4EH	KK4EH
Gum Spring	147.2700	+	O 203.5	WB4IKL	WB4IKL
Hampton	145.1700	–	131.8e	WA4ZUA	WA4ZUA
Hampton	145.4900	–	100.0e	KE4UP	KE4UP
Hampton	146.6700	–	O 173.8eWX	KG4NJA	NASA LANGL
Hampton	146.7300	–	Oe	W4QR	SPARK
Hampton	147.2250	+	O 136.5a	KA4VXR	KA4VXR
Hansonville	145.3700	–	103.5e	WR4RC	WR4RC
Heathsville	147.3300	+	100	KA4ZIP	KA4ZIP
Hillsville	147.0450	+	103.5l	K4EZ	W4VSP
Jarratt I-95	146.6250	–	O 100.0e	K4SVA	K4SVA
Kilmarnock	146.8350	–	O 178.3ael	W4GFS	KI4ORV
Lexington	147.3000	+	Oae	KI4ZR	ROCKBRIDGE
Lexngtn/Rock M	147.3300	+	O	KI4ZR	ROCKBRIDGE
Lynchburg	145.2900	–	103.5#	N4TZE	------------
Lynchburg	145.3700	–	O 186.2 (CA) e	KC4RBA	KC4RBA
Lynchburg	146.6100	–	O 136.5	W4WWQ	LARC, INC.
Lynchburg	147.0150	–	O 131.8 (CA)	AB4M	AB4M
Lynchburg	147.1650	+	O 141.3 (CA) e	KE4VNN	------------
Lynchburg	147.1950	+	O 136.5e	WA4RTS	LYNCHBURG
Marion	145.2700	147.5700	O 103.5elRB WX	K4EZ	W4VSP
Marion	146.6400	–	O 103.5a	N4QLF	SMYTH CO A
Martinsville	147.1200	+	107.2 WX	WG8S	KC4SUE
Martinsville	147.1500	+	107.2e	KB4ZGO	KB4ZGO
Martinsville	147.2850	+	O 107.2	K4MVA	PATRICK HE
Mechanicsville	146.8050	–	O	W4TTL	W4TTL
Mecklenburg	147.0000	+	77.0elsRB WX	KB2AHZ	KB2AHZ

144-148 MHz 271
VIRGINIA

Location	Output	Input	Notes	Call	Sponsor
Mineral	146.7300	–	100	K4SU	K4SU
Monterey	147.1800	+	O 100.0e	WD4ITN	WD4ITN
Mountain Lake	146.8650	+	O 110.9 (CA) l	WZ8E	ARA-SOUTH
Mt lake/Bald K	146.9100	–	O 107.2	K4TUE	K4TUE
Newport News	145.2300	–	O 100.0 (CA)	W4MT	PARC
Newport News	147.1650	+	O(CA)lRB	W4CM	NEWPORT NE
Norfolk	145.3300	–	O 131.8 (CA) eRBz	W4VB	K4DA
Norfolk	147.0750	+	(CA)e	AD4ZK	AD4ZK
Norfolk	147.3750	+	131.8	W4VB	W4VB
Norton	146.8650	–	O 103.5 (CA) erswX	KG4VFO	KG4VFO
Norton/High Kn	147.0150	–	O 88.5 (CA)e	K4AXO	K4AXO
Palmyra	145.1700	–	151.4es	W4FCO	W3DRY
Pearisburg	147.1350	+	O 100.0e	N4AZJ	DISMAL PEA
Pearisburg	147.3750	+	100.0	W4NRV	W4NRV
Petersburg	146.9850	–	127.2	KE4SCS	KE4SCS
Petersburg	147.3900	+	74.4 (CA)elr WX	K4SRM	WC4VAA
PGap Airport	145.4900	–	131.8rs	KG4OXG	KE4PVL
Portsmouth	146.7000	–	O 100.0es	W4POX	K4SM
Portsmouth	146.8500	–	Oe	W4POX	PORTSMOUTH
Potts Mtn	147.2100	+	100.0e	KC4TJY	KC4TJY
Powhatan	147.2100	+	97.4	KC4NSE	------------
Radford/Riner	145.1500	–	O	N3ZE	KA4IXK
Richmond	145.1100	–	Oa	WA4MAS	CENT. VIRG
Richmond	145.4300	–	O(CA) WX	W4SQT	METROPOLIT
Richmond	146.6400	–	O(CA)	WB4QEY	------------
Richmond	146.8800	–	O 74.4 (CA)e lsWX	W4RAT	W4RAT
Richmond	146.9400	–	Oe	W4ZA	RICHMOND A
Richmond	147.0300	–	O	WA4JST	COMMONWEA
Richmond	147.1350	+	O 107.2	KC4VDZ	WB4YMA/KC4
Richmond	147.1800	+	74.4 (CA)elr WX	W4VCU	WC4VAA
Richmond	147.2550	+	O 100.0	W4FJ	RICHMOND A
Roanoke	145.2100	–	107.2 (CA)r	N2EDE	N2EDE
Roanoke	146.9400	–	Oa	N4AP	N4AP
Roanoke/Poor M	145.3900	–	O 107.2l	K4ARO	K4ARO
Roanoke/Poor M	146.7450	–	O 107.2 (CA) eRBz	K4ROA	SW VA.WIRE
Roanoke/Poor M	146.9850	–	O 107.2ez	W4CA	ROANOKE VA
Roanoke/Poor M	147.2700	+	Oe	KB4QWO	ARA-SOUTH
Rustburg	145.2900	–	Ot(CA)	N4UTN	N4UTN
Rustburg/Long	146.8350	–	O 173.8 (CA) e	N4UTN	N4UTN
Salem	146.8800	–	O	WA4V	WA4V
Saluda	145.4500	–	Oaez	AA4HQ	AA4HQ,KB4J
Smithfield	147.1950	+	O 100.0ae RBz	WT4RA	WTRA
South Boston	145.3500	–	Oe	W4HCH	HALIFAX CO
South Boston	147.0600	–	O(CA)l	KF4AGO	PIEDMONT A
South Hill	145.4700	–	O	N4ZCM	N4ZCM
South Hill	147.2400	+	74.4 (CA)elr WX	W4CMH	WC4VAA

144-148 MHz
VIRGINIA

Location	Output	Input	Notes	Call	Sponsor
Spotsylvania	146.7750	–	79.9	K4SPT	SPOTSYLVAN
Staunton	146.7000	–	O 131.8	KD4WWF	TEL PIO OF
Staunton	146.8500	–	O 131.8 RB	WA4ZBP	TELE.PIONE
Staunton	146.9700	–	Oz	W4WRN	------------
Staunton/El kb	147.0450	+	O 131.8	KE4CKJ	EKRA
Stuarts Draft	147.3600	+	O(CA)z	KB4OLM	KB4OLM
Suffolk	147.0000	–	O 100.0#	W4LG	W4LG
Virginia Beach	145.3500	–		W4BBR	W4RVN
Virginia Beach	146.8950	–	O	WA4KXV	VBEARS
Virginia Beach	146.9700	–	Oz	WA4KXV	VBEARS
Virginia Beach	147.0450	+	rs	WA4TCJ	WA4TCJ
Walkerton	146.7150	–	O	W4TTL	W4TTL & HA
Warsaw	147.2850	+	Oz	KA4ZIP	K3RZR
Waynesboro	147.0750	+	Oez	W4PNT	WAYNSBRO R
Williamsbg/Nor	145.4100	–	O 127.3aez	KF4ADM	K2QIJ
Williamsburg	146.7600	–	Oaez	KB4ZIN	KC4CMR
Williamsburg	147.1050	+	O	KB4ZIN	KC4CMR
Wytheville	146.7750	–	O 107.2alz	K4EZ	W4VSP
Wytheville	146.8950	–	O 103.5elRB	K4EZ	W4VSP

CULPEPER

Location	Output	Input	Notes	Call	Sponsor
Madison	145.4100	–	100.0 (CA)el	AF4CY	AD4CG

FREDERICKSBURG

Location	Output	Input	Notes	Call	Sponsor
Fredericksburg	147.0150	+	Oers	K4TS	RVARC

MT WEATHER

Location	Output	Input	Notes	Call	Sponsor
Berryville	145.3900	–	O 77.0	K4USS	K4GYT

NORTH CENTRAL

Location	Output	Input	Notes	Call	Sponsor
Culpeper	147.1200	+	O 146.2	W4CUL	ClpprARA
Harrisonburg	145.1300	–		N4YET	+WX4C
Harrisonburg	147.3150	+		N4YET	N4YET
Kings Crossing	147.1500	+	131.8	N5GQD	N5GQD
New Market	146.6250	–	O 131.8eWX	W3MMC	Big Mtn
Penn Laird	147.2250	+	131.8	N4RAG	N4RAG
Warrenton	145.3500	–	l	KA3TQD	KA3TQD R
Warrenton	147.1650	+	167.9	W4VA	Fauquier

NW

Location	Output	Input	Notes	Call	Sponsor
Front Royal	145.2100	–	O 141.3 A(*911) L(NERA)rsWX	K4QJZ	K4QJZ
Luray	147.0300	+	O 131.8	KE4JSV	KE4JSV
Page Co	146.6700	–	O 114.8 (CA)	KD4DDI	Page Co ARC

SPOTSYLVANIA

Location	Output	Input	Notes	Call	Sponsor
Spotsylvania	146.7750	–	O 79.7 (CA)e ls	K4SPT	K4MQF

STAFFORD

Location	Output	Input	Notes	Call	Sponsor
Quantico	147.3450	+	O 167.9e	K3FBI	FBI ARA
Stafford	147.3750	+	79.7aer	WW4VA	SARA
Stafford County	145.2700	–	O 79.7 A(*911) (CA)eWXx	WW4VA	SARA Inc

WASHINGTON AREA

Location	Output	Input	Notes	Call	Sponsor
Alexandria	146.6550	–	O 141.3 (CA) TT(411)esz	K4US	MVARC
Alexandria	147.3150	+	O 107.2l	W4HFH	Alex RC
Alexandria	147.3150	449.6000	O 107.2l	W4HFH	Alex RC
Arlington	145.1500	–	t	WB4MJF	WB4MJF
Arlington	145.4700	–		WB4MJF	R&R RG
Arlington	146.6250	–	107.2 (CA)	W4AVA	ARPSC
Dulles Airport	145.3100	–	O 77.0 (CA)e	N4FSC	DARG

VIRGINIA-WASHINGTON

Location	Output	Input	Notes	Call	Sponsor
Fairfax	146.7900	–	ОA(911)(CA)el	NV4FM	NVFMA
Fairfax	146.7900	222.5000	ОA(911)(CA)elrs	NV4FM	NVFMA
Loudoun	146.7000	–	ae	WA4TXE	WA4TXE
Manassas	146.9700	–	О 100.0a (CA) TTelz	W4OVH	OVHARC
Tysons Corner	146.9100	–	ОA(911)ers	NV4FM	NVFMA
Vienna	146.6850	–	e	K4HTA	VWS
Vienna	147.2100	–	e	W4CIA	AMRAD
Woodbridge	147.2400	+	О 107.2 (CA) e	W4IY	WWI
Woodbridge	147.5850	147.5850	100.0s	W4IY	WWI

WASHINGTON DC
Location	Output	Input	Notes	Call	Sponsor
Dulles	147.3300	+	О 203.5e	K4IAD	E-STAR

WINCHESTER
Location	Output	Input	Notes	Call	Sponsor
Bluemont	147.3000	+	146.2ar	WA4TSC	WA4TSC
Winchester	145.3500	–	l	KA3TQD	KA3TQD R
Winchester	146.8200	–	146.2 (CA)	W4RKC	ShenVlyA

WASHINGTON
FREQUENCY USAGE--IACC AREAS

Location	Output	Input	Notes	Call	Sponsor
Snp	145.1300	–	t		
Snp	145.2900	–	t		

W WA - FREQUENCY USAGE

	Output	Input		
	145.1300	–		SHARED (SNP)
	145.2900	–		SHARED (SNP)
	146.5200			SIMPLEX CALLING
	146.6000			CROSS-BAND USE
144.5100 to	144.8900			RPTR INPUTS (20 KHZ SPA
145.1100 to	145.4900			RPTR OUTPUTS (20KHZ S
145.5000 to	145.8000			MISC & EXP MODES
145.8000 to	146.0000			OSCAR SUB-BAND
146.0200 to	146.4000			RPTR INPUTS (20KHZ SPA
146.4200 to	146.5800			SIMPLEX (20KHZ SPACING
146.6200 to	147.3800			RPTR OUTPUTS (20KHZ S
147.4000 to	147.5800			SIMPLEX (20 KHZ SPACIN
147.6200 to	147.9800			RPTR OUTPUTS (20 KHZ S

E WA - ALMIRA
Location	Output	Input	Notes	Call	Sponsor
Almira	147.0000	+	100.0 L(446.600)	N7YPT	LCRG

E WA - CENTRAL
Location	Output	Input	Notes	Call	Sponsor
Saddle Mtn	145.3500	–	100.0a	N7MHE	N7MHE

E WA - CHELAN
Location	Output	Input	Notes	Call	Sponsor
McNeal Canyon	147.1000	+	О	K7SMX	LCRC

E WA - CLARKSTON
Location	Output	Input	Notes	Call	Sponsor
Potter Hill	145.3900	–	(CA)r	KA7FAJ	KA7FAJ

E WA - CLE ELUM
Location	Output	Input	Notes	Call	Sponsor
Cle Elum	147.1600	+	131.8ez	WR7UKC	UKCARC
Sky Meadows	147.3600	+	131.8aez	WR7KCR	KCRA

E WA - COLFAX
Location	Output	Input	Notes	Call	Sponsor
Kamiak Butte	146.7400	–	ОeL(223.90)x	W7HFI	W7OE

E WA - COLVILLE
Location	Output	Input	Notes	Call	Sponsor
Monumental Mtn	146.6200	–	ОeL(147.06)rx	K7JAR	PARC

144-148 MHz
WASHINGTON

Location	Output	Input	Notes	Call	Sponsor
E WA - COULEE DAM					
Coulee Dam	146.8600	–	○	N7GCD	CDRC
E WA - DAVENPORT					
Teel Hill	147.0400	+	○	N7YPT	LCRP
E WA - ELLENSBURG					
Ellensburg	146.7200	–	○alz	WR7KCR	KCRA
E WA - EPHRATA					
Beezly Hill	145.3100	–	100.0 (CA)e	W7TT	W7TT
E WA - GOLDENDALE					
Juniper Point	146.8200	–	82.5el	KF7LN	KF7LN
Simcoe Mtn	146.9200	–	○ 88.5	KC7UTD	KC7UTD
E WA - GRANGER					
Cherry Hill	147.0400	+	123.0	KB7CSP	KB7CSP
E WA - MEDICAL LAKE					
Booth Hill	145.3700	–	○ 141.3	KA7ENA	NW Tri. St,
E WA - MOSES LAKE					
Wheeler Rd	146.7000	–	100.0	N7MHE	N7MHE
E WA - NORTHEAST					
Chewelah Pk	145.4300	–	○ 100.0e	WR7VHF	IEVHF
Stranger Mtn	147.3600	+	○alx	N1NG	W7OE
E WA - OMAK					
Omak	147.2000	+	●tx	AK2O	SpoRptGr
E WA - OROVILLE					
Buckhorn Mtn	147.1400	+	● 103.5e	KD7ITP	KD7ITP
E WA - PLYMOUTH					
Sillusi Butte	145.4900	–	67.0	KC7RWC	UMESRO
Sillusi Butte	147.0200	+	○ 91.5	KC7KUG	HARC
E WA - PULLMAN					
Pullman	145.4700	–	○	WA7WNJ	WA7WNJ
E WA - RICHLAND					
Rattlesnake	146.7600	–	100.0	KA7SSB	KA7SSB
Rattlesnake	147.1800	+	○	N7MO	EWCC
E WA - RITZVILLE					
Ritzville	146.7200	–	○	WD7C	WD7C
E WA - RIVERSIDE					
Tunk Mtn	145.4500	–	○ 100.0ex	W7GSN	OMRA
E WA - SPOKANE					
Browns Mtn	147.3000	+	○ 100.0erx	WC7AAT	SPO CO DES
Farm Bank	147.3400	+	123.0e	WR7VHF	IEVHF
Krell	145.3900	–	○ 127.3el	W7UPS	W7UPS
Krell	146.8800	–	○ 123.0e	WR7VHF	IEVHF
Lookout Point	147.0600	+	77.0 L(146.62)	N7BFS	N7BFS
Mica Peak	145.1100	–	○	WA7RVV	WA7RVV
Mica Peak	145.1500	–	118.8l	WA7RVV	WA7RVV
Mica Peak	147.2400	+	○elx	WA7HWD	NW Tri. St.
Mica Peak	147.3800	+		W7OE	W7OE
Spokane	145.2100	–	100.0 (CA)e	W7TRF	AARG
Spokane	146.6600	–	○	N7FM	N7FM
Spokane	147.1600	+	● 136.5	KA7BPO	KA7BPO
Spokane	147.2000	+	●	AK2O	SpoRptGr
Spokane	147.2000	+	●	AK2O	SpoRptGr
Veradale	145.1900	–	● 114.8	W7RGW	W7RGW
E WA - TRI CITIES					
Horse Heaven Hills	145.3900	–	100.0l	W7UPS	W7UPS

"The Northwest's Largest Ham Convention"

SEA-PAC '08 ◆ SEA-PAC '09

May 30, 31 & June 1, 2008   **June 5, 6, & 7, 2009**

NORTHWESTERN DIVISION HAM CONVENTION
Seaside Convention Center, Seaside Oregon

Commercial Exhibits • Giant Flea Market • Banquet/Entertainment
Seminars • Prizes • VE Testing

Much More - Right on the Beautiful Pacific Northwest Ocean Beach

Registration Information	SEA-PAC	Exhibitor Information
Will Sheffield, N7THL 503.642.7314	Post Office Box 25466	Al Berg, W7SIC 503.816.7098
email: n7thl@arrl.net	Portland OR 97298-0466	email: w7sic@pocketmail.com

SEA-PAC on the Web: www.seapac.org

276 144-148 MHz
WASHINGTON

Location	Output	Input	Notes	Call	Sponsor
E WA - TRI-CITIES					
Joe Butte	145.4100	–	O 100.0	N7LZM	N7LZM
Johnson Butte	146.6400	–	O 100.0e	W7AZ	TCARC
Jump Off Joe	147.0800	+	94.8e	KC7WFD	KC7WFD
Kennewick Water Tank	147.2200	+	Oae	N7LZM	N7LZM
E WA - TROUT LAKE					
King Mtn	147.0800	+	O 123.0	WA7SAR	YCS&R
E WA - WALLA WALLA					
Hertzer Pk	146.9600	–	100.0	WA5ZAY	WA5ZAY
Pikes Peak	147.2800	+	Ol	KD7DDQ	KD7DDQ
Walla Walla	147.1400	+	94.8e	KH6IHB	KH6IHB
E WA - WENATCHEE					
Birch Mtn	146.6800	–	(CA)z	W7TD	ACARC
E Wenatchee	146.7800	–	O	N7RHT	N7RHT
Mission Ridge	146.9000	–	173.8	WR7ADX	MRRA
Naneum	147.2600	+	O 156.7elx	KB7TYR	KB7TYR
Wenatchee	147.2000	+	●t	AK2O	SpoRptGr
E WA - WHITE SWAN					
Fort Simcoe	146.7200	–	123.0e	KA7IJU	KA7IJU
E WA - YAKIMA					
Ahtanum Ridge	146.9400	–	173.8	W7CCY	W7CCY
Bethel Ridge	145.1700	–	123.0	WA7SAR	YakSO
Bethel Ridge	147.3000	+	O 123.0erx	W7AQ	YakARC
Darland Mtn	146.8600	–	O 123.0	WA7SAR	YCS&R
Eagle Pk	145.4700	–	103.5	WA7AAX	WA7AAX
Moxee	146.8400	–	123.0 (CA)lrz	W7AQ	YakARC
Moxee	147.1200	+	94.8	KC7WFD	KC7WFD
Moxee	147.2000	+	O 141.3	AK2O	SpoRptGr
Quartz Mtn	145.2700	–	123.0 E-SUN	WA7SAR	YakSO
Yakima	147.0600	+	O 123.0	KB7HDX	BCARES
Yakima Ridge	146.6600	–	123.0 (CA)erz	W7AQ	YakARC
E-WA YAKIMA					
Selah	147.2400	+	123.0	KC7VQR	KC7VQR
NORTHWEST					
Lookout Pass	147.0200	+	Ol	N7LVO	W7OE
NW OREGON & SW WASHINGTON					
Vancouver	145.3700	–	O 123.0el	AB7F	AB7F
SOUTHWEST WASHINGTON					
Vancouver	147.2400	+	Oe	W7AIA	CCARC
W WA - CONCRETE-BAKER LAKE					
Concrete	147.1000	+	O 114.8e	WA7NAN	B St Andre
W WA - EATONVILLE					
Alder	145.4500	–	O 110.9ael	KB7CNN	------------
W WA - FEDERAL WAY					
Federal Way	146.7600	–	O 103.5ae	WA7FW	------------
Federal Way	147.0400	+	O 103.5e	WA7FW	FWARC
W WA - GRAYS HARBOR COUNTY					
Aberdeen	147.1600	+	O 88.5aez	W7ZA	GraysHarbor
Cosmopolis	145.3900	–	O 118.8el LITZ	W7EOC	------------
W WA - ISLAND COUNTY					
Freeland	147.2200	+	O 79.7ae	K7OI	------------
W WA - JEFFERSON COUNTY-EAST					
Port Townsend	145.1500	–	O 114.8ae	W7JCR	Jefferson CO

144-148 MHz   277
WASHINGTON

Location	Output	Input	Notes	Call	Sponsor
W WA - KING COUNTY					
Bellevue	147.3000	+	● 127.3	WA7NAN	------------
Woodinville	147.3400	+	O 100 (CA)e	K6RFK	K6RFK
W WA - KIRKLAND					
Kirkland	145.4900	–	O 103.5	AA7UJ	AA7UJ
W WA - KITSAP COUNTY					
Silverdale	145.4300	–	O 179.9 (CA) ez	KD7WDG	------------
W WA - LEWIS COUNTY					
Toledo	145.4300	–	O 110.9e	AC7SR	------------
W WA - MASON COUNTY					
Belfair	145.1700	–	O 103.5 (CA) e	NM7E	N Mason ARES
W WA - MERCER ISLAND					
Mercer Island	147.1600	+	O 146.2e	W7IAG	MI AREN
W WA - MINERAL					
Mineral	146.6800	–	O 103.5 (CA) ez	K7HW	------------
W WA - OLYMPIA					
Lacey	146.8000	–	O 100ae	WC7I	S Ward
W WA - OLYMPIC PENINSULA-NORTH					
Striped Peak	146.7600	–	O 100e	W7FEL	Clallam CO
W WA - PACIFIC COUNTY					
Ilwaco	146.8600	–	O 114.8a	W7RDR	Pac CO ARES
Megler	147.1800	+	O 118.8el	NM7R	BEACHNET
W WA - PIERCE COUNTY					
Graham	147.1400	+	O 103.5	W7NTF	Graham Hill
Tacoma	145.2500	–	● 127.3	W7FHZ	------------
Tacoma	146.6400	–	O 103.5 (CA) elz	KB7CNN	------------
Tacoma	146.9400	–	O 103.5ez	K7HW	K7HW
Tacoma	147.0200	+	O 103.5 (CA) lz	W7TED	------------
W WA - PUGET SOUND					
Bellevue	147.0000	–	O 103.5	W7DX	WWDX Club
Buck Mtn	146.7000	–	O 127.3e	WR7JM	J-Mar Comm
Gold Mtn	147.2000	+	O 123 (CA)e	K7PP	------------
Green Mtn	146.8800	–	Oe	K7PF	SeaRptr Grp
Rattlesnake Mtn	145.1100	–	O 103.5el	KC7SAR	KC SAR
South Mtn	145.2700	–	O 103.5	W7UVH	W7UVH
Squak Mtn	146.8200	–	O 103.5e	K7LED	Mike & Key
Tacoma Ch 28	145.2100	–	O 141.3 (CA)	N7QHX	N7QHX
W WA - PUGET SOUND-NORTH					
Cultus Mtn	145.2500	–	● 127.3e	WA7NAN	------------
Mt Erie	145.2500	–	O 127.3e	WA7NAN	------------
W WA - PUGET SOUND-SOUTH					
Crawford Mtn	147.3800	+	O 103.5	W7DK	W7DK
McCord AFB	147.2200	+	O 103.5	W2USA	MCCHORD
Olalla	145.3500	–	O 103.5 (CA) e	W7ZLJ	K7PAG
University Place	145.2900	–	● 114.8e	K7NP	------------
W WA - REDMOND					
Redmond	145.3100	–	O 103.5e	KC7IYE	------------
W WA - SAN JUAN COUNTY					
San Juan Islands	146.9000	–	O 131.8e	N7JN	SJCARS

144-148 MHz
WASHINGTON

Location	Output	Input	Notes	Call	Sponsor
W WA - SEATTLE					
Seattle	146.8200	–	O 103.5	K7LED	Mike & Key
Seattle	146.9000	–	O 103.5aelz	WW7MST	Medical Svcs
Seattle	146.9600	–	O 103.5a	W7VHY	PSRG
W WA - SNOHOMISH COUNTY					
Everett	147.1800	+	O 103.5 (CA) elz	WA7LAW	SnoCo Hams
Lynnwood	146.7800	–	O 103.5e	K7CHN	SnoKing RG
W WA - STEVENS PASS					
Skykomish	145.1100	–	O 123el	KC7SAR	KC SAR
W WA - TACOMA					
Tacoma	147.2800	+	O 103.5ae	W7DK	RC Tacoma
W WA - THURSTON COUNTY					
Olympia	145.1500	–	O 103.5e	W7UDI	PSE ARG
Olympia	147.3600	+	O 103.5aelz	NT7H	Oly ARES
Tumwater	147.1200	+	O 110.9e	N7EHP	Rick Hyde
W WA - WASHINGTON-NW					
Bahoakas Peak	147.2800	+	O 103.5e	K7PP	P Policani
Forks	145.3700	–	O 114.8ael	K7PP	P Policani
Lookout Mtn	146.7400	–	O 127.3 (CA) e	K7SKW	MtBaker ARC
Lyman Hill	145.1900	–	O 127.3e	N7UQA	------------
Lyman Hill	147.2000	+	O 107.2 (CA) el	K7PP	------------
Mt Constitution	146.7400	–	O 103.5 (CA) elz	K7SKW	MtBaker ARC
Mt Pilchuck	146.9200	–	O 123e	WB7VYA	SnoCo RACES
W WA - WASHINGTON-SW					
Baw Faw Peak	147.0600	+	O 110.9e	N7PRJ	------------
Longview	147.2600	+	O 114.8e	W7DG	------------
Megler Mtn	145.4500	–	O 118.8ael	W7BU	------------
Mt Brynion	147.2000	+	O 91.5al	K7PP	K7PP
Mt Octopus	147.2800	+	O 127.3 (CA) el	K7PP	------------
Olympia	145.4700	–	O 100a(CA)el	K7CPR	------------
Raymond	147.2000	+	O 127.3 (CA) el	K7PP	------------
Shelton	146.7200	–	O 103.5e	N7SK	MCARC
South Bend	147.3400	+	O 118.8	NM7R	Frank Wolfe
Woodland	147.3000	+	O 114.8e	W7DG	LCARA
W WA - WASHINGTON-WEST					
Cougar Mtn	146.9800	–	O 100al	K7MMI	------------
Cougar Mtn	147.0800	+	O 103.5aez	W7WWI	SeaTac Rptr
Gold Mtn	146.6200	–	O 103.5 (CA) ez	WW7RA	------------
Grass Mtn	145.3700	–	O 136.5e	W7AAO	------------
Tiger Mtn East	145.2300	–	● 127.3	WR7JM	J-Mar Comm
Tiger Mtn East	145.2500	–	O 114.8	W7FHZ	------------
Tiger Mtn East	147.0800	+	O 103.5e	W7WWI	------------
Tiger Mtn East	147.1000	+	O 114.8l	W7FHZ	------------
Tiger Mtn West	145.3300	–	O 179.9e	K7NWS	BEARS
W WA - WHATCOM COUNTY					
King Mtn	147.1600	+	O 103.5	K7SKW	MtBaker ARC
Sumas Mtn	145.2300	–	O 103.5e	KP2X	------------

144-148 MHz
WASHINGTON-WEST VIRGINIA

Location	Output	Input	Notes	Call	Sponsor
W WA - WHIDBEY ISLAND					
Oak Harbor	146.8600	–	O 127.3aez	W7AVM	ICARC
W WA - WILLAPA BAY					
South Bend	145.3100	–	O 118.8el	NM7R	BEACHNET
WEST VIRGINIA					
FREQUENCY USAGE: T-MARC AREA					
Snp	145.1700	–			
Amber Ridge	147.2100	+	O 107.2eRB	KB8NJH	KB8NJH
Ansted	146.7900	–	O 100.0ae	KC8ZQZ	PLATEAU AF
Beckley	147.3600	+	O 123.0e	N8FWL	N8FWL 222
Beckley/Bolt M	145.1700	–	O 100.0al	WV8B	ARA NORTH
Beckley/Eoc	145.3700	–	Oael	WV8BD	BLACK DIAM
Beckley/Flat T	146.8500	–	123.0elWX	KC8AFH	KC4AFH
Beckley/Laylan	145.3100	–	O 100.0al	WV8B	ARA NORTH
Beckley/Oak Hi	145.2300	–	O 100.0el	N8FWL	N8FWL 222
Birch River	145.2700	–	O 103.5l	N8FMD	N8FMD
BLFD-WindmillG	147.0600	–	123	W8MOP	EAST RIVER
Bridgeport	147.1200	+	O 118.8	WD8LNB	WD8LNB
Buckhannon	145.4100	–	Oa	N8FHE	N8FHE
Buckhannon	146.8500	–	Oe	N8ZAR	WD8L
Buckhannon	147.0600	+	O 123.0	N8ZAR	N8ZAR
Charleston	145.3500	–	O 91.5aerWX	W8GK	KANAWHA AR
Charleston	145.4300	–	O 107.2eRB	WB8YST	WB8YST
Charleston	146.8200	–	O 203.5l	WB8CQV	WB8CQV
Charleston	147.0000	–	O 91.5el	W8XF	W8XF
Clarksburg	146.6850	–	O 103.5el	N8FMD	N8FMD
Clarksburg	147.2100	+	O 103.5	N8FMD	N8FMD
Cowen	146.8350	–	O 110.9el	KC8ECX	NICHOLAS A
Danville	146.6850	–	Ote	WB8NAM	BOONE ARC
Davis	147.1350	+	O 103.5l	KE8MR	KE8MR
Elkins	145.2100	–	162.2e	WV8ZH	WV8ZH
Elkins	145.2300	–	O 103.5el	N8FMD	WJ8G
Elkins	146.7450	–	O 103.5lrs	K8VE	K8VE
Elkins	146.7750	–	O	KB8BWZ	DAVID W. S
Fairmont	145.3500	–	O 103.5a	W8SP	MARA (MOUN
Fenwick	146.9400	–	O	KD8AB	NICHOLAS A
Flat Top/Wintr	146.6250	–	O 100.0a	WV8B	ARA NORTH
Flatwoods	146.6550	–	O 123.0e	N8ZPX	N8ZVK
Franklin	147.3450	+	Oe	W3RUA	W3RUA
Frost	145.1100	–	O 107.2e	N8RV	8RARC
Gassaway	146.6100	–	O	WB8MZI	------------
Gassaway	147.2400	+	O 123.0e	AB8WB	AB8WB
Glenville	145.1300	–	O 103.5	N8OYY	N8OYY
Glenville	145.2900	–	O 91.5aelRBz	WB8WV	N8OYY
Grafton	147.3750	+	O 118.8	WD8LNB	WD8LNB
Harisvl/Pensbr	147.3000	+	O 107.2e	WV8RAG	WV8RAG
Harmon	146.6400	–	103.5	WB4PJC	WB8PJC
Hinton	147.2550	+	O 100.0ae	KC8CNL	BLUESTONE
Horsepen Mtn	147.1950	+	O 100.0 (CA)	NV8H	NV8H
Huntington	145.2100	–	O 162.2 (CA)e	WB8FEQ	WB8FEQ/KA8
Huntington	146.7600	–	O 131.8	W8VA	TARA

280 144-148 MHz
WEST VIRGINIA

Location	Output	Input	Notes	Call	Sponsor
Huntington	146.9850	–	O 131.8els WX	N8OLC	N8OLC
Huntington/Cha	146.6400	–	1660	N8HZ	WPBY-TV RP
Iaeger	146.6550	–	O 100.0	N8SNW	N8SNW
Keyser	147.3900	+	O 123.0a (CA)er	N8RCG	N8RCG
Lenore	145.3900	–	O#	AI4UK	------------
Leon	147.1800	+	O(CA)e	WD8OHX	WD8OHX
Lewisburg	146.7300	–	O 100.0 (CA)	WB8SPW	SOUTHERN W
Lewisburg	146.7600	–	162.2e	KD8BBO	KD8BBO
Lewisburg	147.3900	+	O 100.0	WV8D	WV8D
Logan	146.9700	–	O 100.0 (CA) l	KA8GMX	LOGAN CTY
Madison	147.1200	+	Ote	WB8NAM	BOONE ARC
Marlinton	147.0900	+	O 162.2l	N8PKP	N8PKP
Mcmechen	146.9100	–	O	N8BQ	TRIPLE STA
Middlebourne	147.3600	+	O 110.9e	WV8TC	TYLER CO A
Morgantown	145.4300	–	O 103.5al	W8MWA	MWA
Morgantown	146.7600	–	O 103.5e	W8CUL	WVU ARC
Morgantown	147.0750	+	O 103.5z	KE8MR	KE8MR
Moundsville	146.7150	–	110.9	W8CAL	W8CAL
Mt Zion	145.4500	–	O 107.2e	N8LGY	------------
Mullens	147.0300	+	ORB	KC8IT	------------
New Martinsvil	146.9850	–	Oae	KF8LL	KF8LL
Oak Hill	147.0750	–	O 100.0eWX	KC8AFH	PLATEAU AR
Oceana	147.2850	+	100	WV8B	WV8B
Parkersburg	147.2550	+	O 131.8aer WXz	WC8EC	WCEC
Parkersburg	147.3900	+	#a	WD8CYV	PARK
Parkersburg	146.9700	–	Oa	N8NBL	PARKERSBUR
Parsons	145.3700	–	O 103.5a	N8ER	N8ER
Philippi	145.1500	–	O 103.5elrs	K8VE	K8VE
Princeton	147.2250	+	O 114.8e	WB8NRK	PRINCETON
Princeton/Pipe	146.9250	–	O	WD8OGY	------------
Ravenswood	146.6700	–	O 107.2 (CA)	WD8JNU	JACKSON CO
Red House	145.4100	–	123.0	WV8AR	WV AR, INC
Richwood	145.1900	–	Ote	WB8YJJ	WB8YJJ
Richwood	147.1500	+	O 100.0e	KB8YDG	------------
Rockport	145.4900	–	123.0 E-SUN	KB8GYM	KC8LTG
Rockport	147.1350	+	123.0	KC8TLG	KA8JPF
Salt Rock	145.1100	–	O 110.9e	K8SA	K8SA
Scott Depot	147.2700	+	O 123.0eRB z	WV8AR	WV AR, INC
Shady Spring	146.7000	–	O 123.0elRB	KC8AFH	KC8AFH
Shirley	145.3100	–	Ote	KB8TJH	KB8TJH
Skyline	147.3600	+	O 127.3e	K7SOB	K7SOB
So Charleston	146.8800	–	O 203.5l	WB8CQV	WB8CQV
Spencer	147.1050	+	O 107.2	KA8AUW	------------
Spruce Knob	147.2850	+	Ol	N8HON	MOUNTAIN A
St marys/Bens	147.0300	+	Ol	WB8ECC	JAMES O. G
Sumerco	147.3450	+	O 100.0 (CA) l	W8LP	LOGAN CTY
Summersville	145.4700	–	O 100.0 (CA)	N8YHK	NICHOLAS A
Summersville	147.0150	+	123.0el	N8FWL	N8FWL
Terra Alta	147.0000	+	O 103.5az	KC8KCI	KC8KCI
Union	145.4100	–	O 100.0	W8IFL	MONROE ARC

144-148 MHz
WEST VIRGINIA-WISCONSIN

Location	Output	Input	Notes	Call	Sponsor
Weirton	146.9400	–	O ae	W8CWO	S/W ARC
Welch	145.4500	–	O 100.0	WV8ED	POCHNTS CO
West Union	146.9550	–	103.5aels	WU8WV	WU8WV
Weston	145.3900	–	O (CA)	WD8EOM	N8MIN
Weston	147.1650	+	O eRB	KA8TCF	KA8TCF
Weston	147.3300	+	O 103.5l	K8VE	K8VE
Wheeling	145.1900	–	O 156.7aer WX	KA8YEZ	KA8YEZ
Wheeling	146.7600	–	O (CA)e	W8ZQ	NORTHERN P
Williamson	145.3300	–	O 100.0aRB	WR8M	SAWS
CHARLESTOWN					
Charlestown	146.9850	–	O	KD8DMI	K8DSJ
EAST					
Berkeley Springs	146.7450	–	O 123elr	KK3L	KK3L
Harper	145.3500	–	l	KA3TQD	KA3TQD R
Martinsburg	145.1500	–	123e	K8SDG	OpequonR
Martinsburg	147.2550	+		WB8YZV	WB8YZV
Martinsburg	147.3450	+	O 146.2 (CA) e	K3MAD	MADXRA
Moorefield	145.1900	–	118.8	N8VAA	+N8VAA
EAST WV					
Romney	146.7150	–		K7SOB	K7SOB
WV					
Dans Mountain	145.3300	–	123.0als	N8YIB	N8YIB
Dans Mountain	147.4350	144.7300	123.0 L(147.33)	N8YIB	N8YIB

WISCONSIN
NORTH CENTRAL 114.8

Location	Output	Input	Notes	Call	Sponsor
Antigo	145.3100	–	O 114.8ae WXz	KC9JZY	LCARA
Antigo	147.2550	+	O 114.8ers WXx	KC9JZY	LCARA
Antigo	147.3150	+	114.8	N9TEV	N9TEV
Granton	146.7750	–	O 114.8eWX	N9RRF	N9RRF
Irma	146.6400	–	O 114.8e	KB9QJN	M.A.R.G.
Irma	146.9700	–	O 71.9 (CA)	KC9NW	KC9NW
Lac Du Flambeau	146.6700	–	O 107.2	N9AFN	N9AFN
Lac Du Flambeau	146.7000	–	O 114.8	W9BTN	W9BTN
Marshfield	147.1800	+	O 114.8 (CA) e	AA9US	MAARS
Mcallister	146.8800	–	O 136.5elrs WXx	WA8WG	WA8WG
Medford	147.1500	+	O 114.8ae WX	KB9OBX	BRARA
Merrill	145.1900	–	O 114.8e	KX2DX	M.A.R.G
Oconto Falls	146.8350	–	107.2elWXx	KB9DSV	KB9DSV
Ogdensburg	146.9250	–	O 118.8eWXx	W9GAP	W9GAP
Rhinelander	145.1500	–	O 123.0e	NS9Q	NS9Q
Rhinelander	146.9400	–	O 114.8ersx	W9ZZZ	RHIN RP A
Sayner	145.1300	–	114.8elrsWX	KB9ENO	ECR LTD
Shawano	145.3500	–	O 114.8eWX x	KA9NWY	KA9NWY
Shawano	147.2250	+	114.8eWXx	N9FZH	N9FZH
Suring	145.4700	–	O 114.8ers WXx	WI9NCR	NCR

144-148 MHz
WISCONSIN

Location	Output	Input	Notes	Call	Sponsor
Three Lakes	147.1950	+	O 114.8	N9GHE	N9GHE
Tomahawk	145.4300	–	O 114.8ae WXxz	N9CLE	TOM RP A
Unity	145.4100	–	O 114.8lWXx	W9BCC	RMRA
Wabeno	145.1100	–	O 107.2elWX	K9ARF	PASS
Waupaca	147.3900	+	O 114.8x	KC9ESN	WARC
Wausau	145.3700	–	114.8ex	WC9ABH	KB9KST
Wausau	146.8200	–	O 114.8ex	W9BCC	W9BCC
Wausau	146.8650	–	114.8elWXx	W9SM	W9SM
Wausau	147.0600	+	71.9ex	KC9NW	Rich Maier
Wausau	147.1350	+	O 114.8aWX xz	W9SM	W.V.R.A.
Wisconsin Rapids	146.7900	–	O 114.8ers WXx	W9MRA	MSRA
Wisconsin Rapids	147.3300	+	114.8e	W9MRA	MSRA

NORTH EAST 100.0

Location	Output	Input	Notes	Call	Sponsor
Appleton	145.1500	–	Oeprs	KF9CS	O CO RED+
Appleton	146.6550	–	O 100.0aepr sWXz	KB9ENO	ECR LTD
Appleton	146.7600	–	O 100.0ersx	W9ZL	FCARC
Appleton	147.1950	+	O 100.0e	N9RJZ	N9RJZ
Egg Harbor	146.7300	–	O 107.2e	W9AIQ	DOOR CO
Fond Du Lac	145.4300	–	O 107.2ers	K9FDL	F.A.R.A
Fond Du Lac	147.0900	+	O 107.2eWX	K9DJB	FDL RPT
Fond Du Lac	147.3750	+	107.2e	KB9YET	FOX1
Green Bay	146.6850	–	O 107.2 (CA)	KB9GKC	KB9GKC
Green Bay	147.0750	+	O 107.2 (CA) eLITZ	N9DKH	ATC
Green Bay	147.1200	+	O 107.2 (CA) eWXxz	K9GB	G B M&K
Green Bay	147.2700	+	O 107.2elWX	KB9ALN	PASS
Green Bay	147.3600	+	Oaez	K9EAM	G B M&K
Hilbert	146.8950	–	O 146.2a	N9OBG	N9OBG
Kewaunee	146.8050	–	O 146.2eWX	WB9RJB	WB9RJB
Manitowoc	145.1100	–	100.0e	W9DK	ManCoRad
Manitowoc	145.1900	–	107.2	WB9MFB	WB9MFB
Manitowoc	146.6100	–	O 107.2ers WXz	W9DK	MANCORAD
New Holstein	147.3000	+	O 107.2ers WX	KA9OJN	C.A.R.E.S
Oshkosh	147.2400	+	O(CA)erswX z	KB9IME	WIN CTY E
Plymouth	147.0600	+	O 107.2ex	WE9R	SHEB ARC
Sheboygan	147.2550	+	O 127.3aez	AB9FT	AB9FT
Sister Bay	147.1800	+	O 107.2 (CA) e	W9AIQ	DC ARC
Sturgeon Bay	147.2100	+	O 107.2ers WXx	W9AIQ	DC ARC
Two Rivers	147.0300	+	O 110.9	N9XFD	N9GHE

NORTH WEST 110.9

Location	Output	Input	Notes	Call	Sponsor
Ashland	147.3150	+	O(CA)elWX	W9BCY	NARC
Bayfield	146.6100	–	O(CA)elWXx	W9BCY	NARC
Bayfield	146.7000	–	O 103.5lx	N0BZZ	LSAC
Beldenville	146.9550	–	O 110.9el	N0NIC	B.A.T.S.
Beldenville	147.2250	+	O 110.9ae	N0NIC	B.A.T.S.
Chaffey	147.1050	+	O 110.9	KC9EMI	AB9AC

Visit AES Milwaukee

For the best brands at great prices all under one roof!

5710 W. Good Hope Rd.
Milwaukee, WI 53223
414-358-0333
800-558-0411
milwaukee@aesham.com
Mon - Fri: 9:00am - 5:30pm
Saturday: 9:00am - 3:00pm

Amateur Electronic Supply

Over 51 years serving the Ham Community!

1-800-558-0411
www.aesham.com

144-148 MHz
WISCONSIN

Location	Output	Input	Notes	Call	Sponsor
Chippewa Falls	145.2300	–	O 110.9elWX	N9MMU	N.V.W.A.
Chippewa Falls	147.2400	–	O 110.9eWX	W9EAU	E C ARC
Chippewa Falls	147.3750	+	O 110.9x	WD9HFT	WD9HFT
Clam Lake	145.2100	–	110.9e	K9JWM	K9JWM
Earl	145.1100	–	O 110.9elWXx	N9MMU	N.V.W.A.
Eau Claire	146.9100	–	O 110.9ersWX	W9EAU	E C ARC
Hayward	147.2550	+	O 110.9aelWXxz	N9MMU	NVWA
Holcombe	145.4700	–	O 110.9lx	N9LIE	N9LIE
Holcombe	147.3450	+	O 136.5elWXx	N9MMU	N.V.W.A.
Hudson	145.1300	–	O 110.9ers	K9ZMA	SCC RACES
Hurley	147.1650	+	O 110.9elz	KC0IPA	LSAC
Lampson	146.6550	–	O 110.9elWX	N9PHS	NorWesCo
Menomonie	146.6100	–	OaelWXxz	K9KGB	R CDR RA
Menomonie	146.6850	–	110.9ers	N9QKK	N9QKK
New Richmond	145.2700	–	O 110.9lx	N9LIE	N9LIE
Park Falls	147.0000	+	O 110.9eWX	KA9EOK	PRICE CRA
Rice Lake	146.7150	–	O 110.9ersWX	W9GDH	Barron EM
Roberts	147.3300	+	110.9eWX	N9KMY	SCVRA
Shell Lake	147.0450	+	O 110.9elrsWXx	N9PHS	NORWESCO
Siren	146.6250	–	O 110.9elrsWXx	N9PHS	NORWESCO
Solon Springs	145.4900	–	O 110.9aelrsWXxz	N9QWH	DC RACES
Spooner	147.1350	+	Ol	W9AEA	W9AEA
Spooner/Hertel	145.1900	–	O(CA)elz	KB9OHN	BARS
Spooner/Hertel	147.3000	+	O 110.9 (CA) elz	KB9OHN	BARS
Superior	146.7600	–	O 110.9aers	K9UWS	UWS-ARC
Superior	146.8200	–	O 203.5a	WA9VDW	T P T G

SOUTH CENTRAL 123.0

Location	Output	Input	Notes	Call	Sponsor
Adams	145.2900	–	OeWX	KB9JYT	ACARC
Baraboo	145.3100	–	O 123.0 WXx	KB9VMC	KB9VMC
Baraboo	146.8800	–	O 123.0ersWXx	WR9ABE	C.W.R.A.
Baraboo	147.3150	+	O 123.0ersWXx	WB9FDZ	YTARC
Beloit	146.6700	–	O 123.0e	WA9JLD	Beloit ARC
Big Flats	146.6250	–	O 123.0e	N9WYQ	N9WYQ
Cambria	147.0150	+	O 123.0ersWX	KC9CZH	KC9CZH
Cambridge	147.3600	+	123.0erswXx	WE9COM	WeComm,Ltd
Clinton	146.7150	–	O 123.0e	K9RIJ	C.A.T.S.
Coloma	146.7000	–	O 123.0ex	W9LTA	W9LTA
Elkhorn	146.8650	–	O 127.3 (CA) erswX	W9ELK	LAARC
Friendship	147.0300	+	O 123.0rs	W9EIL	N9OEW
Hollandale	146.6550	–	123.0eWXx	N9QIP	HVARC
Janesville	145.4500	–	O 123.0eWX	WD9ACY	R.A.T.S.
Janesville	147.0750	+	O 123.0ae	K9FRY	K9FRY

144-148 MHz   WISCONSIN

Location	Output	Input	Notes	Call	Sponsor
Jefferson	145.4900	–	O 123.0 (CA) eWXz	W9MQB	TCARC
Juneau	146.6400	–	O 123.0ael WXz	W9TCH	ROCK R RC
Lohrville	145.2700	–	O 123.0	KB9JJB	KB9JJB
Madison	145.3700	–	123.0eWXx	KC9FNM	Empire
Madison	146.6850	–	O 123.0ers	W9YT	UW BARS
Madison	146.7600	–	O 123.0 (CA) ez	W9HSY	M A R A
Madison	146.9400	–	O 123.0x	WR9ABE	C W R A
Madison	147.1500	+	O 123.0rs WXz	W9HSY	M A R A
Markesan	146.9550	–	OewX	K9WC	G FOX ARC
Mauston	146.8500	–	O 123.0 (CA) erswX	KB9WQF	JCARC
Mauston	147.1050	+	O 123.0ers	K9UJH	K9UJH
Monroe	145.1100	–	O 123.0ers	KO9LR	G C ARA
Montello	146.7450	–	O 123.0 WX	KC9ASQ	KC9ASQ
Rubicon	145.3500	–	Oe	WB9KPG	WB9KPG
Wautoma	147.2850	+	O 123.0e	KC9FWD	KC9FWD

SOUTH EAST 127.3

Location	Output	Input	Notes	Call	Sponsor
Brookfield	145.1700	–	O 127.3	W9FK	WARAC
Cedarburg	146.9700	–	O 127.3 (CA) xz	W9CQO	O.R.C.
Delafield	146.8200	–	O 127.3 (CA) rsxz	K9ABC	SEWFARS
Hales Corners	147.3900	+	O 151.4	N9CFK	N9CFK
Hubertus	146.8500	–	O 127.3 (CA) l	W9KHO	K9JAC
Kewaskum	146.7900	–	100.0el	N9NLU	KMCG
Milwaukee	145.1300	–	O 127.3 (CA) elrsWXxz	N9LKH	MAARS
Milwaukee	145.2500	–	127.3el	KA9WXN	KA9WXN
Milwaukee	145.2700	–	O 127.3	W9HHX	MSOE ARC
Milwaukee	145.3900	–	O 127.3e	W9RH	MRAC
Milwaukee	146.6250	–	O 127.3	N9BMH	N9BMH
Milwaukee	146.9100	–	O 127.3aers WXxz	WI9MRC	MKE RPTR
Milwaukee	147.0000	+	146.2a	W9PY	PHANTOM
Milwaukee	147.0450	+	O 127.3	WB0AFB	MATC RC
Milwaukee	147.1050	+	● 127.3 (CA) e	K9IFF	K9IFF
Milwaukee	147.1650	+	O 127.3aelr sWXxz	W9WK	AREC, INC.
Port Washington	147.3300	+	O 127.3 (CA) erswXxz	WB9RQR	OZARES
Racine	147.2700	+	OerswX	KR9RK	LRA Racine
St Lawrence	146.7300	–	O 127.3 WX	WB9BVB	W.C. ARC
Union Grove	146.7450	–	O 127.3e	N9OIG	N9OIG
West Milwaukee	147.1350	+	O 141.3	NY9T	Viking Com

SOUTH WEST 131.8

Location	Output	Input	Notes	Call	Sponsor
Black River Falls	145.3900	–	131.8 WX	KC9GEA	N9PPB
Bluff Siding	146.8350	–	Oe	W0NE	Winona ARC
Galesville	147.0000	+	131.8eWXx	N9TUU	TCARES
La Crosse	146.9700	–	O 100.0ae WXxz	WR9ARC	RVRLND ARC

144-148 MHz
WISCONSIN-WYOMING

Location	Output	Input	Notes	Call	Sponsor
La Crosse	147.0900	+	o	N9ETD	N9ETD
Melrose	145.4500	–	o 110.9	W9LLB	W9LLB
Mount Sterling	147.3600	+	oewx	W9DMH	W9DMH
Osseo	145.3300	–	o 110.9lx	N9LIE	N9LIE
Tomah	146.8050	–	o 131.8ewx x	N9BOE	N9BOE
Viroqua	145.1700	–	o 131.8e	N9TUU	N9TUU

WYOMING
CENTRAL

Location	Output	Input	Notes	Call	Sponsor
Atlantic City - Limestone Mtn	147.0300	+	o 100.0	KD7BN	KD7BN
Casper	145.1450	–	oaersxz	N7OSW	N7OSW
Casper	145.2350	–	o 100.0rs	W7VNJ	CARC
Casper	147.2800	+	88.0 (CA)	N7NPL	N7NPL
Casper	147.3450	+	oaex	K7KMT	K7KMT
Casper - Grand View	145.3250	–	o(CA)e	NG7T	NG7T
Casper Mountain	146.6400	–	o 173.8 L(449.575)	KD7AGA	CDK Net
Casper Mountain	146.9400	–	oars	W7VNJ	CARC
Lander	145.4450	–	110.9	KC7CJN	KC7CJN
Lander	146.7900	–	oL(448.200)	WB7AHL	WB7AHL
Lander	147.0600	+	ol	N7HYF	WYAME
Riverton	145.1150	–	o 100.0	KD7MTE	WY DX Assn.
Riverton	145.2800	–	o 100.0aez	KC7BNC	KC7BNC
Shoshoni	147.3000	+	o(CA)	KB7PLA	KB7PLA
Shoshoni - Copper Mtn	146.8050	–	o 100.0 L(HERC)x	KD7BN	KD7BN
Wheatland - Laramie Peak	145.4150	–	o 100.0 E-SUNx	KD7QDM	NEWARC

EAST CENTRAL

Location	Output	Input	Notes	Call	Sponsor
Douglas	145.2650	–	otL(449.575)	KD7AGA	CDK Net
Douglas	146.9100	–	146.9l	WB7AEM	GPARA
Douglas	147.1500	+	oe	KK7BA	CCARC
Esterbrook	147.0300	+	100.0a	KT7V	KT7V
Glenrock	145.2650	–	o	KB7FGN	KB7FGN
Lusk	147.3300	+	oe	KK7LI	W7IFW

HERC - STATEWIDE

Location	Output	Input	Notes	Call	Sponsor
Casper Mountain	147.4600	147.4600	o 100.0#l	KD7BN	HERC
Cheyenne	146.8200	–	olx	KC7SNO	ShyWy ARC
Douglas	147.5300	147.5300	o 100.0#l	KD7BN	HERC
Dubois	146.8200	–	o 100.0lx	KD7BN	HERC
Gillette	147.5800	147.5800	o 100.0#l	KD7BN	HERC
Lander	147.4300	147.4300	o 100.0#l	KD7BN	HERC
Medicine Bow	147.5000	147.5000	o 100.0#l	KD7BN	HERC
Rawlins	147.3900	147.3900	o 100.0#l	KD7BN	HERC
Rock Springs - Aspen Mtn	146.9400	–	o 100.0lx	KC7LOR	SWARC
Shell Mountain	146.6700	–	o 100.0lx		HERC
Shoshoni - Copper Mtn	146.8050	–	o 100.0lx	KD7BN	HERC

NORTH CENTRAL

Location	Output	Input	Notes	Call	Sponsor
Basin	147.1350	+	o	WB7S	WB7S
Powell	147.2550	+	o	WA7QNS	WA7QNS
Shell	146.6100	–	o	WB7QQA	CMARC
Shell	146.6700	–	o	WA7NZI	CMARC

WYOMING 144-148 MHz

Location	Output	Input	Notes	Call	Sponsor
Sheridan	146.7300	–	Oa	N7KEO	N7KEO
Sheridan	146.8200	–	O	W7GUX	SRAL
Worland	147.2250	+	O	KB7PLA	KB7PLA
NORTH EAST					
Gillette	147.2700	+	O	KJ7UG	NEWAL
Gillette	147.3600	+	Oae	WC7M	CCARC
Newcastle	147.3000	+	O 162.2rx	NE7WY	NEWARC
Sundance	146.7900	–	Ox	KØHP	KØHP
Wright	146.9850	–	OtL(449.575)	KD7AGA	CDK Net
NORTH WEST					
Cody - Cedar Mountain	146.8500	–	Oels	KI7W	CMARC
SOUTH CENTRAL					
Baggs	147.0600	+	O	WB7CBQ	CCARS
Rawlins	146.7600	–	Oax	N7ZED	CCARS
Rawlins	147.0450	+	O	WD4MYL	HAMS
Rawlins	147.1800	+		KI7QG	CCARS
Rawlins	147.2400	+	Ox	WB7TJP	CCARS
Rawlins	147.3900	+	Oelx	KD7BN	HERC
Sinclair	146.7000	–	O	WA7YWA	WA7LFT
SOUTH EAST					
Albin	147.1650	+	O 114.8 L(147.105)	KC7SNO	ShyWy ARC
Cheyenne	146.7750	–	O 114.8 (CA) TTeLITZ WXz	KC7SNO	ShyWy ARC
Cheyenne	147.1050	+	O 114.8 (CA) L(147.165)	KC7SNO	ShyWy ARC
Harriman	145.2350	–	O 114.8 TTlx	N7GT	KB7SWR
Laramie	145.4450	–	O 123.0 L(COLO CONN)	KBØVJJ	KBØVJJ
Laramie	146.6100	–	Oz	N7UW	UARC
Laramie	146.8200	–	O 100.0 L(HERC)x	KC7SNO	ShyWy ARC
Laramie	147.0150	+	114.8 (CA)ex	N7MMC	N7MMC
Torrington	146.7300	–	O	WA7ALI	HPARC
Torrington	146.8050	–	O	N7CFR	N7CFR
Wheatland	146.8800	–	L(446.975)	WA7SNU	GPARA
SOUTH WEST					
Cokeville	147.3000	+	O	N7BRQ	N7BRQ
Evanston	145.3300	–	O	WA7MEK	UCRACES
Evanston	146.8600	–	100.0l	K7JL	K7JL
Evanston - Medicine Butte	147.0200	+	Ol	K7OGM	------------
Kemmerer	147.0900	+	Oarx	W7PIF	LCRACES
Kemmerer	147.3900	+	O	W7PIF	W7PIF
Rock Springs - Aspen Mtn	146.6100	–	O 100.0arxz	N7ERH	SWRACES
Rock Springs - Aspen Mtn	146.6700	–	O 100.0#TTe lx	N7ABC	N7ABC
Rock Springs - Aspen Mtn	146.9400	–	O 100.0x	KC7LOR	SWARC
WEST CENTRAL					
Afton - The Narrows	146.9700	–	100.0ers	KD7LVE	SVARC
Big Piney - Hogsback Mtn	146.8800	–	Or	KC7BJY	SCARC
Dubois	146.8200	–	O 100.0e L(HERC)x	KD7BN	KD7BN

144-148 MHz
WYOMING-ALBERTA

Location	Output	Input	Notes	Call	Sponsor
Dubois	147.3150	+	Oelx	KG7ST	KG7ST
Jackson	146.9100	–	O 123er	W7RAC	TRAC
Jackson - Rendezvous Mtn	146.7300	–	Ox	K7JAC	K7JAC
Kc7bjy	145.1450	–	O(CA)	KC7BJY	KC7BJY
Pinedale - Mt Airy	146.7750	–	O 100.0ae L(448.100)rx	W7YP	SCARC
Smoot - Salt River Pass	145.2500	–	Oers	W7UY	SVARC

ALBERTA
BANFF

Location	Output	Input	Notes	Call	Sponsor
Banff	146.6700	–	O	VE6MPR	WRN
Canmore	147.3600	+	Oel	VE6RMT	CARA
Lake Louise	146.8800	–	Ol	VE6BNP	WRN
Lake Louise	147.3300	+	OE-SUNsx	VE6HWY	CARA

CALGARY

Location	Output	Input	Notes	Call	Sponsor
Airdrie	145.3100	–	Os	VE6AA	ARES
Calgary	145.2900	–	Olx	VA6CTV	VA6DD
Calgary	146.6100	–	Oe	VE6OIL	SARA
Calgary	146.6400	–	ep	VE6NQ	CARA
Calgary	146.7300	–	Oa	VE6MX	VE6MX
Calgary	146.7600	–	Oa	VE6NOV	CARA
Calgary	146.8500	–	O 110.9/110.9el	VE6RYC	CARA
Calgary	146.9400	–	Ol	VE6RPT	VE6CKV
Calgary	147.0600	–	Oe	VE6AUY	CARA
Calgary	147.0900	+	O	VE6SPR	VE6NZ
Calgary	147.1800	+	O	VE6REC	CARA
Calgary	147.2100	+	O	VE6RPC	CARA
Calgary	147.2400	+	Oes	VE6QCW	VE6NLF
Calgary	147.2700	+	O	VE6RY	CARA
Calgary	147.3900	+	Oael	VE6WRT	VE6CPT
Crossfield	147.1350	+	Ol	VE6TPA	FARS/CCC

CENTRAL

Location	Output	Input	Notes	Call	Sponsor
Clive	145.4300	–	O	VE6GAS	VE6ONE

CENTRAL EAST

Location	Output	Input	Notes	Call	Sponsor
Alix/Bashaw	147.2100	+	Oael	VE6PAT	VE6ZH
Stettler	146.7000	–	Oa	VE6STR	------------
Three Hills	147.3150	–	O	VE6TRO	VE6CKV
Youngston	145.4700	–	O	VE6YSR	VE6NBR

CENTRAL NORTH

Location	Output	Input	Notes	Call	Sponsor
Camrose	146.7600	–	O	VE6WW	RCARC
Pigeon Lake	146.8800	–	Oex	VE6SS	------------
Wetaskiwin	145.3700	–	O	VE6WCR	VE6KP

CENTRAL SOUTH

Location	Output	Input	Notes	Call	Sponsor
Carbon	146.7150	–	Oe	VE6RCB	CARA
Kathryn	145.3900	–	Ol	VE6OTR	WRN
Olds	145.4900	–	Oal	VE6OLS	VE6KN
Wimborne	146.9700	–	Oelx	VE6BT	THARC

CENTRAL WEST

Location	Output	Input	Notes	Call	Sponsor
Limestone Mountain	145.2700	–	Ol	VE6MTR	VE6CMM
Nordegg	145.2100	–	Ol	VE6PZ	CARL
Rocky Mtn House	146.9100	–	Oaelx	VE6VHF	CARL
Sundre	147.0750	+	O 100.0e E-SUNlx	VE6GAB	VE6GAB

144-148 MHz
ALBERTA

Location	Output	Input	Notes	Call	Sponsor
DRUMHELLER					
Hanna	146.8200	–	Ol	VE6HB	THARC
EDMONTON					
Beaumont	147.1800	+	Oa	VE6BUZ	LEMIRE
Devon	146.6850	–	O	VE6LOS	VE6FQ
Edmonton	145.4100	–	Ol	VE6NHB	SARA
Edmonton	146.6400	–	O	VE6QCR	QCARC
Edmonton	146.8500	–	Oae	VE6ETR	VE6BJP
Edmonton	146.9400	–	O	VE6MR	VE6MR
Edmonton	147.0600	–	Oa	VE6HM	NARC
Edmonton	147.1200	+	OaeWX	VE6RES	RAES
Edmonton	147.2400	+	Ol	VE6JN	NARC
Edmonton	147.2850	+	O	VE6OSM	VE6JDD
Ft Saskatchewan	147.2700	+	O	VE6CWW	------------
Ft Saskatchewan	147.2700	+	O	VE6FSR	VE6TCK
Ft Saskatchewan	147.3600	+		VE6GNS	VE6TCK
North Morinville	146.9400	–	O	VE6LAW	VE6ZA
Sherwood Park	145.2900	–	O	VE6SRV	------------
FT MCMURRAY					
Ft McMurray	146.9400	–		VE6TAC	------------
Ft McMurray	147.0000	+	Oae	VE6TRC	TARC
GRANDE PRAIRIE					
Grande Prairie	146.3600	+	Oa	VE6LGL	PCARC
Grande Prairie	146.8500	–	O	VE6BL	PCARC
Grande Prairie	147.0600	–	Ox	VE6OL	PCARC
Grande Prairie	147.1500	+	O	VE6XN	PCARC
Rycroft	146.9700	–	O	VE6MAR	VE6BHH
Valleyview	147.2400	+	O	VE6YK	------------
KANANASKIS					
Fortress Mountain	147.1200	+	O	VE6AQA	CARA
LETHBRIDGE					
Lethbridge	146.8800	–	Oe	VE6CAM	VE6CAM
Lethbridge	147.1500	+	Oa	VE6UP	CCRG
Raymond	145.3700	–	O	VE6EEK	VE6FIE
MEDICINE HAT					
Brooks	147.1200	+	Oel	VE6EID	BARC
Brooks	147.2700	+	Oa	VE6NEW	BARC
Medicine Hat	145.4100	–	Ol	VE6CDR	VE6GLF
Medicine Hat	146.7000	–	O	VE6HHO	MHARC
Medicine Hat	147.0600	–	Oalx	VE6HAT	MHARC
Medicine Hat	147.1800	+	O	VE6MHT	MHARC
NORTH					
Athabaska	146.7300	–	Oe	VE6BOX	VE6BOY
NORTH EAST					
Andrew	146.7000	–	Oa	VE6JET	VE6BIK
Ashmont	147.1800	+	EXP	VE6TTL	VE6ARJ
Cold Lake	147.0900	+	Oae	VE6ADI	CLARC
Elk Island	146.6100	–	O	VE6REI	VE6BEX
Glendon	145.4500	–		VE6HOG	VE6XLR
La Corey	147.3750	+	O	VE6MBJ	CLARC
Lloydminster	145.2900	–	Ol	VE6YLL	------------
May Lakes	147.1500	+	Ol	VE6TBC	VE6RMB
Poe	145.4900	–	O	VE6POE	VE6TCK
Slave Lake	147.0300	+	O	VE6SLR	VE6AMY
St Paul	146.6700	–	Oa	VE6SB	VE6SB
Willingdon	146.7900	–	Oelx	VE6RJK	VE6BIK

144-148 MHz
ALBERTA-BRITISH COLUMBIA

Location	Output	Input	Notes	Call	Sponsor
NORTH WEST					
Grande Cache	147.3900	+	Ol	VE6YGR	------------
Whitecourt	146.8200	–	Ox	VE6PP	QCARC
PEACE RIVER					
Fairview	147.3750	+	O	VE6AZZ	VE6NN
Peace River	146.7900	–	O	VE6PRC	PRARC
Peace River	146.8200	–	Oa	VE6PRR	------------
Peace River	146.9400	–	Oa	VE6AAF	------------
RED DEER					
Red Deer	147.1500	+	Oaelx	VE6QE	CARL
Red Deer/Penhold	145.3300	–	Olx	VE6REP	SARA
SOUTH					
Claresholm	146.7900	–	Oe	VE6ROT	PHARTS
High River	145.1900	–	O	VE6HWC	FARS
High River	147.0000	+	Oae	VE6CQM	VE6BGL
Milk River	146.7600	–	Oal	VE6BRC	VE6BRX
Nanton	145.1700	–	Oelsx	VE6HRB	FARS
Warner	146.6700	–	O	VE6BBR	VE6BD
SOUTH WEST					
Black Diamond	145.3700	–	Olsx	VE6HRD	FARS
Burmis /Crowsnest Pass	145.3900	–	O A(*ON/#OFF)lsx	VE6HRP	FARS
Chain Lakes	147.0300	+	Ol	VE6WRO	WRN
Claresholm	145.2100	–	O	VE6AAH	VE6ARS
Coleman	145.4900	–	O	VE6CNP	FARS
Millarville	145.1900	–	Ol	VE6HRC	FARS
Pincher Creek	145.4500	–	O	VE6PAS	VE6COM
Turner Valley	147.3000	+	●	VE6CBI	VE6CBI
YELLOWHEAD					
Hinton	146.7600	–	Oaex	VE6YAR	VE6YAC
Jasper	146.9400	–	O	VE6YPR	YARC
Jasper	147.4800	–	O	VE6KMC	------------

BRITISH COLUMBIA

Location	Output	Input	Notes	Call	Sponsor
FRASER VALLEY					
Abbotsford	147.1000	+	110.9e	VE7RCK	VE7IRL
Abbotsford	147.2800	+	110.9	VE7RST	FVARESS
Abbottsford	145.0300	+	O	VE7PKV	FVARESS
Abbottsford	146.6000	–	O 110.9	VE7RVA	FVARESS
Chilliwack	145.1100	–	O	VA7RSH	Cheam Rptr
Chilliwack	146.9600	–	O	VA7CRC	Chilliwack
Chilliwack	147.0000	–		VE7TSG	VE7DBU
Chilliwack	147.2200	+	88.5	VE7VCR	VE7HD
Haney	144.9300	+	l	VE7HNY	TPARC
Hope	147.0800	+	O 110.9	VE7RVB	FVARESS
Langley	147.3800	+	203.5e	VE7RLY	Langley AR
Maple Ridge	146.8000	–	156.7	VE7RMR	Maple Ridg
GREATER VANCOUVER					
Burnaby	145.1700	–	O	VE7TEL	TPARC
Burnaby	145.3500	–	127.3	VE7RBY	BARC
Burnaby	147.0600	+	O	VE7FVR	IPARN
Coquitlam	145.3100	–	O	VE7MFS	Coquitlam
Delta	147.3400	+	107.2	VE7SUN	VE7DID
New Westminster	145.3900	–	O 100l	VE7NWR	NWARC
Pemberton	146.9800	–	O	VE7PVR	Squamish A
Port Coquitlam	145.4900	–	94.8e	VA7RPC	Port. Coq.

144-148 MHz BRITISH COLUMBIA

Location	Output	Input	Notes	Call	Sponsor
Richmond	147.1400	+	o	VE7RMD	Richmond A
Sea-to-Sky	146.9600	–	151.7	VA7SQU	VE7IDQ
Squamish	147.0000	+	●	VE7SQR	Squamish A
Surrey	147.3600	+	110.9e	VE7RSL	Surrey ARC
Vancouver	145.0700	+		VE7KIT	VAPO
Vancouver	145.0700	+	e	VE7LAN	BCFMCA
Vancouver	145.0900	+	l	VE7TEL	TPARC
Vancouver	145.1500	–	o 123.0l	VE7ROX	VE7ROX
Vancouver	145.2100	–	o	VE7BBL	VE7BBL
Vancouver	145.2700	–	o	VE7RHS	UBC ARC
Vancouver	145.2900	–	100	VA7IP	VE7LTD
Vancouver	145.4500	–	●	VE7TOK	VE7MBG
Vancouver	146.7200	–		VE7RBC	CBC ARC
Vancouver	146.7200	–		VE7RBI	CBC ARC
Vancouver	146.9400	–	●el	VE7RPT	BCFMCA
Vancouver	147.0200	+	el	VE7RAG	BCFMCA
Vancouver	147.0400	+	o	VE7RCH	Cheam Repe
Vancouver	147.1200	+	156.7l	VE7VAN	John Thoma
Vancouver	147.2600	+		VE7RHB	VE7CHU
Vancouver	147.2600	+		VE7RNS	VE7CHU
Vancouver	147.3000	+		VE7RDX	BCDX Club
Whistler	145.3100	–	o	VE7BMT	VE7EBQ
White Rock	146.9000	–	o	VE7RWR	WRARC
NORTH COAST					
Hazelton	146.9400	–	o	VE7RHD	BVARC
Kitimat	146.8200	–	o	VE7SNO	Kitimat AR
Kitimat	147.0600	–	o	VE7RAF	VE7ACF
Prince Rupert	146.8800	–	o	VE7RPR	PRARC
Prince Rupert	146.9400	–	o	VE7RKI	VE7EDZ
Prince Rupert	147.2800	+	o	VE7RMM	Prince Rup
Queen Charlotte	146.6800	–	o	VE7RQI	QCI ARC
Terrace	146.0000	+	o	VE7RTK	Terrace AR
Terrace	146.8000	–		VE7FFU	VE7IJJ
Terrace	146.8500	–	o	VE7RTK	Terrace AR
Terrace	146.9400	–	o	VE7RDD	Doug Davie
NORTH INTERIOR					
Burns Lake	146.9400	–	141.3	VE7LRB	LDARC/VE7L
Fishpot - Nazko	147.1500	+		VE7MBM	QRES
Fort Nelson	146.9400	–	ol	VE7VFN	FNARC
Fort St James	147.2400	+	100	VE7RFF	VE7XJC
Fort St James	147.3300	+	l	VE7DPG	VA7RC
Fort St John	147.2100	+		VE7RUC	VA7XX
Fraser Lake	146.8400	–	100	VE7RES	PGARC
Houston	147.0600	+	ol	VE7RHN	BV ARC
Loos	147.0600	+		VE7PAB	PGARC
Mackenzie	146.8200	–	l	VE7MKR	VE7MKR
Mackenzie	147.3300	–	●e	VE7ZBK	Mackenzie
McBride	146.7600	–	o	VE7RMB	PGARC
Pine Pass	146.6400	–		VE7RES	PGARC
Prince George	145.4300	–	100el	VE7RES	Prince Geo
Prince George	146.3400	147.5400	o	VE7RPM	PGARC
Prince George	146.7000	–	o	VE7FFF	Prince Geo
Prince George	146.8500	–		VE7BUL	VE7BUL
Prince George	146.9100	–	ol	VE7RWT	Prince Geo
Prince George	146.9400	–	o	VE7FG	PGARC
Prince George	146.9400	–	ol	VE7RPM	Prince Geo

144-148 MHz
BRITISH COLUMBIA

Location	Output	Input	Notes	Call	Sponsor
Prince George	147.0000	+	●l	VE7RUN	VE7EAA
Prince George	147.3000	+	o	VE7RES	PGARC
Quesnel	146.7600	–	o	VE7DTM	VE7DTM
Quesnel	146.9700	–	o	VE7RQM	QARC
Quesnel	147.0600	–	o	VE7RQL	Quesnel AR
Quesnel	147.2100	+	100	VE7RES	PGARC
Smithers	146.8800	–	100	VE7RBH	BV ARC
Tumbler Ridge	147.2700	+	o	VE7RTR	VA7XX
Valemont	147.0000	+	o	VE7RES	PGARC
Vanderhoof	146.8000	–	o	VE7RSM	Nechako Cl
Vanderhoof	146.8800	–	o	VE7RON	VE7UP
Verdun	146.7600	–		VE7LRB	LDARC
Wells/Barkerville	147.3800	+	114.8	VE7RLS	QARC
Williams Lake	146.6200	–		VE7RTI	QARC/VE7EQ
Williams Lake	146.8800	–		VE7WLR	WLARC/VE7B
Williams Lake	147.1200	+		VE7RWL	W'S LK ARC
Williams Lake	147.1800	+		VE7WLP	WLARC/VE7B
Williams Lake	147.3000	+	o	VE7KDL	VE7PW
PEACE RIVER					
Chetwynd	146.9100	–		VE7ATY	VA7XX
Dawson Creek	146.7600	–	o	VE7RMS	VA7CC
Dawson Creek	146.9400	–	o	VE7RDC	VE7DSD
Fort St John	146.6400	–		VE7RSJ	VA7XX
Pouce Coupe	146.2500	+		VE7AGJ	VE7AGJ
SOUTH CENTRAL					
100 Mile House	146.7400	–	a	VE7SCQ	VE7GTH
Apex Mtn	146.9200	–	●l	VE7OKN	OCARC
Barriere	147.2400	+		VE7RTN	IPARN
Barriere	147.3000	+	e	VE7RTN	VE7PW
Barriere	147.3600	+	o	VE7LMR	Kevin Lars
Barriere	147.3800	+	o	VA7RTN	VE7MOB
Blackpool	146.9000	–	o 100	VE7RBP	Wells Gray
Clearwater	146.9200	–	o	VE7RWG	Wells Gray
Clinton	146.6800	–	o	VE7RKL	IPARN
Clinton	147.3600	+	o	VE7LMR	VE7PW
Coquihalla	146.9800	–	o	VE7TYN	Kamloops A
Coquihalla	147.1000	+	o	VE7LGN	VE7FFK
Granite Peak	146.7600	–	a	VE7RNH	Shuswap AR
Kamloops	145.0500	145.0500		VE7RXD	VE7EJE
Kamloops	146.8000	–	100	VE7TRU	VE7PW
Kamloops	146.9400	–	o	VE7DUF	Kamloops A
Kamloops	146.9600	–	e	VE7RKA	Kamloops A
Kamloops	147.1800	+	oe	VE7KEG	VE7EFL
Kamloops	147.2400	+	o	VE7KIG	VE7LGF
Kamloops	147.3200	+	el	VE7RLO	Kamloops A
Kelowna	146.6200	–	oa	VE7ROK	OCARC
Kelowna	146.6800	–		VE7OGO	OCARC
Kelowna	146.7800	–	o	VE7SFX	VE7EQN
Kelowna	146.8200	–		VE7ROC	OCARC
Kelowna	147.0000	+	l	VE7ROW	OCARC
Kelowna	147.1400	+	o	VE7VTC	VE7VTC
Kelowna	147.2400	+	o	VE7RIM	VE7KHQ/IPA
Kelowna	147.3000	+	e	VE7KTV	VA7UN
Lillooett	147.3800	+	o	VE7TJS	Tyler Schw
Lytton	147.0600	+	o	VE7HGR	IPARN
Manning Park	147.0600	+	o	VE7MPR	IPARN

144-148 MHz   293
BRITISH COLUMBIA

Location	Output	Input	Notes	Call	Sponsor
Merritt	146.6600	–	o	VE7IRN	IPARN
Monashee Pass	146.7400	–	o 123	VE7SMT	NORAC
Mt Avola	145.3500	–	o	VE7RBP	Wells Gray
Okanagan/Shuswap	147.0600	+	o	VE7RNR	NORAC
Oliver	147.1600	+	100	VE7RBD	Oliver ARC
Oliver	147.3800	+	o	VE7ROR	OARC
Osoyoos	146.6600	–		VE7KVR	IPARN
Osoyoos	146.9400	–		VE7STA	VE7STA
Osoyoos	147.3400	+	o	VE7EHF	VA7WCN
Penticton	145.3500	–		VE7REE	OREO
Penticton	146.6400	–	● 77.0elp	VE7RCP	Penticton
Penticton	147.1200	+	o	VE7RPC	Penticton
Revelstoke	147.2000	+	l	VE7RJP	------------
Robson Valley	146.7600	–		VE7RMB	McBride AR
Salmon Arm	146.1600	+	a	VE7CAL	Shuswap AR
Salmon Arm	147.0200	–		VE7RSA	SASARC
Shuswap	147.0800	+	o	VE7LIM	VE7DTN
Silver Star	146.9000	–	o 123	VE7RHW	VE7HW/VE7C
Sorrento	146.6400	–		VE7RXX	VE7EHL
Sorrento	147.1400	+	o	VA7AHR	R.Hickman
Tappen	146.6400	–		VE7RAM	VE7LOG
Thompson/Shuswap	147.0000	–	a	VE7RLD	Kamloops A
Valemont	146.6000	–		VE7YCR	Wells Gray
Vernon	146.8000	–		VE7EGO	NORAC
Vernon	146.8800	–		VE7RSS	NORAC
Vernon	147.0400	+	a	VE7RIP	NORAC
Vernon	147.2200	+	o	VA7VMR	VE7OHM
Westbank	147.2000	+	e	VE7CJU	VE7CJU
SOUTH EAST					
Cranbrook	146.9400	–		VE7CAP	EKARC
Creston	146.8000	–	o	VE7RCA	CVARC
Fairmont Hot Springs	146.8500	–		VE7RIN	EKARC
Golden	147.1600	+	l	VE7DMO	East Koote
Grand Forks	146.9400	–	ol	VE7RGF	VA7TO
Grand Forks	147.2800	+	el	VE7RGF	Grand Fork
Kimberley	145.1900	28.6000		VE7REK	EKARC
Kimberley	146.9400	–	o	VE7CAP	Ken MacDon
Kootenay Lake	147.0600	–		VE7BTU	WKARC
Nakusp	146.9400	–	1811e	VE7RDM	VE7EDA
Nelson	146.6400	–		VE7RCT	WKARC
Revelstoke	146.7200	–		VE7RBG	OCARC
Rossland	147.1400	+	o	VE7OGM	Ben Peach
Sparwood	147.3000	+	100	VE7RSQ	Karl Ehrle
Trail	146.8400	–		VE7CAQ	BVARC
VANCOUVER ISLAND NORTH					
Campbell River	145.0700	+		VE7NVI	VE7JZ
Campbell River	146.7600	–	o	VE7XJR	VE7BMR
Campbell River	146.8200	–		VE7RVR	VE7DAY
Campbell River	146.9600	–		VE7CRC	VE7BMR
Comox Valley	146.6200	–	141.3	VE7NIR	VE7AGM
Comox Valley	146.7800	–	141.3e	VE7RCV	Comox Vall
Comox Valley	146.9100	–	141.3	VE7RCV	Comox Vall
Port McNeil	146.9200	–	e	VA7RNI	North Isla
Port McNeil	146.9400	–	o	VE7RNI	North Isla
Sayward	146.7000	–	o	VE7RNC	North Isla
Woss Lake	146.8800	–	o	VE7RWV	NIARS

294   144-148 MHz
BRITISH COLUMBIA-MANITOBA

Location	Output	Input	Notes	Call	Sponsor
VANCOUVER ISLAND SOUTH					
Alberni Valley	145.2900	–	141.3	VE7RTE	VE7TFM
Chemainus	146.6800	–		VE7RNA	Cowichan V
Duncan	145.4700	–	Oa	VE7RVC	CVARS
Malahat	146.9800	–	O 123.0	VE7XMR	CERT-BC
Nanaimo	145.4300	–	O	VE7DJA	NARA
Nanaimo	146.6400	–		VE7ISC	NARA
Nanaimo	146.9800	–	O	VE7RME	Malaspina
Nanaimo	147.1800	+	O	VE7RBB	VA7TH
Parksville	145.3700	–	Oa	VE7RPQ	Mid Island
Parksville	147.0800	+	O 141.3l	VE7PQU	ORCA
Parksville	147.2800	+	O 141.3ael	VE7PQA	ORCA
Parksville	147.3400	+	141.3	VE7MIR	MIRA
Port Alberni	147.1500	+	O	VE7RPA	Arrowsmith
Port Alberni	147.2400	+	O 141.3el	VE7KU	Arrowsmith
Powell River	145.2900	–	141.3	VE7GGZ	VE7GGZ
Saanich	145.2900	–	167.9e	VE7SER	Saanich EP
Saanichton	145.1300	–	O	VE7RGT	VE7GCT
Saltspring Is	146.6600	–	100	VE7RMT	WARA
Saltspring Is	147.3200	+	O	VE7RSI	Friends of
Sooke	146.9800	–	O	VE7RWS	VE7ED
Sooke	147.2200	+		VE7RSK	Paul Johns
Sunshine Coast	147.2200	+	107.2	VE7RXZ	SCARC
Tofino	147.0000	–	el	VE7RWC	Arrowsmith
Victoria	145.0500	+	l	VE7TPV	TPARC
Victoria	145.4100	–	O	VE7RSR	Victoria N
Victoria	145.4300	–	O	VE7RCN	Base ARC
Victoria	145.6900	145.6900		VE7MEP	Mun. of Me
Victoria	146.8400	–		VE7VIC	WARA
Victoria	147.1200	+	100l	VE7RBA	VE7IA
Victoria	147.2400	+	el	VE7RFR	VE7DAT
MANITOBA					
INTERLAKE					
Ashern	146.7000	–	O	VE4SHR	VE4KE
East Selkirk	146.7300	–	O	VE4SLK	SelkirkARC
Gimli	146.8500	–	Otae	VE4GIM	MANRS
Lundar	146.9700	–	Ol	VE4LDR	VE4GM
Teulon	145.4100	–	O	VE4TEU	ILARC
Woodlands	145.4300	–	Ol	VE4SIX	------------
NORTH					
Thompson	146.9400	–	#	VE4TPN	THOMPSON A
NORTHWEST					
Dauphin	146.6400	–	Oa	VE4DPN	DARC
Dauphin	147.0300	–	Ox	VE4BMR	MANRS
Flin Flon	146.9400	–	Ox	VE4FFR	FliFlonRC
Swan River	146.9400	–	Ol	VE4SRR	SWANRARC
The Pas	145.3500	–	O	VE4PAS	------------
SOUTH CENTRAL					
Austin	146.9100	–	O	VE4MTR	VE4RE
Basswood	145.1500	–	O 127.3	VE4BAS	VE4TOM
Bruxelles	146.8800	–	Olx	VE4HS	SWARC
Elie	147.2400	+	O 127.3	VE4RAG	VE4TOM
Morris	145.2700	–	Oae	VE4CDN	MANRS
Neepawa	147.2100	+	Oae	VE4NEP	MANRS
Portage	147.1650	+	O	VE4PTG	VE4KE

MANITOBA-NEW BRUNSWICK

Location	Output	Input	Notes	Call	Sponsor
Winkler	145.1900	+	O	VE4VRG	WinklerARC
SOUTHEAST					
Falcon Lake	146.6400	–	Ol	VE4FAL	VE4AS
Hadashville	147.3600	+	Oers	VE4EMB	MANRS
Lac Du Bonnet	145.3700	–	Ox	VE4PIN	PARC
SOUTHWEST					
Brandon	146.7300	–	Oa	VE4TED	BrandonRC
Brandon	146.9400	–	Ox	VE4BDN	BrandonRC
Killarney	146.8500	–	Ox	VE4KIL	VE4RO
WEST CENTRAL					
Foxwarren	147.0600	+	Ol	VE4PCL	PCLRS
Russell	147.2400	+	Ol	VE4BVR	RARC
WINNIPEG					
Bird's Hill	146.8200	–	O	VE4INT	------------
Milner Ridge	145.2100	–	Oae	VE4MIL	------------
Starbuck	146.6100	–	Olrs	VE4MAN	MANRS
Winnipeg	145.2300	–	O 127.3	VE4ARC	------------
Winnipeg	145.3500	–	Oa	VE4WNR	VE4VE
Winnipeg	146.7600	–	O	VE4CNR	PMCStaff
Winnipeg	147.1200	+	Ol	VE4AGA	VE4AGA
Winnipeg	147.2700	+	O	VE4UMR	UMARS
Winnipeg	147.3000	+	Ol	VE4EDU	MANRS
Winnipeg	147.3300	+	O	VE4RRC	RedRvrCC
Winnipeg	147.3900	+	Olrsx	VE4WPG	MANRS
Winnipeg	147.7800	–	●	VE4WDX	WnpgDXClb

NEW BRUNSWICK

Location	Output	Input	Notes	Call	Sponsor
ACADIEVILLE					
Acadieville	145.4300	–	Oel	VE9ACD	IRG
BATHURST					
Allardville	147.3150	+	Oel	VE1BRD	IRG
Bathurst	147.2400	+	O	VE9BAT	------------
BELLEDUNE					
Elmtree	145.4100	–	Oel	VE9ELM	IRG
CAMPBELLTON					
7 Mile Ridge	147.3900	+	Oel	VE9VDR	IRG
Campbellton	146.6550	–	O	VE9CTN	VE2FXM
Campbellton	146.9550	–	O	VE9SMR	VE2FXM
DALHOUSIE					
Dalhousie	145.3900	–	O	VE9LED	------------
Dalhousie	145.4900	–	O	VE9DNB	VE9YN
Dalhousie	146.9700	–	O	VE9MDM	------------
DOAKTOWN					
Doaktown	146.9100	–	Oel	VE1XI	IRG
EDMUNDSTON					
Edmundston	147.3000	+	Ol	VE9TMR	CRAM
Riceville	145.1300	–	Oel	VE9RCV	IRG
FREDERICTON					
Crabbe Mtn	146.7600	–	Oel	VE1PD	IRG
Fredericton	146.6550	–	O/123.0 L(446.650)	VE9CWM	VE9HAM
Fredericton	147.1200	+	Oael	VE1BM	IRG
Fredericton	147.1650	+	O	VE9FTN	VE1KO
Fredericton	147.3000	+	OL(IRLP)	VE9FNB	FARC
Fredericton	147.3600	+		VE9DGP	VE9AI
New Maryland	145.3100	–	O	VE9SKR	VE9SK

144-148 MHz
NEW BRUNSWICK-NEWFOUNDLAND AND LABRADOR

Location	Output	Input	Notes	Call	Sponsor
FUNDY					
Fundy Park	145.1700	–	Ol	VE9TCF	------------
GRAND MANAN IS					
Grand Manan Is	146.9550	–	Ol	VE9GMI	IRG
MINTO					
Minto	145.1900	–	O	VE9GLA	------------
MIRAMICHI					
Chapin Is Rd	147.1500	+	Oel	VE9MIR	IRG
Newcastle	146.7300	–	O	VE1NCW	VE1DAB
MONCTON					
Moncton	146.8800	–	O	VE1RPT	VE1NU
Moncton	147.0900	+	Oel	VE1MTN	IRG
Moncton	147.3450	+	OL(IRLP)	VE9TCR	TCARC
PERTH					
Kintore Mtn	147.0600	–	Oel	VE9KMT	IRG
SACKVILLE					
Fairfield	145.2300	–	Oel	VE9SKV	IRG
SAINT JOHN					
Grove Hill	145.3300	–	Oel	VE9STM	IRG
Hampton	145.1300	–	O	VE9HPN	LCARC
Otter Lake	147.3900	+	O	VE9PSA	VE1BAC
Saint John	145.1100	–	O	VE9SNB	VE9SNB
Saint John	146.8200	–	O	VE9STJ	IRG
Saint John	147.2700	+	O/100.0e L(IRLP+E)	VE9SJN	LCARC
Spruce Lake	146.8950	–	O	VE9SJW	LCARC
SHEDIAC					
Shediac	147.2250	+	O	VE9SBR	SBRG
Shediac	147.3750	+	O	VE9DRB	------------
ST LEONARD					
St Leonard	145.3500	–	OIBI WX	VE9STL	IRG
ST QUENTIN					
St Quentin	145.2300	–	Oel	VE9SQN	IRG
St Quentin	145.4500	–	O	VE9MIK	VE1MIK
ST STEPHEN					
Pleasant Ridge	146.7000	–	Oel	VE1BI	IRG
St Stephen	146.8500	–	O	VE1IE	VE1AU
STANLEY					
Stanley	147.0300	+	Oe	VE9NRV	IRG
SUSSEX					
Scotch Mtn	146.6100	–	Ol	VE9SMT	IRG
TRACADIE					
Pokemouche	147.0300	+	O	VE1AZU	VE1BKU
St Isidore	146.7000	–	Oel	VE9SID	IRG
Tracadie	145.4700	–	O	VE9CR	------------
WOODSTOCK					
Skiff Lake	145.3700	–	Oe	VE9IRG	IRG
Woodstock	146.9700	–	Oa	VE9CCR	CCARC
Woodstock	147.1800	+	O	VE9TOW	CARC
NEWFOUNDLAND AND LABRADOR					
AVALON EAST					
Cape Pine	147.1200	+	O	VO1CPR	ILARC
Ferryland	147.2800	+	O	VO1CQD	ILARC
Goulds	147.2400	+	Oa	VO1KCR	GARC
Goulds	147.3750	+	O	VO1GGR	ILARC

144-148 MHz NEWFOUNDLAND AND LABRADOR-NOVA SCOTIA

Location	Output	Input	Notes	Call	Sponsor
Holyrood	146.7600	–	Oal	VO1BT	SONRA
Mount Pearl	146.8800	–	OL(EIRLP)	VO1CGR	VO1VCP
Portugal Cove South	147.0300	+	O	VO1ILR	ILARC
St John's	145.4700	–	e	VO1ILP	VO1ST
St John's	146.7900	–	OL(IRLP)	VO1AAA	SONRA
St John's	146.9400	–	Ox	VO1GT	SONRA
St John's	147.1200	+	Oae	VO1TZ	AVRAC
St John's	147.3450	+	O	VO1RCR	AVRAC
St Mary's	146.6400	–	O	VO1SMB	PARA
Transportable	146.6100	–	ep	VO1RNC	VO1RWT
Transportable	147.0000	–	ep	VO1NET	VO1EMO
AVALON WEST					
Bay Robert	146.7300	–	OaL(ECHO)	VO1IC	VO1IU
Green's Harbour	147.3600	+	O	VO1ELF	UTARC
Heart's Content	146.9700	–	O	VO1TCR	BARK
Heart's Content	147.3000	+	O	VO1TBR	UTARC
New Harbour	147.0900	+		VO1PCR	VO1BIL
Placentia	146.8200	–	OL(IRLP)	VO1ARG	PARA
Placentia	147.0100	+	OL(ECHO)	VO1PFR	PARA
Transportable	147.0000	–	ep	VO1NET	VO1EMO
BURIN PEN					
Allan's Island	147.1900	–	O	VO1AIR	FBARC
Grand Bank	146.9400	–	Oal	VO1GBR	FBARC
Grand Bank	147.0900	+	O	VO1FBR	FBARC
Marystown	146.8500	–	L(EIRLP)	VO1MST	VO1EE
St Lawrence	147.1400	+	Ol	VO1SLR	SLARC
Transportable	147.0000	–	ep	VO1NET	VO1EMO
CENTRAL NF					
Clarenville	147.3850	+	OL(EIRLP)	VO1ISR	VO1IRA
Gander	146.8800	–	Oa	VO1ADE	ARCON
Gander	147.1800	+	Ol	VO1GLR	ARCON
Goobies	147.2200	+		VO1PBR	VO1IRA
Grand Falls	146.7600	–	Oa	VO1JY	EVARC
Grand Falls	146.9100	–	Ol	VO1GFR	EVARC
Lewisporte Junction	147.3200	+	Ol	VO1LJR	ARCON
Shoal Hr	146.6600	–	Ol	VO1SHR	ARCON
Transportable	147.0000	–	ep	VO1NET	VO1EMO
LABRADOR					
Goose Bay	146.3400	+	O	VO2GB	GARS
Labrador City	146.9400	–	O	VO2KG	HOWL
Labrador City	147.7600	–	Oa	VO2LMC	HOWL
Transportable	147.0000	–	ep	VO1NET	VO1EMO
WESTERN NF					
Baie Verte	146.9700	–	O	VO1BVR	BVARC
Corner Brook	146.9400	–	Oa	VO1CBK	HUMBARS
Corner Brook	147.3600	+	Ol	VO1MO	HUMBARS
Ramea	147.2800	+	O	VO1RIR	VO1UG
St Anthony	147.9600	–	O	VO1GNP	SAARA
Transportable	147.0000	–	ep	VO1NET	VO1EMO

NOVA SCOTIA
AMHERST

Location	Output	Input	Notes	Call	Sponsor
Amherst	147.2850	+	OL(IRLP)	VE1WRC	WCARC
ANTIGONISH					
Antigonish	146.8200	–	Oe	VE1RTI	AARC

144-148 MHz
NOVA SCOTIA

Location	Output	Input	Notes	Call	Sponsor
BARRINGTON					
Barrington Passage	146.8800	–	O	VE1JNR	VE1MM
Oak Park	147.2550	+	Ol	VE1OPK	SCARC
BRIDGETOWN					
Bridgetown	147.0600	–	Oel	VE1BO	NSARA
BRIDGEWATER					
Bridgewater	147.1200	+	OL(IRLP)	VE1KIN	LCARC
Hebbville	147.0900	+	Oal	VE1VL	LCARC
CHESTER					
Bezanson	147.3300	+	Oel	VE1LUN	LCARC
DARTMOUTH					
Dartmouth	147.1500	+	Oae	VE1DAR	DARC
DIGBY					
Digby	147.0150	+	Oe	VE1AAR	FARC
GREENFIELD					
Greenfield	147.3600	+	O	VE1BBY	QCARC
GREENWOOD					
Greenwood	145.2100	–	Ol	VE1AAQ	VE1II
Greenwood	147.2400	+	OL(IRLP)	VE1WN	GARC
GUYSBOROUGH					
Lundy	146.7000	–	Oe	VE1GYS	AARC
HALIFAX					
BeaverBank	147.0450	+	Oe	VE1MTT	TPARC
Halifax	146.9400	–	O/82.5e L(IRLP)	VE1HNS	HARC
Halifax	147.2700	+	Oel	VE1PSR	HARC
Hammonds Plains	146.6850	–	Oel	VE1PKT	VE1YZ
HFX Airport	146.9700	–	Oel	VE1CDN	VE1YZ
HALIFAX-ALL NS					
Halifax	145.2500	–	Oep	VE1HRM	VE1AJP
Halifax Portable	145.4100	–	Oep	VE1HRM	VE1AJP
INVERNESS					
Kiltarlty Mtn	146.7300	–	Oel	VE1KIL	------------
KEJIMIKUJIK					
Kejimikujik Nat Park	147.1950	+	OeE-SUNl	VE1KEJ	QCARC
KENTVILLE					
Glenmount	147.1800	+	Oael	VE1AEH	KCARC
LIVERPOOL					
Liverpool	147.0600	+	O	VE1QW	QCARC
Liverpool	147.3000	+	Oael	VE1VO	QCARC
Liverpool	147.3900	+	O	VE1AVA	QCARC
MUSQUODOBOIT					
Musquodoboit Hrbr	147.0300	+	Oel	VE1MHR	ESARC
NEW GLASGOW					
Pictou	146.7600	–	Oel	VE1HR	PCARC
PARRSBORO					
Parrsboro	145.4700	–	OeE-SUNl	VE1PAR	VE1BXK
SHEET HARBOUR					
Sheet Harbour	145.4500	–	Oel	VE1ESR	ESARC
SHELBURNE					
Middle Ohio	146.6100	–	Oael	VE1SCR	SCARC
SHERBROOKE					
Sherbrooke	145.3900	–	Oel	VE1SAB	ESARC
SPRINGFIELD					
Springfield	146.8350	–	Oel	VE1LCA	LCARC

144-148 MHz
NOVA SCOTIA-ONTARIO

Location	Output	Input	Notes	Call	Sponsor
SPRINGHILL					
Lynn Mtn	147.0000	–	Oel	VE1SPR	VE1ZX
Sugarloaf	145.3500	–	Oe L(IRLP+E)	VE1BHS	VE1ZX
SYDNEY					
Cape Smokey	147.2400	+	Oael	VE1CBI	------------
Glace Bay	147.3900	+	O	VE1QSL	VE1APE
Rear Boisdale	146.8800	–	Oel	VE1HAM	------------
Sydney	146.6100	–	Oel	VE1CR	SARC
Sydney	146.9400	–	Oa	VE1HK	SARC
Sydney	146.9700	–	O	VE1QRZ	VE1APE
TRURO					
Nuttby Mtn	146.7900	–	Oel	VE1XK	TARC
Nuttby Mtn	147.2100	+	Oe	VE1TRO	TARC
Truro	145.2100	–	OL(IRLP)	VE1AAQ	VE1II
WINDSOR					
Gore	146.6400	–	O	VE1OM	TPARC
Windsor	146.9100	–	O	VE1HCA	HCARC
YARMOUTH					
Yarmouth	146.7300	–	OeL(IRLP)	VE1YAR	YARC
ONTARIO					
CENTRAL					
Barrie	147.0000	+	O 156.7e	VE3RAG	BARC
Barrie	147.1500	+	O 127.3as	VE3KES	VE3OKS
Berkeley	145.2900	–	O 156.7esx	VA3CAX	RWARC
Bracebridge	146.8650	–	O	VE3MRT	------------
Collingwood	146.7900	–	O 156.7ex	VE3BMR	BMARC
Dwight	145.2700	–	O 156.7e L(IRLP)	VE3MUS	MFC
Dwight	146.7750	–	O 156.7e L(IRLP)S	VE3MUS	MFMC
Dwight	146.8200	–	O 156.7e	VE3MUS	MFMC
Edgar	145.1900	–	OalWX	VE3TTB	------------
Edgar	146.8500	–	Oez	VE3LSR	------------
Edgar	147.3150	+	Oez	VE3LSR	------------
Edger	147.2850	+	156.7e	VA3IMB	------------
Keswick	147.2250	+	O 118.8e L(IRLP)	VE3YRC	YRARC
Lions Head	146.7150	–	O 156.7	VE3CAX	RWARC
Midland	146.9100	–	Ol	VE3UGB	------------
Orillia	147.2100	+	O 156.7	VE3ORR	OARC
Parry Sound	145.4900	–	aL(IRLP) WX	VE3RPL	PARRA
Penetang	147.1800	+	O	VE3MGB	------------
Sarnia	146.9550	–	O(CA)e L(IRLP)	VE3WHO	------------
Shelburne	146.6850	–	O(CA) L(VE3ULR) WX	VE3ZAP	------------
CENTRAL EAST					
Colborne	147.1650	+	O 162.2 L(TFMCS)	VE3RTY	------------
Dysart Township	147.1050	+	Oe	VA3LTX	------------
Essonville	147.2400	+	O(CA)el	VE3TBF	------------
Lindsay	147.1950	+	Oe L(VA3MIN/VE3ULR IRLP)	VE3LNZ	VHARA
Minden	147.0750	+	O 162.2 (CA) L(443.55)	VE3VHH	------------

300 144-148 MHz
ONTARIO

Location	Output	Input	Notes	Call	Sponsor
Oshawa	147.1200	+	O 156.7	VE3OSH	NSARC
Peterborough	146.6250	–	O(CA)el	VE3PBO	PARC
Rice Lake	145.1500	–	O 186.2 L(VE3ULR)	VE3RTR	------------

CENTRAL WEST
Location	Output	Input	Notes	Call	Sponsor
Kincardine	146.6100	–	Oe	VE3TIV	BRUCE ARC
Lucknow	147.1950	+	O 123.0e	VE3DFJ	SRAR
Owen Sound	146.9400	–	Oae L(146.895)	VE3OSR	GBARC
Port Elgin	146.8200	–	Oels	VE3PER	------------
Wiarton	146.8950	–	Oe L(146.940)	VE3GBT	GBARC

FRONTENAC/LENNOX-ADDINGTON
Location	Output	Input	Notes	Call	Sponsor
Kingston	146.9400	–	L(I 2750)sx	VE3KBR	KARC
Kingston	147.0900	+		VE3KAR	VE3KFS

HASTINGS/PRINCE EDWARD
Location	Output	Input	Notes	Call	Sponsor
Bancroft	147.2850	+	O/118.8ae WX	VA3FOY	VE3ATP
Belleville	146.9850	–	/118.8 L(I 2090)s	VE3QAR	QARC
Maynooth	147.0000	+	I	VE3WPR	------------
Mcarthur Mills	147.1800	+	L(442.700)	VA3PLA	Planica ARC
Picton	146.7300	–	aL(VE3ULR) sLITZx	VE3TJU	PERC
Trenton	147.0150	+	O/91.5a(CA)	VE3TRN	Trenton ARC
Tweed	145.3700	–	(CA)e L(KJG/ I 2947)sx	VE3RNU	VE3LCA

LANARK/LEEDS-GRENVILLE
Location	Output	Input	Notes	Call	Sponsor
Almonte	147.2700	+	a(CA)	VA3AAR	------------
Brockville	146.8200	–	100.0/100.0a (CA)	VE3BAT	VE3IWJ
Franktown	147.2400	+	100.0/100.0	VA3IGS	VA3WK
Kemptville	146.8500	–	151.4/151.4	VE3KPT	VA3WHS
Lansdowne	146.6250	–	100.0/100.0s	VA3LGA	LGARES
Lavant	146.6400	–	A(*74 / #)e L(RNU/I 2947)sx	VE3KJG	VE3LCA
Mallorytown	146.9700	–	L(I 2090)	VE3IGE	------------
Mount Pakenham	145.3300	–	110.9/110.9 (CA)eL(I2018)	VE2REH	ARAI
Perth	146.9550	–	L(KJG)ps	VE3GWS	Lanark North Le
Smiths Falls	146.7750	–	A(*#)	VE3ZPO	VE3ZPO
Smiths Falls	147.2100	+	/100.0a	VE3RLR	RLARC
Toledo	146.8650	–	a	VE3HTN	HTMLUG
Westport	145.2300	–	151.4/151.4 L(KJG/I 2947)	VA3TEL	VE3LCA

METRO TORONTO
Location	Output	Input	Notes	Call	Sponsor
Ajax	147.3750	+	OeL(IRLP)	VE3SPA	SPARC
Ballantrae	145.4700	–	O(CA) L(VE3ULR)	VE3ULR	------------
Ballantrae	147.3300	+	103.5 (CA) L(IRLP COARC)x	VA3BAL	COARC
Brampton	146.8800	–	Oe L(443.550) WX	VE3PRC	PARC
Grand Valley	146.8350	–	O 103.5	VE3POR	
Inglewood	146.7000	–	O 103.5e	VE3RDP	PARC
King City	145.3100	–	O 151.4	VE3GSR	VE3GSR

144-148 MHz 301
ONTARIO

Location	Output	Input	Notes	Call	Sponsor
King City	145.3500	–	O 103.5e	VE3YRA	YRARC
King City	146.6100	–	103.5eWX	VE3WAS	------------
Mississauga	145.4300	–	O 103.5 (CA) e	VE3MIS	MARC
Mississauga	147.2550	+	O 103.5el	VE3BDJ	------------
Scarborough	146.7450	–	O 131.8	VE3RTC	------------
Stouffville	147.2700	+	O	VE3TNC	TARC
Toronto	145.1100	–	O 82.5	VE3WOO	------------
Toronto	145.1300	–	O 103.5el	VA3GTU	------------
Toronto	145.2300	–	103.5l	VE3OBN	SSPBD
Toronto	145.3700	–	Ol	VE3GER	------------
Toronto	145.4100	–	O 103.5 (CA) eL(TFM IRLP)	VE3TWR	TFMCS
Toronto	146.9400	–	O 103.5	VE3TOR	ETRG
Toronto	146.9850	–	O	VE3SKY	SARC
Toronto	147.1800	+	O 103.5e L(IRLP YYZ)	VE3MOT	TARCS
Uxbridge	146.6700	–	O 67.0	VE3PIC	------------
Uxbridge	147.0600	+	O 103.5 (CA) eL(IRLP TFM)z	VE3RPT	TFMCS
Whitby	147.0450	+	O 103.5e	VA3SUP	WARC
Whitby	147.1500	+	O 103.5es	VE3WOM	WARC

NATIONAL CAPITAL REGION

Location	Output	Input	Notes	Call	Sponsor
Cumberland	146.9850	–	77.0/77.0s	VA3EMV	EMRG
Ottawa	145.1900	–	al	VA3OTW	SARC
Ottawa	145.4500	–	/151.4 A(*#)e L(I2596)	VE3RIX	MARG
Ottawa	146.6700	–	136.5sx	VA3EMV	EMRG
Ottawa	146.7000	–	136.5/136.5 L(I 2210)x	VE3TST	VE3HXP
Ottawa	146.7900	–	/156.7a	VA3LCC	Cite Collegiale
Ottawa	146.8800	–	/136.5ps	VA3EMV	EMRG
Ottawa	147.0300	–	/100.0	VE3TEL	PARC
Ottawa	147.1500	+	al	VE3MPC	CPCARC
Ottawa	147.3000	+	/100 A(*123/#) L(444.2/53.03)	VE3TWO	OVMRC
Ottawa (West)	146.9850	–	146.2/146.2s	VA3EMV	EMRG
Ottawa area	145.1100	–	/136.5ps	VA3EMV	EMRG

NIAGARA

Location	Output	Input	Notes	Call	Sponsor
Dunnville	147.0750	+	O 107.2e	VE3HNR	DARC
Fonthill	147.3000	+	O 107.2e	VE3WCR	WCARC
Ridgeway	147.1650	+	O 107.2e L(TFM) RB	VE3RAC	------------
St Catharines	147.2400	+	O 107.2 (CA) e	VE3NRS	NPARC
Thorold	145.1900	–	O 107.2 L(VE3RAF)	VE3RAF	RFMARC

NIPPISSING

Location	Output	Input	Notes	Call	Sponsor
Madawaska	147.2550	+		VA3RRR	------------

NORTHEASTERN ONTARIO

Location	Output	Input	Notes	Call	Sponsor
Cobalt	146.9700	–		VE3TAR	------------
Driftwood	147.3600	+	L(VE3AA)	VE3XAA	------------
Elliot lake	147.0000	+	a	VE3TOP	------------
Gogama	146.6100	–	L(VE3AA)	VE3OPO	------------
Hearst	146.7000	–	a(CA) Z(911)	VA3YHF	------------
Hearst	146.9400	–	a	VA3GJY	------------

144-148 MHz
ONTARIO

Location	Output	Input	Notes	Call	Sponsor
Kagawong	146.6700	–	●ex	VE3LTR	MARC
Kapuskasing	146.6400	–	a	VE3KKC	------------
Kapuskasing	146.9400	–		VE3NWA	------------
Kirkland lake	146.8800	–		VE3KLR	------------
Little Current	145.3100	–	● 156.7/156.7elx	VE3RXR	VE3AJB
Little current	146.6700	–		VE3LTR	------------
Little Current	147.2700	+	●aesWXx	VE3RMI	MARC
Little Current	147.2700	+	a	VE3RMI	------------
Mattawa	145.4100	–		VE3EOR	------------
Mattawa	147.1500	+		VE3NBR	------------
Montreal r hbr	145.2100	–	L(442.650)	VE3SNR	------------
Powassan / north bay	145.1100	–	a(CA)l	VE3NFM	------------
Ramore	147.2100	+	L(VE3AA)	VE3TIR	------------
Richards landing	146.8800	–	L(442.650)	VE3SJI	------------
Sault Ste Marie	146.9400	–	az	VE3SSM	------------
Sault Ste Marie	147.0600	–		VE3SAP	------------
Sault Ste Marie	147.1500	–	a	VE3YAK	------------
Sudbury	146.7000	–	a	VE3JPF	------------
Sudbury	147.0600	–		VE3SRG	------------
Sudbury	147.0900	+		VA3SRG	------------
Sudbury	147.3900	+		VE3RKN	------------
Temagami	146.9100	–		VE3TEM	------------
Timmins	147.0600	+	l	VE3AA	------------
Tmmins	147.7300	–		VE3UHY	------------
Valley east	147.1200	+		VE3VLY	------------
Wawa	146.9400	–	a	VE3WAW	------------

NORTHWESTERN ONTARIO

Location	Output	Input	Notes	Call	Sponsor
Atikokan	147.1200	+		VE3RIB	------------
Blackhawk	147.0600	+	l	VE3RBK	------------
Dryden	147.2550	+	aez	VE3DRY	------------
Ear falls/red lake	147.0000	+		VE3RLD	------------
Fort Frances	146.8200	–	al	VE3RLC	------------
Fort Frances	147.0600	–		VE3FHS	------------
Geraldton	147.9000	–	a	VE3GLD	------------
Kenora	146.9100	–	a	VE3YQK	------------
Kenora	147.0300	–	al	VE3LWR	------------
Longlac	147.0600	–		VE3LLT	------------
Sioux lookout	146.8500	–		VE3YXL	------------
Sioux narrows	146.9400	–	al	VE3RSN	------------
Thunder bay	146.8200	–	az	VE3TBR	------------
Thunder bay	146.9400	–		VE3WNJ	------------
Thunder bay	147.0600	–	aL(VE3TBB)	VE3YQT	------------
Thunder Bay	147.2700	146.8700	●	VE3RUM	------------
Upsala	145.4700	–	aL(147.060)	VE3TBB	------------

PRESCOTT-RUSSELL

Location	Output	Input	Notes	Call	Sponsor
Alfred	145.4700	–	L(446.500)sx	VA3PRA	PR ARES grou
Embrun	147.1950	+	● 110.9/110.9e	VE3EYV	VE3GF
Hammond	147.3300		s	VE3PRV	PR ARES grou

QUINTE WEST

Location	Output	Input	Notes	Call	Sponsor
Trenton	147.0150	+	/91.5a(CA)	VE3TRN	TARC

RENFREW

Location	Output	Input	Notes	Call	Sponsor
Barry	146.9700	–	a	VE3RKA	BBRA
Bissett Creek	147.1200	+	A(#22/#) L(146.760)sx	VE3ZBC	RCARC

144-148 MHz ONTARIO

Location	Output	Input	Notes	Call	Sponsor
Foymount	145.4300	–	L(147.000)	VE3UCR	RCARC
Mt St Patrick	147.0600	–	x	VE3STP	CRRA
Pembroke	146.7600	–	/100.0	VE3NRR	RCARC
			A(*22/#) L(ZBC/ I 2520)sx		
Pt Alexander	146.7900	–	sx	VA3RBW	RCARC
Renfrew	146.9100	–	114.8/114.8	VE3ZRR	ZRRRG
			L(E 131218)x		
SOUTH					
Acton	147.0300	+	Os	VE3RSS	----------
Baden	146.9700	–	O 131.8 (CA)	VE3KSR	KSFMA
			L(ULR)z		
Brantford	145.2700	–	O 131.8 (CA)	VE3MBX	BARC
			RBz		
Brantford	147.1500	+	Oels	VE3TCR	----------
Burlington	147.2100	+	O 131.8e	VE3RSB	BARC
Cambridge	146.7900	–	O	VE3SWR	----------
Carlisle	146.7150	–	O 131.8	VEWIK	----------
			L(ERA)		
Goring	147.1050	+	156.7e	VE3MBR	ERA
			L(ERA)		
Guelph	145.2100	–	Osz	VE3ZMG	----------
Halton Hills	147.1350	+	O 131.8e	VE3OD	HARC
			L(IRLP)		
Hamilton	146.7600	–	Oels	VE3NCF	----------
Kitchener	146.8650	–	O(CA)z	VE3RCK	----------
New Dundee	145.3300	–	O 131.8	VE3RND	----------
Oakville	147.0150	+	OeL(IRLP)	VE3OAK	OARC
Simcoe	146.9250	–	O 131.8e	VE3SME	NARC
			L(IRLP)		
Stoney Creek	147.3450	+	Ol	VE3PDX	----------
Waterloo	147.0900	+	O 131.8 (CA)	VE3WFM	----------
			L(IRLP)		
SOUTHWEST					
Chatham	147.1200	+	O 100.0ael	VE3KCR	CKARC
			WXz		
Dorchester	147.2400	+	O	VE3NDT	----------
Goderich	146.9100	–	O 123.0	VE3OBC	SRAR
Ingersoll	145.1700	–	114.8e	VA3PLL	PCARC
Ingersoll	147.2700	+	O 114.8	VE3OHR	OCARC
Ipperwash	146.9400	–	O 123.0 (CA)	VE3TCB	SORT
			L(VE3SUE)		
Leamington	147.3000	+	O	VE3TOM	SPARC
London	145.3900	–	114.8	VA3MGI	LARC
London	145.4500	–	OelRB WX	VE3OME	----------
London	147.0600	+	O 114.8e	VA3LON	LARC
London	147.1800	+	O 114.8e	VE3TTT	SORT
			L(VE3SUE)		
London	147.3600	+	114.8 E-SUN	VE3ISR	----------
Lucan	147.0000	+	O 114.8	VE3MCR	MCRA
McGregor	145.3900	–	O 118.8	VE3KUC	----------
McGregor	145.4700	–	O 118.8e	VE3RRR	WART
			L(444.5)s		
McGregor	147.0600	+	O 118.8es	VE3III	SPRARC
Mitchell	147.2850	+	O 114.8e	VE3XMM	FCARC
			L(VE3RFC) WX		
Paris	145.4900	–	O 131.8e	VE3DIB	----------

144-148 MHz
ONTARIO-QUEBEC

Location	Output	Input	Notes	Call	Sponsor
Richmond	145.2300	–	O 131.8 L(IRLP)	VE3XXL	------------
Sarnia	145.3700	–	O 123.0 (CA)e	VE3SAR	LCRC
Sarnia	146.9550	–	118.8 (CA)e L(442.350 IRLP)	VE3WHO	------------
Sarnia	147.2100	+	Oe	VE3TTP	------------
St Marys	147.3750	+	O 114.8	VE3SDF	SMARC
Staffordville	146.6550	–	OeIsRB	VE3DPL	------------
Stratford	145.1500	–	114.8elWX	VE3RFC	FCARC
Wallaceburg	146.9850	–	O	VE3WAL	------------
Windsor	145.4100	–	O 118.8 (CA)e	VA3ELK	ELKARA
Windsor	147.0000	+	O	VE3WIN	------------

STORMONT-DUNDAS-GLENGARRY

Location	Output	Input	Notes	Call	Sponsor
Cornwall	145.1700	–	a(CA)	VE3YGM	VE3IGM
Cornwall	146.8350	–	O 110.9/110.9 L(444.450)	VA3SDG	VA3EDG
Cornwall	147.1800	+	110.9/110.9a L(443.650)	VE3SVC	------------
Iroquois	145.2900	–	123.0/123.0a	VE3IRO	IARG
Lancaster	147.5250	145.6700	O 131.8/131.8eL(I 2018)	VE2REH	ARAI
Moose creek	145.3700	–		VE3OJE	EOVHFRG
Morrisburg	146.7600	–		VE3SVR	------------

PRINCE EDWARD ISLAND
CAVENDISH

Location	Output	Input	Notes	Call	Sponsor
Cavendish	145.1500	–	Ol	VY2PEI	VY2RU

CENTRAL

Location	Output	Input	Notes	Call	Sponsor
Glen Valley	146.7150	–	Ol	VE1UHF	VE1AIC

CHARLOTTETOWN

Location	Output	Input	Notes	Call	Sponsor
Charlottetown	146.6700	–	OaeL(IRLP)	VE1CRA	VE1AIC
Charlottetown	147.3900	+	O	VY2CS	CSARC
Stratford	147.2550	+	Oel	VY2VB	VY2ROB

MONTAGUE

Location	Output	Input	Notes	Call	Sponsor
Montague	147.1650	+	Oel	VY2EKR	VY2ROB

OLEARY

Location	Output	Input	Notes	Call	Sponsor
OLeary	147.1200	+	Oel	VY2CFB	SPARC

SUMMERSIDE

Location	Output	Input	Notes	Call	Sponsor
Summerside	146.8500	–	OaeL(IRLP)	VE1CFR	SPARC

QUEBEC

Location	Output	Input	Notes	Call	Sponsor
Albanel	147.3700	+	Oe	VA2TFL	VE2EFQ
Alma	146.6700	–	O	VE2RCA	VE2CRS
Alma	147.0000	–	O	VE2CVT	VE2CVT
Alma	147.0400	+	O	VA2RIT	VE2TMR
Alma	147.2700	+	O	VE2RVX	VE2DIA
Alma	147.2800	+	O	VE2RPJ	VE2JMP
Alma	147.3600	+	O	VE2LPO	VE2XCP
Amos	147.1500	+	O	VE2RAZ	VE2MLS
Anse St-Jean	146.7700	–	85.4x	VA2RUA	VA2BCA
Arthabaska	147.1400	+	O	VE2RBF	VE2FQG
Arvida	145.3700	–	O 127.3	VE2RAL	VE2FIX
Baie-Comeau	145.2300	–	Oe	VA2RRB	VE2FAZ

144-148 MHz   **305**
QUEBEC

Location	Output	Input	Notes	Call	Sponsor
Baie-Comeau	146.8200	–	⬤ex	VA2RSP	VE2FAZ
Baie-Comeau	146.9700	–	⬤ex	VE2RMH	VE2FAZ
Baie-Comeau	147.0400	+	⬤e	VA2LMH	VE2FAZ
Baie-Comeau	147.3000	+	⬤ex	VE2RBC	VE2FAJ
Baie-Comeau	147.3900	+	⬤ex	VE2RDE	VE2FAZ
Baie-Johan-Beetz	146.9400	–	⬤	VE2RJI	VE2AGT
Baie-Trinité	145.4700	–	⬤e	VA2RBT	VE2FAZ
Beloeil	147.1600	+	⬤e	VE2RGB	VE2GAB
Black Lake	145.1300	–	⬤ 100e	VE2RVA	VE2LES
Blainville	145.4500	–	⬤ 103.5ae	VE2RMR	VE2DJE
Blainville	146.8200	–	136.5p	VE2THE	VE2THE
Blainville Nord	146.8200	–	⬤ 103.5	VE2RNO	VE2THE
Boucherville	145.2500	–	⬤ 103.5	VE2MRQ	VE2MRI
Buckingham	145.4900	–	⬤ 110.9ex	VE2REG	VE2ZVL
Cantley	147.1900	+	⬤ 110.9	VE2MDC	VE2GUY
Cap-à-L'aigle	145.2900	–	⬤	VA2RKT	VE2CSQ
Cap-de-la-Madeleine	145.7400	145.7400	⬤ 136.5	VE2RBN	VE2MTE
Carleton	147.0600	147.7600	x	VE2RXT	VE2FWZ
Causapscal	145.1300	144.6300	⬤	VE2RTF	VA2DD
Chambord	146.6400	–	⬤	VE2RVP	VE2SV
Chandler	146.8500	–	⬤ex	VE2CGR	VA2CEY
Charlesbourg	147.1800	+	⬤ 100e	VA2UX	VE2YSU
Chibougamau Chapais	147.3900	+	⬤	VA2RRC	VE2PR
Chicoutimi	144.3900	144.3900	⬤	VE2CCD	VE2CCD
Chicoutimi	145.0900	145.0900	⬤	VE2SAY	VE2JHG
Chicoutimi	145.2300	–	⬤	VE2RHS	VA2CRR
Chicoutimi	145.4300	–	⬤	VE2RMI	VE2MDH
Chicoutimi	147.0700	+	127.3x	VE2RCI	VE2BLM
Chicoutimi	147.1200	+	⬤	VE2RCC	VE2CRS
Chicoutimi	147.3000	+	⬤e	VE2RPA	VE2SV
Chicoutimi - Portatif	147.1800	+	⬤p	VE2RCF	VE2CRS
Chute des passes	147.2700	+	⬤e	VE2RFN	VE2FNN
Coaticook	147.3600	+	⬤ 118.8	VE2RDM	VE2DPD
Contrecoeur	145.3500	–	⬤ 141.3	VE2CKC	VE2AN
Coupe du ciel	147.0300	+	127.3 E-SUN	VE2RKJ	VA2CRR
Covey Hill	144.0000	144.0000	⬤ 100e	VA2REX	VE2JT
Covey Hill	147.2100	+	⬤	VE2RBV	VE2BCM
Dolbeau	146.7000	–	⬤	VE2RCD	VE2CRS
Donnacona	145.3300	–	⬤ 100e	VE2RBJ	VE2SBR
Drummondville	146.6200	–	⬤ 110.9	VE2RDL	VE2CRD
Drummondville	146.8300	–	⬤ 110.9	VA2RCQ	VE2ZDB
Drummondville	147.0900	+	⬤ 110.9	VE2RDV	VE2CRD
Fermont	146.8200	–	⬤ex	VE2RGA	VE2ACP
Fire Lake	147.0600	+	⬤x	VE2RGF	VE2ACP
Fleurimont	146.8900	–	⬤	VA2LGX	VE2LGX
Forestville	146.7000	–	⬤ 151.4 (CA) e	VE2RLI	VE2VD
Forestville	146.9100	–	⬤ 151.4 (CA) e	VE2RFG	VE2VD
Forestville	147.2500	+	⬤e	VE2REE	VE2JVJ
Forestville	147.2800	+	⬤e	VE2REJ	VE2JEA
Gagnon	146.6900	–	⬤E-SUNx	VE2RGH	VE2ACP
Gaspé	146.8900	–	⬤ex	VE2RLE	VE2EPY
Gaspé	146.8900	–	ex	VE2RLE	VE2FXG
Gatineau	147.1000	+	⬤ 110.9e	VE2REH	VE2ZVL

144-148 MHz
QUEBEC

Location	Output	Input	Notes	Call	Sponsor
Granby	146.7900	–	O(CA)	VE2RVM	VE2TVM
Granby	147.1800	+	O 118.8e	VE2RTA	VE2EKY
Grand-Mère	146.9200	–	Oex	VE2RGM	VE2GM
Grand-Mère	147.0300	+	O 100	VE2REY	------------
Grand-Mère	147.1600	+	O 100	VE2REY	VE2VXT
Grande Ance	147.0000	–	O(CA)e	VE2RLT	VE2DNB
Grande-Rivière	145.1700	–	Ox	VE2RDI	VE2AIY
Grande-Rivière	146.7300	–	Oe	VE2RBM	VE2FXG
Grenville	146.8000	–	Oex	VE2RWC	VE2CWB
Ham Sud	145.1900	–	O 123	VE2RFX	VE2OPA
Havelock	146.6800	–	Oex	VE2REX	VE2CYH
Havre-St-Pierre	145.4900	–	O	VE2TIO	------------
Havre-St-Pierre	146.9700	–	Oe	VE2RFD	VE2AGT
Hebertville	146.7900	–	x	VE2RCV	VE2CRS
Hull	146.7400	–	O 123ae	VE2RAO	VE2CRO
Hull	146.9400	–	O 100	VE2CRA	VE2CRA
Hull	147.3600	+	Oe	VE2KPG	VE2KPG
Joliette	147.0300	+	O 103.5e	VE2RHO	VE2BFK
Joliette	147.3000	+	Oe	VE2RLJ	VE2EML
Jonquière	145.0900	145.0900	O	VE2RNU	VE2JHG
Jonquière	145.1700	–	O	VE2RHJ	VE2QY
Jonquière	146.8200	–	Oe	VE2VP	VE3SV
Jonquière	146.8500	–	O	VA2NA	VA2NA
Jonquière	147.0600	+	O	VE2DHC	VE2DHC
Jonquière	147.2400	+	O	VE2RVG	VE2SMP
Jonquière	147.3900	+	O	VE2RLG	VE2JCM
L'Anse-St-Jean	145.1500	–	Oex	VE2RME	VE2XIT
L'Ascension	145.1300	–	x	VE2RMX	VE2DIA
L'Ascension	147.5100	147.5100	O	VA2RGP	VE2APJ
L'Ascension	147.5100	147.5100	O	VA2RGP	VE2APJ
La Baie	146.6100	–	O 85.4e	VE2RCX	VA2BCA
La Baie	146.7300	–	O 127.3a	VE2RCE	VA2BCA
La Pocatière	146.6200	–	O 151.4	VE2RDJ	VE2DBU
La Pocatière	147.3600	+	O 100	VE2RDJ	VE2DBU
La Sarre	146.7000	–	Oe	VE2RSL	CRANOQ
La Tuque	146.7900	–	Oe	VE2RTL	VE2DGS
La Tuque	146.9400	–	Oe	VE2RLF	VE2BGX
Labrieville	147.1000	+	Oe	VE2ROA	VE2AOO
Lac Aux Sables	147.2100	+	OE-SUN	VE2RSA	VE2CSP
Lac Brassard	145.2100	–	E-SUN	VE2RIT	VE2LSO
Lac Castor	145.3900	–	x	VA2RLC	VE2CSQ
Lac Daran	145.2900	–	x	VE2RLD	VE2CSQ
Lac Des Commissaires	146.9700	–	O	VE2RHC	VE2DHC
Lac Édouard	147.2200	+	Oe	VE2RCL	VE2YJA
Lac Etchemin	147.2400	+	O 100x	VE2RKM	VE2KCB
Lac Ha! Ha!	147.3300	+	x	VE2RCK	VE2CRS
Lac Ouachishmana	147.0900	+	OE-SUN	VA2RLL	VE2KIK
Lac Paul (Zone 2)	147.6900	–	O 127.3	VA2RHS	VA2CRR
Lac-à-L'Épaule	145.4900	–	O	VE2RPL	VE2CSQ
Lac-a-la-Tortue	146.8900	–	O	VE2RBR	VE2GM
Lac-Canot	145.4500	–	OE-SUNx	VE2RGU	VE2AFR
Lac-des Commissaires	146.7300	–	O	VE2RHC	VE2DHC
Laterrière	146.7600	–	O	VE2RGT	VA2BCA
Laval	147.1000	+	O 107.2e	VA2OZ	VE2JKA

144-148 MHz   307
QUEBEC

Location	Output	Input	Notes	Call	Sponsor
Le Bic	145.4500	–	o	VE2RXY	VE2BQI
Les Escoumins	146.6700	–	o	VE2REB	VE2PYB
Les Méchins	147.2700	+	ox	VE2RNM	VE2ENM
Levis-Lauzon	145.1100	–	o 100	VE2RYC	VE2YCQ
Levis-Lauzon	147.1500	+	o 100	VE2RCT	VE2YGB
Longueuil	145.3900	–	oe	VE2RSM	VE2AZX
Longueuil	146.7300	–	o 100	VE2RVC	VE2SVM
Maria	146.9100	–	o	VE2RXL	VE2KF
Mascouche	147.3400	+	o 103.5e	VE2RHL	VE2AIE
Maskinongé	147.0900	+	o	VA2MLP	VE2MLP
Matagami	146.9100	–	oE-SUN	VE2RBO	VE2SGS
Matane	146.8800	–	oe	VA2RAM	VE2MWA
Matane	147.1200	+	oe	VE2RAS	CRAM
Metabetchouan	147.1500	+	o	VE2RPE	VA2NA
Mont Bélair	146.6500	–	o 100	VE2UCD	------------
Mont Bélair	146.7900	–	o 100e	VE2RAX	VE2EZZ
Mont Fournier	147.2700	+	o	VE2RMQ	------------
Mont Jacob (Jonquiere)	145.0100	145.0100	o	VE2RJD	VE2SDJ
Mont Laurier	146.9700	–	o	VE2RMC	VE2RMC
Mont Mégantic	147.1000	+	o 118.8x	VE2RJC	VE2TIC
Mont Orford	146.7700	–	o 123ex	VE2RAU	VE2MKJ
Mont Rougemont	146.7000	–	oex	VE2RXW	VE2AIK
Mont St-Adrien	145.1300	–	o 100e	VE2RVA	VE2LES
Mont St-Marguerite	146.6800	–	ox	VE2LRE	VE2LRE
Mont Ste-Marguerite	147.2500	+	x	VE2RCB	VE2CRS
Mont Ste-Marie	146.6100	–	o 110.9ex	VA2REH	VE2ZVL
Mont Triquet	145.4500	–	o	VE2RAG	VE2LVD
Mont Victor-Tremblay	147.3400	+	oE-SUNx	VE2RTV	VE2SV
Mont-Adstock	146.7300	–	o	VE2CTM	VE2TMA
Mont-Apica	145.3500	–	o	VE2RHX	VE2CSQ
Mont-Apica	146.9100	–	o	VE2RCP	VE2CRS
Mont-Bélair	146.9400	–	o	VE2OM	VE2AP
Mont-Bélair	147.0700	+	o 100	VA2TEL	VE2OSQ
Mont-Bromont	146.8800	–	o 94.8x	VE2RMK	VE2KYP
Mont-Carmel	145.4300	–	o	VE2RLB	VE2MEL
Mont-Carmel	146.6700	–	oex	VE2RTR	VE2MO
Mont-Gladys	147.0900	+	oe	VE2RMG	VE2CQ
Mont-Laurier	147.1000	+	o 131.8ex	VE2REH	VE2ZVL
Mont-Noir	147.0000	–	oex	VE2CTT	VE2CCR
Mont-Oneil	147.3900	+	oex	VE2RMF	CRAQ
Mont-Orford	145.2700	–	o 103.5ex	VE2RTO	VE2EKL
Mont-Orford	147.3300	+	o 123ex	VE2TA	VA2RAE
Mont-St-Grégoire	145.5100	145.5100	o	VE2RKL	VE2EKL
Mont-Ste-Anne	146.8200	–	o 100ex	VE2RAA	VE2CQ
Mont-Tremblant	146.7200	–	o	VE2RMT	VE2GCK
Mont-Valin	146.8800	–	x	VE2RES	VE2CRS
Mont-Valin	147.2100	+	x	VE2RJZ	VE2CRS
Mont-Wright	145.1300	–	o 77ex	VE2RGW	VE2ACP
Montmagny	146.9700	–	o	VE2RAB	VE2PIA
Montréal	144.3900	144.3900	o	VE2PSL	VE2AH
Montréal	146.6700	–	o	VE2PSL	VE2AH
Montréal	146.9100	–	o 141.3ex	VE2RWI	VE2CWI
Montreal	147.0400	+	oex	VE2RCU	VE2CUA
Montréal	147.0700	+	oe	VE2RVL	VE2JGA
Montréal	147.1200	+	o 103.5e	VE2MRC	VE2ESU

144-148 MHz
QUEBEC

Location	Output	Input	Notes	Call	Sponsor
Montreal	147.2700	+	O 103.5	VE2RED	VE2ARC
Montréal	147.3900	+	O 103.5e	VE2RIO	RAQI
New Richmond	147.1800	+	Ox	VE2RPG	VE2DSJ
Parc Chibougamau	147.0300	–	O	VE2RTG	VE2CRS
Parc de Chibougamau	145.1100	–	O	VA2RRH	VE2PR
Parc de la Vérendrye	145.4900	–	O	VE2RPV	VE2DY
Parent	145.1900	–	O(CA)e	VE2RPC	VE2NZ
Passes Dangereuses	145.2500	–	O	VA2ADW	VE2EFL
Percé	146.7900	–	Oex	VE2RLC	CRAG
Petite-Rivière-Saint François	147.3900	+	O	VA2RAT	VE2CBA
Pic-Champlain	146.6100	–	Oex	VE2RWM	VE2FWZ
Pierrefonds	145.4900	–	O	VE2RKE	VE2KRA
Pointe-Claire	147.0600	+	Oe	VE2BG	VE2ARC
Pontbriand	147.3700	+	Oex	VE2RSQ	VE2CSQ
Province-de-Québec	147.0100	+	O	VE2RUK	VE2DOG
Province-de-Québec	147.0100	+	O	VE2RUR	VE2DOG
Québec	144.3900	144.3900	O	VE2ROW	VE2TSO
Québec	145.0300	145.0300	O 100	VE2TPE	VE2TPE
Québec	145.1700	–	O 100	VE2RHT	VE2YSU
Québec	145.3500	–	O 85.4x	VE2RRS	VE2DSU
Québec	146.4900	146.4900	O	VE2DBR	VE2AB
Québec	146.6800	–	O 156.7el	VE2REA	VE2SG
Québec	146.8800	–	O 100e	VE2RIG	VE2SIG
Québec	147.2500	+	O 100	VE2RQE	VE2MEW
Québec	147.3000	+	O 100e	VE2RCQ	CRAQ
Rapide Blanc	146.6100	–	Ox	VE2RRB	VA2HQ
Relai 22 milles (La Tuque)	146.8300	–	Oex	VA2RVD	VE2YJA
Richmond	147.2500	+	O 123	VE2RHP	VE2LBN
Rigaud	147.0000	–	Oe	VE2RM	VE2RM
Rimouski	145.3100	–	O	VE2RKI	VE2FWZ
Rimouski	146.9400	–	Oe	VE2CSL	VE2FWZ
Rimouski	147.2400	+	O	VE2RXA	VE2BQA
Rimouski	147.3600	+	O	VE2ROE	VE2FWZ
Ripon	145.4100	–	O 123e	VE2RBH	VE2CRO
Rivière-à-Pierre	146.8000	–	O 100e	VA2SBR	VE2SBR
Riviere-au-Tonnerre	147.0300	+	O	VE2RET	VE2AGT
Rivière-du-Loup	146.9500	–	O	VE2RML	------------
Rivière-du-Loup	147.1500	+	O	VE2RAY	VE2EOT
Roberval	144.3900	144.3900	O	VA2RBM	VA2JGC
Roberval	145.4900	–	O	VA2RRE	VE2PR
Roberval	146.7400	–	O	VE2RRE	VE2PR
Roberval	147.0100	+	O	VE2RSF	VE2PR
Rosemere	145.2100	–	Oe	VE2RXZ	VE2GXZ
Rougemont	145.3100	–	O 103.5e	VE2RAW	VE2AW
Rouyn-Noranda	146.6400	–	Oex	VE2RNR	VE2CFR
Rouyn-Noranda	146.8200	–	Oex	VE2RON	VE2NOQ
Rouyn-Noranda	147.0900	+	O	VE2RYN	VE2PIO
Saguenay (La Baie)	146.9700	–	O	VE2RDC	VE2PLC
saint jean de cherbourg	147.0900	+	Oe	VA2RSJ	CRAM
Saint-Adolphe d'Howard	146.8900	–	O 141.3ex	VE2RUN	VE2WCC
Saint-Lin-Laurentides	147.0900	+	O 103.5e	VE2RFO	VE2BFK

144-148 MHz • 309
QUEBEC

Location	Output	Input	Notes	Call	Sponsor
Saint-Lin-Laurentides	147.3600	+	O 103.5e	VE2RFO	VE2BFK
Senneterre	145.1100	–	O	VE2RSZ	VE2MLS
Sept-Iles	145.1900	–	O 88.5	VE2RDO	VE2NN
Sept-Iles	146.6400	–	O 88.5	VE2RNN	VE2NN
Sept-Iles	146.7000	–	O 88.5	VE2RNN	VE2NN
Sept-Iles	146.7900	–	O 88.5ex	VE2RRU	VE2NN
Sept-Iles	146.9400	–	O	VE2RSI	VE2NN
Sept-Iles	147.0000	+	Oe	VA2RNY	VE2YDQ
Sept-Iles	147.2100	+	O	VA2RSM	VACANT
Sherbrooke	145.2300	–	O	VE2RGX	VE2LGX
Sherbrooke	145.3300	–	O 118.8	VE2RZA	VE2ZAC
Sherbrooke	145.6100	145.6100	O	VE2PAK	VE2SBK
Sherbrooke	146.9700	–	O 118.8e	VE2RSH	VA2HF
Sorel	145.3700	–	O 103.5e	VE2RBS	VE2GFF
Sorel	146.6100	–	O 103.5	VE2FCT	VE2GFF
St-Adolphe-d'Howard	146.6500	–	O	VE2RYV	VE2AIK
St-Adrien d'Irlande	145.1300	–	O 100x	VE2RVA	VE2LES
St-Agathe	145.3100	–	O 100	VE2RLO	VE2LLA
St-Aimé-des-Lacs	147.1300	+	OE-SUNx	VE2RJO	VE2JOQ
St-Calixte	145.1900	–	O 141.3ex	VA2 RLD	VA2 DU
St-Calixte	145.3300	–	O 141.3e	VA2RLD	VA2DU
St-Calixte	145.4300	–	O 103.5e	VA2RLD	VA2DLU
St-Calixte	146.7300	–	O 103.5ex	VE2PCQ	VE2PCQ
St-Calixte	146.8600	–	141.3e	VE2RVK	VE2VK
St-Calixte	147.0100	+	O	VE2REM	VE2AAS
St-Charles-de Bourget	146.9400	–	x	VE2RCR	VE2CRS
St-Damien-De Brandon	145.2900	–	O 103.5x	VE2RGC	VE2EML
St-Donat	144.3900	144.3900	O 103.5 E-SUN	VA2RIA	VE2MCM
St-Donat	147.0000	+	O 103.5 E-SUN	VA2RIA	VE2MCM
St-Donat	147.0900	+	O 103.5 E-SUN	VE2RRA	VE2BFK
St-Donat de Rimouski	146.7300	–	O 123e	VE2RAC	VE2DLE
St-Donat-de Montcalm	147.3700	+	O 141.3	VA2RSD	VA2HMC
St-Elzéar	146.7600	–	O 100x	VE2RVD	VE2CQ
St-Etienne-des-Gres	147.1900	+	Oe	VE2RZX	VE2FJZ
St-Félix D'Otis	145.3100	–	O 85.4	VE2RUS	VA2BCA
St-François-de-Sales	145.4700	–	O	VE2RRR	VE2CJQ
St-Georges	147.2800	+	Oe	VE2RSG	VE2BPD
St-Honoré	147.1800	+	Oe	VE2RKT	VE2VJA
St-Honoré	147.2200	+	Oe	VA2RMV	VE2DOG
St-Honoré de Chicoutimi	144.3900	144.3900	O	VA2RCR	VE2SO
St-Honoré de Chicoutimi	144.3900	144.3900	O	VA2RCH	VE2CSQ
St-Honoré de Chicoutimi	145.3300	–	x	VA2RCH	VE2CSQ
St-Honoré de Chicoutimi	147.4800	147.4800	O	VA2RCH	VE2CSQ
St-Hubert	147.3000	+	O	VA2CSA	VA2CSA
St-Hyacinthe	146.9500	–	O	VE2RBE	VE2GGM

QUEBEC

Location	Output	Input	Notes	Call	Sponsor
St-Jean de Matha	145.4100	–	O 103.5x	VE2RMM	VE2GMV
St-Jean-Port-Joli	147.3100	+	O 100e	VA2RWW	VE2JJN
St-Jean-sur Richelieu	147.2400	+	Oe	VE2RVR	VE2MRW
St-Jérome	145.2900	–	O 141.3e	VE2RFR	VE2BFK
St-Jérome	146.8200	146.0200	O 103.5e	VE2RFR	VE2BFK
St-Jérome	146.8500	–	Oe	VE2RVS	VE2APL
St-Jogues	146.8200	–	Ox	VE2RIN	VE2FXN
St-Joseph-de Beauce	146.9800	–	O 100	VE2RSJ	VE2BDP
St-Joseph-du-Lac	145.1300	–	Oe	VE2RST	VE2GSB
St-Joseph-du-Lac	147.3100	+	Oe	VE2REL	VE2GDR
St-Michel des Saints	145.4700	–	O 141.3ex	VA2HMC	VE2EIL
St-Michel-des-Saints	145.3300	–	O 103.5e	VE2RLP	VE2SMS
St-Nazaire	145.1900	–	x	VA2RAU	VE2NA
St-Onésime-de Kamouraska	147.2100	+	Oe	VE2RAF	VE2BVC
St-Pacome	146.7000	–	Oe	VE2RAK	VE2GEU
St-Pascal	147.0600	+	Oe	VE2RGP	VE2CCS
St-Pascal-de Kamouraska	145.1900	–	O 107.2e	VE2RQA	VE2PAC
St-Philémon	145.3700	–	O 100	VA2RMS	VA2CCS
St-Raymond	147.2800	+	O 100	VE2RCJ	VE2SBR
St-Simon-les-Mines	146.6400	–	O	VE2RSG	VE2BPD
St-Tite-des-Caps	144.3900	144.3900	O	VA2RSL	VE2CSQ
St-Tite-des-Caps	145.4700	–	Oe	VE2RTI	VE2CSQ
St-Tite-des-Caps	147.0400	+	Oe	VE2RJA	VE2MDA
St-Tite-des-Caps	147.3400	+	Oe	VE2RHM	VE2MRJ
St-Ubalde	145.3900	–	O 100e	VE2RBT	VE2SBR
St-Ubalde	146.8500	–	O 100ex	VE2RPW	VE2CSP
St-Urbain	146.9100	–	O	VE2RAT	VE2CCR
St-Zénon	147.3600	+	O 103.5	VA2KIK	VE2KIK
Ste-Anne-des-Monts	146.7400	–	O	VE2GIT	VE2GIT
Ste-Anne-du-Lac	146.7600	–	Ox	VE2RMP	VE2BOA
Ste-Aurélie	146.8600	–	Oe	VE2RFB	VE2RIK
ste-catherine de la J C	144.9100	144.9100	O	VE2PKT	VE2PKT
Ste-Foy	146.6100	–	Oe	VE2RQR	VE2CQ
Ste-Foy	147.1200	+	O	VE2SRC	VE2FTD
Ste-Marcelline	147.0300	–	Oe	VE2RMA	VE2BFK
Ste-Sophie D'Halifax	146.7300	–	OE-SUNx	VE2CTM	VE2NBE
Sutton	146.6400	–	Oex	VE2RTC	VE2DIW
Thetford Mines	147.1600	+	Ox	VE2RDT	VE2JMO
Trois-Rivières	146.9800	–	O 110.9e	VE2ROX	VE2EX
Trois-Rivières	147.0600	–	O	VE2CTR	VE2CTR
Val-Brillant	147.0000	+	O	VE2ROL	VE2FZR
Val-D'Irene	146.7600	–	Oex	VE2RKH	VE2FWZ
Val-D'Irene	147.3700	+	Oe	VE2RDD	VA2DD
Val-D'Or	146.7600	–	O 114.8x	VE2RYL	VE2DY
Varennes	145.1700	–	Oe	VE2REQ	VE2ESM
Ville de La Baie	145.2700	–	O	VE2RCZ	VE2CRS
Ville de Saguenay (Jonquière) Holiday Inn	145.4100	–	O 100ex	VE2RKA	VE2EFL
Ville Marie	146.7300	–	Oe	VE2RTE	VE2EUA
Weedon	144.3900	144.3900	O	VE2RDX	VE2BOG
ZEC Gros Brochet	147.3900	+	O 103.5	VA2ZGB	VE2VXT

144-148 MHz
QUEBEC-SASKATCHEWAN

Location	Output	Input	Notes	Call	Sponsor
GATINEAU					
Bois-Franc	145.1700	145.1700	O 100.0/100.0 L(I 2018)	VE2REH	ARAI
LAURENTIDES					
Lachute	146.8050	–		VE2RWC	Brownsburg Am
Rigaud	147.0000	–		VE2RM	------------
NATIONAL CAPITAL REGION					
Chelsea	146.9400	–	100.0/100.0 L(I 2040)x	VE2CRA	OARC
Chelsea	147.3600	+	203.5/203.5e x	VE2KPG	VE2CV
OUTAOUAIS					
Cantley	147.1050	+	110.9/110.9 (CA) L(I 2018)	VE2REH	ARAI
Gatineau	145.3500	–	● 162.2/162.2 (CA)	VA2XAD	VA2XAD
Gatineau	145.4900	–	110.9/110.9 (CA) L(I 2018)	VE2REH	ARAI
Gatineau	146.7450	–	123.0/123.0 A(*/#) L(RBH)	VE2RAO	CRAO
Lac Ste-Marie	146.6100	–	110.9/110.9 (CA) L(I 2018)x	VE2REH	ARAI
PAPINEAU					
Ripon	145.4100	–	123.0/123.0 A(*78/#) L(RAO)x	VE2RBH	CRAO
PONTIAC					
Mansfield	147.5100	147.5100	100.0/100.0 L(I 2018)	VE2REH	VE2LRS
SASKATCHEWAN					
CENTRAL					
Bruno	147.2100	+	OL(IRLP)	VE5DNA	VE5RY
Kenaston	147.2700	+	O	VE5DPR	VE5NED
Last Mtn	146.8500	–	OE-SUN	VE5AT	VE5UJ
Touchwood Hls	146.9100	–	Ol	VE5HVR	VE5HV
Watrous	146.7000	–	Oal	VE5IM	VE5IM
EAST CENTRAL					
Invermay	147.3900	+	L(IRLP)	VE5SS	VE5SS
Preeceville	145.3100	–		VE5SS	VE5SS
St Gregor	146.7600	–	Ol	VE5NJR	VE5RY
Yorkton	147.0800	+	#L(IRLP)	VE5RJM	VE5RJM
LLOYDMINSTER					
Lloydminster	146.9400	–	O	VE5RI	S-A R
MELFORT					
Little Bear Lk	146.8500	–	O	VE5NLR	VE5KRB
Melfort	146.8800	–	OaeL(IRLP)	VE5MFT	MARC
Nipawin	146.7900	–	OaL(IRLP)	VE5NIP	MARC
Tisdale	146.7000	–	OL(IRLP)	VE5FXR	VE5FX
MOOSE JAW					
Moose Jaw	145.2100	–	L(IRLP)	VE5FUN	SARL
Moose Jaw	146.6100	–	lEXP	VE5VHF	VE5AAY
Moose Jaw	146.9400	–	O	VE5CI	Pioneer
NORTH BATTLEFORD					
Lizard Lake	145.3900	–	O	VA5LLR	VE5WDB
Meadow Lake	147.3300	+	OL(IRLP)	VE5MLR	VE5RAE
N Battleford	146.8800	–	aL(IRLP)	VE5BRC	BARC

144-148 MHz
SASKATCHEWAN-YUKON TERRITORY

Location	Output	Input	Notes	Call	Sponsor
Unity	147.0000	–	O	VE5URC	VE5BBH
PRINCE ALBERT					
Birch Hills	145.4300	–	#	VE5VY	VE5VY
Christopher Lk	146.6100	–	OaL(IRLP)	VE5LAK	VE5QU
Elk Point	145.3500	–	l	VE5QU	VE5QU
La Ronge	146.9700	–	O	VE5LAR	------------
Minitinas	147.1500	+	Oel	VE5RPA	NSARC
Prince Albert	146.8200	–	O 100a L(IRLP)	VE5IOU	VE5QU
Prince Albert	147.0600	–	a	VE5PA	N SK ARC
Snowden	147.0900	+	OL(IRLP)	VE5NDR	VE5ND
Waskesiu	146.7600	–	el	VE5BBI	NSARC
Yellow Creek	147.1800	+	OEXP	VE5AG	VE5AG
REGINA					
Regina	146.8800	–	L(IRLP)	VE5WM	RARA
Regina	147.1200	+	a	VE5RRG	Regina RG
Regina	147.2100	+	Os	VE5RTV	ARES
SASKATOON					
Saskatoon	145.2100	–	O(CA) TT L(IRLP)s	VE5SKN	MARS
Saskatoon	145.2900	147.9900	O 107.2 RB EXP	VE5UFO	MARS
Saskatoon	145.3300	–	l	VA5SV	VE5WDB
Saskatoon	145.4100	–	O	VE5SD	VE5SD
Saskatoon	146.6400	–		VE5SK	VE5AA
Saskatoon	146.7900	–	O	VE5NER	------------
Saskatoon	146.9400	–	OL(IRLP)	VE5CC	VE5HG
Saskatoon	147.0900	+	O	VE5EMO	ARES
Saskatoon	147.2700	145.2700	O	VE5ZH	VE5HZ
Warman	145.2300	–	OEXP	VE5VI	VE5VI
SOUTH CENTRAL					
Avonlea	147.0600	–	O	VE5ARG	------------
Wolseley	146.6700	–	a	VE5WRG	VE5DC
SOUTHEAST					
Arcola	146.8200	–	EXP	VE5MMR	MooseMtRC
Balgonie	146.6400	–	O	VE5REC	RRG
Estevan	147.0300	+	O	VA5EST	VE5AJ
Estevan	147.1800	+	lEXP	VE5EST	VE5HD
Melville	147.0000	+	OL(IRLP)	VE5MDM	VE5MDM
Moosomin	146.7900	–		VE5MRC	MARC
Theodore	147.3300	+	Ol	VE5CNR	------------
Weyburn	146.7000	–	L(IRLP)	VE5WEY	VE5HD
SOUTHWEST					
Eyebrow	147.3600	+	O	VE5YMJ	VE5BBB
Lucky Lake	146.7300	–	O	VE5XW	------------
Stranraer	147.0300	–	Ol	VE5UB	VE5HG
SWIFT CURRENT					
Swift Current	146.7900	–	OL(IRLP)	VE5SCR	SW ARC
Swift Current	146.8800	–	O	VE5SCC	SW ARC

YUKON TERRITORY
YUKON

Location	Output	Input	Notes	Call	Sponsor
Carcross	146.8200	–	Ol	VY1RMM	YARA
Carmacks	146.8200	–	Ol	VY1RMB	YARA
Dawson City	146.8200	–	Ol	VY1RMD	YARA
Faro	147.0600	+	Ol	VY1RBT	YARA

YUKON TERRITORY

Location	Output	Input	Notes	Call	Sponsor
Fraser Mountain	146.9400	–	●l	VE7RFT	YARA
Haines Junction	146.8200	–	●l	VY1RHJ	YARA
Hayes Peak	147.0600	+	●l	VY1RHP	YARA
Stewart Crosng	147.0600	+	●l	VY1RFH	YARA
Watson Lake	146.8200	–	●el	VY1RTM	YARA
Whitehorse	146.8800	–	●a	VY1RCM	YARA
Whitehorse	146.9400	–	●l	VY1RPT	YARA
Whitehorse	147.1800	+	●l	VY1RM	YARA

144-148 MHz

YUKON TERRITORY

Location	Output	Input	Notes	Call	Sponsor
Fraser Mountain	146.9400			VE1BT	YARA
Haines Junction	146.9200			VY1HJ	YARA
Hayes Peak	147.0000			VY1HP	YARA
Stewart Crossing	146.XX000			VY1SRH	YARA
Watson Lake	146.9200			VY1TM	YARA
Whitehorse	146.9600			VY1RC	YARA
Whitehorse	146.3400			VY1RPT	YARA
Whitehorse	147.1800			VY1FM	YARA

222-225 MHz

Location	Output	Input	Notes	Call	Sponsor
ALABAMA					
Albertville	224.6600	–	O 100.0	N4TZV	KF4EYT
Birmingham/ Pilots Knob	224.2200	–	OaerRB	K4TQR	H&H RA
Cheaha Mtn	224.8400	–	O	W4MPQ	W4MPQ
Dadeville	224.2400	–	O 146.2	KB4MDD	KB4MDD
Decatur	224.1000	–	O	W9KOP	W9KOP
Enterprise	224.9400	–	Oaelz	WD4ROJ	Enterprise
Huntsville	224.9400	–	O 100.0e	KC0ONR	NARA
Huntsville/Brindlee Mtn	224.9000	223.9000	Ox	W4ORS	W4RPT
Loxley	224.8600	–	O 118.8	WB4GMQ	WB4GMQ
Mentone	224.7200	–	O 114.8el	W4OZK	W4OZK
Mouton	224.1600	–		N4JDB	N4JDB
Ranburne/ Turkey Heaven Mtn	224.4800	–		N4THM	Turkey HRA
Roanoke	224.9200	–	Oae	KA4KBX	KA4KBX
Russellville	224.3400	–	OeEXP	NV4B	NV4B/PCRS
Santuck	224.3800	–	Oe	W4KEN	W4KEN
Seminole	224.9400	–	OaelrRB WX z	KM4HP	KM4HP
Shelby Co	224.5000	–	O 100.0eWX	N4PHP	N4PHP
Warrior	224.1200	–	O	W4GQF	W4GQF
ALASKA					
INTERIOR					
Dot Lake	224.8200	223.2800	103.5lx	KL7KC	ARCTIC ARC
Fairbanks	224.8800	–	O 103.5el	AL7FG	+KL7XO
SOUTH CENTRAL					
Anchorage	224.9400	–	Oe	KL7AA	AARC
SOUTHEAST					
Lena Point	224.0400	–	Oel	KL7PF	JARC
ARIZONA					
CENTRAL					
Mt Union	224.0800	–	O 156.7	WA7JC	Chuey Mend
Queen Creek	224.2000	–	O	WA2DFI	WA2DFI c/o
Queen Creek	224.4000	–	O	WA2DFI	WA2DFI c/o
Towers	224.0400	–	●elr	KA6CAT	CMRA
Towers	224.9800	–	O 156.7 (CA)	KA7IOG	Condor
Union Hills	224.5600	–	O 67 (CA)e	N6IME	J.D.Ward
NORTH CENTRAL					
Mt Union	223.9600	–	(CA)el	N7MGM	Rex Maulde
Prescott	224.7800	–	Oe	KJ7DX	Matt Stran
NORTHWEST					
Bullhead City	224.9600	–	O	K7GOJ	K7RG Denni
Clay Springs	224.9400	–	O	N7KQ	MCRG
Dolan Springs	224.1400	–	O	WA7ICI	WA7ICI c/o
Hayden Peak	224.8800	–	O 156.7el	WB6RUF	Condor
PHOENIX METRO					
Chase Bank Phoenix	224.9400	–	O 156.7	K7ZWI	MCRG

222-225 MHz
ARIZONA-CALIFORNIA

Location	Output	Input	Notes	Call	Sponsor
Goodyear	223.3600	+	O	KF6LLC	KF6LLC Tom
Mesa	224.6800	–	O 156.7a	W7ARA	ARA
Mesa	224.7000	–	O	WD2ADY	WD2ADY c/o
Phoenix	224.8000	–	O 94.8 (CA)	KA7ATV	KA7IOG c/o
Shaw Butte	224.9000	–	O 156.7ae	W7ARA	Ariz. Repe
Tucson	223.9400	–	O	N7EOJ	U.S.E.R.S
Usery Pass	224.0200	–	●l	N7TWW	FHART
White Tanks	223.9800	–	O 77	KA7IOG	N0NKU
White Tanks	224.6000	–	O 156.7el	KD7TKT	Condor Con
White Tanks	224.9200	–	O 156.7	KD7ETM	Andrew Kof

SOUTH CENTRAL

Location	Output	Input	Notes	Call	Sponsor
Pima	224.4400	–	O	WB7ONJ	David Well
Pinal Peak	224.1000	–	O 156.7	N7MK	Chris Radi

SOUTHWEST

Location	Output	Input	Notes	Call	Sponsor
Yuma	224.0800	–	O 88.5ar	W7DIN	Desert Int

TUCSON METRO

Location	Output	Input	Notes	Call	Sponsor
Mt Lemon	224.0600	–	O 156.7	KA7LFX	Paul VanBe
Mt Lemon	224.5000	–	O 156.7e	N7EOJ	U.S.E.R.S.
Tucson	224.0000	–	●l	NR7J	Roberto Fe
Tucson	224.1800	–	O	N7EOJ	Bud Turner
Tucson	224.3000	–	O	K7IOU	BART
Tucson	224.4800	–	O	K6VE	Mountain R
Tucson	224.7400	–	O 136.5	K7IOU	BART

WEST CENTRAL

Location	Output	Input	Notes	Call	Sponsor
Black Peak	224.0000	–	●(CA)el	K7ZEU	CARRA
Lake Havasu	224.2400	–	O 156.7 (CA)	KF7X	James Goul
Lake Havasu	224.8600	–	●l	WC6MRA	CMRA

ARKANSAS
NORTH CENTRAL

Location	Output	Input	Notes	Call	Sponsor
Harrison	224.4000	–	Ol	WA9SSO	GathMtARC

NORTHEAST

Location	Output	Input	Notes	Call	Sponsor
Batesville	224.5000	–	● 107.2	N5TSC	N5TSC

NORTHWEST

Location	Output	Input	Notes	Call	Sponsor
Prairie Grove	224.6000	–	Oae L(444.7(+))	WA5VTW	WA5VTW

WEST

Location	Output	Input	Notes	Call	Sponsor
Fort Smith	224.8800	223.8800	Oe	WC5I	WC5I

WEST CENTRAL

Location	Output	Input	Notes	Call	Sponsor
Russellville	224.7000	–	Oe	KE5EIY	KE5EIY

CALIFORNIA
FREQUENCY USAGE - SOUTHERN CALIFORNIA ----> SEE 220SMA ORG

222.0000	222.1000	WEAK SIG, CW, SSB
222.0001	222.0250	EME
222.0500	222.0600	PROPAGATION BEACONS
222.1000		CW/SSB CALLING FREQ
222.1200		FM SIMPLEX-NO AUTO BA
222.1400		FM SIMPLEX-NO AUTO BA
223.4000		FM SIMPLEX - T-HUNTS
223.4200		FM SIMPLEX
223.4400		FM SIMPLEX
223.4600		FM SIMPLEX
223.4800		FM SIMPLEX - ARES
223.5000		FM - NATIONAL CALLING F
223.5200		FM SIMPLEX - ARES

222-225 MHz   317
CALIFORNIA

Location	Output	Input	Notes	Call	Sponsor
	223.5400				DIGITAL - INTER-AREA LIN
	223.5600				DIGITAL - SIMPLEX LAN
	223.5800				DIGITAL - INTER-AREA LIN
	223.6000				DIGITAL - GENERAL USE
	223.6200	223.6650			AUTOMATED SIMPLEX(<5
	223.6800	223.7400			COORD LNKS & CTL CH(15
NORCAL-CENTRAL COAST					
Bonny Doon	224.0600	–	O 110.9el	N6NAC	N6NAC
Monterey	224.2400	–	O 123aelrsx	N6SPD	N6SPD RG
Monterey	224.9000	–	O 107.2#	WA6YBD	WA6YBD
Salinas	224.3200	–	O 146.2el	N6LEX	CCARN
SanLuisObispo	224.5800	–	O 151.4elx	WB6NYS	WB6NYS
SanLuisObispo	224.6800	–	O 94.8#	WB6JWB	WB6JWB
SanLuisObispo	224.8600	–	●#ex	KF6PHZ	CMRA
SanLuisObispo	224.9200	–	●#elx	N6HYM	TCARS
Shandon	224.7400	–	O 131.8#	WB6NYS	ShandonRG
Watsonville	224.3800	–	●	KB6MET	KB6MET
Watsonville	224.8400	–	O 156.7	KB6MET	KB6MET
NORCAL-EAST BAY					
Berkeley	223.7800	–	O 131.8x	K7IJ	K7IJ
Berkeley	224.9000	–	O 131.8#ers	WA2UNP	NALCO
Concord	224.7800	–	O 77aelrsx	W6CX	MDARC
Concord	224.9200	–	O 85.4#x	K1BMW	WA6YOP
Fremont	223.9000	–	O	WA6PWW	TRICO ARC
Fremont	224.1800	–	O 94.8elx	KU6V	KU6V
Hayward	224.4400	–	O 123e	KC6ZIS	Echo Club
Livermore	224.7400	–	O 100aelrs	KO6PW	LARK RACES
Moraga	223.9800	–	O 100elx	W6AV	NRA
Oakland	224.0000	–	O 123x	W6JMX	NCHR
Oakland	224.1600	–	O 156.7#	KC6LHL	KD6BVQ
Oakland	224.7600	–	O 85.4lrx	W6YOP	WA6YOP
Oroville	224.5000	–	O 110.9ex	WA6UHF	WA6UHF
San Leandro	223.9400	–	●r	KQ6RC	KQ6RC
San Lorenzo	224.7000	–	O 156.7	KQ6YG	BAARC
San Pablo	224.3000	–	O 82.5ers	WD6EZC	CCCC
NORCAL-NORTH BAY					
Healdsburg	224.3600	–	O 88.5rx	NN6J	Sonomarin
Kelseyville	224.9600	–	O 103.5#	AC6ET	AC6ET
Petaluma	224.9600	–	O 103.5ex	AC6ET	SMRS
Rohnert Park	223.9000	–	O 156.7#a	WD6FTB	NORCAL ARG
Santa Rosa	223.7600	–	O 85.4elrx	WB6PER	N6MHG
Santa Rosa	223.8000	–	O 156.7l	AC6VJ	CONDOR
Santa Rosa	224.8200	–	O 103.5aerx	K6ACS	ACS
Sebastopol	224.4800	–	O 88.5ers	W6SON	SCRA
NORCAL-NORTH COAST					
Crescent City	224.6200	–	O 91.5#ael	KA7PRR	KA7PRR
Crescent City	224.7200	–	O 103.5elx	KA7PRR	KA7PRR
Willits	224.1600	–	O 156.7lx	AC6VJ	CONDOR
NORCAL-SACRAMENTO VALLEY					
Auburn	223.8200	–	O 136.5elx	N6NMZ	N6NMZ
Auburn	223.8600	–	O 100e	K6ARR	SFARC
Auburn	223.9000	–	O 100	N6NMZ	N6NMZ
Auburn	224.5800	–	O 100e	W4WIL	W4WIL
Camino	224.0600	–	●#ersx	N6DPP	HAWK
Carmichael	224.8800	–	O 162.2#e	W6YFW	CE ARC
Chico	223.9600	–	●a	WA6UHF	WA6UHF

222-225 MHz
CALIFORNIA

Location	Output	Input	Notes	Call	Sponsor
Chico	224.2800	–	O 110.9x	WA6UHF	WA6UHF
Cohassett	224.3600	–	O 110.9ex	N6YCK	N6YCK
Dunnigan	224.7200	–	O 77e	KS6HRP	SHARP
ElDoradoHills	224.0600	–	O 127.3	K6ZWZ	K6ZWZ
Fairfield	224.3800	–	O 77#rx	W6ER	Solano/ACS
Foresthill	223.7600	–	O 100e	W6SAR	PCSAR
Georgetown	224.8400	–	O 100x	W6HIR	RAMS
Grass Valley	224.3200	–	O 151.4sx	AB6LI	AB6LI
Grass Valley	224.4800	–	O 131.8lx	KF6GLZ	N6UG
Grass Valley	224.9000	–	O 151.4aelrsx	KD6GVO	KD6GVO
Lincoln	224.0400	–	O 123lx	KU6V	KU6V
Mt Aukum	224.9800	–	O 156.7lrx	K6SCA	RMRG
Rancho Cordova	224.1000	–	O 100r	W6AK	SARC
Red Bluff	224.8000	–	O 110.9ex	N6YCK	N6YCK
Sacramento	223.8800	–	O 100	K6TTD	K6TTD
Sacramento	224.2200	–	O 123#ae	KC6MHT	KC6MHT
Sacramento	224.4000	–	O el	K6IS	NHRC
Sacramento	224.5600	–	O 94.8esx	WA6ZZK	WA6ZZK
Sacramento	224.7000	–	O 107.2el	AA6IP	AA6IP
Vacaville	223.8400	–	O 141.3lx	AC6VJ	CONDOR
Vacaville	223.9200	–	O 85.4#aelrsx	KM6KW	P I R G
Vacaville	224.0600	–	●#ersx	N6DPP	HAWK
Vacaville	224.1200	–	O 141.3ex	KJ6MB	KJ6MB
Vacaville	224.2000	–	O aelrsx	WV6F	WVA
Vacaville	224.2400	–	O 136.5ex	KB6SJG	KB6SJG
Vacaville	224.4200	–	O 100	N6NMZ	N6NMZ
Vacaville	224.5400	–	O 118.8e	W6BRA	W6MAV
Williams	224.2600	–	O 100elx	N6NMZ	Colusa SO
Yuba City	224.9600	–	O 100x	W6GNO	W6GNO
NORCAL-SAN JOAQUIN VALLEY					
Angels Camp	223.9600	–	O 110.9elx	W6MOW	MARG
Bakersfield	224.0600	–	O#elx	W6LIE	KCCVARA
Bakersfield	224.4200	–	O 156.7#l	W6PVG	W6PVG
Bakersfield	224.5200	–	O 100el	KG6KKV	KG6KKV
Byron	223.8000	–	O 100	KG6MHL	KG6MHL
Coalinga	224.4400	–	O 100elrsx	W6VFZ	KARC
Coalinga	224.8200	–	O 114.8elrsx	N6DL	Kings ARC
Copperopolis	224.3400	–	O 141.3ex	KG6TXA	RELAVA
Fiddletown	224.8600	–	O 141.3ex	KG6TXA	KG6TXA
Fresno	223.7800	–	O 141.3ex	K6JSI	CCAC
Fresno	223.9400	–	O 141.3lx	W6TO	W6TO
Fresno	224.3800	–	O 141.3elx	N6JXL	CARP
Fresno	224.7600	–	●elrx	W6SCE	EARN
Fresno	224.9400	–	O 141.3#ex	W7POR	FARA
Glennville	224.3200	–	●elrx	W6SCE	EARN
Ione	224.0000	–	O 107.2	K6KBE	K6KBE
Lake Isabella	224.6400	–	O 156.7#elx	WB6RHQ	CONDOR
Maricopa	224.9800	–	●elx	KC6WRD	FCC
Mariposa	224.1600	–	O 74.4ex	KF6CLR	Delhi ARC
Mariposa	224.3000	–	O 74.4ex	KF6CLR	Delhi ARC
Mariposa	224.5000	–	O 123esx	W6BRB	W6DNC
Mariposa	224.9600	–	O 156.7ersx	W6BXN	W6BXN
Modesto	224.1400	–	O 136.5esx	WD6EJF	SARA
Oakhurst	224.9000	–	O 156.7elx	WB6BRU	CONDOR

222-225 MHz CALIFORNIA

Location	Output	Input	Notes	Call	Sponsor
Patterson	224.0800	–	●elsx	NV6RN	VARN
Shaver Lake	223.8200	–	○ 114.8ex	K6HJ	SRG
Shaver Lake	224.7000	–	○ 156.7x	KE6JZ	SRG
Stockton	223.9400	–	●elx	KD6ITH	KH7I
Stockton	224.6200	–	○ 192.8#ex	WA6TCG	VHF-FM
WoffordHeights	224.5400	–	○ 74.4#aex	KB6DJT	KB6DJT
NORCAL-SOUTH BAY					
Los Gatos	223.8200	–	○ 156.7el	KB6LCS	KB6LCS
Los Gatos	223.8800	–	○ 100ersx	K6FB	LCARC
Los Gatos	224.5800	–	○ 107.2#el	K6RPT	K6RPT
Los Gatos	224.8000	–	○ 118.8aex	NU6P	NU6P
Los Gatos	224.8800	–	○ 88.5e	N6DVC	K6UB
Milpitas	224.7200	–	○ 100#ers	W6MLP	MARES
Morgan Hill	223.8000	–	○ 107.2#el	WA6YBD	WA6YBD
Palo Alto	223.8600	–	○ 107.2ex	K6GOD	K6GOD
Palo Alto	224.1400	–	○ 100lrs	W6ASH	SPECS
San Jose	223.9600	–	○ 156.7aels	W6PIY	WVARA
San Jose	224.0200	–	○ 88.5elx	K6UB	K6UB
San Jose	224.0400	–	○ 100elx	KU6V	KU6V
San Jose	224.0800	–	○ 107.2#l	K6RPT	K6RPT
San Jose	224.1000	–	○ 156.7ae	WA2IBM	IBM ARC
San Jose	224.2600	–	○ 123aelx	WB6OQS	SCVRS
San Jose	224.2800	–	○ 100ex	WA6GFY	LMERA ARC
San Jose	224.3400	–	○ 88.5#ae	AB6BP	AB6BP
San Jose	224.3400	–	○ 88.5el	NV6RN	VARN
San Jose	224.3600	–	○ 156.7#	NV6RN	BKRN
San Jose	224.5400	–	●elx	KC6WRD	FCC
San Jose	224.6000	–	○ 156.7elx	KB6ABM	CONDOR
San Jose	224.6200	–	○ 110.9elrsx	KA2FND	KA2FND
San Jose	224.6400	–	○ 110.9elx	N6NAC	N6NAC
San Jose	224.6600	–	●elsx	NV6RN	VARN
San Jose	224.8600	–	○ 100#	KB6HDA	KB6HDA
San Jose	224.9400	–	●ex	WA6YCZ	BAYCOM
San Jose	224.9800	–	○ 110.9l	NT6S	NT6S
San Martin	223.9200	–	○ 100el	KU6V	KU6V
Saratoga	224.4600	–	●aelrx	K6BEN	W2NYC
Saratoga	224.6800	–	○ 107.2ae	WB6KHP	CFMA
Sunnyvale	224.4000	–	○#	WB7DEW	WB7DEW
NORCAL-TAHOE					
So Lake Tahoe	224.0200	–	●ex	NR7A	TARA
So Lake Tahoe	224.6400	–	○ 203.5ael	W6SUV	W6SUV
Tahoe City	224.7600	–	○ 123elx	W6AV	W6AV
Truckee	223.8200	–	○ 100lx	W6SAR	PCSAR
NORCAL-WEST BAY					
San Francisco	224.2200	–	○ 67el	KA6TGI	KA6TGI
San Francisco	224.4200	–	○ 136.5alx	KB6LCS	KB6LCS
San Francisco	224.5000	–	○ 114.8#	W6TP	GSPLRC
San Francisco	224.5200	–	○ 136.5el	KA6TGI	KA6TGI
San Francisco	224.8400	–	○ 141.3#e	KF6QCH	KF6QCH
Woodside	224.5600	–	○ 100l	KB6LED	KB6LED
SOCAL-IMPERIAL COUNTY					
Quartz Pk	224.9600	–	●(CA)e	WB6YFG	COUVRA
SOCAL-KERN COUNTY					
Inyokern	224.9800	–	●(CA)x	W5WH	------------
Shirley Peak	224.6400	–	○ 156.7lx	WB6RHQ	Condor
Tehachapi	224.4400	–	○ 94.8x	WB6FYR	------------

222-225 MHz
CALIFORNIA

Location	Output	Input	Notes	Call	Sponsor
Tehachapi	224.7000	–	●lx	W6SCE	EARN
SOCAL-LOS ANGELES COUNTY					
Blue Ridge	224.4800	–	O 100.0	W6CPA	MRA
Catalina	224.4200	–	O 110.9	AA6DP	CARA
Contractor Pt	223.8800	–	O 156.7	WA6ZRC	SWAT
Contractor Pt	224.2600	–	●(CA)	KF6HKM	------------
Contractor Pt	224.4800	–	O 110.9 (CA) eL(MRA/IRL)xZ(811)	K6VE	MRA
Contractor Pt	224.5200	–	O 103.5/103.5 (CA) RB Blx	KC6PXL	------------
Covina	223.8400	–	O 151.4/151.4 (CA)eRB	WA6NJJ	------------
Flint Pk	224.9200	–	●	WB6FYR	ASTRO
Hauser Cyn	224.9200	–	O 94.8	WB6FYR	------------
Hollywood Hls	224.6800	–	O 114.8	WA6MDJ	BHARC
Hollywood Hls	224.9600	–	●	W6EEA	AARC
Johnstone Pk	223.9800	–	O 103.5e	W6NRY	EARS
La Canada	224.0800	–	O 156.7/156.7x	WR6JPL	JPL ARC
Lakewood	224.3200	–	O 103.5	N6AXA	------------
Lancaster	223.9200	–	O 100.0	WA6YVL	------------
Lancaster	224.2000	–	O 107.2e	KE6KT	------------
Long Beach	224.5000	–	O 156.7	K6SYU	AARA
Loop Cyn-FS	224.8600	–	●x	WC6MRA	CMRA
Los Angeles	224.4400	–	O 100.0	WA6IWB	SPARC
Los Angeles	224.7000	–	O 114.8	WR6JPL	JPL ARC
Mt Lukens	223.8600	–	●(CA)ex	WS6RG	WestsidARC
Mt Lukens	224.0400	–	●Bl	KF6JBN	KARA
Mt Lukens	224.7800	–	●	N6ENL	SCRN
Mt Wilson	224.9400	–	O 94.8	WA6DVG	------------
Mt Wilson	224.9800	–	●lx	K6KGS	------------
MtDisappntment	224.3000	–	O 100.0rx	K6CPT	LACoDCS
Newhall	223.9800	–	O 110.9 (CA) elRB	WB6DZO	VRA
Oat Mtn	223.9000	–	O 94.8 (CA)e	N6NFQ	------------
Oat Mtn	224.3600	–	O 107.2/107.2 (CA) TT(361)esRBx	K6VER	VERA
Oat Mtn	224.4000	–	●lx	WD6FZA	PAPA
Oat Mtn	224.5800	–	O 156.7/156.7 (CA)eL(IRLP)x	K6VGG	VGG ARC
Oat Mtn	224.7400	–	●lx	W6SCE	EARN
Palos Verdes	223.7800	–	O 100.0e L(IRLP)rRB	WA6LA	WALA
Palos Verdes	224.3800	–	O 192.8/192.8 (CA)ex	W6SBA	SBayARC
Palos Verdes	224.6000	–	O 100.0	KA6N	Hughes ARC
Palos Verdes	224.6600	–	O 100.0 (CA)	W6GAA	PARC
Rosamond	224.6600	–	O 110.9	KK6KU	------------
Saddle Pk	224.3400	–	●eL(CMRA) sx	KD6ODU	CMRA
Santa Anita Rg	224.2800	–	O 107.2	WA6CGR	SCEARA
Signal Hill	223.8000	–	O 156.7s	K6CHE	LB CD&DR
Sunset Ridge	224.0000	–	O 146.2	K6TSG	Sunset Gp
Sunset Ridge	224.0600	–	●	KB6MQQ	------------
Sunset Ridge	224.1600	–	O 71.9 L(WINS)	K6JSI	WIN System

222-225 MHz 321
CALIFORNIA

Location	Output	Input	Notes	Call	Sponsor
Sunset Ridge	224.8400	–	O 151.4	WA6NJJ	------------
Table Mtn	223.9600	–	O 156.7	WR6AZN	------------
Verdugo Pk	224.2000	–	O 123.0 (CA)	N6MQS	------------
West Hollywood	224.5600	–	O 77.0	K6CBS	------------
Whittier Hills	223.9400	–	O 100.0/100.0elrsx	W6GNS	RHARC
Whittier Hills	224.1200	–	O 151.4 (CA) e	N6DHZ	SERG

SOCAL-ORANGE COUNTY

Location	Output	Input	Notes	Call	Sponsor
Clemente Pk	223.9000	–	O 156.7 (CA) e	N6NFQ	------------
Fullerton	224.1800	–	● 103.5/103.5 (CA)eE-SUN E-WINDrs	N6ME	WARA
Huntington Bch	223.7600	–	O 94.8ers	KD6KQ	------------
La Habra	224.5000	–	O 162.2	K6SYU	AARA
Mission Viejo	223.9600	–	●	N6QLB	SOC ARES
Pleasants Pk	224.8000	–	●	W7BF	SPARK
Santiago Pk	223.8200	–	●	KD6ZLZ	------------
Santiago Pk	224.2200	–	● 151.4	WR6AAC	Vulture
Santiago Pk	224.6400	–	●	K6SOA	------------
Santiago Pk	224.7600	–	●eL(EARN)x	W6SCE	EARN
Santiago Pk	224.8000	–	●	W7BF	SPARK
Santiago Pk	224.8200	–	O 156.7	KJ6J	Condor
Santiago Pk	224.8800	–	O 107.2	KB6TRD	HRAN
Santiago Pk	224.9800	–	●lx	K6KGS	------------
Temple Hill	224.1000	–	O 110.9	K6SOA	SOARA

SOCAL-RIVERSIDE COUNTY

Location	Output	Input	Notes	Call	Sponsor
Anza	224.3600	–	●	W6HIL	Vulture
Blythe	224.3200	–	●lx	W6SCE	EARN
Box Springs	224.4600	–	O 110.9r	W6TJ	RCARA
Chuckwalla Mtn	224.0400	–	●x	WC6MRA	CMRA
Chuckwalla Mtn	224.7600	–	●lx	W6SCE	EARN
Hemet	224.1200	–	O 97.4pr	W6COH	HemetRACES
Indio	224.3200	–	●lx	W6SCE	EARN
March AFB	223.9600	–	O 100.0	K6AFN	------------
Palm Desert	224.9200	–	O 156.7e	W6DRA	Desert RC
Riverside	224.9800	–	●	KA6RVK	------------
Santa Rosa Mtn	223.8800	–	O 110.9rsx	WA6HYQ	------------
Sierra Pk	223.7600	–	O 110.9ers	W6KRW	OC RACES
Sierra Pk	224.9000	–	●	WA6TQQ	HROC RC
Toro Pk	224.1800	–	O 156.7	WB6RHQ	Condor

SOCAL-SAN BERNARDINO COUNTY

Location	Output	Input	Notes	Call	Sponsor
Barstow	224.0400	–	O 156.7	WR6AZN	------------
Big Bear Lake	224.0000	–	O 162.2/162.2 L(IRL3187)	W6BBL	------------
Crestline	224.2000	–	●	N6QCU	GTE EARC
Crestline	224.8600	–	O 77.0	W6JBT	CVARC
Keller Pk	224.3400	–	●L(CMRA)sx	KD6ODU	CMRA
Mt Rodman	224.0800	–	O 131.8x	KC6KUY	CMRA
Ord Mtn	224.3200	–	●lx	W6SCE	EARN
Pinon Hills	224.2600	–	O 156.7	N6SWF	------------
Rim Forest	224.2600	–	O 110.9rs	N6KZB	------------
Twin Peaks	224.5600	–	O 100.0	N6WZZ	------------
Upland	224.5800	–	O 88.5 (CA)	K6PQN	------------
Yucca Valley	224.7400	–	O 136.5	KC6YLK	SCRA

222-225 MHz
CALIFORNIA

Location	Output	Input	Notes	Call	Sponsor
SOCAL-SAN DIEGO COUNTY					
Chula Vista	224.9400	–	O 107.2	KK6KD	CV ARC
El Cajon	224.0800	–	O 107.2	WA6BGS	------------
Julian	224.1600	–	●	WB6WUI	------------
La Mesa	223.8800	–	O 107.2rs	WA6HYQ	------------
La Mesa	224.0200	–	●	WB6TOP	Helix RG
Lyons Pk	223.8000	–	●	K6JCC	------------
Lyons Pk	223.9400	–	O 141.3x	WV6H	------------
Mission Hills	223.8000	–	●	WD6APP	------------
Mt Laguna	224.0600	–	O 107.2	WB6WLV	SANDRA
Mt Otay	223.8600	–	O 107.2	KN6KM	SoBay RG
Mt Otay	224.2000	–	O 107.2	N6ICC	SANDRA
Mt Otay	224.2600	–	O 107.2	N6VVZ	FILAMARS
Mt Otay	224.4000	–	●	WV6H	------------
Mt Otay	224.6800	–	O 107.2	W6CRC	------------
Mt Otay	224.9800	–	●lx	K6KGS	------------
Mt San Miguel	224.4600	–	O 107.2	W6CRC	------------
Palomar Mtn	223.9800	–	O 107.2	WA6RKK	------------
Palomar Mtn	224.9000	–	O 107.2e	WD6HFR	220 of SD
San Diego	223.9600	–	O 107.2	WD6APP	------------
San Diego	224.6000	–	●	KD6AEA	------------
San Diego	224.7400	–	O 107.2	WD6APP	------------
San Diego	224.9200	–	O 107.2 (CA)	KD6GNB	ECRA
San Marcos	224.1400	–	O 156.7 (CA) e	N6UKO	------------
Woodson	223.8000	–	●	K6JCC	------------
SOCAL-SAN LUIS OBISPO COUNTY					
San LuisObispo	224.5800	–	O 151.4elx	WB6NYS	------------
SOCAL-SANTA BARBARA COUNTY					
Brush Peak	224.0000	–	O 156.7	N6HYM	Condor
Gibralter	224.8600	–	O 131.8	WB9KMO	------------
Goleta	224.1600	–	O 131.8/131.8ers	K6TZ	SBARC
Goleta	224.6600	–	O 131.8	K6RCL	CMRA
La Cumbre Pk	224.0800	–	O 131.8/131.8ersRBx	K6TZ	SBARC
Santa Barbara	224.0400	–	●l	WC6MRA	CRMA
Santa Barbara	224.3200	–	O 131.8	N6HYM	------------
Santa Barbara	224.9000	–	O 131.8	WB6OBB	SBCoRA
Santa Cruz Is	223.9200	–	O 131.8/131.8 E-SUNrsRBx	K6TZ	SBARC
Santa Ynez Pk	224.1200	–	O 131.8 A(*52/*12)ersxZ(*911)	K6TZ	SBARC
Santa Ynez Pk	224.8000	–	●	K6RCL	CMRA
SOCAL-VENTURA COUNTY					
Frazier Mtn	224.1400	–	●x	W6EEA	AARC
La Conchita	224.7600	–	●lx	W6SCE	EARN
Rasnow Pk	223.9600	–	O 141.3	N6CFC	------------
Simi Valley	224.0600	–	O 156.7	AD6SV	SVRA
South Mtn	224.1000	–	O 127.3ers WXx	WA6ZSN	SMRA
Sulphur Mtn	224.0200	–	O 127.3 (CA) ers	WB6ZTR	SMRA
Thousand Oaks	224.7000	–	O 156.7 (CA) e	K6HB	------------

222-225 MHz COLORADO-CONNECTICUT

Location	Output	Input	Notes	Call	Sponsor
COLORADO					
BOULDER COUNTY					
Boulder	224.0200	–	Ol	W0IA	RMVHFS
Rolliinsville	224.6000	–	O 100	W0RM	W0RM
COLORADO SPRINGS					
Colorado Springs	224.0600	–	●elx	KB0SRJ	PPFMA
Colorado Springs	224.1000	–		WR0AEN	CARN
DENVER METRO					
Aurora	223.9800	–	O 100 (CA)	KE0JM	KE0JM
Denver	224.0000	–	O 103.5 (CA)	N0MHU	RMRL
Denver	224.1800	–	O	K9UL	JGMR
Denver	224.3800	–	100el	W0TX	DRC
Denver	224.6400	–	O 100	WA0KBT	DRL
Denver	224.9800	–	O 107.2/107.2 (CA)ex	W0CRA	CRA
Golden	224.7400	–	O 88.5a	W0IJR	ARA
Golden	224.8800	–	O 100 (CA)	KE0JM	KE0JM
NORTH FRONT RANGE					
Fort Collins	224.5200	–	100el	AB0SF	NCARC
Loveland	224.3200	–	O 100/100 (CA)e	KN6VV	KN6VV
PUEBLO					
Canon City	223.9600	–	O 103.5es RB	WD0EKR	RGARC
Pueblo	224.2600	–	O 88.5ex	ND0Q	PuebloHC
Pueblo	224.7200	–	Oae	KE0PA	KE0PA
SOUTH CENTRAL					
Walsenburg	224.3200	–	O 88.5e	ND0Q	PuebloHC
STATEWIDE					
Statewide	224.0400	–			CntrlAccess
Statewide	224.2800	–			CntrlAccess
Statewide	224.4400	–			CntrlAccess
Statewide	224.5000	–			CntrlAccess
Statewide	224.5400	–			CntrlAccess
Statewide	224.6600	–			CntrlAccess
Statewide	224.9200	–			CntrlAccess
WEST CENTRAL					
Glenwood Springs	224.0200	–	●	KI0G	SCARC
Vail	224.8000	–	Ot	N0AFO	ECHO
CONNECTICUT					
FREQUENCY USAGE					
SNP Pair	224.1400	–			
SNP Pair	224.4400	–	O		
FAIRFIELD & SOUTHWEST					
Bridgeport	224.9600	–	77.0/136.5	N1LXV	W1BHZ
Danbury	223.9600	–	O 100.0/100.0 (CA)e	W1QI	CARA
Fairfield	224.1000	–	O	N3AQJ	Fairfield
HARTFORD & N CENTRAL					
Avon	224.9400	–	Oaez	KB1GA	WA1RYZ
Bristol	224.1600	–	O 77.0/77.0l	KB1AEV	KB1AEV
Bristol	224.2200	–	O 110.9aelz	WA1IXU	WA1IXU
Hebron	224.7000	–	156.7	N1CBD	------------
Newington	224.8400	–	O(CA)e	W1AW	NARL
Somers	223.8200	–	Ol	W1TOM	MTARA

222-225 MHz
CONNECTICUT-FLORIDA

Location	Output	Input	Notes	Call	Sponsor
Vernon	224.1200	–	O 82.5/82.5e l	W1HDN	PVRA
Vernon	224.3600	–	O 77.0/77.0e l	KB1AEV	KB1AEV
Vernon	224.6000	–	O 123.0/123.0	K1WMS	K1WMS
W Hartford	224.2800	–	O 114.8	N1XLU	N1XLU
Wethersfield	224.6800	–	O	K1WMS	K1WMS

LITCHFIELD & NORTHWEST

Location	Output	Input	Notes	Call	Sponsor
Torrington	223.7800	–	O 82.5/82.5e l	W1HDN	PVRA
Warren	224.3200	–	O 77.0/77.0e ls	NA1RA	NARA

NEW HAVEN & S CENTRAL

Location	Output	Input	Notes	Call	Sponsor
Ansonia	224.4200	–	Oe	KA1LSD	AnsoniaCD
Meriden	224.8000	–	O 77.0l	K1HSN	Southingtn
Milford	223.8800	–	O	N1JKA	------------
New Haven	224.1800	–	O	WA1UFC	------------
New Haven	224.5000	–	77.0l	K1SOX	ShrPtARC
Prospect	224.4600	–	●e	WA1NQP	WA1CYM

NEW LONDON & SOUTHEAST

Location	Output	Input	Notes	Call	Sponsor
Groton	223.9600	–	O 156.7 (CA) e	W1NLC	SCRAMS
Ledyard	224.3800	–	O 103.5l	W1DX	AWASEC
Montville	224.8200	–	O 110.9aelz	WA1IXU	WA1IXU
New London	224.2600	–	Oe	W1NLC	SCRAMS
Salem	224.1400	–	O 103.5el	W1DX	AWASEC

DELAWARE
FREQUENCY USAGE

Location	Output	Input	Notes	Call	Sponsor
Snp	223.8000	–			

GREENWOOD

Location	Output	Input	Notes	Call	Sponsor
Greenwood	224.4400	–		W3WMD	CSARC

SOUTH

Location	Output	Input	Notes	Call	Sponsor
Dagsboro	224.8800	–	l	KA3TWG	KA3TWG
Delmar	224.0200	–		N3FJM	DARC
Millsboro	224.8400	–	aeZ(911)	K3JL	SussexAR

WILMINGTON

Location	Output	Input	Notes	Call	Sponsor
New Castle	224.2200	–	a(CA)elWx	KA3TWG	Penn-Del
Newark	224.5400	–	al	WB2LSP	WB2LSP
Newark	224.7200	–	a	N3JCR	+N3JFS
Wilmington	224.0000	–	l	K3WAJ	K3WAJ
Wilmington	224.5200	–	O 131.8	W3DRA	DRA

DISTRICT OF COLUMBIA
FREQUENCY USAGE

Location	Output	Input	Notes	Call	Sponsor
Snp	223.8000	–			

WASHINGTON AREA

Location	Output	Input	Notes	Call	Sponsor
Washington	224.5000	–	a	W3NKF	NRL ARC

FLORIDA
CENTRAL

Location	Output	Input	Notes	Call	Sponsor
Pebbledale	224.2800	–	O 100/100elr wx	NI4CE	WCFG
Winter Haven	224.8000	–	O 127.3/127.3	KE4WDP	KE4WDP

222-225 MHz
FLORIDA

Location	Output	Input	Notes	Call	Sponsor
CENTRAL - ORLANDO					
Clermont	223.9400	–	◐t	KA0OXH	KA0OXH
EAST CENTRAL					
Cocoa	224.5000	–	◯	N4LEM	N4LEM
Melbourne	224.1200	–	◯ 107.2/107.2 L(442.4) RB	KI4SWB	KI4SWB
NORTH CENTRAL					
Dunnellon	224.9200	–	◐taer	W4UEA	W4UEA
NORTH EAST					
DeLand	224.0000	–	◯ 250.3/250.3	KE8MR	KE8MR
Flagler Beach	224.2200	–	◯	KB4JDE	KB4JDE
NORTH EAST - JACKSONVILLE					
Jacksonville	224.7800	–	◯ 103.5/103.5aeE-SUN RBz	KE4FZM	KE4FZM
Jacksonville	224.9400	–	◯ 103.5/103.5a(CA)el	NS4R	NS4R
SOUTH CENTRAL					
Lake Placid	224.6400	–	◐e	KE4GZV	KE4GZV
Okeechobee	224.1000	–	◯	KF4EA	KF4EA
SOUTH EAST - MIAMI/FT LAUD					
Aventura	224.6000	–	◐L(444.375 145.470 224.020 222.420	KC4MNE 147.045 223.850)	KC4MNE
Carol City	224.8600	–	◐aBl	WB4WIP	WB4WIP
Coral Springs	224.6800	–	◯ 131.8/131.8 LITZ	N4RQY	WA4EMJ
Ft Lauderdale	224.9200	–	◐a(CA)elBl	KE4FG	KE4FG
Hialeah	223.9400	–	◯ 110.9/110.9a(CA)ersBlx	WB4IVM	WB4IVM
Hialeah	224.0600	–	◯ 110.9/110.9a(CA)ersBlx	WB4IVM	WB4IVM
Hialeah	224.5800	–	◯ 110.9/110.9a(CA)ersBlx	WB4IVM	WB4IVM
Hollywood	224.0800	–	◯ 131.8/131.8ersLITZ	N4RQY	WA4EMJ
Hollywood	224.2200	–	◯	KG4EOP	MRC
Hollywood	224.5600	–	◯ 103.5/103.5a(CA)	KD4MGR	KD4MGR
Miami	223.9200	–	◯	KC4QLV	KC4QLV
Miami	224.0000	–	◯ 110.9/110.9a(CA)	AE4EQ	AE4EQ
Miami	224.1000	–	◯	KC4MND	KC4MND
Miami	224.1400	–	●t	AE4WE	AE4WE
Miami	224.1600	–	◯ 118.8/118.8e	WB4TWQ	WB4TWQ
Miami	224.2600	–	◐e	W4CSO	W4CSO
Miami	224.8200	–	◯ 103.5/103.5	KC4DDX	KC4DDX
Miami Beach	224.5400	–	◯	KC4MNE	KC4MNE
Miami Beach	224.7400	–	◐e	WA4LWN	WA4LWN
Plantation	224.1800	–	◯ 131.8/131.8ersLITZ	N4RQY	WA4EMJ
Plantation	224.7600	–	◯ 103.5/103.5	W4AB	WA4EMJ
Plantation	224.9600	–	◯ 103.5/103.5eL(443.2)	N4RQY	WA4EMJ

222-225 MHz
FLORIDA-GEORGIA

Location	Output	Input	Notes	Call	Sponsor
Pompano Beach	224.4600	–	O 110.9/110.9e	W4BUG	GCARA
Wilton Manors	224.8000	–	O 131.8/131.8	WA4EMJ	WA4EMJ
SOUTH WEST					
Naples	224.3800	–	O 67/67e	KD4OZW	KD4OZW
SOUTH WEST - FT MYERS					
Ft Myers	224.5200	–	O 103.5/103.5	WA4PIL	GCARC
WEST CENTRAL					
New Port Richey	224.5400	–	O 103.5/103.5	WA4GDN	GCARC
WEST CENTRAL - TAMPA/ST PETE					
Clearwater	224.9400	–	Oer	WB4BZF	CARS
Largo	223.9600	–	Ote	KI4RRP	KI4RRP
Largo	224.2200	–	Oa(CA)el	KO4CR	KO4CR
St Petersburg	224.0200	–	Oe	NØRW	NØRW
St Petersburg	224.6600	–	O	WA4AKH	SPARC

GEORGIA

Location	Output	Input	Notes	Call	Sponsor
Acworth/Atl	224.3200	–	O 123.0e	N4MTA	DELTA 4 RG
Acworth/Atl	224.5000	–	O 123.0e	N4MTA	DELTA 4 RG
Alpharetta	224.5800	–	O 100.0 (CA) eRB	NX9O	RFACRES
Atlanta	224.3400	–	O 146.2	W4DOC	ATL RC, IN
Atlanta	224.6200	–	O 100.0e	W4PME	MATPARC
Atlanta-ne	224.2000	–	O 100.0# (CA)eRB	KC4OVY	KC4OVY
Atlanta/Mariet	224.1200	–	O 151.4ael RB	N4NFP	BSRG
Atlanta/Mariet	224.4400	–	O 151.4 (CA) elRB	N4NEQ	BSRG
Atlanta/Mariet	224.9600	–	O 100.0eRB	K4RFL	GIRA
Augusta	224.9400	–	O(CA)	WB4KXO	WB4KXO
Biskey Mtn	224.1600	–	O 100.0ael RBz	KC4JNN	KC4JNN
Cedartown	224.7800	–	O 179.9e	KC4KLW	KC4KLW
Chatsworth	224.8600	–	100.0elRB WX	KC4AQS	KC4AQS
Concord	224.4600	–	110.9elsRB WX	WB4GWA	CONCORD AR
Conley	224.2800	–	O	N4MNA	N4MNA
Cumming	224.8200	–		W4FRT	W4PX
Dahlonega	224.4800	–	100.0 RB	N4KHQ	N4KHQ
Dallas	224.1800	–	O 71.9e	N4YDX	N4YDX
Dallas	224.5400	–	O(CA)e	N4YEA	N4YEA
Dalton	224.3600	–	O 100.0l	W4RRG	W4RRG
Dalton	224.4600	–	O 141.3	N4BZJ	N4BZJ
Dalton	224.6800	–	O 141.3	N4BZJ	7.135 RPTR
Dalton	224.7400	–	O 141.3 RBz	N4KVC	7.135 RPTR
Decatur	224.7600	–	Oe	W4BOC	ALFORD MEM
Eatonton	224.1000	–	O 179.9es	K4SWS	K4SWS
Ft Mt/Chatswth	224.2400	–	O 71.9 (CA)e RBz	N4YYD	N4YYD
Gainesville	224.8400	–	O 100.0	W4TL	W4TL

222-225 MHz GEORGIA-ILLINOIS

Location	Output	Input	Notes	Call	Sponsor
Hawkinsville	224.8200	–	O 107.2	WR4MG	KB8CUH
Hiram	224.7000	–	100	W4TIY	PAULDING A
Jasper	224.4000	–	100.0IRB	KC4AQS	KC4AQS
Jasper	224.6000	–	O 100.0	KC4AQS	NP2Y
Jasper	224.9800	–		W4RRG	N4KHQ
Lookout Mt	224.5600	–	Otel	W4RRG	KS4QA
Macon	224.6400	–	88.5	WA4DDI	WA4DDI
Marietta	224.2600	–	110.9	KE4QFG	KE4QFG
Marietta	224.9000	–	O(CA)z	W4LMA	LARC-LOCKH
Pine Log Mtn	224.5200	–	OeRB	K4AIS	K4AIS
Pine Mtn	224.6600	–		WB4ULJ	W4OM
Ray City	224.2200	–	O 141.3els WX	WR4SG	KB0Y
Rome	224.6400	–	O 141.3	WB4LRA	WB4LRA
Snellville	224.9200	–	O 100.0	W4CSX	MARCEL
Thomasville	224.3200	–	141.0els	WR4SG	SGRA
Valdosta	224.4600	–	O 141.3eRB	WR4SG	SGRA
Villa Rica	224.3000	–	O 131.8ae	KB4TIW	VILLA RICA
Waleska	224.1400	–	Oe	KD4ALC	KD4ALC
Waleska/Pnlg	224.9400	–	O(CA)eRBz	N4GIS	N4GIS
Warner Robins	224.8400	–	OaeRBz	WR4MG	MID GA RAD
Watkinsville	224.4200	–	O 123.0	KD4AOZ	KD4AOZ
Yorkville	224.8800	–	O 77.0eRB	WD4LUQ	WD4LUQ
Young Harris	224.6600	–	O 100.0	NP2Y	WP2ADK

HAWAII
KAUAI
Location	Output	Input	Notes	Call	Sponsor
Hanamaulu	223.9800	–	O	KH6BFU	Ohana ARC

OAHU
Location	Output	Input	Notes	Call	Sponsor
Honolulu	223.9400	–	O	KH6OJ	Ohana ARC
Honolulu	224.7400	–	O	NH7ZD	Ohana ARC
Honolulu	224.9400	–	O	KH7NM	Ohana ARC
North Shore	224.0200	–	O	KH6LJ	Ohana ARC

IDAHO
FREQUENCY USAGE - IACC AREAS
Location	Output	Input	Notes	Call	Sponsor
# Snp	224.7200	–			
# Snp	224.8400	–			

SOUTHEAST IDAHO
Location	Output	Input	Notes	Call	Sponsor
shelley	224.7600	–	O	W7QJR	w7qjr

SW-ID
Location	Output	Input	Notes	Call	Sponsor
Boise	223.9400	–	O	KB7ZD	KB7ZD
Boise	224.5000	–	Oel	KA7EWN	KA7EWN
Emmett	224.8800	–	O 100	N7NCC	N7NCC

ILLINOIS
CENTRAL
Location	Output	Input	Notes	Call	Sponsor
Forest City	223.9800	–		WI9MP	WI9MP

CHICAGO
Location	Output	Input	Notes	Call	Sponsor
Chicago	223.8800	–	110.9	KC9EBB	KB9SFB
Chicago	224.0200	–	103.5	W9TMC	TMCARC
Chicago	224.0600	–	110.9	WD9GEH	WD9GEH
Chicago	224.1000	–	(CA)	WA9ORC	CFMC
Chicago	224.3400	–	103.5	W9RA	DONFAR

DECATUR
Location	Output	Input	Notes	Call	Sponsor
Lovington	223.8600	–	103.5e	KR9X	LRA

222-225 MHz
ILLINOIS

Location	Output	Input	Notes	Call	Sponsor
NORTH CENTRAL					
Freeport	224.9200	–	100.0 (CA)e	W9FN	W9FN
Joliet	223.8200	–	●ael	W9OFR	WCARL
NORTHEAST					
Batavia	224.4000	–	110.9el	W9XA	W9XA
Bloomingdale	224.2200	–	110.9	K9NB	BARK
Bolingbrook	224.5400	–	110.9 (CA)ez	K9BAR	BARS
Brookfield	224.1600	–	110.9aelz	K9SAD	SADFAR
Buffalo Grove	224.5800	–	110.9 (CA)l	WB9TAL	ARCOMLEAGU
Crystal Lake	224.7000	–	100.0el	K9VI	K9QI
Deerfield	224.2400	–	110.9e	KA9REN	CHINET
Downers Grove	224.6800	–	110.9	W9DUP	DARC
Glen Ellyn	224.1400	–	110.9aelz	W9CCU	WCRA
Glenview	224.6000	–	110.9	W9AP	NORA
Gurnee	224.0800	–	127.3 (CA)e	W9MAB	GURNEE RG
Hampshire	223.9200	–	● 114.8	W9ZS	W9ZS
Hampshire	223.9800	–	114.8	KA9ZRU	KA9ZRU
Hazel Crest	224.1800	–		WA9ORC	CFMC
Itasca	224.5000	–	192.8	WA9ZZU	WA9ZZU
Lake Zurich	223.8400	–	110.9l	K9SA	K9SA
Lisle	224.3600	–	110.9aelz	WB9QXJ	FUBAR
Lisle	224.6200	–	110.9 (CA)e LITZ	WA9AEK	WA9AEK
Lockport	224.9400	–	114.8	N2BJ	ANDREW RC
Naperville	224.2000	–	110.9	W9NPD	NPDARC
New Lenox	224.4200	–	114.8ael	N2BJ	N2BJ
Northbrook	224.2600	–	110.9	WA9VGI	FISHFAR
Oswego	224.9200	–	110.9	NK9M	NK9M ATVN
Park Forest	223.9600	–	110.9 (CA)	WB9UAR	WB9UAR
Park Ridge	224.7800	–		KB9II	FAROUT
Rolling Meadow	224.3800	–	110.9al	WB9WNK	MATS
Schaumburg	223.9400	–	110.9l	N9EP	WRC
Schaumburg	224.5600	–	110.9l	K9EL	EGDXA
Schaumburg	224.6600	–		WB9YBM	WB9YBM
Schaumburg	224.7600	–	110.9 (CA)el z	N9CXQ	NAPS
Schiller Park	224.9800	–	110.9 (CA)	WB9AET	WAFAR
West Chicago	224.6400	–	110.9	N9XP	N9XP
Westmont	223.8600	–	110.9	N9TO	N9TO
Wheaton	224.8200	–	110.9s	KE9A	DART
Winnetka	224.3200	–	110.9e	NS9RC	NSRC
NORTHWEST					
Lake Zurich	224.8600	–	110.9s	W9SRO	SRO/CFAR
Lanark	224.8600	–		WB9NLQ	SRG
Rock Island	224.1000	–	110.9e	N9TPQ	N9TPQ
PEORIA					
Dunlap	224.0800	–	156.7 (CA)el	N9BBO	N9BBO
ROCKFORD					
Mt Morris	224.8400	–	118.8elrsWX	K9AMJ	K9AMJ
Rockford	223.8800	–	118.8	W9AXD	RARA
Rockford	224.0400	–	118.8 (CA)el	K9AMJ	K9AMJ
Rockford	224.2800	–	114.8a	N9CWQ	ARECOMM
Rockford	224.4400	–	118.8 (CA)el	K9AMJ	K9AMJ
SOUTH					
Eagleton	224.8500	–		W9IMP	OTHG
Tunnel Hill	224.8600	–	88.5ers	WB9F	L. CLORE

222-225 MHz — ILLINOIS-INDIANA

Location	Output	Input	Notes	Call	Sponsor
SOUTH CENTRAL					
Greenville	224.4400	–	103.5e	W9KXQ	OVARC
Mulberry Grove	224.1400	–	103.5	W9KXQ	OVARC
SPRINGFIELD					
Tallula	224.4800	–	94.8	K9KGO	K9KGO
ST LOUIS					
Belleville	224.1200	–	127.3az	K9GXU	ST CLAIR
Collinsville	224.0600	–	127.3erswX	W9AIU	EGYPTN RC
Godfrey	224.3000	–	123.0el	N9GGF	N9OWS+
Godfrey	224.4000	–	○ 123.0el	K9KE	K9KE
Maryville	224.7000	–	151.4e	KG9OV	KG9OV
Mascoutah	224.2000	–	I	AA9ME	AA9ME
WEST CENTRAL					
Versailles	224.9200	–	103.5	KB9JVU	------------
INDIANA					
EAST CENTRAL					
Brookville	224.2800	–	○e	N9HHM	N9HHM
Brookville	224.3200	–	○e	N9HHM	N9HHM
Chesterfield	224.1000	–	○	WD9AQA	WD9AQA
Eaton	224.6000	–	○	W9KFO	W9KFO
Greensburg	224.7800	–	○erWX	KB9KNG	Decatur AR
Hartford City	224.0000	–	○ 183.5	KB9ZRZ	KB9ZRZ
Hartford City	224.5600	–	○	W9NPA	BARS
Hartsville	224.1400	–	○	WD9EME	WD9EME
Muncie	223.9200	–	○el	WB9HXG	MAARC
Muncie	224.7000	–	○E-SUNr	WD9HQH	Evans/Rust
New Castle	224.1800	–	○	W9ML	W9ML
Parker City	224.0400	–	○	K9NZF	ParkerCity
Richmond	224.7400	–	○ 131.8s	W1IDX	W1IDX
Rushville	224.3600	–	○	K9PQP	ECIRA
INDIANAPOLIS					
Indianapolis	222.5400	222.9400	○	KB9RBF	KB9RBF
Indianapolis	224.5000	–	○	KC9COP	KC9COP
Indianapolis	224.5800	–	○ 100.0	WA9WEB	WA9WEB
Indianapolis	224.8000	–	○	WB9PAR	WB9PAR
Indianapolis	224.9200	–	○ 77.0 WX	W9ICE	ICE
Indianapolis	224.9800	–	○ 77.0e	W9ICE	ICE
Shelbyville	222.4400	222.8400	○ersWX	W9JUQ	BRV ARS
NORTH CENTRAL					
Elkhart	224.8200	–	○e	W9BIF	MapleCity
Elkhart	224.9000	–	○ 131.8	W9LZX	Elkhart RA
Goshen	223.9400	–	○ 131.8eWX	KC9ENV	KC9ENV
Marion	224.5200	–	○s	KA9TYJ	GrantCo 22
New Carslile	223.8000	–	○ 131.8	N9HXU	N9HXU
Plymouth	224.5000	–	○	K9ZLQ	K9ZLQ
South Bend	223.9800	–	○	WB9YPA	FM 98
NORTHEAST					
Angola	224.9400	–	○	WB9DGD	STARS
Auburn	224.2200	–	○	NB9L	NB9L
Ft Wayne	224.4800	–	○el	KA9SLN	KA9SLN
Ft Wayne	224.8000	–	○	W9FEZ	Mizpah Shr
Ft Wayne	224.8800	–	●rxz	K9LSB	Hams Inc.
Huntington	224.8600	–	○	WB9GEQ	WB9GEQ
North Webster	224.1600	–	○ 131.8 WX	N9UZV	IRDF+CS
Warren	224.4600	–	○e	N9QVI	N9QVI

222-225 MHz
INDIANA-KANSAS

Location	Output	Input	Notes	Call	Sponsor
NORTHWEST					
Crown Point	224.0000	–	O 131.8el	W9FXT	W9FXT
Fowler	224.5200	–	O	WA9TCL	WA9TCL
Hammond	224.7400	–	O 131.8es WX	KA9QJG	KA9QJG
St John	224.4600	–	O 127.3	WA9JLN	WA9JLN
Valparaiso	224.1200	–	Oe	KB9KRI	KB9KRI
SOUTH CENTRAL					
Floyd	224.8200	–	O	W4MOP	W4MOP
Seymore	223.2600	+	Oes	N9PUG	N9PUG
SOUTHWEST					
Bloomington	224.6400	222.0400	O 107.2lWX	W9EAR	EARS
Evansville	224.7600	223.0000	O	N9APA	N9APA
Vincennes	224.6000	–	Oe	W9DP	W9DP
WEST CENTRAL					
Linton	224.4400	–	O	N9LAX	LARG
Martinsville	224.6600	–	Oe	K9YPI	MCRA
Martinsville	224.8400	–	O	N9FUT	N9FUT
Terre Haute	223.8800	222.2000	Oe	NS9M	NS9M
Terre Haute	224.8800	–	O	WJ2W	WJ2W
W Lafayette	224.9600	–	Oe	W9YB	Purdue ARC
IOWA					
CEDAR RAPIDS					
Cedar Rapids	224.9400	–	O(CA)lz	W0HUP	CRRA+SEITS
DES MOINES					
Des Moines	224.9800	–	● 114.8a (CA)elrswXx	WD0FIA	------------
Grimes	224.5400	–	114.8elWXx	N0INX	WestComm
EAST CENTRAL					
Clinton	224.1800	–	O	KN0BS	BSARC
SIOUX CITY					
Sioux City	224.1200	–	O	K0TFT	SARA
SOUTHWEST					
Bridgewater	224.8200	–	● 136.5a (CA)erswXx	WD0FIA	#NAME?
WATERLOO					
Waterloo	224.9000	–	136.5el	NK0T	NE IA RAA
KANSAS					
CENTRAL					
Goessel	223.9400	–	O	WB0UUB	WB0UUB
Russell	224.2800	–	O 131.8/131.8 E-SUN L(ECHO 3917)	N7JYS	N7JYS
KANSAS CITY METRO					
Basehor	224.5400	–	O 118.8/118.8eE-SUNsx	K0HAM	NEKSUN
Gardner	224.7800	–	OeE-SUNs	K0NK	K0NK
Kansas City	224.1000	–	OE-SUNs	WB0KIA	KC220ARA
Kansas City	224.2000	–	Os	WB0KIA	KC220ARA
Kansas City	224.3000	–	Os	WB0KIA	KC220ARA
Olathe	224.9400	–	OeE-SUN	W0QQ	SFTARC
Shawnee	223.9400	–	OE-SUN	WA0CBW	WA0CBW
NORTHCENTRAL					
Concordia	224.8600	–	O	WB0SVM	NCK RC

222-225 MHz KANSAS-MAINE

Location	Output	Input	Notes	Call	Sponsor
WICHITA					
El Dorado	224.5800	–	O	K0FCQ	------------
Sedgwick	224.5200	–	O	KA0MR	KA0MR
Wichita	224.0600	–	OE-SUN	KF0M	KF0M
KENTUCKY					
Ashland	223.9400	–	O(CA)e	KC4QK	ASHLAND 24
Dorton	224.5200	–	O	WR4AMS	WR4AMS
Garrett	224.2600	–	79.7e	K4NLT	KF4ZTB
Hazard	224.8200	–	O	WR4AMS	K4ITF
Hopkinsville	224.7800	–	O 179.9 (CA) e	WD9HIK	WD9HIK
Irvine	224.9400	–	Oe	AD4RT	AD4RU
Jackson	224.1600	–	203.5el	WR4AMS	WR4AMS
Lancaster	224.5600	–	O(CA)	KD4RXF	N4YUU
Lexington	224.4200	–	Oaelz	AC4AO	AC4AO
London	224.9800	–	O	WR4AMS	MT. EMERG.
Louisville	224.3000	–	Oe	KA4MKT	KA4MKT
Lynch	224.3200	223.7200	O	K4TDO	K4TDO
Mayfield	224.8200	–	179.9e	WA6LDV	KF4GCD
Meta	224.3800	–		WR4AMS	WR4AMS
Middlesboro	224.1200	–	O 82.5#	WM4MD	WM4MD
Nancy	224.1000	–	O 100.0aez	AC4DM	AC4DM
Pikeville	224.5800	–	O	WB4F	KEYSER HEI
Pikeville	224.6200	–	ORB	KD4DAR	------------
Prestonsburg	224.7200	–	O 203.5	WR4AMS	K4ITF
Somerset	224.3000	–	Oez	N4AI	N4AI
Somerset	224.8800	–	Oe	N4AI	N4AI
Stanville	224.6800	–	O 100.0e	KJ4VF	------------
Versailles	224.2200	–	e	KY4WC	KY4WC
Whitesburg	224.9600	–	203.5el	WR4AMS	WR4AMS
LOUISIANA FREQUENCY USAGE					
Shared	224.6000	–		SNP	
NORTHWEST					
Shreveport	224.2600	–	O 100.0e	N5SYV	N5SYV
SOUTHEAST					
LaCombe	224.6600	–	● 114.8	AA5UY	AA5UY-RA
Madisonville	224.1400	–	O 114.8e	W5NJJ	NLAKE ARC–
Metairie	224.0000	–	O 114.8	K5MPJ	K5MPJ
MAINE					
MID-COAST					
Hope	224.0000	–	O	WA1ZDA	WA1ZDA
Washington	224.2800	–	O 91.5 (CA)e x	KC1CG	KC1CG
NORTHWEST					
Hebron	224.6200	–	O 103.5	W1IF	W1IF
Woodstock	223.9400	–	O 103.5e L(53.09 449.025)	W1IMD	&FARTS
PORTLAND/SOUTH COAST					
Falmouth	223.7800	–	● 103.5e L(RGRS)	W1IMD	RGRS
Waldoboro	224.7800	–	O 107.2	N1PS	N1PS

222-225 MHz
MARYLAND-MASSACHUSETTS

Location	Output	Input	Notes	Call	Sponsor
MARYLAND					
FREQUENCY USAGE					
Snp	223.8000	–			
ANNAPOLIS					
Davidsonville	223.8800	–	aeZ(911)	W3VPR	AARC
BALTIMORE					
Baltimore	224.2400	–	107.2aelr	W3FT	BARC
Baltimore	224.9600	–	O(CA)elWX	WA3DZZ	BRATS
Carney	224.4800	–	tal	KB3AVZ	KB3AVZ
Columbia	223.9200	–	l	K3CUJ	Col. ARA
Columbia	224.8600	–	e	W3CAM	W3CAM
Ellicott City	224.3200	–		N3EZD	N3EZD
Jessup	224.7600	146.1600	107.2l	WA3DZD	MFMA
Jessup	224.7600	–	107.2l	WA3DZD	MFMA
Jessup	224.7600	449.0000	107.2l	WA3DZD	MFMA
Millersville	224.5600	–		W3VPR	AARC
NW Baltimore	224.8000	–		WA3DZZ	BRATS
Perry Hall	223.8400	–		W3JEH	W3JEH
S Baltimore	224.6800	–		KS3L	SummitAR
W Baltimore	224.6400	–		WA3Z	SummitAR
CENTRAL					
Damascus	224.5800	–		K3LNZ	PAVHFS
CENTRAL DELMARVA					
Salisbury	224.0200	–		N3FJM	DARC
MD NE					
Odenton	224.6000	–		N3MIR	N3MIR
Rising Sun	224.3000	–	107.2	N3PCL	K3DWB
NE					
Port Deposit	224.5200	–	131.8 L(449.825)	N3OUT	N3OUT
NE MD					
Belair	223.9600	–	(CA)	N3EKQ	N3EKQ
Manchester	224.1200	–	ap	N3KZS	N3KZS
NORTH CENTRAL					
Frederick	224.2000	–	O 123.0 (CA) e	K3MAD	MADXRA
NORTHEAST					
Colora	224.9000	–	107.2er	K3UAV	FORCE
Shawsville	224.9200	–		N3UR	N3UR
SOUTH					
Lexington Park	223.9000	–	O	WA3UMY	WA3UMY
WASHINGTON AREA					
Ashton	224.5400	–	156.7a	K3WX	K3WX
Jessup	224.7600	146.1600	107.2l	WA3DZD	MFMA
Jessup	224.7600	–	107.2l	WA3DZD	MFMA
Jessup	224.7600	449.0000	107.2l	WA3DZD	MFMA
Rockville	224.9400	–	a(CA)er	K3ATV	MACS
WEST CENTRAL					
Frederick	224.2000	–	O 123.0ae	K3MAD	MADXRA
MASSACHUSETTS					
BERKSHIRES					
Adams	224.1000	–	O 100	K1FFK	NOBARC
BLACKSTONE VALLEY					
Medway	224.6600	–	OaL(147.06)	W1KG	W1KG

MASSACHUSETTS

Location	Output	Input	Notes	Call	Sponsor
BOSTON METRO					
Belmont	223.8600	–	O 100 L(I4314)	KB1FX	& KB1GXW
Medford	224.3600	–	Oe	N1MV	MVARG
Quincy	224.4000	–	O 103.5 (CA) L(MMRA)	N1KUG	MMRA
Stoneham	224.4200	–	Oae	KA1JMF	KA1JMF
Wakefield	223.8000	–	OeEXP	N1CSI	N1CSI
Wakefield	224.7200	–	Oae	WA1WYA	&WB1HKY
Waltham	224.9400	–	Oe	W1MHL	Wara
Woburn	224.9800	–	O	KA1RMF	WA1HOG
BOSTON SOUTH					
Attleboro	224.6200	–	O 88.5	N1TVZ	N1TVZ
Walpole	224.3200	–	O 118.8er WX	W1ZSA	WalpoleEMA
CENTRAL					
Fitchburg	224.3400	–	O 103.5 L(147.315)	WB1EWS	WB1EWS
Leominster	224.7600	–	O 85.4 L(224.44)x	AA1JD	MEGASYS
Paxton	224.3800	–	O 136.5e	WR1O	WR1O
Spencer	224.5400	–	O 67e	N1RFL	Ed Gebo
Winchendon	224.4400	–	O(CA) L(224.76 LEOMINSTER MA)x	AA1JD	MEGASYSGRP
MERRIMACK VALLEY					
Andover	224.6800	–	Oar	WA1WLU	N AndvrEMA
Haverhill	224.1200	–	O 103.5e L(224.42 STONEHAM MA)	N1IRS	N1IRS
Lawrence	224.3000	–	O	N1EXC	Jerez
Methuen	224.9600	–	O 103.5ae	N1WPN	NE MUDDUCK
North Andover	224.5200	–	Oar	WA1WLU	N AndvrEMA
Pepperell	224.6400	–	OaeL(919.10 1270.40)	WA1VVH	H Chase
Tewksbury	224.2600	–	O 67ae	N1HDY	Tewks EMA
Wilmington	224.1600	–	O 67/71.9e	K1KZP	&K1ZOE
METROWEST					
Framingham	224.2400	–	O	KD1T	222 Club
Hopkinton	223.9400	–	O 103.5 (CA) L(MMRA)	N1BHI	MMRA
Lincoln	223.8400	–	Oer	K9YB	Lincoln CD
Marlborough	224.8800	–	O 103.5 L(MMRA)	W1MRA	MMRA
Weston	224.7000	–	O 103.5 (CA) L(MMRA)	N1NOM	MMRA
NORTH SHORE					
Danvers	223.8800	–	Oex	NS1RA	NSRA
Gloucester	224.9000	–	Oe	WV1A	CAARA
PIONEER VALLEY					
Pelham	224.7400	–	O 88.5	WA1VEI	MSRA
SOUTH SHORE					
Brockton	223.7800	–	O 88.5r	N1PYN	N1PYN
Norwell	224.0600	–	O 103.5e L(53.33)	N1ZZN	N1ZZN

222-225 MHz
MICHIGAN

Location	Output	Input	Notes	Call	Sponsor
MICHIGAN					
LOWER PEN NORTHEAST					
Alpena	224.0800	–	O 100 (CA)el rs	N8BIT	8BITRG
Lewiston	224.4200	–	●tl	N8SCY	N8SCY
Saginaw	224.2800	–	OarsWX	K8DAC	SVARA
West Branch	224.2200	–	●tl	W8YUC	RARG
LOWER PEN NORTHWEST					
Harrison	224.5000	–	O 103.5rs WX	N8LYL	N8LYL
Manistee	224.1200	–	O 100	KB8BIT	KB8BIT
Stutsmanville	224.5600	–	O 100ex	WB8DEL	WB8DEL
LOWER PEN SOUTHEAST					
Ann Arbor	224.3400	–	Oe	W8UHW	W8UHW
Ann Arbor	224.3800	–	O	W8PGW	Arrow ARC
Ann Arbor	224.7800	–	OelrsWX	K8RPT	RRRA
Burton	224.7200	–	Oael	W8JDE	FAIR
Canton	224.7400	–	O 100 (CA)	W8PMN	W8KFN
Chelsea	224.1600	–	Oe	WD8IEL	CARC
Clarkston	224.0800	–	O 67 (CA)l	N8BIT	8BITRG
Clio	224.0600	–	●tel	N8NJN	FAIR
Dearborn	224.5200	–	O 100a	K8UTT	Ford ARL
Detroit	224.3600	–	O 103.5ex	KC8LTS	KC8LTS
Durand	224.8600	–	O 100elrs WX	N8IES	N8IES
Flint	224.1800	–	O 88.5 (CA) DCSelrsWX	KF8UI	KF8UI
Flint	224.4800	–	O 100 (CA)el rsWXz	KC8KGZ	N8IES
Garden City	224.8000	–	O 107.2 (CA) el	KK8GC	GCRA
Glennwood	224.8400	–	O 94.8elrs WXx	W8GDS	W8GDS
Holly	224.6200	223.0600	O 100 (CA)el rsx	W8FSM	W8FSM
Inkster	224.5800	–	O 100elrs WX	K8DNS	K8DNS
Lapeer	224.8800	–	Oelrsx	W8LAP	LCARA
Pontiac	224.5600	–	O	WD8INW	WD8INW
Rankin	224.9600	–	●telWX	W8YUC	RARG
Roseville	224.4600	–	Ol	N8EDV	N8EDV
Royal Oak	224.8400	–	O 100 (CA)e	KA8ZRR	KA8ZRR
Waterford	224.4200	–	O 77 (CA)el WX	W8JIM	W8JIM
Wayne	224.0000	–	O 107.2ae	W8RIF	W8RIF
Westland	224.1200	–	O 110.9ers WX	N8TUO	Westland RAC
Westland	224.6800	–	●tl	W8ICN	RADAR
LOWER PEN SOUTHWEST					
Battle Creek	224.2400	–	OrwX	W8DF	SMARS
Berrien Springs	224.3000	–	O(CA)	W8YKS	DOCRG
Buchanan	224.2000	–	O	N8NIT	DOCRG
Cedar Springs	224.1400	–	O 167.9e	NW8J	NW8J
Grand Rapids	224.4400	–	O	WB8VOJ	WB8VOJ
Grand Rapids	224.6400	–	O 94.8ael	W8DC	GRARA
Grand Rapids	224.7600	–	Oae	K8SN	K8SN

222-225 MHz   MICHIGAN-MISSOURI

Location	Output	Input	Notes	Call	Sponsor
Hanover	224.2600	–	O 123e	K8WBG	N8RLA
Hanover	224.9000	–	O 123el	K8WBG	K8WBG
Lansing	224.9800	–	O 100ers	WB8CQM	LCDRA
Moline	223.9200	–	O 94.8ex	N8JPR	N8JPR
Muskegon	224.7000	–	O 94.8ael	N8KQQ	N8KQQ
Vermontville	224.6000	–	O	KB8TI	RRRG

MINNESOTA
DULUTH

Location	Output	Input	Notes	Call	Sponsor
Duluth	223.9400	–	O	N0BZZ	N0BZZ

METRO

Location	Output	Input	Notes	Call	Sponsor
Arden Hills	223.9400	–	O 100.0l	KA9YPF	------------
Bloomington	224.3800	–	O 114.8	N0SVX	N0SVX
Burnsville	224.5400	–	O 100.0a	W0BU	TCRC
Columbia Hts	224.5000	–	O 114.8l	N0FKM	N0FKM
Columbia Hts	224.6600	–	O 114.8l	N0FKM	N0FKM
Gem Lake	224.1000	–	O	K0LAV	K0LAV
Maplewood	224.8800	–	O	N0FKM	N0FKM
Mounds View	224.9400	–	O 100.0e	W0YFZ	ANOKACRC
Rosemount	224.9600	–	●eLITZ	KA0SDU	MRH&RCMA
St Anthony	223.8600	–	●eLITZ	KA0SDU	MRH&RCMA

SOUTH CENTRAL

Location	Output	Input	Notes	Call	Sponsor
St Peter	224.5200	–	O	N0KP	SCAN

SOUTH EAST

Location	Output	Input	Notes	Call	Sponsor
Ellendale	224.6400	–	O 100.0	KA0PQW	KA0PQW

MISSISSIPPI

Location	Output	Input	Notes	Call	Sponsor
Byhalia	224.5000	–	Oal	N4DRL	N4DRL
Hattiesburg	224.1400	–	136.5elWX	K5PN	K5PN
Taylorsville	224.4800	–	O 136.5elWX	W5NRU	AA5SG
Vicksburg	224.7800	–	O	WB5OWY	------------
Warsaw	224.8800	–	Oal	N4DRL	N4DRL

MISSOURI
KANSAS CITY METRO

Location	Output	Input	Notes	Call	Sponsor
Basehor	224.5400	–	O 118.8/118.8eE-SUN	K0HAM	NEKSUN
Gardner	224.7800	–	OeE-SUNs	K0NK	K0NK
Kansas City	224.1000	–	OE-SUNs	WB0KIA	KC220ARA
Kansas City	224.2000	–	Os	WB0KIA	KC220ARA
Kansas City	224.3000	–	Os	WB0KIA	KC220ARA
Olathe	224.9400	–	OeE-SUN	W0QQ	SFTARC
Shawnee	223.9400	–	OE-SUN	WA0CBW	WA0CBW

NORTHEAST

Location	Output	Input	Notes	Call	Sponsor
Troy	224.5400	–	OE-SUN	KA0EJQ	PkeLincCo

SOUTH CENTRAL

Location	Output	Input	Notes	Call	Sponsor
Belle	224.6000	–	O	N0VHN	------------

ST LOUIS METRO

Location	Output	Input	Notes	Call	Sponsor
Clayton	224.3400	–	O	WB0RPN	------------
Imperial	224.0400	–	O	WA0PEZ	------------
Olivette	224.5200	–	O 141.3 E-SUN	W0SRC	STLSRC
St Charles	224.9000	–	OE-SUN	NF0Q	NF0Q
St Louis	224.9800	–	OeE-SUN	K0GOB	UHFARA
St Paul	224.6600	–	Os	N0EEA	N0EEA

222-225 MHz
MONTANA-NEW HAMPSHIRE

Location	Output	Input	Notes	Call	Sponsor
MONTANA					
SOUTH CENTRAL					
Bozeman	224.6600	–	Ol	KB7KB	KB7KB
Bozeman	224.7200	–	O 100l	W7ED	GHRC
NEBRASKA					
FREMONT					
Fremont	224.6600	–	Oe	WN0L	------------
LINCOLN					
Lincoln	224.3000	–	O	N0GMR	N0GMR
Lincoln	224.9800	–	O#ae	K0RPT	K0RPT
OMAHA					
Omaha	223.9400	–	Oael	WB0CMC	------------
Omaha/KPTM	224.8200	–	Olx	WB0CMC	------------
Omaha/KPTM	224.9400	–	Ox	K0USA	AKSARBEN A
NEVADA					
Hi Potosi Mtn	224.9000	–	O 156.7	W8IXD	Condor
Las Vegas	223.5800	223.5800	OL(145.050)	W7EB	------------
Las Vegas	224.5000	–	●	N8NDI	------------
Lo Potosi Mtn	224.0600	–	●	WC6MRA	CMRA
Lo Potosi Mtn	224.4800	–	O 110.9	W7EB	------------
Lo Potosi Mtn	224.7800	–	●	WB6DYM	SCRN
Pahrump Valley	224.7200	–	O	KC7DKC	------------
Spirit Mtn	224.8600	–	O 110.9/110.9	K7FAY	CMRA
CENTRAL					
Stateline	223.7000	–	Ol	WB7WTS	WB7WTS
SIERRA/TAHOE					
Lake Tahoe	224.0200	–	Oe	NR7A	WA6EWV
Stateline	223.6000	223.6000	Op	WA6EWV	WA6EWV
Truckee	223.8200	–	O 100lx	N6NMZ	W6SAR
Truckee	223.8200	–	O 100lx	N6NMZ	W6SAR
Truckee	223.8200	–	O 100lx	N6NMZ	W6SAR
Truckee	223.8200	–	Oe	WB6ALS	WB6ALS
WEST CENTRAL					
Hawthorne	222.2000	+	Ol	WA6TLW	WA6TLW
Lake Tahoe	224.6600	–	●	N7RH	N7LPT
Lake Tahoe	224.9600	–	Ol	W7TA	N7TR
Reno	222.1400	222.1400	●	KI3V	N7TR
Reno	223.3600	+	Ol	W7TA	N7TR
Reno	223.7400	223.7400	Op	KI3V	N7TR
Reno	223.9200	–	O	KK7RON	KK7RON
Reno	224.0600	–	O	K7IY	K7IY
Reno	224.1000	–	O	W7UIZ	W7UIZ
Reno	224.1800	–	O	KB6TDJ	KB6TDJ
Reno	224.3000	–	Ol	KB7PDE	KB7PDE
Reno	224.4600	–	Ol	WA7DG	N7LPT
Warm Springs	222.1000	+	Ol	WB7WTS	WB7WTS
NEW HAMPSHIRE					
DARTMOUTH/LAKE SUNAPEE					
Hanover	224.3200	–	O 136.5 L(W1FN)	W1FN	TSRC

NEW HAMPSHIRE-NEW JERSEY

Location	Output	Input	Notes	Call	Sponsor
LAKES REGION					
Pittsfield	224.5400	–	O 103.5	N1AKE	N1ake
Rochester	224.7800	–	O 131.8	WB1GGI	MLP
MERRIMACK VALLEY					
Amherst	224.0200	–	O 136.5e	K1ZQ	Tom
Auburn	224.8200	–	O 88.5	N1IMO	N1IMO
Chester	224.2000	–	O 103.5	K1OX	Ted
Chester	224.5000	–	O 88.5e L(N1IMO-N1IMN)s	N1IMO	N1IMO
Derry	224.4600	–	O 85.4 (CA)e rs	K1CA	IntrStRS
Goffstown	223.9000	–	O 103.5esx	W1AKS	NHRADIO
Mont Vernon	224.1800	–	OL(447.125)	WB1CMG	WB1CMG
Northwood	223.9600	–	O 114.8e L(E267136)	N1QVS	FBG
Pembroke	224.8000	–	O 103.5e	KA1OKQ	KA1OKQ
MONADNOCK REGION					
Marlborough	224.7200	–	O 85.4 (CA)e	W1NAC	Dan
Milford	224.8600	–	O 136.5a L(2/440 CROSSBAND LINK)rs	W1DIO	W1DIO
Rindge	224.6000	–	O 88.5	WA1HOG	WA1HOG
SEACOAST					
Exeter	224.2200	–	O 67 L(E54908)	K1KN	K1KN
WHITE MOUNTAINS					
Cannon Mtn	224.0800	–	O 114.8	K1HR	K1HR
Mt Washington	224.8600	–	● 103.5e L(RGRS)x	W1IMD	RGRS
NEW JERSEY					
ATLANTIC					
Absecon	224.1400	–	●(CA)	N2LXK	------------
BERGEN CO					
Glen Rock	224.3400	–	OtelrsBl	N2SMI	------------
Saddle Brook	224.4200	–	O 88.5	WB2IZC	------------
Saddle Brook	224.5200	–	O	WA2UXC	------------
Wanaque	224.8400	–	O 141.3 (CA) erswX	W2PQG	10-70 RA
BURLINGTON					
Browns Mills	224.8600	–	O 131.8eBl	KA2JZO	------------
Willingboro	223.8800	–	O 131.8 (CA) e	WB2YGO	WARG Inc.
CAMDEN					
Washington Twp	224.6600	–	O 131.8rs	W2MMD	GCARC
Waterford Wks	224.6200	–	OTTer	W2MX	MSARC
CAPE MAY					
Ocean City	223.9800	–	O 156.7 (CA) elrRB LITZ WX	W3PS	METRO-COMM
CUMBERLAND					
Bridgeton	224.8200	–	O 127.3el	KB3LRA	K3PHL
Millville East	223.9600	–	O 123.0e	W2SCR	SCARS
ESSEX CO					
Newark	224.2200	–	O 74.4 TTl RB Bl	KE2TT	------------
Newark	224.2800	–	O 123.0er	W2KB	------------
Verona	224.4800	–	Oe	K2DEE	ESSEX OEM

222-225 MHz
NEW JERSEY-NEW MEXICO

Location	Output	Input	Notes	Call	Sponsor
HUDSON CO					
Union City	224.2000	–	O 131.8 Bl	KD2VN	------------
HUNTERDON					
Cherryville	224.6000	–	O 203.5	K2PM	N3MSK
Mt Kipp	224.1200	–	O 203.5 (CA) el	K2PM	W2CRA
MIDDLESEX CO					
Old Bridge	224.5000	–	O 131.8/131 8 (CA)elrsz	W2CJA	CJRA
MONMOUTH CO					
Ellisdale	224.1800	–	O 131.8aTT	K2NI	HRG
Hazlet	224.9600	–	O(CA)ers EXP WX	KB2SEY	HazltTpOEM
Ocean Twp	224.3800	–	O 156.7elWX	W2UG	AERIALS
MORRIS CO					
Boonton	224.8600	–	O	WA2PTD	------------
Butler	224.7000	–	O 141.3/141.3eE-SUNlrsRB EXP	WB2FTX	Butler RACES
Morris Twp	224.9400	–	O 107.2/107.2er	WS2Q	------------
OCEAN					
Barnegat	224.2800	–	OersWX	N2NF	------------
Dover Twp	224.7200	–	O 82.5eLITZ	N4TCT	------------
Jackson	224.3000	–	O 127.3r	N2RDM	CrmRdgRG
Lakewood	223.8200	–	O 162.2el	N2AYM	------------
Lakewood	224.1200	–	O 156.7ael	N2CKH	------------
Toms River	224.7000	–	●t	KE2HC	------------
PASSAIC CO					
Clifton	224.3600	–	O(CA)e	KB2N	CliftonOEM
SALEM					
Salem	224.4600	–	O 77.0ers WX	N2KEJ	SCOEM
SOMERSET CO					
Green Brook	223.9600	–	Oa(CA)	K2ETS	ELECT TECH S
Martinsville	224.8800	–	O 103.5 (CA) TTeLITZ WX	WX3K	SOMERSET
SUSSEX					
Newton	224.5000	–	O 151.4elrs RB	W2LV	SCARC
WARREN					
Washington	223.7800	–	● 110.9ers	WC2EM	WC EMCOMM
NEW MEXICO					
ALBUQUERQUE					
Albuquerque	223.8200	–	Oe	WA5VJY	NM 220 S
Albuquerque	224.0000	–	Ox	K5CQH	JRANM
Albuquerque	224.5800	–	Oae	KH6JTM	KH6JTM
Sandia Park	224.9400	–	O L(444.1500) RB	W5AOX	W5AOX
EAST CENTRAL					
Tucumcari	224.9800	–	O	WA5EMA	WA5EMA
NORTH CENTRAL					
Los Alamos	223.9400	–	Oesx	KB5RX	JMRA
SOUTH CENTRAL					
Alamogordo	224.8000	–	O	K5LRW	AARC
Almogordo	224.6000	–	O	WA5IPS	WA5IPS

Location	Output	Input	Notes	Call	Sponsor
Dona Ana	224.3400	–	os	KC5SJQ	KC5SJQ
Las Cruces	223.9400	–	o	N5IAC	N5IAC
STATEWIDE					
Statewide	224.1600	–	otprs		ARES/RACES/
WEST CENTRAL					
Grants	224.8800	–	o 67ex	WB9ERE	WB9ERE

NEW YORK
ADIRONDACKS/EAST

Location	Output	Input	Notes	Call	Sponsor
Blue Mtn Lake	224.0400	–	o 123.0lx	N2JKG	RACES
Plattsburgh	223.9600	–	o 123.0r	WA2LRE	Clin RACES
ALBANY / CAPITAL REGION					
Gloversville	224.7000	–	orWX	K2JJI	Tryon ARC
ALBANY/CAPITAL REGION					
Albany	224.1400	–	o 100.0 (CA) elx	K2AD	MT Assoc
Schenectady	224.0600	–	oae	K2AE	SARA
Troy	224.4200	–	o(CA)l	W2SZ	RPI ARC
Troy	224.6400	–	oe	KB2HPW	ARDVARC
BINGHAMTON					
Vestal	224.4800	–	o 88.5 (CA)l	AA2EQ	------------
CANANDAIGUA					
Bristol	224.6800	–	o 110.9	W2IMT	------------
South Bristol	224.4600	–	o 110.9 E-WIND	NR2M	QHRA
CATSKILLS NORTH					
Cherry Valley	224.9800	–	oex	WA2IJE	------------
Schenevus	223.9600	–	o 100.0e	KC2AWM	CTRC
ELMIRA/CORNING					
Elmira	223.9800	–	oal	NR2P	RATS
Elmira	224.2200	–	o	WB2VPY	ChmARES
LONG ISLAND - NASSAU CO					
East Rockaway	224.5400	–	o 131.8/131.8 (CA) TT(131.8)e	WA2YUD	------------
LONG ISLAND - SUFFOLK CO					
Bayshore	224.1200	–	o 131.8 (CA) lrs	KB2UR	SSARC
Dix Hills	224.5600	–	o 136.5e L(443.525)	W2RGM	------------
East Hampton	224.6000	–	o(CA)e	W2HLI	------------
Smithtown	224.6200	–	● 136.5elr	W2LRC	LARKFIELD AR
West Islip	223.8600	–	o 131.8a (CA)elrsRB WXz	W2GSB	GSBARC
Yaphank	224.6800	–	o 103.5e	W2DQ	SCARC
LOWER HUDSON - WESTCHESTER					
Valhalla	224.4000	–	o 114.8 (CA) elRB WX	WB2ZII	WECA
Yonkers	224.9400	–	o 088.5 (CA) ersBlz	W2YRC	Yonkers ARC
MID HUDSON					
Beacon	224.0800	–	o 100.0el	N2EYH	Mt. Beacon
Carmel	224.0200	–	o 136.5elx	KC2CWT	------------
Cragsmoor	224.6000	–	o	N2ETY	------------
Harriman	223.8000	–	o 107.2elx	W2AEE	Columbia U
Hudson	224.2800	–	oes	K2RVW	Rip VW ARS
Mahopac	224.0000	–	o 79.7al	K2HR	AliveNtARC

340 222-225 MHz
NEW YORK

Location	Output	Input	Notes	Call	Sponsor
Mahopac	224.7000	–	o 79.7al	NY4Z	AliveNtARC
Middletown	224.5400	–	o 156.7lsx	WR2MSN	Metro 70
Mount Beacon	223.9200	–	o 100.0 (CA)e	W2GIO	MBARC
Nyack	224.3800	–	o 114.8 (CA)el	WA2MLG	RocklandRA
Pomona	223.8200	–	o 114.8l	N2ACF	------------
West Point	224.1800	–	o 123.0	W2KGY	West Point
NEW YORK CITY - KINGS					
Brooklyn	223.9400	–	o 107.2er	WA2ZLB	MAARC
Brooklyn	223.9800	–	141.3	KB2PRV	LARA
Brooklyn	224.1000	–	o 136.5rs	W2CXN	AVARA
Brooklyn	224.6000	–	o 100.0	W2SN	------------
NEW YORK CITY - MANHATTAN					
Manhattan	223.7600	–	● 151.7 TT DCS(23) L(430.175)rs	WR2MSN	METRO 70cm
Manhattan	223.9000	–	o eBl	KD2TM	------------
Manhattan	224.0600	–	o	WA2HDE	------------
Manhattan	224.4400	–	o 74.4	NY4Z	K2VZG
Manhattan	224.4600	–	o elz	N2XBA	LEARC
Manhattan	224.6600	–	o	WA2HDE	66 Rptr Club
NEW YORK CITY - QUEENS					
Glen Oaks	224.8200	–	o 136.5 (CA) eLITZ	WB2NHO	LIMARC
NEW YORK CITY - STATEN ISLAND					
Staten Island	223.8400	222.4000	o 141.3/141.3el	W2RJR	------------
NIAGARA					
Buffalo	224.6600	–	o 100.0 (CA)e	KC2P	------------
Buffalo	224.8200	–	o (CA)e L(BARRA)rs	W2EUP	BARRA
Lackawanna	224.5600	–	88.5e	W2RFL	------------
Lancaster	224.6400	–	o 107.2e L(LARC) WX	W2SO	LARC
Lockport	224.3600	–	o 107.2	K2MJ	------------
Newfane	223.9400	–	o 88.5 (CA) L(224.94)	N2CVQ	NCARA
Newfane	224.9400	–	o 88.5 (CA)e L(223.94) RB	K2AER	NCARA
Niagara Falls	224.5000	–	o 107.2e L(443.925 ECHOLINK)	N3AU	------------
Orchard Park	224.1400	–	o 88.5e	WA2BTW	------------
ROCHESTER					
Rochester	224.2600	–	o aelxz	KE2MK	Xerox ARC
Rochester	224.5800	–	o 110.9aelrz	N2HJD	RRRA
Rochester	224.9000	–	o	WS2F	GRIDD
SOUTHERN TIER					
Delevan	224.2000	–	o	K2XZ	------------
ST LAWRENCE					
Canton	224.7400	–	r	KA2JXI	SLVRA
SYRACUSE					
Syracuse	224.1200	–	o	W2YPP	LARC
UTICA/ROME					
Utica	224.6600	–	o a	WA2CAV	------------

222-225 MHz   NEW YORK-NORTH CAROLINA

Location	Output	Input	Notes	Call	Sponsor
Verona	224.2600	–	o	KA2NIL	------------
WAYNE/NEWARK					
Ontario	224.0200	–	o	KA2CKR	DrmInsARC
WEST					
Orangeville	224.7000	–	88.5	K2XZ	------------
Wethersfield	224.1600	–	o 141.3e	WA2CAM	------------

NORTH CAROLINA

Location	Output	Input	Notes	Call	Sponsor
Andrws/Robinsv	224.8800	–	el	K4AIH	WD4JEM
Asheville	224.5200	–	o 91.5	W4MOE	W4MOE
Asheville	224.6000	–	oe	WB4PLA	WB4PLA
Ashvl/Mt Pisga	224.2600	–	oe	WA4BVW	WA4BVW
Barium Springs	224.3000	–	o	WA4WRS	------------
Big Knb/Mars H	224.6600	–	o 100.0	KE4RQL	KE4RQL
Burnsville	224.7400	–	ol	KD4WAR	KD4WAR
Canton	224.8200	–	o(CA)e	N4DWU	WA4BVW
Cary	224.8800	–	o 88.5	W4JYV	KD4WJD
Charlotte	224.4000	–	o	W4BFB	MECKLENBUR
Cherry Mtn	224.6400	–	o 71.9aeWX	KG4JIA	KG4JIA
Cherryville	224.9600	–	o(CA)	N4DWP	N4DWP
Clemmons	224.7000	–	o 100.0e	WB9SZL	FORSYTH AR
Clinton	224.2800	–	91.5el	W4TLP	W4TLP
Coats	224.7000	–	o 88.5 (CA)e RB	K4JDR	CAROLINA 4
Delco	224.5000	–	o 88.5lRB	AD4DN	AD4DN
Efland	224.6600	–	o 107.2e	WA1YYN	WA1YYN
Gastonia	224.6200	–	o 127.3ep	KC4IRA	KC4IRA
Gastonia	224.6800	–	67.0	KA4KMA	KA4KMA
Greensboro	224.4400	–	o 107.2	WB4GUG	------------
Greensboro	224.9600	–	oe	N4QVI	N4QVI
Grifton	224.8400	–	oel	WA4DAN	ENC 220 RP
Grimesland	224.3600	–	oe	WB4PAC	COASTAL RP
Haw River	224.6200	–	o 107.2aRB	KD4JFN	KD4JFN
Hendersonville	224.9600	–	o	N4UQS	CAP/SUGARL
Hendsvl/Berwlw	224.2400	–	o	WA4KNI	PRI JOHNSO
Hillsborough	224.2600	–	ol	WR4AGC	DURHAM FM
Jacksonville	224.3200	–	o	KA4SQN	KA4SQN/RAC
Jefferson	224.2200	–	88.5	W4JWO	W4JWO
Kernersville	224.8200	–	107.2pr	KF4IXK	KF4IXK
Kville/Hipoint	224.2400	–	107.2lr	KE4QOX	KE4QOX
Lenoir/Hibritn	224.1600	–	o	KN4K	HIBRITEN R
Locust	224.4800	–	o(CA)l	W4DEX	W4DEX & N4
Louisburg	224.2200	–	eRB	KD4CPV	KD4CPV
Lumberton	224.9200	–	91.5el	K4TH	K4TH
Malmo	224.6800	–	91.5el	N2COP	AD4HZ
Marshall	224.3600	–	oe	KF4ZDS	34
Moravian Falls	224.1200	–	123.0e	KA2NAX	KA2NAX
Mt Mitchell	224.5400	–	oe	WA4BVW	WA4BVW
Plymouth	224.7600	–	o 131.8 RBZ	KB7BTU	KB7BTU
Raleigh	224.1600	–		K4ITL	PCRN
Robbinsville	223.9400	–	oae	N4GSM	SMOKY MTNS
Rocky Mount	224.5800	–	oe	KR4AA	N4TUF
Salisbury	224.7600	–	o	W4EXU	BARBER JCT
Shelby	224.0600	–	o	W4NYR	SHELBY ARC
Shelby	224.4600	–	o(CA)	N4DWP	N4DWP

222-225 MHz
NORTH CAROLINA-OHIO

Location	Output	Input	Notes	Call	Sponsor
Sophis/Randlem	224.1400	–	Otl	WR4BEG	BROADCAST
Thomasville	224.3400	–	O 88.5al	WW4DC	WW4FL
Trenton	224.7200	–	91.5el	WA4DAN	ENC 220 RP
West Jefferson	224.8400	–	103.5a	W4TRP	WB4ZCP
Wilmington	224.2000	–	Ot(CA) RB	WA4US	WA4US
Zebulon	224.8000	–	88.5el	WB4IUY	WB4IUY

NORTH DAKOTA
FREQUENCY USAGE

Location	Output	Input	Notes	Call	Sponsor
Statewide	224.2400	–		SNP	

OHIO
ALLEN

Location	Output	Input	Notes	Call	Sponsor
Lima	224.9000	–	O 118.8	WB8PJZ	LimaUHFRA

ASHLAND

Location	Output	Input	Notes	Call	Sponsor
Sullivan	224.5800	–	110.9	KG8FV	KG8FV

ASHTABULA

Location	Output	Input	Notes	Call	Sponsor
Austinburg	224.6200	–	Ota	K8PEX	Ash.CoARC
Geneva	223.9600	–	O 146.2	N8WPZ	N8WPZ

ATHENS

Location	Output	Input	Notes	Call	Sponsor
Athens	224.1400	–		WD8LWC	WD8LWC

AUGLAIZE

Location	Output	Input	Notes	Call	Sponsor
Uniopolis	223.8800	–	O 107.2a	KC8KVO	ACARES

BROWN

Location	Output	Input	Notes	Call	Sponsor
Mt Orab	224.1800	–	Oa	W8UJM	WA8CFX

BUTLER

Location	Output	Input	Notes	Call	Sponsor
Fairfield	224.1200	–	OaeRB	KA8YRN	FARA
Middletown	224.9600	–	O 77.0 (CA) TTel	W8BLV	Dial ARC
Oxford	224.3400	–	Oae	KD8AX	Oxford RS
Oxford	224.6400	–	Oe	N8FTS	#NAME?

CARROLL

Location	Output	Input	Notes	Call	Sponsor
Carrollton	223.8000	–	Oex	W8SSB	W8SSB
Carrollton	224.5200	–	O	NC8W	NC8W

CHAMPAIGN

Location	Output	Input	Notes	Call	Sponsor
Cable	224.8600	–	O 100.0s	WB8UCD	WB8UCD
St Paris	224.6000	–	Ots	WB8UCD	WB8UCD
Urbana	224.9800	–	O 100.0	KB7TSE	KB8PVX

CLINTON

Location	Output	Input	Notes	Call	Sponsor
Blanchester	224.5200	–	t	KB8CWC	KB8CWC

CUYAHOGA

Location	Output	Input	Notes	Call	Sponsor
Cleveland	224.0000	–	O	W8HAC	HAofCLEV
Cleveland	224.9000	–	O 141.3aez	WB8CQR	LEARA
Cleveland	224.9400	–	O	WX8CLE	KJ5KB
N Royalton	224.7600	–	O	K8SCI	N Cst ARC
Parma	224.3000	–	O 88.5el	AB8Z	AB8Z
Parma	224.4800	–	O 131.8l	KB8WLW	KB8RST
Shaker Hts	223.9200	–	O	K8ZFR	C.A.R.S.
Walton Hills	224.1000	–	O 141.3l	KA8WDX	KA8WDX

DARKE

Location	Output	Input	Notes	Call	Sponsor
Greenville	224.3800	–	O	N8NR	N8NR

FRANKLIN

Location	Output	Input	Notes	Call	Sponsor
Columbus	224.0600	–	O	K8DDG	C OH ARES
Columbus	224.4600	–	Ol	AA8EY	C OH ARES
Columbus	224.6600	–	Oal	W8RUT	C OhioARG
Columbus	224.8400	–	O 179.9aelz	K8DRE	CCRA

222-225 MHz   OHIO

Location	Output	Input	Notes	Call	Sponsor
GEAUGA					
Thompson	224.9600	–	O 141.3 (CA) eWX	KB8FKM	KB8FKM
GREENE					
Xenia	224.8200	–	taz	KB8GRJ	KB8GRJ
HAMILTON					
Cincinnati	224.0600	–	O	K8YOJ	HmltARPSC
Cincinnati	224.6200	–	O 110.9er	W8ESS	E.S.S.
Monfort Hts	224.2400	–	Oe	KD8TE	AWARE
HOCKING					
Logan	224.4800	–	●	WO8Z	WO8Z
JACKSON					
Oak Hill	224.1200	–	O 167.9el	W8ZUA	KB8EGI
Ray	223.8800	–	●	WO8Z	WO8Z
LAKE					
Fairport Hrbr	224.0800	–	O 141.3e	N8JCV	N8JCV
Painesville	224.5000	–	O 141.3	N8BC	LCARA
LICKING					
Newark	223.9400	–	Ol	KA8PCP	KA8PCP
LOGAN					
Bellefontaine	224.5000	–	O(CA)elz	KA8GRP	TopOfOhio
LORAIN					
N Ridgeville	224.7000	–	Oe	WB8TMR	WB8TMR
LUCAS					
Oregon	224.4400	–	O 103.5e	WJ8E	WJ8E
Toledo	224.1400	–	O 103.5123aTTez	W8HHF	TMRA
Toledo	224.5400	–	103.5aTTez	WB8OET	WB8OET
MAHONING					
Canfield	224.4200	–	O 131.8aelz	KC8WY	KC8WY
MEDINA					
Brunswick	224.8600	–	Oe	W8UQZ	W8UQZ
Valley City	224.6800	–	Oels	K8WW	K8WW
MERCER					
Fort Recovery	224.6200	–	OalsWX	W8FOC	W8FOC
MIAMI					
Ludlow Falls	224.1000	–	Oa	WD8JPP	WD8JPP
Tipp City	224.4200	–	O(CA)l	WB8WIQ	WB8WIQ
Troy	223.9800	–	O	N8OWV	N8OWV
Troy	224.9400	–	O(CA)l	WB8PMG	WB8PMG
MONTGOMERY					
Dayton	223.9400	–	Oa	W8BI	DARA
Dayton	224.0200	–	O(CA)elz	WB8SMC	FaroutARC
Dayton	224.1600	–	O(CA)el	WC8OH	WCOARA
Dayton	224.6800	–	Oe	KB8CSL	KB8GDE
Dayton	224.8000	–	OeRB	KC8NDF	KC8NDF
Fairborn	224.2600	–	●(CA)	KI6SZ	KI6SZ
Huber Heights	224.3000	–	O 442.95l	NO8I	HHARC
Miamisburg	223.9000	–	Oel	W8COH	WCOARA
Trotwood	224.2000	–	Oa	W8KEL	W8KEL
Trotwood	224.7200	–	Oae	KJ8R	NW ARA
MORROW					
Mt Gilead	224.9400	–	O 71.9e	WY8G	MCRG
MUSKINGUM					
Zanesville	224.9400	–	Oae	KJ8N	Y-City WC

344   222-225 MHz
OHIO-OREGON

Location	Output	Input	Notes	Call	Sponsor
PORTAGE					
Atwater	224.1400	–	○l	W8GOH	W8HEG
Kent	224.0200	–	○ 141.3e	N8BHU	N8BHU
PREBLE					
Eaton	224.4800	–	el	K8YR	PrebleARA
ROSS					
Bainbridge	224.9200	–	○	WO8Z	WO8Z
STARK					
Canton	224.6000	–	○aEXP	W8TUY	W8TUY
Canton	224.7800	–	○ae	KB8LWP	KB8LWP
SUMMIT					
Akron	223.9400	–	○al	WB8CXO	AKCOM
Hudson	224.6400	–	○	N8FNF	WRARG
Norton	224.0600	–		WB8UTW	WB8UTW
TRUMBULL					
Warren	224.1600	–		N8DOD	N8DOD
VAN WERT					
Van Wert	224.0600	–	○ 156.7	N8IHP	N8IHP
WARREN					
Lebanon	224.0800	–	○l	WD8KMX	BEARS
Springboro	224.2200	–	○ 100.0	N8RXL	N8RXL
Springboro	224.5600	–	○ 77.0	W8CYE	DrakeARC
WASHINGTON					
Marietta	224.2600	–	●alp	W8JL	W8JL
WOOD					
Perrysburg	224.2800	–	○a	KB8YVY	KA8WPC

OKLAHOMA
NORTHEAST

Location	Output	Input	Notes	Call	Sponsor
Bartlesville	224.2600	–	○ 88.5/88.5 E-SUN	W5RAB	W5RAB
Muskogee	224.3400	–	○tE-SUN	KK5I	MuskogARC
OKLAHOMA CITY					
Bethany	224.9600	–	○ 103.5/103.5 E-SUN	N5USR	N5USR
Oklahoma City	224.1000	–	○tE-SUN	WA5YTI	MORI
Oklahoma City	224.4000	–	○ 141.3/141.3 E-SUN	KK5FM	KK5FM
Oklahoma City	224.8800	–	○t	WN5J	WN5J
OKLHOMA CITY					
Norman	224.4400	–	○t	K9KK	K9KK
SOUTHEAST					
Nashoba	224.5600	–	○ 114.8/114.8 E-WIND	KM5VK	KM5VK
Poteau	224.8800	–	○ 88.5/88.5	WC5I	WC5I
SOUTHWEST					
Tuttle	224.6800	–	○t	WA7WNM	WA7WNM

OREGON
CENTRAL WILLAMETTE VALLEY

Location	Output	Input	Notes	Call	Sponsor
Aumsville	224.1600	–	○ 114.8e	KE7DLA	KE7DLA
Monmouth	224.5000	–	○ 162.2e	KE7AAJ	KE7AAJ
COAST - SOUTH					
North Bend	224.9200	–	○ 103.5	K6TC	K6TC
NORTH WILLAMETTE VALLEY					
Orchards WA	224.6400	–	○ 123.0l	AB7F	AB7F

222-225 MHz 345
OREGON-PENNSYLVANIA

Location	Output	Input	Notes	Call	Sponsor
Sheridan	224.5600	–	O 100.0e	AC7ZQ	AC7ZQ
NORTHEAST					
Pendleton	224.5600	–	O	N7NKT	N7NKT
PORTLAND METRO					
Estacada	224.4600	–	O 107.2l	KD7DEG	KD7DEG
Estacada	224.9800	–	O 88.5ae	KU6U	KU6U
Newberg	224.0600	–	O 107.2el	KR7IS	WORC
Portland	224.9400	–	Oe	K7RPT	ARRG
STATEWIDE					
Statewide	224.6800	–	Oters	TEST	ORRC
Statewide	224.8000	–	Oters	TEST	ORRC

PENNSYLVANIA
FREQUENCY USAGE - WPA SECTION

Location	Output	Input	Notes	Call	Sponsor
Wpa Snp	223.8000	–		SNP	
BEAVER 131.8					
Beaver	224.8800	–	Oer	N3TN	TAARA
Beaver Falls	223.8800	–		W3UJT	W3UJT
Freedom	224.4600	–	O	N3TN	N3TN
New Brighton	224.7200	–	Oael	N3ALL	N3ALL
BERKS					
Pottstown	224.0200	–	O 131.8e	K3ZMC	P.A.R.T.
Reading	224.1600	–	O 146.2 (CA) ers	K3UIP	BARS
Reading	224.6400	–	O 114.8	K3TI	DDXA
BUCKS					
Chalfont	223.9000	–	O 107.2e	W3DBZ	------------
Feasterville	223.8000	–	O 131.8	N3SP	------------
Feasterville	224.9800	–	O	WB3BLG	PARA Group
Hilltown	224.5800	–	Ote	W3CCX	Packrats
Quakertown	224.4000	–	O 156.7 (CA) elLITZ WX	W3PS	METRO-COMM
Quakertown	224.9000	–	Ot	WB3KRW	------------
Warminster	223.7600	–	O 186.2ael	K3NAL	NAWC ARC
CARBON					
Palmerton	224.2600	–	O 94.8 (CA)e rsRB	N3DVF	EPA-VHF
CHESTER					
Glen Mills	224.9800	–	O 94.8	W3LW	------------
Parkesburg	223.9400	–	Oaelrs	KJ6AL	------------
Parkesburg	224.0400	–	O 100.0ae WX	N3JCN	------------
Thorndale	224.3600	–	O	AA3VI	------------
Valley Forge	224.9400	–	O	W3PHL	PARA Group
DELAWARE					
Broomall	224.7000	–	O 131.8 (CA) lRB Bl WX	KM3W	CHI/RAILS
Chester	224.9600	–	O 156.7 (CA) elrRB LITZ WX	W3PS	METRO-COMM
Darby	224.5000	–	O 131.8 (CA) elsRB	W3UER	DCARA
Glenolden	224.1000	–	O 100.0 (CA) es	N3FCX	------------
ERIE 186.2					
Albion	223.9400	–	O	WA3USH	WA3USH

222-225 MHz
PENNSYLVANIA

Location	Output	Input	Notes	Call	Sponsor
JOHNSTOWN 123.0					
Johnstown	224.2600	–	o	W3IW	W3IW
Johnstown	224.6800	–	aerRB	KB3BLF	CCDES
LANCASTER					
Cornwall	224.8200	–	o 114.8el	N3TPL	LRTS
Cornwall	224.8400	–	o 131.8	KA3CNT	R.H.R.A.
Lititz	224.4400	–	o 131.8alRB	KA3CNT	R.H.R.A.
LUZERNE					
Wilkes-Barre	224.4200	–	o 94.8aeWX	N3DAP	------------
Wilkes-Barre	224.6000	–	o 94.8e	N3JDV	------------
MONROE					
Long Pond	224.3400	–	o 131.8 (CA) e	KB3WW	------------
Long Pond	224.9200	–	o 127.3elRB	N3DZM	STORM Group
Tannersville	224.6600	–	o 71.9	KB3DCM	------------
MONTGOMERY					
Bryn Mawr	224.4200	–	o(CA)ers	WB3JOE	MidAtlARC
Eagleville	224.6800	–	o 156.7 (CA) elrRB LITZ WX	W3PS	METRO-COM
Fairview Village	224.2000	–	o 88.5e	N3CVJ	------------
Norristown	223.8600	–	o	N3CDP	PARA Group
Plymouth Twp	224.7600	–	o 131.8 (CA)	N3CB	------------
Wyncote	224.3800	–	o 107.2 (CA) e	N3FSC	------------
NORTHAMPTON					
Easton	224.7400	–	o 100.0e	KB3AJF	------------
NORTHWEST 186.2					
Corry	224.0600	–	o 186.2	KE3PD	KE3PD
Franklin	224.7400	–	oer	N3QCR	N3MBR
Greenville	224.5600	–		KE3JP	KE3JP
Titusville	224.8200	–		WB3KFO	WB3KFO
PHILADELPHIA					
Center City	224.1800	–	o 127.3e	K3PHL	------------
Philadelphia	224.0600	–	o 131.8eBl	WB3EHB	------------
Philadelphia	224.8000	–	o 131.8 (CA) elRB	K3TU	TUARC
PITTSBURGH 131.8					
Apollo	224.3000	–	o 131.8aerz	N1RS	SARA
New Kensington	224.6400	–	o 131.8	K3MJW	Skyview
Pgh/Carrick	223.9800	–	l	W3PGH	GPVHFS
Pgh/Homestead	223.9400	–	o	WA3PBD	GtwyFM
Pgh/Homestead	224.1400	–	o	KA3IDK	KA3IDK
Pgh/N Hills	224.1000	–	o 88.5	W3EXW	NHARC
SOMERSET 123.0					
Meyersdale	224.5200	–	ol	KK3L	AHRA
SOUTH CENTRAL 123.0					
Bedford	224.4800	–	o	K3NQT	BCARS
Boswell	224.9600	–	ael	N3XCC	N3XCC
SOUTHWEST 131.8					
Bentleyville	224.5800	–	o	WA3QYV	M.A.R.C.
E Monongahela	223.9000	–	o(CA)el	N3OVP	N3OVP
Rochester Mills	224.9000	–	o	KB3CNS	------------
Washington	224.4000	–	o	W3CYO	W3CYO
WEST CENTRAL 131.8/186.2					
Cowansville	224.1800	–	oar	KA3HUK	WPA-220
Evans City	224.9800	–	oar	KA3HUK	WPA-220

222-225 MHz PENNSYLVANIA-SOUTH CAROLINA

Location	Output	Input	Notes	Call	Sponsor
Mars	224.9400	–	○el	K3RS	K3RS
New Castle	224.0400	–	○	KA3UEX	KA3UEX
New Castle	224.8000	–	○	NO3I	NO3I
Prospect	224.2400	–	○(CA)er	N3HWW	MRG
Slippery Rock	224.8400	–	○alr	KA3HUK	M.R.G.

YORK

Location	Output	Input	Notes	Call	Sponsor
Red Lion	224.3200	–	○ 114.8e	WA3WPA	------------

PUERTO RICO
CN

Location	Output	Input	Notes	Call	Sponsor
Cayey	223.9800	–	○	KP3AB	------------
Cayey	224.0200	–	○	KP3AB	------------
Corozal	224.4600	–	○E-SUN	KP4DH	CACIQUE

CS

Location	Output	Input	Notes	Call	Sponsor
Barranquitas	224.0800	–	○	KP4LP	------------

E

Location	Output	Input	Notes	Call	Sponsor
Rio Grande	224.2200	–	○	WP4N	------------

W

Location	Output	Input	Notes	Call	Sponsor
Aguada	224.9200	–	○	KP3AB	------------

RHODE ISLAND
EAST BAY

Location	Output	Input	Notes	Call	Sponsor
Newport	223.8200	–	○ 88.5e	N1JBC	N1JBC

NORTHERN

Location	Output	Input	Notes	Call	Sponsor
Coventry	223.9000	–	○ex	KA1ABI	KA1ABI
Coventry	224.8600	–	○ 67ers	N1JL	JLandry
Johnston	223.9600	–	○ 127.3 (CA) eL(KA1RCI)rsx	KA1RCI	KA1RCI
Johnston	223.9800	–	○e L(N1JBC 447.025)	W1OP	PRA
Lincoln	224.0400	–	○ 67 (CA)e L(KA1RCI)	KA1RCI	KA1RCI
Lincoln	224.2000	–	○ 100 (CA)e r	W1MPC	MPCervone
North Scituate	223.7600	–	○esWXx	K1KYI	RIAFMRS
Providence	224.9200	–	○ 88.5e L(QRN)	N1JBC	N1JBC
Warwick	223.9200	–	○L(E111074)	KA1LMX	KA1LMX
Warwick	224.9600	–	○ 88.5 (CA)e	W1VET	W1VET
West Warwick	224.3000	–	○ 100e	K1WYC	Bob DiPipp
West Warwick	224.7600	–	○e	KA1SOO	KA1JNP

SOUTH COUNTY

Location	Output	Input	Notes	Call	Sponsor
Exeter	224.5600	–	○ 100e	KA1NXS	&KA1JNP

SOUTH CAROLINA

Location	Output	Input	Notes	Call	Sponsor
Bishopville	224.8600	–	○	K4NOC	K4NOC
Columbia	224.1600	–	I	N7GZT	N7GZT
Columbia	224.9000	–	○IRB	N4EOY	AL HARNEY
Dillon	224.7400	–	91.5el	K4ITL	W4FAL
Florence	224.9400	–	○(CA)e	N4JJ	SOU BELL T
Fort Mill	224.8000	–		WZ4SC	SUGAR CREE
Gaffney	224.5000	–	○ 123.0es WX	KG4JIA	KG4JIA
Greenville	224.2000	–	○a	W4ILY	EXPERIMENT
Grnvl/Downtwn	224.9200	–	○ 88.5	W4NYK	BLUE RIDGE

222-225 MHz
SOUTH CAROLINA-TENNESSEE

Location	Output	Input	Notes	Call	Sponsor
Leesville	224.5600	–	O 162.2e	N5CWH	NARC
Little Mtn	224.5200	–	el	N7GZT	N7GZT
Orangeburg	224.7800	–	O#el	N7GZT	N7GZT
Orangeburg	224.7800	–	O(CA)e	KO4BR	SOU BELL T
Pickens	224.4000	–	O 131.8e	WR4XM	PICKENS CO
Pickens/Csrs H	224.1400	–	O 131.8e	WR2XM	PICKENS CO
Pickens/Sasfr	224.3200	–	Oe	W4IT	W4IT
Sumter	224.1200	–	Ol	W4GL	SARA
Sumter/Shaw	224.6600	–	O	W4VFR	HILLCREST
West Springs	224.4400	–	O(CA)e	KN4CW	SOU BELL T

SOUTH DAKOTA
SOUTH EAST

Location	Output	Input	Notes	Call	Sponsor
Sioux Falls	223.8600	–		W0FSD	SEARES

TENNESSEE

Location	Output	Input	Notes	Call	Sponsor
Arlington	224.1200	–	O 107.2e	N4GMT	N4GMT
Athens	224.3000	–	O 141.3el	KF4PVQ	KF4PVQ
Blountville	224.2000	–	O	W4CBX	W4FXO
Chattanooga	224.7800	–	O	K4VCM	CHATTANOOG
Clarkesville	224.4200	–	O 123.0e	N4PJX	N4PJX
Cleveland	224.1000	–	O 141.3l	WA4PNI	WA4PNI
Cleveland	224.3200	–	Oae	KK4US	SOUTHEAST
Cleveland	224.9200	–	Ol	W4RRG	W4RRG
Collierville	224.4000	–	O(CA)l	KB4YGI	KB4YGI
Culleoka	224.8600	–	l	WR3S	W4RRG
Erwin	224.1800	–	O 88.5#ael RB	KB8FPK	KB8FPK
Gallatin	223.9800	–	O 107.2ae	W4CAT	CATS
Gallatin	224.7000	–	O	KD4VUW	KD4VUW
Gatlinburg	224.6200	–	Ol	WR3S	REBEL REPE
Greenbriar	224.8000	–	Oae	WQ4E	WQ4E
Greenbrier	224.7600	–	Oae	WQ4E	WQ4E
Greeneville	224.3000	–	192.8es	WD2E	WD2E
Greeneville	224.7200	–	O 173.8el	K4MFD	K4MFD
Greeneville	224.9000	–	O 100.0s	W4WC	ANDREW JOH
Greeneville	224.9400	–	OaeRB	KB4PSI	KB4PSI
Jc/Buffalo Mt	224.7800	–	O 103.5	KE4FH	KE4FH
Joyner	224.8400	–	O 88.5e	KC4WGH	KC4WGH
Knoxville	224.3400	–	O	WB4GBI	WB4GBI
Knoxville	224.3800	–	O 100.0	N4OQJ	KB4FZK
Knoxville	224.5800	–	O 100.0e	N4KFI	N4KFI
Knoxville	224.7600	–	Oae	K4PCK	K4PCK
Knoxville/Rack	224.5000	–	O 100.0elRB	W4BBB	RACK
Knxvl/Cross Mt	224.2200	–	O 100.0e	KB4FZK	N4OQJ
Lafollette	224.2800	–	O	KA4OAK	KA4OAK
Lavergne	224.3600	–	OaRB	KB4ZOE	FELTS RPT
Lewisburg	224.1000	–	O	KF4TNP	KF4TNP
Madisonville	224.1800	–	O 141.3el	KF4PVQ	KF4PVQ
Maryville	224.4200	–	O 141.3	WA4PNI	WA4PNI
Memphis	223.9400	–	Ot#el	W4ZJM	W4ZJM
Memphis	224.4200	–	O	W4BS	DELTA ARC
Memphis	224.7800	–	O	WB4KOG	WA4KOG
Morristown	224.4000	–	Oae	N4RBB	N4RBB
Morristown	224.6400	–	Oael	KC4RGQ	KC4RGQ

222-225 MHz   349
TENNESSEE-TEXAS

Location	Output	Input	Notes	Call	Sponsor
Mountain City	224.2800	–	O 103.5e	K4DHT	K4DHT
Murfreesboro	224.6000	–	123.0e	KD4TZZ	KD4TZZ
Nashville	224.1600	–	OaelRB	WR3S	TMS
Nashville	224.4600	–	aelRB	WR3S	WR3S
Nashville	224.4800	–	O	K4ZGA	------------
Nashville	224.6600	–	OalRB	WR3S	WR3S
Nashville	224.8400	–	Oa	KC4PRD	------------
Nashville	224.9400	–	Ot	WA4PCD	WA4PCD
Newport	224.5600	–	O 100.0el	AC4JF	AC4JF
Oneida	224.1400	–	OaeRBz	KB4PNG	KC4ALK
Rogersville	224.4800	–	Oe	KD4HZN	KD4HZN
S Pittsburg	224.7600	–		WR3S	W4LOC
SE Nashville	224.9600	–	OaelRB	WR3S	WR3S
Sevierville	224.4400	–	Ot(CA)	N2FUV	N2FUV
Sevierville	224.7000	–	O 100.0elRB	K4IBW	K4IBW
Sevierville	224.8000	–	OelRB	K4IBW	K4IBW
Seymour	224.0600	–	O 156.7	K4ARO	K4ARO
Smithville	223.9600	–		W4RRG	FELTS RPT
Springfield	224.2200	–	OaeRBz	KO4BN	KO4BN
Springfield	224.5400	–	●	N8ITF	N8ITF
Sweetwater	224.9000	–	127.3 (CA)e RB LITZ	WD9JGI	WD9JGI

TEXAS

Location	Output	Input	Notes	Call	Sponsor
Alvord	223.8800	–	O 131.8	N5YEJ	------------
Argyle	223.8600	–		WB5NDJ	------------
Arlington	224.8000	–		K5SLD	AARC
Arlington	224.9000	–	110.9	WB0LII	------------
Austin	224.6000	–	Oael	W3MRC	3M ARC
Austin	224.8000	–	O	W5FQR	ARRC
Austin	224.9400	–	Ol	WB5PCV	------------
Beaumont	224.5000	–	O(CA)	WB5ITT	EARS
Blanket	224.7200	–	O	N5AG	------------
Buda	224.9800	–	O 114.8 (CA)	N5SBH	------------
Burleson	223.8400	–	O 110.9	WM5L	------------
Burleson	224.7400	–	O 110.9a	W8KPJ	KONTAK RC
Cedar Hill	224.1000	–	●	AI5TX	------------
Cedar Hill	224.5000	–	●	W5MAY	SBE 220
Cleveland	224.7800	–	O	N5AK	SHARK
Coppell	224.3600	–	O	KA1CWM	------------
Corpus Christi	224.3400	–	O 107.2e	W5FOF	------------
Cut'n Shoot	223.9800	–	O 103.5e	W5WP	------------
Dallas	224.1800	–		W5RD	TI ARC
Dallas	224.4800	–	O 110.9	K5JOI	------------
Dallas	224.6000	–	●	N5MIJ	------------
Dallas	224.7000	–	●	N5MIJ	------------
Dallas	224.8800	–		W5FC	DARC
Devers	224.9200	–	O 123.0	KA5QDG	------------
Eastland	224.9800	–		KB5WB	------------
El Paso	224.8200	–		KC5EJ	------------
Euless	223.8000	–	O 110.9	K5QA	------------
Euless	224.5600	–	Ot	K5QA	------------
Everman	224.8600	–		AB5XD	------------
Forest Hill	224.1400	–		KA5GFH	------------
Fort Worth	224.3200	–	a(CA)e	W0BOD	------------
Fort Worth	224.4200	–	O	W5SJZ	LRARC

222-225 MHz
TEXAS

Location	Output	Input	Notes	Call	Sponsor
Fort Worth	224.6800	–	ae	W0BOD	------------
Fort Worth	224.7800	–	●	N5UN	FW220
Fort Worth	224.9400	–	110.9r	K5FTW	FWCTVHFFM
Granbury	224.3400	–	O 88.5 (CA)	WD5GIC	NTXARA
Grapevine	224.7200	–	O 110.9	N5YEJ	------------
Houston	223.8000	–	O 123.0	KA5QDG	------------
Houston	223.9600	–	O 123.0	KA5QDG	HAMS
Houston	224.1000	–	O 103.5	KR5K	CYPRESS
Houston	224.1400	–	●	KA5QDG	HAMS
Houston	224.1600	–	O 103.5e	KB5IAM	HCTA
Houston	224.1800	–	O 103.5	KR5K	------------
Houston	224.2000	–	Ox	WA5TWT	HTTY
Houston	224.2600	–	O	W5WP	HOUSTON EC
Houston	224.3200	–	O 123.0	KA5QDG	HAMS
Houston	224.9400	–	O 103.5	WA5YBC	S.A.R.C.
Hurst	224.3000	–		WB5TCD	------------
Hurst	224.5200	–	Oa	AB5PL	------------
Idalou	223.9000	–	O 123.0	KC5MVZ	------------
Irving	224.4000	–	O	WA5CKF	IARC
Jasper	224.8600	–	O	K5PFE	------------
Joshua	224.7600	–	Oaer	KC5PFJ	JOHNSON CO
Keller	224.4600	–		KA5TXC	------------
Longview	224.7800	–		KD5VOF	GREGG CO E
Lubbock	224.8200	–	O(CA)elpx	WB5R	------------
Marshall	223.8800	–		N5WKG	------------
Marshall	223.9400	–		K5HR	------------
Mauriceville	224.0400	–	Oaexz	N5KDH	------------
Midland	223.9400	–	O(CA)IEXPx	WB5RCD	WTX220ASN
Midland	224.9400	–	O(CA)IEXPx	WB5RCD	WTX220ASN
Missouri City	224.7000	–	O 127.3ex	W5ANQ	------------
Murphy	223.8200	–		W5RD	------------
N Richland Hill	223.9400	–		W5URH	------------
Odessa	223.9400	–	O(CA)IEXPx	WB5RCD	------------
Parker	224.9600	–		K5RA	ESIARC
Port Aransas	224.4800	–	O 110.9lx	KG5BZ	------------
Port Arthur	223.9500	–	O 100 (CA) WX	KK5LK	------------
Port Arthur	224.8800	–	O 103.5a	KK5LK	------------
Prosper	224.4400	–	Oe	N5TPS	------------
Rosehill	223.8400	–	O	K5SOH	------------
San Antonio	223.9400	–	O	WR5Q	------------
San Antonio	224.3800	–		KA5HQU	SARO
Southlake	224.2800	–		N5LLH	------------
Spring Branch	224.5800	–	131.8	W5DK	------------
Sulphur Springs	224.5800	–	●	N5REL	------------
The Colony	224.9800	–	●e	KB5HOV	LAARK
Weatherford	223.9000	–		KA5HND	RREPGRP
Weatherford	223.9800	–		KB5WB	------------
Weatherford	224.2600	–		W5URH	------------
Weslaco	224.4600	–	Oe	WA5S	------------
Weslaco	224.6200	–	Oel	WA5S	------------
Weston	224.5400	–		K5DJH	------------
Wichita Falls	224.4000	–	(CA)	K5HRO	------------
Wichita Falls	224.5200	–	lwx	WB2NQV	------------

222-225 MHz
UTAH-VIRGINIA

Location	Output	Input	Notes	Call	Sponsor
UTAH					
FREQUENCY USAGE					
Snp	224.8600	–	O		
CENTRAL					
Skyline	223.9200	–	O 88.5 RBx	WX7Y	WX7Y
NORTH					
Thiokol	224.4000	–	Oa	KE7FO	MTARC
NORTHEAST					
Vernal	223.9000	–	O	WX7Y	------------
PRICE					
Scofield	224.9800	–	OeRB	WX7Y	IREAN/SD
SOUTH					
Hanksville	224.4800	–	O 88.5 RBx	WX7Y	WX7Y
SOUTHEAST					
Moab	224.5800	–	Ol	WX7Y	------------
Monticello	223.9400	–	●	K7QEQ	GMRA
Monticello	223.9600	–	Ol	WX7Y	------------
Monticello	224.0200	–	O	N0NHJ	------------
WASATCH FRONT					
American Fork	224.4200	–	●	W7WJC	------------
Clearfield	223.8600	–	O 123.0	NJ7J	------------
Eden	223.8800	–	O	KJ7YE	------------
Ogden	224.0000	–	O 167.9 L(IREAN) RB	N7TOP	IREAN
Ogden	224.5000	–	O 167.9 A(*/#) L(IRLP 7760)	WB6CDN	IREAN
Orem	224.6400	–	Oe	N7IMF	------------
Payson	224.6000	–	O	WD7N	
Pleasant Grove	223.8800	–	O 167.9e	KB7YOT	------------
Provo	224.7000	–	O 107.2x	KE7AU	KE7AU
Riverdale	224.9400	–		K9LTR	------------
Riverton	224.5400	–	O	K7HEN	K7HEN
Salt Lake	223.9400	–	O 100s	KD0J	SLCOARES
Salt Lake	224.2000	–	Ox	WD0EFZ	------------
Salt Lake	224.6200	–	O	W7ROY	------------
Salt Lake	224.7200	–	O	W7ROY	------------
Salt Lake	224.7800	–	O 100e	KD0J	------------
Salt Lake	224.8200	–	Oae L(IREAN) RBxz	WB6CDN	IREAN
Scipio	224.9000	–	O	W7WJC	------------
Syracuse	224.9600	–	O	NJ7J	------------
VERMONT					
SOUTHWEST					
Wells	224.9600	–	OE-WIND	WB2MIC	COSIN
VIRGINIA					
FREQUENCY USAGE - TMARC AREA					
Snp	223.8000	–			
Abingdon	224.1000	–	O 77.0el	K4YW	K4YW
Bedford	224.8400	–	Oe	N4PLV	BEDFORD AR
Bedfrd/Apl Orc	224.1800	–	O 100.0el	WA1ZMS	MTN TOP AS
Bland/Pearisbu	224.8600	–	O 107.2el	KQ4Q	DPARS
Bluefield	224.4400	–	O 123.0 (CA) l	N8FWL	N8FWL 222

222-225 MHz
VIRGINIA-WASHINGTON

Location	Output	Input	Notes	Call	Sponsor
Bluefield	224.9200	–	O	WA8O	N8LGA
Charlottesvill	224.1400	–	O 88.5 (CA)e	N4HRV	N4HRV
Charlottesvill	224.7600	–	E-SUN	W4TFZ	AARC
Chesapeake	224.9600	–	O 100.0#rRB	W4LG	W4LG
Deltaville	224.9000	–	Oaez	AA4HQ	AA4HQKB4JI
Fancy Gap	224.8800	–	O 100.0	K4DQ	BEAR CREEK
Gloucester	224.6200	–	Oae	W4GSF	W4GSF
Hampden-sydney	224.2000	–	O	W4JAS	HAMPDEN-SY
Hampton	224.5400	–	O 100.0el	WB4PVT	TIDEWATER
Hillsville	224.3200	–	O 77.0l	K4YW	K4YW
Lake Gaston	224.6000	–	O	W4LG	W4LG
Lynchburg	224.2800	–	O(CA)	AB4M	AB4M
Martinsville	224.5000	–	O(CA)	K4RCA	K4RCA
Norfolk	224.4000	–	O 131.8	W4VB	W4VB
Norfolk	224.7400	–	O 100.0	KC4JGC	KC4JGC
Norton/High Kn	224.4200	–	Oe	WD4GSM	WD4GSM
Petersburg	224.7000	–	O	K4ARO	K4ARO
Ridgeway	224.3800	–	OteRB	WS4W	DCCARC
Roanoke	224.1000	–	Ol	N4CH	N4CH
Roanoke	224.4600	–	77.0elRB	K4IJ	K4IJ
Roanoke	224.9400	–	O 107.2e	N2EDE	N2EDE
Roanoke/Tinker	224.9000	–	Oe	K4YDG	K4YDG
Spotsylvania	224.9000	–		K4SPT	SPOTSYLVAN
Staunton/El Kn	224.3000	–	O 131.8	KE4CKJ	WD4FOZ
Waynesboro	224.6800	–	O 131.8	KA4RCL	KA4RCL
Wytheville	224.5600	–	O 77.0elRB	K4YW	K4YW
NORTH					
Blue Mt	224.1600	–	(CA)e	KC4CK	WA4JR
Leesburg	224.0200	–	●a	N0NW	N0NW
Lovettsville	224.4600	–	●	W4LAM	W4LAM
NORTH CENTRAL					
Harrisonburg	224.8200	–		N4YET	N4YET
Manassas	224.6600	–	Oa(CA) TTelz	W4OVH	OVHARC
NW					
Luray	224.3600	–		KE4JSV	KE4JSV
Winchester	224.2200	–	O(CA)	N3HXT	N3HXT
ORANGE					
Orange	224.1800	–	Or	K9SP	CARA
SPOTSYLVANIA					
Spotsylvania	224.2600	–	OawX	KD4QNA	KD4QNA
Spotsylvania	224.9000	–	O 100elrsx	K4SPT	K4MQF
WASHINGTON AREA					
Alexandria	224.8200	52.1300	107.2al	WA4CCF	Alex RC
Alexandria	224.8200	–	107.2l	WA4CCF	Alex RC
Arlington	224.0600	52.0500	l	WB4MJF	+KI4MB
Arlington	224.0600	–	l	WB4MJF	+KI4MB
Arlington	224.6200	–		WB4MWF	WB4MWF
Fairfax	224.1000	146.1900	Oelrs	W4YHD	NVFMA
Fairfax	224.1000	–	Oelrs	W4YHD	NVFMA
Woodbridge	224.7800	–	O(CA)e	W4IY	WWI

WASHINGTON
FREQUENCY USAGE - IACC AREAS

Location	Output	Input	Notes	Call	Sponsor
Snp	224.7200	–	t		
Snp	224.8400	–	t		

222-225 MHz WASHINGTON

Location	Output	Input	Notes	Call	Sponsor
W WA - FREQUENCY USAGE					
	223.5000			SIMPLEX CALLING	
	224.0000			CROSS-BAND USE	
	224.7200	–		SHARED (SNP)	
	224.8400	–		SHARED (SNP)	
222.1800 to	222.3800			RPTR INPUTS (20KHZ SPA	
222.4200 to	223.0200			RPTR INPUTS (20KHZ SPA	
223.0350 to	223.0650			ACSSB INPUTS	
223.0800 to	223.2200			RPTR INPUTS (20KHZ SPA	
223.2600 to	223.3800			RPTR INPUTS (20KHZ SPA	
223.4000 to	223.4800			SIMPLEX/PACKET (20KHZ	
223.5200 to	223.5400			CONTROL	
223.5600 to	223.6600			HI SPEED DATA (100KHZ C	
223.6600 to	223.7600			HI SPEED DATA (100KHZ C	
223.7800 to	223.9800			RPTR OUTPUTS (20KHZ S	
224.0200 to	224.6200			RPTR OUTPUTS (20KHZ S	
224.6350 to	224.6650			ACSSB OUTPUTS	
224.6800 to	224.8200			RPTR OUTPUTS (20KHZ S	
224.8600 to	224.9800			RPTR OUTPUTS (20KHZ S	
E - WA SPOKANE					
Lookout	224.9800	–	77.4	N7BFS	N7BFS
Power	224.9200	–	●l	AK2O	SRG
E WA - NORTHEAST					
Stranger Mtn	223.9000	–	Olx	AK2O	SpoRG
E WA - SPOKANE					
Krell Hill	224.4000	–	● 114.8l	W7RGW	W7RGW
Spokane	223.9800	–	O	AK2O	SpoRG
Spokane	224.6800	–	O	K7HRT	K7HRT
E WA - WENATCHEE					
Mission Ridge	224.7400	–	O	WR7ADX	W7CCY
E WA - YAKIMA					
Elephant Pk	224.9000	–	Oaerz	W7AQ	YakARC
SOUTHWEST WASHINGTON					
Vancouver	224.3600	–	Oe	W7AIA	CCARC
Yacolt	224.8800	–	O 77.0e	W7RY	W7RY
W WA - BAINBRIDGE ISLAND					
Bainbridge Island	224.8000	–	O 118.8	KD7HPE	KD7HPE
W WA - KING COUNTY					
Kirkland	223.8600	–	O 103.5el	AA7UJ	J Schurman
Lynnwood	224.1600	–	O 103.5e	K6LIE	------------
W WA - KING COUNTY-NE					
Carnation	223.9000	–	O 103.5ael	KA7AEF	------------
W WA - MASON COUNTY					
Belfair	224.2600	–	O 103.5 (CA) e	NM7E	N Mason ARES
W WA - PUGET SOUND					
Brier	224.2200	222.6800	O 103.5	WA7FUS	------------
Buck Mtn	224.2000	–	O 103.5e	WN7Q	Phil Kester
Cougar Mtn	224.4400	–	O 100a(CA)e l	K7MMI	------------
W WA - PUGET SOUND-NORTH					
Burlington	224.5800	–	O 103.5	KG7IK	------------
Everett	224.2800	–	O 123el	K5IN	------------
Monroe	224.1000	–	O 123e	K7MJ	------------
Pt Angeles	224.0600	–	O 107.2a (CA)e	N6DPP	N6DPP

354 222-225 MHz
WASHINGTON-WEST VIRGINIA

Location	Output	Input	Notes	Call	Sponsor
W WA - PUGET SOUND-SOUTH					
Crawford Mtn	224.4600	–	O 103.5elz	NT7H	Oly ARES
South Mtn	224.9200	–	O 103.5e	WR7JM	J-Mar Comm
W WA - PUGET SOUND-WEST					
Eastsound	224.5400	–	O 67e	WA6MPG	------------
W WA - SEATTLE					
Seattle	224.6800	–	O 103.5aelz	W7SRZ	------------
W WA - SKAGIT COUNTY					
Mt Vernon	223.8800	–	O 103.5 (CA)	N7UQA	------------
W WA - SNOHOMISH COUNTY					
Haystack Mtn	223.9400	–	O 123e	W2ZT	------------
Haystack Mtn	224.6600	–	O 103.5e	W7UFI	------------
Marysville	224.3800	–	O 103.5e	WA7DEM	------------
W WA - TACOMA					
Tacoma	224.5200	–	O 103.5e	K7HW	------------
W WA - WASHINGTON-NW					
Lyman Hill	224.7800	–	O 103.5e	N7IPB	------------
W WA - WASHINGTON-SW					
Longview	224.1400	–	O 114.8e	W7DG	------------
Raymond	224.8600	–	O(CA)e	KA7DNK	Frank Volz
W WA - WASHINGTON-WEST					
Squak Mtn	224.4200	–	O 103.5	KB7WPO	Rod Julian
Tiger Mtn East	223.9800	–	O 100 (CA)	N7NW	------------
Tiger Mtn East	224.1200	–	O 103.5	K7LED	Mike & Key
Tiger Mtn West	224.3400	–	O 110.9 (CA) e	K7NWS	BEARS
W WA - WHATCOM COUNTY					
King Mtn	224.8600	–	O 103.5	N7FYU	Allen Hart

WEST VIRGINIA
FREQUENCY USAGE - TMARC AREA

Location	Output	Input	Notes	Call	Sponsor
Snp	223.8000	–			
Ansted	224.8400	–	123.0ael	N8FWL	N8FWL 22 R
Beckley	224.2400	–	O 123.0ae	N8FWL	N8FWL-222
Beckley - Sout	224.7400	–	123.0al	N8FWL	N8FWL 222
Beckley - West	224.5400	–	O 123.0a	N8FWL	N8FWL 222
Beckley/Oak Hi	224.3400	–	O 123.0a	N8FWL	N8FWL-222
Charleston	224.3600	–	O 107.2eRBz	WB8YST	WB8YST
Charleston	224.7000	–	123.0	WS8L	HUNT KNOB
Craigsville	224.4800	–	O 91.5el	KC8LRN	KC8LRN
Flat Top/Wintr	224.1200	–	O 100.0a	WV8B	ARA NORTH
Green Bank	224.5200	–	123.0 E-SUN	KC8CSE	KC8CSE
Hillsboro	224.2200	–	O 91.5	KC8LRN	KC8LRN
Hinton/Beckley	224.6400	–	O 123.0a	N8FWL	N8FWL 222
Leon	223.7800	–	O#	WD8OHX	WD8OHX
Lewisburg	224.1400	–	O 123.0 (CA) el	N8FWL	N8FWL-222
Lewisburg	224.8000	–	O 91.5e	KC8LRN	KC8LRN
Lobelia	224.6000	–	123.0el	KC8CSE	KC8CSE
Richwood	223.8600	–	O 107.2#	WB8YST	WB8YST
Slaty Fork	224.7200	–	O 91.5el	KC8LRN	KC8LRN
Sutton	224.4000	–	O 123.0	W8COX	W8COX
Webster Spring	224.6600	–	91.5elsRB	KC8CSE	KC8CSE
Williamson	224.1400	–	O	WR8M	SAWS

222-225 MHz
WEST VIRGINIA-BRITISH COLUMBIA

Location	Output	Input	Notes	Call	Sponsor
EAST					
Berkeley Springs	224.7000	–	Oelx	W3VLG	222-West
MARTINSBURG					
Martinsburg	224.2800	–	O	K8EP	Eastern Panhan

WISCONSIN
NORTH CENTRAL 114.8

Location	Output	Input	Notes	Call	Sponsor
Niagara	223.8200	–	O 114.8a	N9NBN	N9NBN
Three Lakes	224.5400	–	O 114.8	N9GHE	N9GHE
Tomahawk	223.7600	–	O 114.8e	N9CLE	TOM RP A
Wausau	224.6400	–	O 114.8alxz	W9SM	W.V.R.A.
NORTH EAST 100.0					
Appleton	224.5000	–	O 100.0	WJ9K	W9RIC
Green Bay	223.9400	–	O 107.2e	K9JQE	K9JQE
Oshkosh	223.9000	–	O 107.2	W9OSH	W9OSH
NORTH WEST 110.9					
Beldenville	224.8400	–	O 110.9aep	N0NIC	B.A.T.S.
Spooner/Hertel	224.5000	–	Oaelz	KB9OHN	BARS
SOUTH CENTRAL 123.0					
Beloit	224.3000	–	Oa	N9BUL	C.B.S. RG
Fort Atkinson	224.4200	–	O 123.0ae wxz	N9DTT	FT AT RG
Madison	224.1600	–	O 123.0alz	WB9RSQ	WB9RSQ
Portage	224.6600	–	123.0x	KB9KIR	KB9KIR
Wisconsin Dells	223.8600	–	O 123.0e	N9ROY	N9ROY
SOUTH EAST 127.3					
Cedarburg	224.1800	–	O 127.3x	W9CQO	O.R.C.
Cudahy	224.9000	–	Oalz	NK9G	NK9G
Hubertus	224.7400	–	127.3 (CA)l	K9JAC	K9JAC
New Berlin	224.9600	–	O 127.3	WD9EUF	WD9EUF
Racine	223.8000	–	127.3e	N9WWR	N9WWR
West Allis	224.5200	–	Oa	KA9JCP	KA9JCP

WYOMING
CENTRAL SOUTH

Location	Output	Input	Notes	Call	Sponsor
Rawlins	223.8600	–	O	KD7SU	KS7SU

ALBERTA
CALGARY

Location	Output	Input	Notes	Call	Sponsor
Calgary	224.8500	–	O 110.9/110.9	VE6RYC	CARA
Calgary	224.9400	–	●	VE6AMC	VE6AMC
EDMONTON					
Edmonton	224.7600	–	O	VE6TTC	VE6TTC
NORTH EAST					
St Paul	223.5000	–	Ox	VE6SB	------------
RED DEER					
Red Deer	224.8000	–	Oa	VE6KLM	VE6MB

BRITISH COLUMBIA
FRASER VALLEY

Location	Output	Input	Notes	Call	Sponsor
Maple Ridge	224.8800	–	O	VE7RMR	Maple Ridg
GREATER VANCOUVER					
Burnaby	224.9600	–		VE7VYL	VE7EWS
Coquitlam	224.9400	223.6600		VE7MFS	VE7NZ
Vancouver	224.3000	–	●e	VE7RPT	BCFMCA

222-225 MHz
BRITISH COLUMBIA-ONTARIO

Location	Output	Input	Notes	Call	Sponsor
Vancouver	224.8400	–	O	VE7TOK	Murray Gje
SOUTH CENTRAL					
Kelowna/Vernon	224.9400	–	Ol	VA7OKN	VE7OHM
VANCOUVER					
Sayward	224.6200	–	O	VE7RNC	NIARS
Sidney	222.5400	146.0600	100	VE7XMT	WARA
Victoria	224.5000	–	O	VE7RGP	Rogers Cab
Victoria	224.9000	–	O	VE7BEL	WARA

MANITOBA
WINNIPEG

Location	Output	Input	Notes	Call	Sponsor
Winnipeg	224.9400	–	Ox	VE4RPT	VE4ABA

NEWFOUNDLAND AND LABRADOR
AVALON EAST

Location	Output	Input	Notes	Call	Sponsor
St John's	224.1000	–	TT	VO1KEN	VO1ST

ONTARIO
CENTRAL EAST

Location	Output	Input	Notes	Call	Sponsor
Essonville	224.8400	–	O(CA)e	VE3TBF	------------
LANARK/LEEDS-GRENVILLE					
Lavant	224.7800	–		VE3KNA	VA3WK
METRO TORONTO					
Aurora	224.8800	–	Ol	VE3ULR	------------
Brampton	224.2400	–	O	VE3WSA	------------
Mississauga	224.7200	–	103.5e L(442.125)	VE3PAQ	PROARA
Scarborough	224.7800	–	O(CA)	VE3RAL	------------
Toronto	224.3000	–	O 103.5 L(SSPBD)	VA3WHQ	SSPBD
Toronto	224.4000	–	O(CA)	VE3KRC	------------
Toronto	224.8400	–	O	VE3UKW	------------
Toronto	224.9800	–	Ol	VE3TTR	------------
Uxbridge	224.8600	–	O 103.5 (CA) eL(TFM IRLP)	VE3RPT	TFMCS
Whitby	224.6600	–	O 103.5e	VA3UYP	WARC
NATIONAL CAPITAL REGION					
Ottawa	223.5400	223.5400	EXP	VE3YMK	VE3BYT
Ottawa	224.6800	–	al	VA3OTW	SARC
Ottawa area	223.9400	–	lpsEXP	VE3TWO	OVMRC
Ramsayville	224.9400	–	z	VE3YRR	RDFCC
NIAGARA					
Fonthill	224.5800	–	O 107.2e L(IRLP)	VE3UCS	NPARC
Fonthill	224.8000	–	O 107.2 RB	VE3PLF	COBRA
Lowbanks	224.2200	–	131.8	VE3QWW	------------
Niagara Falls	224.1800	–	O 107.2e L(ERA IRLP)	VE3WAJ	------------
SOUTH					
Burlington	224.7400	–	O 131.8e	VE3RSB	BARC
Carlisle	224.5200	–	O 131.8	VA3TWO	ERA
Carlisle	224.9600	–	O 131.8	VE3WIK	------------
Kitchener	224.3400	–	O 131.8e	VE3IXY	------------
Scotland	224.4400	–	OelRB	VE3PPO	------------
SOUTHWEST					
London	224.5400	–	114.8	VA3VHF	------------

ONTARIO-SASKATCHEWAN

Location	Output	Input	Notes	Call	Sponsor
McGregor	224.7000	–	O 118.8	VE3RRR	WART
Sarnia	224.9600	–	O	VE3RCA	SUHFRG
St Thomas	224.7800	–	O 114.8	VE3STR	EARS

QUEBEC

Location	Output	Input	Notes	Call	Sponsor
Beaconsfield	224.6000	–	Oe	VE2RNC	VE2HOT
Blainville Nord	224.4000	–	O	VE2RNO	VE2THE
Chicoutimi	224.5000	–	O	VA2RDI	VE2MDH
Drummondville	223.9000	–	O 110.9	VE2ROK	VE2YLA
Farnham	224.8400	–	O 103.5	VA2RDH	VE2WDH
Havelock	224.7000	–	Oe	VE2RPT	VE2FMK
Havelock	224.8000	–	O	VE2HOT	VE2HOT
Joliette	224.6200	–	O	VE2RHO	VE2BFK
L'ange Gardien	224.5000	–	O 110.9e	VE2REH	VE2ZVL
Mont-Yamaska	224.3000	–	Oe	VE2RMV	VE2ULU
Montreal	224.9000	–	Oe	VE2RHH	MTL220
Rigaud	224.9800	–	Oe	VE2RM	MTL220
Saint-Lin-Laurentides	224.9200	–	O 103.5e	VE2RFO	VE2BFK
St Calixte	224.4000	–	Ox	VA2RLD	VA2DLU
St-Adolphe d'Howard	224.7600	–	141.3ex	VE2RUN	VE2WCC
St-Adolphe-D'howard	224.2200	–	O 141.3	VE2RVK	VE2VK
St-Bruno	224.7600	–	O 141.3	VE2RVK	VE2VK
St-Calixte	222.0500	2310.0000	O	VE2RVK	VE2VK
St-Calixte	224.7400	–	O 141.3	VE2LED	VE2VK
Ste-Foy	224.2200	–	O 100e	VA2MD	VE2CMD
Ste-Marcelline	224.5600	–	Oe	VE2RJR	VE2BLV
Trois-Rivieres-Ouest	224.1000	–	O	VE2RTZ	VE2TRZ
LAURENTIDES					
Lachute	224.5800	–	l	VE2RCS	BARC
OUTAOUAIS					
Gatineau	224.7600	–	O 110.9/110.9 (CA)eL(I 2018)	VE2REH	ARAI
L	224.5000	–	110.9/110.9 (CA) L(I 2018)	VE2REH	ARAI

SASKATCHEWAN
SASKATOON

Location	Output	Input	Notes	Call	Sponsor
Saskatoon	222.7000	+	O	VE5UFO	VE5SD

SOUTHEAST

Location	Output	Input	Notes	Call	Sponsor
Estevan	224.7000	223.7000	O	VA5EST	VE5AJ

420-450 MHz

ALABAMA

Location	Output	Input	Notes	Call	Sponsor
Alabaster	442.0750	+	O/D-STAR	N4RON	AARC
Alabaster/Shelby County	444.5500	+	O 100.0eWX	N4PHP	N4PHP
Anniston	444.0500	+	O 203.5 (CA) eWX	KF4RGR	CCARC
Anniston / Oak Mtn	443.3500	+	O/D-STARe	KIBSUF	EMA / DHS
Anniston/Cheaha Mt	442.4250	+	O/D-STAR	WB4GNA	Mentone Ed.
Anniston/Cheaha Mt	444.7500	+	O 131.8e	WB4GNA	Calhoun ARC
Arab	443.2250	+	O 77.0/77.0e L(EL/255619) WXz	KE4Y	BMARC
Argo/ Trussville	442.1250	+	O	K4YNZ	KE4ADV
Athens	442.8500	+	O	KD4NTK	WD4LPG
Auburn	444.1250	+	O	W4LEE	East AL: ARC
Auburn	444.8000	+	O 156.7ae	K4RY	AUARC
Bay Minette	444.3750	+	203.5	WB4TJO	WB4TJO
Bessemer	444.6250	+	O	KA4KUN	ALABEARS
Birmingham	443.1250	+	O 146.2l	N4VSU	Alabama Po
Birmingham	443.2000	+	O/D-STAR	K4DSO	Birmingham
Birmingham	443.9000	+	O	W4CUE	B
Birmingham	444.4250	+	● 131.8aex	KE4ADV	KE4ADV
Birmingham	444.7000	+	●l	WA4CYA	WA4CYA
Birmingham	444.8750	+	O 85.4	W4TPA	TPARCA
Birmingham/ Forestdale	444.7250	+	Oa	W4YMW	W4YMW
Birmingham/ Red Mtn	444.6500	+	O 131.8	KA5GET	KA5GET
Birmingham/ Ruffner Mtn	444.1000	+	O 162.2e L(ECHOLINK)	K4TQR	H&H Repeat
Birmingham/Ruffner Mtn	444.8250	+	O 131.8/131.8ae	AG4ZV	AG4ZV
Birmingham/Shades Mtn	444.9750	+	● 156.7/156.7 (CA)e	KB4TUE	KB4TUE
Blountsville	442.7500	+	Oal	W4BLT	Blount ARC
Boaz	443.0500	+	O 123.0/123.0eRB	KC0ONR	KC0ONR
Brewton	444.6500	+	Oe	KI4GGH	KI4GGH
Brewton	444.7250	+	O	WB4ARU	Brewton ARU
Carrollton	442.1250	+	O 77.0p	KC4ZMP	KC4ZMP
Cedar Bluff	444.4000	+	O 100.0ez	WA4OHM	WA4OHM
Chalkville/Pinson	442.6500	+	O 131.8	KA5GET	KA5GET
Clanton	444.4750	+	Oe	WB4UQT	Clanton ARC
Clanton EMA	443.5000	+	O/RACESr	KF4LQK	Montgomery
Clayton	442.1250	+	●/AICNl	W4MPQ	ALN
Cordova	442.3000	+	Ol	N5IV	N5IV
Corner	443.5000	+	O 123.0/123.0	N4UKE	N4UKE
Cullman	444.6250	+	O 203.5	AJ4W	AJ4W
Cullman	444.9000	+	O	N4UAI	N4UAI
Dadeville	444.5250	+	O 146.2ae RB WXz	KB4MDD	KB4MDD

IC-91A D-STAR optional
5 Watt Output Power | 1300 Alphanumeric Memories Optional D-STAR Digital Voice & Data | Wide Band Receiver w/Dual Watch 495kHz-999.990MHz* Weather Alert

IC-91AD D-STAR ready
5 Watt Output Power | 1300 Alphanumeric Memories | D-STAR Digital Voice & Data Ready One Touch Reply | Voice Recorder & Auto Reply Message | Position Exchange DX Communication Via the D-STAR System

IC-92AD D-STAR ready
5/2.5/0.1 Watt Output Power 1304 Alphanumeric Memories Optional GPS Speaker Mic (HM-175GPS) | RX: 0.495-999.99MHz* IPX7 Submersible**

**IPX7: tested to work after being under 1 meter of water for 30 minutes.

D-STAR ON 70CM!

ID-800 D-STAR ready
55 Watt VHF/50 Watt UHF | Wide RX: 118-173, 230-549, 810-999MHz* (Cellular Blocked) Analog/Digital Voice & Data | Callsign Squelch CTCSS & DTCS Encode/Decode w/Tone Scan

www.icomamerica.com

*Frequency coverage may vary. Refer to owner's manual for exact frequency specs.
©2008 Icom America Inc. The Icom logo is a registered trademark of Icom Inc. All specifications are subject to change without notice or obligation. 10008

ICOM DUAL BANDERS...
...TWICE THE FUN!

IC-208H
DUAL BAND WITH ATTITUDE!
55 Watt VHF/50 Watt UHF | Wide RX: 118-173, 230-549, 810-999 MHz* | Wide/Narrow Band Switchable | 512 Alphanumeric Memory Channels | Selectable Display Color

D-STAR optional

IC-2820H
TRUE DUAL BAND FUN!
50 Watt VHF/UHF Bands | Wide RX: 118-549.995, 810-999 MHz* | 522 Memory Channels | VV/UU/VU Operation Removeable Control Head | Optional D-STAR/GPS Unit (UT-123)

www.icomamerica.com

*Frequency coverage may vary. Refer to owner's manual for exact frequency specs.
©2008 Icom America Inc. The Icom logo is a registered trademark of Icom Inc. All specifications are subject to change without notice or obligation. 10009

ALABAMA 420-450 MHz

Location	Output	Input	Notes	Call	Sponsor
Decatur	442.3500	+	Oe	W9KOP	W9KOP
Decatur	442.6750	+	Oe	W9KOP	W9KOP
Decatur/ Brindley Mtn	443.8500	+	Oe	W4ATD	DARC
Delta / Cheaha Mt	443.6750	+	O 203.5 (CA) eWX	KF4RGR	CCARA
Demopolis	443.9500	+	OaRB WX	N4QII	N4QII
Dothan	444.6750	+	O 156.7/RACESer	KI4ZP	KI4ZP
Dothan	444.7750	+	O	WB4ZPI	WARC
Dothan	444.9000	+	O ARES/RACESeRB WX	KA4WVO	KA4WVO
Douglas	442.6250	+	203.5/RACES aWXx	KB4EOC	KF4EYT
Enterprise	443.2500	+	O/RACESael rz	WD4ROJ	ENTERPRISE
Eufaula	442.0750	+	O 203.5el	N4TKT	N4TKT
Eufaula	444.9250	+	O 151.4e	WB4MIO	WB4MIO
Falkville	444.3250	+	O 107.2/107.2 RB	KD4SIY	KD4SIY
Fayette	444.8500	+	O	N4GRX	N4GRX
Flagg Mountain	442.5000	+	O 88.5 TT	W4YH	W4YH
Florence	442.2500	+	100.0/RACES	WA4FYN	WA4FYN
Florence	443.6750	+	OaelRBz	KX4F	KX4F
Florence	444.0000	+	O 100.0/RACESaerWX	KC4FLN	KC4FLN
Florence	444.2000	+	O 123.0/123.0	KI4SP	KI4SP
Foley	444.7500	+	O 186.2/186.2	KG4LWP	KG4LWP
Fort Payne	442.6000	+	O 100.0/100.0eL(RB) WX	KF4FWZ	KF4FWZ
Fort Payne	444.6250	+	O 141.3e	W4OZK	ALBDR
Fort Payne	444.8000	+	ORB	KF4FWX	KF4FWX
Friendship	444.5750	+	O 100.0e	KE4LTT	KE4LTT
Gadsden	442.1000	+	O 103.5eRB	KC4ANB	N4NAK
Gadsden	444.7750	+	O 100.0 (CA) ex	K4BWR	K4BWR
Gadsden	444.8500	+	O 100.0	N4NAK	N4NAK
Gadsden/ Hensley Mtn	444.6750	+	O	K4VMV	K4VMV
Grant	442.4000	+		WA4OXX	WA4OXX
Guntersville	441.9750	+	O	KE4BPW	KE4BPW
Guntersville	442.2500	+	O 100.0/100.0eL(EL/246370) RB	KC0ONR	GARC
Guntersville / GA Mtn	442.4500	+	Oex	K4WWN	K4WWN
Gurley/ KeelMtn	442.9750	+	O 100.0 (CA) RB	K4DED	K4DED
Hamilton	444.4000	+	O 71.9eRB WX	K4EKG	KB5LTW
Hartselle	444.3250	+	O 107.2	KD4SIY	KD4SIY
Helicon	442.7250	+	O	W4FSH	W4FSH
Holtville	444.9500	+	O 88.5	K4IZN	K4IZN
Hoover	442.7000	+	Oe	W4EAE	Sonics ARC
Hueytown	444.6000	+	●	KC4EUA	Hueytown
Huntsville	442.0000	+	O 203.5	KE4BLC	KE4BLC

420-450 MHz   ALABAMA

Location	Output	Input	Notes	Call	Sponsor
Huntsville	442.3750	+	● 156.7/156.7	KC4HRX	KI4QWP
Huntsville	443.0000	+	OTTe	WA4NPL	WA4NPL
Huntsville	443.1250	+	O 107.2e	WA1TDH	WA1TDH
Huntsville	443.2500	+	O 103.5 RB	W4VM	W4VM
Huntsville	443.3750	+	/D-STAR	KI4PPF	HIT
Huntsville	443.4750	+	O 103.5aRB	KE4LRX	W4VM
Huntsville	443.7500	+	O 186.2/186.2	W4LDX	W4LDX
Huntsville	443.8000	+	O 110.9	W4PS	NARA
Huntsville	444.2250	+	O 100.0/D-STAR	AI4PJ	AI4PJ
Huntsville	444.3750	+	O 100.0 L(ECHOLINK)	W4XE	W4XE
Huntsville	444.5000	+	●	WB4LTT	WB4LTT
Huntsville	444.5750	+	O 100.0eRB	KB4CRG	KB4CRG
Huntsville	444.9750	+	O 103.5/103.5	KC4OML	KC4OML
Huntsville (Exp)	443.4250	+	O/D-STAR	KI4QMQ	Mentone Ed.
Huntsville/ Brindley Mtn	444.5250	+	ODCS(143)	W4WLD	W4WLD
Huntsville/ Drake Mtn	442.7750	+	O 203.5l	KB4CRG	KB4CRG
Huntsville/ Green Mtn	444.3000	+	103.5ae	W4XE	W4XE
Huntsville/ MonteSano	443.5000	+	O 110.9aRB	W4HSV	NARA
Huntsville/ MonteSano	443.6250	+	O 127.3 (CA)	W4XE	W4XE
Huntsville/ MonteSano	444.1750	+	O 151.4 (CA) el	KD4TFV	KD4TFV
Huntsville/ New Market	442.5250	+	Oe	W4TCL	W4TCL
Huntsville/ New Market	444.3500	+	O 114.8e L(ECHOLINK)	W4TCL	W4TCL
Huntsville/Brindlee	442.1750	+	O 136.5 L(ECHOL&IRLP)	W4TCL	W4TCL
Jasper	441.8000	+	O 123.0	W4JMT	WA4JUJ
Killen	444.4250	+	O 203.5 (CA) eWX	KS4QF	WX4LC/ELFS
Leesburg	443.1750	+	O 100.0	N4GIS	N4GIS
Leesburg	444.0250	+	O 100.0ae WXz	KE4SWI	Cherokee C
Loxley	443.2000	+	O 118.8	WB4GMQ	WB4GMQ
Loxley	443.6500	+	O 118.8	WB4GMQ	WB4GMQ
Madison	443.0250	+	O 110.9/110.9 L(ECHOLINK)	W4WWM	W4WWM
Magnolia Springs	444.3000	+	O/D-STAR	KI4SAZ	Mentone Ed.
Mentone	443.3250	+	O/D-STAR	KI4SAY	Mentone Ed.
Mentone	443.4000	+	O 103.5elWX	W4OZK	W4OZK
Mobile	444.5000	+	123.0/ARESe L(ECHOLINK) WX	WB4QEV	Mobile EMA
Mobile	444.8250	+	100.0 (CA)	AA4F	AA4F
Mobile	444.9000	+	O/D-STAR	W4IAX	Mobile ARC
Montgomery	444.4500	+	O 100.0elz	WD4JRB	WD4JRB
Montgomery	444.5000	+	O 84.0 (CA)e l	W4AP	MARC

420-450 MHz
ALABAMA

Location	Output	Input	Notes	Call	Sponsor
Montgomery	444.6250	+	● 141.3/141.3e	W4OZK	ALBDR
Moulton	442.4250	+	O eRB WX	N4IDX	Bankhead ARC
New Brockton	442.6500	+	O	WA4WQW	WA4WQW
Odenville/ Bald_Rock	443.7750	+	O	K4JDH	K4YNZ
Opelika	442.1750	+	O 203.5e	N4TKT	N4TKT
Opelika	442.9000	+	O	WB4PHG	EAARC/EAMC
Ozark	444.6000	+	O	K4OZK	Dale ARES
Parrish	443.2750	+	O 123.0/123.0eWX	WR4Y	Walker Co. AR
Pelham	444.1500	+	O#	W4TPA	TPARCA
Pelham	446.4000	29.5600	Ol	KR4UD	KR4UD
Pell City	442.5750	+	O 131.8/131.8	K4CVH	CVHRA
Phenix City	444.2000	+	O 123.0 (CA) ez	WA4QHN	WA4QHN
Phenix City	444.7250	+	O 203.5e	N4TKT	N4TKT
Robertsdale	444.6250	+	O 141.3/141.3e	W4OZK	ALBDR
Rogersville	442.5000	+	O 100.0l	WA4III	WA4III
Rogersville	442.9250	+	● 203.5/RACESaelr	AE4HF	AE4HF
Rogersville	444.4750	+	88.5l	KF4CSZ	KF4CSZ
Salem	444.1000	+	Oe	WA4QHN	WA4QHN
Santuck	444.2250	+	O/PKTe	K4GR	K4GR
Selma	442.0250	+	Oe	N4KTX	N4KTX
Shelby / Lay Lake	444.3500	+	O	WB4CCQ	WB4CCQ
Shelby Co	442.0000	+	100.0elp	N4PHP	N4PHP
Smoke Rise	443.8750	+	O	KE4YO	KE4YO
South Community	444.8250	+	O	KI4ONH	KI4ONH
Springville/Simons Mtn	443.6500	+	O 131.8	KA5GET	KA5GET
Theodore	444.1000	+	O	N4LMZ	N4LMZ
Troy	443.0000	+	100.0l	W4NQ	Troy Radio
Tuscaloosa	442.1500	+	O eRB	W4MD	W4MD
Tuscaloosa	442.3750	+	●	N4BWP	HODCP
Tuscaloosa	442.5500	+	173.8	KX4I	KX4I
Tuscaloosa	442.9000	+	O/D-STAR	W4TTR	Tall Twr RC
Tuscaloosa	442.9500	+	●	W4MD	tw/i/et
Tuscaloosa	443.8250	+	O 118.8ae WXz	W4XI	TARC
Tuscaloosa	444.0250	+	● 203.5e	KX4I	KX4I
Tuscaloosa	444.0750	+	O/D-STAR	W4KCQ	TARC
Tuscaloosa	444.7000	+	●l	WA4CYA	WA4CYA
Tuscaloosa/ Birmingham	443.5750	+	●lx	KX4I	AICN Hub
Union Hill	442.2750	+	Ox	KE4TFI	KE4TFI
Union Hill	442.8000	+	● 162.2	W5MEI	W5MEI
Vernon	444.2250	+	OelWX	N5IV	N5IV
Vernon	444.2500	+	● 123.0	KI4QAH	KI4QAH
Vinemont	444.2750	+	110.9l	W4CFI	W4CFI
Wetumpka	443.7250	+	O 100.0e	KG4RCK	KG4RCK
Wood Mtn	443.8250	+		W4CCA	CCARC

ALASKA-ARIZONA

ALASKA

Location	Output	Input	Notes	Call	Sponsor
INTERIOR					
Chicken	444.7000	+	O 103.5aTTe E-SUN E-WINDlsx	KL7KC	AARC
Delta Junction	444.9000	+	103.5lx	KL7KC	ARCTIC ARC
Fairbanks	444.1000	+	Ox	KL7NO	KL7NO
Fairbanks	444.8000	+	O 103.5aelx	KL7KC	ARCTIC ARC
SOUTH CENTRAL					
Anchorage	443.3000	+	O 103.5elsx	WL7CVG/R3	AARC/ARES
Anchorage	444.7000	+	O 141.3aexz	KL7AA	AARC
Anchorage	444.8500	+	O 103.5l	WL7CWE	CARA
Eagle River	444.1000	+	O 100.0 (CA) TTe	KL7GG	KL7GG
Ft Richardson	444.5000	+	O 100.0 (CA) TTeRB	KL7GG	GG/ADES
Kodiak	441.8750	+	O 141.3	KL1KE	KL1KE
Kodiak	444.5500	+	OlRB	WL7AML	WL7AML
Kodiak	444.8500	+	O 141.3es	AL7LQ	AL7LQ
Palmer	443.9000	+	O 103.5elsx	WL7CVF/R3	AARC/ARES
Palmer	447.5700	147.5700	O 103.5lx	KL7CC/R2	AKDXC
Soldotna	444.7250	+	100.0es	KL0SW	KL0SW
Wasilla	444.6000	+	Oe	KL7SG	KL7SG
SOUTHEAST					
Juneau	444.5000	+	Oael	KL7PF	JARC
Juneau	444.7000	+	Oael	WA6AXO	WA6AXO

ARIZONA

Location	Output	Input	Notes	Call	Sponsor
CENTRAL					
Anthem	442.5250	+	O 114.8e	W6PAT	Griffin A.
Bill Williams Mt	448.0200	–	●	NR7G	K6TWE
Bill Williams Mt	449.7500	–	O 91.5r	K7NAZ	K7NAZ
Clarkdale	441.7750	+	O	K9FUN	K9FUN
Crown King	447.6250	–	●er	WA7ZZT	S.M.U.G.
Dewey	441.8500	+	O 151.4 (CA)	N7QQJ	N7QQJ
Mingus Mt	442.1500	+	Oel	WA7UID	M.M.R.G.
Mingus Mt	449.4250	–	● 141.3el	WA6LSE	WA6LSE
Mingus Mt	449.7000	–	●lr	N7CI	S.A.R.B.A.
Mingus Mt	449.7250	–	O 110.9e	WA7JC	WA7JC
Mt Ord	444.5000	+	O 100.0el	W7MDY	A.R.A.
Mt Ord	444.9000	+	●	WB7TUJ	S.A.R.B.A.
P Mountain	448.5000	–	O 100.0 (CA)	KB6TWC	L.T.O
Prescott	447.1750	–	●(CA)e	KB6TWC	L.T.O.
Prescott	447.6500	–	●	W2YAV	W2YAV
Prescott	449.6750	–	●(CA)lr	WB7BYV	WB7BYV
Prescott Valley	443.0500	+	O 136.5	WB6ALS	WB6ALS
Signal Peak	449.1000	–	● 88.5	N7ULY	WB7TUJ
Squaw Peak	447.5000	–	●el	WA6LSE	WA6LSE
Towers Mt	448.5750	–	O 100.0e	WB7EVI	W1OQ
Towers Mt	448.6000	–	●el	WA7ZZT	KA7MIZ
Towers Mt	449.0000	–	●lr	K7STA	S.A.R.B.A.
Towers Mt	449.1750	–	O 100.0el	WB7EVI	NORTHLINK
EAST CENTRAL					
Clay Springs	442.8000	+	O 100.0	N7KQ	H.T.A.W.A.
Eager	441.2000	+	O	N7XDO	N7XDO
Greens Peak	448.8500	–	O 110.9	W7IXA	S.A.R.B.A.
Greens Peak	449.0500	–	●	KJ7AG	WB7TUJ

420-450 MHz
ARIZONA

Location	Output	Input	Notes	Call	Sponsor
Greens Peak	449.3500	–	○el	N7ENS	N7ENS
Greens Peak	449.8500	–	●	K7KI	S.A.R.B.A.
Porter Mt	444.1500	+	●r	N7ENS	S.A.R.G.
Red Sky Ranch	449.6250	–	○ 136.5e	NR7G	NR7G
Signal Peak	449.6500	–	○ 100.0er	WA7HUH	KB7DLR
FLAGSTAFF METRO					
Mt Elden	448.4750	–	○ 100.0e	W7ARA	A.R.A.
Mt Elden	448.6250	–	●l	N7MK	S.A.R.B.A.
Mt Elden	448.8750	–	○ 100.0e	W7ARA	A.R.A.
N/C - AZ					
Navajo Mt	448.7500	–	●elr	NA7DB	NA7DB
NORTH CENTRAL					
Crown King	447.3000	–	○ 88.5	W7WHP	W7WHP
Grand Canyon	442.0750	+	○ 100.0el	N7FHQ	NORTHLINK
Tuba City	444.5750	+	○ 100.0	KD7KRA	KD7KRA
NORTHEAST					
Roof Butte	448.6500	–	●lr	N5SDQ	FCAA
Window Rock	442.0000	+	○ 100.0	KD7LEN	N.A.R.C.
Yale Point	448.0000	–	○ 100.0e	KD7LEN	N.A.R.C.
NORTHWEST					
Dolan Springs	449.8750	–	○e	KC7UJL	KC7ULJ
Meadview	449.9000	–	●elr	K7RLW	K7RLW
White Hills	447.6000	–	○ 107.2e	K7OK	K7AC
PHOENIX METRO					
Bell Butte	447.7500	–	○ 100.0ael	AI7R	Tempe
Chandler	441.7500	+	○ 107.2	N7SCE	N7SCE
Chandler	447.4250	–	○ 107.2e	K7WJH	W5JRW
Chandler	447.4500	–	○ 100.0ae	N7XVB	Chandler
Chandler	448.4500	–	○ 136.5er	N0FPE	N0FPE
Chandler	448.9250	–	○ 123.0r	N7SCE	N7SCE
Chandler	448.9500	–	○ 100.0el	WW7CPU	I.E.A.R.S
Chase Tower	444.3000	+	○ 100.0ae	W7ARA	A.R.A.
Estrella Peak	447.2250	–	●	K7YXD	K7YXD
Fountain Hills	447.7750	–	●	N7MK	F.H.A.R.T.
Glendale	445.6000	–	● 156.7	N7AZN	N7AZN
Glendale	447.3500	–	○ 131.8e	KB7OBJ	N6IME
Glendale	447.4000	–	○ 100.0er	KD7HJN	Glendale
Glendale	447.4750	–	●r	N7AIL	N7AIL
Glendale	447.5750	–	○ 151.4ar	KC7GHT	KC7GHT
Glendale	448.3250	–	○ 100.0er	KB7FQO	KB7FQO
Laveene	449.2500	–	○ 192.8	KC7QKS	KC7QKS
Maricopa	444.1250	+	●	WB7NNP	L.R.G.
Maryvale Hospital	446.2250	–	○ 114.8	WA7MKS	WA7MKS
Mesa	449.0250	–	○ 100.0e	K4CSD	Mesa
Mesa	449.0500	–	●(CA)lr	WA7VEI	PMC Inc
Mesa	449.3750	–	○l	WA7ZFZ	M.A.R.A.
Mesa	449.6000	–	○ 100.0e	WB7TJD	SARC Inc
Mesa	449.6250	–	○ 100.0ae	W7ARA	A.R.A.
Mesa	449.8500	–	●r	W5WVI	W5WVI
Peoria	441.1750	+	●	KA7ATV	KA7IOG
Peoria	444.7500	+	●	KA7PTW	KA7PTW
Phoenix	441.2000	+	○ 77.0	KB7CGA	KB7CGA
Phoenix	441.8000	+	●	WA7UID	WB7CWW
Phoenix	442.0500	+	○ 100.0	W7MOT	M.A.R.C.A.
Phoenix	442.0750	+	○l	N7FHQ	N7FHQ
Phoenix	442.6000	+	○ 100.0l	N1KQ	M.C.R.G.

420-450 MHz 367
ARIZONA

Location	Output	Input	Notes	Call	Sponsor
Phoenix	442.6750	+	O 127.3e	WW7B	WW7B
Phoenix	442.7000	+	●	KLØQD	KLØQD
Phoenix	446.1500	–	O 100.0el	W7TBC	T.A.R.C.
Phoenix	447.6250	–	●(CA)l	WA7ZZT	S.M.U.G.
Phoenix	447.9500	–	O 100.0 (CA)e	N7TWB	N7TWB
Phoenix	448.7750	–	●(CA)r	WA7ZZT	WA7ZZT
Phoenix	449.2000	–	O 100.0el	KC5CAY	KC5CAY
Phoenix	449.5750	–	O 100.0lr	KB7OBJ	N6IME
Queen Creek	443.1250	+	O 100.0	WD8MHM	WD8MHM
Scottsdale	441.1000	+	O 103.5e	WØNWA	W7BBB
Scottsdale	441.6250	+	O 100.0	WA7ZZT	A.R.A.
Scottsdale	442.0250	+	O 100.0	W7MOT	M.A.R.C.A.
Scottsdale	443.1500	+	O 100.0	W7MOT	M.A.R.C.A.
Scottsdale	444.0750	+	●	WB7NNP	L.R.G.
Scottsdale	448.6750	–	●l	W7IXA	S.A.R.B.A.
Scottsdale	448.9000	–	●lr	WA7VEI	WA7VEI
Scottsdale	449.4250	–	O 100.0	KØBXX	KD7IWY
Shaw Butte	442.8500	+	O 100.0e	WB7EVI	A.R.A.
Shaw Butte	449.3500	–	● 88.5el	N7ULY	WB7TUJ
Shaw Butte	449.5250	–	O 100.0ae	W7ARA	A.R.A.
South Mt	442.0000	+	●r	WA7ZZT	S.M.U.G.
South Mt	442.1250	+	O 100.0el	N7AUW	NORTHLINK
South Mt	442.2000	+	O 100.0 (CA)e	K7CBS	KPHO
South Mt	442.5500	+	O 100.0	WA7ZZT	WSRG
South Mt	442.8000	+	O 100.0	KX7KW	M.C.R.G.
South Mt	443.0500	+	O 100.0	W7MOT	M.A.R.C.A.
South Mt	443.8000	+	O 100.0e	W7BSA	B.S.A.
Sun City	449.8000	–	O 100.0ae	W7JHQ	W.V.A.R.C.
Tempe	442.9750	+	O 100.0	W7MOT	M.A.R.C.A.
Tempe	448.5250	–	O 127.3a	N7PHX	NØBXX
Tempe Butte	442.3750	+	O 100.0ae	K7JGB	Tempe
Thompson Peak	448.8250	–	O 100.0e	W7IFH	W7IFH
Tolleson	448.0750	–	O 100.0r	AJ9Y	AJ9Y
Usery Mt	447.6500	–	O(CA)l	WB7QGJ	N7DJZ
Usery Mt	448.7250	–	●l	N7TX	F.H.A.R.T.
White Tanks E Peak	447.1750	–	●	WA6LSE	WA6LSE
White Tanks E Peak	448.2250	–	●e	N7ULY	WB7TUJ
White Tanks E Peak	449.1500	–	●lr	WA7GBL	S.A.R.B.A.
White Tanks Mid Peak	441.7250	+	O 100.0el	W7EX	A.R.A.
White Tanks Mid Peak	442.2750	+	O 100.0el	W1OQ	NORTHLINK
White Tanks W Peak	448.7500	–	●el	K7BB	WTMRG

SOUTH CENTRAL

Location	Output	Input	Notes	Call	Sponsor
Casa Grande	446.8250	–	O 88.5a	KJ7YM	KJ7YM
Catalina	447.3250	–	●el	NØBUM	NØBUM
Childs Mt	448.1000	–	O 100.0er	KL7DSI	A.A.R.C.
Elephant Head Peak	449.3750	–	O 107.2ae	W8SXX	G.V.A.R.C.
Elephant Head Peak	449.8500	–	●el	WA7BGX	C.A.R.B.A.
Elgin	448.5000	–	O 91.5	K6RCK	K6RCK
Green Valley	449.2250	–	O 100.0	VE6RGP	VE6RGP
Keystone Mt	449.8750	–	O 100.0	KCØLL	KCØLL
Maricopa	449.1250	–	O	W9LEO	W9LEO
Mt Lemmon	448.5500	–	O 110.9e	W7HSG	Pima

420-450 MHz
ARIZONA

Location	Output	Input	Notes	Call	Sponsor
Mt Lemmon	449.7750	–	●	WBØLWH	WBØLWH
Mt Lemmon	449.9750	–	O 100.0e	KCØLL	KCØLL
Picture Rocks	447.5250	–	r	N7SQJ	N7SQJ
Sacaton Peak	447.7250	–	O 100.0e	N7ULY	WB7TUJ
Vail	449.5500	–	O 107.2el	K7LHR	K7LHR
SOUTHEAST					
Benson	445.3000	–	O 131.8	K7SPV	S.P.V. ARC
Benson	448.8250	–	O 107.2es	WA7PIQ	WA7PIQ
Dos Cabezas	449.0250	–	Or	AA7JB	S.E.A.R.S.
Dragoon	449.7000	–	●el	WA7PIQ	C.A.R.B.A.
Guthrie Peak	448.9750	–	●lr	N7GP	J.P.A.R.A.
Guthrie Peak	449.3750	–	●	K7EAR	EAARS INC
Heliograph Peak	440.6500	+	O 141.3	K7EAR	EAARS, Inc
Heliograph Peak	440.7000	+	O 141.3e	K7EAR	EAARS, Inc
Heliograph Peak	447.8250	–	O 100.0er	K7EAR	EAARS INC
Heliograph Peak	448.6750	–	● 100el	K7JEM	C.A.R.B.A.
Heliograph Peak	449.4000	–	●e	K7EAR	EAARS INC
Mule Mt	448.7500	–	●r	KC7IM	C.A.R.B.A.
Mule Mt	449.5250	–	O 100.0 (CA) er	KE7IPW	S.E.R.S.
Oracle	448.7000	–	●r	WA7ELN	WA7ELN
Pinal Peak	448.1750	–	●	WB5QHS	J.P.A.R.A.
Pinal Peak	448.4250	–	O 103.5el	KD7DR	S.A.R.B.A.
Pinal Peak	448.4750	–	O 100.0l	W7ARA	A.R.A
Pinal Peak	448.6500	–	●elr	WA7KUM	S.A.R.B.A.
Red Mountain	449.9500	–	Oer	W7JPI	W7JPI
Sierra Vista	447.9500	–	O 100.0e	K7RDG	C.A.R.A
Sierra Vista	449.7250	–	O 179.9a	W2JRT	W2JRT
Sierra Vista	449.8250	–	O 100.0el	NØNBH	NØNBH
SOUTHWEST					
Telegraph Pass	448.6250	–	●lr	W7SRC	Y.A.R.B.A.
Telegraph Pass	449.0750	–	O 88.5el	W7DIN	D.I.N.
Yuma	447.5250	–	●al	KA6LSK	KA6LSK
Yuma	449.9250	–	O 88.5el	W7DIN	D.I.N.
Yuma	449.9750	–	● 100.0 (CA) elr	W7DIN	D.I.N.
TUCSON METRO					
Mt Lemmon	445.2250	–	O 103.5	W7ATN	Az ATN
Mt Lemmon	448.3500	–	● 107.2	N1DHS	N1DHS
Mt Lemmon	448.6250	–	●l	AK7Z	C.A.R.B.A.
Oro Valley	449.5750	–	O 100.0e	AG7H	AG7H
Tucson	440.0500	+	O	KØDVH	KØDVH
Tucson	443.0250	+	●	N7ZD	KC2TX
Tucson	446.9000	–	O 100.0e	K7ICU	N7ZQT
Tucson	447.1000	–	O 151.4	KB7LMI	KB7LMI
Tucson	447.3250	–	●	N6DGT	N6DGT
Tucson	447.5000	–	●(CA)r	N7XJQ	N7XJQ
Tucson	447.8750	–	●e	KB7RFI	KB7RFI
Tucson	448.2500	–	O 107.2aer	K7KZ	K7KZ
Tucson	448.3000	–	●l	W7RAP	C.A.R.B.A.
Tucson	448.3250	–	O 156.7	K7RST	RSOT
Tucson	448.7750	–	Ol	W7SA	C.R.C.
Tucson	448.9000	–	●(CA)elr	KG7KV	S.P.A.R.C.
Tucson	448.9750	–	●(CA)lr	N7CK	C.A.R.B.A.
Tucson	449.2000	–	●	N6DGT	N6DGT
Tucson	449.2500	–	O 100.0	K7OPX	SSR

420-450 MHz 369
ARIZONA-ARKANSAS

Location	Output	Input	Notes	Call	Sponsor
Tucson	449.4750	–	O 107.2 (CA)e	N7DQP	N7DQP
Tucson	449.6750	–	O 77.0	NR7J	N7OXL
Tucson	449.8000	–	O 503e	N1DHS	N1DHS
Tucson	449.9250	–	Ol	W7FDF	W7FDF
Vail	448.4500	–	Ol	W7FDF	W7FDF
WEST CENTRAL					
Black Peak	448.6500	–	●el	KF6BXZ	Cactus
Bullhead City	449.3750	–	● 123.0	N7URK	N7FK
Bullhead City	449.5000	–	●	N7URK	N7FK
Bullhead City	449.6250	–	O 136.5	N7URK	N7URK
Bullhead City	449.9500	–	O 100.0	KD7MOC	TRI-State
Bullhead City	449.9750	–	O	K7GOJ	K7GOJ
Crossman Peak	447.5400	–	●l	WB6T	KB6CRE
Golden Valley	448.4000	–	O 123.0 (CA)er	N7FK	N7FK
Golden Valley	448.5000	–	●(CA)	N7VDX	N7VDX
Guadalupe Peak	448.9000	–	●l	WD6FM	Sw.R.R.C.
Guadalupe Peak	448.9750	–	●lr	WB7FIK	Cactus
Hualapai Mt	446.3000	–	●	KC7GSA	N7URK
Hualapai Mt	446.4000	–	●el	N7DPS	N7DPS
Hualapai Mt	448.2500	–	O 131.8	N7SKO	WECOM, INC
Kingman	446.2250	–	●(CA)elr	K7RLW	K7RLW
Lake Havasu City	448.7250	–	●r	W7MCF	W7MCF
Lake Havasu City	449.9500	–	O 141.3e	KB7YKY	KB7YKY
Oatman Mt	448.6200	–	●el	KF6BXP	Cactus
P Mountain,	445.3000	–	●(CA)e	KB6TWC	L.T.O.
Parker	447.7250	–	●	KE6PCV	KE6PCV
Potato Patch	448.1000	–	●	K6DLP	K6DLP
Potato Patch	448.6800	–	●el	W6PNM	Cactus
Potato Patch	449.4750	–	●(CA)elr	K7RLW	K7RLW
Ram Peak	448.0200	–	●	WR7RAM	K6TWE
Smith Peak	443.7750	+	O 100.0el	W7ARA	A.R.A.

ARKANSAS
CENTRAL

Location	Output	Input	Notes	Call	Sponsor
Alexander	444.3000	+	O 131.8/131.8e	N5TKG	N5TKG
Benton	443.1750	+	Oe	KC5FWB	KC5FWB
Cabot	443.6500	+	O 82.5lrsWX	W5RHL	W5RHL
Center Ridge	444.1000	+	O 114.8e	N5XF	N5XF
Conway	443.5250	+	O 114.8	W5AUU	FaulkCoARC
Conway	443.8000	+	O 114.8	W5AUU	FalkCoARC
Conway	443.9750	+	O 114.8	W5AUU	W5AUU
Damascus	442.1000	+	O	KD5GMX	KD5GMX
Greers Ferry	443.6500	+	O 88.5lrsWX	W5RHL	W5RHL
Hot Springs	444.0000	+	O	WB5PIB	WB5PIB
Hot Springs	444.6000	+	O 114.8ersWXx	W5LVB	W5LVB
Hot Springs Village	444.7250	+	Oe	W5HSV	HSV ARC
Jacksonville	442.6000	+	O	N5KRN	N5KRN
Little Rock	443.0000	+	O 100.0	N5CG	CAUHF
Little Rock	443.1250	+	O 114.8el	AC5XV	AC5XV
Little Rock	443.2000	+	O 114.8	N5CG	CAUHF
Little Rock	443.6000	+	O 114.8 (CA)eRB	N5CG	CAUHF

420-450 MHz
ARKANSAS

Location	Output	Input	Notes	Call	Sponsor
Little Rock	444.0750	+	O 100.0	WA5OOY	WA5OOY
Little Rock	444.2000	+	O 114.8el	W5DI	CAREN
Little Rock	444.4000	+	O 114.8l	WA5OOY	WA5OOY
Little Rock	444.4500	+	O 100.0	W5FD	CAREN
Little Rock	444.8000	+	● 146.2eWx	K5XT	K5XT
Little Rock	444.8500	+	O 114.8	N5CG	CAUHF
Malvern	442.2250	+	O 114.8el	N5CG	CAUHF
Malvern	443.5000	+	O 136.5 (CA) lWxx	W5BXJ	W5BXJ
Malvern	444.1500	+	O 88.5elx	K5TAC	K5TAC
North Little Rock	443.9000	+	O 114.8	N5QLC	N5QLC
North Little Rock	444.6500	+	O 114.8	W5RXU	W5RXU
North Little Rock	444.7000	+	O 114.8	N5CG	CAUHF
White Hall	442.1750	+	OarsWX	K5DAK	PinBlufARC
White Hall	443.7000	+	O	N5RN	N5RN
Wrightsville	444.4250	+	● 85.4el	N5CG	CAUHF

EAST
Location	Output	Input	Notes	Call	Sponsor
Forrest City	443.4500	+	O 100.0/100.0	KD5DF	KD5DF
Helena	444.8750	+	O 91.5x	N5JLJ	N5JLJ

EAST CENTRAL
Location	Output	Input	Notes	Call	Sponsor
Searcy	444.5000	+	O 192.8e	N5QS	NCAARS
Searcy	444.8250	+	O 84.5el	KC5HND	KC5HND
Stuttgart	443.2500	+	O	KB5LN	KB5LN

NORTH
Location	Output	Input	Notes	Call	Sponsor
Mountain Home	442.3000	+	OerswX	K5OZK	OZARC
Mountain Home	442.5500	+	s	K5BAX	K5BAX
Mountain Home	443.1250	+	O	K5FOY	K5FOY
Mountain Home	444.9750	+	O 97.4	WB5NFC	NAR VoIP
Yellville	444.0250	+	Oe	W5YS	Marion Cty

NORTH CENTRAL
Location	Output	Input	Notes	Call	Sponsor
Batesville	444.7500	+	O	W5VAE	BatesvilARC
Batesville	444.9000	+	O 186.2	N5TSC	N5TSC
Clinton	443.3000	+	Oael	N5YU	N5YU
Harrison	444.8500	+	O 100.0l	WA9SSO	GathMtARC
Quitman	444.0500	+	O 127.3e	KC5PLA	KC5PLA

NORTHEAST
Location	Output	Input	Notes	Call	Sponsor
Black Rock	442.4000	+	O	W5WEC	W5WEC
Dell	444.6500	+	OerswX	W5ENL	MissCoARA
Harrisburg	444.5250	+	O	N5OHO	PARC
Jonesboro	443.1500	+	O 107.2e	K5NEA	NEARC
Jonesboro	443.8750	+	O	W5FGD	W5FGD
Jonesboro	444.4750	+	Ol	K5CRS	K5CRS
Jonesboro	444.6000	+	O 107.2el	NI5A	AISTC
Lake City	444.3250	+	OerswX	KC5TEL	RESPOND
Trumann	443.5000	+	O 107.2l	NI5A	AISTC

NORTHWEST
Location	Output	Input	Notes	Call	Sponsor
Brentwood	442.0750	+	O 97.3	KE5LXK	NWAUHF
Decatur	443.9250	+	O 114.8 (CA) TTel	N5UXE	N5UXE
Elkins	444.1750	+	O	K5HOG	K5HOG
Farmington	442.5250	+	O 103.5	KC5PET	KC5PET
Fayetteville	442.5000	+	O	AB5UB	AmRedCross
Fayetteville	443.1000	+	O(CA)el	KA9UBD	KA9UBD
Fayetteville	443.1500	+	O	KA5TGN	KA5TGN
Fayetteville	444.9250	+	O	N5SRA	N5SRA

420-450 MHz
ARKANSAS-CALIFORNIA

Location	Output	Input	Notes	Call	Sponsor
Prairie Grove	444.7000	+	Oe L(224.6(-))	WA5VTW	WA5VTW
Siloam Spgs	444.3250	+	O 114.8e	N5YEI	N5YEI
Springdale	442.0500	+	O 110.9aer	W5HF	NWAARC
Springdale	443.6500	+	O	WA5NUO	WA5NUO
SOUTHEAST					
Crossett	444.9750	+	O 127.3e	KC5UQU	S.E.ArkARC
Huttig	444.8250	+	O 127.3/127.3x	W5GIF	W5GIF
SOUTHWEST					
Arkadelphia	444.8750	+	O 114.8e	KB5ILY	KB5ILY
Dequeen	444.8000	+	O 85.4	WA5LTA	SWARC
Nashville	444.3500	+	O 88.5/88.5e sWX	N5BAB	N5BAB
Nashville	444.9750	+	O	N5THS	N5THS
Willisville	444.9250	+	O 100.0l	KB5ROZ	ARKLA
WEST					
Fort Smith	444.3000	+	O 123.0l	W5ANR	FSAARC
Van Buren	444.7750	+	Ot	KC5YQB	KC5YQB
Waldron	443.3500	+	O	KK5KA	KK5KA
Waldron	444.6500	+	O	KK5KA	KK5KA
WEST CENTRAL					
Mount Ida	444.4750	+	O 114.8e	WX5HOT	DLAS
Mt Magazine	443.2500	+	O 123.0/123.0 WX	N5XMZ	N5XMZ
Ola	444.5500	+	Oa	WA5YHN	WA5YHN
Russellville	443.4000	+	O	K5PXP	ARVARF
Russellville	443.5750	+	O 114.8	K5PXP	ARVARF
Russellville	444.5750	+	O	K5PXP	KB8DM
Russellville	444.9000	+	Otael	WB5JJJ	WB5JJJ

CALIFORNIA
FREQUENCY USAGE - SOUTHERN CALIFORNIA

Location	Output	Input	Notes	Call	Sponsor
So Cal	431.0000		O	PACKET	
So Cal	439.0000		O	PACKET	
So Cal	440.0000		O	SIMPLEX	
So Cal	441.5000		O	PACKET	
So Cal	441.5200		O	CONTROL	
So Cal	444.4600		O	SIMPLEX	
So Cal	445.0000		O	SIMPLEX	
So Cal	446.0000		O	SIMPLEX	
So Cal	446.5000		O	SIMPLEX	
So Cal	446.5200		O	SIMPLEX	
So Cal	446.8600	–	O	TESTPAIR	
So Cal	446.8800	–	O	TESTPAIR	
So Cal	449.4600		ORB	SIMPLEX	
So Cal Atv	439.5000		O	SIMPLEX	

NORCAL-CENTRAL COAST

Location	Output	Input	Notes	Call	Sponsor
Aptos	441.9250	+	O 100	WA6HHQ	WA6HHQ
Bonny Doon	441.3000	+	O 156.7a	WB6ECE	WB6ECE RG
Bonny Doon	441.3000	+	O 94.8el	WB6ECE	WB6ECE RG
Felton	441.9000	+	O 123el	W6MOW	WIN System
Felton	444.1500	+	O 123#elsx	W6WLS	W6WLS
Greenfield	442.0750	+	O 114.8el	N6MVT	CARLA
King City	443.9750	+	●lx	K6TAZ	NCCRA
King City	444.0750	+	O 203.5#x	WB6ORK	WB6ORK

420-450 MHz
CALIFORNIA

Location	Output	Input	Notes	Call	Sponsor
King City	444.0750	+	●#elsx	WB6ORK	WB6ORK
King City	444.5500	+	●ex	W6FM	W6FM
Lompoc	443.2750	+	●el	K7AZ	K7AZ
Lompoc	444.8000	+	●l	WA6VPL	WA6VPL
Los Osos	444.9750	+	O 127.3#	WB6MIA	WB6MIA
Monterey	441.3000	+	O 136.5ex	WB6ECE	WB6ECE RG
Monterey	441.3250	+	●elrs	WE6R	WE6R
Monterey	441.6500	+	O 94.8aelrsx	N6SPD	N6SPD RG
Monterey	444.2750	+	O 123aelrsx	N6SPD	N6SPD RG
Monterey	444.5250	+	O 123ersx	N6GAI	N6GAI
Monterey	444.7000	+	O 123ers	K6LY	NPSARC
Nipomo	444.2750	+	●el	WA6VPL	WA6VPL
Nipomo	444.7000	+	O#	KB6Q	KB6Q
Pismo Beach	444.6000	+	O 131.8#e	KB6BF	KB6BF
Prunedale	441.1250	+	O 123#	KC6UDC	KC6UDC
Prunedale	442.7750	+	O 110.9	KG6NRI	KG6NRI
Prunedale	443.9000	+	O 123ers	W6TAR	ECTAR
Salinas	441.4500	+	O 123ersx	K6JE	FPRA
Salinas	442.0250	+	O 146.2el	N6LEX	CCARN
Salinas	442.3000	+	O 100	W6RTF	CCARN
Salinas	442.6000	+	O 110.9#a	KG6UYZ	KG6UYZ
Salinas	443.6000	+	O 110.9ex	W6MOW	W6MOW
SanLuisObispo	441.0750	+	O 94.8#	WB6JWB	WB6JWB
SanLuisObispo	442.3000	+	O 127.3elrs	W6BHZ	CPARC
SanLuisObispo	442.7000	+	O 127.3#ersx	WB6FMC	WB6FMC
SanLuisObispo	442.8750	+	●elrsx	WB6FMC	WB6FMC
SanLuisObispo	443.5750	+	●ex	W6FM	W6FM
SanLuisObispo	443.8000	+	●el	N6HYM	N6HYM
SanLuisObispo	443.9750	+	O 127.3#	KG6AKQ	SLOECC
SanLuisObispo	444.1000	+	O 127.3#	KD6EKH	SLOECC
SanLuisObispo	444.4750	+	●ex	W6FM	W6FM
SanLuisObispo	444.5250	+	O 127.3ex	W6FM	W6FM
SanLuisObispo	444.9000	+	●e	KC6WRD	FCC
Santa Cruz	440.4500	+	O 100#aes	W6WL	W6WL
Santa Cruz	440.5500	+	O 94.8aes	AB6VS	LPARC
Santa Cruz	440.8500	+	O 94.8aersx	W6JWS	W6JWS
Santa Cruz	440.9250	+	O 123ers	K6BJ	SCCARC
Santa Cruz	441.6750	+	O 123#	N7WG	N7WG
Santa Cruz	443.4750	+	O 127.3#elrs	WB6PHE	WB6PHE
Scotts Valley	444.0000	+	O 94.8l	W6WLS	W6WLS
Soledad	440.5250	+	O 146.2el	N6LEX	CCARN
Soledad	444.3750	+	O 100er	WA6RQX	WEST COAST
Watsonville	443.0500	+	O 94.8els	K6RMW	K6RMW
Watsonville	443.3500	+	O 123	KB6MET	KB6MET
NORCAL-EAST BAY					
Antioch	440.6500	+	O 127.3ers	KC6WYA	O.T.H.E.R.
Benicia	441.2500	+	O 100er	KR6BEN	BeniciaARC
Benicia	442.7500	+	O 100aer	KR6BEN	BeniciaARC
Berkeley	440.1750	+	O 131.8x	K7IJ	K7IJ
Berkeley	440.4000	+	●elx	WB6WTM	WB6WTM
Berkeley	440.8250	+	●#lx	WB6IXH	WB6IXH
Berkeley	440.9000	+	O 131.8ers	WA2UNP	NALCO
Berkeley	440.9250	+	●DCSelx	KH8AF	KH8AF

420-450 MHz   CALIFORNIA

Location	Output	Input	Notes	Call	Sponsor
Berkeley	442.2750	+	O 100#	WA6ZTY	WA6ZTY
Berkeley	442.6750	+	●elsx	WB6UZX	WB6UZX
Berkeley	442.7250	+	●elx	K6DJR	CALNET
Berkeley	443.3250	+	O 100#elx	WB6JKV	GRS
Concord	440.3000	+	●aelx	N6AMG	ERG
Concord	440.3250	+	●lx	K6TAZ	NCCRA
Concord	440.8750	+	O 79.7aelrsx	WA6AEO	CCRA
Concord	441.2000	+	●elx	N6GVI	CATS
Concord	441.3250	+	O 100aelrsx	W6CX	MDARC
Concord	441.7500	+	●elrx	W6YOP	YOP HLLS
Concord	441.8250	+	●#ex	WB6BDD	WB6BDD
Concord	442.4500	+	●ersx	KI6O	KI6O
Concord	442.6500	+	O 100#x	WA6ZTY	WA6ZTY
Concord	443.5000	+	●ex	K6JJC	CUBE
Concord	443.5750	+	●elx	K6IRC	ARN
Concord	443.8000	+	O 100ex	K6POU	MDRA
Concord	444.8750	+	O 123#ex	K6FJ	K6FJ
El Cerrito	444.7000	+	●el	N6GVI	CATS
Fremont	440.0000	+	O 233.6el	WA6FSP	WA6FSP
Fremont	441.1250	+	O 100#e	KC6WXO	ACWDRC
Fremont	441.5250	+	O 123#s	K6AIR	K6AIR
Fremont	442.6000	+	O 107.2	WA6PWW	TRICO ARC
Fremont	443.4000	+	●ex	N6IGF	YAARC
Fremont	443.7000	+	O 136.5elx	K6JJC	CUBE
Fremont	443.7250	+	O 127.3elrsx	N6HWI	WB6PHE
Fremont	444.8000	+	●erx	WA6GEL	Red Carpet
Hayward	440.0500	+	O 156.7#	KQ6YG	KQ6YG
Hayward	440.4750	+	O 71.9aels	KK6AN	NorCal RUG
Hayward	440.9500	+	O 100	KB6LED	KB6LED
Hayward	442.3500	+	O 107.2	K6GOD	GOD
Hayward	442.8750	+	O 100#	K6DDR	K6DDR
Hayward	443.3250	+	O 114.8#el	WB6JKV	CARLA
Hayward	444.8250	+	O 127.3#ers	K6EAG	Hayward RC
Martinez	444.4500	+	O 107.2ers	N6YJ	MARC
Monterey	442.2250	+	●e	WH6KA	WH6KA
Moraga	442.4500	+	●ersx	KI6O	KI6O
Moraga	443.4250	+	●lrx	KB7IP	N. CA Assn
Newark	444.1500	+	O 103.5e	N3EL	DX2N CLUB
Oakland	440.3500	+	O 123elrs	KM6EF	GSARC
Oakland	440.5750	+	O 118.8ersx	W6EBW	EBMUD
Oakland	441.2250	+	O 100lx	W6RCA	W6RCA
Oakland	441.4250	+	O 114.8#ae x	WT6L	OARA
Oakland	441.4750	+	●lrx	W6YOP	YOP HLLS
Oakland	442.2000	+	●elx	KH8AF	KH8AF
Oakland	442.2500	+	O 103.5lx	KD6QDW	KD6QDW
Oakland	442.4000	+	O 77aersx	WB6NDJ	ORCA
Oakland	443.2000	+	●elx	N6GVI	CATS
Oakland	443.3500	+	O 186.2rsx	AC6OT	SSARO
Oakland	443.3750	+	O 114.8ex	WB6SHU	W6BUR
Oakland	443.4750	+	O 100l	N6QOP	CARLA
Oakland	443.8750	+	●l	W6MTF	W6MTF
Oakland	443.9750	+	●elx	KJ6VU	NCCRA
Oakland	444.2500	+	O 100elx	WB6TCS	WB6TCS
Oakland	444.6500	+	●lx	W6PUE	NORCAL

420-450 MHz
CALIFORNIA

Location	Output	Input	Notes	Call	Sponsor
Oakland	444.7250	+	O 114.8#	KK6RQ	KK6RQ
Oakland	444.8000	+	●	KD6GLT	KD6GLT
Orinda	440.6250	+	O 79.7aelrsx	WA6AEO	CCRA
Orinda	441.9750	+	O 100#x	WA6BZS	WA6BZS
Orinda	443.0500	+	O 114.8el	N6QOP	CARLA
Orinda	443.8250	+	O 136.5elx	K6JJC	CUBE
Orinda	444.0000	+	O 100#ax	KE6PTT	KE6PTT
Orinda	444.7750	+	●lrx	W6YOP	YOP HLLS
Pittsburg	440.1250	+	O 127.3aelrs	K6BIV	K6BIV
Pleasanton	442.0750	+	O 103.5el	N6MVT	CARLA
Pleasanton	442.6250	+	O 94.8#ersx	AD6KV	LARK
Pleasanton	442.9250	+	●rx	W6RGG	W6RGG
Pleasanton	443.6500	+	●DCSx	K6TEA	K6TEA
Richmond	440.9750	+	●e	K6LOU	K6LOU
Richmond	442.1500	+	O 100ae	WA6DUR	WA6DUR
San Francisco	441.6500	+	O 100#e	K6JSI	WIN System
San Jose	441.8500	+	●#DCSe	KG6KCL	KG6KCL
San Leandro	440.5250	+	●#ael	N6TC	KQ6RC
San Leandro	441.8000	+	●#	KQ6RC	KQ6RC
San Leandro	442.7750	+	●el	KB6NCL	KG6KCL
San Leandro	444.2000	+	O 107.2er	W6RGG	AC RACES
San Pablo	444.2750	+	O 82.5ers	WD6EZC	CCCC
San Ramon	440.4250	+	O 79.7aelrsx	WA6AEO	CCRA
San Ramon	442.5500	+	●	N6APB	N6APB
South San Fran	440.6000	+	●DCSl	K6HN	K6HN
Walnut Creek	442.5250	+	O 88.5e	K6MFM	K6MFM
Walnut Creek	443.4750	+	O 114.8el	N6MVT	CARLA
NORCAL-NORTH BAY					
Benicia	441.2500	+	O 100er	KR6BEN	BeniciaARC
Benicia	442.7500	+	O 100aer	KR6BEN	BeniciaARC
Calistoga	440.0500	+	O 127.3ers	W6CO	SARS
Calistoga	441.6750	+	O 123elrx	WA7G	WIN System
Calistoga	441.9000	+	O 151.4ersx	W6CO	SARS
Calistoga	444.1500	+	●elrsx	N6PMF	YOP HLLS
Calistoga	444.1750	+	O 151.4#el	N6TKW	NARC
Calistoga	444.4750	+	●elx	K6IRC	ARN
Clear Lake	441.1000	+	O 100#	KA6JJW	KA6JJW
Clear Lake	442.8250	+	●elx	WR6COP	K6COP
Cobb	442.8750	+	O#e	KE6QDW	KE6QDW
Geyserville	442.0500	+	O 100#e	WA6OYK	WA6OYK
Kelseyville	441.3500	+	O 100ex	KG6UFR	CRS
Kelseyville	441.4250	+	O 100#ex	N6GJM	CDF/VIP
Mill Valley	443.2500	+	O 179.9#erx	K6GWE	ACS
Mill Valley	444.6750	+	●elx	KJ6RA	Patio RS
Napa	440.0500	+	O 151.4ers	W6CO	SARS
Napa	440.8500	+	O 173.8ae	N6NAR	NARS
Napa	441.6750	+	O 107.2erx	WA7G	WA7G
Napa	441.8000	+	O 151.4aer	W6CO	SARS
Napa	442.2500	+	O 151.4#elr	N6TKW	HAMSEXY
Novato	440.2500	+	●elx	N6GVI	CATS
Novato	440.9250	+	●DCSelx	KH8AF	KH8AF
Novato	442.2000	+	●elx	KH8AF	KH8AF
Novato	443.6000	+	●elsx	KI6B	SMRS

420-450 MHz 375
CALIFORNIA

Location	Output	Input	Notes	Call	Sponsor
Petaluma	444.2250	+	●elr	NI6B	SMRS
San Anselmo	440.5500	+	O 100#	W6RV	WY8T
San Rafael	440.9250	+	●DCSel	KH8AF	KH8AF
San Rafael	442.1750	+	●DCSel	KH8AF	KH8AF
San Rafael	443.5250	+	O 82.5#	K6GWE	ACS
Santa Rosa	440.2000	+	O 88.5elrs	KD6CJQ	KD6CJQ
Santa Rosa	440.4500	+	O 88.5	K6EAR	EARA
Santa Rosa	441.3000	+	O 88.5lrs	KV6A	SKM
Santa Rosa	441.3750	+	O 114.8es	W6SON	SCRA
Santa Rosa	443.8250	+	O 100#	WB7ABP	WB7ABP
Santa Rosa	444.3750	+	●lrx	WB6RUT	WB6RUT
Santa Rosa	444.7500	+	O 82.5rs	KD6RC	KD6RC
Santa Rosa	444.9000	+	O 88.5#es	KF6SZA	KF6SZA
Sausalito	442.5250	+	O 114.8#	K6ER	K6ER
Sausalito	444.5500	+	●lx	WA6EUZ	ADC
Sebastopol	441.1000	+	O 114.8#	WA6FUL	WA6FUL
Sebastopol	441.3750	+	O 88.5ers	W6SON	SCRA
Sebastopol	442.3250	+	●el	N6AMG	ERG
Sebastopol	444.8250	+	O 131.8	WA6TIP	WA6TIP
Willits	444.1500	+	●elr	WB6TMS	SMRS
NORCAL-NORTH COAST					
Crescent City	442.5250	+	●#ael	KA7PRR	KA7PRR
Crescent City	443.0500	+	O 100#	KD6GDZ	KD6GDZ
Eureka	442.0000	+	O 100#	AE6R	AE6R
Eureka	442.2250	+	●elrx	WA6RQX	WA6RQX
Laytonville	444.8000	+	●elrx	WA6RQX	WA6RQX
Pt Arena	443.0750	+	O 100el	N6MVT	CARLA
Samoa	443.1500	+	O 103.5	WA6HZT	WA6HZT
Scotia	443.2500	+	O 103.5#l	K6FWR	FWRA
Ukiah	440.8500	+	O 141.3#elr	WA6RQX	WA6RQX
Willits	440.0750	+	●elrx	WA6RQX	WA6RQX
Willits	444.5000	+	O 103.5aersx	WD6FGX	LLVRG
Willits	444.9250	+	●elrsx	K7WWA	NCCRA
NORCAL-NORTH EAST					
Alturas	441.2250	+	O 100el	K6PRN	KJ6RA
Alturas	442.3500	+	O 85.4#ex	WB6HMD	WB6HMD
Burney	440.2500	+	O 103.5#	KI6WG	KI6WG
Burney	440.7500	+	O 123#el	N6QOP	CARLA
Canby	444.6750	+	O 156.7el	K6PRN	KJ6RA
Chester	441.3750	+	●e	N6TZG	N6TZG
Chester	444.5000	+	O 103.5el	KF6CCP	KR6G
Cohasset	444.1250	+	●lx	KH8AF	KH8AF
Lakehead	442.1750	+	●ex	KH8AF	KH8AF
Mineral	440.9750	+	O 100elx	N6TZG	N6TZG
Mt Shasta City	444.3500	+	●elx	K6PRN	Patio RS
Mt Shasta City	444.4750	+	O 100#aelsx	K7TVL	RVLA
Mt Shasta City	444.8250	+	O 100e	AB6MF	AB6MF
Quincy	441.6250	+	O 100#x	W6RCA	W6CBS
Quincy	442.7750	+	O 103.5elrsx	KF6CCP	KR6G
Red Bluff	444.1500	+	●lx	KH8AF	KH8AF
Redding	440.0500	+	●#el	NA0SA	N.A.S.A.
Redding	442.8500	+	●el	WR6TV	W6QWN
Redding	443.0500	+	O 110.9el	WR6TV	W6QWN
Redding	444.3250	+	O 100aelsx	K7TVL	R.V.L.A.

420-450 MHz
CALIFORNIA

Location	Output	Input	Notes	Call	Sponsor
Redding	444.5500	+	O 100#elrsx	NC6SV	SCARS
Redding	444.6250	+	O 107.2e	KD6NOL	KD6NOL
Redding	444.6500	+	O 131.8	KD6LOM	KD6LOM
Shasta Lake	442.0750	+	O 114.8el	K6JKL	CARLA
Susanville	443.9000	+	O 91.5esx	K6LRC	K6LRC
Susanville	444.9750	+	O 91.5elrsx	K6LRC	K6LRC
Westwood	441.0250	+	O 123el	N6TZG	N6TZG
Yreka	443.7500	+	O 100aelrx	K6SIS	SCARA
Yreka	444.4250	+	●elx	K6PRN	Patio RS
Yreka	444.9000	+	O 100e	AB6MF	AB6MF
NORCAL-SACRAMENTO VALLEY					
Alleghany	444.9250	+	O 88.5x	WR6ASF	WA6HWT
Auburn	440.5750	+	O 94.8e	K6ARR	SFARC
Auburn	443.6000	+	O 141.3elx	N6LYE	N6LYE
Auburn	443.7750	+	O 123#	N6HZQ	N6HZQ
Auburn	444.5000	+	O 94.8#ex	WA6IOK	GBAY
Auburn	444.6000	+	O 192.8e	N6NMZ	N6NMZ
Auburn	444.9000	+	O 94.8#	W6CUL	W6CUL
Cameron Park	440.1250	+	●aelx	N6RDE	N6RDE
Camino	441.2250	+	O 82.5#aelx	N6YBH	N6YBH
Chico	440.5000	+	●a	WA6UHF	WA6UHF
Chico	440.5500	+	●lrs	WB6RHC	BERG
Chico	440.6500	+	O 110.9aesx	W6RHC	GEARS
Chico	440.6750	+	●elrsx	N6EJX	N6EJX
Chico	441.4000	+	O 110.9elx	WB6RHC	WB6RHC
Chico	442.3750	+	O 100ex	W6ECE	CARA
Chico	444.4000	+	O 136.5	KE6ADC	BARE
Citrus Heights	441.1750	+	O 123e	KG6ZTE	PARA
Citrus Heights	443.6750	+	O 136.5#e	KB6WAS	KB6WAS
Citrus Heights	444.7250	+	●ae	KA6FTY	KA6FTY
Colfax	440.9500	+	O 192.8l	N6NMZ	N6NMZ
Diamond Spring	444.0750	+	●lx	WA6EUZ	ADC
Dobbins	444.3000	+	●elrsx	N6ICW	N6ICW
El Dorado	442.1000	+	O 162.2#	KC6MDY	KC6MDY
El DoradoHills	441.1000	+	O 123el	N6QDY	N6QDY
ElDoradoHills	440.3500	+	O 179.9ex	K6KCP	K6KCP
ElDoradoHills	444.4500	+	O 85.4#aelx	WT6G	WT6G
Elk Creek	444.2000	+	O 100ersx	K6BIQ	K6BIQ
Esparto	441.1250	+	O 127.3lrx	K6SCA	RMRG
Fair Oaks	440.7250	+	O 162.2ex	WB6HEV	PARE
Fairfield	441.1500	+	O 77elr	KA6CHJ	SCARS
Fairfield	442.7750	+	O 77e	KC6UJM	KC6UJM
Fairfield	443.4000	+	●	WL3DZ	FIL-AM
Fiddletown	443.8750	+	O 156.7#lrx	K6SZQ	RMRG
Folsom	442.3500	+	O 136.5aelx	KS6HRP	SHARP
Folsom	442.5250	+	O 77ae	K6MFM	K6MFM
Foresthill	442.7000	+	O 114.8#ae	KA6ZRJ	KA6ZRJ
Foresthill	442.8750	+	O 131.8ae	KA6EBR	PCSAR
Georgetown	441.5750	+	●lx	K6IRC	ARN
Georgetown	443.1750	+	●#elx	K6IRC	ARN
Georgetown	443.5500	+	●lx	K6SRA	NCCRA
Georgetown	443.8500	+	●x	WA6APX	WA6APX
Georgetown	444.0250	+	O 107.2elx	K6JJC	CUBE
Grass Valley	440.1000	+	O 151.4lsx	KO6CW	KO6CW
Grass Valley	440.5250	+	O 192.8aelx	KB6LCS	KB6LCS
Grass Valley	441.0250	+	O 151.4#elx	W6RCA	W6CBS

420-450 MHz 377
CALIFORNIA

Location	Output	Input	Notes	Call	Sponsor
Grass Valley	442.1500	+	O 151.4lsx	AB6LI	AB6LI
Grass Valley	442.4250	+	●elx	KF6GLZ	N6ZN
Grass Valley	442.6250	+	●elsx	W6AI	W6AI
Grass Valley	442.9500	+	O 107.2#el	N6VYQ	INTERCITY
Grass Valley	443.0250	+	O 114.8aelrsx	WA6WER	CPRA
Grass Valley	443.6500	+	O 118.8es	KG6BAJ	CPRA
Grass Valley	444.0500	+	O 136.5#ex	K6NP	GBTPRC
Grass Valley	444.6750	+	●elx	N6KOD	Cal-Net
Grass Valley	444.7500	+	O 167.9e	K6RTL	NCAA
Grass Valley	444.9250	+	O 151.4elsx	AB6LI	AB6LI
Kelsey	444.8250	+	●#	W6TIQ	W6TIQ
Lincoln	443.2250	+	O 167.9el	W6LHR	LHARG
Loomis	444.7000	+	O 127.3	WA6E	WA6E
Marysville	440.4250	+	O 123	KG6PND	KG6PND
Marysville	443.3250	+	O 136.5elx	K6JJC	CUBE
Maxwell	442.2750	+	O 100el	N6NMZ	Patio RS
Mt Aukum	442.0500	+	O 156.7lx	K6SCA	RMRG
Mt Shasta	440.2750	+	●elrx	N6QGZ	WA6YOP
Nevada City	444.9500	+	O 100e	W6JP	W6JP
Oroville	440.9000	+	O 110.9elr	W6SCR	Butte SCR
Oroville	441.4750	+	●#elrx	WA6NTG	YOP HLLS
Oroville	442.3500	+	O 110.9ex	WA6UHF	WA6UHF
Pilot Hill	441.7250	+	O 82.5x	AG6AU	EDCARC
Placerville	440.7000	+	O 123elx	WA6BTH	P&F
Placerville	441.0500	+	O 127.3	N6UUI	TEL PNRS
Placerville	441.2500	+	O 94.8	W6LOA	W6LOA
Placerville	441.6250	+	●#e	W6RCA	W6CBS
Placerville	442.4750	+	O 110.9lx	WA6BTH	P&F
Placerville	443.9250	+	O 179.9aes	N6QDY	CARUN
Pollock Pines	442.4750	+	O 123aelx	WA6KQV	P&F
Red Bluff	442.4000	+	O 110.9#e	W6QWN	W6QWN
Red Bluff	443.1000	+	O 100#	N6YCK	N6YCK
Roseville	442.1250	+	O 179.9	N6UG	N6UG
Roseville	442.5750	+	O 162.2e	KD6PDD	HPARCS
Sacramento	440.2000	+	O 131.8	KU6P	SCCESA
Sacramento	441.4500	+	O 100#alr	KJ6KO	KJ6KO
Sacramento	441.7750	+	●er	N6ICW	N6ICW
Sacramento	441.8500	+	O 77e	NA6DF	SHARK
Sacramento	441.9500	+	O 151.4el	K6YC	K6YC
Sacramento	442.3250	+	●elx	KF6BIK	W6GU
Sacramento	442.4000	+	●elx	WB6GWZ	WB6GWZ
Sacramento	442.5000	+	O 151.4esx	WA6ZZK	WA6ZZK
Sacramento	442.6000	+	O 100	N6NA	RCARCS
Sacramento	442.8000	+	O 100alr	W6AK	SARC
Sacramento	442.9000	+	O 136.5#e	K6NP	GBTPRC
Sacramento	443.2750	+	●e	WU7Q	WU7Q
Sacramento	443.4500	+	●	NØRM	WB6RVR
Sacramento	443.9000	+	O 136.5aelrs	W6YDD	YDD 1.2
Sacramento	444.4250	+	●elx	K6PRN	Patio RS
Sacramento	444.6250	+	O 123#	K6RAK	KD6HOI
Shingle Spring	441.3000	+	O 127.3e	N2THD	N2THD
Stonyford	443.0750	+	O 114.8elx	N6MVT	CARLA
Stonyford	443.8750	+	O 100ersx	K6BIQ	K6BIQ
Sutter	443.8500	+	O 127.3#x	WD6AXM	WD6AXM

420-450 MHz
CALIFORNIA

Location	Output	Input	Notes	Call	Sponsor
Vacaville	440.0250	+	O aelrsx	WV6F	WVA
Vacaville	440.5250	+	O 136.5	KB6LCS	KB6LCS
Vacaville	440.7500	+	O 100#lx	WA6BTH	GRS
Vacaville	440.9250	+	● DCSelx	KH8AF	KH8AF
Vacaville	441.6000	+	● #lx	W6RCA	W6CBS
Vacaville	441.7750	+	● elrx	N6ICW	N6ICW
Vacaville	441.9250	+	● lrx	W6YOP	YOP HLLS
Vacaville	441.9750	+	O 94.8#x	W6RCA	W6CBS
Vacaville	442.0000	+	O 179.9	N6UG	N6UG
Vacaville	442.0250	+	O 179.9lx	W6KCS	W6KCS
Vacaville	442.2250	+	● elx	KH8AF	KH8AF
Vacaville	442.3000	+	● elx	W6NQJ	N6ZN
Vacaville	442.5500	+	● ex	N6APB	N6APB
Vacaville	442.8500	+	O 146.2ex	AB6CQ	CNARN
Vacaville	442.9750	+	O 136.5elx	K6JJC	CUBE
Vacaville	443.7500	+	● elx	WA6KBP	CALNET
Vacaville	443.9500	+	O 136.5x	K6MVR	MVRC
Vacaville	444.5250	+	● lsx	AA6GV	SMRS
Vacaville	444.5750	+	● elx	WA6EUZ	ADC
Vacaville	444.7500	+	O 107.2ex	WA6RTL	NCAA
Vacaville	444.8500	+	● lx	W6PUE	NORCAL
Volcano	440.4500	+	O 127.3x	W6KAP	W6KAP
Walnut Grove	443.7000	+	● ex	WA6JIV	WA6JIV
Williams	442.8750	+	O 192.8el	N6NMZ	Colusa SO
Woodland	440.4750	+	O 192.8ers	KC6UDS	YoloARS
Woodland	444.1000	+	O 71.9ex	KE6YUV	BARK
Zamora	440.1500	+	● x	W6OF	HQPPARC
Zamora	441.8500	+	O 156.7x	K6KCP	K6KCP
NORCAL-SAN JOAQUIN VALLEY					
Ahwahnee	444.5000	+	O 131.8aex	WB6NIL	WB6NIL
Angels Camp	440.4000	+	● lx	WB6WTM	WB6WTM
Angels Camp	441.1250	+	O 156.7lrx	K6SCA	RMRG
Angels Camp	444.8500	+	O 103.5#aelx	N6LZR	SARC
Arnold	441.7250	+	O 162.2#	KD6GIY	SARC
Auberry	444.2750	+	O 127.3lrsx	KG6IBA	KG6IBA
Bailey	442.1000	+	● #ex	N6LZR	SARC
Bakersfield	440.8500	+	O 141.3#el	KE6CUW	KK6AC
Bakersfield	443.0000	+	O 141.3elx	KK6AC	KK6AC
Bakersfield	443.9000	+	O 100#	W6LIE	KCCVARA
Bakersfield	444.6750	+	O 107.2el	KG6FOS	KG6FOS
Bakersfield	444.7500	+	O 141.3#	N6SMU	N6SMU
Clovis	440.1000	+	● #ars	W6NBK	Nigel Keep
Clovis	443.8000	+	O 114.8#	KE6JZ	KE6JZ
Clovis	444.7250	+	O 141.3elx	K6ARP	CARP
Coalinga	440.5250	+	O 146.2el	N6LEX	CCARN
Coalinga	440.6750	+	O 146.2aelrsx	W6EMS	CCARN/CNAR
Coalinga	440.7500	+	O 114.8elx	K6JKL	CARLA
Coalinga	441.9000	+	O 100elrsx	N6OA	Kings ARC
Coalinga	442.0250	+	O 146.2#elx	N6LEX	PBI
Coalinga	442.4250	+	● elx	KF6FM	SwRRC
Coalinga	443.1000	+	O 123#elx	K6JSI	WIN System
Coalinga	443.3250	+	O 94.8ex	K6JJC	CUBE
Coalinga	443.7250	+	O 107.2lx	K6NOX	N6LYE
Coalinga	444.7750	+	O 141.3#el	WA6RQX	WA6RQX

420-450 MHz   CALIFORNIA

Location	Output	Input	Notes	Call	Sponsor
Coarsegold	442.9000	+	O 127.3e	W6HMH	W6HMH
Coarsegold	444.3750	+	O 123#	KI6JIG	KI6JIG
Columbia	440.8500	+	O 146.2ae	K6DEL	DELCOM
Columbia	440.9750	+	O 103.5aers	N6EUO	TCARES
Concord	440.7750	+	●elx	N6BLA	CALNET
Copperopolis	440.0000	+	O 141.3#lx	KG6TXA	SALAC
Copperopolis	441.6500	+	O 156.7	KD6FVA	SDARC
Copperopolis	442.3750	+	●elrsx	N6MAC	SSARO
Dinuba	444.8250	+	O 141.3#	N6SGW	N6SGW
Fiddletown	442.2500	+	O 107.2lrx	W6SF	SDARC
Fresno	440.3750	+	●elx	N6AMG	ERG
Fresno	441.4000	+	●elx	K6TVI	Calnet
Fresno	441.8000	+	O 141.3#elx	N6LYE	N6LYE
Fresno	442.3500	+	O 71.9#lx	WB6TIA	ACES
Fresno	442.5250	+	●e	N5UYI	N5UYI
Fresno	443.1250	+	O#e	N6PNZ	N6PNZ
Fresno	443.2500	+	O 107.2sx	WQ6CWA	QCWA
Fresno	443.3000	+	O 107.2#x	K6NOX	N6LYE
Fresno	443.3750	+	●lx	KE6JZ	SRG
Fresno	443.4000	+	●lx	NA6MM	NCCRA
Fresno	443.4250	+	O 141.3ex	W6WYT	W6WYT
Fresno	443.6000	+	O 141.3elx	W6FSC	N6MTS
Fresno	443.6500	+	O 141.3#	KE6SHK	KE6SHK
Fresno	443.8750	+	O 107.2#ael	N6LDG	N6LDG
Fresno	443.9750	+	●lx	K6SRA	NCCRA
Fresno	444.1000	+	O 100#e	WA6NIF	Jim Erbe
Fresno	444.2000	+	O 141.3#x	W6TO	Fresno ARC
Fresno	444.2500	+	O 141.3elx	K6JSI	CCAC
Fresno	444.9750	+	O 136.5#x	W6BJ	PARA
Hanford	441.6750	+	O 100elrs	KA6Q	Kings ARC
Kings Canyon	442.9500	+	O 103.5#elx	KK6AC	KARLA
Lodi	444.2500	+	O 114.8elrx	WB6ASU	WB6ASU
Los Banos	444.0000	+	O 123e	K6TJS	AA6LB
Madera	440.8000	+	●e	N6LYE	N6LYE
Madera	443.6000	+	O 186.2#l	N6LYE	N6LYE
Maricopa	443.0750	+	●es	KC6WRD	FCC
Mariposa	441.3500	+	O 107.2ex	K6SIX	K6SIX
Mariposa	441.4250	+	O 74.4ex	KF6CLR	Delhi ARC
Mariposa	443.0750	+	O 107.2aelsx	K6IXA	K6IXA
Mariposa	444.7000	+	O 94.8elsx	W6BXN	TurlockARC
McFarland	443.2750	+	O 141.3l	N6RDN	N6RDN
Merced	440.8000	+	O 114.8ex	N6LYE	N6LYE
Merced	442.2000	+	O 141.3elx	KM6OR	KM6OR
Merced	442.4000	+	●elx	KF6FM	SwRRC
Merced	442.6750	+	O 107.2#elx	KG6KKV	ARRG
Modesto	440.2250	+	O 136.5esx	WD6EJF	SARA
Modesto	440.8000	+	O 107.2elx	N6LYE	N6LYE
Modesto	442.0750	+	O 123elx	N6QOP	CARLA
Modesto	442.5500	+	●x	N6APB	N6APB
Modesto	443.1750	+	O 107.2ex	K6JJC	CUBE
Modesto	443.5250	+	O 107.2lx	K6JSI	WIN System
Modesto	443.8250	+	●elx	K6JJC	CUBE
Modesto	444.2250	+	O 107.2#x	N6OGN	KI6AG
Mount Bullion	441.5500	+	O 107.2ex	K6RDJ	WB6PBN
Mountain Ranch	440.9000	+	●ael	N6GVI	CATS

420-450 MHz
CALIFORNIA

Location	Output	Input	Notes	Call	Sponsor
Oakhurst	441.1750	+	O 146.2erx	W6WGZ	MCARC
Oakhurst	444.0500	+	O 107.2ae	WB6NIL	WB6NIL
Parkfield	443.7000	+	O 141.3elx	AA6GZ	N6GSM
Pine Grove	441.5250	+	O 100aesx	K6ARC	ACARC
Pioneer	443.6250	+	●lx	K6MSR	MSR
Porterville	440.2500	+	●elrsx	AB6MJ	SSARO
Porterville	440.8250	+	●elx	W6KGB	GRONK
Porterville	441.5250	+	O 67aelrs	KR6DK	KR6DK
Porterville	442.2750	+	O 100#	AC6KT	AC6KT
San Andreas	441.7000	+	●#ex	W6ALL	W6ALL
San Andreas	443.3500	+	O 156.7lrx	K6SCA	RMRG
Sonora	441.4750	+	O 110.9lx	WB6PHE	WB6PHE
Sonora	443.4750	+	O 103.5ael	N6QOP	CARLA
Sonora	444.6500	+	O 114.8#elx	K6KVA	K6KVA
Stockton	440.0750	+	O 131.8x	KE6DXF	KE6DXF
Stockton	442.2750	+	O 103.5#el	K6GTO	K6GTO
Stockton	442.7250	+	O 77#elx	KI6FEO	KI6FEO
Stockton	443.1000	+	●el	N6GVI	CATS
Stockton	444.3250	+	O 94.8#ex	WA6TCG	VHF-FM
Stockton	444.8000	+	O 156.7#x	NV6RN	BKRN
Tehachapi	440.6250	+	O 88.5elx	W6SLZ	BVSET
Tehachapi	444.4250	+	O 100#el	KG6KKV	KG6KKV
Tracy	443.0000	+	●el	KH7I	KH7I
Turlock	442.1750	+	O 110.9	WB6PBN	K6RDJ
Twain Harte	440.5500	+	O 114.8#	KE6KUA	KE6KUA
Valley Springs	441.0750	+	O 118.8ers	W6EBW	EBMUD
Visalia	440.4500	+	O 141.3#ex	N6BYH	N6BYH
Visalia	441.9750	+	O 82.5#aes	W6ARE	W6ARE
Visalia	441.9750	+	O 82.5aes	W6ARE	W6ARE
Visalia	443.0250	+	O 88.5#ae	WA6BLB	WA6BLB
Visalia	443.2000	+	●elx	KM6OR	KM6OR
Visalia	443.3500	+	O 141.3#	WA6YLB	WA6YLB
Visalia	444.4500	+	O 127.3#	WA6MSN	WA6MSN
West Point	441.3750	+	O 123	WB6LZV	WB6LZV
Westley	440.5000	+	●elx	N6AMG	ERG
Westley	441.2750	+	O 107.2elx	K6RDJ	KF6EQR
Westley	443.1500	+	O 123ersx	AA6LB	K6TJS
Westley	443.6250	+	●aelx	K6MSR	MSR
Westley	444.1750	+	O 141.3elrx	WA6RQX	WA6RQX
NORCAL-SOUTH BAY					
Campbell	441.0250	+	O 156.7ers	K9GVF	K9GVF
Campbell	442.1750	+	O 100#el	K9GVF	CalNet
Cupertino	440.1250	+	O 114.8l	W6AMT	AMT ARC
Cupertino	440.1500	+	O 100ers	W6TDM	Cupertino
Cupertino	441.5500	+	●aelsx	W6VB	W6VB
Cupertino	442.1250	+	●aesx	WR6BAT	K6LLK
Cupertino	442.3500	+	●#e	K6GOD	GOD
Cupertino	443.1500	+	●al	NU6P	NU6P
Los Altos	440.8750	+	O 100r	KH6N	KH6N
Los Altos	441.2500	+	●el	WB6WTM	WB6WTM
Los Altos	443.6750	+	●ael	K6MSR	MSR
Los Gatos	440.6500	+	O 94.8ex	KC6TYG	KC6TYG
Los Gatos	441.0500	+	O 123ex	N6UUI	TEL PNRS
Los Gatos	441.6250	+	O 100#	W6RCA	W6CBS
Los Gatos	441.7000	+	O 127.3el	K6UB	K6UB
Los Gatos	443.0250	+	●#aex	WA6ABB	WA6ABB

420-450 MHz — CALIFORNIA

Location	Output	Input	Notes	Call	Sponsor
Los Gatos	443.7500	+	O 100#elx	K9GVF	K9GVF
Los Gatos	444.1250	+	●#ex	WB6LPZ	WB6LPZ
Los Gatos	444.4250	+	O 107.2#	NA6MM	NA6MM
Los Gatos	444.9250	+	O 151.4elx	KB6LCS	WA6HWT
Los Gatos	444.9750	+	●elx	WA6EUZ	ADC
LosAltosHills	443.8500	+	●el	W6BUG	Bay Users
LosAltosHills	444.2250	+	O 131.8aex	KE6JTK	KE6JTK
Milpitas	441.3000	+	O 110.9ex	WB6ECE	WB6ECE RG
Milpitas	442.0250	+	O 162.2l	W6KCS	W6KCS
Milpitas	442.3500	+	O 100#e	K6GOD	GOD
Milpitas	443.0250	+	●ers	K6EXE	K6EXE
Morgan Hill	440.5750	+	O 114.8#	KA6ZRJ	KA6ZRJ
Mountain View	440.8000	+	O 100aelrs	W6ASH	SPECS
Palo Alto	440.2000	+	O 123ers	N6BDE	N6BDE
Palo Alto	441.1000	+	O 114.8#el	WA6FUL	WA6FUL
Palo Alto	441.5750	+	●elx	K6IRC	ARN
Palo Alto	441.8500	+	O 114.8#x	K6OTR	SCAR
Palo Alto	442.0000	+	O 151.4ex	WW6HP	HPSVRC
Palo Alto	442.5750	+	O 100elrsx	K6FB	LCARC
Palo Alto	442.8000	+	O 114.8#	K6OTR	SCAR
Palo Alto	443.0000	+	●aex	W6OOL	W6OOL
Palo Alto	443.2250	+	●lx	KJ6K	NCCRA
Palo Alto	444.3500	+	●elx	KJ6VU	NCCRA
Palo Alto	444.9500	+	O 162.2ex	KB6LED	KB6LED
San Jose	440.1000	+	O 127.3elrsx	W6SMQ	W6SMQ
San Jose	440.2250	+	O 123e	K6LLC	LAPU-LAPU
San Jose	440.2750	+	●#elrx	WA6YOP	YOP HLLS
San Jose	440.3750	+	●elx	N6TNR	ERG
San Jose	440.6000	+	O 107.2#lx	KI6FEO	INTERCITY
San Jose	441.1500	+	O 100e	KC6BJO	KAISER HP
San Jose	441.1750	+	O 103.5aer	KF6FWO	MARA
San Jose	441.2750	+	●elrx	K6BEN	W2NYC
San Jose	441.3000	+	O 146.2ex	WB6ECE	WB6ECE RG
San Jose	441.3500	+	O 88.5aels	W6PIY	WVARA
San Jose	441.7250	+	●#elx	WA6QDP	WA6QDP
San Jose	441.7750	+	O 156.7#	W6NSA	CCARC
San Jose	441.9500	+	O 100el	N6MPX	MSARC
San Jose	442.1750	+	●#elx	N1UFD	CALNET
San Jose	442.3000	+	O 114.8el	K6INC	SCAN INT'L
San Jose	442.4250	+	O 107.2er	W6UU	SCCARA
San Jose	442.5000	+	O 100ersx	WB6ZVW	CPRA
San Jose	442.6750	+	●esx	WM6R	WM6R
San Jose	442.7000	+	O 100e	N6MNV	Rolm ARC
San Jose	442.7750	+	O 131.8e	KG6KCL	KG6KCL
San Jose	442.8250	+	●elx	WR6COP	K6COP
San Jose	442.8500	+	O 100#ex	WA6MIA	WA6MIA
San Jose	442.8750	+	O 100#	WA6YLV	WA6YLV
San Jose	442.9000	+	●aelx	WR6ABD	LPRC
San Jose	442.9500	+	O 85.4#ex	K6YZS	K6YZS
San Jose	443.0750	+	O 123#e	N6MVT	CARLA
San Jose	443.2250	+	O 100elx	KJ6K	NCCRA
San Jose	443.2750	+	O 107.2ersx	K6SNY	SARES Repe
San Jose	443.2750	+	O 107.2ersx	K6SNY	SARES-RG
San Jose	443.3000	+	O 136.5#elx	KB5JR	KB5JR
San Jose	443.4500	+	●el	K6MF	K6MF
San Jose	443.4750	+	O 123elx	N6QOP	CARLA

420-450 MHz
CALIFORNIA

Location	Output	Input	Notes	Call	Sponsor
San Jose	443.5500	+	●elx	K6TAZ	NCCRA
San Jose	443.6250	+	●aelx	K6MSR	MSR
San Jose	443.7750	+	O 100ex	WA6GFY	LMERA ARC
San Jose	443.9000	+	O 162.2#	K6RDC	CCARC
San Jose	444.0250	+	O 136.5ex	K6JJC	CUBE
San Jose	444.0500	+	●als	KB6FEC	KB6FEC
San Jose	444.0750	+	●el	KJ6VU	NCCRA
San Jose	444.1000	+	●#er	N6TLQ	N6TLQ
San Jose	444.1750	+	O 192.8elrx	WA6RQX	WA6RQX
San Jose	444.3000	+	O 173.8ersx	W7AFG	AREA-Amate
San Jose	444.3000	+	O 162.2aers	W7AFG	AREA-Amate
San Jose	444.3250	+	O 127.3#	KD6AOG	KD6AOG
San Jose	444.4000	+	●elx	WA6YCZ	BAYCOM
San Jose	444.4500	+	O 100e	WB6JSO	WB6JSO
San Jose	444.6000	+	O 141.3aelx	WB6OQS	SCVRS
San Jose	444.6250	+	O 110.9aelsx	N6NAC	N6NAC
San Jose	444.7500	+	O 100#e	N9JIM	K6LHE
San Jose	444.8000	+	●e	WA6GEL	Red Carpet
San Jose	444.9000	+	O 110.9elx	KU6V	KU6V
Saratoga	443.1250	+	●aelr	K6BEN	W2NYC
NORCAL-TAHOE					
Alpine	441.5500	+	●#	N6LZR	SARC
Cisco Grove	443.4750	+	O 100el	N6MVT	CARLA
Incline Village	440.8500	+	O 100#e	NU7Y	NU7Y
Meyers	442.0750	+	O 127.3el	N6MVT	CARLA
So Lake Tahoe	442.4750	+	●el	WA6EWV	TARA
So Lake Tahoe	442.8250	+	O 88.5ael	W6SUV	W6SUV
Tahoe City	440.2750	+	O 114.8#elx	K1BMW	YOP HLLS
Tahoe City	440.9250	+	●DCSelx	KH8AF	KH8AF
Tahoe City	441.1750	+	O 107.2elx	N7VXB	N7VXB
Tahoe City	442.1750	+	●elx	KH8AF	KH8AF
Tahoe City	442.9500	+	O 131.8#	WA6FJS	Tahoe ARC
Tahoe City	443.9750	+	●lx	K6SRA	NCCRA
Tahoe City	444.9500	+	●#lx	W6PUE	NORCAL
Truckee	440.7000	+	O 131.8elx	W6SAR	PCSAR
Truckee	441.7500	+	●elr	W6XN	YOP HLLS
Truckee	444.2750	+	●#elsx	WA6JQV	WA6JQV
NORCAL-WEST BAY					
Belmont	440.0750	+	O 114.8	K6HN	K6HN
Brisbane	440.7000	+	●#elx	K6CV	K6CV
Daly City	440.5000	+	●elx	N6AMG	ERG
Daly City	440.6750	+	●DCSlx	K6TEA	K6TEA
Daly City	442.3750	+	O 114.8#	K9JDE	K9JDE
Daly City	442.3750	+	O 156.7l	KC6PGV	NCRG
Daly City	442.4750	+	O 114.8ae	KF6REK	BAARC
Daly City	442.7500	+	●x	W6BUR	W6BUR
Daly City	444.7250	+	O 88.5#esx	W6PW	SFARC
Daly City	444.8000	+	●elx	WA6GEL	Red Carpet
La Honda	440.1000	+	O 114.8es	WA6DQP	WA6DQP
Millbrae	442.1000	+	O 107.2es	K6HSV	MARC
Pacifica	440.5250	+	O 156.7#	N3TC	N3TC
Pacifica	440.7250	+	●ersx	WA6AFT	WB6JKV
Pacifica	441.0750	+	O 114.8ersx	WA6TOW	CARC
Pacifica	441.7250	+	●DCSl	K6HN	K6HN
Pacifica	443.1750	+	●elx	K6PEG	ARN

420-450 MHz   CALIFORNIA

Location	Output	Input	Notes	Call	Sponsor
Pescadero	442.3250	+	●el	N6QZH	KB6NAN
Redwood City	441.4000	+	O 114.8e	WD6GGW	WD6GGW
Redwood City	444.5000	+	O 100es	K6MPN	SCARES
San Francisco	441.4500	+	O 85.4#e	W6EE	W6EE
San Francisco	442.0500	+	O 127.3elr	WA6GG	Northern C
San Francisco	442.0750	+	O 100ael	N6MVT	CARLA
San Francisco	443.1000	+	O 114.8elx	W6TP	GSPLRC
San Francisco	443.6750	+	●lx	K6MSR	MSR
San Francisco	444.8500	+	O 114.8el	K6KYA	K6KYA
San Francisco	444.9250	–	O 136.5	KB6LCS	N6NMZ
SoSanFrancisco	441.2500	+	O 141.3es	K6DNA	GNEARC
SoSanFrancisco	442.7000	+	O 173.8ae	N6MNV	N6MNV
SoSanFrancisco	443.9250	+	O 136.5	KG6TN	KG6TN
Woodside	440.4500	+	O 107.2es	N6ZX	KMARC
Woodside	440.9500	+	O 162.2x	KB6LED	KB6LED
Woodside	441.3000	+	O 123e	WB6ECE	WB6ECE RG
SOCAL-#29 PALMS					
Yucca Valley	447.0000	–	O 136.5	K6JB	------------
SOCAL-#BIG BEAR					
Big Bear	446.4000	–	O 162.2	WA6ITC	------------
SOCAL-#FALLBROOK					
Red Mtn	445.6000	–	O 103.5	N6FQ	FARC
SOCAL-#KERN					
Ridgecrest	447.0200	–	O 123.0	W5HMV	------------
SOCAL-#LA CENTRAL					
Altadena	445.6400	–	O 156.7	W6TOI	Downey ARC
Cerro Negro	445.2000	–	O 103.5	WR6JPL	JPLARC
Covers Area	445.9000	–	O 123.0	KB6MRC	------------
Hollywood Hills	445.6600	–	O	N6DVA	DV ARA
			156.7 OR MOTOTRBO CC11 & ALL CALL		
Mt Lukens	445.9200	–	O 186.2 Blx	KD6AFA	------------
Mt Lukens	449.2000	–	O 88.5x	KO6TD	------------
Mt Thom	445.6800	–	O 136.5x	N6JLY	CVRC
Mt Wilson	449.7000	–	O 131.8x	W6NVY	LAUSDARC
Santa Anita Rg	447.5800	–	O 131.8x	AB6WQ	MonroviaES
SOCAL-#LA EAST					
Bellflower	448.3400	–	O 192.8 BI	KB6MRC	------------
Johnstone Peak	446.4000	–	O 103.5x	WA6FZH	------------
Sunset Ridge	449.5000	–	O 146.2x	WA6ITC	------------
Whittier Hills	445.5600	–	O 100.0	W6GNS	RHARC
SOCAL-#LA NORTH					
Cyn Country	445.9000	–	O 107.2	KC6TKA	------------
Oat Mtn	447.2000	–	O 67.0	WB5EKU	------------
Santa Clarita	448.3400	–	O 67.0	N6NMC	------------
Simi Valley	445.5800	–	O 141.3	N6KYD	------------
SOCAL-#LA SOUTH					
Bellflower	448.3400	–	O 151.4 BI	KA6GXY	------------
Palos Verdes	447.0000	–	O 203.5	W6TRW	TRW ARC
SOCAL-#LA WEST					
El Segundo	445.6200	–	O 127.3	W6HA	HARC
Pac Palisades	445.5200	–	O 123.0	KD6LVW	BDE ARC
W Los Angeles	447.3200	–	O 103.5	WA6QAG	VA Hospital
SOCAL-#ONTARIO					
Alta Loma	447.2000	–	O 114.8	K6ONT	ONT RACES
Chino Hills	445.5600	–	O 136.5	K6OPJ	CHINO RACES
Ontario	445.5800	–	O 131.8	K6ONT	ONT RACES

420-450 MHz
CALIFORNIA

Location	Output	Input	Notes	Call	Sponsor
SOCAL-#ORANGE					
Disneyland	445.6000	–	O 103.5	WD6MM	DEARS
Huntington Bch	445.5800	–	O 94.8	W6VLD	BOEING
Knotts Berry Farm	445.5200	–	O 85.4	K6KBF	KNOTTS ARC
SOCAL-#ORANGE SOUTH					
Aliso Viejo	445.1000	–	O 110.9	KI6DB	LNACS
Laguna Hills	445.6600	–	O 110.9	K6SOA	SOARA
Silverado Canyon	447.3200	–	127.3	W1NMZ	------------
SOCAL-#PALM SPRINGS					
Cactus City	445.6800	–	O 123.0	N6DCR	------------
Goat Mtn	447.5800	–	O 136.5	WB6QFE	------------
Indio	445.6400	–	O 131.8	W6DXX	------------
Indio	447.5800	–	O 100.0	W6KSN	------------
Palm Springs Tram	449.7000	–	O 107.2	KF6BM	Desert Repeate
SoCal	447.3200	–	O 131.8	K6JR	SWRRC
Thousand Palms	447.2000	–	O 107.2	KA6GBJ	------------
SOCAL-#PALMDALE					
Hauser Peak	446.4000	–	O 100.0	KD6PXZ	------------
Juniper Hills	449.5000	–	O 192.8	WA6GDF	------------
Ten-Hi	445.2000	–	O 123.0	N6GLT	------------
Ten-Hi	445.6000	–	O 100.0	KJ6W	------------
SOCAL-#SAN BERNARDINO					
Alta Loma	445.9000	–	O 146.2	N6RPG	------------
Fontana	447.3200	–	O 136.5	KA6GRF	RACES
Loma Linda	445.6000	–	O 118.8	K6LLU	LLHARC
Loma Linda	447.0000	–	O 156.7	KE6CPF	LLRACES
SOCAL-#SAN DIEGO					
El Cajon	445.9000	–	O 107.2	WA6BGS	ARC EL CAJO
Laguna Pk	449.2000	–	O 107.2	WB6WLV	SANDRA
Mission Valley	447.3200	–	O 107.2	W6UUS	CONVAIR
Mt Otay	449.5000	–	O 107.2	WB6WLV	SANDRA
Mt San Miguel	447.5800	–	O 123.0	KF6HPG	CORA
Palomar Mtn	446.4000	–	O 67.0	KE6YRU	Motorola User
Palomar Mtn	447.0000	–	O 107.2	W6NWG	PARC
Palomar Mtn	449.3000	–	O 100.0	KA6UAI	------------
San Diego	445.2000	–	O 123.0 BI	W2NOR	------------
San Diego	445.5800	–	O	K6KHO	------------
SOCAL-#SANTA BARBARA					
Broadcast Pk	449.3000	–	O 131.8	WB6OBB	------------
Painted Cave	447.2000	–	O 131.8	N6HYM	------------
Santa Barbara	446.4000	–	O 131.8	K6TZ	SBARC
SOCAL-#VENTURA					
Newbury Park	445.9000	–	O 123.0	W4EG	------------
Sulphur Mtn	447.3200	–	O 100.0	WB6ZTU	SMRA
Ventura	445.6000	–	O 114.8	KB6LJQ	------------
Ventura	447.0000	–	O 141.3	WD6EBY	------------
SOCAL-#VICTORVILLE					
Hesperia	447.0000	–	O 136.5	KC6OPU	------------
Table Mtn	447.2000	–	O 94.8	WR6AZN	JPLARC
SOCAL-IMP,LA,OR,RIV,SBER,SD					
Covers Area	446.0400	–	●	KF6FM	SWRRC
Covers Area	446.2600	–	●	N6CIZ	------------
Covers Area	446.6000	–	●	K6SBC	SBER CNTY
Covers Area	446.6800	–	●	WA6LWW	BFI
Covers Area	447.7400	–	●	KD6MHO	------------
Covers Area	448.0200	–	●	WR6TWE	TWEMARS

420-450 MHz
CALIFORNIA

Location	Output	Input	Notes	Call	Sponsor
Covers Area	448.2000	–	●	WR6RED	SCRN
Covers Area	448.4000	–	●	KE6PCV	CALNET
Covers Area	448.6000	–	●	WA6COT	RRN
Covers Area	448.6200	–	●	KF6BXX	CACTUS
Covers Area	448.8400	–	●	K6OW	LARA
Covers Area	448.9400	–	●	KE6VK	DRONK
Covers Area	449.3400	–	●	KB6CRE	BARN
Covers Area	449.4400	–	●	WR6OP	------------
Covers Area	449.5200	–	●	WB6SLC	------------
Covers Area	449.7200	–	●	WB6TZL	GRONK
Covers Area	449.8600	–	●	KD6DRS	------------
Covers Area	449.9200	–	●	K6DLP	------------
SOCAL-IMP,RIV,SBER,SD					
Covers Area	447.1400	–	●	WB6SLR	GRONK
Covers Area	447.7200	–	●	WB6DIJ	CALNET
Covers Area	447.8000	–	●	WA6SYN	ECRA
Covers Area	448.4600	–	●	N6RTR	------------
Covers Area	448.7400	–	●	KF6BYA	CACTUS
Covers Area	448.7800	–	●	K6JB	------------
Covers Area	448.8000	–	●	K6JSI	WIN
Covers Area	449.0000	–	●	WB6TZF	CACTUS
Covers Area	449.1800	–	●	N6LVR	ECRA
Covers Area	449.5800	–	●	N6CKS	------------
SOCAL-IN,KE,LA,MO,SBER					
Covers Area	442.2400	+	●	W6TD	GRONK
Covers Area	442.3400	+	●	W6TD	GRONK
Covers Area	444.3000	+	●	W6TD	GRONK
Covers Area	444.4000	+	●	W6TD	GRONK
Covers Area	444.5000	+	●	W6IY	------------
Covers Area	444.5800	+	●	WA6VVC	------------
Covers Area	444.6400	+	●	W6IRE	------------
Covers Area	447.1600	–	●	K6RFO	GRONK
Covers Area	447.4800	–	●	N6SRC	SWRRC
Covers Area	447.7200	–	●	KB6OOC	CALNET
SOCAL-KE,LA,OR,RIV,SBAR,SBER,VE					
Covers Area	447.0400	–	●	WA6GML	------------
Covers Area	447.0800	–	●	WA6LWW	BFI
Covers Area	447.1000	–	●	WB6ORK	SARS
Covers Area	447.1600	–	●	K6KMN	GRONK
Covers Area	447.2800	–	●	N6ME	WARN
Covers Area	447.4400	–	●	KD6OFD	SCARA
Covers Area	447.5400	–	●	KB6CRE	BARN
Covers Area	447.6400	–	●	K6JSI	WIN
Covers Area	448.3800	–	●	WD6AWP	------------
Covers Area	448.4600	–	●	N6RTR	------------
Covers Area	448.5200	–	●	N6ENL	SCRN
Covers Area	448.6800	–	●	WB6TZH	CACTUS
Covers Area	448.7600	–	●	WA6COT	RRN
Covers Area	448.8600	–	●	W6HWW	LARA
Covers Area	449.0200	–	●	WR6WHT	SCRN
Covers Area	449.1200	–	●	N6KHZ	AARC
Covers Area	449.3800	–	●	WD6FZA	------------
SOCAL-KE,LA,SBER					
Covers Area	445.0800	–	●	AD6VR	------------
Covers Area	445.3400	–	●	KA6YTT	------------
Covers Area	445.4800	–	●	KA6YTT	------------

420-450 MHz
CALIFORNIA

Location	Output	Input	Notes	Call	Sponsor
Covers Area	446.0400	–	●	WD6FM	SWRRC
Covers Area	446.0600	–	●	K6SRC	SWRRC
Covers Area	446.1000	–	●	K7GIL	HDRN
Covers Area	446.3000	–	●	K7GIL	HDRN
Covers Area	446.3800	–	●	K7GIL	HDRN
Covers Area	446.5400	–	●	N6LXX	PIN
Covers Area	446.6000	–	●	K6SBC	SBER CNTY
Covers Area	446.8200	–	●	WB6FIU	------------
Covers Area	446.9000	–	●	WD6DIH	ALERT
Covers Area	446.9400	–	●	WB6BVY	------------
Covers Area	447.2800	–	●	WR6TM	TWEMARS
Covers Area	447.5600	–	●	KB6CRE	BARN
Covers Area	447.6200	–	●	N6DD	RAVEN
Covers Area	447.8200	–	●	W6IY	------------
Covers Area	447.9000	–	●	WD6AML	SARS
Covers Area	448.0800	–	●	KC6WRD	------------
Covers Area	448.3600	–	●	W7BF	------------
Covers Area	448.4200	–	●	WB6IOJ	------------
Covers Area	448.6200	–	●	KF6BXZ	CACTUS
Covers Area	448.6400	–	●	K6BDI	------------
Covers Area	448.9400	–	●	K6SBC	SBER CNTY
Covers Area	449.3800	–	●	K6SBC	SBER CNTY
Covers Area	449.4000	–	●	WA6SBH	------------
Covers Area	449.6800	–	●	K7GIL	HDRN
Covers Area	449.7800	–	●	K7GIL	HDRN
Covers Area	449.8000	–	●	WB6BWU	------------
So Cal	446.9000	–	●	WA6WDB	------------
So Cal	447.2200	–	●	W6IER	IEARC
SOCAL-LA,OR					
Covers Area	445.0800	–	●	WB6BBZ	------------
Covers Area	445.1200	–	●	KK6HS	------------
Covers Area	445.2200	–	●	W6BAB	Pasadena City
Covers Area	445.3600	–	●	KA6P	BARC
Covers Area	445.3600	–	●	KA6P	BARC
Covers Area	445.4000	–	●	K6BBB	------------
Covers Area	445.4600	–	●	K6LAM	------------
Covers Area	445.7200	–	●	WA6TWF	SS
Covers Area	446.1000	–	●	WB6NLU	------------
Covers Area	446.3000	–	●	N6SIM	------------
Covers Area	446.3200	–	●	WA6TWF	SS
Covers Area	446.3600	–	●	WA6TWF	SS
Covers Area	446.4400	–	●	KB6VWN	------------
Covers Area	446.4400	–	●	K6QEH	Raytheon
Covers Area	446.4400	–	●	WA6FZH	------------
Covers Area	446.5400	–	●	N6MIK	------------
Covers Area	446.6000	–	●	W6KGB	GRONK
Covers Area	446.8600	–	●	W6AGO	ELSEG ARC
Covers Area	446.9200	–	●	W6SCE	EARN
Covers Area	446.9400	–	●	K6IPC	------------
Covers Area	447.0600	–	●	WA6DYX	------------
Covers Area	447.1000	–	●	WD6AML	SARS
Covers Area	447.1400	–	●	KE6SWJ	SPEAR
Covers Area	447.6600	–	●	KE6QH	SCRN
Covers Area	447.9400	–	●	N6XZE	------------
Covers Area	447.9800	–	●	NW6B	SWAN
Covers Area	448.0200	–	●	WR6PV	TWEMARS

420-450 MHz — CALIFORNIA

Location	Output	Input	Notes	Call	Sponsor
Covers Area	448.5400	–	●	W6YRA	UCLA RC
Covers Area	448.8000	–	●	W6JTB	PALMTREE
Covers Area	449.0400	–	●	N6MH	------------
Covers Area	449.0800	–	●	WB6HTS	------------
Covers Area	449.1200	–	●	N6KHZ	AARC
Covers Area	449.3200	–	●	WD6CZH	ZARC
Covers Area	449.3600	–	●	N6WZK	MCARC
Covers Area	449.6200	–	●	WA6TFD	BHARC
Covers Area	449.8400	–	●	NG6Q	------------
Covers Area	449.8400	–	●	NG6Q	------------
Covers Area	449.9800	–	●	K6IUM	RTD ARC
SOCAL-LA,OR,RIV,SBAR,SBER,SD,VE					
Covers Area	445.0200	–	●	W6CDF	------------
Covers Area	445.1600	–	●	KE6FQA	------------
Covers Area	445.1800	–	●	WB9RNW	------------
Covers Area	445.3000	–	●	WA6IGJ	------------
Covers Area	445.3200	–	●	N6EW	BHARC
Covers Area	445.4200	–	●	WD6FZA	PAPA
Covers Area	445.5400	–	●	W6GJS	ABC RC
Covers Area	445.7000	–	●	K7SA	------------
Covers Area	445.7200	–	●	WA6TWF	SS
Covers Area	445.7400	–	●	K6JHX	------------
Covers Area	445.7600	–	●	W6+	------------
Covers Area	445.7800	–	●	N6OYF	------------
Covers Area	445.7800	–	●	N6VYA	------------
Covers Area	445.8000	–	●	WA6IBL	------------
Covers Area	445.8200	–	●	KA6CBE	HAMS
Covers Area	445.8600	–	●	W6DXX	------------
Covers Area	445.8800	–	●	W6OC	------------
Covers Area	445.9400	–	●BI	K6JP	SCJHC
Covers Area	445.9800	–	●	N6ACV	SWAN
Covers Area	446.0200	–	●	K6BFS	WEEVIL
Covers Area	446.0800	–	●	N6AOL	SRARC
Covers Area	446.1000	–	●	WB6NLU	------------
Covers Area	446.1200	–	●	WB6MIE	------------
Covers Area	446.2400	–	●	K6VGP	DARN
Covers Area	446.3200	–	●	WA6TWF	SS
Covers Area	446.3400	–	●	WA6TWF	SS
Covers Area	446.3400	–	●	WA6TWF	SS
Covers Area	446.3600	–	●	WA6TWF	SS
Covers Area	446.3800	–	●	KD6KQ	BRAVO
Covers Area	446.4200	–	●	WA6RQD	------------
Covers Area	446.4200	–	●	WA6RQD	------------
Covers Area	446.4600	–	●	WA6APQ	------------
Covers Area	446.4800	–	●	WA6LSE	FASTNET
Covers Area	446.5800	–	●	WD6FZA	PAPA
Covers Area	446.7000	–	●	WA6TWF	SS
Covers Area	446.7200	–	●	KB6CRE	BARN
Covers Area	446.7400	–	●	K6VGP	DARN
Covers Area	446.7800	–	●	WA6LWW	BFI
Covers Area	446.8200	–	●	WA6LIF	------------
Covers Area	446.8400	–	●	W6OCS	------------
Covers Area	446.9000	–	●	WD6DIH	ALERT
Covers Area	446.9400	–	●	K6PVC	------------
Covers Area	446.9600	–	●BI	KG6ALU	------------
Covers Area	447.0800	–	●	K6ZXZ	BFI

420-450 MHz
CALIFORNIA

Location	Output	Input	Notes	Call	Sponsor
Covers Area	447.0800	–	●	K6ZXZ	BFI
Covers Area	447.1200	–	●	K6PV	PV ARC
Covers Area	447.1400	–	●	WB6TZL	GRONK
Covers Area	447.1600	–	●	WB6TZL	GRONK
Covers Area	447.1800	–	●	KG6GI	HROC
Covers Area	447.2400	–	●	AA4CD	------------
Covers Area	447.2400	–	●	WA6UZS	CDMARC
Covers Area	447.2600	–	●	AA4CD	------------
Covers Area	447.2600	–	●	WA6UZS	CDMARC
Covers Area	447.3600	–	●	W6TWE	TWEMARS
Covers Area	447.3800	–	●	WA6RQD	------------
Covers Area	447.4200	–	●BI	W6EMS	------------
Covers Area	447.4600	–	●	WA6VLD	------------
Covers Area	447.5400	–	●	KB6CRE	BARN
Covers Area	447.6400	–	●	W6PL	WIN
Covers Area	447.6800	–	●	WR6ORG	SCRN
Covers Area	447.7000	–	●	W6YQY	------------
Covers Area	447.7600	–	●	KB6OOC	CALNET
Covers Area	447.7800	–	●	WA6EQU	CROSSBAR
Covers Area	447.8400	–	●	WA6JQB	LPARG
Covers Area	447.8600	–	●	WR6SP	TWEMARS
Covers Area	447.8800	–	●	K6DLP	------------
Covers Area	447.9600	–	●	NW6B	SWAN
Covers Area	448.0200	–	●	W6TWE	TWEMARS
Covers Area	448.0400	–	●	WD6AWP	------------
Covers Area	448.0600	–	●	K6JSI	WIN
Covers Area	448.1000	–	●	K6JTH	------------
Covers Area	448.1200	–	●	KA6JRG	CALNET
Covers Area	448.1400	–	●	WB6SRC	SWRRC
Covers Area	448.2000	–	●	WB6DYM	SCRN
Covers Area	448.2400	–	●	WA6ZPS	SPARC
Covers Area	448.2600	–	●BI	K6IRF	------------
Covers Area	448.3000	–	●	WA6ZJT	------------
Covers Area	448.3200	–	●	W6KRW	CPRA
Covers Area	448.4000	–	●	KE6PCV	CALNET
Covers Area	448.4200	–	●	WJ6A	------------
Covers Area	448.4400	–	●	WA6ZJT	------------
Covers Area	448.4800	–	●	KB6C	FRN
Covers Area	448.5000	–	●	WA6VLD	------------
Covers Area	448.5000	–	●	WA6VLD	------------
Covers Area	448.5200	–	●	N6ENL	SCRN
Covers Area	448.5600	–	●	WA6ZRB	SWAT
Covers Area	448.6000	–	●	K6TVE	RRN
Covers Area	448.7000	–	●	WR6BRN	SCRN
Covers Area	448.7200	–	●	WA6COT	RRN
Covers Area	448.7600	–	●	WA6COT	RRN
Covers Area	448.8200	–	●	W6ZOJ	LARA
Covers Area	448.8800	–	●	W6ZOI	LARA
Covers Area	448.9000	–	●	WA6ZSG	WIN
Covers Area	448.9200	–	●	N6SLD	CRA
Covers Area	448.9600	–	●	K6MOT	MARC
Covers Area	448.9600	–	●	K6MOT	MARC
Covers Area	448.9800	–	●	WA6KXK	CACTUS
Covers Area	449.0200	–	●	N6JAM	DRONK
Covers Area	449.0200	–	●	WB6DTR	------------
Covers Area	449.0400	–	●	WB6ZQX	------------

420-450 MHz   389
CALIFORNIA

Location	Output	Input	Notes	Call	Sponsor
Covers Area	449.0600	–	●	W6NVY	------------
Covers Area	449.1000	–	●	W6KRW	OC RACES
Covers Area	449.1800	–	●	W6KRW	OC RACES
Covers Area	449.2200	–	●	WB6CYT	GFRN
Covers Area	449.2200	–	●	WB6YMH	GFRN
Covers Area	449.2400	–	●	WA6TXY	OMARS
Covers Area	449.2600	–	●	W6NVY	------------
Covers Area	449.3400	–	●	WB6UKD	------------
Covers Area	449.3800	–	●BI	WD6FZA	------------
Covers Area	449.4000	–	●	WA6SBH	------------
Covers Area	449.4000	–	●	WA6SBH	------------
Covers Area	449.4400	–	●	WB6SSO	------------
Covers Area	449.5200	–	●	WB6SLC	------------
Covers Area	449.5400	–	●	W6AP	------------
Covers Area	449.5600	–	●	W6AP	------------
Covers Area	449.6000	–	●	WV6H	CARE
Covers Area	449.6000	–	●	N6UL	------------
Covers Area	449.6200	–	●	WB6DTR	DRONK
Covers Area	449.6400	–	●	WA6VLF	------------
Covers Area	449.6600	–	●	WA6RQD	------------
Covers Area	449.6800	–	●	KC6N	------------
Covers Area	449.7400	–	●	W6KGB	GRONK
Covers Area	449.7600	–	●	WB6YMI	GFRN
Covers Area	449.7800	–	●	K6CHE	LBARC
Covers Area	449.7800	–	●	WB6DTR	DRONK
Covers Area	449.8000	–	●	WB6BWU	------------
Covers Area	449.8000	–	●	WB6BWU	------------
Covers Area	449.8200	–	●	KE6LE	------------
Covers Area	449.9000	–	●	WB6IOS	------------
Covers Area	449.9200	–	●	K6DLP	------------
Covers Area	449.9600	–	●	W6AP	------------
So Cal	449.4400	–	●	KE6SWS	------------
SOCAL-LA,OR,RIV,SBER					
Covers Area	445.1200	–	●	W6GAE	LAPRG
Covers Area	445.1200	–	●	W6GAE	LPARG
Covers Area	445.1400	–	●	W6DXX	AARC
Covers Area	445.2400	–	●	WB6VMV	ELSEG ARC
Covers Area	445.3400	–	●	W6LAR	------------
Covers Area	445.3600	–	●	KA6P	BARC
Covers Area	445.3800	–	●	WA6LSE	FASTNET
Covers Area	445.3800	–	●	K6CCC	FASTNET
Covers Area	445.4000	–	●	K6BBB	------------
Covers Area	445.4000	–	●	WD6DIH	ALERT
Covers Area	445.4400	–	●	W6UE	CALTEC ARC
Covers Area	445.5000	–	●	WB6ZSU	SCEARA
Covers Area	445.8400	–	●	W6AJP	------------
Covers Area	446.0200	–	●	W6FNO	SJARC
Covers Area	446.1000	–	●	WB6EVM	------------
Covers Area	446.2200	–	●	KI6QK	------------
Covers Area	446.2200	–	●	KI6QK	------------
Covers Area	446.2800	–	●	KF6JEE	------------
Covers Area	446.5600	–	●	WD6FZA	PAPA
Covers Area	446.6600	–	●	W6KGB	GRONK
Covers Area	447.1400	–	●	WB6TZL	GRONK
Covers Area	447.1600	–	●	WB6IZC	GRONK
Covers Area	447.1600	–	●	WB6TZL	GRONK

420-450 MHz
CALIFORNIA

Location	Output	Input	Notes	Call	Sponsor
Covers Area	447.8200	–	●	KJ6TQ	MARS
Covers Area	447.9200	–	●	KD6LVP	-------------
Covers Area	448.0000	–	●	N6RDK	-------------
Covers Area	448.0800	–	●	KD6ZLZ	-------------
Covers Area	448.2800	–	●	K6MIC	-------------
Covers Area	448.3600	–	●	W7BF	-------------
Covers Area	448.6600	–	●	WB6TZC	CACTUS
Covers Area	448.7600	–	●	WA6COT	RRN
Covers Area	448.7800	–	●	WH6NZ	-------------
Covers Area	448.9400	–	●BI	AC6PT	-------------
Covers Area	449.0000	–	●	K6TMD	CACTUS
Covers Area	449.0400	–	●	N6MH	-------------
Covers Area	449.0800	–	●	K6JR	-------------
Covers Area	449.1600	–	●	AB6Z	-------------
Covers Area	449.2800	–	●	WB6VSJ	-------------
Covers Area	449.3000	–	●	N6BOX	Moreno Valley
Covers Area	449.3400	–	●	N3RP	-------------
Covers Area	449.4800	–	●	N6YN	LAX RB
Covers Area	449.6000	–	●	KB6BF	-------------
Covers Area	449.6400	–	●	W6NVY	-------------
Covers Area	449.6800	–	●	W6KRW	OC RACES
Covers Area	449.7400	–	●	W6KGB	GRONK
Covers Area	449.8000	–	●	WB6VPQ	-------------
Covers Area	449.8000	–	●	WB6BWU	-------------
Covers Area	449.8400	–	●	N7QT	-------------
Covers Area	449.8400	–	●	N6JXI	-------------
Covers Area	449.8800	–	●	K6TEM	HAMWATCH
Covers Area	449.9000	–	●	WB6IOS	-------------
SOCAL-LA,OR,RIV,SBER,SD					
Covers Area	445.0200	–	●	W6CDF	-------------
Covers Area	445.0400	–	●	K6HOG	-------------
Covers Area	445.1000	–	●	WA6KRC	-------------
Covers Area	445.2600	–	●	KA6AZB	HAMS
Covers Area	445.2800	–	●	K6AHM	DARN
Covers Area	445.4600	–	●	NO6B	LARG
Covers Area	445.4800	–	●	K6TEM	HAMWATCH/FI
Covers Area	445.5000	–	●	N6EX	SCEARA
Covers Area	445.8400	–	●	WB6ALD	-------------
Covers Area	445.9400	–	●BI	K6JP	SCJHC
Covers Area	445.9600	–	●	KE6QH	AARC
Covers Area	446.0400	–	●	WA6FM	SWRRC
Covers Area	446.0600	–	●	KF6FM	SWRRC
Covers Area	446.1000	–	●	WB6EVM	-------------
Covers Area	446.1600	–	●	KA6KVX	-------------
Covers Area	446.2000	–	●	WD6AZN	OERBA
Covers Area	446.5400	–	●	KA6ANH	PIN
Covers Area	446.5400	–	●	KA6ANH	PIN
Covers Area	446.5600	–	●	WD6FZA	PAPA
Covers Area	446.5800	–	●	WD6FZA	PAPA
Covers Area	446.6200	–	●	WA6KCV	-------------
Covers Area	446.6400	–	●	KM6NP	SCARA
Covers Area	446.6800	–	●	WA6LWW	BFI
Covers Area	446.7600	–	●	WD6FZA	PAPA
Covers Area	446.8000	–	●	N6LXX	-------------
Covers Area	446.8200	–	●	WA6LIF	-------------
Covers Area	446.8200	–	●	WA6LIF	-------------

420-450 MHz   391
CALIFORNIA

Location	Output	Input	Notes	Call	Sponsor
Covers Area	446.9000	–	●	WD6DIH	ALERT
Covers Area	446.9200	–	●	W6SCE	EARN
Covers Area	446.9400	–	●	K6IPC	------------
Covers Area	446.9800	–	●	WA6WLZ	------------
Covers Area	447.0600	–	○ 114.8	AA1Z	------------
Covers Area	447.0600	–	●	WA6DYX	------------
Covers Area	447.1400	–	●	KK6KK	------------
Covers Area	447.3000	–	●	W6NRY	EARS
Covers Area	447.3400	–	●	KM6JY	------------
Covers Area	447.3600	–	●	WR6HP	TWEMARS
Covers Area	447.4000	–	●	KK6KK	------------
Covers Area	447.4600	–	●	KM6NP	SCARA
Covers Area	447.4800	–	●	NA6S	------------
Covers Area	447.4800	–	●	KK6KK	------------
Covers Area	447.5000	–	●	K0JPK	------------
Covers Area	447.5200	–	●	K6CF	------------
Covers Area	447.5200	–	●	K6CF	------------
Covers Area	447.5600	–	●	WB6LST	BARN
Covers Area	447.6000	–	●	W6GAE	LAPRG
Covers Area	447.6200	–	●	N6DD	RAVEN
Covers Area	447.6600	–	●	KE6QH	SCRN
Covers Area	447.7200	–	●	N6DKA	CALNET
Covers Area	447.7600	–	●	WB6DIJ	CALNET
Covers Area	447.8000	–	●	WB6EGR	------------
Covers Area	447.8800	–	●	K6DLP	------------
Covers Area	447.9000	–	●	WD6AML	------------
Covers Area	447.9400	–	●	W6BRP	------------
Covers Area	447.9800	–	●	KV6D	SWAN
Covers Area	447.9800	–	●	N6ACV	SWAN
Covers Area	448.0600	–	●	K6JSI	WIN
Covers Area	448.1000	–	●	AF6J	SCRN
Covers Area	448.1600	–	●	KF6FM	SWRRC
Covers Area	448.1600	–	●	W7DOD	SWRRC
Covers Area	448.1800	–	●	WB6TZU	SKYLINE
Covers Area	448.2200	–	●	WA6EQU	CROSSBAR
Covers Area	448.3600	–	●	W7BF	------------
Covers Area	448.3600	–	●	W7BF	------------
Covers Area	448.4200	–	●	K6IOJ	------------
Covers Area	448.4200	–	●	K6IOJ	------------
Covers Area	448.4800	–	●	KB6C	FRN
Covers Area	448.5000	–	●	WA6VLD	------------
Covers Area	448.5200	–	●	N6ENL	SCRN
Covers Area	448.5400	–	●	N6MQS	A-TECH
Covers Area	448.5800	–	●	KF6JBN	KARA
Covers Area	448.6200	–	●	KF6ALG	CACTUS
Covers Area	448.6400	–	●	WB6TZD	CACTUS
Covers Area	448.6800	–	●	KF6ALF	CACTUS
Covers Area	448.7000	–	●	K6JTH	SCRN
Covers Area	448.7200	–	●	WA6TZF	CACTUS
Covers Area	448.8200	–	●	W6JYP	LARA
Covers Area	448.8400	–	●	K6MVH	LARA
Covers Area	448.8600	–	●	W6UJS	LARA
Covers Area	448.9400	–	●BI	KF6ITC	------------
Covers Area	448.9600	–	●	K6MOT	MARC
Covers Area	449.0000	–	●	WB6TZA	CACTUS
Covers Area	449.0400	–	●	N6MH	------------

420-450 MHz
CALIFORNIA

Location	Output	Input	Notes	Call	Sponsor
Covers Area	449.1200	–	●	N6KHZ	AARC
Covers Area	449.2800	–	●	KK6KK	------------
Covers Area	449.3200	–	●	WD6CZH	------------
Covers Area	449.4000	–	●	WA6SBH	------------
Covers Area	449.4200	–	●	KE6TZF	SRRG
Covers Area	449.5200	–	●	WA6HJW	------------
Covers Area	449.5800	–	●	N6IPD	IREC/ALERT
Covers Area	449.6600	–	●	WA6RQD	------------
Covers Area	449.7200	–	●	WB6IZC	GRONK
Covers Area	449.8000	–	●	WA6DPB	------------
Covers Area	449.9000	–	●	WB6IOS	------------
Covers Area	449.9400	–	●	W6JBO	------------
Covers Area	449.9400	–	●	WB6NVD	------------
Covers Area	449.9800	–	●	KA6MEP	RTD ARC
Covers Area	449.9800	–	●	K6IUM	RTD ARC
So Cal	447.0200	–	●	KD6MHO	------------
So Cal	449.1400	–	●	WD6AZN	OERBA
SOCAL-LA,SBAR,SD,VE					
Covers Area	447.2200	–	●	WB6TZE	RRN
Covers Area	447.7400	–	●	W6AMS	CALNET
Covers Area	447.9200	–	●	N6HYM	------------
Covers Area	449.0000	–	●	WB6TZE	RRN
Covers Area	449.0200	–	●	WB6DYM	SCRN
Covers Area	449.3600	–	●BI	N6VVY	------------
SOCAL-LA,SBAR,VE					
Covers Area	440.1200	+	●	WB6DAO	LPARG
Covers Area	445.3400	–	●	KC6JAR	------------
Covers Area	446.2000	–	●	WR6BR	------------
Covers Area	446.2800	–	●	KC6YIO	SPEAR
Covers Area	446.6000	–	●	W6KGB	GRONK
Covers Area	446.7600	–	●	WD6FZA	PAPA
Covers Area	446.7800	–	●	WA6LWW	BFI
Covers Area	446.9000	–	●	WD6DIH	ALERT
Covers Area	447.3400	–	●	W6TWE	TWEMARS
Covers Area	447.3400	–	●	W6FRT	OFARTS
Covers Area	447.4800	–	●	W8AKF	------------
Covers Area	447.5000	–	●	KE6HGO	------------
Covers Area	447.5400	–	●	KB6CRE	BARN
Covers Area	447.6000	–	●	KE6DTF	LPARG
Covers Area	447.8200	–	●	KJ6TQ	MARS
Covers Area	448.1400	–	●	W7DOD	SWRRC
Covers Area	448.1800	–	●	K6SMR	SMRA
Covers Area	448.3600	–	●	W7BF	------------
Covers Area	448.3800	–	●	WD6AWP	------------
Covers Area	448.4000	–	●	N6NHJ	CALNET
Covers Area	448.4800	–	●	KB6C	FRN
Covers Area	448.7400	–	●	WA6COT	RRN
Covers Area	448.8000	–	●	W6JTB	------------
Covers Area	449.1400	–	●	W6NM	GRONK
Covers Area	449.1400	–	●	WA6VPL	------------
Covers Area	449.3600	–	●	N6WZK	MCARC
SOCAL-OR					
Covers Area	445.3600	–	●	KA6P	BARC
Covers Area	445.3600	–	●	KA6P	BARC
Covers Area	446.1400	–	●	W6OPD	------------
Covers Area	446.7000	–	●	WA6TWF	SS

420-450 MHz   393
CALIFORNIA

Location	Output	Input	Notes	Call	Sponsor
Covers Area	446.7200	–	●	N6KXK	IDEC
Covers Area	448.1200	–	●	WB6KOD	------------
Covers Area	449.4800	–	●	WB6NLU	------------
Covers Area	449.9800	–	●	K6IUM	RTD ARC
SOCAL-RIV					
Covers Area	447.7400	–	●	KE6PCV	------------
SOCAL-RIV,SBER					
Covers Area	445.3000	–	●	W6CDF	------------
Covers Area	447.2800	–	●	K6JB	HDRN
Covers Area	447.9200	–	●	WB6AMY	------------
Covers Area	448.0400	–	●	K6SBC	SBER CNTY
Covers Area	448.4400	–	●	K6SBC	SBER CNTY
Covers Area	448.5000	–	●	K7SRC	SWRRC
Covers Area	448.6200	–	●	W6PNM	CACTUS
Covers Area	448.6400	–	●	KF6BYA	CACTUS
Covers Area	448.9200	–	●	K7SRC	SWRRC
Covers Area	449.2400	–	●	K6JR	SWRRC
SOCAL-SBAR					
Covers Area	444.8000	+	●	WA6VPL	------------
Covers Area	445.4800	–	●	N6VMN	------------
SOCAL-SD					
Covers Area	445.2200	–	●	WB6DIJ	CALNET
Covers Area	445.3000	–	●	KM6VH	------------
Covers Area	445.7400	–	●	K6ODB	------------
Covers Area	445.8800	–	●	KM6NP	SCARA
Covers Area	446.0400	–	●	W6SRC	SWRRC
Covers Area	446.1400	–	●	WB6FMT	------------
Covers Area	446.1800	–	●	N6JOJ	------------
Covers Area	446.4200	–	●	W6CRC	------------
Covers Area	446.6600	–	●	KM6NP	SCARA
Covers Area	446.8000	–	●	KG6HSQ	------------
Covers Area	447.0400	–	●	KK6KD	------------
Covers Area	447.3600	–	●	AA4CD	------------
Covers Area	447.6000	–	●	AA4CD	------------
Covers Area	447.6200	–	●	KB6BOB	------------
Covers Area	447.9400	–	●	N6CRF	------------
Covers Area	448.2800	–	●	WB6NIL	------------
Covers Area	448.7600	–	●	WD6APP	------------
Covers Area	448.7800	–	●	K6JCC	RACES
Covers Area	448.9800	–	●	KF6BYB	CACTUS
Covers Area	449.0800	–	●	K6JSI	WIN
Covers Area	449.1200	–	●	K6JSI	WIN
Covers Area	449.1400	–	●	N6VCM	ECRA
Covers Area	449.1600	–	●	WA6SYN	ECRA
Covers Area	449.2400	–	●	N6WB	Escondido ARC
Covers Area	449.3200	–	●	WA6RQD	------------
Covers Area	449.6000	–	●	WV6H	CARE
Covers Area	449.8200	–	●BI	W6LKK	------------
Covers Area	449.8400	–	●	N6OEI	------------
Covers Area	449.9000	–	●	K6RYA	------------
Covers Area	449.9800	–	●	WA6SYN	ECRA
SOCAL-VE					
Covers Area	446.6600	–	●	W6KGB	GRONK
Covers Area	447.1400	–	●	WB6TZL	GRONK
Covers Area	447.1800	–	●	W6KGB	GRONK
Covers Area	448.3400	–	●	W6NE	------------

420-450 MHz
COLORADO

Location	Output	Input	Notes	Call	Sponsor
COLORADO					
BOULDER COUNTY					
Boulder	447.7500	–	O 100/100l	N0SZ	RMHR
Boulder	447.9750	–	O 107.2/107.2 (CA)x	W0CRA	CRA
Boulder	448.9000	–	O 100 (CA)	W0DK	BARC
Boulder	449.4000	–	O 91.5	K0DK	BARC
Boulder	449.5500	–	O 100l	W0IA	RMVHFS
Longmont	448.5250	–	O 151.4	N0EPA	N0EPA
Longmont	448.8000	–	O 88.5es	W0ENO	LARC
Longmont	449.3750	–	●	N7ONI	N7ONI
Louisville	449.5000	–	O 100e	KA5Q	FRIARS
CENTRAL					
Lake George	449.7000	–	O 107.2elx	KC0CVU	CMRG
COLORADO SPRINGS					
Colorado Springs	447.0250	–	O 1230 (CA) elRB	KF0WF	CSARA
Colorado Springs	447.3500	–	O 151.4/151.4e	K0IRP	GGARC
Colorado Springs	447.4750	–	O 107.2 (CA) el	NX0G	MARC
Colorado Springs	447.5500	–	O 123e	WA6IFI	WA6IFI
Colorado Springs	448.0000	–	●	N0CAM	N0CAM
Colorado Springs	448.1000	–	O 192.2 (CA) elx	KC0CVU	CMRG
Colorado Springs	448.2500	–	123	N0KG	N0KG
Colorado Springs	448.3000	–	Oe	KB0NN	KB0NN
Colorado Springs	448.4500	–	OtelrsWXx	KB0SRJ	PPFMA
Colorado Springs	448.6000	–	O 114.8l	W0MOG	W0MOG
Colorado Springs	448.7250	–	O 123	KA0TTF	KA0TTF
Colorado Springs	448.8000	–	O 100 (CA)el	KB0SRJ	PPFMA
Colorado Springs	449.5750	–	●	W9USN	RMHARC
Colorado Springs	449.9000	–	●	WR0AEN	CARN
Monument	447.7250	–	O 100/100 (CA) RB	K0NR	K0NR
Palmer Divide	449.7250	–	O 100	N0PWZ	N0PWZ
Security	448.3500	–	O 100 (CA)e	N0HSM	N0HSM
Woodland Park	447.6750	–	179.9/179.9 (CA) DCS(205)els	KA0WUC	MARC
Woodland Park	448.6500	–	O 107.2el	NX0G	MARC
Woodland Park	449.0250	–	O 141.3ls	KA0WUC	MARC
DENVER METRO					
Aurora	449.1500	–	●	WR0AEN	CARN
Black Forest	448.2000	–	67 (CA)e	KI0HH	KI0HH
Broomfield	448.2250	–	●	N0PSR	N0PSR
Broomfield	448.9250	–	O 131.8 RB	W0LMA	W0LMA
Broomfield	449.8250	–	O 103.5elWXx	W0WYX	RMRL
Castle Pines North	449.9500	–	● 77	W9SL	W9SL
Conifer`	447.5000	–	O 88.5ex	N0OWY	ARA
Denver	447.1250	–	O 100r	N0JOQ	EmpireARC
Denver	447.1500	–	O 107.2/107.2 (CA)ex	W0CRA	CRA
Denver	447.2000	–	Oe	W0CRA	CRA
Denver	447.2250	–	O 141.3elx	N0WBB	RMHR
Denver	447.9000	–	●	WB0TPT	WB0TPT

420-450 MHz COLORADO

Location	Output	Input	Notes	Call	Sponsor
Denver	447.9250	–	O 100 (CA)	K0FEZ	RADOPS EJ
Denver	448.0750	–	O 123	N5EHP	N5EHP
Denver	448.2750	–	● 156.7/156.7 (CA)el	KC0SOK	ARERC
Denver	448.5000	–	O 100e	KB0UDD	CRRG
Denver	448.5500	–	O 82.5e	W0KIZ	HPRA
Denver	448.5750	–	O	KA0TTW	SMUG
Denver	448.6250	–	O 100/100e	W0TX	DRC
Denver	448.6750	–	O 100x	KA0HTT	KA0HTT
Denver	448.9750	–	O 100e	W0GV	FRG
Denver	449.0000	–	●	WR0AEN	CARN
Denver	449.0000	–	●	WR0AEN	CARN
Denver	449.0500	–	O 107.2/107.2ex	K9UL	SMUG
Denver	449.1500	–	●	WR0AEN	CARN
Denver	449.2000	–	O	KC4UCB	KC4UCB
Denver	449.2250	–	O 141.3/141.3 (CA)ex	N0WBW	RMHR
Denver	449.3500	–	O 100/100ex	W0TX	DRC
Denver	449.4500	–	O 103.5eWXx	WB5YOE	RMRL
Denver	449.6000	–	O 100e	WA0KBT	DRL
Denver	449.6750	–		WR0AEN	CARN
Denver	449.6750	–	●	WR0AEN	CARN
Denver	449.7500	–	●	N0TI	RMRL
Denver	449.8750	–	O 103.5exz	N0MHU	RMRL
Evergreen	447.6500	–	O 100/100e L(IRLP)	N0SZ	RMHR
Golden	447.1750	–	O 186.2es WX	WA2YZT	WA2YZT
Golden	448.1250	–	O 107.2	N0PYY	DenPDEEB
Golden	448.8500	–	O 88.5ae	K0IBM	ARA
Golden	448.9750	–	O 123x	W0GV	FRG
Golden	449.2500	–	O 103.5	AA0QC	LMRG
Golden	449.5250	–	O 100elr	KE0SJ	KE0SJ
Golden	449.6250	–	O 141.3/141.3el	W0KU	RMRUG
La Junta	449.6500	–	O 100/100e	K0IKN	CCRC
Lakewood	449.7750	–	● 100 (CA)	WA0YOJ	WA0YOJ
Lakewood	449.9750	–	●	WN0EHE	WN0EHE
Lininger Lake	448.1750	–		AB0PC	PCRC
Parker	448.4250	–	●	K0VKM	CRA
Parker	448.7000	–	O 146.2/146.2 L(IRLP 3415)	WQ8M	WQ8M
Red Feather Lakes	449.3250	–	●	WR0AEN	CARN
Sedalia	449.1250	–	O 103.5x	N0FVG	RMRL

EAST CENTRAL

Location	Output	Input	Notes	Call	Sponsor
Deer Trail	447.8750	–	O 103.5	K0GS	K0GS

GRAND JUNCTION

Location	Output	Input	Notes	Call	Sponsor
Collbran	449.5000	–	O 107.2/107.2eE-SUN E-WINDlrsWX	KB0SW	GMRA
Grand Junction	448.1500	–	O 107.2	KE0TY	KE0TY
Grand Junction	449.0000	–	●te	KB0SW	KB0SW
Grand Junction	449.3000	–	O 107.2/107.2 (CA)elrsWXx	WA4HND	GMRA
Grand Junction	449.5750	–	O 131.8/131.8elrsRB WXx	WA4HND	GMRA

420-450 MHz
COLORADO

Location	Output	Input	Notes	Call	Sponsor
Loma	447.0000	–	O 107.2/107.2elrsx	KBØSW	GMRA
NORTH FRONT RANGE					
Estes Park	449.8000	–	Ol	KCØKXH	EVARC
Fort Collins	447.2750	–	O 100 (CA)e rsWXx	WØUPS	NCARC
Fort Collins	449.1500	–	●	WRØAEN	CARN
Fort Collins	449.8500	–	O 100 (CA)	WØQEY	CSUARC
Greeley	448.4750	–	O	WØITD	WARS
Greeley	449.1500	–	●	WRØAEN	CARN
Greeley	449.3250	–	●	WRØAEN	CARN
Greeley	449.7250	–	O 127.3ars WX	KØOJ	KØOJ
Loveland	449.5750	–	O 100 (CA)e s	WØXYZ	LRA
Loveland	449.7000	–	O 100/100 (CA)e	KN6VV	KN6VV
Red Feather Lakes	449.1500	–	●	WRØAEN	CARN
PUEBLO					
Canon City	447.7500	–	O 103.5es	WDØEKR	RGARC
Pueblo	447.1750	–	O 88.5ex	NDØQ	PuebloHC
Pueblo	447.9500	–	O 88.5ex	NDØQ	PuebloHC
Pueblo	449.5500	–	●	NØOUH	NØOUH
Pueblo	449.6250	–	O 186.6el	KCØCVU	CMRG
Pueblo	449.8500	–	O	WAØVTO	STARS
Rye	447.4500	–	O 123e	K9ROD	K9ROD
Westcliffe	448.1500	–	O 103.5e	KBØTUC	RGARC
SOUTH CENTRAL					
Canon City	449.0000	–	O 67 E-SUNl	WBØWDF	WBØWDF
Cripple Creek	447.4000	–	O 67 E-SUNl	WBØWDF	WBØWDF
Salida	449.3250	–	●	WRØAEN	CARN
Salida	449.6500	–	Oelx	KCØCVU	CMRG
SOUTHEAST					
Lamar	449.5000	–	O 123l	KCØHH	LAMAR ARC
Trinidad	449.6000	–	O 107.2elx	KCØCVU	CMRG
SOUTHWEST					
Cortez	449.1750	–	O 127.3	KD5LWU	KD5LWU
Durango	447.1500	–	●	KC5EVE	KC5EVE
Durango	448.6250	–	O 100/100x	KC5EVE	KC5EVE
Durango	448.7000	–	O 100 E-SUNx	KC5EVE	KC5EVE
Silverton	447.5250	–	OE-SUNx	KC5CHM	SilvConn
STATEWIDE					
Statewide	447.0500	–			CntrlAccess
Statewide	447.3000	–			CntrlAccess
Statewide	448.0500	–			CntrlAccess
Statewide	448.3250	–			CntrlAccess
Statewide	448.8250	–			CntrlAccess
Statewide	449.0750	–			CntrlAccess
Statewide	449.1000	–			CntrlAccess
Statewide	449.2750	–			CntrlAccess
WEST CENTRAL					
Breckenridge	447.8500	–	O 100/100ex	NØSZ	RMHR
Carbondale	449.7250	–	O 179.9x	KØSNO	RFARC
Delta	449.4000	–	O 131.8/131.8 E-SUNlrsWX	NØMOR	GMRA

420-450 MHz — COLORADO-CONNECTICUT

Location	Output	Input	Notes	Call	Sponsor
Glenwood Springs	447.1000	–	O 107.2	KI0G	SCARC
Glenwood Springs	447.6000	–	●	KI0G	SCARC
Gunnison	449.9500	–	O	K5GF	K5GF
Montrose	447.2000	–	O 107.2/107.2elrsWX	WA4HND	GMRA

CONNECTICUT
FREQUENCY USAGE

Location	Output	Input	Notes	Call	Sponsor
SNP Pair	442.0000	+	O		
FAIRFIELD & SOUTHWEST					
Ansonia	442.9000	+	O 77.0e	WK1M	------------
Bridgeport	441.5000	+	77.0ae	N1LXV	------------
Bridgeport	443.5500	+	77.0	WA1YQE	------------
Bridgeport	449.4000	–	O 114.8	KA1HCX	CAFI
Danbury	443.6500	+	O 114.8/114.8el	W1HDN	PVRA
Danbury	447.7750	–	O	W1QI	CARA
Fairfield	442.7500	+	O 103.5/103.5a(CA)elrwX	KD1RJ	FCSkywrn
Fairfield	446.8250	–	O 114.8	N3AQJ	FunARCA
Greenwich	443.4000	+		N1LNA	------------
New Canaan	447.2750	–	O 123.0/123.0el	W1FSM	W1FSM
Norwalk	448.0750	–	O 114.8/114.8r	W1NLK	GNARC
Stamford	447.1250	–	114.8	WA1RSD	------------
Westport	442.2500	+	O	KG1M	------------
HARTFORD & N CENTRAL					
Avon	444.9500	+	●	K1IIG	AVON RPT
Bristol	442.8500	+	O 110.9l	N1JGR	ICRC
Bristol	444.6500	+	O 77.0/77.0l	KB1AEV	KB1AEV
Bristol	448.8750	–	O 110.9 (CA) el	WA1IXU	WA1IXU
Coventry	449.8750	–	O 162.2	K1JCL	------------
Farmington	442.7000	+	O 173.8e	N1GCN	------------
Hartford	443.1000	+	O 114.8e	W1HDN	PVRA
Hartland	448.0000	–	162.2	W1XOJ	NYNES
Hebron	449.3750	–	O	K1PTI	------------
Manchester	449.2250	–	O 77.0/77.0	WA1YQB	------------
Newington	443.0500	+	O 100.0/100.0	W1OKY	NARL
Newington	444.3500	+	O	KA1BQO	------------
Newington	449.5750	–	O 79.7 (CA)e l	WA1UTQ	------------
Plainville	447.0750	–	O 110.9/110.9e	AA1WU	N1GLA
Rocky Hill	444.1500	+	O 114.8	WB1EXV	------------
Vernon	442.6000	+	O 77.0/77.0e l	KB1AEV	KB1AEV
Vernon	443.3000	+	O 114.8/114.8	W1HDN	PVRA
LITCHFIELD & NORTHWEST					
Goshen	440.2500	+	O 123.0 (CA) ez	KU1Q	KU1Q
Harwinton	441.5500	+	O 77.0/77.0e ls	NA1RA	NARA

420-450 MHz
CONNECTICUT-DELAWARE

Location	Output	Input	Notes	Call	Sponsor
Torrington	443.6000	+	O 82.5/82.5 (CA)el	W1HDN	PVRA
Torrington	444.1000	+	O 77.0/77.0e	N1FNE	KB1AEV
Torrington	447.2250	+	O 77.0/77.0a elz	KB1AEV	KB1AEV
Torrington	449.7750	–	141.3	K1KGQ	K1KGQ
Washington	441.8500	+	O 77.0/77.0e ls	NA1RA	NARA
Watertown	441.6500	+	77.0/77.0els	NARA	NARA

NEW HAVEN & S CENTRAL

Location	Output	Input	Notes	Call	Sponsor
Bethany	441.1000	+	O lr	W1EDH	MARA
Branford	449.3250	–	O 103.5e	N1HUI	------------
Branford	449.9250	–	O 110.9/110.9a	N1HLS	SCARA
East Haven	449.8250	–	O 110.9/110.9	KA1MJ	SCARA
EastHaddam	440.8000	+	O 110.9	K1IKE	Ares/Races
Guilford	449.4750	–	O 110.9aelr	NI1U	KM1R
Guilford	449.9000	444.4000	●	KM1R	------------
Hamden	444.4500	+	O 100.0/100.0e	WA1MIK	------------
Meriden	442.4500	+	O	N1SZM	------------
Meriden	444.2500	+	O 77.0/77.0e l	KA1ILH	SARA
Meriden	448.0000	–	192.8	W1XOJ	NYNES
Middletown	446.8750	–	O 156.7elr	K1IKE	------------
Milford	441.7000	+	O 77.0 (CA)e l	N1KGN	------------
Portland	443.4500	+	O 100.0/100.0	N1JML	N1JML
Prospect	444.2000	+	O 114.8/114.8	WA1NQP	WA1NQP
Prospect	444.5500	+	O 77.0/77.0e l	WA1NQP	WA1NQP

NEW LONDON & SOUTHEAST

Location	Output	Input	Notes	Call	Sponsor
Groton	448.9750	–	O	W1NLC	SCRAMS
Norwich	449.7250	–	O 156.7/156.7	N1NW	RASON
Salem	443.4000	+	O 103.5e	W1DX	------------

WINDHAM & NORTHEAST

Location	Output	Input	Notes	Call	Sponsor
Killingly	444.1000	+	O 77.0/77.0e l	N7PRD	KB1AEV

DELAWARE
FREQUENCY USAGE

Location	Output	Input	Notes	Call	Sponsor
Snp	442.9000	+			
Snp	447.8750	–			

BETHANY

Location	Output	Input	Notes	Call	Sponsor
Bethany	448.7250	–	O 131.8 (CA) elWX	W3BXW	BEARS

DE

Location	Output	Input	Notes	Call	Sponsor
Harrington	442.4500	+	131.8	N3HTT	N3HTT
Seaford	448.1750	–	ap	W3GLB	W3GLB

DOVER

Location	Output	Input	Notes	Call	Sponsor
Dover	444.5000	+	114.8	N3IOC	N3IOC
Dover	449.7250	–	131.8 (CA)l WX	W3BXW	BEARS

420-450 MHz
DELAWARE-FLORIDA

Location	Output	Input	Notes	Call	Sponsor
Woodside	449.3250	−	107.2a	WB3ILS	WB3ILS
Wyoming	449.7750	−	114.8	N3IOC	N3IOC
MILFORD					
Greenwood	444.9000	+	e	KD3UI	KD3UI
SOUTH					
Delmar	444.0500	+	156.7	K3RIC	K3RIC
Millsboro	449.8250	−		K3JL	SussexAR
WILMINGTON					
Claymont	444.9500	+	a	KA3JRG	+WB3IKP
Delaware City	448.8250	−	127.3	N3HTT	DelMarVa
Newark	449.0250	−	131.8	W3DRA	DRA
Wilmington	443.7000	+		W3GQP	W3GQP
Wilmington	448.3750	−	131.8	W3DRA	DRA

DISTRICT OF COLUMBIA
FREQUENCY USAGE

Location	Output	Input	Notes	Call	Sponsor
Snp	442.9000	+			
Snp	447.8750	−			
NW DC					
Nw	447.8250	−	131.8 (CA)e	N3LDM	Fed City
NW WASHINGTON					
Washington	442.5500	+	100.0ex	WA3RLZ	N3UEZ
SE DC					
Nrl	447.3250	−	O 156.7 EXP	W3NKF	NRL ARC
WASHINGTON					
Washington	442.6500	+		N8BOR	CARS
WASHINGTON AREA					
Washington	444.1000	+	114.8e	W3YTW	MADRAS
Washington	448.5750	−		K3VOA	VOA ARC
Washington	448.8750	−		KC3VO	RACES/AR
Washington	449.9750	−	107.2lrsWX	WA3KOK	NERA

FLORIDA
CENTRAL

Location	Output	Input	Notes	Call	Sponsor
Bartow	444.9500	+	O 127.3/127.3ersWXx	WC4PEM	PCEM
Davenport	442.1500	+	O 103.5/103.5es	WA1VHF	WA1VHF
Lakeland	443.9000	+	O 82.5/82.5a (CA)e	N4JMY	N4JMY
Lakeland	444.3000	+	O 127.3/127.3eL(145.13) Bl	WP3BC	WP3BC
Lakeland	444.5500	+	O 103.5/103.5	N1KDO	N1KDO
Lakeland	444.7750	+	O 74.4/74.4e rsx	N4KEG	N4KEG
Winter Haven	441.8000	+	O 127.3/127.3	KE4WDP	KE4WDP
Winter Haven	444.8000	+	O 127.3/127.3	KE4WDP	KE4WDP

CENTRAL - ORLANDO

Location	Output	Input	Notes	Call	Sponsor
Altamonte Springs	442.7500	+	O 103.5/103.5eL(147.090 147.165)rs	N1FL	SCARES
Altamonte Springs	442.9750	+	O 103.5/103.5e	N4EH	LMARS
Astatula	443.9250	+	O 100.0/100.0 DCS(411)	KA4SUN	SUNLINK

420-450 MHz
FLORIDA

Location	Output	Input	Notes	Call	Sponsor
Bithlo	444.9000	+	o 103.5/103.5	KC4VBZ	KC4VBZ
Bushnell	443.1250	+	o tae	W1LBV	W1LBV
Clermont	442.4500	+	o 103.5/103.5	KG4RPH	KG4RPH
Clermont	444.9750	+	o t	KA0OXH	KA0OXH
Eustis	443.5500	+	o 103.5/103.5a(CA)e	KD4MBN	KD4MBN
Kissimmee	443.9750	+	o 141.3/141.3 DCSesWX	AG4AN	AG4AN
Kissimmee	444.1000	+	o 123/123	AG4AN	AG4AN
Kissimmee	444.4500	+	o 103.5/103.5a(CA) L(147.210 927.7000) WX(31	K4SLB	K4SLB
Lake Buena Vista	442.0500	+	o 123/123	W4MXT	KD4JYD
Lake Buena Vista	442.0500	+	o 123/123	KD4JYD	KD4JYD
Lake Buena Vista	444.0000	+	o 103.5/103.5eL(145.11)	AC0Y	AC0Y
Longwood	443.7000	+	o 103.5/103.5eL(927.65)	KD4JYD	KD4JYD
Longwood	444.5000	+	o 103.5/103.5eL(443.475)x	KC4VBZ	PRG
Ocoee	443.3250	+	o 103.5/103.5a(CA)eRB	WD4IXD	WD4IXD
Orange City	442.8750	+	o 103.5/103.5x	NN4TT	NN4TT
Orlando	442.0000	+	o 103.5/103.5	WD4WDW	DEARS
Orlando	442.0750	+	o 103.5/103.5x	KC4SGG	KD4JYD
Orlando	442.1000	+	o 103.5/103.5 DCS(311)eL(443.65)sWX	KE4TTE	KE4TTE
Orlando	442.5000	+	o 103.5/103.5eL(146.700 145.110 444.000 442.	AC0Y	AC0Y
Orlando	442.5250	+	o 103.5/103.5rs	AA4BC	OC ARES
Orlando	442.7000	+	o 103.5/103.5rs	AA4BC	OC ARES
Orlando	443.1000	+	o 103.5/103.5	N4HHA	N4HHA
Orlando	443.3500	+	o t	KA0OXH	KA0OXH
Orlando	443.4750	+	o 103.5/103.5a(CA)eL(444.5)	KC4VBZ	KC4VBZ
Orlando	443.5250	+	o 103.5/103.5ers	AA4BC	OC ARES
Orlando	443.6250	+	o 91.5/91.5	NN4TT	NN4TT
Orlando	443.8500	+	o 103.5/103.5 A(*)x	N4ATS	MMRFG
Orlando	443.9500	+	o tel	KA0OXH	KA0OXH
Orlando	444.1250	+	o 103.5/103.5e	W4AES	AESOARC
Orlando	444.2750	+	o 103.5/103.5	WA4EGG	KD4JYD
Oviedo	442.9500	+	o 103.5/103.5a(CA)e	WD4DSV	WD4DSV
St Cloud	442.4750	+	o e	W4SIE	OCRA
Tavares	442.9000	+	o a(CA)er	K4FC	LARA

420-450 MHz   401
FLORIDA

Location	Output	Input	Notes	Call	Sponsor
Winter Haven	442.4250	+	○ 127.3/127.3	KE4WDP	KE4WDP
DEEP SOUTH					
Big Pine Key	442.4000	+	○ 110.9/110.9a(CA)eL(443.450 444.050 444.85	KQ4AZ	MCCD
Key West	443.1000	+	○ 156.7/156.7	WA4JFJ	WA4JFJ
Key West	443.3750	+	● 110.9/110.9rsBlx	W4HN	W4HN
Marathon	444.0250	+	○ 107.2/107.2elWX	KA4EPS	KA4EPS
Marathon	444.8500	+	○ 110.9/110.9a(CA)eL(442.400 443.450 444.05	KQ4AZ	MCCD
North Key Largo	442.1000	+	○ 94.8/94.8a (CA)e	N4ABF	N4ABF
Plantation Key	443.4500	+	○ 110.9/110.9a(CA)eL(442.400 444.050 444.85	KQ4AZ	MCCD
EAST CENTRAL					
Cocoa	444.4000	+	○ 103.5/103.5e	W4JAZ	ARJS
Cocoa	444.6750	+	○ 103.5/103.5	WB4OEZ	WB4OEZ
Cocoa	444.7500	+	● 107.2/107.2r	N4LEM	N4LEM
Ft Pierce	443.4750	+	○ 107.2/107.2ers	W4SLC	SLC EAR
Ft Pierce	443.9000	+	○ 107.2/107.2a(CA)z	WA4EVJ	WA4EVJ
Ft Pierce	444.6000	+	○ 107.2/107.2er	W4SLC	SLC EAR
Ft Pierce	444.8000	+	○ 107.2/107.2a(CA)eL(147.345)rsxZ(911)	W4AKH	FPARC
Melbourne	442.4000	+	○ 107.2/107.2 L(224.12) RB	KI4SWB	KI4SWB
Melbourne	443.0000	+	●a(CA)l	WB2GGP	WB2GGP
Melbourne	443.8000	+	○ 103.5/103.5	WB4OEZ	WB4OEZ
Melbourne	444.5750	+	○ 103.5/103.5	WB4OEZ	WB4OEZ
Palm Bay	442.2250	+	○ 107.2/107.2ez	W4RP	W4RP
Port St John	444.3500	+	○ 103.5/103.5e	W4PLT	W4PLT
Port St Lucie	442.0000	+	○ 103.5/103.5ersz	AD3N	AD3N
Stuart	444.9000	+	○ 107.2/107.2aersz	WX4MC	MCARES
Stuart	444.9750	+	○ 107.2/107.2	K4NRG	NRG
Titusville	442.8500	+	○ 100/100es	K4NBR	NBARC
Titusville	444.1500	+	○ 103.5/103.5a(CA)er	W4LOV	TARC
Vero Beach	442.9500	+	○ 107.2/107.2	W2JKD	W2JKD
Vero Beach	444.8500	+	○ 103.5/103.5elWX	KA4EPS	KA4EPS

420-450 MHz
FLORIDA

Location	Output	Input	Notes	Call	Sponsor
NORTH CENTRAL					
Lake City	444.9000	+	o 110.9/110.9ersx	WB4VFT	CARS
Live Oak	442.5000	+	o 123/123r	W2DWR	W2DWR
Macclenny	444.0750	+	o 100/100	AB4GE	AB4GE
Ocala	444.3250	+	oeL(145.43)x	KA2MBE	KA2MBE
Summerfield	443.2500	+	o 141.3/141.3a(CA)e	KI4LOB	KI4LOB
NORTH EAST					
Daytona Beach	444.8500	+	o 127.3/127.3	W4TAM	W4TAM
DeLand	442.9250	+	o 103.5/103.5	KD4UTV	KD4UTV
DeLand	444.0500	+	o	KE8MR	KE8MR
DeLand	444.4500	+	oe	KE8MR	KE8MR
Flagler Beach	442.2000	+	o 127.3/127.3 L(HF)	WA3QCV	WA3QCV
Ormond Beach	442.4000	+	ot(CA)e	N4JRF	N4JRF
Ormond Beach	443.8250	+	o 118.8/118.8a(CA)	KE4NZG	KE4NZG
Palatka	443.9000	+	o 94.8/94.8e	W4OBB	PARCI
Palm Coast	442.3250	+	o 107.2/107.2ers	KF4I	KF4I
Palm Coast	443.3000	+	o 107.2/107.2ers	KF4I	KF4I
Starke	442.2750	+	o 123/123e L(145.370 146.700 444.400)sx	W4SA	PCARC
NORTH EAST - JACKSONVILLE					
Jacksonville	444.1000	+	o 103.5/103.5a(CA)el	NS4R	NS4R
Jacksonville	444.2000	+	o 127.3/127.3sx	K4QHR	K4QHR
Jacksonville	444.2750	+	o 127.3/127.3x	W4COJ	W4COJ
Jacksonville	444.4000	+	o 127.3/127.3aeL(146.700 145.370)rsxz	W4IZ	NOFARS
Jacksonville	444.8250	+	o 156.7/156.7er	W4IJJ	W4IJJ
Jacksonville	444.9250	+	o 127.3/127.3er	N4GIH	N4GIH
Jacksonville Beach	444.8750	+	o	KB4ARS	BARS
Orange Park	444.5000	+	o 127.3/127.3aer	WB4CGD	OPARC
St Augustine	443.5000	+	oe	KF4MX	KF4MX
NORTH WEST					
DeFuniak Springs	443.7500	+	o 100/100e	KG4IDW	KG4IDW
Marianna	444.9500	+	o	W4BKD	Chipola AR
Panama City	444.0500	+	o 103.5/103.5s	W4FCG	FCG-P
Panama City	444.5000	+	o 103.5/103.5e	KF4JMM	KF4JMM
Panama City	444.5250	+	o 100/100	AC4QB	AC4QB
Panama City	444.8250	+	o 103.5/103.5e	KF4JMM	KF4JMM
Perry	444.3000	+	o 100/100 WXx	K4III	K4III

420-450 MHz — FLORIDA

Location	Output	Input	Notes	Call	Sponsor
Southport	444.0750	+	o 103.5/103.5e	KF4JMM	KF4JMM
NORTH WEST - PENSACOLA					
Barrineau Park	444.8750	+	o 100/100e	WA4SRW	WA4SRW
Crestview	444.9500	+	o 100/100esz	N4NID	NOARC
Eglin AFB	444.8000	+	o 100/100a	W4NN	Eglin ARS
Ft Walton Beach	444.9750	+	o	W4MTD	W4MTD
Pensacola	442.1000	+	o 100.0/100.0e	W4RL	W4RL
NORTH WEST - TALLAHASSEE					
Tallahassee	442.0000	+	o 151.4/151.4a(CA)eL(146.865)	KS4JW	KS4JW
Tallahassee	442.1000	+	o 94.8/94.8e sx	K4TLH	TARS
Tallahassee	442.8500	+	●	N4PG	N4PG
Tallahassee	443.4000	+	o 131.8/131.8elr	KJ4G	KJ4G
Tallahassee	444.0000	+	o 94.8/94.8e	KD4MOJ	KD4MOJ
Tallahassee	444.4000	+	o 131.8/131.8	N4NKV	N4NKV
SOUTH CENTRAL					
Arcadia	444.2000	+	o 100/100ers	W4MIN	DARC
Avon Park	443.5750	+	o 100/100e	KE4GZV	KE4GZV
Inverness	442.7000	+	o 100/100e L(145.29 145.43 146.76 442.825 442.950 44	NI4CE	WCFG
Lakeport	444.0250	+	o 100/100e	W4TEJ	W4TEJ
Okeechobee	444.0500	+	o 100/100	K4OKE	OARC
Okeechobee	444.3750	+	o 107.2/107.2e	K4NRG	NRG
Wauchula	442.3250	+	o 127.3/127.3eL(146.625)rs	N4EMH	HARC
Wauchula	442.3250	+	o 127.3/127.3eL(146.625)rs	N4EMH	HARG
SOUTH EAST					
Boca Raton	442.0000	+	o 110.9/110.9er	KS4VT	KS4VT
Boca Raton	442.6000	+	o 107.2/107.2	KG4GOQ	KG4GOQ
Boca Raton	442.8750	+	o 110.9/110.9	WB4QNX	BRARA
Boca Raton	443.1500	+	o 110.9/110.9	K4LFK	K4LFK
Boca Raton	443.5000	+	o 131.8/131.8a(CA)z	WF3I	WBARC
Boca Raton	444.7000	+	o 123/123a (CA)e	KC4GH	BRFD
Boca Raton	444.9250	+	o 110.9/110.9a(CA)	K4FAU	FAU ARC
Boynton Beach	443.1000	+	o 110.9/110.9e	KG4DWP	BBFR
Boynton Beach	444.6500	+	127.3/127.3a (CA)elz	NR4P	NR4P
Hobe Sound	444.2250	+	o 110.9/110.9e	W4JUP	JTRG

404   420-450 MHz
FLORIDA

Location	Output	Input	Notes	Call	Sponsor
Jupiter	443.8250	+	o 103.5/103.5eWX	KA4EPS	KA4EPS
Jupiter Farms	444.4000	+	o 110.9/110.9ex	WA4JFC	JFCERT
Lake Worth	444.8500	+	o 103.5/103.5elWX	KA4EPS	KA4EPS
Mangonia Park	444.3250	+	● 179.9/179.9	AD4C	AD4C
Palm Beach Gardens	442.2250	+	o 146.2/146.2 Bl WX	NS4E	NS4E
Riviera Beach	443.9250	+	o 110.9/110.9 L(146.925)s	KF4ACN	KF4ACN
Riviera Beach	444.9250	+	o	W4UZJ	W4UZJ
Wellington	442.0500	+	o 103.5/103.5erx	K4WRC	WRC
Wellington	442.9000	+	o 103.5/103.5eL(147.045) RB WX	KS4EC	KS4EC
West Palm Beach	442.4500	+	o 203.5/203.5 (CA)eL(146.940 145.490) RBx	KE4NMH	KE4NMH
West Palm Beach	442.7500	+	Ota(CA)e	N4KJW	SBM
West Palm Beach	444.1250	+	o 107.2/107.2	KG4GOQ	KG4GOQ
West Palm Beach	444.2750	+	o 103.5/103.5er	W4PBC	PBCRACES
West Palm Beach	444.6250	+	Ot'	AD4PS	AD4PS

SOUTH EAST - MIAMI/FT LAUD

Location	Output	Input	Notes	Call	Sponsor
Aventura	442.2500	+	o 114.8/114.8	K4PAL	PARC
Aventura	443.8250	+	o 107.2/107.2	K4PAL	PARC
Carol City	443.9750	+	OaBl	WB4WIP	WB4WIP
Coral Springs	443.8500	+	o 110.9/110.9eL(145.11)	WR4AYC	WR4AYC RG
Coral Springs	444.5750	+	o 131.8/131.8ersLITZ	N4RQY	WA4EMJ
Davie	441.9750	+	o 179.9/179.9	W4NR	W4NR
Davie	443.6750	+	o 131.8/131.8	N4RQY	WA4EMJ
Deerfield Beach	442.3250	+	o 110.9/110.9a(CA)	N4KS	NBARA
Deerfield Beach	443.1750	+	o 131.8/131.8e	WA4VEF	WA4VEF
Ft Lauderdale	442.5000	+	o 110.9/110.9e	W4BUG	GCARA
Ft Lauderdale	442.5500	+	o 131.8/131.8e	N4GDV	WA4EMJ
Ft Lauderdale	443.0500	+	Ota(CA)eBl	K4BRY	K4BRY
Ft Lauderdale	443.4000	+	●teWX	N4BIF	N4BIF
Ft Lauderdale	443.7500	+	o 110.9/110.9a(CA)eL(927.7) LITZ	KF4LZA	CCRC
Ft Lauderdale	443.8000	+	o 131.8/131.8e	KD4CPG	KD4CPG
Ft Lauderdale	444.0500	+	●DCS(25)e WX	KB2TZ	KB2TZ
Ft Lauderdale	444.5000	+	o 110.9/110.9eWXx	W4KR	W4KR

420-450 MHz   405
FLORIDA

Location	Output	Input	Notes	Call	Sponsor
Ft Lauderdale	444.8250	+	o 110.9/110.9a(CA)e	W4AB	BARC
Hiaheah	442.3750	+	o 103.5/103.5eL(145.37) RB BI	N2GKG	N2GKG
Hialeah	441.8500	+	oDCS(205) BI	KF4OJP	KF4OJP
Hialeah	443.0250	+	o 131.8/131.8a(CA) BI	KI4BA	KI4BA
Hialeah	443.7000	+	oDCS(205) BI	KF4OJP	KF4OJP
Hialeah	443.9500	+	o 110.9/110.9a(CA)ersBIx	WB4IVM	WB4IVM
Hialeah	444.2250	+	● 67/67a (CA)e	KE4YUW	KE4YUW
Hialeah	444.3500	+	o 103.5/103.5e	KA4EPS	CWARC
Hialeah	444.7500	+	o 110.9/110.9a(CA)ersBIx	WB4IVM	WB4IVM
Hialeah	444.8000	+	o 110.9/110.9a(CA)ersBIx	WB4IVM	WB4IVM
Hollywood	442.4750	+	o 103.5/103.5	KF4RQA	KF4RQA
Hollywood	442.5750	+	o	W4RCC	GMCRG
Hollywood	442.7750	+	o 110.9/110.9 BI	K4ABB	K4ABB
Hollywood	443.2500	+	oa(CA)	N2VNG	KZ4TI
Hollywood	443.3250	+	o 131.8/131.8ersLITZ	N4RQY	WA4EMJ
Hollywood	444.1500	+	o 88.5/88.5a WF2C (CA)	WF2C	HMRH
Hollywood	444.1750	+	o 107.2/107.2a(CA)eL(53.030 145.210) LITZ Wx	AC4XQ	AC4XQ
Kendall	443.9000	+	o 94.8/94.8a (CA)eWX Z(911)	AI4L	AI4L
Margate	444.0250	+	o 107.2/107.2eWX	KA4EPS	KA4EPS
Miami	442.0750	+	o 103.5/103.5a(CA) DCS(31)eL(927.55)	KB4MAG	KB4MAG
Miami	442.1500	+	● 94.8/94.8r sBIx	K4AG	K4AG
Miami	442.1750	+	o 94.8/94.8e x	W4ILQ	W4ILQ
Miami	442.2750	+	ot	AE4WE	AE4WE
Miami	442.4250	+	o 94.8/94.8e	N4IFD	MMRA
Miami	442.5250	+	o 88.5/88.5e x	KR4DQ	KR4DQ
Miami	442.6250	+	o 103.5/103.5eBI	KC4SJL	KC4SJL
Miami	442.7250	+	o	KC4MND	KC4MND
Miami	442.8000	+	o 118.8/118.8e	WB4TWQ	WB4TWQ
Miami	442.9500	+	o 103.5/103.5eL(29.62) BI	KB4MBU	KB4MBU
Miami	442.9750	+	oa(CA) BI	WD4RXD	RC de Cuba
Miami	443.1000	+	o 103.5/103.5a(CA) DCS(31)eL(927.55)	KB4MAG	KB4MAG

420-450 MHz
FLORIDA

Location	Output	Input	Notes	Call	Sponsor
Miami	443.2250	+	O 94.8/94.8	KD4BBM	KD4BBM
Miami	443.2750	+	O 103.5/103.5e	N4GWM	N4GWM
Miami	443.3750	+	● 110.9/110.9rsBlx	W4HN	W4HN
Miami	443.5250	+	O 110.9/110.9	WB4TWQ	KE4WZD
Miami	443.6000	+	O 103.5/103.5a(CA) WX	N4LJQ	N4LJQ
Miami	443.6500	+	O 67/67 Blx	KF4ZCL	KF4ZCL
Miami	443.7750	+	OBl	KS4WF	KS4WF
Miami	443.9250	+	O 110.9/110.9a(CA)	AE4EQ	AE4EQ
Miami	444.0000	+	O 110.9/110.9e	WB4ESB	SIRA, Inc.
Miami	444.0750	+	O 103.5/103.5a(CA) DCS(31)eL(927.55)	KB4MAG	KB4MAG
Miami	444.1250	+	Oe	KA4EPS	KA4EPS
Miami	444.2500	+	Ot	AE4WE	AE4WE
Miami	444.2750	+	O 94.8/94.8	K4PCS	K4PCS
Miami	444.3000	+	O 103.5/103.5	KC4DDX	KC4DDX
Miami	444.3750	+	O 94.8/94.8 L(145.470 224.600 147.045 145.170 442.950	KC4MNE	KC4MNE
Miami	444.4500	+	Ota(CA)lBl	WA4PHG	Teletrol
Miami	444.4750	+	● 103.5/103.5r	KE4TIN	KE4TIN
Miami	444.5250	+	O 114.8/114.8e	KD4IMM	KD4IMM
Miami	444.6000	+	O	K4AG	K4AG
Miami	444.6750	+	O 103.5/103.5a(CA)	W2NQS	W2NQS
Miami	444.8750	+	O 88.5/131.8	KI4GQO	KI4GQO
Miami	444.9500	+	O 94.8/94.8 Bl	KC4MNE	KC4MNE
Miami	444.9750	+	O 179.9/179.9eBlx	W4NR	W4NR
Miami Beach	444.6250	+	O	WA4LWN	WA4LWN
Miramar	442.4000	+	O 131.8/131.8	N4VPD	N4VPD
Miramar	444.1000	+	O 103.5/103.5a(CA)eL(147.03) Blx	N2YAG	N2YAG
Pembroke Pines	444.5500	+	●teE-SUN E-WIND Bl	KC4MNI	KC4MNI
Pembroke Pines	444.7750	+	O 88.5/88.5 Bl	KP4BM	KP4BM
Plantation	442.8500	+	O 110.9/110.9	WA4YOG	WA4YOG
Plantation	443.0000	+	O 131.8/131.8x	W4MOT	MARC
Plantation	443.2000	+	O 103.5/103.5e	N4RQY	WA4EMJ
Pompano Beach	442.2000	+	O 110.9/110.9a(CA)e	W4BUG	GCARA
Princeton	442.3500	+	O 94.8/94.8e L(147)rsx	KF4ACN	KF4ACN

420-450 MHz   **FLORIDA**

Location	Output	Input	Notes	Call	Sponsor
Sunrise	441.9000	+	O 103.5/103.5a(CA)eWX	N4LJQ	N4LJQ
Wilton Manors	442.6750	+	O 131.8/131.8	WA4EMJ	WA4EMJ
SOUTH WEST					
Ft Myers	444.4500	+	O 77/77	WB4FOW	WB4FOW
Marco Island	443.6500	+	O 141.3/141.3	K5MI	MIRC
Marco Island	444.0000	+	O 136.5/131.8a(CA)ez	W4ARG	W4ARG
Naples	444.0750	447.0750	O 136.5/136.5	KC1AR	KC1AR
Ochopee	444.2750	+	O 67/67el	W4CTE	W4CTE
Venice	442.0500	+	O 100/100e	KB2WVY	KB2WVY
SOUTH WEST - FT MYERS					
Cape Coral	442.6000	+	O 136.5/136.5	KB2UMH	KB2UMH
Estero	442.1250	+	● 67/67 L(224.380 443.900 444.450) RB	K4GAS	GAS
Ft Myers	442.4500	+	O 136.5/136.5a(CA)	WD4IFC	GCARC
Port Charlotte	442.2000	+	Ot	K4VMS	K4VMS
Port Charlotte	442.9250	+	O 136.5/136.5e	W4DUX	PRRA
Port Charlotte	444.8000	+	O 103.5/103.5 RB	KI4QDW	KI4QDW
Punta Gorda	444.8500	+	O 100/100lr	KØRTU	KØRTU
Punta Gorda	444.9750	+	Ot	KS4ST	CARS
Sanibel	443.4250	+	O	W4SBL	SARVT
WEST CENTRAL					
Brooksville	442.1250	+	Or	K4BKV	HCARA
Dade City	443.6000	+	O 146.2/146.2e	KD4QLF	KD4QLF
Inverness	443.5750	+	O 103.5/103.5a	KF4HCV	TCARA
Lecanto	443.1750	+	O 103.5/103.5er	W4IIR	SHARC
New Port Richey	443.1000	+	O 110.9/110.9eL(444.000 443.425 444.675 129	KI4GNT	KI4GNT
New Port Richey	444.8500	+	O 103.5/103.5rs	WB8ONY	WB8ONY
Port Richey	442.6500	+	O 100/100e L(146.760 224.280) WX(*)	KG4YZY	KG4YZY
Port Richey	444.6500	+	O 103.5/103.5	WA4GDN	GCARC
Spring Hill	442.0500	+	O 103.5/103.5e	K4SH	K4SH
Spring Hill	443.8250	+	O 103.5/103.5a(CA)elz	KG4VJS	SHSRC
WEST CENTRAL - SARASOTA					
Bradenton	443.2000	+	O 100/100ae z	K4LX	K4LX
Bradenton	444.2750	+	● 103.5/103.5l	K4MPX	K4MPX
Bradenton	444.8750	+	O 151.4/151.4eL(442.300 444.600)	K4TAP	K4TAP

420-450 MHz
FLORIDA

Location	Output	Input	Notes	Call	Sponsor
Englewood	444.6250	+	O 77/77	KØDGF	KØDGF
Sarasota	442.3000	+	O 82.5/82.5e L(444.600 444.875)	K4TAP	K4TAP
Sarasota	443.5500	+	O 100/100er sx	WC4EM	SCEM
Verna	442.9500	+	O 100/100elr WX	NI4CE	WCFG

WEST CENTRAL - TAMPA/ST PETE

Location	Output	Input	Notes	Call	Sponsor
Brandon	443.5000	+	O 127.3/127.3	K4TN	BARS
Clearwater	442.4000	+	O 156.7/156.7eL(443.400 442.800 145.170)rsW	W4ACS	PCACS
Clearwater	443.0500	+	O 103.5/103.5a(CA)ez	WDØDIA	HEART
Clearwater	443.4500	+	O 100/100e L(442.825 145.430 442.950 145.290 442.550	NI4CE	WCFG
Clearwater	444.3750	+	● 100/100	KE4EMC	KE4EMC
Dunedin	442.3500	+	●	W4BNC	W4BNC
Dunedin	444.1500	+	O 103.5/103.5elr	WB4BZF	CARS
Gibsonton	442.2250	+	O 146.2/146.2	AC4RX	AC4RX
Largo	442.1500	+	O 103.5/103.5	N4PK	N4PK
Lutz	443.6750	+	O 146.2/146.2eL(224.700 444.250)rs	N4DAV	N4DAV
Lutz	444.2500	+	O 146.2/146.2 L(443.675 442.725 224.74)	W4RNT	N4DAV
Pebbledale	442.8250	+	O 100/100elr WX	NI4CE	WCFG
Plant City	444.2250	+	O 146.2/146.2eRB	WB4OMG	BEARS
Riverview	442.5500	+	O 100/100elr WX	NI4CE	WCFG
Ruskin	443.2500	+	O 146.2/146.2a(CA)e	KE4ZIP	SCCARC
Seffner	444.0000	+	O 103.5/103.5aeL(444.675 443.425 1291.500 1	W4AQR	W4AQR
Seminole	442.6250	+	O 103.5/103.5l	W4ORM	GSOTW
South Pasadena	442.8000	+	O 156.7/156.7eL(145.17 443.400 442.400)rsWX	W4ACS	PCACS
South Pasadena	443.4000	+	O 156.7/156.7eL(145.17 442.800 442.400)rsWX	W4ACS	PCACS
South Pasadena	444.3500	+	O 146.2/146.2e	WA3RRK	ERCO
St Petersburg	441.8750	+	●a(CA)lRB WXz	K4LK	K4LK
St Petersburg	441.9500	+	●a(CA)lRB WXz	K4LK	K4LK
St Petersburg	442.5000	+	O	KR4U	KR4U
St Petersburg	442.9000	+	O 103.5/103.5eL(145.31)	N4AAC	N4AAC
St Petersburg	443.8500	+	O 146.2/146.2	W4BNC	W4BNC
St Petersburg	444.4750	+	O	WA4AKH	SPARC

420-450 MHz   FLORIDA-GEORGIA

Location	Output	Input	Notes	Call	Sponsor
Sun City Center	442.4500	+	O	W4KPR	KPARC
Tampa	442.7250	+	O 146.2/146.2a(CA)e	W4RNT	RANT
Tampa	443.0000	+	O 146.2/146.2eL(224.740 443.675 444.250)s	NI4M	MOSI ARC
Tampa	443.0250	+	O 146.2/146.2	N4TP	TBARS
Tampa	443.3500	+	O 146.2/146.2a(CA)z	KP4PC	KP4PC
Tampa	443.4250	+	O 127.3/127.3 (CA) Bl	K3AAF	BEARS
Tampa	443.7750	+	O	WA4SWC	WA4SWC
Tampa	444.0000	+	O 88.5/88.5e 103.5/103.5x L(444.675 443.425 1291.500 147.000)rsBlx	W4AQR	W4AQR
Tampa	444.4000	+	O	W4PVN	ITG
Tampa	444.5250	+	● 103.5/103.5	KB4ABE	KB4ABE
Tampa	444.6000	+	O 88.5/88.5 192.8/192.8	W4EFK	W4EFK
Tampa	444.6750	+	O 103.5/103.5eL(444.000 443.425 1291.500 14	W4AQR	W4AQR
Tampa	444.9000	+	O 141.3/141.3a(CA)ers	W4HSO	STARC
Tarpon Springs	444.4500	+	O 131.8/131.8el	WB4BZF	CARS
Valrico	443.1500	+	O	W7RRS	W7RRS

GEORGIA

Location	Output	Input	Notes	Call	Sponsor
Acworth	441.8000	+	O 77.0	KC4YNF	KC4YNF
Adairsville	443.7250	+	e	WB4AEG	WB4AEG
Albany	444.5000	+	O	W4MM	W4MM
Alpharetta	442.0000	+	O 107.2aelz	WB6RTH	ATLANTA C.
Alpharetta	444.3500	+	e	NA4MB	NA4MB
Athens	442.9500	+	esWX	N4ZRA	KD4AOZ
Athens/Crawfor	444.3000	+	O 127.3	K4GZX	K4GZX
Atl/Marietta	442.8000	+	Otl	N4NFP	BSRG
Atl/Union City	442.1250	+	O 100.0es	W4ZT	W4ZT
Atlanta	421.2500	434.0000	O	W4ZTL	MATPARC
Atlanta	442.0250	+	O 127.3	W4CML	------------
Atlanta	442.2250	+	100	WB5EGI	WB5EGI
Atlanta	442.4750	+	O 72.3	NA4DR	DATARADIO≡
Atlanta	442.5250	+	O 110.9	N4XQM	N4XQM
Atlanta	442.6750	+	O 100.0el	KE4PVE	KE4PVE
Atlanta	442.9750	+	Ot(CA)l	WA4YNZ	WA4YNZ
Atlanta	443.0250	+	O 127.3l	W4CML	------------
Atlanta	443.6000	+	O 146.7aRB	KA5WZY	GPEARC
Atlanta	443.6500	+	O 123.7l	W4CML	W4CML
Atlanta	443.9500	+	131.8 (CA)el	KB3KHP	KB3KHP
Atlanta	444.1500	+	O 100.0e	W4PME	MATPARC
Atlanta	444.4500	+	O 146.2e	W4DOC	ATL RC, IN
Atlanta	444.5000	+	O 110.9	KD4GPI	TURNER ARA
Atlanta	444.8250	+	O 146.2 (CA) e	W4DOC	ATL RC, IN
Atlanta	444.9250	+	O	WA4NNO	WA4NNO

410 420-450 MHz
GEORGIA

Location	Output	Input	Notes	Call	Sponsor
Atlanta	444.9750	+	O t(CA)IRB	WA4YNZ	WA4YNZ
Atlanta/Glenri	444.1000	+	O 100.0	WR4CW	W5JR
Atlanta/Mariet	442.8750	+	O 100.0eRB	K4RFL	GIRA
Atlanta/Mariet	443.8000	+	O 151.4 (CA) eIRB	N4NFP	BSRG
Atlanta/Mariet	444.0500	+	O 151.4e	N4NEQ	BSRG
Atlanta/Mariet	444.7750	+	O 151.4a (CA)eIRB	N4NEQ	BSRG
Bainbridge	443.0000	+	O 100.0e	W4DXX	W4DXX
Baldwin	442.3500	+	O	WD4NHW	SPARC
Barnesville	443.6750	+	O	N4GWO	N4GWO/N4GW
Biskey Mtn	443.2500	+	O 100.0ael RBZ	KC4JNN	KC4JNN
Blairsville	442.2000	+	O	KF4SKT	KF4SKT
Blairsville	444.6000	+	O 100.0a	W6IZT	W6IZT
Blueridge	442.1250	+	O 146.2	KD4GRU	KD4GRU
Bogart	443.3000	+	Ot#e	WW4GA	WW4GA
Bogart	443.4750	+	Ote	W4EEE	OCONEE CTY
Bonaire	444.6250	+	O 82.5	K4EDN	K4EDN
Brunswick	443.4250	+	Oa	KD4CPO	KD4CPO
Brunswick	444.9750	+	O	K4TVE	K4TVE
Buchanan	444.2750	+	ts	N4CHC	N4CHC
Buford	442.6500	+		KD4YOR	KD4YOR
Byron	443.1500	+	Oz	KF4XH	KF4XH
Calhoun	443.6750	+	O 100.0es WX	K4WOC	K4WOC
Canton	443.0750	+	O 107.2 (CA) es	WA4EOC	WA6IKS
Carrollton	444.0750	+	O 131.8	W4FWD	W4FWD
Cartersville	443.1750	+	O 100.0	N4GIS	N4GIS
Cedar Grove	444.9750	+	77	WA4WHO	WA4EHO
Cedartown	443.5750	+	O 107.2 (CA) e	KD4NTF	KD4NTF/KD4
Cedartown	444.9500	+	107.2rsWX	KE4VCV	KE4VCV
Chatsworth	443.0000	+	O	W4DRC	-------------
Chatsworth	444.8500	+	es	K4SSP	K4SSP
Clayton	442.8250	+	O 162.2e	W1CP	W1CP
Clayton	444.5000	+		KX4BSA	KX4BSA
Clermont	444.9500	+	O 131.8	W4TL	W4TL
Cleveland	442.6250	+	O 100.0	K4VJM	K4VJM
Cobb County	443.4500	+	O 103.7els	WC4RAV	WC4RAV
Cochran	442.8750	+	O 77.0aelr WX	W4MAZ	W3LAP
Cochran	444.7750	+	O	N4MXC	MGRA
Cochran	444.9750	+	O 77.0eRB	W4MAZ	W3LAP
College Park	442.3500	+	100.0 RB WX	KG4PTO	KG4PTO
Columbus	441.9750	+	OWX	WB4ULK	WB4ULK
Commerce	441.9750	+	O 162.2	NE4GA	NORTHEAST
Concord	443.4000	+	O 110.9	WB4GWA	WB4GWA/CON
Conyers	442.5500	+	O 151.4l	WB4JEH	-------------
Conyers	443.7250	+	O 77.0	KB2DZA	KB2DZA
Conyers	444.5500	+	O 151.4l	WB4JEH	-------------
Conyers	444.7500	+	O 162.2 (CA) l	KC4ELV	KC4ELV
Cornelia	444.2750	+	O 100.0	K4JLG	K4JLG
Covington	444.1750	+	O 100.0el	KE4PVE	KE4PVE

420-450 MHz   411
GEORGIA

Location	Output	Input	Notes	Call	Sponsor
Covington	444.8000	+	O 88.5al	WA4ASI	GEORGE HAW
Cumming	441.9000	+	O 141.3 (CA) elWX	WB4GQX	WB4GQX
Cumming	442.5750	+	79.9e	WA4BPY	WA4BPY
Cumming	443.4000	+	O 107.2e	N1IB	N1IB
Cumming	443.8750	+		W4PX	W4PX
Cumming	444.6250	+	O 123.0 (CA) eRBz	W4CBA	W4CBA
Dacula	443.5500	+	OalRB	KK4IN	------------
Dahlonega	443.1000	+	O 100	N4KHQ	N4KHQ
Dahlonega	444.9000	+	O 100.0	N4BBQ	N4KHQ
Dallas	441.9250	+	O 162.2	W4CSX	W4CSX
Dallas	443.4750	+	O 77.0aeRB WX	WB4QOJ	WB4QOJ
Dallas	444.7000	+	O 77.0eRB	WD4LUQ	WD4LUQ
Dallas	444.7250	+	O 123.0e	AG4PR	AG4PR
Dalton	441.8500	+	O 100.0	KC4YVV	KC4YVV
Dalton	441.8750	+	O 100.0l	W4LAW	W4LAW
Dalton	442.1750	+	O 141.3aez	N4BZJ	N4BZJ
Dalton	444.5000	+	O 141.3	N4BZJ	N4BZJ
Decatur	442.2000	+	Oa	N3APR	N3APR
Decatur	444.2500	+	O	W4BOC	ALFORD MEM
Douglas	443.0000	+	O 141.3e	KE4ZRT	KE4ZRT
Douglasville	444.5750	+	O 88.5	W4SCR	SCARS
Dublin	442.6000	+	O 77.0#(CA)	KD4FOC	KD4FOC
Duluth	442.4000	+	O 100.0es	W2SJB	W2SJB
Eatonton	442.0750	+	O 123.0	WJ4SR	WJ4SR
Eatonton	442.4250	+	Ote	K4SWS	WJ4SR
Elberton	444.7000	+	118.8	KI4CCZ	KI4CCZ
Ellijay	443.9750	+	100.0es	W4HHH	N4VYU
Ellijay/Tower	442.7000	+	77.0s	KC4ZGN	KC4ZGN
Emerson	443.4250	+	O 103.5elRB	AE4JO	ETOWAH VAL
Evans	444.9000	+	Oe	W4QK	W4QK
Fayetteville	444.6000	+	O 77.0eRB WX	W4PSZ	FAYETTE CO
Flowery Branch	443.9000	+	O 131.8	K4RHJ	W4TL
Ft Mt/Chatswt	443.3500	+	O 71.9 (CA)e RBz	N4YYD	N4YYD
Gray	443.2000	+		KD4UTQ	KD4UTQ
Gray	443.6250	+	O 88.5	K4MDS	K4MDS
Gray	444.2750	+	O 141.3eRB WX	W4OCL	W4OCL
Graysville	444.5250	+	131.8	N4YAV	N4YAV
Greensboro	444.8500	+	O 103.5 (CA)	N4YXL	------------
Griffin	441.8500	+	OelWX	KF4QLF	KF4QLF
Griffin	443.5500	+	O	NQ4AE	NQ4AE
Hapeville	442.8250	+	O 167.9	KC4ENL	KC4ENL
Helen	444.4250	+	O 127.3lRB WX	K4PE	K4PE
Hiawassee	444.6750	+	O 186.2 (CA) lRB	KC4CBQ	KC4CBQ
High Pt/Lookt	443.4500	+	O 77.0aeRB	KB4VAK	G.R.O.U.P.
Hinesville	444.8500	+	O	KG4OGC	LCECARC
Hiram	443.7000	+	167.9	W4TIY	PAULDING A
Hogansville	444.3000	+	Oa	KC4YNY	KC4YNY
Irwinton	444.9250	+	O 77.0#	WB4NFG	WB4NFG

420-450 MHz
GEORGIA

Location	Output	Input	Notes	Call	Sponsor
Jasper	442.7500	+	O 141.3 (CA)e	N3DAB	N3DAB
Jasper	443.3750	+	O 100.0lRB	KC4AQS	KC4AQS
Jasper	443.4250	+	O	KB4MDE	KB4MDE
Jasper	443.6250	+	O 100.0eRB	KF4OYP	KF4LMW
Jasper	443.7500	+	O 103.5e	N0TH	N3DAB
Jasper	444.3750	+	O 103.5 (CA)e	KB4IZF	KB4IZF
Jesup	441.6750	+	131.8	N4ZON	N4ZON
Jesup	444.9250	+	O 141.3e	N4PJR	N4PJR & N4
Jonesboro	443.2250	+	O(CA)elr	WA4DIW	WA4DIW
Kingsland	444.6250	+	118.8	W4COJ	N4PAO
Kingston	444.1250	+	t	AF4PX	KG4EYJ
Knoxville	443.5250	+	O 114.8l	N4PQR	------------
Lakemont	444.7500	+	Ote	N4ZRF	------------
Lavonia	442.4750	+	O 203.5 (CA)e	K4NVG	LAVONIA AR
Lawrenceville	440.5500	+	elsWX	WA4YIH	WA4YIH
Lawrenceville	442.8500	+	O 82.5e	WB4HJG	WB4HJG
Lawrenceville	442.9000	+	O 123.0 (CA)s	KF4RLZ	KF4RLZ
Lawrenceville	444.0000	+	O 127.3e	WB4QDX	WB4QDX
Lawrenceville	444.0250	+	O 127.3l	W4CML	------------
Lawrenceville	444.2000	+	100	KF4HQV	KF4HQV
Lindale	443.3000	+	127.3e	KA4ZTY	KA4ZTY
Lithia Springs	442.9250	+	O 100.0elsWX	WB4RL	WB4RL
Lookout Mt	442.6500	+	O 100.0eRB	W4RRG	W4RRG
Lula	444.4000	+	O 71.9	WB4HJG	WB4HJG
Mableton	442.3250	+	Otaez	W4JLG	------------
Macon	442.2750	+	O 123.0aelRBz	WM4F	WM4F
Macon	442.7000	+	O 97.4s	W4MAZ	W4MAZ
Macon	443.0750	+	O 156.7elsRB WX	WX4EMA	WX4EMA
Macon	444.7000	+	O 103.5	WA4DDI	WA4DDI
Madras	442.2500	+	O 141.3e	K4HAC	K4HAC
Marietta	442.3750	+	Ot(CA)	KE4QFG	KE4QFG
Marietta	442.4250	+	OsWX	WK4E	COBB ARES
Marietta	442.6000	+	O 100.0	WA4OKJ	WA4OKJ
Marietta	443.5000	+	Oe	WB4BQX	DELTA 4 RG
Marietta	444.3250	+	79.7ae	KD4RBG	SOUTHERN P
Marietta/Atl	442.7250	+	Ot(CA)	KE4QFG	KE4QFG
Marlow	442.4750	+	O 114.8esRB	W1MED	W1MED
Mcdonough	444.8750	+	O 100.0 (CA)ers	KE4UAS	KE4UAS
McIntyre	444.6500	+	O 77.0	KC4TVY	KF4CXL
Monroe	442.0500	+	77.0elsWX	WE4RC	WALTON CO
Monroe	443.9250	+	O 123.0	KQ4XL	KD4WOU
Morrow	442.1750	+	23.0lRB	W2XAB	W2XAB
Moultrie	444.6250	+	O 123.0e	W1BPP	FBC-MOULTR
Newnan	441.6750	+	O 156.7es	WX4ACS	COWETA CO
Norcross	442.1000	+	O 100.0e	K4HUM	K4HBI
Parrott	441.6000	+	esWX	WG4JOE	AMERICUS A
Peachtree City	442.5000	+	O 77.0eRB WX	W4PSZ	KD4YDC

420-450 MHz   GEORGIA

Location	Output	Input	Notes	Call	Sponsor
Perry	444.9500	+	O	WR4MG	MID GA RAD
Pine Log Mt	443.2000	+	O 103.5el	KD4APP	KD4APP
Pine Mtn	444.4000	+	Oe	WB4ULJ	WA4ULK
Quitman	444.6000	+	O 127.3e	WA4NKL	------------
Rex	443.9750	+	O(CA)	KB4NPO	------------
Ringgold	443.9250	+	O(CA) RB	W4BAB	W4BAB
Rockmart	443.2750	+	O 179.9ae	KC4KLW	KC4KLW
Rome	441.8250	+	O 100.0el	KA4MLK	N4GIS
Rome	443.5250	+	O 179.9	KC4KLW	N4WPI
Rossville	442.4750	+	O 100.0	W4RRG	KS4QA
Roswell	442.0750	447.0250	Ota	W8BLA	W8BLA
Roswell/Bell	443.1500	+	O 100.0	W4PME	MATPARC
Saint Marys	443.0250	+	2e	N3EAY	N3EAY
Sandy Springs	441.9500	+	156.7aelRB	KE4OKD	ETOWAH VAL
Savannah	421.2500	434.0000	Oe	K4NLX	CARS
Savannah	427.2500	439.2500	OteRB	WA4VHP	SAVANNAH A
Savannah	442.7000	+	O	K4NLX	CARS
Savannah	443.3000	+	#els	W4HBB	ARC OF SAV
Savannah	444.0000	+		WD4AFY	WD4AFY
Smyrna	444.6500	+	O	N4IBW	------------
Snellville	442.4500	+	Ot	W4CML	N1IP
Snellville	443.0500	+	Ot	N1IP	N1IP
Snellville	444.5250	+	O 82.5 (CA)	W4GR	GWINNETT A
Social Circle	443.8250	+	123.0e	W4VZB	W4VZB
Statham	442.3000	+	O	WW4T	WW4T
Stockbridge	443.1250	+	O 100.0	KG4PUW	KG4PUW
Stockbridge	443.3250	+	Ot(CA)	N4JMD	WILLIAM HE
Stone Mountain	444.5000	+	els	W4DOC	W4DOC
Sugar Hill	442.1500	+		KD4GPI	KD4GPI
Sugar Hill	443.7750	+	O 82.5e	N4YF	NY4F
Summerville	444.4250	+	O 100.0l	W4LAW	W4LAW
Sweat Mt/Marie	444.4750	+	O	N4CLA	N FULTON A
Sycamore	444.9250	+	141.3	KF4BI	KF4BI
Sylvania	441.8000	+	Ote	AF4MI	AF4MI
Tifton	444.8750	+	OtesWX	KE4RJI	KE4RJI
Toccoa	442.5000	+	88.5	W4BNG	W4BNG
Tyrone/Ptc	444.6750	+	O 77.0els WXz	KN4YZ	KD4YDC
Valdosta	444.3500	+	O 141.3ae RB	WR4SG	WR4SG
Valdosta	444.7000	+	O 141.3 (CA) ez	KF4BJM	VARC
Vidalia	442.5000	+	O 88.5e	KE4PMP	KE4PMP
Villa Rica	441.9750	+		KI4GOM	KI4GOM
Villa Rica	442.7750	+	O 131.8aWX	KB4TIW	VILLA RICA
Waleska	441.3500	+	●t#	KD4DXR	KD4DXR
Waleska	443.8500	+	O 192.8#	K4PLM	PINE LOG M
Warm Springs	442.4000	+	Oez	N4UER	KN4FE
Warner Robins	442.9000	+	O	WR4MG	MGRA
Watkinsville	444.7250	+	O 123.0	KD4AOZ	KD4AOZ
Waycross	444.0250	+	O 141.3lz	AE4PO	AE4PO
Woodstock	442.2750	+		KF4RMB	KF4RMB
Woodstock	444.2250	+	O(CA)e	KE4SJO	KE4SJO
Wrightsville	443.0250	+	O 156.7l	WA4RVB	WA4RVB

420-450 MHz
HAWAII

Location	Output	Input	Notes	Call	Sponsor
HAWAII					
HAWAII					
Glenwood	442.0250	+	O 156.7al EXP	AH6GG	AH6GG
Hakalau	443.2000	+	O 100.0ae RB	AF7DX	AF7DX
Hilo	444.1500	+	Oalr	AH6JA	BIARC
Kahua	442.0750	+	O	AH6GR	MCDA
Kau	444.6000	+	Oael	KH6EJ	BIARC
Keaau	442.5750	+	O	KH6EJ	BIARC
Kohala	444.4500	+	O	KH7EJ	KH7EJ
Kona	443.4000	+	O 77e	KH7MS	KH7MS
Mountain View	444.3500	+	Oel	KH6QAJ	KH6QAJ
Pahoa	442.2500	+	O 114.8el	NH6P	W6YM
LANAI					
Lanai City	442.3500	+	O 110.9	AH6GR	MCDA
Puu Kilea	442.0500	+	O 136.5	AH6GR	MCDA
MAUI					
Haleakala	442.1000	+	O 136.5elRB	AH6GR	AH6GR
Haleakala	443.1500	+	O(CA)eRBz	KH6DT	KH6DT
Haleakala	444.2250	+	O	AH6GR	AH6GR
Kaanapali	442.3500	+	O 136.5 RB	AH6GR	Whalers C
Portable	443.8000	+	O 100.0	AH6GR	AH6GR
Wailuku	442.7500	+	O 136.5elRB	AH6GR	AH6GR
MOLOKAI					
Puu Hoku	442.1250	+	O 110.9	AH6GR	MCDA
Puu Nana	442.3000	+	O 136.5	AH6GR	MCDA
OAHU					
Diamond head	444.5000	+	Oel	WH6CZB	EARC
East Oahu	443.8500	+	●el	WH6CZP	HEART
Ewa	443.1000	+	O 103.5el	KH6CY	Ohana ARC
Honolulu	442.3000	+	O 103.5	KH6MEI	KH6MEI
Honolulu	442.8000	+	Oel	KH6AZ	KH6AZ
Honolulu	443.0000	+	●	KH7EC	CERT
Honolulu	443.0250	+	●	KH7EC	CERT
Honolulu	443.2500	+	O 114.8el	KH6FV	KH6FV
Honolulu	443.3000	+	Ol	WH6F	WH6F
Honolulu	443.4500	+	O 103.5l	KH6OJ	Ohana ARC
Honolulu	443.6250	+	O	WH6HR	WH6HR
Honolulu	443.6750	+	O	WH6UG	WH6UG
Honolulu	443.7000	+	Oae	WH6CZB	EARC
Honolulu	443.7750	+	O 123.0	NH6XO	NH6XO
Honolulu	443.9000	+	●	KH6FV	KH7R
Honolulu	443.9500	+	O 118.8	KH7TK	AH7GK
Honolulu	444.0000	+	O	NH6WP	SFHARC
Honolulu	444.0500	+	O	KH6OCD	OCDA
Honolulu	444.3250	+	Oer	AH6RH	RACES
Honolulu	444.3500	+	O 103.5 (CA) elr	AH6CP	RACES
Kailua	444.1500	+	Ol	WH6CZB	EARC
Kailua	444.4250	+	O	AH6HI	AH6HI
Leeward	442.1750	+	O 103.5	KH6MEI	KH6MEI
Leeward	442.6000	446.6000	O	KH6NYC	KH6NYC
Leeward	442.7000	+	Oep	NH7QH	NH7QH
Manawahua	443.4750	+	O 114.8e	KH6HFD	HFD
Manawahua	443.5500	+	O 114.8e	KH6HFD	HFD

420-450 MHz 415
HAWAII-IDAHO

Location	Output	Input	Notes	Call	Sponsor
Maunakapu	442.4750	+	●el	WR6AVM	UFN
Maunakapu	444.1000	+	○l	WH6CZB	EARC
Mokuleia	443.4000	+	○ 114.8e	KH6HFD	HFD
Mokuleia	443.6000	+	●el	KH6HFD	HFD
North Shore	444.5500	+	○ 114.8e	KH6FV	OCDA
Round Top	443.4250	+	●el	KH6HFD	HFD
Round Top	443.8250	+	○ 114.8e	KH6HFD	HFD
Unknown	443.2750	+	○e	NH6XO	NH6XO
Waimanalo	442.5000	+	●	KH7Q	KH7Q
Waimanalo	443.4000	+	○ 114.8e	KH6HFD	HFD
Waimanalo	443.5000	+	○ 114.8el	KH6HFD	HFD
Waimanalo	444.0250	+	○	KH6CB	KH6CB

IDAHO
FREQUENCY USAGE - IACC AREAS
Snp	443.0000	+	t		

FREQUENCY USAGE - N ID LINK
Mullan	439.0500				
Mullan	439.2000				

N - ID KELLOGG
Wardner Pk	444.0000	+	○ 127.3	N7SZY	N7SZY

N ID - CDA
Cda	444.7750	+	● 127.3	N7LNA	K7LNA

N ID - COTTONWOOD
Cottonwood Butte	444.9500	+	○ 100.0lx	K7EI	K7EI

N ID - LEWISTON
Craig Mtn	442.1000	+	103.5	K7EI	K7EI

N ID - MOSCOW
Moscow Mtn	444.9750	+	○ 100.0lx	K7EI	K7EI
Moscow Mtn/West	442.8000	+	103.5e	W7NGI	W7NGI

N ID - OROFINO
Wells Bench	444.8750	+	100.0l	K7EI	K7EI

N ID - RATHDRUM
Rathdrum	442.8500	+	● 110.9	KC7TIG	KC7TIG

N ID - SPIRIT LAKE
Spirit Lake	442.0000	+	110.9e	K7ZOX	K7ZOX

N-ID - LEWISTON
Craig Mtn	444.9250	+	○ 100.0lx	K7EI	K7EI

N-ID LEWISTON
Lewiston Hill	444.9000	+	○ 100.0 (CA) lx	K7EI	K7EI

S CENT
Burley	449.2000	–	○	KC7SNN	ISRA MHCH

S WEST ID
Ontario, OR	444.1500	+	100	K7OJI	TVRA

SOUTHEAST IDAHO
Idaho Falls	443.0000	+	○ 123.0	WA4VRV	------------
Idaho Falls	448.1750	–	○ 100.0	K6LOV	K6LOV
Pocatello	447.7500	–	○ 100.0	W7RSR	------------
Pocatello	449.6750	–	○	KØIP	------------

SW IDAHO
Boise	443.0000	+	○ 100	W7NCG	W7NCG
Idaho City	443.3500	+	○ 100	KD7LXW	KD7LXW
Ontario, OR	443.0500	+	○ 114.8l	NB7C	NB7C
Vale, OR	442.3500	+	○ 100	W7PAG	W7PAG

420-450 MHz
IDAHO-ILLINOIS

Location	Output	Input	Notes	Call	Sponsor
SW-ID					
Boise	443.2000	+	O 100 RB	WB7RES	WB7RES
Boise	443.2500	+	OeRB	WB7RES	W7ZRQ+
Boise	443.6000	+	OE-SUNlrs WXx	W7VOI	VOI ARC
Boise	443.7500	+	●x	KX7ID	KX7ID
Boise	443.8500	+	O 100 E-SUNrsWX	W7VOI	VOI ARC
Boise	444.0250	+	O	N7FYZ	N7FYZ
Boise	444.3000	+	O(CA)	W7VOI	VOI ARC
Boise	444.3500	+	O 167.9 (CA)	W7VOI	VOI ARC
Boise	444.4500	+	O 100.0 (CA) elx	KB7LVC	KB7LVC
Boise	444.6500	+	O 110.9ex	KA7EWN	KA7EWN
Boise	444.9000	+	O 100	W7VOI	VOIARC
Cascade	443.3000	+	O 110.9/110.9elRB	K7ZZL	W7ZRQ+DPAR
Fruitland	443.6500	+	O	KC7BSA	KC7BSA
Mt Home	444.7750	+	Oe	N7OKG	ECRA
SW-ID, SE-OR					
Huntington, OR	444.1500	+	O 100	K7OJI	TVRA
ILLINOIS					
BLOOMINGTON					
Bloomington	444.3500	+	107.2	W9EX	W9EX
Bloomington	444.9750	+	210.7elsWX	N9YAY	N9YAY
Normal	442.7000	+	107.2e	WB9UUS	WB9UUS
CENTRAL					
Litchfield	444.4500	+	103.5	AC9P	AC9P
Nokomis	442.1500	+	88.5	N9TZ	W9COS
Ramsey	442.4500	+	103.5	WB9NEY	WB9NEY
CHAMPAIGN					
Champaign	444.1000	+	162.2e	K9SI	K9SI
Champaign	444.5250	+	162.2e	K9BF	K9BF
Champaign	444.6500	+	103.5	W9YH	SYNTON ARC
Paxton	444.8250	+	103.5l	K9TA	K9TA
CHICAGO					
Chicago	440.3000	+	114.8	W9BMK	DUCFAR
Chicago	442.0938	+	e	NS9RC	NSRC
Chicago	442.1250	+	203.5	WD9GEH	WD9GEH
Chicago	442.1750	+	114.8x	KE9FR	KE9FR
Chicago	442.4000	+	114.8e	K9NBC	PARC
Chicago	442.4500	+	●	K9QKB	MRCA
Chicago	442.5750	+	131.8	K9CDW	SATURN
Chicago	442.7250	+	114.8e	NS9RC	NSRC
Chicago	442.9750	+	114.8 (CA)l WXx	WA9VGI	FISHFAR
Chicago	443.3750	+	114.8	K9QKW	WB9RFQ
Chicago	443.6000	+	114.8 (CA)	WB9AET	WAFAR
Chicago	443.6750	+	114.8 (CA) WX	KC9DFK	CHI-TOWN
Chicago	443.7500	+	114.8 (CA)	WA9ORC	CFMC
Chicago	443.8000	+	103.5a	K9SAD	SADFAR
Chicago	443.8750	+	114.8ae	WA9TQS	WSNSTVARC
Chicago	443.9250	+	114.8	K9VO	CHIFAR
Chicago	443.9750	+	114.8	KB9PTI	AIRA

ILLINOIS

Location	Output	Input	Notes	Call	Sponsor
Chicago	444.0000	+	(CA)e	W9OWV	C.U.B.E.S.
Chicago	444.3750	+	114.8 (CA)z	K9GFY	SARA
Chicago	444.6250	+	110.9	N9SHB	N9SHB
Chicago	444.7250	+	114.8l	W9TMC	TMC ARC
Chicago	444.7750	+	114.8 (CA)	WA9PAC	PIONEER AR
Homewood	442.3750	+	114.8lWX	WA9WLN	WALDOFAR
Tinley Park	441.8000	+	107.2 (CA)	W9IC	W9IC

DECATUR

Location	Output	Input	Notes	Call	Sponsor
Bement	443.5750	+	103.5 (CA)e	KB9WEW	PCESDA
Decatur	442.2500	+	103.5e	WA9RTI	MACONCOAR
Decatur	443.8000	+	123	K9HGX	CENOIS ARC
Decatur	444.1750	+	100.0elWX	K9MCA	KC9CWL
Lovington	444.2750	+	103.5e	WC9V	KR9X
Mt Zion	444.8000	+	103.5 (CA)e	KO9I	-----------

EAST CENTRAL

Location	Output	Input	Notes	Call	Sponsor
Arcola	444.3750	+	192.8	WA9WOB	ARC NET
Clinton	442.3750	+	91.5es	KA9KEI	DARC
Loda	442.4250	+	179.9 (CA)	K9UXC	K9UXC
Monticello	442.7250	+	103.5	KB9ZAM	UBIQUITOUS
Watseka	444.6250	+	103.5	W9QKF	W9QKF

NORTH CENTRAL

Location	Output	Input	Notes	Call	Sponsor
Dixon	443.4250	+	136.5	KA9PMM	KA9PMM
Dixon	443.8250	+	136.5	KA9PMM	KA9PMM
Dixon	444.6250	+	O 136.5 (CA) el	N9ZVO	N9ZVO
Dixon	444.8000	+	114.8	W9DXN	RRARC
Freeport	442.0000	+	146.2ersWX	W9SBA	NWIL ARES
Freeport	443.2750	+	114.8	KB9RNT	KB9RNT
Joliet	440.1500	+	156.7 (CA)	KB9LWY	KB9LWY
Joliet	442.3000	+	114.8e	W9OFR	WCARL
Joliet	442.9250	+	114.8 (CA)l WXx	WA9VGI	FISHFAR
Malta	442.9500	+	131.8 (CA)l WXx	WA9VGI	FISHFAR
Marseilles	442.6000	+	23.0el	KA9FER	KA9FER
Oregon	442.5000	+	146.2ersWXz	N9ECQ	OGLE C OEM
Oregon	443.9500	+	141.3e	KB9DBG	KB9DBG
Princeton	444.1500	+	103.5 (CA)	N9ECQ	N9ECQ
Sterling	444.0250	+	82.5el	N9JWI	N9JWI
Winnebago	442.3500	+	88.5 (CA)e	W9TMW	W9TMW

NORTHEAST

Location	Output	Input	Notes	Call	Sponsor
Alden	444.8250	+	123.0el	KA9FUR	KA9FUR
Algonquin	444.0250	+	103.5	N9IVM	N9IVM WEST
Arlington Heig	444.0250	+	100.0e	N9IVM	N9IVM EAST
Aurora	443.2000	+	114.8ex	N9EAO	FROGFAR
Aurora	443.4250	+	114.8e	W9LSL	W9LSL
Aurora	444.3000	+	114.8e	W9CEQ	FRRL, INC.
Barrington Hil	442.1500	+		WD9IAE	WD9IAE
Batavia	442.1062	+		W9CEQ	FRRL
Batavia	443.6500	+	114.8 (CA)l	W9XA	W9XA
Batavia	444.1000	+	100.0ex	KA9LFU	ELFAR
Batavia	444.2250	+	114.8	WB9IKJ	FERMI RC
Bellwood	444.5750	+	114.8	KC9ZI	KC9ZI
Berwyn	444.1500	+	146.2	WA9HIR	WA9HIR
Blue Island	442.6750	+	131.8	W9SRC	STARS

420-450 MHz
ILLINOIS

Location	Output	Input	Notes	Call	Sponsor
Bolingbrook	443.5250	+	114.8 (CA)ez	K9BAR	BARS
Bolingbrook	443.7000	+	114.8 (CA)el WXz	W9BBK	V BOLNGBRK
Calumet City	443.9500	+	131.8	KA9OOI	CHUMPS
Calumet City	444.4250	+	114.8e	KA9QPN	CC ESDA
Cary	443.0750	+	114.8 (CA)l	WB9PHK	STROKE
Cherry Valley	442.6250	+	100	W9FT	PIGFAR
Crystal Lake	443.2000	+	131.8l	N9EAO	FROGFAR #2
Crystal Lake	443.4750	+	114.8e	N9HEP	N9HEP
Crystal Lake	444.1750	+	114.8	KA9ATL	KA9ATL
Deer Park	441.9500	+	114.8	KP4EOP	KP4EOP
Dekalb	443.5000	+	118.8	WA9Z	TRI-STAR
Dekalb	444.4500	+	114.8px	KB9FMU	KB9FMU
Downers Grove	442.5500	+	114.8 (CA)	W9DUP	DARC
Downers Grove	442.8750	+	114.8	W9PCS	York RC
Downers Grove	443.2000	+	100	N9EAO	FROGFAR #3
Downers Grove	443.9000	+	114.8	N9ATO	SERCOMM
Downers Grove	444.4750	+	114.8	W9CCU	WCRA
Dundee	443.0250	+	114.8	W9DWP	W9DWP/KAPS
Elgin	442.1250	+	118.8	KB9PWP	KB9PWP
Elgin	444.1250	+	114.8	K9UJH	K9UJH
Elgin	444.9500	+	114.8	WR9ABQ	VARA
Frankfort	443.3250	+	114.8	WD9HSY	WD9HSY
Frankfort	444.5500	+	114.8erswX	WW9AE	PRL WCEMA
Grant Park	441.3000	+	114.8lWX	WA9WLN	WALDOFAR
Grayslake	444.6000	+	114.8	W9GWP	W9GWP
Gurnee	443.1500	+	114.8e	N9OZB	ARG
Gurnee	443.5000	+	127.3 (CA)	W9MAB	GURNEE RG
Hampshire	444.6750	+	114.8 (CA)el z	W8ZS	SKYHAWK
Hampshire	444.7000	+	114.8l	W8ZS	SKYHAWK
Hawthorn Woods	441.9000	+	114.8	KB9SDM	------------
Hinsdale	444.2000	+	114.8e	KB9OYP	KB9OYP
Ingleside	444.5500	+	107.2	N9IFG	WeLCARS
Kankakee	444.8000	+	100.0ael	W9AZ	KARS
Kingston	442.0500	+	114.8lr	WB9EPO	KORNFAR
La Grange Park	443.3000	+	114.8	K9ONA	SMCC
Lake Villa	442.3250	+	107.2e	N9FJS	LBRG
Lake Villa	444.4000	+	114.8aelz	WB9RKD	WB9RKD
Lake Zurich	443.2500	+	114.8 (CA)	K9SA	SUHFARS
Lake Zurich	443.3500	+	114.8 (CA)el	K9SA	K9SA
Lake Zurich	443.8500	+	114.8e	KD9GY	LC RACES
Libertyville	442.5250	+	114.8erswX	K9IQP	LKCNTRACES
Lisle	442.7000	+	203.5 (CA)e LITZ	WA9AEK	WA9AEK
Lockport	442.0250	+	100	NC9T	P.A.D.X.A.
Lockport	443.2250	+	141.3	KB9KV	ANDREW RC
Lombard	444.2500	+	114.8 (CA)el WX	N9ECQ	LOMBRD OEM
Marengo	442.3750	+	210.7 (CA)l	KA9LOY	N9AWQ
Melrose Park	442.6250	+	114.8	W9FT	PIGFAR
Morris	442.0000	+	94.8	KC9KKO	JP WATTERS
Morris	442.3250	+	114.8eWX	KB9SZK	GCARC
Naperville	442.2250	+	114.8l	WA9WSL	LUCENT IHA
Naperville	443.0500	+	114.8 (CA)r WX	WB9QAH	Napv. EMA

420-450 MHz 419
ILLINOIS

Location	Output	Input	Notes	Call	Sponsor
New Lenox	444.4000	+	141.3l	N2BJ	N2BJ
Oak Forest	443.2750	+	114.8	N9ZD	N9ZD
Oak Lawn	444.6500	+	11	KA9FLX	KA9FLX
Oak Lawn	444.9000	+	114.8 (CA)elz	W9OAR	W9OAR
Orland Park	441.9750	+	114.8eWX	WD9HSY	WD9HSY
Orland Park	444.8500	+	71.9	WD9HGO	WD9HGO
Palatine	443.0000	+	114.8r	KA9ORD	PALATINEEM
Plainfield	442.8500	+	114.8	KA9OOP	ARP
Plato Center	444.9750	+	● 114.8	W9ZS	VARA
Rockford	442.7500	+	123.0el	KA9FUR	KA9FUR
Roselle	444.8750	+	114.8 (CA)el	KA9LOY	NIPSARS
Round Lake Bea	443.7750	+	127.3	N9JSF	N9JSF
Schaumburg	440.8000	+	114.8 (CA)e	KC9GFU	ANTFACTORY
Schaumburg	442.2750	+	114.8	K9IIK	SARC
Schaumburg	442.8000	+	114.8l	N9EP	WRC
Schaumburg	442.9000	+	114.8 (CA)l WXx	WA9VGI	FISHFAR
Schaumburg	443.1000	+	114.8 (CA)l	WB9PHK	STROKE
Schaumburg	443.5750	+	114.8	N9KNS	MOTO ARC
Schaumburg	443.6250	+	114.8 (CA)elz	N9CXQ	NAPS
Schaumburg	443.7250	+	114.8	N9KNS	MOTO ARC
Schaumburg	444.5000	+	114.8	K9PW	CARP
Sheridan	443.5500	+	114.8	WA9JON	WA9JON
St Charles	444.5250	+	114.8erswXx	KC9OEM	KCOEM
Sugar Grove	442.4750	+	a	KA9HPL	KA9HPL
Sycamore	442.6500	+	146.2	N9EX	N9EX
Wasco	444.9250	+	411.0e	N9MEP	GFAR
Wauconda	442.5000	+	114.8	K9SGR	K9SGR
West Chicago	441.8500	+	114.8e	KC9JBW	WC ESDA
Wheaton	444.0500	+	114.8e	WA9E	Tower ARC
Wheaton	444.2750	+	114.8 (CA)el	KA9KDC	KA9KDC
Wheeling	444.3250	+	114.8	WB9OUF	WB9OUF
NORTHWEST					
Rock Island	444.9000	+	e	W9WRL	QCRPTG
Stockton	443.9750	+	127.3	N9NIX	N9NIX
PEORIA					
Canton	444.7250	+	103.5e	K9ILS	FCARC
Delavan	442.5250	+	151.4	KB9RAO	KB9RAO
Dunlap	443.1250	+	156.7	N9BBO	N9BBO
East Peoria	443.0000	+	103.5aez	KA9GCI	PEKIN RPTG
Kickapoo	444.2000	+	103.5e	W9HOI	HIFC
Pekin	444.0000	+	103.5az	KA9GCI	PEKIN RPTG
Peoria	442.1250	+	103.5e	W9GAO	HIFC
Peoria	443.1500	+	103.5e	N9ZVI	N9ZVI
Peoria	444.3750	+	156.7 (CA)e	N9BBO	N9BBO
Topeka	442.3250	+	aelz	N9OSR	N9OSR
Tremont	444.5500	+	e	W9TAZ	TCARS
ROCKFORD					
Belvidere	442.8250	+	114.8e	N9KUX	N9KUX
Mt Morris	442.6750	+	114.8elrsWX	K9AMJ	K9AMJ
Rockford	442.0750	+	114.8a	N9CWQ	ARECOMM
Rockford	442.4250	+	rsWX	WX9MCS	N9MCS R.G.
Rockford	442.5750	+	114.8eWX	KB9AYF	KB9AYF

420 420-450 MHz
ILLINOIS

Location	Output	Input	Notes	Call	Sponsor
Rockford	442.7750	+	118.8	WW9P	P.A.R.S.
Rockford	443.3250	+	123.0ae	KE4CLD	RVCITHAMS
Rockford	443.4500	+	114.8	WB9TFX	WB9TFX
Rockford	444.3500	+	114.8 (CA)el	K9AMJ	K9AMJ
Rockford	444.7250	+	118.8	WX9MCS	N9MCS R.G.
Rockford	444.8500	+	114.8 (CA)el	K9AMJ	K9AMJ
SOUTH					
Carbondale	442.0250	+	88.5	W9UIH	SIU ARC
Eagleton	443.4000	+		W9IMP	OTHG
Jonesboro	444.0250	+		K9DMG	K9DMG
Metropolis	444.9750	+	123.0 (CA)ez	N9IBS	MAMA ARC
SOUTH CENTRAL					
Effingham	444.1250	+	110.9e	K9UXZ	NTARC
Fairfield	442.6250	+	123.0aeWX	KC9GMX	KC9GMX
Farina	443.0500	+	103.5 (CA)	W9FIU	ROGER RIES
Greenville	442.9250	+	103.5e	KB9EGI	OVARC
Mattoon	443.7250	+	103.5	N9VLD	N9VLD
Mattoon	444.9250	+	103.5e	W9MBD	MARK
Salem	442.2000	+	103.5 (CA)ez	W9CWA	CWA
Toledo	442.3000	+	103.5	W9MBD	W9MBD
SOUTHEAST					
Mt Carmel	442.3250	+	114.8rsWX	AI9H	W9GH
Mt Carmel	444.7750	+	114.8ersWX	AI9H	K9BJE
Robinson	442.8000	+	107.2esWX	WA9ISV	CCARC/IEMA
SPRINGFIELD					
Jacksonville	444.6750	+	103.5 (CA)ez	K9JX	JARS
Pawnee	442.6000	+	94.8	N9MAF	N9MAF
Springfield	443.3750	+	94.8	WA9KRL	WA9KRL
Springfield	444.1000	+	(CA)	K9PLR	PIONEER AR
Springfield	444.4000	+	103.5	K9CZ	K9CZ
Springfield	444.5000	+	103.5ae	WX9DX	WX9DX
Springfield	444.6000	+	103.5 (CA)exz	WS9V	MR DX
Tallula	442.6750	+	151.4	K9KGO	K9KGO
Tallula	444.9000	+	151.4	K9KGO	K9KGO
Tovey	442.0500	+	79.7a	WE9W	WE9W
ST LOUIS					
Albers	444.7750	+	151.4 (CA)	WD9IQN	WD9IQN
Alton	442.9000	+	79.7aelz	K9HAM	LCRC
Belleville	444.6250	+	127.3	K9GXU	ST CLAIR
Carlinville	443.2750	+	100.0e	N9OWS	N9OWS
Carlinville	443.7500	+	107.2e	N9OWS	N9OWS
Collinsville	442.1750	+	103.5 (CA)	KD6TVP	KD6QKX
Collinsville	444.9500	+		W9UH	W9UH
East St Louis	442.2750	+	127.3lrs	K9GXU	ST CLAIR
Edwardsville	442.4000	+	127.3ersWX	W9AIU	EGYPTN RC
Gillespie	444.2500	+	103.5 (CA)esWXxz	WS9V	MR DX
Godfrey	442.2250	+	79.7aelz	K9HAM	LCRC
Godfrey	442.3500	+	123.0e	KB9GPF	KB9GPF
Godfrey	443.0000	+	123.0aelz	K9KE	K9KE
Godfrey	443.2750	+	123	N9GGF	N9GGF
Godfrey	443.3500	+	O 118.8	K9KE	K9KE
Godfrey	443.4000	+	123	N9GGF	N9OWS
Godfrey	443.5000	+	123.0ael	K9KE	K9KE
Godfrey	443.6000	+	88.5ael	K9KE	K9KE

420-450 MHz   421
ILLINOIS-INDIANA

Location	Output	Input	Notes	Call	Sponsor
Godfrey	443.7000	+	123.0ael	K9KE	K9KE
Granite City	442.5500	+	127.3	KZ9D	KZ9D
Maryville	443.2000	+	103.5e	KB9KLD	KB9KLD
Mascoutah	443.9000	+	l	AA9ME	AA9ME
Mascoutah	443.9750	+	l	AA9ME	AA9ME
Mascoutah	444.2250	+	l	AA9ME	AA9ME
Mascoutah	444.8750	+	110.9l	KB9QKR	KB9QKR
New Douglas	442.0000	+	100.0e	AG9R	BOND CO
O'fallon	443.1000	+	127.3	K9AIR	SPARC
Shiloh	444.3000	+	127.3e	AA9RT	AA9RT
Troy	442.0750	+	al	AA9MZ	AA9MZ
Troy	444.5750	+	al	AA9MZ	AA9MZ
Waterloo	444.7000	+	127.3aez	N9OMD	N9OMD
Wood River	442.7750	+	114.8 (CA)e	KB9UCE	KB9UCE
WEST CENTRAL					
Beardstown	443.9500	+		KB9KCQ	IVARC
Galesburg	444.4500	+	l	W9GFD	KNOXCARC
Galva	443.3000	+	103.5	WA9BA	AARO
Galva	443.3500	+	225.7ep	W9YPS	AARO
Geneseo	444.8750	+	136.5e	W9MVG	SHAFER MEM
Kewanee	442.1750	+	225.7	N9ZK	AARO
Macomb	444.3000	+	103.5a	WB9TEA	LEARC
Monmouth	444.3250	+	173.8	W9XYZ	W9XYZ
Quincy	443.6750	+	186.2ex	KC9JBD	H.R.G.
Quincy	443.9000	+	103.5 (CA)ez	W9AWE	WIARC
Table Grove	442.9750	+	110.9	NU9TS	NU9TS
Versailles	443.9250	+	88.5	KB9JVU	KB9JVU

INDIANA
EAST CENTRAL

Location	Output	Input	Notes	Call	Sponsor
Anderson	443.3500	+	Oer	WA9CWE	MadisonEMA
Anderson	444.6750	+	O 131.8ersWX	W9EOC	And.EMA
Brookville	442.2500	+	OesWX	KB9YSN	KB9YSN
Connersville	442.0500	+	Oe	N9TU	N9TU
Dunreath	443.6250	+	O	KC9AWP	MKO ARC
Greensburg	444.5250	+	OersWX	N9LQL	N9LQL
Hartford City	443.5750	+	O	AA9Z	AA9Z
Modock	443.3250	+	O 100eWX	K9NZF	K9NZF
Muncie	441.9000	+	O 127.3eWX	KC6ETE	KC6ETE
Muncie	443.4500	+	Oe	WD9HQH	EvansRuster
Muncie	444.1000	+	OeWX	KT9OM	KT9OM
Muncie	444.3750	+	O	WB9HXG	WB9HXG
New Castle	444.2750	+	Olrsz	W9ML	W9ML
Osgood	441.7750	+	OeWX	KC9HRO	Ripley ARA
Portland	443.4750	+	OWX	N9YXU	N9YXU
Portland	444.2000	+	O 131.8ersWX	WABASHRIV	WA9JAY
Richmond	441.9500	+	O 127.3eWX	KB9WNM	KB9WNM
Rushville	442.6000	+	O 127.3	K9PQP	East Cent.
Rushville	444.7750	+	Oer	NV9M	East Cent.
Winchester	441.8000	+	O 110.9	N9CZV	N9CZV
Yorktown	442.7250	+	O	W9CSI	W9CSI

INDIANAPOLIS

Location	Output	Input	Notes	Call	Sponsor
Brownsburg	442.7750	+	O	W8CQ	W8CQ
Brownsburg	444.2000	+	O 88.5	KC9CTQ	KC9TCQ

420-450 MHz
INDIANA

Location	Output	Input	Notes	Call	Sponsor
Clayton	444.7000	+	o	KB9YTW	KB9YTW
Danville	444.5750	+	o 88.5elz	WX9HC	HendricksC
Franklin	443.3750	+	o 118.8	AA9YP	AA9YP
Franklin	443.5250	+	o	AA9YP	AA9YP
Greenfield	444.4500	+	o 88.5r	W9ATG	HancockARC
Greenfield	444.7250	+	o 88.5r	W9ATG	HancockARC
Indianapolis	441.8750	+	o(CA)elz	KF9MD	KF9MD
Indianapolis	441.9250	+	oe	K9RAG	K9RAG
Indianapolis	442.0000	+	o	KA9GIX	KA9GIX
Indianapolis	442.1250	+	o	KA9ODU	KA9ODU
Indianapolis	442.2750	+	o 88.5e	AB9D	Indy FAA
Indianapolis	442.3750	+	o	K9DC	K9DC
Indianapolis	442.5000	+	o	WA9VMP	WA9VMP
Indianapolis	442.6500	+	o 77.0eWX	W9ICE	ICE
Indianapolis	442.8500	+	o	KB9UZD	KB9UZD
Indianapolis	442.9500	+	o	KB9BRF	KB9BRF
Indianapolis	443.0000	+	o 100e	WB9PGW	WB9PGW
Indianapolis	443.1000	+	o 100e	W9DUU	W9DUU
Indianapolis	443.2500	+	o 100eWXz	KM9E	KM9E
Indianapolis	443.4250	+	o 94.8	K9IP	DREGSs
Indianapolis	443.6000	+	o	W9VCS	W9VCS
Indianapolis	443.7500	+	o 100elWX	W9DUU	W9DUU
Indianapolis	443.8000	+	o	KC9COP	KC9COP
Indianapolis	443.8500	+	oesWX	WA9RIA	Indpls RA
Indianapolis	443.9500	+	o	WB9OLI	WB9OLI
Indianapolis	444.0000	+	o 100	N9ET	OMIK
Indianapolis	444.1250	+	oD*r	WB9YCZ	ICE
Indianapolis	444.3250	+	o 136.5elWXx	KB9SGN	KB9SGN
Indianapolis	444.4000	+	o	KA9RKD	AT&T ARC
Indianapolis	444.8750	+	o	KA9GIX	KA9GIX
Lebanon	442.2250	+	o	WJ9J	WJ9J
Lebanon	443.1500	+	o(CA)lr	NX9Q	BooneCo RA
Martinsville	444.2500	+	o	N9EGQ	N9EGQ
Morgantown	444.4250	+	o 100	N9FUT	N9FUT
Nashville	443.2750	+	o 136.5elrs	KA9SWI	KA9SWI
New Whiteland	444.0750	+	o 100	KM9S	KM9S
Nineveh	442.1500	+	oers	KA9SWI	KA9SWI
Noblesville	443.5500	+	oer	W9KD	Ham. RACES
Noblesville	443.9000	+	o 118.8	W9ICE	ICE
Plainfield	442.9000	+	o	WB9CIF	Hendricks
NORTH CENTRAL					
Bremen	443.4250	+	o 173.8	N9FCO	N9FCO
Culver	443.9250	+	o	N9GPY	N9GPY
Elkhart	442.3750	+	o 131.8 WX	KC9GMH	KC9GMH
Elkhart	442.4750	+	o 131.8	AA9JC	AA9JC
Elkhart	442.6000	+	o 131.8	N9RSV	N9RSV
Elkhart	443.4750	+	o 131.8	AA9JC	AA9JC
Elkhart	444.2750	+	o 131.8	AA9JC	AA9JC
Frankfort	442.5750	+	orsWX	N9SFA	Clinton Co.
Goshen	443.8500	+	o 131.8e	KB9ORC	KB9ORC
Kimmell	444.7250	+	o 141.8 (CA) eWXz	KC9FDA	KC9FDA
Kokomo	442.3000	+	oer	W9KRC	Kokomo RC
Kokomo	442.4000	+	o	KA9GFS	KA9GFS
Kokomo	443.3000	+	oe	KA9GFS	KA9GFS

420-450 MHz   423
INDIANA

Location	Output	Input	Notes	Call	Sponsor
Kokomo	444.0250	+	O 131.8el	N9LLO	N9LLO
Logansport	443.6500	448.6250	O 77.0	W9VMW	Cass ARC
Marion	442.7500	+	Oe	KB9CRA	KB9CRA
Marion	443.4000	+	O(CA)	KB9CRA	KB9CRA
Marion	444.2250	+	Oe	KB9CRA	KB9CRA
Marion	444.7500	+	O 131.8l	WB9VLE	WB9VLE
Mishawaka	442.0500	+	O 131.8e	W9AMR	Michiana RA
Mishawaka	444.1000	+	O 131.8	N9GVU	N9GVU
N Manchester	443.2250	+	O 156.7ers WX	KC9GIS	KC9GIS
Nappanee	443.0250	+	O 97.4e	WD9ATU	WD9ATU
North Judson	442.0000	+	O	N9LV	N9LV
Notre Dame	443.3500	+	O 131.8	ND1U	ND1U
Rochester	442.7000	+	Oe	KC9IXX	KC9IXX
Rochester	444.9250	+	O	N9GCG	N9GCG
Russiaville	442.5250	+	O	N9KYB	N9KYB
South Bend	442.1000	+	O 100elr	N9TZN	N9TZN
South Bend	442.5000	+	O	WA9GOP	WA9GOP
South Bend	444.0000	+	O 131.8	W9TEW	W9TEW
South Bend	444.1750	+	O 131.8e	KA9MXW	KA9MXW
South Bend	444.1750	+	O 131.8e	KA9MXW	KA9MXW
South Bend	444.7000	+	O	W9TEW	W9TEW
South Bend	444.8250	+	Oe	W9BIF	Maple City
South Bend	444.9750	+	O 107.2e	K9SIQ	K9SIQ
Syracuse	442.7000	+	O	K9BC	K9BC
Tipton	443.1250	+	Oe	K9TRC	Tipton ARC
Wabash	442.3250	+	O 131.8sWX	KB9LDZ	WabashARC
Warsaw	443.0500	+	OlWXxz	KA9OHV	N. INRptGr
Warsaw	443.3750	+	O 131.8	N9UZM	N9UZM
Warsaw	444.2000	+	Oe	K9CWD	Hoosier La
Warsaw	444.4250	+	Oelprz	KB9AVO	ARC
NORTHEAST					
Andrews	442.9250	+	Ol	KC9DZ	Huntington
Angola	442.8750	+	O 131.8	WB9DGD	WB9DGD
Angola	444.3250	+	O	WB9DGD	WB9DGD
Angola	444.9000	+	O	W9LKI	W9LKI
Auburn	442.4500	+	O	KA9LCF	KA9LCF
Columbia City	444.5500	+	O 131.8ers WX	WC9AR	Whitley AR
Decatur	443.7250	+	O	W9FRU	W9FRUW9YF
Decatur	444.3250	+	O 131.8	K9OMW	K9OMW
Ft Wayne	442.5500	+	Ol	N9VZJ	N9VZJ
Ft Wayne	442.6250	+	O	KG9NN	KG9NN
Ft Wayne	443.0000	+	O	W9DYH	W9DYH
Ft Wayne	443.1000	+	O 131.8	WB9VLE	WB9VLE
Ft Wayne	443.2750	+	O	KC9AUQ	KC9AUQ
Ft Wayne	443.8000	+	O	W9INX	AC ARTS
Ft Wayne	444.2500	+	O 131.8	WD9AVW	WD9AVW
Ft Wayne	444.3000	+	O 131.8e	W9VD	W9VD
Ft Wayne	444.6250	+	●rs	K9LSB	HAMS INC
Ft Wayne	444.8000	+	Ol	W9FEZ	MizpahShrine
Ft Wayne	444.8750	+	O	W9TE	Ft Wayne RC
Garrett	444.0500	+	O(CA)e	K9BPR	K9BPR
Huntington	443.9750	+	O 131.8l	KC9GX	Huntington
Kendallville	443.5250	+	O	W9VD	W9VD
LaGrange	443.6750	+	O 131.8rs	WS9S	WS9S

420-450 MHz
INDIANA

Location	Output	Input	Notes	Call	Sponsor
Liberty	444.8000	+	O esWX	KB9YSN	KB9YSN
Roanoke	444.1500	+	O 131.8	WB9VLE	WB9VLE
Wolf Lake	442.8000	+	O 131.8	N9MTF	N9MTF
NORTHWEST					
Burns Harbor	444.6750	+	O 97.4	N9FI	N9FI
Crown Point	443.4500	+	O 82.5ers	W9EMA	LakeCo EMA
East Chicago	442.2000	+	O 173.8	W9FXT	W9FXTKA9FA
Gary	442.7500	+	O 131.8 (CA) el	WA9JLN	WA9JLN
Hammond	444.7500	449.4500	O 131.8eWX	KA9QJG	KA9QJG
Knox	442.9500	+	O	W9QN	W9QN
LaPorte	443.9000	+	O 131.8	W9SAL	All States RC
Merriville	442.0750	+	O 131.8ers WX	W9LJ	Lake CoARC
Michigan City	441.9500	+	O sWX	W9LY	W9LY
New Carlisle	442.4250	+	O 131.8e	KB9OVB	KB9OVB
New Carlisle	444.5250	+	O 131.8	KB9OVB	KB9OVB
Portage	444.9500	+	● 77.0e	N9IN	Portage ARC
Valparaiso	442.2500	+	O 131.8ez	W9DN	Porter Co.
Valparaiso	442.3500	+	O 131.8er	KA9CRF	Porter Co.
Valparaiso	442.6500	+	O 131.8	KB9WEL	KB9WEL
Valparaiso	444.3500	+	O 131.8	KB9KRI	Duneland
Valparaiso	444.4500	+	O 131.8er	W9PQQ	Porter EMA
Whiting	443.1750	448.1000	O	W3ATP	W3ATP
SOUTH CENTRAL					
Bedford	442.2500	+	O 136.5x	N9UMJ	N9UMJ
Bedford	442.6750	+	O e	N9WEV	HootersHills
Bedford	444.0500	+	O 107.2rWX	W9QYQ	HoosierHills
Bloomington	442.8250	+	O 136.5es	K9IU	IU ARC
Bloomington	442.9250	+	O 107.2lWX	W9EAR	EARS
Bloomington	443.7750	+	O 136.5elrs WXx	KB9SGN	KB9SGN
Bloomington	444.9000	+	O	WB9HZX	BBS
Chrisney	443.6000	+	O	WB9DRB	WB9DRB
Columbus	443.0750	+	O	KC9BPW	CACC
English	443.1500	445.1500	O sWX	KC9IUY	KC9IUY
Floyd,s Knob	444.2000	+	O 67.0e	WD9ANK	WD9ANK
Freetown	443.7250	+	O 103.5elrs WX	N9PKA	N9PKA
Kirksville	443.0500	+	O 136.5e	WB9TLH	WB9LTH
Milltown	444.6500	+	O ersWX	KF4WJT	KF4WJT
Mishawaka	440.4750	+	O 192.8e	N9UPW	N9UPW
Paoli	444.0250	+	O e	KB9OHY	Orange Co.
Salem	444.9250	+	O 136.5elsx	KB9SGN	KB9SGN
Seymour	442.9750	+	O	K9IG	K9IG
SOUTHEAST					
Lawrenceburg	443.8750	+	O 146.2ers	K9GPS	KB9GYO
Madison	443.8250	+	O	W9GET	W9GET
Shelbyville	444.9750	+	O 136.5es WX	W9JUQ	BlueRiv Val
SOUTHWEST					
Augusta	442.2000	+	O 107.2 WX	W9WLS	W9WLS
Chandler	442.1250	447.4250	O 141.3rs WX	AA9MM	AA9MM
Evansville	442.5250	+	O 107.2	KB9RMY	KB9RMY
Evansville	443.2500	+	O 146.2ers WX	W9KXP	W9KXP

420-450 MHz   425
INDIANA-IOWA

Location	Output	Input	Notes	Call	Sponsor
Evansville	443.3250	+	O 123.0	N9CGA	N9CGA
Evansville	443.4000	+	O 141.3ersz	AA9MM	AA9MM
Evansville	443.5500	+	O 107.2	K9RVB	K9RVB
Evansville	443.8500	+	O 146.2elrsWX	W9KXP	W9KXP
Evansville	444.1500	+	O 167.9ers	AA9MM	AA9MM
Evansville	444.5000	+	O	WB9PZB	KA9NOO
Evansville	444.9500	+	O	N9WYN	N9WYN
Gentryville	443.1000	+	O	WA9AWG	WA9AWG
Jasper	444.6750	+	O 107.2e	N9MZF	N9MZF
Madison	442.8750	+	OesWX	W9EFU	Clifty ARS
Monroe City	442.7500	+	O 146.2ersWX	W9KXP	W9KXP
Newburgh	443.4750	+	O 107.2es	KC9HZJ	KC9HZJ
Petersburg	444.0000	+	O	KB9EDT	N9MPT
Vincennes	443.6750	+	O	W9EOC	OPARS
Vincennes	443.9250	+	O 107.2x	W9EAR	EARS
Washington	442.7000	+	O	KB9LOW	KB9LOW

WEST CENTRAL

Location	Output	Input	Notes	Call	Sponsor
Clinton	442.1750	+	O 151.4eWXxz	K9KSA	Vermillion EC
Clinton	443.0250	+	Oe	NS9M	NS9M
Cloverdale	444.4750	+	O 136.5elsWXx	KB9SGN	KB9SGN
Foster	443.4500	+	O 88.5l	N9UWE	N9UWE
Foster	443.4500	+	O	N9UWE	N9UWE
Frenchtown	442.3000	+	O 146.2e	WB9GNA	WB9GNA
Gosport	442.3500	+	O 136.5elsWX	KB9QJM	KB9QJM
Gosport	442.4750	+	O 136.5esWX	N9UDC	N9UDC
Monticello	443.8250	+	O	W9JFF	W9JFF
Monticello	444.1750	+	OelrWX	KB9AYF	KB9AYF
Otterbein	444.0750	444.0750	O 88.5e	KC9BPE	KC9BPE
Solsberry	442.0250	+	O	KZ9H	KZ9H
Terra Haute	444.7500	+	O	W9EQD	TerreHaute
Terre Haute	444.0500	+	O	WJ2W	WJ2W
Terre Haute	444.3500	+	OesWX	KC9FYY	Illiana Skyw
Terre Haute	444.6000	+	OewX	NC9U	Otter Creek
Terre Haute	444.8500	+	O 151.4e	K9EDP	K9EDP
Vicksburg	442.4250	+	O 118.8elsWXx	KB9SIP	WB9TUN
W Lafayette	443.5000	+	O 107.2 E-SUNrz	WA9RNP	WA9RNP
W Lafayette	444.5000	+	O 88.5e	W9YB	Purdue ARC
Williamsport	443.6750	+	O 156.7elrWX	W9ABH	W9ABH

IOWA
BURLINGTON

Location	Output	Input	Notes	Call	Sponsor
Burlington	444.7000	+	100.0e	WA6GUF	WA6GUF
Mt Pleasant	444.9500	+	Oe	W0MME	MPARC

CEDAR RAPIDS

Location	Output	Input	Notes	Call	Sponsor
Cedar Rapids	443.8000	+	162535	N0MA	rf.org
Cedar Rapids	444.0750	+	O(CA)e	N3AVA	N3AVA
Coralville	444.7500	+	Oex	K0GH	Coralville
Homestead	442.4250	+	151.4l	WC0C	------------

420-450 MHz
IOWA

Location	Output	Input	Notes	Call	Sponsor
Marion	444.3750	+	●	KC0OX	KC0OX
Marion	444.6750	+	●	NA0IA	SARC
Morse	443.2000	+	151.4l	WC0C	------------
Van Horne	444.4000	+	136.5p	W0RTM	W0RTM
CENTRAL					
Afton	442.4000	+	151.4el	AC0IK	------------
Ames	443.2500	+	●	KI0Q	------------
Ames	443.3750	+	156.7aelWXz	W0ISU	CARC
Ames	444.2500	+	●p	W0DP	------------
Baxter	444.2250	+	151.4el	KC0NFA	KC0NFA
Boone	443.9000	+	Oaers	KB0TLM	BARK
Chelsea	442.1250	+	151.4l	WD0GAT	------------
Laurel	444.8000	+	151.4elWX	WC0C	WC0C
Marshalltown	443.3250	+	110.9aelrs	N0MXK	N0MXK
Newton	442.3000	+	151.4el	KC0NFA	NARA
Sheldahl	442.2000	+	O	N0QFK	N0QFK
COUNCIL BLUFFS					
Council Bluffs	442.5250	+	51503aeprs	WB0GXD	WB0GXD
DAVENPORT					
Davenport	444.4250	+	O	WB0VQP	WB0VQP
Davenport	444.4750	+	186.2e	WB0BBM	WB0BBM
Muscatine	443.2500	+	O	K0IIR	K0IIR
Muscatine	444.2750	+	192.8el	WA0VUS	WA0VUS
DES MOINES					
Des Moines	443.1750	+	151.4aelrsWXx	KC0AHQ	ARTS
Des Moines	443.5000	+	151.4e	W0KWM	CITS
Des Moines	444.5750	+	4110ex	W0KWM	CITS
Des Moines	444.6250	+	151.4	WA0QBP	WA0QBP
Gilman	444.1500	+	3162e	KB0JQO	KB0JQO
Grimes	443.4000	+	151.4elWXx	N0INX	WestComm
Grimes	444.7250	+	151.4e	N0INX	------------
Johnston	442.5750	+	151.4aeprs	N0VPR	N0VPR
Johnston/Camp Dodge	442.8000	+	151.4elWX	KC0MTI	KC0MTI
Kelly	444.4250	+	151.4elWXx	KC0MTI	KC0MTI
Madrid	442.6000	+	151.4e	N0SFF	N0SFF
Van Meter	443.1000	+	151.4	N0XD	N0XD
NORTH CENTRAL					
Algona	444.8250	+	110.9e	KC0MWG	KARO
Humboldt	442.4000	+	3245el	K0HU	K0HU
Williams	444.5000	+	151.4lWXx	KB0JBF	WCRA
NORTHEAST					
Frankville	444.1000	+	103.5	K0RTF	K0RTF
NORTHWEST					
Alta	444.7500	+	110.9ex	WB0FNA	WB0FNA
Gillette Grove	444.7000	+	224540e	KG0CK	KG0CK
LeMars	444.5000	+	110.9	KC0AXE	KC0AXE
Scranton	444.3000	+	● 151.4aelrsWXx	N0NAF	WCRA
Spencer	444.9750	+	110.9	WA0DOY	WA0DOY
West Bend	444.7750	+	110.9e	N0QQS	Signal, In
SIOUX CITY					
Brunsville	444.2250	+	110.9l	KD0XD	------------
LeMars	444.6750	+	56352	KI0EO	KI0EO

IOWA-KANSAS 420-450 MHz

Location	Output	Input	Notes	Call	Sponsor
Sioux City	444.4750	+	110.9	KC0DXD	KC0DXD
Sioux City	444.7250	+	110.9l	K0NH	K0NH
SOUTHEAST					
Moravia	444.4750	+	146.2lWxx	W0ALO	W0ALO
Oskaloosa	443.9750	+	146.2e	N0QZV	N0QZV
Wayland	444.8250	+	O	KB0SAL	WACO ARC
SOUTHWEST					
Anita	444.5500	+	Oe	N0ORU	N0ORU
Blockton	443.3000	+	O	KA0ZAD	KA0ZAD
Corning	444.4500	+	●l	N0ORU	N0ORU
Elk Horn	444.9000	+	151.4	WA0C	WA0C
Glenwood	444.3250	+	OaelrsWxxz	N0WKF	N0WKF
Greenfield	444.7000	+	114.8aelrsWX	N0BKB	N0BKB
Mineola	442.0250	+	OaelrsWxx	N0WKF	N0WKF
Thurman/Tabor	444.5000	+	136.5aers	WB0YLA	WB0YLA
WATERLOO					
Cedar Falls	444.6500	+	136.5elWXx	N0CF	N0CF
Independence	444.7000	+	103.5	KC0RMS	BCARC
Oelwein	443.9500	+	O	KF0HA	KF0HA
Waterloo	443.7500	+	136.5ex	W0ALO	W0ALO
Waterloo	444.9000	+	136.5/203.5 WXx	W0ALO	W0ALO
Waterloo	444.9250	+	136.5ex	W0ALO	W0ALO
Waterloo	444.9750	+	136.5e	W0MG	NE IA RAA
WEST CENTRAL					
Denison	444.0000	+	Oe	KC0LGI	------------
Logan	444.8000	+	97.4e	AB0VX	AB0VX
Mondamin	444.9250	+	136.5aers	K0BVC	BVARC
Woodbine	444.3500	+	136.5/123a TTelrs	K0BVC	BVARC

KANSAS
CENTRAL

Location	Output	Input	Notes	Call	Sponsor
Clay Center	442.7500	+	O	N0XRM	N0XRM
Ellsworth	444.7750	+	O 88.5/88.5 E-SUNsx	K0HAM	AB0XM
Great Bend	443.9250	+	● 100.0/100.0eE-SUN	N0YKR	T2 RADIONE
Great Bend	444.4000	+	●eE-SUN	KF0EW	KF0EW
Great Bend	444.9250	+	● 67.0/67.0	N0YKR	N0YKR
Hays	443.6000	+	O 107.2/107.2 E-SUN	KC0PID	ELLISCO
Hays	444.8250	+	O 100.0/100.0 E-SUNs	KC0IVE	FHSU ARC
Hesston	442.4000	+	Oe	N0LRA	HSTN COLG
Hillsboro	442.7750	+	O	KC0RVV	MCARC
Hoisington	443.6500	+	●eE-SUN	WA6LIF	T2 RADIONE
McPherson	442.3750	+	O 88.5/88.5sx	K0HAM	MCRC
McPherson	443.8500	+	O 110.9/110.9	N5NIQ	N5NIQ
McPherson	444.6000	+	O 110.9/110.9 E-SUN	N0SGK	N5NIQ
Pawnee Rock	444.3250	+	O 88.5/88.5e E-SUNsx	K0HAM	AB0XM

428   420-450 MHz
KANSAS

Location	Output	Input	Notes	Call	Sponsor
Russell	442.8500	+	O	KC0HFA	KC0HFA
			141.3/141.3 E-SUN L(ECHO 3917)		
Russell	444.9500	+	OE-SUN	AB0UO	RUSSELL CO
Salina	442.2000	+	Os	N0KSC	N0KSC
Salina	443.9000	+	O	W0CY	CKARC
Sterling	444.4500	+	O	WB0LUN	WB0LUN
			100.0/100.0 E-SUNs		
EAST CENTRAL					
New Strawn	444.9250	+	O	KB0ITP	KB0ITP
Towanda	443.0000	+	O	N0RDZ	------------
EASTCENTRAL					
Matfield Green	443.9750	+	●teE-SUNsx	K0SUN	NEKSUN
Mound City	444.4250	+	OE-SUNs	W0PT	MNCRKARC
Paola	444.7000	+	O	WS0WA	WHTSTWRLS
KANSAS CITY METRO					
Basehor	443.5500	+	OE-SUN	N0GRQ	N0GRQ
Basehor	443.6500	+	●teE-SUNsx	K0SUN	NEKSUN
Belton, MO	442.8000	+	O	KA0OXO	BARC
			151.4/151.4		
Edgerton	442.4750	+	OE-SUN	WB0OUE	WB0OUE
Excelsior Spgs	443.3250	+	●teE-SUN	K0AMJ	K0BSJ
			L(IRLP 7020)z		
Excelsior Spgs	444.3000	+	O 114.8	KB0ONY	------------
Excelsior Spgs	444.6500	+	O 156.7	K0ESM	RAYCLAY
Hoover	442.0750	+	O 151.4	KA0FKL	------------
Independence	444.5750	+	O 186.2	N0OEV	------------
			L(ECHO 50031)		
Kansas City	442.1000	+	O	N0WIZ	KB0LRB
			167.9/167.9s		
Kansas City	442.4000	+	●eE-SUN	K0LW	BYRG
Kansas City	442.5500	+	O	WR0BPU	BPUARS
			186.2./186.2 E-SUN L(ECHO 139000)		
Kansas City	442.8500	+	●e	WD0GQA	BYRG
Kansas City	442.9750	+	●eE-SUN	N0EUH	BYRG
Kansas City	443.0500	+	O	WB0KIA	------------
Kansas City	443.1000	+	O	NG0N	BYRG
Kansas City	443.3500	+	Oez	WV0T	SEIDKR
Kansas City	443.4000	+	●eE-SUN	K0LW	BYRG
Kansas City	443.6500	+	●	KS0OP	OPARC
Kansas City	443.7750	+	O	WA0NQA	ARTSHRNR
			110.9/110.9		
Kansas City	443.8500	+	O	WD0GQA	BYRG
			107.2/107.2e		
Kansas City	444.0000	+	OE-SUN	N0HYG	N0HYG
Kansas City	444.0250	+	OE-SUN	N4MSE	BYRG
Kansas City	444.0500	+	OE-SUNs	WA0QFJ	TWA ARC
Kansas City	444.1250	+	O	N0NKX	N0NKX
			123.0/123.0		
Kansas City	444.2500	+	O	WA0VXQ	KCARC
			151.4/151.4e		
Kansas City	444.3500	+	O	N0AAP	N0AAP
Kansas City	444.4500	+	O	N0NDP	N0NDP
			151.4/151.4 E-SUNs		
Kansas City	444.5500	+	●eE-SUN	N0EUH	KCDX/BYRG
Kansas City	444.8500	+	OE-SUNs	WB0NSQ	WB0NSQ
Kearney	443.9000	+	O 127.3	KB0EQV	KB0EQV
			E-SUN		

420-450 MHz   KANSAS

Location	Output	Input	Notes	Call	Sponsor
Kearney	444.2000	+	◐eE-SUN	K0KMO	MJARS
Kingsville	444.3750	+	◯ 107.2	N0NDP	N0NDP
Leavenworth	442.3500	+	◯ 107.2/107.2 E-SUN	N0MIJ	BYRG
Lenexa	442.0500	+	◯ 151.4/151.4 L(IRLP 5870)	KC0EFC	KC0EFC
Lenexa	442.6000	+	●eE-SUN	K0LW	BYRG
Liberty	443.3750	+	◯ 192.8	KC0SKA	KC0SKA
Oak Grove	444.2750	+	◯ 123.0/123.0	KB0THQ	PHRRL
Olathe	442.2000	+	◯ 151.4/151.4eE-SUN L(IRLP 3534)	KE5BR	SFTARC
Overland Park	442.1500	+	● 82.5/82.5	W0LHK	W0LHK
Peculiar	442.0250	+	●eE-SUN	W0MCJ	BYRG
Platte City	444.1500	+	◯ 88.5/88.5 DCS(071) E-SUN	W5USI	W5USI
Raytown	442.3000	+	◯	WA0JSA	MIDAMERF
Roeland Park	443.7250	+	◐eE-SUNs	W0ERH	JCRAC
Shawnee Msn	444.7500	+	●eE-SUNs	WB0RJQ	WB0RJQ

NORTH CENTRAL

Location	Output	Input	Notes	Call	Sponsor
Beloit	442.8000	+	◐E-SUN L(ECHOLINK)	WA0CCW	SVRC
Osborne	442.4500	+	◯ 131.8/131.8 E-SUN L(3917)	N7JYS	N7JYS

NORTHCENTRAL

Location	Output	Input	Notes	Call	Sponsor
Miltonvale	442.1000	+	◐E-SUN	WB0SRP	WB0SRP
Minneapolis	442.5000	+	◯ 162.2/162.2 E-SUNs	KB0NTH	N0UJQ
Minneapolis	444.8500	+	◯ 162.2/162.2 E-SUN LITZ	KS0LNK	K-LINK
Norton	444.9000	+	◐eE-SUN	WD0BRZ	WD0BRZ

NORTHEAST

Location	Output	Input	Notes	Call	Sponsor
Carbondale	443.1250	+	◐E-SUN	WB0PTD	------------
Flush	444.3250	+	◯ 88.5/88.5 E-SUN	N0UZN	N0UZN
Home City	444.3500	+	◯ 88.5/88.5 E-SUNs	N0NB	N0NB
Lawrence	444.8250	+	◯ 88.5	N0MJS	------------
Lawrence	444.9000	+	◯ 88.5/88.5e E-SUNsx	KU0K	NEKSUN
Leavenworth	444.8000	+	◯ 151.4/151.4 E-SUNs	W0ROO	PKARC
Louisburg	444.1750	+	◯ 131.8/131.8 E-SUN	N0PHB	N0PHB
Manhattan	444.1750	+	◯ 88.5/88.5	W0QQQ	KSU ARC
Stilwell	444.0750	+	◐tE-SUN	K0HQ	WB0JQM-SMC
Topeka	444.9750	+	● 186.2/186.2	N0EUH	BYRG

NORTHWEST

Location	Output	Input	Notes	Call	Sponsor
Clay Center	443.1250	+	◯	KC0UUF	------------
Colby	444.6500	+	◯ 156.7/156.7 E-SUNs	W0WOB	TARC
Edson	444.5500	+	◯ 88.5/88.5	KC0GLA	------------

SOUTHCENTRAL

Location	Output	Input	Notes	Call	Sponsor
Anthony	443.4500	+	◯	KB0HH	SLTPLNARC
Haviland	442.0250	+	◯ 103.5/103.5	KB0OKR	KB0OKR

430   420-450 MHz
KANSAS

Location	Output	Input	Notes	Call	Sponsor
Isabel	444.1250	+	o 156.7/156.7e	N0FEK	N0FEK
Kiowa	442.1500	+	OE-SUN	KB5MDH	KDE-TV36
Moundridge	444.5250	+	o	KA0MR	KA0MR
Newton	443.1000	+	Oesz	KB0SOF	NEWTON ARC
Pratt	444.8000	+	o 100.0/100.0 E-SUNsx	WG0Q	WG0Q
Wellington	444.2500	+	o	WA0ZFE	WA0ZFE
Winfield	444.0250	+	O 97.4/97.4	N0IDW	N0IDW
Winfield	444.3000	+	O 97.4/97.4 E-SUN	AA0AL	N0IDW
SOUTHEAST					
Chanute	442.6500	+	o	WA5FLV	------------
Coffeyville	442.8750	+	O 91.5/91.5s	WR0MG	CARC/MGARC
Coffeyville	444.5500	+	O 91.5/91.5 E-SUN	N0TAP	COFYVLARC
Elk Falls	442.8250	+	OE-SUNs	KD0BAP	EKRS
Fort Scott	444.1750	+	o	KB0SWH	FT. SCOTT
Humboldt	442.9000	+	●	KZ0V	KZ0V
Independence	443.5250	+	O 91.5/91.5 E-SUN	N0VDS	------------
Independence	443.7000	+	OE-WIND	N0VDS	N0VDS
Pittsburg	444.8000	+	O 91.5/91.5e E-SUN	K0PRO	PRO
SOUTHWEST					
Dodge City	442.3750	+	OE-SUN	KU0L	KU0L
Dodge City	444.5500	+	o 141.3/141.3 E-SUN	K0ECT	SKECT
Ensign	444.3750	+	Os	K0BAI	K0BAI
Garden City	442.5000	+	o 141.3/141.3 E-SUN	K0ECT	SKECT
Garden City	443.2250	+	o 100.0/100.0	W0MI	SANDHILLS
Hickok	444.0000	+	O 82.5/82.5e E-SUN	WD5IBQ	SPARK
Hugoton	444.2250	+	O 82.5/82.5e x	WD5IBQ	SPARK
Hugoton	444.5250	+	o 141.3/141.3 E-SUN	K0ECT	SKECT
Hugoton	444.9000	+	O 88.5/88.5 E-SUN	KB0KQQ	SPARK
Liberal	443.1000	+	O 71.9/71.9s	N0BTH	SPARK
Liberal	444.1000	+	OE-SUN	W0KKS	SPARK
Syracuse	444.5000	+	o 141.3/141.3 E-SUN	K0ECT	SKECT
TOPEKA					
Hoyt	444.7250	+	O 88.5/88.5e E-SUNsx	K0HAM	NEKSUN
Overbrook	443.9250	+	●eE-SUNsx	K0SUN	NEKSUN
Topeka	442.2250	+	O 88.5/88.5 E-SUN L(ECHO 157353)s	W0CET	KVARC
Topeka	443.4250	+	OE-SUN	WN5HOO	WN5HOO
Topeka	444.4000	+	O 88.5/88.5 E-SUNs	N0CBG	GLDNCYRA
WEST CENTRAL					
Ransom	443.5750	+	O 88.5/88.5 E-SUNsx	K0HAM	KS0ECC

420-450 MHz   431
KANSAS-KENTUCKY

Location	Output	Input	Notes	Call	Sponsor
WESTCENTRAL					
Syracuse	443.1250	+	O 100.0/100.0	KA0TAO	KA0TAO
WICHITA					
Colwich	444.2000	+	O 94.8/94.8	W0KA	------------
Derby	443.2750	+	O 156.7/156.7	KC0SOK	ALRERC
El Dorado	444.1500	+	O	K0CKN	FLNTHLSRC
El Dorado	444.5750	+	O 100.0/100.0 E-SUN L(ECHOLINK)	N0EQS	CHARS
Haysville	442.6000	+	OeE-SUNs	KA0RT	KA0RT
Mulvane	443.5500	+	O	N0KTA	MLVANEARC
Wichita	442.0000	+	Oe	N0ITL	NCRARC
Wichita	443.3250	+	OE-SUN	W0VFW	------------
Wichita	444.0000	+	OeE-SUNs	WA0RJE	TECNICHAT
Wichita	444.0750	+	O 82.5/82.5e s	N0HM	I.C.U.C
KENTUCKY					
Allen	444.7750	+	O 123.0aRB	N4IWZ	N4IWZ
Ashland	444.7500	+	O 88.5#	KC8ERN	KC8ERN
Ashland	444.9750	+	O 107.2 (CA) e	KC4QK	ASHLAND 24
Bardstown	443.0000	+	O	KT4GB	AE4NU
Beattyville	444.8250	+	O 192.8eRB	KC4UPE	KC4UPE
Beaverlick	443.4750	+	O 131.8ael RB WXz	KC4COV	NKRA-NKDXE
Bowling Green	421.2500	439.2500	O#	W4HTB	W4HTB
Bowling Green	444.1000	+	Oael	W4WSM	------------
Bowling Green	444.7000	+	O 136.5e	WB4JM	WB4JM
Brooks	443.7000	+	O 79.7	KY4KY	BULLITT AR
Brushy Fork	444.6000	+	O	KD4DZE	KF4WMM
Burlington	443.5250	+	131.8	N8OXA	WA4ZKO
Cane Valley	443.9500	+	Ot	W4LJM	W4LJM
Cerulean	444.6500	+	179.9e	KY4KEN	KY4KEN
Corbin	444.2750	+	O 79.7	KF4IFC	KF4IFC
Corbin	444.9000	+	O 100.0lRB	WB4IVB	WB4IVB
Covington	444.1750	+	O 131.8ael RB WXz	KC4COV	NKRA-NKDXE
Cox's Creek	443.4500	+	O 151.4 (CA)	AE4NU	KT4GB
David	443.9000	+	O 167.9l	KC4KZT	KC4KZT
Dawson Springs	444.2750	+	Oa	KU4MJ	KE4UZE
Dorton	442.1500	+	O 167.9	KD4RTR	KD4RTR
Dry Ridge - We	444.4250	+	O 107.2 (CA) lRBz	WA4ZKO	NKDXE-NKRA
Earlington	443.9500	+	O 179.9	KG4WCQ	KG4WCQ
Edgewood	444.3500	+	O 123.0 (CA) rs	K4CO	K4CO
Elizabethtown	421.2500	439.2500	O	W4BEJ	LINCOLN TR
Elizabethtown	444.8000	+	Oael	W4BEJ	LINCOLN TR
Fairdealing	443.5000	+	#	KI4HUS	MARSHALL C
Florence	443.1750	+	O 131.8ael RB WXz	KC4COV	NKRA-NKDXE
Fort Wright	441.8500	+	Ote	KY4JD	KY4JD
Fort Wright	442.5250	+	O 123.0ez	KY4JD	NKRA

420-450 MHz
KENTUCKY

Location	Output	Input	Notes	Call	Sponsor
Foster	443.1250	+	o	KU4ML	KU4ML
Frankfort	442.1750	+	o 67.0	K4NGQ	K4NGQ
Frankfort	443.3250	+	o	WA4CMO	DIV. OF EM
Garrett	442.4000	+	o 79.7	KF4JJD	KF4ZTB
Georgetown	443.6250	+	o	KF4NTQ	SCOTT CO.
Glasgow	444.9250	+	o	KY4X	KY4X
Glasgow/Cvcty	444.2500	+	o	KF4DC	DEWAYNE CO
Graefenburg	443.5500	+	oeRB	N4HZX	------------
Grethel	444.5250	+	o	KJ4VF	KJ4VF
Harlan	442.6250	+	o 100.0e	W4YMT	------------
Hawesville	444.6250	+	o(CA)	KB4QFL	KB4QFL
Hazard	443.9750	+	eRB	K4TDO	K4TDO
Henderson	444.7250	+	o 82.5e	KY4K	WEHT ARC
Highland Heigh	444.9000	+	o 123.0	W4YWH	W4YWH
Hindman	444.4000	444.9000	eWX	K4TDO	------------
Hopkinsville	444.7500	+	o 103.5a	KE4AIF	KE4AIF
Horsecave	444.8500	+	103.5e	N4GER	KF4QZN
Hudson	444.9000	+	179.9	KY4SP	KC4JTV
Independence	444.0750	+	o 110.9ae	KB8SBN	KB8SBN
Inez	442.1000	+	100	KG4RUV	------------
Irvine	442.9000	+	oel	W4CMR	CHESTNUT M
Irvine	444.0000	+	oe	AD4RT	AD4RU
Latonia	442.4000	+	ot(CA)	AA4XV	AA4XV
Lawrenceburg	444.3750	+	s	KY4LAW	K4TG
Lexington	443.0250	+	o 123.0 (CA) e	KE4OOL	KE4OOL
Lexington	444.1250	+	88.5e	KB8QLC	KA4MKG
Lexington	444.5500	+	oe	KC4DUU	KC4DUU
Lexington	444.7250	+	ot(CA)	KE4ISR	------------
Lexington	444.9500	+	oe	N4DUE	FAYETTE CO
Louisville	442.0000	+	o(CA) RB	N4ORL	N4ORL
Louisville	442.5000	+	o	KB4RYM	KB4RYM
Louisville	442.5500	+	oe	WD4ELX	WD4ELX
Louisville	442.7250	+	o 151.4er WXz	KB4YJ	KB4YJ
Louisville	443.5000	+	o	WD9EQC	------------
Louisville	443.9750	+	o 100.0e	N4KWT	------------
Louisville	444.1000	+	o 173.8ae RBz	N4UL	N4UL
Louisville	444.3000	+	o 141.3	KY4NDN	KY4NDN
Louisville	444.6000	+	o 151.4e	N4NMC	N4MRM
Louisville Are	442.1000	+	ot(CA)e	N4RBL	N4RBL
Louisville Are	442.4500	+	o 151.4 (CA) e	KD4CLR	OLDHAM COU
Louisville Sw	443.3500	+	o	K4ULW	K4ULW
Madisonville	442.4250	+	o	KC4FIE	KC4FIE
Madisonville	442.5750	+	o 100.0 (CA)	AE4LW	AE4LW
Madisonville	442.7750	+	oe	KC4FIE	KC4FIE
Madisonville	444.6000	+	o(CA)	KC4FIE	KC4FIE
Magnolia	443.6750	+	77.0#aesWX	WA4FOB	------------
Mammoth Cave	444.4750	+	o 103.5e	N4GER	KF4QZN
Manchester	444.5000	+		KD4GMH	N4ZSZ KG4U
Mayfield	441.8750	+	179.9e	WA6LDV	KF4GCD
Maysville	441.9500	+	186.2 (CA)e	KE4YEY	------------
Maysville	443.5000	+	o 123.0 (CA) e	KF4BRO	GREATER MA

420-450 MHz — KENTUCKY

Location	Output	Input	Notes	Call	Sponsor
Meta	443.5000	+	O	WB4UBY	WB4UBY
Middlesboro	442.3250	+	O 67.0#eRB	WM4MD	WM4MD
Middlesboro	443.1500	+	146.2el	KD4PBC	KD4PBC
Middlesboro	444.1500	+	O 100.0l	WB4IVB	WB4IVB
Millard	443.4250	+	O(CA)e	KD4RTR	------------
Monticello	444.7500	+	O(CA)e	WB9SHH	WB9SHH
Morehead	442.5000	+	Ot	K4GFY	K4GFY
Morehead	443.2500	+	O 100.0l	KJ4VF	------------
Morgantown	444.4250	+	O 103.5e	N4GER	KF4QZN
Mt Sterling	442.0500	+	100.0elRB	KD4ADJ	NX4B
Murray	443.8000	+	O 91.5e	K4MSU	MSUARC
Nancy	443.6000	+	O 100.0aez	AC4DM	AC4DM
Nebo	444.8500	+	O	AA4NI	RABBIT RID
Nicholasville	444.7750	+	O 167.9 (CA) RB	KC4UPE	R.A.R.E. I
Nicholasville	444.9750	+	ORB	WB4CWF	JAWS
Olive Hill	444.9250	+	Oa	KO4LI	KO4LI
Owensboro	442.6750	+	77.0elRB WX	KD4BOH	KD4BOH
Owensboro	443.1000	+	O 110.9	N4WJS	N4WJS
Owensboro	443.6500	+	O 110.9e	N4WJS	N4WJS
Owensboro	444.5500	+	103.5esWX	KI4JXN	------------
Paducah	443.0000	+	O 179.9e	KD4DVI	KD4DVI
Paducah	444.0000	+	O 179.9e	K9OWU	N9YWS
Paintsville	441.5250	+	O 127.3	N4KJU	JOHNSON CO
Paintsville	443.8250	+	127.3	KR4MT	KR4MT
Paris	444.5250	+	100.0e	WD4GPO	------------
Phelps	444.5750	+	O	N4MVY	N4MVY
Pikeville	444.2000	+	O	KD4RTR	KD4RTR
Pikeville	444.3750	+	O	KD4DAR	KD4DAR
Pikeville	444.4750	+	OeRB	AD4BI	AD4BI
Richmond	444.6250	+	192.8	KE4ISW	KE4ISW
Rineyville	444.2250	+	O 151.4	KF4RBD	KF4RBD
Rockport	444.0750	+	77.0elRB WX	KD4BOH	KD4BOH
Russellville	442.3500	+	O 136.5	KE4SZK	KE4SZK
Salem	444.8250	+	O 100.0	KC4VXR	WA4Q/KC4VX
Salvisa	444.6750	+	O 203.5el	KF4AWA	SARC
Salvisa	444.8750	+	O 167.9 (CA) e	KC4UPE	KC4UPE
Salyersville	444.0500	+	O 127.3a	KE4NLL	KE4NLL
Shelbyville	442.3750	+	O(CA)	KE4YRE	KF4ALP
Shepherdsville	444.4000	+	O 79.7	AC4VV	------------
Simpsonville	444.4500	+	O 100.0e	KO4OT	KE4YRI
Springfield	444.6000	+	O	W4SJH	J. MURRAY
Stanton	442.0750	+	O(CA) RB	N4VOS	N4VOS
Union	441.8000	+	O 179.9ae	AD4CC	AD4CC
Versailles	443.7750	+	e	KY4WC	KY4WC
Waddy	443.2250	+	O(CA)	KS4TO	KE4ZIJ
Watergap	444.3250	+	127.3	KR4MT	KR4MT
Waynesburg	442.9750	+	Ot(CA)ers WX	AG4TY	------------
Whitesburg	443.7500	+	O 107.2eRB WX	KK4WH	------------
Williamsburg	444.0500	+	O 100.0aRB	KB4PTJ	KB4PTJ
Winchester	441.9000	+	203.5 (CA)e	KF4CBT	KF4CBT
Withamsville	444.4000	+	O 131.8ael RB WXz	KC4COV	NKRA-NKDXE

420-450 MHz
LOUISIANA

Location	Output	Input	Notes	Call	Sponsor
LOUISIANA FREQUENCY USAGE					
Shared	442.9000	+		SNP	
CENTRAL					
Alexandria	443.3000	+	O 100.0aelrZ(911)	KC5ZJY	CLARC
Cheneyville	442.3000	+	O 173.8ael	W5DJT	LCC
Moreaville	444.7000	+	O 203.5	KA5KON	KA5KON
NORTHEAST					
Bastrop	444.6250	+	O 127.3es	KB5SAR	KB5SAR
Calhoun	444.7000	+	OarsRB LITZ WXz	W5KGT	W5KGT
Columbia	444.5250	+	Oex	K5NOE	K5NOE
Ouachita Parish	444.1000	+	OeE-SUN L(145.170)prsRB	W5KGT	NELA-ARES
Rayville	444.9500	+	O	WA5KNV	WA5KNV
W Monroe	444.2500	+	OsWX	KB5TLB	KB5TLB
West Monroe	444.3000	+	O	KB5TLB	KB5TLB
NORTHWEST					
Jonesboro	444.8000	+	O	WB5NIN	JAARO
Ruston	444.3500	+	O 94.8 (CA)e	W5MCH	PHARA
Ruston	444.8750	+	O	AD5AQ	AD5AQ
Shreveport	442.0000	+	OL(D-STAR) WX	W5SHV	SDT
Shreveport	444.3000	+	●ters	N5FJ	N5FJ
Shreveport	444.5000	+	O 186.2e	KC5OKA	ARK-LA-TEX
Shreveport	444.9000	+	O 186.2	N5FJ	SARA
SOUTHCENTRAL					
Lafayette	443.1500	+	103.5/103.5	NG5T	TV-10 RG
Morgan City	444.6250	+	O 100.0 (CA) ez	KB5GON	N5DVI
Opelousas	442.0000	+	●	N5TBU	N5TBU
Opelousas	444.8750	+	O 103.5 (CA) eBl	N5TBU	N5TBU
Schriever	444.5000	+	Oe	W5YL	THBDX ARC
SOUTHEAST					
Addis	443.6000	+		W5KRO	CCAC
Baton Rouge	442.3500	+	●	WB5LLS	BRRG
Baton Rouge	442.6750	+	●	NV5A	BRARA
Baton Rouge	442.9250	+	O 107.5er	KD5CQB	EBRP OEP
Baton Rouge	443.5500	–	O 107.5er	KD5CQB	EBRP OEP
Baton Rouge	443.9250	–	O 107.5er	KD5CQB	EBRP OEP
Baton Rouge	444.1250	+	●	N5VA	N5VA
Baton Rouge	444.2250	+	Oesx	W5TFW	W5TFW
Baton Rouge	444.3000	+	O	N5UHT	N5UHT
Baton Rouge	444.3500	+	O	N5NXL	BRRG
Baton Rouge	444.4000	+	O 107.2e	W5GIX	BR ARC
Baton Rouge	444.4500	+	O 107.2/107.2 (CA)ersBl WXz	W5GSU	OMIK-BR
Baton Rouge	444.6000	+	O 136.5/136.5 (CA)e	W5GQ	WAFB-TV-E
Baton Rouge	444.6750	+	●(CA)e	NV5A	DOW ARC
Baton Rouge	444.8500	+	O 107.2elr	KC5BMA	RASC
Baton Rouge	444.9500	+	●	WB5LLS	BRRG
Bayou Gauche	442.1000	+		N5RLT	N5RLT
Belle Chasse	444.1750	+	O 114.8elrs	KE5LNP	PPOEP

420-450 MHz   **LOUISIANA-MAINE**

Location	Output	Input	Notes	Call	Sponsor
Des Allemands	443.4000	+	O 100.0 (CA) z	KC5OYJ	KC5PBN
Franklinton	442.0500	+	Oel	KA5BDO	LCC
Gonzales	444.7250	+	Oae L(147.225) Z(*911)	K5ARC	ASCN ARC
Gretna	444.2000	+	O 114.8l	W5UK	GNOARC
Hammond	444.2500	+	Oe	WB5NET	SELARC
Hammond	444.5500	+	O 136.5 (CA) el	N5GWF	FUN F ARC
Jefferson	444.9250	+	Oe L(D-STAR)	W5GAD	JARC
Kenner	444.3750	+	O 114.8ae	N5MWM	N5MWM
Krotz Springs	443.2500	+	O 103.5/103.5 TTel	W5JMT	LaCrossConn
Lacomb	444.1000	+	Oe	K5OZ	K5OZ
LaPlace	443.8250	+	O 114.8 (CA)	KD5CQA	Plantation
Madisonville	444.0500	+	Oe	W5NJJ	NLAKE ARC+
Metairie	444.0000	+	Oael	W5GAD	JFRSN ARC
Metairie	444.2000	+	O	W5UK	GNOARC
Metairie	444.7750	+	114.8	N5OZG	N5OZG
New Orleans	444.1500	+	Oae	KB5AVY	KB5AVY
New Orleans	444.3250	+	O 100.0 (CA) er	N5OMG	NO EmgMgt
New Orleans	444.5500	+	O(CA)el	N5GWF	FUN F ARC
New Orleans	444.7000	+	O 114.8ae	WB5HVV	WB5HVV
New Orleans	444.8000	+	Oe L(146.610)	W5MCC	NO VHF
New Orleans	444.9750	+	O 110.9ael	KB5AVY	KB5AVY
Plaquemine	442.1500	+	●	NV5A	135RA
Port Allen	443.0500	–	O	KD5QZD	KD5QZD
Port Sulphur	444.0750	+	O 114.8elrs	KE5LNP	PPOEP
Slidell	444.4250	+	O 114.8e	W5SLA	OzoneARC
Sorrento	442.2500	+	O 107.2/107.2eWX	W5JMT	OMIK-BR
Sorrento	444.2750	+	O	KD5QDZ	KD5QDZ
St Gabriel	443.3500	+		N5NXL	BRRG
Star Hill	443.3750	–	O	KD5QZD	KD5QZD

SOUTHWEST

Location	Output	Input	Notes	Call	Sponsor
Carencro	444.2500	+	O	WA6MDI	WA6MDI
Eunice	444.8250	+	O 103.5 (CA) el	KE5CTU	KE5CTU
Lake Charles	444.2250	+	O 103.5	KI5EE	KI5EE
Lake Charles	444.3000	+	O 88.5	W5BII	SWLARC
Oberlin	442.9250	+	O 131.8ex	W5ELM	W5ELM

MAINE
AUGUSTA

Location	Output	Input	Notes	Call	Sponsor
Belgrade Lakes	449.2750	–	O 88.5e L(W1PIG)sx	W1PIG	KARS
Fayette	443.2000	+	O 88.5ae L(E15061 W1PIG)rsWXx	W1PIG	KARS

CENTRAL/BANGOR

Location	Output	Input	Notes	Call	Sponsor
Brownville	444.9500	+	O 103.5	N1BUG	N1BUG
Lincoln	449.2750	–	Oex	K1AQ	K1AQ

MID-COAST

Location	Output	Input	Notes	Call	Sponsor
Freedom	443.5000	+	O 103.5e	KD1KE	KD1KE

420-450 MHz
MAINE-MARYLAND

Location	Output	Input	Notes	Call	Sponsor
Hope	449.5250	–	O	WA1ZDA	WA1ZDA
Washington	444.9000	+	O 91.5/91.5a eL(147.135)x	WZ1J	WZ1J
NORTHWEST					
Skowhegan	446.3250	–	O 203.5	W1LO	W1LO
Woodstock	449.0250	–	O 82.5/136.5 L(223.94 & 53.09)x	W1IMD	W1IMD
PORTLAND/SOUTH COAST					
Acton	441.5000	+	O 156.7ae L(CCS NETWORK) EXPx	N1KMA	CLEOSYS
Alfred	448.7250	–	O 103.5aer	WJ1L	Races
Brunswick	444.4000	+	O 88.5aexz	KS1R	MARA
Brunswick	447.5750	–	O 88.5e E-WINDrsEXPx	KS1R	MARA
Cape Elizabeth	444.1000	+	O 82.5	W1KVI	PAWA
Cornish	441.5000	+	O 146.2e L(CCS NETWORK) EXPx	N1KMA	CLEOSYS
Sanford	441.5000	+	O 156.7e L(CCS NETWORK)x	N1KMA	CLEOSYS
Sanford	441.6000	+	O 203.5e	W1LO	W1LO
Waterboro	444.6000	+	O 82.5eWXx	W1CKD	PRG
Windham Hill	444.9500	+	O 146.2e L(29.68)	N1FCU	N1FCU
WASHINGTON COUNTY					
Cooper	444.3000	+	O 100esx	W1LH	RHolst

MARYLAND
FREQUENCY USAGE

Location	Output	Input	Notes	Call	Sponsor
Snp	442.9000	+	O		
Snp	447.8750	–	O		
ANNAPOLIS					
Davidsonville	444.4000	+	O 156.7	W3VPR	AARC
Millersville	449.1250	–	Oaerz	W3CU	MMARC
BALTIMORE					
Baltimore	442.8500	+	O 88.5	WB3FFV	WB3FFV
Baltimore	443.2000	+	O 107.2r	N3FS	N3FS
Baltimore	447.3750	–	O 100.0e	K3BAL	K3BAL
Baltimore	447.5250	–	O(CA)	N3MCQ	N3MCQ
Baltimore	448.3250	–	Oelsz	W3DID	BRATS
Baltimore	449.0750	–	O	KB3AVZ	KB3AVZ
Baltimore City	448.2750	–	O 156.7	K3CUJ	Col.ARA
Cockeysville	448.5250	–	O	KB3BHO	Boumi AR
E Baltimore	449.5750	–	Ol	W3PGA	Aero ARC
Ellicott City	448.0250	–	O	N3HTJ	N3HTJ
Ellicott City	449.5250	–	O	N3EZD	N3EZD
Harmans	443.9500	+	Otae	W3YVV	W3YVV
Harmans	444.9500	+	O 123.0 (CA) erZ(91)	NS3V	+NT3Z
Jessup	444.0000	146.1600	O 107.2l	WA3DZD	MFMA
Jessup	444.0000	+	O 107.2l	WA3DZD	MFMA
Jessup	444.0000	223.1600	O 107.2l	WA3DZD	MFMA
Joppa	449.6750	–	O 167.9	N3ST	N3ST
NE Baltimore	448.0750	–	O 100.0	K3GOD	CARC
NE Baltimore	449.3250	–	O 107.2e	N3FFB	N3FFB
NW Baltimore	443.3500	+	O(CA)	WA3DZZ	BRATS
Odenton	442.6000	+	O 127.3 (CA)	N3MIR	GBURG

420-450 MHz   437
MARYLAND

Location	Output	Input	Notes	Call	Sponsor
Randallstown	444.2000	+	ol	N3GXH	N3GXH
S Baltimore	443.5500	+	o	WA3WLO	WA3WLO
Towson	449.2250	−	o 100.0er	N3CDY	N3CDY
Towson	449.2750	−	o 107.2ae	N3CDY	N3CDY
Towson	449.6250	−	o 107.2aelr	W3FT	BARC
BALTIMORE NE					
Baltimore	449.4250	−	o	N3XHK	N3XHK
CARROL CO					
Hampstead	443.8000	+	oalp	N3KZ	WN3A/UPa
CECIL COUNTY					
Elkton	447.3250	−	o 131.8 (CA) lWX	W3BXW	BEARS
CENTRAL					
Frederick	444.6500	+	o 114.8	N3ST	N3ST
Jonestown	449.4750	−	o 156.7	K3CUJ	Col. ARA
CENTRAL DELMARVA					
Salisbury	442.6500	+	o 156.7	N3HQJ	Muddy Ho
Salisbury	444.2000	+	o	KB3QV	PROS
Stevensville	442.2500	+	o	WA3JGI	WA3JGI
CHARLES COUNTY					
Waldorf	443.7000	+	os	KA3GRW	CCARC2
CHARLESTOWN					
Charlestown	442.9500	+	o 103.5a	N3RCN	+N3AJJ
CUMBERLAND MD					
Dan	443.0500	+	123.0	AB3EK	AB3EK
EASTERN SHORE					
Ocean City	443.4500	+	o 156.7lWX	N3HF	N3HF
HARFORD CO					
HavreDeGrace	444.7500	+	oalp	N3KZ	WN3A/UPa
MD WEST					
Frostburg	443.4000	+	o 107.2 (CA) ersWX	WA3KOK	NERA
NE WASHINGTON					
Bowie	442.1500	+	o	W3XJ	W3XJ
NORTH					
Frederick	448.1250	−	o 123.0e	K3MAD	MADXRA
NORTH BAY					
Centerville	448.2250	−	o 114.8ae	K3ORC	K.I.ARC
NORTH CENTRAL					
Cascade	447.2250	−	ot	KK3L	KK3L
Manchester	447.6750	−	o	N3KZS	N3KZS
Westminster	449.8750	−	oel	K3PZN	CCARC
NORTH DELMARVA					
Worton	449.1750	−	o 156.7ar	K3ARS	KARS
NORTH EAST					
Elkton	447.7250	−	o 94.8ar	N3XJT	Cecil Co. DES
NORTH WEST					
Cumberland	443.0500	+	67.0	N3VYR	N3VYR
Myersville	447.1250	−	100	N3JDR	N3JDR
NORTHEAST					
Bel Air	449.7750	−	o 94.7aer	WB0EGR	HarfdCoRaces
Colora	443.0000	+	o 107.2elr	K3UAV	FORCE
Jarrettsville	448.4750	−	o	N3UR	N3UR
Port Deposit	449.8250	−	o 167.9a L(222.92)z	WA3SFJ	CBRA
Shawsville	449.3750	−	ol	W3EHT	W3EHT

438 420-450 MHz
MARYLAND

Location	Output	Input	Notes	Call	Sponsor
Whiteford	449.2250	–	O	N3CNJ	N3CNJ
NW MD					
Dans Mountain	447.5250	–	O	KG8GN	KG8GN
SE					
Marion	443.8500	+	O 131.8 (CA) lwx	WA3BXW	BEARS
Waldorf	447.1750	–	O(CA)	KA3TQD	N3QYP
SOUTH					
Brandywine	443.6000	+	O 103.5	WA3YUV	WA3YUV
Golden Beach	447.1250	–	O 131.8	W3SMD	W3SMD
Leonardtown	444.3500	+	O 156.7l	N3NO	SPARC
Lexington Park	443.0500	+	Oaelrsz	WA3UMY	WA3UMY
Lusby	443.3000	+	O 156.7elr	N3PX	SPARC
Lusby	443.3000	29.5200	O 156.7elr	N3PX	SPARC
Sunderland	449.2250	–	O 156.7e	N3PX	SPARC
SOUTH CENTRAL					
Orme	447.0750	–	l	N3ARN	CMRG
SOUTHERN MD					
LaPlata	443.7500	+	Oa	KA3GRW	KA3GRW
WASHINGTON AREA					
Accokeek	444.5000	+	O	W3TOM	W3TOM
Ashton	443.1500	+	O 156.7a	K3WX	ARCS
Bethesda	447.9250	–	Oel	K3YGG	NIHRAC
Bowie	442.1500	+	O	W3XJ	W3XJ
Bowie	444.7000	+	Ol	WA3GPC	CMRG
Burtonsville	443.6500	+	O	WA3UTY	WA3UTY
Germantown	443.4000	+	O 107.2alrs wx	WA3KOK	NERA
Germantown	444.2000	+	O	KV3S	MgyCol A
Jessup	444.0000	146.1600	O 107.2l	WA3DZD	MFMA
Jessup	444.0000	223.1600	O 107.2l	WA3DZD	MFMA
Jessup	444.0000	+	O 107.2l	WA3DZD	MFMA
Laurel	442.5000	+	O 156.7e	W3LRC	LARC
Rockville	442.7500	+	O 156.7 (CA) r	KV3B	MARC
Rockville	443.9000	+	Or	WA3YOO	MoCoRACE
Seat Pleasant	448.9250	–	O 167.9el	N3ST	CMRG
Silver Spring	443.4500	+	O 156.7 WX	N3HF	N3HF
Silver Spring	444.2500	+	Oa	WB3GXW	WB3GXW
Silver Spring	449.0250	–	O 156.7el	N3AUY	+KD3R
Silver Spring	449.0250	29.5600	O 141.3el	N3AUY	+KD3R
Washington	442.5500	+	O 100.0ex	WA3RLZ	N3UEZ
Washington	448.5750	–	O	K3VOA	VOA ARC
WEST CENTRAL					
Frederick	444.8000	+	O 141.3aer	W3ICF	FARG
Frederick	448.4250	–	Oes	K3ERM	Fdk ARC
Hagerstown	447.9750	–	Oe	W3CWC	AnttmRA
Hagerstown	448.9750	–	O	W3VLG	222Weste
Jefferson	443.3000	+	O	K3LMS	K3LMS
Thurmont	447.5750	–	O	N3NRR	N3NRR
WESTERN					
Cumberland	444.0000	+	O 123.0el	KK3L	KK3L
Cumberland	444.5000	+	O 118.8	W3YMW	Mtn ARC
McHenry	444.4250	+	O 100.0	W3KKC	McARC
WYE MILLS					
Wye Mills	442.9500	+	● 156.7aer	K3SVA	K3SVA

MASSACHUSETTS

Location	Output	Input	Notes	Call	Sponsor
MASSACHUSETTS					
ALL AREAS					
Itinerant Test Pair	441.4500	+	O 162.2	NS1MC	NESMC
BERKSHIRES					
Granville	442.7500	+	O 77 L(KB1AEV)	KB1AEV	KB1AEV
Granville	449.8250	–	O 107.2ex	N1PAH	N1PAH
Mt Greylock	449.4250	–	O 162.2ex	K1FFK	NBARC
Pittsfield	443.8500	+	O 162.2e	KE3HT	LTL
BLACKSTONE VALLEY					
Medway	449.1250	–	O 146.2 L(CLAYNET)	W1CLA	ClayCtrARC
Milford	446.8250	–	O 100e L(E3819 MMRA)s	WA1QGU	GMARG
Uxbridge	447.3250	–	ODCS(244)e L(WESTBORO MA 448.775)x	W1WNS	ATT
BOSTON METRO					
Boston	444.7000	+	O 88.5e	W1KRU	BEMSARG
Boston	446.5750	–	O 88.5e	WA1PBJ	NETARC
Boston	447.1750	–	O 110.9e L(BARC)x	WN9T	BARC/WN9T
Boston	448.7250	–	OP25 DCS(343)	W1NAU	W1NAU
Braintree	442.5000	+	O 118.8	AE1TH	Braintree
Brookline	446.3250	–	O 146.2 L(CLAYNET)	W1CLA	ClayCtrARC
Cambridge	444.7500	+	O 162.2e L(927.6625)	N1OMJ	N1OMJ
Cambridge	449.7250	–	O 114.8 (CA) ex	W1XM	MIT UHF
Medford	446.9250	–	O 88.5e	W1KN	TUARC
Newton	442.7500	+	O 141.3ae L(FALMOUTH 2 METER (CALLABLE))r	WA1GPO	FARA
Reading	446.5250	–	O 151.4	WA1RHN	WA1RHN
Stoneham	446.7250	–	O 88.5 L(MMRA)	W1DYJ	MMRA
Waltham	449.0750	–	Oe	WA1PBU	WARA
Woburn	449.8250	–	O 136.5e	N1OMJ	N1OMJ
BOSTON SOUTH					
Canton	449.4250	–	O 88.5	K1BFD	Canton EMA
North Attleborough	447.9750	–	O 88.5e	KA1IG	NAEMA
Taunton	447.2250	–	O 88.5rsWX	WP4US	WP4US
Walpole	446.4375	–	O 123eEXP	W1ZSA	WEM
Walpole	448.9750	–	O 141.3ers	W1ZSA	WEM
Walpole	449.6750	–	O 146.2 E-SUNp	NS1MC	W-EMA
Wrentham	444.4500	+	O 127.3 E-SUN	K1LBG	WEMA
Wrentham	448.5750	–	O 88.5ex	K1LBG	WEMA
CAPE AND ISLANDS					
Brewster	444.9000	+	O 141.3ae L(CAPE LINK)ps	N1ZPO	N1ZPO
Dennis	443.5000	+	O 141.3e L(CAPE NET)rs	K1PBO	BARC
Eastham	447.3250	–	O 88.5ae L(CAPE NET)prs	K1ISS	K1ISS

440 420-450 MHz
MASSACHUSETTS

Location	Output	Input	Notes	Call	Sponsor
CENTRAL					
Auburn	443.9000	+	O 100e L(E273824)s	K1WPO	K1WPO
Clinton	442.3000	+	O 74.4ae	N1KUB	Clinton CD
Fitchburg	442.9500	+	O 88.5 (CA) L(WB1EWS)z	WB1EWS	WB1EWS
Paxton	447.9875	–	O 136.5/162.2 L(YANKEE NETWORK)	W1OBQ	NYNES
Princeton	448.6250	–	O 88.5rWXx	W1OJ	W1OJ
Rutland	442.8500	+	O 100 L(224.38)	KA1AQP	KA1AQP
West Brookfield	442.0500	+	O 88.5	K1RMS	K1RMS
West Millbury	444.9000	+	O 100e L(224.38 PAXTON)	KA1AQP	KA1AQP
Worcester	443.3000	+	O 100	N1OHZ	N1OHZ
Worcester	449.0250	–	O 88.5a L(145.31)z	W1WPI	WPIWA
MERRIMACK VALLEY					
Ayer	442.0000	+	O 88.5	WA1PBJ	WA1PBJ
Haverhill	441.8500	+	O 127.3e	N1DOA	N1DOA
Haverhill	447.2750	–	O 88.5e	K1KKM	PRA
Lawrence	447.6250	–	O 88.5	N1EXC	N1EXC
North Andover	444.1000	+	O 123aex	N1LHP	N1LHP
North Reading	446.8750	–	O 88.5	N1FOS	N1FOS
Pepperell	442.9000	+	O 100e L(E88008)prs	N1MNX	N1MNX
Westford	442.4500	+	O 88.5 (CA)e rsz	WB1GOF	PART
Wilmington	441.9000	+	O 110.9a	N1LHP	N1LHP
Wilmington	449.4750	–	O 151.4 (CA)	K1ZIK	K1ZIK
METROWEST					
Concord	447.5750	–	O 110.9e	N1CON	CWA
Framingham	446.9750	–	O 88.5	WA1NVC	WA1NVC
Framingham	448.1250	–	O 88.5e	WA1PBJ	NETARC
Framingham	448.1750	–	O 88.5 L(I4610 WA1NVC)	WA1NVC	WA1NVC
Hopkinton	448.0250	–	O 88.5er	W1FY	FARA
Marlborough	442.2500	+	O 88.5 L(E51434)x	K1ST	3Com ARC
Marlborough	446.6750	–	O 88.5 (CA)e r	N1EM	AARC
Marlborough	447.8750	–	O 136.5	K1IW	K1IW
Marlborough	449.9250	–	O 88.5 (CA)e L(E94940 I4133)s	W1MRA	MMRA
Medfield	441.5000	+	O 88.5r	N1KUE	MEMA
Natick	447.6750	–	O 203.5er	KB1DFN	NATICK EMA
Northborough	441.6000	+	O 88.5	K1WPO	NETARC
Southborough	448.3750	–	O 88.5 (CA)e r	KA1UKJ	EMC ARC
Southborough	449.5750	–	O 88.5 L(MMRA)	W1BRI	MMRA
Wellesley	444.6000	+	O 88.5e L(147.030)	W1TKZ	WellslyARS
Westborough	448.7750	–	OP25 DCS(244)	W1WNS	ATT
Weston	442.7000	+	O 88.5 (CA) L(MMRA)	W1MRA	MMRA

MASSACHUSETTS-MICHIGAN

Location	Output	Input	Notes	Call	Sponsor
NORTH SHORE					
Beverly	444.9500	+	O 100	N1GSC	DGE
Beverly	447.8500	−	O 88.5 E-SUNr	WA1PNW	BEMA
Danvers	442.8000	+	O 136.5 (CA) ersx	NS1RA	NSRA
Georgetown	441.8000	+	O 107.2e L(KC2LT 448.275 HUDSON NH)x	KC2LT	KC2LT
Gloucester	443.7000	+	O	W1RK	W1RK
Lynn	442.4000	+	O 88.5	N1VGJ	LYNN
Lynn	443.9500	+	O 151.4 (CA) eL(NO)	W1SWR	PCD
Peabody	443.5500	+	O 88.5	WX1PBD	PWARC
Saugus	444.3000	+	O 123 L(K1SVP 146.91)rs	K1SVP	------------
Topsfield	447.4750	−	O 1350ae	WA1KAT	MAREX-NA
PIONEER VALLEY					
Amherst	442.2000	+	O 173.8 L(443.450 KD1XP)	KD1XP	KD1XP
Deerfield	443.4500	+	O 173.8 L(442.200 KD1XP)	KD1XP	KD1XP
Florence	449.5250	−	O 167.9 (CA) eE-SUN E-WINDx	KA1OAN	KA1QFE
Greenfield	448.8750	−	O 136.5e L(29.6)	N1EWK	FCARC
South Deerfield	442.5000	+	O 136.5ex	N1PMA	N1PMA
SOUTH COAST					
Assonet	442.5500	+	O 67 (CA)	WG1U	WG1U
Fall River	442.2000	+	O 88.5 (CA)e	KE1AK	SEMARG
Fall River	444.3500	+	O 88.5 (CA)e L(443.850)rsxz	W1ACT	FRARC
Fall River	449.5250	−	OeEXPx	NN1D	SEMARG
Westport	421.2500	+	OEXP	N1JOY	N1JOY
SOUTH SHORE					
Bridgewater	444.5500	+	O 88.5e	W1MV	MARA
Norwell	443.6000	+	O 88.5 L(E25209 145.25 RMTBASE)	NS1N	NS1N
Plymouth	449.1750	−	O 100es	N1RMH	PNPS
West Bridgewater	449.2750	−	ODCS(244)e L(448.775)x	W1WNS	ATT
SPRINGFIELD					
Belchertown	443.7000	+	O 71.9e	N1SIF	N1SIF
Feeding Hills	449.1750	−	DSTAR	W1KK	W1KK
Holyoke	443.2000	+	O 127.3s	W1TOM	MTARA
Holyoke	447.3750	−	DSTAR	W1KK	W1KK
Holyoke	447.9875	−	O 114.8/162.2e	W1OBQ	W1OBQ
Westfield	446.7750	−	O 77e	W1MBT	SNEARG

MICHIGAN

Location	Output	Input	Notes	Call	Sponsor
LOWER PEN NORTHEAST					
Alpena	442.4750	+	●(CA)elrs	N8BIT	8BITRG
Bad Axe	443.5500	+	O 114.8elWX x	KA8WYN	KA8WYN
Bay City	444.5000	+	O 123eWX	KB8YUR	BAARC
Breckenridge	442.6500	+	O 100elrs WX	W8QPO	W8QPO

442 420-450 MHz
MICHIGAN

Location	Output	Input	Notes	Call	Sponsor
Cheboygan	444.8500	+	O 100 (CA)e	WB8DEL	WB8DEL
Farwell	443.0250	+	O 103.5rs	KG8XS	KG8XS
Glennie	444.8000	+	O 100erswX	K5EKP	K5EKP RS
Hale	444.2750	+	O 141.3 (CA) erswX	K5EKP	K5EKP RS
Harrison	442.8500	+	O	KA8DCJ	KA8DCJ
Mayville	443.7750	+	O 131.8ers	KB8ZUZ	KB8ZUZ
Midland	444.3500	+	O 131.8	WB8WNF	PRAC
Mio	444.4750	+	O 141.3 (CA) elrswX	K5EKP	K5EKP RS
Oscoda	444.9000	+	O 156.7aelr sWXxz	KB8RWG	Alcona ARA
Roscommon	443.1000	+	Ol	WF8R	CRARC
Saginaw	443.6000	+	O 103.5ers	KC8VOA	KC8VOA
Tawas City	444.5500	+	OerswX	W8ICC	ICARE
Ubly	442.3250	+	O 103.5	KC8KOD	KC8KOD
Watrousville	442.5000	+	O 91.5rsWX	N8UT	AREA

LOWER PEN NORTHWEST

Location	Output	Input	Notes	Call	Sponsor
Big Rapids	443.9000	+	OaerswX	KB8QOI	BRAARC
Cadillac	444.8250	+	O	K8CAD	WEXARC
Glen Arbor	444.7250	+	●tel	WI0OK	N7LMJ
Hart	443.6750	+	O 94.8rs	W8VTM	OCARS
Holton	444.6750	+	O 94.8e	N8DWZ	WD8MKG
Lake	443.3000	+	OerswX	N8ERV	N8ERV
Lake Ann	444.9000	+	●tls	WI0OK	N7LMJ
Lake City	444.5250	+	O 100e	KA8ABM	KA8ABM
Mancelona	442.8000	+	Oe	K8WQK	Cherryland AR
Mt Pleasant	442.8250	+	O 100erswXx	KC8RTU	KC8RTU
Pellston	444.9500	+	O 103.5 E-SUN	WA8EFE	WA8EFE
South Boardman	444.9250	+	Oe	W8KAL	AA8ZV
Stutsmanville	442.3750	+	O 107.2aelr sWXx	N8DNX	N8DNX
Stutsmanville	443.3750	+	O 107.2aels WXx	KO8P	N8DNX
Traverse City	442.5000	+	O 114.8e	W8SGR	CARC
Traverse City	442.9000	+	O 94.8er	W8LDR	W8LDR
White Cloud	444.9750	+	O 94.8eWX	KB8IFE	KB8IFE

LOWER PEN SOUTHEAST

Location	Output	Input	Notes	Call	Sponsor
Adrian	443.3750	+	O 107.2eWX	K8ADM	K8ADM
Ann Arbor	443.5000	+	O 100 DCS	W8PGW	Arrow ARC
Ann Arbor	444.6750	+	●t(CA)er	AA8B	AA8B
Ann Arbor	444.9750	+	O 107.2 (CA) l	WD8DPA	WD8DPA
Bancroft	443.0500	+	Oel	N8YRN	N8YRN
Beverly Hills	443.2250	+	O 107.2ers WX	W8HP	DART
Bridgeport	443.4000	+	●t(CA)e	KC8BXI	KC8BXI
Brighton	443.8750	+	O 127.3 (CA) erswXx	WA1LRR	WA1LRR
Brooklyn	443.9000	+	●t(CA)	N8GY	N8GY
Burton	443.7500	+	O 131.8 (CA) el	N8DI	N8DI
Byron	443.2000	+	O 107.2	KC8YHE	KC8YHE
Chelsea	443.5750	+	Oe	WD8IEL	CARC

420-450 MHz 443
MICHIGAN

Location	Output	Input	Notes	Call	Sponsor
Clio	444.2500	+	○ 100l	W8NS	W8NS
Clio	444.3750	+	●e	N8NJN	FAIR
Dansville	444.5750	+	○ 107.2 (CA) elrx	N8OBU	N8OBU
Davison	442.8750	+	○(CA)	N8XCW	N8XCW
Dearborn	442.8000	+	○ 107.2 (CA) ers	WR8DAR	RADAR
Dearborn	443.2500	+	●t	N8BK	FordComS
Dearborn	443.4250	+	○ 107.2	K8UTT	Ford ARL
Detroit	442.1750	+	○ 123elx	KC8LTS	KC8LTS
Detroit	442.4500	+	○ 100 (CA)e	N8PYN	N8PYN
Detroit	443.0250	+	○ 107.2aWX xz	KC8DCS	SpiritARC
Detroit	443.0750	+	○ 123 (CA)el rsWXxz	WW8GM	GMARC
Detroit	443.4750	+	○ 107.2ers	WR8DAR	N8COP
Detroit	444.0000	+	●tDCSe	WB8CQP	DRCG
Detroit	444.2250	+	○ 107.2 (CA)	N8XN	Ind Repeater S
Dundee	442.8250	+	○ 100elrs	K8RPT	RRRA
Durand	442.6250	+	○ 100elrs WX	N8IES	N8IES
East Lansing	442.9000	+	○ 77	W8MSU	MSUARC
Farmington Hills	442.7000	+	○ 100	WA8SEL	FARC
Fenton	442.3500	+	○ 107.2 (CA) elsWXx	W8FSM	W8FSM
Fenton	443.9750	+	○ 67 (CA) DCSelWX	W8VHB	FAARA
Flint	442.0000	+	○ 107.2	N8UMW	N8UMW
Flint	443.6750	+	○ 103.5 (CA)	WB8YWF	WB8YWF
Flint	444.0500	+	○ 141.3 (CA) elrs	KC8OMY	Donald L. Greg
Flint	444.2000	+	○ 107.2	W8ACW	GCRC
Flint	444.4500	+	○ 100al	N8JYI	N8JYI
Flint	444.6000	+	●e	W8JDE	FAIR
Fostoria	443.4500	+	○(CA)elrwX	W8ECG	KG8ID
Frankenmuth	444.0250	+	○ 100elsWX x	KB8SWR	KB8SWR
Garden City	444.7250	+	○ 107.2 (CA) el	KA8SPW	KA8SPW
Garden City	444.8750	+	○ 107.2er	K8DNS	K8DNS
Grosse Ile	444.9000	+	○ 107.2eWX	N8ZPJ	N8ZPJ
Holly	442.2500	+	○ 100e	KA8ZAU	KA8ZAU
Howell	444.5250	+	○ 162.2el	W8LRK	K8PBS
Lapeer	442.7500	+	○ersx	W8LAP	LCARA
Livonia	442.2250	+	●t(CA)e	KV8G	KV8G
Luna Pier	444.5500	+	○ 100e	N8OSC	N8OSC + RRR
Milan	444.1000	+	○ 82.5	W2PUT	W8PUT
Milford	442.1500	+	○ 100elrs WX	K1DE	K1DE
Milford	444.4250	+	○ 118.8	WR8DAR	N8PO
Millington	444.6500	+	○ 100	KC8KGZ	GCARES
Munith	442.3250	+	○ 77elrsWX	KB8UB	KB8UB
New Hudson	442.7750	+	○ 107.2l	N8BK	N8BK
Northville	443.1000	+	○ 82.5er	WR8DAR	W8ICN
Novi	444.8000	+	○ 110.9e	WA8UMT	NARC
Owosso	442.4000	+	○ 100 (CA)e rsWX	N8DVH	N8DVH

444   420-450 MHz
MICHIGAN

Location	Output	Input	Notes	Call	Sponsor
Owosso	444.3000	+	O	WB8BRA	WB8BRA
Oxford	443.0000	+	●	KA8CSH	KA8CSH
Pinckney	442.6750	+	O 123	N8WGD	N8WGD
Pontiac	443.8250	+	O	WN8G	WN8G
Pontiac	444.3250	+	O 107.2esWX	W8OAK	Oakland Co Em
Rankin	442.3000	+	O 91.5elWX	W8YUC	RARG
Rankin	444.1500	+	O 100el	WD8JOF	RARG
Romeo	442.5500	+	Oe	WA1APX	WARTS
Romulus	442.2750	+	O 107.2	W8TX	W8TX
Royal Oak	443.7250	+	O 100 (CA)e	KA8ZRR	KA8ZRR
Saginaw	444.9500	+	O 103.5	KC8LMI	KC8LMI
Southfield	442.1000	+	OwX	KA8UUV	KC8LIY/KA8UU
Southfield	444.6250	+	●t	W5TH	W5TH
Sterling Heights	442.9250	+	O 100e	N8LC	LCARC
Sterling Heights	444.7750	+	O 127.3	N8FNO	Ford TL-NC
Troy	442.6000	+	O 107.2	K8FBI	FBIRC
Warren	443.5500	+	O 107.2elWXx	KA8WYN	KA8WYN
Waterford	442.3750	+	●t(CA)elpWX	W8JIM	N8EPL
Waterford	442.4750	+	O 88.5 (CA)e lpWXz	W8JIM	W8JIM
Wayne	443.1500	+	O 107.2ae	W8RIF	W8RIF
Westland	443.1250	+	O 107.2rs	N8DJP	N8DJP
Westland	443.2750	+	O 107.2elrs	N8ISK	N8ISK
White Lake	442.5750	+	O 88.5eWX	K8ZKJ	MIVUS
LOWER PEN SOUTHWEST					
Battle Creek	443.9500	+	O 94.8rWX	W8DF	SMARS
Berrien Springs	442.7750	+	O 88.5elrsWX	W8MAI	BARA
Berrien Springs	442.8250	+	O(CA)	W8YKS	DOCRG
Berrien Springs	444.0250	+	OesWX	KE4PM	KE4PM
Buchanan	443.6500	+	O	N8NIT	DOCRG
Cassopolis	443.5500	+	O 131.8ersWX	N8VPZ	N8VPZ
Cedar Springs	443.0750	+	O 94.8e	NW8J	NW8J
Centreville	442.1500	+	●eWX	KC8BRO	ARPSA
Charlotte	443.6250	+	O 100aelrsWX	N8HEE	EFFECT
Coldwater	443.3000	+	O 123ersWX	WD8KAF	BCARC
Crystal Lake	442.1250	+	O 107.2l	KB8LCY	KB8LCY
Dimondale	442.0500	+	O 100a	N9UV	N9UV
Eagle	443.3500	+	O 100 (CA)elrs	K8VEB	K8VEB
Fruitport	442.3000	+	O 94.8l	KE8LZ	N8UKF
Grand Haven	443.7750	+	O 94.8	W8GVK	W8GVK
Grand Ledge	442.5250	+	Ol	KB8HWT	KB8HWT
Grand Rapids	442.0000	+	●tex	K8EFK	K8EFK
Grand Rapids	442.1750	+	●t(CA)ersWXx	K8SN	K8SN
Grand Rapids	443.8000	+	O 94.8aelWXxz	KA8YSM	IRA
Grand Rapids	444.1000	+	O 94.8 (CA)eWX	N8NET	N8NET
Grand Rapids	444.4000	+	O 94.8ael	W8DC	GRARA

420-450 MHz 445
MICHIGAN-MINNESOTA

Location	Output	Input	Notes	Call	Sponsor
Grand Rapids	444.6250	+	O 94.8l	KD8CP	KD8CP
Holland	443.8250	+	O 94.8elrsWX	K8DAA	HARC
Holt	444.9250	+	Oael	KE8DR	Delhi UHF
Hudsonville	444.9000	+	O 94.8e	K8IHY	K8IHY
Jackson	443.1750	+	O 77aersWXx	WD8EEQ	WD8EEQ
Jackson	444.1750	+	O 100ers	KA8YRL	KA8YRL
Kalamazoo	444.6500	+	●te	W8VY	KARC
Kalamazoo	444.8750	+	O	K8KZO	SMART
Lansing	442.0250	+	Oe	W8LCC	N8JI
Lansing	442.4250	+	●tDCSeWX	KD8PA	KD8PA
Lansing	442.7250	+	O 100	KB8SXK	KB8SXK
Lansing	444.1250	+	O 107.2er	N8DEF	WIRE
Lansing	444.7500	+	O 100a	N8KRF	N8KRF
Lawton	444.4750	+	●tel	N8GH	N8GH
Lowell	443.8500	+	O 94.8	K8LHS	ARGYL
Mason	443.7000	+	O(CA)el	WB8RJY	WB8RJY
Moline	442.5500	+	OlEXP	WX8GRR	N8WKM
Muskegon	442.9500	+	O 94.8ael	N8KQQ	N8KQQ
Muskegon	443.2000	+	O 94.8ae	N8UKF	N8UKF
Muskegon	444.5500	+	O 94.8e	W8ZHO	MAARC
Muskegon	444.9500	+	O 94.8	K8WNJ	MCES (Muskeg
Niles	442.2250	+	O 94.8elrsWX	KC8OVZ	KC8OVZ
Paw Paw	444.0750	+	O 94.8	N8DAN	N8DAN
Saranac	444.7250	+	O 94.8e	KC8SIV	Saranac Comm
Sister Lakes	442.2750	+	O 88.5esWX	W8MAI	BARA
Sparta	444.7750	+	O 94.8el	AB8MS	AB8MS
St Johns	444.8500	+	O 141.3lsWX	WC8CLI	CCARA

UPPER PEN CENT

Location	Output	Input	Notes	Call	Sponsor
Iron Mountain	444.8500	+	O 100.0 (CA)e	WA8FXQ	MichACon
Ishpeming	444.2000	+	O	N8PUM	CUPRA
Marquette	444.8000	+	Oe	KE8IL	MrquttRA
Menominee	444.0750	+	O 107.2e	W8PIF	M&MARC
Wallace	444.6500	+	ODCS(125)	KS8O	MRRC

UPPER PEN EAST

Location	Output	Input	Notes	Call	Sponsor
Newberry	444.9000	+	O 131.8	W8CJB	W8CJB
SaultSte Marie	442.8500	+	O(CA)eWXz	KB8SKC	KB8SKC
St Ignace	444.1000	+	O(CA)	K8HEW	K8HEW
St Ignace	444.3750	+	O 103.5 WX	N8NXP	N8NXP

UPPER PEN WEST

Location	Output	Input	Notes	Call	Sponsor
Copper Harbor	444.1500	+	O 107.2e	K9SJ	K9SJ
Houghton	444.5000	+	Oe	W8YY	HuskyARC
Iron River	444.1750	+	O 107.2e	N8LVQ	IRARC

MINNESOTA
CENTRAL

Location	Output	Input	Notes	Call	Sponsor
Avon	443.6500	+	O 85.4e	KG0CV	KG0CV
Becker	443.4750	+	O 85.4	KB0RRN	KB0RRN
Big Lake	443.6000	+	O 114.8e	N0JDH	SHERBCRG
Buffalo	444.3750	+	O 156.7	N0FWG	N0FWG
Cambridge	443.9750	+	O 114.8e	WR0P	ICSES
Foreston	443.6750	+	O 114.8	N0GOI	K0GOI
Litchfield	443.8000	+	O 146.2	KC0CAP	KC0CAP

420-450 MHz
MINNESOTA

Location	Output	Input	Notes	Call	Sponsor
Little Falls	443.1250	+	O 123.0	KA0JSW	LKARRA
St Cloud	442.2250	+	O 85.4e	WA0NJR	WA0NJR
St Cloud	444.3500	+	O	W7LKA	STCLD U
DULUTH					
Duluth	442.2000	+	O 103.5	KG0QR	KGOQR
Duluth	443.7500	+	O 203.5	N0BZZ	N0BZZ
Duluth	444.3000	+	O 103.5	WD8RFS	------------
EAST CENTRAL					
Center City	443.6250	+	O 146.2a	KC0ASX	CCARES
North Branch	443.8750	+	O 146.2e	K0DMF	KODMF
METRO					
Afton	443.3500	+	O 88.5l	N0ODO	N0ODO
Arden Hills	442.0750	+	O 114.8l	KA9YPF	N9QIP/WIN
Brooklyn Cente	444.7750	+	O 114.8e	K0YTH	MNYARC
Burnsville	444.3000	+	O 114.8ae	W0BU	TCRC
Burnsville	444.7250	+	O	N0KP	SCAN
Chaska	443.0000	+	O 100.0	KA0KMJ	KA0KMJ
Cologne	444.6000	+	Oe	N0KP	SCAN
Columbia Hts	444.0000	+	O	WB0BWL	MNLINK
Columbia Hts	444.0250	+	●l	WB0BWL	MNLINK
Columbia Hts	444.5500	+	Oe	K0HPY	K0HPY
Columbia Hts	444.7500	+	O 114.8l	N0FKM	NOFKM
Edina	444.1250	+	O 114.8	W0EF	TCFMCLUB
Edina	444.2000	+	O 127.3e	WC0HC	HC RACES
Falcon Heights	442.7000	+	O 167.9	KB0UPW	RAMCOES
Forest Lake	442.0500	+	O 114.8	N0ODK	N0ODK
Gem Lake	444.9500	+	O 114.8	K0LAV	K0LAV
Golden Valley	444.1750	+	O 127.3e	WC0HC	HENNRACES
Golden Valley	444.5000	+	● 127.3	W0PZT	HC SHERIFF
Lino Lakes	443.2000	+	O 151.4e	WD8CBO	WD8CBO
Maplewood	442.6000	+	O 156.7	KC0MQW	SPEARS
Maplewood	444.8250	+	Oe	W0MR	MINING ARC
Minneapolis	442.0000	+	O 114.8a	K0SEY	------------
Minneapolis	442.9250	+	O 127.3x	W0IDS	NARA
Minneapolis	443.0000	+	O 118.8	N0YNT	N0YNT
Minneapolis	443.3000	+	O 114.8	N0NKI	N0NKI
Minneapolis	443.3750	+	O 179.9	KA0JQO	KA0JQO
Minneapolis	443.9500	+	O 151.4	K0GTT	K0GTT
Minneapolis	444.4000	+	O	N0QBJ	TCMAN
Minneapolis	444.4250	+	O 114.8	KA0KMJ	KA0KMJ
Minneapolis	444.6500	+	O	N0BVE	MRHA
Minneapolis	444.8750	+	O	WB0MPE	WB0MPE
New Brighton	443.4250	+	● 114.8e	N0YNT	N0YNT
New Hope	444.7000	+	O 100.0	WB0YTX	WB0YTX
Oakdale	444.2750	+	O 67.0	K0LAV	K0LAV
Plymouth	444.3750	+	O 114.8	N0FWG	N0FWG
Plymouth	444.5000	+	O 127.3e	W0PZT	HC SHERIFF
Ramsey	444.9750	+	O 94.8x	K0MSP	MIDWESTRA
Richfield	444.4750	+	O 118.8e	WB0PQW	RICHPSAF
Robbinsdale	444.7250	+	O 162.2	K0LTC	RARC
St Louis Park	444.1000	+	O 114.8	W0EF	TCFMCLUB
St Paul	444.0500	+	Ol	KA0JLB	MAGIC
St Paul	444.3250	+	O 118.8	N0BVE	N0YNT
St Paul	444.8000	+	O 114.8	WD0HWT	MARA
West St Paul	442.5500	+	O 100.0e	W0DCA	DCEC
White Bear Lak	444.2500	+	O 100.0	WD0HWT	MARA

420-450 MHz
MINNESOTA-MISSISSIPPI

Location	Output	Input	Notes	Call	Sponsor
NORTH CENTRAL					
Bemidji	444.0250	+	O 71.9	W0BJI	PAULBRC
Brainerd	444.9250	+	O	W0UJ	BAARC
Grand Rapids	444.5500	+	O 123.0ae	K0GPZ	NLARC
Nisswa	443.9250	+	O 123.0	W0UJ	BAARC
Pequot Lakes	442.9250	+	O 114.8	WA0WRG	WA0WRG
Warroad	443.0000	+	O	W0WKM	LKOFWRPTR
NORTH EAST					
Ely	444.1250	+	O	WD8RFS	------------
Gilbert	443.5000	+	O 141.3	KB0QYC	KB0QYC
Grand Marais	444.2500	+	O	W0BBN	BWARC
Hibbing	444.8000	+	O	WD8RFS	WD8RFS
NORTH WEST					
Fergus Falls	444.2000	+	Oae	K0QIK	LKREGARC
Karlstad	444.9750	+	O 100.0	KA0NWV	KA0NWV
Mahnomen	444.5000	+	O	W0BJI	PAULBRC
Thief River Fa	444.8000	+	OewX	WB0WTI	WB0WTI
Wannaska	444.7000	+	O 118.8el	W0WKM	LKOWORPTR
NORTHEAST					
Tamarack	443.2000	+	O 114.8	N0BZZ	N0BZZ
SOUTH CENTRAL					
Albert Lea	443.5250	+	O 100.0e	WA0RAX	ALARC
Fairmont	444.3500	+	O 136.5	N0PBA	PBANET
Mankato	443.6500	+	O 114.8ae	WA2OFZ	WA2OFZ
Mankato	444.6750	+	O 100.0	N0CAJ	MVRA
Northfield	449.2500	–	O	W0IHI	WA0YCZ
St Peter	444.1500	+	O	WQ0A	SCAN
Waseca	442.3000	+	OewX	KB0UJL	WCEM
Waseca	443.7500	+	Oe	WA0CJU	VARS
Waseca	443.8250	+	O 88.5ae	W9ALD	W9ALD
SOUTH EAST					
Austin	443.5000	+	Oa	N0RZO	AUSTIN ARC
Owatonna	444.4500	+	Oael	WB0VAK	WB0VAK
Red Wing	442.2500	+	O 136.5	KC0LXM	K0FP
Rochester	443.8500	+	O 71.9	W0MXW	ROCHARC
Spring Valley	444.5250	+	Oae	N0ZOD	BLUFLDSER
Winona	444.2250	+	Oae	W0NE	WINONARC
SOUTH SE					
Faribault	444.6250	+	O 100.0ae	WB0NKX	WB0NKX
SOUTH WEST					
Wabasso	444.5250	+	O 141.3ael	KB0CGJ	REDWARA
STATEWIDE					
Statewide	443.7000	+	O 186.2ep	K0YTH	MNYARC
Statewide	443.7000	+	O 173.8p	N0GEF	NOGEF
Statewide	444.3250	+	O 114.8	WA0TXJ	NARA
WEST CENTRAL					
Alexandria	442.0250	+	O 88.5e	W0ALX	RUNESARC
Willmar	444.8000	+	O 146.2	KB0MNU	KCEM

MISSISSIPPI

Location	Output	Input	Notes	Call	Sponsor
Aberdeen	444.4500	+	O 210.7a	KD5AHI	MONROE CTY
Amory	444.8250	+	O	KB5DSN	------------
Brandon	444.8250	+	tars	K5RKN	KD4RWF
Brandon	444.9000	+	100.0rs	K5RKN	KD5RWF
Byhalia	444.3000	+	110.9ers	W5GWD	W5GWD

420-450 MHz
MISSISSIPPI

Location	Output	Input	Notes	Call	Sponsor
Clermont Harbr	444.1500	+	O 77.0al	WD5BJT	WD5BJT
Clinton	444.0000	+	O 100.0	W5PFR	JARC, INC
Columbus	444.9250	+	100.0es	KC5ULN	KC5ULN
Corinth	441.8000	+	103.5es	WB5CON	ALCORN CO
Corinth	443.9000	+	123.0aelRBWX	KJ5CO	KJ5CO
Ellisville	442.2500	+	O 136.5el	AA5SG	AA5SG/N5HO
Ellisville	443.8750	+	136.5lWX	N5EKR	N5EKR
Gautier	443.4500	+	O 123.0	KC5LCW	KC5LCW
Gloster	443.8250	+	Oez	N5ZNS	N5ZNS
Greenville	444.6750	+	100.0aelp	N5PS	G.R.A. INC
Grenada	444.7000	+	O 107.2a	AD5IT	AD5IT
Hattiesburg	442.7250	+	O 167.9#	N5LRQ	------------
Hattiesburg	443.7000	+	O 136.5	K5PN	HATTIESBUR
Hattiesburg	444.7750	+	136.5el	K5IJX	K5IJX
Heidelberg	444.3000	+	O 100.0e	KC5RC	JONES CO A
Hernando	444.9250	+	O 107.2e	N5PYQ	SRA
Hickory Flat	444.7250	+	O 179.9	W4ZCD	------------
Horn Lake	444.6500	+	O	N5NBG	------------
Indianola	444.8500	+	O 136.5	AB5DU	AB5DU
Jackson	444.4500	+	O 141.3 (CA) RB	KB5LCL	------------
Jackson	444.6000	+	O 100.0	KB5CO	JARC, INC
Jackson	444.7000	+	O	NC5Y	NC5Y
Jackson, East	443.6250	+	O	AA5RZ	------------
Laurel	442.3750	+	136.5eWX	WV5D	WV5D
Laurel	443.6500	+	O 100.0	W5NRU	AA5SG/N5HO
Laurel	444.9750	+	136.5	KC5PIA	KB5AAB
Mccomb	444.8750	+	O 100.0	W5WQ	SW MS ARC
Meridian	444.1000	+	O 131.8eRB	KB5BRZ	WB5AKR
Meridian	444.5000	+	O 107.2e	W5LRG	LAUDERDALE
Natchez	443.8000	+	Oae	N5IAT	N5IAT
Nettleton	444.6250	+	O 192.8a	AB5MU	AB5MU
New Albany	444.1500	+	O	WB5YCR	NEMARC
New Hebron	444.5250	+	Otae	N5NNI	N5MRS
O'reilly	444.9750	+	O 100.0 (CA) el	N5PS	DELTA ARA/
Olive Branch	444.7000	+	107.2ersWX	W5OBM	W5OBM
Pearl	444.3750	+	O 88.5ae	KB5HAV	------------
Perkinston	442.4750	+	136.5elrsRB WX	K5GVR	K5GVR
Petal	443.3500	+	Ot(CA)	W5CJR	PAWS
Philadelphia	444.9500	+	Oe	WB5YGI	NESHOBA AR
Picayune	443.7250	+	O 179.9	KE5LT	KE5LT
Pinola	444.8500	+	O	KC5LXF	KC5LXF
Richton	444.6250	+	O(CA) RB	N5OCF	N5OCF
Ridgeland	443.7000	+	O 77.0	N5WDG	N5WDG
Sataria	444.7750	+	O 107.2l	N5PS	N5SP
Soso	444.2750	+	136.5eWX	WV5D	WV5D
Starkville	444.7500	+	O	KD5GVU	MAGNOLIA A
Stennis Spc Ce	444.6500	+	O	WB4FUR	NASA/SSC A
Taylorsville	442.2000	+	O 167.9elWX	AA5SG	AA5SG
Tishomingo	444.9750	+	203.5eWX	KE5IPO	KE5IPO
Tupelo	444.9500	+	O 192.8e	N5VGK	------------
Vicksburg	444.9250	+	OaeRBz	WB5TTE	WB5TTE
Waynesboro	443.5000	+	O(CA) RB	W5SAR	W5SAR

420-450 MHz
MISSISSIPPI-MISSOURI

Location	Output	Input	Notes	Call	Sponsor
Waynesboro	443.5500	+	o	W5SAR	W5SAR
West Point	443.4500	+	o	N5WXD	N5WXD
Wiggins	443.3000	+	o 167.9 (CA) e	KB5DZJ	KB5DZJ

MISSOURI
CENTRAL

Location	Output	Input	Notes	Call	Sponsor
Boonville	442.7000	+	o 77/77 E-SUN	KA0GFC	KA0GFC
Boonville	444.7000	+	o 77 E-SUN x	KA0GFC	KA0GFC
Centralia	444.8000	+	o 103.5e E-SUNsx	AF0AM	------------
Fulton	443.5750	+	o 110.9	KA0GFC	KA0GFC
Holts Summit	443.8000	+	o	KB0NXX	KB0NXX
Laurie	444.5000	+	o 127.3 E-SUN LITZ	N0QVO	------------
Mexico	444.8250	+	oz	AA0RC	AudrainARC
Moberly	443.9750	+	o	K0MOB	TriCtARC

COLUMBIA/JEFF CITY

Location	Output	Input	Notes	Call	Sponsor
Ashland	444.1750	+	o 107.2/107.2 E-SUN	KA0GFC	KA0GFC
California	444.6250	+	o 127.3sx	K0MCA	MOCTY ARES
Centralia	443.0250	+	o 127.3/127.3eE-SUNz	N0PBM	w0smi
Columbia	442.3250	+	o 127.3/127.3xz	KM0R	KM0R
Columbia	444.4250	+	o 77/77	K0SI	CMRA
Columbia	444.9750	+	oeE-SUNsz	N0LBA	N0LBA
Holts Summit	444.8750	+	o 127.3/127.3	KB4VSP	kb4vsp
Jefferson City	443.1750	+	o 77 E-SUN x	W0SMI	ShowMeINT

EAST CENTRAL

Location	Output	Input	Notes	Call	Sponsor
De Soto	442.8500	+	o	K0MGU	K0MGU
Defiance	443.5250	+	oTT	N0RVC	n0rvc
Farmington	443.6750	+	o 100	K0OWG	------------
Foristell	444.4750	+	o 77 E-SUN x	W0ECA	ECA OF STC
High Hill	444.0250	+	o 77/77	W0SMI	ShowMeINT
Potosi	444.4000	+	o	KA0ITI	KA0ITI
Washington	444.1000	+	o 151.4	N0MFD	N0MFD
Washington	444.3500	+	o 141.3e E-SUN	WA0FYA	ZBARC

JOPLIN

Location	Output	Input	Notes	Call	Sponsor
Joplin	443.4750	+	o	WB0UPB	4StARCP
Joplin	444.5000	+	o 100/100	WD6FIC	WD6FIC

KANSAS CITY METRO

Location	Output	Input	Notes	Call	Sponsor
Basehor	443.5500	+	oE-SUN	N0GRQ	N0GRQ
Basehor	443.6500	+	●teE-SUNs	K0SUN	NEKSUN
Belton, MO	442.8000	+	o 151.4/151.4	KA0OXO	BARC
Edgerton	442.4750	+	oE-SUN	WB0OUE	WB0OUE
Excelsior Spgs	443.3250	+	●teE-SUNz	K0AMJ	K0BSJ
Excelsior Spgs	444.3000	+	o 114.8	KB0ONY	------------
Excelsior Spgs	444.6500	+	o 156.7	K0ESM	RAYCLAY RC

450 420-450 MHz
MISSOURI

Location	Output	Input	Notes	Call	Sponsor
Hoover	442.0750	+	O 151.4	KA0FKL	------------
Independence	444.5750	+	O 186.2	N0OEV	------------
Kansas City	442.1000	+	O 167.9/167.9s	N0WIZ	KB0LRB
Kansas City	442.4000	+	●eE-SUN	K0LW	BYRG
Kansas City	442.5500	+	O 186.2./186.2 E-SUN	WR0BPU	BPUARS
Kansas City	442.8500	+	●e	WD0GQA	BYRG
Kansas City	442.9750	+	●eE-SUN	N0EUH	BYRG
Kansas City	443.1000	+	O	NG0N	BYRG
Kansas City	443.3500	+	Oez	WV0T	SEIDKR
Kansas City	443.4000	+	●eE-SUN	K0LW	BYRG
Kansas City	443.6500	+	●	KS0OP	OPARC
Kansas City	443.7750	+	O 110.9/110.9	WA0NQA	ArtShrnRC
Kansas City	443.8500	+	O 107.2/107.2e	WD0GQA	BYRG
Kansas City	444.0000	+	OE-SUN	N0HYG	N0HYG
Kansas City	444.0250	+	OE-SUN	N4MSE	BYRG
Kansas City	444.0500	+	OE-SUNs	WA0QFJ	TWA ARC
Kansas City	444.1250	+	O 123/123	N0NKX	N0NKX
Kansas City	444.2500	+	O 151.4/151.4e	WA0VXQ	KCARC
Kansas City	444.3500	+	O	N0AAP	N0AAP
Kansas City	444.4500	+	O 151.4/151.4 E-SUNs	N0NDP	N0NDP
Kansas City	444.5500	+	●eE-SUN	N0EUH	KCDX/BYRG
Kansas City	444.8500	+	OE-SUNs	WB0NSQ	WB0NSQ
Kearney	443.9000	+	O 127.3 E-SUN	KB0EQV	KB0EQV
Kearney	444.2000	+	OeE-SUN	K0KMO	MJARS
Kingsville	444.3750	+	O 107.2	N0NDP	N0NDP
Lenexa	442.0500	+	O 151.4/151.4	KC0EFC	KC0EFC
Lenexa	442.6000	+	●eE-SUN	K0LW	BYRG
Liberty	443.3750	+	O 192.8	KC0SKA	kc0ska
Oak Grove	444.2750	+	O 123/123	KB0THQ	PHRRL
Olathe	442.2000	+	OeE-SUN	KE5BR	SFTARC
Overland Park	442.1500	+	● 82.5/82.5	W0LHK	W0LHK
Peculiar	442.0250	+	●eE-SUN	W0MCJ	BYRG
Platte City	444.1500	+	O 88.5/88.5 DCS(71) E-SUN	W5USI	W5USI
Raytown	442.3000	+	O	WA0JSA	MidAmerFM
Roeland Park	443.7250	+	OeE-SUNs	W0ERH	JCRAC
Shawnee Msn	444.7500	+	●eE-SUNs	WB0RJQ	WB0RJQ
NORTHEAST					
Ewing	444.8750	+	O 100	KB0YKI	------------
NORTHWEST					
Amity, MO	443.1250	+	O	KB0ALL	KB0ALL
Graham	444.4750	+	O 146.2	N0GGU	N0GGU
Liberty	443.8250	+	O 151.4/151.4	NE0X	NE0X
ROLLA					
Rolla	443.8250	+	Oez	W0EEE	UMR ARC
SOUTH CENTRAL					
Belle	442.6000	+	O 127.3z	N0VHN	------------

420-450 MHz 451
MISSOURI

Location	Output	Input	Notes	Call	Sponsor
Camdenton	442.2000	+	O 100/100 E-SUN	KB8KGU	------------
Freeburg	443.7000	+	O 77/77 E-SUN	KA0GFC	KA0GFC
Gainesville	444.3500	+	OE-SUNs	WB0JJJ	ARCO
Mountain Grove	444.9500	+	OE-SUN	K0KNC	ToARC
Newberg	443.4250	+	O 100/100	KB0WD	------------
Rolla	443.6000	+	O 114.8/114.8	WB9KHR	------------
Stover	444.9250	+	O	N0AYI	N0AYI
Willow Springs	443.9750	+	Ot	KC5DGC	------------

SOUTHEAST

Location	Output	Input	Notes	Call	Sponsor
Poplar bluff	444.9250	+	O 179.9/179.9	AB0JW	SEMOARA
SouthEast	444.5750	+	O 107.2/107.2	KC0LAT	KMS

SOUTHWEST

Location	Output	Input	Notes	Call	Sponsor
Highlandville	442.1250	+	O 162.2/162.2aE-SUNsx	WA6JGM	C
Highlandville	444.8750	+	OE-SUNsxz	WA6JGM	CC ARC
Hollister	443.9000	+	O 100/100	KC5YJY	------------
Kimberling Cty	444.3000	+	O	N0NWP	N0NWP
Monett	444.6500	+	O 123	K0SQS	K0SQS
Springfield	444.2000	+	Ox	W5CBC	CBC ARC

SPRINGFIELD

Location	Output	Input	Notes	Call	Sponsor
Springfield	444.0500	+	O 77 E-SUN	W9XO	W9XO
Springfield	444.4000	+	O 162.2e E-SUN	W0EBE	SW MO ARC
Springfield	444.6000	+	O 77 E-SUN	W6OQS	EARS
Springfield	444.7250	+	O 136.5	W0YKE	SMSU ARC
Springfield	444.7750	+	O	W0NXU	W0NXU
Springfield	444.8250	+	O	W0EBE	SW MO ARC

ST JOSEPH

Location	Output	Input	Notes	Call	Sponsor
St Joseph	444.9250	+	O 110.9 E-SUNz	WA0HBX	WA0HBX

ST LOUIS METRO

Location	Output	Input	Notes	Call	Sponsor
Berkeley	443.6500	+	●	KB0PE	KB0PE
Bridgeton	443.4500	+	OE-SUN	KB0TUD	NWAR/EAsn
Clayton	442.1000	+	O	KB0MWG	slsrc
Clayton	444.0000	+	O	K0CEH	------------
Crystal City	443.6250	+	O 100	K0TPX	TwnCtyARC
Festus	443.9500	+	OE-SUN	AB0QG	------------
Hazelwood	443.2250	+	O 146.2e	KB0UAB	------------
High Ridge	444.5500	+	Ote	K0AMC	AMARC
High Ridge	444.7500	+	Ote	K0AMC	AMARC
High Ridge	444.8500	+	Ote	K0AMC	AMARC
Imperial	442.5000	+	OeE-SUN	KE0PE	KE0PE
New Haven	444.9000	+	O	KA0BWH	------------
Olivette	443.0750	+	O 141.3/141.3	W0SRC	slsrc
St Charles	443.2500	+	O	N0KQG	------------
St Charles	444.6500	+	Os	WB0HSI	StChasARC
St Louis	442.8250	+	O 127.3 E-SUN	K0GFM	SMARC
St Louis	442.8750	+	O 141.3e E-SUN	W0MA	BEARS-STL

420-450 MHz
MISSOURI-MONTANA

Location	Output	Input	Notes	Call	Sponsor
St Louis	443.1500	+	O E-SUN	N0FLC	N0FLC
St Louis	443.3000	+	O 123	KA9HNT	XEEARC
St Louis	443.4750	+	O 77 E-SUN sx	WD0EFP	WD0EFP
St Louis	443.5500	+	OeE-SUN	K0GOB	UHFARA
St Louis	443.7750	+	O E-SUN	W0XEU	------------
St Louis	444.0500	+	O E-SUN	W0SLW	14739RPTR
St Louis	444.1500	+	OeE-SUN	WB0QXW	#NAME?
St Paul	444.2000	+	O s	KA0EJQ	KA0EJQ
St Peters	442.4750	+	O	KO0Z	------------
St Peters	444.2750	+	O 141.3 E-SUNx	KB3HF	KB3HF
Webster Groves	443.8500	+	O 141.3e E-SUNx	N0UHJ	N0UHJ
Weldon Springs	442.6500	+	O 127.3	KA2AYR	rdcmrg
WEST CENTRAL					
Cameron	442.6750	+	O 127.3/127.3	N0SWP	n0swp
Clinton	443.3000	+	O 107.2 E-SUN	N0ATH	RATS
Concordia	442.9250	+	O 156.7e	AA0IY	AA0IY
Nevada	444.0000	+	O	K0CB	K0CB
Nevada	444.2250	+	O 127.3	W0HL	W0HL
Nopc	444.0250	+	O	AA0AAA	GCARC
Warrensburg	443.2000	+	O 107.2 E-SUN	W0AU	WAARCI
Windsor	442.7250	+	O 107.2/107.2	W0OA	W0OA
Windsor	443.8750	+	O 107.2/107.2	N0TLE	BYRG

MONTANA
CENTRAL

Location	Output	Input	Notes	Call	Sponsor
Lewistown	442.0000	+	O 103.5	K7VH	K7EC
EAST CENTRAL					
Sidney	444.5000	+	O l	W7DXQ	LYARC
NORTH CENTRAL					
Great Falls	444.3500	+	O ae	W7ECA	GFAARC
NORTHEAST					
Plentywood	444.0000	+	O l	KB7QWG	KB7QWG
Plentywood	444.6000	+	O l	KB7QWG	KB7QWG
Plentywood	448.3500	–	O	KC7MNI	County Gov
Scobey	443.5000	+	O	N0PL	N0PL
NORTHWEST					
Bigfork	442.0750	+	O 88.5aelRB xz	KA5LXG	FVRG
Cut Bank	443.3750	+	OeRB	WB7BTS	HARK
Dixon	444.5500	+	O	K7KTR	K7KTR
Eureka	443.8000	+	O 100	WR7DW	WR7DW
Eureka	444.2500	+	100	WR7DW	WR7DW
Eureka	444.6500	+	O 100	WR7DW	WR7DW
Kalispell	448.9750	–	O 107.2	N7XVF	W7HSG
Libby	444.3500	+	O	KB7SQE	KB7SQE
Libby	444.8250	+	O	KB7SQE	KB7SQE
Lookout Pass	444.2000	+	O 131.8	WR7HLN	WR7AGT
Whitefish	444.9750	+	O 100	K7LYY	FVARC

420-450 MHz 453
MONTANA-NEBRASKA

Location	Output	Input	Notes	Call	Sponsor
SOUTH CENTRAL					
Belgrade	448.3500	–	O 77	KB7KB	KB7KB
Bozeman	447.0000	–	O 162.2ae	KL7JGS	BD Hosp.
Bozeman	447.7000	–	O 77a	KI7XF	ERA
Bozeman	449.9000	–	O 100l	KL7JGS	KL7JGS
SOUTHEAST					
Big Timber	444.6000	+	O 100	NU7Q	BTAR
Billings	449.2500	–	O 100	WB6EHV	WB6EHV
Billings	449.7500	–	O	N7VR	N7VR
Billings	449.8000	–	O 100e	KA7MHP	KA7MHP
Red Lodge	449.9000	–	O 100	KE7FEL	KE7FEL
SOUTHWEST					
Anaconda	446.8000	–	O	KA7NBR	KA7NBR
Boulder	449.2000	–	O 131.8l	WR7HLN	WR7AGT
Dillon	444.1000	+	O 100	WR7HLN	WR7AGT
Gold Creek	449.3000	–	O 131.8l	WR7HLN	WR7AGT
Helena	443.0000	+	O	K7WES	K7WES
Helena	444.1000	+	O 131.8l	WR7HLN	WR7AGT
Helena	448.8750	–	O	K7MT	K7MT
Helena	448.9000	–	O 131.8	WR7HLN	WR7AGT
Helena	449.5500	–	O	W7MRI	W7MRI
Toston	449.3000	–	O 131.8l	WR7HLN	WR7AGT
Wisdom	449.7750	–	Ol	K7IMM	DARC
WEST CENTRAL					
Missoula	444.8000	+	O 88.5	W7PX	HARC
Stevensville	442.2500	+	O 88.5	KE7WR	KE7WR
Stevensville	447.5000	–	O 203.5	W7FTX	BARC
NEBRASKA					
EAST					
Blair	444.4000	+	O 141.3e	KC0R	Blair ARC
Washington	443.2750	+	Oes	N0AIH	BLAIR ARC
FREMONT					
Fremont	444.3750	+	Oes	KFOMS	------------
GRAND ISLAND					
Grand Island	443.9500	+	O 123.0rs	WY0F	GI 440 ASS
St Libory	444.9250	+	O 123.0els	WY0F	GI 440
HASTINGS					
Hastings	443.2000	+	Ols	W0WWV	H.A.R.C.
KEARNEY					
Axtell	444.6250	+	Ol	KA0RCZ	KA0RCZ
Kearney	444.8500	+	O 74.4aelz	KA0RCZ	KA0RCZ
LINCOLN					
Lincoln	442.1500	+	OD-STARes	W0MAO	NEMA
Lincoln	442.2000	+	Oel	N0LWL	------------
Lincoln	443.5000	+	Oal	N0GVK	N0GVK
Lincoln	443.6750	+	Oes	W0MAO	NEMA
Lincoln	444.3000	+	Oae	K0RPT	------------
Lincoln	444.6750	+	O(CA)e	KA0WUX	KA0WUX
LINCOLN/OMAHA					
Gretna	444.9000	+	Oes	W0MAO	NE. GOVT
NORTH CENT					
O'Neill	444.8750	+	O	KB0GRP	------------
NORTH EAST					
Norfolk	444.2500	+	O	WA6BRE	EVARC

NEBRASKA-NEVADA

Location	Output	Input	Notes	Call	Sponsor
OMAHA					
Bellevue	443.3500	+	○sz	WB0QQK	WB0QQK
Bellevue	443.8250	+	○(CA)sz	WB0QQK	WB0QQK
Bellevue	444.8750	+	○eL(29.64)	WB0QQK	WB0QQK
Murray	442.5750	+	● 100el	KA0IJY	------------
Omaha	442.3500	+	○ 100.0	KF6SWL	------------
Omaha	442.4750	+	○el	K0IJY	------------
Omaha	442.9000	+	○e	N0UP	N0UP
Omaha	442.9500	+	○ 146.2/146.2	WB0CMC	WB0CMC
Omaha	443.7250	+	○L(IRLP)	KF6SWL	WORLD WIDE
Omaha	443.7750	+	○s	W0EQU	ARC DIS SVC
Omaha	444.0500	+	○	WB0WXS	WB0WXS
Omaha	444.6500	+	○el	K0BOY	K0BOY
Omaha	444.9750	+	○	K0BOY	K0BOY
Omaha/KPTM	444.9500	+	○x	WB0CMC	WB0CMC
Papillion	442.7250	+	○er	WB0EMU	SARPY EMA
Valley	443.5500	+	○els	K0AWB	K0AWB
Yutan/Omaha	444.4250	+	○el	N0YMJ	EWETAN ARC
SCOTTSBLUFF					
Scottsbluff	444.1250	+	○ 123.0ls	N0SQ	SBCEMA
Scottsbluff	444.8250	+	○aersz	W0KAV	W0KAV/KW0R
SOUTH CENT					
Campbell	444.4750	+	○els	W0WWV	H.A.R.C.
Minden	444.4250	+	○es	W0WWV	HARC
Oxford	443.3500	+	○(CA)l	KX0M	KX0M
SOUTH EAST					
Ashland	442.8250	+	○ L(ECHOLINK)	K0AMP	------------
Ashland	443.6000	+	○	N0LWL	N0LWL
Beatrice	444.4500	+	○els	WB0RMO	JCARS
Brownville	444.2250	+	○l	K0TIK	K0TIK
Fairbury	444.2750	+	○aels	WB0RMO	JCARS
Falls City	443.7500	+	○ 67.0e	K0JKS	FALLS CITY A
Julian	444.6250	+	○es	W0MAO	NE. GOVT
NE City	442.1000	+	○ael	K0TIK	K0TIK
Wilber	443.4000	+	○els	N0YNC	SALINE CO EM
NEVADA					
Angel Peak	447.3250	–	○ 127.3	N7SGV	SMRC
Angel Peak	447.4750	–	○ 110.9	N7OK	SDARC
Angel Peak	448.5750	–	●	WB6TNP	TRISTATE
Angel Peak	449.2000	–	○	KI7D	HDRA
Angel Peak	449.2500	–	●	WR7WHT	SCRN
Angel Peak	449.5000	–	● 146.2/146.2 (CA)elx	N7TND	LVRA
Angel Peak	449.8000	–	○ 131.8 BI	N6JFO	PINOYHAM
Angel Peak	449.8500	–	○	KI7D	HDRA
Apex Mtn	447.6250	–	○ 114.8	N7YOR	HDRA
Apex Mtn	447.8500	–		KD5MSS	------------
Apex Mtn	449.8750	–	○ 127.3	KC7TMC	Nellis
Black Mtn	447.7750	–		KP4UZ	------------
Black Mtn	448.0000	–	○	KD8S	------------
Black Mtn	448.6250	–	○ 114.8	NX7R	HDRA
Black Mtn	449.7500	–	○	N7ARR	NARRI

420-450 MHz   455
NEVADA

Location	Output	Input	Notes	Call	Sponsor
Boulder City	448.6000	–	●	K7FAY	CARRA.ORG
Christmas Tree	448.2000	–	●	WR7RED	SCRN
Christmas Tree	448.7000	–	●	WB6TNP	TRISTATE
Christmas Tree	449.3250	–	O	KI7D	HDRA
Henderson	447.2000	–	O	W6JCY	------------
Henderson	447.6750	–	O 100/100e L(145.420) WXx	K7FED	------------
Henderson	448.2750	–	O	K7USJ	------------
Henderson	448.7500	–	O	WR6AVM	------------
Henderson	448.8750	–	O	K7RSW	HDRA
Henderson	449.6250	–	O 103.5	N7YOR	HDRA
Hi Potosi Mtn	449.0000	–	●	N6DD	Cactus
Hi Potosi Mtn	449.1750	–	●	WA7HXO	LVRA
Hi Potosi Mtn	449.9500	–	●	KB6CRE	------------
Hi Potosi Mtn	449.9750	–	O	KB6XN	------------
Las Vegas	446.6000	–		W0JAY	------------
Las Vegas	447.0000	–	O 100	N7ARR	NARRI
Las Vegas	447.3000	–	●	KG7SS	------------
Las Vegas	447.6000	–	●	KI7BE	------------
Las Vegas	448.0750	–	O 127.3	WN9ANF	------------
Las Vegas	448.2500	–	O	N8NDI	------------
Las Vegas	448.4000	–	O 131.8/131.8	K7FAY	CARRA.ORG
Las Vegas	448.5000	–	O 100	K7UGE	LVRAC
Las Vegas	448.6750	–	O	N8DBM	------------
Las Vegas	448.9000	–	O	KE7CCH	------------
Las Vegas	449.3500	–	O	WB7RRA	------------
Las Vegas	449.6750	–	O 100	WA7CYC	------------
Lo Potosi Mtn	448.5250	–	●	WR7BLU	SCRN
Lo Potosi Mtn	448.8250	–	●	KG6ALU	KARC
Lo Potosi Mtn	448.9250	–	●	WB6TNP	TRISTATE
Lo Potosi Mtn	449.2500	–	●	WB6TNP	TRISTATE
Lo Potosi Mtn	449.4000	–	●	W7OQF	LVRA
Opal Mtn	448.8000	–	●	WB6TNP	TRISTATE
Pahrump	448.8500	–	O	N7HYV	------------
Pahrump local	447.5000	–	O	W7NYE	------------
Pahrump local	447.5500	–	O	KC7DKC	------------
Pahrump local	447.7000	–	O	WB6RTH	------------
Pahrump local	447.7250	–	O	N7ARR	NARRI
Pahrump Valley	448.9750	–	O	KA7RXH	------------
Red Mtn	449.1000	–	●	WA7LAT	LVRA
Red Mtn	449.1500	–	O 127.3	WA7HXO	LVRA
Spirit Mt	449.7750	–	●	K7FAY	CARRA.ORG
CENTRAL					
Warm Springs	420.1000	+	Ol	WB7WTS	WB7WTS
Winnemucca	425.7000	–	●	WA6MNM	WA6MNM
EAST CENTRAL					
Ely	421.0250	+	Ol	WB7WTS	WB7WTS
Ely	421.0250	+	Ol	WB7WTS	WB7WTS
Ely	425.1000	–	Ol	WB7WTS	WB7WTS
Ely	431.5000	421.5000	Ol	WB7WTS	WB7WTS
Ely	444.5750	+	O	WB7WTS	WB7WTS
Ely	444.6500	+	Ol	WB7WTS	WB7WTS
Laws Ca	444.6500	+	Ol	WA6TLW	Wa6tlw
Pioche	428.0000	–	Oelx	K7NKH	K7NKH
Reno	426.0250	–	Ol	WB7WTS	WB7WTS

420-450 MHz
NEVADA

Location	Output	Input	Notes	Call	Sponsor
Wells	420.2500	+	Ol	WA6TLW	WA6TLW
EASTERN SIERRA					
Bishop	444.8000	+	O	WA6ZFT	WA6ZFT
NORTH CENTRAL					
Battle Mt	420.0250	430.0250	Ol	WA6TLW	WA6TLW
Battle Mt	420.0750	+	Ol	WA7BWF	N7EV
Battle Mt	420.5000	430.5000	Ol	WA6TLW	WA6TLW
Battle Mt	421.5000	431.5000	Ol	WA6TLW	WA6TLW
Battle Mt	443.9000	+	O	KC7LCY	N7EV
Battle Mt	444.8500	+	Ol	WA6TLW	WA6TLW
Battle Mtn	446.9750	–	Op	W7LKO	N7EV
Empire	444.6750	+	Op	KS2R	KS2R
Gerlach	443.4500	+	O	KD6THY	KD6THY
Reno	420.8750	+	Ol	WA6TLW	WA6TLW
Reno	426.0000	–	Ol	WA6TLW	WA6TLW
Reno	442.8250	+	O	WO7I	WO7I
Tuscarora	425.2500	–	Ol	WA6TLW	WA6TLW
Tuscarora	425.8750	–	Ol	WA6TLW	WA6TLW
Tuscarora	444.6500	+	●	WA6TLW	WA6TLW
West Central	421.0000	+	Olx	WA6TLW	WA6TLW
Winnamucca	444.9500	+	Op	KA7HQZ	KA7HQZ
Winnemucca	425.3750	–	●l	WA6TLW	WA6TLW
Winnemucca	434.6000	+	Op	W7TA	NN7B
Winnemucca	443.7000	+	O	WA6MNM	WA6MNM
Winnemucca	444.7500	+	●	WA6TLW	WA6TLW
NORTH EAST					
Carlin	441.9750	+	Op	W7LKO	N7EV
Carlin	444.2000	+	O	W7LKO	N7EV
Carlin	444.9500	+	O	W7LKO	N7EV
Carlin	446.9750	–	Op	W7LKO	N7EV
Carlin	449.3500	–	O	WB7BTS	WB7BTS
Elko	420.0750	+	Op	W7LKO	WA7BWF
Elko	440.3250	+	O	KI6V	KI6V
Elko	442.0500	+	O	W7LKO	N7EV
Elko	443.3750	+	O	KI6V	KI6V
Elko	444.1000	+	O	KC7YNS	KC7YNS
Elko	444.7000	+	O	W7LKO	WA7BWF
Elko	446.9750	–	Op	W7LKO	N7EV
Tuscarora	444.5000	+	O	W7LKO	N7EV
Tuscarora	446.9750	–	Op	W7LKO	N7EV
Wells	444.9000	+	O	W7LKO	N7EV
Wells	446.9750	–	Op	W7LKO	N7EV
NORTH WEST					
Gerlach	441.7000	+	O	WA6MNM	WA6MNM
Likely	439.7750	439.7750	Ol	WB6HMD	WB6HMD
Susanville	443.0250	+	O	W6EXP	K6JKC
Susanville	443.9000	+	Oex	K6LRC	K6ME
SIERRA/TAHOE					
Battle Mt	421.5000	431.5000	●	WA6TLW	WA6TLW
Fernley	440.9250	+	●	KH8AF	KH8AF
Incline Vlg	441.2000	+	●	N7VXB	N7VXB
Kings Beach	442.9500	+	O	WA6FJS	WA6FJS
Lake Tahoe	442.4750	+	Oel	WA6EWV	WA6EWV
Likely	439.9500	–	Ol	NR7A	WA6EWV
Reno	421.3750	431.3750	Ol	K6GNX	K6GNX
Reno	441.1750	+	O	N7VXB	N7VXB

420-450 MHz NEVADA

Location	Output	Input	Notes	Call	Sponsor
Reno	442.1750	+	◐l	KH6AF	KH8AF
Reno	444.9500	+	●	WA6TLW	WA6TLW
S Lake Tahoe	443.7000	+	●	WA6EWV	WA6EWV
Stateline	439.6500	−	●	WA6SUV	WA6SUV
Susanville	444.0250	+	●	WA6FJS	WA6FJS
Tahoe City	444.0500	+	●	WA6FJS	WA6FJS
Truckee	440.2750	+	●	KJ6GM	KJ6GM
Truckee	440.7000	+	○ 131.8lx	W6SAR	W6SAR
Truckee	444.2750	+	●	WA6JQV	WA6JQV
SOUTH					
N Las Vegas	448.7750	−	● 131.8lx	WH6CYB	NH7M
SOUTH CENTRAL					
Independence	442.3000	+	●	W6TD	W6TD
SOUTH WEST					
Independence	429.6500	420.8500	◐l	W6TD	W6TD
WEST CENTRAL					
Battle Mt	422.1000	432.1000	◐p	W7DI	K7VC
Battle Mt	422.2000	432.2000	◐p	W7DI	K7VC
Battle Mt	422.3000	432.3000	◐p	W7DI	K7VC
Battle Mt	423.4200	420.4200	◐l	WA6CBA	WA6CBA
Bishop Ca	420.9500	+	○ 192.8lx	K6BDI	K6BDI
Carson City	423.4250	426.4250	◐p	KR7EK	KR7EK
Carson City	444.5500	+	◐l	WA6JQV	WA6JQV
Elko	444.7250	+	●	WD8JQN	WD8JQN
Ely	432.1000	422.1000	◐p	W7DI	K7VC
Ely	432.2000	422.2000	◐p	W7DI	K7VC
Ely	432.3000	422.3000	◐p	W7DI	K7VC
Fallon	444.3750	+	●	WA6KDW	WA6KDW
Fernley	420.1000	430.1000	◐l	WA6TLW	WA6TLW
Fernley	420.1250	430.1250	◐l	WA6TLW	WA6TLW
Fernley	420.1500	430.1500	◐l	WA6TLW	WA6TLW
Fernley	420.2000	430.2000	◐l	WA6TLW	WA6TLW
Fernley	440.9000	+	◐l	WA6TLW	WA6TLW
Fernley	440.9750	+	◐p	KI3V	N7TR
Fernley	441.0000	441.0000	◐p	KI3V	N7TR
Fernley	441.0250	+	◐p	KI3V	N7TR
Fernley	441.0500	+	◐p	KI3V	N7TR
Fernley	441.0750	+	◐p	KI3V	N7TR
Fernley	443.5000	+	○	N7PLQ	N7PLQ
Fernley	443.6000	+	○	WA6MNM	WA6MNM
Fernley	443.9000	+	●	WA6MNM	WA6MNM
Fernley	444.7000	+	◐p	WA6TLW	WA6TLW
Genoa	423.4800	420.4800	●	WA6JQV	WA6JQV
Genoa	423.6000	420.6000	●	WA6JQV	WA6JQV
Genoa	424.3000	421.3000	●	WA6JQV	WA6JQV
Hawthorne	420.0500	430.0500	◐l	WA6TLW	WA6TLW
Hawthorne	420.9500	430.9500	◐l	WA6TLW	WA6TLW
Hawthorne	441.9000	+	○	WA6MNM	WA6MNM
Hhawthorne	444.8500	+	◐l	WA6TLW	WA6TLW
Likely	439.8000	439.8000	●	N7RH	N7LPT
Loveloc	439.5000	−	●l	W7TA	N7UVL
Loveloc	439.6000	−	●l	W7TA	N7UVL
Minden	441.2500	+	◐e	W7DI	K7VC
Montgomery Ps	444.2000	+	◐p	KE6VVB	KE6VVB
New Washoe City	440.3750	+	◐p	NH7M	NH7M
Nixon	444.7500	+	◐p	WA6TLW	WA6TLW

420-450 MHz
NEVADA

Location	Output	Input	Notes	Call	Sponsor
Portola	444.1000	+	O	N7PLQ	N7PLQ
Portola	444.1250	+	O	N7TR	N7TR
Reno	420.1750	430.0750	Ol	WA7RPS	WA7RPS
Reno	420.3000	+	Ol	WA7DG	N7LPT
Reno	420.3500	+	Ol	WA7RPS	WA7RPS
Reno	420.3750	+	●l	WA6TLW	WA6TLW
Reno	420.8000	+	Ol	WA6MNM	WA6MNM
Reno	421.0500	+	O	N7PLQ	N7PLQ
Reno	421.0750	+	O	N7PLQ	N7PLQ
Reno	424.1800	421.1800	Op	W6KCS	w6kcs
Reno	425.8000	–	●	WA6MNM	WA6MNM
Reno	425.9000	–	●	WA6MNM	WA6MNM
Reno	430.0500	420.0500	Ol	WA6TLW	WA6TLW
Reno	430.1000	420.1000	Ol	WA6TLW	WA6TLW
Reno	430.5000	420.5000	Ol	WA6TLW	WA6TLW
Reno	430.6500	420.6500	Ol	WB7WTS	WB7WTS
Reno	430.8500	420.8500	Ol	WB7WTS	WB7WTS
Reno	430.9500	420.9500	Ol	WB7WTS	WB7WTS
Reno	431.5000	421.5000	Ol	WA6TLW	WA6TLW
Reno	433.0250	+	O	N7PLQ	N7PLQ
Reno	433.0500	+	O	N7PLQ	N7PLQ
Reno	433.0750	+	O	N7PLQ	N7PLQ
Reno	433.1000	+	●	WA6MNM	WA6MNM
Reno	434.0300	438.5300	Op	WA6TLW	WA6TLW
Reno	434.5500	434.5500	Ol	KD6ZM	N7VN
Reno	437.6000	437.6000	O 103.5elx	N7KP	N7KP
Reno	439.3500	–	●	WB6ALS	WB6ALS
Reno	440.1250	+	●l	WA7RPS	WA7RPS
Reno	440.1500	+	●	WA7NHJ	WA7NHJ
Reno	440.2000	+	O	KB6TDJ	KB6TDJ
Reno	440.4250	+	●	K7JN	K7JN
Reno	440.5500	+	Ol	K6ALT	W7AB
Reno	440.7250	+	O	KD7DTN	KD7DTN
Reno	440.8000	+	O	W7TA	NN7B
Reno	441.1500	+	Ol	WA6TLW	WA6TLW
Reno	441.3000	+	O	KD7DTN	Kd7dtn
Reno	441.5000	441.5000	Op	KI3V	N7TR
Reno	441.5250	+	O	N6GKJ	N6GKJ
Reno	442.0250	+	Op	W6KCS	w6kcs
Reno	442.1750	+	●	WA6TLW	WA6TLW
Reno	442.3750	+	O	KB2LUC	KB2LUC
Reno	442.5500	+	O 110.9lx	W7NIK	W7NIK
Reno	442.7500	442.7500	●	WW7E	WW7E
Reno	442.8500	+	O	KB7PDE	KB7PDE
Reno	442.9000	+	O	WA7DUL	WA7DUL
Reno	443.0250	+	● 114.8pRB	K7JN	K7JN
Reno	443.0750	+	Ol	W7TA	NN7B
Reno	443.1250	+	●	WA7NHJ	WA7NHJ
Reno	443.2500	+	●	W7JA	W7AB
Reno	443.4500	+	Op	NH7M	NH7M
Reno	443.7000	+	O	WA6MNM	WA6MNM
Reno	444.0250	+	●	WA7RPS	WA7RPS
Reno	444.3500	+	Oe	KE7R	NN7B
Reno	444.4000	+	●	K6ALT	W7AB
Reno	444.5250	+	O	N7PLQ	N7PLQ
Reno	444.6000	+	●	W9CI	W9CI

NEVADA-NEW HAMPSHIRE

Location	Output	Input	Notes	Call	Sponsor
Reno	444.6500	+	●l	WA6TLW	WA6TLW
Reno	444.7750	+	O	KK7RON	KK7RON
Reno	444.8500	+	Ol	WA6TLW	WA6TLW
Reno	445.0000	−	O	KB2LUC	KB2LUC
Reno	447.8500	0	O	WA7DG	KB7PDE
Reno	448.6250	−	O 100lx	KE7DZZ	KE7DZZ
Reno/Carson	444.8250	+	Ol	WA7DG	N7LPT
Reno/Sparks	444.9250	+	Oel	WA7DG	N7LPT
Reno/Susanville	444.0500	+	Op	K6JR	K6JR
Sparks	432.5000	432.5000	O 103.5lx	N7KP	N7KP
Sparks	432.7500	422.7500	Ol	WA6TLW	WA6TLW
Sparks	437.5000	437.5000	O 103.5lx	N7KP	N7KP
Sparks	440.0000	+	O 110.9lx	W7NIK	W7NIK
Sparks	440.0250	440.0250	O	N7PLQ	N7PLQ
Sparks	440.0500	+	O	N7PLQ	N7PLQ
Sparks	440.0750	+	O	N7TUA	N7TUA
Sparks	440.1000	+	O	WA6CBA	WA6CBA
Sparks	443.0500	+	O	N7PLQ	N7PLQ
Sparks	443.6250	+	O	N7KP	N7KP
Sparks	443.8000	+	O	N7KP	N7KP
Sparks	444.1750	+	O	KC5CZX	KC5CZX
Sparks	444.2000	+	●	W6TD	W6TD
Sparks	444.2250	+	Op	KD7DTN	KD7DTN
Sparks	444.2500	+	O	KR7EK	KR7EK
Sparks	444.8000	+	O	N7PLQ	N7PLQ
Sparks	444.9750	+	O	N7PLQ	N7PLQ
Sun Valley	426.4250	423.4250	Op	KR7EK	KR7EK
Sun Valley	427.2500	0	Op	WA6TLW	WA6TLW
Sun Valley	444.1500	+	Op	KR7EK	KR7EK
Truckee	424.2400	421.2400	Op	W6SAR	W6SAR
Truckee	434.3500	+	Op	W6SAR	W6SAR
Truckee	434.5000	+	O	W7TA	NN7B
Tuscarora	425.3000	−	Ol	WA7DG	N7TR
Tuscarora	425.3000	−	Ol	WA7DG	N7LPT
Tuscarora	425.3000	−	Ol	WA7DG	N7LPT
Tuscarora	425.3000	−	Ol	WA7DG	N7LPT
Walker	443.2750	+	O	N7TR	N7TR
Yerington	430.0750	420.1750	Ol	N7LPT	N7LPT
Yerington	444.8750	+	Ol	N7LPT	N7LPT
Yerington	444.9000	+	O	N7TR	N7TR

NEW HAMPSHIRE

DARTMOUTH/LAKE SUNAPEE

Location	Output	Input	Notes	Call	Sponsor
Claremont	443.9500	+	O 103.5	KU1R	SCARG
Claremont	447.0750	−	O 131.8 L(I4650)	KA1UAG	Ka1uag
Enfield	444.9000	+	O 131.8 L(KA1UAG/N1IOE)	KA1UAG	KA1UAG
Hanover	441.9500	+	O 88.5 L(K1JY)	K1JY	K1JY
Hanover	443.5500	+	O 131.8e L(147.21 VT)sz	W1FN	TSRC
Hanover	444.9500	+	O 88.5e L(I4930)	W1ET	Dartmouth
Sunapee	446.4750	−	O 88.5	K1JY	K1JY
Warner	447.6750	−	O 88.5 L(K1JY)	K1JY	K1jy

460   420-450 MHz
NEW HAMPSHIRE

Location	Output	Input	Notes	Call	Sponsor
West Lebanon	443.5000	+	O 131.8 L(KA1UAG/N1IOE)	KA1UAG	KA1UAG
LAKES REGION					
Alton	444.0500	+	O 88.5 L(146.700)	K1JEK	K1JEK
Gilford	449.4250	–	O 85.4	N1MAZ	F E Quimby
New Durham	442.0500	+	O 88.5e L(53.210/52.210)p	N1EUN	N1EUN
Ossipee	447.7750	–	O 85.4 L(K1JY)	K1JY	K1JY
MERRIMACK VALLEY					
Bedford	444.1500	+	O 131.8 L(ALCANET)	KD6LFW	ALCANET
Bow	447.3250	–	O 127.3e E-SUN	N1FLY	N1FLYMemCl
Bow	448.6750	–	O	KB1IIT	KB1IIT
Bow	449.1750	–	O 167.9e	N1IIC	N1IIC
Candia	449.5250	–	O 88.5e	W1ASS	W1ASS
Chester	442.5500	+	O 88.5	K1JC	K1JC
Chester	443.2500	+	O 88.5	KA1LCR	KA1LCR
Chester	449.3250	–	Oe	WA1DMV	WA1DMV
Deerfield	449.2250	–	O 88.5 L(K1JY)	K1JY	K1JY
Deerfield	449.4500	–	O 123	WA1ZYX	Saddleback
Derry	441.3000	+	O 107.2 L(KC2LT 448.275 HUDSON NH)sx	KC2LT	KC2LT
Derry	441.5500	+	O 127.3e L(E118420 I7220)	W1AJI	WB1FLD
Derry	446.3750	–	O 88.5e	N1VQQ	N1VQQ
Derry	447.8250	–	O 88.5e L(WA1ZYX/CANNON)s	N1VQQ	N1VQQ
Derry	449.6250	–	O 85.4x	K1CA	IntrStRS
Epsom	443.8500	+	O 88.5	W1ASS	W1ASS
Goffstown	443.4000	+	O 203.5e	W1LO	W1LO
Henniker	442.3500	+	O 88.5/67 L(K1JY)	K1JY	K1JY
Hollis	443.5000	+	O 88.5e L(N1IMO-N1IMN)s	N1IMO	N1IMON1IMN
Hollis	444.2500	+	O 88.5 L(447.825 53.97 449.875)x	N1VQQ	N1VQQ
Hudson	447.7250	–	O 114.8 L(E15837)'	NE1B	RptRschAsn
Hudson	448.2750	–	O 107.2e L(KC2LT 443.05 441.8)x	KC2LT	KC2LT
Hudson	449.9750	–	O 71.9 (CA)e L(E355114)s	WA1SOT	WA1SOT
Loudon	447.7750	–	O 88.5 L(K1JY)	K1JY	K1JY
Manchester	449.2750	–	O 141.3	N1OOL	N1OOL
Merrimack	444.2000	+	O 186.2e L(E191456)s	N1OB	N1OB
Mont Vernon	447.1250	–	O 88.5 L(I4881)	WA1HCO	Wa1hco
Nashua	444.8000	+	O 131.8e L(ALCANET)	K1SI	Alcanet
Nashua	448.8250	–	O 88.5es	N1IMO	N1IMON1IMN

NEW HAMPSHIRE-NEW JERSEY

Location	Output	Input	Notes	Call	Sponsor
Northwood	443.2000	+	O 88.5e	N1QVS	FBG
Northwood	447.0250	–	O	WB1APP	RAD
Pelham	443.1500	+	O 131.8	K1SI	Alcanet
Pembroke	443.6500	+	O 131.8 L(NHRC)	KA1OKQ	NHRC
Salem	444.3500	+	ODSTAR	K1HRO	K1HRO ARC
Salem	448.3250	–	O 88.5 L(53.65)	N1WPN	N1wpn
Salem	449.7750	–	O	NY1Z	MtMRH RS
Windham	442.6000	+	O 88.5 L(53.65)	N1WPN	N1WPN

MONADNOCK REGION
Location	Output	Input	Notes	Call	Sponsor
Alstead	444.7500	+	O 110.9 L(WRRC AND NFMRA)rs	WR1NH	NFMRA
Greenfield	448.5250	–	O 123aepr EXP	WA1UNN	WA1UNN
Milford	443.7500	+	O 123e	W1DIO	W1DIO
North Swanzey	441.3500	+	O	N1BAC	N1BAC
Pack Monadnock	443.3500	+	O 110.9ersx	KA1OKQ	KA1OKQ
Peterborough	449.3750	–	O 88.5 L(N1IMO-N1IMN)s	N1IMO	N1IMON1IMN
Temple	447.4250	–	O 141.3	WA1ZYX	Temple Mt
Walpole	443.8000	+	O 141.3 (CA) eL(STATEWIDE)p	WA1ZYX	KA1QFA
Walpole	444.8500	+	O 110.9e L(WRRC AND NFMRA)rs	W2NH	WRRC

SEACOAST
Location	Output	Input	Notes	Call	Sponsor
Madbury	447.3750	–	ODCS(244)e L(448.775)rsx	W1WNS	ATT

WHITE MOUNTAINS
Location	Output	Input	Notes	Call	Sponsor
Franconia	449.8750	–	O 123	WA1ZYX	Cannon Mtn
Mt Washington	448.9750	–	O 141.3es	W1NH	W1NH
Sargent	448.2250	–	O 88.5	WA1PBJ	NETARC
Whitefield	449.8250	–	O 82.5 L(NNH)s	N1PCE	N1PCE

NEW JERSEY
ATLANTIC
Location	Output	Input	Notes	Call	Sponsor
Absecon	442.9000	+	● 110.9 (CA)	N2LXJ	N2LXK
Atlantic City	444.3500	+	O 107.2 (CA)	AA2BP	N2JVM
Atlantic City	447.5750	–	O 156.7e	N2GJJ	------------
Brigantine	449.4250	–	O 131.8 (CA) RB	KA2OOR	------------
W Atlantic City	443.2500	+	O 146.2e	W2HRW	SPARC

BERGEN CO
Location	Output	Input	Notes	Call	Sponsor
Alpine	442.7000	+		W2MR	------------
Alpine	442.9000	+	O 141.3/141.3aTT	K2ETN	CRRC
Fort Lee	441.3000	+	O 114.8a	W2IP	BCFMA
Fort Lee	442.9500	+	O 141.3 (CA) TTelLITZ	K2QW	------------
Fort Lee	443.9500	+	O 100r	W2MPX	METROPLX
Franklin Lakes	443.1000	+	O 141.3	K2GCL	BCFMA
Hasbrouck Hts	442.5000	+	● 141.3 (CA) e	K2OMP	------------
Midland Park	444.9000	+	O 114.8 (CA)	WA2CAI	------------

420-450 MHz
NEW JERSEY

Location	Output	Input	Notes	Call	Sponsor
Montvale	446.9750	–	O 141.3	K2ZD	------------
Paramus	441.7500	+	O 136.5/136.5lrsBl	N2SMI	------------
Paramus	444.1000	+	O 141.3	W2AKR	BCFMA
Paramus Park	441.9500	+	O 114.8e	KA2MRK	------------
WoodRidge	443.7500	+	O 141.3 (CA) eL(442.950)	W2RN RB LITZ	------------
BURLINGTON					
Bordentown	445.2750	–	O 141.3el	K2RFI	------------
Browns Mills	449.0250	–	O 203.5eBl	KA2JZO	------------
Burlington	447.6750	–	Ote	WA2EHL	------------
Cinnaminson	445.6250	–	O 127.3e	K2CPD	CINNPDOEM
Willingboro	442.0500	+	O 118.8 (CA) e	WB2YGO	WARG Inc.
CAMDEN					
Camden	442.1500	+	O 131.8el	N2KDV	------------
Camden	444.3000	+	O 131.8eBl	WB3EHB	------------
Camden	448.0250	–	O 131.8es	W2CAM	DVRC
Cherry Hill	444.9000	+	O 131.8 (CA) elRB	K3RJC	------------
Cherry Hill	445.4750	–	O 131.8eBl LITZ WX	N3EHL	------------
Cooper River P	449.5250	–	● 131.8	KB2UMJ	------------
Gloucester City	447.7750	–	O 146.2ers	NJ2GC	GCARC
Pine Hill	442.3500	+	O 131.8 (CA) el	K2UK	CCAPRA
Sicklerville	446.3750	–	O 131.8e	N3PUU	------------
Waterford Wks	442.3000	+	O 131.8 (CA) elsRB WX	KA2PFL	------------
Waterford Wks	442.7000	+	O 131.8 (CA) el	N3KZ	UPenn ARC
Waterford Wks	444.4500	+	●tel	W2FLY	------------
CAPE MAY					
Cape May	449.8750	–	O 146.2ers	KC2JPP	------------
Cape May CH	447.4750	–	O 179.9ers	N2CSA	------------
Ocean City	448.4250	–	O 131.8 (CA) lRB	N3KZ	UPenn ARC
Ocean City	448.6250	–	Ot	WA3UNG	------------
CUMBERLAND					
Greenwich	443.7000	+	O 131.8 (CA) elRB	N3KZ	UPenn ARC
Millville East	449.6250	–	O 123.0e	W2SCR	SCARS
Vineland	447.4250	–	O 131.8 (CA) elrsRB WX	W3BXW	BEARS
Vineland	448.5250	–	O 156.7	N2EHS	------------
ESSEX CO					
Irvington	449.4750	–	O 114.8 (CA) eprsz	N2JGC	I-ART
Livingston	448.9750	–	Oesz	W2VDH	ST BARNABS
Newark	446.1250	–	O 141.3 TT RB Blz	N2NSS	PARA
Newark	446.9000	–	O 141.3 (CA) elrz	N2BEI	SCJRA
Verona	448.8750	–	O 151.4/151.4 (CA)	W2UHF	MEARC
West Orange	442.6000	+	O 141.3lRB	N2MH	------------

420-450 MHz
NEW JERSEY

Location	Output	Input	Notes	Call	Sponsor
West Orange	445.0250	–	O 141.3/141.3 (CA) TTelrsLITZxz	W2NJR	NJRA
GLOUCESTER					
Deptford	449.1750	–	O 110.9el	W2SCR	SCARS
Franklinville	443.4500	+	O 162.2e	W2RM	------------
Mantua	449.9750	–	O 131.8 (CA) WX	W2FHO	------------
Pitman	442.1000	+	O 131.8	W2MMD	GCARC
HUDSON CO					
Cliffside Park	447.4250	–	● 127.3/127.3 Bl	KB2OOJ	LARA
Guttenberg	441.7500	+	O 114.8elrs Bl	N2SMI	------------
Hudson City	441.2000	+	O 192.8/192.8ez	N2DCS	------------
Jersey City	440.6250	+	O 141.3 (CA) eRB WX	WB2TAW	------------
Secaucus	441.5500	+	O 91.5 (CA)e rsz	KC2IES	Secaucus RAC
HUNTERDON					
Bloomsbury	449.5750	–	O 151.4 (CA) elrRB WX	N3MSK	N3ODB
Cherryville	444.8500	+	O 141.3 (CA) e	W2CRA	------------
Frenchtown	448.1250	–	O 151.4elRB LITZ	K2PM	FrenchtownRG
Mt Kipp	446.4750	–	O 203.5eBl	W2CRA	------------
MERCER					
Princeton	442.8500	+	O 131.8 (CA) elRB	N3KZ	UPenn ARC
Trenton	442.2000	+	O 141.3	N2GBK	------------
West Trenton	442.6500	+	O 131.8 (CA) ersWX	W2ZQ	DVRA
MIDDLESEX CO					
New Brunswick	440.0500	445.4500	O 123.0/123.0lBlz	NE2E	------------
Old Bridge	446.1750	–	O 131.8/131.8 (CA)elrsz	W2CJA	CJRA
Sayerville	443.2000	+	O 141.3/141.3 (CA)eL(146.760)rsLITZx	K2GE	RBRA
Sayreville	444.2500	+	O 123.0/123.0lBlz	NE2E	------------
South Amboy	446.9000	–	O 118.8 (CA) elrz	N2BEI	SCJRA
South River	443.5000	+	O 141.3 (CA) eL(IRLP4287)rsLITZ	WB2SNN	South Rvr EM
MONMOUTH CO					
Brown Mills	440.4250	+	● 203.5 TT DCS(23) L(430.175)rsWXz	WR2MSN	Metro 70
Ellisdale	447.5250	–	O 131.8 (CA)	K2NI	HRG
Howell Twp	440.3000	+	O 141.3r	KB2RF	Howell TwpPD
Middletown	448.7250	–	O 151.4r	N2DR	MT RACSOEM
Ocean Twp	443.0000	+	O 127.3eWX	W2UG	AERIALS
Wall Township	444.3500	+	O(CA)r	WB2ANM	Wall Tsp EM
MORRIS CO					
Boonton	449.7750	–	O 151.4/151.4eL(IRLP)	N2WNS	------------

420-450 MHz
NEW JERSEY

Location	Output	Input	Notes	Call	Sponsor
Budd Lake	448.6750	–	O 136.5 (CA) elrRB LITZ WX	WS2V	------------
Budd Lake	448.9250	–	O 136.5rLITZ	N2VUG	------------
Butler	449.9250	–	O 151.4/151.4elrRB EXP	WB2FTX	Butler RACES
Chatham	449.1750	–	O 141.3/141.3er	WB2CMK	------------
Long Branch	440.8500	+	O 94.8 (CA)e lRBz	WR2M	WR2M RC
Morris Twp	443.2500	+	O 141.3/141.3er	WS2Q	------------
Parsippany	440.1000	+	O 141.3 (CA) erz	WB2JTE	Parsippany OE
Randolph	441.5000	+	O 141.3/141.3e	WA2SLH	------------
Rockaway	446.6250	–	O 141.3	KB2ENF	

OCEAN

Location	Output	Input	Notes	Call	Sponsor
Barnegat	449.4750	–	O 131.8 (CA) elrsLITZ WX	KA2PFL	------------
Beach Haven	448.5750	–	O 141.3er WX	WA2NEW	BeachHavEM
Eagleswood Twp	442.7500	+	O 131.8 (CA) elsWX	KA2PFL	------------
Lakehurst	443.3500	+	O 141.3e	W2DOR	JSARS
Lakehurst	447.2250	–	O 131.8 (CA) elrsRB WX	W3BXW	BEARS
Lakewood	447.9250	–	O 141.3ael	N2CKH	------------
Lakewood	449.3750	–	O 141.3 (CA) elBl LITZ	NE2E	------------
Lakewood	449.8250	–	O 103.5ers	W2RAP	EARS
Manahawkin	448.0750	–	O 131.8 (CA) elrsRB WX	W3BXW	BEARS
Toms River	444.0000	+	O 141.3	WA2OTP	------------
Toms River	448.6250	–	O 103.5ers	N2WFU	------------

PASSAIC CO

Location	Output	Input	Notes	Call	Sponsor
Garrett Mtn	440.9500	+	● 097.4/097.4 TTersz	WX2KEN	WX2KEN RG
Little Falls	443.0500	+	O 141.3/141.3 (CA)	WV2ZOW	A.R.R.L.
Little Falls	449.0750	–	O 141.3/141.3eL(927.8000)r	W2VER	VRACES
Paterson	444.6000	+	● 131.8/131.8ersWXz	KC2MDA	TECNJ
Wanaque	444.1500	+	O 141.3 (CA) ersWX	W2PQG	10-70 RA
Wanaque	446.1750	–	Oa	WA2SNA	RAMPO ARC
Wayne	446.8500	–	Oe	W2GT	Party Line
West Patterson	442.5500	+	O 141.3	W2FCL	Lnd Rovers

SALEM

Location	Output	Input	Notes	Call	Sponsor
Deepwater	446.9250	–	O 91.5 (CA)e lrsLITZ	KA3TWG	PENN-DEL
Pennsville	442.5000	+	O 114.8ers	WB3IKP	------------
Quinton	448.2750	–	O 74.4aes WX	N2KEJ	------------

SOMERSET CO

Location	Output	Input	Notes	Call	Sponsor
Bedminster	443.9000	+	O 151.4/151.4 (CA) RB	W2UHF	MEARC

420-450 MHz   NEW JERSEY-NEW MEXICO

Location	Output	Input	Notes	Call	Sponsor
Green Brook	442.2500	+	141.3	W2QW	RARTN VLY
Green Brook	444.5000	+	O 131.8/141.3 (CA) L(444.2)rsWX	N2NSV	BEARS
Green Brook	447.1250	–	O 141.3e	N2IKJ	WATCHUNG
Martinsville	441.6500	+	ODSTAR	N2JDG	------------
Warrensville	443.6500	+	O 131.8/131.8l	N3KZ	UPARC
SUSSEX					
Hopatcong	446.7750	–	O 136.5elrRB	WS2V	------------
Hopatcong	448.1750	–	O 141.3e	N2OZO	------------
Hopatcong Boro	440.8500	+	Ot(CA)elRB	WR2M	WR2M RC
Newton	443.0000	+	O 103.5rs	W2LV	SCARC
Vernon	449.0750	–	O 141.3erRB	W2VER	Vern RACES
UNION CO					
Murray Hill	449.9750	–	O 141.3/141.3 (CA)rsWX	W2LI	TRI-CTY RA
Roselle Park	445.9750	–	141.3 (CA) TTelrsLITZ WX	NJ5R	------------
Springfield	440.0500	+	O 141.3/141.3 (CA)elrsLITZ WXz	KE2D	------------
Springfield	446.3750	–	O 141.3 (CA) TTerz	W2FCC	RAHWAY VLY
WARREN					
Mont Mt	444.3500	+	Ote	N3FHN	------------
Washington	443.8500	+	O 110.9r	W2SJT	PJARC
Washington	446.4250	–	O 162.2lRB WX	K2FN	------------
NEW MEXICO					
ALBUQUERQUE					
Albuquerque	442.2000	+		K5RM	K5RM
Albuquerque	442.3000	+	O 107.2	AD5MO	AD5MO
Albuquerque	442.6000	+	O 100.0 (CA) x	WA5YUE	WA5YUE
Albuquerque	443.5000	+	O 123.0	KB5XE	KB5XE
Albuquerque	443.6000	+	Oe	WA5OIP	AUHFRA
Albuquerque	443.6500	+	O 100.0	K5LXP	K5LXP
Albuquerque	449.5500	–	O 71.9e	K5FIQ	URFMSI
Bernalillo	442.6500	+	O 114.8/114.8	N0WJE	N0WJE
Rio Rancho	442.3500	+	O 100a	WA5OLD	WA5OLD
Rio Rancho	442.7500	+	O 162.2 E-SUN	KC5IPK	KC5IPK
Rio Rancho	443.0000	+	O 67.0e L(147.1000)r	W5SCA	SCARES
Rio Rancho	444.1800	+	O 67eprs	W5SCA	SCARES
Rio Rancho	444.7000	+	O 100.0e	K5CPU	Intel EARS
Sandia Crest	442.1000	+	O 162.2e L(145.2100)x	KB5GAS	Albuq. Gas
Sandia Crest	443.3000	+	O 156.7x	WB5IUZ	WB5IUZ
Sandia Crest	444.0000	+	O 100e L(145.3300)x	W5CSY	AACC
Sandia Peak	442.4750	+	O 100ex	WA5IHL	WA5IHL
Tijeras	444.1500	+	O 100.0 L(224.9400)x	W5AOX	W5AOX

420-450 MHz
NEW MEXICO

Location	Output	Input	Notes	Call	Sponsor
CENTRAL					
Belen	442.7000	+	O 100	KC5OUR	VCARA
Belen	444.5250	+	O 67.0ex	K5URR	URFMSI
Los Lunas	442.2250	+		N5CUL	N5CUL
Los Lunas	444.1250	+	O 100.0 (CA)e	WA5TSV	LLARA
Mountainair	444.0750	+	O 100.0	WB5NES	WB5NES
Socorro	444.2750	+	O 100.0	WB5QZD	WB5QZD
Socorro	444.7500	+	OL(146.68)	W5AQA	Soc. ARA
EAST CENTRAL					
Clovis	443.4500	+	O 131.8 (CA)e	KA5B	ENM ARC
Clovis	444.4500	+	O 88.5/88.5e	KE5RET	KE5RET
Clovis	444.9250	+	O 131.8ers	KA5B	ENMARC
McAlister	447.4000	–	Ors	W5DDR	W5DDR
Texico	442.7500	+	O 102.2aers	KB5TZK	KB5TZK
Tucumcari	443.7500	+	O	WA5EMA	WA5EMA
MEGA-LINK					
Albuquerque	444.3250	+	O 100.0 (CA) exZ(123)	NM5ML	Mega-Link
Carlsbad	449.2750	–	O 67 (CA)lrs Z(123)	NM5ML	Mega-Link
Clovis	442.5250	+	O 67.0/67.0	NM5ML	MegaLink
Eagle Nest	444.3500	+	O 100.0 (CA) exZ(123)	NM5ML	Mega-Link
Ruidoso	444.3750	+	O 67.0 (CA)e xZ(123)	NM5ML	Mega-Link
NORTH CENTRAL					
Chama	449.8250	–	O 67.0 (CA)el	K5HSO	URFMSI
La Cueva	442.1250	+	O 107.2e	N9PGQ	N9PGQ
Los Alamos	442.6500	+	O 114.8esx	W5GL	JMRA
Los Alamos	444.7750	+	O 131.8e	WD9CMS	WD9CMS
Pajarito Peak	443.1000	+	O 100ers	W5SCA	SCARES
Santa Fe	442.8250	+	O 131.8a	KB5ZQE	KB5ZQE
Taos Ski Valley	444.9750	+	O 123	N5TSV	N5TSV
NORTHEAST					
Des Moines	444.8000	+	O 77.0ex	N5BOP	SGRC
Wagon Mound	444.4000	+	O 100.0	N7JNI	Mora ARC
NORTHWEST					
Aztec	447.4500	–	O 107.2 E-SUN RB	KB5ITS	KB5ITS
Farmington	447.6250	–	O 100e L(448.675)rs	KA5DVI	KA5DVI
Huerfano	448.6500	–	O 127.3e	KB5ITS	KB5ITS
SOUTH CENTRAL					
Alamogordo	442.4100	+	O 100a	KC5OWL	KC5OWL
Alamogordo	444.4500	+	O 127.3ae	N5MJ	Mike Mello
Alamogordo	444.7000	+	Oprs	N7DRB	ARES/RACES
Alamogordo	444.8250	+	O 67.0e	K5LRW	Alamo ARC
Alamogordo	444.9750	+	Oeprs	N7DRB	N7DRB
Caballo	448.5000	–	O 100/100rs	N5BBD	N5BBD
Cloudcroft	442.2000	+	O 67ersx	W5UWY	SMARC
Cloudcroft	444.0250	+	O 100ersx	W5UWY	SMARC
Dona Ana	441.4250	446.9250	● 79.7s	KG5ES	KC5SJQ
High Rolls	442.8000	+	100e	W5AKU	W5AKU

NEW MEXICO-NEW YORK

Location	Output	Input	Notes	Call	Sponsor
Las Cruces	447.5000	–	O	N5IAC	N5IAC
Las Cruces	448.2000	–	O 100.0 (CA)e	N5BL	MVRC
Las Cruces	449.5750	–	Oe	KC5EVR	KC5EVR
Las Cruces	449.8000	–	O 100.0	KC5IEC	------------
Las Cruces	449.9000	–	O 100	WK5C	WK5C
Ruidoso	443.6000	+	O 85.4e	N5SN	Greenville
San Patricio	442.7500	+	● 123.0e	WØZW	WØZW
Tularosa	443.9000	+	O 100e	W5TWY	W5TWY
SOUTHEAST					
Artesia	442.0000	+	O	KU5J	KU5J
Artesia	444.9750	+	O 156.7/156.7	W5COW	W5COW
Eunice	442.9000	+	O 91.5	KB5MWW	KB5MWW
Hobbs	442.5250	+	O 203.5	KM5BS	KM5BS
Hobbs	444.2750	+	O 162.2e	KD5EWX	Lea Co. RC
Maljamar	442.0750	+	O 146.2e	N5IMJ	N5IMJ
Roswell	444.0000	+	O 100	N5IMJ	N5IMJ
Roswell	444.0250	+	O 162.2aers	W5UWY	SM ARC
Roswell	444.3000	+	O 100	N5IMJ	N5IMJ
Roswell	444.4250	+	● 179.9/179.9 (CA)elx	W5GNB	W5GNB
Roswell	444.5500	+	O 162.2 L(52.525) RB	W5GNB	W5GNB
Roswell	444.7500	+	O 100	N5IMJ	N5IMJ
SOUTHWEST					
Deming	449.4750	–	Oe	WA6RT	DARC
Deming	449.8500	–	O 100.0e	N5WSB	Luna Co.AR
Glenwood	448.7750	–	O 103.5e L(448.800)	WY5G	WY5G
Silver City	448.0500	–	O 100.0elsx	K5GAR	Gila ARS
Silver City	448.8000	–	O 100.0 L(448.775)	WY5G	WY5G
Silver City	448.8750	–	O 100.0	WA7ACA	WA5ACA
STATEWIDE					
Statewide	444.1800	+	Otprs		ARES/RACES/
WEST CENTRAL					
Gallup	449.7500	–	O 100.0rs	KC5WDV	KC5WDV
Grants	444.9500	+	O 100.0x	WB5EKP	CARCUS

NEW YORK
ADIRONDACKS EAST

Location	Output	Input	Notes	Call	Sponsor
Blue Mtn	442.7500	+	O 123.0lx	N2JKG	RACES
Lake George	443.4500	+	O 100.0elrWXx	KT2M	------------
Lake Placid	449.6750	–	● 192.8l	N2NGK	N2NGK
Plattsburgh	448.0750	–	●tr	WA2LRE	Clin RACES
Plattsburgh	448.7750	–	●telr	WA2LRE	Clin RACES
Plattsburgh	449.7750	–	O 123.0e	W2UXC	ChmpVlyRC
Plattsburgh	449.8250	–	O 100.0	N2MMV	Interplex
Whiteface Mtn	447.7750	–	●telr	N2JKG	Clin RACES

ALBANY/CAPITAL REGION

Location	Output	Input	Notes	Call	Sponsor
Albany	444.0000	+	O 100.0 (CA)elx	K2AD	MT Assoc
Albany	444.7000	+	O 82.5ersx	KB2SIY	------------
Albany	449.5250	–	O 100.0elwX	N2LBT	------------

420-450 MHz
NEW YORK

Location	Output	Input	Notes	Call	Sponsor
Austerlitz	442.8500	+	O 156.7 TTe RBx	WA2ZPX	------------
Chatham	444.1000	+	Oe	WA2PVV	Col CRA
Cohoes	449.8250	–	O 136.5elrs	KG2BH	CohEddy Ct
Defreestville	444.3000	+	O 100.0l	K2CWW	Rens ARA
Grafton	442.2000	+	Oelrs	N2LOD	Rens RACES
Grafton	442.9500	+	O	K2CBA	------------
Grafton	444.6000	+	O 136.5	N2ZQF	------------
Grafton	444.6500	+	Oe	K2RBR	------------
Halfmoon	448.8750	–	O 203.5	W2GBO	------------
Sand Lake	448.2750	–	O 114.8	N2LEN	------------
Schenectady	442.5500	+	O	W2UC	Union College
Schenectady	443.5500	+	O 203.5	W2EWY	------------
Schenectady	443.7500	+	Oe	W2PR	------------
Schenectady	444.2000	+	Oal	K2AE	SARA
Troy	443.0000	+	O	W2SZ	RPI ARC
Troy	444.8500	+	Ol	K2RBR	NiMo ARC
Troy	447.0750	–	O 127.3elWX	N2TY	Troy ARA
Troy	447.2250	–	O 100.0 (CA) l	KD3NC	------------
Troy	448.4250	–	Oel	W2GBO	Tel Pionrs
Troy	448.9750	–	O 100.0e	W2GBO	------------
Wynantskill	449.7250	–	Ol	KG2BH	------------
AUBURN					
Auburn	444.1500	+	O 71.9ae	W2QYT	------------
Auburn	444.5000	+	O 100.0el	N2HLT	------------
Auburn	444.6500	+	O 71.9	K2INH	------------
Poplar Ridge	449.9750	–	O 71.9	W2FLW	------------
Skaneateles	442.3000	+	Oae	W8JGP	------------
BATH/HORNELL					
Alfred	444.8000	+	O 100.0l	N2HLT	------------
Bath	442.0500	+	O 131.8 (CA) l	N3KZ	UPennARC
Bath	442.9500	+	Ol	KB2WXV	Keuka LARA
Branchport	442.6000	+	O 110.9	N2LSJ	------------
BINGHAMTON					
Binghamton	442.7000	+	O 100.0	K2ZG	------------
Binghamton	444.1000	+	O 146.2	WA2QEL	SVARA
Endicott	444.3000	+	O 173.8e	N2YOW	------------
Owego	444.7000	+	O 131.8 (CA) l	N3KZ	UPennARC
Vestal	444.5500	+	O 88.5 (CA)l	AA2EQ	------------
CANANDAIGUA					
Bristol	443.6000	+	O 110.9elx	N2XFX	W2QYT
Bristol	444.5500	+	O 110.9l	WR2AHL	------------
Middlesex	442.5000	+	Ol	W2CSA	------------
South Bristol	442.9250	+	O 110.9alrs	N2HJD	RRRA
CATSKILLS NORTH					
Cooperstown	442.3500	+	Oer	NC2C	OCARA
Schenevus	447.1250	–	O 100.0	KC2AWM	------------
Sharon Springs	449.2750	–	O 167.9	KF2JT	------------
Stamford	448.7250	–	O 136.5px	WA2MMX	------------
Summit	442.5000	+	O 100.0	KB2NSE	------------
Walton	443.0000	+	Oers	K2NK	Del Cty ES
CORTLAND/ITHACA					
Cortland	442.8500	+	Oe	KB2FAF	------------

NEW YORK
420-450 MHz

Location	Output	Input	Notes	Call	Sponsor
Cortland	443.1500	+	O 127.3e	KB2FAF	------------
Cortland	444.4500	+	O	WA2VAM	FngrLksRA
Dryden	449.0250	–	O 103.5	AF2A	TCARC
Norwich	442.6500	+	O	K2DAR	ChngoARA
Norwich	443.6000	+	O	K2DAR	ChngoARA

ELMIRA/CORNING

Location	Output	Input	Notes	Call	Sponsor
Corning	444.3500	+	O(CA)elz	N2IED	CARA
Elmira	443.5500	+	O 100.0el	N2HLT	------------
Elmira	444.2000	+	O(CA)erxz	KA3EVQ	ROOKIES

FRANKLIN

Location	Output	Input	Notes	Call	Sponsor
Malone	444.6500	+	110.9a(CA) L(KW2F)	NG2C	------------
Tupper lake	447.0250	–	l	NR2V	------------

LONG ISLAND - NASSAU CO

Location	Output	Input	Notes	Call	Sponsor
Carle Place	445.9750	–	O 123.0/123.0 DCS(073)eRB Bl	N2YXZ	------------
Cedarhurst	445.6750	–	O 179.9/179.90ers	K2AAU	------------
East Meadow	443.3250	+	O 136.5/136.5 TTelrs	K2CX	ROCK HILL RA
East Meadow	443.8000	+	O 141.3er	AA2UC	N2TJV
East Meadow	444.7500	+	O 110.9/110.9elrs	WB2ERS	INTERPLEX N
Huntington	448.2250	–	O 114.8/114.8eL(147.33;147.93)	WA2UZE	HVHFFMA
Mineola	441.3500	+	● 107.2e	W2EJ	PLAZA RPTR
Mineola	443.2500	+	O 123.0/123.0 RB Bl	KC2DVQ	RC os Pirates
Oceanside	447.9250	–	O 114.8lrs RB	N2ION	------------
Plainview	446.4250	–	O 136.5/136.5 DCSes	WB2WAK	------------
Plainview	446.4750	–	O 136.5 (CA) lsRB WX	WB2WAK	PHOENIX
Plainview	447.3500	–	O 114.8	N2FLF	NCWA
Plainview	449.1250	–	O 136.5 (CA) e	WB2NHO	LIMARC
Syosset	447.9750	–	O 136.5 (CA) lRB	WB2CYN	PHOENIX
Syosset	448.0250	–	O 136.5/136.5el	N2HBA	NCAPD

LONG ISLAND - SUFFOLK CO

Location	Output	Input	Notes	Call	Sponsor
Babylon	446.7750	–	O 114.8 (CA) ers	KB2UR	SSARC
Bethpage	449.3000	–	O 110.9 TTel	K2ATT	NYT PIONRS
Dix Hills	448.5000	–	O 114.8 L(443.475)	W2RGM	------------
Dix Hills	448.5250	–	O 114.8e L(443.5)	W2RGM	------------
Greenlawn	447.6250	–	O 114.8	WA2AMX	------------
Greenport	440.0500	+	O 107.2/107.2aersz	W2AMC	Peconic ARC
Hauppauge	448.4250	–	● 136.5l	W2LRC	LARKFIELD AR
Holtsville	442.0500	+	O 114.8 (CA)	AG2I	Symbol Tech
Huntington	448.6750	–	O 141.3 (CA) l	WR2ABA	LARKFIELD AR

470   420-450 MHz
NEW YORK

Location	Output	Input	Notes	Call	Sponsor
Islip Terrace	447.7750	–	● 114.8 (CA) elRB	WA2UMD	------------
Manorville	444.7000	+	● 114.8 L(449.65) RB	WR2UHF	GABAMFKRA
Mattituck	448.6750	–	● 141.3/141.3 (CA) TT(*911)s	K1IMD	Radio Guys RBz
Melville	442.9500	+	O 114.8e L(53.11)rs	WB2CIK	------------
Port Jefferson	449.5250	–	O 136.5 (CA) el	W2RC	RADIO CENTR
Riverhead	449.0750	–	O 114.8lrs RB	N2ION	------------
Rocky Point	443.9000	+	O 136.5 WX	N2FXE	------------
Sag Harbor	449.6750	–	O 94.8/94.8	K1IMD	Radio Guys
Selden	445.7250	–	O 91.5/91.5 TTelrs	K2TC	------------
Selden	447.5250	–	●t(CA)elRB	WA2UMD	------------
Selden	447.8000	–	●t(CA)elRB	WA2UMD	------------
Selden	448.8250	–	O 114.8e L(146.76)	WA2VNV	SBRA
Setauket	449.1750	–	O 114.8er	K2TKE	Symbol Tch AR
Upton	442.4000	+	O 114.8/114.8 (CA)	K2BNL	BNL RC
Wading River	442.3000	+	O 100.0 (CA) eL(447.3)rsz	N2NFI	------------
West Islip	440.8500	+	O 114.8 (CA) elrsRB WXz	W2GSB	TOBARES
Woodbury	441.4000	+	O 151.4/151.4e	KC2AOY	LIRRARC
Yaphank	446.6250	–	O 110.9ers	W2DQ	SCRC
LOWER HUDSON - WESTCHESTER					
Hastings	443.6000	+	O 110.9lsRB EXPz	N2ION	------------
Valhalla	440.6500	+	Ot(CA)elrRB BI	WR2I	------------
Valhalla	447.4750	–	O 114.8 (CA) elrsRB WX	WB2ZII	WECA
Yonkers	440.1500	+	Ot(CA)erBI WX	W2YRC	YNKRS ARC
Yonkers	443.3500	+	● 179.7 TT DCS(23) L(430.175)rsz	WR2MSN	Metro 70
Yorktown Heights	443.1500	+	O 88.5	AF2C	YCDARC/MSA
MID HUDSON					
Austerlitz	442.8000	+	O 114.8l	N2ACF	------------
Carmel	445.8750	–	O 114.8r	K2PUT	PEARL
Clove Mountain	449.9750	–	O 88.5e	N2CJ	DutchRACES
Cragsmoor	445.7250	–	O 100.0	WB2BQW	NE Connect
Cragsmoor	448.3250	–	O 156.7el	WA2ZPX	------------
Cragsmoor	448.6250	–	O 162.2	K2UG	HudVlyCont
Goshen	444.6000	+	O 123.0eWX	W2JTS	------------
Highland	449.3250	–	Oe	KC2QBR	------------
Hudson	449.9250	–	Oes	K2RVW	Rip VW ARS
Lake Peekskill	449.9250	–	O 179.9es	N2CBH	PCARA
Livingston	442.0500	+	O 103.5el	K2HVC	HudVlyCont
Mahopac	448.9250	–	O 74.4al	NY4Z	AliveNtARC
Marlboro	447.7250	–	O 100.0e	WA2BXK	------------

420-450 MHz NEW YORK

Location	Output	Input	Notes	Call	Sponsor
Middletown	443.3500	+	O 156.7ls	WR2MSN	Metro 70
Middletown	449.5250	–	O 123.0rs WXx	WA2VDX	------------
Mohonk Lake	447.9250	–	O 118.8	K2MTB	------------
Mount Beacon	447.6750	–	O 162.5elrs	WR2ABB	Mt. Beacon
Mount Beacon	449.5750	–	O 100.0 (CA) e	WA2GZW	MBARC
New Baltimore	449.0250	–	O 114.8l	N2LEN	------------
Newburgh	449.4750	–	O 71.9	N2HEP	------------
Nyack	443.8500	+	O 114.8l	N2ACF	------------
Pawling	448.1250	–	O 88.5	KA2NAX	------------
Pomona	444.4500	+	O 114.8lLITZx	N2ACF	------------
Port Jervis	445.9250	–	O 114.8ers	KB2TM	------------
Putnam Valley	448.7250	–	O 107.2es	N2CBH	PCARA
Sloatsburg	444.8500	+	O 114.8el	N2ACF	------------
Washingtonville	445.9000	–	O 82.5 L(29.62)x	KQ2H	------------
West Point	447.3250	–	Oel	W2GKY	West Point
Woodstock	449.1750	–	O 82.5 L(29.62)x	KQ2H	------------
Wurtsboro	447.5250	–	O 82.5 L(29.62)x	KQ2H	------------
Wurtsburo	449.8750	–	O 114.8lx	N2ACF	------------
MONROE COUNTY					
Churchville	443.1000	+	O 110.9	KB2CHM	------------
Greece	444.8750	+	O 110.9 L(443.8) RB	N2KG	------------
Ogden	443.2750	+	O	K1NXG	------------
Ogden	443.8000	+	110.9 L(147.24)	K1NXG	------------
Rochester	443.9000	+	110.9e	KB2CHY	------------
Rochester	444.8500	+	O 110.9 (CA) ex	WB2KAO	------------
NEW YORK CITY - BRONX					
Bronx	440.6000	+	O 141.3l	NY4Z	Alive Netwrk
Bronx	440.8000	+	O 162.2/162.2	KC2CUE	------------
Bronx	443.3000	+	O 88.5/88.5e L(439.875)rsBlz	W2XV	WESTCHESTR
Bronx	447.6250	–	O 136.5/136.5el	N2HBA	NCAPD
Bronx	447.7250	–	O 141.3/141.3eL(443.325;448.325)rs	WA2LYQ	------------
NEW YORK CITY - KINGS					
Brooklyn	440.2000	+	O 88.5/88.5	KB2NGU	------------
Brooklyn	440.5000	+	O 136.5/136.5 L(440.500;447.225) Bl	N2XPK	------------
Brooklyn	441.1000	+	O 136.5/136.5 (CA) TTrsBl EXPz	N2ROW	------------
Brooklyn	446.6750	–	O 114.8es	W2CMA	------------
Brooklyn	447.2250	–	114.8lBl	N2CHP	------------
Brooklyn	448.9750	–	● 136.5/136.5 Bl	KB2PRV	LARA
Brooklyn	449.3750	–	O 136.5rs	W2CXN	BTHS ARC
Brooklyn	449.7750	–	O 088.5/088.5 DCS(114)eBl	K2MAK	------------

420-450 MHz
NEW YORK

Location	Output	Input	Notes	Call	Sponsor
NEW YORK CITY - MANHATTAN					
Manhattan	440.0000	+	O 114.8 (CA) lBl	N2KPK	MARC
Manhattan	440.4250	+	● 156.7 TT DCS(23) L(430.175)rsWXz	WR2MSN	Metro 70
Manhattan	441.4500	+	O 141.3/141.3 DCS(075)lRB Blz	NE2E	------------
Manhattan	442.4500	+	179.9/179.9 Bl	KB2RQE	LARA
Manhattan	443.7000	+	O 141.3 (CA) el	K2JRC	BEARS
Manhattan	445.0750	–	O 114.8 (CA) el	NY2TV	BCARS/Alive
Manhattan	445.1750	–	O(CA)elrRBz	NB2A	LAW ENFCMT
Manhattan	445.9000	–	● 206.5el	KQ2H	------------
Manhattan	446.2750	–	O 74.4 (CA)l RB	NY4Z	Alive Netwrk
Manhattan	446.9000	–	O 136.5 (CA) elrz	N2BEI	SCJRA
Manhattan	447.1750	–	● 141.3e	WB2ZTH	------------
Manhattan	447.8250	–	O 107.2er	WA2ZLB	MAARC
Manhattan	448.4750	–	O 127.3 L(443.5)	W2RGM	------------
Manhattan	448.5000	–	O 127.3	W2RGM	------------
Manhattan	449.0250	–	O 114.8/114.8z	N2JDW	Manh RS
Manhattan	449.3250	–	O 136.5 RB	W2ML	------------
New York	448.2750	–	O 088.5/088.5eBlz	K2MAK	------------
NEW YORK CITY - QUEENS					
Corona	444.2000	+	O 136.5	WB2ZZO	HOSARC
Far Rockaway	444.5500	+	O 88.5/88.5 TT	KB2YHS	------------
Glen Oaks	447.0250	–	O 107.2/107.2 TTelrs	K2TC	NE NET
Queens Village	442.6500	+	● 141.3 (CA)	WB2QBP	ARCECS
NEW YORK CITY - STATEN ISLAND					
Staten Island	440.5500	+	O 141.3 L(445.575)	KC2LEB	SIRS
Staten Island	442.8000	+	O 136.5/136.5	KB2EA	------------
Staten Island	445.1250	–	O 141.3/141.3	KC2GOW	------------
Staten Island	445.3250	–	O 156.7	W2CWW	SI ARA
Staten Island	445.8250	–	O 156.7/156.7 (CA) TTeL(146.880)sRB	KA2PBT	SI UHF RA EXP
Staten Island	445.8750	–	O 136.5/136.5 TTeL(927.2125)	N2BBO	------------
Staten Island	447.2250	–	O 192.8 DCS(2051-2510)eEXP	N2CBU	NBFFRC
Staten Island	447.3750	–	O 141.3/141.3 TTrsz	KC2CIG	NYCRA
NIAGARA					
Buffalo	443.5250	+	O 151.4 (CA) eL(146.865)	WB2DSS	------------

420-450 MHz   473
NEW YORK

Location	Output	Input	Notes	Call	Sponsor
Buffalo	444.0000	+	O(CA)e L(BARRA)x	WA2HKS	------------
Colden	442.1000	+	O 88.5 (CA)e L(BARC)	W2IVB	BARC
Colden	442.3250	+	O 107.2	WB2ELW	STARS
Eden	444.2000	+	O 88.5 L(IRLP)	WB2JPQ	ILS
Hamburg	443.4000	+	O 100.0 (CA) e	WB2DSS	------------
Kenmore	443.8750	+	O 88.5 L(ILS)	KC2KOO	------------
Kenmore	444.7500	+	O 151.4	WB2DSS	BARRA
Lockport	444.6250	+	Oer	W2OM	NCRACES
New Oregon	444.3750	+	O 88.5e L(ILS)	WB2JPQ	ILS
Newfane	444.8000	+	O 107.2 (CA) el	K2AER	NCARA
Niagara Falls	443.9250	+	O 151.4 L(224.500)	N3AU	------------
North Tonawanda	442.5750	+	O 151.4e	K2YW	------------
Orchard Park	443.9750	+	O 141.3e	KB2TRQ	------------
Orchard Park	444.6750	+	O 88.5e	N2XFX	------------
Perrysburg	444.9000	+	O 107.2e L(146.865)	WB2DSS	------------
Royalton	443.4500	+	107.2e L(1283.450)	KD2WA	------------
West Seneca	442.4000	+	100.0 (CA)e	WA2OLW	------------

OSWEGO/FULTON

Location	Output	Input	Notes	Call	Sponsor
Hannibal	442.3500	+	O	K2QQY	ARES

ROCHESTER

Location	Output	Input	Notes	Call	Sponsor
Avon	444.2500	+	O 110.9aelsz	WR2ROC	UoRMC
Avon	444.9500	+	Ol	W2HYP	------------
Canadice	443.7500	+	O 100.0l	N2HLT	------------
Fairport	444.9000	+	O 110.9	N2BZX	------------
Fairport	447.1750	–	O(CA)ep	WB2SSJ	------------
Mendon	444.7000	+	O 110.9alrz	N2HJD	RRRA
Rochester	442.0750	+	O 110.9el	K2GXT	RIT ARC
Rochester	442.6500	+	Ol	K2SA	Genesee RA
Rochester	442.7000	+	O 110.9elrs	K2RRA	RRRA
Rochester	442.8000	+	O 110.9aelrz	N2HJD	RRRA
Rochester	442.9000	+	O 110.9alrz	N2HJD	RRRA
Rochester	443.0000	+	Or	N2WPB	RRRA
Rochester	443.7000	+	Oaz	K2SA	Genesee RA
Rochester	443.9000	+	O 110.9e	KB2CHY	RRRA
Rochester	444.4000	+	O	W2RFC	RFCommARC
Rochester	444.8250	+	Oex	KE2MK	Xerox ARC
Rochester	444.8500	+	O 110.9 (CA) x	WB2KAO	------------
Webster	442.5500	+	O 110.9e	KC2GXY	------------

SOUTHERN TIER

Location	Output	Input	Notes	Call	Sponsor
Alma	444.1000	+	O 107.2e L(146.955 147.210 145.430)	KA2AJH	----- WX
Arkwright	443.0000	+	O 151.4	WB2DSS	------------
Delevan	444.1750	+	O	K2XZ	------------
Frewsberg	444.5000	+	O 88.5e L(442.75)	KC2DZU	------------

420-450 MHz
NEW YORK

Location	Output	Input	Notes	Call	Sponsor
Limestone	444.7750	+	O 88.5 L(442.750)	W3VG	------------
Mayville	444.4500	+	O 88.5 L(442.75)	WB2EDV	------------
Olean	442.1250	+	O 127.3e	N2XFX	------------
Olean	444.8500	+	O	K2XZ	------------
Pomfret	444.3500	+	O 88.5e L(442.700)rsx	W2SB	NCARC
Ripley	443.1250	+	O 127.3e	K2OAD	------------
Sherman	442.7500	+	O 88.5el	WB2EDV	------------
Westfield	444.9250	+	O 88.5 L(442.75)	WB2EDV	------------
ST LAWRENCE					
Colton	444.1500	+		NS2Z	------------
Ogdensburg	443.5250	+		N2MX	------------
Parishville	444.8500	+	123.0	W2LCA	NCARC
Potsdam	443.3500	+	151.4 L(146.895) Z(*911)	K2CC	CUARC
SYRACUSE					
Camillus	444.7500	+	O 103.5e	KB2ZBI	------------
Canastota	443.0000	+	O	N2UDF	------------
Cazenovia	444.0000	+	O 151.4ae	KC2HWP	------------
Clay	444.1000	+	O 110.9el	WA2U	------------
Dewitt	448.5750	−	O 141.3 (CA)	K2OOP	------------
Liverpool	443.2000	+	O 103.5e	W2ISB	------------
Pompey	442.5500	+	O 71.9e	W2JST	CoastGdAUX
Syracuse	442.2000	+	O	WA2VAM	------------
Syracuse	442.4000	+	O 123.0aesxz	W2QYT	------------
Syracuse	442.7500	+	O 100.0l	N2HLT	------------
Syracuse	442.9000	+	O 103.5	N2NUP	------------
Syracuse	443.1000	+	O 103.5	WA2AUL	------------
Syracuse	443.3000	+	O 103.5	WB2LHP	LARC
Syracuse	443.3500	+	O 103.5p	KA2CTN	------------
Syracuse	443.4000	+	O 103.5elz	KA2CTN	------------
Syracuse	443.4500	+	O 131.8	N2UQG	------------
Syracuse	444.2000	+	Oa	K2IV	NiMo ARC
Syracuse	448.8750	−	O 141.3l	K2OOP	------------
Syracuse	448.9250	−	O	K2OOP	------------
UPPER HUDSON					
Corinth	448.1250	−	Oes	WA2UMX	9.6K Packet
Lake George	443.4500	+	O 100.0elrWX	KT2M	Warr RACES
Lake George	444.7500	+	O 110.9l	WA2DDQ	N.E. FM As
Saratoga Spr	448.2250	−	O 100.0elrz	WA2UMX	Sara RACES
UTICA/ROME					
Ilion	444.4000	+	O	KB3BIU	------------
Utica	442.1000	+	O 100.0elx	KR1TD	MT Assoc
Utica	444.8500	+	O	W2JIT	Deerfld RA
Verona	443.6500	+	Oael	KA2NIL	------------
Westmoreland	444.9000	+	Ol	K2GVI	Rome ARC
WATERTOWN					
Dry Hill	442.5000	+	Oz	N2YQI	------------
Watertown	442.4500	+	O 100.0el	N2HLT	------------
Watertown	443.1500	+	Oaelx	KE2UA	TIARA
Watertown	444.0500	+	Oz	KA2QJO	------------

420-450 MHz 475
NEW YORK-NORTH CAROLINA

Location	Output	Input	Notes	Call	Sponsor
WATKINS GLEN					
Branchport	442.6000	+	O 110.9	N2LSJ	------------
Corning	442.1500	+	O 100.0lRB	N2HLT	------------
Penn Yan	442.2500	+	O 100.0alx	N2HLT	------------
WAYNE/NEWARK					
Clyde	449.0750	–	O	KA2NDW	------------
Palmyra	444.2500	+	Oe	W2RFM	GRID
Sodus Point	444.9500	+	Oa	WA2AAZ	DrmlnsARC
WEST					
Attica	442.8750	+	100.0 L(N2HLT)	N2HLT	------------
Attica	444.0500	+	O 88.5e	N2XFX	------------
Batavia	444.2750	+	141.3	W2RCX	GRAM
Wethersfield	442.0000	+	O 110.9e L(145.11) RBx	WR2AHL	BARRA
Wethersfield	443.6250	+	O 141.3e L(147.315)	WA2CAM	------------

NORTH CAROLINA

Location	Output	Input	Notes	Call	Sponsor
Ahoskie	444.2000	+	O 131.8	WB4YNF	WB4YNF
Ahoskie	444.7500	+	O 131.8	WB4YNF	WB4YNF
Air Bellows Ga	442.1500	+	136.5eRB	WA4PXV	WA4PXV
Air Bellows Ga	443.5750	+	173.8eRB	WA4PXV	WA4PXV
Andrws/Robinsv	442.6000	+	O 151.4e	WD4NWV	WD4NWV
Andrws/Robinsv	443.6500	+	el	K4AIH	WD4JEM
Andsn Mt/Denve	444.0750	+	O 88.5elr	K4CCR	CATAWBA CO
Apex	442.0750	+	O 114.8p	KD4PBS	KD4PBS
Asheville	442.5500	+	Oel	WA4TOG	WA4TOG
Asheville	442.6500	+	O	KD4GEU	------------
Asheville	443.2750	+	O 103.5 (CA) el	KF4TLA	KF4TLA
Auburn	442.2750	+	O	N4ZCM	------------
Banner Elk	444.4000	+	103.5aes	K4DHT	K4NOW
Bladenboro	444.7250	+	O#l	N4DBM	W4DEX & N4
Brevard	442.8500	+	Oe	AG4AZ	AG4AZ
Broadway	442.9500	+	94.8	W4MLU	W4FAL
Bryson City	443.4000	+	151.4	N0SU	N0SU&K4JAT
Bunn	444.2500	+	88.5	KC4WDI	N4EWS
Burgaw	444.0750	+	O 88.5el	N4JDW	N4JDW
Burlington	443.6000	+	O 123.0aers	K4EG	K4EG
Burnsville	443.6500	+	Oaelz	KD4WAR	KD4WAR
Canton	443.4750	+	O 156.7l	KE4UIU	------------
Canton	444.8500	+	100.0e	KI4GMA	KI4GMA
Carthage	442.2500	+	179.9	N1RIK	NIRIK
Carthage	443.9250	+	107.2	KB4CTS	KB4CTS
Cary	444.3000	+	te	KI4VNG	W4FAL
Cary	444.4750	+	107.2	KB4CTS	KB4CTS
Cary	444.7750	+	O 100.0 (CA) elRB	K4JDN	CAROLINA 4
Cashiers	444.5500	+	127.3	K4VP	K4VP
Castalia	444.9750	+	107.2l	N4JEH	N4JEH
Chapel Hill	442.1500	+	O 131.8e	W4UNC	OCRA
Chapel Hill	442.5500	+	tars	KB4HG	KB4HG
Chapel Hill	443.4750	+	O 131.8e	W4UNC	OCRA
Charlotte	442.6500	+	88.5e	N4IBM	WA2EDN

420-450 MHz
NORTH CAROLINA

Location	Output	Input	Notes	Call	Sponsor
Charlotte	443.9500	+	O	KD4OWV	------------
Charlotte	444.0250	+	tars	KI4WXS	KA4YMY
Charlotte	444.3500	+	O 118.8e	K4KAY	K4KAY
Charlotte	444.4500	+	Oe	W4CQ	CHARLOTTE
Charlotte	444.6000	+	O 100.0	W4BFB	MECKLENBUR
Charlotte	444.6750	+	O	W4WBT	CHARLOTTE
Charlotte	444.8500	+	Oe	W4CQ	CHARLOTTE
Charlotte	444.9500	+	O 136.5el	WA1WXL	KQ1E
Cherry Mtn	442.5000	+	O 94.8aeWX	KG4JIA	KG4JIA
China Grove	443.2500	+	O 136.5	N4JEX	W1WBT
Claremont	443.7750	+	O 118.8l	WB4SRV	WB4SRV
Clayton	443.6750	+	146.2e	N4TCP	N4TCP
Clayton	444.1500	+	O 100.0r	K4JDR	CAROLINA 4
Clinton	443.0750	+	88.5eWX	N4JDW	N4JDW
Coats	444.5500	+	100.0 (CA)el SRB WX	K4JDR	CAROLINA 4
Columbia	442.7250	+	131.8e	K4OBX	W4HAT
Columbia	443.3000	+	O 131.8el	KB4TOH	COLUMBIA E
Concord	442.5250	+	O 94.8 (CA)e	N2QJI	N2QJI
Concord	444.7750	+	110.9l	KD4ADL	W8EMX
Crowder's Mt	443.6750	+	O	KD4FRP	------------
Cullowhee	444.7000	+	131.8elWX	K4RCC	------------
Denton	441.8000	+	146.2l	K4AE	LARC
Dobson	444.5250	+	100.0	W4DCA	W4DCA
Durham	444.1000	+	Oal	WR4AGC	DURHAM FM
Durham	444.5750	+	O 88.5el	W4BAD	KG4GAL
Durham	444.9250	+	O 94.8	KB4WGA	DURHAM CO
Efland	442.0500	+	O 107.2el	WA1YYN	WA1YYN
Elizabeth City	444.3000	+	O 131.8ae	WA4VTX	TAARS
Elm City	442.3250	+	O 88.5el	K2IMO	K2IMO
Fayetteville	444.4000	+	O 100z	K4MN	CAPE FEAR
Forest City	442.0000	+	O 114.8	AI4M	AI4M
Forest City	443.3000	+	O 114.8e	AI4M	AI4M
Fountain	444.4250	+	O 88.5lWX	N4HAJ	N4HAJ
Franklin	444.3750	+	131.8e	K4KSS	K4KSS
Garner	443.8250	+	114.8 (CA)el RB WX	W1SMW	W1SMW
Gastonia	442.7000	+	O 100.0	KC4YOT	KC4YOT
Gastonia	442.7750	+	O 123.0	KG4LWG	KG4LWG
Gastonia	443.8620	+	tars	KI4WXS	METROLINA
Gastonia	444.7500	+	O 162.2	K4GNC	KC4YOT
Gastonia/Crwdr	443.7500	+	OaelRBz	KC4ZTI	KC4ZTI
Gastonia/Crwdr	444.1500	+	O 141.3ael RBz	AG4EI	AG4EI
Gastonia/Spcr	444.5500	+	O(CA)	N4GAS	GASTON CTY
Gibsonville	443.0250	+	O 107.2a	WB4IKY	WB4IKY
Gibsonville	444.3500	+	O 107.2	WB4IKY	WB4IKY
Goldsboro	443.0000	+	O 88.5 (CA)e	W4GOL	GARC
Graham	443.7250	+	O 156.7e	K4GWH	K4GWH
Grantsboro	444.3500	+	Oe	KR4LO	KR4LO
Greensboro	442.8750	+	O 88.5ep	W4GSO	GREENSBORO
Greensboro	444.2250	+	O 146.2lz	K4GWH	K4GWH
Greensboro	444.9500	+	100.0lpr	KF4DWV	W4GG
Greenville	444.6250	+	131.8el	KE4TZN	KE4TZN
Greenville	444.7250	+	100.0elWX	N4HAJ	N4HAJ
Greenville	444.8000	+	O 131.8	WB4PMQ	WB4PMQ

420-450 MHz 477
NORTH CAROLINA

Location	Output	Input	Notes	Call	Sponsor
Hatteras Islan	444.9250	+	o 131.8e	K4OBX	W4HAT
Henderson	442.1250	+	88.5l	KG4IWI	KG4IWI
Henderson	444.3750	+	o 100.0	KB4WGA	VANCE CO A
Hendersonville	442.4500	+		WA4TOG	WA4TOG
Hendsvl/Berwlw	444.2500	+	o	WA4KNI	PRI JOHNSO
Hickory	442.3750	+		WA4PXV	WA4PXV
Hickory	444.0000	+	o	K4JEQ	K4JEQ
Hickory	444.3750	+	107.2	KC4FM	KG4YVM
Hickory	444.8000	+	94.8	KF4LUC	KF4LUC
High Point	442.7750	+	o 127.3e	N4ROZ	N4ROZ
High Point	443.9000	+	oe	W4UA	HPARC
Hillsborough	444.4500	+	100.0aelr	WR4AGC	DURHAM FM
Holly Ridge	442.0250	+	88.5elsWX	N4JDW	N4JDW
Holly Springs	444.3250	+	o 100.0 (CA) elr	KF4AUF	K4JDR
Hubert	444.6750	+	88.5elWX	N4HAJ	N4HAJ
Huntersville	443.2250	+	o 110.9	W8EMX	W8EMX
Jefferson	444.3000	+	103.5s	W4YSB	W4YSB
Kannapolis	443.3500	+	o 136.5a	N4JEX	W1WBT
Kernersville	442.9750	+	o 107.2	KF4DAR	KF4DAR
Kernersville	443.3250	+	131.8pr	KF4IXK	KF4QDS
Kernersville	444.6250	+	107.2elRBWX	KF4OVA	KF4OVA
King	444.2000	+	107.2e	KE4QEA	------------
Kinston	442.0000	+	o 88.5 (CA)elWX	N4HAJ	N4HAJ
Kinston	444.5750	+	o 88.5 (CA)e	N4HAJ	N4HAJ
Kornegay	444.1250	+	88.5 WX	N4HAJ	N4HAJ
Kville/H Point	443.7000	+	o 103.5elz	KE4QOX	KE4QOX
Lake Gaston	442.3500	+	o 100. (CA)z	KF5TU	WA4GEF
Laurinburg	443.8250	+	o#l	N4DBM	W4DEX & N4
Lenoir/Cajah M	443.5250	+	oe	N4EUX	WESTERN CA
Level Cross	442.8250	+	o 82.5el	K4ITL	PCRN
Lexington	442.2750	+	146.2p	KO0NTZ	KO0NTZ
Lexington	442.9250	+	o 146.2e	K4AE	LARC
Lexington	444.5000	+	ot	W4PAR	HSMVHF SOC
Lincolnton	442.3500	+	oaRBz	WA4YGD	WA4YGD
Linville	442.1750	+	136.5	W4JJO	KC4UBR
Linville	444.5750	+	ot#l	N4DBM	W4DEX & N4
Locust	443.7000	+	o(CA)l	WA4LBT	WM. GLENN
Lowell	443.3750	+	94.8	WA4GC	WA4GC
Lumberton	444.6250	+	o 88.5e	WB4DVN	WB4DVN
Lumberton	444.7000	+	o 114.8	KD4BGD	KD4BGD
Marion	444.1250	+	118.8esWX	KI4M	KI4M
Mars Hill	442.4250	+	173.8l	K4MFD	K4MFD
Mcleansville	444.1250	+	ot	WB4GUG	WB4GUG
Middlesex	444.6500	+	o 179.9el	NE4J	NE4J
Mills River	442.0250	+	88.5 (CA)e	W4ENC	W4ENC
Mint Hill	444.8250	+	110.9el	KD4ADL	KD4ADL
Monroe	444.3000	+	o 100.0ls	W4ZO	W4ZO
Monroe	444.4250	+	o 94.8	NC4UC	UCARS
Mooresville	443.8250	+	110.9el	KD4ADL	KD4ADL
Moravian Falls	442.6750	+	o 88.5e	KA2NAX	KA2NAX
Morg/Walker To	442.3000	+	o 94.8lWX	KC4QPR	KC4QPR
Morganton	443.8000	+	ote	KC4QZL	KC4QZL
Morrisville	444.0750	+	100.0	KC4SCO	AG4BJ

420-450 MHz
NORTH CAROLINA

Location	Output	Input	Notes	Call	Sponsor
Mt Airy/Fsh Pk	444.8250	+	O 100.0ael RB	KF4UY	KF4UY
Mt Mitchell	442.2250	+	O 107.2e	N4YR	N4YR
Mt Mitchell	443.6000	+	O 114.8e	N4DWU	WA4BVW
Nashville	443.7000	+	O 107.2es	N4JEH	N4JEH
Nashville	444.2250	+	107.2	KB4CTS	KB4CTS
New Bern	442.0750	+	100.0 WX	N4HAJ	N4HAJ
New Bern	444.9000	+	O 100.0e	W4EWN	NBARC (NEW
Newell	442.1250	+	156.7e	WT4IX	WT4IX
Newport	444.8250	+	O 88.5 (CA)l SRB	N4HAJ	------------
Newport Ccars	444.9750	+	O	W4YMI	CCARS
Newton	442.6250	+	O	KE4KIV	KE4KIV
Oxford	444.6000	+	O	NO4EL	GRANVILLE
Pineview	444.2750	+	100.0 (CA)el SRB WX	NC4BJ	CAROLINA 4
Pineville	444.9250	+	110.9el	KD4ADL	KD4ADL
Piney Knob	443.8750	+	O 103.5el	KC4KPW	KC4KPW
Polkville	444.9750	+	O(CA)	N4DWP	N4DWP
Powells Point	442.8500	+	131.8e	W4PCN	OBRA
Raeford	442.1000	+	100.0eWX	KG4HDV	KG4HDV
Raleigh	442.2120	+	taers	K4ITL	PCRN
Raleigh	442.4500	+	O(CA)	N4LMR	N4LMR
Raleigh	442.5750	+	t	W4MLU	W4FAL
Raleigh	442.6000	+	107.2e	KB4CTS	KB4CTS
Raleigh	442.6750	+	O 100.0r	W4ATC	NCSU ARC
Raleigh	443.1000	+	100.0eRB	W4RLH	K4JDR
Raleigh	443.1250	+	O	WA4NNA	WA4NNA
Raleigh	443.2250	+	Ot(CA)e	N4ZCM	N4ZCM
Raleigh	443.3750	+	Ot	W1IFL	W1IFL
Raleigh	444.5250	+	O 82.5az	W4RNC	RALEIGH AR
Raleigh	444.6750	+	O 100.0 (CA) el	KD4RAA	BNR/NT ARC
Raleigh	444.8250	+	O 146.2elz	K4GWH	K4GWH
Reidsville	443.9750	+		W4BJF	ROCKINGHAM
Reidsville	444.8000	+	O 107.2	K4YEC	K4YEC
Res Triangle	443.4250	+	O 156.7el	WA1YYN	WA1YYN
Res Triangle	443.6250	+	O	W4EUS	ERICSSON A
Roanoke Rapids	444.5500	+	O 192.8el	KA4BQM	KA4BQM
Rocky Mount	444.7000	+	O 107.2 (CA) e	N4JEH	CARL H. BR
Rocky Mount	444.8500	+	O 131.8e	WN4Z	ROCKY MOUN
Rolesville	444.9500	+	88.5	KF4HFQ	FCARC
Rougemnt/Red M	443.2750	+	O 100.0ae RB	WA4WTX	WA4WTX
Salisbury	443.1500	+	O 136.5ae	W4HG	WA4PVI
Salisbury	444.6500	+	88.5esRB	KJ4HF	KJ4HF
Sanford	441.9500	+	136.5	KB4HG	KB4HG
Sauratown Mt	443.1000	+	O 88.5l	KE4QOX	WW4FL
Sauratown Mtn	443.0500	+	O 136.5l	KQ1E	KQ1E
Sauratown Mtn	443.5000	+	107.2	N4YR	N4YR
Selma	444.0000	+	O 100.0 (CA) e	N4HAJ	N4HAJ
Shelby	444.3250	+	O	W4NYR	SHELBY ARC
Smithfield	444.0250	+	100.0 (CA)el SRB WX	WX4NC	CAROLINA 4

420-450 MHz
NORTH CAROLINA-NORTH DAKOTA

Location	Output	Input	Notes	Call	Sponsor
Snow Camp	443.4500	+	100.0 (CA)el SRB WX	KD4RAA	KD4RAA REP
Sophia	444.9750	+	100.0e	KE4QAP	KB4TWG
Sophia/Randlem	443.0750	+	Oel	WR4BEG	BROADCAST
Southern Pines	442.4000	+	O 179.9l	N1RIK	N1RIK
Stacy	444.0000	+	131.8	KD4KTO	KD4KTO
Stanfield	443.2000	+	Ot#l	N4DBM	W4DEX & N4
Statesville	443.4500	+	Oa	N4VOZ	N4VOZ
Statesville	444.7000	+	O 94.8p	AE4GA	AE4II
Summefield	444.4750	+	88.5	KD4DNY	KD4DNY
Supply	444.1750	+	88.5el	N4JDW	N4JDW
Sylva	444.7000	+	131.8lWX	K4RCC	K4RCC
Tarboro	444.5000	+	O 100.0el	N4JEH	N4JEH
Tarboro	444.9250	+	O 118.8e	N4NTO	N4NTO
Taylorsville	441.6250	+	123.0	W4ERT	W4ERT ALEX
Thomasville	442.9000	+	O 88.5l	WW4DC	WW4FL
Thomasville	443.6500	+	146.2l	N4TVL	LARC
Troy	443.4000	+	146.2l	W4WAU	N4TZD
Troy	444.1750	+	77.0l	N4DBM	N4DBM
Tryon	442.8750	+	123.0	K4SV	K4SV
Valdese	442.6000	+	141.3eRB	WA4PXV	WA4PXV
Waxhaw	444.5250	+	94.8es	K4WBT	WBT ARC
Waynesville	444.4500	+	Oel	N4DTR	N4DTR
Wendell	444.8750	+	O 100.0eRB	KD4RAA	CAROLINA 4
Wilkesboro	442.4750	+	O 107.2al	KE4DGP	------------
Wilkesboro	443.5500	+	O 94.8l	KC4XE	BLUE RIDGE
Williamston	444.2500	+	O 131.8el	K4SER	ROANOKE AR
Wilmington	442.0750	+	O 88.5al	N4JDW	N4JDW
Wilmington	442.1750	+	O	WA4US	WA4US
Wilmington	442.2000	+	Ot(CA) RB	WA4US	WA4US
Wilmington	442.5000	+	O 88.5aelRB	AC4RC	AD4HZ
Wilmington	443.4000	+	O 88.5eWX	AD4DN	AD4DN
Wilmington	443.8500	+	O	WA4US	WA4US
Wilmington	443.9500	+	O	WA4US	WA4US
Wilmington	444.0500	+	O 88.5el	N4JDW	N4JDW
Wilmington	444.2000	+	O	WA4US	WA4US
Wilmington	444.4500	+	O	WA4US	WA4US
Wilmington	444.6500	+	O	WA4US	WA4US
Wilmington	444.7750	+	O 131.8elWX	N4PLY	N2QEW
Wilmington	444.8500	+	O 88.5e	N4ILM	WILMINGTON
Wilson	444.9000	+	O 179.9el	W4EJ	W4EJ
Wingate	444.8750	+	127.0	WB4U	WB4U
Winston-salem	444.2750	+	O 100.0	W4NC	FORSYTH AR
Winston-salem	444.7250	+	O 107.2 (CA) e	KD4MMP	------------
Yadkinville	442.0250	+	100.0	KD4KMK	KD4KMK
Yadkinville	442.8000	+	O 100.0a	N4AAD	N4AAD & KC
Youngsville	442.1750	+	t	N4TAB	K4ITL
Youngsville	442.3000	+	100.0el	WB4IUY	WB4IUY
Youngsville	443.2000	+	O 88.5ael	KC4WDI	KD42LH & K
Zebulon	442.4000	+	88.5elRB	WB4IUY	WB4IUY

NORTH DAKOTA
FREQUENCY USAGE

Location	Output	Input	Notes	Call	Sponsor
Statewide	443.7000	+		SNP	
Statewide	444.3250	+		SNP	

480 420-450 MHz
NORTH DAKOTA-OHIO

Location	Output	Input	Notes	Call	Sponsor
Statewide	444.7250	+		SNP	
N E CENTRAL					
Maddock	442.2500	+	O 141.3	KF0HR	KF0HR
N W CENTRAL					
Minot	442.3000	+	O	K0AJW	SVARC
Minot	444.4000	+	O	W0CQ	W0CQ
Minot	444.8000	+	O	K0AJW	SVARC
NORTHWEST					
Williston	443.8500	+	Oe	K0WSN	WBARC
S E CENTRAL					
Jamestown	444.2500	+	O	N0HNM	N0HNM
Jamestown	444.9250	+	O	WB0TWN	WB0TWN
S W CENTRAL					
Bismarck	444.2000	+	Oae L(52.525)	N0FAZ	N0FAZ
Bismarck	444.6500	+	Oe	KC0AHL	Hillside A
Center	444.9000	+	O	KE0VF	KE0VF
SOUTHEAST					
Fargo	443.9000	+	O 100.0e	KE0VN	KE0VN
Horace	443.7500	+	O	W0ZOK	W0ZOK
Wahpeton	443.8000	+	O 107.2	W0END	TRARC
SOUTHWEST					
Dickinson	442.6750	+	O	K0ND	TRARC
Killdeer	444.6750	+	O	K0ND	TRARC
Sentinel Butte	443.6750	+	O	K0ND	TRARC
OHIO					
ADAMS					
Peebles	442.6750	+	O(CA)e	KJ8I	------------
Peebles	444.0250	+	O	WD8LSN	WD8LSN
Seaman	444.5125	+	O(CA)e	KC8FBG	KC8FBG
ALLEN					
Lima	443.6250	+	O 107.2 (CA)e	W8HDU	W8HDU
Lima	444.0750	+	Oae	N8GCH	ShawneeRA
Lima	444.7750	+		WB8PJZ	WB8PJZ
ASHLAND					
Ashland	442.1500	+	O 88.5	KG8FV	KG8FV
Ashland	442.8000	+	O	W8IVG	KB8GF
Polk	443.3250	+	131.8 (CA)l	N8SIW	N8SIW
ASHTABULA					
Geneva	443.6250	+	O 146.2	N8WPZ	N8WPZ
Kingsville	443.6500	+	O 103.5e	N8XUA	N8XUA
Orwell	444.2500	+	ael	KF8YF	KF8YF
ATHENS					
Athens	442.1000	+	O	K8LGN	HVARC
AUGLAIZE					
Cridersville	444.9250	+	O	W8EQ	LAARC
St Marys	444.2000	+	O 107.2el	K8QYL	Rsvr ARA
Wapakoneta	442.1500	+	107.2arWX	KD8CQL	A.C.E.M.A
BUTLER					
Cincinnati	442.5000	+	a	WA3ZUS	WA3ZUS
Fairfield	443.6500	+	Oae	W8PRH	FARA
Hamilton	442.6500	+	O	N8OUY	N8OUY
Hamilton	444.1125	+	O 118.8aer	N8TVU	N8TVU
Hamilton	444.6500	+	O	K8KY	K8KY

420-450 MHz — OHIO

Location	Output	Input	Notes	Call	Sponsor
Middletown	443.5375	+	O 118.8e	W8MUM	MiamiUARC
Middletown	444.4750	+	O 100.0 TTel	AG8Y	AG8Y
Middletown	444.8250	+	O 77.0 (CA)el	W8BLV	Dial ARC
Monroe	443.0875	+	Oep	KC8ECK	KC8ECK
Oxford	442.5500	+	O 118.8e	WA8MU	WA8MU
West Chester	442.3250	+	123	KC8RKM	KC8RKM
West Chester	442.7000	+	●l	W8RLL	W8RLL
West Chester	444.9750	+	●lprxz	K8CR	K8CR
CARROLL					
Carrollton	442.4000	+	Ot(CA)e	K8VPJ	K8VPJ
Carrollton	442.5875	+	Oe	N8RQU	N8RQU
Carrollton	442.6250	+	●(CA)e	K8VPJ	K8VPJ
Carrollton	444.2125	+	Oe	NC8W	NC8W
Malvern	443.2000	+	aelRB LITZ	K8NNC	CC ARES
CHAMPAIGN					
Urbana	443.1750	+	O 123.0e	WB8UCD	WB8UCD
Urbana	443.3500	+	O	KA8HMJ	KA8HMJ
CLARK					
N Hampton	444.3750	+	O 127.3e	K8IRA	IndepndRA
Springfield	443.3000	+	Ot(CA)elz	WB8ZCE	WB8ZCE
Springfield	444.4125	+	●t(CA)elx	KA8HMJ	KA8HMJ
CLERMONT					
Batavia	444.3250	+	OaelrWXx	N8NKS	N8NKS
Cincinnati	444.0750	+	O 110.9	KB8SBN	KB8SBN
Cincinnati	444.9250	+	a	K8CF	K8CF
Goshen	443.4500	+	O 146.2	K8DV	K8DV
CLINTON					
Blanchester	442.0250	+	t	KB8CWC	KB8CWC
Wilmington	442.1500	+	OewX	WB8ZZR	ClintonRA
Wilmington	443.2375	+	Oe	AB8KD	AB8KD
Wilmington	443.2750	+	O	N8ASB	N8ASB
Wilmington	444.5750	+	141.3er	WB8ZZR	WB8ZZR
COLUMBIANA					
E Liverpool	442.1750	+	O(CA)e	K8BLP	TrianglRC
Lisbon	442.5250	+	162.2ae	KD8XB	KD8XB
Lisbon	444.4625	+	O 162.2	KC8RPR	KC8RPR
Lisbon	444.9125	+	O 162.2 RB WXx	W8MMN	W8MMN
Minerva	442.9500	+	O	KC8PHW	KC8PHW
Salem	442.1000	+	OaelRB WXz	KB8MFV	KB8MFV
Salem	444.6750	+	O 156.7 (CA) eWXz	KA8OEB	KA8OEB
CRAWFORD					
Bucyrus	442.5250	+	talz	W8DZN	W8DZN
CUYAHOGA					
Brecksville	442.6500	+	Otaz	K8IIU	B.A.R.F.
Brook Park	442.0500	+	●	WB8ZQH	WB8ZQH
Brookpark	443.1250	+	O 131.8ez	N8LXM	N8LXM
Cleveland	444.1000	+	O(CA)el	NA8SA	NGARC
Cleveland	444.2750	+	●l	N8OND	N8OND
Cleveland	444.3500	+	131.8e	N8OOF	OBES
Cleveland	444.7000	+	Oe	WR8ABC	LEARA
Euclid	442.8125	+	131.8	N8KXX	N8KXX
Euclid	444.4750	+	O 110.9	N8CHM	N8CHM

420-450 MHz
OHIO

Location	Output	Input	Notes	Call	Sponsor
Highland Hill	444.9500	+	151.4	WB8APD	SMART
Highland Hils	442.1250	+	O 82.5 (CA)e IRB WX	WX8CLE	CLEWARN
HighlandHills	444.4000	+		WR8ABC	LEARA
N Olmsted	444.0125	+	O 131.8	W8IZ	W8IZ
N Royalton	443.1500	+	O 131.8	K8SCI	N Cst ARC
N Royalton	443.9000	+	Ot(CA)l	WA8CEW	WA8CEW
N Royalton	444.0750	+	t	K8YSE	K8YSE
Parma	442.2250	+	O(CA)elRB	KB8WLW	KB8RST
Parma	443.3625	+	O 131.8ael RB	KB8WLW	KB8WLW
Parma	443.8250	+	O 131.8	K8ZFR	C.A.R.S.
Parma	444.0500	+	Otel	W8DRZ	W8DRZ
Parma	444.4500	+	131.8x	W8QV	ARSC
Parma	444.7750	+	●	WR8SS	SSARS
Parma	444.9000	+	131.8	W8CJB	WR RA
Shaker Hts	444.7500	+	Oa	K8ZFR	C.A.R.S.
DARKE					
Greenville	444.1750	+	OaeRB	N8OBE	N8OBE
Greenville	444.3500	+	O	N8KPJ	N8KPJ
DELAWARE					
Delaware	443.5500	+	O 4186lpr	W8SJV	W8SJV
ERIE					
Berlin Hghts	442.9750	+		WA8CAE	THRG
Berlin Hts	443.3500	+	IRB	WD8OCS	WD8OCS
Sandusky	442.7250	+	O(CA)e	WA8VOE	N8BPE
Sandusky	444.3750	+	O 110.9e	W8LBZ	SREL
Vermilion	443.0500	+	O 131.8	W8DRZ	W8DRZ
FAIRFIELD					
Lancaster	443.8750	+		K8QIK	LanFarARC
Pickerington	443.9500	+	O	W8LAD	W8LAD
Pickerington	444.2250	+	t	K8VKA	K8VKA
Stoutsville	442.2000	+	O	WO8Z	WO8Z
FAYETTE					
Greenfield	444.7750	+	O(CA)e	N8OOB	N8OOB
Washington CH	442.0750	+	O	N8QLA	N8QLA
Washington CH	444.6125	+	Ot(CA)	N8EMZ	FayetteRA
FRANKLIN					
CanalWinchstr	443.7000	+	el	KB8LJL	KB8LJL
Columbus	442.6000	+	114.8	W8LT	OSUARC
Columbus	442.8000	+	O 151.4ae WX	W8CMH	K8NIO
Columbus	443.4250	+		N8RQJ	N8RQJ
Columbus	443.5250	+	Ol	WB8YOJ	WB8YOJ
Columbus	443.5750	+	Ol	WB8YOJ	WB8YOJ
Columbus	443.7250	+	9600a	KO8PA	COPA
Columbus	443.8125	+	t	K8MK	K8MK
Columbus	444.1000	+	Oel	WB8MMR	WB8MMR
Columbus	444.2000	+	151.4	W8RXX	CORC
Columbus	444.2750	+	O 94.8ae	WB8INY	COARES
Columbus	444.3000	+	Oal	WB8YOJ	WB8YOJ
Columbus	444.4000	+	O	W8RW	W8RW
Columbus	444.5250	+	O 179.9aelz	K8DRE	CCRA
Columbus	444.5500	+	O 123.0aelz	N8PVC	CCRA
Columbus	444.8000	+	Oae	K8DDG	COARES
Columbus	444.8500	+	●	N8EXT	N8EXT

420-450 MHz
OHIO

Location	Output	Input	Notes	Call	Sponsor
Columbus	444.9000	+	○	N8ADL	N8ADL
Dublin	444.1750	+	○ 179.9e	WA8PYR	WA8PYR
Galloway	443.4750	+	l	N8IHU	N8IHU
Groveport	442.5500	+	○(CA)	WA8DNI	WA8DNI
FULTON					
Delta	444.4500	+	○ 4479lpr	K8LI	K8LI
Fayette	442.0750	+	○e	KB8GOM	KB8GOM
Wauseon	443.4000	+	ae	KB8MDF	KB8MDF
GALLIA					
Gallipolis	442.0000	+	○	KC8ZAB	MOVARC
GEAUGA					
Chardon	444.5625	+	(CA)	N8WHG	N8WHG
Chardon	444.8125	+	○ 131.8ae	KF8YK	KF8YK
Chesterland	444.6000	+	○ 131.8l	K9IC	K9IC
Middlefield	442.2500	+	○ 131.8e	KC8IBR	WRARA
Montville	443.4500	+	103.5e	N8XUA	N8XUA
Newbury	442.5500	+	○	N8CPI	N8CPI
Newbury	444.6250	+	○	WB8QGR	WB8QGR
Newbury	444.9750	+		K8SGX	K8SGX
GREENE					
Beavercreek	442.7250	+	○ae	W8GCA	GCARES
Bellbrook	443.6750	+		W8DGN	BARC
Bellbrook	444.8750	+	●(CA)	N8NQH	N8NQH
Cedarville	444.6375	+	○	KC8OQD	KC8OQD
Dayton	444.7375	+		N8UR	N8UR
Fairborn	442.3750	+	○ 118.8	K8FBN	UpVlyARC
Fairborn	442.5750	+	127.3 (CA)z	N8QBS	N8QBS
Fairborn	442.8250	+	186.2	N8QBS	N8QBS
Xenia	443.1000	+	○aelz	N8JFA	N8JFA
Xenia	443.3750	+	az	KB8GRJ	KB8GRJ
Xenia	444.2875	+	○	N8OIE	N8OIE
Xenia	444.4375	+	○ 123.0	KC8QBL	KC8QBL
GUERNSEY					
Cambridge	444.3750	+	○ 91.5e	KB8ZMI	KB8ZMI
HAMILTON					
Cincinnati	442.1250	+	●RB	W8MM	W8MM
Cincinnati	442.2000	+	○(CA)l	N8JRX	WhiprSnap
Cincinnati	442.4750	+	○ 114.8elp	KD8TE	KD8TE
Cincinnati	442.7750	+	○ 123.0aTTe	K8SCH	O-K-I ARS
Cincinnati	443.4000	+	○aer	WB8CRS	Cinci FMC
Cincinnati	443.7000	+	○(CA)	W8NWS	W.A.R.N.
Cincinnati	443.9000	+	○ 123.0	WR8CRA	CRA
Cincinnati	444.0000	+	○	K8CLA	K8CLA
Cincinnati	444.2250	+	○ 110.9l	W8ESS	E.S.S.
Cincinnati	444.3000	+	118.8aer	N8TVU	N8TVU
Cincinnati	444.7500	+	○(CA)l	KB8BWE	CinciUHFG
Cincinnati	444.8625	+	○	K8YOJ	HCARPSC
Colerain Twp	443.5750	+	123.0 (CA)	K8CR	K8CR
Harrison	442.8000	+	○(CA) TTe	N8WYF	N8WYF
HANCOCK					
Findlay	442.8750	+	○ 100.0	N8RTN	FndlyARTS
Findlay	444.1500	+	○ 88.5	W8FT	FRC
Findlay	444.5750	+	○	WB8PBR	WB8PBR
HARDIN					
Kenton	442.4000	+	○	N8MTZ	N8MTZ

420-450 MHz
OHIO

Location	Output	Input	Notes	Call	Sponsor
HIGHLAND					
Hillsboro	443.0750	+	O 123.0 (CA) eWX	W8CTC	HILSBUHFC
Hillsboro	444.6750	+	Oe	WA8KFB	HlsboroRC
HOCKING					
Logan	443.1250	+	e	K8LGN	H.V.A.R.C
HOLMES					
Millersburg	444.8750	+	131.8	KD8CJ	KD8CJ
HURON					
Clarksfield	442.1750	+	71.9	AL7OP	AL7OP
Greenwich	442.9000	+	Oe	KA8LKN	KA8LKN
Norwalk	442.6750	+	O 162.2a (CA)elrWXxz	KA8VDW	SREL
JACKSON					
Jackson	442.2250	+	Ol	WB8LDB	WB8LOB
Oak Hill	444.1125	+	O	WB8RFV	WO8Z
Ray	443.1125	+	●t(CA)l	WO8Z	WO8Z
JEFFERSON					
Toronto	443.7750	+	Oa	WD8IIJ	TRISTATE
KNOX					
Fredericktown	442.3250	+	O(CA)	N8NMQ	N8NMQ
Mt Vernon	444.7500	+	O	KC8YED	KC8YED
LAKE					
Eastlake	443.7000	+	O(CA)	N8KT	CLARA
Mentor-O-T-Lk	444.1875	+	(CA) WX	N8WHG	N8WHG
Painesville	444.6500	+	131.8aelz	N8BC	LCARA
Wickliffe	444.1500	+	O(CA)l	WA8PKB	WA8PKB
Wickliffe	444.7250	+	(CA) RB	WA8PKB	WA8PKB
LAWRENCE					
Willow Wood	444.6250	+	O	W8SOE	So OH ARA
LICKING					
Amsterdam	443.9250	+	91.5e	KB8ZMI	KB8ZMI
Hebron	444.6500	+	O	KB8TRL	KB8TRL
Newark	442.0500	+	O(CA)	WD8RVK	WD8RVK
Newark	444.5000	+	O(CA)l	W8WRP	NARA
LOGAN					
Bellefontain	442.7750	+	l	W8PRH	FARA
Bellefontaine	443.0250	+	O	KA8GRP	KA8GRP
Bellefontaine	443.2500	+	O 186.2	N8IID	N8IID
Bellefontaine	443.8250	+	O 186.2aelz	N8QBT	Honda-Ame
East Liberty	444.4500	+	O 127.3771 TTelz	KA7UUC	Honda-Ame
Lakeview	444.4250	+	O	WK8U	WK8U
Quincy	443.5625	+	O 107.2	NO8C	NO8C
LORAIN					
Amherst	442.5000	+	Oe	NA8VY	NA8VY
Elyria	444.1750	+	O 11 RB	KC8BED	LCARA
Elyria	444.8000	+	O	K8KRG	NOARS
Grafton	444.6625	+	O	K8TV	K8TV
Lorain	443.6000	+	Oae	WA8CAE	WA8CAE
Lorain	444.1250	+	●l	WD8CHL	WD8CHL
Lorain	444.5250	+		WD8OCS	WD8OCS
Lorain	444.5875	+	O 131.8aep	N8VUB	N8VUB
LUCAS					
Maumee	442.7500	+	a	KB8TAK	KB8TAK
Oregon	443.3000	+	O 103.5e	N8UAS	N8UAS

420-450 MHz   485
OHIO

Location	Output	Input	Notes	Call	Sponsor
Oregon	443.7500	+	O 103.5ae	KI8CY	KI8CY
Oregon	443.9750	+	●a	KG8EE	KG8EE
Oregon	444.9250	+	O 103.5	WB8NLS	WB8NLS
Sylvania	443.7750	+	O 103.5	KC8GWH	KC8GWH
Toledo	442.8500	+	O 103.5123a TTez	W8HHF	TMRA
Toledo	442.9500	+	O(CA)elrwX	WJ8E	WJ8E
Toledo	444.0250	+	taers	W8MTU	LucasARES
Toledo	444.9500	+	O	WB8CQO	Toledo RA
MAHONING					
Austintown	443.2500	+	●e	W8IZC	#NAME?
Canfield	442.7500	+	O 131.8aelz	KC8WY	KC8WY
New Springfld	443.5250	+	O	KF8YF	KF8YF
Salem	444.7625	+	O 162.2	N8TPS	N8TPS
Youngstown	443.2250	+	O 156.7a	N8FAL	#NAME?
MEDINA					
Brunswick	444.9250	+	O 110.9	W8EOC	M2M
Hinckley Twp	443.4250	+	O 131.8eWX	W8WGD	B.A.R.C.
Medina	444.2750	+	●l	N8OND	N8OND
Medina	444.9250	+	O 131.8	W8EOC	M2M GP.
Wadsworth	442.4750	+	O 131.8	AL7OP	AL7OP
West Salem	443.3000	+	O 131.8	KE8X	KE8X
MEIGS					
Pomeroy	444.0500	+	OeWX	KC8KPD	BBARC
MERCER					
Celina	442.2250	+	O 107.2107.2	W8ARG	W8ARG
Celina	443.0750	+	O 107.2 WX	KC8KVO	ACARES
Celina	444.0000	+	4267lpr	W8AK	W8AK
Ft Recovery	442.6750	+	O 107.2ae WX	KB8SCR	KB8SCR
MIAMI					
Piqua	443.6375	+	O	KB8MUV	KB8MUV
Piqua	444.7250	+	4267lpr	W8AK	W8AK
Piqua	444.8375	+	O	WF8M	MVRFG
Tipp City	444.5375	+	t	N8RVS	N8RVS
Troy	442.9750	+	(CA)z	WD8CMD	WB8CMD
West Milton	444.5625	+	●	N8EIO	N8EIO
MONTGOMERY					
Clayton	442.1750	+	Ote	N8PS	N8PS
Dayton	442.0000	+	O	WB8HSV	WB8HSV
Dayton	442.1000	+	O	W8BI	DARA
Dayton	443.0000	+	O(CA)ez	WB8SMC	FaroutARC
Dayton	443.0500	+	O 123.0	W8AK	W8AK
Dayton	443.5000	+	O	KB8ZR	3Z
Dayton	443.6000	+	●t	NY1A	NY1A
Dayton	443.7250	+	O	WB8YXD	WB8YXD
Dayton	443.7500	+	O 123.0	W8AK	W8AK
Dayton	443.7750	+	O 4267lpr	WF8M	MVRFG
Dayton	444.0500	+	O 100.0l	KA8PGJ	NationalC
Dayton	444.2125	+	●	WB8TIA	M V HOSP
Dayton	444.2500	+	O	WB8CQK	MVFMA
Dayton	444.7625	+	77.0 (CA)e	W8NCI	KI8FT
Fairborn	444.3125	+	●(CA)l	KI6SZ	KI6SZ
Huber Heights	442.9250	+	O 4267lprRB	W8AK	W8AK
Huber Heights	442.9500	+	O 118.8l	NO8I	HHARC
Kettering	444.6625	+	● 123.0 (CA)	W8GUC	W8GUC

420-450 MHz
OHIO

Location	Output	Input	Notes	Call	Sponsor
Miamisburg	442.3000	+	O 4235 (CA)l pr	WB8VSU	WB8YXD
Miamisburg	442.4500	+	123	NV8E	NV8E
Miamisburg	443.2250	+	77.0 (CA)e	W8COH	WCOARA
Miamisburg	444.7000	+	O(CA)el	N8BYT	N8BYT
Trotwood	443.9250	+	O(CA)	W8ZOL	W8ZOL
Trotwood	443.9750	+	O	W8PB	W8PB
Union	442.8500	+	Oa	WA8ZWJ	Union RC
Vandalia	442.7500	+	Ot	W6CDR	W6CDR
W Carrollton	443.8500	+	O	N8ZS	N8ZS
W Carrollton	444.5000	+	Oaelz	K8ZQ	WCARG
W Carrollton	444.7875	+	O	N8ZS	N8ZS
MUSKINGUM					
Roseville	442.1750	+	O 91.5	KA8GOO	TRI CO RC
Zanesville	442.2500	+	O 91.5e	KB8ZMI	KB8ZMI
OTTAWA					
Oak Harbor	442.2500	+	Oe	K8VXH	OttawaARC
Oak Harbor	442.4250	+	●lRB WX	KB8TEP	KB8TEP
Oak Harbor	443.8500	+	eWX	WB8JLT	WB8JLT
PIKE					
Elm Grove	442.3500	+	O	KC8BBU	KC8BBU
Lucasville	443.2000	+		KB8SDC	KB8SDC
PORTAGE					
Kent	442.0250	+	131.8	N8BHU	N8BHU
Kent	444.3000	+	131.8	N8BHU	N8BHU
Ravenna	442.8750	+	O	N8QXG	PortageRC
PREBLE					
Eaton	442.9000	+	173.8	KB8RQD	KB8RQD
Eaton	444.0250	+	4106elpr	W8VFR	W8VFR
Eaton	444.9125	+		N8ZRD	N8ZRD
Eaton	444.9375	+	O 4106elpr	W8VFR	W8VFR
PUTNAM					
Deshler	442.3000	+	O 77.0ael	W8OMG	WB8OMG
Ottawa	442.7000	+	O	N8PCO	N8PCO
Ottawa	443.8875	+	O 107.2e	N8PFM	N8PFM
RICHLAND					
Lexington	443.2250	+	O 146.242 TT	WD8Q	MASER
Mansfield	443.0750	+	O 151.4a (CA)elrWXxz	KA8VDW	SREL
Mansfield	444.0250	+	O 71.9	W8NW	W8NW
Mansfield	444.7000	+	O 971 RB	W8WER	ICARC
ROSS					
Bainbridge	443.6250	+	O	KD8FJH	WO8Z
Bourneville	442.8750	+		W8PRH	FARA
Chillicothe	444.4250	+	O	W8BAP	SciotoARC
Londonderry	444.3500	+	O	KD8EAD	KD8EAD
SANDUSKY					
Bellevue	442.6250	+	O 110.9aelr WX	NF8E	ClydeARS
Fremont	443.0000	+	aez	N8TRQ	N8TRQ
Fremont	443.4500	+	O	KC8EPF	KC8EPF
Gibsonburg	443.1875	+	107.2 (CA)ez	KC8RCI	OAmRaNtwk
SCIOTO					
McDermott	443.3250	+	a	KB8RBT	KB8RBT

420-450 MHz 487
OHIO

Location	Output	Input	Notes	Call	Sponsor
SENECA					
Attica	443.6750	+	OeRB	N0CZV	N0CZV
Tiffin	443.8000	+	O 107.2	KA8EMR	KA8EMR
Tiffin	444.4375	+	107.2aez	KC8RCI	OAmRaNtwk
Tiffin	444.8250	+	O 188650ael	W8MTD	CTS
SHELBY					
Anna	442.3500	+	Otel	KC8CFI	Honda-Ame
Ft Loramie	444.9625	+	O	KC8OIG	KC8OIG
Sidney	442.4750	+	O 4749elpr BlWX	W8JSG	W8JSG
Sidney	443.2000	+	aelrsWXz	AA8OF	SCARES
Sidney	444.8875	+	O 107.2	N6JSX	N6JSX
STARK					
Alliance	442.3500	+	Oe	K8LTG	AARC
Canton	442.0750	+	O 131.8	N8GNO	N8GNO
Canton	442.3000	+	O 131.8x	W0OZZ	W0OZZ
Canton	443.8500	+	Oe	W8TUY	WD8PTW
Canton	444.5750	+	O 131.8a	N8EOO	KC8GL
Louisville	443.9500	+	(CA)e	KB8VAS	KB8VAS
Massillon	442.8500	+	O 131.8aez	W8NP	MARC
Massillon	443.6750	+	O 131.8ae RBz	WA8GXM	WA8GXM
North Canton	443.9750	+	O(CA)e	KC8LEJ	AB8DP
Uniontown	442.0000	+	Ot	WB8OVQ	WB8OVQ
Waynesburg	442.2000	+	O	KC8ONY	K8SFD
SUMMIT					
Akron	442.6000	+	O	WD8MDF	WD8MDF
Akron	442.7000	+	Oael	WB8AZP	WB8AZP
Akron	443.1125	+	(CA)	W8UPD	U/AkrnRC
Akron	444.2000	+	O 131.8 TTel RBxz	WA8DBW	WA8DBW
Akron	444.4875	+	a	KC8MXW	KC8MXW
Akron	444.5125	+	●	WB8AVD	WB8AVD
Akron	444.5500	+	●	W8ODJ	N8NOQ
Cuyahoga Fls	444.8500	+	t	K8EIW	K8EIW
CuyahogaFalls	443.7875	+	OaeWXz	W8DFA	W8DFA
Fairlawn	443.7500	+	O 131.8	N8NOQ	N8NOQ
Hudson	443.4750	+	Ot(CA)z	K8COM	WRARG
Macedonia	443.5500	+	O 192.8	KI8HP	NERTNORTH
Norton	442.5750	+		W8MBF	AmishNERT
Norton	444.0000	+	O	WD8KNL	WD8KNL
Norton	444.4250	+	OaeWXz	WA8DBW	WA8DBW
Richfield	443.9250	+	O 131.8e	KA8JOY	KA8JOY
TRUMBALL					
Warren	443.7250	+	O 131.8	N8DOD	N8DOD
TRUMBULL					
Cortland	443.8750	+	Ot	WA8ILI	WA8ILI
Fowler	443.5750	+	Oel	WD8PVC	WD8PVC
Hubbard	443.1000	+	O	WA8PHN	WA8PHN
Warren	442.8250	+	aerWX	W8FBE	W8FBE
Warren	443.0000	+	O(CA)e	W8VTD	WarrenARA
Warren	444.8375	+	O	WA8ILI	WA8ILI
TUSCARAWAS					
Uhrichsville	443.5000	+	O	K8CQA	K8CQA
UNION					
Jerome	444.1250	+	192.8	N8IJV	W8RW

420-450 MHz
OHIO-OKLAHOMA

Location	Output	Input	Notes	Call	Sponsor
VAN WERT					
Van Wert	442.0250	+	O 156.7	N8IHP	N8IHP
Van Wert	444.8500	+	t	W8FY	VWARC
VINTON					
McArthur	442.5250	+	●t(CA)l	KB8TNN	KB8TNN
WARREN					
Centerville	444.6000	+	O	KC8QGP	WB8SCT
Franklin	442.4250	+	O 118.8a (CA)e	WE8N	BEARS
Franklin	443.1500	+	O 118.8 (CA) r	WB8ZVL	WB8ZVL
Lebanon	444.1875	+	Oar	WC8EMA	WCARES
Loveland	443.8000	+	●a	WB8BFS	WB8BFS
Mason	442.2750	+	O 110.9l	W8ESS	E.S.S.
Mason	444.1500	+	O	WB8WFG	WB8WFG
Mason	444.9500	+	O 131.8ae	W8SAI	W8SAI
Morrow	444.6250	+	O 123.0	N8GCI	KC8SIJ
WASHINGTON					
Constitution	444.1000	+	te	N8ILO	N8ILO
Little Hockng	444.9250	+	O 114.8	W8BS	W8BS
Marietta	442.6000	+	taRB	W8JL	KC8GF
Marietta	442.9000	+	●alp	W8JL	W8JL
Marietta	443.0500	+	O 186.2elRB	W8JTW	W8JTW
Marietta	443.4000	+	91.5al	W8HH	M.A.R.C.
Marietta	444.0000	+	Ol	WD8BRZ	WD8BRZ
WAYNE					
Doylestown	442.2750	+	O 110.9el	W8WKY	SlvrckARA
Rittman	442.3750	+	●	KC8INT	SARTECH
Wooster	443.1750	+	O(CA)	W8WOO	WARC
Wooster	444.2500	+	O 131.8e	KD8EU	WAYNE ARG
WOOD					
Bowling Green	443.5125	+	●	KD8BTI	WCARES
Bowling Green	444.4750	+	O 67.0ae	K8TIH	WCARC
Milton Ctr	442.1250	+	O 103.5	KC8UMN	KC8UMN
Northwood	444.2750	+	Ot	KA8ENK	KA8ENK
Perrysburg	444.6500	+	Oa	KB8YVY	KA8WPC
OKLAHOMA					
LAWTON					
Lawton	443.8500	+	Ot	W5KS	LFSARC
Lawton	444.9000	+	O 118.8/118.8	K5VHF	K5VHF
NORHTEAST					
Bartelsville	444.7700	+	O 88.5/88.5s LITZx	W5NS	BARC
NORTHEAST					
Bartlesville	443.1200	+	O 88.5/88.5	KB5KZS	KB5KZS
Bartlesville	444.9700	+	O 88.5/88.5x	W5IAS	TULSA ARC
Chouteau	444.2500	+	OtLITZ	KD5JXU	KD5JXU
Hichita	444.6000	+	O 88.5/88.5	W5IAS	Tulsa ARC
Ketchum	444.8700	+	O 88.5/88.5	W5RAB	W5RAB
Okmulgee	444.8200	+	●teE-SUN	W5KO	W5KO
Pawhuska	444.4200	+	O 88.5/88.5	N5ZQW	270 Group
Perry	442.9200	+	O 141.3/141.3 E-SUN	KL7MA	NCRG
Ponca City	444.7000	+	Ot	W5HZZ	KAY COUNTY

420-450 MHz
OKLAHOMA

Location	Output	Input	Notes	Call	Sponsor
Pryor	444.6700	+	O 88.5/88.5	KB5TVA	GRDA
Pryor	444.8000	+	O 88.5/88.5	KB5TVA	GRDA
Skiatook	442.1700	+	Ot	W5RAB	W5RAB
Skiatook	444.7200	+	Ot	WA5LVT	TRO inc
Stillwater	442.6000	+	O 88.5/88.5	K5FVL	K5FVL
Stillwater	443.8700	+	OtE-SUN	WD0CTA	WD0CTA
Stillwater	444.5200	+	O 88.5/88.5 E-SUNx	K5FVL	K5FVL/TARC
Stillwater	444.9000	+	O 141.3/141.3 E-SUN	K5FVL	K5FVL
Tahlequah	442.2200	+	O 88.5/88.5s x	N5NRL	Emerg Net/
Vinita	444.3700	+	O 88.5/88.5 E-SUN	KC5VVT	NORA
NORTHWEST					
Enid	443.0000	+	Ot	WD5GUG	WD5GUG
Enid	443.2000	+	Ot	WD5GUG	WD5GUG
Enid	444.4000	+	Ot	WA5QYE	Enid ARC
Enid	444.8200	+	Ot	N5LWT	N5LWT
Fairview	444.7200	+	Ot	N5RHO	N5RHO
Guymon	444.9700	+	O 88.5/88.5 E-SUN	N5DJX	DBARC
Kingfisher	444.9700	+	OtE-SUN EXP	WD5GLD	WD5GLD
Laverne	444.6700	+	O 94.8/94.8x	K5GUD	TSARG
Mooreland	444.2700	+	Ot	K5GUD	K5GUD
Mooreland	444.8700	+	O 88.5/88.5	WN5LUI	WN5LUI
Pond Creek	442.3000	+	O 141.3/141.3 E-SUN	WA7WNM	SWAN
OKLAHOMA CITY					
Bethany	444.0500	+	O 192.8/192.8	WA5CZN	Bojive RN
Del City	443.3000	+	O 162.2/162.2	W5DEL	Del City
Edmond	443.1500	+	O 179.9/179.9	N5TWC	KC5GEP
Edmond	443.4200	+	O 88.5/88.5	K5EOK	EARS
Elreno	442.2500	+	O 141.3/141.3	K5OL	K5OL
Elreno	444.2500	+	Ot	W5ELR	ERARC
Newcastle	444.6700	+	O 141.3/141.3 E-SUN	KB5LSB	KB5LSB
Norman	442.1000	+	●t	N5TKS	N5TKS
Norman	442.1200	+	O 107.2/107.2	WA5LKS	WA5LKS
Norman	443.7000	+	O 141.3/141.3	KC5OU	SCARS
Norman	444.3500	+	O 141.3/141.3 E-SUN	N5KUK	N5KUK
Norman	444.7500	+	O 141.3/141.3 E-SUN	N5KUK	N5KUK
Oklahoma City	442.5000	+	● 203.5/203.5 E-SUN	N5KNU	N5KNU
Oklahoma City	442.5700	+	O 131.8/131.8	AD5RM	AD5RM
Oklahoma City	442.6200	+	O 146.2/146.2	WB5ISN	WB5ISN Net

490 420-450 MHz
OKLAHOMA

Location	Output	Input	Notes	Call	Sponsor
Oklahoma City	442.7000	+	O 141.3/141.3	WA7WNM	MMACARC
Oklahoma City	442.9500	+	Ot	K5OKC	K5OKC
Oklahoma City	443.0500	+	O 100/100	W5RLW	W5RLW
Oklahoma City	443.1000	+	O/100	WN5J	WN5J
Oklahoma City	443.2700	+	O	W5MEL	OCAPA
Oklahoma City	443.6200	+	Ot	WD5AII	WB5ISN Net
Oklahoma City	443.8200	+	●t	WD5AII	Edmond ARC
Oklahoma City	443.8700	+	O 162.2/162.2	AD5RM	AD5RM
Oklahoma City	444.1000	+	O 141.3/141.3 E-SUN	WA5YTI	MORI
Oklahoma City	444.2000	+	O 141.3/141.3e	WD5AII	Edmond ARC
Oklahoma City	444.2200	+	O 141.3/141.3 E-SUN LITZ	WX5OKC	ODCEM
Oklahoma City	444.3000	+	O 141.3/141.3 E-SUN	W5MEL	OCAPA
Oklahoma City	444.6700	+	O	KB5LSB	KB5LSB
Oklahoma City	444.7700	+	O 141.3/141.3 E-SUN	KK5FM	KK5FM
Oklahoma City	444.8500	+	O 141.3/141.3 E-SUN	KB5XM	KB5XM
The Village	443.4000	+	O 141.3/141.3	KB5QND	KB5QND
SOUTHEAST					
Ada	443.8000	+	O 114.8/114.8	WB5NBA	Ada ARC
Antlers	444.2000	+	O 88.5/88.5x	KD5DAR	KD5DAR
Cavanal Mtn	444.5000	+	OtE-SUN LITZ	W5ANR	FSAARC
Daisy	442.4000	+	O 88.5/88.5	KD5OMB	KD5OMB
Durant	444.1200	+	O 114.8/114.8	AB5CC	AB5CC
Kingston	443.4500	449.4500	O 127.3/127.3	N4SME	NTXRA
McAlester	444.9700	+	O 88.5/88.5x	W5CUQ	PCARC/TARC
Muskogee	443.1000	+	O 88.5/88.5	W5IAS	WA5VMS/TAR
Nashoba	442.9000	+	O 114.8/114.8eE-SUN E-WIND	KM5VK	KM5VK
Pocola	444.0200	+	O	KB5SWA	KB5SWA
Purcell	444.5500	+	O 141.3/141.3	W5IF	W5IF
Talihina	444.6200	+	O 88.5/88.5	W5IAS	Tulsa ARC
SOUTHWEST					
Altus	444.1000	+	Ot	WD5BBN	------------
Anadarko	444.4500	+	O 123/123 E-SUN	WX5LAW	LIRA
Arbuckle Mtns	443.0700	+	●tE-SUNsx	WG5B	WG5B
Blanchard	442.0000	+	O 141.3/141.3	WØDXA	WØDXA
Bridge Creek	444.8500	+	O 141.3/141.3	WA7WNM	WA7WNM
Cyrill	442.2700	+	O 123/123 E-SUN	KB5LLI	SWIRA
Duncan	444.8200	+	O 118.8/118.8	WD5IYF	CTARC

OKLAHOMA-OREGON

Location	Output	Input	Notes	Call	Sponsor
Grandfield	442.2000	+	O 123/123 E-SUN	WX5LAW	LIRA
Granite	444.6500	+	O 100/100	WX5ASA	Altus Skyw
Lawton	444.6000	+	O 123/123 E-SUN	WX5LAW	LIRA
Lawton	444.7000	+	Ot	KD5IAE	SWAN
Lindsay	444.8700	+	O 131.8/131.8	N5RAK	KE5KK
Marlow	443.3200	+	Ot	N5TML	N5TML
Medicine Park	443.3000	+	O 123/123	WX5LAW	LIRA

TULSA

Location	Output	Input	Notes	Call	Sponsor
Broken Arrow	444.0000	+	OtE-SUN	W5BBS	BAARC
Claremore	442.0700	+	O 88.5/88.5	KB5TVA	GRDA
Claremore	444.3500	+	Ot	WA5VPO	RCWA
Leonard	443.6000	+	Ot	W5BBS	BAARC
Mannford	442.0000	+	O 88.5/88.5e x	W5IAS	Tulsa ARC
Owasso	444.3000	+	Ot	K5LAD	K5LAD
Tulsa	443.0000	+	Ot	W5IAS	Tulsa ARC
Tulsa	443.4000	+	OtE-SUN	N5LWO	N5LWO
Tulsa	443.8500	+	O 88.5/88.5 E-SUNrsxz	W5IAS	TULSA ARC
Tulsa	444.1000	+	O 88.5/88.5x	WA5LVT	TRO inc
Tulsa	444.4500	+	Ot	KC5FCA	KC5FCA
Tulsa	444.8500	+	O 88.5/88.5	K5JME	AAARC
Tulsa	444.9500	+	O 88.5/88.5 E-SUNr	WA5LVT	TRO inc

OREGON

CENTRAL WILLAMETTE VALLEY

Location	Output	Input	Notes	Call	Sponsor
Aumsville	442.5000	+	O 114.8e	KE7DLA	KE7DLA
Corvallis	442.3000	+	O 162.2e	N8GFO	BCARES
Eugene	441.3250	+	O 100.0el	K7UND	K7UND
Eugene	443.8000	+	O	K7RPT	ARRG
Keizer	440.8000	+	O 100.0	KD7QJO	KD7QJO
Oakridge	441.6750	+	O 100.0ael	K7UND	K7UND
Salem	440.7250	+	O 186.2ael	KA7BGE	KA7BGE
Salem	441.2750	+	O 100.0ael	W7SRA	SRA
Salem	441.3750	+	O 123.0ael	AB7F	AB7F
Salem	441.7000	+	Ote	KC7NOS	KC7NOS
Salem	443.1750	+	O 123.0e	AD7ET	AD7ET
Salem	443.7250	+	Oe	W7SRA	SRA
Salem	444.1250	+	Oelz	K7RPT	ARRG
Salem	444.2500	+	O 100.0	W7SAA	SARC
Silverton	444.9500	+	O 100.0l	WA7ABU	WA7ABU
Sisters	441.6250	+	O 100.0el	K7UND	K7UND
Sweet Home	444.0250	+	O 94.8e	AB7X	Coyoteland

CENTRAL-EAST

Location	Output	Input	Notes	Call	Sponsor
Bend	442.1250	+	O 123.0el	K7UND	K7UND
Bend	443.6500	+	O 162.2e	KB7LNR	KB7LNR
Bend	444.2500	+	Oel	WA7TPD	CORA
Bend	444.7500	+	O	K7YRU	HiDARG

COAST - CENTRAL

Location	Output	Input	Notes	Call	Sponsor
Florence	442.5750	+	O 100.0e	W7FLO	OCERI
Hebo	440.9000	+	O 118.8e	N7HQR	OCRG
Lincoln City	442.6000	+	O 100.0ez	N7HQR	OCRG

420-450 MHz
OREGON

Location	Output	Input	Notes	Call	Sponsor
Newport	444.7500	+	O 118.8el	N7HQR	OCRG
COAST - NORTH					
Astoria	444.7750	+	Oe	W7FBM	W7FBM
Hebo	441.2500	+	O 118.8ae	W7LI	W7LI
Hebo	441.3000	+	O 100.0e	W7EM	KD7YPY
Manzanita	440.1750	+	O 100.0e	W7EM	KD7YPY
Rockaway Beach	442.7500	+	O 118.8e	W7GC	OCRG
Tillamook	440.5250	+	O 100.0e	W7EM	KD7YPY
COAST - SOUTH					
Coos Bay	442.0750	+	O 77.0ael	W7EXH	W7EXH
Myrtle Point	444.5250	+	O 100.0el	K7TVL	RVLA
NORTH CENTRAL					
Corvalis	441.9750	+	O 100.0e	W7CQZ	W7CQZ
Junction City	442.2000	+	O 100.0el	W7EXH	W7EXH
Lake Oswego	442.7750	+	O 100.0	K7RUN	K7RUN
NORTH WILLAMETTE VALLEY					
Beaverton	440.0750	+	O 123.0e	K5TRA	K5TRA
Beaverton	444.3250	+	O 107.2ael WX	KJ7IY	WORC
Colton	443.7000	+	O 146.2e	N7PIR	KD6LVP
Cottage Grove	441.6500	+	O 100.0el	K7THO	K7THO
Estacada	440.8500	+	O 107.2l	KD7DEG	KD7DEG
Forest Grove	442.3250	+	O(CA)ez	K7RPT	ARRG
Forrest Grove	442.3500	+	Oe	K7RPT	ARRG
McMinnville	441.8000	+	O 100.0el	KD7CNH	YCARES
Newberg	441.8750	+	O 100.0el	AH6LE	AH6LE
North Plains	442.4000	+	Oel	KE7DC	WA7ZNZ
Portland	440.7000	+	O 100.0	KS7O	KS7O
Sandy	442.7000	+	O 100.0	K7LTA	K7LTA
NORTHEAST					
Hermiston	443.7500	+	O	KA7TUR	KA7TUR
Vale	442.3500	+	O 100.0e	W7PAG	W7PAG
Weston	444.6500	+	Oe	N7DWC	N7DWC
NW OREGON & SW WASHINGTON					
Newberg	442.5250	+	O 107.2el	KR7IS	WORC
Newberg	443.4250	+	O 107.2el	KR7IS	WORC
Timber	441.8350	+	O 107.2aels WX	KJ7IY	WORC
PORTLAND METRO					
Aloha	443.0250	+	O(CA)	WN7VHF	WN7VHF
Aloha	443.3500	+	O 156.7	NM7B	NM7B
Beaver Creek	442.6750	+	O	AH6LE	AH6LE
Beaverton	444.8500	+	O 123.0e	WA7HAA	PSTVHOSP
Forrest Grove	442.8750	+	O 107.2aels WX	KJ7IY	WORC
Gresham	442.6250	+	O	WB7SKD	IRRA
Gresham	444.3750	+	●	K7KL	K7KL
Hillsboro	444.9750	+	O 107.2e	K7CPU	IEARS
North Plains	442.8250	+	107.2e	NA7A	KA7A
Oregon City	440.0500	+	Oe	WB7QFD	HCARC
Oregon City	442.0750	+	O 103.5e	KD7LNB	OC RACES
Portland	440.0250	+	O 136.5	WB2QHS	WB2QHS
Portland	440.3000	+	Oe	KC7MZM	KC7MZM
Portland	440.4000	+	O 123.0e	W7RAT	W7RAT
Portland	440.4500	+	O 103.5el	N7PIR	Node 3420
Portland	440.6250	+	O	KB7WIQ	KB7WIQ

OREGON-PENNSYLVANIA

Location	Output	Input	Notes	Call	Sponsor
Portland	441.2250	+	O 100.0e	K7TQS	TQSARC
Portland	441.3500	+	O 100.0ael	W7EXH	W7EXH
Portland	442.2250	+	O(CA)ez	K7RPT	ARRG
Portland	443.1500	+	O 107.2aels WX	KJ7IY	WORC
Portland	443.2250	+	O 107.2e	WA7HAA	PPMC
Portland	443.4750	+	O 167.9e	WB7QIW	HARC
Portland	443.6250	+	O	W7DTV	Digital TV
Portland	443.7750	+	O	K7RUN	K7RUN
Portland	444.0000	+	O	K0HSU	HEART
Portland	444.2750	+	O 118.8 (CA)	WA7PCG	WA7PCG
Portland	449.1750	–	O	W7VNS	W7VNS
Sandy	443.2500	+	Oel	W7RY	W7RY
Scappoose	442.6000	+	O 118.8	KD7FCA	KD7FCA
Scholls	441.1500	+	Ol	KB7PSM	IRRA
Scholls	442.1500	+	O	KB7PSM	IRRA
Timberline	444.2250	+	Oez	K7RPT	ARRG
Wilsonville	444.9000	+	O 100.0e	KD7OFU	WARES

SOUTH CENTRAL

Location	Output	Input	Notes	Call	Sponsor
Cave Junction	442.8250	+	O 203.5e	K7TVL	K7TVL
Klamath Falls	443.4500	+	O 173.8e	KA7BTV	KA7BTV
Klamath Falls	443.9000	+	O(CA)elz	KE7CSD	KBRA
Rogue River	440.8500	+	O 100.0e	K7TVL	K7TVL
Volk Creek	444.5000	+	O 186.2e	K7TVL	K7TVL

SOUTH WILLAMETTE VALLEY

Location	Output	Input	Notes	Call	Sponsor
Blue River	442.0750	442.0750	O 100.0ael	W7EXH	W7EXH
Eugene	442.1250	+	O 100.0e	K7THO	K7THO
Eugene	442.9000	+	Oe	W7EXH	W7EXH
Eugene	443.5000	+	O 100.0e	W7EXH	W7EXH
Roseburg	441.8500	+	O 173.8e	K7TVL	K7TVL
Saginaw	440.1000	+	Ol	W7EXH	W7EXH

SOUTHWEST

Location	Output	Input	Notes	Call	Sponsor
Ashland	440.7000	+	O 162.2e	WX7MFR	WX7MFR
Central Point	440.8250	+	O 136.5	WA6RHK	WA6RHK
Central Point	444.1000	+	Ol	W9PCI	W9PCI
Crescent	443.3750	+	O 100.0el	K7TVL	K7TVL
Grants Pass	444.9750	+	O	K7TVL	RVLA
Jacksonville	444.2000	+	O	W9PCI	W9PCI
Jacksonville	444.3000	+	Oael	W9PCI	W9PCI
Rogue River	444.8250	+	O 100.0e	K7TVL	RVLA

SOUTHWEST WASHINGTON

Location	Output	Input	Notes	Call	Sponsor
Yacolt Wa	440.3250	+	O	W7RY	W7RY

STATEWIDE

Location	Output	Input	Notes	Call	Sponsor
Statewide	442.0000	+	Oters	TEST	ORRC

PENNSYLVANIA

FREQUENCY USAGE - WPA SECTION

Location	Output	Input			Sponsor
Mobile Repeaters	446.4000	446.4000			CROSS-BAND
Mobile Repeaters	446.4250	446.4250			CROSS-BAND
Mobile Repeaters	446.4500	446.4500			CROSS-BAND
Mobile Repeaters	446.4750	446.4750			CROSS-BAND
Mobile Repeaters	446.5000	446.5000			CROSS-BAND
Mobile Repeaters	446.5250	446.5250			CROSS-BAND
Mobile Repeaters	446.5500	446.5500			CROSS-BAND
Mobile Repeaters	446.5750	446.5750			CROSS-BAND
Mobile Repeaters	446.6000	446.6000			CROSS-BAND

494 420-450 MHz
PENNSYLVANIA

Location	Output	Input	Notes	Call	Sponsor
Wpa Snp	442.0000	+		SNP	
ADAMS					
BigFlatSoMt	443.0500	+	Ot	W3BD	KRAP
ALTOONA 123.0					
Altoona	442.1000	+		NU3T	BKRA
Altoona	444.6000	+	O 123.0ae	W3VO	HARC
Carrolltown	443.5250	+	107.2l	KB3BLF	CCDES
BEAVER 131.8					
Beaver	442.4500	+	ael	KA3IRT	KA3IRT
Beaver Falls	442.9750	+	100.0	W3SGJ	B.V.A.R.A.
Beaver Falls	443.0750	+	O	KA3RFA	KA3RFA
Freedom	444.2500	+	O	N3TN	TAARA
Rochester	443.8250	+	O	KA3RFA	KA3RFA
BERKS					
Earlville	443.5500	+	O 131.8e	K3ZMC	PART
Pottstown	442.7500	+	O 141.3e	KI3I	------------
Reading	444.3500	+	O 114.8a	K3TI	DDXA
Reading	448.7250	–	O 146.2 (CA) ers	K3UIP	BARS
Reading	449.6250	–	O 114.8el	K3CX	------------
Texter Mt	449.0750	–	O 131.8e	N3SWH	SPARK
BRADFORD					
Sylvania	442.9000	+	O 131.8 (CA) elRB	N3KZ	UPenn ARC
Towanda	444.2500	+	O 151.4e	WA3GGS	------------
Troy	444.0500	+	O 100.0 (CA) LITZ WX	KB3DOL	------------
BUCKS					
Bensalem	444.2000	+	O 131.8 (CA) lrsRB WX	W3BXW	BEARS
Fairless Hills	447.1250	–	O(CA) DCSlr SRB WX	WA3BXW	BEARS
Feasterville	443.3000	+	O 131.8l	K3ZFD	------------
Morrisville	447.4750	–	O 103.5el	WR3B	NERA
Plumstead	449.7250	–	O 136.5ers	KW3P	------------
Plumsteadville	447.9750	–	O 131.8 (CA) e	KB3AJF	------------
Quakertown	443.2000	+	O 114.8 (CA) e	WA3KEY	BLURA
Quakertown	444.7500	+	Ot(CA)erRB	N3BKN	------------
Southampton	448.2250	–	O 131.8rs	W3SK	PWA
Springtown	442.9500	+	O 131.8 (CA) elrsRB WX	W3BXW	BEARS
Warminster	443.9500	+	O 131.8 (CA) ers	K3DN	WARC
CARBON					
Lake Harmony	442.1000	+	O 127.3 (CA) elRB	N3KZ	UPenn ARC
Nesquehoning	447.6250	–	O 103.5 (CA)	N3REA	------------
Palmerton	449.3750	–	O 151.4 (CA) l	N3ZVR	------------
White Bear	449.4750	–	O 103.5a	AA3TL	------------
CENTRAL 173.8/123.0					
Reedsville	443.5500	+	O(CA)	KA3ANJ	JMRA
Ridgway	442.2000	+	O	N3NIA	ElkOES
Rossiter	444.5750	+		N3FXN	N3FXN

420-450 MHz   495
PENNSYLVANIA

Location	Output	Input	Notes	Call	Sponsor
State College	442.3000	+	O(CA)l	N3KZ	WN3A
State College	443.6500	+	O(CA)e	K3CR	PSARC
State College	444.7000	+	O	N3EB	N3EB
CHESTER					
Bucktown	446.1750	−	O 100.0aelr sLITZ WX	W3EOC	CCAR
Cochranville	449.6750	−	O 94.8 (CA) RB	WB3LGG	------------
Honeybrook	447.1250	−	O 131.8 (CA) elrsRB WX	W3BXW	BEARS
New London	448.9750	−	O 107.2	KB3DRX	------------
Oxford	444.2500	+	O 100.0ae WX	W3SWR	------------
Oxford	448.8750	−	O 100.0aelr sWX	W3EOC	CCAR
Paoli	445.6750	−	O 131.8 (CA) l	WB3JOE	MARC
Parkesburg	442.0000	+	O 94.8aelrs RB	KJ6AL	------------
Thorndale	447.0750	−	O 123.0 (CA)	AA3VI	------------
Valley Forge	443.8000	+	O 131.8 (CA) elRB	N3KZ	UPenn ARC
Valley Forge	443.9000	+	O	W3PHL	PARA Group
West Chester	446.5250	−	O 100.0aers	W3EOC	CCAR
CUMBERLAND					
Mechanicsburg	443.3000	+	O 67.0ers	N3TWT	SMRA
Summerdale	442.2000	+	O 131.8 (CA) lRB	N3KZ	UPenn ARC
Waggoners Gap	447.7750	−	O 118.8 (CA) e	N3NBA	------------
DAUPHIN					
Harrisburg	444.4500	+	O 123.0 (CA) r	W3ND	CPRA Inc
Harrisburg	448.0750	−	O 123.0er	W3ND	CPRA Inc.
Hershey	449.9250	−	O 123.0eWX	KA3RMP	------------
DELAWARE					
Broomall	444.7000	+	O 131.8 (CA) elRB	KM3W	CHI/RAILS
Chester	443.0500	+	O 156.7 (CA) elrRB LITZ WX	W3PS	METRO-COMM
Chester	448.9250	−	O 131.8 (CA) l	KM3W	------------
Darby	444.0500	+	O 131.8 (CA) elsRB	W3UER	DCARA
Lima	447.3750	−	O 100.0elrs WX	W3AEC	DelcoARES
Media	443.6500	+	Oa	W3AWA	Mobl 6ers
Newtown Square	442.2500	+	O 131.8 (CA) l	K3MN	M-N ARC
Newtown Square	442.6000	+	O 131.8 (CA) l	N3EJU	WA3NNA
ERIE 186.2					
Cherry Hill	444.9250	+	O	WA3USH	WA3USH
Corry	444.8000	+	ar	W3YXE	RACorry
Erie	444.5000	+	O	KA3MJN	KA3MJN
Erie	444.8750	+	O 127.3aers	W3GV	RAE

420-450 MHz
PENNSYLVANIA

Location	Output	Input	Notes	Call	Sponsor
Meadville	444.0750	+	o	W3MIE	C.A.R.S.
Union City	443.5000	+	o	N3UBZ	N3UBZ
JOHNSTOWN 123.0					
Johnstown	442.8250	+	110.9l	KB3BLF	CCDES
LACKAWANNA					
Scranton	444.4000	+	o 127.3el LITZ	KB3BIU	BgmU RS
Scranton	448.8250	–	o 136.5ar WX	N3EVW	------------
LANCASTER					
Cornwall	449.0250	–	o 162.2	W3AD	LRTS
Ephrata	444.6500	+	o 131.8 (CA) eBl	K3RZF	EphrataARS
Holtwood	448.6250	–	o 114.8elRB	N3TPL	------------
Kirkwood	444.6000	+	o 141.3	N3EZI	------------
Lancaster	449.2250	–	o 131.8e	KA3CNT	R.H.R.A.
Lancaster	449.3250	–	o 173.8ael	KA3CNT	R.H.R. Assoc
Lancaster	449.4750	–	o 103.5	AA3DH	------------
Lancaster	449.5750	–	o 118.8	KB3BVL	R.R.R.A.
Manheim	443.2500	+	o 114.8aers WX	K3IR	SPARC Inc.
Manheim	449.9750	–	o 114.8aers WX	K3IR	SPARC Inc.
Quarryville	448.1750	–	o 94.8	N3EIO	KC3LE
LEBANON					
Eagles Peak	442.4000	+	o 131.8 (CA) lRB	N3KZ	UPenn ARC
Grantville	448.2250	–	o 192.8e	AA3RG	A.A.R.G.
Lebanon	447.6750	–	o 192.8ers RB	N3RM	LVSRA
Schaefferstown	448.9250	–	o 146.2e	N3JOZ	------------
LEHIGH					
Allentown	443.3500	+	o 100.0eRB	N3IZG	------------
Allentown	443.5000	+	o 156.7 (CA) e	N3HES	------------
Allentown	444.1000	+	o 151.4ers	KA3NRJ	KeystoneRG
Allentown	444.1500	+	o 131.8 (CA) elRB	N3KZ	UPenn ARC
Allentown	448.7750	–	o 131.8eRB	N3MFT	------------
Center Valley	444.3000	+	o 179.9a	W3LR	NLCRA
Coopersburg	443.5900	+	o 151.4e	W3LR	------------
Coopersburg	449.2750	–	o 151.4l	W3LR	NLCRA
Ironton	449.8750	–	o 131.8	KA3ZAT	------------
Slatington	447.7250	–	o 131.8 (CA) elrsRB WX	W3BXW	BEARS
LUZERNE					
Berwick	447.9250	–	o 74.4	N3OAP	BARS
Dallas	449.2750	–	o 151.4	W3LR	------------
Hazleton	449.4250	–	o 103.5eRB	KD3JZ	A.R.A.
Nanticoke	442.5500	+	o 100.0ae	N3FCK	------------
Wilkes-Barre	442.2000	+	o 131.8 (CA) lRB	N3KZ	UPenn ARC
Wilkes-Barre	443.4000	+	o 77.0 (CA)e l	WX3N	------------
Wilkes-Barre	444.5000	+	o 88.5e	N3RLC	------------
Wilkes-Barre	449.8250	–	o 82.5elrs WX	WB3FKQ	------------

420-450 MHz 497
PENNSYLVANIA

Location	Output	Input	Notes	Call	Sponsor
LYCOMING					
Montoursville	443.5000	+	● 167.9ers WX	KB3DXU	LycCoEMA
Williamsport	443.0500	+	O 167.9 (CA)e	N3SSL	------------
Williamsport	443.2000	+	O 77.0 (CA)el	WX3N	------------
Williamsport	444.0000	+	O	W3AVK	WestBranch
MONROE					
Camelback Mtn	442.5000	+	O 131.8 (CA) lRB	N3KZ	UPenn ARC
Camelback Mtn	444.4500	+	O 131.8 (CA) elrsRB WX	W3BXW	BEARS
Long Pond	448.2750	–	O 131.8 (CA) e	N3BUB	------------
Long Pond	448.4750	–	O 123.0el LITZ	N3VAE	------------
Pohopoco Mtn	445.3750	–	O 131.8elWX	N3DZM	------------
Wooddale	448.3750	–	O 91.5 (CA)e	N3JNZ	------------
MONTGOMERY					
Blue Bell	447.0250	–	O 131.8e	KB3BKH	U.A.R.C.
Eagleville	449.9250	–	O 151.4	K3CX	------------
Green Lane	449.1250	–	O 88.5ers	N3ACL	Montco OEP
Horsham	444.5500	+	O 100.0	WA3TSW	------------
Meadowbrook	443.1500	+	O 131.8 (CA) elWX	WA3UTI	HRH-ARC
Norristown	448.6750	–	O 131.8 (CA)	N3CB	------------
UpperPotsgrove	445.8250	–	O 156.7ael RB LITZ WX	W3PS	METRO-COMM
Willow Grove	443.2500	+	O 131.8 (CA) r	N3EMY	T.A.G.
Wyndmoor	449.3250	–	O 103.5	K3GAC	GAC ARC
NORTH CENTRAL 173.8					
Clearfield	444.6250	+	O	K3EDD	K3EDD
Coudersport	443.3000	+	O	KB3EAR	KB3EAR
Sheffield	444.4750	+	O	W3GFD	W3GFD
Sigel	443.2750	+	Oe	N3GPM	N3GPM
St Marys	443.6750	+	O	WA8RZR	------------
NORTHAMPTON					
Bangor	447.2250	–	O 131.8 (CA) elLITZ	N3TXG	------------
Little Offset	448.5250	–	O 131.8e	KA2QEP	------------
Nazareth	443.4500	+	O 127.3	KB3KKZ	------------
Northampton	444.9000	+	O 151.4e	W3OK	DLARC
Wind Gap	443.7000	+	O 151.4el	KA3HJW	K3LZ
Wind Gap	447.5750	–	O 131.8 (CA) elrsRB WX	W3BXW	BEARS
NORTHWEST 186.2					
Clarion	442.6500	+		KE3EI	KE3EI
Clarion	444.3250	+	Oa	N3HZX	------------
Clarion	444.4250	+	Oel	N2EVA	N2EVA
Greenville	443.4250	+	O	KE3JP	KE3JP
Oil City	444.1250	+	Oe	W3ZIC	FVMKC
Tionesta	442.4000	+	Oe	KE3EI	KE3EI
Utica	442.6000	+	O	KE3JP	KE3JP
Vowinkel	443.3750	+	O	N3GPM	N3GPM

498 420-450 MHz
PENNSYLVANIA

Location	Output	Input	Notes	Call	Sponsor
Warren	443.9000	+	o	N3DDY	------------
Waterford	443.9500	+	100.0el	KF8YF	KF8YF
PERRY					
Newport	444.5500	+	o 156.7 (CA) ers	N3CMY	------------
PHILADELPHIA					
Center City	443.1000	+	o 131.8eBl	K3QFP	CCRG
Philadelphia	440.1500	+	o 151.4el	K3CX	------------
Philadelphia	442.4000	+	o 131.8 (CA) lRB	N3KZ	UPenn ARC
Philadelphia	442.5500	+	o 91.5e	W3SBE	SBE Ch. 18
Philadelphia	442.8000	+	o 131.8 (CA) elRB	K3TU	TUARC
Philadelphia	446.8750	–	o 131.8e	KD3WT	OARA
Philadelphia	447.6250	–	o 103.5l	N3TSZ	NERA
Philadelphia	449.7750	–	o 141.3 RB	WBØCPR	------------
Roxborough	444.8000	+	o 186.2 (CA) el	W3QV	Phil-Mont
PIKE					
Bushkill	449.7750	–	o 156.7 (CA) l	KC2UFO	Skywatchers
Greentown	444.6500	+	o 114.8 (CA)	WA2AHF	------------
Lake Wallenpaupack	442.3500	+	●tl	WA2ZPX	------------
PITTSBURGH 131.8					
Apollo	444.9000	+	o 131.8aerxz	N1RS	SARA
Apollo	444.9250	+	o 131.8elr	N1RS	SARA
Bridgeville	442.5000	+	o(CA)z	KS3R	SHARC
Canonsburg	443.6500	+	o 131.8el	N3FB	N3FB
Carnegie	444.4500	+	o 103.5e	W3KWH	SCARC
Clinton	443.0000	+	●tE-WIND	K3KEM	K3KEM
Clinton	444.8500	+	o 131.8 E-WINDl	K3KEM	K3KEM
Coraopolis	444.1500	+	oalx	KA3IRT	KA3IRT
Gibsonia	443.6250	+	o	KA3RFA	KA3RFA
Monroeville	444.0000	+	oe	K3CFY	Dot0RG
Mt Lebanon	442.5500	+	131.8	W3SRL	WA3SH
Murrysville	443.5000	+	o	W3GKE	W3GKE
N Huntingdon	444.7750	+	ol	K3CFY	K3CFY
New Kensington	442.8000	+	o 131.8elr	N1RS	SARA
New Kensington	442.8000	29.5800	o 141.3elr	N1RS	SARA
Pgh/Carrick	444.9500	+	oaelz	W3PGH	GPVHFS
Pgh/Downtown	442.6250	+	otal	K3DUQ	DUARC
Pgh/Hazelwood	443.1000	+	o	WA3PBD	GtwyFM
Pgh/Hazelwood	444.0500	+	o	KA3IDK	------------
Pgh/Homestead	444.1000	+	oaex	KB3CNN	GtwyFM
Pgh/N Hills	444.4000	+	o 88.5 (CA)r	W3EXW	NHARC
Pgh/Oakland	443.4500	+	100.0 (CA)e	W3YJ	U of Pitt
Pgh/Oakland	443.5500	+	o(CA)	WA3YOA	NHARC
Pgh/Oakland	444.3500	+	o 88.5	W2XO	W2XO
Pgh/Oakland	444.6500	+	o(CA)e	W3VC	CMUARC
Pgh/W Mifflin	444.5000	+	oae	KA3IDK	KA3IDK
Pgh/W Mifflin	444.5250	+	oae	KA3IDK	GtwyFM
Pgh/W Mifflin	444.5500	+	o	KA3IDK	------------
SCHUYLKILL					
Pottsville	443.0000	+	o 77.0 (CA)e l	WX3N	------------

420-450 MHz 499
PENNSYLVANIA

Location	Output	Input	Notes	Call	Sponsor
Snyders	447.1750	–	O 131.8 (CA) elsRB WX	W3BXW	BEARS
SOMERSET 123.0					
Central City	443.5750	+	Ot	KE3UC	W3KKC
Meyersdale	442.2000	+	O 131.8 (CA) l	N3KZ	------------
Meyersdale	444.3750	+	O 107.2l	W3KKC	NET.ENG.
Mt Davis	443.7250	+	O 103.5lrz	WA3P	SMST-EMA
Seven Springs	443.9250	+	O 123.0lrz	KB9WCX	SMST-EMA
Somerset	443.2500	+		K3SMT	SCARC
Somerset	443.9500	+	O 88.5 (CA)lrz	N3VFG	SMST-EMA
SOUTH CENTRAL 123.0					
Bedford	444.2000	+	O	K3NQT	BCARS
Chambersburg	443.7000	+	O 131.8 (CA) elx	N3KZ	UofPA ARC
Huntingdon	442.6000	+		WO3T	WO3T
SOUTHWEST 131.8					
Bentleyville	443.8000	+	O(CA)e	KA3GIR	MARC
Cherry Valley	442.3250	+		KC8PHW	KC8PHW
Connellsville	444.8250	+	O 151.4 TTl	N3LGY	SWPDA
Derry	442.2750	+	O 131.8r	KE3PO	KE3PO
E Monongahela	442.4250	+	O(CA)	W3CSL	MARC
E Monongahela	443.3500	+	O(CA)l	W3CDU	MARC
Georgeville	442.8500	+	O	KB3CNS	KA3SXQ
Hopwood	443.7500	+	O	W3PIE	UARC
Indiana	444.9750	+	O	W3BMD	ICARC
Laurel Mtn	442.3750	+	Ot(CA)elx	KA3JSD	KA3JSD
Long Branch	443.1250	+	O(CA)e	W3RON	W3RON
Monongahela	443.6000	+	O(CA)	KA3TRT	S.W.Y.A.N.
Mt Pleasant	444.8750	+	O(CA)l	KA3JSD	KA3JSD
New Stanton	442.5750	+	Ot(CA)	N3HOM	N3HOM
Punxsutawney	443.4750	+	O	N5NWC	N5NWC
Washington	442.1250	+	O 131.8	N3WMV	N3WMV
Washington	443.3000	+	O	W3CYO	W3CYO
West Newton	442.7000	+	O(CA)elp	N3OVP	N3OVP
SULLIVAN					
Laporte	446.9250	–	O 82.5 (CA)e lrsRB LITZ WX	W3NOD	SCDES
Laporte	449.9250	–	O 82.5 (CA)e lrsRB LITZ WX	W3NOD	SCDES
SUSQUEHANNA					
Elk Mountain	440.1000	+	O 131.8 (CA) el	N3KZ	UPenn ARC
Elk Mountain	447.3750	–	O 131.8 (CA) elsLITZ WX	N3HPY	B&B
TIOGA					
Jackson Summit	443.1000	+	O 127.3 (CA) e	N3FE	------------
Wellsboro	447.3250	–	O 103.5 (CA) eRB	KB3EAR	N.T.R.S.
WAYNE					
Waymart	448.8750	–	O 146.2aers WX	WB3KGD	------------
WEST CENTRAL 131.8/186.2					
Brookville	444.2750	+	elr	N3GPM	JCEMARS

420-450 MHz
PENNSYLVANIA-PUERTO RICO

Location	Output	Input	Notes	Call	Sponsor
Butler	442.3000	+	O r	KA3HUK	KA3HUK
Butler	443.3250	+	O	KV3N	KV3N
Butler	443.9000	+	O aer	N3LEZ	BCEMA
Cowansville	444.3000	+	O 131.8elrx	N1RS	SARA
Evans City	442.6750	+	O ar	N3XCD	N3XCD
Ford City	443.9750	+	O	K3TTK	FAWA
Mars	443.7000	+	O r	K3SAL	K3SAL
N Washington	442.9000	+	O(CA)er	K3PGS	MRG
New Bethlehem	442.7250	+		N3TNA	N3TNA
New Castle	444.0250	+	O	KA3UEX	KA3UEX
New Castle	444.7250	+	O(CA)el	N3ETV	N3ETV
Punxsutawney	442.4750	+	elr	N3GPM	JCEMARS
Saxonburg	443.2000	+		W3SYV	Butler Co
Sharpsville	444.3750	+	O aelz	KB3GRF	KB3GRF
Strattanville	444.2250	+	ar	N3HZV	N3HZV

WYOMING
Location	Output	Input	Notes	Call	Sponsor
Forkston	442.0000	+	O 131.8 (CA) elRB	N3KZ	UPenn ARC

YORK
Location	Output	Input	Notes	Call	Sponsor
Dover	442.7000	+	O 74.4 (CA)e WX	WB3EPJ	S.C.A.B.
Hanover	447.8750	–	O 103.5 (CA) elRB	WA0OJS	------------

PUERTO RICO
CN

Location	Output	Input	Notes	Call	Sponsor
Barranquitas	447.2500	–	O	KP4LP	------------
Barranquitas	447.6500	–	● 127.3e	WP4YF	------------
Barranquitas	449.4250	–	O a(CA)	NP4UG	------------
Barranquitas	449.5750	–	● 100.0ae	KP3JD	------------
Cayey	447.2000	–	O 127.3	WP4MXB	------------
Cayey	449.9750	–	O	KP3AB	------------

CS
Location	Output	Input	Notes	Call	Sponsor
Adjuntas	448.8250	–	O 127.3	WP4NQR	------------
Jayuya	447.0500	–	●	WP4AZT	------------
Jayuya	447.7250	442.7260	O	WP4CBC	------------
Jayuya	447.8000	–	O #	WP4IT	------------
Jayuya	448.1000	–	O	KP3AB	------------
Jayuya	448.5000	–	O	WP4AZT	------------
Jayuya	448.7000	–	O	KP4QY	------------
Jayuya	449.1000	–	O	KP4GBF	------------
Orocovis	447.3250	–	O 136.5	NP4TX	------------
Orocovis	447.5250	–	O 136.5	KP4FRE	------------

E
Location	Output	Input	Notes	Call	Sponsor
Aguas Buenas	447.1750	–	● 136.5	WP4YF	------------
Aguas Buenas	447.2250	–	77.0	KP3BR	------------
Aguas Buenas	449.1250	–	O	KP4PQ	PRARL
Canovanas	447.1000	–	O	WP4CIE	------------
Ceiba	448.5500	–	O	WP4DE	RODE
Fajardo	448.2500	–	O	NP3H	------------
Fajardo	448.7250	–	O	WP4NGX	------------
Gurabo	448.9000	–	O a	WP4WC	------------
Gurabo	449.0000	–	O e	WP4KAG	------------
Juncos	447.4750	–	O	WP4NGX	------------
Luquillo	448.7750	–	O	KP4TN	------------
Luquillo	449.5500	–	O	WP4KER	------------

420-450 MHz
PUERTO RICO-RHODE ISLAND

Location	Output	Input	Notes	Call	Sponsor
Luquillo	449.7500	–	o	KP4TN	------------
Patillas	447.1500	–	o 107.2	KP4KGZ	------------
Rio Grande	447.3750	–	●	KP4SQ	------------
Río Grande	449.5250	–	oe	KP4IP	PRARN
San Lorenzo	447.5500	–	o 100	WP4LTR	------------
Yabucoa	447.6250	–	o 100	KP4MCR	------------
Yabucoa	448.3500	–	o	WP4BV	------------

N

Location	Output	Input	Notes	Call	Sponsor
Bayamón	447.3500	–	o	KP4DH	------------
Bayamon	449.6000	–	o#	KP4ILG	------------
Bayamon	449.6250	–	o#	WP4KMB	------------
Bayamon	449.6500	–	● 67.0a(CA)	KP4KSL	------------
Bayamon	449.6750	–	o	KP4XC	------------
Bayamón	449.9000	–	o	WP4MXY	------------
Camuy	449.2500	–	o 100	WP4DCB	------------
Corozal	447.5000	–	o 94.8	WP4AIX	------------
Corozal	447.7000	–	● 151.4	KP3I	------------
Corozal	448.2250	–	o	WP4F	------------
Corozal	449.2000	–	o	KP3AV	------------
Guaynabo	447.8500	–	o	KP4GA	------------
Hatillo	447.5750	–	o 100	WP3HY	------------
Naranjito	448.1250	–	o	NP4CQ	------------
Naranjito	449.9250	–	o	WP4FUI	------------
San Juan	449.1750	–	oEXP	NP3A	------------
San Juan	449.9500	–	o	N1TKK	------------
Toa Baja	447.2750	–	● 100	WP3TM	------------
Toa Baja	448.0750	–	oe	WP3ZQ	------------
Vega Baja	448.3750	–	o	KP3JD	------------

S

Location	Output	Input	Notes	Call	Sponsor
Ponce	449.2250	–	a	NP3MQ	------------

W

Location	Output	Input	Notes	Call	Sponsor
Aguada	447.7750	–	o	KP4KJU	------------
Aguadilla	447.4250	–	o	WP4KZN	------------
Maricao	448.6500	–	o	KP4IP	------------
Maricao	449.1500	–	o	KP4KJU	------------
Maricao	449.9750	–	o	KP3AB	------------
Mayaguez	448.6000	–	o	KP4IP	------------
Sabana Grande	449.8500	–	o	WP4MJP	------------
San German	448.3250	–	o 100	WP4GAV	------------
San Sebastian	448.2000	–	o	WP4KJI	------------

X

Location	Output	Input	Notes	Call	Sponsor
Temp/Emerg	447.0000	–	o	EMERG.	PR/VI
Temp/Emerg	448.0000	–		EMERG.	PR/VI

RHODE ISLAND
EAST BAY

Location	Output	Input	Notes	Call	Sponsor
Bristol	443.1500	+	o 94.8e	K1CW	K1CW
Little Compton	446.3750	–	o 67 (CA)e	KA1RCI	KA1RCI
			E-SUN E-WIND L(KA1RCI NETWORK)rEXP		
Newport	448.3250	–	o 186.2	KC2GDF	Pmp
			L(N1JBC COVENTRY)		
Portsmouth	447.5250	–	o 88.5e	WA1TAQ	WA1TAQ
			L(QRN)		

NORTHERN

Location	Output	Input	Notes	Call	Sponsor
Coventry	443.6500	+	o 167.9e	N1JL	N1JL
			E-SUN		

420-450 MHz
RHODE ISLAND-SOUTH CAROLINA

Location	Output	Input	Notes	Call	Sponsor
Coventry	444.9500	+	O 88.5 (CA)e	W1VET	W1VET
Coventry	448.5250	–	O 88.5eEXP	N1MIW	N1MIW
Cranston	448.9250	–	O 127.3e	K1CR	K1CR
East Providence	441.7500	+	O 192.8e	W1AQ	ARASNE
Johnston	447.0250	–	O 77e L(I5920) WX	N1JBC	N1JBC
Johnston	449.3250	–	O 127.3 (CA) eL(KA1RCI)x	KA1RCI	KA1RCI
Lincoln	444.5000	+	O 67 (CA)e L(KA1RCI NETWORK) EXP	KA1RCI	KA1RCI
Lincoln	447.7750	–	O(CA)e L(KA1RCI)	KA1RCI	KA1RCI
North Providence	449.2250	–	O 88.5 (CA)e L(QRN)rs	N1JBC	N1JBC
Providence	441.3500	+	O 103.5 (CA) eL(KA1RCI)x	KA1RCI	KA1RCI
Scituate	444.8500	+	O 192.8 EXP	KD1TS	KD1TS
Scituate	447.4250	–	OeL(443.85)s	K1KYI	RI AFMRS
SOUTH COUNTY					
Charlestown	447.1250	–	O 82.5 L(KB1NTE)s	W1JPZ	W1JPZ
Exeter	443.8500	+	O 141.3 L(447.425)x	AA1PL	RIAFMRS
West Greenwich	448.4250	–	O 103.5 DCS(244)eL(WESTBORO MA 448.775)x	W1WNS	ATT
Westerly	449.6750	–	O 127.3	N1LMA	N1lma
SOUTH CAROLINA					
	443.0000	+	123.0els	KG4JIA	KG4JIA
Aiken	443.4000	+	O 107.2e	AC4WW	AC4WW
Augusta	444.9500	+	162.2esWX	W4DV	W4DV
Barnwell	449.2500	–	156.7e	KK4BQ	KK4BQ
Beaufort	443.8500	+	123.0elrsWX	W4IAR	W4IAR
Bishopville	444.5000	+	123.0e	K4NOC	K4NOC
Bluffton	442.6750	+	O 100.0e	WA4MPZ	WA4MPZ
Calhoun Falls	444.5750	+	103.5	KI4CCZ	KI4CCZ
Ceasers Head	443.1250	+	123.0l	K4ECG	KEECG
Charleston	441.5750	446.6750	123.0lrsWX	W4HRS	WA4HVP
Charleston	441.7250	+	91.5lrsWX	W4HRS	WA4HVP
Charleston	442.1500	+	123.0lrsWX	W4HRS	N4SJW
Charleston	444.3000	+	Oae	N4MNH	N4MNH
Charleston	444.7250	+	123.0lrsWX	W4HRS	WA4HVP
Charleston	444.7750	+	123.0lrsWX	W4HRS	WA4HVP
Charleston	444.9500	+	O 103.5el	KD4PBC	KD4PBC
Cheraw	443.0000	+	O 123.0e	AG4GW	AG4GW
Clemson Univ	444.6250	+	O 156.7e	WD4EOG	CLEMSON AR
Clover	443.7250	+	127.3er	KC4KPJ	KC4KPJ
Columbia	441.7250	+	123.0lrsRB WX	W4HRS	WA4HVP
Columbia	442.2000	+	82.5elRB	N7GZT	N7GZT
Conway	441.6750	+	162.2lrsRB WX	W4HRS	WA4HVP
Cowpens	443.6250	+	O 136.5ae	KE4EAN	KE4EAN
Dillon/Pee Dee	443.9750	+	123.0e	K4SHP	K4SHP

420-450 MHz 503
SOUTH CAROLINA

Location	Output	Input	Notes	Call	Sponsor
Easley/Sas Mtn	444.9250	+	O 103.5 (CA)e	AC4RZ	AC4RZ
Florence	441.5750	+	91.5lrsRB WX	W4HRS	WA4HVP
Florence	442.0500	+	123.0elWX	W4APE	W4EOZ
Florence	444.0000	+	O#e	W4ULH	FLORENCE A
Fort Mill	443.4750	+	Oae	WZ4SC	SUGAR CREE
Gaffney	441.8750	+	O 123.0	KF4BJO	KF4BJO
Gaffney	444.9000	+	123.0el	KU4ZS	KU4ZS
Georgetown	444.9250	+	123.0eWX	NE4SC	K4SHP
Greeleyville	441.5250	+	123.0el	KG4AQH	KG4AQH
Greeleyville	444.7500	+	127.3	KG4AQH	KG4AQH
Greenville	441.6750	+	91.5lrsRB WX	W4HRS	WA4HVP
Greenville	442.2500	+	O(CA)eRB	KB4PQA	KB4PQA
Greenwood	443.9000	+	O 107.2	W4GWD	GREENWOOD
Grnvle/Glassy	442.1750	+	O 123.0l	KU4ZS	KU4ZS
Grnvle/Paris M	443.3500	+	O(CA)	W4IQQ	GREER ARC
Hickory Tavern	443.4500	+	O 162.2l	AC4RZ	AC4RZ
Hilton Head	444.3500	+	123.0elrs	W4IAR	W4IAR
Holly Hill	444.8250	+	O 103.5e	K4ILT	K4ILT
Inman/Lyman	442.3250	+	123	N4ULE	N4ULE
Iva	443.2500	+	123.0lrs	AI4JE	AI4JE
Knightsville	441.3500	+		WA4USN	WA4USN
Lake Murray	444.6500	+	te	N4UHF	N4UHF
Lake Wylie	444.0500	+	O 136.5el	KQ1E	KQ1E
Lancaster	444.1000	+	192.8	W4PAX	LANCASTER
Laurens	443.1750	+	O 146.2e	KD4HLH	KD4HLH
Laurens	443.7750	+	O 141.3e	KF4Y	KB4YF
Leesville	443.5000	+	162.2el	N5CWH	NARC
Level Land	442.7500	+	162.2e	KD4HEY	KD4HEY
Lexington	421.2500	439.2500	O	N4GUP	N4GUP
Lexington	444.2000	+	O 136.6aers	N7GZT	N7GZT
Liberty	443.9750	+	O 103.5	N4VDE	K4TWE
Mountain Rest	442.7500	+	O 127.3 (CA)e	AE4PZ	AE4PZ
Mt Pleasant	441.4500	+		WA4USN	WA4USN
Mt Pleasant	443.8000	+	O 123.0ers	W4HNK	W4HNK
Myr Bch/Conway	444.6750	+	O 85.4ae	W4GS	GSARC (GRA
Myr Beach/Ayno	444.9000	+	O 123.0el	NE4SC	K4SHP
Myrtle Beach	442.1000	+	123.0aelWX	K4SHP	K4SHP
Myrtle Beach	444.9750	+	123.0e	NE4SC	K4SHP
Newberry	442.4250	+	O 91.5	WD4CWY	WD4CWY
Nichols/MTL B	441.7750	+	123.0e	K4SHP	K4SHP
No Charleston	444.6000	+	Oae	KT4YW	KC4OOZ
North Augusta	444.8000	+	teWX	KE4RAP	KE4RAP
Orangeburg	441.7500	+	123.0lrsRB WX	W4HRS	WA4HVP
Orangeburg	442.7750	+	tel	N7GZT	N7GZT
Orangeburg	444.9750	+	Oae	AD4U	EARS (EDIS
Pacolet	441.9000	+	O 100.0	AG4VT	AG4VT
Palmetto	444.8000	+	210.7e	KB4RRC	KO4L
Pelzer	442.9250	+	162.2	AC4RZ	AC4RZ
Pickens	442.1250	+	O	WT4F	WT4F
Pickens/Csrs H	442.4000	+	O 127.3e	WR4XM	PICKENS CO
Rock Hill	444.7250	+	127.3er	KC4KPJ	WC4ABD

420-450 MHz
SOUTH CAROLINA-TENNESSEE

Location	Output	Input	Notes	Call	Sponsor
Simpsonville	442.7250	+	O 100.0 (CA)e	AA4LB	AA4LB
Six Mile	441.8750	+	O 123.0e	WB4TWX	WB4TWX
Summerville	442.3000	+	OteRB	KC4ED	KC4OOZ
Sumter	421.2500	439.2500	O	WZ4O	WZ4O
Sumter	444.1500	+	O 123.0ez	W4GL	SARA
Sumter	444.4000	+	123.0ae	K2JLB	K2JLB
Union	442.1000	+		K4USC	K4USC
Walterboro	441.6750	+	123.0lrsRBWX	W4HRS	WA4HVP
Walterboro	444.5500	+	123.0l	KG4BZN	KG4BZN
Waltersboro	444.8500	448.8500	123.0lrswX	W4HRS	WA4HVP
Whitesone	442.0750	+	103.5e	K4II	K4JLA

SOUTH DAKOTA
FREQUENCY USAGE

Location	Output	Input	Notes	Call	Sponsor
Statewide	443.3250	+		SNP	
Statewide	443.7000	+		SNP	
CENTRAL					
Huron	443.8500	+		W0NOZ	Huron ARC
Mitchell	444.8250	+	O 82.5a L(SDLINK 146.2) RB	N0LCL	N0LCL
EAST					
Madison SD	440.1750	+	131.8#	KB0MRG	KB0MRG
EAST CENTRAL					
Brookings	444.0500	+	O	N0VEK	N0VEK
Brookings	444.3000	+	136.5/136.5#	W0BXO	N0VEK
Brookings	444.7000	+	O 103.5	KG0XM	KG0XM
NORTH CENTRAL					
Bath	443.4000	+	O	WB0JZZ	HubCtyARC
NORTHEAST					
Clear Lake	444.9500	+	O 146.2	W0GC	DCARC
Watertown	444.5500	+	O 82.5	K0TY	K0TY
SOUTHEAST					
Sioux Falls	442.0000	+	L(442.600)	K9VKG	K9VKG
Sioux Falls	444.0000	+	123.00 L(445.625)	K9VKG	K9VKG
Sioux Falls	444.2000	+	O 82.5a	W0ZWY	SEARC
Sioux Falls	444.9000	+	#	KD0ZP	KD0ZP-KB0BB
Tea	444.1000	+	146.2	N0RGA	N0RGA
Yankton	444.4500	+	O 146.2l	W0OJY	PD ARC
Yankton	444.7000	+	O 146.2	N0VC	N0VC
WEST CENTRAL					
Lead	444.8000	+	O 146.2	WB6GHA	WB6GHA
Rapid City	444.5750	+	146.2 RB	W0BLK	BlkHills ARC
Rapid City	444.7500	+	O 146.2 L(SDLINK)	W0BLK	W0BLK
Rapid City	444.8250	+	O 146.2	W0BLK	NQ0F
Terry Peak {Lead}	444.9750	+	146.2	KC0BXH	No.Hills ARC

TENNESSEE

Location	Output	Input	Notes	Call	Sponsor
Alamo	443.7500	+	Oelsx	K4WWV	STARNET
Algood	444.4250	+	O 91.5elRBWX	N2BR	N2BR
Arlington	442.7750	+	O 107.2e	N4GMT	N4GMT

420-450 MHz — TENNESSEE

Location	Output	Input	Notes	Call	Sponsor
Arnold AFB	443.9500	+	O 107.2es	N4HAP	WARC
Athens	442.2750	+	141.3e	KG4FZR	MCMINN CO
Bartlett	444.2500	+	O	WA4PAJ	------------
Bluff City	442.2000	+	O 100.0	KE4CCB	KE4CCB
Bluff City	444.5000	+	O 77.0e	KE4CCB	KE4CCB
Brick Church	443.1000	+	O 167.9eRB	KF4TNP	KF4TNP
Brownsville	444.5250	+	O 107.2aer WX	KI4BXI	KI4BXI
Brunswick	443.7000	+	O 107.2	KF4BB	BELLEVUE B
Castalian Spri	442.7500	+	O 123.0	KE4SWV	KE4SWV
Centerville	443.7000	+	O 123.0	N4XW	N4XW
Centerville	444.7000	+	O 107.2rs WX	N4XW	N4XW
Chat/Mntlake M	444.8750	+	O 156.7 (CA) e	N4WT	N4WT
Chat/Walden	442.4250	+	O(CA)eRB	W4YI	W4YI
Chatt/East Rid	444.9000	+	88.5 (CA)e RB	W4YI	W4TI
Chatt/Hixson	442.9000	+	Ol	N4WT	N4WT
Chattanooga	442.1500	+	OaelRBz	WJ9J	ANDREW S.
Chattanooga	443.1250	+	Or	KT4OL	KT4OL
Chattanooga	443.1250	+		KT4OL	KT4OL
Chattanooga	443.5500	+	e	WB4LRD	KA4WFB
Chattanooga	443.9000	+	Ot(CA)e	N4AFB	KA4WFB
Chattanooga	444.1000	+	Oa	W4AM	CHATTANOOG
Chattanooga	444.1500	+	O	KE4LQY	KE4LQY
Chattanooga	444.2000	+	Ot(CA)e	N4AFB	KA4WFB
Clarksville	442.9000	+	110.9aer	W4CHM	KA1FFO
Clarksville	443.5500	+	110.9	K4ORE	K2LAW
Clarksville	444.1750	+	O 123.0ae	KF4L	KF4L
Clarksville	444.3250	+	O 107.2	WA4BZU	------------
Clarksville	444.5000	+	O 123.0 (CA) el	AC4RS	AC4RS
Clarksville	444.9500	+	100.0e	N4PJX	N4PJX
Cleveland	442.2500	+	O 118.8	WD4DES	WD4DES
Cleveland	442.4500	+	O 88.5e	KD4NED	KD4NED
Cleveland	444.2750	+	Oae	W4GZX	CARC
Cleveland/WOak	442.9250	+	100.0a(CA)l WX	WD4OAR	OCOEE ARS
Collegedale	443.5750	+	O 131.8e	KA6UHV	KA6UHV
Collierville	442.6250	+	O 162.2	WB4EPG	WB4EPG
Collierville	443.3000	+	O 107.2	KA7UEC	KA7UEC
Collierville	443.6250	+	O 107.2 RB	KA7UEC	KA7UEC
Collierville	444.6250	+	107.2	WT4E	WT4E
Columbia	442.7250	+	O 100.0	KG4LUY	W4RDM
Columbia	443.5250	+	162.2alr	KF4TNP	KF4TNP
Columbia	444.1000	+	O 123.0	WN8VIX	WN8VIX
Columbia	444.9250	+	O 107.2	WA4AKM	K2GJY
Concord	442.6750	+	O 131.8el	KA4BNI	KA4BNI
Cookeville	442.3000	+	O 107.2e	WA4UCE	WA4UCE
Cookeville	443.1750	+	O 173.8elRB WX	KB4TEN	KB4TEN
Cookeville	443.2000	+	O 107.2e	N4ECW	N4ECW
Cookeville	443.5250	+	91.5l	KG4WKL	KG4WKL
Cookeville	444.5000	+	O	K4DAV	K4DAV
Cookeville	444.5500	+	O 107.2al	KK4TD	UCARS/N3JK

420-450 MHz
TENNESSEE

Location	Output	Input	Notes	Call	Sponsor
Cookeville	444.6000	+	107.2e	WA4PPL	COOKVL/PUT
Cordova	443.2500	+	Otes	W4EM	W4EM
Crossville	443.8750	+	O 88.5aer	WO4U	WO4U
Crossville	444.9500	+	O 118.8elRB	W4EYJ	CUMBERLAND
Culleoka	443.4250	+	O 91.5lWX	AG4TI	AG4TI
Dayton	442.0750	+	OeRBz	KJ4BJ	KJ4BJ
Deason	443.3500	+	O 107.2l	WA4AWI	WA4AWI
Decatur	442.7250	+	141.3e	KE4MBR	KE4MBR
Decatur	443.2750	+	O 141.3l	KG4FZR	KG4FZR
Decaturville	443.3250	+	O 131.8e	KA4P	DECATUR CO
Dover	444.9250	+	O	N4VIH	N4VIH
Dresden	442.1500	+	O 131.8ael RB WX	KA4BNI	KA4BNI
Dripping Sprin	443.9250	+	162.2	N4PYI	W4BZU
Elizabethton	442.7500	+	O 88.5e	KN4E	KN4E
Eva	443.6250	+	Oel	AD4QG	KF4GCB
Farragut	443.0000	+	O 1413l	WA4PNI	WA4PNI
Fisherville	443.1250	+	OtelRB	KA4JXT	KA4JXT
Franklin	443.8500	+	O	N4ULM	------------
Franklin	444.0250	+	O 110.9aelr	WC4EOC	W4EMS
Franklin	444.7250	+	O 107.2l	WA4AKM	K2GJY
Gallatin	444.0000	+	lp	WD4BKY	DPL GROUP
Gallatin	444.3500	+	O 114.8	W4LKZ	SUMNER CO
Gallatin	444.4500	+	O 107.2ae	W4CAT	CATS
Gallatin	444.7750	+	O 107.2l	WA4AKM	K2GJY
Gatlinburg	443.1500	+	O 146.2el	KD4PBC	KD4PBC
Gatlinburg	443.3000	+	O 100.0l	WA4KJH	------------
Gatlinburg	444.9000	+	88.5e	K4WYV	K4WYV
Georgetown	442.0250	+	O 146.2e	KI4KLL	CLEVELAND
Gladeville	443.3750	+	151.4	KG4SFI	KG4SFI
Goodlettsville	443.1250	+	O 107.2	KC4PRD	KC4PRD
Goodspring	444.0500	+	Ot	K4CRS	K4CRS
Gray	441.8000	+	O 123.0e	WM4T	WM4T
Greenback	443.0500	+	O 114.8e	KM4H	LOUDON CO
Greenbrier	444.2500	+	Oae	WQ4E	WQ4E
Greeneville	441.8500	+	O 100.0	KI4OTQ	KI4OTQ
Greeneville	443.2000	+	O 100.0 (CA) RB	W4WC	ANDREW JOH
Greeneville	444.2000	+	O 173.8	K4MFD	K4MFD
Greeneville	444.6500	+	O 100.0	WB4NKL	WB4NKL
Greeneville	444.7500	+	192.8e	WD2E	WD2E
Greeneville	444.9500	+	Ot	K4GX	K4GX
Greenville	442.7000	+	O 100.0aer	N4FV	N4FV
Harriman	442.8750	+	O 136.5	KC4WHL	KC4WHL
Henderson	442.2750	+	O	KE4PFW	KE4PFW
Henderson	442.5750	+	O(CA)elWX	KU4RT	KU4RT
Henderson	444.7500	+	O 100.0	K4TC	CHESTER CO
Hixson/Chatt	444.4500	+	Oa(CA)elRB z	WJ9J	WJ9J
Hohenwald	442.0000	+	eRB	K4TTC	TTC-ARCH
Hohenwald	444.8500	+	O 100.0 (CA) eRB	WB4NNX	WB4NNX
Hornbeak	442.4000	+	O 131.8el	KA4BNI	KA4BNI
Huntingdon	444.3750	+	Oaez	KB4YTM	CARROLL CO
Jackson	442.4250	+	O 131.8el	KA4BNI	IND - KA4B
Jackson	442.9000	+	O 114.8	KE4CES	WF4Q

420-450 MHz TENNESSEE

Location	Output	Input	Notes	Call	Sponsor
Jackson	443.8250	+	107.2aelrRB	KE4OVN	KE4OVN
Jackson	444.5500	+	O 114.8elWX	WF4Q	WF4Q
Jackson	444.7250	+	O 107.2	WBØTMC	WBØTMC
Jamestown	443.6250	+	O 100.0	KC4MJN	ARC OF FEN
Jasper	442.0500	+	O 127.3e	KD4XV	SEQUACHIE
Jefferson City	444.6250	+	Ot	KD4TUD	KD4TUD
Johnson City	421.2500	434.0000	Oe	WD4ATV	------------
Johnson City	442.0500	+	O 100.0al	WB4SQC	WB4SQC
Johnson City	444.1000	+	O 103.5	KE4FH	KE4FH
JohnsonCity/Bu	442.2500	+	O 88.5esWX	KN4E	KN4E
Joyner	444.4000	+	O 82.5es	K4EAJ	K4EAJ
Kirkland	443.8750	+	O 107.2aelr	WC4EOC	W4EMS
Knoxville	442.5000	+	O 103.5e	KB5HFM	KB5HFM
Knoxville	443.0250	+	O	N4UAG	N4UAG
Knoxville	443.0750	+	O 100.0e	K4TJY	K4TJY
Knoxville	443.5000	+	O 100.0ael	KD4CWB	------------
Knoxville	443.8000	+	O 100.0	KD4CWB	KA4AZQ
Knoxville	444.0000	+	O 100.0	KD4CWB	KD4CWB
Knoxville	444.1750	+	O 203.5ae	KN4QB	KN4QB
Knoxville	444.2250	+	O 100.0e	W4NCS	W4NCS
Knoxville	444.3000	+	O	WB4GBI	WB4GBI
Knoxville	444.3250	+	Ote	N4KFI	N4KFI
Knoxville	444.4250	+	Otae	KC4NNN	KC4NNN
Knoxville	444.5250	+	O 100.0e	KB4REC	KB4REC
Knoxville	444.5750	+	O 100.0elRB	W4BBB	W4BBB
Knoxville	444.9250	+	O	KD4TZD	KD4TZD
Lafayette	444.1250	+	O 107.2 RB	KC4ECD	KC4ECD
Lafollette	443.7000	+	O	KB4OTK	KB4OTK
Lake City	442.8000	+	O 100.0e	WD4LUR	WD4LUR
Laneview	443.8500	+	O 107.2aelz	KE4OVN	KE4OVN
Lavergne	443.9750	+	Ota	WR3S	WR3S
Lebanon	443.0000	+	O 100.0	KW4LS	KW4LS
Lebanon	443.2750	+	O 107.2el	WA4AWI	WA4AWI
Lebanon	443.5750	+	O 100.0	W4LYR	WILSON AMA
Lebanon	444.2750	+	Ot	W4RYR	WA4AXH
Lenoir City	442.9500	+	OaelWX	KB9EBA	KB9EBA
Lewisburg	442.1000	+	O 107.2	KF4TNP	KF4TNP
Lexington	442.0750	+	O 131.8el	KA4BNI	KA4BNI
Lexington	442.9250	+	O 123.0eWX	N5YKR	N5YKR
Loretto	442.8750	+	O 203.5e	KF4OCK	KF4OCK
Lynchburg	443.2500	+	100	KG4HZN	AF4JJ
Madisonville	443.3250	+	O 141.3el	KF4PVQ	KF4PVQ
Manchester	444.0750	+	O 127.3e	KF4TNP	KF4TNP
Maryville	442.0000	+	O(CA)e	K4BTL	KE4IAV
Maryville	444.0750	+	O 100.0ae RBZ	KC4PDQ	KC4PDQ
Maryville	444.3500	+	O 88.5	KD4CLA	KD4CLA
Maryville	444.7000	+	O 127.3aer	KF4VDX	KF4VDX
Maryville	444.7750	+	O 100.0rs WX	KF4VDX	KF4VDX
Maryville	444.8250	+	O 100.0ae RB	KE4FGW	KE4FGW
Mason	442.7500	+	O 107.2	N4GMT	N4GMT
Mcewen	443.9250	+	O 107.2e	KE4KNZ	------------
Mckenzie	443.8750	+	O	KD4KPV	KD4KPV
Mcminnville	444.8500	+	Ot(CA)	WD4MWQ	WD4MWQ

420-450 MHz
TENNESSEE

Location	Output	Input	Notes	Call	Sponsor
Medina	442.0500	+	Oal	WA4BJY	A R ECHO S
Memphis	442.1750	+	O 107.2	W4GMM	W4GMM
Memphis	442.8250	+	O	WF4G	WF4G
Memphis	443.0000	+	Ot#e	W4ZJM	W4ZJM
Memphis	443.1000	+	Ot	KA4JXT	MEGA SYSTE
Memphis	443.2000	+	O 107.2	W4BS	DELTA ARC
Memphis	443.4000	+	Oa	WA4QWW	------------
Memphis	443.9500	+	Ot(CA)eRB EXP	N4ER	W4XF/WD4T
Memphis	444.0250	+	O	K4RDK	K4RDK
Memphis	444.0750	+	O 107.2	KF4ATY	LEARC
Memphis	444.1000	+	Ot(CA) RB	KA4JXT	MEGA SYSTE
Memphis	444.1250	+	OteRB	KA4JXT	KA4JXT
Memphis	444.1750	+	O 107.2ewX	W4EM	W4EM
Memphis	444.4000	+	O	WB4KOG	WA4KOG
Memphis	444.5000	+	Ot(CA)e	N4WAH	N4WAH
Memphis	444.7750	+	O 107.2 RB	WA5KUB	WA5KUB
Memphis	444.8000	+	O	K0JXI	K0JXI
Memphis	444.8250	+	O 107.2	K5FE	FEDEX ARC
Memphis	444.8500	+	O 107.2e	K7AG	------------
Memphis	444.9500	+	O	WB4NNE	UNIV OF TN
Milan	442.1000	+	O	WD4PAX	------------
Millersville	443.4000	+	tRB	N8ITF	N8ITF
Monteagle Mt	441.2500	+	O 107.2l	NQ4Y	NQ4Y
Morristown	444.6000	+	100.0e	KG4GVX	KG4GVX
Morristown	444.8000	+	O#ae	KD4LP	JAMES LEE
Morristown	444.9750	+	Ot	KQ4E	KQ4E
Mountain City	443.9250	+	O 103.5	K4DHT	K4DHT
Mt Juliet	444.4000	+	Ot(CA)e	N4PYI	N4PYI
Mt Juliet	444.7500	+	O 156.7el	N4PYI	N4PYI
Mt Pleasant	443.1750	+	O 107.2	KG4GCZ	KG4GCZ
Murfreesboro	441.8750	+	107.2	KD4TZZ	KD4TZZ
Nashville	442.6500	+	100	KB4ZOE	W4RRG
Nashville	443.4500	+	O 107.2#e	KE4PJW	KE4PJW
Nashville	443.7250	+	107.2lWX	W1ARN	MTEARS/MTS
Nashville	443.8000	+	O 123.0	KG4NRC	KG4NRC
Nashville	444.0500	+	O 107.2	N4PYI	N4PYI
Nashville	444.1500	+	O 107.2ael RB	AF4TZ	RPT SOC OF
Nashville	444.2000	+	Otez	N4ARK	------------
Nashville	444.2250	+	O 114.8el	N4ARK	N4ARK
Nashville	444.3000	+	O 107.2	WA4BZU	------------
Nashville	444.5250	+	O 107.2	WA4BGK	WA4BGK
Nashville	444.5500	+	O	WA4PCD	WA4PCD
Nashville	444.5750	+	Ot	WA4WCK	WA4WCK
Nashville	444.6250	+	O 107.2 (CA)	WA4TOA	NASHVILLE
Nashville	444.6750	+	OtRB	WA4PCD	WA4PCD
Nashville	444.8000	+	O 110.9l	N4PYI	N4PYI
Nashville	444.8750	+	O 107.2	WA4AKM	K2GJY
Nashville	444.9750	+	O 107.2 (CA) lRB	WA4AKM	K2GJY
Newbern	444.4750	+	O 107.2	WT8R	N4ZKR
Nolensville	443.6500	+	Ot	W4RYR	WA4AXH
Nunnely	444.0750	+	Ol	KG4UHH	KG4UHH
Oakfield	442.2000	+	Ot(CA)l	WA4BJY	WAYNE MURL
Oneida	442.8250	+	OeRB	KT4PN	KE4QQF

TENNESSEE-TEXAS

Location	Output	Input	Notes	Call	Sponsor
Palmer	444.7000	+	O 107.2e	N4ZKR	N4ZKR
Paris	443.6750	+	Oae	AD4LR	HENRY CO A
Prospect	444.6000	+	O 118.8	WA4AUX	WA4AUX
Pulaski	442.1500	+	118.8el	WD4RBJ	WD4RBJ
Puryear	443.6000	+	O 131.8elWX	KA4BNI	KA4BNI
Rockwood	443.9750	+	O	KA4WJS	ROANE CO A
Rogersville	443.3500	+	●t	K4GX	K4GX
Selmer	442.8000	+	O 131.8aelr	KA4BNI	KA4BNI
Sevier/Pine Mt	441.8250	445.8250	O 88.5ae	KD4BRB	K4WYV
Seviereville	442.3000	+	t	W4SRT	AE4SC
Sevierville	443.6750	+	O 100.0elRB	K4IBW	K4IBW
Sevierville	444.7250	+	O 146.2 (CA)e	N4CKB	N4CKB
Seymour	443.3750	+	156.7elRB	KF4DYE	KF4DYE
Seymour	444.4750	+	O 88.5	K4ARO	K4ARO
Shelbyville	442.7000	+	107.2aelr	NQ4U	BCARS
Shelbyville	443.8250	+	O	KC4KRM	KC4RSR
Shrt Mt/Murfre	444.6500	+	O 107.2	W4CAT	CATS
Smithville	444.8250	+	O 107.2	N4PYI	K2GJY
Sparta	444.3750	+	O 123.0aez	KR4BT	KR4BT
Spencer	443.7750	+	O 123.0	KA4MHJ	KA4MHJ
Springfield	442.6000	+	●	N8ITF	N8ITF
Summitville	444.4750	+	O 107.2	N4ZKR	N4ZKR
Sweetwater	443.7250	+	t(CA)	KF4PVQ	KF4PVQ
Tellico Plains	442.5500	+	O 141.3ers WX	K4EZK	K4EZK
Tri-cities	443.1500	+	O 146.2el	KD4PBC	KD4PBC
Walden	443.3750	+	O 118.8e	W4WQS	W4WQS
Watertown	444.9000	+	O 100.0 (CA)	W4LYR	W4LYR
Waverly	442.2250	+	O 110.9	NO4Q	NO4Q
White Bluff	442.3750	+	O 123.0ae WX	KG4HDZ	KG4HDZ
White House	443.9000	+	O 107.2	W4KOC	WA4KOC
Woodbury	442.8250	+	O 107.2 WX	KA4VFD	KA4VFD
TEXAS					
Abernathy	444.0000	+	O 118.8	WB5BRY	CRRC
Abilene	443.5000	+	●	AI5TX	ARMADILLO
Abilene	444.0000	+	O 167.9	KD5YCY	BCARN
Abilene	444.1750	+	O 100.0lWX	WX5TX	CPARC
Abilene	444.2500	+	O 88.5lWX	N5TEQ	CPARC
Abilene	444.5000	+	O 91.5az	KD5EFB	------------
Abilene	444.7500	+	●	KB5GAR	------------
Adkins	444.7750	+	123	KK5LA	------------
Albany	444.9000	+	O 114.8l	N5TEQ	CPARC
Aledo	443.2000	+	Ol	KA5HND	------------
Alice	444.0000	+	●	K5DYY	------------
Allen	441.5000	+	O	K5RA	ESIARC
Allen	442.5500	+	O 6x	WB5WPA	------------
Allen	444.2500	+	O	K5PRK	PARK
Alpine	443.0000	+	Oelrz	N5DO	BBARC
Alpine	443.9250	+	●el	WX5II	INTERTIE
Alvin	442.2000	+	O 103.5	KA5QDG	------------
Alvin	442.7750	+	O 141.3 (CA)	KA9JLM	AARC
Alvin	443.9250	+	●	AI5TX	ARMADILLO
Alvin	444.0500	+	O 103.5	W5ITI	------------

420-450 MHz
TEXAS

Location	Output	Input	Notes	Call	Sponsor
Alvin	444.7500	+	●	KA5AXV	------------
Amarillo	443.5000	+	●	N5LTZ	ARMADILLO
Amarillo	444.0500	+	O 88.5	KC5EZO	------------
Amarillo	444.2000	+	O 88.5	N5LTZ	CRI
Amarillo	444.4750	+	O 88.5	W5WX	PARC
Amarillo	444.5500	+	88.5	AD5FD	HIGH PLAIN
Anahuac	442.1000	+	O 103.5	KB5FLX	ARCDCT
Anahuac	443.5000	+	●	AI5TX	ARMADILLO
Anahuac	444.8750	+	O 103.5l	WB5UGT	SALTGRASS
Andrews	442.1250	+	O 146.2l	KB5MBK	------------
Angleton	444.4250	+	O 103.5l	WB5UGT	SALTGRASS
Anhalt	442.6750	+	O 131.8l	W5DK	------------
Anthony	442.9500	+	O 67.0l	N5ZRF	AMIGO
Anton	441.6750	+	O 100.0	KD5JTM	------------
Argyle	443.5500	+	O 110.9	WB5NDJ	------------
Arlington	441.3500	+	●ep	NR5E	ALERT
Arlington	443.4000	+	O 110.9l	WD5DBB	MCRG
Arlington	443.6750	+	●	AI5TX	ARMADILLO
Arlington	443.8500	+	●	WA5VHU	------------
Arlington	444.2000	+	O 100.0	K5SLD	AARC
Arlington	444.5500	+	●	W5PSB	------------
Athens	441.7250	+	O 100.0	KF5WT	BSA CAMP
Athens	443.3000	+	100	KF5WT	------------
Athens	443.7000	+	●	AI5TX	ARMADILLO
Atlanta	443.3000	+	O	K5HCM	------------
Austin	440.6500	+	ODSTAR#	W5KA	AARC
Austin	441.5500	+	●	WB5AHN	------------
Austin	441.7500	+	O 77.0	N5YQ	------------
Austin	441.7750	+	O 131.8 (CA)	W5JWB	------------
Austin	441.8000	+	●	WA2FXZ	------------
Austin	441.9750	+	O 97.4ae	KA9LAY	------------
Austin	442.0250	+	O 114.8	W5TRI	SBC TRI AR
Austin	442.1500	+	O 186.2e	AA5BT	------------
Austin	442.2000	+	O 88.5	K5AB	------------
Austin	442.3500	+	●	WB5AHN	------------
Austin	442.4000	+	●	K5FX	------------
Austin	442.4500	+	O 141.3el	WB5UGT	SALTGRASS
Austin	442.4750	+	O 127.3	KE3D	MSET-TX
Austin	442.5000	+	O 162.2ls	W5LNX	SW LYNX SY
Austin	442.6000	+	O 141.3	K5TCR	TCREACT
Austin	443.9500	+	●	AI5TX	ARMADILLO
Austin	444.0000	+	O 107.2l	WB5PCV	------------
Austin	444.1000	+	O 103.5	WA5ESR	AARC
Austin	444.2000	+	O 103.5	W5FUA	------------
Austin	444.5750	+	●	WB5ICB	------------
Austin	444.6000	+	Oael	W3MRC	3M ARC
Austin	444.7750	+	O 110.9 (CA)	AA5R	------------
Austin	444.9500	+	O 110.9x	N5RVD	------------
Azle	444.9750	+	●	WB5IDM	------------
Baird	443.8500	+	O 88.5	NZ5V	BCARN
Balmorhea	442.7000	+	O 91.5l	KD5CCY	WTNMRG
Bastrop	441.9500	+	●	WB6ARE	------------
Bastrop	442.7250	+	114.8	WB6ARE	------------
Bastrop	443.1750	+	O 156.7e	WB6ARE	------------
Bastrop	443.7500	+	O 114.8	KE5FKS	BCARC
Baytown	443.8000	+	O 88.5	WA5JDI	BCDG

TEXAS
420-450 MHz

Location	Output	Input	Notes	Call	Sponsor
Baytown	443.8750	+	O 173.8	N5XUV	HCTA
Baytown	444.9750	+	O 167.9el	N5JNN	------------
Beach City	441.8000	+	O 103.5	KK5XQ	CCOEM
Beaumont	444.5000	+	O 100.0l	WB5ITT	TRS/EARS
Beaumont	444.7000	+	O 107.2l	W5RIN	BEARC
Beaumont	444.9000	+	O 103.5	WB5HRF	MERC
Bedford	442.3000	+		KA5SYL	------------
Bedford	442.8250	+	O 110.9e	N5VAV	TRAIN
Bee Cave	443.6250	+	●	AI5TX	ARMADILLO
Bee Cave	443.9250	+	●	WD0ACD	------------
Beeville	443.5250	+	O 107.2el	WD5IEH	------------
Bellare	441.8250	+	ael	AK5G	------------
Bellville	444.8750	+	O 103.5	W5SFA	SFARC
Benbrook	441.6250	+	●	K5SXK	BBARC
Big Lake	442.3000	+	O 162.2	N5SOR	------------
Big Lake	442.6500	+	O 146.2l	KB5MBK	------------
Big Spring	442.1000	+	O 162.2el	KE5PL	WTXC
Big Spring	442.6250	+	O 146.2l	KB5MBK	------------
Big Spring	443.3500	+	O 156.7	N5BTJ	------------
Big Spring	443.9500	+	●	KE5PL	ARMADILLO
Blanco	443.9750	+	●	WA5JEC	INTERTIE
Bluffton	444.8000	+		W5KFT	BARC
Boerne	444.7500	+	O 162.2l	W5VEO	SWLS
Boerne	444.9000	+	O 123.0e	W5VEO	------------
Bonham	443.7500	+	O	K5FRC	FCARC
Boonsville	443.9000	+	O 100.0	K5RHV	------------
Borger	444.6000	+	O 141.3	WB5ZDK	------------
Bowie	442.4500	+	O 156.7l	KA5PQK	------------
Boyd	444.8250	+	O 110.9	W5OYS	------------
Brackettville	443.6250	+	●	WB5TZJ	INTERTIE
Brady	444.8750	+	O 162.2ael	WA5HOT	HOT-HOG
Brenham	443.2500	+	O 103.5	W5AUM	BARC
Brenham	444.9000	+	O 100.0p	W5TZ	------------
Brownfield	444.8250	+	O	W5HFT	------------
Brownsville	441.3000	+	O 151.4	N5WXO	------------
Brownsville	444.3750	+	O 114.8	KC5MAH	------------
Brownsville	444.6000	+	O 114.8	W5RGV	STARS
Brownwood	443.9250	+	●	AI5TX	ARMADILLO
Brownwood	444.7000	+	O 94.8	K5BWD	BARC
Bruceville	442.3000	+	O	W5NCD	------------
Bryan	443.4000	+	O 162.2el	W5DZ	SWLS
Bryan	443.4500	+	O 127.3ex	KD5DLW	------------
Bryan	444.2000	+	O 127.3	KC5HHN	------------
Buchanan Dam	444.2750	+	O	WA5PJE	------------
Buda	444.2250	+	O 114.8 (CA)	N5SBH	------------
Bulverde	443.2500	+	O 103.5l	WA5KBQ	------------
Bulverde	444.3500	+	O 131.8	W5DK	------------
Burkburnett	444.0250	+	OlprwX	W5XBK	------------
Burkburnett	444.5000	+	O 192.8	W5DAD	BURKRGR
Burleson	444.0000	+	O 110.9	WM5L	------------
Burnet	444.8250	+	114.8	KB5YKJ	------------
Caddo	444.7250	+	eWX	KB5WB	------------
Canyon	443.6500	+	O 88.5l	N5LTZ	CRI
Carrollton	441.6250	+	●	K5JG	------------
Carrollton	441.8250	+	●	K5GWF	------------
Carrollton	442.2500	+	O	K4TTT	------------

512 420-450 MHz
TEXAS

Location	Output	Input	Notes	Call	Sponsor
Carrollton	442.4750	+	●	WO5E	------------
Carrollton	442.6500	+	O 110.9r	N5MJQ	METROCARC
Carrollton	443.4250	+	●	N5GRK	------------
Carrollton	444.4500	+	O 107.2l	K5AB	------------
Carrollton	444.8750	+	●	K5MOT	MORTOROLA
Carthage	444.8000	+	O 151.4	KA5HSA	------------
Cedar Hill	442.1000	+		N5IUF	TRS
Cedar Hill	442.3250	+	●	KM5R	------------
Cedar Hill	442.4000	+	O 110.9	W5MAY	SBE
Cedar Hill	443.5000	+	●	AI5TX	ARMADILLO
Cedar Hill	443.7250	+	O	W5AHN	ASHCRAFT R
Cedar Hill	444.5000	+	O	W5AUY	SWDCARC
Cedar Hill	444.9500	+	●	N5SHC	------------
Cedar Park	442.6500	+	O 114.8/114.8	KE5ZW	------------
Cedar Park	444.6500	+	●	WA4CJC	------------
Celina	441.5500	+	Oaers	KE5UT	------------
Centerville	443.6750	+	●	AI5TX	ARMADILLO
Channelview	441.6000	+	O 203.5ae	KC5TCT	CVFDRC
Channelview	443.6000	+	O 103.5ael	KC5TCT	------------
Christine	443.7750	+	O 141.3el	WD5IEH	------------
Clear Lake	442.7500	+	O 103.5ae	K5HOU	CLARC
Cleveland	444.6500	+	O	N5AK	SHARK
Clifton	444.4000	+	O 123.0e	W5BCR	BOSQUE ARC
Clute	441.8500	+	O 103.5a	N5VSQ	------------
Clute	444.7250	+	O 103.5l	KB5HII	SALTGRASS
Coleman	444.3000	+	O 94.8e	N5RMO	CARC
College Station	443.0500	+	O 88.5	W5AC	TAMU ARC
College Station	443.6250	+	●	W6TRO	ARMADILLO
College Station	444.5500	+	O 127.3	N1WP	------------
Colleyville	441.9000	+	O 110.9eWX	W5RV	------------
Colleyville	442.9500	+	O 110.9	N5SVZ	------------
Collinsville	444.7250	+	100	N5IUF	------------
Colorado City	444.8500	+	O 162.2l	K5WTC	WTXC
Columbus	442.7500	+	O 141.3lWX	WB5UGT	SALTGRASS
Comanche	442.2750	+	O 88.5el	WD5GIC	NTRA
Commerce	444.5250	+	O 103.5	W5AMC	TAMUC
Conroe	442.1500	+	O 192.8e	WD5CFJ	------------
Conroe	442.1750	+	O 192.8e	WD5CFJ	------------
Conroe	442.2500	+	O 103.5	WB5DGR	------------
Conroe	442.5250	+	127.3	W5DCW	------------
Conroe	442.6250	+	O 156.7	KD5ZYV	------------
Conroe	442.9000	+	O 151.4	WB5DGR	------------
Conroe	443.4250	+	O 203.5l	KC0EJX	NSLS
Conroe	444.4250	+	O 203.5	KB5HII	------------
Conroe	444.5750	+	O 103.5l	KB5LS	LSARC
Conroe	444.8000	+	O 100.0l	WB5ITT	TRS/EARS
Coppell	441.6000	+	O 107.2e	KA1CWM	------------
Coppell	441.8000	+	Oaer	KA1CWM	------------
Coppell	444.2250	+	Oaerz	KA1CWM	------------
Copperas Cove	443.3250	+	O 88.5	WR5CRA	CRA
Corpus Chrisit	444.9000	+	O 107.2	K5GGB	------------
Corpus Christi	442.6000	+	O 162.2	N5IUT	LYNX
Corpus Christi	443.7000	+	●	WA2MCT	ARMADILLO
Corpus Christi	443.9500	+	●	WA5MPA	INTERTIE
Corpus Christi	444.3500	+	●	WD5FJX	------------

420-450 MHz TEXAS

Location	Output	Input	Notes	Call	Sponsor
Corpus Christi	444.4000	+	O 103.5e	WX5II	INTERTIE
Corpus Christi	444.6000	+	O 114.8	K5GGB	------------
Corsicana	442.7250	+	O 110.9l	W5ZNN	------------
Coupland	442.2500	+	88.5	KC5YJP	------------
Crockett	443.6000	+	O 100.0e	WA5FCL	HCARC
Crosby	441.5500	+	●	KB5OVJ	------------
Crosby	442.0500	+	O 103.5	KB5IJF	------------
Crosby	442.4000	+	●	KB5OVJ	------------
Crosby	443.7000	+	●	AI5TX	------------
Crosby	444.1250	+	O 103.5	KB5NNP	------------
Crosby	444.7750	+	O 103.5e	KB5IJF	------------
Crosbyton	442.2750	+	O 107.2	KC5MVZ	------------
Cumby	441.5000	+	O(CA)	W5NL	------------
Dale	443.0000	+	O 114.8	KE5AMB	------------
Dallas	441.9250	+	Oe	W5EBQ	------------
Dallas	441.9500	+	O 162.2er	KC5OZH	------------
Dallas	442.0000	+		K5TIT	K5TIT
Dallas	442.0250	+		K5TIT	K5TIT
Dallas	442.0750	+	O(CA)er	N5IAG	DCREACT
Dallas	442.1500	+	O	N5BFG	------------
Dallas	442.4250	+	O(CA)erWX	W5FC	DARC
Dallas	442.4500	+	110.9e	W5YF	SMU A.R.C.
Dallas	442.4750	+	●	WO5E	------------
Dallas	442.5000	+	110.9	W5JBP	SWRSOC
Dallas	443.0000	+	ODSTAR#	N5DA	NTRN
Dallas	443.0250	+	O	N5DA	------------
Dallas	443.3500	+	O 110.9 (CA)	WD5EEH	------------
Dallas	443.4750	+	●	K5TIT	K5TIT
Dallas	443.5750	+	Ol	WB5TCD	------------
Dallas	443.8250	+	O 103.5	WA5WWH	------------
Dallas	443.9500	+	●	AI5TX	ARMADILLO
Dallas	444.0250	+	O 110.9l	W5DRH	------------
Dallas	444.0750	+	Oer	K5MET	------------
Dallas	444.1500	+		N5IUF	TRS
Dallas	444.6500	+	●	W5DS	DART
Dallas	444.9250	+	O 110.9	K5JOI	------------
Davy	443.1250	+	O 141.3el	WD5IEH	------------
Decatur	444.4000	+	O 156.7lWX	KA5PQK	------------
Del Rio	443.5000	+	●	WB5TZJ	INTERTIE
Del Rio	443.7250	+	O 100.0	KD5HAM	BARS
Denton	441.3000	+	O 146.2e	N5API	------------
Denton	441.3250	+	88.5e	W5NGU	DCARA
Denton	442.7250	+	O	N5IUF	TRS
Denton	443.5250	+	O 118.8	WA5LIE	4SQR
Denton	444.0500	+	Oar	W5NGU	DCARA
Denver City	443.6750	+	●	K5WTC	------------
Devers	442.5750	+	103.5	KA5QDG	------------
Devers	444.8500	+	● 151.4ael	N6LXX	------------
Devine	443.9000	+	●	WB5LJZ	------------
Dilley	442.0250	+	162.2	N5YIZ	------------
Doss	442.3000	+	O 162.2l	W5RP	HOTROCS
Double Mountain	443.7000	+	●	AI5TX	ARMADILLO
Dripping Spring	444.3250	+	O 186.2 (CA)	W5MOT	CMARC
Dumas	444.3500	+	O 88.5	N5LTZ	CRI
Duncanville	441.5500	+	l	KG5LL	------------
Eastland	444.8000	+	OeWX	KB5WB	------------

420-450 MHz
TEXAS

Location	Output	Input	Notes	Call	Sponsor
Eden	443.9750	+	●	N5FTL	------------
Edgewood	444.2000	+	O 136.5	W5EEY	------------
Egan	443.7500	+	Oel	N5VZE	NTCS/NTSC
El Campo	442.1250	+	O 103.5l	KM5WV	------------
El Campo	442.2750	+	O 103.5lWX	WB5UGT	------------
El Paso	441.7000	+	O 100.0a	N5ZFF	------------
El Paso	442.1250	+	O 103.5l	N5FAZ	------------
El Paso	442.2500	+	O 100.0l	K5WPH	SCARC
El Paso	442.5500	+	O 100.0	K5JAL	JPARA
El Paso	442.6000	+	●	AA5AP	------------
El Paso	442.8250	+	O 100.0l	K5ELP	------------
El Paso	443.3750	+	O 100 (CA) RB	N6TOC	------------
El Paso	443.4000	+	O 100.0l	K5WPH	SCARC
El Paso	443.6500	+	●	W5DPD	MARIE
El Paso	443.9250	+	●	KA5CDJ	MARIE
El Paso	444.2000	+	O 100.0al	K5ELP	WTRA
El Paso	444.3250	+	O 103.5	NB5O	------------
Elgin	442.8000	+	131.8	KC5WXT	------------
Elgin	444.9250	+	O 203.5	N5YEO	SCTA
Euless	441.3250	+	O	KC5GVN	------------
Euless	442.9000	+	O	K5QA	------------
Eustace	443.1500	+	O 136.5	W5IB	------------
Everman	441.5250	+	110.9	AB5XD	------------
Fabens	442.4500	+	O 203.5	W5DBC	------------
Flatonia	443.8250	+	O 141.3	WB5UGT	SALTGRASS
Flower Mound	444.8500	+	O 88.5er	N5ERS	ER SYSTEM
Floydata	444.7750	+	O 162.2l	WA5OEO	------------
Fort Worth	441.3000	+	●	W7YC	------------
Fort Worth	441.3750	+	110.9	KB5ZMY	HANDLEY AR
Fort Worth	441.6750	+	O	K5AMM	GBARC
Fort Worth	442.1250	+	O 156.7r	KA5GFH	------------
Fort Worth	442.2000	+	O(CA)	W5SJZ	LMRARC
Fort Worth	442.2250	+	●	K5HIT	SWAUARC
Fort Worth	442.3750	+	O 100.0al	N5AUX	------------
Fort Worth	443.0500	+	O 88.5	WD5GIC	NTARA
Fort Worth	443.1500	+	O 110.9	N5PMB	------------
Fort Worth	443.9250	+	●	K5SXK	INTERTIE
Fort Worth	443.9750	+	●	N5UN	FW440
Fort Worth	444.1000	+	O 110.9	K5FTW	FWTX VHFFM
Fort Worth	444.3000	+		K5MOT	------------
Fort Worth	444.5250	+		WB5JHR	------------
Fort Worth	444.6000	+	●	N5HKA	------------
Fort Worth	444.9000	+	O 110.9	N5VJ	33 GROUP
Fredericksburg	443.7000	+	●	AI5TX	ARMADILLO
Fredericksburg	444.1750	+	O 162.2	W5FJD	------------
Freeport	444.9000	+	O 141.3	KA5VZM	BARC
Freestone	441.8250	+	O 123.0	AK5G	------------
Ft Davis	443.6750	+	●	KE5PL	ARMADILLO
Ft Davis	444.6250	+	Oerz	N5HYD	BBARC
Ft Davis	444.9000	+	Ol	N5HYD	------------
Ft Stockton	442.8000	+	O 146.2l	KD5CCY	WTNMRG
Ft Stockton	444.8000	+	O 162.2l	N5SOR	------------
Gail	444.6000	+	O 100.0l	N5SVF	------------
Gainesville	442.7750	+	O 100.0	WB5FHI	CCOARC
Gainesville	443.1250	+	O 100.0	K5AGG	------------

420-450 MHz 515
TEXAS

Location	Output	Input	Notes	Call	Sponsor
Galveston	443.1250	+	●	N5KIT	GULL
Galveston	443.2750	+	O 103.5	KC5FOG	GCATS
Galveston	443.9500	+	●	AI5TX	ARMADILLO
Galveston	444.9500	+	●	WB5BMB	------------
Garden City	442.9000	+	O 91.5l	KD5CCY	WTNMRG
Garland	441.7750	+	O WX	KD5ZKV	------------
Garland	442.7000	+	O (CA)er	K5QHD	GARARC
George West	443.6750	+	●	KD5FVZ	INTERTIE
George West	444.9250	+	O 203.5el	KC5LOS	------------
Georgetown	441.5750	+	O 100.0ae	N5KF	------------
Georgetown	441.6250	+	O 103.5ae	K5SCT	SCARS
Georgetown	443.3000	+	88.5 RB	K5AB	------------
Georgetown	443.7750	+	O 131.8	KE5ZW	------------
Georgetown	444.5250	+	O 100.0ael	NA6M	------------
Giddings	442.5750	+		N5MZQ	------------
Giddings	442.6250	+		K5SOI	------------
Glass Mt	443.6500	+	●	N5WRW	INTERTIE
Gonzales	443.1500	+	O	KC5JNT	------------
Granbury	442.0250	+	O 88.5 (CA)	WD5GIC	NTARA
Grandbury	443.6250	+	●	AI5TX	ARMADILLO
Grangerland	444.0750	+		N5QBX	------------
Grangerland	444.7000	+	O 100.0 (CA)	KC5DAQ	HARS
Grapevine	443.8750	+	O 110.9	N5EOC	NETARC
Greenville	441.6000	+	O 100.0	N5SN	GREENVILLE
Greenville	443.9000	+	O 71.9	N5SN	GREENVILLE
Halletisville	444.7500	+	O a	KC5RXW	------------
Hamilton	442.4750	+	O 88.5	AB5BX	RAILS
Harlingen	443.6000	+	O 114.8er	AK5Z	AK5Z
Harlingen	443.6500	+	O 114.8	KC5MAI	------------
Harlingen	444.9750	+	O 114.8l	W5RGV	STARS
Haslet	444.3250	+	O	K9MK	------------
Haslet	444.4750	+	●	N5GRK	------------
Heath	441.3500	+	141.3	KK5PP	------------
Helotes	442.0000	+	123.0ae	W5ROS	ROOST
Henly	444.6750	+	O	W5IZN	------------
Henrietta	444.7250	+	O 192.8	K5REJ	CCARC
Henrietta	444.8500	+	O 192.8 (CA)	KA5WLR	------------
Hereford	444.4250	+	●	N5LTZ	CRI
Hillsboro	443.2750	+	O 123.0	WB5YFX	------------
Houston	440.6000	+	O DSTARl	W5HDR	HDEARC
Houston	441.5250	+	O 103.5	KD5HKQ	TARMA
Houston	441.6500	+	O 103.5	WA5NWN	CARC
Houston	441.8750	+	O 114.8	KE5LGD	------------
Houston	442.0000	+	O 103.5	K5DX	TDXS
Houston	442.0750	+	O 100.0	KG4BON	------------
Houston	442.4500	+	O 103.5l	WB5UGT	SALTGRASS
Houston	442.5000	+	O 123.0 (CA)	WA5F	RACFE
Houston	442.8250	+	O 103.5al	KC5UIB	------------
Houston	442.9250	+	O 103.5	KB5IAM	HCTA
Houston	442.9500	+	O 123.0	W5JON	------------
Houston	443.0750	+	O 88.5	KC5AWF	BRA
Houston	443.1000	+	O 123.0	K5IHK	TMBLRPTCRP
Houston	443.1500	+	O 103.5	KD5CEV	------------
Houston	443.1750	+	O 103.5	KB5IAM	HCTA
Houston	443.2000	+	O 123.0 (CA)	W5QV	------------

e

420-450 MHz
TEXAS

Location	Output	Input	Notes	Call	Sponsor
Houston	443.3250	+	O 103.5l	KB5FLX	ARCDCT
Houston	443.5750	+	O 103.5	KB5IAM	HCTA
Houston	443.6500	+	●	N5TZ	ARMADILLO
Houston	443.7250	+	O 146.2	KB5TFE	------------
Houston	443.7500	+	O 94.8	KB5TFE	------------
Houston	443.8250	+	O 103.5lWX	WB5UGT	SALTGRASS
Houston	443.9000	+	O 114.8	WD5BDX	------------
Houston	444.2000	+	O 114.8e	W5AVI	------------
Houston	444.2500	+	●	WD5KCX	------------
Houston	444.2500	+	●	WD5KCX	------------
Houston	444.3000	+	O 100.0l	N5XWD	TRS
Houston	444.3250	+	●	KB5OVJ	------------
Houston	444.3750	+	O 103.5	KA5AKG	------------
Houston	444.4000	+	O 103.5	WD5BQN	ECHO
Houston	444.4500	+	O 103.5 (CA)	K5WH	COMPAQ
Houston	444.5000	+	O	WB5CEM	
Houston	444.5500	+	O 123.0	W5RPT	MERA
Houston	444.6000	+	O 71.9lWX	WR5AAA	HRRC
Houston	444.6250	+	O 103.5	WB5ZMV	------------
Houston	444.7250	+	103.5 RB	WB5UGT	------------
Humble	443.5500	+	O 103.5el	W5SI	TEAC
Huntsville	443.7750	+	O 131.8	K5HVL	------------
Huntsville	443.9750	+	●	AI5TX	ARMADILLO
Hurst	442.8500	+	O	K5KKS	------------
Idalou	443.0000	+	O 67.0ae	N5TYI	------------
Idalou	443.2750	+	O 107.2	KC5MVZ	------------
Ingram	443.9250	+	●	AI5TX	ARMADILLO
Iraan	443.9500	+	●	AI5TX	ARMADILLO
Irving	442.5250	+	O 110.9	N5FTF	------------
Irving	442.6750	+	110.9	WA5CKF	IRVINGARC
Irving	444.8000	+	OeWXx	AL7HH	------------
Jacinto City	442.3000	+	O 103.5e	W5VIN	------------
Jasper	442.2000	+	O 192.8l	W5JAS	LAARC
Jasper	444.5500	+	O 118.8	W5JAS	LAARC
Joshua	444.1250	+	O 88.5e	KC5PWS	JCARC
Junction	443.6500	+	●	AI5TX	ARMADILLO
Kamay	444.6750	+	O 192.8	N5AAJ	TFR GROUP
Katy	441.9750	+	O 123.0	W5EMR	------------
Katy	442.3250	+	O 103.5	KB5FLX	ARCDT
Katy	442.3500	+	O 103.5e	WD8RZA	------------
Katy	444.0750	+	O 103.5l	WB5UGT	SALTGRASS
Keene	443.1250	+	O 110.9e	KC5PWQ	------------
Keller	442.9750	+	●	N5UA	------------
Keller	443.1750	+	100	NT5J	TRS
Keller	443.3000	+	O	N5ABV	ERG
Kenedy	443.6500	+	●	K5ZZT	INTERTIE
Kent	443.9250	+	●l	KE5PL	------------
Kerrville	443.6250	+	●	K5ZZT	INTERTIE
King Mtn	444.9250	+	O 146.2l	KB5MBK	------------
Kingwood	444.8250	+	O 103.5	W5SI	TEAC
Kyle	444.3750	+	O 123.0	K5JNW	------------
La Feria	442.1000	+	O 114.8	WD5KBZ	------------
La Grange	443.7000	+	●	AI5TX	ARMADILLO
La Marque	442.0250	+	O 103.5e	K5BS	TARS
Lagrange	442.7750	+	O 131.8	KE5GJA	------------
Lakeway	444.4000	+	O 103.5	WB5PCV	------------

420-450 MHz   TEXAS

Location	Output	Input	Notes	Call	Sponsor
Lamesa	442.7000	+	O 91.5l	KD5CCY	WTNMRG
Lamesa	443.5000	+	●l	KE5PL	------------
Lamesa	444.7500	+	O 162.2l	K5WTC	WTXC
Lamesa	444.9500	+	O 100.0	N5SVF	------------
Lancaster	441.9750	+	O	KB5NSL	------------
Laredo	444.0000	+	O 100elrWX	W5EVH	NONE
League City	442.2250	+	O 131.8ex	WR5GC	GCECG
League City	444.1000	+	O	W5PQQ	------------
Leander	441.6000	+	O 100.0e	KE5RS	------------
Levelland	441.5000	+	O 67.0a	KB5STL	------------
Levelland	442.0000	+	O 67.0aRB	N5SOU	------------
Levelland	443.1500	+	O 136.5a	KC5TAF	------------
Levelland	444.3750	+	O 162.2l	WA5OEO	------------
Liberty Hill	441.8500	+	O 131.8	KM5CC	------------
Little Elm	444.3500	+		WA5YST	
Littlefield	444.8500	+	O 162.2l	WA5OEO	
Live Oak	444.9750	+	O 100.0e	KE5BWO	
Livingston	442.3000	+	O 146.2	WA5QLE	------------
Llano	443.5000	+	●	AI5TX	ARMADILLO
Lockhart	444.3000	+	O 203.5l	WB5UGT	SALTGRASS
Longfellow	443.9750	+	●	WX5II	INTERTIE
Longview	444.7250	+	136.5 WX	N5REO	GCEC
Los Fresnos	444.5000	+	●	K5RGV	K5RGV
Lubbock	441.6750	+	O 97.4	W5WAT	------------
Lubbock	441.9750	+	O 97.4	W5WAT	------------
Lubbock	442.0500	+	O 118.8	KD5JLC	------------
Lubbock	442.1750	+	O 97.4	W5WAT	------------
Lubbock	442.3500	+	O	N5UQF	LUBBOCK RA
Lubbock	442.4750	+	O 97.4	K5WAT	------------
Lubbock	443.0750	+	O 88.5	W5LCC	CONTESTERS
Lubbock	443.9250	+	●	AI5TX	ARMADILLO
Lubbock	444.0000	449.9000	O 118.8	WB5BRY	CRRC
Lubbock	444.4500	+	O 114.8	WB5RVV	------------
Lubbock	444.5000	+	O 118.8e	WB5BRY	CRRC
Lubbock	444.6250	+	O 118.8e	KC5KQF	------------
Lubbock	444.6500	+	O 162.2el	KC5KQF	S W LYNX
Lubbock	444.8750	+	Oe	N5UQF	RACES
Lubbock	444.9000	+	O 162.2a	KA5ETX	------------
Lubbock	444.9750	+	O 162.2l	WA5OEO	------------
Lufkin	444.5750	+	O 107.2el	KB5LS	LSARC
Lufkin	444.9000	+	O 107.2	KD5TD	------------
Madisonville	442.4750	+	O 85.4as	KK5Z	------------
Magnolia	440.7125	+	OD-STARl	N5MDS	MDSTAR.ORG
Magnolia	441.6000	+	O 127.3 (CA)	KB5FLX	------------
Magnolia	443.0250	+	O 103.5	KB5FLX	ARCDT
Magnolia	443.1500	+	O 203.5	W5QOD	INTERCONNE
Magnolia	443.8500	+	O 156.7	W5JSC	------------
Magnolia	444.6750	+	O 192.8	KD0RW	------------
Manchaca	442.3250	+	O 167.9	KE5AST	------------
Manor	442.4250	+	O 100.0e	KI4MS	------------
Marathon	443.5000	+	●	AI5TX	ARMADILLO
Markham	444.7000	+	O 146.2	WA5SNL	MCARC
Maydelle	444.8750	+	O 136.5	KB5VQG	------------
Mcallen	444.3000	+	O	W5RGV	STARS
Mccamey	444.7000	+	● 162.2	N5SOR	------------
Mcelroy Mt	442.4000	+	O 146.2l	KD5CCY	BEAN

420-450 MHz
TEXAS

Location	Output	Input	Notes	Call	Sponsor
Mcelroy Mt	443.9500	+	●el	N5HYD	INTERTIE
Mcfaddin	443.4250	+	O 103.5	K5SOI	K5SOI
Mckinney	442.3500	+	O	KF5TU	PAGER
Mckinney	442.5750	+	O 127.3	N5GI	------------
Mckinney	443.2000	+	O 100.0e	W5MRA	MERA
Mesquite	442.6250	+	O 110.9 (CA)	AK5AK	------------
Mesquite	443.3750	+	O 162.2er	N5AIB	------------
Mesquite	444.4250	+	O 156.7l	KA5PQK	------------
Miami	444.8500	+	O 88.5l	N5LTZ	CRI
Midland	441.7000	+	O	W5QGG	MARC
Midland	441.9250	+	O 162.2	W5MDS	ARES
Midland	442.2000	+	O 162.2l	W5LNX	SWLS
Midland	442.9750	+	162.2e	K5PSA	PSARAPB
Midland	443.2750	+	O 162.2	N5XXO	------------
Midland	443.3000	+	O 123.0	W5WRL	------------
Midland	443.4000	+	O	KD5CCY	WTNMRG
Midland	443.6250	+	●	KE5PL	KE5PL
Midland	443.7250	+	●	N5SOR	INTERTIE
Midland	443.8000	+	Oe	KK5MV	------------
Midland	443.9750	+	●	KE5PL	------------
Midland	444.2000	+	O	W5QGG	MARC
Midland	444.6000	+	O 146.2l	KB5MBK	------------
Midland	444.7750	+	O 88.5	W5UA	WTDXA
Mineral Wells	442.7000	+	O 110.9	WB5TTS	------------
Missouri City	444.0000	+	O	W5XC	------------
Missouri City	444.1500	+	O 103.5	W5XC	CYPRESS
Montgomery	441.7250	+	O 162.2	WA5AIR	SALTGRASS
Moody	443.9250	+	●	AI5TX	ARMADILLO
Moody	444.4750	+	O 123.0	AA5RT	SV70RC
Moulton	444.4750	+	O(CA)	KC5RXW	------------
Mound Creek	441.9250	+	●	WD5IEH	------------
Mt Pleasant	442.1000	+	173.8l	KA5FGJ	RAILS
Mt Pleasant	444.9500	+	O 151.4l	W5XK	ETXARC
Murphy	441.7000	+	●	AA5BS	------------
N Richland Hill	441.7500	+	O 100.0	N5TWL	------------
N Richland Hill	442.7750	+	O	N5ABV	------------
N Richland Hill	443.6000	+	O 110.9	W5URH	------------
Nacogdoches	443.1000	+	O 306el	W5TXR	------------
Nacogdoches	443.6250	+	●	KD5MBZ	------------
Nacogdoches	443.9250	+	●	WB6ARE	------------
Nacogdoches	443.9500	+	●	KD5MBZ	------------
Nacogdoches	444.0500	+	O 141.3e	W5NAC	NARC
Nassau Bay	442.4750	+	O	NB5F	BAARC
New Braunfels	443.5000	+	O 141.3l	WD5IEH	------------
New Braunfels	443.8500	+	O 103.5	WB5LVI	------------
New Waverly	442.2750	+	●	NA5SA	------------
New Waverly	442.7250	+	O 103.5l	WA5AIR	SALTGRASS
Notrees	442.5000	+	O 162.2l	N5SOR	WTC
Notrees	442.6000	+	O 146.2l	KB5MBK	------------
Notrees	443.7000	+	●l	AI5TX	ARMADILLO
Notrees	444.6750	+	O 162.2l	N5XXO	SWLS
Odem	443.5000	+	●	W5JYJ	INTERTIE
Odessa	441.9000	+	O 173.8	N5MW	------------
Odessa	442.3000	+	O 91.5l	KD5CCY	WTNMRG
Odessa	443.6500	+	●l	KE5PL	------------
Odessa	444.1000	+	O 162.2el	W5CDM	WTC

420-450 MHz TEXAS

Location	Output	Input	Notes	Call	Sponsor
Odessa	444.1500	+	O 203.5	WA5VYK	------------
Odessa	444.4250	+	O 162.2	WT5ARC	WTARC
Odessa	444.5000	+	O 162.2	KD4LXC	------------
Odessa	444.9000	+	●	N5XXM	------------
Odessa	444.9750	+	162.2e	K5PSA	PSARAPB
Onalaska	443.0250	+	O 67.0	WB5HBU	------------
Ozona	443.6250	+	●	KE5PL	ARMADILLO
Palestine	442.3750	+	O	KJ5DS	------------
Palestine	444.6000	+	Oe	K5PAL	PACARC
Pampa	444.4000	+	O 88.5l	N5LTZ	CRI
Pandale	443.9250	+	●	N5UFV	------------
Paradise	441.9250	+	O 173.8	KJ5HO	------------
Paris	442.1250	+	O 151.4e	N4RAP	RRVARC
Paris	443.8500	+	O 123.0e	N4RAP	WNRG
Paris	444.4750	+	O	KI5DX	------------
Paris	444.5000	+	●	N4RAP	RAILS
Pasadena	441.6250	+	0141.3 (CA)	KD5HKQ	TARMA
Pasadena	442.3750	+	●	WA5LQR	------------
Pasadena	443.4500	+	O 114.8	WB5ZMY	PASADENA C
Pasadena	444.2750	+	O 103.5ae WX	W5PAS	PECG
Pearland	441.9250	+	●	N5KJN	------------
Pearland	443.0500	+	O 167.9	K5PLD	PARC
Penwell	443.6750	+	●	N5SOR	INTERTIE
Pflugerville	441.8250	+	O 114.8	KC5CFU	------------
Pflugerville	444.3500	+	●	K5UUT	------------
Pine Springs	444.0500	+	●	N5SOR	ZIA
Pipecreek	442.3750	+	O 156.7 (CA)	WD5FWP	BARK
Plainview	443.9500	+	●	AI5TX	ARMADILLO
Plainview	444.5500	+	O 67.0	AD5FD	------------
Plano	441.3000	+	OWX	N5UIG	------------
Plano	441.3500	+		KD5ZQN	------------
Plano	441.5750	+	O 192.8e	W5ADC	------------
Plano	441.7250	+	O 100.0	N5NH	------------
Plano	443.4500	+	●	N4MSE	NTXRA
Plano	443.6500	+	●	AI5TX	ARMADILLO
Plano	444.1750	+	●	W5SUF	------------
Pleasanton	443.9750	+	●	NU5P	INTERTIE
Plum Grove	444.1750	+	O 103.5el	W5SUE	SALTGRASS
Port Aransas	444.1000	+	O 110.8l	KG5BZ	------------
Port Lavaca	442.6750	+	O 103.5	W5KTC	PLARC
Potosi	443.1000	+	O 88.5e	KD5YCY	------------
Ranger	443.6750	+	●	AI5TX	------------
Ranger	444.9500	+	O 88.5	K6DBR	------------
Rankin	443.9250	+	●	KE5PL	ARMADILLO
Redrock	444.6250	+	Oa	KC5FZP	------------
Refugio	443.0500	+	O 103.5ex	N5FNG	RCARC
Refugio	443.8750	+	O 103.5	AD5TD	------------
Richardson	441.8750	+	O 131.8a	W5ROK	RCARC
Richardson	442.8000	+	O	W5VV	ALCATEL
Richardson	443.3250	+	O 110.9ae	NT5NT	NNARC
Richland Hills	441.8500	+	O 110.9el	N5VAV	------------
Richmond	444.5250	+	OerWX	KD5HAL	FBCOEM
Rio Medina	443.0000	+	●	W5TSE	------------
Rockwall	441.3750	+	141.3	KK5PP	------------
Rockwall	441.5250	+	O 141.3e	KK5PP	------------

520 420-450 MHz
TEXAS

Location	Output	Input	Notes	Call	Sponsor
Rockwall	443.5500	+	O 162.2	K5GCW	------------
Rosenberg	442.5500	+	●	WB5TUF	------------
Rosharon	441.9500	+	O 167.9ewX	N5QJE	------------
Round Rock	441.7000	+	110.9	KM5MQ	RRARE
Round Rock	442.8250	+	O 114.8	W5TEY	------------
Round Rock	443.1000	+	O 110.9	N5ECG	------------
Round Rock	443.6750	+	●	AI5TX	ARMADILLO
Round Rock	444.8750	+	O 88.5e	KC5UJH	------------
Rowlett	441.3250	+	OerWX	KC5OZH	------------
Rowlett	441.9500	+	Oer	KC5OZH	------------
San Angelo	441.7500	+	O 162.2lWX	KC5EZZ	------------
San Angelo	442.2500	+	O 162.2	W5RP	------------
San Angelo	443.7000	+	●	N5FTL	------------
San Angelo	444.1250	+	O 71.9l	KC5EZZ	------------
San Angelo	444.2250	+	O 162.2elWX	KC5EZZ	------------
San Angelo	444.3500	+	O 162.2eRB	N5SVK	------------
San Antonio	440.6000	+	ODSTAR#	WB5DTW	------------
San Antonio	440.7000	+	ODSTAR#	W5DK	SARO
San Antonio	441.5500	+		KD5GDC	------------
San Antonio	442.0750	+	O 100.0	W5SC	SARC
San Antonio	442.1250	+	127.3 (CA)	KD5GSS	------------
San Antonio	442.2000	+	O 162.2	K5AWK	------------
San Antonio	442.2500	+	●	AA5DB	------------
San Antonio	442.3750	+	O 141.3 (CA)	WD5FWP	------------
San Antonio	442.4500	+	O 88.5	N5YBG	------------
San Antonio	442.6250	+	127.3	KB5ZPZ	------------
San Antonio	443.3500	+		KD5DX	MCARC
San Antonio	443.4000	+	O(CA)lBl	KD5GAT	SAHARA
San Antonio	443.4750	+	O 162.2l	WB5FNZ	------------
San Antonio	443.5750	+	O 141.3el	WD5IEH	------------
San Antonio	443.6250	+	Oel	WA5DXJ	------------
San Antonio	443.6750	+	●	AI5TX	------------
San Antonio	443.7000	+	●	W5FQA	INTERTIE
San Antonio	443.7250	+	●	K5TEX	------------
San Antonio	443.8750	+	O 162.2l	AA5RO	AARO
San Antonio	443.9000	+	●	WB5LJZ	------------
San Antonio	443.9500	+	●	WX5II	INTERTIE
San Antonio	444.0250	+	O	K5DSF	------------
San Antonio	444.1000	+	179.9ae	WB5FWI	SARO
San Antonio	444.1250	+		K5SUZ	SARO
San Antonio	444.2000	+	●	WR5Q	------------
San Antonio	444.2500	+	●a	KJ5UU	SAARMI
San Antonio	444.3250	+	●	W5DKK	------------
San Antonio	444.5750	+	O 141.3l	WB5UGT	SALTGRASS
San Antonio	444.6000	+	O 1413.3	AB5QW	------------
San Antonio	444.6250	+	O 141.3el	WD5IEH	------------
San Antonio	444.7000	+	O 67.0	N5TX	------------
San Antonio	444.8000	+	O 179.9e	W5ETS	BCESR
San Antonio	444.9500	+	O 103.5l	WA5KBQ	------------
San Marcos	443.5250	+	O 114.8	AE5BA	------------
San Marcos	443.6500	+	●	AI5TX	------------
Santa Anna	444.4500	+	O 94.8	N5RMO	COLEMAN AR
Santa Fe	441.7000	+	O 167.9e	AB5GU	SFARC
Santa Fe	443.4750	+	●(CA)el	N5NWK	------------
Santa Maria	444.2750	+	O 114.8elWX	W5RGV	STARS
Schertz	443.3250	+	O 118.8	K9CTF	------------

420-450 MHz   521
TEXAS

Location	Output	Input	Notes	Call	Sponsor
Schertz	444.5000	+	○ 100.0	N5YEO	SCTA
Schertz	444.8750	+	○ 100.0 (CA)	KB5MXO	SCTA
Seguin	441.7250	+	○ 156.7	K5RGD	------------
Seguin	442.2250	+	○ 141.3al	W5CTX	------------
Seguin	444.4000	+	○	W5WD	CRC
Seminole	443.2000	+	○ 91.5	KD5CCY	WTNMRG
Seymour	444.9250	+	○ 192.8	N5LEZ	------------
Sheffield	443.5000	+	●	N5SOR	INTERTIE
Sherman	444.7500	+	○ 100.0	W5RVT	SHERMAN
Shiner	442.1000	+	○ 103.5	K5SOI	------------
Shiner	443.4500	+	○ 141.3el	WD5IEH	------------
Sierra Blanca	443.7000	+	●	AI5TX	ARMADILLO
Sinton	444.7000	+	○ 103.5x	W5CRP	W5CRP
Slidell	442.9250	+	○ 110.9 WX	W5FKN	LTARC
Smyer	442.0750	+	○	KB5MBK	HTI
Snook	441.5000	+	○ 103.5	W5FFP	------------
Snyder	443.6250	+	●	AI5TX	ARMADILLO
Sonora	442.0000	+	●	N5SOR	------------
Sonora	443.9750	+	●	N5SOR	INTERTIE
Southlake	442.1750	+	○	N1OZ	------------
Southlake	443.0750	+		N5LLH	------------
Southlake	444.7000	+	○ 110.9	N5EOC	NETARC
Speaks	442.5250	+		K5SOI	------------
Spearman	442.0000	+	○ 88.5elWX	KY5C	------------
Spring	441.5250	+	○ 151.4 (CA)	KC5DAQ	HARS
Spring	442.6750	+	○ 103.5l	KB5FLX	ARCDCT
Spring	442.7000	+	○ 103.5el	WA5AIR	SALTGRASS
Spring	444.3500	+	○ 103.5	KA2EEU	------------
Stephenville	444.7750	+	○ 88.5	AB5BX	RAILS
Sterling City	443.6750	+	●	N5FTL	ARMADILLO
Stinnett	443.2000	+	○ 88.5elWX	N5DFQ	DUST BOWL
Sugarland	443.0000	+	●	KC5EVE	------------
Sugarland	444.4750	+	○ 173.8e	W5KDE	------------
Sulphur Springs	444.8250	+	●	N4RAP	------------
Sundown	444.7250	+	●	KD5SHB	------------
Sweet Home	443.8250	+	○ 203.5	WB5UGT	------------
Sweetwater	443.6500	+	●	AI5TX	ARMADILLO
Sweetwater	444.7750	+	○ 162.2	KE5YF	NCARA
Taft	444.2000	+	○ 103.5	W5CRP	W5CRP
Taft	444.8000	+	○ 107.2x	KC5YZZ	------------
Temple	440.5250	+	○DSTAR#	K5CTX	------------
Temple	444.0250	+	○ 123.0l	NU5D	------------
Temple	444.5000	+	○ 123.0e	WB5TTY	------------
Temple	444.7000	+	○ 123.0	W5LM	TARC
Texas City	444.9250	+	●	WB5BMB	------------
The Woodlands	443.2250	+	○ 203.5	KC0EJX	NSLS
The Woodlands	443.3000	+	○ 203.5	KC0EJX	NSLS
Tom Bean	441.6500	+	●	N5MRG	NTRS
Tomball	444.0250	+	○ 162.2	W5DUD	------------
Trinity	444.1000	+	○ 151.4	KC5FXX	------------
Tuxedo	442.0250	+	88.5	KD5YCY	BCARN
Tyler	442.2000	+	●	K5PDQ	------------
Tyler	444.4000	+	○elrx	K5TYR	TYLERARC
Tyler	444.7500	+	○ 110.9e	WB5UOM	------------
Universal City	444.5500	+	○(CA)	WA5VAF	------------
Uvalde	443.6500	+	●	K5DRT	INTERTIE

TEXAS-UTAH

Location	Output	Input	Notes	Call	Sponsor
Uvalde	444.6000	+	●	AA5DB	------------
Van Alstyne	443.8000	+	O 103.5e	W5VAL	VARC
Van Alstyne	444.1250	+	O	WB4GHY	------------
Venus	443.7750	+	O 110.9l	WS5J	------------
Vernon	444.1500	+	O	NC5Z	------------
Victoria	442.0500	+	O 103.5	K5SOI	K5SOI
Victoria	443.2250	+	O 103.5el	WD5IEH	------------
Victoria	443.5500	+	O 103.5ax	KC5WUA	------------
Victoria	443.7250	+	O 103.5	K5SOI	------------
Victoria	443.8000	+	O 103.5e	W5DSC	VARC
Victoria	443.9750	+	●	WD5IEH	INTERTIE
Victoria	444.6500	+	O 103.5	K5SOI	K5SOI
Victoria	444.6750	+	O 162.2	WB5MCT	------------
Vidor	443.6750	+	●	AI5TX	------------
Waco	442.4500	+	Oa	WA5BU	BARC
Waco	442.8750	+	O 123.0	W5ZDN	HOTARC
Waco	444.1500	+	123	AA5RT	SV70RC
Waco	444.7250	+	O 123.0	AA5RT	------------
Walburg	444.1250	+	●e	KE5RCS	HOTERA
Watauga	444.5750	+	O 110.9	W7YC	------------
Watauga	444.6250	+	O	W5URH	------------
Waxahachie	441.6500	+	O 110.9	N5OUW	------------
Wayside	443.9750	+	●	N5LTZ	ARMADILLO
Wayside	444.5750	+	O 88.5l	N5LTZ	CRI
Weatherford	442.5750	+	O 88.5 (CA)	WD5GIC	NTARA
Weatherford	443.2500	+	O 110.9l	W5URH	------------
Weatherford	443.7000	+	●	AI5TX	ARMADILLO
Weatherford	443.8000	+	O 110.9	W5URH	------------
Weatherford	444.1750	+	●	W5SUF	------------
Weatherford	444.2750	+	O 103.5	WØBOE	------------
Weatherford	444.7500	+	Oae	K5RNB	------------
Webster	442.8750	+	●	N5JJY	------------
Webster	442.9750	+	●	K3WIV	GULL
West Columbia	443.6250	+	●	AI5TX	ARMADILLO
Wharton	444.6500	+	O 203.5l	WB5UGT	SALTGRASS
Whitney	442.2000	+	O 103.5	W5WK	------------
Wichita Falls	442.5250	+	O	W5DAD	------------
Wichita Falls	442.8000	+	Owx	WG5K	------------
Wichita Falls	444.0000	+	O 192.8 (CA)	N5WF	WARSI
Wichita Falls	444.2000	+	O	WB5ALR	TFR GROUP
Wichita Falls	444.3250	+	O 192.8	K5WFT	------------
Wichita Falls	444.5250	+	elWxx	WX5TWS	TXWXSPTRS
Wichita Falls	444.7500	+	O 192.8	KD5INN	------------
Wichita Falls	444.7750	+	O 173.8	K5HRO	------------
Wichita Falls	444.8000	+	O 192.8 WX	W5GPO	------------
Wichita Falls	444.8750	+	●	WA5CMB	------------
Wichita Falls	444.9500	+	O 192.8x	N5AAJ	TFR GROUP
Wichita Falls	444.9750	+	O 192.8	N5LEZ	------------
Wimberley	444.1500	+	O 114.8 (CA)	WA5PAX	------------
Wimberly	442.5500	+	O 141.3	W5CTX	WARS

UTAH
FREQUENCY USAGE

Simplex	446.0000	446.0000
Simplex	446.5000	446.5000
Simplex	447.8000	447.8000

UTAH 420-450 MHz

Location	Output	Input	Notes	Call	Sponsor
Simplex	447.8500	447.8500			
Snp	449.2500	–	o		
Statewide	447.5750	–		WA7GTU	
			L(PORTABLE REPEATER)		
CENTRAL					
Ephriam	447.3000	–	O 131.8x	WB7REL	------------
Ephriam	449.8250	–	Ox	N7LM	------------
Fairview	449.0250	–	Oex	WA7X	------------
Horse Shoe	448.9750	–	●	WA7FFM	DARS
			L(CACTUS)x		
Manti	448.2750	–	O 107.2a	KD7YE	------------
			L(146.66 IRLP 3576)		
Manti	449.7500	–	O 131.8a (CA)	N7YFZ	------------
Marysvale	449.8000	–	Ox	N7ZSJ	
Richfield	447.4500	–	O 114.8	W7DHH	------------
			L(146.72)x		
Salina	447.1500	–	ORBx	KD7YE	WB7REL
Salina	449.3000	–	O 88.5 RBx	WB7REL	W7DHH
Salina Canyon	449.2500	–	O 131.8	WB7REL	------------
			L(145.29)x		
Sterling	447.8500	–	O 114.8	WB7REL	------------
NORTH					
Bear Lake	448.9750	–	●	K7OGM	DARS
			L(CACTUS)		
Bear Lake	449.7000	–	O 100.0	K7OGM	------------
			L(IRLP)		
Logan	447.0000	–	O 103.5	WA7MXZ	------------
			L(IRLP (3925))		
Logan	449.3250	–	O 156.7 A(*007/#)	N7RRZ	------------
Logan	449.6250	–	O 103.5a (CA) L(BARC)x	AC7O	BARC
Logan	449.8500	–	O	N7XLH	------------
Preston ID	448.7500	–	O 88.5	KE7EYY	------------
Riverside	449.5750	–	OL(449.8) RB	WA7KMF	BARC
Thiokol	448.3000	–	Oa	W7TEU	------------
			L(145.43/145.29/147.22)		
Wellsville	449.8000	–	O 103.5	WA7KMF	BARC
NORTHEAST					
Powder Mtn	447.7750	–	O 123	N7TOP	------------
			L(449.775)x		
Vernal	449.7000	–	O 136.5	W7BYU	W7BYU
PRICE					
Castledale	447.6250	–	O 100.0	K7YI	------------
			L(CACTUS)x		
Castledale	447.7000	–	O 88.5a(CA) x	WX7Y	WX7Y
Castledale	448.5500	–	O 88.5 L(IRLP (3280)) RBx	WX7Y	N7QLO
Castledale	449.0500	–	O 88.5 L(IRLP (3270))	K7SDC	SDARC
Cedar Mtn	447.1250	–	● 100.0 L(CACTUS)x	K7YI	------------
Indian Canyon	447.3250	–	O 114.8	N7KYY	------------

524 420-450 MHz
UTAH

Location	Output	Input	Notes	Call	Sponsor
Price	449.3500	–	o	KA7LEG	------------
Scofield	448.9000	–	oL(147.34)x	KF7OY	------------
Star Point	447.0250	–	o 88.5lx	K7SDC	N7TAG
Sunnyside	449.0500	–	o 88.5a(CA) L(147.32) RBx	K7SDC	SDARC

SOUTH

Location	Output	Input	Notes	Call	Sponsor
Kanab	449.8500	–	o	W7NRC	------------
Kanab	449.8750	–	o	WI7M	------------
Navajo Mtn	448.7500	–	ox	NA7DB	------------
Navajo Mtn	449.9250	–	ox	W7CWI	LPARG

SOUTHEAST

Location	Output	Input	Notes	Call	Sponsor
Moab	449.1000	–	● L(CACTUS)x	K7QEQ	GMRA
Monticello	447.1000	–	o 107.2 L(GMRA)x	N0NHJ	------------
Monticello	447.4000	–	● L(CACTUS)x	K7QEQ	GMRA

SOUTHWEST

Location	Output	Input	Notes	Call	Sponsor
Cedar City	448.1000	–	o	N7DZP	------------
Cedar City	448.4000	–	oRBx	N7BO	------------
Cedar City	448.6500	–	● L(CACTUS) RBx	KB6BOB	DARS
Cedar City	448.8500	–	●L(VEGAS)x	W7OQF	------------
Cedar City	448.9500	–	●L(VEGAS)x	W7OQF	------------
Cedar City	449.5000	–	oRB	WA7GTU	------------
Cedar City	449.9000	–	o L(IRLP (3574))	WA7GTU	------------
Kolob Peak	448.5000	–	o	K7WS	------------
Milford	448.6750	–	● L(CACTUS)x	K7JL	DARS
St George	446.7000	446.7000	#a	KA7STK	------------
St George	448.6250	–	●	KD7YK	DARS
St George	448.7250	–	o	WB6TNP	------------
St George	449.3250	–	ox	NR7K	NR7K
St George	449.4250	–	o 203.5a (CA) L(IRLP (3310))	KA7STK	------------
St George	449.5250	–	o 100.0 (CA)	KA7STK	------------
St George	449.7000	–	o 100.0	K7SG	------------
St George	449.7250	–	oa	KD7YK	KD7YK
St George	449.7500	–	o 123.0x	N7ARR	------------
St George	449.9500	–	o	NR7K	NR7K
St George	449.9750	–	oa	NR7K	NR7K

STATEWIDE

Location	Output	Input	Notes	Call	Sponsor
All Utah	447.5750	–	op	WA7GTU	Statewide

WASATCH FRONT

Location	Output	Input	Notes	Call	Sponsor
American Fork	449.1750	–	o 131.8	KA7EGC	------------
Antelope Is	447.2000	–	o 127.3x	K7DAV	DCARC
Bountiful	447.2250	–	●	N7TDT	------------
Bountiful	447.4250	–	o 192.8	KD7RTO	------------
Bountiful	447.6500	–	o 123.0p	W7CWK	------------
Bountiful	448.8000	–	● 88.5 RB	KA7SLC	RMRA
Bountiful	449.3500	–	o 123.0	W7CWK	------------
Bountiful	449.9250	–	o 100.0eRB x	K7DAV	DCARC
Brighton	448.2000	–	o 131.8sx	N7HMF	------------
Brighton	449.5250	–	o 146.2 L(147.200)x	K7JL	------------

420-450 MHz   525
UTAH

Location	Output	Input	Notes	Call	Sponsor
BYU Campus	449.0750	–	O 167.9	N7BYU	KI7TD
Clearfield	447.1500	–	O 114.8	KR7K	------------
Clearfield	447.3250	–	O	W7UTA	------------
Clearfield	447.3500	–	O	N7CRG	CSERG
Clearfield	448.8250	–	O 123.0e	KØNOD	------------
Clearfield	449.9500	–	O 123.0 L(IRLP (3876))	NJ7J	------------
Clinton	447.0500	–	O 114.8aRB	KK7AV	------------
Coalville	448.6500	–	●x	WA7GIE	DARS
Coalville	448.9000	–	ORBx	WB7TSQ	------------
Coalville	449.5500	–	O 100 L(IRLP)x	WA7GIE	------------
Delle	449.2250	–	O 100.0e	K7MLA	ERC
Draper	447.3750	–	O	AA7XY	------------
Draper	448.3500	–	O 114.8e	KC7OXI	RMRA
Draper	448.7000	–	O 114.8e	N7IMF	RMRA
Draper	449.7000	–	O 100.0	K7DOU	K7DOU
Eden	447.6000	–	O 123.0 L(IRLP 5480)	KJ7YE	------------
Erda	447.3000	–	O 88.5	N7SLC	------------
Eureka Peak	447.8750	–	Ox	KC7KRY	------------
Eureka Peak	448.2250	–	O 146.2ax	KC7MVI	UVCC
Farmington	447.9250	–	O	KB7CVH	------------
Grantsville	447.4750	–	O 114.8	KK7AV	------------
Heber	448.3750	–	O L(ECHOLINK)	W7CLN	------------
Huntsville	448.0250	–	O 123.0 L(IRLP (3211))	W7DBA	------------
Kamas	448.7500	–	O	KB7MCI	------------
Layton	447.0250	–	Ox	KC7UBP	SLCOARES
Layton	449.2500	–	O 100.0	AI7J	SNP
Layton	449.8750	–	O 167.9x	W7MVK	KD7PB
Lehi	448.8750	–	O 100.0	WB7RPF	ERC
Midway	449.9500	–	O	N7ZOI	------------
Murray	448.1250	–	Oa(CA)	N7HIW	------------
Murray	448.8250	–	O	N7TGX	------------
Ogden	448.2750	–	O 107.2x	WB7TSQ	------------
Ogden	448.5750	–	O 100.0s	W7SU	OARC
Ogden	448.6000	–	O 123.0	W7SU	OARC
Ogden	449.6000	–	O 136.5 E-SUNx	AI7J	------------
Orem	447.2750	–	O	N7HMF	UTCOARES
Orem	447.3250	–	O 114.8	N7KYY	------------
Orem	447.6000	–	O	N7IMF	------------
Orem	449.5750	–	Op	N7FOC	------------
Park City	447.5000	–	O	NZ6Z	------------
Park City	448.4750	–	O	KB7HAF	------------
Payson	447.0000	–	O	NV7V	NV7V
Payson	447.1250	–	Os	N7HMF	UTCOARES
Payson	448.0250	–	O 131.8 RB	N7HMF	------------
Payson	448.2500	–	O 167.9al	WB7NPL	KD7PB
Payson	448.8750	–	●x	WB7RPF	WB7RPF
Payson	448.9500	–	O	WA7FFM	WA7FFM
Pleasant Grove	449.3250	–	O 114.8	N7UEO	------------
Pleasant Grove	449.3750	–	O	N7XHO	------------
Promentory	449.7750	–	OE-SUN RB	N7TOP	------------

420-450 MHz
UTAH

Location	Output	Input	Notes		Call	Sponsor
Provo	447.4250	–	o		N7EVC	------------
Provo	448.3250	–	ox		N7FQ	ARES
Provo	448.9000	–	op		KF7OY	------------
Provo	449.2000	–	op		WA7FFM	------------
Provo	449.4750	–	o		WA7GIE	WA7GIE
			L(449.425 IRLP 5620)x			
Provo	449.6750	–	o	173.8a	K7UCS	UTCOARES
			L(147.28 448.325)			
Provo	449.8250	–	o	167.9	KB7YOT	------------
Provo	449.8500	–	o		WA7FFM	UVRMC
Provo	449.9750	–	o	131.8x	K7UCS	UTCOARES
Riverdale	449.0750	–	o	123.0	W7RSS	------------
			L(ECHOLINK)			
Salem	447.0750	–	o	131.8	N7FQ	------------
Salt Lake	447.1750	–	op		W7SAR	------------
Salt Lake	447.2500	–	o	100.0x	K7MRS	SLCOARES
Salt Lake	447.5250	–	o	107.2e	KF6NHD	------------
			L(IRLP 3188)			
Salt Lake	447.9000	–	o	114.8e	WD7SL	RMRA
			L(RMRA) RBx			
Salt Lake	447.9500	–	op		KD7PB	------------
Salt Lake	448.0000	–	op		K7SLC	SLCOARES
Salt Lake	448.0500	–	o	100.0	KC7NAB	SLPEAKARC
Salt Lake	448.0750	–	o		WD7P	------------
Salt Lake	448.1500	–	ox		KD7IMS	N7HIW
Salt Lake	448.1750	–	o	141.3	KI7DX	WA7X
			L(53.15)x			
Salt Lake	448.4000	–	o	88.5x	K7OJU	------------
Salt Lake	448.4250	–	o	100.0	WD7SL	ERRS
Salt Lake	448.4500	–	o	100.0	K6TUG	SLCOARES
Salt Lake	448.5250	–	o		N7GXT	------------
Salt Lake	448.6250	–	●		WA7GIE	DARS
			L(CACTUS) RBx			
Salt Lake	448.7250	–	ol		WA7GIE	DARS
Salt Lake	448.8500	–	●x		KD7PB	KD7PB
Salt Lake	449.0000	–	●		WA7GIE	DARS
			L(CACTUS) RBx			
Salt Lake	449.0250	–	o	146.2	WA7X	YOUARK
Salt Lake	449.1000	–	o	146.2aex	WA7X	YOUARK
Salt Lake	449.2500	–	op		K7MLA	SNP
Salt Lake	449.2500	–	op		N7BHX	N7BHX
Salt Lake	449.2750	–	o	88.5	K7OJU	------------
			L(IRLP 3407)x			
Salt Lake	449.3000	–	op		K7DOU	------------
Salt Lake	449.4250	–	o		WA7GIE	------------
			L(449.475 IRLP 5620)x			
Salt Lake	449.5000	–	o	100.0ex	K7JL	K7JL
Salt Lake	449.6500	–	o	167.9	KD7PB	KD7PB
Salt Lake	449.7250	–	o	151.4ex	WA7UAH	ERC
Salt Lake	449.7500	–	o		KA7OEI	------------
Salt Lake	449.9000	–	o	100.0	KD0J	SLCOARES
Sandy	447.6250	–	o		KD7IMR	------------
Sandy	448.3750	–	o	167.9	W7ROY	------------
Sandy	449.1500	–	o	100.0x	K7JL	K7JL
Sandy	449.4000	–	o	100.0ae	KD7BAY	K7JL
Spanish Fork	447.4000	–	ox		K7DSN	------------

420-450 MHz   UTAH-VIRGINIA

Location	Output	Input	Notes	Call	Sponsor
Spanish Fork	449.9750	–	O 131.8x	K7UCS	------------
Statewide	449.2500	–	O 100.0	W7DES	SNP
U of U Hospital	448.1000	–	O	KD7NX	------------
West Haven	448.7750	–	O 123 L(449.775)	N7TOP	------------
West Jordan	447.5750	–	O 114.8	K7LNP	------------
West Valley	448.5500	–	O 100.0	W7IHC	IHC Hospital
WEST					
Tooele	449.3500	–	O 100.0	W7EO	TCARES
Vernon	448.9750	–	● L(CACTUS)x	WA7GIE	DARS
Vernon Hills	449.9500	–	O 100.0	W7EO	TCARES
Wendover	448.6750	–	● L(CACTUS) RBx	WA7GIE	DARS
Wendover	449.5500	–	O 100.0 L(IRLP (5620))x	WA7GIE	------------

VERMONT
BURLINGTON

Location	Output	Input	Notes	Call	Sponsor
Bolton	445.0250	–	●tel	WB1GQR	RANV
Burlington	443.1500	+	O 100.0	W1FP	NETARC
Monkton	444.6500	+	O 110.9l	W1AAK	NFMRA
Mt Mansfield	447.1750	–	O 82.5l	W1KOO	BrlngtnARC
Williston	444.9000	+	O 100.0l	N1IOE	N1IOE
CENTRAL					
Killington	444.5500	+	O 110.9el	W1ABI	NFMRA
Pico Peak	444.4000	+	●tl	W1IMD	Radio Guys
Pico Peak	444.5000	+	O 71.9l	KA1UAG	KA1UAG
EAST CENTRAL					
Corinth	443.9000	+	O 131.8l	KA1UAG	KA1UAG
Fayston	449.4750	–	O 100.0l	K1VIT	VT Intercnt
Williamstown	444.6000	+	O 110.9l	W1AAK	NFMRA
Williamstown	447.8750	–	O 100.0l	N1IOE	N1IOE
NORTHEAST					
Burke	449.1250	–	O 71.9	WA1KFX	NFMRA
Jay Peak	447.2250	–	O 100.0	K1JAY	StAlbansRC
NORTHWEST					
St Albans	443.4000	+	O 162.2l	N1STA	StAlbansRC
SOUTHEAST					
Athens	441.6500	+	O 110.9l	K2KDA	W2NH
Mt Ascutney	448.1250	–	●tl	W1IMD	Radio Guys
Newfane	444.7000	+	O 110.9l	WA1KFX	NFMRA
SOUTHWEST					
Mt Equinox	444.0500	+	O 100.0l	K1DF	MtTop Assoc
WEST CENTRAL					
Rutland	449.1750	–	O 100.0e	WA1ZMS	WA1ZMS

VIRGINIA
FREQUENCY USAGE - TMARC AREA

Location	Output	Input	Notes	Call	Sponsor
Snp	442.9000	+			
Snp	447.8750	–			
Abingdon	442.9750	+	O 100.0e	KB8KSP	ARA-SOUTH
Abingdon	444.0250	+	O 103.5l	K4EZ	W4VSP
Accomack	444.3000	+	O 156.7lz	K4BW	K4BW
Altavista	444.4250	+	O 100.0e	WA4ISI	WA4ISI

420-450 MHz
VIRGINIA

Location	Output	Input	Notes	Call	Sponsor
Amelia	443.2000	+		KB4YKV	KB4YKV
Ashburn	442.1000	+	#	KQ4CI	KQ4CI
Ashburn	448.8250	−	#	KQ4CI	KQ4CI
Bassett	442.7250	+	107.2 RB	KF4RMT	KF4RMT
Bedford	444.3500	+	Ol	N4CH	N4CH
Bedfrd/Apl Orc	442.6500	+	O 100.0el	WA1ZMS	MTN TOP AS
Bedfrd/Apl Orc	443.8000	+	O 100.0e	WA1ZMS	MTN TOP AS
Big A Mtn	444.8750	+	O	KB4WTP	KB4WTP
Bluefield	442.4500	+	(CA)	W8MOP	W8MOP
Bluefield	444.6250	+	Oal	WZ8E	ARA-SOUTH
Charlottesvill	442.0750	+	O 151.4ers	KF4UCI	KF4UCI
Charlottesvill	444.2500	+	151.4es	W4TFZ	WA4TFZ
Chesapeake	444.0000	+	162.2	W4CAR	W4CAR
Chester	444.2000	+	107.2e	KD4KWP	KD4KWP
Chesterfield	433.0750	438.7750	l	WA3KOK	NERA
Chesterfield	442.1500	+	O(CA)erWX	KA4CBB	KA4CBB
Chesterfield	442.4500	+	O 107.2elRB	WA3KOK	(NERA)
Christiansburg	444.6500	+	O 107.2aers	WD4BSB	WD4BSB
Clifton Forge	444.3750	+	103.5el	K4IJ	------------
Copper Ridge	444.5500	+	103.5	KB4WTP	KB4WTP
Covington	442.2500	+	O 100.0	WA4PGI	VHF COMM A
Daleville	444.4750	+	103.5el	K4IJ	K4IJ
Danvile/Wht Oa	444.7000	+	O 107.2 (CA) eRBz	K4AU	K4AU
Danville	443.8500	+	Oe	KQ4I	KQ4I
Dismal Peak	443.3250	+	103.5l	K4EZ	W4VSP
Fancy Gap	433.2000	438.8000	Ol	WD4ICX	REISENWEAV
Fancy Gap	441.7500	+	210.7el	NJ1K	NJ1K
Fancy Gap	442.4250	+	146.2l	K4AE	LARC
Fancy Gap	444.1000	+	77.0e	WA4LOY	KA4ZPF
Fancy Gap	444.9000	+	O 100.0	WA4CQK	WA4CQK
Fancy Gap	444.9250	+	100.0	KD4FWS	KD4FWS
Forest	442.4750	+	Oe	AG4AN	AG4AN
Fork Mountain	443.1750	+	136.5e	KG4NVR	KD4TMB
Franklin	444.8250	+	O 131.8aer RB	WT4FP	FRANKLIN P
Fredricksburg	442.8500	+		K4SPT	SPOTSYLVAN
Gasburg	442.0000	+	O#	W4LG	W4LG
Gate City	441.9000	+	103.5aelrwX	K4GV	K4GV
Gate City	444.7000	+	Oael	N4WWB	SCOTT CO A
Gloucester	421.2500	439.2500	O	N4XND	MIDDLE PEN
Gretna/Smith M	444.0750	+	O 123.0 (CA) e	KD4TBC	KD4TBC
Gum Spring	442.8000	+	O 203.5	KB4MIC	KB4MIC
Hampton	443.6500	+	O 173.8aes WX	KG4NJA	WB5POJ
Hampton	443.7500	+	O 100.0p	WA4OHX	WA4OHX
Hampton	444.5500	+	O 167.9	W4QR	SPARK
Henry	442.1000	+	107.2es	KG4UAV	KG4UAV
Hillsville	442.1250	+	O 103.5	KB4YFV	KB4YFV
Hillsville	442.3250	+	O 103.5e	KB4GHT	KB4GHT
Hillsville	444.0500	+	103.5	K4EZ	W4VSP
Independence	443.3750	+	O 103.5l	W4RCT	W4RCT
Itinerant	440.7500	+	123.0#	N4NSP	N4NSP
Jonesville	442.5750	+	O 100.0el	WB4IVB	WM4MD
King George	448.4750	−		K4SPT	SPOTSYLVAN

420-450 MHz   VIRGINIA

Location	Output	Input	Notes	Call	Sponsor
Lexington	444.3000	+	Oae	KI4ZR	RARC
Lexngtn/Rock M	444.1500	+	Ol	KI4ZR	ROCKBRIDGE
Louisa	442.2250	+		KD4OUZ	KD4OUZ
Lynchbg/Jack M	442.4000	+	O 107.2 (CA)e	KF4YI	KF4YI
Lynchbrg/Tob M	444.5000	+	O 136.5 RB	K4CQ	LARC,INC.
Lynchburg	420.0500	426.0500	O 136.5	K4CQ	KB4CVN
Lynchburg	442.3500	+	O 136.5 (CA)e	KE4VNN	------------
Lynchburg	442.9500	+	Ot(CA)	AB4FU	AB4FU
Lynchburg	443.4500	+	O 186.2 (CA)e	KC4RBA	KC4RBA
Lynchburg/T ro	442.2000	+	O 103.5e	N4IFC	N4IFC
Marion	443.1250	+	103.5	K4EZ	W4VSP
Martinsville	442.2250	+	103.5es	KB4ZGO	KB4ZGO
Martinsville	443.3000	+	107.2el	K4IJ	MARTINSVIL
Martinsville	443.7500	+	107.2	W4DLW	W4DLW
Martinsville	443.8250	+	107.2aRB	KF4RMT	KF4RMT
Mill Mountain	442.3000	+	110.9l	KS4KX	KS4KX
Newport	441.9500	+	107.2	K4TUE	KD4BNQ
Newport News	442.9000	+	O 100.0 (CA)	W4MT	PARC
Norfolk	442.9500	+	O 131.8 (CA)elRB	W4VB	K4DA
Norfolk	444.4750	+	127.3 (CA)erswX	W4VB	W4NMH
Norfolk	444.6750	+	O 107.2e	WD4MIZ	WD4MIZ
Oilville	444.8000	+	O 203.5 (CA)	KB4MIC	KB4MIC
Pearisburg	444.6750	+	O 103.5	K4WCH	K4IJ
Pearisburg	444.9750	+	O 103.5e	N4AZJ	DISMAL PEA
Petersburg	442.6000	+	O	K4ARO	K4ARO
Petersburg	443.8250	+	Oe	WB4KZI	WB4KZI
Petersburg	444.9000	+	t(CA)elrWX	K4SRM	WC4VAA
Pops Peak	441.7000	+		N4JNE	N4JNE
Portsmouth	443.8000	+	Oe	W4POX	PORTSMOUTH
Potts Mtn	442.0250	+	107.2ersWX	KC4TJY	KC4TJY
Pound	444.8500	+	O 103.5	KF4VDF	KF4VDF
Powhatan	443.1000	+	O	2008	AC4QG
Prince George	444.2750	+	O 103.5	W4RDF	W4RDF
Pulaski	442.0750	+	107.2l	K4XE	K4XE
Pulaski	442.7750	+	O 91.5e	WS4J	WS4J
Richmnd/Chltvl	444.6500	+	Oe	W4FEG	W4FEG
Richmond	441.6000	+	t(CA)l	WA4AYB	WA4AYB
Richmond	442.3000	+	O 114.8	KC4VDZ	WB4YMA
Richmond	442.5500	+	O 74.4 (CA)elswX	W4RAT	W4RAT
Richmond	444.8500	+	Ot	AB4SF	------------
Richmond	444.9750	+	74.4 (CA)elrWX	W4VCU	WC4VAA
Roanoke	441.7750	+	Ote	K4IJ	K4IJ
Roanoke	442.6000	+	Ot	K4ARO	K4ARO
Roanoke	442.7000	+	Ot	W7CP	W7CP/K1GG/
Roanoke	444.2750	+	103.5el	K4IJ	K4IJ
Roanoke	444.3250	+	103.5l	K4EZ	W4VSP
Roanoke/Mill M	442.7500	+	O 107.2lRB	WD4KZK	WD4KZK
Roanoke/Poor M	442.5000	+	O 107.2e	W4CA.	ROANOKE VA
Roanoke/Poor M	442.8500	+	Oe	N3ZE	ARA-SOUTH

530   420-450 MHz
VIRGINIA

Location	Output	Input	Notes	Call	Sponsor
Roanoke/Poor M	443.6750	+	t	KS4KX	KS4KX
Roanoke/Poor M	444.1750	+	O 103.5el	K4IJ	K4IJ
Roanoke/SugarL	444.8500	+	O 107.2elRB	WD4KZK	N4MGQ
Roanoke/Tinker	444.9250	+	Oe	WB8BON	WB8BON
Slings Gap	444.7750	+	107.2	WD4KZK	WD4KZK
South Boston	443.9250	+	O	KF4AGO	PIEDMONT A
South Boston	444.6250	+	Oe	W4HCH	HALIFAX CO
South Hill	443.5250	+	O 100.0el	KD4MJO	KD4MJO
South Hill	444.1250	+	t(CA)elrwx	W4CMH	WC4VAA
Spoon Mtn	443.4000	+	107.2el	WD4KZK	K4RCA
Staunton	444.8250	+	O 131.8	WA4ZBP	TEL PIO OF
Staunton/El Kn	444.1000	+	O 131.8	KE4CKJ	EKRA
Stuarts Draft	444.0500	+	Oez	KB4OLM	KB4OLM
Virginia Beach	441.9000	+		W4BBR	W4RVN
Virginia Beach	444.4000	+		W4BBR	W4RVN
Virginia Beach	444.9500	+	Oz	WA4KXV	VBEARS
Waynesboro	444.7750	+	151.4e	KF4UCI	KF4UCI
Whitetop Mt	443.0000	+	O 103.5e	KM4X	MTN EMPIRE
Williamsburg	444.1000	+	Oa	KB4ZIN	KC4CMR
Willis	443.8750	+	Oe	W4DUM	W4DUM
Winchester	448.7750	–	146.2	W4RKC	SHEN.VAL A
Wintergreen	444.5500	+	O 136.5	K4CQ	K4CQ
Wytheville	442.0000	+	O 103.5ael RB	K4EZ	K4EZ
Wytheville	442.1750	+	O 103.5	W4VSP	W4VSP
Wytheville	442.5250	+	O 103.5l	K4EZ	W4VSP

DULLES AIRPORT
Location	Output	Input	Notes	Call	Sponsor
Dulles	444.7500	+	O 100.0e	K4IAD	Dulles E-Star

FREDERICKSBURG
Location	Output	Input	Notes	Call	Sponsor
Fredericksburg	442.8500	+	O 107.3els	K4SPT	K4MQF

KING GEORGE
Location	Output	Input	Notes	Call	Sponsor
King George	448.4750	–	O 79.7lrs	K4SPT	SARG

MANASSAS
Location	Output	Input	Notes	Call	Sponsor
Manassas	442.9500	–	Ol	KE2AM	KE2AM

NORTH CENTRAL
Location	Output	Input	Notes	Call	Sponsor
Banco	443.2500	+	O 107.2lWX	K3HOT	NERA
Harrisonburg	443.1500	+	O 131.8 (CA)	KC4GXI	N4DSL
Harrisonburg	444.6000	+		N4YET	N4YET
Haymarket	448.3250	–	r	KT4ER	KT4ER
Haymarket	449.0250	–	156.7el	N3AUY	+KD3R
Madison	444.4000	+	el	N8HON	+KA4RCL

NORTHWEST
Location	Output	Input	Notes	Call	Sponsor
Berryville	442.4750	+		WB2KPH	Mt Wx AR
Bluemont	449.9250	–	146.2	WA4TSC	WA4TSC
Front Royal	442.7250	+	O 107.2elrs WX	N4NRO	K4QJZ +NERA
Front Royal	449.2250	–		N4MKH	CARS
Siler	449.1750	–	141.3erEXP WX	WA4RS	Va Inbred
Winchester	442.0000	+		W3IF	W3IF
Winchester	448.7750	–	O 146.2 (CA) rs	W4RKC	W4KRT

RONALD REAGAN AIRPORT
Location	Output	Input	Notes	Call	Sponsor
Alexandria	444.7500	+	O 203.5e	K4DCA	Dulles E-Star

SOUTH EAST
Location	Output	Input	Notes	Call	Sponsor
King George	448.4750	–	O 131.8l	K3DWW	K3DWW

420-450 MHz
VIRGINIA-WASHINGTON

Location	Output	Input	Notes	Call	Sponsor
SPOTSYLVANIA					
Spotsylvania	442.7000	+	O 114.8aWX	KD4QNA	KD4QNA
STAFFORD					
Stafford	443.8500	+	O 167.9e	K3FBI	FBI ARA
Stafford County	444.4500	+	79.7a(CA)e WXx	WW4VA	SARA
WARRENTON					
Warrenton	442.2500	+	O	W4VA	FARA
WASHINGTON					
Ashburn	448.8250	–	O 79.7	KQ4CI	KQ4CI
WASHINGTON AREA					
Alexandria	444.6000	+	107.2l	W4HFH	Alex RC
Alexandria	444.6000	147.9150	107.2l	W4HFH	Alex RC
Arlington	444.1500	+		WB4MJF	+KI4MB
Arlington	444.5500	+	O 88.5	K4AF	PARC
Arlington	448.6250	–		KD4DSX	ARPSC
Arlington	449.3250	–	151.4/151.4	W8HNT	W8HNT
Bull Run Mtn	447.7750	–	O 107.2 L(VIA NERA)rsWX	WA3KOK	NERA
Dale City	443.1000	+	100.0	N8BOR	LRRC
Fairfax	448.3750	–		K4HTA	VWS
Falls Church	444.3000	+		KF4LWJ	EsysARC
Falls Church	447.4250	–	91.5e	KC1AD	KC1AD
Herndon	443.0000	+		N4LXI	+WB4UKB
Lorton	448.6750	–	100e	WA3TOL	NARC
Loudoun	442.1000	+	77.0al	WA4TXE	WA4TXE
Manassas	442.2000	+	Oa(CA) TTelz	W4OVH	OVHARC
Tysons Corner	443.5000	+	156.7	KM4FI	FI Assoc
Tysons Corner	447.0250	–	OA(911)ers	NV4FM	NVFMA
Woodbridge	444.8500	+	156.7	KA4DCS	KA4DCS
Woodbridge	444.9000	+	O 127.3 (CA) e	W4IY	WWI
WEST CENTRAL					
Linden	442.3500	+	Oa	N3UR	N3UR

WASHINGTON
FREQUENCY USAGE - EAST WASH LINK

Location	Output	Input	Call
Spokane	430.0750	439.0750	AK2O
Spokane	430.1750	439.1750	AK2O
Spokane	439.0750	430.0750	AK2O
Spokane	441.2500		AK2O
Spokane	446.2250	–	AK2O
Spokane	446.2500	446.2500	AK2O
Wenatchee	430.0250		AK2O
Wenatchee	430.1000		KB7TYR
Wenatchee	430.3500		KB7TYR
Wenatchee	439.0250	430.0250	AK2O
Wenatchee	439.1000		KB7TYR
Wenatchee	439.1750	430.1750	AK2O
Wenatchee	439.3500		KB7TYR
Wenatchee	440.8750		WA7PUD
Wenatchee	441.2250	+	AK2O
Yakima	442.6250	+	● WA7SAR

FREQUENCY USAGE - IACC AREAS

Location	Output	Input	Notes
Snp	443.0000	+	t

532   420-450 MHz
WASHINGTON

Location	Output	Input	Notes	Call	Sponsor
W WA - FREQUENCY USAGE					
	440.0000	+		SHARED (SNP)	
	440.0250			CROSS-BAND USE	
	441.0000			SIMPLEX- DATA	
	443.0000	+		SHARED (SNP)	
	446.0000			SIMPLEX	
420.0000 to	426.0000			MIXED-ATV/LINKS/EXPERI	
426.0000 to	432.0000			MIXED-ATV/LINKS/EXPERI	
430.8000 to	430.9750			PACKET	
433.0000 to	435.0000			MIXED USE	
438.0000 to	440.0000			LINKS/OTHER	
439.8000 to	439.9750			PACKET	
440.0500 to	440.6750			RPTR OUTPUTS (25KHZ S	
440.7000 to	440.7750			PACKET RPT OUT (25KHZ	
440.8000 to	440.9000			SIMPLEX-DATA	
440.9250 to	444.9750			RPTR OUTPUTS (25KHZ S	
445.0000 to	445.6750			RPTR INPUTS (25KHZ SPA	
445.7000 to	445.7750			PACKET RPT IN	
445.8000 to	445.9000			SIMPLEX-VOICE (25KHZ S	
445.9750 to	446.0250			SIMPLEX-VOICE (25KHZ S	
446.0500 to	449.8750			RPTR INPUTS (25KHZ SPA	
E WA - CHELAN					
McNeal Canyon	444.5250	+		K7SMX	K7SMX
E WA - CLARKSTON					
Clarkston	442.4000	+	131.8	N7SAU	N7SAU
W of Lewiston Hill	444.3750	+	131.8	N7SAU	N7SAU
E WA - CLE ELUM					
Cle Elum	444.9250	+	131.8 (CA)ez	WA7HNH	WA7HNH
Sky Meadows	442.2000	+	O	WR7KCR	KCRA
E WA - DAYTON					
Skyline Rd Tower	444.4750	+	● 123.0el	N7LZM	N7LZM
E WA - DEER PARK					
Scoop Mtn	444.6500	+	123.0	KA7ENA	KA7ENA
E WA - ELLENSBURG					
Ellensburg	444.8250	+		KB6KJX	KB6KJX
E WA - EPHRATA					
Beezley Hill	443.9000	+	O	W7TT	CWARC
Beezly Hill	444.9000	+	O 100.0	W7DTS	W7DTS
E WA - GOLDENDALE					
Juniper Point	443.3500	+	82.5el	KF7LN	KF7LN
E WA - HARTLINE					
Hartline	443.5000	+	173.8	WA7ZFX	WA7ZFX
E WA - LIBERTY LAKE					
Liberty Lake	443.4750	+	O 88.5 (CA)e	W7TRF	AARG
Liberty Lake	443.6500	+	●l	W7TRF	AARG
E WA - LIND					
Lind Hill	443.7000	+	123.0 L(145.390) RB	N7HZS	N7HZS
E WA - LOON LAKE					
Ne Wash	444.6750	+	● 114.8p	WB7UCI	WB7UCI
E WA - MABTON					
Missouri Falls	443.8250	+	O	KB7CSP	KB7CSP
E WA - NEWPORT					
Cooks Mtn	444.5750	+	O	KB7TBN	PCARC
E WA - NORTHEAST					
Stranger Mtn	443.6000	+	123.0	WA7RVV	KA7ENA

WASHINGTON
420-450 MHz

Location	Output	Input	Notes	Call	Sponsor
E WA - OKANOGAN					
Pitcher Mtn	443.5500	+	100.0	W7GSN	ORA
E WA - PLYMOUTH					
Sillusi Butte	444.3250	+	O 123.0	KC7KUG	HARC
E WA - PROSSER					
Prosser	444.8750	+	141.3	WB7WHF	WB7WHF
E WA - PULLMAN					
Pullman	444.3000	+	103.5	KC7AUI	KC7AUI
E WA - RICHLAND					
Rattlesnake	444.1000	+	100.0	WB7WHF	WB7WHF
E WA - SOAP LAKE					
Soap Lake	444.5500	+	103.5 (CA)	KB7WPU	KB7WPU
E WA - SPOKANE					
Hwy 27	444.4250	+	O 136.5	N7FM	N7FM
Krell Hill	444.1250	+	● 100.0	KC7AAD	KC7AAD
Lookout Mtn	444.1500	+	107.2	N7BFS	N7BFS
Lookout Mtn	444.2000	+	84.5	N7BFS	N7BFS
Mica Peak	444.8500	+	l	K7LVB	K7VLB
Paradise Rim	444.3000	+	114.8	W7RGW	W7RGW
Riblets	444.9000	+	123.0	WR7VHF	IEVHF
Spokane	442.0250	+	O	W6LNB	W6LNB
Spokane	442.4250	+	O	N7XKP	N7XKP
Spokane	443.8500	+	114.8	KD7IKZ	KD7IKZ
Spokane	444.3500	+	192.8	N1NG	N1NG
Spokane	444.7000	+	141.3l	AK2O	SpRptGrp
Spokane Co Emer Rptr	443.4000	+	100.0	AD7FO	AD7FO
Spokane/Stevens Emer Rptr	444.6750	+		WB7UCI	WB7UCI
Tower Mtn	443.8000	+	123.0	KA7ENA	KA7ENA
E WA - TRI-CITIES					
Kennewick	443.7750	+	O 100.0	W7JWC	W7JWC
Kennewick	443.9500	+	●(CA)l	W7UPS	W7UPS
Kennewick	444.4000	+	● 250.3	KD7JC	KD7JC
E WA - WALLA WALLA					
Hertzer Pk	443.4500	+	123.0	WA7ZAY	WA7ZAY
E WA - WENATCHEE					
Badger Mtn	444.7500	+	100.0ae	N7RHT	N7RHT
Naneum Ridge	442.5500	+	O 173.8l	WA7HNH	WA7HNH
Wenatchee	443.6500	+	Oa	KB7MWF	KB7MVF
Wenatchee Mtn	444.4500	+	100.0	KB7OPW	WA7ZFX
E WA - WINTHROP					
Mazama	444.8500	+	127.3	WA6WUI	WB6WUI
Winthrop	444.8000	+	110.9lRB	KB7SVP	KB7SVP
E WA - YAKIMA					
Bethel Ridge	444.6000	+	123.0	WA7SAR	YakSO
Selah	444.8000	+	123.0	KC7VQR	KC7VQR
W Rattlesnake	444.5500	+	O	KC7IDX	KC7IDX
E-WA-YAKIMA					
Selah	444.2750	+	O	W7HAR	W7HAR
NORTH WILLAMETTE VALLEY					
Vancouver	442.3750	+	O 123.0ael	AB7F	AB7F
NORTHEAST					
Plymouth	449.3250	–	Ol	KC7KUG	HARC
NW OREGON & SW WASHINGTON					
Vancouver	444.5500	+	O 131.8e	N7XMT	WB7DFV

420-450 MHz
WASHINGTON

Location	Output	Input	Notes	Call	Sponsor
PORTLAND METRO					
Vancouver	440.1500	+	o	KB7PSM	IRRA
Vancouver	443.6750	+	o 107.2	N7JCK	N7JCK
Vancouver	443.9000	+	o 179.9	KE7FBE	KE7FBE
SOUTHWEST WASHINGTON					
Battle Ground	444.7250	+	o 107.2	K7BPR	BPRA
Hazel Dell	443.8000	+	o 100.0	KC7QPD	KC7QPD
LaCenter	444.9250	+	o 94.8	K7ABL	K7ABL
Longview	440.3750	+	o 123.0el	AB7F	AB7F
Vancouver	443.1250	+	o 94.8e	W7AIA	CCARC
Vancouver	443.9250	+	oe	W7AIA	CCARC
Vancouver	444.6500	+	o 118.8	N7QXO	N7QXO
W WA - BREMERTON					
Bremerton	440.6000	+	o 103.5el	AA7SS	NW Filipino
W WA - DARRINGTON					
Darrington	442.6750	+	o 127.3ael	KB7UVB	------------
W WA - FORKS					
Forks	443.4000	+	o 114.8a (CA)ez	K7PP	P Policani
W WA - FRIDAY HARBOR					
Roche Harbor	441.6000	+	● 131.8 (CA) e	W6QC	------------
W WA - GRAYS HARBOR COUNTY					
Aberdeen	444.6000	+	o 100e	KA7DNK	------------
Aberdeen	444.8250	+	o 118.8el LITZ	N7UJK	N7UJK
Cosmopolis	444.7000	+	o 118.8el LITZ	W7EOC	AuxEmerCo
Neilton	444.7000	+	o 118.8ael LITZ	W7EOC	AEC
W WA - ISLAND COUNTY					
Camano Island	441.0500	+	o 103.5 (CA) e	KC7MAP	Stan/Cameno
Oak Harbor	441.1750	+	o 123	AA7SS	------------
W WA - JEFFERSON COUNTY					
Matts Matts	442.5250	+	● 103.5a	WR7V	M McKibbin
W WA - JEFFERSON COUNTY-EAST					
Port Townsend	441.3250	+	o 103.5aelz	KA7ZEM	------------
W WA - KING COUNTY					
Bellevue	441.1000	+	o 156.7e	KC7IYE	A Jones
Bellevue	444.6000	+	o 103.5e	K7WHX	D Corn
Kirkland	441.0750	+	o 103.5el	AA7UJ	J Schurman
Mercer Is	440.1500	+	o 103.5e	W7IAG	MIRO
Mercer Island	440.1750	+	o 103.5	KA7PMC	------------
Newcastle	441.4750	+	o 100e	W7AKA	G Underwood
Redmond	440.6750	+	o 103.5e	N6OBY	Redmd ARES
Seattle	440.7750	+	o	W7ACS	Seattle ACS
Seattle	444.0000	+	o 103.5l	K7SPG	K7SPG/K7SAG
Seattle	444.2250	+	o 123e	KC7LFW	------------
Squak Mtn	444.5250	+	o 103.5e	N7KGJ	JOE BASTA
Woodinville	442.7750	442.7750	o 100e	WA7TZY	& K6RFK
W WA - KING COUNTY-EAST					
Duvall	441.8500	+	o 203.5e	N6TJQ	Microsoft
Issaquah	440.7000	+	oe	NV7P	WETNET
North Bend	442.7250	+	o 103.5e	W7EFR	EFR ARC

420-450 MHz WASHINGTON

Location	Output	Input	Notes	Call	Sponsor
W WA - KING COUNTY-NORTH					
Bothell	444.8250	+	○ 103.5aelz	WW7MST	Medical Svcs
W WA - KING COUNTY-SOUTH					
Federal Way	442.9500	+	○ 103.5ae	WA7FW	D Swartz
W WA - KITSAP COUNTY					
Bainbridge Island	440.2000	+	○ 103.5	K7LD	Jim Kenny
Bremerton	441.2750	+	○ 110.9l	N7XOJ	R Kolste
Kingston	442.2250	+	○ 100e	W7KWS	------------
Port Orchard	444.1000	+	○ 100 (CA)z	K7BTZ	E Beetz
W WA - LEWIS COUNTY					
Chehalis	443.4500	+	○ 103.5e	K7KFM	------------
Napavine	444.0750	+	○ 123e	K7PG	------------
W WA - LONG BEACH					
Chinook	444.9250	+	○ 118.8el	NM7R	------------
Long Beach	444.8000	+	○ 118.8el	NM7R	BEACHNET
W WA - OLYMPIA					
Lacey	442.4750	+	○ 100ae	WC7I	S Ward
W WA - PACIFIC COUNTY					
Bay Center	444.4000	+	○ 118.8l	NM7R	Pac CO ARES
Naselle	440.6750	+	○ 118.8el	NM7R	BEACHNET
South Bend	442.6750	+	○ 118.8el	NM7R	Beach-net
W WA - PIERCE COUNTY					
Graham	442.3500	+	○ 141.3az	W7MYR	Rick Myr
Tacoma	441.3750	+	○ 103.5el	W7NTF	Lakewood
Tacoma	441.9000	+	○ 173.8 (CA)	KB7RII	Edwin Grafton
Tacoma	442.4500	+	○ 103.5 (CA) lz	KE7LE	STARS
Tacoma	443.8250	+	○ 88.5a(CA) ez	N7WGR	------------
Tacoma	444.7500	+	○ 192.8ael	KB7CNN	------------
W WA - PIERCE COUNTY-SOUTH					
Pack Forest	443.9750	+	○ 100e	W7PFR	Gobblers
W WA - PUGET SOUND					
Baldi Mtn	442.6250	+	○ 103.5	W7NTF	Gary Kohtala
Baldi Mtn	446.2250	–	● TTe	K7PP	------------
Baldi Mtn	446.2500	–	● TTl	K7PP	------------
Bremerton	441.7500	+	○ 103.5e	W7UDI	PSE ARG
Bremerton	444.8000	+	○ 100	K7OET	------------
Buck Mtn	441.2000	+	● 2805a(CA) DCS(2805)el	K7PP	P Policani
Buck Mtn	443.4000	+	○ 123a(CA)e l	K7PP	K7PP
Electron	444.2500	+	○ 103.5e	W7UDI	PSE ARG
Graham	444.6750	+	○ 127.3e	N7BUW	B Mizener
Green Mtn	443.6750	+	○ 103.5	W6TOZ	------------
Issaquah	444.4000	+	● 103.5	WA7NAN	B St Andre
Lake Forest Park	444.1500	+	○ 100a	W7GVJ	M Mueller
Maynard Hill	442.4250	+	○ 103.5e	W7UDI	PSE ARG
North Bend	441.7750	+	○ 103.5e	W7UDI	PSE ARG
North Bend	442.1500	+	○ 103.5	W7SYS	------------
Rattlesnake Mt	443.1250	+	○ 103.5 (CA) e	N7UMO	N7UMO
Seattle	442.9000	+	○ e	WA7LZO	------------
Seattle	444.3750	+	○ 203.5l	AJ7JA	AJ7JA.COM
Seattle	444.7000	+	○ 103.5a	WA7QIH	------------
Seattle	444.8250	+	○ 103.5el	W7SRZ	------------

420-450 MHz
WASHINGTON

Location	Output	Input	Notes	Call	Sponsor
Shelton	444.4500	+	O 100	KD7HTE	KD7HTE
South Mtn	441.9250	+	O 100	W7UVH	W7UVH
Three Sisters	444.6750	+	O 136.5e	N7BUW	B Mizener
Tiger Mtn East	442.3000	+	O 114.8	W7FHZ	------------
Vashon Island	443.5000	+	O 103.5	W7VMI	------------
W WA - PUGET SOUND-NE					
Bothell	441.1250	+	O 123a	WB0CZA	WB0CZA
W WA - PUGET SOUND-NORTH					
Anacortes	441.7000	+	O 103.5e	W7UDI	PSE ARG
Cultas Mtn	442.2750	+	● 103.5	WA7NAN	------------
Everett	441.9500	+	O 103.5l	K5IN	------------
Monroe	443.2250	+	O 103.5e	K7MJ	------------
Mt Vernon	444.3500	+	O 100e	K7OET	------------
Port Ludlow	441.5750	+	O 103.5a (CA)ez	N7PL	Pt Ludlow
Sequim	442.1250	+	O 123el	KC7LGT	------------
Sequim	444.9000	+	O 131.8e	K6MBY	------------
Tulalip	443.0000	+	O 127.3a (CA)ez	KC7BNP	------------
W WA - PUGET SOUND-SOUTH					
Crawford Mtn	441.4000	+	O 103.5elz	NT7H	Oly ARES
Dupont	442.9250	+	O 110.9e	W7CPU	IEARS
Gold Mtn	441.2500	+	● 97.4el	K7PP	K7PP
Olalla	440.2250	+	O 103.5 (CA) l	WR7HE	H Entz
Puyallup	442.1250	+	Oe	NV7P	WETNET
Puyallup	442.7000	+	O 88.5 (CA)e l	N7WGR	S PS EMA
Puyallup	442.8500	+	O 141.3 (CA) l	W7MYR	------------
Tacoma	441.1250	+	O 123ae	WB0CZA	WB0CZA
Tiger Mtn East	442.5750	+	● 156.7	WR7JM	J-Mar Comm
University Place	442.3750	+	● 103.5e	K7NP	Univ Pl RG
University Place	443.1500	+	● 107.2e	N7EHP	Rick Hyde
W WA - RENTON					
Renton	444.8500	+	O 103.5el	K7OV	David Eakins
W WA - SAN JUAN COUNTY					
San Juan Islands	443.4500	+	O 103.5e	N7JN	SJCARS
W WA - SEATTLE					
Seattle	441.8250	+	Oe	NV7P	WETNET
Seattle	442.8250	+	O 103.5a	WB7AHT	WB7AHT
Seattle	443.0000	+	O 141.3e	W7ACS	------------
Seattle	443.5500	+	O 103.5ael	W7SRZ	WW7MST
Seattle	444.2000	+	O 100e	K7MLR	K7MLR
West Seattle	441.8000	+	O 141.3e	W7AW	W Sea ARC
W WA - SEATTLE-NORTH					
Shoreline	440.2750	+	● 103.5	WA7NAN	------------
Shoreline	440.3000	+	O 103.5e	KC7ONX	Ron Burden
W WA - SKAGIT VALLEY					
Lyman Hill	444.5000	+	O 103.5	WA7ZUS	Mike Olds
W WA - SNOHOMISH COUNTY					
Everett	441.1500	+	O 123el	KD7BQH	------------
Everett	443.3500	+	O 103.5	KA7BZA	------------
Granite Falls	441.4000	+	O 103.5e	WB7ELY	------------
Jim Creek	443.8750	+	O 103.5e	W7UFI	SnoCo Hams
Lynnwood	441.8750	+	O 103.5l	K5IN	EARS

420-450 MHz   537
WASHINGTON

Location	Output	Input	Notes	Call	Sponsor
Marysville	443.1250	+	O 110.9 (CA) e	N7UMO	------------
Marysville	444.9000	+	● 146.2a (CA)ez	K7RUE	------------
Mukelteo	443.9250	+	O 100	W7FLY	Bearons
Snohomish	442.9750	+	O 103.5e	W7ERH	Bill Rourke
Sultan	444.1250	+	O 103.5e	W7SKY	SVARC
W WA - SNOHOMISH COUNTY-SOUTH					
Mountlake Terrace	443.7250	+	O 127.3e	N7BTI	------------
W WA - SNOQUALMIE VALLEY					
Duvall	443.2500	+	O 123e	KE7GFZ	------------
Snoqualmie	444.9250	+	O 88.5e	KE7FDW	------------
W WA - TACOMA					
Tacoma	440.6250	+	O 103.5e	W7DK	RC Tacoma
Tacoma	444.1750	+	O 103.5a (CA)ez	K7HW	------------
Tacoma	444.4250	+	O 103.5	W7FHZ	------------
W WA - THURSTON COUNTY					
Olympia	440.5500	+	O 103.5el	WW7MST	MED NET
Olympia	444.3250	+	● 100e	W7USJ	Pat Senko
W WA - THURSTON COUNTY-NORTH					
Olympia	440.7250	+	O	NT7H	OARS
W WA - WASHINGTON-NW					
Blyn Mtn	442.1000	+	O 100e	W5RFL	Charles Metz
Lookout Mtn	443.7500	+	O 103.5e	WA7ZWG	MtBaker ARC
Lyman Hill	442.4000	+	O 107.2e	W7UMH	------------
Maynard Hill	441.1250	+	O 123ael	WB0CZA	WB0CZA
Mt Constitution	442.7500	+	O 103.5el	W7UMH	10/6/440 RG
Mt Constitution	444.0500	+	O 103.5 (CA) elz	K7SKW	MtBaker ARC
Port Angeles	444.7750	+	O 103.5	KJ7XE	Casey Hicks
Sequim	442.0500	+	O 103.5 (CA) el	KO6I	------------
W WA - WASHINGTON-SOUTH					
Kelso	440.5250	+	O 114.8a	W7JM	------------
W WA - WASHINGTON-SW					
Grays Harbor	444.9500	+	O 114.8el LITZ	N7UJK	GraysHarbor
Kalama	442.8250	+	O 131.8 TTl	WB7DFV	------------
Longview	442.1250	+	O 114.8el	N3EG	------------
Longview	444.9000	+	O 114.8e	W7DG	LCARA
Megler Mtn	440.9250	+	O 100e	N7BAG	B Gulleff
Megler Mtn	444.5000	+	O 100e	N7BAG	B Gulleff
Mt Brynion	444.1250	+	O 114.8e	K7WF	Longview RG
Neilton Peak	444.9500	+	O 118.8ael LITZ	W7EOC	GraysHarbor
Randle	444.8750	+	O 100el	AB7F	------------
Raymond	441.3000	+	● 127.3 (CA) l	K7PP	------------
Raymond	443.8250	+	O 103.5 (CA) e	KA7DNK	KA7DNK
Rooster Rock	444.9750	+	O 110.9	KB7WVX	M Dawes
Shelton	443.2500	+	O 100e	N7SK	MCARC
W WA - WASHINGTON-WEST					
Buck Mtn	442.5000	+	O 123e	W2ZT	------------
Cougar Mtn	442.3250	+	O 131.8a (CA)l	K7MMI	------------

538   420-450 MHz
WASHINGTON-WEST VIRGINIA

Location	Output	Input	Notes	Call	Sponsor
Cougar Mtn	443.7000	+	● 103.5e	WA7EBH	------------
Cougar Mtn	443.7750	+	O 103.5e	W6TOZ	SeaTac Rptr
Gold Mtn	442.6500	+	O 103.5 (CA) ez	WW7RA	------------
Grass Mtn	444.6250	+	O 136.5el	WC7AAO	RAVEN
Tiger Mtn East	442.0250	+	O 103.5e	W7WWI	------------
Tiger Mtn East	442.2750	+	O 114.8	W7FHZ	------------
Tiger Mtn East	442.6000	+	● 127.3e	K7DNR	------------
Tiger Mtn East	443.3000	+	O 114.8	W7FHZ	------------
Tiger Mtn East	443.3250	+	O 103.5el	N6OBY	WA 6-PAK
Tiger Mtn East	444.6500	+	O 131.8 (CA) el	WA7HTJ	PS RTTY RG
Tiger Mtn West	441.1250	+	O 123e	WB0CZA	WB0CZA
Tiger Mtn West	442.0750	+	O 110.9e	K7NWS	BEARS
Tiger Mtn West	443.9000	+	Oe	K7NWS	------------

W WA - WHATCOM COUNTY

Location	Output	Input	Notes	Call	Sponsor
Bellingham	441.9250	+	O 103.5e	N7FYU	Allen Hart
King Mtn	443.6500	+	O 103.5l	K7SKW	MtBaker ARC

W WA - YELM

Location	Output	Input	Notes	Call	Sponsor
Yelm	444.9250	+	O 103.5az	WQ7A	WQ7A

WEST VIRGINIA
FREQUENCY USAGE: T-MARC AREA

Location	Output	Input	Notes	Call	Sponsor
Snp	442.9000	+			
Snp	447.8750	–			
Alderson	444.4000	+	100.0el	KC8IT	N8LVE
Beckley	443.0500	+	O 123.0e	N8FWL	N8FWL 222
Beckley	444.1250	+	Ote	N8LVE	------------
Beckley/Bolt	443.2250	+	ORB	W8LG	------------
Beckley/Oak Hi	444.5250	+	O 110.9l	WB8YST	WB8YST
Beckley/Oak Hill	444.8000	+	O 100.0	WV8B	ARA NORTH
Beckly/Oak Hill	443.1000	+	107.2lr	KE4QOX	KE4QOX
Belington	444.9000	+	O 141.3e	N8SCS	N8SCS
BLFD-WindmillG	444.4500	+	123	W8MOP	EAST RIVER
Bluefield	443.6250	+	O 100.0el	WZ8E	ARA-SOUTH
Bolt	444.2500	+	151.4	AB8DY	AB8DY
Buckhannon	444.2500	+	Oaez	N8ZAR	N8ZAR
Buckhannon	444.4750	+	O 146.2ers	K8VE	K8VE
Charleston	442.9250	+	O 71.9	KB8QKM	------------
Charleston	443.3000	+	123.0	WS8L	HUNT KNOB
Charleston	444.3500	+	O 107.2elRBz	WB8YST	WB8YST
Clarksburg	444.1750	+	O 103.5	N8FMD	N8FMD
Cross Lanes	444.5000	+	151.4	AB8DY	AB8DY
Elkins	444.8500	+	162.2	N8RLR	N8RLR
Fairmont	443.8750	+	O 103.5a	W8SP	MOUNTAINEE
Flatwoods	444.2000	+	O	W8FES	N8ZVK
Gilbert	442.7250	+	tel	KB8PCW	KB8PCW
Glenville	444.3250	+	O	KA8ZXP	KA8ZXP
Grafton	444.7500	+	118.8l	WD8LNB	WD8LNB
Hamlin	443.9500	+	123.0aer	N8IKT	N8IKT & LI
Hernshaw	444.7000	+	203.5l	WB8CQV	WB8CQV
Hinton	443.9000	+	O 100.0e	KC8CNL	BLUESTONE
Huntington	421.2500	434.0000	Oe	WA4GSS	OHIO VALLE
Huntington	443.0000	+	Oe	N8HZ	WPBY-TV RP

WEST VIRGINIA-WISCONSIN

Location	Output	Input	Notes	Call	Sponsor
Huntington	443.5500	+	162.2l	KB8TGK	KB8TGK
Huntington/Cha	443.8500	+	162.2el	KB8TGK	KB8TGK
Huntington/Cha	444.8500	+	O 131.8	WB8ZER	WB8ZER
Hurricane	444.0750	+	O	K8WRF	------------
Kenova	443.6000	+	O 162.2l	KC8PFI	KC8PFI
Keyser	444.1250	+	O 103.5l	N8RCG	N8RCG
Lewisburg	444.7250	+	O 103.5	KF8FO	KF8FO
Morgantown	444.7000	+	O 103.5l	W8MWA	MWA
Morgantown	444.8000	+	Oe	W8CUL	WVU ARC
Moundsville	444.0750	+		KC8FZH	KC8FZH
Mullens	444.0000	+	100	KC8IT	KC8IT
Parkersburg (o	444.1000	+	O(CA)eRB	N8ILO	N8ILO
Pennsboro	442.8500	+	O 103.5e	WB8NSL	WB8NSL
Petersburg	442.1500	+	127.3el	KC8VBC	KC8VBC
Princeton	443.7000	+	O 123.0ae	KB8UJG	KB8UJG
Red House	444.2250	+	123.0aelWX	WV8AR	WV AMATEUR
Richwood	443.3750	+	O 123.0	KC8SDN	KC8SDN
Richwood	443.4750	+	O	KB8YDD	WA8YWO
Rockport	443.3500	+	O 123.0ae	N8LHL	N8LHL
Shirley	444.4250	+	Ote	KB8TJH	KB8TJH
So Charleston	444.9500	+	O 203.5lRB	WB8CQV	WB8CQV
St Joseph	444.8750	+	123.0e	W8CAL	W8CAL
Stonewood	443.2750	+	91.5	KD8TC	KD8TC
Terra Alta	443.1750	+	O 141.3el	K8VE	K8VE
Thomas	441.9000	+	103.5l	K7SOB	K7SOB
Welch	443.7250	+	O	N8SNY	N8SNY
Weston	443.9750	+	123	N8MIN	N8MIN
Weston	444.6000	+	O	KA8TCF	KA8TCF
Wheeling	421.2500	434.0000	O#	KB8QHO	KB8QHO
Wheeling	441.9500	+		N8EKT	N8EKT
Wheeling	443.0250	+	O 156.7ar WX	KA8YEZ	KA8YEZ/O.C
Wheeling	444.5750	+	156.7	W8MSD	W8MSD
Wheeling	444.9750	+	O	N8EKT	N8EKT
CAPACON MTN					
Berkeley Springs	442.4500	+	107.2ls	WA3KOK	N.E.R.A.
Berkeley Springs	443.8500	+	O 123.0el	KK3L	KK3L
CHARLESTOWN					
Ranson	448.9750	–	O 77.0/97.4r	KD8DMI	K8DSJ
EAST					
Moorefield	442.4000	+	O 127.3a	K7SOB	K7SOB
NE					
Berkeley Springs	444.7500	+		K7SOB	K7SOB
Berkeley Springs	447.1750	–	O 123	N2OCW	N2OCW

WISCONSIN
NORTH CENTRAL 114.8

Location	Output	Input	Notes	Call	Sponsor
Gillett	444.2250	+	O 107.2	WØLFE	WØLFE
Granton	444.0500	+	O 114.8	N9RRF	N9RRF
Presque Isle	443.0250	+	O 114.8ers	KC9AMX	KC9AMX
Rudolph	444.3250	+	O 114.8e	WD9GFY	WERA
Sayner	444.4000	+	114.8elx	N9QIP	W.I.N.
Stevens Point	444.7000	+	O 114.8 (CA) el	KC9NW	KC9NW
Tomahawk	444.5750	+	O	N9CLE	TOM RPT A
Waupaca	444.6750	+	O 114.8ae	AA9NV	AA9NV

540 420-450 MHz
WISCONSIN

Location	Output	Input	Notes	Call	Sponsor
Waupaca	444.9000	+	O 114.8l	N5IIA	N5IIA
Wausau	442.2000	+	O 114.8elx	N9QIP	N9QIP
Wausau	443.3250	+	O 100.0l	KA9HQE	KA9HQE
Wausau	443.7500	+	O 71.9 (CA)e lWXxz	KC9NW	KC9NW
Wausau	444.1000	+	O 114.8aWXxz	W9SM	W.V.R.A.
Wausau	444.3000	+	O 114.8 (CA) ex	W9BCC	R.M.R.A.
Wausau	444.4250	+	114.8eWXx	W9SM	W.V.R.A.

NORTH EAST 100.0

Location	Output	Input	Notes	Call	Sponsor
Appleton	442.1750	+	O 100.0 (CA) ers	W9RIC	W9RIC
Appleton	443.6500	+	O 100.0rs	W9ZL	FCARC
Fond Du Lac	442.4000	+	O 107.2elx	N9QIP	W.I.N.
Fond Du Lac	442.4500	+	O 107.2	W9OSH	W9OSH
Fond Du Lac	443.8750	+	O 100.0 WX	N9WQ	NFDL ARS
Fond Du Lac	444.6000	+	O 123.0lx	N9GMT	FM38
Green Bay	443.5000	+	O 107.2 (CA) el	KB9AMM	TEARUG
Green Bay	444.2000	+	O 118.8	WA9RFT	WØLFE
Green Bay	444.5500	+	O 107.2e	KB9GKC	KB9GKC
Green Bay	444.7750	+	O 107.2 (CA) exz	K9EAM	G B M&K
Kaukauna	444.4500	+	O 107.2	ND9Z	ND9Z
Menasha	442.9750	+	O 100.0e	N9RJZ	N9RJZ
Oshkosh	442.0750	+	O 107.2e	N9GDY	N9GDY
Plymouth	443.2250	+	O 107.2ers WX	KD9TZ	S CTY 440
Plymouth	444.3500	+	O 114.8ex	WE9R	WERA
Porterfield	444.4000	+	100	W4IJR	W4IJR
Sheboygan	442.9000	+	O 107.2	AC9A	AC9A
Sturgeon Bay	444.0000	+	O 107.2l	K9KJM	K9KJM

NORTH WEST 110.9

Location	Output	Input	Notes	Call	Sponsor
Bayfield	443.8500	+	Olx	NØBZZ	LSAC
Beldenville	443.2250	+	O 110.9ae	NØNIC	B.A.T.S.
Chippewa Falls	442.3000	+	O 110.9	WD9HFT	WD9HFT
Chippewa Falls	444.0000	+	O 110.9	WD9HFT	WD9HFT
Colfax	442.8000	+	O 110.9elx	N9QIP	N9QIP
Colfax	444.3500	+	O 110.9	W9RMA	W9RMA
Durand	443.4000	+	O 110.9e	WB9NTO	WB9NTO
Eau Claire	443.3000	+	O 110.9e	KB9R	KB9R
Holcombe	444.5250	+	O 110.9lx	N9LIE	N9LIE
Hudson	444.9250	+	O 110.9e	N9NGH	N9NGH
New Richmond	444.6750	+	O 110.9lx	N9LIE	N9LIE
Park Falls	444.7500	+	OeWX	KA9EOK	PRICE CRA
Rice Lake	442.1000	+	O 110.9elx	N9QIP	W.I.N.
Rice Lake	443.6500	+	O 110.9ers	W9GDH	ARC2
River Falls	443.0250	+	O 110.9ael WXx	N9QIP	W.I.N.
Spooner	444.8000	+	Ol	W9AEA	W9AEA
Spooner/Hertel	443.5000	+	Oaelz	KB9OHN	BARS

SOUTH CENTRAL 123.0

Location	Output	Input	Notes	Call	Sponsor
Baraboo	443.5750	+	O 123.0ex	N9BDR	Empire Twr
Baraboo	443.9000	+	100.0elx	N9QIP	W.I.N.
Baraboo	444.5000	+	O 123.0elx	N9GMT	FM-38

420-450 MHz   541
WISCONSIN

Location	Output	Input	Notes	Call	Sponsor
Berlin	444.9500	+	123.0lx	N9GMT	N9GMT
Big Flats	444.7250	+	O 114.8e	N9WYQ	N9WYQ
Cambridge	443.0000	+	O 123.0l	KA9FUR	KA9FUR
Clinton	443.1750	+	O 123.0e	K9RIJ	C.A.T.S.
Coloma	442.6750	+	O 123.0ex	W9LTA	W9LTA
Delavan	443.3750	+	O 123.0 WX	KA9EKG	KA9EKG
East Troy	440.7750	+	127.3l	N9WMN	N9WMN
Edgerton	442.3000	+	O 123.0elWXx	N9QIP	W.I.N.
Elkhorn	443.7000	+	O 123.0ars	N9LOH	LAARC
Fitchburg	444.0000	+	O 123.0x	KA9VDU	KA9VDU
Hancock	442.7250	+	O 123.0elx	N9QIP	W.I.N.
Hollandale	444.5500	+	O 123.0elWXx	N9QIP	N9QIP/WIN
Ixonia	442.0250	+	O 114.8e	WA9YVE	WARC
Janesville	444.7500	+	O 123.0e	WB9BJU	RCPA
Jefferson	444.9000	+	123.0e	AB9KL	AB9KL
Madison	443.4000	+	O 123.0elWXx	N9KAN	SWRG
Madison	444.2000	+	O 107.2	WD8DAS	NERT
Madison	444.3750	+	O 123.0aeWXx	N3IVK	EmpireTowr
Madison	444.5750	+	123.0e	KB9DRZ	EmpireTowr
Madison	444.7750	+	O 123.0	NG9V	NG9V
Mauston	442.2750	+	O 123.0ers	K9UGJ	K9UGJ
Necedah	444.1250	+	O 123.0elrs	K9UJH	K9UJH
North Freedom	443.6750	+	O 114.8lWX	KD9UU	SWRG
Prairie Du Sac	444.2500	+	O 123.0e	N9KXX	N9KXX
SOUTH EAST 127.3					
Allenton	442.3500	+	O 123.0aelxz	N9GMT	FM38
Burlington	442.8500	+	O 88.5	N9RNA	N9RNA
Cedarburg	442.1000	+	O 127.3e	K9QLP	CFD
Delafield	444.1250	+	O 127.3 (CA)ersxz	K9ABC	SEWFARS
Germantown	444.5250	+	O 114.8	WD9IEV	WD9IEV
Hartford	443.1250	+	127.3 (CA)e	W9RCG	W9RCG
Hubertus	443.8250	+	127.3 (CA)l	K9JAC	K9JAC
Kewaskum	444.2750	+	127.3el	N9NLU	KMCG
Merton	444.6250	+	O 127.3el	W9JPE	W9JPE
Milwaukee	442.4250	+	O 127.3rs	N9UUR	N9UUR
Milwaukee	442.4688	+	el	KC9LKZ	N9ASA
Milwaukee	443.0250	+	O 114.8l	W9HHX	W9HHX
Milwaukee	443.3250	+	O 127.3e LITZ	N9PAY	ATC
Milwaukee	443.5500	+	O 127.3e	N9LKH	N9LKH
Milwaukee	443.8000	+	O 123.0aelxz	N9GMT	FM38
Milwaukee	443.9500	+	O 127.3a	AA9JR	AA9JR
Milwaukee	444.4500	+	O 114.8a	KA9QMD	KA9QMD
Milwaukee	444.8500	+	● 127.3 (CA)elx	W9DHI	WERA
New Berlin	443.3000	+	O 127.3	W9LR	WERA
North Prairie	444.1500	+	O 123.0l	KA9FUR	KA9FUR
Port Washington	443.5250	+	O 114.8 (CA)ersWxz	WB9RQR	OZARES

420-450 MHz
WISCONSIN-WYOMING

Location	Output	Input	Notes	Call	Sponsor
Port Washington	443.7500	+	O 127.3 (CA)exz	W9CQO	O.R.C.
Racine	442.0000	+	O 127.3rs	KR9RK	LRA Racine
Racine	444.0500	+	O 114.8	KA9LOK	KA9LOK
Town Of Lisbon	444.2250	+	O 151.4	KC9HBO	N9AAO
Trevor	442.6000	+	O 123.0elx	KA9VZD	KA9VZD
Union Grove	442.2500	+	O 114.8lx	N9OIG	N9OIG
West Allis	444.4250	+	O 127.3	N9MKX	R.R.A.R.C.

SOUTH WEST 131.8

Location	Output	Input	Notes	Call	Sponsor
Black River Falls	443.6000	+	O 114.8e	N9JCX	N9JCX
Galesville	442.5000	+	O 131.8elWXx	N9QIP	W.I.N.
La Crosse	444.4750	+	O	WR9ARC	RARC
La Crosse	444.6000	+	O	N9ETD	N9ETD
Northfield	443.5500	+	O 131.8elx	N9QIP	W.I.N.
Osseo	444.2000	+	O 110.9lx	N9LIE	N9LIE
Richland Center	442.7000	+	131.8elx	N9QIP	N9QIP
Tomah	444.8000	+	O 131.8elx	N9QIP	W.I.N.
Tomah	444.8500	+	167.9e	KB9EBX	KB9EBX

WYOMING
CENTRAL

Location	Output	Input	Notes	Call	Sponsor
Atlantic City - Limestone Mtn	449.8000	–	O 100.0 L(HERC)x	KD7BN	KD7BN
Casper	449.5000	–	O	NB7I	NB7I
Casper	449.9250	–	O	W7TOY	W7BLM
Casper - Grand View	449.1000	–	O(CA)e	NG7T	NG7T
Casper Mountain	447.5000	–	OL(145.235)rs	W7VNJ	CARC
Casper Mountain	449.5750	–	OtL(146.640)	KD7AGA	CDK Net
Casper Mountain	449.9000	–	O 100.0 L(IRLP)	K7YE	CDK Net
Lander	449.9000	–	Ol	N7HYF	WYAME
Riverton	448.2000	–	Oe	KD7BN	KD7BN
Riverton	449.2000	–	Ol	KD7BN	W7PAW
Shoshoni	449.4500	–	O	KB7PLA	KB7PLA
Shoshoni - Copper Mtn	449.0000	–	O 100.0 L(HERC)x	KD7BN	KD7BN
Thermopolis	449.6750	–	O 114.8 L(52.525)	WA7JRF	WA7JRF
Worland	449.6000	–	O	KB7PLA	KB7PLA

EAST CENTRAL

Location	Output	Input	Notes	Call	Sponsor
Douglas	449.7000	–	O	NX7Z	NX7Z

HERC - STATEWIDE

Location	Output	Input	Notes	Call	Sponsor
Casper Mountain	447.5000	–	OL(145.235)rs	KD7BN	CARC
Copper Mountain	449.0000	–	O 100.0lx	KD7BN	KD7BN
Limestone Mountain	449.8000	–	O 100.0l	KD7BN	KD7BN
Wright - Pumpkin Butte	449.2000	–	O 100.0l	KD7BN	------------

NORTH CENTRAL

Location	Output	Input	Notes	Call	Sponsor
Shell	449.6500	–	O	WB7QQA	CMARC
Sheridan	449.7000	–	O	W7GUX	SRAL
Sheridan	449.8500	–	O	N7KEO	N7KEO

NORTH EAST

Location	Output	Input	Notes	Call	Sponsor
Gillette	448.0000	–	O	K7VU	K7VU

Location	Output	Input	Notes	Call	Sponsor
Gillette	449.7500	–	O L(IRLP NODE 3307)	WR7CW	WR7CW
Gillette	449.9500	–	O	KJ7UG	KJ7UG
NORTH WEST					
Cody	448.3500	–	O 42.0l	KC7NP	KC7NP
Worland	448.2500	–	O 42.0l	KC7NP	KC7NP
SOUTH CENTRAL					
Rawlins	448.3000	–	O	KB8RWI	KB8RWI
Rawlins	449.4000	–	O 147.5l	KJ7AZ	HAMS
SOUTH EAST					
Cheyenne	447.0250	–	O(CA)	AA7JQ	AA7JQ
Cheyenne	447.2250	–	114.8 (CA)ez	N7QBQ	N7MYR
Cheyenne - Chalk Bluffs	449.3000	–	O 131.8 (CA) L(IRLP 140284)z	WU7G	WU7G
Laramie	447.1000	–	O 114.8	N7QJL	N7CTM
Laramie	449.0750	–	O	WB7CJO	WB7CJO
Laramie	449.8000	–	O	KB7Z	KB7Z
Pine Bluffs	448.1500	–	100.0 (CA) TTl	KB7SWS	KB7SWR
Torrington	448.6000	–	O	N7CFR	N7CFR
Wheatland	449.6000	–	O	WA7SNU	WA7SNU
Wheatland	449.6250	–	O	WA7SNU	GPARA
Wheatland	449.7750	–	100.0	N7UCL	N7UCL
SOUTH WEST					
Evanston	448.1500	–	O	N7LMN	N7LMN
Evanston	449.3250	–	O	N7LMN	N7LMN
Kemmerer	449.0750	–	123.0	KC7FDO	KC7FDO
Kemmerer	449.8250	–	O	N7HCH	ORARC
WEST CENTRAL					
Pinedale - Mt Airy	448.1000	–	O 100.0ae L(146.775)r	W7YP	SCARC

ALBERTA
CALGARY

Location	Output	Input	Notes	Call	Sponsor
Calgary	443.1500	+	Oa	VE6NZ	VE6NZ
Calgary	444.0000	+	Ox	VE6RYC	CARA
Calgary	444.0750	+	OE-SUN	VE6AQK	VE6AQK
Calgary	444.1250	+	O	VE6WRT	VE6CPT
Calgary	444.2750	+	O 110.9	VE6ZV	VE6AQK
Calgary	444.3500	+	O	VE6EHX	CARA
Calgary	444.4000	+	Ol	VE6NOV	CARA
Calgary	444.4750	+	O	VE6DDC	VE6FH
Calgary	444.4750	+	O	VE6GAB	VE6GAD
Calgary	444.5750	+	O 110.9	VE6RY	CARA
Calgary	444.6750	+	O	VE6FIL	FARS
Calgary	444.7500	+	Ol	VE6KQ	VE6KQ
Calgary	444.9000	+	Olx	VE6WRT	WRN
Calgary	444.9250	+	O	VE6CPT	VE6CPT
Calgary	449.4500	–	O	VE6SPR	VE6NZ
CENTRAL EAST					
Hardisty	444.0250	+	O	VE6TDW	VE6TDW
Legal	444.6500	+	O	VE6DFW	VE6DFW
Legal	444.7250	+	O	VE6DFW	VE6DFW
CENTRAL NORTH					
Pigeon Lake	443.1500	+	O	VE6LPR	------------

544 420-450 MHz
ALBERTA-BRITISH COLUMBIA

Location	Output	Input	Notes	Call	Sponsor
EDMONTON					
Beaumont	444.9750	+	o	VE6SBE	VE6AVK
Edmonton	444.1000	+		VE6HM	VE6NC
Edmonton	444.4000	+	o	VE6GPS	VE6JTM
Edmonton	444.8000	+	o	VE6SBR	VE6SBS
Edmonton	444.9750	+		VE6EAR	VE6ETU
Ft Saskatchewan	444.4500	+	o	VE6TCK	VE6TCK
Sherwood Park	444.3000	+	o	VE6DXX	VE6DXX
Sherwood Park	448.2500	–	o	VE6SBR	VE6SBS
LETHBRIDGE					
Lethbridge	444.0500	+	o	VE6HDO	VE6HDO
Lethbridge	444.1000	+	o	VE6IRL	VE6COM
Lethbridge	444.6750	+	o	VE6COM	VE6COM
Lethbridge	444.7000	+	op	VE6DES	VE6DES
Lethbridge	444.8500	+	ol	VE6XA	VE6XA
Lethbridge	449.7500	–	ol	VE6CAM	SARC
MEDICINE HAT					
Medicine Hat	444.0750	+	o	VE6MHU	VE6MLD
Medicine Hat	444.4750	+	o	VE6MLT	------------
Medicine Hat	444.8000	+	o	VE6GLF	VE6GLF
Medicine Hat	449.9250	–	o	VE6VOA	VE6MLD
NORTH					
Slave Lake	444.3500	+	o	VE6AMY	VE6AMY
NORTH EAST					
Ashmont	444.1500	+	ol	VE6TTL	VE6ARJ
Cold Lake	442.2000	+	o	VE6TAR	CLARC
Elk Island	444.3750	+	o	VE6REI	VE6REI
Glendon	444.9750	+	o	VE6COW	VE6XLR
Lloydminster	444.7250	+	oa	VE5FD	VE6FF
St Paul	444.5000	+	o	VE6SB	------------
PEACE RIVER					
Peace River/Tangent	444.6000	+	o	VE6AAF	------------
RED DEER					
Alix/Bashaw	448.9750	–	o	VE6PAT	VE6ZH
Red Deer	443.3750	+	o	VE6ONE	VE6ONE
Red Deer	444.5500	+		VE6SCR	VE6AQK
Red Deer	444.5500	+	o	VE6YX	VE6CIA
SOUTH					
Claresholm	444.4750	+	o	VE6CC	VE6CC
High River	444.1500	+	o	VE6HRB	FARS
High River	444.7250	+	o	VE6HRB	FARS
YELLOWHEAD					
Hinton	447.8250	–	o	VE6YAR	YARC

BRITISH COLUMBIA

Location	Output	Input	Notes	Call	Sponsor
FRASER VALLEY					
Abbotsford	430.7500	439.7500		VE7RYY	FVCCG
Chilliwack	439.2500	430.2500	l	VE7TPC	TPARC
Chilliwack	439.3500	430.3500	l	VE7TPC-	TPARC
Chilliwack	442.8000	+	o 110.9	VA7RSH	Cheam Repe
Chilliwack	443.0000	+		VA7CRC	E.Lutes, V
Chilliwack	443.3750	+	l	VE7TPC	TPARC
Chilliwack	444.7000	+	oel	VE7RAD	VE7IHR & V
Haney	430.2500	439.2500	l	VE7HNY	TPARC
Haney	430.4500	439.4500	l	VE7HNY	TPARC
Haney	439.2500	430.2500	l	VE7HNY	TPARC

420-450 MHz   545
BRITISH COLUMBIA

Location	Output	Input	Notes	Call	Sponsor
Haney	443.0750	+	l	VE7HNY	TPARC
Hope	430.4500	439.4500	l	VE7TPH	TPARC
Hope	439.3500	430.3500	l	VE7TPH	TPARC
Langley	441.3750	+	o	VE7RMH	Surrey ARC
Langley	443.9750	+	o	VE7RLY	Langley AR
Maple Ridge	443.6250	+	123	VE7RMR	Maple Ridg
GREATER VANCOUVER					
Anvil Island	444.4000	+	o	VE7QRO	Lloyd Blaz
Burnaby	442.4750	+	e	VA7PRE	VE7RMY
Burnaby	442.8500	+	o	VE7RBY	Burnaby AR
Burnaby	443.6750	+	o	VE7CBN	VE7XL
Burnaby	444.7500	+	123.0l	VE7ROX	VE7ROX
Delta	444.4250	+	o	VE7RDE	Delta ARS
New Westminster	442.3750	+	110.9	VA7HPS	VE7ISV
New Westminster	444.6000	+	e	VE7NWR	NWARC
North Vancouver	430.9500	439.9500	o	VE7RYZ	VE7PSA
Port Coquitlam	443.1000	+	94.8	VE7UDX	VE7ZZX
Surrey	442.3500	+	o	VE7RUK	WestCoastU
Surrey	443.6000	+		VE7MAN	VE7MAN
Surrey	443.7750	+	●e	VE7RSL	Surrey ARC
Vancouver	439.1500	430.1500	l	VE7TEL	TPARC
Vancouver	439.3500	430.3500	l	VE7TEL	TPARC
Vancouver	439.4500	430.4500	l	VE7TEL	TPARC
Vancouver	440.7750	+		VE7VPO	VAPO
Vancouver	441.9750	+	o	VE7RHS	UBC ARC
Vancouver	442.2250	+	o	VE7RPS	VE7MMA
Vancouver	442.3250	+	100	VE7VHF	VE7CIM
Vancouver	442.4500	+		VE7UBC	UBC ARC
Vancouver	442.5750	+	o	VE7ZIT	Radio Fili
Vancouver	442.8750	+	o	VE7TEL	TPARC
Vancouver	442.9500	+	el	VE7AAU	RADIO ATS
Vancouver	443.2000	+	ol	VE7NSR	VE7CHU
Vancouver	443.2500	+	o	VE7RCH	Cheam Repe
Vancouver	443.2750	+	o	VE7RCI	Cheam Repe
Vancouver	443.4000	+	el	VE7RAG	BCFMCA
Vancouver	443.4250	+	l	VE7TEL	TPARC
Vancouver	443.5250	+	●e	VE7RPT	BCFMCA
Vancouver	443.5500	+		VA7RPA	Radio Pino
Vancouver	443.7250	+	o	VE7RDJ	VE7AOV
Vancouver	443.8000	+		VE7UHF	VE7MQ
Vancouver	444.0000	+	156.7	VE7URG	John Thoma
Vancouver	444.0750	+	o	VE7TOK	VE7MBG
Vancouver	444.1000	+	●	VE7ROY	VE7COT
Vancouver	444.1750	+		VE7RIO	Van Emerg
Vancouver	444.2250	+	o	VE7RFI	Rogers Cab
Vancouver	444.4750	+	o	VE7PRA	Pacific Ri
Vancouver	444.6750	+	o	VE7CDN	Can. Airli
Vancouver	444.8250	+	156.7	VE7VYL	BCFMCA
Vancouver	444.9250	+	o	VE7WAR	VE7WAR
Vancouver	444.9500	+		VE7RNV	VE7CHU
Vancouver	444.9750	+	o	VE7RMT	VE7RMY
Vancouver	445.7750	–		VE7VPO	VAPO
NORTH COAST					
Terrace	444.9750	+	o	VE7RDD	Doug Davie
NORTH INTERIOR					
Prince George	442.8620	+	o	VE7RQU	VE7EQU

420-450 MHz
BRITISH COLUMBIA

Location	Output	Input	Notes	Call	Sponsor
Prince George	444.0000	+		VE7RUN	VE7EAA
Quesnel	444.3000	+		VE7RQM	QARC
Williams Lake	444.1000	+	o	VE7ZIG	VE7IG
SOUTH CENTRAL					
Barriere	442.6500	+	l	VA7RTN	VE7MOB
Barriere	442.8750	+	l	VE7RTN	VE7PW
Blackpool	444.0000	+	o	VE7RBP	WELLS GRAY
Clinton	442.6500	+		VE7LMR	VE7PW
Clinton	442.8250	+		VE7LMR	VE7PW
Edgewood/Nakusp	449.2500	–	o	VE7SMT	NORAC
Falkland	442.4500	+	o	VE7RAM	VE7EHL
Kamloops	430.2500	439.2500	l	VE7TPK	TPARC
Kamloops	432.4750	+	l	VE7TSI	Kamloops A
Kamloops	442.0500	+	103.5	VE7CRW	VE7NI
Kamloops	442.1250	147.9200	e	VE7RLO	Kamloops A
Kamloops	442.1500	147.9200	e	VE7RLO	Kamloops A
Kamloops	442.1750	147.9200	e	VE7RLO	Kamloops A
Kamloops	442.5500	+	l	VE7TPK	TPARC
Kamloops	447.5000	–	156.7	VE7RXD	VE7EJE
Kamloops	449.2500	–	o	VE7RLO	Kamloops A
Kamloops	449.3000	–	o	VE7RHM	VE7LDM
Kamloops	449.5000	–	o	VE7KIG	IPARN
Kelowna	442.7750	+	o	VE7KEL	OCARC
Kelowna	444.1000	+		VA7KRG	Kelowna Rp
Kelowna	444.3000	+	el	VE7KTV	VA7UN
Kelowna	444.5250	+		VE7OKN	VE7OHM
Kelowna	444.8250	+	156.7	VA7KEL	OCARC
Kelowna	449.1250	–	o	VA7KEL	OCARC
Merritt	439.2500	430.2500	l	VE7TPY	TPARC
Merritt	439.4500	430.4500	l	VE7PTY	TPARC
Oliver	444.6000	+	100	VE7RSO	VA7WCN
Penticton	444.5000	+	o	VE7RPC	Penticton
Sorrento	444.1000	+	o	VE7SPG	Shuswap AR
Squilax	442.5250	+		VE7FPG	Phil Baker
Vernon	441.1500	147.5550	l	VA7NWS	VA7JMP
Vernon	444.3500	+	100	VE7RFM	VE7DQ
Vernon	447.5000	–		VE7RVP	NORAC
SOUTH EAST					
Cranbrook	443.6250	+	o	VE7CAP	EKARC
Nelson	444.5500	+		VE7RCT	WKARC
VANCOUVER ISLAND CENTRAL					
Chemainus	442.6000	+	o	VE7RNA	Cowichan A
Chemainus	444.8000	+	131.8	VE7RNX	VE7XNR
Nanaimo	442.5250	+	o	VA7ZSU	Mount Bens
Nanaimo	442.6500	+	o 123.0e	VE7RXZ	VE7ALT
Nanaimo	443.9000	+	o	VE7DJA	NARA
Nanoose Bay	444.3000	+	o 141.3	VA7LPG	VE7IT
Parksville	444.2000	+	oael	VE7PQD	ORCA
Port Alberni	444.4500	+	o	VE7KU	Arrowsmith
Port Alberni	444.7500	+	o	VE7RTE	Arrowsmith
Port Alberni	449.4500	–	o	VE7KU	Arrowsmith
Qualicum Beach	445.0000	144.7700	o	VE7RQR	Mid Island
Sechelt	444.6250	+		VE7SSC	VE7CAH
VANCOUVER ISLAND NORTH					
Campbell River	442.4500	+	o	VE7NVI	VE7JZ
Campbell River	443.6500	+	l	VE7CRC	CRARS

420-450 MHz
BRITISH COLUMBIA-NEW BRUNSWICK

Location	Output	Input	Notes	Call	Sponsor
Comox Valley	447.5750	–	O	VE7RAP	Comox Vall
Courtenay	443.5000	+	O	VE7RMW	VE7AGM
Sayward	443.7000	+	O	VE7RNC	North Isla
VANCOUVER ISLAND SOUTH					
Duncan	430.2500	439.2500	I	VE7TPS	TPARC
Duncan	430.3500	439.3500	I	VE7TPS	TPARC
Duncan	442.9750	+	I	VE7TPS	TPARC
Langford	442.7250	+		VE7FRF	VE7DAT
Malahat	443.0250	+	Oel	VA7XMR	CERT-BC
Saanich	443.0750	+	Oe	VA7XMR	CERT-BC
Saltspring Island	444.7250	+	143.1	VE7ITS	VE7DAT
Victoria	439.2500	430.2500	I	VE7TPV	TPARC
Victoria	442.7000	+	e	VE7RFR	VE7DAT
Victoria	442.7750	+	O	VA7CRT	CERT-BC
Victoria	443.5750	+	O	VE7RAA	Camosun Co
Victoria	443.8250	+		VE7VOP	VE7OVY
Victoria	443.9000	+	141.3el	VE7RFR	VE7DAT
Victoria	443.9500	+	O	VE7RTC	WARA
Victoria	444.1500	+	O	VE7RBA	VE7IA
Victoria	444.2500	+	O	VE7IA	VE7IA
Victoria	444.4500	+	O	VE7SLC	Saanich Em
Victoria	444.8750	+	107.2	VE7VIC	WARA
Victoria	449.5500	–	O	VE7RGP	Rogers Cab
Victoria	449.8750	146.2400	I	VE7XIC	WARA

MANITOBA
INTERLAKE

Location	Output	Input	Notes	Call	Sponsor
Selkirk	444.1500	+	Oe	VE4SLK	E Selkirk
NORTHWEST					
Dauphin	448.4000	–	O	VE4BMR	DARC
Swan River	443.4000	+	O	VE4SRR	SwanRivARC
SOUTHWEST					
Killarney	449.5000	–	O 127.3	VE4KIL	------------
WINNIPEG					
Winnipeg	433.7500	+	O 5.0/5.0	VE4KEG	------------
Winnipeg	434.0000	1253.2500	O	VE4EDU	------------
Winnipeg	443.5000	+	Olrsx	VE4VJ	------------
Winnipeg	444.0000	+	127.3/127.3	VE4UHF	------------
Winnipeg	444.5000	+	O	VE4AGA	VE4AGA
Winnipeg	444.7500	+	O 127.3	VE4PAR	------------

NEW BRUNSWICK
BELLEDUNE

Location	Output	Input	Notes	Call	Sponsor
Elmtree	444.3500	+	OL(LINK)	VE9ELM	IRG
DALHOUSIE					
Dalhousie	444.6000	+	O	VE9FMG	VE9DEN
FREDERICTON					
Fredericton	448.7000	–	O 141.3 L(IRLP)	VE9ARZ	VE9XF
Fredericton	449.2500	–	O	VE9ZC	FARC
GRAND MANAN					
Grand Manan Is	449.8750	–	Ol	VE9GMI	------------
MACES BAY					
Maces Bay	444.8750	+	Ol	VE9MBY	IRG
MONCTON					
Moncton	442.2500	+	O	VE9UDM	UDM

548   420-450 MHz
NEW BRUNSWICK-NOVA SCOTIA

Location	Output	Input	Notes	Call	Sponsor
Moncton	442.6500	+	O	VE9GBR	VE9MCD
Moncton	443.3500	+	Ol	VE9LNK	------------
Moncton	444.9750	+	O	VE1PJX	VE1XW
Moncton	449.3250	–	Ol	VE9SHM	TCARC
SAINT JOHN					
Spruce Lake	443.6000	+	O 141.3 L(HUB)	VE9SJW	LCARC
ST ANDREWS					
St Andrews	448.1000	–	O 141.3	VE1IE	VE9NZ

NEWFOUNDLAND AND LABRADOR
EASTERN AVALON

Location	Output	Input	Notes	Call	Sponsor
St John	444.9000	+	Oae	VO1UHF	AVRAC
St John	447.1000	–	L(EIRLP)	VO1KEN	VO1ST
WESTERN NF					
Corner Brook	444.4000	+	O	VO1MO	HUMBARS

NOVA SCOTIA
AMHERST

Location	Output	Input	Notes	Call	Sponsor
Amherst	442.4250	+	OL(IRLP)	VE1WRC	WCARC
BARRINGTON					
Oak Park	443.8000	+	O	VE1KDE	BAARS
DARTMOUTH					
Dartmouth	444.6000	+	O	VE1DAR	DARC
GORE					
Gore	449.9000	–	OL(HUB)	VE1NSC	NSARA
GREENFIELD					
Greenfield	444.3000	+	O	VE1BBY	------------
GREENWOOD					
Greenwood	449.0500	–	O	VE1ARC	GARC
HALIFAX					
Halifax	444.3500	+	Oel	VE1PSR	HARC
Halifax	444.4500	+	OeL(LINK)	VE1PSR	HARC
Halifax	444.5500	+	OeL(LINK)	VE1PSR	HARC
Halifax	444.6500	+	OeL(LINK)	VE1PSR	HARC
Halifax-All NS	449.1500	–	Oep	VE1HRM	VE1AJP
HFX Airport	444.0000	+	OeL(HUB)	VE1CDN	VE1YZ
INVERNESS					
Kiltarlty	444.9000	+	Oel	VE1KIL	------------
MUSQUODOBOIT					
Musquodoboit Hbr	449.4250	–	OeL(LINK)	VE1MHR	ESARC
Musquodoboit Hbr	449.4500	–	OeL(LINK)	VE1MHR	ESARC
SHEET HARBOUR					
Sheet Harbour	444.4250	+	Oel	VE1ESR	ESARC
Sheet Harbour	444.8750	+	Oel	VE1ESR	ESARC
SHERBROOKE					
Sherbrooke	449.8750	–	Oel	VE1SAB	ESARC
SPRINGFIELD					
Springfield	444.8500	+	OeL(HUB)	VE1LCA	------------
SPRINGHILL					
Lynn Mtn	444.2000	+	OeL(HUB)	VE1SPR	VE1ZX
Sugarloaf	448.9250	–	OL(HUB)	VE1BHS	VE1ZX
SYDNEY					
Boisedale	449.9000	–	OeL(HUB)	VE1HAM	------------
YARMOUTH					
Yarmouth	444.7000	+	Oel	VE1YAR	VE1RB

ONTARIO

Location	Output	Input	Notes	Call	Sponsor
ONTARIO					
CENTRAL					
Barrie	444.2000	+	O 123.0 L(ECHOLINK) RB	VE3KES	ARE
Cannington	444.4500	+	O(CA)el	VA3TVE	------------
Collingwood	442.6000	+	O 156.7	VE3BMR	------------
Collingwood	443.8000	+	156.7e L(IRLP)	VE3RMT	CARC
Creemore	443.2750	+	Ol	VE3CAB	------------
Goodwood	442.0750	+	O 103.5e L(GTU)s	VE3GTU	------------
Goring	444.4250	+	O 156.7 L(ERA)	VA3NEG	ERA
Moonstone	444.2750	+	O	VE3QSB	------------
Orangeville	444.0250	+	O 103.5 (CA) eL(IRLP)	VE3NSL	OAREX
Orangeville	444.5000	+	Oe	VE3MAP	DARES
Orillia	442.5750	+	103.5 L(VE3UKC)	VE3UOR	------------
Orillia	444.5500	+	O	VE3ORC	OARC
Parry Sound	443.5750	+	O	VE3RPL	PARRA
Parry Sound	444.8000	+	O 103.5 L(ECHOLINK)	VE3UPS	------------
Sarnia	442.3500	+	O(CA)e L(IRLP)	VE3WHO	------------
Shelburne	443.6250	+	Oe	VE3DRC	------------
Shelburne	443.8750	+	88.5 L(VE3ZAP)	VE3ZAP	DAG
Singhampton	444.9000	+	O 156.7e L(ERA)	VA3WIK	ERA
CENTRAL EAST					
Baltimore	444.9750	+	O 103.5 L(VE3YYZ)	VE3MXR	YYZ GROUP
Colborne	443.3750	+	O	VE3RTY	------------
Oshawa	443.0000	+	O	VE3NAA	NSARC
Oshawa	443.4750	+	OaL(IRLP)	VE3OUR	------------
Oshawa	443.8000	+	O 136.5	VA3NSR	NSARC
Peterborough	444.5750	+	O 162.2 (CA) e	VA3PBO	PARC
CENTRAL WEST					
Owen Sound	443.0250	+	O	VE3RBT	------------
FRONTENAC/LENNOX-ADDINGTON					
Kingston	443.3000	+	s	VE3KTO	Kingston ARES
HASTINGS/PRINCE EDWARD					
Belleville	444.4750	+	118.8/118.8	VE3QAR	QARC
LANARK/LEEDS-GRENVILLE					
Brockville	444.0000	+	100.0/100.0	VE3IWJ	Brockville PG
Carleton Place	444.1000	+	100.0	VE3SEX	------------
Franktown	444.3000	+	100.0/100.0 L(I) WX(*7)	VE3KNA	VA3WK
Lavant	444.8500	+		VE3DVQ	WCARC
Mallorytown	443.9000	+		VE3IGE	------------
Smiths Falls	444.7500	+	136.5 A(* OPEN # DROP)	VE3WDP	------------
METRO TORONTO					
Acton	442.8250	+	O 103.5	VA3GTU	------------

550   420-450 MHz
ONTARIO

Location	Output	Input	Notes	Call	Sponsor
Aurora	442.0250	+	O(CA) L(VE3ULR)	VE3ULR	
Aurora	444.1000	+	O 103.5 L(SSPBD)	VE3WDX	SSPBD
Ballantrae	442.4750	+	O 103.5e	VA3URU	GTARG
Ballantrae	442.8500	+	O 136.5 L(ERA)	VE3SNM	ERA
Ballantrae	443.7000	+	O 103.5 (CA) L(IRLP COARC)	VA3BAL	COARC
Brampton	443.5500	+	O(CA)eWXz	VE3PRC	PARC
Brampton	444.9500	+	103.5 L(IRLP ECHOLINK)	VA3OPR	OPARG
Brougham	444.6000	+	O	VE3DAX	SPARC
Caledon	444.1750	+	103.5	VE3WOO	
Etobicoke	442.7750	+	O 103.5e	VA3GTU	
Etobicoke	442.8000	+	O 103.5e L(GTU)	VA3GTU	
Markham	442.2750	+	O 103.5 L(ECHOLINK)	VA3CTR	CCARS
Mississauga	442.1250	+	O 136.5e L(224.720)	VE3PAQ	PROARA
Mississauga	444.2500	+	136.5e L(147.540)	VA3PMO	
Mississauga	444.5750	+	O 103.5 (CA)	VE3MISe	MARC
Raglan	444.5250	+	L(SSPPD IRLP ECHOLINK)	VE3OBI	SSPPD
Scarborough	443.3500	+	O 131.8	VE3RTC	
Scarborough	443.7500	+	O 103.5e L(GTU)	VA3GTU	
Scarborough	443.8250	+	O 88.5e	VA3HKG	
Toronto	442.1750	+	O 136.5	VA3UKW	
Toronto	442.3750	+	O 103.5e L(GTU)	VA3GTU	
Toronto	442.6000	+	O 103.5	VE3CAY	CWARC
Toronto	442.6500	+	O 100.0e	VA3GTU	
Toronto	442.7500	+	O 82.5 L(SSBPD)	VE3WOO	
Toronto	442.9750	+	O 103.5l	VA3GTU	
Toronto	443.0500	+	O 103.5e L(IRLP YYZ)	VE3YYZ	TARCS
Toronto	443.1000	+	O	VE3SKI	SARC
Toronto	443.3250	+	103.5	VE3VOP	
Toronto	443.5000	+	Ol	VE3PVT	
Toronto	443.6500	+	O 103.5 L(IRLP)	VE3NOR	NARC
Toronto	443.9000	+	O 127.3l	VE3OBN	SSPBD
Toronto	444.4000	+	O 103.5 (CA) eL(TFM IRLP)	VE3TWR	TFMCS
Toronto	444.4750	+	O 103.5e	VE3URU	GTARG
Toronto	444.7000	+	O 103.5 L(IRLP ECHOLINK)	VE3RAK	
Toronto	444.7750	+	103.5 (CA)e L(ECHOLINK)	VE3ATL	ALTARC
Toronto	444.8500	+	O 136.5	VE3UKW	
Uxbridge	442.1000	+	O 103.5 (CA) eL(TFM IRLP)z	VE3RPT	TFMCS

420-450 MHz ONTARIO

Location	Output	Input	Notes	Call	Sponsor
Uxbridge	443.2250	+	O 103.5 (CA) eL(TFM IRLP)	VE3RPT	TFMCS
Vaughan	443.7750	+	O 151.4	VE3JOP	VE3JOP
Vaughan	444.3000	+	O(CA)eIRB	VE3UKC	------------
Whitby	444.3750	+	O 103.5e	VE3WOQ	WARC
NATIONAL CAPITAL REGION					
Carp	444.0500	+	123.0/123.0 L(147.270)	VA3WJC	------------
Cumberland	444.3500	+	O 100.0/100.0 EXP	VA3RCB	VE3CVG
Ottawa	443.8000	+		VE3TEL	PARC
Ottawa	444.1250	+	136.5/136.5 L(I 2210)x	VE3TST	VE3HXP
Ottawa	444.2000	+	A(*123/#) L(147.3/53.03)	VE3TWO	OVMRC
Ottawa	444.4000	+	/100aI	VE3MPC	CPCARC
Ottawa	444.5500	+	151.4	VA3KPT	VA3WHS
Ottawa	444.9500	+	/136.5s	VA3EMV	EMRG
NIAGARA					
Campden	443.5750	+	O 107.2e	VE3ALS	------------
Fonthill	444.7250	+	O 107.2 L(IRLP) RB	VE3PLF	COBRA
Niagara Falls	442.4250	+	O 107.2 L(ERA IRLP)	VA3WAJ	------------
Niagara Falls	442.9000	+	O 107.2 (CA) e	VE3GRW	------------
Niagara Falls	443.1750	+	O 107.2e	VE3RNR	------------
Selkirk	442.0500	+	Oe	VA3BDX	NIL
Thorold	442.2500	+	O/107.2 L(VE3RAF)	VE3RAF	RFMARC
Thorold	443.7250	+	O 107.2	VA3RFM	RFMARC
Wainfleet	442.5000	+	O	VE3KJR	------------
NORTHEASTERN ONTARIO					
Little current	444.3000	+		VE3RQQ	------------
Sault Ste Marie	442.6500	+	aL(VE3SJI) Z(Y)	VE3SSM	------------
Timmins	444.9000	+	I	VE3AA	------------
NORTHWESTERN ONTARIO					
Thunder bay	443.8500	+	●	VE3TBU	------------
Thunder bay	444.8250	+	I	VE3TBR	------------
PRESCOTT-RUSSELL					
Alfred	443.5000	+	/110.9 A(*25)I sx	VA3TLO	RAAG
Russell	444.5000	+	123.0/123.0 L(REH/I 2018)	VA3LGP	VE3JGL
RENFREW					
Arnprior	443.2000	+	136.5/136.5 A(*/#) (CA) L(I 2910)s	VE3YYX	Arnprior FD
Bissett Creek	443.0250	+	A(#22/#)Isx	VE3ZBC	RCARC
Foymount	442.3750	+	I	VE3UCR	RCARC
Pembroke	448.0250	–	/100.0 A(*22/#) L(ZBC/I 2520)sx	VE3NRR	RCARC
SOUTH					
Arkel	443.8500	+	OI	VE3RKL	------------
Brantford	443.0250	+	O(CA)	VE3TCR	------------
Burlington	442.2250	+	131.8 L(ECHOLINK)	VA3ODX	ODXA

552   420-450 MHz
ONTARIO

Location	Output	Input	Notes	Call	Sponsor
Burlington	443.1500	+	OeL(442.45)	VE3BUR	------------
Burlington	443.2000	+	O	VA3BUR	------------
Burlington	444.8250	+	O 131.8e	VE3RSB	BARC
Cambridge	442.6750	+	O	VA3AQ	------------
Carlisle	443.6750	+	O 131.8e L(ERA)	VE3WIK	------------
Grassie	442.7250	+	O 131.8e L(ECHOLINK)	VE3BQQ	TECHNET
Halton Hills	443.4250	+	O 131.8ae L(ECHOLINK)	VA3HR	HARC
Hamilton	442.5250	+	103.5 L(VE3UKC)	VE3UHM	------------
Hamilton	443.0750	+	O	VE3ZOE	------------
Hamilton	443.2500	+	O	VE3RFI	------------
Kitchener	442.2000	+	O 131.8 (CA) eL(ECHOLINK)	VE3SED	------------
Kitchener	442.3500	+	O 131.8 (CA) e	VE3BAY	------------
Kitchener	444.8750	+	O 131.8 L(IRLP)	VE3RBM	------------
Milton	444.1250	+	O 131.8 (CA) eL(IRLP 146.580)	VE3ADT	Milton ARES
Norwich	444.5750	+	Oa L(BVE3PPO) RB	VE3PPO	------------
Oakville	442.3000	+	O 107.2l	VE3OAK	OARC
Oakville	442.4500	+	OE-SUN	VE3OKR	VE3OKR RG
Oakville	444.3250	+	O	VE3OAK	OARC
Vinemount	444.6500	+	131.8	VE3VSC	------------
Waterford	444.5500	+	O 131.8eRB	VE3HJ	------------
Woodstock	442.8750	+	O 131.8	VA3PPO	------------

SOUTHWEST

Location	Output	Input	Notes	Call	Sponsor
Ingersoll	443.4500	+	O 114.8	VE3OHR	------------
London	442.3000	+	O 114.8e L(VE3SUE)	VE3TTT	SORT
London	444.1000	+	114.8	VA3UHF	------------
London	444.2000	+	88.5	VE3IWR	------------
London	444.4000	+	O 114.8e L(IRLP 442.200)	VE3SUE	SORT
London	444.9250	+	O 114.8 L(IRLP)	VE3NMN	------------
Lucan	444.5750	+	O	VE3MCR	MCRA
McGregor	444.3000	+	O 118.8e L(2M + 220) RB	VE3RRR	WART
Richmond	443.2250	+	131.8e	VE3XXL	------------
Saltford	444.8250	+	O 123.0 (CA) eRB	VE3WZL	------------
Sarnia	442.3500	+	118.8 (CA)e L(146.955 IRLP)	VE3WHO	------------
Sarnia	442.8500	+	O(CA)	VE3TTP	------------
Sarnia	444.7000	+	O	VA3LAM	------------
St Marys	444.5250	+	O 114.8	VE3SDF	SMARC
St Thomas	443.8250	+	Oe	VE3STR	------------
Stratford	444.9750	+	114.8e L(IRLP)	VE3FCG	FCARC
Windsor	444.4000	+	O	VE3UUU	------------
Windsor	444.5000	+	O 118.8ae	VE3III	SPRARC

420-450 MHz   553
ONTARIO-QUEBEC

Location	Output	Input	Notes	Call	Sponsor
Woodstock	443.9250	+	O 131.8	VE3WHR	TCERG

STORMONT-DUNDAS-GLENGARRY

Location	Output	Input	Notes	Call	Sponsor
Cornwall	443.0000	+	110.9/110.9 A(*/#) L(NUU/I 2600) RB LITZx	VE3PGC	PGC
Cornwall	444.4500	+	O 110.9/110.9 L(146.835)	VA3SDG	VA3EDG
Lancaster	444.1500	+	O 110.9/110.9 (CA)eL(REH/I 2018)	VE2REH	ARAI
Moose creek	443.0500	+	151.4/151.4	VE3TYF	------------

PRINCE EDWARD ISLAND
CENTRAL

Location	Output	Input	Notes	Call	Sponsor
Glen Valley	444.6750	+	OI	VE1UHF	VE1AIC

CHARLOTTETOWN

Location	Output	Input	Notes	Call	Sponsor
Charlottetown	443.3000	+	Oael	VE1AIC	VE1AIC
Charlottetown	443.8500	+	OI	VY2UHF	VY2ROB
Charlottetown	444.4000	+	OaeL(IRLP)	VE1AIC	VE1AIC
Charlottetown	449.1000	–	OaeL(HUB)	VE1CRA	VE1AIC

SUMMERSIDE

Location	Output	Input	Notes	Call	Sponsor
Summerside	444.5000	+	OaeL(HUB)	VE1CFR	SPARC

QUEBEC

Location	Output	Input	Notes	Call	Sponsor
Acton Vale	443.9500	+	O 110.9	VE2RBY	VE2GKE
Alma	449.4200	–	O	VE2RIU	VE2DIA
Alma	449.6200	–	O	VA2RIU	VE2TMR
Anjou	440.4400	440.4400	O	VA2GGR	VA2GGR
Baie-Comeau	442.3500	+	O 131.8e	VE2RBG	VE2FVV
Baie-Comeau	442.6200	+	O	VE2RUU	VE2RUU
Baie-Comeau	443.8500	+	Oex	VE2RMH	VE2FAZ
Baie-Comeau	444.0000	+	O 123	VA2RLP	VE2TPE
Baie-Comeau	447.6200	–	Oe	VE2RBC	VE2FAJ
Baie-Comeau	449.6000	–	O	VE2RBD	VE2RBD
Bedford	443.8000	+	O 103.5	VE2RSN	VE2TUA
Blainville	443.1000	+	O 141.3ae	VE2RMR	VE2DJE
Blainville	444.6000	+	O 131.8e	VE2REG	VE2ZVL
Blainville	444.9800	+	e	VE2PCQ	VE2PCQ
Blainville	449.7200	–	O 103.5	VE2RVV	VE2SMB
Blainville Nord	442.6000	+	O 136.5	VE2RNO	VE2THE
Boucherville	449.8200	–	O 103.5	VE2MRQ	VE2MRI
centre ville Québec	444.4500	+	O 100	VA2MB	VE2MBK
Charny	444.6000	+	Oe	VE2RDB	VE2FTO
Chicoutimi	449.0200	–	Oex	VE2RKA	VA2NA
Chicoutimi	449.7000	–	O	VE2RDH	VE2MDH
Coaticook	440.5000	+	118.8e	VE2RDM	VE2DPD
Coaticook	444.8500	+	O 118.8	VE2RDM	VE2DPD
Coaticook	449.2700	–	O 118.8	VE2RJV	VE2GNN
Coaticook	449.8500	–	118.8x	VE2RDM	VE2DPD
Colline Poudrier	449.7200	–	O 100	VE2GPA	VE2GPA
Contrecoeur	443.6500	+	O 141.3	VE2CKC	VE2AN
Covey Hill	440.0000	440.0000	Oex	VA2REX	VE2JT
Cowansville	447.6700	–	O 118.8	VE2RCZ	VE2CAF
Delson	442.1500	+	O	VE2LHF	VE2LHF
Drummondville	442.9500	+	O 110.9	VE2RBU	VE2YLA
Drummondville	444.0500	+	O 110.9	VE2RBZ	VE2ZBR
Drummondville	444.1500	+	O 110.9e	VE2RDL	VE2CRD

420-450 MHz
QUEBEC

Location	Output	Input	Notes	Call	Sponsor
Fleurimont	442.9200	+	O	VE2RLX	VE2LGX
Gatineau	444.2500	+	O 110.9	VA2UHF	VE2GUY
Gatineau	444.6000	+	O 110.9e	VE2REH	VE2ZVL
Gatineau	444.7000	+	O 123	VA2CMB	VA2CMB
Granby	448.6200	–	O 118.8	VE2RGJ	VE2JRG
Grand-Mere	449.5200	–	O	VE2RLM	VE2CM
Grand-Mere	449.6700	–	O 110.9	VE2RGM	VE2GM
Grand-Mere	449.9200	–	O	VA2RTI	VE2JTR
Grand-Mere	449.9700	–	O 110.9ex	VA2RDX	VE2PWP
Grenville	443.8500	+	O 123ex	VE2RCS	VE2HMA
Hull	443.3000	+	O 100	VE2CRA	VE2CRA
Hull	443.9500	+	O 123e	VE2RAO	VE2CRO
Iberville	449.7500	–	O 103.5	VE2RJE	VE2MCJ
Joliette	444.6200	+	O 103.5e	VE2RLJ	VE2EML
Joliette	444.8000	+	O 103.5ep	VE2RIA	VE2MCM
Joliette	449.1200	–	Oe	VE2RHO	VE2BFK
Jonquière	440.0700	440.0700	O	VE2RNU	VE2JHG
Jonquière	449.0000	–	O	VE2RPA	VE2SV
Jonquière	449.1000	–	Oe	VE2RFL	VE2EFL
L'Anse-St-Jean	449.9000	–	Oe	VE2RME	VE2XIT
La Baie	444.9500	+	O	VE2RCX	VA2BCA
La Pocatière	448.9700	–	Oe	VE2RIP	VE2XIT
Lac Daran	442.1000	+	O	VE2RLD	VE2CSQ
Lac Daran	442.2000	+	x	VE2RLD	VE2CSQ
Lac Larouche	449.6200	–	O	VE2RPV	VE2RPV
Lac-a-la-Tortue	443.2000	+	O	VE2RBR	VE2GM
Laval	444.9500	+	O 107.2e	VE2OCZ	VE2JKA
Laval	447.5200	–	141.3p	VE2VK	VE2VK
laval	448.1700	–	O 107.2	VE2JKA	VE2JKA
Legardeur	442.3000	+	O 103.5	VE2CZX	VE2BFK
Levis-Lauzon	444.1000	+	O 100	VE2RHD	VE2CQ
Longueuil	442.4000	+	O 103.5e	VE2HPB	VE2UF
Longueuil	445.2200	445.2200	O	VE2RSM	VE2AZX
Magog	444.2500	+	O 118.8e	VE2RZZ	VE2CGM
Mascouche	443.8000	+	Oe	VE2RTM	VE2KAR
Mascouche	448.8200	–	Ox	VE2RTM	VE2KAR
Mercier	442.1000	+	O	VE2RTF	VE2BCM
Mercier	444.5000	+	O	VE2RTS	VE2BCM
Mont Bélair	444.2000	+	Oe	VE2RAX	VE2EZZ
Mont Bélair	444.9000	+	O 100	VA2TEL	VE2OSQ
Mont Bélair	448.6200	–	O 100	VE2UCD	------------
Mont Bélair (Québec)	448.6200	–	O 100e	VE2UCD	VE2JTX
Mont Orford	444.5500	+	100e	VE2RMO	VE2HR
Mont Rougemont	444.3200	+	O 103.5e	VE2RAW	VE2AW
Mont St-Bruno	449.1000	–	Oe	VE2RST	VE2CLM
Mont Sutton	447.2000	–	Oe	VE2RTC	VE2DIW
Mont-Carmel	447.0700	–	O 110.9ex	VE2RIR	VE2EX
Mont-Carmel	447.6700	–	O 100ex	VA2RES	VA2OMU
Mont-Cosmos	449.8700	–	O 156.7	VA2III	VE2WP
Mont-Gladys	442.4000	+	O	VE2RMG	VE2CQ
Mont-Laurier	444.6200	+	O	VE2RMC	VE2RMC
Mont-Orford	442.0000	+	O 118.8e	VE2RTO	VE2EKL
Mont-St-Bruno	444.1000	+	O 103.5e	VE2RSP	VE2GGY
Mont-St-Grégoire	444.2000	+	Oe	VE2RKL	VE2EKL
Mont-Ste-Anne	447.3700	–	O 110.9	VE2RAA	VE2CQ
Mont-Yamaska	442.3500	+	O 103.5ex	VA2RMY	VA2LRT

QUEBEC

Location	Output	Input	Notes	Call	Sponsor
Mont-Yamaska	443.3000	+	O 103.5	VE2RMV	VE2ULU
Montréal	442.2500	+	O 141.3el	VE2RXM	VE2XM
Montréal	442.4500	+	O 103.5	VA2CVM	VE2LPN
Montréal	442.5000	+	O 141.3ex	VE2RCW	VE2WCC
Montréal	442.6000	+	103.5x	VE2RNO	VE2THE
Montréal	442.6500	+	O 103.5e	VE2ETS	VE2ETS
Montréal	442.8000	+	O	VE2JGA	VE2JGA
Montréal	442.9000	+	O 103.5	VE2REZ	VE2EZ
Montréal	443.0500	+	O 141.3ex	VE2RWI	VE2CWI
Montreal	443.7000	+	O 100	VE2RHH	MTL220
Montreal	444.2500	+	O 88.5x	VE2RVH	VE2VNH
Montréal	444.3700	+	O 103.5e	VE2LLL	VE2AAS
Montréal	444.4000	+	Oe	VE2REM	UMS
Montréal	444.9000	+	O 107.2e	VA2RDG	VE2JKA
Montréal	447.0200	−	O 103.5	VE2RJX	VE2JX
Montréal	447.9700	−	O 103.5	VA2RJX	VA2JX
Montréal	448.7200	−	O 103.5	VA2CME	VA2CBL
Montréal	449.3000	−	O	VE2AIF	VE2ACG
Montréal	449.4700	−	O	VE2WM	VE2WM
Montréal	449.9200	−	O 103.5	VE2RIO	RAQI
Montréal	449.9700	−	O 77e	VE2RJS	VE2ARC
Montreal-Nord	448.6500	−	O	VE2RPT	VE2FMK
Mt-Orford	446.5000	446.5000	O 71.9 E-SUNx	VE2DCR	VE2DCR
Parc des Laurentides	442.3700	+	O 110.9x	VE2RMG	VE2CQ
Parc des Laurentides	442.5000	+	O	VE2RMG	VE2CQ
Pointe-Claire	448.6500	−	O	VE2RHI	VE2RHI
Québec	444.3000	+	Oe	VE2RXR	VE2XR
Québec	444.5000	+	O 100	VE2REA	VE2TPE
Québec	444.5000	+	O 100	VE2RTB	VE2TEP
Québec	445.1000	445.1000	O 100	VA2MD	VE2TSO
Richmond	443.7500	+	O 123	VE2RHP	VE2LBN
Rigaud	442.2500	+	Ox	VE2RM	VE2RM
Rigaud	442.6200	449.7200	O 100	VE2RM	MTL220
Rigaud	444.0000	+	O 100ex	VE2RM	VE2RM
Rimouski	442.6200	+	O 123	VE2RWM	VE2CSL
Rock Forest	442.5000	+	O 123	VE2RVO	VE2VF
Rock Forest	448.3700	−	O 123	VA2CAV	VE2MKJ
Rosemere	445.1500	445.1500	O	VE2RXZ	VE2GXZ
Saint-Lin-Laurentides	444.6500	+	O 103.5e	VE2RFO	VE2BFK
Salaberry-de Valleyfield	444.3500	+	Oe	VE2RVF	VE2BYB
Sherbrooke	441.1700	441.1700	O	VE2PAK	VE2SBK
Sherbrooke	444.7500	+	O	VE2RQM	VE2KIT
Sorel	442.1500	+	O 103.5	VE2RBS	VE2GGF
Sorel	446.2500	144.7700	O 103.5e	VE2CBS	VE2GFF
St-Antoine-sur Richelieu	447.1200	−	O	VE2RSO	VE2WA
St-Calixte	432.0100	432.0100	O	VE2RVK	VE2VK
St-Calixte	434.8000	432.4000	141.3e	VE2RVK	VE2VK
St-Calixte	434.8000	440.8000	141.3e	VE2RVK	VE2VK
St-Calixte	434.8000	432.4000	141.3e	VE2RVK	VE2VK
St-Calixte	442.6000	+	103.5x	VA2RLD	VA2DU
St-Calixte	442.7200	+	O 103.5e	VA2RLD	VA2DLU
St-Calixte	443.5500	+	O 141.3	VE2RVK	VE2VK
St-Calixte	443.5500	+	O 141.3	VE2RVK	VE2VK

556   420-450 MHz
QUEBEC

Location	Output	Input	Notes	Call	Sponsor
St-Calixte	443.6000	+	O 141.3	VE2RVK	VE2VK
St-Calixte	444.0000	+	O 103.5ex	VA2 RLD	VA2 DU
St-Calixte	444.9000	+	O 1072	VA2RDG	VE2JKA
St-Calixte	447.1200	–	O 103.5ex	VE2PCQ	VE2PCQ
St-Calixte	449.9800	–	e	VE2PCQ	VE2PCQ
St-Charles de Bourget	444.2000	+	O	VE2RCR	VE2CRS
St-Constant	442.2000	+	O	VE2APO	VE2AFP
St-Donat	444.6000	+	O 103.5 E-SUN	VE2RRA	VE2BFK
St-Donat	444.8000	+	O 103.5 E-SUN	VA2RIA	VE2MCM
St-Eleuthere	442.3700	+	O 110.9x	VE2NY	VE2TC
St-Eleuthere	442.6200	+	O 123	VE2NY	VE2TC
St-Hubert	449.0200	–	O	VA2ASC	VA2ASC
St-Hyacinthe	444.4500	+	Oe	VE2RBE	VE2GGM
St-Jean-de-Matha	447.8200	–	O	VE2RHR	VE2JHR
St-Jean-sur Richelieu	442.8500	+	O 141.3	VE2RVR	VE2CVR
St-Jérome	449.7500	–	O	VE2RJE	VE2MCJ
St-Joseph-de Beauce	445.0500	445.0500	O	VE2RSJ	VE2BDP
St-Joseph-de-Sorel	446.5200	144.7700	O 103.5	VE2CBS	VE2CBS
St-Joseph-du-Lac	449.8700	–	O 123	VE2RST	VE2GSB
St-Michel-Des-Saints	443.8500	+	O 103.5	VE2ESN	VE2ESN
St-Nazaire	447.1200	–	x	VA2RAU	VA2NA
ST-Pamphile	447.7700	–	O 100x	VA2LLL	VE2SG
St-Pascal-de Kamouraska	449.5700	–	Ox	VE2RQA	VE2MEL
St-Simon-les-Mines	449.9700	–	O 100	VE2RSG	VE2BPD
St-Tite-des-Caps	447.2000	–	Oe	VE2RSB	VE2BPU
St-Ubalde	442.3000	+	O	VE2RZT	VE2TRZ
Ste-Agathe	448.2700	–	Ox	VE2RLO	VE2LLA
Ste-Foy	442.7000	+	O	VE2RCH	VE2MER
Ste-Foy	444.7000	+	O	VE2RSX	VE2VEM
Ste-Foy	444.8000	+	O	VA2ROY	VE2LRI
Ste-Marcelline	444.7000	+	O 103.5e	VE2RMS	VE2BFK
Ste-Sophie D'Halifax	448.9200	–	O	VE2RNB	VE2NBE
Ste-Therese	448.4200	–	O 103.5	VE2RWW	VA2MAC
Ste-Victoire de Sorel	446.5000	144.7700	O 103.5	VE2RBS	VE2GFF
Taché	449.0200	–	O	VE2RTX	VE2SV
Thetford Mines	448.1700	–	Oe	VE2CVA	VE2LES
Trois-Rivières	442.7500	+	O	VE2VIP	VE2ZZ
Trois-Rivières	448.6700	–	O 136.5e	VE2RBN	VE2MTE
Trois-Rivières	449.1700	–	O 110.9x	VE2RTZ	VE2TRZ
Val-Belair	447.6200	–	O	VE2RGG	VE2TEB
Varennes	448.2700	–	O	VE2REQ	VE2ESM
Victoriaville	442.8500	+	Ox	VE2RMD	VE2MF
Victoriaville	443.5000	+	O	VE2RBF	VE2FQG
Victoriaville	444.6000	+	O 110.9	VE2RHY	VE2HY
Waterloo	443.9000	+	Oe	VE2ESM	VE2ESM
LAURENTIDES					
Lachute	443.8500	+	123.0/123.0l	VE2RCS	BARC
Rigaud	444.0000	+		VE2RM	------------
OUTAOUAIS					
Cantley	444.6000	+	110.9/110.9 (CA) L(I 2018)	VE2REH	ARAI

QUEBEC-YUKON TERRITORY

Location	Output	Input	Notes	Call	Sponsor
Cantley	444.7000	+	123.0/123.0	VA2CMB	VA2CMB
Chelsea	443.3000	+	/100X	VE2CRA	OARC
Gatineau	433.1000	+	L(9600B RPTR)	VE2UQH	CRAO
Gatineau	442.8000	+	o 110.9/110.9e	VE2REG	QC.Sec.O.
Gatineau	443.9500	+	123.0/123.0 A(*/ #)eL(VHF)	VE2RAO	CRAO
Gatineau	444.2500	+	/110.9l	VA2UHF	GRAC
Gatineau	444.9000	+	● 162.2/162.2 (CA)	VA2XAD	VA2XAD

SASKATCHEWAN
REGINA

Location	Output	Input	Notes	Call	Sponsor
Avonlea	444.1500	+	o	VE5AHR	------------
Regina	444.2500	+	o	VE5UHF	------------
Regina	447.2500	–	o	VE5BBZ	------------

SASKATOON

Location	Output	Input	Notes	Call	Sponsor
Saskatoon	441.0000	+	o	VE5RPH	------------
Saskatoon	443.9750	+	o	VE5PJH	VE5PJH
Saskatoon	448.0000	–	o	VE5HG	VE5HG

SOUTHEAST

Location	Output	Input	Notes	Call	Sponsor
Estevan	444.8000	+	o	VA5EST	VE5AJ

YUKON TERRITORY
YUKON

Location	Output	Input	Notes	Call	Sponsor
Beaver Creek	449.9000	–	ol	VY1RHH	YARA

902-928 MHz

Location	Output	Input	Notes	Call	Sponsor
ALABAMA					
Corner	919.0000	907.5000	O	N4UKE	N4UKE
Huntsville	927.5875	902.5875	O 100.0	W4XE	W4XE
Huntsville/ MonteSano	927.5000	902.5000	O 100.0	W4XE	W4XE
ARIZONA					
CENTRAL					
Pinal Peak	902.1125	927.1125	●l	N1KQ	MCRG
EAST CENTRAL					
Greens Peak	927.2875	902.2875	O 151.4aelr	N9CZV	N9CZV
Porter Mt	927.3375	902.3375	O 151.4aelr	N9CZV	N9CZV
NORTH CENTRAL					
Bill Williams Mt	927.4625	902.4625	O 151.4aelr	N9CZV	N9CZV
Mingus Mt	927.2625	902.2625	O 141.3	WA7JC	WA7JC
Mingus Mt	927.4125	902.4125	O 151.4l	WB7BYV	WBYBYV
Mt Elden	927.8375	902.8375	●	N7TWW	FHART
Prescott	927.3875	902.3875	O 151.4ar	WB7BYV	WB7BYV
Towers Mountain	927.2875	902.2875	O 151.4	KF7EZ	KF7EZ
NORTHWEST					
Dolan Springs	927.9125	902.9125	O 606e	KC7UJL	KC7UJL
Kingman	927.2125	902.2125	O 88.5 (CA)e lr	N0NKU	MCRA
Potato Patch	927.6125	902.6125	●elr	N0NKU	MCRA
PHOENIX METRO					
Chandler	927.4375	902.4375	O 151.4e	W7MOT	MARCA
Phoenix	902.1375	927.1375	●l	N1KQ	MCRG
Pinal Peak	927.8375	902.8375	●	N7TWW	FHART
Scottsdale	927.1625	902.1625	O 151.4	WA7ZZT	ARA
Scottsdale	927.3875	902.3875	O 151.4	W7MOT	M.A.R.C.A.
Usery Pass	927.4625	902.4625	●	N7MK	FHART
White Tanks	927.3375	902.3375	O 151.4l	KD7ETM	MCRG
White Tanks	927.8125	902.8125	●l	WD6EDW	WD6EDW
SOUTHEAST					
Mt Bigelow	927.3125	902.3125	Oe	WB4LDS	KB7YWK
SOUTHWEST					
Yuma	927.4625	902.4625	● 88.5	W7IDN	KW6EZB
TUCSON METRO					
Tucson	927.8500	902.8500	O 114.8l	W7FDF	W7FDF
Tucson	927.8875	902.8875	● 606l	WB4LDS	KB7YWK
WEST CENTRAL					
Lake Havasu	927.4375	902.4375	O 532el	K7GDM	KA3IDN
CALIFORNIA					
FREQUENCY USAGE - SOUTHERN CALIFORNIA					
So Cal	927.6000			SIMPLEX	
So Cal	927.7000	902.7000		TEST PAIR	
So Cal	927.8000			SIMPLEX	
NORCAL-CENTRAL COAST					
Felton	927.9250	–	O 123e	W6MOW	W6MOW
Monterey	927.9750	–	●DCSelrs	WE6R	WE6R

902-928 MHz
CALIFORNIA

Location	Output	Input	Notes	Call	Sponsor
Santa Cruz	927.2875	–	ODCSelx	W6REB	KG6XY
Seaside	927.9000	–	ODCSel	N6TBQ	N6TBQ
NORCAL-EAST BAY					
Concord	927.5500	–	O 141.3#x	N6OLD	ERG
Moraga	927.3250	–	O 100#lr	K6SJH	K6SJH
Oakland	927.4250	–	●DCSelx	WA6JQV	WA6JQV
Oakland	927.4750	–	●DCSelx	WA6JQV	WA6JQV
Pleasanton	927.3750	–	O 88.5#elx	N6QL	N6QL
San Pablo	927.4500	–	●DCSelx	WA6JQV	WA6JQV
San Pablo	927.4750	–	●DCSelx	WA6JQV	WA6JQV
NORCAL-NORTH BAY					
AmericanCanyon	927.4000	–	O 192.8#el	K6ZRX	HAMSEXY
Napa	927.5000	–	O 192.8el	K6ZRX	K6ZRX
Novato	927.3500	–	O 131.8#	KM6PA	KM6PA
Santa Rosa	927.5250	–	O 173.8elx	K6ZRX	K6ZRX
NORCAL-NORTH COAST					
Willits	927.7500	–	O 103.5elrsx	K7WWA	K7WWA
NORCAL-SACRAMENTO VALLEY					
Auburn	927.1500	–	●	N6NMZ	N6NMZ
Grass Valley	927.0500	–	●	WB4YJT	WB4YJT
Vacaville	927.0250	–	●DCSelx	WA6JQV	WA6JQV
Vacaville	927.4750	–	●DCSelx	WA6JQV	WA6JQV
Vacaville	927.8000	–	O 192.8e	WA6JQV	WA6JQV
Vacaville	927.8500	–	O 100#lsx	W6KCS	W6KCS
Volcano	927.9000	–	O 127.3x	W6KAP	W6KAP
NORCAL-SAN JOAQUIN VALLEY					
Lodi	927.6000	–	O 114.8elrx	WB6ASU	WB6ASU
Patterson	927.6250	–	O 100#	KK6AT	KK6AT
NORCAL-SOUTH BAY					
Los Gatos	927.4625	–	●DCSelx	WA6JQV	WA6JQV
Los Gatos	927.4750	–	●DCSelx	WA6JQV	WA6JQV
Los Gatos	927.9125	–	O 146.2aelx	K6DND	K6DND
Palo Alto	927.6250	–	O 151.4lx	WA6FUL	WA6FUL
Palo Alto	927.8625	–	ODCSelx	KJ6VU	NCCRA
NORCAL-WEST BAY					
Half Moon Bay	927.7000	–	●e	N6IMS	N6IMS
Montara	927.4000	–	●e	WA6AFT	WA6AFT
SOCAL-#BARSTOW					
Flash II	927.9875	902.9875	O 114.8l	N6RTR	------------
SOCAL-#COASTAL					
Catalina	927.9375	902.9375	ODCS(311)	KR6AL	------------
SOCAL-#KE,LA,OR,SBER					
Blue Ridge	927.2250	902.2250	O 123.0l	N6LXX	------------
Tehachapi	927.7250	902.7250	ODCS(411)	WA6CGR	SCEARA
SOCAL-#LA CENTRAL					
Mt Harvard	927.5625	902.5625	O 123.0l	N6LXX	------------
Mt Lukens	927.9750	902.9750	O 103.5	N6VGU	------------
Mt Wilson	927.2500	902.2500	O 114.8 L(224.940)	WA6DVG	------------
Pasadena	927.9625	902.9625	O 100.0	W6DMV	------------
Santa Anita Ridge	927.6250	902.6250	ODCS(411)	WA6CGR	SCEARA
SOCAL-#LA EAST					
Sunset	927.1625	902.1625	O 151.4l	N6RTR	------------
Sunset	927.5500	902.5500	O 123.0l	N6LXX	------------
Sunset	927.6125	902.6125	O 151.4	K6DLP	------------

CALIFORNIA-CONNECTICUT

Location	Output	Input	Notes	Call	Sponsor
SOCAL-#LA NORTH					
Contractors	927.6875	902.6875	O#DCS(606)	K6LRB	------------
Oat Mtn	927.5875	902.5875	O 131.8l	N6LXX	------------
SOCAL-#LA SOUTH					
Palos Verdes	927.6625	902.6625	ODCS(606)	K6LRB	------------
SOCAL-#LA WEST					
Woodland Hills	927.8375	902.8375	O 162.2	WS6RG	WSRG
SOCAL-#LA,OR					
Hollywood Hills	927.2750	902.2750	O 103.5	W6DEK	------------
Signal Peak	927.1375	902.1375	ODCS(411)	N6EX	SCEARA
SOCAL-#PALMDALE					
Hauser Mtn	927.3750	902.3750	O 114.8	WB6FYR	------------
Phelan	927.4750	902.4750	ODCS(532)l	N6LXX	------------
Pinon Hills	927.3500	902.3500	O 88.5	KA6YTT	------------
SOCAL-#SAN BERNARDINO					
Crestline	927.4875	902.4875	ODCS(411)	K6LRB	------------
Crestline	927.6750	902.6750	O 82.5l	N6RTR	------------
SOCAL-#SAN DIEGO					
Black Mtn	927.3875	902.3875	O 151.4	K6XI	------------
Mt Otay	927.3375	902.3375	O 151.4	WA6OSB	------------
Mt San Miguel	927.5750	902.5750	O 151.4l	N6LXX	------------
Palomar Mtn	927.5375	902.5375	ODCS(606)	KE6YRU	------------
Palomar Mtn	927.9750	902.9750	100.0	W6NWG	PARC
SOCAL-#SANTA BARBARA					
Santa Barbara	927.4625	902.4625	O 131.8	KG6MNB	UCSB
SOCAL-#VENTURA					
Red Mtn	927.8750	902.8750	O 103.5	WB6ZTQ	SMRA
SOCAL-LA,OR					
Covers Area	927.9500	902.9500	●	KA6RWW	------------
SOCAL-LA,OR,RIV,SBER,SD					
Covers Area	927.1250	902.1250	●	KD6WLY	------------
Covers Area	927.4000	902.4000	●	WA6FDG	------------
Covers Area	927.6500	902.6500	●DCS(411)	N6CA	SBMS
Covers Area	927.9000	902.9000	●	KD6WLY	------------
SOCAL-RIV,SBER					
Covers Area	927.4125	902.4125	●	K6DLP	------------
SOCAL-SD					
Covers Area	927.1500	902.1500	●	K6MOT	MARC

COLORADO
COLORADO SPRINGS

Location	Output	Input	Notes	Call	Sponsor
Colorado Springs	927.7250	902.7250	O 123 E-SUN RB	WA6IFI	WA6IFI

PUEBLO

Location	Output	Input	Notes	Call	Sponsor
Canon City	927.7000	902.7000	ODCS(114)e	WB0WDF	WB0WDF

CONNECTICUT
NEW HAVEN & S CENTRAL

Location	Output	Input	Notes	Call	Sponsor
Hamden	927.4125	902.4125	O/100.0 DCS(311)	WA1MIK	WA1MIK
N Guilford	927.4875	902.4875	O/192.8 DCS(311)e	NI1U	Guilford Radio
Naugatuck	920.2000	912.2500	O 71.9 (CA)e l	WA1NQP	WA1NQP

902-928 MHz
DELAWARE-GEORGIA

Location	Output	Input	Notes	Call	Sponsor
DELAWARE					
FREQUENCY USAGE					
Snp	920.0000	–			
DISTRICT OF COLUMBIA					
Snp	920.0000	–			
WASHINGTON					
NE Washington	919.8500	–	O 203.5l	KA4DCS	KA4CDS
FLORIDA					
CENTRAL					
Lakeland	927.5125	902.5125	O 127.3/127.3ex	N4KEG	N4KEG
CENTRAL - ORLANDO					
Kissimmee	927.7000	902.7000	O 103.5/103.5 DCS(411)eL(147.2100 444.4500)	K4GUS	ARRGUS
Longwood	927.6875	902.6875	O 100/100 DCS(411)e	KA4SUN	SUNLINK
Orlando	927.5375	902.5375	O 100/100	KA4SUN	SUNLINK
Orlando	927.6500	902.6500	ODCS(411)e L(443.7000)rsx	KA4SUN	SARC
NORTH CENTRAL					
Trenton	921.2000	–	Oe	N4TSV	N4TSV
NORTH EAST					
Daytona Beach	919.3000	145.7700	O 103.5/103.5l	KE4NZG	KE4NZG
Daytona Beach	919.3000	446.9000	O 103.5/103.5l	KE4NZG	KE4NZG
Daytona Beach	919.3000	–	Ol	KE4NZG	KE4NZG
SOUTH EAST					
Weston	927.6500	902.6500	O 100/100e	K3JDB	K3JDB
SOUTH EAST - MIAMI/FT LAUD					
Ft Lauderdale	927.6750	902.6750	●DCS(25)e	KB2TZ	KB2TZ
Ft Lauderdale	927.7000	902.7000	O 110.9/110.9eLITZ	KF4LZA	KF4LZA
Homestead	927.5250	902.5250	O 100.0/100.0eL(146.925)rsx	KF4ACN	KF4ACN
Miami	923.0000	–	O	WB4TWQ	WB4TWQ
Miami	927.5500	902.5500	O 103.5/103.5a(CA) DCS(31)eL(444.075) Bl	K4JVA	SMRC
GEORGIA					
Atlanta	927.5120	902.5120		KD4GPI	TARA
Buford	927.6250	902.6250		N4GJF	N4GJF
Chatsworth	927.6120	902.6120		KD4DKW	N4NEQ
Cumming	927.6870	902.6870	e	W4FRT	W4PX
Dahlonega	927.5250	902.5250	O 100.0	N8EKA	N8EKA
Hoschton	927.5370	902.5370	100.0l	W4BIW	W4DOC ATLA
Lawrenceville	927.5500	902.5500	100.0es	WX4NET	WX4NET
Lilburn	927.6620	902.6620	100.0aelRB	K4JPC	K4JPC
Marietta	927.5750	902.5750	100	N4YCI	N4NEQ
Milton	927.6500	902.6500	lRB	K5TEX	SPYDER RAD
Savannah	923.0000	910.2500	O#	WA4VHP	------------
Stone Mountain	927.7120	902.7120	223	KG4LMT	KG4LMT
Valdosta	927.4870	902.4870	O 141.3els	WR4SG	KB0Y

902-928 MHz   IDAHO-LOUISIANA

Location	Output	Input	Notes	Call	Sponsor
IDAHO					
SW IDAHO					
Emmett	927.7375	902.7375	OtDCS(412)	NB7C	NB7C
ILLINOIS					
NORTHEAST					
Huntley	927.7250	902.7250	114.8	AB9OU	AB9OU
Joliet	927.5250	902.5250	151.4ersWX	N9WYS	N9WYS
Lake Zurich	927.6000	902.6000	151.4	WA9FPT	WA9FPT
INDIANA					
EAST CENTRAL					
Lynn	927.5750	902.5750	O 131.8e	K9NZF	K9NZF
Muncie	927.7125	902.7125	O 151.4	N9CZV	N9CZV
Winchester	927.6875	902.6875	O 151.4	N9CZV	N9CZV
INDIANAPOLIS					
Indianapolis	927.9875	–	O 131.8el	W9ICE	ICE
Noblesville	918.2000	–	O	W9ICE	ICE
NORTH CENTRAL					
Kokomo	927.4875	902.4875	O 131.8	N9LLO	N9LLO
NORTHEAST					
Ft Wayne	927.5125	902.5125	O 131.8	WB9VLE	WB9VLE
Roanoke	927.5125	902.5125	O 131.8	WB9VLE	WB9VLE
NORTHWEST					
Valparaiso	927.6125	902.6125	O 173.8erWX	W9ZQE	Portage
Valparaiso	927.8000	902.8000	O 131.8	KB9KRI	Duneland
WEST CENTRAL					
Otterbein	927.5625	902.5625	O 88.5e	W9CBA	W9CBA
IOWA					
SOUTHEAST					
Moravia	927.3370	902.3370	136.5	WØALO	WØALO
WATERLOO					
Waterloo	927.3370	902.3370	● 136.5aelrs	WØALO	WØALO
KANSAS					
KANSAS CITY METRO					
Kansas City	927.5875	902.5875	OE-SUN	WBØKIA	------------
Kansas City	927.9125	902.9125	● 186.2/186.2 E-SUN	NØEUH	BYRG
Kansas City, M	927.9125	902.9125	O 186.2/186.2	NØEUH	BYRG
Merriam	927.7125	902.7125	O 151.4/151.4eE-SUN L(ECHO 307578)	KØKN	SMMC
SOUTHCENTRAL					
Moundridge	920.0000	–	O	KAØMR	KAØMR
KENTUCKY					
Lexington	927.7250	902.7250	O 751 DCSe	KA4MKG	K4RBH
LOUISIANA					
FREQUENCY USAGE					
Shared	920.0000	–		SNP	

902-928 MHz
MARYLAND-MICHIGAN

Location	Output	Input	Notes	Call	Sponsor
MARYLAND					
Snp	920.0000	–	O		
ANNAPOLIS					
Crofton	919.1000	–	O 107.2	WB4LNM	WB4LNM
DAYTON					
Dayton	927.5375	902.5375	t	W3YVV	W3YVV
DC NORTH					
Ashton	927.7250	902.7250	O	WA3KOK	WA3KOK
NW DC					
Germantown	919.4500	–	O	K3JAY	K3JAY
OWINGS MILLS					
Owings Mills	927.4875	902.4875	O 156.7 (CA)er	N3CDY	N3CDY
Owings Mills	927.5125	–	O 156.7	N3CDY	N3CDY
MASSACHUSETTS					
BERKSHIRES					
Adams	921.1000	–	O 100	K1FFK	NoBARC
BOSTON METRO					
Cambridge	927.6625	902.6625	O 88.5e L(444.750)	N1OMJ	N1OMJ
Waltham	927.1375	902.1375	O	W1KSZ	W1KSZ
Waltham	927.1625	902.1625	O	W1KSZ	W1KSZ
CENTRAL					
Holland	919.6000	–	O	N1NTE	N1NTE
Worcester	927.7375	902.7375	ODCS(244)e L(448.075)	WE1CT	WorcECTeam
MERRIMACK VALLEY					
Pepperell	919.1000	–	O 88.5ae L(224.640 RPT 1270.400 AUX)x	WA1VVH	H Chase
METROWEST					
Framingham	927.5375	902.5375	O 131.8	WA1NVC	WA1NVC
Framingham	927.5625	902.5625	O	WA1NVC	WA1NVC
Framingham	927.5875	902.5875	O 131.8p	WA1NVC	WA1NVC
Hopkinton	927.8875	902.8875	O 131.8	N3HFK	N3HFK
NORTH SHORE					
Groveland	919.2000	–	O	K1KKM	K1KKM
Lynn	919.3000	–	O 88.5x	W1DVG	W1DVG
Peabody	927.9375	902.9375	O 131.8/100 eL(W1WNS 448.775)x	W1WNS	W1WNS
SOUTH COAST					
Fall River	927.8625	902.8625	O 131.8	NN1D	NN1D
MICHIGAN					
LOWER PEN NORTHWEST					
Traverse City	927.5125	902.5125	O 131.8er	W8SGR	Cherryland AR
LOWER PEN SOUTHEAST					
Dansville	927.5250	902.5250	O 131.8 (CA) el	KB8FUN	N8OBU
Pontiac	927.5125	902.5125	O 131.8e	N8NM	N8NM
Riverview	927.4875	902.4875	O 131.8l	KC8LTS	KC8LTS
LOWER PEN SOUTHWEST					
Grand Rapids	927.2625	902.2625	●te	N8WKM	N8WKM

902-928 MHz   MINNESOTA-NEW HAMPSHIRE

Location	Output	Input	Notes	Call	Sponsor
MINNESOTA					
DULUTH					
Duluth	927.4880	902.4880	O 103.5	KBØQYC	LSAC
Duluth	927.6000	902.6000	O 114.8	KBØQYC	KBØQYC
METRO					
White Bear Lak	919.1000	–	Ol	KØLAV	KOLAV
MISSOURI					
KANSAS CITY METRO					
Kansas City	927.5125	902.5125	OE-SUN	WBØKIA	------------
Kansas City	927.9125	902.9125	● 186.2/186.2 E-SUN	NØEUH	BYRG
Kansas City, M	927.9125	902.9125	O 186.2/186.2	NØEUH	BYRG
Merriam	927.7125	902.7125	O 151.4/151.4eE-SUN	KØKN	SMMC
NEVADA					
Angel Peak	927.2500	902.2500	O 114.8l	KB6XN	------------
Angel Peak	927.3375	902.3375	O 151.4	N9CZV	------------
Angel Peak	927.6625	902.6625	ODCS(606)lr sx	N7SGV	------------
Apex Mtn	927.5875	902.5875	O 131.8l	KG7SS	------------
Apex Mtn	927.6750	902.6750	O 82.5 L(2M) Bl	N6JFO	PINOYHAM
Black Mtn	927.4750	902.4725	O 432	KP4UZ	------------
Christmas Tree	927.8875	902.8875	OtDCS(606)l x	KB6XN	------------
Hi Potosi Mtn	927.5250	902.5250	O 127.3	N7ZEV	------------
Hi Potosi Mtn	927.9125	902.9125	OtDCS(606) x	KB6XN	------------
Las Vegas	927.1125	902.1125	●DCS(432) WX(WX)	N3TOY	------------
Las Vegas	927.1875	902.1875	O 151.4	N7OK	SDARC
Lo Potosi Mtn	927.3875	902.3875	O 151.4lx	KB6XN	------------
Lo Potosi Mtn	927.7375	902.7375	●	WB6TNP	TRISTATE
Opal Mtn	927.3125	902.3125	ODCS(606)lx	KB6XN	------------
Pahrump local	927.8125	902.8125	O 151.4lx	KB6XN	------------
SIERRA/TAHOE					
Reno	927.8750	902.8750	●l	WA6TLW	WA6TLW
WEST CENTRAL					
Carlin	902.2250	925.2250	●l	N6GKJ	N6GKJ
Carlin	902.8750	927.8750	●l	WA6TLW	WA6TLW
Reno	905.9000	+	●	WA6TLW	WA6TLW
Reno	908.7500	+	Ol	WA6TLW	WA6TLW
Reno	920.7500	–	Ol	WA6TLW	WA6TLW
Reno	927.2250	902.2250	●l	N6GKJ	N6GKJ
Reno	927.6620	902.6620	O	N6JFO	N6JFO
Sparks	927.3500	902.3500	O	N7KP	N7KP
Sparks	927.3500	902.3500	O	N7KP	N7KP
Sparks	927.5000	902.5000	●	WA6JQV	WA6JQV
NEW HAMPSHIRE					
DARTMOUTH/LAKE SUNAPEE					
West Lebanon	927.7625	902.7625	O 131.8/100 L(I4650 KA1UAG)	KA1UAG	KA1UAG

902-928 MHz
NEW HAMPSHIRE-NORTH CAROLINA

Location	Output	Input	Notes	Call	Sponsor
MERRIMACK VALLEY					
Hollis	919.4000	–	O elx	N1IMO	N1IMO
Mont Vernon	927.7875	902.7875	O L(224.18/53.11)	WB1CMG	D. Upton
MONADNOCK REGION					
Rindge	920.2000	–	O eL(224.18) p	WB1CMG	&KA1RMF
SEACOAST					
Dover	919.5000	–	O lwx	N1RIK	N1RIK
Madbury	927.6125	902.6125	O 131.8/100 eL(W1WNS 448.775)x	W1WNS	W1WNS
NEW JERSEY					
BERGEN CO					
Glen Rock	927.3000	902.3000	O 141.3elrBl	N2SMI	N2SMI
PASSAIC CO					
Little Falls	927.3375	902.3375	O 141.3/141.3 L(927.8000)r	W2VER	VRACES
NEW MEXICO					
ALBUQUERQUE					
Rio Rancho	927.7000	–	O 203.5/203.5ersLITZ	W5SCA	SCARES
NEW YORK					
ALBANY/SCHENECTADY					
Albany	920.8000	–	O (CA)l	KD3NC	------------
New Scotland	921.0000	–	O 100.0 (CA) elx	K2AD	MountTop A
Schenectady	921.3000	–	O 100.0 (CA) el	K2AD	MountTop A
LONG ISLAND - SUFFOLK CO					
Bohemia	927.9625	902.3125	O 151.4/151.4eL(446.100)rsBl	N2HBA	FDNYNCAPD
Old Bethpage	927.3125	902.3125	O 192.8/192.8 DCS(031)	W2YMM	------------
MID HUDSON					
Mount Beacon	921.2000	–	O 100.0 (CA) e	N2HPA	MBARC/K1DF
Nyack	927.8500	902.3750	O 114.8l	N2ACF	------------
NEW YORK CITY - KINGS					
Brooklyn	927.5875	902.5875	O 151.4s	N2UOL	------------
Brooklyn	927.9625	902.3125	O 151.4/151.4eL(446.100)rsBl	N2HBA	FDNYNCAPD
NEW YORK CITY - MANHATTAN					
New York	927.9375	902.9375	O 151.4 (CA) l	KQ2H	------------
NEW YORK CITY - QUEENS					
Kew Gardens	927.6000	902.6000	O 151.4	N2EZZ	------------
ROCHESTER					
Rochester	919.0250	–	O el	W2RFM	GRID
NORTH CAROLINA					
Bear Wallow	927.5500	902.5500	O 131.8	WA4TOG	WA4TOG
Cashiers	927.5870	902.5870	127.3	K4VP	K4VP

902-928 MHz   NORTH CAROLINA-TENNESSEE

Location	Output	Input	Notes	Call	Sponsor
Charlotte	927.6120	902.6120	118.8e	K4KAY	K4KAY
Waynesville	927.6620	902.6620	O 131.8a	N4DTR	N4DTR

OHIO
CUYAHOGA

Location	Output	Input	Notes	Call	Sponsor
Cleveland	927.6875	902.6875	131.8	K9ZOE	K9ZOE
Parma	927.5875	902.5875	Ot(CA)	KD8B	KD8B
Parma	927.6125	902.6125	O 131.8l	KB8WLW	KB8RST

FRANKLIN

Location	Output	Input	Notes	Call	Sponsor
Groveport	927.4875	902.4875	131.8 (CA)e	KA8ZNY	KA8ZNY

MEDINA

Location	Output	Input	Notes	Call	Sponsor
Medina	927.6375	902.6375	131.8	W8CJB	W8CJB

STARK

Location	Output	Input	Notes	Call	Sponsor
Uniontown	919.0250	–	Ot	WB8OVQ	WB8OVQ

SUMMIT

Location	Output	Input	Notes	Call	Sponsor
Akron	927.5375	902.5375	OaTTelRBxz	WA8DBW	WA8DBW

WAYNE

Location	Output	Input	Notes	Call	Sponsor
Wooster	927.4875	902.4875	Ote	KD8B	KD8B

OREGON
PORTLAND METRO

Location	Output	Input	Notes	Call	Sponsor
Portland	927.6000	902.6000	O 114.8e	K7TGZ	K7TGZ

PENNSYLVANIA
FREQUENCY USAGE - WPA SECTION

Location	Output	Input	Notes	Call	Sponsor
Wpa Snp	920.0000	–		SNP	

CHESTER

Location	Output	Input	Notes	Call	Sponsor
Valley Forge	919.2000	–	O 131.8	W3PHL	PARA Group

PITTSBURGH 131.8

Location	Output	Input	Notes	Call	Sponsor
Pgh/Homestead	920.5000	–	O	KA3IDK	KA3IDK

SOMERSET 123.0

Location	Output	Input	Notes	Call	Sponsor
Central City	921.0000	–	O 123.0	KE3UC	W3KKC

PUERTO RICO
E

Location	Output	Input	Notes	Call	Sponsor
San Lorenzo	918.1000	–	O	WP4LTR	------------

N

Location	Output	Input	Notes	Call	Sponsor
Caguas	927.1000	927.1000	●E-SUN	KP3AB	------------

RHODE ISLAND
NORTHERN

Location	Output	Input	Notes	Call	Sponsor
Lincoln	921.2000	–	Ol	KA1RCI	KA1RCI
Lincoln	921.3000	–	Ol	K1KYI	RIAFMRS
Lincoln	927.6125	902.6125	O(CA)e L(KA1RCI)	KA1RCI	KA1RCI
Providence	921.7000	–	Ol	W1OP	ProvRA
Providence	921.8000	–	O	W1OP	ProvRA
Providence	921.9000	–	O	WA1TAQ	WA1TAQ

SOUTH CAROLINA

Location	Output	Input	Notes	Call	Sponsor
Pickens	927.5120	902.5120	O 100.0e	KE4PAB	KE4PAB

TENNESSEE

Location	Output	Input	Notes	Call	Sponsor
Collierville	927.5370	902.5370	O 162.2	WB4EPG	WB4EPG

902-928 MHz

TENNESSEE-WASHINGTON

Location	Output	Input	Notes	Call	Sponsor
Collierville	927.5370	902.5370	O 162.2	WB4EPG	WB4EPG
Elizabethton	927.9870	902.9870	O 103.5elWX	KN5S	KN5S
Greeneville	927.5120	902.5120	100.0	KD4PBC	KD4PBC
Jackson	919.5000	–	O 100.0	AF4ZR	WF4Q
Lewisburg	920.5000	–	O	KF4TNP	KF4TNP
Morristown	920.8000	–	O(CA)e	KQ4E	KQ4E
Nashville	923.2500	910.2500	Ol	K4ZGA	K4ZGA

TEXAS

Location	Output	Input	Notes	Call	Sponsor
Alvord	927.9880	902.9880	O 110.9	N5YEJ	------------
Arlington	927.7380	902.7380		W5PSB	------------
Fort Worth	919.9000	–		K5MOT	MOTOROLA A
Grapevine	927.8750	902.8750	O 103.5	N5YEJ	------------
Liberty Hill	919.9000	–	O 131.8 (CA)	KM5CC	------------
Marble Falls	927.5000	902.5000	103.5	K5WGR	------------
Odessa	927.0250	902.0250	O 532	KD4LXC	------------
Sweetwater	927.1130	–	432	KC5NOX	------------

UTAH
CENTRAL

Location	Output	Input	Notes	Call	Sponsor
Richfield	927.9375	902.9375	O	K1ENT	K1ENT

WASATCH FRONT

Location	Output	Input	Notes	Call	Sponsor
Antelope Island	927.3125	902.3125	OeE-SUN	K7DAV	DCARC
Bountiful	927.3625	902.3625	O 192.8	KD7RTO	------------
Murray	927.4875	902.4875	O	K7JL	------------
Salt Lake	927.3875	902.3875	O	N7SLC	------------

VERMONT
EAST CENTRAL

Location	Output	Input	Notes	Call	Sponsor
Williamstown	927.4875	–	O 131.8l	N1IOE	N1IOE

WEST CENTRAL

Location	Output	Input	Notes	Call	Sponsor
Rutland	921.2000	–	O 100.0l	W1AD	W1AD

VIRGINIA
FREQUENCY USAGE - TMARC AREA

Location	Output	Input	Notes	Call	Sponsor
Snp	920.0000	–			
Bedfrd/Apl Orc	921.1000	–	O 100.0el	WA1ZMS	MTN TOP AS
Fancy Gap	927.4870	902.4870	O 100.0l	N4JNE	N4JNE
Lynchbrg/Tob M	921.0000	–	O 100.0	K4CQ	LARC, INC
Poor Mtn	927.5120	902.5120	100.0e	KE4NYV	KE4NYV
Roanoke/Poor M	919.5000	–	O 100.0elRB	WD4KZK	WD4KZK
Slings Gap	927.6000	902.6000	107.2l	WD4KZK	KA4QYN

NW

Location	Output	Input	Notes	Call	Sponsor
Bluemont	919.3000	–		KA4DCS	KA4DCS
Culpepper	919.4000	–		KA4DCS	KA4DCS

WASHINGTON AREA

Location	Output	Input	Notes	Call	Sponsor
Alexandria	919.6000	–	107.2l	WA4CCF	Alex RC
Woodbridge	919.8000	–		KA4DCS	KA4DCS

WASHINGTON
W WA - FREQUENCY USAGE

902.3000 to	903.0000			RPTR INPUTS (25KHZ SPA	
927.3000 to	928.0000			RPTR OUTPUTS (25KHZ S	

E WA - KENNEWICK

Location	Output	Input	Notes	Call	Sponsor
Kennewick	903.3000	+	●EXP	WI7B	W7IB

Location	Output	Input	Notes	Call	Sponsor
E WA - SPOKANE					
Krell	927.2500	902.2500	114.8	W7RGW	W7RGW
W WA - KING COUNTY					
Kirkland	927.6500	902.6500	O 114.8e	AA7UJ	------------
W WA - PUGET SOUND					
Eatonville	927.5250	902.5250	O 114.8	K7DNR	------------
Haystack Mtn	927.7375	902.7375	O 114.8e	N7NFY	------------
South Mtn	927.2500	902.2500	O 114.8	W7UVH	W7UVH
W WA - PUGET SOUND-NORTH					
Everett	927.2750	902.2750	O 114.8	W7LMR	M Mc Alvey
Shoreline	927.9125	902.9125	O 114.8	NU7Z	------------
W WA - PUGET SOUND-SOUTH					
Lacey	927.5000	902.5000	O 114.8	WA7C	------------
Tacoma	927.8000	902.8000	O 114.8e	K7HW	------------
Tumwater	927.7500	902.7500	O 114.8e	KD7HTE	------------
University Place	927.6000	902.6000	O 114.8	K7NP	------------
W WA - WASHINGTON-NW					
Lookout Mtn	927.4875	902.4875	O 114.8e	WA7ZWG	------------
Lyman Mtn	927.6875	902.6875	O 114.8e	W7UMH	MBARC
W WA - WASHINGTON-SOUTH					
Kalama	927.2750	902.2750	O 114.8l	W7UVH	------------
W WA - WASHINGTON-SW					
Baw Faw Peak	927.9250	902.9250	O 114.8l	K7CH	C Holman
W WA - WASHINGTON-WEST					
Tiger Mtn East	927.4500	902.4500	O 114.8	WR7JM	J-Mar Comm
Tiger Mtn West	927.4000	902.4000	● 123el	WB0CZA	WB0CZA
WEST VIRGINIA					
FREQUENCY USAGE - TMARC AREA					
Snp	920.0000	–			
Beckley/Oak Hi	927.7250	902.7250	123.0l	KE4QOX	EM97IW
Flat Top	927.5250	902.5250	100.0100.0	WV8B	WV8B
WISCONSIN					
NORTH CENTRAL 114.8					
Wausau	918.0000	–	Oex	W9BCC	R.M.R.A.
NORTH EAST 100.0					
Sturgeon Bay	920.0000	–	O	K9KJM	K9KJM
NEWFOUNDLAND AND LABRADOR					
AVALON EAST					
St John's	919.1000	–		VO1KEN	VO1ST
ONTARIO					
CENTRAL					
Collingwood	921.5000	–	156.7e L(IRLP)	VE3RMT	CARC
SOUTH					
Brantford	921.0000	–	OEXP	VE3DTE	------------
SOUTHWEST					
London	922.0000	–	114.8	VA3CCC	------------
QUEBEC					
Blainville	904.9000	920.9000	O	VE2THE	VE2THE

570 902-928 MHz
QUEBEC

Location	Output	Input	Notes	Call	Sponsor
Mont-Belair	919.1000	–	O	VE2RPQ	APQ
Mont-Belair	919.2000	–	O	VE2GPQ	APQ
Montreal	920.0000	–	Oe	VE2RHH	MTL220
Quebec	921.1200	–	Oe	VA2OLM	VE2OLM
Ste-Marcelline	920.0000	910.0000	OE-SUN	VE2RVQ	VE2BFK
Ste-Marcelline	920.0000	915.0000	OE-SUN	VE2RVQ	VE2BFK
Ste-Marcelline	923.2500	910.2500	OE-SUN	VE2RVQ	VE2BFK
Ste-Marcelline	923.2500	–	OE-SUN	VE2RVQ	VE2BFK
Ste-Marcelline	923.2500	913.2500	OE-SUN	VE2RVQ	VE2BFK
Ste-Marcelline	923.2500	919.2500	OE-SUN	VE2RVQ	VE2BFK
Ste-Marcelline	923.2500	919.2500	OE-SUN	VE2RVQ	VE2BFK
Ste-Marcelline	923.2500	439.2500	OeE-SUN	VE2RVQ	VE2BFK

1240 MHz and Above

Location	Output	Input	Notes	Call	Sponsor
ALABAMA					
Alabaster	1248.0000	1248.0000	/DD	N4RON	AARC
Alabaster	1293.0000	1273.0000	/DV	N4RON	AARC
Anniston/Cheaha Mt	1251.0000	1251.0000	/DD	WB4GNA	Mentone Ed.
Anniston/Cheaha Mt	1285.0000	–	/DV	WB4GNA	Mentone Ed.
Birmingham	1250.0000	1250.0000	/DD	K4DSO	BARC
Birmingham	1283.4000	–	/DV	K4DSO	BARC
Birmingham	1291.0000	1271.0000	O 100.0	N4PHP	N4PHP
Huntsville	1251.8000	1251.8000	/DD	KI4PPF	HIT
Huntsville	1284.0000	–	/DV	KI4PPF	HIT
Huntsville (Exp)	1251.0000	1251.0000	/DD	KI4QMQ	Mentone Ed.
Huntsville (Exp)	1285.0000	–	/DV	KI4QMQ	Mentone Ed.
Magnolia Springs	1251.0000	1251.0000	DD	KI4SAZ	Mentone Ed.
Magnolia Springs	1285.0000	–	/DV	KI4SAZ	Mentone Ed.
Mentone	1251.0000	1251.0000	/DD	KI4SAY	Mentone Ed.
Mentone	1285.0000	–	/DV	KI4SAY	Mentone Ed.
Tuscaloosa	1248.2000	1248.2000	/DD	W4TTR	Tall Twr RC
Tuscaloosa	1249.0000	1249.0000	/DD	W4KCQ	TARC
Tuscaloosa	1284.4000	–	O/D-STAR	W4KCQ	TARC
Tuscaloosa	1287.9500	–	/DV	W4TTR	Tall Twr RC
ALASKA					
SOUTH CENTRAL					
Nikiski	10000.3697	445.4500	O 103.5 TTl RB	KL7UW	KL7UW
ARIZONA					
CENTRAL					
Pinal Peak	1283.6500	–	O 100ez	KD7DR	SARBA
Usery Mt	1284.6500	–	O 107.2el	N7TWY	CHRIS RADI
NORTHWEST					
Hayden Peak	1286.7000	–	●el	N6RHZ	CAL.MICROW
SO EAST AZ					
Sierra Vista	1282.5000	–	O 100el	N0NBH	PAUL HERRM
SOUTHEAST					
Haystack Mt	1284.7000	–	O 131.8	K7SPV	SAN PEDRO
CALIFORNIA					
FREQUENCY USAGE - SOUTHERN CALIFORNIA					
So Cal	1260.0000			OSCAR	
So Cal	1283.0000	–		TESTPAIR	
So Cal	1294.1000			PACKET	
So Cal	1294.2500			DIGITAL	
So Cal	1294.3000			D-STAR NARROW VOICE S	
So Cal	1294.5000			FM SPLX	
So Cal	1294.7000			RMT BASE	
So Cal	1294.9000			NOV SSB	
So Cal	1296.0000			WEAK SIG	
So Cal	1296.1000			SSB CALL	
NORCAL-CENTRAL COAST					
Hollister	1286.2250	–	O 110.9l	W6MOW	W6MOW

DIGITAL

ID-1
10 Watts Output Power | 128K Data, Digital Voice, Analog Voice (FM) | Wireless Internet/Network Capable PC Control via USB port | Digital Callsign & Digital Code Squelch

D-STAR ON 1.2GHz!

ID-RP2V
1.2GHz D-STAR REPEATER
Finally, D-STAR digital repeater performance on 1.2GHz!

www.icomamerica.com

©2008 Icom America Inc. The Icom logo is a registered trademark of Icom Inc. All specifications are subject to change without notice or obligation. 10012

THE SKY'S NOT THE LIMIT!

Whether you're working FM repeaters, or tracking the newest satellite, the '910H puts you in command. A big-screen dual frequency readout sets the scene while smooth Doppler compensation lets you follow the action. Add optional Icom down converters, pre-amps and DSP for a complete off-the-shelf system. See your authorized Icom dealer!

IC-910H 100 Watt VHF/75 Watt UHF | AM, FM, SSB, CW & Satellite | Works Two Bands at Once | 9600bps High Speed Packet Port | Main & Sub Band Functions for IF Shift, Sweep, NB, & RF Attenuator

Accessories

AG-2400
Downlink Receive Converter

UT-106
DSP Unit

UX-910
1.2GHz Band Unit

www.icomamerica.com

©2006 Icom America Inc. The Icom logo is a registered trademark of Icom Inc. All specifications are subject to change without notice or obligation. 8264

574   1240 MHz and Above
CALIFORNIA

Location	Output	Input	Notes	Call	Sponsor
Monterey	1286.7000	–	O 162.2#es	K6LY	NPSARC
Watsonville	1286.2000	–	O 110.9e	N6NAC	N6NAC
NORCAL-EAST BAY					
Berkeley	1285.3000	–	O 88.5#	KK6PH	23 CM Club
Berkeley	1285.5500	–	O 114.8ers	WA2UNP	NALCO ARES
Fremont	1282.6000	–	O 100	KJ6NN	K6AIR
Fremont	10369.1500	–	O 100#ex	AD6FP	50MHzAndUp
Livermore	1282.2250	–	O 88.5lx	W6RLW	ARRC
Livermore	1292.5000	–	O 100#	K6USH	K6USH
Oakland	1284.4500	–	●	KD6GLT	KD6GLT
Pinole	1286.6000	–	O 114.8el	N6PBC	N6PBC
Pleasanton	1284.7250	–	O 88.5#elx	N6QL	N6QL
Pleasanton	1284.7500	–	O 88.5#elx	N6QL	N6QL
Pleasanton	1287.6250	–	O 88.5el	K6LRG	L.A.R.G.E.
NORCAL-NORTH BAY					
AmericanCanyon	1287.4000	–	O 88.5el	WZ6X	WZ6X
Calistoga	1283.9000	–	O 88.5el	WZ6X	WZ6X
Cordelia	1282.4000	–	O 88.5e	WZ6X	WZ6X
Corte Madera	1287.9000	–	O 88.5lx	W6RLW	ARRC
Mill Valley	1285.0500	–	O 88.5el	W6GHZ	NMG
Napa	1285.7000	–	O 173.8#el	W6FMG	W6FMG
Petaluma	1286.2500	–	O 88.5aelx	W6GHZ	NMG
Santa Rosa	1283.2000	–	O 88.5#elx	KC6REK	KC6REK
Vallejo	1284.3500	–	O 131.8l	KC6PGV	NCRG
NORCAL-SACRAMENTO VALLEY					
Auburn	1282.7000	–	O 162.2	AA6LK	AA6LK
Camino	1284.8000	–	●#ersx	N6DPP	HAWK
Folsom	1283.7500	–	O 88.5el	W6YDD	YDD 1.2
Georgetown	1285.7500	–	O 88.5elx	K6RTL	NCAA
Paradise	1287.1000	–	O 88.5#l	KE6IIV	WZ6X
Red Bluff	1286.9000	–	O 100el	K6JDS	K6JDS
Sacramento	1284.8500	–	O 88.5#	KD6GFZ	KD6GFZ
Vacaville	1282.9000	–	O 88.5er	K6SOL	Solano/ACS
Vacaville	1285.8500	–	O 100lx	W6YDD	YDD 1.2
Vacaville	1285.9000	–	O 156.7#x	KD6ZNG	HARC
Vacaville	1291.9000	–	O#aelrsx	WV6F	WVA
NORCAL-SAN JOAQUIN VALLEY					
Bakersfield	1283.3000	–	O 88.5#e	N6UPH	N6UPH
Bakersfield	1284.0500	–	O 110.9#	N6UPH	CMRA
Bakersfield	1285.4500	–	O 100#	W6LIE	W6LIE
Clovis	1286.3000	–	O 141.3#elx	N6JXL	CARP
Fresno	1283.4500	–	O 100#ex	W6YEP	W6YEP
Livermore	1286.6250	–	O 88.5elx	K6LRG	L.A.R.G.E.
Mariposa	1284.3000	–	O 88.5x	W6BXN	TurlockARC
Mariposa	1287.6000	–	O 88.5lx	W6RLW	ARRC
Westley	1282.8000	–	●elx	K6RDJ	KF6EQR
NORCAL-SOUTH BAY					
Campbell	1284.8500	–	O 100#s	K6KMT	K6KMT
Cupertino	1284.0000	–	O 100#	N6MBB	N6MBB
Cupertino	1285.6500	–	O 110.9l	W6MOW	MARG
Cupertino	1292.5200	–	O#e	KW6KW	KW6KW
Los Altos	1283.1500	–	O 100ex	W6SRI	SRI INT
Los Altos	1286.4000	–	O 88.5#	AA6IW	AA6IW
Mountain View	1284.2500	–	O 88.5#e	N6SGI	SGIARC
Palo Alto	1282.5000	–	O 88.5elx	W6YX	SUARC
Palo Alto	1284.9500	–	O 88.5#ex	K6BAM	BAMA

1240 MHz and Above   575
CALIFORNIA

Location	Output	Input	Notes	Call	Sponsor
Palo Alto	1292.5500	–	O 88.5#	WA6ITV	WA6ITV
San Jose	1282.0000	–	O 88.5l	W6RLW	ARRC
San Jose	1282.2000	–	O 88.5lx	W6RLW	ARRC
San Jose	1283.1000	–	O 88.5#ael	N6AKK	CarJack
San Jose	1283.4000	–	O 94.8al	N6EEZ	N6EEZ
San Jose	1283.5500	–	O 88.5ael	N6AKK	CarJack
San Jose	1283.7000	–	O 100ex	WA6GFY	LMERA ARC
San Jose	1284.3000	–	O 100#e	N6AKB	N6AKB
San Jose	1285.0000	–	O 88.5lx	W6RLW	ARRC
San Jose	1285.5000	–	O 100#x	N6LXA	SMARA
San Jose	1285.8000	–	O 127.3#	KD6AOG	KD6AOG
San Jose	1285.9500	–	O 100aelx	KU6V	KU6V
San Jose	1286.0000	–	O 110.9elx	N6NAC	N6NAC
San Jose	1286.0750	–	O 88.5#aex	WB6OCD	WB6OCD
San Jose	1286.1500	–	O 127.3#x	KD6AOG	KD6AOG
San Jose	1286.2000	–	O 100aels	W6PIY	WVARA
San Jose	1286.3250	–	O 88.5l	N6SPB	N6SPB
San Jose	1286.4500	–	●el	K6MF	K6MF
San Jose	1286.5000	–	O 173.8elrsx	W7AFG	AREA-Amate
San Jose	1287.2000	–	O 88.5	KE6STH	KE6STH
San Jose	1287.7000	–	O 88.5lx	W6RLW	ARRC
Santa Clara	1286.8500	–	O 88.5	K6GDS	K6GDS
Santa Clara	1287.0000	–	O 88.5#e	K6CPU	IEARS
Saratoga	1283.0000	–	O 88.5l	W6RLW	ARRC
Saratoga	1287.5000	–	O 88.5el	K6UB	K6UB
NORCAL-TAHOE					
So Lake Tahoe	1285.0000	–	O 123#e	N3KD	N3KD
Tahoe City	1287.8000	–	O 88.5lx	W6RLW	ARRC
NORCAL-WEST BAY					
Daly City	1285.1000	–	O 131.8lx	KC6PGV	NCRG
Redwood City	1284.7000	–	O 114.8el	WD6GGW	WD6GGW
Redwood City	1285.2500	–	O 88.5el	KE6UIE	KE6UIE
San Bruno	1286.0500	–	O 123#lrs	KM6EF	GSARC
San Francisco	1284.9000	–	O 67#e	KA6TGI	KA6TGI
SOCAL-#ANZA					
Anza	1282.7000	–	O 100.0	W6MR	OCDXG
SOCAL-#COASTAL					
Catalina Island	1282.0000	–	O 192.8	KJ6YA	SWAPS
SOCAL-#LA CENTRAL					
Disappointment	1285.3000	–	O 100.0	K6CPT	LA DCS
El Sereno	1282.6750	–	O	KB6MRC	------------
Harvard	1282.1250	–	O 114.8	WA6TFD	BHARC
Lukens	1282.0750	–	O 100.0	KO6TD	------------
Lukens	1282.4750	–	O 77.0	WA6DPB	------------
Monterey Park	1282.3250	–	O 141.3	KA6GXY	GARS
Verdugo	1282.9000	–	O	N6MQS	ARRC
SOCAL-#LA EAST					
Arcadia	1282.7500	–	O 131.8	N6AH	A.D.C.
Sunset	1282.8250	–	O 88.5	WA6ITC	------------
West Covina	1282.8750	–	O	WB6QZK	------------
Wilson	1282.2500	–	O 127.3	WD8CIK	PAPA
SOCAL-#LA SOUTH					
Long Beach	1282.9500	–	O 100.0	W6MYN	------------
Palos Verdes	1282.3750	–	O 100.0	WB6NIL	MIPL
Palos Verdes	1282.4750	–	O 131.8	WA6DPB	------------
Redondo Beach	1283.0750	–	O 136.5	W6TRW	SEA ARC

1240 MHz and Above
CALIFORNIA

Location	Output	Input	Notes	Call	Sponsor
Signal Hill	1282.2000	–	O	K6CHE	LBRACES
SOCAL-#LA WEST					
Hollywood Hills	1282.0500	–	O 103.5	N6VGU	------------
Los Angeles	1282.5750	–	O 103.5	K6PYP	------------
SOCAL-#LA,OR,VE					
Contractors Pt	1282.8500	–	O 123.0	W6CPA	IRC
Oat Mountain	1286.5000	–	O 67.0	KF6HHV	Baykitty ARC
SOCAL-#ORANGE					
Anaheim	1283.1000	–	O 114.8r	KB6ZDB	------------
Bolero Pk	1282.7250	–	O 88.5	W6KRW	OCCC
Costa Mesa	1282.4000	–	O 88.5	WB6NOA	GWRS
Costa Mesa	1284.0000	–	O	WA6TUG	------------
Irvine	1283.3500	–	O	WA6GPP	------------
Orange	1283.1500	–	O 85.4	KB6CJZ	------------
Santa Ana	1282.7000	–	O 100.0	W6MR	OCDXG
Santiago Peak	1282.0250	–	O 88.5	W6KRW	OCCC
Santiago Peak	1282.1500	–	O 114.8	WA6MDJ	BHARC
Santiago Peak	1282.6250	–	O 82.5	K6ARN	------------
Sierra	1282.2750	–	O 88.5	W6KRW	OCCC
Signal Pk	1282.5250	–	O 88.5	W6KRW	OCCC
SOCAL-#ORANGE SOUTH					
Mission Viejo	1283.5250	–	O 103.5	AB6YT	TANGO
San Clemente	1282.7750	–	O 88.5	W6KRW	OCCC
SOCAL-#PALM SPRINGS					
Palm Springs	1285.2000	–	O 131.8	KV6Y	------------
SOCAL-#SAN BERNARDINO					
Sky Forest	1282.9250	–	O	WA6BFH	------------
SOCAL-#SAN DIEGO					
Otay Mtn	1282.3000	–	O 103.5	W6RHV	SANDRA
Pt Loma	1285.4000	–	O 88.5	WA6ZFT	ECRA
SOCAL-#VENTURA					
Red Mtn	1282.1000	–	O 127.3	WB6ZTQ	SMRA
SOCAL-IMP,RIV,SBER,SD					
Black Mtn	1284.6000	–	●	N6CKS	CARE
Toro Pk	1284.8500	–	●	WV6H	CARE
SOCAL-KE,LA,OR,SBER					
Blue Ridge	1285.1250	–	●	N6GMS	KALAY
SOCAL-LA,OR					
Canyon Country	1284.3000	–	●	KI6JL	ESSN
Carson	1285.3750	–	●	KK6BE	------------
Castro Peak	1284.2500	–	●	N6IGG	------------
Chatsworth Pk	1285.2500	–	●	NW6B	------------
Contractors PT	1283.0250	–	●	W6WAX	------------
Disappointment	1283.2500	–	●	K6VGP	DARN
Long Beach	1283.9750	–	●	KD6CIX	LIBRA
Los Angeles	1285.0250	–	●	KK6QY	ERRC
Lukens	1284.1250	–	●	KB6SUA	------------
Lukens	1284.4750	–	●	K6CQA	RIZAL
Lukens	1285.1000	–	●	KN6RW	SARA
Lukens	1285.3250	–	●	AA6TL	Hisp ARC
Lukens	1285.6000	–	●	AB6BX	MAGELLAN
Lukens	1286.3250	–	●	KC6MQP	------------
Palos Verdes	1283.3250	–	●	N6YKE	------------
Palos Verdes	1283.5500	–	●	N6UL	------------
Palos Verdes	1284.5000	–	●	K6VGP	DARN
Palos Verdes	1285.1500	–	●	KV6D	SWAN

1240 MHz and Above — CALIFORNIA

Location	Output	Input	Notes	Call	Sponsor
Santa Anita Rg	1283.9000	–	●	WA6CGR	SCEARA
Torrance	1284.0750	–	●	KE6LDM	------------
Verdugo	1283.9500	–	●	KA6AZB	HAMS
Verdugo Peak	1285.0000	–	●	K6VGP	DARN
Whittier	1283.0500	–	●	KA6VHA	------------
SOCAL-LA,OR,RIV,SBER					
Heaps	1287.3500	–	●	KE6JUV	MARC
Running Spr	1285.0750	–	●	AA6QO	------------
Running Spr	1286.0000	–	●	KA6RWW	------------
Santa Anita Rg	1283.3000	–	●	W6VHU	FIRES
Sierra Peak	1287.3500	–	●	KE6JUV	METS
Sunset	1284.0500	–	●	KB6MQQ	CMRA
Sunset	1284.3750	–	●	KM6NP	SCARA
Sunset	1285.2750	–	●	WH6NZ	------------
Sunset	1285.9750	–	●	N6LXX	------------
Sunset	1286.9250	–	●	WA6ITC	------------
Wilson	1284.1000	–	●	K6JP	SCJHC
SOCAL-LA,OR,RIV,SBER,SD					
Santiago Peak	1284.1750	–	●	KB6KZA	EKOARC
Santiago Peak	1284.2750	–	●	KB6SUA	------------
Santiago Peak	1285.0500	–	●	W6ATB	------------
Santiago Peak	1285.4250	–	●	KC6ZYY	Viking
Santiago Peak	1285.4750	–	●	AB6BX	MAGELLAN
Santiago Peak	1285.9500	–	●	N6SIM	------------
Santiago Peak	1286.1500	–	●	WA6SVT	ATN
Santiago Peak	1286.3750	–	●	KE6JUV	MARC
Santiago Peak	1286.7500	–	●	N6OGM	CMRA
SOCAL-LA,OR,SBAR,VE					
Saddle	1283.3750	–	●	NF6R	PAPA
Saddle	1283.5000	–	●	WB6FOD	CMRA
Saddle	1284.2000	–	●	KA6CBE	------------
SOCAL-LA,OR,VE					
Oat Mtn	1283.1750	–	●	WD6FZA	PAPA
Oat Mtn	1283.8250	–	●	KC6WTL	SCARA
Oat Mtn	1284.1500	–	●	KB6TLJ	BEARS
Sylmar	1285.3500	–	●	KA6FJP	------------
SOCAL-OR					
Anaheim	1286.1750	–	●	KB6OZM	------------
Fountain Vally	1284.0250	–	●	W6FJS	------------
Fountain Vally	1286.1250	–	●	W6TMB	FOCUS
Huntington Bch	1283.4000	–	●	WB6WAJ	------------
Loma Ridge	1286.2750	–	●	W6KRW	OCCC
Mission Viejo	1283.4500	–	●	KM6NP	SCARA
SOCAL-RIV,SBER					
Chuckwalla	1283.3000	–	●	KF6PHZ	CMRA
SOCAL-SBAR					
Santa Ynez	1284.0500	–	●	K6RCL	CMRA
SOCAL-SBER					
Keller Peak	1286.2500	–	●	KG6YS	MARA
SOCAL-SD					
Mt Soledad	1284.7500	–	●	WB6HHV	CARE
Otay Mtn	1284.6000	–	●	NF6E	CARE
Otay Mtn	1285.5500	–	●	AB6BX	MAGELLAN
Otay Mtn	1285.8000	–	●	WA6ZFT	ECRA
Palomar Mtn	1284.6500	–	●	W6RHV	CARE
Palomar Mtn	1285.9000	–	●	KD6AEA	------------

1240 MHz and Above
CALIFORNIA-ILLINOIS

Location	Output	Input	Notes	Call	Sponsor
Pt Loma	1285.2250	–	●	N6XQ	WSVHFS
Rattlesnake	1284.8000	–	●	WA6RLV	CARE
San Diego	1285.1750	–	●	KD6AEA	------------
San Miguel	1284.3000	–	●	WV6H	CARE
Tabletop	1284.7000	–	●	WV6H	CARE
Woodson	1284.7000	–	●	WB6DTR	CARE

COLORADO
DENVER METRO
Denver	1287.9000	–	○	W0CRA	CRA

SOUTH CENTRAL
Cripple Creek	1287.7000	–	○ 67 E-SUN	WB0WDF	WB0WDF

CONNECTICUT
CONNECTICUT
FM Call Freq	1296.2500	1296.2500	○		------------

NEW HAVEN & S CENTRAL
Naugatuck	1291.1800	1271.1800	○ 88.5	WA1NQP	WA1NQP

DELAWARE
FREQUENCY USAGE
Snp	1283.0000	–			

DISTRICT OF COLUMBIA
Snp	1283.0000	–			

FLORIDA
NORTH EAST - JACKSONVILLE
Jacksonville	1291.2000	1271.2000	○te	KE4KNE	KE4KNE

NORTH WEST - TALLAHASSEE
Tallahassee	1291.5000	1271.5000	○ 88.5/88.5e	KS4JW	KS4JW

SOUTH EAST - MIAMI/FT LAUD
Hialeah	1291.1000	1271.1000	○ 110.9/110.9a(CA)ersBlx	WB4IVM	WB4IVM
Miami	1293.0000	1273.0000	○e	WB4TWQ	WB4TWQ

WEST CENTRAL - TAMPA/ST PETE
Tampa	1291.5000	1271.5000	○ 88.5/88.5e L(444.000 444.675 443.425 147.000)rsRB Bl	W4AQR	W4AQR

GEORGIA
Alpharetta	1284.4000	–	e	NA4MB	NA4MB
Atlanta	1292.0000	1272.0000	○	KB4KIN	MATPARC
Lawrenceville	1282.5500	–	elswx	WA4YIH	WA5YIH
Morrow	1292.1000	1272.1000	100.0lRB	W2XAB	W2XAB
Stone Mountain	1291.0000	1271.0000	els	W4DOC	W4DOC

ILLINOIS
CHICAGO
Chicago	1292.2000	1272.2000	e	NS9RC	NSRC

NORTHEAST
Batavia	1291.9000	1271.9000	l	W9NE	W9XA
Batavia	1292.0000	1272.0000	88.5l	W9XA	W9XA
Lisle	1293.1000	1273.1000	114.8 (CA)e LITZ	WA9AEK	WA9AEK

1240 MHz and Above
INDIANA-MICHIGAN

Location	Output	Input	Notes	Call	Sponsor
INDIANA					
INDIANAPOLIS					
Indianapolis	1292.0000	1272.0000	O 100	K9LPW	Central In
Indianapolis	1293.5000	1273.5000	O 77.0el	W9ICE	Indianapol
NORTHEAST					
South Whitley	1291.5000	1271.5000	O	WF9Q	WF9Q
NORTHWEST					
Valparaiso	1292.0000	1272.0000	O 77.0e	KB9KRI	Duneland
IOWA					
DES MOINES					
Des Moines	1285.5000	–	O	W0KWM	CITS
KANSAS					
KANSAS CITY METRO					
Shawnee Msn	1285.0000	–	OE-SUN	K0GXL	SMMC
WICHITA					
Valley Center	1288.0000	–	OE-SUN	K0PY	------------
LOUISIANA					
FREQUENCY USAGE					
Shared	1283.0000	–		SNP	
NORTHWEST					
Shreveport	1253.0000	1253.0000	OelWX	W5SHV	SDT
Shreveport	1293.0000	–	OelWX	W5SHV	SDT
SOUTHEAST					
Jefferson	1251.0000	1251.0000	Oel	W5GAD	JARC
Jefferson	1282.1000	–	OaeBl	WB5JEQ	WB5JEQ
Jefferson	1285.0000	–	Oel	W5GAD	JARC
MAINE					
PORTLAND/SOUTH COAST					
Brunswick	1284.0000	–	Oe	KS1R	MARA
MARYLAND					
FREQUENCY USAGE					
Snp	1283.0000	–			
MASSACHUSETTS					
NORTH SHORE					
Lynn	1282.6000	–	O 88.5 EXP	W1DVG	W1DVG
SPRINGFIELD					
Feeding Hills	1282.5000	–	DSTAR	W1KK	W1KK
MICHIGAN					
LOWER PEN SOUTHEAST					
Clawson	1282.4000	–	O 100	N8UDK	N8UDK
Detroit	1284.0500	–	O	KA8RAD	MetroARC
Howell	1282.0500	–	Oers	K8OCL	LARK
Jackson	1286.5000	–	OersWX	WD8EEQ	WD8EEQ
LOWER PEN SOUTHWEST					
Berrien Springs	1282.0000	–	O(CA)	W8YKS	DOCRG
Berrien Springs	2410.0000	2306.0000	O(CA)	W8YKS	DOCRG

1240 MHz and Above
MINNESOTA-OHIO

Location	Output	Input	Notes	Call	Sponsor
MINNESOTA					
METRO					
Columbia Hts	1284.0000	–	o	WBØBWL	MNLINK
Maplewood	1285.0000	–	o	WØMR	MINING ARC
NEVADA					
Black MTN	1284.4500	–	o 110.9/110.9	K7FAY	CMRA
Black Mtn	1293.9000	1273.9000	O 754	NX7R	HDRA
Lo Potosi Mtn	1284.0500	–	●	WC6MRA	CMRA
WEST CENTRAL					
Hawthorne	1284.9750	–	o	WA6BXP	WA6BXP
Reno	1286.5000	–	o	W6CYX	W6CYX
NEW HAMPSHIRE					
MERRIMACK VALLEY					
Goffstown	1290.1000	–	o	K1GHZ	NHMRA
NEW JERSEY					
MORRIS CO					
Butler	1282.0500	–	O 151.4elrs	WB2FTX	Butler RACES/
Parsippany	1287.5000	–	O 141.3	WA2UEM	WA2UEM
OCEAN					
Lakewood	1295.0000	1275.0000	O 127.3el	N2AYM	------------
SOMMERSET CO					
Martinsville	1284.0000	–	ODSTARe	N2JDG	------------
NEW MEXICO					
SOUTH CENTRAL					
Organ	1293.9000	1273.9000	Osx	KC5SJQ	KC5SJQ
NEW YORK					
LONG ISLAND - SUFFOLK CO					
Islandia	1286.0000	–	●L(449.65) RB	WR2UHF	GABAMFKRA
NEW YORK CITY - QUEENS					
Glen Oaks	1288.0000	–	O 136.5 (CA) e	W2VL	Long Island Mo
NIAGARA					
Royalton	1283.4500	–	107.2e L(443.500) RB	KD2WA	------------
ROCHESTER					
Rochester	1288.0000	1268.0000	Ol	N2HJD	RRRA
OHIO					
FRANKLIN					
Columbus	1292.3000	1272.3000	Ol	WB8YOJ	WB8YOJ
LUCAS					
Toledo	1285.0000	–	O	WJ8E	WJ8E
MIAMI					
Ludlow Falls	1292.0800	1272.0800	Otl	WD8JPP	WD8JPP
SUMMIT					
Akron	1292.2000	1272.2000	OaTTelRBxz	WA8DBW	WA8DBW

1240 MHz and Above — OKLAHOMA-TEXAS

Location	Output	Input	Notes	Call	Sponsor
OKLAHOMA					
OKLAHOMA CITY					
Oklahoma City	1283.1000	–	●t	WN5J	WN5J
OREGON					
NORTH WILLAMETTE VALLEY					
Sherwood	1292.0000	1272.0000	● 107.2el	KB7WUK	WORC
PORTLAND METRO					
Portland	1291.0000	1271.0000	● 107.2ael	KB7WUK	WORC
PENNSYLVANIA					
FREQUENCY USAGE - WPA SECTION					
Wpa Snp	1283.0000	–		SNP	
CHESTER					
Glen Mills	1295.8000	1280.8000	● 94.8e	W3LW	------------
Valley Forge	1292.0000	1272.0000	● 131.8	W3PHL	PARA Group
LYCOMING					
Williamsport	1285.0000	–	●t(CA)e	N3PFC	------------
NORTHAMPTON					
Easton	1294.0000	1274.0000	●lLITZ	N2ZAV	------------
PHILADELPHIA					
Philadelphia	1294.1000	1274.1000	● 127.3el	K3PHL	------------
PITTSBURGH 131.8					
Pgh/W Mifflin	1285.0000	–	●	KA3IDK	KA3IDK
PUERTO RICO					
E					
Luquillo	1285.0000	–	●	WP4KER	------------
TENNESSEE					
Lewisburg	1285.3000	–	●	KF4TNP	KF4TNP
Memphis	1292.0000	1272.0000	●e	N4HKS	MID SOUTH
Nashville	1284.4000	–	●IRB	WA4AKM	------------
Smithville	1286.5000	–	●ael	KB4ZOE	------------
TEXAS					
Austin	1292.4000	1272.4000	88.5	W5NFC	------------
Bee Cave	1292.5000	1272.5000	●	K5VH	------------
Cedar Hill	3310.0000	3410.0000		N5IUF	TRS
Dallas	1292.3000	1272.3000	● 100.0	AD5KZ	------------
Dallas	1292.6000	1272.6000	●	N5MIJ	------------
Deerpark	1292.2000	1272.2000	●	WB5PWG	------------
Fort Worth	1292.7800	1272.7800	110.9	N5UN	FW1200
Fort Worth	1292.9000	1272.9000	(CA)e	W0BOD	------------
Houston	1292.1000	1272.1000	●	WA5KXG	------------
Houston	1293.0000	1273.0000	●D-STARl	W5HDR	HDEARC
Magnolia	1291.0000	1271.0000	●D-STARl	N5MDS	MDSTAR.ORG
Mesquite	1292.0000	1272.0000	● 156.7 (CA)	AK5DX	------------
Richardson	1292.2000	1272.2000	●e	NT5NT	NORTEL ARC
Richland Hills	1291.0000	1271.0000		N5CJD	------------
San Antonio	1292.0000	1272.0000		KB5BI	------------
San Antonio	1292.3000	1272.3000	●	W5DKK	------------
Venus	1292.9800	1278.9800	●erwX	WA5FWC	------------

1240 MHz and Above
UTAH-WISCONSIN

Location	Output	Input	Notes	Call	Sponsor
UTAH					
FREQUENCY USAGE					
Snp	1283.0000	–	O		
PRICE					
Castledale	1282.1000	–	O	N7QGM	------------
WASATCH FRONT					
Farnsworth Pk	1285.0000	–	O 88.5	K7OJU	------------
Salt Lake	1284.0000	–	O 100.0x	WA7GIE	------------
Salt Lake	1286.0000	–	O	AA7XY	------------
VIRGINIA					
FREQUENCY USAGE - TMARC AREA					
Snp	1283.0000	–			
Bedfrd/Apl Orc	1283.1000	–	O 100.0el	WA1ZMS	MTN TOP AS
Roanoke/Poor M	1291.0200	1271.0200	O	N4CH	N4CH
Virginia Beach	1284.6000	–		W4BBR	W4RVN
NORTHEAST					
Bull Run Mtn	1286.1000	–	O	N3KL	N3KL
WASHINGTON AREA					
Alexandria	1282.6000	–	88.5l	WA4CCF	Alex RC
WASHINGTON					
W WA - FREQUENCY USAGE					
	1292.5000			CROSS-BAND USE	
1246.0000 to	1248.0000			NB FM LINKS (25KHZ SPA	
1248.0000 to	1252.0000			DIGITAL	
1268.0000 to	1275.0000			RPTR INPUTS (25KHZ SPA	
1275.0000 to	1276.0000			NB FM LINKS (25KHZ SPA	
1282.0000 to	1288.0000			WB/NB FM LINKS (25KHZ S	
1288.0000 to	1295.0000			RPTR OUTPUTS (25KHZ S	
PORTLAND METRO					
Vancouver	1292.5000	1272.5000	Oe	W7AIA	CCARC
W WA - PIERCE COUNTY					
Tacoma	1292.4000	1272.4000	O 103.5ael	KB7CNN	------------
W WA - PUGET SOUND					
Baldi Mtn	1292.3000	1272.3000	O 103.5e	N7FSP	W7SRZ
W WA - SEATTLE					
Seattle	1292.0000	1272.0000	O 103.5ael	W7SRZ	Medical Svcs
W WA - SNOHOMISH COUNTY					
Everett	1293.0000	1273.0000	O 103.5	W7ERH	------------
W WA - WASHINGTON-NW					
Bellingham	1290.9500	1270.9500	O 103.5	N7FYU	N7FYU
W WA - WASHINGTON-WEST					
Tiger Mtn East	1292.2000	1272.2000	O 103.5el	KB7CNN	------------
WEST VIRGINIA					
FREQUENCY USAGE - TMARC AREA					
Snp	1283.0000	–			
WISCONSIN					
NORTH EAST 100.0					
Sturgeon Bay	1282.1000	–	O	K9KJM	K9KJM
SOUTH EAST 127.3					
Milwaukee	1290.0500	1270.0500	el	KC9LKZ	N9ASA

Location	Output	Input	Notes	Call	Sponsor
BRITISH COLUMBIA					
GREATER VANCOUVER					
Vancouver	1291.9400	1271.9400	el	VE7RAG	BCFMCA
MANITOBA					
WINNIPEG					
Winnipeg	1280.5000	–	O	VE4KEG	------------
Winnipeg	1289.2500	915.0000	O	VE4EDU	------------
Winnipeg	1292.0000	1272.0000	O	VE4AGA	------------
ONTARIO					
CENTRAL					
Cannington	1288.0000	–	O(CA)el	VA3TVE	------------
CENTRAL EAST					
Oshawa	1283.4750	–	O	VE3OUR	------------
METRO TORONTO					
Toronto	1250.0000	1250.0000	103.5e L(YYZ)	VE3YYZ	TARCS
Toronto	1284.0000	–	Oe	VA3GTU	------------
Toronto	1285.0000	–	O	VE3VGA	------------
Toronto	1287.5000	–	103.5e L(YYZ)	VE3YYZ	TARCS
Uxbridge	1286.0000	–	103.5e	VE3RPT	TFMCS
NIAGARA					
Grimsby	1283.6000	–	OTT	VE3IUW	------------
SOUTH					
Vinemount	1283.5000	–	O 131.8	VE3VSC	------------
Waterloo	1287.0000	–	O 131.8 (CA)	VE3WWW	------------
SOUTHWEST					
McGregor	1282.5000	–	O	VE3SOT	------------
QUEBEC					
Joliette	1284.0000	–	O 103.5e	VE2RHO	VE2BFK
Montreal	1283.0000	–	O 103.5e	VE2RIO	RAQI
Montreal	2310.1000	448.6000	O	VE2RVK	VE2VK
Saint-Lin-Laurentides	1284.0000	–	O 141.3e	VE2RFO	VE2BFK
St-Adolphe d'Howard	2310.1500	448.6000	O	VE2RVK	VE2VK
St-Calixte	1283.6000	–	O 141.3	VE2RVK	VE2VK
St-Calixte	1296.0700	2310.0000	O	VE2RVK	VE2VK
Ste-Marcelline	1280.0000	1252.0000	OE-SUN	VE2RVQ	VE2BFK
Ste-Marcelline	1280.0000	1255.0000	OE-SUN	VE2RVQ	VE2BFK
Ste-Marcelline	1280.0000	1265.0000	OE-SUN	VE2RVQ	VE2BFK
Ste-Marcelline	1289.2500	1241.2500	OE-SUN	VE2RVQ	VE2BFK
Ste-Marcelline	1289.2500	1253.2500	OE-SUN	VE2RVQ	VE2BFK
Ste-Marcelline	1289.2500	1265.2500	OE-SUN	VE2RVQ	VE2BFK
Ste-Marcelline	1289.2500	–	OE-SUN	VE2RVQ	VE2BFK
Ste-Marcelline	2442.0000	1255.0000	OE-SUN	VE2RVQ	VE2BFK
Ste-Marcelline	2442.0000	2398.0000	OE-SUN	VE2RVQ	VE2BFK
Ste-Marcelline	2442.0000	2412.0000	OE-SUN	VE2RVQ	VE2BFK
Ste-Marcelline	2442.0000	2428.0000	OE-SUN	VE2RVQ	VE2BFK

Amateur Television (ATV)

Location	Output	Input	Notes	Call	Sponsor
ALABAMA					
Birmingham/ Pelham	421.2500	1277.2500	O#	N5XNQ	N5XNQ
Gadsden	421.2500	1255.0000	O	N5XNQ	N5XNQ
Huntsville	421.2500	439.2500	O	W4ATV	TVATV
ARIZONA					
CENTRAL					
Shaw Butte	421.5000	434.0000	O	W7ATV	Arizona A
Shaw Butte	1241.2500	1265.0000	O	W7ATV	ARIZONA A
White Tanks	1253.2500	2441.5000	O	K7PO	Ward Wheat
White Tanks	1289.2500	421.2500	O	W7ATV	ARIZONA A
TUCSON					
Mt Lemmon	1253.2500	434.0000	O	W7ATN	ARIZONA A
ARKANSAS					
CENTRAL					
Little Rock	421.2500	439.2500	O	N5AT	ARES
Pine Bluff	426.2500	439.2500	Oer	K5DAK	PinBlufARC
Russellville	426.2500	439.2500	O	W5RZ	W5RZ
NORTH CENTRAL					
Harrison	421.2500	439.2500	O	K5YWL	K5YWL
CALIFORNIA					
FREQUENCY USAGE - SOUTHERN CALIFORNIA					
So Cal Atv	144.3450			ATV-SPLX VOICE	
So Cal Atv	146.4300			ATV-RPT VOICE	
So Cal Atv	426.2500			ATV-SPLX	
So Cal Atv	434.0000			ATV-RPT INPUT-H SYNC A	
So Cal Atv	913.2500			ATV-SPLX	
So Cal Atv	919.2500			ATV-RPT OUT	
So Cal Atv	1241.2500			ATV-RPT OUT	
So Cal Atv	1253.2500			ATV-RPT OUT	
So Cal Atv	1265.2500		EXP	ATV-SPLX	
So Cal Atv	1277.2500			ATV-RPT OUT	
So Cal Atv	1289.2500			ATV-SPLX	
So Cal Atv	2398.0000			ATV-FM-SPLX	
So Cal Atv	2417.0000			ATV-FM-LINKS	
So Cal Atv	2441.5000			ATV-FM-RPT INPUT, H-SYN	
So Cal Atv	3380.0000			ATV-WFM-RPT OUTPUT	
So Cal Atv	3480.0000			ATV-WFM-RPT OUTPUT	
So Cal Atv	5910.0000			ATV-FM-RPT OUTPUT	
So Cal Atv	10400.0000			ATV-WFM-RPT INPUT	
NORCAL-EAST BAY					
Concord	427.2500	1289.2500	Oersx	W6CX	MDARC
Concord	1241.2500	1289.2500	O-ersx	W6CX	MDARC
NORCAL-SAN JOAQUIN VALLEY					
Lodi	1241.2500	1289.2500	O#lrx	WB6ASU	WB6ASU
NORCAL-SOUTH BAY					
Palo Alto	2433.7500	1255.0000	Oes	W6YX	SUARC
San Jose	421.2500	1255.2500	O#ersx	K6BEN	W2NYC
San Jose	923.2500	427.2500	O#aerx	K6BEN	W2NYC

586   Amateur Television (ATV)
CALIFORNIA-FLORIDA

Location	Output	Input	Notes	Call	Sponsor
SOCAL-#LA CENTRAL					
Mt Wilson	1241.2500	434.0000		W6ATN	ATN-L
SOCAL-#LA EAST					
Sunset Ridge	1277.2500	2441.5000	O	KE6JUV	METS-L
Sunset Ridge	1277.2500	434.0000	O	KE6JUV	METS-L
Sunset Ridge	1277.2500	2441.2500	O	KE6JUV	METS-L
SOCAL-#LA NORTH					
Oat Mtn	919.2500	434.0000		W6ATN	ATN-L
Oat Mtn	919.2500	2441.5000		W6ATN	ATN-L
SOCAL-#LA,OR,RIV,SBER					
Sierra Peak	3380.0000	10400.0000	O	KE6JUV	METS-L
Sierra Peak	3380.0000	2441.5000	Ol	KE6JUV	METS-L
Sierra Peak	3380.0000	434.0000	Ol	KE6JUV	METS-L
SOCAL-#ORANGE					
Santiago Peak	1253.2500	434.0000		W6ATN	ATN-L hub
Santiago Peak	1253.2500	2441.5000		W6ATN	ATN-L
Santiago Peak	3480.0000	10400.0000		KE6JUV	METS-L
Santiago Peak	5910.0000	434.0000	O	W6ATN	ATN-L
Santiago Peak	5910.0000	2441.5000		W6ATN	ATN-L
SOCAL-#SAN BERNARDINO					
Heaps	3380.0000	2441.5000		KE6JUV	METS-L
Heaps	3380.0000	10400.0000		KE6JUV	METS-L
Snow Peak	1241.2500	434.0000	O	W6ATN	ATN
Snow Peak	1241.2500	2441.5000	O	W6ATN	ATN
SOCAL-#SAN DIEGO					
Palomar Mtn	1241.2500	2441.5000		W6NWG	PARC-L
Pt Loma	1277.2500	434.0000	O	W6ATN	ATN-L
Pt Loma	1277.2500	2441.5000	O	W6ATN	ATN-L
SOCAL-#SANTA BARBARA					
Santa Barbara	1277.2500	434.0000		WB9KMO	ATN-L
Santa Barbara	1277.2500	2441.5000		WB9KMO	ATN-L
SOCAL-#VICTORVILLE					
Blue Ridge	919.2500	434.0000		W6ATN	ATN-L
Blue Ridge	919.2500	2441.5000		W6ATN	ATN-L

COLORADO
BOULDER COUNTY

Location	Output	Input	Notes	Call	Sponsor
Boulder	421.2500	1277.2500	Os	WA0NHD	BCARES
COLORADO SPRINGS					
Colorado Springs	1253.2500	426.2500	O	W0ATV	PPFMA

CONNECTICUT

Location	Output	Input	Notes	Call	Sponsor
Farmington	421.2500	439.2500	OL(144.340)	W1NI	------------
New Haven	426.2500	439.2500	O L(144.340/910.250)	W1NRE	------------

FLORIDA
CENTRAL - ORLANDO

Location	Output	Input	Notes	Call	Sponsor
St Cloud	427.2500	439.2500	Oez	W4NCO	SCATS
EAST CENTRAL					
Cocoa	421.2500	434.0000	Oez	K4ATV	LISATS Inc
Palm Bay	427.2500	2420.0000	Oe	WR4ATV	SCATS
Palm Bay	427.2500	1280.0000	Oe	WR4ATV	SCATS
Palm Bay	427.2500	923.2500	Oe	WR4ATV	SCATS

Amateur Television (ATV)
FLORIDA-MARYLAND

Location	Output	Input	Notes	Call	Sponsor
WEST CENTRAL - SARASOTA					
Laurel	421.2500	434.0000	Oers	N4SER	SERC
GEORGIA					
Atlanta/Mariet	427.2500	1253.0000	ORB	N4NEQ	BSRG
Dalton Atv	421.2500	1265.0000	O	N4BZJ	N4BZJ
IDAHO					
SW-ID					
Burley	434.0000	1253.2500	O	K6ZVA	ISRA MHCH
ILLINOIS					
ROCKFORD					
Rockford	421.2500	1253.2500	Oe	W9ATN	RARA-ATV
INDIANA					
EAST CENTRAL					
New Castle	439.2500	427.2500	O	KA9QIG	KA9QIG
INDIANAPOLIS					
Indianapolis	425.2500	439.2500	O	K9LPW	Cent. In. RA
NORTHEAST					
Ft Wayne	910.2500	439.2500	O	W9TE	FWRC
Ft Wayne	910.2500	427.2500	O	W9TE	FWRC
SOUTHWEST					
Evansville	421.2500	434.0000	Or	W9KXP	W9KXP
WEST CENTRAL					
Lafayette	421.2500	439.2500	O	KB9KHM	KB9KHM
IOWA					
DES MOINES					
Des Moines	427.2500	1277.2500	Oe	W0KWM	CITS
KANSAS					
KANSAS CITY METRO					
Kansas City	426.2500	439.2500	OE-SUNs	WR0ATV	KC ATV GP
TOPEKA					
Topeka	427.2500	1252.0000	O	WA0VRS	911 TOP
WICHITA					
Wichita	421.2500	439.2500	O	N0HM	ICUC-UHF-T
KENTUCKY					
Lexington	923.2500	439.2500	#	KY4ATV	BLUEGRASS
LOUISIANA					
NEW ORLEANS					
New Orleans	421.2500	439.2500	O	WD0GIV	WD0GIV
MARYLAND					
ANNAPOLIS					
Annapolis	923.2500	426.2500		WB4APR	WB4APR
			L(AUDIO 147.435)		
BALTIMORE					
Baltimore	439.2500	426.2500		W3WCQ	BRATS
			L(AUDIO 430.75)		

588 Amateur Television (ATV)
MARYLAND-OHIO

Location	Output	Input	Notes	Call	Sponsor
Baltimore	439.2500	1253.2500		W3WCQ	BRATS
			L(AUDIO 1293.75)		
Baltimore	911.2500	426.2500		W3WCQ	BRATS
			L(AUDIO 915.75)		
Baltimore	923.2500	1265.2500		K3UQQ	CATS
			L(AUDIO 147.495)		
Baltimore	927.7500	1269.7500		K3UQQ	CATS
			L(AUDIO 147.495)		
Baltimore	1241.2500	1277.2500		W3DID	1200 Clu
Baltimore	1289.2500	426.2500	l	W3WCQ	BRATS

MICHIGAN
LOWER PEN SOUTHEAST
Clawson	1253.2500	439.2500	O	N8UDK	DATS
Flint	1253.2500	439.2500	O 100ersWx	KC8KGZ	GCARES

LOWER PEN SOUTHWEST
Grand Rapids	421.2500	439.2500	Oe	K8DMR	K8DMR

MINNESOTA
METRO
New Brighton	910.2500	426.2500	Ol	NØNMB	RCES
New Brighton	1253.2500	426.2500	Ol	NØNMB	RCES

MISSISSIPPI
Gautier	426.2500	439.2500	O	KA5NOJ	KA5NOJ
Gautier	911.2500	439.2500	O	KA5NOJ	------------

NEBRASKA
OMAHA
Omaha/KPTM	421.2500	434.0000	OH SYNC	WBØCMC	GOATS
Omaha/KPTM	1248.2500	434.0000	OH SYNC	WBØCMC	------------

NEVADA
Hi Potosi Mtn	1241.2500	913.0000	O	KB7BY	------------
Hi Potosi Mtn	1265.0000	913.0000	O	KB7BY	------------

NEW MEXICO
NORTHWEST
Farmington	421.2500	439.2500	O	NO3Y	NO3Y

NEW YORK
CORTLAND/ITHACA
Ithaca	421.2500	439.2500	O	AF2A	Tompk ARA

ELMIRA/CORNING
Elmira	421.2500	434.0000	O	KB3APR	ARAST
Elmira	923.2500	434.0000	O	KB3APR	ARAST

OHIO
ALLEN
Lima	421.2500	439.2500	O	WB8ULC	NWOhioARC

COLUMBIANA
Lisbon	421.2500	434.0000	220	KC8PHW	KC8PHW

FRANKLIN
Columbus	427.2500	439.2500	O	WR8ATV	ATCO

Amateur Television (ATV)
OHIO-TEXAS

Location	Output	Input	Notes	Call	Sponsor
Columbus	1250.0000	1280.0000	o	WR8ATV	ATCO
Columbus	1260.0000	1280.0000	o	WR8ATV	ATCO
Columbus	2433.0000	2398.0000	o	WR8ATV	ATCO
Columbus	10350.0000	10450.0000	o	WR8ATV	ATCO
GREENE					
Xenia	421.2500	434.0000		KB8GRJ	KB8GRJ
VAN WERT					
Van Wert	434.0000	923.2500	220	W8FY	VWARC

OKLAHOMA
NORTHEAST

Location	Output	Input	Notes	Call	Sponsor
Ponca City	421.2500	434.0000	o	W5HZZ	Kay Cty AR
OKLAHOMA CITY					
Guthrie	1253.2500	425.2500	otE-SUN	KA5EOS	ATV Soc.
TULSA					
Tulsa	913.2500	434.0000	o	W5IAS	Tulsa ARC

OREGON
CENTRAL WILLAMETTE VALLEY

Location	Output	Input	Notes	Call	Sponsor
West Salem	1277.2500	426.2500	o	K7ATV	SATVA
PORTLAND METRO					
Portland	426.2500	910.2500	oI	WB2QHS	WB2QHS
Portland	1253.2500	426.2500	oe	W7AMQ	OATA

PENNSYLVANIA
LANCASTER

Location	Output	Input	Notes	Call	Sponsor
Manheim	923.2500	910.2500	oersWX	K3IR	SPARC Inc.
PHILADELPHIA					
Philadelphia	421.2500	439.2500	or	W3PHL	PARA Group
Philadelphia	923.2500	910.2500	or	W3PHL	PARA Group
PITTSBURGH					
Carnegie	426.2500	439.2500	o	W3KWH	SCARC
Pgh/Hazelwood	421.2500	910.2500	o	WA3PBD	GFMA
Pgh/Hazelwood	923.2500	910.2500	o	WA3PBD	GFMA
SOUTH CENTRAL					
Mercersburg	421.2500	439.2500	o	WA3PTV	WA3PTV
SOUTHWEST					
Acme	421.2500	439.2500	o	W3NBN	LHVHFS
YORK					
Dover	439.2500	426.2500	otel	W3HZU	Keystone

PUERTO RICO
N

Location	Output	Input	Notes	Call	Sponsor
Aguas Buenas	426.2500	1252.0000	o	KP4IA	M/Vision

SOUTH CAROLINA

Location	Output	Input	Notes	Call	Sponsor
Pickins/CarsHe	421.2500	1253.2500	123.0e	N4VDE	N4VDE

TEXAS

Location	Output	Input	Notes	Call	Sponsor
Austin	421.2500	1252.0000		W5VDS	AATVC
Austin	421.2500	1253.2500		W5VDS	AATVC
Austin	421.2500	907.2500		W5VDS	AATVC
Beaumont	421.2500	439.2500		KE5O	------------
Dallas	2441.2500	1250.0000		AB5IG	------------
Elmo	421.2500	439.2500		W5EEY	TVARC

590 Amateur Television (ATV)
TEXAS-BRITISH COLUMBIA

Location	Output	Input	Notes	Call	Sponsor
Eustace	421.2500	1277.2500		W5IB	------------
Fort Worth	423.9750	+	●	N5UN	FW440
Houston	421.2500	1255.0000		W5GFP	HATS
Marshall	421.2500	439.2500		K5FBI	------------
Mesquite	421.2500	1248.0000		KC5NQ	NTSC
Payne Springs	426.2500	1255.0000		K5CCL	CEDAR CREE
Tyler	421.2500	434.0000		W5KPZ	------------
Waco	421.2500	439.2500		W5ZDN	HOTARC

UTAH
WASATCH FRONT

Location	Output	Input	Notes	Call	Sponsor
ATV Intercomm	145.7300	145.7300	Oe	SIMPLEX	ATV
Salt Lake	426.2500	439.2500	Oex	WB7FID	WB7FID
Salt Lake	1265.0000	2425.0000	Oe	WA7GIE	WA7GIE

VIRGINIA

Location	Output	Input	Notes	Call	Sponsor
Lynchburg	923.2500	426.2500	O	K4CQ	LARC, INC.

STAFFORD

Location	Output	Input	Notes	Call	Sponsor
Hartwood	920.0000	1255.0000	Os	AK1E	AK1E FM
Stafford	439.2500	426.2500	Oe	AK1E	Metrovis
		L(147.465 & 443.750)ps			
Stafford	920.0000	1255.0000	Oelps	AK1E	Mvsn FM
Stafford	920.0000	2435.0000	Oelps	AK1E	Mvsn FM

WASHINGTON
W WA - FREQUENCY USAGE

1240.0000 to	1246.0000				ATV #1 (1241.25 VIDEO CA
1252.0000 to	1258.0000				ATV #2 (1253.25 VIDEO CA
1276.0000 to	1282.0000				ATV #3 (1277.25 VIDEO CA
912.0000 to	918.0000				ATV 913.25 VIDEO CARRIE

E WA-SUNNYSIDE

Location	Output	Input	Notes	Call	Sponsor
Rattlesnake	421.2500	439.2500		N7IWA	N7IWA

E WA-YAKIMA

Location	Output	Input	Notes	Call	Sponsor
Eagle Peak	1253.2500	434.0000		N7IWA	N7IWA
Little Bald Mtn	923.2500	426.2500		N7IWA	N7IWA

WISCONSIN
NORTH CENTRAL

Location	Output	Input	Notes	Call	Sponsor
Wausau	421.2500	915.0000	Oelx	AD9W	RMATS
Wausau	915.0000	1250.0000	Oelx	AD9W	RMATS

SOUTH CENTRAL

Location	Output	Input	Notes	Call	Sponsor
Baraboo	421.2500	1252.0000	O	KB9SFS	B.A.T.S.
Baraboo	421.2500	923.2500	O	KB9SFS	B.A.T.S.

ALBERTA
CALGARY

Location	Output	Input	Notes	Call	Sponsor
Calgary	910.2500	439.2500	Osx	VE6RTV	CARA
Calgary	923.2500	439.2500	O	VE6TVR	VE6CDU
Calgary	1276.0000	1282.0000	O	VE6CDU	VE6CDU

BRITISH COLUMBIA
FRASER VALLEY

Location	Output	Input	Notes	Call	Sponsor
Abbottsford	1289.0000	1246.0000		VE7RVA	FVARESS

GREATER VANCOUVER

Location	Output	Input	Notes	Call	Sponsor
Vancouver	915.0000	147.5250		VE7VHF	VE7CIM

BRITISH COLUMBIA-SASKATCHEWAN

Location	Output	Input	Notes	Call	Sponsor
Vancouver	1246.0000	2410.0000		VE7VHF	VE7CIM
Vancouver	1289.0000	2434.0000		VE7VHF	VE7CIM
Vancouver	2310.0000	147.5250		VE7VHF	VE7CIM
SOUTH CENTRAL					
Kelowna	439.2500	2410.0000		VE7KTV	VA7UN
Vernon	1289.0000	1246.0000		VE7VTV	VE7VVW

MANITOBA
WINNIPEG

Location	Output	Input	Notes	Call	Sponsor
Winnipeg	1253.2500	434.0000		VE4EDU	------------
Winnipeg	1289.2500	915.0000		VE4EDU	------------
Winnipeg	1292.0000	1272.0000	O	VE4AGA	------------

ONTARIO
NATIONAL CAPITAL REGION

Location	Output	Input	Notes	Call	Sponsor
Ottawa	439.2500	1246.0000	eL(914.000)	VE3TVA	VE3CZO
Ottawa	914.0000	1246.0000	L(439.250)	VE3TVA	VE3CZO

QUEBEC

Location	Output	Input	Notes	Call	Sponsor
Joliette	439.2500	910.0000		VA2ATV	VE2BFK
Saint-Lin-Laurentides	439.2500	1255.0000		VE2RFO	VE2BFK
Ste-Foy	1257.7500	438.5000		VE2RQT	CRAQ
Ste-Foy	1278.7500	434.0000		VE2RQT	CRAQ
Ste-Marcelline	439.2500	910.0000		VE2RVQ	VE2BFK

SASKATCHEWAN
REGINA

Location	Output	Input	Notes	Call	Sponsor
Regina	1277.2500	439.2500	O	VE5RTV	------------

APCO 25

Location	Output	Input	Notes	Call	Sponsor
CALIFORNIA					
SOCAL-LA,OR,RIV,SBER					
Covers Area	445.3800	–	●	K6CCC	------------
FLORIDA					
NORTH EAST - JACKSONVILLE					
Jacksonville	147.3150	+	○A55/A55	W4RNG	Jax Range
Jacksonville	444.2000	+	○A55/A55sx	K4QHR	K4QHR
SOUTH EAST					
Boca Raton	147.3900	+	○ 293/293er sx	KS4VT	KS4VT
Boca Raton	442.0000	+	○ 293/293er	KS4VT	KS4VT
Riviera Beach	146.8800	–	○ 293/293er s	W4PBC	PBCRACES
West Palm Beach	145.2300	–	○ 293/293er sx	N4QPM	N4QPM
West Palm Beach	145.3900	–	○ 293/293er s	W4PBC	PBCRACES
West Palm Beach	147.3600	+	○ 293/293er s	W4PBC	PBCRACES
SOUTH EAST - MIAMI/FT LAUD					
Ft Lauderdale	443.4000	+	●eWX	N4BIF	N4BIF
Miami	146.9250	–	○ 293/293e L(443.925 927.525 444.275)rsx	KF4ACN	KF4ACN
Plantation	146.7900	–	○ 293/293esx	W4MOT	MARC
Plantation	443.0000	+	○ 293/293x	W4MOT	MARC
ILLINOIS					
CHAMPAIGN					
Champaign	444.5250	+	162.2e	K9BF	K9BF
CHICAGO					
Chicago	145.1100	–	107.2	W9GN	UFDA
Chicago	443.6750	+	114.8 (CA) WX	KC9DFK	CHI-TOWN
NORTH CENTRAL					
Marseilles	146.7450	–	114.8el	KA9FER	KA9FER
Marseilles	442.6000	+	23.0el	KA9FER	KA9FER
NORTHEAST					
Crystal Lake	145.2700	–	107.2	W9DWP	W9DWP/KAPS
Gurnee	443.1500	+	114.8e	N9OZB	ARG
Schaumburg	145.3700	–		K9SO	AMA
Schaumburg	442.9000	+	114.8 (CA)l WXx	WA9VGI	FISHFAR
Schaumburg	443.7250	+	114.8	N9KNS	MOTO ARC
ROCKFORD					
Rockford	442.4250	+	rsWX	WX9MCS	N9MCS R.G.
MASSACHUSETTS					
BOSTON METRO					
Boston	448.7250	–	○DCS(343)e	W1NAU	W1NAU

594   APCO 25
MASSACHUSETTS-TEXAS

Location	Output	Input	Notes	Call	Sponsor
METROWEST					
Westborough	448.7750	–	ODCS(244) L(927.6125)	W1WNS	ATT
MICHIGAN					
LOWER PEN SOUTHEAST					
Detroit	147.3300	+	OlEXP	KC8LTS	KC8LTS
MINNESOTA					
METRO					
Minneapolis	146.7000	–	O 293ae	WC0HC	HC RACES
OHIO					
FRANKLIN					
Columbus	443.6500	+	Otx	W8DIG	W8KHW
TEXAS					
Austin	146.6800	–	O 123/123	KE5ZW	------------
Cedar Park	442.6500	+	114/114	KE5ZW	------------

D-Star

Location	Output	Input	Notes	Call	Sponsor
ALABAMA					
Alabaster	146.7300	–	/DV EXP	N4RON	AARC
Alabaster	442.0750	+	/DV	N4RON	AARC
Alabaster	1248.6000	1248.6000	/DD	N4RON	AARC
Alabaster	1293.0000	1273.0000	/DV	N4RON	AARC
Anniston / Oak Mtn	145.2000	–	OEXP	KI4SUF	EMA / DHS
Anniston / Oak Mtn	443.3500	+	OEXP	KI4SUF	EMA / DHS
Anniston/Cheaha Mt	145.3000	–	O/DV EXP	WB4GNA	Mentone Ed.
Anniston/Cheaha Mt	442.4250	+	/DV	WB4GNA	Mentone Ed.
Anniston/Cheaha Mt	1251.0000	1251.0000	/DD	WB4GNA	Mentone Ed.
Anniston/Cheaha Mt	1285.0000	–	/DV	WB4GNA	Mentone Ed.
Argo/Trussville	145.2600	–	O/DV EXP	K4YNZ	K4YNZ
Birmingham	145.4100	–	/DV	K4DSO	BARC
Birmingham	443.2000	+	/DV	K4DSO	BARC
Birmingham	1250.0000	1250.0000	/DD	K4DSO	BARC
Birmingham	1283.4000	–	/DV	K4DSO	BARC
Guntersville	145.1400	–	O/DV EXP	KI4RYX	KF4EYT
Huntsville	145.4300	–	/DV	KI4PPF	HIT
Huntsville	443.3750	+	/DV	KI4PPF	HIT
Huntsville	444.2250	+	O 100.0	AI4PJ	AI4PJ
Huntsville	1251.8000	1251.8000	/DD	KI4PPF	HIT
Huntsville	1284.0000	–	/DV	KI4PPF	HIT
Huntsville (Exp)	145.3600	–	O/DV EXP	KI4QMQ	Mentone Ed.
Huntsville (Exp)	443.4250	+	/DV	KI4QMQ	Mentone Ed.
Huntsville (Exp)	1251.0000	1251.0000	/DD	KI4QMQ	Mentone Ed.
Huntsville (Exp)	1285.0000	–	/DV	KI4QMQ	Mentone Ed
Magnolia Springs	145.3100	–	/DV	KI4SAZ	Mentone Ed.
Magnolia Springs	444.3000	+	/DV	KI4SAZ	Mentone Ed.
Magnolia Springs	1251.0000	1251.0000	/DD	KI4SAZ	Mentone Ed.
Magnolia Springs	1285.0000	–	/DV	KI4SAZ	Mentone Ed.
Mentone	145.4400	–	/DV	KI4SAY	Mentone Ed.
Mentone	443.3250	+	/DV	KI4SAY	Mentone Ed.
Mentone	1251.0000	1251.0000	/DD	KI4SAY	Mentone Ed.
Mentone	1285.0000	–	/DV	KI4SAY	Mentone Ed.
Mobile	145.3900	–	/DV	W4IAX	MARC
Mobile	444.9000	+	/DV	W4IAX	MARC
Montgomery	146.9200	–	O/DV	W4AP	MARC
Talladega / Bald Mtn	145.1600	–	OeEXP	N4WNL	TRAC
Tuscaloosa	145.3500	–	/DV	W4TTR	Tall Twr RC
Tuscaloosa	146.6050	–	/DV	W4KCQ	TARC
Tuscaloosa	442.9000	+	/DV	W4TTR	Tall Twr RC
Tuscaloosa	444.0750	+	/DV	W4KCQ	TARC
Tuscaloosa	1248.2000	1248.2000	/DD	W4TTR	Tall Twr RC
Tuscaloosa	1249.0000	1249.0000	/DD	W4KCQ	TARC
Tuscaloosa	1284.4000	–	/DV	W4KCQ	TARC
Tuscaloosa	1287.9500	–	/DV	W4TTR	Tall Twr RC
ARIZONA					
CENTRAL					
South Mt	1283.8000	–		W7BSA	EXPLORER P
South Mt	1298.5000	1298.5000	O	W7BSA	EXPLORER P

ARIZONA-FLORIDA

Location	Output	Input	Notes	Call	Sponsor
Usery Mt	1285.6500	–		N7TWY	CHRIS RADI
Usery Mt	1297.5000	1297.5000	○el	N7TWY	CHRIS RADI
White Tanks	1283.9000	–		W7MOT	MARCA
White Tanks	1299.5000	1299.5000	○e	W7MOT	MARCA
PHOENIX METRO					
Usery Mt	445.9750	–	○	N7TWY	F.H.A.R.T.

CALIFORNIA
NORCAL-EAST BAY

Location	Output	Input	Notes	Call	Sponsor
Concord	145.5800	–	○#elrsx	K6MDD	MDD
Concord	444.1375	+	○#elrsx	K6MDD	K6MDD
Concord	1284.2000	–	○elrsx	K6MDD	K6MDD
Oakland	440.0375	+	○#l	W6YYY	N6LDJ
Volcano	145.6300	144.4300	○#elrx	W6DHS	El Dorado
NORCAL-SACRAMENTO VALLEY					
ShingleSprings	440.6000	+	○elrsx	W6DHS	N6RDE
NORCAL-SAN JOAQUIN VALLEY					
Mariposa	145.5300	–	○#elsx	W6HHD	W6HHD
Mariposa	444.1125	+	○#elsx	W6HHD	W6HHD
Mariposa	1284.1000	–	○elsx	W6HHD	W6HHD
NORCAL-SOUTH BAY					
San Jose	145.6800	–	○#ersx	KI6JUL	AREA-Amate
San Jose	1286.5250	–	○ersx	KI6JUL	AREA
SOCAL-#LA,OR,VE					
Contractors Pt	1282.6500	–	○	WA6IRC	IRC DVoice
Contractors Pt	1299.7000	1299.7000	○	WA6IRC	IRC DData
SOCAL-#ORANGE					
Laguna Beach	1282.6000	–	○	K6SOA_A	SOARA DVoice
Laguna Beach	1299.9000	1299.9000	○	K6SOA_A	SOARA DData

CONNECTICUT
HARTFORD & N CENTRAL

Location	Output	Input	Notes	Call	Sponsor
Bristol	448.3750	–	○e	W1IXU	WA1IXU

FLORIDA
CENTRAL

Location	Output	Input	Notes	Call	Sponsor
Lakeland	147.3750	+	○lx	KJ4ACN	WCFDC
Lakeland	441.9750	+	○	KJ4ACN	WB4OMG
CENTRAL - ORLANDO					
Altamonte Springs	146.9700	–	○L(442.3)	W4PLB	OARC
Altamonte Springs	442.3000	+	○L(146.97)	W4PLB	OARC
Orlando	146.8200	–	○	K1XC	OARC
Orlando	443.2750	+	○	K1XC	OARC
SOUTH CENTRAL					
Riverview	444.4250	+	○ex	NI4CE	WCFG
SOUTH EAST - MIAMI/FT LAUD					
Ft Lauderdale	145.3400	–	○eL(1291.6)	W4BUG	GCARA
Ft Lauderdale	442.2000	+	○e L(145.3400 1291.6000)	W4BUG	GCARA
Ft Lauderdale	1291.6000	1271.6000	○el	W4BUG	GCARA
WEST CENTRAL					
Port Richey	442.7625	+	○	KI4SWY	KI4SWY
WEST CENTRAL - TAMPA/ST PETE					
Safety Harbor	147.0000	+	○e L(448.9875 1291.5750 1253.0000) BI	W4AQR	W4AQR
Safety Harbor	443.9875	+	○L(147.0000 1291.5750 1253.0000)	W4AQR	W4AQR

D-Star 597
FLORIDA-MICHIGAN

Location	Output	Input	Notes	Call	Sponsor
Safety Harbor	1291.5700	1271.5750	OL(1253)	W4AQR	W4AQR

ILLINOIS
CHICAGO
Chicago	442.0938	+	e	NS9RC	NSRC
Chicago	1292.2000	1272.2000	e	NS9RC	NSRC

NORTHEAST
Batavia	442.1062	+		W9CEQ	FRRL
Batavia	1291.9000	1271.9000	l	W9NE	W9XA

INDIANA
INDIANAPOLIS
Indianapolis	147.9900	–	OD*	W9ICE	ICE
Indianapolis	444.1250	+	OD*	W9ICE	ICE

WEST CENTRAL
West Lafayette	444.3000	+	OD*	W9ARP	WARP

KANSAS
KANSAS CITY METRO
Louisburg	442.1250	+	O	K0HAM	NEKSUN

NORTHEAST
Topeka	442.0250	+	Osx	WA0VRS	NEKSUN

LOUISIANA
NORTHWEST
Shreveport	147.3600	+	Olwx	W5SHV	SDT
Shreveport	442.0000	+	Olwx	W5SHV	SDT
Shreveport	1253.0000	1253.0000	OL(DATA) WX	W5SHV	SDT
Shreveport	1293.0000	1293.0000	OL(VOICE) WX	W5SHV	SDT

SOUTHEAST
Baton Rouge	146.8800	–	O 107.2elrs	KD5CQB	E.BR.P.R.G.
Jefferson	146.9250	–	Oel	W5GAD	JARC
Jefferson	444.9250	+	Oel	W5GAD	JARC
Jefferson	1251.0000	1251.0000	Oel	W5GAD	JARC
Jefferson	1285.0000	1285.0000	Oel	W5GAD	JARC

MAINE
PORTLAND/SOUTH COAST
Sanford	145.4800	–	O PROPOSED	N1KMA	N1KMA

MASSACHUSETTS
METROWEST
Marlborough	145.1600	–	O PROPOSED	W1MRA	MMRA

SPRINGFIELD
Feeding Hills	145.1500	–	ex	W1KK	W1KK
Feeding Hills	449.1750	–	ex	W1KK	W1KK
Feeding Hills	1282.5000	–	ex	W1KK	W1KK
Holyoke	447.3750	–	ex	W1KK	W1KK

MICHIGAN
LOWER PEN NORTHWEST
Glen Arbor	145.3600	–	OEXP	WI0OK	KF8KK

D-Star
MICHIGAN-OHIO

Location	Output	Input	Notes	Call	Sponsor
Reed City	444.0625	+	OeIrsEXP	WB8COX	WB8COX
LOWER PEN SOUTHEAST					
Howell	145.3200	–	OEXP	N8EOC	LC ARES
Howell	444.0375	+	OEXP	N8EOC	LC ARES
Pinckney	444.0625	+	OEXP	K8LCD	K8LCD
LOWER PEN SOUTHWEST					
Holton	145.3600	–	OEXP	WD8MKG	WD8MKG
Holton	444.0125	+	OEXP	KC8LBZ	WD8MKG
Moline	442.5500	+	OEXP	WX8GRR	N8WKM
Norton Shores	444.0875	+	OEXP	N8DWY	N8DWY

MINNESOTA
METRO

Location	Output	Input	Notes	Call	Sponsor
Bloomington	145.2500	–	O	K0UW	N0SVX
Bloomington	443.4500	+	O	N0SVX	N0SVX
Bloomington	1286.0000	–	O	K0UW	N0SVX
SOUTH CENTRAL					
Fairmont	146.9700	–	Ol	K6ZC	CMARS
Fairmont	443.9250	+	O	K6ZC	CMARS
Fairmont	1284.5000	–	O	K6ZC	CMARS

MISSOURI
KANSAS CITY METRO

Location	Output	Input	Notes	Call	Sponsor
Shawnee Msn	1285.0500	–	OE-SUN	K0GXL	SMMC
SPRINGFIELD					
Ozark	145.1400	–	OE-SUN	W0OMD	k0dps
Ozark	146.7750	–	OE-SUNsx	W0OMD	w0omd
Ozark, MO	442.2250	+	OtE-SUNsx	W0OMD	w0omd
ST LOUIS METRO					
St Louis	147.0375	+	OE-SUN	K0MDG	MODigGRP
St Louis	442.5750	+	ODCS	K0MDG	MODigGRP
St Louis	1285.0000	–	OE-SUNl	K0MDG	MODigGRP

NEBRASKA
LINCOLN

Location	Output	Input	Notes	Call	Sponsor
Lincoln	145.2500	–	Oes	W0MAO	NEMA
Lincoln	442.1500	+	Oes	W0MAO	NEMA
OMAHA					
Omaha	145.1750	–	Oe	KD0CGR	ODCGr

NEW HAMPSHIRE
MERRIMACK VALLEY

Location	Output	Input	Notes	Call	Sponsor
Salem	145.3300	–	O L(D*GATEWAY)	K1HRO	K1HRO ARC
Salem	444.3500	+	OL(D-STAR)	K1HRO	K1HRO ARC

NEW MEXICO
NORTH CENTRAL

Location	Output	Input	Notes	Call	Sponsor
Los Alamos	442.4250	+	Ors	NM5WR	LADSRA

OHIO
FRANKLIN

Location	Output	Input	Notes	Call	Sponsor
Columbus	145.3900	–	O	W8DIG	CODIG
Columbus	442.6500	+	Ol	W8DIG	CODIG
Columbus	1285.0000	–	Ol	W8DIG	CODIG

PENNSYLVANIA-BRITISH COLUMBIA

Location	Output	Input	Notes	Call	Sponsor
PENNSYLVANIA					
CHESTER					
Pocopson	146.4900	147.4900	ORB EXP	W3EOC	CCAR
Pocopson	445.0750	–	ORB EXP	W3EOC	CCAR
Pocopson	1255.5000	+	ORB EXP	W3EOC	CCAR
TEXAS					
Austin	440.6500	+		W5KA	AUSTIN ARC
Austin	1248.2000	1248.2000		W5KA	------------
Austin	1293.1000	1273.1000		W5KA	AUSTIN ARC
Dallas	443.0000	+		N5DA	NTRN
Dallas	1293.0000	1273.0000		N5MIJ	------------
Houston	146.4700	147.4700		W5HDR	HDEARC
Houston	440.6000	+		W5HDR	HDEARC
Houston	1293.0000	1273.0000		W5HDR	HDEARC
Laredo	147.3600	147.4500		KE5KAF	Laredo Hams
Magnolia	146.4500	147.4500		N5MDS	MDSTAR.ORG
Magnolia	440.7125	+		N5MDS	MDSTAR.ORG
Magnolia	1291.0000	1271.0000		N5MDS	MDSTAR.ORG
Rockwall	1292.7000	1272.7000		N5MIJ	------------
San Antonio	440.6000	+		WB5DTW	------------
San Antonio	440.7000	+		W5DK	SARO
San Antonio	1293.3000	1273.3000		WB5DTW	------------
Temple	440.5250	+		K5CTX	------------
UTAH					
WASATCH FRONT					
Salt Lake	147.3800	+	OL(D-STAR)	WA7GIE	------------
Salt Lake	448.7250	–	OL(D-STAR)	WA7GIE	------------
VIRGINIA					
METRO DC					
Alexandria	145.3800	–	OI	W4HFH	Alex RC
Alexandria	442.0600	+	OI	W4HFH	Alex RC
Alexandria	1284.6000	–	OI	W4HFH	Alex RC
Tysons Corner	144.7800	+	OI	NV4FM	NVFMA
Tysons Corner	448.0350	–	OI	NV4FM	NVFMA
Tysons Corner	1282.8000	–	OI	NV4FM	NVFMA
SPOTSYLVANIA					
Spotsylvania	145.2400	–	OI	WW4EMC	Ed Media Corp
Spotsylvania	443.4600	+	OI	WW4EMC	Ed Media Corp
Spotsylvania	1282.4000	–	OI	WW4EMC	Ed Media Corp
STAFFORD					
Stafford	145.3200	–	OI	WS4VA	SARA
Stafford	447.2750	–	OI	WS4VA	SARA
Stafford	1282.2000	–	OI	WS4VA	SARA
BRITISH COLUMBIA					
GREATER VANCOUVER					
Surrey	145.0400	+		VA7ICM	ICOM
Surrey	442.0000	+		VA7ICM	ICOM
Surrey	1247.0000	+		VA7ICM	ICOM
VANCOUVER					
Saltspring Island	1291.4500	1271.4500		VE7VAS	WARA
Victoria	1251.7500	1298.7500		VE7VIC	WARA

600   D-Star
BRITISH COLUMBIA-ONTARIO

Location	Output	Input	Notes	Call	Sponsor
Victoria	1291.4750	1271.4750		VE7VIC	WARA
Victoria	1291.5000	1271.5000		VE7VIC	WARA

ONTARIO
NATIONAL CAPITAL REGION

Ottawa	145.5300	–	O#	VA3ODG	OARDG
Ottawa	444.8500	+	O#	VA3ODG	OARDG
Ottawa	1282.0000	–	O#	VA3ODG	OARDG
Ottawa	1299.2000	1299.2000	O#	VA3ODG	OARDG

IRLP Repeaters

The following is a list of repeaters in the US and Canada that are interconnected through the Internet Radio Linking Project (IRLP). For more information, see **irlp.net**.

Our thanks to Dave Cameron, VE7LTD, for providing this information.

United States

State	City	Node	Call Sign	Freq (MHz)	Offset (kHz)	CTCSS (Hz)
AK	Anchorage	3083	KB8JXX	146.82	-600	103.5
AK	Anchorage	3698	KB8JXX	146.79	-600	100
AL	Huntsville	4641	KB4CRG	444.575	+5000	100
AL	Huntsville	4950	W4VM	147.18	+600	100
AL	Madison	4516	W4WWM	443.025	+5000	110.9
AL	Phoenix City	4019	WX4RUS	147.32	+600	192.8
AL	Scottsboro	4957	KG4TUN	146.9	-600	123
AL	Tuscaloosa	4719	W4UAL	145.21	-600	103.5
AR	Berryville	4671	N6WI	443.80	+5000	100
AR	Hot Springs	3647	N5XFW	146.76	-600	114.8
AR	Little Rock	3099	N5QLC	443.20	+5000	114.8
AR	Little Rock	3807	N5KWL	145.17	-600	162.2
AR	Mtn Home	5660	WB5NFC	444.975	+600	100
AZ	Chandler	5430	WW7CPU	448.95	-5000	100
AZ	Gilbert	3797	N7EN	447.65	-5000	186.2
AZ	Grand Canyon	3735	WB6JAA	146.78	-600	91.5
AZ	Green Valley	3550	AA7RP	449.225	-5000	100
AZ	Phoenix	3820	KC7GHT	447.575	-5000	151.4
AZ	Phoenix	7460	N7TWB	447.95	-5000	100
AZ	Phoenix	7570	KØNL	449.425	-5000	100
AZ	Prescott	3727	K6JSI	445.30	-5000	100
AZ	Scottsdale	4243	WØNWA	441.10	+5000	103.5
AZ	Sierra Vista	4754	K7WIN	449.725	-5000	179.9
AZ	Sun Valley	3940	WA6WDC	146.76	-600	
AZ	Tolleson	3423	AJ9Y	448.075	-5000	100
AZ	Tucson	3045	WB4LDS	927.8875	-2500	
AZ	Tucson	3892	WD7F	146.94	-600	110.9
AZ	Tucson	3924	N7HOR	147.30	+600	110.9
AZ	Vail	3850	W7FDF	927.85	+2500	114.8
AZ	West Chandler	3009	WW7CPU	145.45	-600	162.2
CA	Angels Camp	3428	WB6MFV	145.17	-600	100
CA	Atwater	840	K6IXA	443.075	+5000	107.2
CA	Bakersfield	3901	KG6FOS	444.675	+5000	107.2
CA	Barstow	7190	WD6BNG	147.03	+600	
CA	Big Bear Lake	3187	W6BBL	224.00	-1600	162.2
CA	Bishop	3734	W6IY	444.60	+5000	103.5
CA	Cameron Park	7330	N6RDE	146.94	-600	136.5
CA	Citrus Heights	3965	KG6ZTE	441.175	+5000	123
CA	Cloverdale	3183	WB6QAZ	449.70	-5000	88.5
CA	Clovis	8280	NI6M	147.675	-600	141.3
CA	Coalinga	3004	N6DL	147.33	+600	100
CA	Cupertino	3488	K6GRC	145.31	-600	127.3
CA	Dixon	3598	K6JWN	441.8875	+5000	94.8
CA	Duarte	3686	KA6AMR	146.085	+600	110.9
CA	Ferndale	3560	WB6HII	147.445	-1000	103.5
CA	Folsom	3860	W6YDD	1283.75	-1200	88.5
CA	Fremont	3620	KU6V	224.18	-1600	94.8
CA	Fresno	3847	K6JSI	444.25	+5000	141.3
CA	Grand Terrace	3012	AE6TV	444.975	+5000	100
CA	Half Moon Bay	3780	WR6HMB	444.90	+5000	91.5
CA	Hemet	3090	KB6JAG	446.88	-5000	88.5
CA	Hemet	3341	N7OD	145.42	-600	88.5
CA	Hollister	3853	W6MOW	441.90	+5000	123
CA	Hollywood	3125	K6CBS	224.56	-1600	77

IRLP Repeaters

State	City	Node	Call Sign	Freq (MHz)	Offset (kHz)	CTCSS (Hz)
CA	Hollywood	3190	WD8CIK	446.56	-5000	127.3
CA	Huntington Bch	3114	W6VLD	445.58	+5000	94.8
CA	Huntington Bch	3170	WD6AWP	448.04	-5000	127.3
CA	Lake Almanor	5060	K6LRC	443.90	+5000	91.5
CA	Lompoc	3640	WA6VPL	145.12	-600	100
CA	Loomis	3246	WA6E	444.70	+5000	127.3
CA	Los Angeles	3278	KC6PXL	145.12	-600	103.5
CA	Los Angeles	3650	KE6PCV	447.72	-5000	100
CA	Los Angeles	3651	KE6PCV	447.72	+5000	100
CA	Los Angeles	3760	N6JVH	447.24	-5000	100
CA	Los Angeles	3830	WB5EKU	447.20	-5000	67
CA	Los Angeles	3884	N6EW	445.32	+5000	
CA	Los Angeles	5610	K6VGG	224.58	-1600	156.7
CA	Monterey Bay	3589	N6SPD	444.275	+5000	123
CA	Monterey	3234	N6SPD	224.24	-1600	123
CA	Mt. Diablo	3057	W6CX	147.06	+600	100
CA	Oakland	8410	WB6TCS	147.21	+600	100
CA	Oceanside	3150	WA6RQD	449.32	-5000	141.3
CA	Oceanside	3160	WA6RQD	446.86	-5000	
CA	Palm Springs	3180	W6DRA	145.48	-600	107.2
CA	Palm Springs	3540	W6DXX	445.64	-5000	131.8
CA	Palmdale	3678	WB6X	449.38	-5000	156.7
CA	Palmdale	5850	KJ6W	445.60	-5000	100
CA	Palomar Mtn	7870	KA6UAI	449.30	-5000	100
CA	Palos Verdes	3480	WA6LA	145.38	-600	100
CA	Pasadena	3340	WR6JPL	224.28	-1600	156.7
CA	Perris	3051	KC6ORG	445.86	+5000	103.5
CA	Pilot Peak	3031	AG6AU	441.725	+5000	82.5
CA	Pittsburg	8420	K6BIV	440.125	+5000	127.3
CA	Pleasanton	3667	WB6BDD	441.825	+5000	114.8
CA	Richmond	3219	K6JSI	441.65	+5000	100
CA	Ridgecrest	3877	WI6RE	448.80	-5000	100
CA	Running Sprgs	3410	K6HOG	445.04	-5000	103.5
CA	S Luis Obispo	3016	W6BHZ	442.30	+5000	127.3
CA	S Luis Obispo	5570	W6FM	444.525	+5000	127.3
CA	Sacramento	3172	N6FR	147.39	+600	146.2
CA	Sacramento	3470	N6ICW	441.775	+5000	77
CA	Sacramento	3580	WU7Q	443.275	+5000	77
CA	Sacramento	3880	K6RTL	1285.75	-1200	88.5
CA	Sacramento	3895	W6MAR	147.00	-600	136.5
CA	Sacramento	5750	W6KAP	440.45	+5000	127.3
CA	Sacramento	7650	N6ICW	147.195	+600	123
CA	Sacramento	7990	K6MFG	442.525	+5000	77
CA	San Carlos	7540	W6CBS	441.6125	+5000	100
CA	San Carlos	8240	KR6WP	440.075	+5000	114.8
CA	San Francisco	8730	K6KYA	444.85	+5000	114.8
CA	San Gabriel	3910	WB6DAO	447.60	-5000	107.2
CA	San Jose	3421	WR6ABD	442.90	+5000	162.2
CA	San Jose	3802	KJ6VU	443.225	+5000	100
CA	San Jose	3900	K6MF	1286.45	-1200	123
CA	San Jose	7670	W6CYX	1282.20	-1200	88.5
CA	San Marcos	3530	K6JXY	448.54	-5000	
CA	Santa Barbara	3673	K6TZ	446.40	-5000	131.8
CA	Santa Cruz	3228	W6WLS	147.18	+600	94.8
CA	Santa Rosa	3193	WB7ABP	443.825	+5000	100
CA	Santa Rosa	3331	KK6JAB	444.90	+5000	88.5
CA	Santa Rosa	3856	KD6RC	146.79	-600	88.5
CA	Santa Rosa	3927	WD6FTB	223.90	-1600	88.5
CA	Saratoga	3671	K6SA	146.655	-600	114.8
CA	Simi Valley	3102	KC6TAC	447.56	-5000	136.5
CA	Sonora	3687	K6DEL	440.85	+5000	146.2
CA	Sugarloaf Pk	3351	WA7G	441.675	+5000	107.2
CA	Tujunga	3252	W6JAM	146.16	+600	146.2
CA	Ventura	3764	KB6LJQ	445.60	-5000	114.8
CA	Victorville	3358	K6PNG	447.02	-5000	162.2

IRLP Repeaters 603

State	City	Node	Call Sign	Freq (MHz)	Offset (kHz)	CTCSS (Hz)
CA	Visalia	8120	WA6BAI	146.88	-600	103.5
CA	Walnut Creek	3206	K6MFG	442.525	+5000	88.5
CA	Woodcrest	4690	KF6JEE	446.28	-5000	131.8
CO	Aurora	3346	W0UAW	146.985	+600	100
CO	Boulder	3450	N0SZ	921.10	-1200	100
CO	Breckenridge	3972	WB0QMR	146.70	-600	
CO	Canon City	3081	WD0EKR	447.75	-5000	103.5
CO	Carbondale	3722	K0ELK	449.725	+5000	179.9
CO	Centennial	3345	W0CBI	449.60	-5000	100
CO	Denver	3291	W0CRA	447.575	-5000	107.2
CO	Denver	3990	W0CRA	147.225	+600	107.2
CO	Firestone	3003	K7PFJ	447.85	+5000	141.3
CO	Fort Collins	3902	AB0SF	224.52	-1600	100
CO	Grand Junction	3161	W0RRZ	145.175	-600	107.2
CO	Grand Junction	3467	KE0TY	146.82	-600	107.2
CO	Grand Junction	3710	WA4HND	449.30	-5000	107.2
CO	Greeley	3839	N0OYM	147.00	+600	100
CO	Limon	3794	KC0VJD	147.06	+600	103.5
CO	Parker	3415	WQ8M	448.70	-5000	146.2
CT	Branford	4344	N1HUI	449.325	+5000	103.5
CT	Niantic	5960	N1BOW	446.75	-5000	77
CT	Vernon	4159	W1HDN	146.79	-600	82.5
CT	Vernon	4395	KB1AEV	147.345	+600	77
CT	West Haven	4149	K1SOX	147.505	-1000	77
DC	Washington	4000	WA3KOK	449.975	-5000	107.2
FL	Bartow	4128	WC4PEM	146.985	-600	127.3
FL	Bartow	4156	WC4PEM	444.95	+5000	127.3
FL	Boca Raton	4999	K4FAU	444.925	+5000	110.9
FL	Boynton Beach	4433	KA4EPS	444.85	+5000	103.5
FL	Boynton Beach	4667	NR4P	444.65	+5000	127.3
FL	Bradenton	8910	K4LX	443.20	+5000	100
FL	Clearwater	4647	N4BSA	146.97	-600	103.5
FL	Cocoa	7710	W4JAZ	444.40	+5000	103.5
FL	Flagler County	4246	N2TDI	145.41	-600	123
FL	Fort Pierce	4545	W4AKH	444.80	+5000	107.2
FL	Jupiter	7830	WB2NBU	443.825	+5000	103.5
FL	Kissimmee	4338	K4SLB	444.45	+5000	103.5
FL	Margate	4887	KA4EPS	444.025	+5000	107.2
FL	Melbourne	4342	KI4SWB	442.40	+5000	107.2
FL	Miami	4022	K4PAL	442.25	+5000	114.8
FL	Naples	4083	K3OCM	146.64	-600	
FL	Orlando	2897	KE4TTE	442.10	+5000	103.5
FL	Orlando	4248	WA4EGG	444.275	+5000	103.5
FL	Orlando	4904	WD4HIM	444.125	+5000	103.5
FL	Palm Bay	4954	KI4HZP	444.475	+5000	107.2
FL	Port Charlotte	4021	K4VMS	442.20	+5000	100
FL	Port St John	4415	W4PLT	444.35	+5000	103.5
FL	Port St. Lucie	4376	KT4PA	146.805	-600	
FL	Sanibel	4058	W4SBL	443.425	+5000	136.5
FL	Tampa	4880	N4TCP	443.675	+5000	146.2
FL	Venice	4434	KB2WVY	442.05	+5000	100
FL	Wellington	4394	K4WRC	442.05	+5000	103.5
GA	Atlanta	5070	W4DOC	444.825	+5000	146.2
GA	Cumming	4065	WB4GQX	441.90	+5000	141.3
GA	Kingsland	7640	W4COJ	444.625	+5000	118.8
HI	Hilo	3756	AH6JA	444.15	+5000	
HI	Honolulu	3080	KH6FV-2	443.425	+5000	114.8
HI	Honolulu	3200	AH6CP	444.35	+5000	103.5
HI	Kailua-Oahu	3197	KH6FV-4	444.375	+5000	114.8
HI	Keaau	3277	AH6HN	147.28	+600	
HI	Maui	3440	AH6GR	442.10	+5000	136.5
HI	Maui	7001	KH6RS	442.35	+5000	136.5
HI	Oahu	3668	KH6FV-5	146.76	-600	
HI	Pearl Harbor	3217	KH6FV-6	443.55	+5000	114.8
HI	Waikiki-Oahu	3720	KH6FV	444.85	+5000	114.8
IA	Des Moines	4110	K0PCG	444.575	+5000	151.4

State	City	Node	Call Sign	Freq (MHz)	Offset (kHz)	CTCSS (Hz)
IA	Gilman	3162	KB0JQO	444.15	+5000	151.4
IA	Logan	3548	AB0VX	444.80	+5000	97.4
IA	Mondamin	3328	K0BVC	444.925	+5000	136.5
ID	Boise	3757	KX7ID	443.75	+5000	
ID	Boise	3929	KC7BGX	444.725	+5000	100
ID	Caldwell	4170	WB7RES	443.20	+5000	100
ID	Fruitland	3130	KC7BSA	443.65	+5000	100
ID	Idaho Falls	3236	KM7G	146.88	-600	
ID	Idaho Falls	3628	KE7JFA	146.96	-600	123
ID	Idaho Falls	3754	W7RUG	447.62	-5000	100
ID	Lewiston	7510	W7TRO	444.40	+5000	162.2
ID	Payette	3417	NB7C	443.05	+5000	114.8
ID	Pocatello	3568	KF7FY	147.36	-600	
ID	Rathdrum	8350	KC7TIG	442.85	+5000	110.9
IL	Antioch	4788	KA9VZD	145.29	-600	107.2
IL	Aurora	4850	W9CEQ	444.30	+5000	114.8
IL	Barrington	4630	N9EP	442.8	+5000	114.8
IL	Batavia	4846	W9XA	224.40	-1600	03.5
IL	Belleville	4979	K9GXU	444.625	+5000	127.3
IL	Champaign	4280	W9ADS	444.525	+5000	162.2
IL	Chicago	4070	W9BMK	440.30	+5000	114.8
IL	Chicago	4134	KP4EOP	443.975	+5000	114.8
IL	Chicago	4512	N9VMR	440.90	+5000	100
IL	Danville	4670	N9UWE	443.45	+5000	88.5
IL	Deer Park	7040	KP4EOP	441.95	+5000	114.8
IL	Dixon	4350	W9DXN	444.80	+5000	114.8
IL	Downers Grve	5370	W9DUP	145.43	-600	107.2
IL	Elmhurst	4774	W9PCS	442.875	+5000	114.8
IL	Greenville	4029	W9KXQ	224.14	-1600	103.5
IL	Hanover Park	7970	WA6TMJ	223.78	1600	100
IL	Lisle	4307	KG9F	442.175	+5000	114.8
IL	Maryville	4316	KB9KLD	443.20	+5000	103.5
IL	New Lenox	4050	N2BJ	444.40	+5000	141.3
IL	Paxton	4363	K9TA	444.825	+5000	103.5
IL	Wheaton	4119	KA9KDC	444.275	+5000	114.8
IN	Anderson	4834	KB9VE	147.09	+600	110.9
IN	Bloomington	4031	K9IU	146.94	-600	136.5
IN	Culver	4960	N9GPY	444.925	+5000	131.8
IN	Culver	4961	N9GPY	443.925	+5000	131.8
IN	Fort Wayne	8380	W9FEZ	145.33	-600	
IN	Indianapolis	4730	K9IP	443.425	+5000	94.8
IN	Indianapolis	7530	W9ICE	224.98	-1600	77
IN	Indianapolis	7531	W9ICE	146.97	-600	107.2
IN	Kirksville	4187	WB9TLH	443.05	+5000	136.5
IN	Mishawaka	4339	N9TZN	146.745	-600	100
IN	Mishawaka	4613	N9GVU	444.10	+5000	131.8
IN	Noblesville	4816	W9KD	443.55	+5000	77
IN	Notre Dame	4138	ND1U	443.35	+5000	131.8
IN	Plymouth	4330	K9WZ	147.285	+600	131.8
IN	Terre Haute	7810	NS9M	443.025	+5000	
IN	Warsaw	4098	KA9OHV	443.05	+5000	131.8
IN	Winchester	3360	N9CZV	927.3375	-2500	151.4
KS	Colby	3608	W0WOB	146.82	-600	156.7
KS	Goodland	3769	WA0GBN	147.03	+600	88.5
KS	Lenexa	5870	KC0EFC	442.05	+5000	151.4
KS	Olathe	3534	KE5BR	442.20	+5000	
KS	Russell	3917	N7JYS	147.045	+600	131.8
KY	Bowling Green	4678	WB4JM	444.70	+5000	136.5
KY	Corbin	7950	WB4IVB	444.90	+5000	100
KY	Henderson	4945	KY4K	444.725	+5000	82.5
KY	Somerset	4318	N4AI	224.88	-1600	
LA	Lafayette	5720	NG5T	443.15	+5000	103.5
MA	Boston	4314	KB1GXW	223.86	-1600	100
MA	Chicopee	7180	KA1JJM	147.105	+600	162.2
MA	Dartmouth	4347	W1AEC	147.00	+600	67

IRLP Repeaters

State	City	Node	Call Sign	Freq (MHz)	Offset (kHz)	CTCSS (Hz)
MA	Fairhaven	4617	W1SMA	145.49	-600	67
MA	Framingham	4610	WA1NVC	448.175	-5000	88.5
MA	Marlborough	4133	W1MRA	449.925	-5000	88.5
MA	Norwood	4393	W1JLI	147.21	+600	100
MA	Scituate	4320	W1QWT	145.39	-600	
MA	Woburn	4372	KB1FX	223.78	-1600	77
MD	Ashton	4088	WA3KOK	927.725	-2500	156.7
MD	Clarksville	4542	WA3KOK	448.725	-5000	107.2
MD	Lexington Park	4820	WA3UMY	443.05	+5000	
MD	Manchester	7070	WA0OJS	146.895	-600	107.2
MD	Silver Spring	4712	N3HF	443.45	+5000	156.7
ME	Mid Coast	4870	W1HHO	449.125	-5000	82.5
MI	Bangor	4642	K8BRC	147.36	+600	94.8
MI	Beverly Hills	4502	W8HP	443.225	+5000	107.2
MI	Charlotte	7930	N8HEE	443.625	+5000	100
MI	Garden City	4268	KA8SPW	444.725	+5000	107.2
MI	Grand Haven	4400	KC8NCE	443.775	+5000	94.8
MI	Grand Rapids	4167	N8JPR	223.92	-1600	94.8
MI	Grand Rapids	4168	K8SN	442.175	+5000	103.5
MI	Greenville	4818	KB8ZGL	927.4875	-2500	131.8
MI	Hudsonville	4835	K8TB	440.50	+5000	94.8
MI	Jackson	4463	KA8YRL	444.175	+5000	100
MI	Maybee	4529	K8RPT	442.825	+5000	100
MI	Milan	4428	W2PUT	445.50	-5000	82.5
MI	Port Huron	4153	WD8DUV	146.72	-600	110.9
MI	Southfield	4460	WB8NXP	442.50	+5000	107.2
MN	Fairmont	3945	N0PBA	444.35	+5000	136.5
MN	Ham Lake	4779	K9EQ	444.075	+5000	91.5
MN	Hastings	3156	WB0OND	146.985	-600	
MN	La Crescent	3518	KC0IKU	444.475	+5000	131.8
MN	Mankato	3239	N0PBA	147.24	+600	136.5
MO	Ballwin	3528	N0OBG	147.39	+600	100
MO	St. Louis	3616	K0GFM	442.825	+5000	127.3
MS	Ellisville	4596	AA5SG	442.20	+5000	136.5
MS	Hattiesburg	5980	AA5SG	145.23	+600	136.5
MS	Heidelberg	4928	AA5SG	443.65	+5000	77
MT	Billings	3398	N7VR	449.75	-5000	100
MT	Bozeman	3692	AA7GK	448.35	-5000	
MT	Eureka	3363	KC7CUE	145.39	-600	100
NC	Clayton	4637	N4TCP	443.675	+5000	146.2
NC	Cullowhee	4397	K4RCC	444.70	+5000	131.8
NC	Greensboro	4477	KF4DWV	444.95	+5000	100
NC	Hendersonville	4686	W4FOT	146.64	-600	91.5
NC	Kinston	4290	N4HAJ	444.575	+5000	88.5
NC	Morehead City	4554	KD4KTO	146.805	-600	88.5
NC	Raleigh	4270	KD4RAA-2	441.725	+5000	100
NC	Wilmington	7140	N4JDW-2	442.075	+5000	88.5
NC	Wilmington	7480	N4JDW	145.17	-600	88.5
ND	Fargo	4549	KB0IXM	145.49	-600	82.5
NE	Lincoln	3361	KC0UVB	444.30	+5000	103.5
NE	Lincoln	3915	K0RPT	145.145	-600	123
NE	Omaha	4120	KF6SWL	443.725	+5000	
NH	Derry	7220	W1AJI	441.55	+5000	127.3
NJ	Atlantic City	4883	N2GJJ	447.575	+5000	156.7
NJ	Boonton	4437	N2WNS	441.20	+5000	192.8
NJ	Broadway	4909	K2FN	449.275	+5000	94.8
NJ	Camden	4546	WB3EHB	444.30	+5000	203.5
NJ	Cinnaminson	4891	K2CPD	445.625	+5000	127.3
NJ	Franklin Lakes	4374	K2GCL	443.10	+5000	141.3
NJ	Freehold	4665	KB2RF	440.30	+5000	141.3
NJ	Green Brook	4777	W2QW	442.25	+5000	141.3
NJ	Lakewood	7280	N2CKH	443.00	+5000	127.3
NJ	Patterson	4107	WA2ZPX	442.00	+5000	
NJ	South River	4287	WB2SNN	443.55	+5000	141.3
NJ	Springfield	4377	W2OEM	147.505	-1000	123

IRLP Repeaters

State	City	Node	Call Sign	Freq (MHz)	Offset (kHz)	CTCSS (Hz)
NJ	West Orange	4469	WA2JSB	146.415	+1000	85.4
NJ	Wood-Ridge	7290	W2RN	443.75	+5000	141.3
NM	Albuquerque	3676	KB5GAS	147.38	-600	162.2
NM	Albuquerque	3979	NO5DE	442.475	+5000	100
NM	Hope	3431	W5COW	444.975	+5000	156.7
NM	Lordsburg	3093	WB5QHS	145.25	-600	88.5
NM	Santa Fe	3939	K9GAJ	449.90	-5000	146.2
NV	Elko	3723	WB7BTS	443.375	+5000	100
NV	Henderson	3166	W7HTL	446.825	-5000	77
NV	Henderson	3319	K7FED	145.42	-600	100
NV	Henderson	3724	K7IZA	447.80	-5000	100
NV	Las Vegas	3290	N7ARR	145.37	-600	123
NV	Las Vegas	3148	WA0VJR	444.525	+5000	146.2
NV	Las Vegas	3194	N7ARR	447.725	-6000	107.2
NV	Las Vegas	3260	N7ARR	147.00	+600	123
NV	Las Vegas	3395	KP4UZ	447.775	-5000	114.8
NV	Las Vegas	3461	KD5MSS	447.85	+5000	127.3
NV	Las Vegas	3515	KK7AV	449.475	-5000	114.8
NV	Las Vegas	3641	N7ARR	447.00	-5000	100
NV	Mesquite	3705	N7ARR	449.75	-5000	123
NV	Reno	3082	N7ARR	441.65	+5000	123
NV	Reno	5560	N7TGB	440.025	+5000	123
NV	Sparks	3058	KK7ECV	443.40	+5000	88.5
NV	Tonopah	3396	N7ARR	146.64	-600	123
NY	Albany	4151	W2PTR	145.17	-600	
NY	Albany	4453	N2LBT	921.00	-1200	100
NY	Albany	4680	N2LBT	449.525	-5000	100
NY	Buffalo	4068	WB2JPQ	444.15	+5000	88.5
NY	Buffalo	4563	WB2JPQ	444.20	+5000	88.5
NY	Carmel	4513	KC2CWT	224.02	-1600	136.5
NY	Chatham	3387	WA2PVV	444.10	+5000	100
NY	Cortland	4090	KB2FAF	442.85	+5000	71.9
NY	Cortlandt Mnr	4214	NM9J	449.925	-5000	179.9
NY	E. Greenbush	4889	KC2IVI	147.33	+600	146.2
NY	East Fishkill	4026	N2SPF	449.975	-5000	88.5
NY	East Hampton	4819	N2NEI	145.27	-600	136.5
NY	Eden	4715	WB2JPQ	146.835	-600	88.5
NY	Gloversville	4925	KC2EUS	443.70	+5000	100
NY	Hamburg	4944	W2BRW	444.15	+5000	88.5
NY	Lancaster	4908	W2SO	147.255	+600	107.2
NY	Long Island	4223	W2FWG	146.67	+600	136.5
NY	Long Island	4480	K1IMD	448.675	-5000	141.3
NY	Long Island	4677	N2NFI	442.30	+5000	114.8
NY	Long Island	4951	N2PDO	145.43	-600	136.5
NY	Macedon	4222	KB2SOZ	444.925	+5000	88.5
NY	Middletown	4130	WA2ZPX	147.39	+600	123
NY	New Windsor	3390	WB2BQW	145.25	-600	100
NY	New York City	7820	WB2HWW	440.70	+5000	14.8
NY	Nyack	5930	WB2RRA	147.165	+600	114.8
NY	Orchard Park	4089	N2XFX	444.675	+5000	88.5
NY	Peconic	4309	W2AMC	440.05	+5000	107.2
NY	Penn Yan	7720	N2HLT	442.25	+5000	100
NY	Plainview	4016	KE2EJ	447.20	-5000	136.5
NY	Rochester	4250	WR2AHL	444.25	+5000	110.9
NY	Sag Harbor	4878	K2GLP	449.975	+5000	94.8
NY	Selden	4478	WB2NHO	147.375	+600	136.5
NY	Syracuse	4080	W2CNY	146.775	-600	
NY	Wading River	4982	W2CYK	146.715	-600	136.5
NY	West Hills	4490	WB2CIK	447.95	-5000	114.8
OH	Akron	4710	WB8CXO	147.33	+600	110.9
OH	Chardon	4203	KF8YK	444.8125	+5000	131.8
OH	Columbus	4186	K8EHB	443.55	+5000	
OH	Columbus	4517	K8MJ	448.9875	-5000	
OH	Dayton	4235	WB8VSU	442.30	+5000	123
OH	Dayton	4267	WF8M	443.775	+5000	131.8
OH	Dayton	4523	W8AK	442.925	+5000	123

IRLP Repeaters

State	City	Node	Call Sign	Freq (MHz)	Offset (kHz)	CTCSS (Hz)
OH	Delta	4479	K8LI	147.285	+600	103.5
OH	Eaton	4106	W8VFR	444.9375	+5000	67
OH	Lima	4102	W8HDU	443.625	+5000	107.2
OH	Lima	4370	W8HDU	145.37	-600	107.2
OH	Mansfield	4412	K8HF	147.36	+600	71.9
OH	Morrow	5790	N8GCI	444.625	+5000	123
OH	Toledo	4071	WJ8E	147.345	+600	103.5
OH	Warren Cty	5690	WE8N	442.425	+5000	118.8
OK	Bartlesville	3050	KB5KZS	443.125	+5000	88.5
OK	Oklahoma City	3761	KA8NBG	146.85	-600	141.3
OK	Oklahoma City	3867	W5DEL	145.25	-600	103.5
OK	Oklahoma City	8440	W5DEL	443.30	+5000	162.2
OR	Central Point	7700	W9PCI	145.33	-600	100
OR	Eagle Point	3383	W9PCI	444.10	+5000	
OR	Hillsboro	3881	KJ7IY	145.43	-600	107.2
OR	Lake Oswego	3231	K7RPT	147.04	+600	
OR	Pendleton	3116	N7ERT	146.88	-600	103.5
OR	Portland	3000	AH6LE	146.92	-600	107.2
OR	Portland	3039	W7RAT	440.40	+5000	123
OR	Portland	3420	N7PIR	440.45	+5000	103.5
OR	Springfield	3153	K7UND	441.325	+5000	100
PA	Cochranville	7340	WB3LGG	449.675	-5000	94.8
PA	Cranesville	4507	KB3PBX	147.955	-600	
PA	Mansfield	4101	N3FE	448.125	-5000	127.3
PA	Media	4790	K3TAT	147.195	+600	
PA	Philadelphia	4882	WB0CPR	449.775	-5000	141.3
PA	Plymouth Mtng	4948	N3CB	448.675	-5000	107.2
PA	Pottstown	4317	K3ZMC	443.55	+5000	131.8
PA	Pottsville	4867	W3SC	147.345	+600	131.8
PA	Wellsboro	4100	N3FE	444.60	+5000	127.3
PR	Hatillo	7578	WP3HY	447.575	-5000	100
PR	Juana Diaz	7849	WP4CBC	447.725	-5000	100
PR	Mayaguez	7192	KP4PL	448.60	-5000	100
PR	San Sebastian	7008	KP4PL	147.13	+600	100
RI	Central Falls	4004	KD1ZX	442.20	+5000	88.5
RI	Providence	4907	W1AQ	147.33	+600	173.8
SC	Charleston	4557	N4SJW	145.45	-600	123
SC	Columbia	3320	N7GZT	442.20	+5000	82.5
SC	Easley	7880	AC4RZ	444.925	+5000	103.5
SC	Leesville	4175	N5CWH	224.56	-1600	162.2
SC	Seneca	8330	WA4JRJ	147.27	+600	
SD	Mina	3868	KC0QJZ	443.00	+5000	141.3
SD	Sioux Falls	3908	K9VKG	444.20	+5000	82.5
SD	Watertown	3263	KB0LCR	443.725	+5000	146.2
TN	Chattanooga	7520	W4YI	442.425	+5000	
TN	Collegedale	4169	KA6UHV	443.575	+5000	131.8
TN	Columbia	4116	WN8VIX	444.10	+5000	123
TN	Cookeville	7490	WA4UCE	145.43	-600	
TN	Hohenwald	4705	K4TTC	442.00	+5000	100
TN	Nashville	4900	AF4TZ	147.015	+600	
TX	Aubrey	3751	K5RNB	145.27	-600	100
TX	Austin	3364	K5VPW	147.32	+600	114.8
TX	Austin	7090	N1KM	145.37	-600	103.5
TX	Beeville	3639	KC5LOS	445.925	+5000	136.5
TX	Corpus Christi	5841	W5DCH	147.10	+600	107.2
TX	Dallas	3695	N5GI	442.00	+5000	127.3
TX	Dallas	3791	AD5KZ	1292.30	-20000	100
TX	Dallas	4150	N5IUF	444.15	+5000	100
TX	El Paso	3097	N5FAZ	442.125	+5000	103.5
TX	El Paso	3999	KB6I	449.075	-5000	100
TX	Fort Worth	3747	K5MOT	444.30	+5000	110.9
TX	Ft. Worth	3832	N5VAV	441.85	+5000	110.9
TX	Galveston	3753	N5FOG	443.275	+5000	103.5
TX	Georgetown	3402	NA6M	444.525	+5000	100
TX	Harlingen	3600	AK5Z	443.60	+5000	114.8

IRLP Repeaters

State	City	Node	Call Sign	Freq (MHz)	Offset (kHz)	CTCSS (Hz)
TX	Houston	3018	N5XWD	444.30	+5000	100
TX	Houston	3283	KE5HTA	441.875	+5000	114.8
TX	Houston	3486	N5ZUA	145.35	-600	103.5
TX	Houston	3989	K5DX	442.00	+5000	103.5
TX	Houston	8720	WB5UGT	146.92	-600	103.5
TX	La Grange	3962	N5ZUA	442.775	+5000	131.8
TX	LaFeria	3707	K5DG	146.96	-600	
TX	Laredo	1255	KE5KAF	147.975	+600	110
TX	Laredo	5380	W5EVH	147.12	+600	100
TX	Odessa	3035	N5XXO	444.10	+5000	162.2
TX	Pedernales Fls	3357	N5ZTW	444.325	+5000	114.8
TX	Port Lavaca	3299	W5KTC	442.675	+5000	103.5
TX	Smithville	3627	N5ZUA	147.20	+600	103.5
TX	Victoria	3951	K5COD	145.19	-600	103.5
TX	Wichita Falls	4640	N5LEZ	444.975	+5000	192.8
UT	Bountiful	3433	N7TDT	447.225	+5000	156.7
UT	Castle Dale	3270	K7SDC	449.05	-5000	88.5
UT	Castle Dale	3280	WX7Y	448.55	-5000	88.5
UT	Cedar City	3574	WA7GTU	449.90	-5000	100
UT	Clarkston	3381	AC7O	147.20	+600	103.5
UT	Clearfield	3607	KR7K	447.15	+5000	114.8
UT	Clearfield	3876	NJ7J	449.95	-5000	123
UT	Clearfield	4654	K0NOD	448.825	-5000	123
UT	Huntsville	3211	W7DBA	448.025	-5000	123
UT	Manti	3576	WB7REL	146.66	-600	
UT	Saint George	3575	NR7K	146.91	-600	
UT	Saint George	3310	KA7STK	449.425	-5000	203.5
UT	Salt Lake City	3078	W7IHC	448.55	-5000	100
UT	Salt Lake City	3352	W7SP	146.76	-600	
UT	Vernal	3577	W7BYU	147.10	+600	136.5
VA	Arlington	4232	K4DCA	444.75	+5000	203.5
VA	Hampton	4183	KA4VXR	147.225	+600	136.5
VA	Lynchburg	5330	WA1ZMS	224.18	-1600	100
VA	Petersburg	4769	KE4SCS	146.985	-600	127.3
VA	Richmond	4055	KG4YJB	444.90	+5000	74.4
VA	Richmond	4424	W4RAT	146.88	-600	74.4
VA	Richmond	4995	W4RAT	442.55	+5000	74.4
VA	Roanoke	4208	KS4BO	443.675	+5000	110.9
VA	Williamsburg	4943	KB4ZIN	147.105	+600	
VT	Bolton	7230	WB1GQR	145.15	-600	100
VT	Rutland	4993	W1AD	449.175	-5000	100
WA	Bellingham	3276	K7SKW	147.16	+600	103.5
WA	Kennewick	3223	W7UPS	145.39	-600	103.5
WA	Olympia	3062	K7CPR	145.47	-600	100
WA	Oroville	3377	KD7ITP	147.14	+600	103.5
WA	Puget Sound	3087	KC7ZWG	443.075	+5000	103.5
WA	Renton	3971	W2IO	927.6875	-2500	114.8
WA	Seattle	3285	K6LIE	224.48	-1600	
WA	Seattle	3978	K7LWH	145.49	-600	103.5
WA	Seattle	5860	K7SPG	444.00	+5000	103.5
WA	Sequim	3248	K6MBY	444.90	+5000	131.8
WA	Spokane	3255	KD7DMP	444.15	+5000	114.8
WA	Spokane	3475	KC7AAD	444.125	+5000	100
WA	Tacoma	7110	W7DK	147.28	+600	103.5
WA	Yacolt	3599	KC7NQU	441.20	+5000	107.2
WI	Green Bay	4475	K9EAM	444.775	+5000	107.2
WI	Hubertus	7550	K9JAC	146.85	-600	127.3
WI	Merrill	4618	KC9JVF	146.64	+600	114.8
WI	Milwaukee	4606	N9GMT	443.80	+5000	123
WI	Milwaukee	5590	N9LKH	145.13	-600	127.3
WI	North Prairie	5250	KA9FUR	444.15	+5000	123
WI	Pewaukee	4483	W9RCG	443.125	+5000	127.3
WI	Sheboygan	4628	AB9FT	147.255	+600	127.3
WI	Union Grove	4410	N9OIG	442.25	+5000	114.8
WI	Wausau	4380	W9BCC	444.30	+5000	114.8
WV	Charleston	4873	KC8NDZ	145.43	-600	107.2

IRLP Repeaters

State	City	Node	Call Sign	Freq (MHz)	Offset (kHz)	CTCSS (Hz)
WY	Gillette	3307	WR7CW	449.75	-5000	
WY	Green River	3831	KE7FGB	146.94	-600	100

Canada

State	City	Node	Call Sign	Freq (MHz)	Offset (kHz)	CTCSS (Hz)
AB	Alderside	1483	VE6HRA	147.00	+600	
AB	Calgary	1230	VE6ZV	444.275	+5000	110.9
AB	Edmonton	1909	VE6RES	147.12	+600	136.5
AB	Fort McMurray	1300	VE6CYR	146.94	-600	
AB	Lethbridge	1270	VA6IRL	146.97	-600	
AB	Medicine Hat	1800	VE6MHU	444.075	+5000	
AB	Peace River	1450	VA6SHS	146.82	-600	
AB	Province-wide	1260	SARA	444.95	+5000	
BC	Abbotsford	1705	VE7RST	147.28	+600	110.9
BC	Chemainus	1020	VE7RNA	146.68	-600	
BC	Chilliwack	1073	VE7RAD	444.70	+5000	
BC	Chilliwack	1461	VE7RVA	146.61	-600	110.9
BC	Chilliwack	1503	VE7VCR	147.22	+600	88.5
BC	Comox	1160	VE7RAP	146.91	-600	
BC	Cranbrook	1660	VE7CAP	146.94	-600	
BC	Kamloops	1080	VE7TSI	146.96	-600	
BC	Maple Ridge	1910	VE7RMR	443.625	+5000	
BC	Nanoose Bay	1130	VA7LPG	444.30	+5000	141.3
BC	Parksville	1180	VE7PQA	147.28	+600	141.3
BC	Penticton	1606	VE7RCP	146.64	+600	77
BC	Prince George	1250	VE7FFF	146.7	-600	
BC	Richmond	1190	VE7UHF	443.80	+5000	100
BC	Squamish	1147	VE7SQR	147.00	+600	
BC	Surrey	1980	VE7MAN	443.60	+5000	100
BC	Tappen	1420	VE7RAM	146.64	-600	
BC	Vancouver	1000	VE7RHS	145.27	-600	100
BC	Vancouver	1010	VE7RHS	441.975	+5000	
BC	Vernon	1050	VE7RVN	444.275	+5000	
BC	Victoria	1030	VE7VIC	146.84	-600	100
BC	Victoria	1040	VA7VIC	443.95	+5000	123
MB	Swan River	1700	VE4SRR	146.94	-600	
MB	Winnipeg	1066	VE4WRS	145.45	-600	
MB	Winnipeg	1553	VE4KEY	147.015	-600	125
NB	Dunlop	2559	VE9LNX	443.475	+5000	
NB	Fredericton	2780	VE9ZC	147.30	+600	
NB	Saint John	2009	VE9LC	147.27	+600	
NL	Clarenville	2723	VO1ISR	147.385	+600	
NL	Grand Falls	2350	VO1HHR	146.60	-600	
NL	Marystown	2390	VO1MST	146.85	-600	
NL	Mount Pearl	2736	VO1CGR	146.88	-600	
NL	Placentia	2995	VO1ARG	146.82	-600	
NL	St. Anthony	2312	VO1GNP	147.965	-600	
NL	St. John's	2300	VO1KEN	447.1	-5000	
NS	Amherst	2060	VE1WRC	147.285	+600	
NS	Greenwood	2080	VE1WN	147.24	+600	
NS	Halifax	2050	VE1NSG	146.94	-600	
NS	Sugarloaf	2109	VE1BHS	145.35	-600	
NS	Truro	2370	VE1II	145.21	-600	
NS	Yarmouth	2952	VE1YAR	146.73	-600	
ON	Almonte	2280	VA3UW	444.10	+5000	100
ON	Atikokan	2768	VE3RIB	147.12	+600	
ON	Ballantrae	2461	VA3BAL	147.33	+600	103.5
ON	Barrie	2688	VE3LSR	147.315	+600	156.7
ON	Belleville	2090	VE3BIP	146.985	-600	118.8
ON	Burlington	2680	VE3RSB	147.21	+600	131.8
ON	Campbellford	2275	VE3KFR	145.33	-600	
ON	Collingwood	2008	VE3RMT	443.80	+5000	156.7
ON	Cornwall	2804	VA3SDG	444.45	+5000	110.9
ON	Dryden	2739	VA3DIS	147.375	+600	

IRLP Repeaters

State	City	Node	Call Sign	Freq (MHz)	Offset (kHz)	CTCSS (Hz)
ON	Franktown	2220	VE3WCC	444.30	+5000	100
ON	Georgetown	2200	VE3OD	147.135	+600	131.8
ON	Haliburton Cty	2567	VE3ZHR	146.655	-600	162.2
ON	Hamilton	2313	VE3NCF	444.075	+5000	131.8
ON	Hamilton	2827	VE3WIK	443.675	+5000	131.8
ON	Huntsville	2203	VE3MUS	145.27	-600	156.7
ON	Huntsville	2460	VE3MUS	146.775	-600	156.7
ON	Ingersoll	2184	VE3OHR	147.27	+600	114.8
ON	Kenora	2949	VE3YQK	146.91	-600	
ON	Kitchener	2410	VE3RBM	444.875	+5000	131.8
ON	Lavant	2947	VE3KJG	146.64	-600	100
ON	Lindsay	2870	VE3LNZ	147.195	+600	
ON	Little Current	2860	VE3RQQ	444.30	+5000	
ON	London	2400	VE3SUE	444.40	+5000	114.8
ON	London	2874	VE3NMN	444.925	+5000	114.8
ON	Mississauga	2382	VE3MIS	145.43	-600	103.5
ON	Niagara Falls	2248	VE3WCR	147.30	+600	107.2
ON	North Bay	2649	VE3ERX	145.15	-600	
ON	Omemee	2650	VA3OME	147.09	+600	162.2
ON	Oshawa	2176	VE3OUR	443.475	+5000	
ON	Ottawa	2596	VE3RIX	145.45	-600	
ON	Parry Sound	2480	VE3RPL	145.49	-600	118.8
ON	Pembroke	2520	VE3LKT	146.76	-600	100
ON	Pickering	1404	VE3SPA	147.375	+600	
ON	Sarnia	2524	VE3WHO	146.955	-600	
ON	Simcoe	2405	VE3SME	146.925	+600	131.8
ON	Sioux Lookout	2590	VA3SLT	147.315	+600	192.8
ON	St. Thomas	2482	VE3STR	443.825	+5000	114.8
ON	Stittsville	2210	VE3TST	444.125	+5000	136.5
ON	Stratford	2843	VE3FCG	444.975	+5000	114.8
ON	Sudbury	2314	VE3YGR	444.20	+5000	100
ON	Thornhill	2160	VE3IRL	444.25	+5000	103.5
ON	Thunder Bay	2000	VA3LU	145.45	-600	123
ON	Timmins	2206	VE3OPO	146.61	-600	
ON	Toronto	2020	VE3ULR	442.025	-5000	103.5
ON	Toronto	2075	VE3URU	442.475	+5000	103.5
ON	Toronto	2108	VA3XFT	441.95	+5000	103.5
ON	Toronto	2270	VE3YYZ	443.05	+5000	103.5
ON	Toronto	2450	VE3RAK	443.125	+5000	103.5
ON	Toronto	2718	VA3OPR	444.95	+5000	103.5
ON	Waterloo	2430	VE3WFM	147.09	+600	131.8
ON	Williamsburg	2141	VA3ESD	443.15	+5000	110.9
ON	Windsor	2202	VE3III	147.06	+600	118.8
PE	Charlottetown	2030	VE1CRA	146.67	-600	
PE	Summerside	2363	VE1CFR	146.85	-600	
QC	Gatineau	2018	VE2REH	147.105	+600	110.9
QC	Quebec City	2340	VE2REA	146.685	-600	156.7
QC	Rimouski	2197	VA2CAW	147.36	+600	
QC	Saguenay	2926	VA2RDI	146.76	-600	85.4
QC	St. Jerome	2006	VE2RMP	146.76	+600	
QC	St-Medard	2530	VA2RXY	147.03	+600	141.3
SK	Last Mountain	1344	VE5AT	146.85	-600	
SK	Melville	1858	VE5MDM	147.00	+600	
SK	Nipawin	2820	VE5NIP	146.79	-600	
SK	Prince Albert	1370	VE5IOU	146.82	-600	100
SK	Regina	1550	VE5WM	146.88	-600	
SK	Saskatoon	1330	VE5CMR	443.15	+5000	
SK	Swift Current	1570	VE5SCR	146.79	-600	
SK	Turtle Lake	1766	VE5TLK	145.45	-600	114.8
SK	Yorkton	1710	VE5RJM	145.49	-600	
SK.	Weyburn	1408	VE5WEY	146.70	-600	192.8

Echolink Repeaters

The following is a list of repeaters in the United States and Canada that provide Echolink capability. For more information about Echolink, see www.echolink.org.
Our thanks to Jonathan Taylor, K1RFD, for providing this information.

United States

State	City	Call Sign	Node	Frequency	CTCSS (Hz)
AK	Bethel	AL1F	14610	146.100	
AL	Birmingham	K4TQR	146760	444.100	100.0
AL	Dothan	KI4TIH	356600	147.140	88.5
AL	Guntersville	KC0ONR	246370	444.250	146.2
AL	Huntsville	W4XE	316599	444.375	127.3
AL	Montgomery	WD4JRB	212144	444.450	100.0
AL	Roanoke	N4BCB	47197	147.220	
AR	Malvern	W5BXJ	147360	147.360	131.8
AZ	Mingus	WB7BYV	204752	927.087	
AZ	Phoenix	KC7GHT	173098	147.460	88.5
AZ	Phoenix	WW7B	59440	442.675	186.2
AZ	Sierra Vista	N0NBH	235978	147.360	114.8
AZ	Sierra Vista	K7WIN	4249	449.725	100.0
AZ	Tucson	K7IOU	22474	224.740	118.8
AZ	Tucson	K7RST	7095	448.325	
AZ	Tucson	WD7F	1125	146.940	
CA	Alta Loma	W6RYO	323053	449.940	100.0
CA	Bakersfield	KG6KKV	56555	147.150	100.0
CA	Big Bear Lake	K6BB	335272	147.330	
CA	Clovis	W6OOT	355347	146.820	
CA	Covina	N7YMM	123069	449.675	114.8
CA	El Dorado Hills	N6QDY	3333	441.100	136.5
CA	Escondido	N6WB	2846	146.880	
CA	Fallbrook	KG6HSQ	109227	446.800	141.3
CA	Fresno	K6KDK	257762	147.255	156.7
CA	Galt	W6MAR	303846	147.000	
CA	Hemet	N7OD	3341	145.420	100.0
CA	Imperial Valley	N6RNN	352604	146.880	110.9
CA	Jamestown	N6EA	189986	146.115	
CA	La Mesa	WB6WUI	345957	449.900	82.5
CA	Lake Tahoe	W6SUV	324966	146.115	
CA	Lake Tahoe	WA6EWV	279922	147.240	
CA	Livermore	WT6X	9120	444.625	114.8
CA	Los Altos	KH6N	96932	440.875	77.0
CA	Los Banos	K6TJS	126601	444.000	
CA	Madera	KD6FW	88988	146.700	
CA	Napa	W6CO	70359	441.800	123.0
CA	Palos Verdes	WB6YMH	199108	449.220	
CA	Redding	WA6IEO	328852	449.675	141.3
CA	Riverside	KB6OZX	161623	445.060	107.2
CA	Salinas	W6RTF	184524	442.300	186.2
CA	San Clemente	K6SOA	133376	146.025	123.0
CA	San Diego	WV6H	2185	449.600	100.0
CA	San Diego	W1CDM	1314	449.980	179.9
CA	San Francisco	KA6TGI	68042	224.520	107.2
CA	San Francisco	KF6REK	64372	442.475	88.5
CA	San Francisco	WZ6X	169102	446.450	162.2
CA	San Jose	W6DYL	93234	145.390	136.5
CA	San Jose	KI6JLD	68862	147.945	
CA	Santa Rosa	WD6FTB	231950	223.900	151.4
CA	Selma	AB6MJ	10191	440.250	
CA	Tracy	KH7I	255528	443.000	77.0
CA	Wildomar	WB6JAR	84292	146.805	67.0.0
CA	Wilmington	W6TRJ	316829	447.040	85.4
CO	Aurora	W0CBI	343504	449.600	173.8
CO	Boulder	W0IA	217336	449.550	131.8
CO	Denver	W0TX	4140	449.350	131.8
CO	Fort Collins	KC0RBT	336717	447.450	100.0

Echolink Repeaters

State	City	Call Sign	Node	Frequency	CTCSS (Hz)
CO	Longmont	KI0RU	340947	147.270	118.8
CO	Parker	W0CRA	347086	147.225	94.8
CT	Bristol	N1CNV	316794	224.220	
CT	Enfield	KB1AEV	147345	147.345	103.5
CT	Milford	N1KGN	27086	441.700	114.8
CT	Rocky Hill	KB1CDI	13782	147.375	136.5
CT	Sandy Hook	WA1SOV	67015	145.230	100.0
CT	Vernon	W1HDN	146790	145.410	151.4
CT	West Haven	K1SOX	7505	147.505	156.7
CT	Woodbridge	W1WPD	46633	444.500	100.0
DC	Washington	K3GMR	8421	146.610	100.0
DE	Newark	W3UD	71786	145.310	192.8
FL	Arcadia	W4MIN	213895	147.180	123.0
FL	Boynton Beach	NR4P	237703	444.650	77.0
FL	Cocoa	W4NLX	340944	145.370	123.0
FL	Cudjoe Key	K3ML	64929	147.060	
FL	Cutler Ridge	N4GWM	165893	443.275	103.5
FL	Deland	KD4UTV	25554	147.045	136.5
FL	DeLand	N4GMU	80113	147.315	
FL	Duette	KG4YZY	4429	442.650	100.0
FL	Dunnellon	KI4LOB	317405	443.250	123.0
FL	Gainesville	W4DFU	258454	146.910	107.2
FL	Kissimmee	N4ARG	47210	147.210	
FL	Kissimmee	K4SLB	6457	444.450	
FL	Kissimmee	N4GUS	92770	927.700	110.9
FL	Naples	K4YHB	47325	146.670	82.5
FL	Ocala	KQ4PP	260074	145.270	79.7
FL	Orange Park	K4SIX	53190	53.190	
FL	Orlando	AC0Y	86525	146.700	114.8
FL	Orlando	N4HHA	44310	443.100	141.3
FL	Palm Bay	KG4SVX	58130	145.539	
FL	Palm Bay	AF4CN	146175	146.775	
FL	Palm Bay	KI4HZP	255856	444.475	107.2
FL	Palm Coast	KG4IDD	24216	145.470	110.9
FL	Panama City	KF4MOU	322151	146.745	141.3
FL	Pembrook Ps	KP4BM	229735	442.525	100.0
FL	Port St Lucie	AD3N	272563	146.925	
FL	Punta Gorda	W9DR	6950	147.105	
FL	Stuart	KD4PQQ	246452	147.060	103.5
FL	Stuart	N4BG	315546	444.900	103.5
FL	Tallahassee	KJ4G	3950	443.400	127.3
FL	Tampa	W4LT	134039	43.025	114.8
FL	Tampa	W4EFK	264649	444.600	77.0
FL	Tampa Bay	KE4YDH	79540	146.640	
GA	Concord	WB4GWA	5214	145.250	118.8
GA	Covington	WA4ASI	311962	146.925	100.0
GA	Cumming	W4CBA	192874	444.625	107.2
GA	Dallas	WD4LUQ	204551	444.700	127.3
GA	Fayetteville	KD4YDC	251687	444.600	88.5
GA	Lawrenceville	WB4QDX	23551	444.000	146.2
GA	Marietta	K4AIS	28797	224.520	100.0
GA	Mc Donough	KI4FVI	347219	146.715	141.3
GA	Thomasville	KF4AON	127188	147.240	
GA	Warner Robins	N4CI	311671	146.850	103.5
IA	Algona	KC0MWG	51020	147.210	
IA	Callender	N6KYD	46479	445.580	
IA	Cedar Point	W0IY	162535	443.800	
IA	Council Bluffs	WB0GXD	51503	442.525	
IA	LeMars	KI0EO	56352	444.675	
IA	Mt Pleasant	WB0VHB	339174	147.165	
IA	Ottumwa	KE0BX	13213	146.970	110.9
IA	Rock Rapids	K0YVC	177456	446.550	156.7
IA	Sheldon	W0VHQ	102345	145.310	123.0
IA	Sioux City	KS0F	77463	443.575	131.8
IA	Washington	AB0DX	343657	147.045	
IL	Alton	K9HAM	204755	145.230	
IL	Cary	K9PO	173547	146.655	
IL	Diamond	N9ZZK	196101	147.270	123.0
IL	Lake Zurich	KD9GY	78073	443.850	114.8

Echolink Repeaters 613

State	City	Call Sign	Node	Frequency	CTCSS (Hz)
IL	Monticello	KA9SZW	271200	442.725	
IL	Oak Forest	N9ZD	161122	443.275	107.2
IL	Peoria	W9UFF	97114	146.760	107.2
IL	Quincy	WB9OTW	141757	147.135	77.0
IL	St Louis	K9KE	55580	443.350	107.2
IL	Urbana	W9ADS	8231	146.760	
IL	Winnebago	W9TMW	280970	442.350	100.0
IN	Fort Wayne	W9VD	37585	444.300	85.4
IN	Indianapolis	W9RCA	6522	146.880	173.8
IN	Lawrenceburg	K9GPS	110888	443.875	146.2
IN	Paoli	KB9OHY	16002	147.045	
IN	Rensselaer	KC9HUS	310621	145.330	
IN	Wolf Lake	N9MTF	147270	147.270	186.2
KS	Kansas City	WR0BPU	139000	442.550	94.8
KS	Wichita	W0WKS	273244	145.370	
KY	Corbin	KF4IFC	16883	444.275	
KY	Dry Ridge	WA4ZKO	330602	444.425	110.9
KY	Lexington	KB8QLC	319220	444.125	131.8
KY	Louisville	KY4KY	343205	146.700	107.2
KY	Murray	K4MSU	207370	443.800	88.5
KY	Paintsville	KI4OIP	321424	145.270	156.7
KY	Vanceburg	AE4SK	212068	146.775	107.2
LA	Leesville	W5LSV	91260	145.310	127.3
MA	Auburn	K1WPO	273824	443.900	100.0
MA	Marlboro	K1ST	51434	442.250	167.9
MA	Milford	W1BRI	3819	446.825	141.3
MA	Norwell	NS1N	25209	443.600	100.0
MD	Chestertown	K3ARS	249466	147.375	100.0
MD	Frederick	W3ICF	14613	146.730	79.7
MD	Silver Spring	WB3GXW	147225	147.225	100.0
MD	Silver Spring	N3HF	84345	443.450	118.8
ME	Augusta	W1PIG	15061	145.390	156.7
ME	Hollis Center	W1CKD	44600	444.600	146.2
MI	Auburn Hills	K8PLW	44728	145.130	103.5
MI	Battle Creek	KB7YQY	13354	442.350	131.8
MI	Detroit	WW8GM	99846	443.075	94.8
MI	East Lansing	W8MSU	289654	442.900	
MI	Fenton	W8VHB	146780	146.780	
MI	Muskegon	N8KQQ	102808	442.950	
MI	New Hudson	N8BK	331551	442.775	131.8
MI	Roscommon	WF8R	205097	145.450	141.3
MI	Traverse City	W8TVC	56464	145.270	110.9
MI	Traverse City	W8LDR	324840	147.100	107.2
MN	Eden Prarie	W0VNE	249285	146.880	88.5
MN	Hutchinson	KB0WJP	252922	147.375	
MN	Karlstad	KA0NWV	23832	145.470	114.8
MN	Knife River	KC0MKS	239444	447.800	156.7
MN	Litchfield	KC0CAP	72238	443.800	114.8
MN	Madison	K0LQP	275196	146.730	
MN	Minneapolis	W0IDS	11402	442.925	107.2
MN	North Branch	K0DMF	23958	443.875	114.8
MN	Rochester	K0RGR	19475	146.625	
MO	Boonville	KA0GFC	239712	444.700	118.8
MO	Rolla	WB9KHR	231270	443.600	88.5
MS	Clinton	W5PFR	112793	444.000	100.0
MT	Big Timber	NU7Q	7123	146.640	77.0
MT	Billings	N7YHE	104664	147.200	
MT	Bozeman	KL7JGS	207198	449.900	100.0
MT	Great Falls	W7ECA	110928	147.120	
MT	Jefferson City	WR7HLN	111730	444.100	107.2
NC	Charlotte	WA4VEG	303071	146.880	94.8
NC	Charlotte	KD4ADL	8092	444.825	77.0
NC	Gastonia	KC4YOZ	96611	443.850	103.5
NC	Rockingham	K4FX	44449	146.955	88.5
NC	Taylorsville	W4ERT	56135	147.195	156.7
NC	Waxhaw	K4WBT	84335	146.865	131.8
ND	Cavalier	N0CAV	331011	147.150	
ND	Fargo	KE0VN	43702	443.900	114.8
NE	Ashland	K0AMP	184665	442.825	103.5
NE	Neligh	N0NNE	225896	146.790	100.0

Echolink Repeaters

State	City	Call Sign	Node	Frequency	CTCSS (Hz)
NE	Omaha	KC0VEY	289653	443.975	162.2
NH	Gilford	W1JY	147390	147.390	
NH	Hudson	NE1B	15837	147.105	100.0
NH	Hudson	WA1SOT	355114	449.975	77.0
NH	Milford	W1DIO	4624	146.445	110.9
NH	Sunapee	K1JY	1118	447.675	
NJ	Camden	W2CAM	158393	146.820	123.0
NJ	Cape May	N2CSA	12635	447.475	141.3
NJ	Clifton	KC2RIH	336643	224.360	88.5
NJ	Elizabeth	KB2OOJ	19876	442.850	123.0
NJ	Ewing	WB2REM	1285	442.650	88.5
NJ	Hillsdale	K2ZD	350129	442.950	127.3
NJ	Manahawkin	W2NJR	21005	449.525	156.7
NJ	Martinsville	KB2EAR	108044	441.650	186.2
NJ	Morristown	WS2Q	330007	145.370	103.5
NJ	Sayreville	K2GE	155481	443.200	146.2
NJ	Toms River	WA2RJP	285434	443.350	123.0
NM	Farmington	NO3Y	66999	145.230	
NM	Farmington	KB5ITS	249880	146.760	88.5
NM	Los Alamos	KA5BIW	87544	224.040	192.8
NM	Rio Rancho	W5BI	9749	449.300	118.8
NM	Ruidoso	KR5NM	346920	146.920	
NV	Las Vegas	WR7NV	5069	145.350	131.8
NV	Las Vegas	KK7AV	201723	449.475	79.7
NV	Pahrump	AD7DP	331480	146.850	100.0
NY	Albany	W2PTR	1774	145.170	110.9
NY	Brooklyn	K2RMX	255375	446.825	
NY	Cortland	KB2FAF	171371	442.850	103.5
NY	East Fishkill	N2SPF	272612	51.540	127.3
NY	Hornell	K2TJW	212978	53.370	88.5
NY	Horseheads	WA2NTK	9255	147.360	77.0
NY	Middlesex	W2CSA	277893	442.500	103.5
NY	New Baltimore	N2LEN	6269	449.025	179.9
NY	Niagara Falls	K2ILH	299329	146.730	146.2
NY	Pompey	WW2N	64224	145.350	
NY	Queens	WB2HWW	305371	440.700	136.5
NY	Rome-Verona	N2STC	227963	146.940	
NY	Staten Island	W2RJR	168188	445.575	100.0
NY	West Islip	W2YMM	1224	449.300	114.8
NY	Woodbourne	W2FLA	146625	146.625	123.0
NY	Yorktown	WB2IXR	23645	147.015	
OH	Bethel	WB8NJS	90735	147.225	103.5
OH	Cleveland	KB8WLW	146520	145.410	100.0
OH	Defiance	K8VON	215376	147.090	
OH	Elyria	K8JWS	287241	146.700	156.7
OH	Groveport	KA8ZNY	158750	927.487	82.5
OH	Hamilton	N8EKG	44515	145.150	
OH	Independence	K8ZFR	343470	146.820	131.8
OH	Lima	WB8ULC	146670	444.925	110.9
OH	Middletown	W8BLV	323719	146.610	203
OH	Newport	K8KHW	182681	443.600	100.0
OH	North Olmsted	W8IZ	3049	444.012	114.8
OH	North Royalton	K8YSE	6563	444.075	127.3
OH	Polk	KG8FV	353296	442.150	162.2
OH	Van Wert	W8FY	315705	146.700	136.5
OH	Vandalia	W8GUC	296027	444.662	82.5
OH	Wrightsville	KF8RC	192264	147.180	
OK	Blanchard	W5LHG	212302	444.875	77.0
OK	Duncan	K5WPN	73256	147.300	100.0
OK	Guymon	KY5C	241727	147.150	103.5
OK	Oklahoma City	W5BIV	73651	443.150	82.5
OK	Ponca City	KB5DBR	189792	146.730	123.0
OK	Woodward	W5OKT	56148	146.625	100.0
OR	Bend	KB7LNR	211222	146.360	
OR	Gresham	KW7HAM	335671	441.625	123.0
OR	Portland	K5TRA	242585	440.075	91.5
OR	Tillamook	KD7YPY	266640	442.975	71.9
PA	Altoona	KR3ORY	3176	442.100	77.0
PA	Beaver	N3TN	286427	146.850	141.3
PA	Bristol	W3BXW	88314	147.300	107.2

Echolink Repeaters

State	City	Call Sign	Node	Frequency	CTCSS (Hz)
PA	Center Valley	W3LR	230150	443.590	156.7
PA	Coraopolis	KA3IRT	176150	444.150	162.2
PA	Erie	N8AD	54056	147.000	100.0
PA	Johnstown	N3YFO	295354	145.390	
PA	Lancaster	K1CWB	24905	449.275	156.7
PA	Pine Grove	AA3RG	149493	146.640	100.0
PA	Pittsburgh	W3YJ	177325	443.450	141.3
PA	Scranton	N3RLC	212634	444.500	103.5
PA	Selinsgrove	W3SNY	302516	147.180	88.5
PA	Williamsport	W3AHS	277377	147.300	100.0
PA	Wyndmoor	KA3TTA	46715	449.425	114.8
PA	York	W3HZU	9211	447.275	127.3
RI	North Scituate	K1ZXX	53290	53.290	88.5
RI	Providence	W1AQ	147330	147.330	131.8
SC	Aiken	N2ZZ	5764	145.350	100.0
SC	Columbia	KE4IFI	6106	145.270	162.2
SD	Sioux Falls	KD0ZP	74079	444.900	110.9
SD	Tea	N0RGA	169989	444.100	131.8
TN	Cleveland	KD4NED	325928	147.105	
TN	Hartsville	W4YXA	290596	146.910	88.5
TN	Knoxville	KB4REC	19024	53.470	100.0
TN	Memphis	KA4JXT	299408	443.100	
TN	Memphis	KA7UEC	236040	443.300	141.3
TN	Monteagle	NQ4Y	2043	145.410	
TN	Nashville	W4RFR	237900	145.110	114.8
TN	Nashville	N4ARK	118425	444.200	131.8
TX	Amarillo	KC5EZO	307304	444.050	123.0
TX	Anahuac	KK5XQ	357249	145.250	
TX	Austin	N5SMN	43388	146.940	151.4
TX	Austin	N5JGX	341697	441.875	136.5
TX	Austin	K5AXW	136958	442.150	151.4
TX	Austin	WA5YZD	43010	444.100	88.5
TX	Beaumont	N5KBW	198084	147.300	131.8
TX	Belton	W5BEC	99000	147.140	
TX	Carrollton	K5TCP	325854	145.210	
TX	Chapel Hill	W5TZ	289684	444.900	123.0
TX	Dallas	N5UA	257890	444.675	123.0
TX	Galveston	KC5FOG	202655	443.275	
TX	Gardendale	WR5FM	333254	444.525	79.7
TX	Georgetown	NA6M	147080	147.080	
TX	Harlingen	K5RAV	67509	147.390	
TX	Hondo	KK5LO	346182	443.350	103.5
TX	Houston	K5IHK	7212	146.720	103.5
TX	Houston	KC5TCT	330904	443.600	141.3
TX	Houston	N5XWD	263961	444.300	79.7
TX	Live Oak	KE5BWO	347758	444.975	127.3
TX	Longview	N5REO	62763	145.350	131.8
TX	Lufkin	KB5LS	44787	444.575	107.2
TX	Rhome	K5MOT	119161	444.300	100.0
TX	Richardson	NT5NT	263423	443.325	141.3
TX	Saginaw	N5GMJ	329636	441.975	
TX	San Angelo	KC5EZZ	76362	441.750	100.0
TX	San Antonio	WD5IEH	3763	443.575	131.8
TX	Spring	KD5KHV	67747	146.800	156.7
TX	Sweetwater	KC5NOX	252137	145.250	110.9
TX	Telephone	K5FRC	143902	145.470	88.5
TX	Temple	N5ZXJ	1947	145.310	114.8
UT	Bountiful	N7TDT	357957	447.225	110.9
UT	Kanab	WI7M	216167	147.360	
UT	Provo	N7BYU	96806	145.330	110.9
VA	Fredericksburg	W1ZFB	303832	51.860	100.0
VA	Gainesville	KT4ER	104604	448.325	123.0
VA	Gloucester	WB7URZ	337803	145.370	100.0
VA	Norfolk	W4VB	311763	145.330	203
VA	Petersburg	KG4YJB	93516	444.275	88.5
VA	Stafford	WW4VA	52256	444.450	100.0
VT	Bolton	WB1GQR	97406	145.150	151.4
WA	Bremerton	WW7RA	121776	442.650	100.0
WA	Federal Way	N7VWD	307993	147.040	
WA	Lakewood	KB7IOG	342398	446.050	100.0

Echolink Repeaters

State	City	Call Sign	Node	Frequency	CTCSS (Hz)
WA	Puget Sound	N6OBY	23888	443.325	103.5
WA	Seattle	KB7SEA	111001	444.700	110.9
WA	Selah	KC7VQR	211068	147.840	146.2
WA	Spokane	W7TRF	282039	443.475	141.3
WA	Spokane	KD7IKZ	216767	443.850	192.8
WA	Winthrop	KB7SVP	354157	444.800	114.8
WI	Appleton	W9RIC	273416	442.175	
WI	Germantown	WD9IEV	222430	444.525	107.2
WI	Green Bay	K9JQE	69044	223.940	77.0
WI	Kaukauna	ND9Z	90694	444.450	
WI	Kewaskum	N9NLU	186493	444.275	100.0
WI	Merrill	KC9JDZ	348231	146.640	103.5
WI	Milwaukee	N9PAY	355936	443.325	114.8
WI	Solon Springs	N9QWH	51325	445.400	146.2
WI	Sturgeon Bay	K9KJM	44407	444.000	100.0
WI	Waupaca	AA9NV	286167	444.675	
WI	Wausau	W9GLG	198118	443.325	103.5
WV	Hillsboro	KC8LRN	1266	224.220	
WV	Huntington	KB8TGK	150734	443.850	114.8
WV	Keyser	N8YIB	21206	145.330	123.0
WV	Moorefield	KR8ZZY	256183	145.190	
WV	Salt Rock	K8SA	2175	145.110	131.8
WY	Cheyenne	WU7G	140284	449.300	114.8
WY	Green River	KE7FGB	357388	146.940	107.2

Canada

State	City	Call Sign	Node	Frequency	CTCSS (Hz)
AB	Calgary	VA6RP	287151	444.750	110.9
AB	Lethbridge	VE6ROT	113371	146.790	100.0
BC	Delta	VA7DEP	168180	444.425	131.8
BC	New Wstminstr	VA7MX	271739	444.350	103.5
BC	Vancouver	VE7WCC	243326	145.150	
BC	Victoria	VE7RAH	49290	145.430	123.0
BC	Victoria	VE7RBA	57999	147.120	
NB	Fredericton	VE9DGP	237401	147.360	173.8
NB	Miramichi	VE1NWC	128650	146.730	107.2
NB	Saint John	VE9SJN	285237	147.270	
NB	Simonds	VE9DKS	288465	147.180	100.0
NL	New Harbour	VO1PCR	274735	147.090	
NL	St. John's	VO1RCR	180234	147.345	
NS	Chezzetcook	VE1ESC	94232	147.030	
NS	Sydney	VE1CR	104517	147.240	107.2
ON	Ballinafad	VA3LNK	29711	443.425	100.0
ON	Burlington	VA3ODX	283408	442.225	110.9
ON	Haileybury	VA3RRH	294474	146.970	
ON	Huntsville	VE3KR	184398	146.775	
ON	Markham	VA3CTR	151155	442.275	88.5
ON	Newmarket	VA3UN	132806	442.600	114.8
ON	Orillia	VA3OPS	180487	146.655	100.0
ON	St.Thomas	VE3STR	72886	147.330	151.4
ON	Timmins	VE3AA	122823	147.060	103.5
ON	Toronto	VA3SF	6398	442.750	100.0
QC	Jonquière	VE2RHJ	148167	145.170	103.5
QC	La Tuque	VE2LGO	169992	147.950	114.8
QC	Quebec	VE2VAG	44393	146.880	162.2
QC	Rég Lanaudière	VE2CLJ	293776	444.625	88.5
QC	Saguenay	VE2RFL	76480	449.100	88.5
QC	St-Michel-des-Saints	VE2RLP	292206	145.330	141.3
QC	Sutton	VE2WEA	350404	146.640	94.8
SK	Yorkton	VE5RJM	48431	145.490	100.0

WiRES-II Repeaters

A number of Vertex Standard (Yaesu) WiRES-II—Wide-coverage Internet Repeater Enhancement System—nodes are available for public access. WiRES-II is a technique of using Internet VoIP technology to link two repeaters or home stations, across a country or across a continent. Nonproprietary DTMF signaling is used to establish the Internet link. For more information on the Web, see **www.vxstd.com/en/wiresinfo-en/**.

State	City	ID	Call Sign	Frequency (MHz)	CTCSS (Hz)
AZ	Tucson	1128	WD7F	146.94	110.9
CA	Cypress	1101	W6DXC	438.500	
CA	Danville	1328	K6HRO	439.900	
CA	Los Angeles	1145	K6JP	1200.00	
CA	Santa Clarita	1290	W6SCS	145.00	100.0
FL	Davie	1455	K4ABB	446.700	103.5
FL	Hialeah	1453	W4PHR	441.850	
FL	Hialeah	1316	KE4YUW	444.225	67.0
FL	Lake Worth	1465	KG4YRP	443.375	127.3
FL	Port Richey	1251	WD4DRT	174.150	141.3
FL	St. Petersburg	1495	K4ACB	442.900	
ID	Idaho Falls	1299	KF7MG	446.130	
IL	Lake Villa	1421	WB9RKD	444.400	114.8
KS	Kansas City	1490	KF0XV	147.57	88.5
KS	Overland Park	1344	KF0RS	147.550	151.4
MA	Arlington	1205	K1EEA	446.025	79.7
MI	Niles	1468	KD8FWV	433.125	94.8
MN	Mounds View	1341	KB0XC	145.510	107.2
NH	Salem	1340	K1HRO	438.500	
NJ	South River	1192	NE2E	444.250	123.0
NV	Henderson City	1489	WA7IXK	446.150	
NY	New York City	1173	NE2E	441.450	123.0
VA	Fairfax	1444	N4JOG	147.555	
VA	Woodbridge	1329	KF4SCN	438.500	
WA	Spokane	1463	K7HRT	445.000	
WV	Charleston	1189	KC8NDZ	145.430	107.2

Transceiver Memory Log

Memory Channel	Location (city, area, etc)	Receive Frequency	Transmit Offset	CTCSS (PL™) Tone	Notes
1					
2					
3					
4					
5					
6					
7					
8					
9					
10					
11					
12					
13					
14					
15					
16					
17					
18					
19					
20					
21					
22					
23					
24					
25					
26					
27					
28					
29					
30					
31					
32					
33					
34					
35					
36					
37					
38					
39					
40					
41					
42					
43					
44					
45					
46					
47					
48					
49					
50					

Transceiver Memory Log

51					
52					
53					
54					
55					
56					
57					
58					
59					
60					
61					
62					
63					
64					
65					
66					
67					
68					
69					
70					
71					
72					
73					
74					
75					
76					
77					
78					
79					
80					
81					
82					
83					
84					
85					
86					
87					
88					
89					
90					
91					
92					
93					
94					
95					
96					
97					
98					
99					

PL™ is a registered trademark of the Motorola Corporation.

Notes

Notes

Advertising Contact Information

Advertising Department Staff
Debra Jahnke K1DAJ, Business Services Manager
Janet Rocco, W1JLR, Business Services Associate
Lisa Tardette, KB1MOI, Business Services Associate
Liz Linehan, Business Services Associate
Diane Szlachetka, KB1OKV, Graphic Design/Production

Call Toll Free: 800-243-7768
Direct Line: 860-594-0207   Fax: 860-594-4285
E-mail: ads@arrl.org   Web: www.arrl.org/ads

Advertising Deadline:
Contact the Advertising Department in early February 2009 for advertising placements in the 2009-2010 ARRL Repeater Directory.

If your company provides products or services of interest to ARRL Members, please contact the ARRL Advertising Department today for information on advertising in ARRL publications.

Please Note: All advertising in future editions of the ARRL Repeater Directory will be **Full Page** only.

Index of Advertisers

Advanced Specialties 205
Amateur Electronic Supply, LLC ... 135, 197, 225, 283
Alinco 4
AOR U.S.A. 25
bhi Ltd. 23
Cheyenne Mountain Repeater Group 127
Colorado Connection Repeaters 125
Colorado Repeater Association 123
Ham Radio Outlet 3
Ham Station 155
HamTestOnline 29
High Sierra Antennas 27
ICOM America Cover 4, 60, 68, 96, 360, 361, 572, 573
Jun's Electronics/Hamcity 7
KJI Electronics 203
KU4AB.com 29
Long Island Mobile Amateur Radio Club 213
Maggiore Electronic Lab/Hi Pro 21
MFJ Enterprises, Inc. 11, 12
Mirage 13
Mike's Electronics 133
National Radio Data 624
Pikes Peak FM Association 127
Quicksilver Radio Products 9
Radio Club of JHS 22 NYC 19
SEA PAC Ham Convention 275
TOKYO HY POWER LABS, Inc. 6
Universal Radio 223
Yaesu .... Cover 2, Cover 3, 14, 15
W3FF Antennas 31